L'HISTOIRE SECRETE DU MONDE

UN FIL D'ARIANE

LAURA KNIGHT-JADCZYK

TRADUIT DE L'AMÉRICAIN PAR
MICHELINE DESCHREIDER

Les Editions Pilule Rouge
2009

ISBN 2-916721-02-9, 978-2-916721-02-6

Mettre l'introduction dans-
AAAA_410. Hecate la magie lune et le divers

AAAA - 421 Introduction à l'Histoire
Secrète du Monde.

CAAB_062 - L'instinct grégaire
ou la Vie Sociale
(p 198 à 302)

L'HISTOIRE SECRETE DU MONDE

§ VIII La Culture des Pierres
→ dans AAAA - 421 Intro_Hist Secr. Mon
→ " " Médée/la magie
d'Hecate

§ → CCAA_534 Le monde fantastique
de notre histoire

DU MÊME AUTEUR

L'Onde, Tome 1

L'Onde, Tome 2

La ponérologie politique

11 septembre, l'ultime vérité

Ces mondes qui nous gouvernent

A paraître :

L'Onde, Tomes 3 et 4

TABLE DES MATIÈRES

REMERCIEMENTS

Puisque ce livre est en fin de compte une synthèse, je voudrais remercier tous les grands chercheurs qui ont tant contribué à mes propres recherches. J'ai tenté de rendre grâce à chacun d'eux et à leurs idées uniques tout au long du texte dans les notes, et dans la bibliographie. Si j'en ai oubliés, je m'en excuse sincèrement.

Mes remerciements vont à Henry See pour avoir été un correcteur et un critique formidable; au Quantum Future Group pour son soutien; à nos lecteurs pour les questions qui ont conduit à des réponses; à mes enfants pour avoir nourri Maman quand elle écrivait; à mon Ark pour m'avoir comprise et acceptée ainsi que mes passions; et à Cassiopaea, moi-même dans le futur, pour m'avoir montré ce futur.

J'adresse des remerciements tout particuliers à Micheline Deschreider, la traductrice, pour sa patience et sa tolérance durant les nombreuses rééditions de ce travail éminemment difficile.

NOTE SUR LA STRUCTURE DU LIVRE

Ce livre résume trente années de recherche. Il couvre un grand nombre de domaines, allant d'une immense catastrophe qui frappa notre planète il y a plus de dix mille ans, aux possibilités d'une nouvelle occurrence dans un futur peu éloigné, en passant par l'Egypte, la Mésopotamie, l'Amérique du Sud, les Steppes d'Asie et le passage de vastes populations vers l'Europe ainsi que leur retour durant des millénaires, avec des arrêts en physique quantique pour comprendre la nature hyperdimensionnelle de notre réalité et la véritable essence de la conspiration qui nous emprisonne dans son étreinte, et finissant par jeter un regard sur une possible échappatoire à notre épineuse situation. Certains sujets sont abordés tôt dans le livre pour être revisités plus tard dans un contexte différent. Si le livre prend par moment l'apparence d'un puzzle dont les pièces sont mélangées sur la table qui nous fait face, c'est parce que c'est notre situation lorsque nous sommes confrontés à l'Histoire Secrète du Monde. Tel des détectives, nous pouvons découvrir des indices jonchant des lieux inattendus. Une preuve signifiant une chose dans un contexte peut nous indiquer quelque chose de nouveau et de différent dans un autre contexte.

Le livre est une carte du labyrinthe où nous sommes piégés, et comme un labyrinthe, il fait des tours et des détours. On pourrait parfois se sentir perdu, mais en suivant le fil d'Ariane on peut finir par trouver une issue. Quel est notre fil d'Ariane? Notre capacité à être critiques et objectifs, à étudier toutes les données sans tenir compte si cela paraît inadmissible ou incroyable, et tout en tenant nos idées préconçues et nos préjugés en échec. C'est seulement en regardant vraiment le monde tel qu'il est que nous pourrons un jour arriver à nous en sortir vivants.

PRÉFACE
PATRICK RIVIÈRE

L'ASCENSION, LE SAINT-GRAAL ET LES SCIENCES ANTIQUES

Il faut absolument lire ce livre de portée tout-à-fait révolutionnaire. Dans cet ouvrage fort original en effet, Laura Knight-Jadczyk nous fait part de ses prodigieuses découvertes remettant en cause l'Histoire et les considérations habituelles concernant le mythe du « Graal ». Pour ce faire, elle revisite la Bible et compare différentes mythologies, introspecte les univers parallèles, l'hyperespace, pénètre la physique quantique, la génétique et les mystères des diverses créations peuplant les hyper-dimensions du Cosmos.

Tout au long de son exposé, Laura Knight-Jadczyk se réfère aux deux passionnants ouvrages du savant-alchimiste Fulcanelli: *Le Mystère des Cathédrales* et *Les Demeures Philosophales*. Elle s'efforce d'en prolonger le contenu par ses vastes connaissances.

Ainsi, conformément à Fulcanelli (citant Huysmans), lorsqu'il dénonce les constants mensonges et omissions de l'Histoire officielle, au cours du temps, Laura Knight-Jadczyk remet en cause, à l'aide de nombreux exemples, les manipulations de l'histoire des civilisations antiques dont l'humanité est victime. Elle s'efforce alors de rétablir la vérité qui apparaît édifiante à bien des égards. Elle opère de même (prolongeant toujours Fulcanelli) en ce qui concerne les futurs cataclysmes qui affecteront la Terre dans un proche avenir.

Selon Laura Knight-Jadczyk, les mystères du Saint-Graal et de l'Arche d'Alliance se réfèrent à une certaine « technologie » très avancée, science secrète et sacrée – visant par exemple à la télé-déportation et aux changements de dimensions soumis à l'espace-temps – dont seuls quelques grands « initiés » auraient pu demeurer dépositaires, à moins qu'il ne s'agisse d'occupants de lointaines galaxies. Le Christ Jésus était le plus sûr garant de ce précieux dépot et n'en déplaise à Dan Brown (auteur du « Da Vinci Code »), la lignée généalogique du « Sangréal » (« Sang Royal ») n'est pas du tout conforme à ce qu'il croit!...

Le lecteur du conséquent ouvrage de Laura Knight-Jadczyk parviendra à de toutes autres conclusions. Son érudition n'aura pu le laisser insensible, au cours de la lecture assidue de ce livre tout-à-fait étonnant. Quant à son inspiration, qu'en dire et d'où vient-elle, sinon de la Lumière des étoiles...

Patrick Rivière – écrivain et auteur de nombreux ouvrages, spécialiste du « Graal » et de l'« Alchimie » suivant la voie de Fulcanelli.

NOTE AUX LECTEURS À PROPOS DES CASSIOPÉENS

Le terme "Cassiopéens" est utilisé à maintes reprises dans cet ouvrage. Alors que nous aurions pu transmettre les informations contenues dans ce livre sans faire aucune référence à ce terme, nous avons estimé qu'il valait mieux mentionner la source de notre inspiration. Le nom de "Cassiopée" a été donné par une source de "channelling" conscient, contactée dès 1994 par Laura Knight-Jadczyck. Cette source s'est identifiée comme étant « vous dans le futur ». La physique moderne ne dispose d'aucun moyen pratique permettant ce type de communication et les théories dans ce domaine ne sont encore qu'imparfaitement développées: elles sont en fait peu concluantes et sujettes à controverse.

Pour interpréter de manière très simplifiée « nous sommes vous dans le futur », nous nous trouvons devant des paradoxes causals. D'autre part, des articles théoriques publiés dans des journaux consacrés à la physique nous apprennent que si l'on s'en tient à une interprétation adéquate et prudente, tenant compte des incertitudes de la physique quantique, la communication avec le passé ne peut être rejetée comme impossible. "Improbable" serait un terme plus approprié, mais il existe bien des choses improbables qui se produisent tout de même. Plus un phénomène donné est improbable, plus grand est le nombre d'informations transmises lors de son occurrence, et plus nombreuses sont les leçons que nous pouvons tirer de son étude. Voilà pourquoi nous n'avons pas rejeté comme impossible, et donc à refuser, « nous sommes vous dans le futur". Au contraire, nous avons décidé de poursuivre les "communications" en les considérant comme des expériences contrôlées de "transfert supraluminal de pensée", même s'il est évident que ce terme doit être pris comme une tentative d'interprétation parmi toutes celles qui sont possibles.

Les informations reçues au cours de ces expériences sont présentées dans le contexte de la consultation de matériaux historiques, scientifiques et métaphysiques abondants et variés qui nous ont mené à présenter, sur la Toile et par écrit, une vue du monde et des déductions inhabituelles.

Il est possible que ce soit notre “inconscient” qui se présente comme étant la “source” en question, mais même si c’est le cas, est-ce que cela nous en dit davantage? Savons-nous vraiment ce qu’est notre “inconscient” et de quoi il est capable?

Il nous arrive de nous demander si les Cassiopéens sont vraiment ce qu’ils affirment être, parce que nous n’acceptons rien comme vérités établies. Nous prenons tout cela *cum granulo salis*, même si nous sommes convaincus qu’il y a de fortes chances pour que ce soit vrai. Sans cesse nous analysons ces matériaux et bien d’autres qui sont portés à notre attention en provenance de nombreux domaines scientifiques et de sources mystiques.

Nous invitons les lecteurs à partager notre recherche de la Vérité en lisant cet ouvrage avec un esprit ouvert mais sceptique. Nous n’encourageons ni la “bigoterie”, ni la “foi du charbonnier”. Nous encourageons la recherche de la Connaissance et la Prise de Conscience dans tous les domaines possibles parce que nous pensons que c’est la meilleure manière d’apprendre à discerner le mensonge de la vérité. Tout ce que nous pouvons affirmer c’est que nous travaillons très dur, de nombreuses heures chaque jour, et que nous le faisons depuis de nombreuses années, afin de découvrir le pourquoi de notre existence sur cette Terre. C’est là notre vocation, notre Queste, et notre travail. Sans cesse, nous cherchons à vérifier, valider et/ou affiner ce que nous observons comme étant possible, probable, ou les deux. Nous le faisons dans le sincère espoir que l’humanité tout entière pourra en profiter, si pas immédiatement, alors à un quelconque moment de nos futurs probables.....

Laura Knight-Jadczyk et Arkadiusz Jadczyk, PhD

AVANT-PROPOS

Dès mon enfance, j'ai eu le soupçon que quelque chose "clochait" dans les "réalités de la vie" telles qu'elles m'étaient présentées. C'est vrai que j'ai mis plus de trente ans à essayer d'avoir un comportement "normal" et à tenter de faire entrer une cheville carrée dans un trou rond m'efforçant de "trouver une raison de croire". Mais il y eut alors un jour mémorable qui me fit devenir adulte et où je dus admettre que, oui, peut-être, "l'empereur était nu". Et voilà que, plus de vingt ans plus tard, je sais que non seulement « il y a quelque chose de pourri dans le royaume de Danemark », mais je sais aussi qu'il y a un éléphant crevé au beau milieu du salon global et commun, et qu'il ne me sera plus jamais possible de ne PAS le voir.

Pendant la bonne vingtaine d'années qu'il m'a fallu pour découvrir cette chose énorme qui occupe une place centrale dans notre réalité, j'ai été poussée par l'idée que je voulais absolument savoir ce qui se passait dans l'étrange monde où je vivais, et où d'une part la science va si vite que nous serons bientôt capables de détruire notre planète et où, d'autre part, les diverses religions me disent de ne pas m'en faire, que Dieu va probablement la détruire pour nous, et que nous avons intérêt à croire en le "vrai Dieu" sinon nous sommes "cuits".

Comment peut-on vivre dans un monde où "La Fin du Monde" est prédite à chaque instant, à chaque coin de rue? C'est fou ça ! Mais que le diable m'emporte si ce n'est pas exactement de cela que parlent toutes les religions de la planète.

On va à l'église, on nous effraie à mort pendant une heure et demie, on nous chapitre sur les feux de l'enfer et la damnation éternelle, et puis on passe le panier pour pouvoir payer les prières des prêtres qui glisseront peut-être un petit mot en notre faveur auprès de Dieu afin que l'on ne souffre pas autant que le pauvre abruti du bas de la rue qui lui fréquente une autre Eglise! Et même si on souffre en ce bas monde, il suffit de croire assez fort et de le prouver de manière à ce que notre argent porte le témoignage de notre foi, car alors on sera récompensé par le paradis.

C'était en 1982, j'avais trois enfants en bas âge. Comme mère, je voulais savoir ce qu'il me fallait enseigner à mes enfants. Je savais que ce qu'on m'avait appris était effrayant. J'ai grandi à une époque où l'on apprenait aux enfants ce qu'il fallait faire en cas d'alerte atomique (Cuba n'est qu'à 130 km de la Floride, ma terre natale) et en même temps, les enseignements religieux conventionnels de ma famille (des Protestants purs et durs) exhortaient à « souffrir sur la Terre pour être récompensés en Paradis ».

J'avais certainement souffert de l'état du monde et de la foi telle qu'elle m'avait été enseignée. Je voulais vraiment, *vraiment*, savoir si je devais transmettre cela à mes enfants.

Quand je berçais mes petits dans mes bras, quand je contemplais leurs jolis visages innocents exempts encore des marques de soucis que le monde qui nous entoure nous imprime, je me demandais: « comment pourrais-je leur dire ces choses? Comment vais-je pouvoir leur annoncer que le monde dans lequel ils sont nés est si effrayant et si plein de pièges que leur vie est constamment en danger et leur âme en péril ? ».

Comment pourrais-je dire cela à mes enfants ?

Si c'était vrai, je *devais* le leur dire.

Mais, et si ce n'était pas vrai ?

J'étais sûre d'une seule chose: je voulais plus que tout dire la vérité à mes enfants, les préparer à tout ce qui les attendait dans la vie. Et une question me brûlait le cœur: qu'adviendrait-il si je disais des mensonges à ces petits êtres qui m'importaient plus que ma propre vie? Quelle sorte de mère serais-je alors? Quelle sorte d'amour maternel serait-ce donc là?

La Fin du Monde est une idée qui a fasciné l'humanité dès le début de son Histoire officielle, et peut-être même avant. Dans les enseignements de toutes les religions et philosophies, et de tous les mystères, il y a des indices, allusions ou même prétentions à la connaissance de cette prétendue fin de la situation actuelle de l'Homme sur cette Terre.

Certains enseignements affirment que la Terre elle-même cessera d'exister. D'autres proclament que l'Homme cessera d'exister sous sa forme matérielle. D'autre encore annoncent à grands cris un Jour du Jugement Dernier où les méchants seront éliminés de la surface du globe, tandis que les "élus" seront sauvés miraculeusement pour aller habiter une nouvelle et céleste "Cité de Dieu". La persistance de ces idées et leur fréquence tournent autour de la supposition que l'Humanité a débuté quelque part, à un certain moment, d'une certaine manière, et dès lors aura une fin quelque part, à un certain moment, d'une certaine manière.

Cette supposition est née de la tendance qu'a le conscient de penser de façon linéaire. Le matérialisme scientifique a porté cette tendance encore plus loin : « le monde doit nécessairement être né, donc il doit nécessairement mourir ». Et le matérialisme scientifique va encore bien plus loin en affirmant qu'il n'y avait rien avant cette naissance et qu'il n'y aura rien après. Les philosophes scientifiques parlent de "mécanicité accidentelle" de l'univers et enseignent que le seul sens de la vie est qu'il n'y en a pas: « mangez, buvez, amusez-vous, car demain vous serez morts ». Et puis… l'oubli…

Scientifiquement parlant, pendant longtemps le temps, la matière et le mouvement ont été acceptés comme faisant partie de la réalité et, en grande partie, continuent à être. Cependant, en fait, matière et mouvement sont des quantités inconnues: x et y, et sont toujours définis l'un par rapport à l'autre. C'est une absurdité de définir une inconnue au moyen d'une autre inconnue. Cela signifie que la science définit la matière comme étant ce qui se meut et le mouvement comme des changements au sein de la matière. La théorie du « Big Bang » ou Feu d'Artifice Cosmique est expliquée en ces termes. Un atome primordial (matière) d'une incroyable densité a "explosé" en mouvement (d'où est venu ce premier atome, comment l'espace dans lequel il a explosé est né, d'où provient la force qui a enclenché cet événement, tout cela est toujours à l'état d'ébauche). Et de cet événement, notre univers et la vie qui s'y trouve sont apparus "accidentellement". L'Homme est le but amoral d'une évolution mortellement biologique. L'esprit et l'âme sont des sous-produits inexplicables de la lutte pour la survie.

Pour l'homme de la rue, une table, une chaise, une orange sont des objets réels. Ils ont des dimensions. Trois pour être précis. Ils sont réels. Mais le sont-ils vraiment ? Le physicien (et le profane moyen) sait que ces objets sont composés d'atomes. Et c'est là qu'est l'os! L'atome disséqué (particules quantiques) démontre souvent certaines propriétés très déroutantes. Qui a jamais vu de ses propres yeux de la matière ou de la force? Nous pensons voir de la matière dans le mouvement, mais la physique nous a démontré que ce que nous voyons là n'est qu'illusion. Si nous nous efforçons de focaliser notre attention dessus, une particule/onde quantique étant une entité d'une dimension infime, elle est impossible à percevoir à cet instant comme un corps tridimensionnel se mouvant dans l'espace. Quand nous en détournons notre regard, la particule/onde quantique agit comme une onde d'énergie pure, une force invisible.

Alors, qu'est-ce que la matière? Quel est cet état dans lequel nous vivons? Est-ce que ce qui est physique disparaît quand il devient invisible? Manifestement non, puisque nous sommes incapables de voir l'électricité et d'autres forces de l'univers mesurables seulement par les effets qu'elles ont sur la "matière". Est-ce que ces forces disparaissent quand elles ne sont plus détectables par nos sens ou par nos instruments? Est-ce que ce que nous détectons grâce aux mécanismes subtils de notre esprit et de nos émotions n'existe pas, simplement parce que nous ne pouvons ni le voir ni le mesurer ?

La Science remet ces questions dans les mains de la religion, et alors nous sommes en quelque sorte avisés de « croire ce que nous voulons » dans ces domaines, parce que la Science ne se soucie pas de décrire des choses qu'elle n'est pas capable de matériellement peser ou mesurer. L'implication “pas si subtile que ça” de cette façon de voir les choses est que: peu importe ce que nous croyons car, comme le dit le physicien danois Niels Bohr : « il n'y a pas de réalité profonde »!

Dès lors, pour ceux qui croient qu'il existe quelque chose « au plus profond », qu'il y a une “signification” à la vie, si l'on veut l'exprimer ainsi, il n'y a qu'un endroit où trouver des réponses: les religions. De nos jours il y en a trois principales dans le monde, toutes monothéistes et dont la base commune est le judaïsme.

La Bible dit : « Au commencement, Dieu créa le Ciel et la Terre ». Ni la Bible, ni la Science ne peuvent dire grand chose de ce qu'il y a eu avant le commencement. Saint-Augustin, alors évêque, à qui quelqu'un avait posé la question : « que faisait Dieu avant de créer le monde? », répondit: « Il créait l'enfer pour ceux qui posent de telles questions ». Ce qui mit un terme aux questions. Peu en ont posé depuis.

Il existe bien sûr de nombreuses interprétations des enseignements monothéistes au sein et en dehors des explications «orthodoxes». Certains exégètes affirment que la signification de la vie se trouve dans l'auto-amélioration spirituelle et dans la préparation d'un meilleur avenir pour l'après-vie ou pour des vies futures. D'autres exégètes disent que la signification de la vie réside dans le travail de dissolution de l'ego dans la vacuité. Parmi les variantes récentes se trouve l'idée que le vrai but de la vie est d'aligner nos “réalités auto-créées” de manière qu'elles deviennent une, ce qui aurait pour résultat une seule race, qui pourra alors soit «opérer une ascension”, soit survivre aux cataclysmes prédits pendant un millier d'années, avant que les choses retombent peu à peu dans leur décrépitude habituelle. Bien sûr, cet effet ne peut être déclenché et maintenu que par un effort groupé d'élévation consciente. Il existe d'autres idées et combinaisons d'idées similaires.... Mais menant où?

Sommes-nous en fait un accident d'évolution dans un univers accidentel en route vers nulle part sauf l'oubli? Ou pire encore, est-ce que notre esprit, nos croyances, nos désirs de connaissance de choses plus élevées ne seraient pas nos plus grands défauts? Sommes-nous damnés par nos religions du simple fait de ces interrogations, ou bien ridiculisés par la Science du simple fait que nous pensons qu'elles doivent être posées? Il semble n'y avoir que deux réponses: c'est soit une très mauvaise plaisanterie, soit une erreur.

Malgré tout, nous devons poser la question: pourquoi vivons-nous dans un monde dans lequel l'extinction matérielle est une possibilité réelle? Sommes-nous vraiment au bord de l'abysse, en train de perdre l'équilibre, nous préparant à tomber dans un trou si profond et sombre que nous ne pourrons jamais en sortir?

Il existe deux théories principales du futur: celle d'un avenir prédestiné et celle d'un avenir libre. La théorie de la prédestination suppose que tous les événements futurs sont le résultat d'événements passés, et que si nous connaissons tout le passé, nous connaissons tout le futur.

L'idée d'un futur libre se base sur les «probabilités» quantiques. Le futur est soit partiellement déterminé, soit entièrement indéterminé par les diverses interactions possibles en un point donné. Cette idée du "libre arbitre" dit que tout acte délibéré et volontaire amène subséquemment des changements dans les événements. Ceux qui croient en la prédestination disent que les actes prétendument "volontaires" ne le sont pas: ils sont les résultats de causes incomplètement comprises qui en ont fait des actes impératifs. Bref: rien n'est accidentel.

D'une part nous avons la "froide prédestination", advienne que pourra, rien ne peut être changé. D'autre part nous avons une réalité qui n'est qu'un point au bout d'une espèce d'aiguille : le "présent", entouré de toutes parts par le Golfe de la Non-Existence: un monde qui vit et meurt à chaque instant.

Au cours de ces premiers jours d'interrogation en dehors des "normes de la foi religieuse", je tombai sur une idée émise par P.D. Ouspensky dans son ouvrage *Tertium Organum* :

> « A tout moment donné, tout le futur du monde est prédestiné et existe, mais il est prédestiné conditionnellement, c'est-à-dire que l'un ou l'autre futur se produira selon la direction des événements audit moment, si aucun autre facteur n'intervient. Et un nouveau facteur ne peut intervenir que du fait de la conscience et de la volonté qui en résulte. Dans le passé, ce qui est derrière nous, il n'y a pas seulement ce qui a été, mais aussi ce qui aurait pu être. De même, dans le futur il n'y a pas seulement ce qui sera, mais aussi ce qui pourrait être ».

Autrement dit, il y a une possibilité - ceci n'est qu'une suggestion - que les humains pourraient choisir quelque chose de différent du futur qui est en train de se développer autour de nous. Il était dès lors clair pour moi qu'un tel choix ne pouvait être fait que si l'on faisait l'effort de "prédire" l'avenir. En d'autres termes, pour savoir si le choix fait en un moment donné est le bon, il faut avoir une idée de ses conséquences.

Naturellement, les "religions conventionnelles" font sans cesse ce genre de suggestion: leur solution est que le seul changement qu'un être humain peut apporter est le "choix du bon Dieu" et de croire en lui assez fort pour que ce Dieu intervienne et redresse la situation, soit par des miracles, soit en tirant au moins les justes de la mélasse quand ils ont fait leurs preuves, tout en faisant souffrir tous les mécréants qui ont parié sur le mauvais cheval!

C'est alors que j'ai décidé qu'il me fallait analyser en profondeur les diverses religions et leur "passé", afin de déterminer quel est le "Vrai Dieu". Après tout, puisqu'il y a une telle diversité de croyances sur Terre, on peut supposer que quelqu'un a raison à l'exclusion de tous les autres, ou que personne n'a raison, ce qui inclut tout le monde.

Le monde étant dans les sales draps que l'on sait, et tout prédicateur qui se respecte clamant à travers l'Amérique que « la Fin est Proche », je décidai qu'il fallait me mettre à l'ouvrage sans tarder. Après tout, j'avais ces petits êtres sous ma responsabilité, et par-dessus *tout*, je voulais dire à mes enfants toute la Vérité que je serais capable de déterminer. Et cela signifiait que je ne devais ménager aucun effort pour déterminer quelle était cette Vérité avant de la leur transmettre. Si votre enfant demande du pain, allez-vous lui donner de la pierre? S'il demande du poisson, allez-vous lui donner du serpent? Je voulais donner à mes enfants ce qu'il y avait de meilleur, et fondamentalement cela a été ma motivation première dans ma recherche de la Vérité: l'amour de mes enfants.

Je peux dire que l'amour de mes petits m'a donné le courage de commencer à regarder ma propre foi d'un œil critique, puis de me mettre à la recherche des réponses à leurs questions.

Et c'est toujours le cas.

Ce que cela a impliqué c'est l'application de la méthode scientifique à l'étude des religions et des "réalités profondes" - chose qui allait au-delà de la physique ou du matérialisme.

J'ai découvert que je n'étais pas la première à avoir pensé à faire cela, et je disposais donc d'un matériau considérable à creuser. C'est ce que je fais donc, avec concentration et méthode, depuis maintenant plus de vingt années.

Les communications cassiopéennes ne sont qu'une partie de ce processus. En reconsidérant cette expérience consistant à accéder à "une conscience supérieure", dont j'ai indiqué qu'elle peut exister en théorie, il y aurait beaucoup à dire sur le fait que ce qui a été transmis "par les Cassiopéens" pourrait en fait provenir de mon propre subconscient. Après tout, j'ai passé pratiquement ma vie entière à lire tout ce qui me tombait sous la main, de l'Histoire à la psychologie. Le phénomène du scientifique s'acharnant à résoudre un problème difficile et qui, après avoir étudié tous les paramètres, découvre en rêve une nouvelle manière de mettre les choses ensemble pour résoudre ce problème, est bien connu des milieux scientifiques. La découverte de l'anneau de benzène fait partie de ces cas. Ce n'est donc pas aller trop loin que de dire que ce qui a été transmis par les "Cassiopéens", qui ont clairement affirmé « nous sommes *vous* dans le futur », pourrait bien être un processus similaire.

Le lecteur attentif observera que la majeure partie de la documentation cassiopéenne concerne l'Histoire et les raisons cachées des événements qui se sont produits et se sont en train de se produire dans ce monde. Cela me concernait certes: des événements et des choix d'actions et d'attitudes qui pouvaient mener soit à un futur positif, soit à un futur négatif, et donc, il se peut que les énormes quantités de mes lectures aient été re-triées et assemblées de façons nouvelles par mon propre subconscient ou supraconscient.

Quoi qu'il en soit, cela n'amoindrit en rien l'utilité de ce matériel. La découverte de l'anneau de benzène a été faite grâce à un songe et a permis des avancées scientifiques majeures. De cela il ressort donc que tout effort concerté pour examiner tous les paramètres d'une réalité et leur permettre de s'assembler ensuite de manière inédite ou selon un processus nouveau, s'avère fructueux à maints égards.

* * *

Ark a récemment eu l'occasion de discuter de la nature essentielle de cette approche lors d'un échange de vues avec Robin Amis, l'éditeur et commentateur de la *Gnose* de Mouravieff.

ARK À ROBIN AMIS :

Vous avez dit que :

La méthode scientifique a ses limites.

La connaissance devrait être comprise en termes plus larges de manière à inclure par exemple la “connaissance noétique”. En particulier :

a) il y a une véritable forme de connaissance qui est normalement associée à la religion.

b) les intellectuels ne la considèrent en général pas comme véritable connaissance.

Vous - Praxis- enseignez cette autre forme de connaissance et les circonstances dans lesquelles elle peut être comprise.

La raison pour laquelle Praxis (et d’autres religions) dépend d’une suspension de jugement est que les « nouveaux qui étudient ce matériel, en dépit du fait qu’ils obtiennent rapidement confirmation de sa réalité, ne le comprennent pas assez en profondeur ».

Je vais essayer d’analyser et détailler les points ci-dessus et peut-être aussi d’ajouter quelques idées nouvelles, ne serait-ce que pour pouvoir poursuivre la discussion.

Point 1) : je suis d’accord. Complètement. En fait, Il faut être un scientifique soi-même pour comprendre les limites et les faiblesses de la science, ainsi que les nombreuses “farces et attrapes”, et même mensonges, qui ne sont connus que de l’intérieur des cercles scientifiques.

Point 2): je confirme qu’une telle connaissance existe; je confirme que cela est important et même crucial. Et c’est pour cela que nous insistons, sur notre site Web et dans nos écrits, sur l’importance de la “connaissance” et non pas seulement de la “science” ou des faits. Tout dépend de ce que vous choisissez au départ: *ou bien vous partez d’un fait et vous suivez les indices qui mènent à la connaissance réelle, ou bien vous partez d’une hypothèse et vous interprétez tous les faits qui en découlent et peuvent, dès le départ, être basés sur un mensonge.*

a) que cette “vraie connaissance” soit, ait été, ou puisse être «associée à une religion” reste à débattre.

Le terme “associé” est plutôt vague et peut être à l’origine d’erreurs de compréhension. La science est, elle aussi, associée à la religion. Le Pape est entouré de conseillers scientifiques. Le Vatican soutient la recherche scientifique.

D’autre part, les plus grands crimes de l’Histoire ont aussi été (et le sont encore) associés à des religions d’une manière ou d’une autre.

La religion, si on l’analyse avec sincérité et dans un esprit critique, a bien des aspects ténébreux, et analyser les raisons de cet état de choses n’est pas tâche aisée.

Mais j'espère que vous serez d'accord avec moi pour dire qu'une des raisons pour lesquelles les religions ont ces points ténébreux est que les gens ont été endormis dans l'idée qu'elles possèdent, chacune, la "vraie connaissance" (ce que n'ont pas "les autres").

Dès lors, le concept même de « la vraie connaissance » est risqué. Il est facile d'imaginer que deux personnes différentes puissent découvrir des vérités orthogonales. Pour l'une, la vérité sera qu'il est nécessaire de tuer son prochain, tandis que pour l'autre, la vérité sera qu'il faut éviter d'être tué. Même la vérité noétique a des implications terre-à-terre. Du moins je le pense.

b) Bien que je comprenne que ce que vous avez écrit puisse décrire une tendance générale, il y a cependant des exceptions. L'Histoire a connu des scientifiques - de grands savants- qui étaient aussi des "mystiques". Pascal, Newton, Poincaré, par exemple. Dès lors, l'expression « ont tendance à considérer » que vous avez utilisée, me semble être appropriée. Mais en ce qui concerne ce point-ci, il est important de savoir s'il y a vraiment une contradiction dans le fait d'être un scientifique et d'appréhender en même temps d'autres formes de connaissance. Il me semble, et je crois que vous serez d'accord avec moi, qu'il n'y a là aucune contradiction intrinsèque.

Point 3) : Ici, naturellement, vous supposez que Praxis est déjà en possession d'une telle connaissance. C'est peut-être le cas, mais peut-être aussi que Praxis ne possède que des « fragments d'enseignements inconnus » et non le tableau tout entier.

Etant moi-même un homme de science, je suis toujours prudent, et je n'affirmerai jamais que je possède la pleine et entière connaissance de quelque chose. Je peux en savoir long sur les outils, théories, structures formelles, données, etc. Mais un jour, tous mes outils, données, théories et structures formelles peuvent se révéler faux ou inutiles du fait de la découverte d'une seule donnée qui ferait basculer la structure tout entière. Un scientifique digne de ce nom *doit* être ouvert à cela. Ce qui est important, dans les sciences, c'est de toujours rester ouvert aux surprises, aux nouveaux basculements de paradigmes, etc.

Je pense donc que vous - Praxis – enseignez ce que vous *croyez* être, en ce moment, la "vraie connaissance", et il se peut que vous ayez de très bonnes raisons pour ce faire. Il se peut que vous disposiez de très importantes connaissances - comme nous le pensons, basées sur la recherche- mais il se peut qu'il vous manque encore des pièces importantes, elles aussi, nous le pensons, basées sur la recherche.

Comment pouvons-nous savoir à l'avance jusqu'où nous mènera la découverte suivante?

Et ici je voudrais faire quelques commentaires constructifs (du moins je le pense).

Si nous parcourons l'histoire de "notre civilisation", nous constatons que les religions semblent exister depuis bien plus longtemps que les "sciences". Et nous voyons aussi que la religion n'a pas réussi. En dépit des enseignements religieux, les peuples sont toujours en guerre les uns avec les autres. L'être humain n'est pas devenu meilleur, et est souvent bien plus méchant que les animaux. Gurdjieff a décrit la vérité de notre condition - la condition de notre réalité en général- comme le "terrifiant de la situation". Elle est terrifiante cette situation car, quand on la *voit* réellement, on réalise l'étendue de l'échec des religions ou des "pouvoirs" des diverses versions de Dieu.

La Science, qui est apparue plus tardivement et a littéralement explosé au cours du dernier millénaire, a failli elle aussi. Elle a amené l'humanité au bord de l'auto-destruction. Les progrès en mathématiques, physique et informatique ont suscité la "théorie du jeu appliqué", où les "guerres" sont appelées "jeux", et où pour "gagner la partie" il faut tuer autant de gens que faire se peut, et aussi économiquement que possible.

Y a-t-il un espoir ? Et si oui, où?

Il est peut-être temps d'essayer autre chose? Peut-être qu'un "mariage de la science et du mysticisme" aurait quelque chance de succès?

Pourquoi ne pas prendre ce qui est bon dans les sciences et les religions et écarter ce qui ne l'est pas?

Qu'est-ce que les religions ont de meilleur?

Les religions nous enseignent une ouverture d'esprit et l'acceptation de possibilités qui sont loin d'être rationnelles. Les religions nous apprennent à faire attention aux événements singuliers, aux miracles, aux phénomènes qui sont fragiles et difficilement reproductibles. Enfin, les religions nous apprennent à voir l'intérieur autant que l'extérieur : "connais-toi toi-même" !

En fait, les points forts de l'approche religieuse sont les points faibles de l'approche scientifique.

La science est souvent étroite d'esprit et conservatrice: elle limite tout à ce qui est matériel et rigidement reproductible. La science nous enseigne que ce qui est "là-haut" n'a aucun lien avec ce qui est «ici-bas», et que tout doit être concret, pesable, mesurable et manipulable. Voilà pourquoi les nouveaux paradigmes sont tellement mal accueillis quand ils surgissent; mais ils surviennent dans les sciences mais rarement dans les religions qui elles sont "fixes", dogmatiques et ne sont pas ouvertes aux discussions.

Qu'est-ce que les sciences ont de meilleur ?

Les sciences sont ouvertes à la critique et à la discussion. Même si de nombreuses puissances sur Terre s'efforcent de faire une sorte de religion de la science, en général les théories scientifiques doivent être publiées et discutées publiquement. Nous pouvons trouver des erreurs dans des articles d'Einstein parce qu'ils sont publiquement disponibles, comme bien d'autres articles. Tout le monde peut apprendre les mathématiques, aussi avancées qu'elles soient, en lisant des monographies, des articles, en assistant à des conférences ou en discutant avec d'autres scientifiques.

Ce qui constitue la force des Sciences est donc la faiblesse des religions. Les religions sont toujours "secrètes" d'une façon ou d'une autre, même si ce secret est seulement la défense d'apporter aucun changement ou de poser aucune question parce la vérité ultime à propos de Dieu est un "mystère", un "secret". Voilà pourquoi les enseignements religieux sont si facilement déformés et mal interprétés. Il est tellement facile à l' "autorité centrale" de se trouver au pinacle de la religion et d'imposer aux adeptes la seule interprétation correcte à l'exclusion de toute autre.

Point 4) : Ce que vous dites à propos des étudiants incapables de juger avant longtemps est certainement vrai. Mais quant à les décourager d'émettre tout jugement, là j'émets des doutes.

Sûrement, c'était comme cela dans le passé. Les groupes, tant exotériques qu'ésotériques, étaient généralement petits. Les possibilités de voyager et de communiquer étaient très réduites. Mais de nos jours, il y a eu un changement qualitatif: nous sommes à présent à une époque où l'on peut instantanément communiquer en réseau à l'échelle planétaire. C'est pourquoi, une approche différente est possible: au lieu d'avoir un petit nombre d'étudiants et de leur « enseigner même quand ils ne sont pas tout à fait prêts », il nous est possible de nous adresser à ceux qui le sont.

Cela n'était pas commode dans le passé: les enseignants communiquaient, dans le meilleur des cas, avec quelques centaines d'étudiants. Maintenant, nous pouvons communiquer avec des millions. Que ceux qui ne sont pas prêts à franchir l'étape suivante restent où ils sont. Ceux qui le sont vous trouveront si vous faites ce qu'il faut pour cela et si vous *communiquez en réseau* de manière efficiente.

Dès lors, je ne découragerais pas les étudiants d'émettre des jugements et de discuter des sujets dès le début, même s'ils n'y sont pas préparés. Si leurs conclusions sont erronées, s'ils s'en vont ou lancent des attaques contre vous, c'est leur libre choix. Qu'ils aillent où leur esprit et leur cœur les conduisent. C'est du moins là notre approche au QFS1. Peut-être faisons-nous là une erreur, mais il est toujours bon d'essayer différentes méthodes quand elles sont disponibles.

* * *

Nous cherchons donc à combiner science et mysticisme pour ceux qui se sentent en adéquation avec cette approche. Et cela était prioritaire dans notre esprit - faire passer cela efficacement- quand nous avons mis au point l'aspect et les points importants du nouveau site "Cassiopée" remanié. Nous avons compris que dans le milieu "New Age", de nombreux "chercheurs" seraient opposés à cette approche. Eux cherchent un gourou, un messie, qui les conseillerait et confirmerait dans leurs choix. Ainsi que Ark l'a écrit, ceux qui ne sont pas prêts pour cette étape de Libération, qu'ils restent où ils sont ou retournent d'où ils viennent. Et si des lecteurs arrivent à des conclusions basées sur leurs illusions, ils sont libres de le faire, et nous n'en serons pas offensés. Chaque individu doit aller où son esprit et son cœur le mènent.

Il est bien évident que certains éléments apportés par les Cassiopéens ne peuvent provenir d'un "réarrangement" de la masse de documentation amassée dans mon subconscient au fil de mes années de lectures. A cet égard, étant donné la façon inédite dont cette documentation a été obtenue, grâce à un "effort de groupe", peut-être qu'une partie de ce matériel aurait été puisé dans des données subconscientes d'autres participants? Il se peut aussi qu'une partie de ce matériel ne soit que non-sens. De ma faute? De celle des autres? Ce sont toutes des questions dont nous tenons compte lorsque nous analysons le matériel transmis et le soumettons à vérification ou à épreuve.

Il y a encore une autre catégorie de matériel transmis: les informations qui par la suite se révèlent tellement pointues qu'elle ne peuvent tout simplement provenir du subconscient d'*aucun* des participants.

Et encore.

Peut-être qu'une conscience de ce qui se passe sur la scène politique ou sociale peut "trier et réarranger" les informations dans le subconscient de la même manière que s'est faite la découverte de l'anneau de benzène? Peut-être que les possibilités sont calculées dans le subconscient sur la base d'immenses quantités de données dont nous ignorons que nous les possédons? Peut-être que des vies entières d'observations du monde qui nous entoure, et constituées de milliards de bits de données peuvent être stockées dans notre subconscient, et ensuite permettre de très complexes "tris de données" et "estimations de probabilités" ?

Peut-être y a-t-il après tout une explication entièrement scientifique et naturelle au matériel transmis par les Cassiopéens, à l'exception de quelques éléments dont je suis certaine qu'ils n'ont jamais fait partie du conscient ou du subconscient d'aucun des participants: des éléments connus seulement de quelques rares personnes sur cette planète, et pour la vérification desquels nous avons dû creuser profond. Mais dans ce cas, c'est la preuve qu'il y a moyen d'accéder à de l'information qui se trouve dans des banques de données stockées dans des inconnus lointains.... N'est-ce pas justement là le point important? Ne sommes-nous pas à la recherche de ce petit indice qui permet d'affirmer qu'il y a une réalité au-delà de ce que l'esprit scientifique matérialiste accepte comme mesurable?

Tout comme certains outils mécaniques permettent d'augmenter la perception de certaines portées de lumière comme l'infrarouge ou l'ultraviolet, ou encore les rayons X et les ondes radio, il se peut que nos perceptions dites psychiques peuvent être accrues également. Cela a été ma théorie dès le début de l'Expérience Cassiopéenne, bien que jamais je n'aurais pu penser qu'elle me conduirait à entreprendre un dialogue avec "moi dans le futur".

Le cerveau est un instrument construit de manière à se focaliser sur la réalité dans des constructions mathématiques: il interprète les ondes de forme comme des objets matériels. Ce que j'avais à l'idée, dès le départ, était un processus qui permettait non seulement d'être capable de percevoir ces portées d'énergie qui sont d'ordinaire hors de portée de la perception tri-dimensionnelle, mais encore d'être capable de le faire de manière répétitive dans des applications pratiques. Le développement d'un tel processus impliquerait que non seulement nous pouvons percevoir les effets de myriades d'ondes de forme, mais encore que selon les amplitudes les énergies, nous pouvons prédire le résultat de certains mouvements et même, qui sait, de manière très précise.

Bien sûr, il semble que les descriptions de la grande réalité qui se trouve au-delà de l'espace-temps tridimensionnel soient, pour l'essentiel, difficiles autrement que par métaphores. Donc, je pense que nous pouvons supposer que la nature finie de notre esprit est auto-limitative en un sens. Il semble que tous les outils que nous pouvons créer et construire sont incapables de pénétrer dans ces mondes-là pour la simple raison que ces outils sont tridimensionnels. La seule manière matérielle dont nous pouvons dépasser notre réalité est par l'intermédiaire des mathématiques qui, elles, semblent transcender le temps et l'espace.

Il y a en fait un tas de recherches, faites en physique, qui paraissent provocantes, comme les anciens enseignements mystiques, et cependant, il est possible que la vraie nature de la réalité qui sous-tend notre monde se trouve au-delà de la mécanique et des théories quantiques.

Ark : Comme Wheeler le fait remarquer de façon succincte :

> Nous avons toutes les raisons de supposer que l'univers est rempli de plus d'incertitudes que de certitudes. Ce que nous savons de l'univers - en fait ce qui est connaissable- est basé sur quelques rares poteaux de signalisation épars, recouverts du papier mâché de nos théories.

Popper a fait les importantes observations suivantes :

> … toute science explicative est impossible à rendre complète, car pour la compléter il faudrait pouvoir en donner une description explicative elle-aussi. Un résultat encore plus frappant est implicite dans le fameux théorème de Gödel sur l'incomplétude de l'arithmétique formalisée (encore qu'utiliser le théorème de Gödel et d'autres théorèmes d'incomplétude mathématique dans ce contexte est comme de tirer au canon sur une mouche). Puisque toutes les sciences physiques ont recours à l'arithmétique (et puisque, pour un réductionniste, seule la science formulée en symboles de physique possède quelque réalité), Le théorème de Gödel sur l'incomplétude rend incomplète toute science physique. Pour le non-réductionniste, qui ne croit pas à la réductibilité de toute science à une science formulée en termes de physique, la science est incomplète de toute manière.
>
> Non seulement le réductionnisme philosophique est une erreur, mais la croyance que la méthode de réduction permet une réduction complète est- semble-t-il, aussi une erreur. Nous vivons dans un monde d'évolution émergente, où les solutions aux problèmes, quand elles sont trouvées, engendrent à leur tour de nouveaux et plus profonds problèmes. Par conséquent, nous vivons dans un univers d'innovations émergentes, où la règle est que ces innovations ne sont complètement réductibles à aucune des étapes précédentes.

Et il ajoute :

> Néanmoins, la méthode de tentative de réduction est extrêmement fructueuse, non seulement parce que nous apprenons beaucoup de ses succès partiels, en faisant des réductions partielles, mais encore parce que nous apprenons de nos échecs partiels, de ces

> nouveaux problèmes mis à jour par nos échecs. Les problèmes ouverts sont presque aussi intéressants que leurs solutions. En fait, ils le seraient tout autant, si toute nouvelle solution n'ouvrait pas à son tour une fenêtre sur un autre monde de problèmes ouverts.

Nous pouvons penser que de nombreuses vérités étaient connues des peuples du passé et qu'en fait ils ont exprimé des réalités profondes et mystérieuses dans leurs messages obscurs et poétiques. Des mystiques et des clairvoyants - même en termes de communication avec "moi-même dans le futur" paraissent percevoir des états quantiques, dont il est aisé de démontrer la difficulté de traduction dans le langage.

L'expérience de la vision simultanée de la réalité de cause à effet est extrêmement difficile à conserver lorsqu'on est constamment bombardé d'interprétations tridimensionnelles.

Peut-on imaginer la difficulté qu'il y aurait à expliquer à un escargot l'étendue d'un hectare de terrain? Les mystiques et les clairvoyants s'y sont efforcés pendant des millénaires, avec pour résultat que la grande majorité des êtres humains ont complètement et absolument mal interprété ces concepts. Et il n'y a pire mensonge qu'une vérité mal interprétée par ceux qui l'entendent: les plus grands mensonges sont les ténébreux et effrayants systèmes religieux créés par ceux qui ne comprennent pas.

CASSANDRE

> On ne sait jamais à quel point on croit vraiment en quelque chose jusqu'à ce que sa vérité ou sa fausseté devienne une question de vie ou de mort. Il est facile de dire que l'on croit qu'une corde est suffisamment solide, aussi longtemps que l'on se contente d'encorder une caisse. Mais supposons que l'on doive se suspendre à cette corde au-dessus d'un précipice. N'aimerait-on pas alors découvrir d'abord combien de foi on peut avoir en elle? (C.S. Lewis)

INTRODUCTION

Comme beaucoup d'entre vous qui ont décidé d'acquérir ce modeste livre, j'aspire à une "évolution spirituelle". Et comme beaucoup d'entre vous, j'ai cherché longtemps, aussi loin que remontent mes souvenirs. Peut-être même depuis ma naissance. Et comme beaucoup d'entre vous, au cours de ma Queste des "vérités spirituelles", je me suis trouvée maintes fois devant le mot "Ascension". Et enfin, comme beaucoup d'entre vous, j'ai trouvé des centaines, voire des milliers de définitions de ce mot et des techniques supposées faciliter l'accès à cet objectif si convoité.

Alors que j'en cherchais une définition concise et sa philosophie, je décidai de "surfer" sur la Toile dans cette intention. Je tapai le mot "Ascension" ainsi que le mot "spirituelle" sur un moteur de recherche populaire. Il me revint 115.000 réponses pour mon édification. Pourquoi donc, à ce moment précis de l'Histoire, tant d'attention est-elle portée à ce sujet?

Nous connaissons tous la réponse à cette question. C'est à cause de l'état du monde dans lequel nous vivons.

Les lois de la probabilité nous disent que sans aucune intervention "intelligente", 50% des événements qui se produisent dans le monde devraient être bénéfiques à l'humanité. Dans un sens purement mécanique, la vie dans notre monde aurait alors dû atteindre un certain "équilibre". Une intervention dans des décisions intelligentes de *faire le bien* devrait faire monter cette moyenne à environ 70%. Cela signifie que l'humanité devrait avoir progressé, au cours des millénaires, de manière à avoir atteint un stade où des choses "bonnes" ou "positives" se produisent plus fréquemment que des choses "mauvaises" ou "négatives". Si cela était le cas, alors de nombreux problèmes que rencontrent les hommes auraient effectivement été résolus. Les guerres et les conflits seraient devenus une exception, au *moins 70% de la population terrestre* bénéficierait d'une couverture médicale décente, aurait un toit confortable au-dessus de la tête, et assez de nourriture équilibrée pour que la mort par la famine ou la disette soit pratiquement inconnue.

Les faits sont cependant très différents.

Plus de 840.000.000 de personnes souffrent de la faim sur cette Terre. Cela correspond à *environ trois fois la population de tous les Etats Unis*. Je parle de la faim chronique, persistante, qui tue 24.000

personnes *chaque jour*, c'est-à-dire plus de 8 millions chaque année. Parmi ceux qui meurent de faim, trois sur quatre ont moins de 5 ans.

D'après le *Historical Atlas of the Twentieth Century*, au cours des cent dernières années il y a eu approximativement 2 milliards de décès (y compris de civils) dus à des guerres, des gouvernements tyranniques, et des famines provoquées par l'homme. Lorsqu'on sépare ces chiffres en décès causés par le Communisme et décès causés par le Capitalisme, on constate qu'ils sont pratiquement égaux, bien que légèrement plus élevés pour le Capitalisme, ce qui peut surprendre ceux qui sont convaincus que le système capitaliste est le « bon » système. "Tu les reconnaîtras à leurs fruits".

Lorsque nous voulons examiner les statistiques de mortalité *non* due à la guerre ou à la famine, nous constatons qu'il est plus difficile d'obtenir des chiffres précis, parce que les statistiques sont presque toujours exprimées en pourcentages et non en chiffres concrets de populations. On a le sentiment que les chiffres réels sont tellement effrayants que cette approche est adoptée afin de ne pas devoir regarder les faits en face. Une chose certaine est que les décès dus à des maladies cardiovasculaires et des attaques d'apoplexie sont en majorité dans 31 des 35 pays de l'hémisphère occidental qui publient des statistiques sur la mortalité due à des maladies. On trouve les taux de mortalité les plus élevés dans les pays anglophones des Caraïbes, Etats-Unis d'Amérique, Canada, Argentine, Chili et Uruguay. Les taux de mortalité liés à ces causes sont en train d'augmenter en Amérique Centrale et dans les régions des Caraïbes latines, à mesure que ces zones passent sous l'influence du capitalisme occidental.

Nous parlons ici de statistiques "discrètes" de notre réalité actuelle. Même à présent, il est facile d'oublier qu'il y a eu plus de 65 millions de décès dus à la seule la deuxième guerre mondiale et que les décès dus à la famine se poursuivent à un rythme tranquille, constant, derrière les coups de trompette annonçant des assassinats par balles dans les écoles, des procès à sensation pour meurtres, et parlant d'enfants qui deviennent des objets de disputes internationales pour leur garde.

Je ne crois pas qu'une seule personne sur cette planète refuserait de dire qu'elle souhaite de meilleures conditions de vie pour elle-même et ses enfants; et la plupart des gens ajouteront qu'il ne leur est pas possible de les réaliser dans leurs circonstances actuelles. Sauf pour une très petite minorité de gens très malades mentalement, je ne pense pas que la souffrance et la misère, la maladie et la mort, ou le désespoir, soient agréables à contempler dans aucun contexte. Et ici encore, nous devons nous demander:

pourquoi, si toutes ces choses sont si détestables pour les êtres humains en général, si tant de gens travaillent, pensent et prient pour améliorer les conditions dans notre monde, alors pourquoi ces prières restent sans réponse?

Les aspirants à l'Ascension – dont un grand nombre pourraient être considérés comme faisant partie d'une "Intelligentsia" – sont conscients de tout cela et se demandent: « Quelle est l'origine de toute cette misère et de toute cette souffrance? Est-ce que cela se produit « juste comme ça » ? Est-ce que des gens, et seulement des gens, en font souffrir d'autres ? Est-ce qu'il faut penser que Dieu est bon mais permet que de mauvaises choses se produisent »?

"N'oublions pas le pouvoir de la prière" nous disent les autorités religieuses, ou "la pensée positive" nous disent les gourous New Age. Le seul problème est que la pensée positive ne semble pas avoir beaucoup amélioré le monde, même quand il était certain que pratiquement tous sur la planète priaient pour le même résultat.

Jésus a promis: « Si deux d'entre vous se mettent d'accord et demandent, ... cela leur sera accordé. » (Mat. 18:19) C'est une promesse. De quoi avez-vous besoin, ou qu'est-ce qui vous est nécessaire? Il suffit de demander!

Mais cela ne semble pas fonctionner, nous le voyons bien!

Plus de 60 millions de personnes sont mortes parce que Dieu n'a pas fait ce que tout le monde pensait qu'Il ferait. C.S. Lewis s'est battu avec ce problème pendant la dernière partie de sa vie. Il voyait clairement qu'avant que la deuxième guerre mondiale n'éclate, quasiment chaque être humain sur cette Terre avait prié Jésus, Dieu le Père, la Vierge Marie, Allah, Bouddha toutes les divinités possibles, pour que le monde soit protégé, pour que cette chose terrible ne se produise pas. Le souvenir de la « Grande Guerre » était encore trop vivace dans toutes les mémoires. Tous se remémoraient les horribles carnages et avaient fait le serment que cela ne se reproduirait jamais plus!

Et finalement, après que la Terre entière eût poussé le cri de prière le plus puissant de mémoire humaine, *près d'un tiers du monde est devenu inhabitable et 65 millions d'êtres humains sont morts.* Voilà la réponse de Dieu à la prière. Voilà le pouvoir de la "pensée positive".

Pensez-y.

A travers toute l'Histoire il y a toujours eu des groupes priant leur(s) dieu(x) de les protéger des ravages d'autres groupes. Les groupes d'en face prient avec tout autant de ferveur, pour que leurs ravages soient fructueux. Quand un groupe réussit à en tuer un autre, est-ce que cela prouve que son dieu est le Dieu Suprême ?

Que se passe-t-il lorsqu'un membre du groupe victorieux se réincarne [1] dans le groupe des vaincus? Ceci n'est pas juste une question rhétorique : un livre très intéressant[2] mentionne le fait qu'un grand nombre de Juifs morts lors de l'holocauste seraient à présent réincarnés en tant que Chrétiens. On a également émis l'idée que de nombreux Nazis seraient à présent incarnés en tant que Juifs. Alors, qu'en est-il du concept selon lequel « Mon Dieu est le seul vrai Dieu »?

Selon ma propre expérience d'hypnothérapeute, je peux affirmer au lecteur que tous les cas sur lesquels j'ai travaillé dans le cadre d'une "thérapie par les vies passées" ont fait montre d'une telle variété de nationalités et d'orientations religieuses dans leurs «vies passées», que cela rend littéralement ridicule quiconque affirme avec une certitude absolue que les croyances ou orientations religieuses *actuelles* sont les seules *valables*. Il est évident que ceux qui crient avec le plus de véhémence sur un groupe adverse se réincarnent tôt ou tard dans ce même camp adverse.

Ceci amène la question de savoir pourquoi nous sommes incapables de nous souvenir des leçons reçues dans des vies précédentes; pourquoi la sagesse de l'âme est-elle hors de notre portée? *Si les humains ont une âme ou un esprit; pourquoi la connaissance acquise au cours des cycles karmiques passés n'est-elle pas intégrée dans la sagesse de ces mêmes humains?* La réponse à cette question fait naturellement partie de la Queste de l'Ascension: retrouver cette connaissance, entre autres choses.

Les questions qui demandent comment nos convictions peuvent former notre réalité sont parmi les plus importantes de toute notre recherche de conscience. C'est pourquoi de nombreux chercheurs abandonnent les "religions standard" et se mettent à chercher la "Vérité" par les voies et moyens de l'Ascension.

Nous voyons qu'il est discuté en long et en large de l'Ascension dans des livres, des articles, sur la Toile, lors de séminaires et ateliers, et dans d'autres médias. En général, il est fait mention de la recherche "d'une chose qui va transformer votre vie". Diverses "techniques" sont annoncées à coups de publicité qui promettent d'évacuer le stress, et même qui « donnent la clé des états de conscience humaine les plus élevés ». Le client du supermarché où sont exposés les "outils d'Ascension" sait qu'il lui est possible *maintenant* de choisir ceux qui, avec facilité et rapidité, libèrent le

[1] Des recherches approfondies nous font émettre l'hypothèse qu'il y a de fortes chances pour que la réincarnation soit un fait objectif.

[2] Gershom, Yonassan, Rabbi, *Beyond the Ashes (au-delà des cendres)*, 1992, A.R.E. Press, Virginia Beach.

système nerveux de toute tension, permettent de bénéficier d'un maximum de créativité, clarté d'esprit et santé, et de faire l'expérience de la paix intérieure, du sentiment d'accomplissement et de la joie et, cela va de soi, de modifier ses croyances étriquées et contraignantes.

Une autre perspective de l' "Ascension" nous montre que « l'Ascension est le moyen d'intégrer toutes les parties du soi d'une manière consciente ». On dit à celui qui cherche qu'il/elle est « un être multidimensionnel qui a semé des fragments de lui-même/d'elle-même dans la réalité physique » et que « se souvenir de qui on est » est un acte d'intégration et de dépouillement du voile du temps, des identités et de l'état de séparation qui existe en soi. A part la santé, la richesse et la sagesse, on ne sait pas très clairement quel sera le résultat.

Si nous poursuivons notre lecture en puisant dans la littérature disponible, nous découvrons encore d'autres idées. Un "expert" sur le sujet nous dit que ce que l'on appelle "Ascension" n'a été réalisé dans le passé que par des mourants, mais qu'à présent tout le monde peut le faire en emportant avec soi son corps physique. Il suggère que la spiritualité est tellement avancée à notre époque, que les âmes "passent de classe » plus rapidement. C'est comme s'il affirmait qu'une "courbe de succès" aurait été instituée, et que les exigences sont devenues moins grandes. Ou bien c'est le cas, ou bien il n'a pas fait très attention à ce qui se passe "là-bas".

La preuve qu'une "spiritualité avancée" fait cruellement défaut dans notre monde est la vacuité des affirmations New Age selon lesquelles « les "travailleurs de la lumière" peuvent "aider à provoquer l'Ascension des masses avant la mort physique, avant d'épuiser le corps physique résistant à l'évolution. Beaucoup plus d'énergie pourrait être consacrée au positif, et bien moins pourrait être gaspillée dans le négatif. »

Une fois encore, nous notons que la réalité objective ne soutient pas une telle prétention. Au contraire, depuis le début du mouvement « Nouvel Age », si on peut l'appeler ainsi, les choses ont fortement empiré.

Ceci nous amène à un autre point: il semble que nous devions accepter le fait objectif que les tentatives faites pour changer le monde spirituellement ou pour réguler les grands événements n'aboutissent tout simplement pas. Oui, il semble y avoir une évidence que des personnes isolées ou de petits groupes peuvent provoquer des changements modestes ou produire des effets d'influence modérée. Mais pour une raison ignorée, le monde tel qu'il est semble obéir à des règles ou des lois que nous ne comprenons pas. La nature fondamentale du monde physique paraît être l'antithèse de cette "spiritualisation".

Un ouvrage récent qui s'efforce d'expliquer scientifiquement cette aptitude à influencer le monde, *Conscious Acts of Creation*, (Actes conscients de Création) nous dit:

> Ce livre trace une ligne de séparation nette entre les anciennes façons de penser scientifiques et anciens protocoles expérimentaux selon lesquels les qualités humaines de conscience, d'intention, d'émotion, de mental ou d'esprit ne peuvent affecter de manière significative la réalité physique, et un nouveau paradigme selon lequel tout cela est indéniablement possible![3]

Ce livre, écrit par trois scientifiques "orthodoxes", poursuit:

> ...en ayant recours à un protocole expérimental unique dans le cadre de systèmes tant animés qu'inanimés, selon lequel la qualité humaine de l'intention focalisée, peut être amenée à agir en tant que réel potentiel thermodynamique et peut influencer fortement les mesures expérimentales dans un grand nombre d'expériences à but spécifique.

A la fin de près de 400 pages remplies de mathématiques, de spéculations et de descriptions d'expériences, on nous dit:

> Dans certaines conditions, il est en effet possible de rattacher un aspect de la conscience humaine, une intention spécifique, à un appareil électrique simple, et de faire en sorte que cet appareil, lorsqu'il est activé, influence fortement une expérience menée dans son voisinage, en complet accord avec l'intention rattachée. Donc, s'ils le font selon certaines règles, les humains sont capables d'influencer leur environnement par des intentions spécifiques et soutenues. [...] Un nouveau champ paraît être inclus dans le passage des informations, qui est suscité entre des endroits conditionnés largement séparés les uns des autres dans l'espace physique. Même avec des transmetteurs et des récepteurs installés dans des cages de Faraday reliées électriquement à la terre, des modèles d'informations fortement correlées apparaissent dans les endroits les plus éloignés. [...] Bien que nous ne les comprenions pas entièrement, nous disposons à présent de nouveaux outils qui nous permettront de sonder les structures les plus profondes de l'univers, et l'humanité est en route pour de nouvelles aventures.[4]

---

[3] Tiller, William A., Ph.D., Dibble, Walter E., Ph.D., Kohane, Michael J., Ph.D., 2001, Pavior, Walnut Creek (www.pavior.com)
[4] Tiller et al, ibid.

Il est important de noter que ceux qui ont été choisis comme “projeteurs d’intentions” étaient des adeptes de longue date du Siddha Yoga et pouvaient donc être considérés comme métaphysiquement “en harmonie” dans une mesure non négligeable. La question qui se pose est: Qu’ont-ils accompli? Selon les descriptions, c’est plutôt impressionnant, non? Eh bien, comme je l’ai dit, après environ 400 pages nous voyons que le résultat le plus probant paraît avoir été de changer le pH d’un petit échantillon d’eau.

Oui, oui, comme je vous dis !

Cependant cela est important pour la simple raison qu’ils sont parvenus à démontrer scientifiquement un principe, même si le résultat final est ce qu’il est: une proposition pleine de points d’interrogation; et il semble aussi qu’ils ne soient pas parvenus à contrôler grand chose. La plupart des résultats étaient “statistiques” et cela a toujours été un problème quand on veut “créer sa propre réalité”. Lorsqu’on examine toutes les données, on constate généralement qu’on trouve ici « six d’une sorte» et là « une demi-douzaine de l’autre sorte ». Parfois ça marche, et parfois non. Personne ne semble savoir quelles sont vraiment les règles.

Nous aimerions tous penser que nous pouvons transformer notre monde en priant et/ou en pensant positivement; mais nous devons nous souvenir que de nombreuses preuves nous sont données que *la plupart des réelles transformations de la planète se sont produites à la suite de cataclysmes.* Une philosophie qui ignorerait cela irait droit au désastre.

Nous avons donc ainsi un indice qui nous dit que le problème pourrait bien ne pas être résolu aussi facilement que ne voudraient nous le faire croire les nombreux promoteurs des diverses « méthodes ou techniques d’ Ascension. Dès lors, demandons-nous: si le processus d’Ascension est sensiblement plus complexe que ne voudraient nous le faire croire les nombreux promoteurs des diverses méthodes proposées actuellement, pourquoi les 115.000 pages sur la Toile? Ce sujet mérite une discussion plus approfondie dans le cadre de certains problèmes de notre monde qui y sont indiscutablement liés.

DE L’ARNAQUE COMME S’IL EN PLEUVAIT

En 1931, Aldous Huxley écrivait *Brave New World* (le meilleur des mondes) dans lequel il disait:

> Les anciens dictateurs sont tombés parce qu’ils n’ont jamais pu donner à leurs sujets assez de pain, assez de jeux, assez de

> miracles, ni assez de mystères. Et ils ne possédaient pas non plus un système réellement efficace de manipulation des esprits.
>
> Sous un dictateur scientifique, l'éducation fonctionnerait vraiment bien—avec pour résultat que les hommes et les femmes en viendraient à aimer leur servitude et ne rêveraient jamais de révolution. Il ne semble y avoir aucune bonne raison pour laquelle une dictature vraiment scientifique en viendrait à être renversée.

Aldous Huxley a également fait très tôt le lien entre les effets éprouvés par ceux qui consomment des drogues psychédéliques et les expériences mystiques de l'Orient; et cela a fait éclater avec un grand BANG ! la bombe de la prise de conscience! Alors on a vu apparaître en tête de la parade des « allumés de l'harmonie », Timothy Leary et Richard Alpert alias Baba Ram Dass avec leur LSD et autres merveilles à secouer le mental. Abraham Maslow est devenu la figure patriarcale de la nouvelle "vague" de ceux qui désiraient colmater les brèches de leur réalité avec des « expériences au sommet ». Abraham Maslow considérait les drogues psychédéliques comme des moyens permettant même à des personnes ordinaires d'obtenir un soupçon de l'expérience que les mystiques de l'Orient mettent des années à accomplir. Maintenant, il était possible de s'inscrire à un séminaire d'un week end à Big Sur, ou d'étudier par correspondance pour la modique somme de USD 29.95 la leçon! Quelle bonne affaire!

Expériences au sommet—expériences, expériences, expériences partout. Les expériences devinrent le pot d'or à l'extrémité de l'arc-en-ciel dans les années 1960. Plus personne n'était obligé de vivre dans le Désespoir Existentiel! Tout le monde pouvait devenir un "voyageur spirituel" et faire des séjours prolongés dans des mondes de conscience dont on avait seulement entendu parler par mystérieuses allusions voilées au cours des âges. [5] Groupes de rencontre, thérapies radicales, combinaisons anciennes et nouvelles de théories et de pratiques déboulèrent sur le tapis roulant de la techno-spiritualité. Les intangibles de l'esprit étaient enfin sous le harnais! Chacun pouvait vivre les expériences qu'il voulait en manipulant sa conscience aux niveaux physiques et psychologiques primordiaux. Peu importait que tout cela fît litière des processus vitaux de la raison et de la prise de décision consciente. Par sa nature même, toute la machine techno-spirituelle fonctionnait sans aucune pensée critique; elle puisait au puits sans fond du sentiment et de l'émotion de l'être primitif. Peu importait que la plupart de ces

[5] Conway, Flo, Siegelman, Jim, *Snapping: America's Epidemic of Sudden Personality Change*, 1978, Lippincott, Williams and Wilkins.

émotions fussent imprégnées de négatif, de confusion, d'anxiété et de frayeur! Il fallait tout tirer au grand jour et en faire une grande fête!

Chacune des nombreuses techniques mises au point à cette époque pouvait parfaitement produire une certaine extase émotionnelle. Il y a eu un nombre infini d' « expériences au sommet » et de spectaculaires « réalisations de soi ». Le mélange du Zen, du yoga, et de la méditation, avec des drogues, le tout assaisonné d'une stricte technologie mécanique, déclencha une véritable aventure de la prise de conscience ! Le problème était que parmi tous ces voyages au sommet, pétage de plombs, allumage, harmonisation, et rencontres, de nombreuses personnes se sont trouvées devant des choses qui n'auraient peut-être pas dû être remuées. Les frontières avec des mondes invisibles et terrifiants furent rompues. William Chittick, traducteur des oeuvres du grand Soufi Shaykh, Ibn al-'Arabi, écrit:

> De nos jours, la plupart des gens qui s'intéressent à la spiritualité orientale aspirent à l' "expérience", bien qu'ils puissent en arriver à savoir qui ils sont grâce à une communion intime avec Dieu. Ceux qui connaissent bien les standards et normes de l'expérience spirituelle établis par des disciplines comme le Soufisme par exemple, sont généralement consternés lorsqu'ils s'aperçoivent que les Occidentaux considèrent n'importe quelle apparition étrangère à la conscience normale, comme une manifestation du « spirituel». En fait, il existe d'innombrables mondes dans l'Invisible, et certains d'entre eux sont bien plus dangereux que la pire des jungles du monde visible. [6]

> Alors mes frères, protégez-vous des calamités de ce lieu, car il est extrêmement difficile de le distinguer! Les âmes trouvent qu'il est doux d'y vivre, mais elles sont dupées car ensuite elles ne peuvent plus s'en détacher. [7]

A la fin des années 1960, le mouvement du « potentiel humain » était devenu un véritable pot-pourri de religions, sciences, sciences occultes mysticisme, et magie noire. L'utilisation de drogues était devenue incontrôlable, et les "techniques" commencèrent à montrer leurs faiblesses quand un certain nombre de tragédies se produisirent, dont le résultat fut le crime ou la folie ; et l'idée que les humains étaient en train de devenir des « surhommes psychiques » s'écroula. La promesse des années 1960 s'enfonça

[6] Chittick, William, *The Sufi Path of Knowledge*, (1989) State University of New York, Albany.

[7] Suf Shaykh, Ibn Al-'Arabi, in *Futuhat* (Unveiling) III 38.23 traduit et cité par William Chittick dans « *The Sufi Path of Knowledge* », op. cit.

dans une léthargie nostalgique: Les vieux hippies vivant en communauté se contentèrent dès lors de lisser leurs boucles grises tout en guignant les jolies adolescentes dansant le bop pendant qu'ils allumaient un nouveau pétard tout en évoquant « le bon vieux temps » d'Esalen.

Mais attendez! Ce n'est pas tout! Rappelez-vous. Ici c'est l'Amérique! La patrie du Libre Marché. Beaucoup ont suggéré que la croissance subséquente du mouvement de prise de conscience « New Age » était due aux sociétés commerciales qui avaient vu le tas d'argent qu'il y avait moyen de "se faire" en mettant au point de la psychanalyse et du psycho-drame joliment ré-empaquetés dans des emballages brillants. Il y a eu, en effet, distribution de masse et marketing « Madison Avenue » de choses telles que Mind Dynamics (Dynamique de l'Esprit), Arica, Méthode Silva pour le Contrôle du Mental, Méditation Transcendentale, etc., etc. Les chefs d'entreprises savent reconnaître une bonne affaire. Cependant, il y a ici plus que ne le perçoit le premier coup d'œil. Et c'est important dans le cadre du sujet qui nous occupe. Alors, suivez-moi bien.

QUELQUE CHOSE DE TERRIBLE EST EN TRAIN DE SE PRODUIRE»...

Richard Dolan a écrit *UFOs and the National Security State (OVNIs et Etat de Sécurité Nationale)*, la première étude exhaustive des réponses faites au cours des cinquante dernières années par le gouvernement des Etats Unis sur le phénomène d'invasion du territoire national par des OVNIs. Les preuves assemblées (qui comprennent des documents officiels) suggèrent qu'un groupe de spécialistes travaillant dans l'ombre, ont élaboré et exécuté la plus grande opération de dissimulation de la vérité de toute l'histoire du gouvernement, et que le mouvement du Potentiel Humain et ensuite les mouvements New Age, ont été *des éléments clés* de cette opération de dissimulation. Autrement dit, ils ne se sont pas contentés d'utiliser comme un outil inconscient de désinformation la "communauté haute en couleurs" qui présentait des idées alternatives, mais il est plus que probable que tout cela a été voulu par eux dans le cadre de leur programme de désinformation «COINTELPRO». Selon certains analystes, le COINTELPRO était le programme secret du FBI destiné à calmer le bouillonnement populaire qui a soulevé la pays dans les années 1960. Bien que l'intitulé signifie « Programme de Contre-Renseignement » , les cibles n'étaient pas les espions ennemis. Le FBI s'est employé a éliminer l'opposition politique « radicale » au sein des Etats-Unis.

Ce que beaucoup ne réalisent pas c'est qu'il s'est agi d'une vaste opération psychologique destinée à véhiculer des tendances « idéologiques » (croyances, etc.). Pour bien situer le problème, voici ce que Dolan écrit:

> Le problème des OVNIs touche les personnels militaires dans le monde entier depuis plus de cinquante années, et il est toujours gardé secret. [...] Puisque ce sujet est tourné en ridicule la plupart du temps, il est important de souligner pourquoi il mérite une sérieuse attention.[...] Des histoires d'objets étranges vus dans le ciel courent de par le monde depuis des temps immémoriaux, mais le problème n'a suscité aucun intérêt jusqu'à la Deuxième Guerre Mondiale. [...] Pendant la vague d'OVNIs qu'il y a eu en 1947, l'Armée et les services de renseignement américains ont mené de multiples enquêtes simultanément en plusieurs endroits, sur ces apparitions. [...] Pour la fin 1947, un contingent d'analystes de l' Air Technical Intelligence Center, à la base aérienne Wright-Patterson, étaient convaincus que ces OVNIs étaient d'origine extraterrestre. En été 1948, cette équipe fit circuler une "Evaluation de la Situation." [...] On dit que le Commandant de la Force Aérienne, Hoyt Vandenberg, rejeta [cette conclusion.] [...]
>
> Pendant l'été 1952... Les apparitions d'OVNIs furent si fréquentes et souvent si nettes, que certains des membres de la force aérienne commencèrent à se demander si une invasion n'était pas en train de se préparer. En janvier 1953, avec l'aide du Robertson Panel secrètement patronné par la CIA, la force aérienne accentua sa censure du problème. Cependant, le succès ne fut pas total. Des organisations civiles se mirent à rassembler et analyser des rapports d'apparitions d'OVNIs. [...] Puis vint la grande vague d'OVNIs de 1965 et 1966, et la force aérienne se vit dans l'impossibilité de continuer à se cacher derrière des ballons-sonde ou des effets de gaz des marais, et d'échapper ainsi à l'intérêt du public. [...]
>
> Arrêtons un moment pour analyser la situation. Vers le milieu des années 1940, les services de renseignement américains avaient des raisons de croire qu'il y avait dans le ciel des objets fabriqués, qui ne provenaient ni d'Amérique, ni de Russie, ni d'Allemagne, ni d'aucun autre pays d'ailleurs. Ces objets violaient des espaces aériens très sensibles, et ne semblaient pas être des phénomènes naturels. On peut présumer que les autorités à la tête de la Sécurité Nationale eurent désormais l'obsession de déterminer la nature et la raison d'être de ces objets, et nous pouvons penser

que ce problème devint un grand secret à partir de 1946, ou 1947 au plus tard.[8]

C'est à ce moment précis que le mouvement du Potentiel Humain vit le jour. Pouvons-nous penser qu'il s'agit là d'une coïncidence? Vers le milieu des années 1950 il était devenu clair que les choses n'étaient plus sous contrôle, et en août 1956, le FBI mit en place l'opération COINTELPRO de désinformation. Lorsqu'on réalisa que les moyens traditionnels de répression (dénonciations, harcèlement permanent, et poursuites pour crimes politiques) n'étaient pas suffisants pour calmer l'effervescence naissante, et même l'alimentaient, le Bureau prit en main la législation. Ses méthodes s'étendirent bien au-delà de la simple surveillance, et étaient en fait la version nationale des actions en sous-main pour lesquelles la CIA est devenue si infâme aux yeux du monde entier.

En général, quand on pense au COINTELPRO, on pense aux activités les plus connues et les plus typiques, c'est-à-dire l'envoi de lettres anonymes ou fictives, écrites dans des buts divers, la publication d'informations fausses ou diffamatoires, ou de menaces, l'utilisation de fausses signatures sur de faux documents, l'infiltration d'organisations par des membres contestataires et subversifs afin de désintégrer celles-ci de l'intérieur, etc. Il devint également commun d'exercer un chantage sur des membres d'un groupe pour forcer ceux-ci à répandre de fausses rumeurs, ou pour fomenter des dissensions.

Ce que beaucoup perdent de vue c'est que le COINTELPRO avait aussi pour dada de *créer des organisations « bidon »*. Ces groupes bidons étaient très utiles pour des tas de choses : des attaques menées contre des groupes de bonne foi, la zizanie semée parmi les membres de ceux-ci, ou bien simplement une diversion, suscités par une habile propagande pour attirer les membres dans des activités qui leur faisaient gaspiller leur temps afin de les empêcher de faire des choses utiles. Le COINTELPRO était aussi connu pour ses instigations à des actions hostiles par l'intermédiaire de tiers. Selon les investigateurs, ces programmes du FBI étaient reconnaissables au cachet « ne pas classer » qui était apposé dessus. Cela signifiait qu'ils n'étaient jamais classés dans le système, en fait ils "n'existaient pas". Cette couverture fut "brûlée" après que des activistes eussent pénétré par effraction dans un bureau du FBI à Media, en Pennsylvanie, en 1971. La possibilité d'encore trouver

[8] Dolan, Richard, « *UFOs and the National Security State* », 2002, Hampton Roads, Charlottesville.

des preuves après cet événement se réduisit pratiquement à zéro. Selon les mots de Dolan:

> En ce qui concerne les matières ayant trait à la "sécurité nationale", il semblerait qu'une grande quantité d'informations n'ont pas d'existence officielle. Dès lors, toute demande de recherche de tels documents, même basée sur le Freedom of Information Act (Loi sur le Libre Accès à l'Information) serait vaine. Il faut ajouter à cela que les informations les plus sensibles sur les OVNIs n'ont jamais fait l'objet de rapports écrits (la première règle pour garder un secret étant de « ne rien mettre sur papier » Richard Helms), et on se rendra compte alors des difficultés que rencontre l'honnête chercheur à cerner la vérité sur le sujet des OVNIs.[9]

A présent, faisons un peu de logique. Le problème des OVNIs a fait son apparition dans la conscience nationale vers 1947. Peu de temps après, un tas de gens ont commencé à poser des tas de questions. Le gouvernement n'était pas disposé à répondre, de sorte que les gens commencèrent à se regrouper pour trouver leurs propres réponses. Ils se mirent à former des groupes. Et c'est alors que les choses prirent un tour étrange. Ce qui semble avoir été le plus menacé par le problème OVNI/Extraterrestres, ce sont les religions monothéistes traditionnelles. Il est clair qu'il n'y avait pratiquement aucun danger de perdre le contrôle politique. Mais le contrôle social, arc-boutant de la religion, était clairement en danger. En fait, ce qui semble vrai c'est qu'on n'est pas sûr que les religions telles que nous les connaissons auraient survécu à une information complète. La conclusion logique est donc qu'une partie de la mise au secret était destinée à protéger le « *statu quo* religieux ».

Mais, vu l'état des choses à cette époque, la protection du *statu quo* religieux , et surtout du contrôle social qui en dépend était, pour le moins problématique. Après un siècle de recherche érudite dans les textes religieux et les nombreuses questions qui se posaient à propos de la "religion des temps anciens", de nombreuses personnes avaient commencé à se détourner des dogmes religieux. Il est assez simple de passer ensuite à l'étape qui montre que la combinaison des questions de ceux qui étaient déçus par la religion avec celles posées par ceux qui voulaient savoir « ce qui diable était en train de se passer avec ces espèces d'extraterrestres », fut considérée comme un mélange dangereusement explosif. Il fallait faire quelque chose.

OUI

[9] Dolan, ibid.

Les actions du COINTELPRO pour tenter de neutraliser l'opposition politique sont assez connues. Mais nous envisageons à présent le fait qu'en plus des activistes politiques, le COINTELPRO a particulièrement visé des groupes recherchant la vérité au sujet des interactions entre le gouvernement des Etats-Unis et les Ultra-Terrestres ou « aliens ». Il est absolument clair pour tout chercheur sérieux que ces sujets ont été occultés pendant longtemps.

Les dossiers COINTELPRO montrent que le gouvernement des Etats-Unis avait dans son collimateur toute une série de groupes religieux, ou en rapport avec le travail de communautés opposées à certaines de ses idées, et il est logique de supposer que le même type d'opération a été mis sur pied pour couvrir le « sujet ultraterrestre ». Une opération théorique de ce genre par le COINTELPRO expliquerait aussi largement pourquoi l'enquêteur sincère des phénomènes OVNIs ne découvre que mensonge sur mensonge, confusion et désinformation, dès qu'il met le pied dans ce secteur. C'est indubitablement signé COINTELPRO.

Au vu de tout cela, est-ce qu'on pourrait affirmer qu'il n'est pas venu à l'idée du Pouvoir en Place que le meilleur moyen de détourner l'attention et d'occulter la vérité serait de financer la création des mouvements du Potentiel Humain et du Nouvel Age afin que ceux-ci obéissent aux intentions du « pouvoir officiel » de garder les choses secrètes ?

Autrement dit, il est très probable que les plus fameux et populaires "je-sais-tout" métaphysiques et impresarios du Nouvel Age ont été en fait des agents (conscients ou dupes de ceux qui le sont) du COINTELPRO . L'objectif semble avoir été l'attaque et la "neutralisation" de ceux qui cherchent des réponses. Ceux qui sont sincères, qui de bonne foi recherchent la vérité et tentent de l'expliquer sont infiltrés, attaqués et marginalisés selon les procédures habituelles du COINTELPRO.

Tout cela semble suggérer que le pouvoir en place a développé le COINTELPRO afin de déboucher sur un tout nouveau schéma social et pour opérer un lavage de cerveau à l'échelon culturel, et les cibles principales de ces activités seraient virtuellement tous ceux qui recherchent la vérité sur les réalités changeantes de notre monde. Les cas avérés d'activités du COINTELPRO contre des groupes politiques doivent représenter seulement le sommet de l'iceberg, étant donné que le gros des opérations de type COINTELPRO restent secrètes pendant très longtemps, et ne sont reconnues que bien après que les dommages aient été causés. Tout indique que des opérations secrètes domestiques sont devenues un trait permanent de la politique des Etats-Unis d'Amérique et de sa programmation de la société. Et il est peu probable, devant cette évidence, que le New Age et le Potentiel Humain y aient échappé.

Les implications de tout ceci sont alarmantes. Ceux qui parviennent à approcher de la vérité, dans ces matières, en dépit des nombreux obstacles semés sur leur chemin, ont à affronter des campagnes menées indirectement à l'échelon national pour discréditer et interrompre leurs recherches et détruire leur réputation. Il est clair que le COINTELPRO et d'autres programmes menés sous d'autres noms travaillent aussi à déformer les perceptions académiques et populaires des problèmes auxquels notre monde a à faire face. Ils ont causé d'énormes dégâts dans la recherche de la Vérité.

« Le terrorisme est en train de changer. De nouveaux adversaires, de nouveaux objectifs, de nouvelles raisons ont fait surface ces dernières années pour déstabiliser la sagesse conventionnelle... » a écrit le Dr. Bruce Hoffman, Directeur du RAND. Et il avait raison. Le problème est que le lecteur est loin de savoir qui sont les « nouveaux adversaires » dont il est question dans son commentaire. Une lecture attentive du livre de Richard Dolan montre immédiatement ce que voulait dire le Dr. Hoffman quand il parle de terrorisme.

Sur la base des documents rassemblés par Dolan, il est évident que les gouvernements dans le monde voient le problème OVNI comme un problème très, très sérieux. Alors qu'il était en train de rassembler ces documents et de faire le rapport des événements, Dolan en est venu à l'inévitable conclusion qu'il existe un groupe « au-dessus du Top Secret », qui a accès à toutes les données concernant les OVNIs et que ce groupe a sous sa coupe les gouvernants, les militaires et les industriels. Les faits démontrent que les militaires ont créé une fiction à destination du public, pour convaincre les masses que le problème des OVNIs n'existe pas. Pour rouler le public dans la farine, ils ont été aidés par les médias et la culture officiels qui n'y ont pas été de main morte et avaient manifestement reçu des ordres pour « effacer » l'idée que des extraterrestres ont mis pied dans notre monde. A la vérité, il semble que la plupart de nos élus sont autant que nous victimes de cette désinformation. Et cela est vrai pour la science « orthodoxe » aussi.

Dolan écrit:

> Après le Bureau, les services militaires de renseignement sont devenus les acteurs principaux sur la scène du renseignement national. Les services militaires de renseignement disposent de fonds pratiquement illimités, de nombreuses ressources humaines, de personnel spécialisé, de ressources en planification et en

formation approfondie, et des moyens de communication et informatiques les plus sophistiqués . [...]**Le** *renseignement militaire ne s'est pas focalisé sur la tactique et la reconnaissance, mais bien sur le renseignement politique et idéologique à l'intérieur même des Etats-Unis.* (Ceci était tout à fait illégal.) [...]

Puis il y a eu la CIA. Vers la fin des années 1960 il y avait plus d'espions que de diplomates au Ministère des Affaires Etrangères ou d'employés au Ministère du Travail. [...] Lorsque Weather Underground, une branche radicale du SDS, a voulu démasquer les *agents provocateurs*[10], ils n'étaient pas du tout conscients que la CIA s'était payé des trips au LSD tout au long des années 1950, et avait créé une caste spéciale « d'agents illuminés » précisément pour ces occasions. [au vu de ceci, nous pouvons nous poser des questions quant aux "agents provocateurs" au sein des communautés New Age et OVNIs, qui ont « reçu une formation spéciale !»]

L'agence poursuivit ses travaux sur le contrôle des esprits. Selon les travaux du Dr. José Delgado des [expériences en] Stimulation Electrique du Cerveau [furent menées.] Cela impliquait l'implantation d'électrodes dans le cerveau et dans le corps, dans le but de contrôler la mémoire, les pulsions et les sentiments des sujets. En outre, *cette Stimulation Electrique du Cerveau était susceptible de provoquer des hallucinations*, de la crainte, ou du plaisir. "elle pouvait littéralement manipuler librement la volonté humaine" [commentaire du Dr. Robert Keefe, neurochirurgien à la Tulane University.]

En 1968, George Estabrooks, un autre scientifique allumé, confia imprudemment à un journaliste du *Providence Evening Bulletin* que « Pour créer un espion ou un assassin vraiment efficace, il faut créer une personnalité multiple à l'aide de l'hypnose », une procédure qu'il décrivit comme étant « un jeu d'enfant ».

Début 1969, des équipes de la CIA entreprirent un certain nombre d'expériences bizarres sur le contrôle de l'esprit, sous le nom d' *Opération Often*. Outre l'assortiment normal de chimistes, biologistes, et scientifiques conventionnels, l'Opération s'adjoignit des *médiums et des experts en démonologie.*

A la NSA, tout ce qu'on peut dire avec certitude c'est que son budget réduisit à une taille lilliputienne tous les autres budgets de la communauté du renseignement.[11]

Dolan a rassemblé des informations sur les organisations de renseignement aux Etats-Unis (et très vraisemblablement d'autres

[10] en français dans le texte.
[11] Dolan, op. cit.

pays qui collaborent avec eux), qui, bien qu'extérieurement opposés à ces procédés, ont mené des expériences décisives de contrôle de l'esprit, de vaporisations biologiques sur des villes américaines, d'injection de plutonium et de syphilis à des humains, d'interception illégale de communications, et de surveillance domestique à l'échelon national de citoyens privés, ont perpétré des assassinats politiques et coups d'état, procèdent à une manipulation permanente des médias, et mentent en permanence au public, *tout spécialement en ce qui concerne les OVNIs*. Les organisations citées plus haut, par tous les moyens possibles, ont fait en sorte que pour le public en général, le problème des OVNIs et des extraterrestres soit un problème "mort".

James McDonald, un scientifique défenseur de la "libéralisation" du problème des OVNIs disait en 1969: « Je suis suffisamment réaliste que pour sentir qu'à moins que ce symposium de l'" AAAS ne réussisse à faire prendre conscience par la communauté scientifique du sérieux du problème des OVNIs, il y aura peu de réponses aux appels en faveur de nouvelles investigations. » McDonald présenta un brillant article intitulé "*Science in Default: Twenty-two Years of Inadequate UFO Investigations.*" (La Science en défaut: vingt-deux années d'investigations inadéquates sur les OVNIs). Dolan fait la remarque qu'il s'agit sans doute là « de l'affirmation la plus assassine jamais faite au sujet de la recherche sur les OVNIs ». S'adressant aux participants de la convention au Sheraton Plaza Hotel de Boston, McDonald les malmena tous: Condon, Menzel, Hynek, et enfin « l'establishment » scientifique lui-même. Il dit:

> Aucune investigation scientifique sérieuse n'a été menée sur le problème des OVNIs pendant les vingt-deux années écoulées depuis la première grande vague d'apparitions d'objets volants non identifiés en été 1947. ...A mon avis, le problème OVNI, loin d'être un problème ne concernant que des faibles d'esprit comme le pensent de nombreux scientifiques est, au contraire, un problème d'un intérêt scientifique extraordinaire. La grosse difficulté est que pratiquement toutes les études OVNI faites dans le passé étaient soit complètement dépourvues de contenu scientifique sérieux, soit perdues dans le « tintamarre » qui étouffe tout signal réel dans les rapports sur les OVNIs. [12]

Ce grand tintamarre qui étouffe tout signal réel, est de toute évidence le produit direct des activités frénétiques de la « National State Security » (Sûreté Nationale d'Etat) qui a mis en scène le

---

[12] Citation de Dolan, op. cit.

spectacle magique du New Age/Potentiel Humain. Ce qui est tout aussi évident est que ce tintamarre est à l'origine de la doctrine scientifique qui doit prévaloir. Ce que nous voyons c'est que la Communauté scientifique, tout en clamant qu'elle est à la recherche de vérités scientifiques avancées, a été dupée aussi aisément que Monsieur Tout-le-monde ou Madame Cherche-Vérité. Le premier ne s'intéresse qu'à sa voiture, son chien et son match de football du week-end, et la seconde est généralement à la recherche d'un style de vie qui puisse lui procurer des expériences « supérieures » Ce que je soupçonne aussi, c' est que même les échelons inférieurs des renseignements nationaux et de l'armée sont inclus dans ce grand troupeau de dupes et de moutons mystifiés.

Un exemple de duperie par ceux qui scrutent cette matière "de bas en haut" est Andrew Tully auteur de *The Super Spies*[13], prétendument un des premiers rapports sur la NSA. Lui-même et de nombreux autres qui l'ont suivi, suggère que les OVNIs sont des appareils de "renseignement" découverts parmi les secrets nazis apportés aux USA dans le cadre du Projet « Paperclip ».[14]

---

[13] *Les Super-Espions.*

[14] Convaincu que les Scientifiques allemands pourraient aider les Américains dans leurs efforts d'après-guerre, le Président Harry Truman décida en septembre 1946 d'autoriser le projet "Paperclip," un programme destiné à faire travailler des scientifiques allemands triés sur le volet pour l'Amérique pendant la « Guerre Froide » .

Cependant, Truman avait expressément décidé d'exclure quiconque "avait été membre du parti Nazi et participé en son nom propre aux activités de celui-ci, ou avait activement soutenu le nazisme ou le militarisme." Le War Department's Joint Intelligence Objectives Agency (JIOA) (Agence pour les Objectifs Communs des Renseignements du Ministère de la Guerre) mena des enquêtes de fond sur les scientifiques. En février 1947, le directeur de la JIOA, Bosquet Wev, soumit pour examen, le premier lot de dossiers de scientifiques aux Ministères de l'Intérieur et de la Justice. Ces dossiers étaient accablants. Samuel Klaus, Représentant du Ministère de l'Intérieur auprès du Conseil de la JIOA, prétendit que tous les scientifiques dont le nom apparaissait dans ce premier lot étaient « d'ardents Nazis ". Leur demande de visa fut rejetée. Wev écrivit un memorandum déclarant que "les intérêts supérieurs des Etats Unis avaient été bafoués par ceux qui « usaient leurs forces à fouetter le cheval crevé du Nazisme ». Il déclara également que le retour de ces scientifiques en Allemagne où ils pourraient être exploités par les ennemis de l'Amérique, "présentait un danger bien plus grave pour la sécurité du pays que n'importe quelle affiliation passée au parti nazi, ou n'importe quelle sympathie passée ou présente pour ce parti ».

Lorsque la JIOA fut formée afin d'investiguer le passé des scientifiques et de monter les dossiers concernant nazis, le chef des Renseignements Nazis, Reinhard Gehlen, eut une entrevue avec Allen Dulles le Directeur de la CIA. Dulles et Gehlen sympathisèrent immédiatement: Gehlen était un maître-espion pour les Nazis et avait infiltré la Russie grâce à son vaste réseau de renseignement nazi. Dulles promit à Gehlen que son Unité de Renseignement était en sécurité à la CIA. Dulles fit réécrire les dossiers des scientifiques pour supprimer toutes les preuves susceptibles de

Dolan esquisse les preuves et nous détrompe quant à l'idée que les activités OVNIs pourraient être le résultat de découvertes technologiques humaines comme le proposent les naïfs théoriciens d'une telle conspiration. Comme il le dit: « Tous les indicateurs pointent vers un NON définitif ». Il souligne ensuite que toute personne qui étudie vraiment le problème des OVNIs (y compris votre fidèle servante, qui a commencé par être une sceptique enragée) – est bientôt convaincue qu'il s'agit en fait *d'un problème d'invasion de notre planète par des extraterrestres*. Toutes les études officielles sur les OVNIs ont voulu persuader les chercheurs que les extraterrestres étaient l'explication des informations disponibles. Mais ces données n'ont pas été communiquées. Et quand le refus de les communiquer n'a plus "marché", elles ont été obscurcies par l'écran de rumeurs et de fumée, et par les miroirs aux alouettes qui sont utilisés de nos jours dans les recherches sur les OVNIs, et les mouvements du Nouvel Age et du Potentiel Humain. Pouvons-nous penser qu'il s'agit de coïncidences ?

Autre source évidente de rumeurs: les sottises qu'on fait passer actuellement pour "channeling" ou "contacts avec des extraterrestres". C'est vrai que notre propre travail implique du channeling; mais comme nous l'avons répété à maintes reprises, ce n'est pas de l'information ordinaire et nous ne la traitons pas comme telle. Pour nous, une expérience contrôlée de channeling consiste en 10% d'inspiration, qui doivent être vérifiés et prouvés par 90% de transpiration sur de la recherche concrète. Armée d'une large prise de conscience historique des faits, d'une ferme conviction que la plupart des informations proposées en général sont de la désinformation, la personne qui parcourt la pléthore "d'informations alternatives" qui font l'objet de livres ou de sites

---

les incriminer. Comme promis, Allen Dulles remit l'Unité de Rensignement Nazi à la CIA, ce qui ensuite permit d'entreprendre de nombreux projets-parapluie se basant sur la folle recherche nazie. (MK-ULTRA / ARTICHOKE, OPERATION MIDNIGHT CLIMAX). Pour 1955, plus de 760 scientifiques allemands avaient reçu la nationalité américaine et occupaient des postes éminents au sein de la communauté scientifique américaine. Nombreux d'entre eux avaient été pendant longtemps des membres du parti nazi et de la Gestapo, avaient procédé à des expériences sur des êtres humains dans les camps de concentration, avaient utilisé de la main d'œuvre esclave, et commis encore d'autres crimes de guerre. Dans un exposé paru en 1985 dans le "Bulletin of the Atomic Scientists" Linda Hunt écrivait qu'elle avait examiné plus de 130 rapports sur des sujets se rapportant au Projet Paperclip –et que chacun de ces rapports avait été « changé de manière à éliminer toute classification « menace à la sécurité ». Le Président Truman qui, dans le cadre du Projet Paperclip, avait explicitement ordonné de n'admettre aucun Nazi, ne fut naturellement jamais informé que sa directive n'avait pas été respectée. .

sur la Toile, reconnaît facilement le facteur « rumeurs » répandu par l'Etat Secret. Dolan nous dit:

> Dès le début des années 1970 on a disposé de moyens susceptibles d'altérer à leur insu l'humeur des gens. Un transmetteur de poche générant une énergie électromagnétique de moins de 100 milliwatts pouvait faire l'affaire. Ceci n'est pas une théorie en l'air. En 1972, le Dr. Gordon J.F. McDonald apporta son témoignage devant le *House Subcommittee on Oceans and International Environment* (Sous-Comité de la Chambre, pour les Océans et l'Environnement International) sur la question des armes électromagnétiques utilisées pour contrôler les esprits et les troubles mentaux. Il déclara:
>
> L'idée de base a été de créer, entre l'ionosphère chargée électriquement dans les couches supérieures de l'atmosphère, et les couches conductrices de la surface de la Terre, cavité neutre, des ondes, des ondes électriques réglées sur les ondes cérébrales. ...Environ dix cycles par seconde. ...On peut produire des changements dans les modèles de comportement ou dans les réponses.
>
> L'année suivante, le Dr. Joseph C. Sharp, au Walter Reed Hospital, alors qu'il se trouvait dans une salle isolée acoustiquement, parvint à entendre des mots prononcés, diffusés par « audiogramme à micro-ondes pulsées ». Ces mots lui parvinrent sans utilisation ni implantation d'aucun appareil de traduction électronique. Ils lui parvinrent par transmission directe au cerveau. [15]

Lisez ce qui précède en termes de "chemtrails" [16] et lisez les commentaires sur ce que nous avons reçu en channeling à ce sujet, non pas en provenance d'extraterrestres, mais de "nous dans le futur":

> 04-12-99
> Q: (L) Mais il reste à mon avis, que ces dernières années il y a eu des TAS, des TAS et des TAS d'avions qui nous ont survolés! Nous déversent-ils quelque chose sur la tête ou non? Il y a en tout cas un nombre incroyable d'avions qui nous survolent en suivant un itinéraire enchevêtré haut dans le ciel. Maintenant s'amusent-ils à jouer à la guerre? Espionnent-ils ? En tout cas, ils font quelque chose! Quelle est la raison de tous ces vols à haute altitude qui laissent ces traces nuageuses que tout le monde peut voir?
> R: La majorité est « manœuvres d'entraînement» orientées.

[15] Dolan, op.cit.
[16] saupoudrage, arrosage chimique (NdT).

Q: Pourquoi entraînent-ils autant de pilotes? A quoi se préparent-ils?
R: Les budgets militaires doivent être justifiés, vous savez. Revoyez “Military-Industrial Complex 101.”
Q: Alors tout ça c’est seulement des vols d’entraînement, de la justification de budgets, et rien d’autre?
R: **Oh! Nous ne dirions pas “rien d’autre que cela”, mais quand on a dit “M-IC,” on a dit beaucoup!**
Q: Vous voulez dire qu’il y a un développement du Complexe Militaro-Industriel (Military-Industrial Complex) pour une raison ou une autre?
R: Pour préserver le *statu quo* en “temps de paix » . Cette affaire de paix n’est pas très rentable, vous savez.
Q: Est-ce que cela veut dire qu’ils se développent afin de déclencher une guerre pour gagner plus d’argent?
R: Peut-être que oui en vérité, et si on peut jeter de la poudre aux yeux du peuple. Mais heureusement, le public ne se laisse plus si facilement jeter de la poudre aux yeux. Peut-être que l’ennemi réel se trouve “là-bas” plutôt que « là-haut ». Est-ce que cela n’a pas toujours été ainsi?
Q: Est-ce que ce nombre accru d’avions qui volent a quelque chose à voir avec une plus grande prise de conscience, et des activités extraterrestres sur et autour de notre planète?
R: Comme toujours. Mais cette prise de conscience est fragmentaire et compartimentée.

Les commentaires des Cassiopéens prennent une toute nouvelle dimension au vu de la situation actuelle: 11 septembre et tout le reste, ainsi que le goût de Bush pour la guerre. Notons aussi la très intéressante remarque qui dit que « la prise de conscience concernant les activités extraterrestres sur et autour de la Terre » est « fragmentaire et compartimentée ». Et c’est ainsi que nous en arrivons à la fonction COINTELPRO qui *crée des organismes «bidon» pour attaquer ou diviser les groupes de bonne foi*.

Nous avons déjà noté que la recherche en Stimulation Electrique du Cerveau montre qu’on peut ainsi produire des hallucinations. Si on assemble hallucinations et mots, on peut produire n’importe quel “bruit” capable d’occulter la vérité comme on veut, y compris que « les reptoïdes prennent la forme d’êtres humains » ou qu’« il y a un gris dans la baignoire » ou qu’il existe une “Alliance Gardienne” ou un “Conseil de Nibirou” ou un “Commandement d’Ishtar”, ou que « les dauphins et baleines parlent », etc. Ils peuvent produire tout ce que vous voulez par l’intermédiaire de voix dans la tête, d’hallucinations et de transmission de fréquences pouvant produire des états extatiques, des guérisons, et tout et tout. C’est ainsi que l'élément humain de l'opération COINTELPRO cosmique manipule ses nombreux "agents en désinformation": des merles blancs qui mènent les masses d'aspirants "Nouvel Age" de manière à garder leurs secrets, quelle que soit la vérité vraie. Et c'est exactement cela qu'ils veulent.

Notez les dates dans la citation ci-dessus, extraite du livre de Dolan qui nous dit qu'au début des années 1970 on mettait au point certaines technologies permettant de diffuser des "signaux" à la nation tout entière. Il est certain que nous soupçonnons que cette technologie a fait l'objet de nouveaux développements au cours des années qui ont suivi. La question qui se pose est: qu'en ont-ils fait?

Ce qui me frappe comme étant un tournant crucial dans cette opération COINTELPRO est le début de l "exposé" de deux articles particuliers dont certains cercles qui tiennent pour une "conspiration" font leurs choux gras : Enlèvements par des extraterrestres et abus rituels sataniques.

Le scénario des "extraterrestres gris" a filtré par la "faute" de Budd Hopkins. Les livres de Whitley Streiber qui racontent des enlèvements par des extraterrestres, y compris *Communion* ont suivi quelques années plus tard. Avant la publication de ces livres, les omniprésents "extraterrestres gris" n'avaient jamais été aperçus par personne. En fait, l'examen des cas de "contactés" montre que le type, la variété et le comportement des extraterrestres varient beaucoup de par le monde. Mais, un jour parut Budd, suivi de Whitley et de son extraterrestre au regard glauque sur la couverture, et soudain les Gris étaient partout.

A propos de Whitley et de ses Gris, je veux souligner un des commentaires de Dolan, cité plus haut: « Au début 1969, des équipes de la CIA ont fait un certain nombre d'expériences de contrôle de l'esprit sous le nom d' *Operation Often.* Outre l'assortiment normal de chimistes, biologistes et scientifiques conventionnels, l'opération employa des *médiums et des experts en démonologie.* » Naturellement, ceci nous amène à l'événement parallèle de cette époque: l'abus dans le rituel satanique (Satanic Ritual Abuse = SRA); c'est le nom donné aux supposés abus systématiques d'enfants par des satanistes lors de leurs rituels.

Il se fait que, si nous gardons à l'esprit notre chaîne du temps, c'est dans les années 1975-1979 que les allégations concernant « l'existence d'un culte satanique inter-générationnel bien organisé, dont les membres molestent, torturent, abusent sexuellement et assassinent des enfants partout aux Etats-Unis » commença à émerger en Amérique. La panique se répandit au sujet des SRA, à cause d'un livre de fiction intitulé *Michelle Remembers* (Michelle se souvient). Le livre fut publié comme étant une histoire réelle, mais il fut démontré par la suite, par au moins trois investigateurs indépendants, qu'il s'agissait en fait d'une mystification. On n'a jamais trouvé de preuves concrètes d'abus lors de rituels sataniques en Amérique du Nord, tout comme on n'a jamais eu de preuves concrètes d'enlèvements par des Gris. Néanmoins, ces allégations ont été largement diffusées à la radio et à la télévision, y compris par le Geraldo Rivera's show.

Les fondamentalistes religieux ont encouragé l'hystérie, et tout comme pendant l'Inquisition, un nombre incalculable de "promoteurs de la morale" autoproclamés, ont alimenté les bûchers de la persécution tout en en tirant des revenus confortables. La plupart des premières accusations d'abus rituels sataniques s'adressaient aux classes prolétaires disposant de ressources limitées; et à peu d'exceptions près, les médias et autres groupes qui font ordinairement preuve de scepticisme, gardèrent le silence ou se joignirent aux accusations frénétiques. Les quelques professionnels qui tentèrent de réduire l'hystérie furent *systématiquement attaqués et discrédités par des organismes gouvernementaux et des organisations privées.*

Il faut se poser la question: s'il y a des milliers d'accusations sans fondement d'abus rituels sataniques, et des milliers et des milliers de cas d'enlèvements invérifiables, quelle est leur origine ?

On dit que la plupart des récits d'abus rituels sataniques sont répandus par des enfants. Puisqu'on croit en général que les enfants sont incapables d'inventer des histoires où d'autres enfants sont mangés ou bien où des enfants sont forcés d'avoir des relations sexuelles avec des girafes après avoir fait un tour en avion alors qu'ils étaient supposés être en garderie, les histoires sont souvent crues sans la moindre mise en question par de naïfs procureurs, thérapeutes, policiers, et parents. Des chercheurs ont pensé que les enfants sont peu susceptibles d'inventer des histoires d'abus rituels sataniques. Alors, d'où viennent ces histoires?

Accuser les thérapeutes, les juges, les policiers et les parents de susciter de telles histoires dans la bouche des enfants n'est pas une réponse très productive. Cela peut être vrai dans certains cas, mais ce ne l'est pas dans la grande majorité de ceux-ci.

Mais revenons à notre chaîne de temps. Il se fait que *Michelle Remembers* fut publié en 1980, co-écrit par Michelle Smith et Lawrence Pazder, M.D. Budd Hopkins termina *Missing Time* (le temps qui manque) en décembre 1980, avec une postface d' Aphrodite Clamar, Ph.D.

De mon point de vue, cela paraît plutôt "coïncidentiel".

Ce qu'il me semble est que, quand on assemble les pièces du puzzle, on trouve une sorte d'imagerie générale largement diffusée dans la "cavité neutre" dont j'ai parlé plus haut, et qu'elle dépend fortement du degré de programmation culturelle des individus. Quand nous voyons que l'*Operation Often* employait « l'assortiment normal de chimistes, biologistes et scientifiques conventionnels » *et* des *« médiums et experts en démonologie »* nous commençons à penser que le COINTELPRO électronique dispose de tout un supermarché de nouvelles "croyances" : des Gris extraterrestres et des "contacts extraterrestres" pour la foule New Age, et toute une série d' "abus sexuels/rituels" pour ceux qui ne sont pas ouverts aux histoires d' "aliens ".

Est-ce que le tout ne s'est pas répandu comme une sorte d'imagerie "en format libre", et selon l'acceptation consciente de l'une ou l'autre version, est-ce qu'elle ne prend pas des caractéristiques individuelles ? Autrement dit, est-ce que tout cela est assimilé par le subconscient dans des états d'esprit particuliers ou dans le sommeil, perçu comme traumatisant selon un scénario général qui peut ensuite être interprété par les systèmes individuels de croyances comme ayant été "examinés" ou "manipulés sexuellement" sur une table d'examen par des extraterrestres, ou "violés sur un autel" par des satanistes ? Est-ce que les productions diffusées telles que les livres de Hopkins et Strieber, ou les scandales d'abus rituels sataniques ne sont pas simplement le bouclage du circuit par l'esprit conscient qui accepte un scénario en explication du constant bombardement par des signes tels ceux décrits dans le livre de Dolan? Est-ce que la raison de l'existence du COINTELPRO est de créer des "organisations-bidon" qui produisent diverses "explications" permettant de boucler le circuit et le "rendre réel" dans l'esprit des gens ?

On peut se poser des questions quant au nom du programme: Operation Often [17] en termes de récits de kidnapés, victimes d'enlèvements répétés et "fréquents", ainsi que les allégations de ceux qui suggèrent une explication par les abus rituels sataniques. Dans tous les cas, celui qui croit se voit "ajouté au troupeau» d'un camp qui, soit a foi en des sauveurs extraterrestres, soit a foi en Jésus qui sauve des sauveurs extraterrestres, illuminés démoniaques/sataniques, juifs, païens, faites votre choix.

J'insiste sur le fait que je ne suggère absolument pas qu'il n'y a pas quelque part des enlèvements par des extraterrestres ou des rituels sataniques, dans certaines circonstances. Ce que je suggère

[17] Opération « Souvent » (NdT).

c'est que le phénomène "Extraterrestres Gris" et "abus rituels sataniques" n'a certainement en aucune manière été restreint par le COINTELPRO, et pourrait bien être l'écran de fumée et le miroir aux alouettes qui cachent un état de fait bien plus insidieux.

En essence, le livre de Dolan nous montre comment tous les niveaux de la société ont été dupés et trompés, ou directement mis sous contrôle, depuis le citoyen moyen jusqu'au chercheur de vérités supérieures, jusqu'aux champions de la science et de l'industrie, sanctuaires du gouvernement. Chaque "type" a été ciblé de manière à être le mieux "géré" possible. Ceux qui ne peuvent être gérés meurent généralement, comme le savant James McDonald, et d'autres encore. Mais pendant ce temps, les OVNIs n'ont pas cessé de nous survoler, des gens n'ont pas cessé de les apercevoir, et n'ont pas cessé de poser des questions.

> En avril 1971, un magazine consacré à la recherche en ingénierie, *Industrial Research*, a publié les résultats d'une enquête selon laquelle 80 pour-cent de ses membres rejetaient le rapport Condon; 76 pour-cent croyaient que le gouvernement cachait des faits se rapportant aux OVNIs, 32 pour-cent croyaient que les OVNIs étaient d'origine extraterrestre. Sondage ou pas sondage, la CIA a continué à mentir à propos de ses intérêts concernant les OVNIs. [...]
>
> L'histoire la plus noire a été le décès de James McDonald en 1971. [physicien se consacrant à l'étude de l'atmosphère à l'Université de l'Arizona.] De l'avis général, McDonald était en bonne santé pendant toute l'année 1970 et au début 1971. Le 2 mars 1971, il apporta son témoignage d'expert en physique atmosphérique au Comité de la Chambre sur les Appropriations concernant le transport supersonique (SST) et ses effets potentiellement néfastes pour l'atmosphère. Les adversaires de McDonald mirent en doute ses compétences et le tournèrent en ridicule, le présentant comme quelqu'un qui croyait que « des petits hommes verts parcouraient le ciel». Il y eut des éclats de rire dans la salle à plusieurs reprises.
>
> Peu après cet incident, McDonald se tira une balle dans la tête et devint aveugle. Il fut placé dans le service psychiatrique du centre médical VA de Tucson. En juin, il signa les documents de décharge et quitta l'hôpital. Le dimanche matin 13 juin, une femme de Tucson Sud, se prétendant médecin, déclara qu'un homme aveugle au cerveau dérangé avait pris un taxi dans les environs. Elle voulait savoir si le chauffeur du taxi l'avait déposé quelque part, et elle fit plusieurs visites. Pendant ce temps, un couple marié accompagné de ses enfants, qui se promenait le long d'une baie peu profonde, trouva à 11h40 du matin, le corps de

> McDonald sous un pont. Un revolver de calibre .38 se trouvait dans le sable, près de sa tête. Une brève note attribuait son suicide à des problèmes de mariage et de famille. [...]
>
> Nous savons que de nombreuses agences de renseignement sont habiles dans la création de « suicides». Mais on pourrait faire la remarque que la condition mentale de McDonald était déjà fortement détériorée. Jerome Clark déclara que McDonald était prêt à "craquer" à la suite des événements qui s'étaient produits lors de l'audience concernant le SST. Mais qu'est-ce qui a provoqué cela? L'embarras à l'audience sur le SST? Son mariage? On peut le supposer, mais ces deux explications sont bien peu convaincantes. Sans exception, tous ceux qui connaissaient McDonald l'ont décrit comme un homme d'une grande intégrité et d'un grand courage. Etait-il vraiment le type d'homme à se suicider? [18]

McDonald a été décrit comme un homme qui n'avait peur de rien. Ce qui semble le confirmer, c'est qu'il a été détruit pour cela. Hynek a écrit que McDonald était considéré par la Force Aérienne, comme « un empêcheur de tourner en rond sans pareil ».

Avec l'arsenal de contrôle de l'esprit dont ils disposent et que nous avons décrit, nous avons une assez bonne idée de ce qu' "ils" peuvent faire à un esprit. Même aux plus forts d'entre eux. Il semble que ni le courage, ni l'intégrité ne constituent des protections. Nous voudrions mentionner une autre mort mystérieuse : celle d'Edward Ruppelt. Après avoir prôné la divulgation pendant des années il fit soudainement volte-face, ré-écrivit son livre, rejetant sa conviction que les OVNIs était des vaisseaux extraterrestres, et il mourut dans l'année même, à un âge très peu avancé.

Il me semble à moi que s'ils ne peuvent vous corrompre, ils vous tuent. Et s'ils *peuvent* vous corrompre, ils vous tuent tout de même pour que vous n'ayez aucune chance de changer d'avis et renier votre abjuration comme le fit Jacques de Molay quand les Templiers furent éliminés. Il semble que ceux qui "s'approchent du ventre de la Bête" sont généralement soumis à une "nouvelle approche". Et cette approche est la plus grande trahison de toutes.

Bien des gens importants et influents ont attesté de la véracité du phénomène OVNI, le qualifiant de "réalité extraterrestre" . Au sein de tous les organismes militaires, ceux qui sont en faveur de l'hypothèse extraterrestre sont nombreux. Mais, comme nous le montre Dolan, ils ne peuvent discuter leurs points de vue sans risquer des peines d'emprisonnement ou de fortes amendes.

---

[18] Dolan, op. cit.

De nos jours, nous avons le "Disclosure Project" [19] de Steven Greer. D'après le courrier que je reçois, il semble que de nombreux membres de la communauté New Age/OVNI pensent qu'il s'agit d'une idée fabuleuse et originale. Cependant, l'histoire montre que cela a déjà été tenté. Ce qui est gênant dans les efforts de Greer c'est que ce qu'il suggère n'est que du COINTELPRO "amélioré" quand il dit que les « extraterrestres sont là pour nous aider », ce qui est directement démenti par les faits historiques, encore que souvent répandu par la plupart des « contactés ». Même Linda Howe, pendant longtemps la plus fiable des chercheurs sérieux (et pas étrangère aux machinations de l'Etat Secret) semble être tombée dans ce piège COINTELPRO. Cela est également le cas, dans le *Fate Magazine,* pour Rosemary Guiley, qui est « en odeur de COINTELPRO » grâce à ses bonnes connexions avec des "agents" militaires. Jerome Clark, cité plus haut, contribue également régulièrement à *Fate*.

Je suis tout-à-fait convaincue que de nombreuses personnes sincères, honnêtes, et qui travaillent dur sont dupées et/ ou contrôlées sans en être conscientes.

Dolan apporte la preuve de l'échec de l'effort de groupes de civils qui veulent réellement « mettre fin au secret dont on entoure le phénomène OVNI » . Le NICAP avait des membres éminents et très actifs ainsi que des connexions avec le Congrès et l'Armée, et leurs efforts se sont poursuivis pendant plus de dix ans. Le NICAP a lutté avec diligence pour être entendu par le Congrès, mais à chaque fois que ses représentants étaient sur le point de "s'approcher de la table" pour procéder à un examen public, leurs appuis au Congrès ont fait volte-face et retiré leur soutien.

Quelle sorte de groupe est-ce donc pour qu'il puisse contrôler ainsi des membres de notre gouvernement? Et posons une question encore plus vaste: quelle sorte de groupe est-ce donc pour qu'il puisse contrôler les médias, l'armée, la CIA, le FBI, le NSA, et même le Président ? Que font-ils pour intimider et dominer des personnes ayant une autorité morale et occupant des postes importants ? Nous voudrions vraiment le savoir, parce que tout cela implique qu'on nous cache des choses tellement importantes que des allusions faites à ce sujet même derrière des portes capitonnées peuvent renvoyer de puissants membres du Congrès la queue entre les jambes.

Cela nous ramène au problème et aux plans de l'Etat Secret. Certains pensent que ce Secret est absolument capital. Ils disent que

[19] Projet Révélations (NdT).

le public ne pourrait tout simplement supporter la vérité au sujet des extraterrestres. Qu'il n'y a pas de raison de gâcher la vie des citoyens en leur disant la vérité, parce que de toute manière, le citoyen moyen ne pourrait rien y faire. Est-ce que c'est vraiment la vérité ? *Est-ce que tant d'efforts seraient faits pour dissimuler les plans des extraterrestres si la révélation de la vérité ne pouvait pas contrecarrer ces mêmes plans* ?

L'historique de Dolan concernant les réelles interactions entre les OVNIs et le public, ainsi que le comportement des militaires, la communauté du renseignement, les médias, le comportement de la communauté scientifique vis-à-vis du public, rendent cela très clair. Dolan écrit:

> Certains pensent que tout est bien. Est-ce que le public serait réellement capable d'accepter la vérité à propos des extraterrestres ? Si la présence d'êtres venus d'ailleurs constitue une menace pour l'humanité, par exemple, qu'est-ce que le citoyen moyen pourrait bien y faire? Il y en a qui croient que garder le secret à propos des OVNIs est d'intérêt public. [20]

Ce qui est parfaitement clair, et tout spécialement depuis les années 2000-2001, c'est que "l'intérêt public" n'est pas à l'ordre du jour de ceux qui prennent ces décisions. Comme le dit si bien Dolan, le secret est gardé, non pas pour protéger le public, mais pour protéger ceux qui gardent ces choses secrètes; le groupe de "ceux qui sont au-dessus du Secret", et vraisemblablement les extraterrestres eux-mêmes également.

Lorsque nous examinons le *modus operandi* des cercles du renseignement, nous constatons qu'à chaque niveau, du plus bas au plus haut, il y a contrôle et manipulation. Cela me fait penser que même ceux qui sont au sommet du Consortium humain sont dupés et trompés, et sont incapables et/ou refusent d'envisager cette possibilité, tout comme ceux qui se trouvent aux niveaux inférieurs.

Il semble évident, d'après les preuves dont nous disposons et d'après le comportement des militaires en ce qui concerne les OVNIs et les problèmes d'extraterrestres, que les extraterrestres ONT un plan et que, quelque part dans les couches du secret, il y en a qui SAVENT (tout au moins « ce qu'il faut en savoir ») en quoi consiste ce plan. Il paraît indubitable que le secret a été enjoint à ce groupe par les extraterrestres eux-mêmes. Et qui plus est, l'analyse des éléments dont nous disposons suggère que ce plan n'est PAS bienveillant.

---

[20] Dolan, op. cit.

Ce qui résulte des manipulations de ce “Consortium”, c’est que la majorité des Américains sont amenés à croire en la fiction d’un gouvernement représentatif – une démocratie – et que nos scientifiques et représentants « prennent les affaires en mains » dans notre intérêt, et que même s’il arrive qu’ils soient corrompus , ils ne sont pas aussi mauvais que le serait un régime totalitaire. Depuis environ 2000, il est devenu de plus en plus évident que CE N’EST PAS le cas, et que ce ne l’a probablement jamais été. Nous n’élisons même pas réellement nos représentants. Tout cela est de la frime. Mais la fiction répandue par les médias a voilé le regard des Américains: ils ne sont plus capables de voir leur société et leur gouvernement comme ils sont: une oligarchie qui prétend être une démocratie pour endormir et tromper le public.

A ceux qui pensent que cela n’a pas vraiment d’importance car c’est là une manière efficace d’organiser et de gérer des millions de gens, je réponds qu’il est suicidaire de penser qu’une oligarchie n’est pas fondamentalement intéressée à protéger ses propres intérêts aux dépens de toute autre considération. Lorsque nous regardons en face l’évidence, nous voyons que les groupes en question n’ont jamais agi dans l’intérêt public. Si vous en doutez, passez un peu de temps à lire ce qui est écrit à propos des expériences faites sur des humains sans le consentement de ceux-ci. Et il est logique de penser qu’il n’y a aucune raison pour que le secret entourant la “réalité d’ailleurs” soit différente.

Dolan note que le résultat de la “démythification” des OVNIs auprès d’une population dont on a manipulé l’esprit et dont on a abaissé pendant longtemps le niveau d’éducation, est que notre société est devenue extraordinairement schizophrène au sujet des OVNIs. Tant au niveau « officiel » qu’au niveau des universités, médias “orthodoxes”, gouvernement, etc., les OVNIs sont soit ignorés, soit traités comme une plaisanterie. Jamais il ne sera discuté d’OVNIs ou d’Aliens, ni de leurs invasions d’espaces aériens, aux nouvelles du soir. Jamais Ted Koppel ne les analysera en tant que menace à la Sécurité Nationale. Et cet état de fait est tout à fait bizarre, car il est d’une clarté aveuglante que nos organismes militaires et du renseignement les considèrent comme tellement importants que les informations à leur sujet sont classées « Au-Dessus du Top Secret ».

Cependant, une classification « au-dessus du top secret » ne semble pas affecter le moins du monde les Extraterrestres. Avec arrogance, ils font ce qui leur plaît et laissent le “nettoyage” à leurs valets humains, tout comme on dit de certaines célébrités qu’elles saccagent leurs chambres d’hôtel et laissent ensuite leur comptable remettre un chèque pour couvrir les dégâts occasionnés, pendant que leurs agents distribuent des communiqués de presse démentant de tels faits.

Ceci nous ramène aux efforts du COINTELPRO. Depuis que les militaires sont capables de traiter avec des créatures d'une arrogance telle que leurs chèques ne couvrent pas les dommages qu'elles occasionnent, les "communiqués de presse" sont publiés sous forme de diversion et division. Les OVNIs et les "réalités d'ailleurs" sont présentés de façon à ne correspondre en rien aux évidences documentées ni à la description des faits. Les OVNIs et les êtres venus d'ailleurs sont reconnus par les cercles New Age et métaphysiques, et les groupes qui les étudient ou en reçoivent du channeling sont "gérés" de manière à ce que la vérité qui pourrait transpirer soit réduite au minimum, perdue dans une pléthore de "croyances" conflictuelles. Simultanément, des organismes de "démystification professionnelle", artistes de la désinformation, sont créés. Ecrans de fumée et miroirs aux alouettes, et confusion sans fin.

Il apparaît clairement des documents et déclarations de ceux "qui sont dans le secret", que la présente popularité des extraterrestres et de la manière dont ils sont présentés par les cercles New Age, *est la conséquence directe de l'infiltration délibérée de membres des services de renseignement qui font sans discontinuer, « ronronner le rouet » pour tisser mensonges et vérités déformées.*

Les OVNIs ont des implications au niveau de la sécurité nationale pour un tas de raisons, la moindre n'étant pas qu'ils ont rallié du personnel militaire et industriel dans le monde entier. Cette situation existe depuis plus de cinquante ans. En fait, l'analyse méticuleuse de l'Histoire démontre une interaction entre OVNIs et forces armées depuis des centaines, si ce n'est des milliers d'années! Des violations d'espace aérien continuent à se produire; on assiste de manière répétée à des tentatives d'interception; et l'ordre de garder le secret est plus sévère que jamais.

Demandons-nous pourquoi.

Si les organisations militaires sont aussi intéressées aux OVNIs et "créatures venues d'ailleurs" que nos preuves le démontrent, et si elles sont dans le NOIR à leur sujet, comme les preuves semblent le démontrer également, est-ce qu'elles n'utiliseraient pas les "points de contact avec les aliens" dans les cercles New Age comme ressources SI la possibilité existait que de telle sources fussent REELLEMENT en contact avec les vrais extraterrestres dans et autour de la planète comme ils le proclament ? Beaucoup de ces "contactés" prétendent qu'il y a un "intérêt extrême" de la part des militaires pour leur travail. Cependant, si on se base sur les faits résultant des opérations de la Sûreté Nationale, nous pouvons sûrement dire objectivement que si cela était vrai, objectivement vrai, ces contactés ne seraient pas lâchés dans la nature et libres de répandre leurs informations. Qu'ils puissent opérer en toute impunité la plupart du temps montre à l'évidence que leurs informations n'ont aucune valeur aux yeux des militaires, et même, ne seraient-elles pas créées de toutes pièces par ceux-ci ? Ce qui paraît vrai c'est que la majorité des contactés et des "channelers" sont dupes de la "couverture" militaire - victimes du COINTELPRO – mise en place pour produire le vacarme qui doit cacher le signal de la vraie réalité Extraterrestre. En bref, la majorité des prétentions exprimées par les "channelers", contactés, gourous New Age, Scruteurs d'OVNIs, etc. , tant dans les livres que sur l'Internet au sujet des réalités extraterrestres, sont au mieux du COINTERLPRO .

Méditez là-dessus.

Une chose est claire: Les OVNIs eux-même ne sont *pas* sous le contrôle de l'armée ni de quiconque. Mais que le Consortium continue à en montrer le ridicule et à les couvrir– malgré les violations de ses propres espaces aériens – nous fait penser que d'arrogants et puissants Maîtres des Réalités, sont aidés et assistés par leurs domestiques des organisations militaires et du renseignement qui, tout en obéissant servilement à leurs puissants super-seigneurs, tentent de maintenir le calme alors qu'ils tentent désespérément de découvrir les secrets du pouvoir pour pouvoir se l'adjuger à eux-mêmes. Et il paraît évident que quelque chose est en train de se préparer dans les citadelles du Pouvoir et des Secrets. Quelque chose est en train de se produire, et les valets des maîtres venus d'ailleurs sont en pleine panique. Ils essayent de bétonner les contrôles, de solidifier leurs bases de pouvoir, parce que *Quelque chose de terrible est sur le point de se produire*.

COINTELPRO ET ASCENSION

Nous revenons ainsi au sujet de l'Ascension. Comme je l'ai dit, le sujet de l'Ascension semble être le sujet numéro Un des mouvements New Age et du Potentiel Humain. Si, comme nous le soupçonnons, ce qui est diffusé comme provenant des mouvements New Age et Potentiel Humain est le produit du COINTELPRO, cela signifie que la compréhension correcte et que le processus de l' Ascension est LEUR PRODUCTION MAJEURE. Est-ce que cela signifie qu'un tel potentiel n'existe pas du tout? Non. Les concepts d'Ascension nous accompagnent depuis longtemps, comme nous allons le voir. Ce qui est différent de nos jours, c'est le *processus* mis en place.

Si on évalue les potentiels de l'Ascension, on constate que la raison pour laquelle ce sujet est si populaire est qu'il s'agit d'une des choses principales que le COINTELPRO a l'intention de prévenir et d'empêcher. Je répète ici l'observation que j'ai déjà faite: *Est-ce qu'il y aurait tant d'efforts faits pour dissimuler les plans des extraterrestres si la révélation de la vérité n'était pas susceptible de contrecarrer ces plans?* Autrement dit: *Ferait-on autant d'efforts pour empêcher le processus d'Ascension si celui-ci ne contrecarrait pas des plans contraires?*

Comme le note le type du RAND : « Le terrorisme est en train de changer. De nouveaux adversaires, de nouveaux motifs et de nouvelles justifications ont fait surface ces dernières années, qui défient la sagesse conventionnelle ... » Nous avons déjà dans l'idée que ni le Consortium, ni la Sûreté Nationale n'ont à cœur nos meilleurs intérêts, et qu'à un certain niveau ils semblent obéir au commandement des envahisseurs extraterrestres. Au vu de tout cela, il serait peut-être utile que nous jetions un regard nouveau sur certaines des idées sur l'Ascension qui ont cours en ce moment.

Afin de comprendre le développement de "l'industrie de l'Ascension", il nous faut faire un parallèle avec la culture générale. Parmi les observateurs de la scène socioculturelle américaine, de nombreux experts nous disent qu'il y a eu un effort délibéré, pendant plus de cent ans, pour "sous-éduquer" la population américaine, tant dans le domaine intellectuel que dans le domaine de la moralité. Ce sujet est trop vaste pour que nous le couvrions ici dans le détail et il fera l'objet d'une étude approfondie dans un volume ultérieur. Pour le moment, disons seulement que le même processus a été utilisé pour sous-éduquer la population, tant intellectuellement et socialement qu'en termes de philosophie, métaphysique et prise de conscience spirituelle. Nous pourrions ajouter qu'il est peu probable qu'un effort ait été fait pour arriver à contrôler le mental des masses dans le cadre d'un contrôle extérieur, sans qu'un programme parallèle n'ait été institué pour pervertir l'esprit et le mettre sous domination également.

L'AUDIMAT

Alors que tout le monde admet volontiers qu'il y a sans doute trop de violence montrée à la télévision et que la publicité est d'un infantilisme écœurant, peu de gens ont une réelle conception de la nature précise et de l'étendue de l'influence hypnotique des médias. Bien moins nombreux encore sont ceux qui ont la moindre idée sur les motifs précis qui sous-tendent ces influences. Wallace et Wallechinsky écrivent dans *The People's Almanac*:

> Après la deuxième guerre mondiale, la télévision prit son essor... Des psychologues et sociologues furent sollicités pour étudier la nature humaine dans le cadre de l'acquisition de biens de consommation. En d'autres termes, pour apprendre comment manipuler les gens sans que ceux-ci ne se sentent manipulés. Le Dr. Ernest Dichter, Président de l'Institute for Motivational Research déclara en 1941... « L'agence de publicité gagnante est celle qui manipule les motivations et désirs humains, et développe le besoin à l'égard de biens avec lesquels le public était peu familiarisé dans le passé – et était peut-être même hostile à acquérir. »
>
> Discutant de l'influence de la télévision, Daniel Boorstin écrit: "Voici enfin un supermarché de «l'expérience substituée ». Une programmation réussie offre du divertissement sous l'apparence de l'instruction; l'instruction sous l'apparence du divertissement; la persuasion politique ayant l'attrait de la publicité; et de la publicité ayant l'attrait du spectacle."
>
> La télévision programmée ne sert pas seulement à *accroître la soumission et l'uniformité*, elle constitue aussi une approche industrielle délibérée. [21]

A Allen Funt, hôte d'un show télévisé populaire: *Candid Camera* (camera cachée), on demanda un jour ce qu'il avait appris de plus dérangeant sur les gens dans le cadre de son métier. Sa réponse donne froid dans le dos quand on considère ses implications:

> La pire chose, et je vois et revois cela sans cesse, c'est que je me rends compte combien facilement les gens peuvent être menés par n'importe quelle personnage ayant de l'autorité, même une autorité minimale. Un homme bien habillé remonte l'escalator qui descend, et la plupart des gens vont se retourner et désespérément essayer de faire la même chose... Si nous plaçons un écriteau disant: 'Delaware fermé aujourd'hui'. Les conducteurs ne se posent pas de questions à ce sujet et demandent plutôt : « est-ce que Jersey est ouvert?" [22]

Soumission au moindre signe d'autorité, absence de connaissances et de prise de conscience, désir de solutions faciles. Pour paraphraser Daniel Boorstin: « Pour les aspirants à

---

[21] Citation de Wallace et Wallechinsky dans *The People's Almanac.*

[22] Cité par Wallace et Wallechinsky.

l'Ascension, voici enfin un supermarché « d'expérience substituée ». [Les philosophies d'Ascension] gagnantes offrent du divertissement sous la forme d'instruction; de l' instruction sous la forme de divertissement; de la persuasion [métaphysique] ayant l'attrait de la publicité; et de la publicité ayant l'attrait du [Spectacle Cosmique]. »

Si nous examinons les informations au sujet de la programmation du mental et de son potentiel, selon ce que Dolan a compilé dans son livre *UFOs and the National Security State* [23] et que nous voyons comment elles ont sans doute été utilisées sur les masses humaines, nous devons aussi logiquement supposer que la majeure partie et les composantes les plus populaires de l'approche alternative proposée par le Nouvel Age quant à l'interprétation de la réalité et la recherche de progrès spirituel, sont aussi le résultat de ce même processus dans le contexte du COINTELPRO électronique.

Ce qui semble confirmer cela est que la majeure partie du mouvement New Age et Potentiel humain est constituée d'un sous-ensemble de programmeurs qui "préparent le terrain" afin de chauffer le public et de le préparer au spectacle final. Ce sont les "vendeurs", qui vendent les idées dont dépend la "conclusion du contrat". Ils sont là maintenant, dans notre monde, organisant des "cirques" New Age, des séminaires New Age, des ateliers New Age et des méthodes ou techniques New Age d'Ascension, ou s'efforçant d'atteindre une douzaine d'objectifs occultes ou prétendus spirituels. Ils représentent le COINTELPRO New Age dans sa fonction de créateur d'organisations-bidon."

LA VRAIE RÉCOMPENSE

Ceci nous ramène à notre sujet: l'Ascension. Si nous ne pouvons pas faire confiance à ce qu'on fait passer pour de la "Théologie New Age" ou à une philosophie qui puisse nous guider, quelle est la clé de la REELLE Ascension?

Ce que l'aspirant moderne à l'Ascension recherche, qu'il le réalise ou non, c'est la Queste séculaire du Chevalier. La Queste du Saint Graal et le Grand Oeuvre Alchimique se décrivent en termes identiques.

Ce que cela signifie c'est que la Queste du Sacré Graal et l'Oeuvre de l'Alchimiste contiennent de nombreuses pistes qui nous sont utiles dans le *reel travail d'Ascension*. Ces voies présentent des

[23] *OVNIs et La Sécurité d'Etat Nationale (NdT,*

allégories de luttes, de combats avec des dragons, des mystificateurs, et des forces du mal de toutes sortes. L'histoire du Chevalier qui tue le Dragon et sauve la Princesse enfermée dans un donjon après des années de recherche, de lutte, de souffrance et de combats victorieux, est une allégorie qui est toujours valable de nos jours. C'est là le *vrai chemin de l'Ascension.*

A mesure que nous présenterons les informations dans ce volume, le lecteur se familiarisera avec l'idée que la science des Anciens peut avoir contenu une connaissance très complète d'une réalité plus profonde que ne la présente la science actuelle, y compris dans des domaines que la physique, la chimie, les mathématiques, et l'astrophysique sont seulement en train de redécouvrir. Et nous ne parlons pas ici des anciens Egyptiens ou Babyloniens ou Sumériens, mais de peuples d'une bien plus grande antiquité encore, et dont les Egyptiens, Babyloniens, Sumériens, etc. n'ont retenu que des fragments déformés et tronqués sous la forme de mythes et légendes qu'ils ont élaborés et utilisés dans leurs "pratiques magiques". En outre, c'est seulement à la lumière des connaissances scientifiques actuelles que les vraies connaissances antiques dépeintes dans ces mythes et légendes, et rituels religieux peuvent être vraiment comprises. Cela ne veut pas dire que nous suggérons que nous avons tout compris et interprété. Nous voulons seulement dire que dans d' anciens récits, beaucoup de choses font penser qu'il a existé loin dans le passé, en des temps archaïques, une science avancée qui peut avoir permis une interface entre diverses couches ou dimensions de la réalité, sur cette planète.

Cette idée ne nous est pas originale, ainsi que le savent de nombreux lecteurs. Cependant, nous pensons que nous avons été capables d'éclairer certains coins ténébreux qui étaient de ce fait restés incompris. Arthur C. Clarke l'a souligné: « Toute technologie suffisamment évoluée ne peut être distinguée de la magie ». Si nous débarrassons notre mental des idées préconçues à propos de ce que les Anciens ont pu ou n'ont pas pu savoir, et si nous nous contentons d'analyser en profondeur les mythes et légendes, substrats des religions, nous observons des descriptions d'activités, d'événements, de moyens et potentiels qui expriment par exemple la connaissance de l'énergie libre, l'anti-gravitation, les voyages dans le temps, les voyages interplanétaires, l'énergie atomique, la molécularisation et la démolécularisation atomiques. C'est-à-dire un tas de choses qui ont été considérées comme des produits de l'imagination débordante et superstitieuse de tribus sauvages, et qui deviennent de nos jours des activités communes. De nombreux érudits expliquent que la personnification ou l'anthropomorphisme sont des tentatives d'explication des forces naturelles. D'autres interprètes commettent l'erreur de prétendre qu'il s'agissait d'une "science sacrée" qui refuse toute forme d'interprétation matérielle.

J'ai tourné cette idée dans ma tête pendant un certain temps, tout en observant le développement des enfants, et en voyant comment ils remarquent les choses, et ce qu'ils remarquent, et comment ils les expliquent à eux-mêmes et aux autres enfants. Une des premières observations que j'ai faites au sujet des enfants et de leurs réactions à leur environnement, c'est qu'ils l'acceptent simplement tel qu'il est. Ils ne semblent pas avoir besoin d'explications à ce sujet. Il est ce qu'il est jusqu'à ce qu'un adulte leur répète, pour les amuser ou les effrayer, quelqu'histoire à ce propos. Jusqu'à ce que ce qu'on "leur raconte des histoires" les enfants s'occupent simplement et intensément à imiter ce qu'ils voient faire par d'autres: la plupart du temps les adultes dans leur vie de tous les jours. Jusqu'à ce qu'on leur ait raconté des histoires fantastiques, leurs jeux « à faire semblant » représentent des scènes concrètes de la vie. Et même quand on leur dit des contes de fées dans lesquels il y a des chevaux qui volent ou des personnes qui ont des pouvoirs magiques, ils préfèrent souvent à ces récits ce qui s'applique directement à leur propre expérience et observation.

Peut-être que le parallèle entre le développement de la pensée évolutive chez l'enfant par rapport à l'environnement, et le développement de la pensée humaine évolutive en général va cherché un peu loin. Mais je pense que cela peut nous faire réfléchir et nous faire poser la question de savoir quand et comment la création de mythes et légendes a servi l'humanité, dans le cadre de l'évolution. Pourquoi nous raconterait-on une histoire à propos d'un homme qui possède des sandales magiques lui permettant de voler, si c'est là seulement "anthropomorphiser" les forces naturelles? S'il s'agit d'un sorcier ou d'un "dieu", pourquoi aurait-il besoin de sandales pour voler? Il pourrait tout aussi bien avoir des ailes qui lui auraient poussé sur le dos au cours de sa croissance. Il est déjà un dieu, après tout. Il n'est pas un humain. Alors, pourquoi les sandales ?

Il pourrait bien en fait exister un "ensemble archétypal d'idées" où puise l'humanité tout entière dans ses rêves et ses visions, mais cela nous mène dans des domaines de pensée qui ne répondent pas à la simple question de savoir en quoi cela a servi des primitifs sauvages de fabriquer des contes fantastiques sur les forces naturelles, contes qui reprennent également certains éléments suggérant une technologie, et pas seulement une "magie"?

De nos jours, il existe toutes sortes de groupes et organisations "mystiques" prétendant détenir des connaissances antiques: ce que l'on appelle communément "occultisme", ou "ésotérisme", ou pratiques magiques. Il y a pléthore de livres prétendument scientifiques, mais qui rejettent totalement la science conventionnelle dans n'importe quel contexte. Des sujets comme la géométrie sacrée, l'archéo-astronomie et la nouvelle physique, font l'objet d'études fiévreuses dans le but de discerner quel est la « signification occulte » des travaux des anciens. Et invariablement cela est fait en termes strictement rituéliques, posant que tout ce que les anciens ont été capables de faire l'a été dans le cadre de rites ou rituels magiques – contrôlant « ce qui est en haut » par des rituels « d'en bas ».

Les occultistes prétendent que ce que nous avons perdu ce sont les pouvoirs mentaux et spirituels des anciens. Ils affirment aussi que cette sagesse ancienne a été fragmentée et obscurcie sous forme de doctrines magiques que les "non-initiés" ne peuvent saisir. Ils disent que certains fragments de cette sagesse ont été transmis par une tradition constante, et diffusés dans le monde aux époques opportunes, tandis que d'autres fragments n'ont été transmis qu'à un petit nombre d'élus, et que naturellement, ils font partie de cette société choisie.

Ces allégations nous font penser qu'il est très probable que des rites, histoires ou mythes qui sous-tendent des rituels aient été transmis à des groupes secrets sous une forme plus pure que les histoires répandues autour du globe au cours des millénaires. Mais cela ne signifie pas que le « clergé » de tels groupes comprenne réellement les histoires ou rites dont il est le gardien, en particulier s'il écarte la possibilité que ces informations pourraient représenter des codes scientifiques et qu'il est nécessaire d'avoir une formation scientifique pour pouvoir les décoder.

La plupart des prétendus occultistes et "géomètres sacrés" me remettent en mémoire le livre de David Macaulay *Motel Of Mysteries,*[24] un récit humoristique décrivant des fouilles faites par un archéologue sur le site d'un motel du XXe siècle: chaque objet est méticuleusement extrait, enregistré, et totalement mal interprété. Le "vaste complexe funéraire" mis au jour par Howard Carson contient des merveilles telles que "le grand autel" (poste de télévision), une statue de la déesse WATT (lampe de chevet) et le coffret à composantes internes (glacière). Mais certains autres promoteurs de l'occulte semblent faire partie du Système de

[24] *Le Motel des Mystères,* Boston, Houghton Mifflin, 1979

Contrôle que nous avons décrit plus haut, et avoir de dangereuses tendances, ainsi que nous le verrons plus loin.

En ce qui concerne l'archéologie, les archives archéologiques sont enregistrées selon certains processus. La méconnaissance de ces processus n'est pas toujours le fait de non-professionnels. Il a été admis récemment seulement, que l'étude d'un site archéologique ne permet pas nécessairement de reconstituer directement ce qui s'y est passé mais qu'au contraire elle peut déformer les informations par une série de processus.

Nous suggérons que cette réflexion peut s'appliquer aux mythes, légendes, et rites religieux. Ils représentent une sorte d'archivage de l'histoire de l'humanité en termes archétypiques, ensevelis sous des récits, déformés par une série de processus.

Même si certaines des prétendues écoles antiques et voies mystiques ont conservées intactes, ou dans un certain état de pureté, certaines informations, il semble cependant que la plupart d'entre elles “ont pâli sur les pages” au cours des longues périodes écoulées depuis le temps où ces choses faisaient partie de la réalité extérieure. Et cependant, certains ont constaté les contradictions de notre réalité et de nos croyances, et ils ont fouillé dans les anciens enseignements pour en extraire le savoir. Beaucoup de ces chercheurs ont fait des découvertes qui, comparées avec des informations dans de nombreux autres domaines, nous aident dans la découverte essentielle de notre vraie condition et de notre vraie raison d'être.

La question se pose, naturellement, de savoir ce que ce sujet a à nous dire à propos de « ce qui marche » ou de « ce qui ne marche pas » réellement. Sommes-nous à même de l'examiner? Sommes-nous capables d'en retrouver la trace et découvrir, non seulement les obstacles du processus, mais également les réels *avantages* qu'en peut retirer le chercheur sincère? Sommes-nous à même de retrouver la trace et redécouvrir les facultés apparentes qui sont les SIGNES de l'accomplissement d'une Queste réussie?

Bref, qu'est-ce vraiment que la Pierre philosophale? De quoi est vraiment capable le Héros quand il a trouvé le Sacré Graal?

CHAPITRE I
NATURE DE LA QUESTE
L'ANCIENNE SCIENCE SECRÈTE RÉVÉLÉE

> De nombreux critiques littéraires semblent convaincus que les hypothèses formulées à propos de questions historiques obscures et lointaines peuvent être réfutées par le simple fait d'exiger plus de preuves qu'il n'en existe en fait. […] Mais la vraie mise à l'épreuve d'une hypothèse, si on ne peut prouver qu'elle contredit une vérité connue, c'est le nombre de faits qu'elle corrobore et explique. [Cornford, *Origins of Attic Comedy* [25]]

DISJECTA MEMBRA

Le thème de la Queste du Saint Graal fait tellement partie de la culture occidentale qu'il serait difficile d'imaginer son absence. Les livres, tableaux, sculptures, pièces de théâtre, films, chansons populaires et autres expressions artistiques ou littéraires qui ont pour thème le Graal sont trop nombreux pour pouvoir être comptés. Le Saint Graal représente beaucoup de choses pour beaucoup de gens, mais nous pourrions dire qu'il représente la Queste du Tout en général ou en particulier. Cette attitude a peu à peu été intégrée dans notre langage [26]: nous disons « Oh!, il est à la recherche du Saint Graal du _____ » et on peut remplir le blanc en nommant n'importe quelle entreprise. Quiconque étudie le sujet, même de loin, peut être certain qu'au cœur de la Légende se trouve un Secret et/ou quelque récompense de nature matérielle. On pourrait même dire que l'attachement de la société occidentale aux légendes du Graal est tout à fait disproportionné par rapport au déroutant contenu des récits. En fait, la majorité des personnes qui sont certaines de la signification profonde des légendes du Sacré Graal n'ont jamais lu aucune des histoires originales ayant donné naissance à cette légende.

Et cependant, quelque chose agit sur nous, sur chacun d'entre nous, qui débride notre imagination ou fait envoler notre âme dès que le sujet est abordé. Et cela suggère quelque chose de vital - quelque magie, quelque rêve archétypal - que les mots mêmes de

---

[25] Les origines de la comédie attique (NdT)
[26] C'est une Américaine qui parle (NdT)

"Saint Graal" éveillent dans l'esprit des Occidentaux. Ces mots déclenchent quelque chose dans notre inconscient collectif, qui transforme les éléments embrouillés et confus des récits originaux en une contrée enchantée parsemée d'amours héroïques et d'actes téméraires qui ne peuvent être accomplis que par le plus pur et le meilleur d'entre tous. Et tous, dans nos fantasmes les plus intimes, nous imaginons que nous sommes Celui ou Celle qui est digne de conquérir le Graal.

Quiconque étudie le thème du Graal sait déjà qu'il existe des milliers et des milliers d'ouvrages érudits ou de fiction sur le sujet. Des essais, des études, des critiques (des volumes et des volumes) sont consacrés à ce sujet fascinant. Et celui qui étudie la littérature consacrée au Graal sait aussi qu'elle contient un ramassis désespérant d'opinions et de perspectives contradictoires. Par exemple: une école de pensée suggère que le Graal est un sujet entièrement chrétien. Et il y a indéniablement des éléments chrétiens qui prédominent dans certaines versions. Une autre école de pensée prétend que le sujet du Graal est entièrement païen, et indubitablement d'origine celtique. Cette école prétend que les versions christianisées tardives ont été des tentatives, par certains ecclésiastiques, d' "occulter" et amalgamer un thème populaire à des fins chrétiennes. Ce sont là, *grosso modo,* les deux groupes principaux, mais en aucun cas les seuls! Chaque groupe peut être subdivisé en diverses écoles, qui proposent une douzaine de théories.

Le hic, c'est que ces deux perspectives et leurs nombreuses ramifications rencontrent des problèmes insurmontables lorsque chacune tente de défendre ses propres arguments. La théorie de l'origine chrétienne du Graal s'effondre complètement quand elle est confrontée à la pénible réalité qu'il n'existe aucune tradition chrétienne concernant un certain Joseph d'Arimathie. Il semble que Joseph d'Arimathie n'existe pas en dehors des récits concernant le Graal et doive être relégué par les Chrétiens, au rang des fantasmes romanesques. En fait, comme le raconte Jessie Weston, dès 1260, l'écrivain hollandais Jacob van Maerlant dénonçait dans son ensemble la question du Graal comme étant un ramassis de mensonges, et déclarait que l'Eglise en ignorait tout. Il avait raison. Les tenants d'un Pagano-Celtisme doivent faire face à leurs propres difficultés quand ils s'attaquent aux légendes. La partie des récits concernant le Graal qui est sans conteste pagano-celtique, c'est-à-dire l'histoire de Perceval – dans sa forme originale- n'a absolument rien à voir avec le Graal !

Dès lors, le problème est le suivant: bien que des parallèles soient possibles entre certains des récits isolés, éléments constituants du cycle complet, ils ne nous servent pas à grand-chose, car pour faire des parallèles il faut diviser les récits en groupes de thèmes indépendants. Il n'existe pas de document-source comme c'est le cas théorique pour les Evangiles du Nouveau Testament – une source originale perdue, dont les divers éléments auraient été tirés. Il n'existe aucun prototype rassemblant tous les éléments dans un seul récit: La Terre Inculte, Le Roi-Pêcheur, Le Château Secret avec ses fêtes et servantes d'un autre monde, et son vase/gobelet mystérieux, la Lance Ensanglantée et la Coupe.

Bref, ni pour la version pagano-celtique, ni pour la version chrétienne il n'existe de source originale ayant conservé l'ensemble des éléments. Cela signifie que l'approche la plus logique à adopter dans ce cas est de bien comprendre dès le début qu'aucune école de pensée ne peut ignorer les autres et qu'une approche plus large est nécessaire. Cela veut dire que l'origine de l'histoire du Graal doit se trouver ailleurs que dans des légendes populaires ou des contes christianisés.

Jessie L. Weston, après plus de trente ans d'étude, a écrit un petit livre intitulé *From Ritual to Romance*[27]. Elle y fait une observation surprenante dans ses implications:

> Il y a quelques années, alors que je venais de terminer l'étude de l'ouvrage de Sir J. G. Frazer" The Golden Bough"[28], j'ai été frappée par les similitudes entre certains traits de l'histoire du Graal et les détails caractéristiques des cultes de la Nature qui y sont décrits. Plus j'analysais le récit, plus frappante devenait la ressemblance, et je me suis finalement demandé s'il n'était pas possible que, dans cette légende mystérieuse (mystérieuse dans ses personnages, son apparition soudaine, son importance apparente suivie d'une brusque disparition inexpliquée), se trouvât en fait la mémoire confuse d'un rituel autrefois populaire qui aurait survécu ensuite dans le secret le plus strict. Cela expliquerait l'atmosphère de crainte respectueuse qui entoure toujours le Graal, même dans les versions non-chrétiennes. [...]
>
> Plus nous étudions la théologie pré-chrétienne, plus nous sommes impressionnés par le caractère profondément et audacieusement spirituel de ses spéculations, et plus il paraît douteux qu'un tel enseignement s'appuie sur des processus de pensée humaine sans aucune aide extérieure, ou puisse être né de "germes" tels qu'on les trouve parmi les peuplades dites primitives. [...] Sont-elles

[27] Du Rituel au Romanesque (NdT)

[28] Le Rameau d'Or (NdT)

> vraiment primitives? Ou sommes-nous en présence, non pas des éléments primitifs d'une religion, mais des *disjecta membra* d'une civilisation disparue? Il est certain que jusqu'ici, en ce qui concerne les preuves historiques, nos archives les plus anciennes inclinent à admettre la reconnaissance d'une origine spirituelle et non pas matérielle de la race humaine.
>
> Les pratiques et cérémonies folkloriques étudiées: danses, ébauches de drames, célébrations locales et saisonnières, ne représentent pas le matériau dont a émergé le culte d'Attis-Adonis, mais sont des fragments survivants d'un culte dont la signification supérieure a disparu.
>
> Mon but a été de prouver le caractère essentiellement archaïque de tous les éléments qui composent le récit du Graal, plutôt que d'analyser l'histoire comme un tout dont les parties sont reliées l'une à l'autre.[29]

Je veux insister sur ces deux expressions essentielles: Les « *disjecta membra* d'une civilisation disparue » et « des fragments survivants d'un culte *dont la signification supérieure a disparu* ». En bref, ce que Ms. Weston suggère, c'est que les récits du Graal ont constitué une brève émergence, dans la conscience générale, de quelque chose de tellement ancien que pour retrouver tous les fils et retisser la Tapisserie Sacrée tout entière il faudrait pouvoir disposer d'une perspective non pas de milliers d'années, mais sans doute de dizaines de milliers d'années, peut-être même d'une perspective antédiluvienne! La seule pensée de quelque chose de si audacieux dans ses implications, m'a littéralement coupé le souffle. Cependant, étant naïve et possédant un peu de la folie qui me fait précipiter là où les anges hésitent à marcher même sur la pointe des pieds, j'ai pris la décision de rechercher les pièces de ce puzzle, même si je devais y passer le reste de ma vie.

Prenant cette idée pour hypothèse, j'ai commençai à imaginer comment un tel événement pourrait se manifester. Je suis tombée sur un autre élément intéressant, qui m'a aidée à ajuster la "lentille" à travers laquelle je regardais la réalité. Un récit, trouvé dans les *Histoires* d'Hérodote, est une copie exacte d'un conte d'origine indienne, *sauf que* l'original est une fable dont les personnages sont des animaux, et que dans la version d'Hérodote tous les personnages sont des humains. Autrement, les histoires sont identiques jusque dans les détails. Joscelyn Godwin cite R. E. Meagher, professeur en humanités classiques et traducteur des

[29] Weston, Jesse L. (1920) *Du Rituel au Romanesque Ritual to Romance*; London: Cambridge University Press

classiques grecs qui dit: « *Il est clair que si les personnages changent d'espèce, ils peuvent aussi changer de nom et pratiquement de tout ce qui les constitue.* »[30]

D'autre part, Mircea Eliade clarifie le processus de "mythification" de personnages historiques. Eliade décrit comment un "folklorologue" roumain avait transcrit une ballade décrivant la mort d'un jeune homme auquel avait lancé un sort une jalouse fée des montagnes le soir de ses noces. Le jeune homme, sous l'influence du sort jeté par la fée, tomba du haut d'une falaise. La lamentation chantée par la fiancée était pleine "d'allusions mythologiques; un texte liturgique d'une beauté rustique".

Le folklorologue ayant été informé que ce chant concernait une tragédie qui s'était produite "il y a longtemps", découvrit que la fiancée était toujours de ce monde et il alla l'interroger. Il fut surpris d'apprendre que le jeune homme était mort moins de 4 années auparavant. Il avait glissé et était tombé d'une falaise. En réalité, aucune fée des montagnes n'était impliquée dans cet accident.

Eliade note que « malgré la présence du témoin principal, quelques années avaient suffi pour dépouiller l'événement de toute authenticité historique et d'en faire une légende ». Bien que la tragédie eût concerné un de leurs contemporains, la mort d'un jeune homme sur le point de se marier avait acquis « une signification occulte qui ne pouvait être retrouvée que grâce à son identification à la catégorie du mythe ».

Le mythe semblait plus vrai, plus pur, que l'événement prosaïque, parce qu'il « rendait l'histoire réelle plus profonde et plus riche, et mettait en lumière une destinée tragique ».

De la même manière, un poème épique yougoslave célébrant une figure héroïque du quatorzième siècle: Marko Kraljevic, abolit l'identité historique de celui-ci, et le récit de sa vie « reconstruite selon les normes du mythe ». La mère du héros est Vila, une fée. Son épouse est également fée. Il combat un dragon à trois têtes et le tue, lutte avec son frère et le tue, le tout étant en conformité avec les thèmes mythiques classiques.

Le caractère historique des personnages célébrés dans le poème épique n'est pas mis en question, comme le note Eliade. « Mais leur historicité ne résiste pas longtemps à l'action corrosive de la mythification ». Un événement historique, quelle que soit son importance, ne demeure pas intact dans la mémoire populaire.

> « Le mythe est le dernier et non le premier stade de la création d'un héros ». La mémoire de l'événement factuel survit peut-être

[30] Godwin, Joscelyn *Arktos,* (1996) Adventures Unlimited Press, Kempton, Illinois.

Les Ours

> pendant trois siècles au plus. La figure historique est peu à peu assimilée à son modèle mythique et l'événement lui-même s'estompe graduellement et entre peu à peu dans la catégorie des actions mythiques.
>
> « Cette réduction des événements à des catégories, et des individus à des archétypes, qui a été le fait de la conscience populaire en Europe pratiquement jusqu'à nos jours, est conforme à l'ontologie archaïque » écrit Eliade. « Nous avons le droit de nous demander si l'importance des archétypes dans la conscience de l'homme archaïque, et l'impossibilité pour la mémoire populaire de retenir autre chose que des archétypes, ne nous révèle pas quelque chose de plus que la résistance à l'histoire dont fait preuve la spiritualité traditionnelle »[31].

Cette mythification des personnages historiques fait son apparition exactement de la même manière en tous temps, et en toutes cultures. Comme il est dit dans l'Ecclésiaste, « Il n'y a rien de nouveau sous le soleil ». Des événements historiques sont "assimilés" à l'archétype mythique, des choses qui n'ont jamais été accomplies par le héros lui sont souvent attribuées, et des événements, lieux, et autres caractéristiques d'un contexte plus profond et plus large lui sont également "attachés".

Ce que cela suggère, c'est que la mythification de personnages historiques se produit sur le patron d'une sorte de "modèle standard". C'est pourquoi tous les héros mythiques se ressemblent à tant d'égards. Ce n'est pas qu'ils ont tous accompli les mêmes choses, c'est que quelqu'un a accompli quelque chose, au moins une chose, héroïque, qui ressemblait au modèle, et ce faisant, il a été "assimilé" à l'archétype. Nous ne voulons pas dire que les héros n'ont pas existé en chair et en os, ni qu'ils n'ont rien accompli d'héroïque. Ce n'est pas là la question. Ce qui semble évident, c'est que leur nature réelle, historique, ce qu'ils ont *reellement* accompli, ne peut résister à "l'action corrosive de la mythification". C'est pourquoi, tenter de découvrir l'identité d'un héros en s'efforçant de comparer son histoire avec les réels "faits historiques" est tout simplement impossible. Autre fait important à prendre en considération: si un "héros" assez ordinaire et si l'ensemble de ses exploits localisés sont "assimilés" à un modèle, même si nous parvenons à découvrir son identité, elle nous laisse sur notre faim. Nous n'avons dans ce cas découvert que l'un des très nombreux individus assimilés au même archétype, et nous tournerons éternellement en rond si nous tentons de trier les faits dans l'idée de

---

[31] Eliade, Mircea: (1954) *The Myth of The Eternal Return*; "le Mythe de l'Eternel Retour" – (NdT) New York: Bollingen Foundation, Princeton University Press

découvrir “l’élément magique” lié à ce modèle. Dans certains cas, la mémoire tribale peut conserver le souvenir du nom d’un ancêtre, même si personne au sein de la tribu n’a plus aucune idée de ce que cet ancêtre a réellement pu accomplir. Dans d’autres cas, le nom réel est oublié, et c’est le nom du modèle qui est attaché. Mais cela n’aide sans doute pas beaucoup quand on essaie de savoir qui a fait quoi. Avec du soin, de la patience, et en procédant à des comparaisons, nous pouvons arriver à des conclusions logiques sur des faits du passé, avant la chronique écrite des événements ou avant la destruction des récits originaux, ce qui constitue une autre possibilité.

Autre point crucial de notre investigation: les mythes *tendent* à *conserver les idées d’institutions, coutumes et paysages* même si nous ne pouvons nous fier à eux pour ce que nous appelons la vérité historique. Et enfin, ce que nous retenons de l’étude des mythes, légendes, sagas et poèmes épiques, c’est le fait évident qu’il ne s’agit pas “d’inventions créatives” d’un tissu grossier. *Il y a* un modèle. *Il y a* réduction des événements à des catégories et des individus à des archétypes. Et ce modèle est conforme à l’ontologie archaïque! On pourrait même dire que la mythification de personnages historiques nous met devant les yeux la signification dépouillée du personnage et de l’événement, c’est-à-dire celle que l’on peut apercevoir seulement si on fait abstraction de l’événement historique immédiat. Ceci nous fait poser la question: « Est-ce que cette tendance de la conscience de l’homme à retenir des archétypes et d’assimiler les événements et les gens à ces modèles révèle quelque chose au sujet de la *vraie* nature du modèle lui-même? »

Une fois encore, « quelle est la vraie nature du modèle? » Ceci est une question très importante, dont il faudra nous souvenir à mesure que nous progressons. Elle nous aidera, non seulement à comprendre comment des récits provenant de plusieurs sources peuvent être à la fois véridiques et non-véridiques. Et elle constituera également un indice majeur dans notre investigation sur certains sujets très importants qui sont des éléments-charnières dans la Queste du Graal. Y a-t-il un niveau de réalité auquel le Modèle existe, et qui s’imprime psychologiquement dans les êtres humains? Autrement dit, est-ce que l’archétype mythique se rapporte à une Réalité Théologique, un monde hyperdimensionnel d’où le nôtre est projeté comme les éléments d’un jeu sur une planche?

Lorsque nous comparons les récits du Graal avec d’autres mythes et légendes, nous remarquons l’ubiquité du thème universel d’un Age d’Or qui a été détruit d’une manière horrible: un déluge, une disgrâce, un châtiment. Nous soupçonnons que cette tradition a été habilement mêlée à l'histoire du Roi Arthur par Geoffrey de Monmouth. Dans la plupart des cas, les récits font allusion au monde d'avant, à des géants, à des dieux et à leurs actions, en des termes qui semblent tout simplement fantastiques. L'explication habituelle relie ces histoires à un nombre infini de théories basées sur l'état déplorable d'ignorance de sauvages primitifs de l'âge de la pierre, qui auraient, grâce à une imagination débordante, créé des mythes pour expliquer les inexplicables forces naturelles parmi lesquelles ils vivaient.

De nombreux chercheurs et théoriciens "alternatifs" ont déjà fait des exposés détaillés d'hypothèses basées sur l'idée que beaucoup de mythes correspondent à une réalité archaïque. Parmi les idées qu'ils ont proposées il y a celles qui suivent le modèle selon lequel il y a eu, dans l'histoire humaine, un temps où les planètes ont violemment interagi, et ces faits seraient devenus les mythes primordiaux de "guerres des dieux". Dans ces scénarios, les "foudres" de Jupiter sont des échanges de potentiels électriques entre planètes. D'autres ont suggéré que ces histoires représentent les interactions d'extraterrestres ou d'hybrides humano-extraterrestres utilisant des technologies avancées. Dans ces théories, les foudres de Jupiter sont des armes nucléaires, et Jupiter n'est qu'un type ordinaire qui s'est servi d'une grosse bombe.

Si nous ré-examinons notre petite histoire au sujet de la mythification de l'histoire et de l'historicisation des mythes, nous nous rendons compte que les deux approches pourraient être exactes. Dans le cas des récits du Graal, nous rencontrons ce problème à maintes reprises. Cependant, il est souvent fait allusion aux mêmes symboles ou "objets ayant valeur de culte". Ces mystérieux objets sont le thème central de l'action du récit de la Queste, et il semble qu'une bonne compréhension de ces objets soit essentielle autant pour le héros lui-même que pour les "déchiffreurs de mystères" actuels. Ces objets sont une coupe ou un plat, une lance ou une épée, et une pierre. Si nous entreprenons des recherches parmi les mythes et légendes, nous en trouvons un ici, un autre là, un autre encore ailleurs, et si nous rassemblons ces éléments, nous trouvons qu'ils pourraient faire partie d'un tout.

Mais que représente en fait cet ensemble d'éléments? Si nous les étudions soigneusement, nous en arrivons à la conclusion qu'il pourrait s'agir de connaissances scientifiques anciennes "mythifiées" au cours des âges et que l'infrastructure de cette civilisation a disparu. Naturellement, on peut penser immédiatement à l'exemple du "Lord of the Flies"[32], mais il y a certainement de nombreux autres cas où ce processus peut être examiné. De toute manière, plus nous étudions le sujet, plus nous réalisons que Ms. Weston était certainement sur la bonne voie.

Considérons "L'adoration du Graal" sous de multiples formes, que nous retrouvons fréquemment dans les mythes et légendes, comme un élément d'une ancienne technologie. Observons comment ces objets ont été utilisés et voyons les pouvoirs magiques qui leur ont été attribués. Notons que toutes ces facultés sont les attributs d'une maîtrise de la manipulation de l'Espace-Temps. Souvenons-nous que les mythes *servent reellement* à conserver des idées d'institutions, des coutumes et des paysages. Dans ce cas, les légendes anciennes donnent une surprenante vision de l'univers, ainsi que des descriptions des technologies les plus fascinantes.

Poursuivons donc en prenant cette idée pour hypothèse de travail. Nous ne sommes pas obligés de l'accepter pour vraie. C'est seulement un jeu.

Imaginons, si vous le voulez bien, une civilisation couvrant le monde entier, similaire à la nôtre en de nombreux points, bénéficiant de technologies avancées (encore que les technologies de l'ancien monde devaient être bien différentes des nôtres, comme nous le verrons). Imaginons ensuite l'arrivée d'un grand cataclysme trop soudain pour que l'on ait pu le prévoir et prendre des mesures pour protéger la civilisation, ou trop grand pour que l'on ait pu y faire face. Imaginons que les infrastructures de la civilisation ont été anéanties. Imaginons que sur tout le globe, le cataclysme a été si terrible que de six milliards d'êtres humains il en reste 10 millions. En outre, les survivants sont éparpillés un peu partout sur la planète, et tous les moyens de transport et de communication ont été détruits, de telle sorte que l'idée même de se rassembler pour reconstruire les infrastructures est impossible. De plus, la majorité des survivants en seraient tout à fait incapables techniquement parlant.

Mais disons qu'en quatre ou cinq endroits, quelques poignées de gens très instruits ont survécu. Cependant, le malheur veut que leurs connaissances soient tellement spécialisées qu'ils ne sont capables que de remettre en place quelques éléments de la civilisation disparue. Et donc, ils font du mieux qu'ils peuvent. Ils deviennent, pourrait-on dire, les Seigneurs des Mouches. Et ils s'efforcent de recréer ce qui a été perdu; de rechercher les connaissances qui leur permettront de reconstruire leur monde à partir de ses cendres.

---

[32] "Le Seigneur des Mouches" (NdT)

N'ayant autour d'eux que des gens sans instruction et ignorant tout des techniques à utiliser pour entreprendre les travaux nécessaires, et sachant que lorsqu'ils mourront ce qu'ils savent sera perdu, ils tentent de transmettre tout le savoir possible, à autant de gens que possible, tout en sachant bien que ce savoir est très incomplet. Ou inversement, ils décident de mettre sur pied une "structure de pouvoir d'une élite" où le savoir n'est transmis qu'à quelques-uns uns afin de maintenir les rênes du pouvoir dans leurs mains et dans celles de leurs propres descendants.

Dans une telle situation, quel savoir serait considéré comme essentiel à transmettre? Qu'est-ce qui serait le plus important dans l'esprit de cette personne?

Eh bien, l'ancêtre d'une élite avide de pouvoir transmettrait certainement des connaissances qui permettent d'exercer un contrôle. Mais un individu qui voudrait venir en aide à l'humanité tout entière pourrait penser que le monde serait meilleur s'il pouvait transmettre à ses successeurs tout ce qu'il sait et laisser à ceux-ci le soin de compléter le puzzle. Et est-ce que cela ne comprendrait pas, non seulement la connaissance des choses importantes qui ont caractérisé cette civilisation, mais aussi son infrastructure, ses moyens de communication, de transport, sa manière de légiférer, son éthique, ses sciences les plus avancées, et, le plus important: les terribles informations qui sont parvenues au dernier moment, juste avant que tout n'explose pour retomber à l'âge de la pierre, la conscience que la Terre subit régulièrement et cycliquement des cataclysmes?

Imaginons un désastre imminent, comme un barrage de comètes, qui menacerait notre civilisation. Les premières choses que feraient nos scientifiques seraient de prendre des mesures et faire des observations: ils étudieraient le chemin et la trajectoire, et ils annonceraient sans tarder, à la télévision, au monde entier, que nous sommes sur le point de traverser une longue période de dangers dus à des chutes de comètes. Ils annonceraient leur nombre à tout le monde, et chacun saurait, peu de temps avant la destruction, que ce qui est sur le point de se produire s'est déjà produit auparavant. Et ce savoir, révélé trop tard, serait une des choses que les survivants voudraient transmettre à leurs descendants. Dès lors, dans un tel environnement, dans de telles conditions, on assisterait à la naissance de mythes consistant en souvenirs du monde d'avant, et de sa glorieuse technologie, comment il a fini, et que de tels désastres se reproduiront.

Imaginons, si vous le voulez bien, un groupe de survivants. Ils émergent de leurs refuges, pour découvrir que le monde qu'ils ont connu n'est pas seulement endommagé, mais que de violentes convulsions de la planète ont provoqué des plissements, des élévations de terrain, et ont emporté la plus grande partie de ce qui existait. Les usines, les centrales d'énergie, les villes, les autoroutes, les lignes de chemin de fer, les aéroports et les avions, les grands navires et les complexes industriels, tout cela a été réduit à de la ferraille, des cendres, des gravats et de la poussière. Mettant à profit leurs aptitudes et ne disposant que des outils les plus rudimentaires, ils construisent une petite communauté et tentent de survivre du mieux qu'ils peuvent.

A mesure que le temps passe, notre petite communauté commence à prospérer. Ses membres sont devenus vieux, et à présent ils s'assoient autour des feux entourés d'une génération de petits-enfants curieux d'entendre des histoires sur le thème: « qu'est ce que tu faisais quand tu étais jeune, Papy? » Et les grands-pères soupirent en pensant aux facilités, au confort d'antan, et aux merveilles perdues, et répondent: « nous allions dîner dans de bons restaurants et nous allions au cinéma ».

- C'est quoi un cinéma, Papy?

- Eh bien, c'est une grande salle où on allait voir les merveilleuses aventures de stars célèbres. On s'asseyait dans des rangées de fauteuils et le film se déroulait sur un grand mur blanc devant nous.

- C'est quoi qui apparaissait sur le mur?

- Les images des étoiles de cinéma.

- C'est quoi une étoile de cinéma, Papy?

- Une étoile de cinéma, c'est une personne célèbre qui fait semblant d'être quelqu'un d'autre, pour raconter une histoire.

- C'est quoi une image, Papy?

- C'est une projection de la vraie étoile de cinéma, qui n'est pas là en chair et en os. Elle vit ailleurs, et quand elle ne joue pas dans des films, elle mène sa vie comme toi et moi.

- Et comment ça se fait qu'on peut voir l'image de l'étoile de cinéma quand elle est ailleurs?

- Eh bien, ça c'est de la technologie. C'est une lumière qui brille à travers un long ruban transparent qui tourne autour d'une roue.

- Et c'est quoi qui fait tourner la roue, Papy?

- L'électricité.

- C'est quoi l'électricité, Papy?

- C'est une grande force qui se trouve dans l'air. L'électricité, c'est ce que tu vois quand il y a un éclair. Quand nous étions petits, nous utilisions l'électricité pour faire tout fonctionner. C'était l'énergie qui apportait la lumière, qui nous permettait de cuire nos aliments. Nous utilisions l'électricité pour faire fonctionner nos stéréos, nos postes de radio et de télévision.

- Papy, c'est quoi une télévision?

- C'est une sorte de boîte, et on pouvait voir à la maison, des images des mêmes étoiles qu'on allait voir au cinéma.

- Comment les images entraient dans la télévision?

- Elles entraient portées par l'air. Il y avait des satellites qui flottaient haut en l'air tout autour de la Terre, et ils envoyaient ces images à la télévision. Et ces mêmes satellites nous permettaient de parler à qui on voulait dans le monde entier, par téléphone.

- Papy, c'est quoi un téléphone? »

Laissons là cette série de questions et réponses du plus grand intérêt, et faisons un saut jusqu'au moment où Papy profite d'un repos bien mérité: son petit-fils a grandi et a lui-même des enfants. Le petit-fils parle à ses propres enfants des étoiles dans le ciel, qui envoient des messages dans des boîtes et permettent de parler à n'importe qui partout dans le monde. Il parle à ses propres petits-enfants des grandes étoiles de cinéma d'Hollywood qui pouvaient apparaître sur un mur blanc dans un grand cinéma après un grand banquet avec les dieux ou, si les circonstances le permettaient, dans une boîte spéciale dans notre maison-même.

Sautons encore une génération, et nous voyons que la communauté est dans une mauvaise passe. Ses membres se rappellent les histoires du monde d'avant et ils paraissent avoir besoin d'aide. Peut-être que s'ils construisent une réplique de l'objet en forme de boîte, qui était si important pour la plupart des gens, ils parviendront à communiquer avec les dieux qui se trouvent à Hollywood et que ceux-ci pourront mettre fin à la famine ou à la peste.

Alors ils construisent une boîte et la mettent sur un autel. Ils commencent à évoquer les différents noms dont ils se souviennent grâce aux histoires de leurs grands-pères: "Oh, Grande Mère Elizabeth Taylor! Ecoute notre prière! Viens à notre aide, Grand Père Clark Gable!" Mais rien ne se passe. Les dieux seraient-ils fâchés? Peut-être veulent-ils quelque chose? Un sacrifice peut-être? Peut-être que les dieux regrettent les banquets? Ils voudraient peut-être un bon agneau succulent. Non? Alors, peut-être un enfant nouveau-né? Une vierge? Deux? Une douzaine, ou plus?

Et à mesure que le temps passe, la réalité de ce qui était jadis devient conte de fées, des traces de temps anciens, ensevelies sous des couches d'ignorance et de superstition. Et à mesure que la population augmente et que des voyages peuvent être entrepris, ils rencontrent des tribus qui ont des histoires similaires mais vues sous des angles différents. Ils font peut être la rencontre d'un groupe dont le "grand-père" était un grand savant. Il a appris à ses petits-enfants à mémoriser des formules scientifiques. Naturellement, puisque leur grand-père était un savant et qu'il leur a transmis "des connaissances scientifiques et supérieures", ils estiment qu'ils sont en mesure d'instruire ces ignares qui invoquent Liz Taylor et Clark Gable. Mais non, il faut faire comme ceci: il faut former un cercle autour de la télévision et prononcer les paroles idoines, dire les formules magiques. Alors, les tribus mélangées se mettent à danser autour du "Cube de l'Espace," en psalmodiant Eéééé égale Emmmm Céééé Carré! Eééé égale Emmmm Céééé carré! Eééé égale Emmmm Céééé carré! Nous en appelons au grand dieu Ein-Stein! Parle-nous !

Et s'ils le font assez longtemps, ils déclencheront la production, dans le cerveau, de certains éléments chimiques qui les conduiront à un état d'extase, et voilà le travail! La preuve que ça marche. Voilà comment naissent nos légendes d'une grande science occulte.

Je suis certaine que le lecteur peut approfondir ces saynètes, et voir comment le souvenir de l'âge d'or a été transmis et comment les mythes adéquatement examinés et analysés peuvent être la clé permettant de retrouver le fil d'une ancienne technologie, les disjecta membra d'une civilisation perdue.

Cela ne veut pas dire qu'aucun groupe n'est parvenu à reconstituer une partie de la technologie. Il paraît évident que certains scientifiques, certains technocrates, ont survécu et ont été responsables de la soudaine émergence des civilisations dont fait état l'Histoire telle que nous la connaissons. Il est également probable, la nature humaine étant ce qu'elle est, que les fondateurs de ces civilisations en sont devenus l'élite et, comme cela se produit le plus souvent quand l'élite prend le pas sur les masses, des révolutions ont détruit les sources même de ces connaissances.

Et comme je l'ai déjà dit, d'autres ont probablement tenté de préserver des connaissances qu'ils ont codées afin qu'elles puissent être retrouvées dans le futur, quand une renaissance des technologies les rendrait à nouveau compréhensible. Ceci nous amène à un autre sujet.

En 1984, Thomas A. Sebeok fut chargé par l'Office of Nuclear Waste Isolation[33] et par un groupe d'autres institutions, de préparer des réponses à une question posée par la US Nuclear Regulatory Commission [34]. Le gouvernement américain avait sélectionné, sur le

---

[33] Office pour l'Isolation des Déchets Nucléaires (NdT)

[34] Commission Américaine des Réglementations en Matière Nucléaire (NdT)

territoire des Etats-Unis, plusieurs zones désertiques où il avait l'intention d'ensevelir les déchets nucléaires. L'idée était qu'il était aisé de protéger ces sites de toute invasion dans le temps présent, mais que, comme ces déchets mortels ont une demi-vie de plusieurs dizaines de milliers d'années, il fallait trouver un moyen de protéger les populations de toute intrusion future qui risquerait d'avoir pour résultat l'anéantissement de l'humanité. Dix mille ans, c'est plus qu'il n'en faut pour assister à l'épanouissement et à la chute de grands empires et civilisations. En quelques siècles seulement après la disparition du dernier pharaon, la possibilité de lire les hiéroglyphes avait disparu elle aussi, de sorte qu'il est concevable que l'humanité pourrait connaître un nouvel "Age de Ténèbres" comme celui qui a suivi le Déclin de l'Age d'Or en Grèce, ou la chute de l'Empire romain. La question posée était: Comment avertirons-nous ceux du futur de ce danger? Umberto Eco commente les réponses de Sebeok :

> "Presqu'immédiatement, Sebeok écarta la possibilité de toute communication verbale, de tout type de signaux électriques car ils nécessitent une source de courant constante, de tout type de message olfactif car ils sont tous de brève durée, et de toute espèce d'idéogrammes basés sur une convention. Même un langage pictographique semblait problématique.
>
> Sebeok analysa une image provenant d'une antique culture primitive où l'on pouvait sans aucun doute reconnaître des figures humaines, mais où il est difficile de distinguer ce qu'ils sont en train de faire: danser? Combattre ? Chasser ?
>
> "Une autre solution serait d'établir des segments temporels de trois générations chacun (calculant que dans toute civilisation le langage ne s'altère pas au-delà de toute reconnaissance entre grands-parents et petits-enfants), en donnant l'instruction qu'à la fin de chaque segment le message soit reformulé, adapté aux conventions sémiotiques en vigueur à cette époque. Mais même cette solution a recours à exactement la sorte de continuité que la question originale met en doute.
>
> Une autre solution était de remplir de messages toutes les zones dans tous les systèmes sémiotiques et langues connus, le raisonnement étant qu'il était statistiquement probable qu'au moins un de ces messages serait compréhensible pour les visiteurs de l'avenir. Même si seulement une partie de ces messages pouvait être déchiffrée, ils constitueraient tout de même une sorte de pierre de Rosette qui permettrait aux visiteurs de traduire tout le reste. Mais même cette solution présupposait au moins une faible forme de continuité culturelle.

> "La seule solution qui restait envisageable était d'instituer une sorte de "clergé" de scientifiques nucléaires, anthropologues, linguistes et psychologues, supposés se perpétuer par cooptation de nouveaux membres Cette caste pourrait conserver vivante la connaissance du danger, en créant des mythes et légendes sur ce thème. Même si, au fil du temps, ces "prêtres" perdaient la notion précise du péril dont ils étaient chargés de protéger l'humanité, il resterait cependant, même dans une éventuelle situation de barbarisme, des tabous obscurs mais efficaces.
>
> "Il est curieux de constater qu'après avoir été mis en présence de quantité de types de langage universel, le choix soit finalement tombé sur une solution 'narrative', laissant supposer une nouvelle fois ce qui s'est **reellement passé il y a des millenaires**. L'égyptien a disparu, ainsi que toutes les autres langues primordiales parfaites et entières. Et ce qui reste de tout cela ce ne sont que des mythes, des récits codés sans queue ni tête, ou dont le code a été oublié depuis longtemps. Et malgré tout, ces récits sont capables de garder notre intérêt en éveil, dans nos efforts désespérés pour les déchiffrer. [35]

Il est éminemment significatif pour moi que Eco ait si clairement suggéré l'idée que nos ancêtres lointains pourraient avoir eu connaissance d'un grand péril menaçant l'humanité et qu'ils aient organisé des séances de "remue-méninges" pour trouver comment transmettre cette information aux générations suivantes. Et c'est avec cette idée en tête que nous en revenons aux mythes qui ont été le fondement de telles religions, et que nous formulons l'hypothèse de travail que de tels récits sont des narrations faites par nos ancêtres pour nous avertir de quelque chose, ainsi que le définit Thomas Sebeok dans son rapport à l'*Office of Nuclear Waste Isolation*. Et voilà le problème: nous ne pouvons pas simplement mettre les pièces ensemble comme s'il s'agissait d'un puzzle et découvrir ainsi la réponse. Il nous faut analyser en profondeur les histoires, découvrir leurs nombreuses versions et inversions; et en tentant de retrouver la racine des mots, découvrir leurs relations. De cette manière, il se pourrait que nous puissions découvrir ce que nos ancêtres savaient et qu'ils ont si désespérément tenté de nous dire.

L'ALCHIMIE ET L'ENCLAVE DANS LES PYRÉNÉES

De nos jours, notre science matérialiste voit les alchimistes comme des mystiques ayant fait fausse route, qui auraient fait le rêve de découvrir une substance capable de transformer des métaux

---

[35] Eco, Umberto, *The Search For The Perfect Language (*A la recherche du langage parfait – NdT) , 1995, Blackwell, Oxford. (caractères gras: mon initiative)

vils en or. Oui, ils admettent que bien des découvertes scientifiques ont été faites dans le cadre de ces recherches, mais ils qualifient le but final des alchimistes de songe creux. Néanmoins, il y a là des récits bien intéressants, dont certains sont tellement curieux que l'esprit est incapable d'en saisir les implications, de sorte qu'ils sont immédiatement rejetés comme étant trop fantasques pour être examinés sérieusement. Je voudrais en raconter quelques uns, afin que le lecteur non familier de ce genre de littérature soit suffisamment intrigué pour poursuivre des recherches personnelles.

Mais commençons par une petite discussion à propos de la « pierre philosophale ». Elle est ce que tout alchimiste veut obtenir : une substance mythique non seulement capable de transmuter des métaux en or, mais aussi susceptible de guérir n'importe quels maux, de bannir toute maladie de la vie d'une personne, et de conférer une très longue vie sinon l'immortalité. Du moins, c'est ainsi qu'on la décrit. Cela peut être ou non une « histoire de surface ».

On a pensé que, par un long processus de purification, il était possible d'extraire de divers minéraux, le « principe naturel » supposé être à l'origine de la « croissance » de l'or dans le sol. Dans un texte alchimique anonyme du XVIIe siècle, « the Sophic Hydrolith [36]», ce processus est décrit comme la « purgation (du minéral) de tout ce qui est épais, nébuleux, opaque et sombre ». Ce qui reste est une eau mercurielle « solaire » très volatile et dont l'odeur est plaisante et pénétrante.

Une partie de ce liquide est mise en réserve, et le reste est ensuite mélangé avec une quantité d'un douzième de son poids « d'or devenu divin » (l'or ordinaire ne conviendrait pas car il est souillé par l'usage quotidien). Ce mélange forme alors un amalgame solide qui est chauffé pendant une semaine. Il est ensuite dissous dans une certaine quantité d'eau mercurielle, dans une fiole en forme d'œuf.

Puis, le reste de l'eau mercurielle est ajouté graduellement, en sept portion. La fiole est scellée et portée à une température telle qu'elle devrait permettre de faire éclore un œuf. Après 40 jours, le contenu de la fiole devient noir. Après sept autres jours, de petits grains semblables à des yeux de poissons sont supposés faire leur apparition. Enfin, la « Pierre Philosophale » commence à apparaître: d'abord de couleur rougeâtre, puis blanche, verte, jaune, comme la queue d'un paon, puis d'un blanc éclatant, et ensuite d'un rouge profond et luminescent. Finalement, « la masse revivifiée, accélérée, rendue parfaite et glorifiée» devient d'un beau pourpre. »

[36] L'hydrolithe sophique ou la Pierre liquide des Sages

Ce texte et de nombreux autres très obscurs et à première vue dépourvus de sens, constituent le corps de la littérature alchimique. Dès le début, j'ai pensé que ces textes étaient écrits en code. J'ai donc poursuivi mes nombreuses lectures de textes de ce genre, y cherchant des indices et espérant en trouver aussi dans les récits des alchimistes eux-mêmes. C'est en lisant des anecdotes sur des gens qualifiés d'alchimistes que j'ai réalisé qu'il y avait là quelque chose de vraiment mystérieux.

Par exemple : en 1666, Johann Friedrich Schweitzer, médecin du Prince d'Orange, dit avoir reçu la visite d'un étranger « de stature médiocre, avec un petit visage allongé, parsemé de marques de petite vérole, très noir de cheveux, la chevelure pas du tout bouclée, le menton glabre, et paraissant 44 ans, originaire du nord de la Hollande ».

Avant que je ne termine l'histoire, il me faut ajouter que le Dr Schweitzer, connu sous le nom d'Helvétius, auteur de plusieurs livres de médecine et de botanique, était un observateur méticuleux et objectif, et était collègue du philosophe Barouch Spinoza. Schweitzer était un observateur scientifique avéré, un médecin à la réputation irréprochable ennemi de toute fraude ou plaisanterie. Et cependant, ce que je vais décrire paraît impossible à l'entendement moderne.

L'étranger avait d'abord tenu des propos anodins, puis, assez soudainement, avait demandé à Helvétius s'il serait capable de reconnaître la « Pierre Philosophale » s'il on la mettait sous ses yeux. Il prit alors dans sa poche une petite boîte en ivoire qui contenait « trois petits morceaux pesants... chacun de la taille d'une petite noix, transparents, de couleur jaune soufre pâle ». L'étranger dit à Helvétius que c'était là la substance recherchée depuis si longtemps par les alchimistes.

Helvétius prit en main un des petits morceaux et demanda à l'étranger s'il pouvait en avoir une toute petite parcelle. L'homme refusa, mais Helvétius parvint à en voler un peu en la grattant d'un ongle. Le visiteur partit après avoir promis de revenir trois semaines plus tard afin de montrer à Helvétius « certains curieux arts du feu ».

A peine l'étranger parti, Helvétius se rua dans son laboratoire, où il fit fondre du plomb dans un creuset et y ajouta la parcelle de pierre philosophale. Mais le métal ne devint pas de l'or, contrairement à ce qu'il avait espéré. Au lieu de cela, « pratiquement toute la masse de plomb se volatilisa, et le restant devint comme de la simple terre vitrifiée ».

Trois semaines plus tard, le mystérieux étranger revint frapper à sa porte. Ils conversèrent, et pendant longtemps l'homme refusa à Helvétius de montrer ses pierres encore une fois. Mais à la fin, « il me donna un grain de la taille d'un grain de millet ou de navet, disant qu'il me fallait recevoir cette petite parcelle comme le plus grand trésor du monde, que bien peu de rois ou princes avaient eu l'occasion de voir ou même d'en avoir connaissance ».

Helvétius protesta que ce n'était pas suffisant pour transmuer ne seraient-ce que quatre grains de plomb [37] en or. Sur ce, l'étranger reprit le petit morceau, le divisa en deux, et jeta l'une des moitiés dans le feu en disant : « ceci doit suffire! ».

Alors, Helvétius confessa qu'il en avait dérobé lors de la première visite, et décrivit comment la substance s'était comportée avec le plomb fondu. L'étranger se mit à rire et lui dit : « tu es plus habile à dérober qu'à appliquer le remède, car si tu avais pris la précaution d'envelopper le fruit de ton larcin dans de la cire jaune pour le préserver des vapeurs de plomb, il aurait pénétré jusqu'au fond du plomb et l'aurait transmué en or ».

L'étranger prit alors congé et promit de revenir le matin suivant pour montrer à Helvétius la façon correcte de procéder à la transmutation, mais le jour suivant il n'apparut pas, se contentant d'envoyer une note d'excuse à neuf heures et trente minutes du matin, donnant pour raison ses nombreuses occupations mais promettant d'être là à trois heures de l'après-midi. « Il ne vint pas à cette heure là non plus, et je n'en ai plus entendu parler depuis, ce qui me fit douter de toute l'affaire. Néanmoins, tard cette nuit-là ma femme … vint me prier et m'importuner jusqu'à ce que j'accepte de procéder à l'expérience… me disant que si je ne m'y décidais pas, je ne parviendrais à trouver ni repos ni sommeil de la nuit… elle parlait si sérieusement que j'ordonnai d'allumer un feu, tout en pensant « hélas, la fausseté et la culpabilité de cet homme (malgré un discours divin) sera maintenant avérée… Mon épouse enveloppa ladite matière dans de la cire, et je coupai une demi once[38] de six drachmes[39] de vieux plomb que je plaçai dans un creuset mis au feu ; et lorsqu'il fut fondu, mon épouse y plaça ledit remède façonné en pilule, qui se mit à tant siffler et bouillonner dans sa parfaite opération, qu'au bout d'un quart d'heure, toute la masse de plomb était transmuée dans … l'or le plus fin. »

---

[37] 1 grain = 64,798 91 milligrammes

[38] 1 once = entre 27 et 30 grammes, selon les pays et les époques

[39] 1 drachme = entre 3.7 et 3.9 grammes selon les pays et les époques

Barouch Spinoza, qui habitait non loin de là, vint le jour suivant pour examiner cet or, et fut convaincu qu'Helvétius disait la vérité. Le Maître Titreur de la province, un certain M. Porelius, contrôla le métal et le déclara authentique. L'orfèvre Büctel, le vérifia lui aussi et confirma qu'il s'agissait bien d'or. Le témoignage de ces hommes survit à ce jour.

Alors, ou bien *tous* ont menti, ou bien Helvétius a réellement fait une expérience étrange exactement comme il la décrit. Il est intéressant de constater que d'autres personnes ont décrit des visites semblables par des hommes étranges qui ont leur ont révélé toute la vérité sur le processus alchimique, l'ont démontrée, puis ont mystérieusement disparu. Cela s'est produit un nombre suffisant de fois, en des endroits et des époques suffisamment éloignés les uns des autres pour suggérer qu'il ne peut y avoir collusion, fraude collective, ou tromperie.

Vingt années avant la rencontre entre Helvétius et son mystérieux visiteur, Jean-Baptiste Van Helmont[40], auteur de plusieurs découvertes scientifiques importantes et qui a été le premier à réaliser qu'il existait d'autres gaz que l'air (et qui d'ailleurs a inventé le mot « gaz », initialement « gas ») écrivait :

> J'ai vu et j'ai touché plus d'une fois la pierre philosophale; la couleur en était comme du safran en poudre, mais pesante et luisante comme du verre pulvérisé. Un jour me fut donné un quart de grain (13,25 mg) … Je le projetai sur quatre-vingt onces (2448 grammes) de vif-argent (mercure) chauffé dans un creuset ; et immédiatement, tout le vif-argent, à grand bruit, s'arrêta de couler et se figea en un morceau jaune, mais après l'avoir versé et éventé au soufflet, il fournit huit onces d'or (244,72 g) et un peu moins de onze grains de l'or le plus fin: environ 18 470 fois l'unité".

Sir Isaac Newton étudia l'alchimie jusqu'à son dernier jour, et resta convaincu que la transmutation était possible. Les grands philosophes et mathématiciens Descartes et Leibnitz étaient tous deux convaincus que la transmutation des métaux est une réalité. Même Robert Boyle, auteur d'un ouvrage intitulé *The Sceptical Chymist*, a été certain jusqu'à la fin de sa vie que la transmutation était possible !

Pourquoi ? Ces hommes étaient des scientifiques. Et l'argument selon lequel leurs idées ou observations ont été moins scientifiques que celles de notre époque actuelle ne tient pas la route. Comme on l'a noté, selon la rumeur, certains alchimistes ont acquis l'immortalité. Parmi ceux-ci : Nicolas Flamel. Flamel était un

---

[40] fameux médecin brabançon, né à Bruxelles en 1577, et mort le 30 décembre 1644

pauvre clerc et copiste. L'histoire raconte qu'en 1357 il fit l'acquisition d'un livre ancien enluminé...

> La couverture en était de cuivre, bien relié, et tout gravé de lettres étranges... Je sais que je n'étais pas capable de les lire, et que ce n'étaient ni des lettres latines, ni françaises... Quant à la matière dont il était composé, il avait été gravé (je suppose) avec une pointe de fer ou un poinçon sur ... des feuilles d'écorce, et curieusement coloré...

Comme on l'a dit, la première page était écrite en lettres d'or qui disaient qu'Abraham le Juif, Prêtre, Prince, Lévite, Astrologue et Philosophe de la nation des Juifs, dispersée par la Colère de Dieu en France, souhaite la Santé. Flamel intitula dès lors, à juste titre, le manuscrit « le Livre d'Abraham le Juif».

La dédicace était suivie de malédictions sur quiconque lirait ce livre sans être ni prêtre ni juif. Mais Flamel était un scribe, ce qui, selon lui, devait l'exempter de ces malédictions, et dès lors il lut le livre. Le but avoué de ce livre était de prêter assistance aux Juifs dispersés en leur enseignant à transmuer le plomb en or afin qu'ils puissent payer leurs taxes au gouvernement romain exécré. Les instructions étaient claires et simples, mais ne se référaient qu'à la dernière partie du processus. Les instructions se rapportant au début de l'opération étaient dites se trouver dans les illustrations se trouvant aux pages 5 et 6 dudit livre. Flamel remarqua que, bien qu'elles fussent toutes très bien exécutées,

> .... Personne n'aurait pu les comprendre sans être très versé dans l'art de la Kabbale, qui est une série de vieilles traditions, et aussi sans avoir étudié leurs livres à fond.

L'histoire dit que Flamel essaya pendant 21 ans de trouver quelqu'un qui aurait pu lui expliquer ces images. Enfin, sa femme lui recommanda de se rendre en Espagne et de s'y mettre à la recherche d'un rabbin ou de tout autre Juif très érudit, qui pourrait l'aider. Il partit donc pour le célèbre pèlerinage au tombeau de Saint-Jacques à Compostelle, emportant avec lui des copies méticuleusement faites du livre.

Après avoir fait ses dévotions au tombeau, il se rendit dans la ville de León dans le nord de l'Espagne, où il fit la connaissance d'un certain « Master Canches », un médecin juif. Quand cet homme vit les illustrations, il fut « ravi, dans le plus grand étonnement et la joie la plus immense » car il les reconnut pour éléments d'un livre que l'on avait longtemps cru détruit. Il déclara son intention d'accompagner Flamel en France, mais il mourut en chemin, à Orléans. Flamel revint seul à Paris. Mais le vieux Juif lui avait apparemment fait quelques révélations, car il écrivit :

> J'ai maintenant la *materia prima*, les principes premiers, mais cependant pas leur préparation première, qui est plus difficile que toute chose au monde ... Finalement, j'ai trouvé ce que je désirais, que je reconnus aussi par ses puissantes senteur et odeur. Ayant cela, j'accomplis facilement la Maîtrise... La première fois que je fis une projection [transmutation], ce fut sur du mercure, dont je changeai la moitié d'une livre ou environ, en pur argent, meilleur que celui de la mine, et je le vérifiai moi-même, et refis moultes fois mes vérifications. Ceci était un lundi, le 17 janvier, aux environs de midi, dans ma maison, en la seule présence de Perrenelle [41] , en l'an de grâce 1382.

Plusieurs mois plus tard, Flamel accomplit sa première transmutation en or. Est-ce seulement une belle histoire? Ce qui *est vrai* et peut être vérifié, est que Nicolas et Perrenelle ont fondé

> « quatorze hôpitaux, trois chapelles et sept églises dans la ville de Paris, tous édifices étant nouvellement construits depuis les fondations, et enrichis de grands dons et revenus, avec de nombreuses réparations dans leurs cimetières. Nous avons fait aussi à Boulogne pratiquement autant que nous avons fait à Paris, sans compter les actions charitables que nous avons tous deux faites envers des gens particulièrement pauvres, principalement des veuves et des orphelins ».

Après la mort de Flamel, survenue en 1419, des rumeurs commencèrent à circuler. Dans l'espoir de trouver quelque chose qui aurait pu être caché dans l'une ou l'autre de ses maisons, les gens les fouillèrent et fouillèrent encore, jusqu'à ce que l'une d'elles fut totalement détruite. Selon certains, Nicolas et Perrenelle seraient toujours en vie. Elle serait allée en Suisse et aurait fait mettre dans la tombe une grande bûche à la place de son corps. Une autre bûche aurait fait le même usage à son enterrement à lui.

Au fil des siècles, des histoires se sont répandues avec persistance, selon lesquelles Flamel et sa femme ont défié la mort. Le grand voyageur du XVIIe siècle, Paul Lucas, rencontra lors d'un de ses voyages en Asie mineurs un philosophe turc qui lui dit que « de vrais philosophes avaient reçu le secret de la vie prolongée jusqu'à parfois mille ans... » Lucas dit : « Enfin, je pris la liberté de nommer le célèbre Flamel qui, disait-on, avait possédé la pierre philosophale, et qui était cependant mort sans aucun doute. Il sourit à ma simplicité, et me demanda d'un petit air moqueur : croyez-

[41] son épouse

vous vraiment cela? Non, non, mon ami, Flamel est toujours en vie ; ni lui, ni son épouse n'ont encore goûté de la mort. Cela ne fait pas trois ans que je les ai quittés tous deux … en Inde ; il est de mes meilleurs amis ». En 1761 Flamel et sa femme auraient été aperçus à l'opéra de Paris.

Il y a ici un élément concernant le supposé indice à propos d'Abraham le Juif, qui paraît nous orienter vers une fraternité juive d'alchimistes ou gardiens de secrets. Je ne veux pas suivre ce fil pour le moment car il ajouterait tellement à la complexité du problème que nous pourrions être incapables ensuite de retrouver notre chemin dans ce labyrinthe. Mais, pour apaiser l'esprit du lecteur, je vais faire quelques commentaires. Même si nous ne sommes pas encore arrivés au mystère de Fulcanelli, un supposé alchimiste du XXe siècle, qui aurait accompli le Grand Œuvre, je veux mentionner tant que le fer est chaud, que Eugène Canseliet, dans sa préface à la deuxième édition du *Mystère des Cathédrales* de Fulcanelli, et apparemment sur les instructions du maître-alchimiste, s'appesantit de façon ostentatoire sur la différence entre *Kabbale* et *Cabale*, disant:

> ... ce livre a remis en pleine lumière la *cabale* phonétique dont les principes et leur application étaient tombés dans le plus total oubli. Après cet enseignement détaillé et précis, après les brèves considérations que nous avons apportées à l'occasion du centaure, de l'*homme-cheval* du Plessis-Bourré, dans *Deux Logis alchimiques*, on ne saurait confondre désormais la *langue matrice*, l'*énergique idiome* aisément compris quoique jamais parlé et, toujours selon Cyrano de Bergerac, *l'instinct ou la voix de la Nature* avec les transpositions, les inversions, les substitutions et les calculs non moins abstrus qu'arbitraires de la *kabbale* juive. Voilà pourquoi il importe qu'on différencie les deux vocables *cabale* et *kabbale*, afin de les utiliser à bon escient : le premier dérivant de cadallhV ou du latin caballus, *cheval*; le deuxième, de l'hébreu kabbalah qui signifie *tradition*. Enfin, on ne devra pas prendre prétexte de sens figurés, étendus par analogie, de *coterie*, de *menée* ou d'*intrigue*, pour refuser au substantif *cabale* l'emploi qu'il est seul capable d'assurer...

La curieuse mention des termes *coterie*, *menée* et *intrigue* en relation avec ce qu'il vient de faire remarquer à propos de la Kabbale prise dans le sens de «tradition», tandis que Cabale a pour origine « cavale » [42], est une bien curieuse juxtaposition de mots. C'est presque comme si Canseliet nous disait que la Kabbale ou

[42] jument de race (NdT)

« tradition », est une fausse piste. Fulcanelli lui-même fait une remarque étrange dans les *Demeures Philosophales* :

> « L'alchimie n'est si obscure que parce qu'elle se dissimule. Les philosophes qui ont souhaité transmettre à la postérité l'exposé de leurs doctrines et le fruit de leur labeur ont pris grand soin de ne pas divulguer leur art en le présentant sous une forme commune, afin que le profane ne puisse en faire un mauvais usage ».

La réelle signification de ce bref aparté est celle-ci : ne supposez rien à propos des Juifs, Maçons ou autres groupes pour tenter de résoudre le mystère. Pratiquement tout ce que nous rencontrerons sera obscurci. Et quand quelque chose apparaîtra en pleine lumière, ce quelque chose sera encore plus difficile à apercevoir!

Pour en revenir à ceux que l'on dit alchimistes, nous sommes à présent en l'an 1745, année de la « rébellion jacobite » du Prince Charles Edward Stuart connu sous le nom de « Jeune Prétendant ». La cause jacobite, ses espoirs et prétentions, a volé en éclats à la bataille de Culloden, en avril de cette année-là; cependant, le gouvernement britannique gardait la crainte constante de complots des Jacobites avec leurs sympathisants français. Et les Français de Londres à cette époque, étaient tous très mal vus. Cette «fièvre d'espionite» eut pour résultat d'innombrables arrestations de Français sur de fausses accusations. La plupart d'entre eux furent ensuite relâchés, mais il était dangereux d'être français en ce temps-là.

En novembre 1745, un Français en particulier fut accusé et arrêté pour être en possession de lettres pro-jacobites. Il se montra indigné et prétendit que ces lettres avaient été déposées parmi ses affaires à son insu. Vu l'humeur du temps, il est très surprenant qu'il fut cru et relâché ! Le 9 décembre 1745, Horace Walpole, écrivain et membre du Parlement, écrivit une lettre à propos de cet incident à Sir Horace Mann:

> L'autre jour, on a arrêté un homme étrange qui se donne le nom de Comte de Saint-Germain. Il est ici depuis deux ans et ne veut pas dire qui il est ni d'où il vient, mais affirme que ce n'est pas son nom réel. Il chante et joue divinement du violon, est fou et n'a aucun sens commun.

Voilà un des rares commentaires «sur le vif» authentiques au sujet d'un des personnages les plus mystérieux du XVIIe siècle : le Comte de Saint-Germain. Une autre connaissance du Comte de Saint-Germain, le Comte Warnstedt, a décrit Saint-Germain comme « le plus grand charlatan, fou, tête-creuse, hâbleur, et escroc ». Cependant, son dernier mécène a dit de Saint-Germain qu'il était

« peut-être l'un des plus grands sages que la Terre ait connu ». Ou bien on aimait, ou bien on détestait cet homme, mais manifestement il ne laissait personne indifférent.

Notre attention est attirée pour la première fois sur Saint-Germain quand il apparaît dans les cercles viennois à la mode, vers 1740, où il fait sensation en allant toujours vêtu de noir. Tout le monde portait alors des couleurs vives, des satins, des dentelles, des motifs et modèles compliqués. Puis vient Saint-Germain avec ses costumes noirs mis en valeur par d'énormes diamants brillant à ses doigts, aux boucles de ses chaussures, et sur sa tabatière! Quel poseur ! Quand on veut attirer sur soi l'attention dans une assemblée de rouges-gorges, cardinaux rouges et geais bleus, il suffit d'être un merle! Il avait aussi pris l'habitude de se promener les poches pleines de diamants en lieu et place d'argent liquide.

Voilà donc notre homme concentrant sur lui toutes les attentions à sa manière bizarre, et naturellement, il fait la connaissance des lanceurs de mode de la ville : les comtes Zabor et Lobkowitz, qui le présentent au Maréchal de Belle-Isle, un Français. Il semblerait que le Maréchal souffrait d'une maladie sérieuse, mais comme sa maladie n'est nommée nulle part, il nous est impossible d'évaluer la justesse des affirmations selon lesquelles Saint-Germain le guérit. Quoi qu'il en soit, le Maréchal fut si reconnaissant qu'il emmena Saint-Germain avec lui à Paris, où il installa à son intention un appartement et un laboratoire.

Les détails de la vie du Comte à Paris sont assez bien connus, et c'est là que la rumeur commença à se répandre. Une certaine Comtesse de B___ [43] aurait raconté que lorsqu'elle rencontra le comte lors d'une soirée donnée par la vieille Comtesse von Georgy dont feu l'époux avait été ambassadeur à Venise dans les années 1670, celle-ci se souvenait avoir vu Saint-Germain dans ces années-là. La vieille dame demanda donc au comte si son père s'était trouvé là-bas à cette époque. Il répondit que ce n'était pas son père mais lui-même qui était présent lors de cette rencontre. Très bien, mais l'homme que la comtesse von Georgy avait connu avait au moins 45 ans à l'époque, c'est-à-dire au moins 50 années auparavant, et l'homme qui se tenait devant elle ne devait pas être âgé de plus de 45 ans ! Le comte sourit et dit : « je suis très vieux »!

« Mais alors vous devez être âgé de près de 100 ans à présent ! » s'exclama la comtesse.

---

[43] Georges Touchard-Lafosse (1780-1847) - *Chroniques pittoresques et critiques de l'oeil de bœuf, des petits appartements de la cour et des salons de Paris, sous Louis XIV, la Régence, Louis XV et Louis XVI / publiées par Mme La Comtesse Douairière de B (NdT)*

« Cela n'est pas impossible » répondit le comte. Il donna ensuite certains détails qui convainquirent la vieille dame que c'était bien lui qu'elle avait rencontré à Venise.

La comtesse s'exclama : « Je suis convaincue. Vous êtes un homme des plus extraordinaire, un diable! »

« Par pitié! » s'écria Saint-Germain à voix tellement haute qu'elle fut entendue de tous ceux qui se trouvaient dans la pièce. « Pas de tels noms! ». Et il se mit à trembler de la tête au pied, et quitta les lieux sur-le-champ.

Voilà une introduction assez spectaculaire à la société, ne pensez-vous pas? Mais était-ce vrai, ou bien était-ce le stratagème d'un maître-mystificateur? Avait-il délibérément choisi d'adopter le nom d'un homme décédé depuis longtemps et dont il avait pu très bien connaître la vie, pour ensuite pouvoir tromper et mystifier d'une manière que nous connaissons bien de nos jours pour être le *modus operandi* des psychopathes? Etait-il un charlatan ou réellement un homme mystérieux?

De toute manière c'est comme cela qu'a débuté sa légende, et de nombreuses autres histoires de semblable nature se sont répandues dans la société comme feux de brousse. Et Saint-Germain alimentait apparemment ces feux avec des allusions à la « Sainte Famille » qu'il aurait connue personnellement et qui l'aurait invité aux noces de Cana où Jésus changea de l'eau en vin. Il ajoutait alors négligemment qu'il avait «toujours su que le Christ aurait une fin dramatique». D'après lui, il avait beaucoup aimé Anne, la mère de la Vierge Marie, et il aurait même proposé sa canonisation au Concile de Nicée en 325 de l'ère chrétienne. Quel homme! Il avait toujours le mot approprié en toute occasion!

Bientôt, Louis XV et sa maîtresse, Madame de Pompadour, lui mangeaient dans la main, et il pourrait bien être vrai qu'il était un espion français à la solde de l'Angleterre quand il fut arrêté dans ce pays, car par la suite, il opéra de manière pas très nette pour le crédule roi de France.

En 1760, Louis XV envoya Saint-Germain à La Haye, en tant que son représentant personnel, afin d'obtenir un prêt de l'Autriche, qui était supposée aider à financer ce qui fut connu par la suite sous le nom de Guerre de Sept Ans, contre l'Angleterre. Mais alors qu'il se trouvait en Hollande, le comte se brouilla avec son ami Casanova, qui était aussi en mission diplomatique à La Haye. Casanova s'efforça de discréditer en public Saint-Germain, mais il n'y réussit pas. On pourrait se demander ce que Casanova avait découvert ou ce qu'il pensait alors exactement de Saint-Germain.

De toute façon, Saint-Germain était en train de se faire d'autres ennemis. L'un d'eux était le Duc de Choiseul, Ministre des Affaires Etrangères de Louis XV. Le duc avait découvert que Saint-Germain avait envisagé la possibilité d'arranger une paix séparée entre l'Angleterre et la France. Cela ne paraît pas avoir été un mauvais plan, au contraire, mais le duc parvint à convaincre le roi que c'était là une grande trahison, et le comte ne dut son salut qu'à une fuite en Angleterre, puis de là, à nouveau en Hollande.

En Hollande, le comte vécut sous le nom de Comte de Surmont, et il s'employa à récolter des fonds pour construire des laboratoires dans lesquels il fabriqua des peintures et teintures, et s'adonna à des expériences d'alchimie. Il récolta un succès certain, d'une manière ou d'une autre, car il disparut de Hollande en emportant une somme de 1000.000 florins!

Nous le voyons ensuite reparaître en Belgique sous le nom de Marquis de Montferrat. Il y établit un autre laboratoire, « avec l'argent d'autres personnes », avant de disparaître une nouvelle fois (commençons-nous à voir se détacher un motif ici?).

Pendant un certain nombre d'années, les activités du Comte de Saint-Germain sont suivies en divers endroits d'Europe, et en 1768 il fait son apparition à la cour de Catherine II, la Grande. La Turquie venait de déclarer la guerre à la Russie, et Saint-Germain offre ses services de « diplomate de valeur » de par son statut de « familier » de la politique française. Il devient bientôt conseiller du Comte Alexei Orlov, chef des Forces Impériales russes. Orlov le fait officier de haut rang de l'armée russe, et Saint-Germain se donne alors un nom anglais : il devient le «Général Welldone[44] ».

Ses succès en Russie auraient pu lui permettre de dormir sur ses lauriers, mais il ne le fit pas. En 1774, il arriva à Nuremberg, et se mit à la recherche de fonds auprès du Margrave de Brandebourg, Charles Alexander. Son ostensible pseudonyme (apparemment, il n'était plus satisfait d'être un comte ou un marquis) devient alors « Prince Rakoczy de Transylvanie ».

Naturellement, le Margrave de Brandebourg fut impressionné quand le Comte Orlov vint en visite officielle à Nuremberg et embrassa le « prince » avec chaleur. Mais quand le margrave eut procédé à une enquête discrète, il découvrit que le vrai Prince Rakoczy était indubitablement mort, et que ce prince d'opérette était en fait le Comte de Saint-Germain! Saint-Germain ne réfuta pas les accusations, mais il eut le sentiment qu'il était temps de faire un petit voyage.

---

[44] Bien fait ! *(NdT)*

Le Duc de Choiseul, le vieil ennemi de Saint-Germain, avait affirmé que le comte était à la solde de Frédéric le Grand. Mais cela n'était probablement pas la vérité car Saint-Germain avait écrit au roi Frédéric pour lui demander de lui accorder son patronage. Frédéric l'avait ignoré, ce qui aurait été bizarre si Saint Germain avait réellement été employé du roi de Prusse comme le pensait Choiseul.

A la manière du psychopathe mystificateur qui ne sait jamais quand il faut quitter la scène, Saint-Germain partit pour Leipzig, où il se présenta au Prince Frédéric-Auguste de Brunswick comme un franc-maçon du 4e degré. Comme Frédéric-Auguste était justement Grand-Maître des Loges maçonniques de Prusse, ce n'était pas très malin de la part de Saint-Germain, et l'on découvrit que celui-ci n'était pas maçon du tout! Mais c'est ainsi que fonctionnent tous les mystificateurs: leur ego finit par les faire chuter. Le prince démasqua Saint-Germain parce qu'il ne connaissait pas les signes secrets, et chassa l'imposteur.

En 1779, Saint-Germain était un vieil homme dans la soixantaine, qui continuait à clamer partout d'il était immensément plus vieux. Il n'avait pas perdu la main car, à Eckenforde dans le duché de Schleswig en Allemagne, il parvient à faire tomber sous son charme le Prince Charles de Hesse-Cassel. Maintenant, son arnaque consistait à se faire passer pour un mystique, et il aurait dit au Prince Charles :

« Soyez le flambeau du monde. Si votre lumière n'est que celle d'une planète, vous ne serez rien au regard de Dieu. Je vous réserve une splendeur auprès de laquelle la gloire du soleil n'est qu'une ombre. Vous guiderez le cours des étoiles, et ceux qui gouvernent des empires seront guidés par vous ».

Voilà qui fait pressentir un autre coup! Rien de tel qu'un petit coup de polissoir donné à l'ego de la « cible » avant de disparaître avec tout son argent! Nonobstant, Saint-Germain se mit en route pour un endroit où l'argent n'a aucune valeur: Le 27 février 1784 il mourut dans la demeure du Prince Charles, à Eckenforde. Il fut enterré à cet endroit, et le prince fit ériger une stèle où furent gravés ces mots :

> Celui qui s'est appelé Comte de Saint-Germain et Welldone, dont on ne sait rien d'autre, a été enterré dans cette église.

Et ensuite, le prince brûla tous les papiers du comte, « de peur qu'ils fussent mal interprétés ». La seule raison valable qui nous vienne à l'esprit est que le prince voulait sans doute continuer à croire aux pouvoirs de Saint-Germain et que les papiers du comte ne le permettaient pas.

Il est prouvé, paraît-il, que le comte n'est pas mort, et de nombreux occultistes affirment qu'il n'a pas cessé d'être vivant pendant ces deux derniers siècles. Cependant, si l'on se base sur son mode de comportement, le Comte de Saint-Germain ne paraît avoir été qu'une variété « cultivée » de psychopathe. Il état sans aucun doute versé en ésotérisme (et il était certes expert en de nombreux domaines) mais son histoire, et les récits contradictoires qui ont circulé à son sujet nous donnent une perspective différente, particulièrement lorsqu'on analyse les histoires et personnalités de ceux qui ont cru en lui, et en y opposant celles de ceux qui ne l'ont pas fait. On peut connaître un homme assez bien, quand on sait qui sont ses amis et qui sont ses ennemis.

Le mystère de Saint-Germain est principalement dû aux incertitudes qui entourent ses origines. Une source déclare qu'il est né en 1710 à San Germano, et que son père était receveur des impôts. Eliphas Lévi, l'occultiste bien connu qui a vécu au XIXe siècle, a dit que Saint-Germain était né à Lentmeritz en Bohême, et qu'il était fils bâtard d'un noble qui était rosicrucien. Le récit de Lévi et ses exploits, suggèrent que lui aussi était un psychopathe, de sorte que son avis sur la question est de peu de valeur.

Il est reconnu que Saint-Germain avait un réel don des langues: il parlait couramment le français, l'allemand, l'anglais, le néerlandais et le russe. Il affirmait qu'il savait aussi le chinois, l'hindi et le farsi, mais personne de son entourage n'a jamais été à même de vérifier. Notons aussi que Horace Walpole l'a qualifié de merveilleux violoniste, chanteur et peintre, bien qu'aucune de ses oeuvres ne paraisse lui avoir survécu. Il a été dit qu'il pouvait peindre des joyaux qui scintillaient comme s'ils étaient réels.

Il est également avéré que Saint-Germain était expert en joaillerie (il prétendait avoir étudié cet art avec le Chah de Perse). On a rapporté qu'il avait « purifié » pour Louis XV un diamant qui recelait une impureté, et le roi s'était montré très satisfait du résultat. Saint-Germain connaissait également à fond toutes les branches de la chimie connues à l'époque, et les nombreux laboratoires qu'il a créés avec de l'argent emprunté étaient bien équipés pour produire des pigments et teintures plus lumineux et de la meilleure qualité, et aussi pour se livrer à des études alchimiques. Il y a aussi sa réputation de guérisseur. Il n'a pas seulement guéri le Maréchal de Belle-Isle : il a également sauvé d'un empoisonnement par des champignons un ami de Madame de Pompadour. Saint-Germain ne mangeait jamais en public, ce qui faisait manifestement partie de sa stratégie destinée à attirer l'attention sur lui. Il pouvait rester assis à une table où les convives se gorgeaient des plats les plus somptueux, sans rien manger ni boire lui-même. Casanova écrit à ce propos :

> Le dîner qui m'amusa le plus fut celui qu'elle[45] donna à Mme de Gergi qui vint accompagnée du fameux aventurier, comte de St-Germain. Cet homme, au lieu de manger, parla du commencement jusqu'à la fin du dîner; et je l'ai écouté avec la plus grande attention, car personne ne parlait mieux que lui. Il se donnait pour prodigieux en tout, il voulait étonner, et positivement il étonnait. Il avait un ton décisif, qui cependant ne déplaisait pas, car il était savant, parlant bien toutes les langues, grand musicien, grand chimiste, d'une figure agréable ... [46]

Notons que c'est là un autre des nombreux talents attribués aux psychopathes. Collin Wilson, auteur de *The Occult*, pensait que Saint-Germain était sans doute végétarien. Je pense que tout ce qu'il faisait était destiné à créer une image, une impression. Une fausse impression. Finalement, le vrai mystère, mis à part celui de ses origines (mais les deux peuvent être reliés) est: d'où Saint-Germain tirait-il toutes ses connaissances? Il est vrai que tous ceux qui l'ont rencontré n'ont pas été impressionnés par ses talents. Casanova a été intéressé par lui, mais il le considérait néanmoins comme un imposteur et un charlatan :

> Cet homme très singulier, et né pour être le plus effronté de tous les imposteurs, disait impunément, comme par manière d'acquit, qu'il avait trois cents ans, qu'il possédait la médecine universelle, qu'il faisait tout ce qu'il voulait de la nature, qu'il fondait les diamants, et qu'il en faisait un grand de dix à douze petits sans que le poids diminuât, et avec la plus belle eau. C'était pour lui des bagatelles. Malgré ses rodomontades, ses disparates et ses mensonges évidents, je n'ai pas eu la force de le trouver insolent, mais je ne l'ai pas non plus trouvé respectable; je l'ai trouvé étonnant malgré moi, car il m'a étonné. [47]

Le Comte Alvensleben, Ambassadeur de Prusse auprès de la Cour de Dresde, écrivait en 1777 :

> C'est un homme très talentueux à l'esprit très alerte, mais complètement sans jugement, et il n'a gagné sa singulière réputation que par la flatterie la plus basse et la plus abjecte dont

---

[45] la marquise d'Urfé *(NdT)*
[46] *Histoire de ma Vie* - Ed. Robert Laffont – Casanova – Vol. 5, chap. V , p. 95 - *(NdT)*
[47] *Ibid. (NdT)*

> un homme est capable, ainsi que par son éloquence extraordinaire, spécialement quand on se laisse emporter par la ferveur et l'enthousiasme qu'il exprime. Une vanité peu ordinaire est le ressort principal de tout son mécanisme.

Je ne sais pas ce que vous en pensez, mais quant à moi j'ai rencontré quelques personnes qui possédaient les qualités énoncées si-dessus, et je les ai même crues pendant un court moment. Tout ce que nous découvrons à propos de Saint-Germain tend à confirmer la théorie du brillant psychopathe. Il paraît très facile de démasquer Saint-Germain d'un petit tour de main. Mais il y a un problème : quelles sont les histoires qui le concernent lui personnellement? Le mystère s'épaissit!

Dans les années 1920, Berthold Volz s'est livré à des recherches approfondies sur le sujet, et a découvert (du moins c'est ce qu'on prétend, car je n'ai personnellement jamais pu mettre la main sur cette prétendue preuve) que le Duc de Choiseul, qui était extrêmement jaloux du Comte, loua les services d'un sosie qui devait agir comme le Comte, mais en exagérant ses attitudes et en se comportant comme un bouffon, afin de placer le Comte dans une perspective défavorable. Est-ce juste encore une autre histoire? est-ce un vœu pieux ou y a-t-il une intention, délibérée de perpétuer la légende?

Est-ce que nous commençons à nous familiariser avec cette alternance de « carotte et bâton »?

Saint-Germain aurait prédit la Révolution Française à Marie-Antoinette, qui aurait écrit dans son journal qu'elle regrettait de ne pas avoir suivi ses conseils. Je ne l'ai pas vu, donc je ne peux rien confirmer ni infirmer à ce sujet, mais à mon avis, il ne fallait pas être un génie pour prédire cet événement, vu le climat social et politique du temps !

Saint-Germain aurait été vu à Wilhemsbad en 1785, un an après sa mort supposée, et il était accompagné du mage Cagliostro, de l'hypnotiseur Anton Mesmer, et du «Philosophe Inconnu» Louis-Claude de Saint-Martin. Mais ce sont des rumeurs....

Il se serait ensuite rendu en Suède en 1789, afin d'avertir le Roi Gustav III du danger. Puis il a rendu visite à son amie la chroniqueuse Mademoiselle d'Adhémar, qui dit qu'il ne paraissait alors que 46 ans! Apparemment, il lui confia qu'elle le verrait encore à cinq reprises, et elle prétend que ce fut, en effet, le cas. La dernière visite aurait été durant la nuit précédant l'assassinat du Duc de Berri, en 1820. Ceci non plus n'est soutenu par aucune preuve.

Napoléon III mit sur pied une commission qui devait étudier la vie et les activités du Comte de Saint-Germain, mais les conclusions ont été brûlées dans l'incendie de l'hôtel de Ville de Paris en 1871. Nombreux sont ceux qui considèrent que ce n'est pas une coïncidence. Mon opinion est que ce rapport n'avait aucune raison d'être détruit, sauf s'il donnait la preuve que le Comte était un imposteur. Le résultat de cet incendie est que la légende peut suivre son cours. Il est probable que le rapport aurait altéré la légende: elle serait devenue celle d'un imposteur. S'il avait été dans la ligne de la légende, il n'aurait pas changé ce qui était déjà un fait, c'est-à-dire que Saint-Germain était une sorte d'être surnaturel. Dès lors, la destruction du rapport, si elle a été voulue, ne pouvait que servir à conserver le *statu quo*.

Un autre fil de l'écheveau de la légende s'est trouvé aux mains d'Hélène Blavatsky, qui a prétendu que Saint-Germain était un des « Maîtres cachés », tout comme le Christ, le Bouddha, Apollonius de Tyane, Christian Rosencreuz, Francis Bacon, et d'autres encore. D'après moi, la crédibilité de Blavatsky est devient très branlante par cette « simple » affirmation. Peu après la seconde guerre mondiale, un groupe de théosophes a fait le voyage jusqu'à Paris où « on » leur avait dit qu'il rencontreraient le Comte. Il ne se montra pas.

En 1972, un Français du nom de Richard Chanfray fut interviewé pour une chaîne française de télévision. Il prétendit qu'il était Saint-Germain et devant les caméras de télévision, transforma apparemment du plomb en or sur un petit réchaud à gaz de camping! Et n'oublions pas les communications les plus récentes du Comte, faites au chef de l'Eglise Universelle et Triomphante, la prophétesse Elizabeth Clare.

En fin de compte, nous trouvons sur Saint-Germain, bien des mensonges et de la confusion. Et si Saint-Germain a vraiment été un imposteur, il nous faudra être prudents vis-à-vis de ceux qui le considèrent lui comme leur "lien" avec l'ésotérisme!

Pendant les XIXe et XXe siècles, l'alchimie perdit la faveur du public au profit de la science expérimentale. L'époque était celle de noms prestigieux comme Lavoisier, Priestley et Davy. La théorie atomique de Dalton et un nombre impressionnant de découvertes en chimie et en physique montrèrent aux scientifiques "légitimes" que l'alchimie n'était au mieux qu'un passe-temps "mystique" sans aucune valeur scientifique.

Des organismes tels que la « Golden Dawn » ou « l'Ordo Templi Orientis » concoctèrent des mélanges de bribes d'alchimie et de philosophies orientales, assaisonnés de traditions magiques de l'Europe occidentale, mais il est clair que ce n'étaient que de pâles imitations reflétant vœux pieux, romantisme exacerbé et egos surdimensionnés.

Lorsqu'on se donne la peine d'étudier les soi-disant adeptes de ces systèmes, on se retrouve à chaque fois devant l'archétype du "mage raté", et on ne peut que secouer la tête et se souvenir de l'avertissement des grands alchimistes: ceux qui ne développent pas en eux-mêmes "l'état spécial" requis pour le Grand Œuvre ne rencontrent que le désastre. A mon avis, il n'y a aucun doute que ces groupes chipotent ici dans "l'alchimie", là dans la "magie» de bas étage, et il se peut qu'à l'occasion ils se relient par hasard à des "sources de pouvoir". Mais en général, un survol de ce qu'on peut apprendre à leur sujet pointe dans la direction du "vœu pieux", ou même de la possibilité d'une domination par des forces d'entropie déguisées en "anges de Lumière".

En 1919, le physicien britannique Ernest Rutherford annonça qu'il était parvenu à transmuer un élément en un autre : il avait accompli la transmutation de l'azote en oxygène!

C'est vrai que ses procédés et résultats n'ont rien de commun avec le travail des alchimistes, mais ce qu'il a fait c'est réfuter l'affirmation faite par la plupart des physiciens de l'époque, c'est-à-dire que la transmutation était impossible. En fait, on sut bientôt que les éléments radioactifs se désintègrent peu à peu en libérant un rayonnement et en produisant des "éléments affiliés" qui se désintègrent à leur tour. Par exemple, une de ces chaînes démarre à l'uranium et aboutit au plomb. La question devient donc: « est-ce que le processus peut être inversé? » Ou bien, si l'on commence avec un autre élément, quel sera le produit final ?

Le chimiste Franz Tausend, établi à Munich, avait 36 ans quand il publia sa théorie sur la structure des éléments: un bizarre mélange de pythagorisme et de chimie moderne. Il édita une monographie intitulée: «180 éléments, leur poids atomique et leur incorporation dans un système de périodes harmoniques ». Il pensait que chaque atome a une fréquence de vibration qui est caractéristique de cet élément, en relation avec le poids du noyau de l'atome et le groupage des électrons autour de celui-ci. Cette partie de ses découvertes a été confirmée par des recherches ultérieures. Mais Tausend suggéra aussi que la matière pouvait être « orchestrée » en ajoutant une substance adéquate à l'élément étudié, ce qui modifiait sa fréquence, et il devenait donc un élément différent.

Il se fait qu'environ à la même époque, Adolf Hitler fut envoyé en prison pour avoir tenté d'organiser une insurrection. Un de ses comparses était le Général Erich Lüdendorff, mais celui-ci fut acquitté des charges qui pesaient sur lui, et il se mit sur les rangs des candidats à la présidence de l'Allemagne l'année suivante. Il fut battu par Hindenburg, et s'occupa alors de rassembler des fonds pour la création du parti nazi. Il entendit des rumeurs selon lesquelles un certain Tausend avait transmué des métaux vils en or, et il forma un groupe, dont firent partie de nombreux industriels, qui se donna pour tâche de mener des investigations quant aux procédés à utiliser.

Tausend leur recommanda d'acheter de l'oxyde de fer et du quartz, qui devaient être fondus ensemble dans un creuset. Un commerçant allemand nommé Stremmel, membre de ce groupe, emporta ce creuset dans sa chambre d'hôtel pour la nuit, afin que personne ne puisse y toucher. Le matin suivant, Tausend chauffa le creuset dans son fourneau électrique, en présence de ses patrons, puis il ajouta une petite quantité d'une poudre blanche à la masse en fusion. Il laissa le tout refroidir, et quand il l'eut cassé pour l'ouvrir, il en tira une pépite d'or de sept grammes.

Lüdendorff était en extase. Il décida de former une société qu'il nomma « la compagnie 164 ». Les investisseurs accourent pour donner leur argent, et en une année le général avait fait affluer quelque 400.000 deutsche marks dans les caisses du parti nazi. En décembre 1926 il démissionna, laissant à Tausend le soin de régler toutes les dettes. Tausend parvint à continuer à rassembler des fonds et le 16 juin 1928 il aurait fait 25 onces d'or en une seule opération. Cela lui permit de faire imprimer une série de « certificats de participation » d'une valeur de 22 livres chacun (10 kilos d'or).

Un an plus tard, Tausend qui n'avait plus produit d'or, fut arrêté, mis en procès, jugé coupable, et condamné à quatre années de prison. Cependant, alors qu'il attendait son procès, il parvint à accomplir une transmutation sous stricte surveillance, à l'Hôtel des Monnaies de Munich. Le produit fut soumis à la Cour à titre de preuve qu'il n'y avait eu aucune fraude, mais il fut contesté et ne lui épargna pas la prison.

L'année de la condamnation de Tausend, un ingénieur polonais du nom de Dunikovski annonça à Paris qu'il avait découvert un nouveau type de radiation qui pouvait transmuer le quartz en or. Le minerai, répandu sur une plaque de cuivre, était fondu grâce à une décharge électrique de 110.000 Volts, et était ensuite irradié avec ces nouveaux « rayons Z ». Des investisseurs injectèrent deux millions de francs dans le projet de Dunikovski, mais après quelques mois, comme il n'était pas parvenu à produire la moindre parcelle d'or, il fut lui aussi jugé coupable de fraude. Après un séjour de deux années en prison, l'avocat de Dunikovski obtint pour lui une réduction de peine, et il se rendit alors en Italie avec sa famille, où il se remit à ses expériences. La rumeur se répandit bientôt qu'il subvenait à ses besoins en vendant de temps en temps des morceaux d'or. Son avocat alla lui rendre visite, accompagné de l'éminent chimiste Albert Bonn.

On découvrit que le quartz utilisé par Dunikovski (et il en allait sans doute de même pour celui utilisé par Tausend) contenait déjà d'infinitésimales quantités d'or. L'or pouvait être extrait selon un procédé connu, la quantité extraite étant de l'ordre de 10 parties pour un million. Mais la technique utilisée par Dunikovski en produisait près de 100 fois plus. Néanmoins, il ne produisait que de petites quantités d'or parce que son matériel ne lui permettait de traiter que de petites quantités de quartz.

Dunikovski affirma que son procédé accélérait la croissance naturelle de l'or « embryonnaire » à l'intérieur du quartz. Il donna une démonstration devant un groupe de savants invités pour l'occasion, et suscita une attention considérable. Une coopérative anglo-française fut formée pour importer du sable d'Afrique et le traiter dans un nouveau grand laboratoire sur la côte sud de l'Angleterre, mais la seconde guerre mondiale éclata pratiquement en même temps, et Dunikovski disparut. On raconta qu'il avait été « acheté » par les Allemands pour fabriquer de l'or destiné à redonner des forces à leur économie défaillante. Mais il n'y a aucune preuve de cela.

Depuis la seconde guerre mondiale, il y a eu et il y a toujours, de nombreux pratiquants de l'alchimie. La majorité des activités se sont concentrées en France, et parmi ces praticiens l'on trouve Eugène Canseliet, qui aurait été l'élève du mystérieux Fulcanelli déjà nommé plus haut.

En étudiant l'alchimie, l'histoire de l'alchimie, et tous les livres sur lesquels j'ai pu mettre la main à ce sujet, je suis en fin de compte tombée sur Fulcanelli et sur ce qu'en disent Pauwels et Bergier dans *Le Matin des Magiciens*.

Bergier a déclaré que, en juin 1937 - huit ans avant le premier essai nucléaire au Nouveau Mexique - il fut approché par un mystérieux inconnu. Cet homme demanda à Bergier de transmettre un message au physicien bien connu André Hellbronner, pour qui Bergier travaillait à l'époque. L'homme dit qu'il estimait de son devoir d'avertir les scientifiques « orthodoxes » des dangers de l'énergie nucléaire. Il affirma que les alchimistes des temps anciens (et d'anciennes civilisations) avaient acquis cette sorte de connaissances secrètes, et qu'ils en étaient morts. Le mystérieux étranger déclara qu'il n'avait aucun espoir que ses avertissements seraient entendus, mais il sentait qu'il devait les exprimer malgré tout. Jacques Bergier resta convaincu jusqu'à sa mort que l'étranger était Fulcanelli. On dit que l'American Office for Strategic Services, précurseur de la CIA, s'était mis, de manière intensive, à la recherche de Fulcanelli à la fin de la guerre. Il ne fut jamais trouvé.

L'argument contre la véracité de cet étrange événement est que le plutonium avait été explicitement mentionné par le mystérieux inconnu, alors qu'il n'avait été isolé qu'en février 1941, et reçu son nom qu'en mars 1942, cinq années après la rencontre de Bergier. Cependant, Bergier a toujours soutenu que son récit était véridique. Et le fait est que, l'Histoire paraît indiquer que les Maîtres Alchimistes sont, dans une certaine mesure, capables de voyager dans le temps. Dans ce cas, le fait d'avoir pu connaître le nom de l'élément n'aurait pas représenté une très grande difficulté.

Au début des années 1920, il y avait à Paris un petit homme dans la vingtaine, nommé Eugène Canseliet, qui était connu pour son enthousiasme pour l'alchimie. Il répéta à de nombreuses reprises qu'il avait travaillé avec un authentique « Maître de l'Art ». Son ami et compagnon, un illustrateur obscur du nom de Jean-Julien Champagne, qui avait une dizaine d'années de plus que Canseliet, a toujours soutenu cette affirmation. Ils habitaient tous deux dans un immeuble délabré, dans des appartements adjacents, au 59bis de la rue Rochechouart, dans le quartier de la Butte-Montmartre. A cause de leurs allusions à leurs contacts avec ce « Maître Secret », ils furent bientôt entourés d'aspirants-occultistes, qui se donnèrent le nom de « Frères d'Héliopolis ». Canseliet et Champagne fréquentaient, paraît-il, très assidûment les bibliothèques de la ville : la Bibliothèque Nationale, la Mazarine, l'Arsenal, et celle de Sainte-Geneviève, étudiant livres et manuscrits rares. Ils étaient manifestement à la recherche de quelque chose.

Le récit entendu par ceux qui se trouvaient dans l'orbite de leur petit groupe d'élite était que le « maître secret Fulcanelli » était âgé, distingué, sans doute aristocrate, et très riche. On disait aussi qu'il était immensément érudit, qu'il pratiquait l'alchimie, et qu'il était sur le point d'accomplir ou avait déjà accompli le Grand Œuvre.

Personne à cette époque, à l'exception de Canseliet et de Champagne, n'avait encore prétendu avoir rencontré le Maître Fulcanelli, et de ce fait, il y eut beaucoup de scepticisme dans les cercles occultistes de Paris. Mais le scepticisme disparut quand fut publié *Le Mystère des Cathédrales*, en 1926. Cette première édition ne fut diffusée qu'à 300 exemplaires, et fut éditée par Jean Schmit, 45 rue Laffitte, dans le quartier de l'Opéra. L'ouvrage était sous-titré « *Une interprétation ésotérique des symboles hermétiques du Grand Œuvre* », et sa préface avait été écrite par Eugène Canseliet, alors âgé de 26 ans seulement. Le livre contenait 36 illustrations, dont deux en couleurs, par l'artiste Champagne. Ainsi, en faisant d'une pierre deux coups, Canseliet et Champagne étaient reconnus et leur place était assurée au sein de la coterie des occultistes !

Le sujet du livre est une prétendue interprétation du symbolisme de différentes cathédrales gothiques et d'autres édifices en Europe, supposés receler des instructions destinées à décrypter les secrets alchimiques. Cette idée que des secrets sont contenus dans les structures de pierre, les sculptures, etc. d'édifices construits au Moyen-Age, avait déjà été émise par d'autres ésotéristes qui avaient étudié les arts et l'architecture, mais personne n'avait encore expliqué les choses aussi clairement et de manière aussi détaillée. Quoi qu'il en soit, le livre de Fulcanelli fit sensation auprès des occultistes parisiens. Dans sa préface, Canseliet fait allusion au fait que le Maître Fulcanelli avait « obtenu la Pierre », c'est-à-dire qu'il avait été mystiquement transfiguré et illuminé, et avait disparu!
Il disparut quand sonna l'heure fatidique, lorsque le Signe fut accompli...

> Fulcanelli n'est plus. Toutefois, et c'est là notre consolation, sa pensée demeure, ardente et vive, enfermée à jamais dans ces pages comme en un sanctuaire[48].

L'extraordinaire érudition du *Mystère* rendit les férus d'occultisme de Paris fous du désir de savoir qui était vraiment Fulcanelli. La rumeur et la spéculation s'en donnèrent à coeur joie. Et à propos de ces spéculations concernant la probable identité de Fulcanelli, Kenneth Rayner Johnson écrit:

> L'on a suggéré qu'il était un membre survivant de l'ancienne famille royale des Valois. Bien que cette famille fût supposée s'être éteinte en 1589 avec la mort d'Henri III, il était de notoriété publique que certains membres de cette famille s'étaient adonnés à la magie et au mysticisme, et dont Marguerite de France, fille de Henri II et épouse d'Henri IV de Navarre qui, on le sait, vécut jusqu'en 1615. Qui plus est, un de ses nombreux amants avait été l'ésotériste Francis Bacon (dont beaucoup affirment encore de nos jours que c'était un Adepte); elle avait divorcé en 1599 et ses armoiries personnelles portaient le pentagramme magique, dont chacune des cinq pointes comporte une lettre du mot latin "salus"[49].

Est-ce que Fulcanelli, qui affirmait-on, était un aristocrate, aurait pu être un descendant des Valois, et est-ce que la devine latine

[48] *Le Mystère des Cathédrales,* page 12
[49] Santé

aurait fait allusion à quelque secret alchimique de longévité qui lui aurait été transmis par la famille?

D'autres ont prétendu que Fulcanelli était un libraire-occultiste nommé Pierre Dujols qui tenait, avec sa femme, une boutique dans la rue de Rennes, dans le quartier du Luxembourg, à Paris. Mais on savait que Dujols était seulement un alchimiste spéculatif qui écrivait sous le pseudonyme de Magophon. Pourquoi aurait-il dû se cacher derrière deux pseudonymes? Une autre suggestion était que Fulcanelli aurait été l'écrivain J.H. Rosny l'aîné. Mais la vie de celui-ci était bien trop connue du public pour que cette théorie puisse jamais être acceptée.

Il y avait aussi au moins trois alchimistes pratiquants qui travaillaient dans la ville vers la même époque. Ils opéraient respectivement sous les pseudonymes de Auriger, Faugerons, et Dr. Jaubert. L'argument qui réfute qu'aucun d'entre eux ait pu être Fulcanelli et pratiquement le même que celui qui réfute Dujols-Magophon: pourquoi utiliser plus d'un pseudonyme?

Enfin, il y a eu Eugène Canseliet et Jean-Julien Champagne, tous deux directement en rapport avec le livre de Fulcanelli, et tous deux affirmant avoir connu le Maître à titre personnel. Il y avait cependant une objection à reconnaître Canseliet pour Fulcanelli: il était trop jeune pour avoir pu posséder la somme de connaissances contenues dans l'ouvrage. Cependant, une étude de sa préface comparée avec le texte démontre distinctement une différence de style. C'est pourquoi, Canseliet fut exclu lui aussi.

Champagne est le "suspect" suivant sur la liste parce qu'il était plus âgé et avait davantage d'expérience, et il est certain que son travail en tant qu'artiste l'a mené partout en France, de sorte qu'il aurait pu voir tous les monuments décrits avec un tel luxe de détails. Le seul problème, avec cette théorie, est que Champagne était connu pour être un fanfaron, un farceur, un grand amateur de calembours et bons mots, et un ivrogne, qui aimait à se faire passer pour Fulcanelli - bien que son comportement fût bien loin de ce qu'on attendait d'un adepte assermenté, c'est-à-dire de rester anonyme et de « laisser son oeuvre parler pour lui ». En outre, Champagne était un alcoolique tellement porté sur l'absinthe et le Pernod qu'il en mourut, emporté par la gangrène en 1932, à l'âge de 55 ans. La maladie lui avait fait perdre tous ses orteils. Il n'est donc pas vraiment le portrait du Maître Alchimiste. Sur le mode humoristique, certaines descriptions de la transmutation de l'alchimiste permettent de se demander si la perte des orteils ne fait pas partie du processus…

Plaisanterie mise à part, il y a bien d'autres détails et choses curieuses impliqués dans la tentative de découverte de l'identité réelle de Fulcanelli, et nous ne sommes pas plus avancés. Nous tournons en rond! Tout ce qu'on peut dire est que plus d'une personne a attesté de l'existence de Fulcanelli, de son succès dans la transmutation, et de la poursuite de son existence dans les temps présents, ce qui ferait de lui un homme de 140 ans. Et certains pensent qu'il pourrait être plus âgé que cela.

Le Matin des Magiciens, écrit par Louis Pauwels et Jacques Bergier, fut publié en 1963, et c'est seulement alors que les occultistes et aspirants-alchimistes anglophones ont pris conscience de l'existence de Fulcanelli. Et huit années encore devaient s'écouler avant la parution de la traduction du *Mystère des Cathédrales* en anglais. Mais grâce à ces livres, un nouveau public de chercheurs s'éveilla à la possibilité de miracles contemporains, ainsi qu'à la réelle probabilité d'un secret vieux de plusieurs millénaires, qui auraient été confiés à des inconnus.

Dans l'édition anglaise du *Mystère des Cathédrales*, Eugène Canseliet dit qu'en 1922, le Maître lui a donné une minuscule quantité de "poudre de projection" alchimique, qui lui a permis de transmuer quatre onces de plomb en or. Walter Lang, qui a écrit l'introduction à cet ouvrage, reçut de Canseliet une lettre qui disait entre autres:

> Le Maître était déjà un très vieil homme, mais il portait légèrement ses quatre-vingts ans. Trente ans plus tard, je devais le revoir… et il m'apparut comme un homme de cinquante ans. C'est-à-dire qu'il m'a paru être un homme qui n'était pas plus âgé que moi.

Canseliet a affirmé qu'après cette rencontre il avait encore revu Fulcanelli à plusieurs reprises, et qu'il est toujours vivant.

Canseliet a affirmé qu'il a rencontré le Maître en Espagne en 1954, dans de très étranges circonstances. Feu Gérard Heym, membre fondateur de la *Society for the Study of Alchemy and Early Chemistry* et éditeur de Ambix, son journal, regardé comme l'occultiste le plus érudit de son temps, était devenu un ami de la fille de Canseliet, et grâce à elle, put voir le passeport de Canseliet. Il comportait un visa espagnol poru l'année 1954. Donc, au moins pour cela nous avons un petit fait concret, même si le reste n'est qu'ouï-dire. Je ne l'ai pas vu moi-même.

Un ami de Canseliet, qui a voulu rester anonyme, a dit que cette rencontre était « dans une autre dimension … un point où de telles rencontres sont possibles ». L'histoire veut que Canseliet avait

« reçu une convocation » en quelque sorte, peut-être par télépathie, et qu'il s'était rendu à la suite de cela à Séville, où quelqu'un vint le chercher et le mena par une longue route sinueuse, à un grand château dans la montagne, qui était un "repaire" d'alchimistes, une véritable colonie! Il dit que Fulcanelli semblait avoir subi une curieuse forme de transformation: il avait alors à la fois les caractères mâles et femelles: il était devenu androgyne. A un moment, dit Canseliet, Fulcanelli a vraiment eu toutes les caractéristiques féminines. Certaines oeuvres littéraires alchimiques très obscures mentionnent cette état d'androgyne. L'adepte qui subit une transformation est censé perdre tous ses cheveux, ses dents et ses ongles, et il en repousse de nouveaux par la suite. La peau rajeunit et devient plus douce, et le visage prend un caractère asexué.

Selon Gerard Heym, après sa visite à l'Enclave des Alchimistes, quelque part dans les Pyrénées, semble-t-il, il ne resta à Canseliet que de vagues bribes de souvenirs de ses expériences en Espagne, comme s'il avait fait l'objet d'une forme d'hypnose qui lui aurait fait oublier les détails de ce qu'il a ait vu et entendu (pourquoi ne sommes-nous pas surpris?).

Ce qu'il faut retenir de cela, c'est qu'il y a eu de nombreux récits d'événements étranges ayant trait à l'alchimie, qui ont été attestés par des témoins fiables et de bonne réputation, et ce genre de récits se font encore de nos jours, en une sorte de "culture souterraine". Quelque chose se poursuit et ce depuis très longtemps! Et puisque nous avons fait récemment la connaissance d'un alchimiste des temps modernes - Fulcanelli- qui peut (ou non) avoir des indices, prenons bonne note de certaines des choses qu'il a à dire sur le sujet; et qui pourrait être l'équivalent du fil d'Ariane dans ce labyrinthe de confusion.

UN CHEVALIER[50] PARTI EN QUESTE

Avant d'approfondir ce sujet, il me faut donner quelques précisions et faire un retour en arrière. Dès mon enfance, j'ai toujours été attirée par les récits du Roi Arthur et de ses Chevaliers de la Table Ronde. Cela était tout naturel, puisque mon patronyme est Knight[51]. C'est ainsi que j'ai dévoré et digéré un grand nombre de livres sur ce thème dès mon âge le plus tendre. Mais mon opinion générale à ce propos changea à l'adolescence. J'en vins à

[50] En anglais: Knight. Jeu de mots sur le nom de Laura *(NdT)*

[51] Chevalier *(NdT)*

les consigner au royaume des fantasmes et des histoires pour enfants. Il n'y avait pas réellement de Graal: il s'agissait simplement de beaux contes. Il m'était agréable de les lire et de laisser courir mon imagination pendant mes moments de loisir, mais je sentais qu'il me fallait me mettre au *vrai* travail de "trouver Dieu". Je n'avais pas réalisé que c'était là, dans un sens très réel, la vraie nature de la quête du Graal. Quoi qu'il en soit, je consacrai de nombreuses années à tenter de "trouver Dieu". Pour moi, c'était devenu aussi essentiel que de respirer.

Je commençai d'une manière très basique: ne rien croire, mettre tout en doute, et au fil des ans, j'en vins à trouver mon chemin à partir des sciences concrètes pour aller aux sciences théoriques, puis aux 'para-sciences'. J'analysai et catégorisai tout, et en fin de parcours, je trouvai que j'avais assez bien couvert toute la gamme. Mes catégories étaient plus variées et étendues que celles de bien des gens, mais c'était des catégories, et je m'étais plus ou moins résignée à ne jamais réellement connaître Dieu, si ce n'est par l'esprit, et après tout, l'esprit était, pour autant que je le sache, le commencement et la fin de toutes choses. *Cogito ergo sum.* C'est tout ce que nous pouvions savoir. Cette réponse ne me satisfaisait pas, mais y en avait-il une autre?

Et les choses en restèrent là jusqu'aux événements décrits dans mon autobiographie, *Amazing Grace* [52] qui ont mené aux transmissions cassiopéennes. Et ensuite la Queste commença pour de bon.

De nouvelles preuves, de nouvelles connaissances peuvent totalement bouleverser les bases de ce que nous pensons connaître. Et cela fait, bien sûr, partie du problème même du Graal. Chacun élabore une hypothèse basée sur ce qui est généralement disponible dans le cadre de "recherches ordinaires" ou sur des hypothèses construites sur base de suppositions concernant la réalité, et qui font partie de l'environnement socioculturel dans lequel nous vivons. Et parce que nous sommes si profondément investis dans nos croyances fondamentales à propos de la nature de notre réalité, nous en venons à nous investir émotionnellement dans ces hypothèses. Et par "nous investir émotionnellement" ou "nous attacher émotionnellement", je veux dire que quand de nouvelles informations sont découvertes ou portées à notre attention, non seulement nous ne *voulons pas* les entendre, mais souvent nous *ne le voulons pas*.

---

[52] *Grâce Fabuleuse* (allusion à un hymne bien connu) *(NdT)*

Leur « arrivée » correspondant à un état de banqueroute psychique en 1984, les Cassiopéens ont passé dix ans à m'ouvrir les yeux à propos de la réalité telle que nous la percevons. J'avais prié avec ferveur pour recevoir des réponses, et l'Univers se mit à me répondre au sein même de la dynamique de ma propre vie. A un certain moment, alors que j'avais passé déjà de nombreuses épreuves, le mode de communication devint plus direct et conscient – Les transmissions cassiopéennes elles-mêmes – et il devint tout à fait clair que la Queste du Graal était en fait d'une très grande importance. Il devint clair également que ce sujet était bien plus profond et complexe que ne le supposent la plupart des érudits et chercheurs amateurs du Graal. Plus intéressant encore était le fait que les Cassiopéens m'avaient fait découvrir que la Queste du Graal et la Quête de la pierre philosophale par les alchimistes étaient identiques.

Pendant les années qu'a duré cette initiation, il m'a été suggéré de relire les nombreux textes que j'avais écartés avec désinvolture dans ma jeunesse, afin de les "lire entre les lignes" et avec "un nouveau regard". Les Cassiopéens m'ont aussi suggéré des orientations d'études et de recherches qui n'avaient pas fait partie de mon travail précédent. Parmi les textes que j'ai été amenée à étudier, il y a eu les oeuvres de l'alchimiste Fulcanelli. Et dans les écrits de Fulcanelli, j'ai découvert que le problème que je tentais de résoudre était décrit[53]:

> [...]
>
> "L'alchimie n'est si obscure que parce qu'elle se dissimule. Les philosophes qui ont souhaité transmettre à la postérité l'exposé de leurs doctrines et le fruit de leur labeur ont pris grand soin de ne pas divulguer leur art en le présentant sous une forme commune, afin que le profane ne puisse en faire un mauvais usage. C'est ainsi qu'à cause de la difficulté de sa compréhension, à cause du mystère de ses énigmes, et à cause de l'opacité de ses paraboles, cette science s'est peu à peu enfermée dans des rêveries, des illusions et des chimères. [...]
>
> Au surplus, il ne nous paraît pas suffisant de savoir exactement reconnaître et classer des faits; il faut encore interroger la nature pour apprendre d'elle dans quelles conditions, et sous l'empire de quelle volonté, s'opèrent ses multiples productions. L'esprit philosophique ne saurait, en effet, se contenter d'une simple possibilité d'identification des corps; il réclame la connaissance du secret de leur élaboration.

[53] Texte retraduit en français par mes soins car je ne dispose pas des originaux *(NdT)*

Entrouvrir la porte du laboratoire où la nature mixtionne les éléments, c'est bien; découvrir la force occulte sous l'influence de laquelle son labeur s'accomplit, c'est mieux.

Avec leur texte confus, émaillé d'expressions cabalistiques, les livres restent la cause efficiente et génuine de la méprise grossière que nous signalons. Car, en dépit des avertissements, des objurgations de leurs auteurs, les étudiants s'obstinent à les lire suivant le sens qu'il offrent dans le langage courant. Ils ne savent pas que ces textes sont réservés aux initiés et qu'il est indispensable, pour les bien comprendre, d'en détenir la clef secrète. C'est à découvrir cette clef qu'il faut préalablement travailler.

Certes, ces vieux traités contiennent, sinon la science intégrale, du moins sa philosophie, ses principes, l'art de les appliquer conformément aux lois naturelles. Mais si l'on ignore la signification occulte de ses termes, -- ce qu'est, par exemple, Ares, ce qui le distingue d'Aries et le rapproche d'Arles, d'Arnet et d'Albait, -- qualificatifs étranges employés à dessein dans la rédaction de tels ouvrages, on doit craindre de n'y entendre goutte ou de se laisser infailliblement tromper.

Nous ne devons pas oublier qu'il s'agit là d'une science ésotérique. Par conséquent, une vive intelligence, une excellente mémoire, le travail et l'attention aidés d'une volonté forte ne sont point des qualités suffisantes pour espérer devenir docte en la matière. «Ceux-là s'abusent fort», écrit Nicolas Grosparmy, « qui cuident que nous n'ayons faict nos livres que pour eux ; mais nous les avons faicts pour en jecter hors tous ceulx qui ne sont point de nostre secte. »

Betsdorff, au début de son traité, prévient charitablement le lecteur en ces termes : « Tout homme prudent, dit-il, doit premièrement apprendre la Science, s'il peut, sinon en demeurer là, sans follement employer son temps et son bien... Or, je prie ceux qui liront ce petit livre, d'ajouter foi à mes paroles. Je leur dis donc encore une fois qu'ils n'apprendront jamais cette science sublime par le moyen des livres, et qu'elle ne peut s'apprendre que par révélation divine, c'est pourquoy on l'appelle Art divin, ou bien par le moyen d'un bon et fidèle maître ; et comme il y en a très peu à qui Dieu ait fait cette grâce, il y en a peu aussi qui l'enseignent.'[54]

A présent que je suis en train d'écrire cette petite monographie, je peux confirmer que c'est seulement grâce à une Révélation– par

[54] Fulcanelli, *Les demeures philosophales* (Les Demeures Philosophales) 1999, Archive Press, Boulder.

le travail initiatoire direct des Cassiopéens avec moi – que le Secret a été révélé.

On pourrait se demander pourquoi je veux révéler le secret alors qu'il a été de tradition de le garder dissimulé? Parce que les Cassiopéens ont dit que ce qu'ils me donnent en réponse à mes questions n'est que Service de Soi si je ne le transmets pas à ceux qui demandent. Et beaucoup ont demandé.

Après plus de trente ans de travail, la chose qui est devenue évidente est que les énergies de Création émanent "vers le bas" et notre individualité en tant qu'êtres humains n'est que l'expression d'une sorte de "Mise en scène théologique". Tenter d'exercer notre volonté ou de faire entendre notre voix "vers le haut", à contresens de la Création, c'est essentiellement tenter de violer le libre-arbitre de la Création, c'est-à-dire de l'outrecuidance. Voilà pourquoi les prières, les rituels destinés à changer la réalité, les "pensées positives" émises dans l'intention de changer les choses "là-haut", afin d'en recevoir des avantages "ici-bas" débouchent toujours globalement sur davantage de conflits, de misères et de souffrances.

Au cours de mes recherches dans de la documentation concernant des centaines de domaines d'intérêts divers, ce qui m'est clairement apparu c'est que l'humanité se trouve dans le poing de fer d'un système de contrôle malveillant qui l'élève ou la rabaisse selon sa mystérieuse volonté. Aucun groupe, aucune nationalité, aucune société secrète, aucune religion, n'y échappe.

J'avais besoin de réponses. Je ne pouvais plus vivre dans la hantise quotidienne de cette compassion pour l'humanité et des nombreuses horreurs de l'Histoire. De là la raison de l'expérience cassiopéenne. Tout ce qu'on nous apprend dans notre société, notre histoire, nos religions, et dans les versions Nouvel Age de tout cela, n'a pas de consistance logique et tourne en ridicule l'idée même d'un Créateur - *Ribbono Shel Olom* – Maître de l'Univers. Quelque chose de mystérieux et d'étrange se passait ici, sur Terre, et je voulais avoir les réponses. C'est pourquoi j'entrepris l'expérience de channeling qui a eu pour résultat, après deux années de travail acharné, ce que nous connaissons sous le nom de Transmissions cassiopéennes.

En dépit du fait que nous gardions l'esprit ouvert par rapport à la source de ce matériel, les réponses reçues des Cassiopéens – nous dans le futur - étaient pour le moins déroutantes. La vision la plus proche de celle présentée par les Cassiopéens est celle qui est graphiquement expliquée dans le film *The Matrix*, où notre réalité se résume à un programme/rêve d'ordinateur qui "parque" les êtres humains dans des sortes de "coques" ce qui fait d'eux des piles produisant de l'énergie au bénéfice d'une vaste machine qui domine le monde. Certains des "scénarios de vie programmée" ont un contenu émotionnel intense qui permet à la machine de produire un maximum d'énergie. Et il semble que la douleur et la souffrance donnent le "jus" le plus riche.

Un autre concept majeur présenté dans *The Matrix* est que le "présent réel" est la réalité du système de contrôle qui produit le "rêve programmé de la réalité" éprouvé par ceux qui sont prisonniers de la Matrice. La Réalité du Rêve de la Matrice est basée sur des événements du passé, avant que le monde tel qu'il était alors ne fût détruit par une chose terrible, pour passer ensuite sous le contrôle d'ordinateurs dotés de sens et ayant besoin des humains à titre de "sources d'énergie' et de "nourriture".

La différence entre la métaphore de la Matrice et la vision des Cassiopéens, est que ceux-ci suggèrent un monde para-physique qui serait l'une des couches de la structure espace-temps à partir de laquelle notre propre réalité est projetée, formant perpétuellement des boucles dans des variations sans fin. On pourrait dire que les mondes hyperdimensionnels sont "le futur" dans un sens très réel.

Cette réalité para-physique de l'espace hyperdimensionnel -le monde des programmeurs de la Matrice- est, selon les Cassiopéens, habitée par des êtres ayant simultanément une polarité positive et une polarité négative, qui ont "monté de classe" en quittant notre réalité, mais pas nécessairement en "mourant" et en passant dans un monde éthéré, mais bien effectivement dans un monde du futur qui crée notre présent en se projetant dans le passé. Ce qu'il est important de réaliser, c'est que si nous pensons au futur en termes de futurs probables, ou d'embranchements d'univers, alors ce que nous faisons en ce moment, que nous nous éveillions ou non de la Matrice, détermine le type de futur dont nous allons faire l'expérience, individuellement et collectivement. Paul Dirac écrivait :

> Il y a en ce moment, des problèmes fondamentaux en physique théorique, dont il semble que la solution exigera une révision de nos concepts fondamentaux, solution plus drastique que toutes celles qui ont eu lieu précédemment. Il est très probable que ces changements seront si grands que l'intelligence humaine sera incapable d'acquérir les nouvelles idées nécessaires en essayant de formuler directement les données expérimentales en termes mathématiques. L'opérateur théoricien du futur devra dès lors procéder d'une manière plus directe. La méthode la plus puissante de progrès qui puisse être suggérée en ce moment, c'est de mettre à profit toutes les ressources des mathématiques pures pour tenter de perfectionner et généraliser le formalisme mathématique qui

> est à la base de la physique théorique, et après chaque succès obtenu dans ce sens, d'essayer d'interpréter les nouvelles caractéristiques mathématiques en termes d'entités physiques.

Certains problèmes ontologiques particulièrement en relation avec la théorie des quanta suggèrent qu'il faut prendre en considération un "observateur" ("Eye": J. A. Wheeler) observant l'univers pour le "créer ". Ce qui veut dire qu'il faudrait étendre la gamme de ce que l'on nomme actuellement "entités physiques". La réponse à l' "observabilité d'univers parallèles" pourrait impliquer qu'il faille prendre une telle extension en considération.

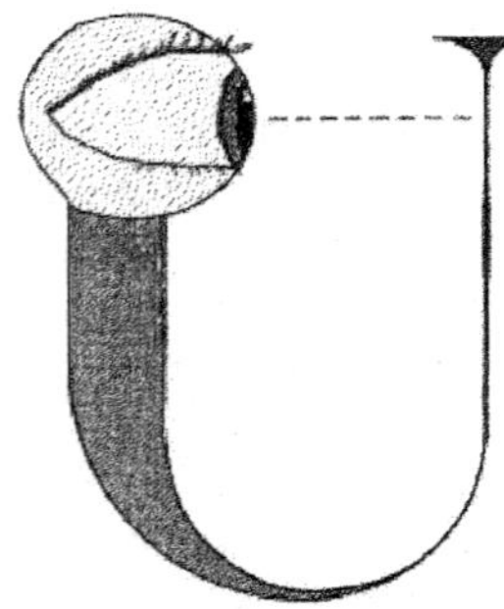

Considérons à présent qu'il y a plusieurs -et peut-être une infinité- de "futurs *vous* probables" qui sont autant d'observateurs. Sur l'image de droite ceci serait représenté par une multitude d'yeux, convergeant tous en un point sur la queue -le moment "présent" que nous percevons, qui est le moment "choisi". C'est à partir de ces futurs probables d'une potentialité infinie -des "centres de pensée"- que la réalité est projetée. C'est par l'intermédiaire des êtres humains que ces énergies sont transformées ("transduites") et deviennent "réelles".

Vous, ici et maintenant -à la conjonction de toutes ces probabilités rivalisant entre elles pour devenir "réelles"- n'avez aucune possibilité de créer quoi que ce soit dans cette réalité d'ici bas". Les réalités – les « potentialités créatrices » – sont des projections provenant de niveaux supérieurs de densité. Vous êtes un récepteur, un transducteur, un réflecteur de la vision dont l'œil vous voit VOUS, et rien d'autre.

Le phénomène exprimé par ces idées pourrait être décrit plus directement en termes de réalités hyperdimensionnelles, où les énergies mentales ou les énergies de la conscience sont amplifiées et peuvent interagir avec l'environnement selon une technologie suggérant non seulement une énergie de transport qui serait partiellement physique et partiellement "éthérique"; une communication aussi en partie physique et en partie éthérique, mais aussi des pouvoirs de "manifestation" qui nous semblent impossibles dans l'état actuel de nos technologies. Toutes ces propriétés font partie de l'existence hyperdimensionnelle, et un tel état est décrit depuis des millénaires comme étant "le monde des dieux", y compris dragons, serpents, et autres créatures de tout poil ou plume.

Si nous sommes capables de décrire mathématiquement de tels mondes et de leur donner une réalité physique ainsi que le suggère Dirac, alors nous pourrions également envisager l'hypothèse qu'ils peuvent être habités. Est-ce que nos «dieux» seraient des habitants de ce monde?

Comme vous le diront de nombreux physiciens, tout ce qui existe est "onde de forme"; nous sommes des ondes de forme de la réalité, et notre conscience est quelque chose qui "lit les ondes". Nous donnons forme et structure aux ondes que nous "lisons" selon une convention pré-établie.

C'est ainsi que certains citoyens de l'espace hyperdimensionnel sont "lus" comme étant plus ou moins "reptiliens", parce que c'est là leur essence, la fréquence de leur onde de forme. Nous les appelons «chefs suprêmes de l'Entropie». Ils ne sont pas nécessairement physiques comme nous l'entendons, et ils ne sont pas nécessairement «ultraterrestres» comme nous entendons ce terme non plus. Nous soupçonnons que les perceptions de ces niveaux de réalité et de leurs «systèmes de conscience» sont ce qu'il y a derrière de nombreux concepts religieux et représentations mythologiques de dieux et déesses et de créatures diverses.

C'est dans ce contexte de la Matrice et en réalisant que la connaissance intérieure de nombreux enseignements de mystères à travers les âges l'ont également contenu, ou à tout le moins un concept similaire, que j'en suis venue à considérer les phénomènes et interactions de notre monde. Et une telle vision des choses a indubitablement pour résultat de se libérer des contrôles de cette Matrice, de sorte que je peux affirmer qu'en termes d'expérience, les résultats sont reproductibles. Cependant, comme l'explique Morpheus à Néo, dans le film:

> La Matrice est un système, Néo. Ce système est notre ennemi. Mais quand tu es à l'intérieur tu regardes autour de toi, et qu'est-ce que tu vois? Des hommes d'affaires, des professeurs, des hommes de loi, des menuisiers. L'esprit même des gens que nous voulons sauver. Mais avant que nous y parvenions, tous ces gens feront toujours partie du système, et cela en fait nos ennemis. Tu dois le comprendre, la plupart de ces gens ne sont pas prêts à être débranchés. Et beaucoup d'entre eux sont tellement démunis, tellement désespérément dépendants du système qu'ils lutteront pour le protéger. Est-ce que tu m'as écouté, Néo, ou bien regardais-tu la femme à la robe rouge? Ils lutteront pour le protéger...

Nous pourrions ré-écrire ce dialogue de la manière suivante: lorsque vous vous trouvez à l'intérieur de la Matrice, regardez autour de vous et vous verrez des chrétiens, des juifs, des mahométans, des zoroastriens, des adeptes de la Wicca, des magiciens... la plupart de ces gens ne sont pas prêts à être débranchés... Ils sont si désespérément démunis, si désespérément dépendants du système, qu'ils lutteront pour le protéger. Est-ce que vous m'écoutiez, ou bien étiez-vous en train d'écouter ce sioniste, ce baptiste, cet évangéliste, ou ce mage-sorcier d'opérette? Morpheus souligne aussi que tout être humain qui a été branché sur le système a pu être utilisé comme «agent» par quelque chose ressemblant à un programme téléchargé, destiné à les activer d'une façon ou d'une autre. Des circonstances semblables semblent régner dans notre réalité, où les contrôleurs agissent à partir d'un certain espace hyperdimensionnel dont nous n'avons qu'une conscience limitée, et y avons encore moins accès.

Pour être réalistes, l'option qui nous semble ouverte est le choix de notre alignement et de notre préparation à recevoir le mieux possible les émanations qui sont en train des voyager "vers le bas". C'est là le point essentiel exprimé par le Don Juan de Castañeda quand il dit:

> L'un des plus grands accomplissements des clairvoyants de la Conquête a été une construction appelée «progression en trois phases». En ayant compris la nature de l'homme, ils ont été capables d'arriver à l'incontestable conclusion que si des visionnaires peuvent faire front à des tyrans (humains) mesquins, ils sont certainement capables d'affronter impunément l'inconnu, et alors ils peuvent même soutenir la présence de l'inconnaissable.
>
> "La réaction de l'homme moyen est de penser que l'ordre de cette phrase devrait être inversé" poursuivit-il. « Un clairvoyant qui peut faire front à l'inconnu peut certainement affronter un petit tyran mesquin ». Mais ce n'est pas cela. Ce qui a anéanti les glorieux clairvoyants des temps anciens c'est cette supposition. Mais nous savons à présent de quoi il retourne. Nous savons que rien ne peut perturber davantage l'esprit du guerrier que le défi de devoir affronter des gens impossibles en position de pouvoir. Ce n'est que dans ces conditions que le guerrier acquiert la sobriété et la sévérité qui lui permettent de résister à la pression de l'inconnaissable.

Tout autour de nous nous voyons le résultat de cette erreur: l'idée que nous pouvons exercer notre volonté et faire entendre notre voix "vers le haut" pour changer ce qui est "au-dessus de nous" afin de modifier notre réalité. Cette idée est à la base des rites et rituels exigeant, plaidant, visualisant, écoutant, “se livrant à des travaux”, etc. Quand des gens pensent que “méditer sur la compassion,” ou “éprouver ce qu'éprouvent tous les êtres vivants,” peut avoir pour résultat un “entraînement sonique du rythme cardiaque à des modèles plus complexes et cohérents,” ce qui leur permettra de “créer un impérissable corps de diamant qui sera utilisé comme véhicule d'enseignement, ici sur Terre”, ils sont complètement à côté de la plaque. Comparer de telles idées au travail véritable du sincère Aspirant à l'Ascension c'est être tout simplement ignare.

Ce qui semble vrai, c'est qu'avant que l'aspirant à l'Ascension puisse en arriver à penser, ne serait-ce qu'un instant, à “l'unicité de tous les êtres” ou aux “sentiments éprouvés par tous les êtres”, ou être en possession d'une “superconscience”, il ou elle aura dû passer de très nombreuses années de lutte contre “ des petits tyrans mesquins” avant de pouvoir prendre pleinement conscience de la réalité objective dans un lent processus qui implique de l'action et de la compréhension.

Il ou elle se sera, à maintes reprises, exposé(e) à autant d'expériences déplaisantes qu'il/elle aura pu en trouver, tout en luttant sans cesse pour arriver à maîtriser ses émotions, ses désirs et sa physicalité. Ceci est la tâche consistant à rendre le véhicule physique d'ici-bas réceptif à l'alignement “d'en-haut” que l'on choisit, par opposition à la tentative de changer par la force ce qui est “en-haut” pour l'avoir ensuite “ici bas”. Et ce processus a beaucoup à voir avec ce qu'on appelle le discernement.

Le grand Soufi Cheikh Ibn al'Arabi explique que l' “imperfection” existe dans la Création parce que “s'il n'y avait pas d'imperfection, la perfection de l'existence serait imparfaite”. Du point de vue de l'Etre Pur, il n'y a rien qui ne soit bon. Mais l'Infinie Potentialité d'Etre inclut -de par la définition du mot “infini”- la potentialité de ne pas être. Dès lors, l'infinie potentialité “se divise” en Centres de Pensée de Création et Centres de Pensée de Non-Etre. On pourrait dire que l'Infinie Potentialité est fondamentalement binaire – allumée ou éteinte – être ou ne pas être. Voilà la première “division.”

Puisque le non-être absolu est un paradoxe impossible pour la source d'Infinie Potentialité qui doit ETRE, la moitié de la conscience de l'Infinie Potentialité qui constitue les IDEES de non-être (à chaque idée de manifestation correspond une idée de NON-manifestation pour cette chose-là) “tombe endormie” si l'on peut dire. Son “auto- observation” repose sur une conscience qui ne peut que “mimer” la mort. Et une conscience qui mime la mort “chute” et devient Matière Première. La signification de ceci est que "le soi observant le soi" au niveau du Maître de l'Univers est constitué par cette division initiale entre Etre et Non-Etre qui est donc seulement la division initiale, le " on/off", le oui/non, de la création. On peut imaginer cela comme étant un oeil ouvert observant un oeil fermé. Cela est représenté depuis des millénaires par le symbole yin-yang sur lequel, même sur la moitié noire qui représente "la conscience endormie qu'est la matière", il y a le petit cercle blanc de "l'être", qui nous montre que la non-existence absolue n'est pas possible. Il n'existe qu'une non-existence "relative".

Ces pensées d'être et de non-être interagissent les unes avec les autres (l'observateur et l'observé) comme un observateur qui regarde dans un miroir. La Création se manifeste entre l'observateur et le miroir. Elle est à la fois réelle parce qu'elle est constituée de matière informée par la conscience, et irréelle parce qu'elle est ultimement composée seulement de conscience agissant sur de la conscience.

A notre niveau de réalité, comprendre que "rien n'est réel" comme cela a été dit par certains gourous et enseignants au fil de l'Histoire, est aussi inutile que de dire "la gravitation n'est pas réelle". De telles considérations ne sont utiles que pour élargir la perception. Elles ne sont pas utiles pour l'application pratique, étant donné que les énergies de la création opèrent apparemment à travers plusieurs niveaux avant de se rencontrer au milieu, pour parler en termes de notre réalité de 3e densité. La vie organique existe à la "croisée" de myriades d'idées ou de centres de pensée de l'être et du non-être. Telles quelles, celles-ci ont la faculté de "transduire" les énergies vers le "haut" ou vers le "bas", selon les « dirigeurs » de l'énergie de conscience de chaque unité. Et ici, il y a dirait-on deux nouvelles grandes divisions: direction vers l'étant/observant ou direction vers le non-étant/ reflétant dans le miroir. Cette division se manifeste à tous les niveaux de la vie organique, y compris les êtres humains. Les êtres humains existent pour "transduire" les énergies cosmiques de la Création par l'intermédiaire de la vie organique. Nos « Soi » supérieurs sont les opérateurs de cette transduction des énergies cosmiques, et la direction dans laquelle l'énergie "coule" est déterminée par les activités de ces "soi" supérieurs. En opposition à ces forces qui cherchent à "capter" l'énergie de la conscience et à la faire tomber dans le "sommeil du non-être" ce qui est gravitationnel en un certain sens, les énergies de la conscience cherchant à "informer" la matière en provoquant l'éveil de la conscience du soi des systèmes organiques vivant sur la Terre, capables de résister à la gravité du non-être.

En tant que "systèmes transducteurs" conscients d'eux-mêmes, les êtres humains ont la possibilité d'aller dans n'importe laquelle de ces directions: vers l'être intensifié ou vers le non-être intensifié. En ce sens, l'être humain fonctionne un peu comme une lentille qui peut être ajustée, comme celle d'un télescope. On peut sélectionner la portée de sa vision, qui peut être distante et inclure davantage d'espace-temps, ou qui peut être raccourcie pour ne voir que ce qui est proche et évident dans le monde matériel. Autrement dit, notre choix premier et le plus fondamental c'est ce que nous choisissons de VOIR.

Lorsque nous choisissons ce que nous voulons voir - et nous ne parlons pas ici des yeux physiques, ni même psychiques, mais bien de l'objectivité ou de la subjectivité dont nous sommes capables- nous recevons des impressions. Les impressions peuvent devenir Connaissance si elles sont assimilées. La Connaissance mène à la Conscience. Connaissance et Conscience envoient ensuite des émotions qui à leur tour dynamisent des actions dans le monde organique. C'est la transduction des énergies des Centres de Pensée Cosmiques.

Ibn al-Arabi nous dit que le Bien c'est Etre, et c'est à quoi se rapportent tous les attributs ou "noms" de Dieu beaux et positifs. Le Mal est l'absence de Bien, il est donc "inexistence". Autrement dit, à la racine, l'Etre s'appuie sur la "non-existence" qui est le mal. Et voilà le hic, ce qui est généralement omis dans la plupart des « systèmes d'ascension » : à notre niveau, les êtres humains existent à la croisée des Pensées d'Etre et de Non-Etre, Bien et Mal. L'humanité est faite sur le modèle de tous les noms de Dieu: ceux de l'Etre et ceux du Non-Etre. Prendre les caractéristiques des Noms est synonyme de manifester leurs propriétés. La Science de l'Ascension consiste à acquérir une connaissance profonde des Noms et de leurs propriétés réelles, supérieures et inférieures, agréables et repoussantes, lumineuses et ténébreuses, en détails bien différenciés, de manière à pouvoir CHOISIR les caractéristiques à prendre en considération. Ce n'est qu'en obtenant une vision panoramique que l'homme peut découvrir si ce qu'il considère subjectivement comme bien est vraiment bien et conduit à Etre, ou s'il s'agit d'une tromperie qui mènera au Non-Etre par simulation.

> Dieu est à l'origine de TOUS les Noms, nobles et vils. La tâche de l'aspirant à l'Ascension est de mener de l'état de latence à l'actualité les attributs nobles, et de découvrir les applications positives des attributs vils – même si cette application exige de

"surmonter" ou de transmuer. Le Cheikh nous dit que "les seuls traits nobles de caractère sont ceux en rapport avec l'interaction avec autrui" Autrement dit: avec l'AGIR. La première chose à VOIR est certainement l'illusion de la séparation. Le mensonge est insinué par la suggestion que c'est là tout ce qui est nécessaire. Si vous vous contentez de le "voir", tout "changera" pour vous.

Dieu crée le bien et le mal, le vilain et le beau, le droit et le tordu, le moral et l'immoral. Entre ces attributs se trouvent les multiples dangers sur le chemin du chercheur de Vérité. De nombreux "enseignants" et "gourous" modernes disent que "puisqu'il n'y a qu'un seul Etre qui imprègne toutes choses, tout ce que nous avons à faire c'est de tout voir sous l'aspect lumineux, et cela transmuera ce qui est noir, et nous "créerons notre propre réalité de lumière". Une telle affirmation fait fi de l'affirmation que"Dieu est Un", qui décrit une réalité à un niveau supérieur à partir duquel notre propre être, "mélange de bon et de mauvais" se manifeste. L'homme qui pense qu'il peut devenir Dieu à ce niveau-ci simplement en le pensant, ignore tout ce qui a trait à l'Etre vs. le Non-Etre et qui émane de "Dieu est Un" à un niveau d'existence qui se trouve évidemment plusieurs niveaux au-dessus du nôtre.

Le Mal est REEL à son propre niveau, et la tâche de l'homme est de trouver son chemin dans le dédale cosmique sans être contaminé par le Mal qui s'y trouve. Voilà la racine du Libre Arbitre. L'homme se trouve devant un piège aussi réel que lui-même: il est forcé de faire un choix, forcé de faire appel à sa Connaissance en la mettant en pratique, entre la voie droite qui mène à l'Etre, et les chemins tortueux qui mènent au Non-Etre. Les êtres humains sont obligés de discerner entre bien et mal -d'orienter l'énergie de conscience- à chaque phase de leur existence dans cette réalité-ci. Parce qu'en fait, ils doivent comprendre que Dieu est conscience et que Dieu est matière Que Dieu est le bien et que Dieu est le mal. La Création assume toutes les propriétés, sans exception, des innombrables Noms de Dieu. Le Cosmos est rempli de Don de Vie et d'Assassinat, de Pardon et de Vengeance, d'Exaltation et d'Avilissement, d'Aide réelle et de Duperie. Tenter de voir du point de vue de Dieu et "faire un mélange de tout" à ce niveau-ci a pour seul résultat de faire rester à ce niveau-ci. C'est pourquoi, les êtres humains doivent toujours séparer le point de vue de Dieu du leur propre et du fait que toute création porte tous les divins Noms et Attributs.

Le premier Commandement Divin est donc: "Sois!" Et il inclut instantanément Etre et Non-Etre. C'est pourquoi, le deuxième Commandement est: "Suis l'Etre ou le Non-Etre, selon ton choix et ta nature inhérente". Toute création est le résultat d'un commandement d'engendrement. Donc, à cet égard il n'y a aucun

> Mal. Mais le second Commandement, contraignant, détermine quelle Face de Dieu l'on va contempler: Vie ou Mort.
>
> Si seul le commandement d'engendrement est pris en considération, il n'existe aucune imperfection dans le cosmos, puisque toutes les créatures suivent ce que Dieu désire pour elles. A cet égard, ce qui est appelé "imperfection" est en fait perfection, car elle permet l'actualisation des divers niveaux d'existence et de connaissance. C'est-à-dire que s'il n'y avait aucune imperfection- dans le sens de amoindrissement, diminution ou manque- il n'y aurait aucune création. Et s'il n'y avait pas de création, le Trésor Caché resterait dissimulé. Et donc l'Etre resterait invisible à tous les égards. Il n'y aurait pas de Manifestation de la Divine Réalité, la Lumière ne brillerait pas, Dieu serait le Non-Manifesté, mais non le Manifesté. Mais tout cela est absurde, puisque cela exige l'imperfection de l'Etre Lui-même qui, par définition, est perfection illimitée. La perfection de l'Etre exige la manifestation de ses propriétés. Les effets des Noms et Attributs doivent être extériorisés pour que Dieu soit Dieu. [...] Autrement dit, l'Imperfection est exigée par l'existence elle-même. Etre "autre que Dieu" c'est être imparfait. ...Mais c'est précisément cette "altruité" qui permet au cosmos et à toutes les créatures qui le peuplent d'exister. Si tout était parfait à tous égards, tout serait identique à Dieu Lui-même, et il n'y aurait rien "d'autre que Dieu". Mais alors nous ne pourrions pas même parler du cosmos, puisqu'il n'y aurait ni cosmos ni locuteurs. ...Dès lors, l'imperfection est une sorte de perfection. [Chittick]

Au stade d'existence actuel de l'homme, celui-ci est également réceptif aux deux Faces Fondamentales de Dieu: Etre et Non-Etre. Le Cheikh dit que, *quel que soit la propriété ou l'attribut choisi, tout être "choisit" en fin de compte ce qu'il possédait originellement dans son état d'immuabilité*. La tâche de l'Aspirant est de découvrir ce qui est immuable à l'intérieur de lui-même, de le purifier, puis de l'amplifier. Voilà comment on développe la Volonté. La Volonté est une relation qui suit la connaissance, tandis que la connaissance suit l'objet de la connaissance. Au cours du processus d' "ascension," l'objet de connaissance, c'est VOUS. La Connaissance en elle-même et d'elle-même n'a aucune utilité. Mais VOUS, l'aspirant, vous pouvez donner à la Connaissance ce que vous êtes vraiment, en vous-même, et ainsi vous vous manifesterez VOUS-MEME dans la connaissance par vos actions en harmonie avec votre connaissance.

Comme cela a été dit déjà, il y a beaucoup de Noms de Dieu qui nous mobilisent dans notre état présent. Mais nul n'est obligé de répondre à chacun d'eux. Le fait que les êtres humains ignorent en général leur propre “essence” réelle leur donne un sentiment de liberté. Et le fait est que tous les chemins viennent de Dieu et que tous les chemins mènent à Dieu. Mais ce peut être en contemplant des Faces différentes. Comme le dit le Cheikh: “Vers Allah toutes choses retournent à leur origine, et Il est la fin du chemin. Cependant, l’important est lequel de tous les Noms divins vous allez rencontrer, et suivre pour revenir chez vous”.

Et ceci nous amène à ce que le Cheikh appelle la “perspicacité”. Il s’agit du développement spécial de “l’oeil de la compréhension intérieure” qui “voit ce qui n’est pas visible”, et qui est essentiel pour le Chercheur. Cet oeil, tout comme l’oeil physique, réfracte la lumière du Soleil, peut discerner le petit du grand, le beau du vilain, les couleurs, le mobile de l’immobile, le haut du bas, et a la faculté de voir ce qui n’est pas visible et qui est une propriété de la “lumière intérieure”. Cette lumière révèle au chercheur des choses concernant les objets extérieurs, qui ne peuvent être perçues par les cinq sens. Elle montre à son possesseur qu’un choix qui peut paraître opter pour le bien, suit en fait le Mal. Elle montre qu’un choix qui peut paraître humainement négatif, est en fait un pas difficile vers la félicité de tous. Les Soufis disent que certains individus ont atteint un tel niveau de “vision” que s’ils aperçoivent sur le sol l’empreinte d’une personne, même si cette personne n’est pas présente ils peuvent dire si elle mène une vie de félicité ou de misère.

La lumière de la perspicacité ne semble pas être le lot de tous, et ceux qui l’ont ne la possèdent pas tous au même degré. Il est évident que ceux qui l’ont possèdent une nature immuable d’Etre qui est capable de “voir” ce qui est bien et ce qui est mal. Ils ne voient pas “seulement le bien”. Et donc, ils sont capables de faire la distinction entre une attirance pour le Non-Etre et une attirance pour l’Etre, et de ce fait, ils sont capables de renforcer leur Volonté tout au long du chemin vers l’Etre intrinsèque. Il s’ensuit que les individus qui ne sont pas capables de voir le Bien et le Mal, ou qui choisissent de ne pas voir, entrent dans le moule de la subjectivité, qui est l’expression humaine de l’attirance pour le Non-Etre.

Un être humain dont la nature immuable est d’Etre peut renforcer la lumière de sa perspicacité en “prenant les attributs” des Noms de l’Etre. Cela ne signifie pas qu’une personne en vient à posséder des caractéristiques qu’elle ne possédait pas déjà. Cela signifie que ces caractéristiques sont cultivées et amplifiées. La propriété prédominante d’un individu dépend de la Face de Dieu *qui lui est révélée*; *et cela est déterminé par son niveau de préparation.* La félicité ne peut apparaître que quand le Mal a été rejeté, ce qui ne peut se produire qu'après une longue période de mise à l'épreuve, ou défi de choisir Etre ou Non-Etre après avoir VU, afin de développer la Volonté d'Etre ou l'alignement sur l'Etre, en une rétroaction en boucle. A mesure que le Chercheur parcourt ce chemin, il doit ne pas voir ces attributs comme étant les siens propres, mais se voir plutôt lui-même comme un locus de la manifestation divine d'un attribut ontologique.

Les gens s'imaginent qu'ils croient en Dieu, alors qu'en fait ils croient en la forme prise par le réceptacle. « L'eau prend la couleur de la coupe qui la contient". L'implication profonde de ceci est qu'une personne n'est en déséquilibre que si ses croyances conscientes ne sont pas en conformité avec sa propre nature immuable. Autrement dit, une personne dont la nature intrinsèque est alignée sur l'Etre éprouve déséquilibre, lutte et malaise si elle tente d'assumer des caractéristiques qui ne sont pas en elle. En ce sens, l'observation attentive de l'état physique -et même de l'environnement physique- peut faire office de guide pour savoir si l'être tout entier est en train de s'aligner ou non.

C'est ainsi que différentes voies produisent différents effets sur différents individus, selon leur immuable nature intérieure. Ceux dont la nature intrinsèque est de tendre à l'Etre suivent la voie du développement de la faculté de VOIR et choisissent l'alignement qui offre un potentiel infini de création ; ils deviennent ainsi des canaux d'Etre et c'est ainsi que Dieu choisit de se manifester à travers eux. Alors ils ne voient pas seulement que la limitation est illusion, mais ils AGISSENT consciemment - ils utilisent cette connaissance pour générer de l'énergie et de la lumière.

Ceux dont la nature intrinsèque tend vers le Non-Etre suivent la voie de la limitation de l'Etre Infini en prétendant que dans leur état d'ignorance et de subjectivité, ils savent mieux que Dieu Lui-même comment la Création devrait être arrangée. Ils prient pour du changement. Ils accomplissent des rituels, ils récitent des mantras et répètent sans fin des "formules magiques" supposées "changer" la réalité. Ils bombardent avec de "l'amour et de la lumière" (dans leur version subjective de ces éléments, cela va de soi), et tentent de "réparer" le monde en projetant leur vision subjective de la réalité sur l'infinie sagesse de la Création. Cette "direction d'énergie de conscience" implique la prétention qu'il suffit de "savoir" que "tout est Un" pour pouvoir atteindre les objectifs de l'ascension. Et c'est là le plus subtil de tous les mensonges.

Chaque approche crée un lien dans le coeur du croyant et l'affermit sur un chemin; et l'objet de sa croyance correspond à la fin de son chemin. Toutes les croyances sont équivalentes en ce sens qu'un Dieu – d'une sorte ou d'une autre – est leur objectif ultime. Mais chaque croyance est différente, étant donné que chacune d'entre elles mène vers un différent Nom de Dieu ou Centre de pensée. Même le matérialisme sceptique est une "croyance" et mène à la "matérialisation" de la conscience qui suit cette croyance. Ce qui est plus difficile à discerner ce sont les nombreux chemins "spirituels" enchevêtrés, qui entortillent et déforment les concepts de l'Etre pour égarer le chercheur sur une voie de Non-Etre.

Pour en revenir à l'idée de l'être humain comparé à un système transducteur ayant la possibilité de "régler son objectif", ce qui paraît confirmer cette comparaison est que le processus de l'Ascension commence par le "réglage de l'objectif". Si l'individu "règle son objectif" de manière à apercevoir le champ tout entier des « Centres de Pensée" qui influent sur la Création, il peut ensuite sélectionner ceux qui rehaussent et vivifient la Création et l'Etre: les Centres de Pensée de la Conscience Eveillée. Alors, une boucle de rétroaction sélectionnant ce futur probable sera établie.

L'être peut, en faisant de grands efforts, élargir son "champ de vision" pour arriver à une objectivité de plus en plus grande. Grâce à un champ de vision plus large et plus profond, la conscience des choses qui émanent des Centres de Pensée, est de mieux en mieux focalisée. A mesure que se focalisent les centres de pensée l'individu accroît sa possibilité de discerner quelles impressions émanent des Centres de Pensée de l'Etre ou des Centres de Pensée du Non-Etre. A ce stade, l'individu devient capable de mieux "former" ses émotions et de diriger ses actions de manière à devenir un élément transducteur efficace pour orienter les énergies cosmiques de l'Etre vers cette réalité-ci. C'est là utiliser la connaissance pour générer de l'énergie qui, à son tour, génèrera de la lumière.

A mesure que ce processus se poursuit, à mesure que la boucle de rétroaction est activée entre l'observateur cosmique et les transductions/actions de la créature -l'élément organique, - l'organe transducteur pourrait-on dire- se renforce, et l'échange entre cet organe et l'observateur cosmique s'accélère et s'intensifie. L'organe transducteur agit alors comme un "phare à lanterne chercheuse" dans les niveaux supérieurs de cette énergie du Centre de Pensée choisi - cet "observateur" venu du futur"- "l'oeil" qui est créateur.

Pendant la mise en place de la boucle de rétroaction, l'être humain -en tant que canal de création, en tant que véhicule- devient participant actif à la création de son propre futur par l'action de la plate-forme d'observation et de la portée qu'il acceptera pour réelles: objectives ou subjectives. En outre, comme l'énergie d'un tel être est changée et accrue par le "flux d'énergie cosmique" qui le traverse, comme il perçoit de mieux en mieux les expressions créatrices du potentiel infini et qu'il choisit ceux sur lesquels il souhaite s'aligner, il se co-aligne avec d'autres expressions d'Etre (autres éléments organiques qui peuvent être très différents en composition mais tout aussi conscients du potentiel infini) et acquiert ainsi la faculté d'interagir avec eux d'une manière qui accroît et commue encore davantage l'énergie de transduction.

Ceci peut alors mener à une amplification exponentielle des énergies d'Etre, qui peuvent ensuite entièrement modifier la nature physique de l'élément organique. Tout comme une conduite utilisée pour canaliser de l'eau est mouillée par l'eau qui passe à travers elle, l'être humain qui entreprend le processus d'alignement sur l'Etre se sature des énergies supérieures qui se manifestent à travers lui ou elle.

Ce processus mène à l'infiltration de la nature organique du véhicule qui mène à la transformation, en ce sens qu'il "éveille" la "matière dormante" de l'élément organique et fait de celui-ci un élément à part entière de l'Etre, et il cesse d'être un poids que l'âme doit porter ou combattre. L'énergie du véhicule organique est dès lors disponible *dans les termes décrits dans la célèbre formule d'Einstein*, ce qui peut donner quelqu'indication du potentiel d'un être de cette espèce.

Ainsi que le lecteur peut aisément s'en rendre compte à présent, les enseignements de la cuvée actuelle de gourous "New Age" défendent l'idée que nous pouvons exercer notre volonté et faire entendre notre voix "d'ici bas" vers "là-haut" afin de changer ce qui est en haut, pour faire changer "ce qui est en bas". Ils prétendent que nous pouvons modifier notre vie, notre façon de penser, harmoniser notre cerveau ou "aider notre coeur à s'ouvrir" pour obtenir "harmonie et équilibre" qui nous permettront ensuite de percer des fenêtres dans notre mental, dans notre coeur, dans notre esprit", etc. Ils nous disent que nous pouvons faire cela simplement en adoptant le "point de vue de Dieu" selon lequel "tout est un, tout est amour". Il est dit (et il y a là quelque vérité, je dois l'admettre, puisque la bonne désinformation est toujours enrobée dans de la vérité bien chaude et croustillante) que "sans une unité divine en nous, ces fenêtres d'inspiration nous sont rarement ouvertes". Ce qu'on ne nous DIT PAS c'est que l'escalier qui mène à la Divine Unité d'Etre exige le champ complet de la conscience de ce qui est "Etre" et de ce qui est "Non-Etre", et cela ne peut s'obtenir que *quand on se défait des commandes du Non-Etre* qui font en vérité partie de l'Etre, mais qui cherchent à attirer l'Etre dans un sommeil paradoxal d' "Unification" qui commence souvent par la croyance au mensonge selon lequel "la connaissance protège" simplement parce qu'on l'a.

En fait, bien des "techniques" vendues dans les brillants emballages des "outils d'ascension" produisent des modifications chimiques temporaires qui procurent une sensation de grand bien-être, de la même manière qu'un bon repas apaise temporairement la faim. On se sent réellement bien. Mais tout comme le steak et la salade sont digérés et en grande partie excrétés en quelques heures, et qu'ensuite un autre steak et une autre salade sont nécessaires pour remplir à nouveau l'estomac, de même ces pratiques ne font pas autre chose que perpétuer la "chaîne alimentaire". Et pour garder l'analogie, bien peu de la substance de ces pratiques resteront à l'intérieur de l'individu qui les aura absorbées.

Il faut beaucoup de temps au chercheur, pour réaliser que les techniques qui soulagent les tensions ou produisent une sensation de bien-être ne font rien pour réellement changer la vie ou les "vibrations". Les utilisateurs de ces techniques sont toujours reconnus par le chien du voisin, leur tête grisonne comme celle de tout un chacun, et ils éprouvent toujours les mêmes maladies, douleurs et souffrances que n'importe qui. Le problème est, une fois encore, les idées "de bas en haut" qui ont été utilisées et qui n'ont pour résultat que de faire rester dans un "état médiocre" ou pire, d'attirer plus loin sur la voie du Non-Etre.

Enfin, je veux ajouter ceci: pour ceux qui ont le Non-Etre dans leur nature immuable, cela est naturel et juste. Mais pour les nombreux, très nombreux chercheurs dont l'immuable nature les entraîne vers l'Etre, voilà un terrible piège – l'effet gravitationnel du Centre de Pensée du Non-Etre attirant toute la Création dans le Non-Etre.

Le point de vue naturel de l'élément organique seul -sans aucune connexion avec le soi supérieur- est celui de l'interprétation matérielle et/ou mécanique de tous les phénomènes. Les influences du Centre de Pensée du Non-Etre -source de la matière- ne cessent de s'accentuer au travers de l'influence de milliards d'éléments du même type, en un seul point temporel : le présent.

Le Centre de Pensée du Non-Etre est d'une certaine nature: la subjectivité contractile, qui exerce une attraction plus "gravitationnelle" dans une certaine mesure -le désir d'absorber et d'assimiler les énergies de l'âme de l'Etre - afin de nourrir sa propre nature contractile. Même s'il tend à un champ de conscience panoramique en principe, ce Centre de Pensée du Non-Etre ne peut voir l'Etre que comme un traître à sa propre cause qui est son besoin de ne pas exister. Le résultat en est un individu qui peut clamer que tout est illusion, mais dont les actions –ou plutôt leur absence-trahissent l'état immuable profond de l'Etre. A cause de sa nature intrinsèque, il y a, de la part du Non-Etre, un puissant effort de destruction et d'empêchement de l'Etre et de la Création – alors qu'il est incapable de prendre conscience qu'il ne peut exister qu'en vertu de l'ACTION de l'Etre et de la Création !

Le puissant effort du Centre de Pensée du Non-Etre d'absorber et assimiler toute création, renforcé par sa propre subjectivité contractile, pose certains problèmes à lui-même et à l'Etre. Comme le fondement du Non-Etre est uns CONTRE-VERITE (c'est-à-dire que l'état de non-être absolu auquel il tend est une impossibilité paradoxale) et que le fondement de l'Etre est le fait objectif que l'Existence EST tout simplement en vertu de l'ACTION- ou l'utilisation de la connaissance qui engendre la lumière, le conflit essentiel se passe entre le mensonge et la vérité. Le Centre de Pensée du Non-Etre se fait à lui-même le plus gros mensonge de tous: qu'il n'existe pas, et il s'endort sous ce prétexte. Et à partir de ce point essentiel, nous voyons que la nature de la subjectivité est le mensonge. Mensonge et croyance au mensonge: que celui qui croit soit ou non conscient qu'il croit en un mensonge, le tout possède la même essence - subjectivité et non-être.

Le Centre de Pensée du Non-Etre – dans son expression sous forme de matière – étant "imprégné" de la conscience créatrice AGISSANTE qui le réveille partiellement et l'attire dans la création du monde organique, s'enroule autour de cette conscience éveillée. Sa nature intrinsèque agit "gravitationnellement" sur la conscience, et tord et déforme celle-ci à divers degrés de subjectivité. C'est cette interaction de l'énergie de tout les possibles, vue au travers de la lentille de la subjectivité de la matière, qui produit la myriade de manifestations de l'univers matériel.

Dans le monde du Centre de Pensée du Non-Etre il existe de nombreuses manifestations ou manières de rechercher l'annihilation - les "vils Noms de Dieu". Ces modes agissent de manière gravitationnelle pour forcer, plier et déformer la conscience selon leurs souhaits. Le résultat en est la formation d'éléments de conscience de grande puissance et astuce – bien au-delà de ce qui est imaginable dans notre propre réalité.

Ces éléments de conscience utilisent leurs artifices pour assimiler des éléments de conscience plus faibles, de manière à acquérir davantage de puissance contractile. Il va de soi que plus sont "denses" les éléments de conscience consommés, plus ceux-ci sont "nutritifs". Et donc, grâce à leur grande astuce, ces modes manipulent, méticuleusement et patiemment, les éléments de conscience dont l'assimilation est désirée. C'est là en fait du harcèlement transmillénaire.

Ces Puissances du Service de Soi (SDS), comme on pourrait les appeler en raison de l'étalage de leur subjectivité intensive (sceau de l'influence du Centre de Pensée du Non-Etre) agissent comme des interfaces avec le monde organique à une échelle "géographique". Puisqu'elles ont pour ainsi dire une relation intime avec la matière, la conscience contractile des êtres de ce type peut affecter la "zone d'influence" qu'ils choisissent, comme un "nuage" surplombant, avec des millions de petits filaments de connexion entre lui-même et la zone qu'il couvre. Et cela inclut aussi la matière des corps humains. C'est par l'intermédiaire de ces fibres éthériques que les puissances SDS assimilent l'énergie.

Ces puissances SDS possèdent des sortes d'organes. Tout comme l'apôtre Paul a décrit un groupe de personnes comme étant 'le corps du Christ", les organes des puissances SDS se manifestent comme des êtres individuels, bien que leur connexion directe avec une conscience massive unique fasse d'eux plutôt des "projections" que des individus séparés ayant une âme.

A cause de leur forte tendance à conserver et assimiler l'énergie, ces puissances sont avares de leur essence dotée d'organes. Il semble qu'elles ne gaspillent pas l'énergie en manifestant et en conservant des structures organiques matérielles pour leurs organes, et donc leur physicalité organique assume la configuration de créatures moins complexes dans le monde organique. Plutôt que d'interagir avec une structure organique dans un état dynamique et éveillé, elles exercent un contrôle sur les leurs en utilisant des structures organiques ne dépensant que peu d'énergie. Pour ce faire, elles absorbent de l'énergie pour leurs éléments organiques, puisée dans des groupes de formes archétypales du monde animal. Cette énergie est plus facile d'accès, de fréquence plus basse, et donc plus aisée à contrôler.

Cela semble être la raison pour laquelle, lorsqu'ils sont perçus par des individus du monde de 3e densité, leur apparence est généralement effrayante. Le type reptilien paraît être le plus efficace par rapport à la dépense d'énergie. Souvenez-vous qu'être conscient équivaut à lire des ondes.

Pour la même raison, – la nature contractile de la hiérarchie et sa consommation d'énergie – il est extrêmement difficile pour ces organes appartenant à des puissances SDS de fonctionner activement dans notre monde pendant des périodes prolongées.

Lorsqu'elles entrent dans notre monde en prenant une forme organique de troisième densité, elles sont en position de faiblesse. Elles sont temporairement déconnectées de leur source d'énergie, ce qui les affaiblit, mais elles ont alors encore un autre désavantage. Puisqu'elles ne sont pas intérieurement connectés à une boucle de rétroaction créatrice d'Etre Créateur, leurs propres maîtres SDS les pompent constamment, les attirent en quelque sorte gravitationnellement, les rendant encore plus faibles que les habitants naturels de notre monde. Ce sont ces créatures que l'on appelle extraterrestres, ultraterrestres, ou "hommes en noir". C'est cette grande contrainte exercée sur leurs ressources énergétiques qui rend leur apparence si fréquemment sujette à des anomalies. Il n'y a aucune créativité, et donc aucune possibilité de réussir une intrusion dans notre réalité avec quelque succès convaincant.

C'est pourquoi, ces créatures évitent en général l'interaction directe avec le monde organique, et préfèrent utiliser d'autres méthodes pour guetter et conquérir des éléments faibles afin de "nourrir" le Centre de Pensée du Non-Etre. Dans ce but, les puissances SDS cherchent à établir et préserver "l'induction d'énergie créatrice" au sein de la réalité de troisième densité, en valorisant mensongèrement les interprétations matérielles du monde des phénomènes.

En résumé, ces êtres qui dominent une immense zone géographique s'occupent de manière extrêmement active, dans leur zone d'influence, à égarer et décourager les éléments organiques qui ont des connexions ténues avec l'énergie créatrice -le soi supérieur- à partir d'interprétations menant à la création d'une boucle de rétroaction avec les Centres de Pensée de l'Etre/de la Création.

Comme nous l'avons dit, la nature de ces êtres et la dynamique de leur existence, exigent des apports massifs d'énergie pour leur permettre de "contrôler" et diriger leur propre physicalité organique. Cela est possible au niveau des puissances/sous-éléments du Centre de Pensée de Non-Etre en vertu de l'assimilation intensive d'autres éléments conscients, et tout spécialement en vertu de leur caractère "géographique" qui les rend capables de se connecter à des milliers, voire à des millions d'êtres organiques du monde organique. Voilà en fait, le "Programme de la Matrice".

Cette connexion est naturellement rendue possible grâce à la nature intrinsèque, à laquelle il a été fait allusion plus haut, des éléments organiques qui ne peuvent percevoir que le point de vue du monde organique. C'est-à-dire que des boucles mécaniques et matérielles de rétroaction sont bien plus faciles à créer entre éléments organiques et sous-éléments de Non-Etre, par une sorte d'attraction gravitationnelle exercée par ces sous-éléments sur les propensions naturelles des êtres organiques.

Cela crée les "boucles de rétroaction" décrites plus haut. L'élément organique "contaminé" par la vision matérielle/mécanique, obéit aux ordres de ce Centre de Pensée, ce qui provoque des activités de cette nature dans l'élément organique. Etant donné que n'importe quel sous-élément du Centre de Pensée de Non-Etre peut se connecter à des millions d'éléments organiques de la troisième densité, n'importe lequel d'entre eux peut être activé seul, ou de concert, de manière à exaucer les souhaits des Puissances de 4e densité, sous-éléments du Centre de Pensée de Non-Etre.

Machiavel a observé que la religion et ses enseignements de foi, espoir, charité, amour, humilité et patience dans la souffrance étaient des facteurs qui affaiblissent les hommes et les rendent plus indifférents aux choses et à la politique de ce monde, et donc que le pouvoir politique est accordé à des hommes méchants, qui ne sont pas influencés par de tels idéaux. Bien sûr, le bon truc est de convaincre les gens que la seule chose dont il vaut la peine de se préoccuper c'est l'après-vie, et c'est à cet effet que le christianisme a été formulé. C'est également à cet effet qu'une grande partie des croyances et formules de vérité Nouvel Age ont été mises au point: tout ce qu'il y a à faire c'est méditer ou acquérir connaissance et conscience, ce qui aidera à aimer tout et tous. Rien n'est dit à propos de la lutte quotidienne et de la nécessité d'agir.

Je le répète: si la Vérité au sujet du réel processus d'Ascension n'allait pas à l'encontre des intentions de ceux qui contrôlent notre monde (la Matrice), ceux-ci n'auraient pas fait tant d'efforts pour nous dissimuler ces intentions. Si nous finissons par faire le lien entre ce fait-là et le fait que notre élite gouvernante opère sur les instructions des Contrôleurs, alors nous réaliserons que la pièce qui se joue sur la scène politique est l'ombre des intentions de niveaux supérieurs. Et cela nous fait réaliser que l'opération COINTELPRO au sein du mouvement New Age et du Potentiel Humain en a été le prologue.

L' observation et la recherche montrent que l'humanité est maintenant arrivée à une croisée historique de chemins. Nous arrivons à la fin de deux mille années d'intolérance, de cruauté et de stupidité, qui ont créé notre présent état de folie globale et collective. L'humanité dans son ensemble en est arrivée à un stade de banqueroute ou de "mort" spirituelle. Et cependant, nous ne pouvons pas considérer tout cela comme n'ayant pas de sens. Ceux qui comprennent les principes de l'électricité me comprendront si je dis que l'état global actuel résulte d'un travail normal de la nature et représente l'activation d'une Différence de Potentiel de Contact pour l'afflux d'énergie de Lumière Cosmique. Mais tout comme c'est le cas pour l'individu, quand ce point est atteint – La Nuit Noire de l'Ame – un choix se fait jour: l'âme peut choisir de “monter” ou de “descendre”. Pour que cet afflux d'énergie qui nous vient puisse agir de manière positive, pour pouvoir créer une nouvelle réalité de Libre Arbitre et d'Equilibre, il faut un canal qui puisse conduire l'énergie. Il doit y avoir suffisamment de “puces électroniques” et “circuits” humains pour supporter cette énergie, sinon l'humanité tout entière périra. Cela signifie que seul le développement d'êtres humains d'un certain type -”câblés” d'une certaine manière, pourrions-nous dire- permettra d'obtenir la faculté de résister aux énergies qui se trouvent à la Croisée de ces Chemins.

Le seul autre Tournant de l'Histoire qui pourrait être comparé à celui-ci, est celui du Déluge Universel. C'est ainsi que nous en arrivons à l'idée que la Queste du Sacré Graal et le travail alchimique de distillation de la Pierre Philosophale correspondent aussi à la construction d'une Arche qui permettra d'entrer dans le Monde Nouveau.

A mesure que les choses «arrivent à ébullition» ici sur la Planète Bleue, nous recevons de nombreux messages de personnes demandant : «que faire?».

Nombre de craintes et perturbations anciennes refont surface, avec des envies d' «extraire ses racines» et, pour des raisons d'auto-préservation, de se rendre ici ou là, ou de suivre telle ou telle méthode d'ascension ou recette de réparation de la planète afin que chacun puisse poursuivre son petit bonhomme de chemin ou se pelotonner sous sa couette et continuer à dormir.

Le lecteur qui a parcouru le matériel publié sur notre site web est certainement arrivé à la conclusion que ce que nous disons est bien que «rien n'est comme il semble et ne l'a jamais été» : les apparences sont trompeuses et cela est vrai aussi pour les nombreuses religions et «méthodes d'ascension» proposées au cours des âges.

Mais ce qui manque en fait, c'est un CHEMIN bien défini, qui puisse guider le chercheur dans sa queste de «salut personnel», ou quelle qu'en soit sa propre définition personnelle.

Je me suis efforcée de présenter le CHEMIN, tant dans la série de «*L'Onde*» que dans celle des «*Adventures*», en partageant mes propres expériences et ce que j'ai pu glaner dans mes nombreuses études et recherches, mais certains lecteurs sont découragés par un matériau qui parle de tous les mensonges et duperies que nous avons à affronter dans notre réalité, et ils veulent lire quelque chose de simplement «réconfortant». Ils ne semblent pas réaliser qu'on ne peut pas «trouver de réconfort» tant qu'on a les pieds dans des sables mouvants. C'est vrai que nous vivons dans un monde de mensonges, un monde gouverné par le mensonge et le vol, et que les humains mentent parce qu'il leur est impossible de faire autrement. En l'absence d'un Chemin, s'entend.

En conclusion de notre propre recherche et quête de réponses, de nos vérifications répétées des sources et matériaux, nous en sommes petit à petit venus à l'idée de ce qu'il ne FAUT PAS faire. Mais nous n'avons pas trouvé grand-chose sur ce qu'il FAUT faire.

Les Cassiopéens ont indiqué certaines voies de recherche à suivre, mais comme toujours, nous sommes plus ou moins laissés à nous-mêmes quand il s'agit d'acquérir des connaissances et d'apprendre comment les appliquer - et ce pour une très bonne raison: on ne peut devenir «soi-même dans le futur» si l'on évite de faire les choses qui font du futur ce qu'il est. On peut l'accélérer, on peut l'enjoliver peut-être, mais il ne nous est certes pas offert sur un plateau d'argent. Si c'était le cas, nous nous abstiendrions de faire ce qui est nécessaire, y compris sans doute de créer les contacts et les liens qui «forment le futur».

Parmi les choses que nous avons découvertes grâce à nos efforts il y a un corpus d'enseignements qui non seulement s'adaptent, mais encore développent les Transmissions Cassiopéennes à un degré tel que nous ne pouvons pas croire qu'il s'agit d'une coïncidence. Les travaux en question sont ceux de l'exilé Boris Mouravieff, présentés dans son étude en trois parties et commentaires, intitulée «*Gnosis*». Très peu d'informations sont disponibles sur le contexte de ces documents, tandis que la désinformation va bon train dans d'autres cercles, et il vaut mieux attaquer ces problèmes dès le départ.

Il se fait que pendant nos recherches sur Mouravieff, nous avons découvert qu'il avait été traîné dans la boue par William Patrick Patterson dans son livre «*Talking With The Left Hand*»[55], dans lequel il accuse Mouravieff d'avoir volé ses idées à Gurdjieff. Patterson est l'auteur de quatre ouvrages sur le développement spirituel, qui ont été portés aux nues, et il a longtemps étudié sous la férule de John Pentland, l'homme que Gurdjieff avait choisi pour diriger les travaux ayant pour objet l'action de Gurjieff en Amérique, et éditeur du *Gurdjieff Journal*© , le seul trimestriel

[55] En parlant de la main gauche *(NdT)*

international dédié à l'exploration des «enseignements anciens de la Quatrième voie« formulés et présentés par G.I. Gurdjieff.

Au cas où le lecteur n'aurait pas entendu parler de Gurjieff, je vous donne un petit résumé. Dès ses premières conférences à Moscou et Saint-Pétersbourg en 1912, George Ivanovitch Gurdjieff a attiré l'attention des occultistes et de nombreux aristocrates occidentaux. Ses enseignements (auxquels il est souvent fait allusion comme les «Travaux de Gurdjieff» ou la «Quatrième Voie»), ont été largement répandus grâce aux écrits et conférences de son élève, le fameux mathématicien et journaliste russe Piotr D. Ouspensky, et davantage encore par la suite grâce à Alfred Orage, John G. Bennett, Rodney Collins, et le Dr. Maurice Nicoll.

Gurdjieff lui-même a admis qu'il se basait sur des enseignements «volés» à un large éventail de groupements dont il avait fait la connaissance (entre autres les Yezidis, l'Eglise orthodoxe russe, et les sectes soufies 'Bektashi' et 'Naqshbandi' dans les régions de l'Hindou Kouch et du Pamir) au cours de ses voyages. Une étude approfondie des travaux de Gurdjieff démontre qu'il se livrait manifestement à des expériences basées sur ses propres idées quant à la meilleure façon de réunir les morceaux disparates de ces divers enseignements en un système qui permettrait aux gens de surmonter les «défauts cognitifs» enracinés dans le psychisme, de devenir plus conscients et de pouvoir s'éveiller à la «Conscience Objective» du Moi Supérieur.

Il semble que Gurdjieff ait réalisé qu'il avait entrepris une tâche impossible, car pratiquement tous ses disciples n'entendaient que ce qu'ils voulaient bien entendre. Il ferma alors son école et se contenta de mettre ses idées par écrit sous la forme d'une allégorie: « *Récits de Belzébuth à son Petit-Fils*» (1950), qui comprend et développe aussi d'autres thèmes ésotériques selon ses idées.

Nombreux sont les concepts de Gurdjieff qui ont profondément influencé notre culture actuelle, du fait que beaucoup de ses adeptes étaient des gens célèbres et fortunés qui avaient les moyens de les diffuser parmi les classes aisées. Après sa mort en 1949, L'héritage de Gurdjieff a été disséminé, et la majorité de ses travaux sont arrivés fragmentés aux mains de ce qu'on pourrait appeler des «dominations profanes». L'un des problèmes majeurs provoqués par la fragmentation de l'œuvre de Gurdjieff est que, ce qui semblait être une sincère tentative d'aider l'humanité a été obscurci par la formation de ce qu'il faut bien appeler des «cultes de la personnalité» et tentatives d'identification avec la personne de Gurdjieff, aux dépens de ses idées. Vers la fin de sa vie, Gurdjieff lui-même semble avoir réalisé ce qui allait se produire.

Il est bien connu que des groupes qui étaient des ramifications de l'enseignement de Gurdjieff ont eu recours à toutes sortes de méthodes pour «reprogrammer» leurs membres: isolement, pensée de groupe, structures de pouvoir autoritariste, et autres méthodes psychologiques destinées à démasquer ou briser l'ego. Mais il est clair aussi qu'aucun groupe n'a pu prétendre à «la roue de fromage tout entière» puisque Gurdjieff lui-même avait était curieusement sélectif quant à ce qu'il enseignait et à qui il l'enseignait. Même ceux qui l'ont fréquenté de près ont manifestement mal interprété ce qu'il tentait de transmettre si l'on en croit ses propres affirmations à ce sujet vers la fin de sa vie. Mouravieff a fait le commentaire suivant :

> Ceux qui sont intéressés par l'ésotérisme auront probablement lu le livre de P.D. Ouspensky, publié après la mort de celui-ci et intitulé «*In Search of the Miraculous : Fragments of an Unknown Teaching*»[56]. Les idées exposées dans cet ouvrage avaient été présentées à Ouspensky par Georges Gurdjieff. Gurdjieff indique la base de son enseignement: «pour le profit de ceux qui savent déjà je dirai que ceci est, si l'on veut, du christianisme ésotérique ».

Le livre écrit par Ouspensky - comme l'indique correctement le titre - ne contient que des fragments d'une Tradition qui jusqu'il y a peu, était transmise verbalement seulement. Et seule une étude de la Tradition complète peut donner accès à la Révélation. Le système révélé dans les « fragments » qui forment l'ouvrage d'Ouspensky et les travaux de Gurdjieff, tire son origine des révélations issues de la Grande Fraternité Esotérique à laquelle l'apôtre Paul fait allusion dans sa huitième épître aux Romains :

> 28. Nous savons, du reste, que toutes choses concourent au bien de ceux qui aiment Dieu, de ceux qui sont appelés selon son dessein.
>
> 29. Car ceux qu'il a connus d'avance, il les a aussi prédestinés à être semblables à l'image de son Fils, afin que son Fils fût le premier-né entre PLUSIEURS frères.
>
> 30. Et ceux qu'il a prédestinés, il les a aussi appelés; et ceux qu'il a appelés, il les a aussi justifiés; et ceux qu'il a justifiés, il les a aussi glorifiés. (8 :28-31)

Boris Mouravieff pose la question : Quelle doit être l'attitude des étudiants envers le «phénomène Gurdjieff» et les «Fragments» d'Ouspensky ?

---

[56] *Fragments d'un enseignement inconnu* en français *(NdT)*

Le lecteur attentif trouvera lui-même, sans difficulté, la réponse à cette question dans ce livre : il faut commencer par séparer le message du messager, et il faut chercher le message au-delà du niveau de l'information. Voilà la façon de découvrir et d'éliminer toute erreur. Robin Amis, l'éditeur anglais de la traduction de l'ouvrage de Mouravieff nous dit :

> Sous la forme d'un mythe bien connu en Orient, nous sommes informés qu'il existe une race de «Cygnes royaux». La fable ajoute que si nous plaçons devant l'un d'eux une coupe contenant du lait mêlé d'eau, il séparera le lait et le boira, ne laissant que l'eau. Voilà comment doit agir l'étudiant.
>
> Saint-Grégoire Palamas de Thessalonique a dit la même chose dans sa première Triade : « quant à ceux qu'ils nomment «théologiens» ou «instructeurs» et qui se croient capables d'emprunter leurs termes de théologie, est-ce que cela vaut même la peine de les mentionner ? Devons-nous nous tenir à l'écart de « la lumière qui illumine tout homme qui vient au monde» et nous attendre à être envahis par les terribles ombres de l'ignorance, sous le prétexte que, tout comme les serpents sont utiles, ceci pourrait nous être utile aussi ? Car la chair du serpent ne nous est utile que s'il a été tué, coupé en morceaux et utilisé raisonnablement comme un remède à ses propres morsures. Ceux qui en tuent de la sorte tournent contre eux-mêmes une partie du serpent, tout comme s'ils avaient tué avec sa propre épée un nouveau Goliath qui aurait pris les armes, les auraient tournées contre nous, et qui aurait maudit l'armée du Dieu vivant - quelqu'un enfin éduqué aux choses divines par des pécheurs et des illettrés. »

Le fait est que Gurdjieff a rencontré d'énormes difficultés quand il a tenté de faire des expériences d'éveil de l'humanité. Ainsi que nous l'avons déjà dit, c'était une mission impossible. Cependant, ce que lui-même et ses successeurs sont parvenus à faire c'est tailler un chemin à la machette dans la jungle des mensonges et de la désinformation. Il n'est pas nécessaire que ses successeurs insistent sur le fait que cette piste étroite est tout ce qu'il y a, et qu'il n'y a rien d'autre. Mais il est logique de vouloir élargir ce sentier, franchir la grille qui apparaît à la fin du chemin, et découvrir ce qu'il y a de l'autre côté. Un adepte de Mouravieff demandait:

> Pourquoi Gurdjieff a-t-il tu ses sources ? Pourquoi a-t-il gardé le silence à ce sujet, sauf en de rares circonstances, comme cette rencontre avec Mouravieff au Café de la Paix: «Je trouve le système à la base de la doctrine chrétienne. Qu'en dites-vous ? [demanda Mouravieff à Gurdjieff] -- C'est l'ABC » me répondit Gurdjieff. « Mais ils ne comprennent pas cela ! [réponse à la

critique de William Patrick Patterson dans son livre «*Taking with the left hand*» par un adepte de Boris Mouravieff].

Dans son livre *Struggle of the Magicians*, Patterson a inséré des citations à la première page:

> Le Mage est le degré le plus élevé auquel l'homme peut approcher Dieu - G.I. Gurdjieff
>
> Toast à Gurdjieff : Que Dieu vous donne la force et le mâle courage d'endurer votre hautaine solitude - Rachmilevitch
>
> Gurdjieff est une sorte de dieu ambulant - un dieu planétaire ou même solaire - A.R. Orage

En réponse à ces idées, manifestement chères à plus d'un disciple de Gurdjieff, y compris Patterson, permettez-moi de souligner que Gurdjieff n'a jamais accompli la transmutation. Il est mort comme n'importe qui.

Etant donné que, selon la rumeur populaire, plusieurs autres «chercheurs» auraient transité sans passer par la mort (tels Flamel et Fulcanelli), nous pourrions penser que les seules parties de l'œuvre de Gurdjieff à devoir nous intéresser seraient celles qui élucident l'œuvre des maîtres confirmés. Et de fait, Mouravieff a offert de nombreux indices qui sont autant d'ajouts significatifs au corpus des connaissances alchimiques.

L'œuvre de Mouravieff est extraordinaire de clarté et complète vraiment ce qui a été commencé par Gurdjieff, expliquant ce que Gurdjieff n'a jamais expliqué, ou s'il l'a fait, ceux à qui il a expliqué n'ont pas compris ou bien l'ont gardé secret de manière à pouvoir en distribuer des fragments parcimonieux à ceux qu'ils en trouvaient dignes (ou qui avaient assez d'argent pour payer).

Nous voudrions souligner ici que l'œuvre de Mouravieff est un pont obligé entre les œuvres de Gurdjieff, d'Ibn al Arabi, de Carlos Castañeda, le supposé ésotérisme chrétien, l'hermétisme/alchimie, et les Transmissions cassiopéennes. Notons que les Cassiopéens («nous dans le futur») ont affirmé l'existence et le travail d'un homme autour duquel la légende de Jésus s'est formée (bien qu'ils nous aient dit que l'histoire racontée dans la Bible, et supposée être historique, n'est qu'un mythe), et ici nous trouvons un corpus d'enseignements qui donnent du corps à cette opinion, ainsi que des informations supplémentaires qui éclairent les nombreux indices offerts par les Cassiopéens.

Ceci nous ramène à la question de ce que nous sommes supposés FAIRE de nos jours et à notre époque qui devient de plus en plus effrayante de minute en minute. Quand nous en étions nous-mêmes à ce stade, nous demandant où nous devions agir et comment, nous avons été très surpris de la réponse des Cassiopéens: ils ont affirmé que toute cette panique pour trouver «des endroits sûrs» n'était que «vision en 3D» et que la seule chose qui compte est :

« Qui vous êtes et CE QUE VOUS VOYEZ ».

VOIR = perspicacité. Et ce que l'on voit, combiné avec qui l'on est détermine ce que l'on FAIT. Et voilà un autre point important :

> Cassiopéens : Attention à la désinformation. Elle détourne l'attention de la réalité, ce qui vous laisse offerts à la capture, à la conquête, et même peut-être à la destruction. La désinformation provient de sources qui paraissent fiables. Il est extrêmement important de ne pas amasser de fausses connaissances, ce qui est plus dangereux que pas de connaissances du tout. Souvenez-vous : la connaissance protège, l'ignorance met en péril. [...] Souvenez-vous: la désinformation est très efficace lorsqu'elle est transmise par des sources bien entraînées, car des techniques d'hypnose et transdimensionnelles sont utilisées, induisant des anomalies électroniques qui suivent la suggestion, et provoquant la perception d'une confirmation.

Dans les chapitre qui suivent, nous aurons recours à de nombreuses citations de Mouravieff, y compris les introductions, mais souvent en ayant recours à des «termes modernes» par endroits, ou des termes qui rendront les extraits plus compréhensibles pour ceux qui n'ont pas approfondi de telles études. Nous espérons que ces extraits encourageront les lecteurs à lire les œuvres de Gurdjieff, d'Ouspensky et de Mouravieff. Robin Amis nous donne un petit aperçu de la Tradition :

> La trilogie de Mouravieff, *Gnôsis*, est une tentative faite pour retrouver et décrire en termes compréhensibles pour l'homme moderne, une Tradition particulière transmise au fil des siècles, en ligne parfois brisée, mais qui existe encore de nos jours dans l'Eglise orthodoxe d'Orient. On pourrait dire que cette Tradition est l'équivalent chrétien du Yoga, du Zen, et des autres traditions intérieures des religions et disciplines d'Extrême Orient, qui ont toutes existé comme des spécialisations au sein de la religion dont elles font partie.
>
> Il ne s'agit pas d'un système ou d'une invention dû à un seul homme: cette Tradition plonge ses racines très loin dans l'histoire du christianisme dont les origines se trouvent dans certaines affirmations de St. Paul, et peut-être même du Christ lui-même. Son développement peut être perçu d'abord dans les figures formatrices des premières Eglises, et elle se rapporte clairement

aux doctrines exprimées dans les textes-clés de la spiritualité orientale, comme par exemple la Philokalie[57].

Elle se réfère manifestement à la tradition orale connue sous le nom de «Voie royale» qui survit encore de nos jours dans les grands centres monastiques de l'Eglise d'Orient. Mais elle ne prétend pas être l'œuvre de la théologie orthodoxe, et ne prétend pas non plus réinterpréter la doctrine orthodoxe.

Mouravieff admet que la survivance de cette tradition à l'intérieur de l'Eglise est ténue, que la doctrine ne paraît pas survivre complètement, ou bien n'a pas été recueillie complètement. Les moines du Mont Athos admettent l'existence de la Tradition, mais ils disent qu'elle n'a jamais été complètement mise par écrit. L'importance de l'œuvre de Mouravieff est l'effort qu'il a fait pour rassembler les informations dispersées et pour les rendre accessibles de manière pratique.

Quelles sont les sources des connaissances de Mouravieff ? Il est clair que son texte contient des connaissances d'un ordre élevé.

Il existe diverses manières de vérifier l'exactitude d'un texte, et ceux de Mouravieff résistent à toutes les méthodes de vérification et de contrôle. Tout d'abord, ils correspondent à la tradition orthodoxe telle qu'exprimée par ceux qui connaissent encore la Voie Royale. Ils évoquent la confirmation de l'inspiration décrite dans la septième lettre de Platon. Ils prédisent, dans ce qui paraît être une pure théorie, les réels événements de la vie dans l'étude *Gnosis*. Ils résistent au test de la mise en pratique, et ce faisant ils restent intérieurement logiques les uns par rapport aux autres. Quand ils introduisent des idées provenant d'autres Traditions, comme le concept du karma, ils le font de manière telle que lorsqu'ils sont bien compris, ils restent dans la ligne de la doctrine générale à un degré de précision égal à celui des sciences extérieures matures.

Ceux qui peuvent faire la différence entre les divers niveaux de connaissances trouveront en Mouravieff un trésor quasiment inépuisable de connaissances qui peuvent mener à une authentique transformation spirituelle. Mais il faut d'abord travailler pour pouvoir arriver à ce discernement. Sans lui, vous serez non seulement incapables de faire la différence entre la Gnose et ses imitations, mais l'œuvre de Mouravieff ne laissera rien filtrer vers vous de sa gnose.

L'idée d'ésotérisme est souvent mal comprise. On peut en trouver un indice dans l'Evangile de Saint Jean : «Moi, je suis le cep, vous, les sarments. Celui qui demeure en moi, et moi en lui, celui-

[57] Amour de la Beauté (NdT)

là porte beaucoup de fruits; car, séparés de moi, vous ne pouvez rien faire»[58]

Le mot traduit par «séparés» - en grec : « choris » - signifie manifestement «hors». Cela signifie qu'en ce temps-là existaient des connaissances intérieures basées sur l'acceptation d'une connaissance traditionnelle, la gnose, confirmée ensuite expérimentalement par des techniques d'observation intérieure, et des connaissances purement extérieures basées sur l'observation par les sens ordinaires.

Constantin Cavarnos a confirmé qu'il existe un christianisme exotérique et un christianisme ésotérique:

« La première sorte de philosophie, la philosophie extérieure, comprend pour eux la philosophie grecque ancienne et la philosophie païenne des premiers siècles chrétiens. La deuxième sorte, la « philosophie intérieure », est identique à la [vraie] religion chrétienne ». [The Hellenic Christian Philosophical Tradition, Institute for Byzantine and Modern Greek Studies, Belmont, MA, 1989. p. 109, cité par Robin Amis dans son introduction à *Gnosis II* de Mouravieff].

Au fil des ans, cet ésotérisme a formé une Tradition, une science, ou une discipline de connaissance qui peut avoir existé avant le temps du Christ, mais qui, depuis lors, a totalement été assimilée à la signification intérieure du christianisme. Boris Mouravieff dit que «dans l'Antiquité cette Tradition n'était révélée dans les Mystères que sous le sceau du secret absolu ».

Sous l'influence de ceux qui se sont qualifiés eux-mêmes d'initiés de la Tradition, comme René Guénon et Schwaller de Lubicz, Mouravieff a malheureusement adopté et inclus de nombreux enseignements erronés dans son «commentaire social», dans les trois volumes de *Gnosis*. Parmi ces erreurs il y a l'idée que, selon lui, cette Tradition est passée de l'Egypte à la Judée, et ainsi au christianisme - du moins par l'Egypte comme nous la voyons aujourd'hui. Ce qui est clair c'est que la Vraie Tradition des mystères éleusiniens se trouve derrière le christianisme, et c'est la Tradition égyptienne et popularisée par Schwaller de Lubicz et d'autres occultistes occidentaux qui est à la base d'un faux enseignement qui a corrompu et déformé l'œuvre de l'homme que nous connaissons sous le nom de Jésus. Ce n'est que récemment, à la lumière de nombreuses nouvelles recherches, y compris celles de Picknett et Price dans *The Stargate Conspiracy*, que nous pouvons enfin commencer à séparer les brins de ce fil et comprendre. Donc,

[58] Jean 15 :5 *(NdT)*

même l'œuvre de Mouravieff doit être «séparée» comme le lait de l'eau.

En ce qui concerne l'erreur de compréhension du christianisme ésotérique en termes de religion égyptienne, dans l'abrégé exhaustif de Manly Hall, *The Secret Teachings of All Ages*, nous trouvons mention du fait que Saint Irénée se plaignait des efforts faits pour comparer le christianisme à la religion des Egyptiens qui parlaient de la mort et de la résurrection d'Osiris et Horus. Irénée avait encore d'autres choses intéressantes à dire à ce sujet, ainsi que le souligne Hall :

> Selon les idées populaires, Jésus a été crucifié pendant la trente-troisième année de sa vie, et dans la troisième année de son ministère, après son baptême. Vers l'an 180 de l'ère chrétienne, Saint Irénée, évêque de Lyon, un des théologiens les plus éminents d'avant Nicée, écrivit contre les hérésies, et attaqua les doctrines des gnostiques. Dans son ouvrage, Irénée déclare, sur l'autorité des apôtres eux-mêmes, que Jésus a vécu jusqu'à un âge avancé. Pour le citer:
>
> «Eux, cependant qu'ils puissent établir leur fausse opinion concernant ce qui est écrit, maintiennent qu'Il a prêché pendant une année seulement, puis qu'Il a souffert le douzième mois. [En parlant ainsi] ils oublient leur propre désavantage en détruisant tout Son ouvrage et en Lui dérobant cet âge qui est à la fois plus nécessaire et plus honorable que tout autre, cet âge plus avancé, je veux dire, pendant lequel il a dépassé tous les autres en tant qu'instructeur. Car comment aurait-Il pu avoir Ses disciples s'Il n'avait pas enseigné? Et comment pourrait-Il avoir enseigné s'Il n'avait pas atteint l'âge de la Maîtrise ?
>
> Car quand Il en vint à être baptisé, Il n'avait pas encore terminé Sa trentième année, mais la commençait seulement, et d'après ces hommes, Il a prêché une année seulement à compter de Son baptême. A la fin de Sa trentième année Il a souffert, alors qu'il était encore un homme jeune, qui n'avait aucunement atteint un âge avancé.
>
> Maintenant, que la première étape de la jeunesse comprenne trente années, et qu'elle s'étende jusqu'à la quarantième année, tout le monde l'admettra ; mais à partir de la quarantième et de la cinquantième année, l'homme commence à décliner vers la vieillesse, ce que Notre Seigneur en est venu à posséder alors qu'Il remplissait encore la fonction d'Instructeur, comme en attestent même l'Evangile et tous les Anciens: ceux qui étaient au courant en Asie, avec Jean, le disciple du Seigneur, affirment que Jean leur avait transmis cette information. Et il est resté parmi eux jusqu'au temps de Trajan.

> Certains d'entre eux, en outre, n'ont pas seulement vu Jean, mais aussi les autres apôtres, et ils en ont entendu le même récit, et portent témoignage de la validité de cette affirmation. Qui devons-nous croire par la suite? De tels hommes ou bien Ptolémée qui n'a jamais vu les apôtres, et qui jamais, même en songe, n'a eu en lui la moindre parcelle d'un apôtre ?

Manifestement, cet « évangile » dont parle Irénée, qui atteste que Jésus n'a pas souffert et expiré sur la croix, a disparu ! Mais dans son commentaire du passage qui précède, le théologien Geoffrey Higgins fait remarquer qu'il a heureusement échappé aux mains de ces destructeurs qui se sont efforcés de rendre consistants les récits des Evangiles en supprimant toutes les affirmations de ce genre. Il note également que la doctrine de la crucifixion a toujours été une *vexata questio* parmi les Chrétiens et ce dès le deuxième siècle de l'ère chrétienne. « La preuve donnée par Irénée ne peut être mise en question » dit-il. Selon tout principe de saine critique et d'après la doctrine des probabilités, elle est inattaquable ». [Anacalypsis, Godfrey Higgins, London, 1836, cité par Manly P. Hall].

En ce qui concerne les commentaires d'Irénée, nous observons qu'il faisait retomber le blâme de la corruption de l'œuvre de Jésus sur les gnostiques. Ce qui paraît plausible au vu des révélations de la tradition intérieure du christianisme ésotérique est qu'Irénée, et d'autres, ont complètement mal interprété les enseignements de la métaphore de la crucifixion qui, cela est clair, est une allégorie alchimique.

Néanmoins, à mesure que les années ont passé cette «incompréhension» est devenue la base même du christianisme et ceux qui ont noté sa ressemblance avec la religion égyptienne et d'autres mythes d'un dieu passé par la mort ont adopté la transmission par l'Egypte ancienne comme nous la comprenons de nos jours.

L'engouement pour tout ce qui vient d'Egypte date de Schwaller de Lubicz qui s'était installé dans ce pays en 1938 et qui pendant quinze années à partir de cette date, a étudié le symbolisme des temples, et en particulier celui de Louqsor. Il a trouvé ce qu'il a considéré comme la preuve que les anciens Egyptiens étaient les exemples suprêmes de la Synarchie, car ils étaient régis par un groupe d'élite d'initiés. Il a omis de souligner que la civilisation égyptienne est restée statique et limitée. En outre, elle s'est repliée sur elle-même et n'est jamais parvenue à produire aucun ouvrage important au profit de l'humanité, comme Otto Neugebauer l'a montré de façon concluante dans son livre «*The Exact Sciences in*

Antiquity », dont nous citerons les preuves plus loin dans le présent volume.

Le penseur à l'esprit ouvert devrait en fait considérer les « mystères » d'Egypte comme une évidence du fait qu'ils étaient si ignorants qu'ils ont consacré d'énormes quantités d'énergie à leur culte des morts. Tout le « jeu » égyptien est focalisé sur la préservation de la chair morte en vue d'une réanimation dans un autre monde futur. Le fait même que les égyptologues puissent déterrer des nombres aussi impressionnants de momies constitue la preuve la plus évidente que les croyances égyptiennes étaient un pur non-sens. Dès lors, dans cette optique il est certain que le christianisme tel que nous le connaissons a en effet adopté la religion égyptienne et ses croyances en une résurrection physique.

Tout le problème de cette excitation autour de la civilisation égyptienne résulte de la croyance qu'ils possédaient des pouvoirs mystérieux parce qu'ils ont bâti des pyramides, ce dont nous ne sommes pas capables. Et il n'est jamais venu à l'idée de personne que l'existence des pyramides en conjonction avec le culte d'un groupe d'élite d'êtres humains alors que tout le monde courait en pagne et suait sous un soleil de plomb pourrait suggérer une relation entre les deux . Le fait est que la civilisation égyptienne paraît avoir été le meilleur exemple d'un fossé abyssal entre les possédants et les dépossédés, et qu'ils sont parvenus à conserver cette situation pendant plus longtemps que n'importe qui d'autre.

L'œuvre de Schwaller de Lubicz, nous met sous les yeux un des meilleurs exemples de la façon subtile dont les sociétés occultes négatives attaquent, par l'association et la corruption, ceux qui veulent apporter la lumière. La tactique est de trouver un moyen d'allier subtilement leur message à une certaine quantité de vérité, de manière à engendrer la confusion dans les esprits non-entraînés qui se contentent de l'évidence de surface pour accepter comme complémentaires ces messages en fait contraires, du moins en intention.

Les occultistes négatifs qui défendent le nouveau Système de Contrôle empruntent toutes leurs composantes à la vérité, et procèdent par la méthode d'imitation. Ils singent littéralement l'expression des enseignements positifs, et ce d'autant plus soigneusement qu'ils veulent être pris pour ceux qui disent la vérité, alors qu'ils transmettent des messages corrompus.

C'est ainsi que Mouravieff sous l'influence des synarchistes de son époque, a introduit certaines de leurs idées dans sa propre synthèse de la Tradition authentique: il a introduit l'idée que la

Tradition a passé d'Egypte à la Judée par l'intermédiaire de Moïse. En ce qui concerne ses sources, Robin Amis explique :

> Mouravieff nous dit que ses commentaires sont tirés directement de la Tradition chrétienne orientale: les textes sacrés, les commentaires écrits à propos de ces textes, et spécialement ceux sur la Philokalie qui est, avant tout, le même enseignement, la même discipline, transmis par des individus dûment autorisés.
>
> L'examen attentif et la comparaison de l'œuvre de Mouravieff avec celles d'Ouspensky et de Gurdjieff montrent le caractère incomplet de cette dernière, ainsi que les déviances par rapport à la doctrine ancienne.
>
> Le Christ a affirmé catégoriquement que l'entrée dans le Royaume de Dieu est refusée à ceux qui ne sont pas passés par une renaissance. Cette seconde naissance est le but et l'objet du travail ésotérique.
>
> La majorité des écrits philokaliens sont destinés à des gens qui avaient déjà une certaine expérience des études ésotériques. En fait, on pourrait dire la même chose à propos des Evangiles, malgré les déformations et corruptions qu'ils ont subies. L'évêque Théophane, dans sa préface à la Philokalie, insiste sur le fait que sans aide, personne n'est capable de pénétrer la doctrine. Voilà pourquoi la science ésotérique conserve et cultive une Tradition orale qui donne vie à la lettre. L'orthodoxie orientale a su conserver intacte cette Tradition en appliquant la règle absolue de l'Hermétisme dans chaque cas particulier. De génération en génération, depuis le temps des Apôtres, elle a mené ses disciples vers l'expérience mystique.
>
> Si l'hermétisme a constitué une sécurité pendant près de vingt siècles, il faut dire qu'à présent les circonstances sont différentes. A ce moment-ci de l'Histoire, comme au temps de la Venue du Christ, le voile a été levé en partie. C'est pourquoi, pour ceux qui désirent davantage qu'une connaissance livresque (qui ne dépasse jamais le domaine de l'information), pour ceux qui aspirent intensément à trouver le vrai sens de la vie, pour ceux qui veulent connaître la signification de la mission de ceux qui travaillent dans les vignes du Seigneur au temps des vendanges, il existe une possibilité d'initiation à la Sagesse divine mystérieuse et cachée.
>
> Mouravieff a fait remarquer que tout enseignement ésotérique sérieux, comme toute éducation ordinaire, est pratiquement uniforme.
>
> Il est généralement accepté que personne ne peut accéder à l'enseignement secondaire avant d'avoir terminé le cycle d'enseignement primaire. Personne ne peut non plus être admis

dans une université sans avoir suivi le cycle d'enseignement secondaire. Ces degrés font une sélection «automatique» de ceux qui sont capables de devenir des membres actifs de l'élite culturelle de la société.

Exactement la même chose est vraie en ce qui concerne la Tradition ésotérique.

Cependant, dans notre monde moderne, nous rencontrons un phénomène curieux. Par exemple : il ne nous viendrait pas à l'idée de discuter le théorème binomial de Newton sans avoir étudié l'algèbre, car sans cela toute opinion que nous pourrions exprimer sur le sujet serait sans valeur aucune. Néanmoins, dans le domaine ésotérique, un tas «d'experts» expriment leurs opinions sur l'ésotérisme sans avoir jamais étudié ne seraient-ce que les rudiments de cette connaissance.

Simultanément, certains d'entre eux exigent une «simplicité» des enseignements ésotériques, au nom du principe généralement admis que la Vérité doit être simple. Ils en concluent que l'accès à cette Vérité doit être simple lui aussi. Et ils affirment donc que les méthodes d'accès à la Vérité doivent être aisément assimilables.

Cet argument serait parfaitement correct si les humains et les problèmes auxquels ils sont confrontés étaient simples et justes. Mais ce n'est pas le cas. La route est longue depuis notre état de désordre et de déformation intérieurs jusqu'à une «simplicité originelle».

En pratique, la doctrine de la simplicité (si on la regarde comme un axiome) détourne l'aspirant du portail et du chemin étroits qui mènent à la Vie. Mû par cette contre-vérité, il est convaincu qu'il se trouve devant ce portail, alors qu'en réalité (et bien qu'en toute bonne foi) il parcourt la large voie qui mène à la perdition, *ad majorem diaboli gloriam*, bien sûr.

La doctrine de la Simplicité, correcte en soi mais mal interprétée, devient un piège pour les cœurs et les esprits déjà trop corrompus. C'est un danger qui devrait être reconnu et évité.

Certains se plaignent que le sujet des bases du mysticisme n'est pas simple. D'autres ont dit qu'il mène à une grande clarté. Cette apparente contradiction s'explique par le fait que l'ésotérisme s'adresse aux lecteurs prédisposés à la culture ésotérique, par leur propre nature, formation ou expérience personnelle.

Jésus a dit: «Méfiez-vous des faux prophètes qui viennent à vous revêtus d'une peau de mouton alors qu'à l'intérieur ils sont des loups affamés». Et Il a ajouté : « vous les reconnaîtrez à leurs fruits ».

Il est difficile, sinon impossible, à une personne ésotériquement non évoluée, de discerner par elle-même les faux prophètes. Elle les reconnaîtra plus aisément à leurs «fruits» en observant les résultats de leur ouvrage, qui sont autant de signes. La Tradition contient et enseigne toute une Science des Signes.

Jésus a aussi dit : «Les tentations (pièges, chausse-trappes destinés à faire tomber dans le péché) viendront sans aucun doute, mais malheur à celui par qui elles arrivent! Il vaudrait mieux pour lui de pendre une meule de pierre à son cou et se précipiter dans la mer que de provoquer le péché par le biais de pièges … »

Cet avertissement est perturbant, mais sa valeur est réelle. Un voleur peut emporter nos richesses: un «loup affamé» peut nous priver du salut.

Que des «loups affamés» nous apparaîtront sous l'apparence de moutons, nous l'apprenons du texte qui suit, bien rédigé pour nous effrayer :

« Ce n'est pas celui qui me dit : 'Seigneur, Seigneur', qui entrera dans le Royaume céleste, mais bien celui qui accomplit la volonté de mon Père qui est dans les Cieux. Nombreux seront ceux qui me diront en ce jour : 'Seigneur, Seigneur, n'avons-nous pas prophétisé en Ton Nom? Et en Ton Nom n'avons-nous pas chassé les démons? Et en Ton Nom n'avons-nous pas accompli de grandes choses?' Alors je leur déclarerai : je ne vous connais pas, éloignez-vous de moi, vous qui travaillez dans l'iniquité»

Le fait est qu'aucune prophétie accomplie, aucun miracle accompli ne nous prémunit des «loups affamés».

Et à notre époque : «Il y aura de faux Christs, et de faux prophètes, et il y aura de grands signes et choses étonnantes; tellement que, si cela était possible, ils tromperaient les Elus eux-mêmes ».

Notre époque est une époque de transition. Nous sommes au cœur de cette période, qui doit être relativement courte. Tous les signes montrent que les conditions nécessaires de la Fin sont en train d'émerger devant nos yeux.

Comme l'a exprimé Boris Mouravieff dans sa présentation de l'Antique Science de l'Ascension, seuls des humains à la volonté de fer, guidés par une conscience supérieure ou noétique, entreront dans des Cieux Nouveaux et une Terre Nouvelle, littéralement. L'ère qui s'approche a deux faces: l'une du Paradis retrouvé, l'autre d'un Déluge de Feu. Nous pouvons choisir quelle Face nous choisissons de contempler.

Mouravieff a dit que la direction que l'humanité choisira dépendra de l'attitude de l'homme contemporain. Il ne suffit pas de répéter: «Seigneur, Seigneur!» pour pouvoir entrer dans l'Arche et avoir accès au Nouveau Monde. Tout dépend des œuvres accomplies par chacun: les efforts consciemment consentis pendant cette période même. Et il ne s'agit pas seulement d'efforts consentis dans une seule direction, mais bien d'efforts très spécifiques destinés à atteindre un état de «levain vivant».

> Le «levain» représente un groupe numériquement petit, et même infinitésimalement petit, invisible à l'œil nu dans une vaste et grouillante population globale, mais dont les effets et l'influence atteindra les endroits les plus reculés du monde. Une Révélation Divine n'est pas statique. Les temps sont venus où, dans le domaine de l'ésotérisme, la recherche pour soi tout seul et la poursuite du salut individuel doit cesser.

Comme le dit Mouravieff, toute période constitue une «ambiance» qui recèle en elle-même la solution aux problèmes qui lui sont spécifiques. L'Homme doit choisir sa réponse selon le niveau de sa compréhension et de son Etat. C'est ainsi que l'ambiance qui règne à cette période-ci, à la fin d'une Epoque, ouvre à l'Homme des possibilités sur tous les plans. Elle éliminera également les possibilités qui appartiennent à la période précédente.

En ce point-ci de l'Histoire nous observons une montée d'intérêt pour l'ésotérisme, intérêt qui inclut, comme cela est habituel pendant de telles périodes, la diffusion de nombreux faux enseignements et d'habile désinformation. En même temps, l'aspirant se voir proposer des données qui lui permettent de franchir la «porte étroite». C'est à chaque individu de comprendre la signification de ce qui est offert ici, et de se mettre à l'ouvrage. En cette période, nous avons besoin d'autant de travailleurs que possible, de la même manière que de nombreux médecins sont nécessaires sur le champ de bataille. Après tout, un médecin ne sert pas à grand-chose dans une société où les gens jouissent d'une excellente santé.

De nos jours, et dans un avenir pas très éloigné, des Instructeurs Esotériquement Développés seront demandés dans toutes les branches de l'activité humaine. C'est le but de la Quantum Future School d'aider à satisfaire ce besoin d'enseignements qui pourront aider les individus dans leurs processus spirituels personnels, et les prépareront au temps où il sera fait appel à leurs services de Médecins de l'Esprit.

Pour en revenir au processus: aidée par les transmissions cassiopéennes de «moi-même dans le futur» à éviter les pièges de l'amnésie émotionnelle, je me suis mise à rassembler des données. Je ne savais pas du tout lesquelles de ces données se révéleraient importantes, et dès le début les Cassiopéens ont insisté sur le fait qu'il valait mieux ne RIEN supposer et se contenter de rassembler et trier, et voir ensuite quel motif émergerait du processus de tri. Cela a été un peu comme la préparation à la mise en place d'un grand puzzle très compliqué. On commence à faire des tas de pièces classées par couleurs. En même temps, si on trouve des pièces qui constituent manifestement des éléments de bordure, on les met sur un tas différent. De temps en temps, pendant qu'on trie, un heureux hasard permet d'assembler deux pièces, et celles-ci sont mises sur des sous-tas. Quand ce processus est terminé, on le recommence d'une manière plus affinée et précise.

Mais le problème avec le Graal c'est qu'il présente des complications. C'est comme si quelqu'un avait caché plus de la moitié des pièces du puzzle. Nous aurons donc les plus grandes difficultés à trouver toutes les pièces des contours, et même si nous parvenons à assembler correctement les pièces dont nous disposons, nous ne saurons peut-être pas vraiment quelle image il représente. Ajoutons à cela que quelqu'un peut venir laisser tomber quelques pièces étrangères au puzzle sur les petits tas...

Oui, c'est aussi terrible que cela, et peut-être même pire.

Comme le lecteur aura pu le deviner après avoir réfléchi au problème de «l'assemblage du puzzle», le processus d'assemblage et de tri des pièces, la découverte des détails, peuvent être longs et ennuyeux, mais les conclusions auxquelles est arrivée l'auteur sont rien moins que bouleversantes.

Si quelqu'un affirme pouvoir trouver TOUT le contour et TOUTES les étapes à suivre pour résoudre un problème aussi complexe que celui du Graal, alors c'est que cette personne est complètement ignare sur ce sujet !

Bien sûr, généralement parlant la Queste du Graal est toujours personnelle, et toute personne qui se sent assez inspirée peut l'entreprendre. Mais dans mon cas, je n'étais pas vraiment partie à la recherche du Saint Graal en soi. J'aspirais simplement à trouver la Vérité, la plus pure et la plus objective possible. Après des années de recherche et de tri des pièces du puzzle, j'ai commencé à réaliser que tout devenait dense à mesure que l'on commençait à tourner autour du problème du Graal. Ce n'est pas seulement un symbole perdu dans une histoire qui parle de chevaliers partis en queste, et de leurs performances et exploits! A un moment j'ai réalisé que c'est là en fait le Secret des Secrets; le Grand Destin; la gnose des moyens permettant d'unir Science, Philosophie et Religion, ainsi que l'Esprit, la Matière et le Temps.

J'ai mis longtemps à réaliser cela parce que ma nature est fondamentalement sceptique. Je suis constitutionnellement incapable de prendre n'importe qui au mot, juste comme cela: il me faut tout examiner par moi-même. Si dans un livre une source est citée, il me faut lire la source d'où la citation est tirée. Si cette source cite quelqu'un d'autre, je suis poussée à trouver l'original. Et si enfin je trouve l'inventeur d'une idée, je suis poussée à étudier la vie et les méthodes de cette personne et à découvrir, si possible, les observations qui l'ont menée à une conclusion particulière. Tout cela prend du temps et est fastidieux, aucun doute. Mais c'est la seule méthode qui me satisfasse. Et, à la longue, elle a sans aucun doute porté des fruits. J'ai depuis longtemps rejeté comme inutiles de nombreuses idées et enseignements acceptés sans critique par certains chercheurs, après les avoir étudiés en profondeur et découvert qu'ils sont bâtis sur le mensonge et la tromperie.

Le scepticisme et la faculté de ne pas se laisser berner sont importants. Mais le scepticisme peut aussi se révéler mesquin. Il est facile de tout rejeter; et certains érudits adoptent cette approche. Mais une meilleure approche est de ne rien considérer comme absurde au départ, et de passer le temps qu'il faut à examiner toute idée minutieusement et de près. Si on jette sans discrimination des pièces du puzzle on ne pourra jamais le terminer! Mais quand on trouve un défaut, même tout petit, et qu'il est indubitablement reconnu comme tel, il faut être préparé à supprimer cette idée sans hésiter et à passer à une autre.

> "Une formation scientifique n'empêche pas que les sens puissent nous tromper, mais un bon scientifique n'accepte pas les impressions que lui transmettent ses sens. ***Il les utilise comme point de départ,*** puis il vérifie et revérifie. Il recherche de nouvelles preuves, et de la consistance dans ses mesures. **Le scientifique est différent des autres personnes en ce sens qu'il sait combien facilement il peut être dupé, et il adopte des procédures pour compenser cela.**" [59]

Donc, dans chaque petit tas de pièces du puzzle, on prend une pièce de départ et on essaie d'y adapter d'autres, une à une. Mais comme je l'ai fait remarquer, il se peut que la "pièce de départ" ait été jetée dans le tas pour nous égarer, et qu'elle ne s'adaptera jamais à aucune autre! Réaliser cela peut prendre beaucoup de temps. Nombreux sont ceux qui ne le réalisent jamais. Ils rabotent une

---

[59] Muller, Richard, *Nemesis (1988)* Univ of Arizona Press

pièce ici, ils en rabotent d'autres là, et ils s'efforcent de les ajuster les unes aux autres! Et bien sûr, après avoir fait cela, ils trouvent des pièces qui s'ajustent; et ils chantent victoire et disent qu'ils ont résolu le problème, sans se rendre compte que la "clé de voûte" qu'ils ont utilisée a décentré toutes les pièces adjacentes, et donc que l'objet principal a été manqué... Et la VRAIE clé de voûte est rejetée comme n'appartenant pas au puzzle...

CHAPITRE II
LA CHIMIE DE L'ALCHIMIE

LE LANGAGE DES DIEUX

Je dois vous avertir: Il vaut mieux pas de connaissances du tout que de fausses connaissances. Pourquoi cela?

Parce que c'est le PROCESSUS de la Queste du Saint Graal, qui est la FONCTION de "distillation de la Pierre Philosophale":

> ...Ce sont ces calembours, ces jeux de mots associés ou non aux rébus, qui servaient aux initiés de truchement pour leurs entretiens verbaux. Dans les ouvrages acroamatiques, on réservait les anagrammes, tantôt pour en déguiser le titre et en soustraire au profane la pensée directrice. C'est le cas en particulier, d'un petit livre très curieux et si habilement *fermé* qu'il est impossible de savoir quel en est le sujet. On l'attribue à Tiphaigne de la Roche, et il porte ce titre singulier *Amilec ou la graines d'hommes*[60]. C'est un assemblage de l'anagramme et du calembour. Il faut lire *Alcmie ou la crème d'Aum*. Les néophytes apprendront que c'est là un véritable traité d'alchimie, parce que l'on écrivait, au XIIIe siècle, *alkimie, alkemie, alkmie*; que le point de science révélé par l'auteur se rapporte à l'extraction de l'esprit enclos dans la matière première, ou *vierge philosophique*, qui porte le même signe que la Vierge céleste, le monogramme AUM ; qu'enfin cette extraction doit se faire par un procédé analogue à celui qui permet de séparer la *crème du lait...* En ôtant le voile du titre qu'il recouvre, on voit combien celui-ci est suggestif, puisqu'il annonce la divulgation du moyen secret, propre à l'obtention de cette *crème du lait de vierge*, que peu de chercheurs ont eu le bonheur de posséder [61]

Ce texte alambiqué nous révèle qu'il est CRUCIAL de faire la distinction entre les pièces que nous "acceptons" pour pièces du puzzle et celles que nous n'acceptons pas pour pièces du puzzle, et l'un ou l'autre choix déterminera si oui ou non "la crème sera séparée du lait". Si nous nous contentons de lait plutôt que de crème, alors le processus est compromis dès le départ.

---

[60] Ce petit ouvrage in-16, fort bien écrit, mais qui ne porte ni lieu d'édition, ni nom d'éditeur, fut publié vers 1753.

[61] Fulcanelli, *Demeures philosophales*, op. cit.

Je vais vous expliquer cela en termes de physiologie, de manière à me faire bien comprendre de toute personne moderne.

La première chose que le chercheur doit prendre en considération est la nature de son Etre. Il doit comprendre dès le départ que la maxime hermétique "Tout ce qui est en haut est comme ce qui est en bas" a des applications directes dans sa vie physique/matérielle. Chacun naît avec certaines caractéristiques, talents et avantages (ou absence de ceux-ci) qu'il peut OU NON faire se concrétiser au cours de son existence. Il en va de même pour une personne née avec des dispositions à un développement spirituel/ésotérique. C'est-à-dire que la conscience s'incarne naturellement dans une structure physique qui non seulement est adaptée à ses besoins, mais aussi à ses potentialités. Je vous donne quelques exemples qui pourront clarifier ce que je veux dire.

Il y a quelques années, j'ai lu un article à propos d'une étude sur la maladie d'Alzheimer, pour laquelle étude une congrégation de nonnes avaient accepté de servir de cobayes pendant leur vie entière et même après leur mort, car l'analyse devait se poursuivre ensuite sur leur cerveau. Eh bien, qu'est-ce que les chercheurs ont trouvé? Ils ont trouvé que certaines de ces nonnes dont le cerveau était littéralement de la "bouillie d'Alzheimer" n'en avaient jamais présenté le moindre symptôme au cours de leur vie. Pourquoi? Parce qu'elles avaient été éduquées à rester actives dans leur vie de travail et de spiritualité, avaient peu regardé la télévision, et s'étaient donné en permanence des objectifs d'éducation qui avaient élargi leurs connaissances, et ce même à un âge avancé! Autrement dit, elles n'avaient jamais cessé de penser, d'étudier, et de faire travailler leur esprit!

Une autre étude sur l'Alzheimer est également intéressante: elle a démontré que les personnes qui ont "un faible quotient d'utilisation de mots" étaient enclines à manifester plus tôt des symptômes d'Alzheimer. Les personnes qui avaient très peu utilisé leur mental et n'avaient donc pas de "pensées profondes", qui étaient en effet peu profondes elles-mêmes, et basaient leur vie exclusivement sur une "foi", étaient plus enclines à contracter la maladie d'Alzheimer.

Dès lors, si l'étude, le travail sur des concepts difficiles, l'extension continuelle des connaissances et de la conscience, peuvent avoir de tels effets, on peut supposer que tout cela altère l'équilibre chimique des hormones et/ou neurotransmetteurs, et donc stimule ou ralentit le fonctionnement des gènes!

Il a souvent été observé que seulement 2% de notre ADN servent à coder les protéines qui entrent dans la composition de notre corps: le reste est considéré comme inutile. Il existe des théories expliquant ce fait, y compris celle du "Gène égoïste" qui postulent que les êtres humains ne sont que des constructions élaborées par l'ADN dans le seul but de la propagation de celui-ci!

Autre constatation: nous semblons n'utiliser que 5% des capacités de notre cerveau, et de nombreuses théories en expliquent également les raisons. Je voudrais suggérer qu'il y a un lien entre tout cela.

Au cours de mes plus de 30 années de recherches dans les domaines du paranormal, des phénomènes psy, des "Forteana"[62] et de l'esprit humain, j'ai souvent observé des connexions étranges. L'une d'elles qui s'est reproduite moultes fois est celle qui lie les phénomènes psy et la génétique. Très souvent, une personne qui a des "pouvoirs étranges" fait remarquer que "Oh! j'ai hérité la clairvoyance de ma tante, ou de ma grand'mère, ou de ma mère, ou de mon oncle, ou de qui sais-je encore".

Ensuite, il y a le lien étrange entre système endocrinien et phénomènes psy. De nombreuses études sérieuses sur les phénomènes de type "poltergeist" mentionnent que ceux-ci sont très souvent, sinon toujours, liés à la présence, soit d'un enfant pubère soit d'une femme "fluctuant, sexuellement parlant" (et ceci inclut les femmes en phase de ménopause).

Autre chose étrange: les nombreuses observations de phénomènes psy à la suite d'un traumatisme sévère à la tête, ou d'un violent choc électrique.

Et puis il y a les yogis et les saints, ainsi que des adeptes de diverses religions "de la nature" qui, à la suite de certaines pratiques extatiques, démontrent l'existence d'une influence sur le courant électrique qui parcourt l'intérieur du corps, ainsi que sur les éléments chimiques, y compris les hormones et neurotransmetteurs, et qui peuvent léviter, guérir, bi-loquer, faire se manifester des apparitions que tout le monde peut voir, augmenter la température interne de leur corps, faire ralentir leur rythme cardiaque, ralentir ou arrêter les fonctions autonomes, etc.

Les hormones et le courant électrique peuvent altérer l'ADN en affectant la perméabilité des membranes neurales ou en modifiant l'équilibre ou la composition des neurotransmetteurs, "activant" ou "désactivant" ainsi l'ADN.

Il est devenu clair pour moi après toutes ces années d'étude que les phénomènes psy, que ce soit sous forme de guérison ou de manifestation matérielle ou de bi-location, etc. n'ont pratiquement RIEN à voir avec l'état spirituel de celui ou celle qui les manifeste.

---

[62] v. Charles Fort *(NdT)*

J'ai connu une famille dont la lignée pouvait "arrêter les flux de sang", d'un simple effleurement de la main; et cependant, pratiquement tous les membres de cette famille étaient des alcooliques profonds, de mœurs douteuses, agressifs envers leurs partenaires et leurs enfants, enfin des gens que l'on pourrait qualifier d'éthiquement déficients. Quoi qu'il en soit, certains membres de cette lignée possédaient cet intéressant "pouvoir" et les voisins et amis ont plus d'une fois fait appel à eux pour sauver des vies (à certaines occasions il a fallu les extraire du bar où ils étaient affalés, ivres morts!)

Nous avons donc ici une série de facteurs étranges qui semblent indiquer que l'ADN est bien plus intéressant et mystérieux que nous ne l'aurions supposé! D'une part nous avons des "pouvoirs" transmis naturellement, et d'autre part, nous avons des gens qui peuvent s'adonner à des activités qui changent temporairement ou définitivement quelque chose dans leur propre physiologie -et les résultats apparents en sont des phénomènes psy.

Tout cela indique que notre ADN pourrait être l'interface entre le monde éthérique et le monde physique, ce qui laisse entendre que la découverte d'un moyen de produire des "suppresseurs géniques-leurres" par l'intermédiaire de certains produits chimiques ou énergies dans le corps serait fondamentale dans le domaine de la perception. Que devons-nous en penser? Nous avons donc vraisemblablement cette grande quantité d'ADN dont on sait peu de chose et qui peut avoir ces effets; autrement dit, nous avons en nous des potentiels cachés, et c'est le processus de la Queste qui peut les "déclencher" selon l'approche que nous adoptons: la "foi", ou ce que Fulcanelli nomme: "penser au marteau". C'est le processus qui permet de séparer la crème du lait, le processus "qui libère la lumière contenue dans les ténèbres". Et c'est ici que les choses se corsent.

phosphore

ANALOGIE AVEC LA PHYSIOLOGIE DU CERVEAU

La meilleure manière d'expliquer ce problème est de faire comprendre le processus des ligands qui relient entre eux les récepteurs. Le cerveau humain est probablement la structure la plus complexe existant dans l'univers; en un sens, c'est un univers en soi. A la naissance, le cerveau d'un bébé contient à peu près 100 milliards de cellules nerveuses ou neurones. Ce chiffre est comparable au nombre des étoiles qui font partie de la Voie Lactée, ceci pour vous donner une petite idée de quoi nous parlons.

Pensez un peu à l'énorme potentiel électrique qu'un tel chiffre implique!

Cependant, ce n'est pas sur ce chiffre que nous devons nous concentrer pour le moment, mais bien sur ce que ces neurones font concrètement dans le microcosme de notre tête.

A la différence des cellules de notre corps en général, comme les cellules de notre estomac ou de notre pancréas ou de la graisse dans nos "poignées d'amour", les neurones entretiennent constamment des conversations complexes les uns avec les autres. Chaque neurone possède, en moyenne, plusieurs milliers de points de contact avec d'autres cellules. Certains neurones ont jusqu'à 200.000 connexions.

C'est à la terminaison de l'axone que l'impulsion électrique est convertie en un produit chimique, le neurotransmetteur, qui "inonde" en quelque sorte la zone entourant les "récepteurs" ou dendrites du neurone adjacent. Ce qui est important ici, c'est que le neurone récepteur a de nombreuses petites fibres destinées à la réception des signaux des neurotransmetteurs, MAIS il peut entrer en communication avec littéralement des milliers d'autres neurones. Alors, comment choisit-il celui qu'il va "écouter"? Et en quoi cela est-il important?

C'est ici que cela devient intéressant. Au début du XXe siècle, on a réalisé qu'un médicament ou une drogue est actif dans le corps probablement parce qu'il "s'attache" à quelque chose dans ce corps. Les chercheurs ont décidé d'appeler "récepteurs" ces points d'attache. Personne ne savait réellement comment fonctionnait cette "attache", ni pourquoi elle provoquait toute une cascade de modifications dans le corps, mais voilà, c'était comme ça. On ingère un produit, et toutes sortes de choses se produisent ensuite dans le cerveau et/ou en d'autres endroits du corps. On sait à présent, après de longues années de recherche, que le récepteur n'est en fait qu'une simple molécule! C'est à la fois simple et compliqué. Vous savez que, par définition, une molécule est la plus petite partie possible d'une substance, qui permette encore d'identifier cette substance comme telle. Pour mieux comprendre cela, jetons un coup d'œil aux bases scientifiques derrière cet effet.

LES LIAISONS

Une molécule est composée d'atomes. Les atomes semblent former entre eux des liaisons selon certaines règles. Ces règles concernent le nombre d'électrons se trouvant dans la "coque" contenant le plus d'énergie au sein de cet atome particulier. Un

Atome est ce qu'il est en vertu du nombre d'électrons qu'il a, et ces électrons sont arrangés en "ensembles", comme les orbites des planètes autour du soleil. Mais ici il n'est pas question de corps planétaires sphériques, mais plutôt de "nuages" d'énergie. Les "coques" sont particulièrement stables, de sorte que les atomes semblent "aimer" se disposer de manière à remplir leur coque extérieure. Les électrons sont de deux sortes: ceux que l'on pourrait qualifier "d'en haut" et ceux "d'en bas"; les électrons d'en haut s'apparient avec des électrons d'en bas. Ceci se rapporte à l'état de "spin" (ou tournoiement) de l'atome. Et d'après le nombre d'électrons qu'il y a dans la "coque" de l'atome, et selon le nombre qu'il "voudrait" avoir dans sa "coque", il peut se lier avec un ou plusieurs autres atomes.

En biologie, l'atome le plus important est celui du carbone. Lorsque le carbone se lie, Linus Pauling a montré que le résultat est absolument symétrique. C'est-à-dire que les quatre liens s'alignent sur les coins d'un tétraèdre régulier. Il a été déduit qu'outre le fait que l'atome "veut" que sa coque soit pleine, les électrons "veulent" se trouver aussi éloignés que possible les uns des autres, dans cet état de "lien". Les atomes de carbone sont très "heureux" de pouvoir former des liaisons avec d'autres atomes de carbone. C'est la base de la fameuse structure en forme d'anneau du benzène. L'anneau de benzène constitue une forme moléculaire particulièrement stable parce que les angles naturels formés par les quatre liens périphériques de carbone s'adaptent confortablement à une structure à six côtés: l'HEXAGONE!

Les hydrates de carbone, sont un groupe de substances basées sur la structure de l'anneau de benzène. Dans les hydrates de carbone, la plupart des atomes de carbone sont liés à deux autres atomes de carbone, mais leurs deux autres liens sont utilisés pour former des combinaisons avec d'autres atomes ou groupes: OH d'un côté et H de l'autre côté. Ensemble, s'il n'y avait pas le carbone au milieu, OH et H formeraient H2O, c'est-à-dire de l'eau. Dès lors, le terme hydrate de carbone signifie littéralement "carbone hydraté".

Les simples hydrates de carbones ou "carbones hydratés" sont appelés sucres. Si ce sucre est constitué d'un système à un anneau, il s'agit d'un monosaccharide. S'il a une structure à deux anneaux, ce sera un disaccharide. Les sucres plus complexes sont des polysaccharides. Le glucose est un monosaccharide. Le maltose est un disaccharide. Une chaîne d'unités de glucose peut être combinée de manière à former un polysaccharide nommé amidon. Une disposition légèrement différente donne une substance biologique familière: la cellulose.

Dans ce cas-ci, il y a six atomes de carbone dans le monosaccharide de base. Mais certains monosaccharides ne contiennent que cinq atomes de carbone, dont quatre sont liés à un atome d'oxygène ayant la forme d'un anneau à cinq côtés. Le cinquième atome de carbone fait partie d'un groupe latéral: le CH2OH. Ces composés sont des pentoses. L'un d'eux est exactement comme le glucose, sauf qu'il lui manque un atome de carbone, et son groupe latéral est appelé ribose. Un autre est semblable au ribose, sauf que l'un de ses groupes OH a perdu son atome d'oxygène, ce qui laisse seulement le lien CH, et il est nommé déoxy-ribose, ce qui signifie "ribose ayant perdu de l'oxygène".

Dans l'explication des liaisons, je vous demande de noter l'importance de ces nombres et de ces formes géométriques, tout en gardant à l'esprit tous les "termes mystiques" du monde de la métaphysique, et qui semblent souvent n'avoir pas beaucoup de sens. Et à présent, regardons ces choses de plus près. Nous constatons alors que ces nombres pourraient avoir une signification profonde, mais pas dans le sens rituélique ou magique. Nous commençons à entrevoir que peut-être tous les mythes et prétendus "secrets" qui sont enveloppés des voiles épais de l'analogie et de l'allégorie, pourraient être de la science réelle. Comme le dit Jessie Weston, il se peut que nous nous trouvions devant les "disjecta membra d'une civilisation disparue". Et même, s'il ne s'agit pas d'informations brouillées laissées par des peuples anciens techniquement plus avancés que nous, il pourrait s'agir d'informations en provenance de "sources supérieures" véridiques, dissimulées dans l'allusion et le mystère. Il se pourrait que tout le "folklore magique" qui nous a été transmis soit simplement la mythisation d'importantes informations scientifiques. Et si c'est le cas, il nous faut enlever toutes les couches de rituels, superstitions religieuses, "bazar incantatoire", aller droit au but, et découvrir la réalité de cette "science de l'âme".

LES RÉCEPTEURS

Ce qui est important ici, c'est que les molécules résultant des liaisons entre ces éléments chimiques ont une FORME particulière. Les liaisons du carbone sont extrêmement souples et flexibles, et peuvent se courber, s'enchevêtrer, de plier en avant ou en arrière, et *revêtir des formes très particulières*. Cette possibilité de se courber et de s'enchevêtrer peut mettre en contact différents atomes d'un groupe latéral en contact avec d'autres, créant ainsi des opportunités de liaisons complexes. L'angle naturel entre les liaisons de carbone rend aussi très favorable la forme d'anneau du benzène, et dans une longue chaîne carbonique ce même angle naturel peut faire en sorte que la chaîne s'enroule sur elle-même. Dans ce cas, cependant, les atomes de carbone ne sont pas assemblés de manière à fermer l'anneau, mais peuvent allonger la chaîne de polymères comme les anneaux d'un serpent.

Pour en revenir aux récepteurs des molécules simples des cellules, nous pouvons comprendre des principes de liaison que ces récepteurs ont des formes très particulières — ainsi que des "coques aspirant à être remplies" - qui définissent précisément quelle autre molécule sera attirée vers elles pour former une liaison. Nous pouvons comprendre qu'il y a des forces atomiques qui font qu'une molécule est attirée vers une autre. Les molécules réceptrices des cellules réagissent à ces énergies en "se tortillant, oscillant, vibrant, et même bourdonnant, à mesure qu'elles passent d'une forme "souhaitée" à l'autre. Les récepteurs sont attachés à la cellule et flottent à sa surface, comme une fleur de lotus sur la surface d'un étang, et des radicelles s'allongent à l'intérieur de la cellule.

Il y existe de nombreux types de récepteurs à la surface de la cellule, et s'ils avaient des codes de couleurs, la surface de la cellule ressemblerait à une mosaïque exubérante en au moins 70 couleurs. Le nombre des "carreaux" composant la mosaïque est stupéfiant: 50,000 d'une sorte, 10,000 d'une autre sorte, 100,000 d'une autre sorte encore, etc., etc. Un seul neurone peut avoir des millions de récepteurs à sa surface.

Une autre analogie intéressante utilisée par les scientifiques pour décrire neurones et récepteurs, est qu'ils ressemblent à des arbres en bourgeons. En fait, la correspondance visuelle est tellement frappante que parmi les termes utilisés par les scientifiques pour la croissance des neurones on trouve des "ramifications" et des "arborescences". Pour rester dans cette analogie, l'écorce du tronc correspond à la membrane de la cellule neuronale, la "peau" de la cellule. Mais à l'inverse de l'écorce d'un arbre, qui est dure et statique, la membrane de la cellule est une barrière grasse et souple qui enclôt la cellule et en fait une entité.

Arbre de Vie? Cela dit-il quelque chose à quelqu'un?

LES LIANTS (OU LIGANDS)

Et que font ces récepteurs? Nous savons déjà qu'ils attirent d'autres molécules et réagissent aux forces atomiques/chimiques de différentes sortes de liens, mais ce qui est important c'est que les récepteurs fonctionnent comme des molécules sensorielles – des scanners – tout comme nos yeux, nos oreilles, notre nez, notre langue, nos doigts ou notre peau sont les organes sensoriels de notre corps. Les récepteurs, eux, agissent au niveau cellulaire. Ils couvrent les membranes de nos cellules, captent et transportent les informations à partir de leur environnement qui consiste en une réalité inondée par d'autres acides aminés qui vibrent et passent dans les environs, et diffusent ces informations par l'intermédiaire des fluides qui entourent chaque cellule. Les chercheurs décrivent les récepteurs comme des "trous de serrure", bien que ces trous de serrure soient en perpétuel mouvement, dansant sur un rythme vibratoire. Les trous de serrure attendent les clés chimiques qui leur correspondent: les liants, qui nagent vers eux dans le liquide extracellulaire et s'y adaptent; le processus s'appelle " liaison".

Lorsque le ligand – la clé chimique – se lie au récepteur, s'y adaptant comme une clé dans une serrure, il provoque une réaction de réarrangement, un changement de forme, jusqu'à ce que L'INFORMATION soit entrée dans la cellule.

Dans un certain sens, le ligand est l'équivalent cellulaire du phallus! Ligand vient du latin "ligare," qui signifie "lier". Le même mot est à la racine de "religion." Curieux. Non?

Une description plus dynamique de ce processus miniature pourrait être celle de "fréquences". Le ligand et le récepteur combinent leurs fréquences identiques -— disons qu'ils frappent la même note – ce qui produit une vibration assez forte qui fait, disons, résonner la sonnette de la porte d'entrée, ce qui provoque l'ouverture de la porte de la cellule; il y a ensuite une espèce d'échange de potentiels atomiques, qui constitue l'information qui est envoyée vers la cellule. Ce qui se produit ensuite est absolument surprenant. Le récepteur qui a reçu un message, transmet celui-ci de la surface de la cellule vers l'intérieur de celle-ci, où le message peut changer spectaculairement l'état de cette même cellule. Une réaction en chaîne d'événements biochimiques est enclenchée: de minuscules appareils cellulaires entrent en action et, selon le message transmis par le ligand, déclenchent toutes sortes d'activités: fabrication de nouvelles protéines, prise de décision concernant une division cellulaire, ouverture ou fermeture de canaux pour les ions, ajout ou élimination de groupes de produits énergétiques comme les phosphates, pour n'en nommer que quelques unes.

En résumé, tout ce que fait une cellule déterminée à un moment donné dépend des récepteurs qui se trouvent à sa surface, et de l'occupation ou non de ces récepteurs par des ligands. Sur une plus grande échelle, ces tout petits phénomènes physiologiques qui se passent au niveau de la cellule peuvent se traduire par des changements majeurs dans le comportement, l'activité physique, l'humeur et les FACULTES.

Donc, en résumé: à mesure que les ligands glissent dans le courant de fluide qui entoure chaque cellule, seuls les ligands qui ont des molécules d'une forme très précise peuvent se lier à une sorte particulière de récepteurs. Le processus de liaison est très sélectif et spécifique! Les chercheurs dans ce domaine disent qu'une liaison résulte de la spécificité du récepteur, ce qui veut dire que le récepteur n'accepte que le ligand particulier qui lui est adapté. Autrement dit, la cellule est le moteur qui fait fonctionner toute vie, et les récepteurs sont les boutons du tableau de commandes de ce moteur. Les liants et d'autres neurotransmetteurs connus sous le nom de peptides, sont les doigts qui poussent les boutons. Le "bourdonnement musical" des récepteurs en train d'opérer une liaison avec leurs nombreux ligands (souvent dans des endroits reculés de l'organisme) provoque une intégration de la structure et de la fonction, qui permet à l'organisme de fonctionner convenablement, en accord avec les fonctions des ligands spécifiques en train de former des liaisons.

Appliquons à présent à ces idées, notre principe "tout ce qui est en haut est comme ce qui est en bas". Les informations que nous recevons dans notre organisme dans son ensemble -— notre interaction avec notre environnement – paraissent fonctionner exactement sur le même principe. L'information qui "entre" dans la "cellule" de notre esprit-corps agit sur nous de la même manière que le ligand agit sur une cellule quand il se lie avec un récepteur. Le mental – notre récepteur spirituel – ayant reçu ces informations, les transmet ensuite au plus profond de notre conscience, où le message peut modifier spectaculairement l'état de cette conscience. Une réaction en chaîne d'événements psycho--spirituels se déclenche à mesure que la conscience se réaligne en fonction des informations reçues. Ce réalignement affecte ensuite le Soi tout entier, la réalité, et tous les supports de conscience impliqués. En bref, l'Etre, l'Essence, est déterminé par l'état de conscience, qui est fonction de la Connaissance, et qui dépend donc de "ligands" – ou éléments d'information – liés à l'esprit. Et tout comme les ligands peuvent produire des cascades d'événements cellulaires ayant des effets à grande portée, des changements peuvent aussi se produire dans l'Etre, car un accroissement de conscience peut déclencher des changements majeurs dans notre réalité - le "corps" dans un sens élargi, dans lequel nous existons comme une "cellule" de Tout de qui Est.

LES DROGUES DE L'ESPRIT

Souvenez-vous de notre point de départ: des chimistes ont émis l'idée que les drogues agissent dans notre corps en s'attachant à quelque chose dans ce même corps. Et à présent nous savons qu'il existe des récepteurs et que ceux-ci accueillent les produits chimiques fabriqués par le corps lui-même. Ligands, peptides, neurotransmetteurs, hormones, etc., sont produits dans le corps et PAR le corps en plusieurs étapes qui impliquent des processus très complexes.

Et nous voici arrivés à la partie DANGEREUSE.

Il existe des produits chimiques, tant naturels que synthétiques, qui sont suffisamment similaires aux ligands produits par le corps que pour se lier avec des récepteurs sans produire tous les résultats attendus quand le corps produit ses propres ligands en suivant les étapes naturelles. Par exemple, le récepteur d'opiacés, peut non seulement recevoir les endorphines du corps, mais également se lier avec la morphine ou l'héroïne. Le récepteur du Valium peut s'attacher non seulement à des peptides produits par le corps et semblables au Valium, mais également au Valium lui-même.

Souvenez-vous qu'aucune drogue ne peut agir si elle n'est pas "ancrée". Cela signifie que si une drogue agit, c'est parce qu'il y a un récepteur qui y correspond dans le corps. Cela suggère que le récepteur est là parce qu'il se lie avec un ligand produit par le corps lui-même, ce qui nous fait conclure que le corps peut produire ses propres drogues, et stimuler sa propre guérison, dans des circonstances appropriées.

Regardons les choses différemment: quand nous observons des drogues qui affectent le comportement, telles l'héroïne, la marijuana, le Librium, l'"angel dust," le PCP, etc., qui provoquent des changements immédiats dans les états émotionnels, nous pouvons soupçonner que ces drogues doivent également pouvoir se lier, car il existe des récepteurs pour des substances de ce genre dans notre corps. Le LSD et d'autres hallucinogènes, qui provoquent des modifications de la cognition, doivent certainement le faire parce qu'il y a sans doute des récepteurs spécifiques pour cela; et cela suggère, une fois encore, que de tels produits chimiques doivent aussi, dans des circonstances appropriées, être produits par le corps lui-même. Cela nous fait penser qu'il doit y avoir des étapes naturelles ou des processus naturels suivis par ces produits chimiques. Et nous voilà devant un problème très important, où nous pouvons une fois encore adopter l'approche "tout ce qui est en haut est comme tout ce qui est en bas" pour comprendre notre propre nature.

ALCOOL ET CAFÉINE

L'alcool est partout. Des dizaines de millions d'êtres humains ont fait et font l'expérience des conséquences de l'alcoolisme: depuis la diminution des performances dans le travail jusqu'à la destruction du foie, ou à la maltraitance du conjoint et des enfants, ou jusqu'à l'anéantissement des concepts sociaux et des contraintes, ou jusqu'au proverbial clochard à la recherche de son pinard quotidien.

Et ça c'est seulement pour l'alcool. Nous ne nous occupons pas des statistiques concernant d'autres drogues. Ce serait fastidieux et sans objet. C'est seulement pour l'idée.

L'alcool et les autres drogues peuvent faire ce qu'ils font dans notre système parce qu'ils sont "fixés" : ce sont des ligands synthétiques; ils se lient à nos récepteurs et produisent ces effets d'une multitude de façons.

Pour avoir une idée de la façon dont fonctionnent ces faux ligands, examinons le cas de la caféine. A mesure que nos neurones traitent les informations, ils produisent des déchets cellulaires, et parmi ceux-ci des molécules d'adénosine. L'adénosine est un ligand qui se lie avec le récepteur de l'adénosine et envoie au plus profond de la cellule, le message qu'il est temps de dormir. On pourrait dire que l'adénosine est une sorte de "système d'alarme" qui contribue à l'équilibre du corps. Comme la production d'adénosine se poursuit tout au long de la journée, au titre de sous-produit de l'activité cérébrale, de plus en plus d'adénosine est produite, qui se lie avec de plus en plus de récepteurs, qui envoient des messages de sommeil de plus en plus nombreux à de plus en plus de cellules. Et petit à petit, l'activité des cellules de notre cerveau se ralentit, jusqu'à ce que nous ne puissions plus résister au sommeil. Nous ne pouvons littéralement plus rester conscients. Nous bâillons, nos yeux larmoient et se ferment; et nous avons envie de nous blottir dans notre lit et d'éteindre les lumières. Ou bien, nous prenons un espresso bien serré.

Il se fait que la molécule de caféine a la "forme" qui convient au récepteur d'adénosine. Elle saute et se lie. Mais, au lieu de faire ce que fait l'adénosine, elle envoie un message différent, ou du moins empêche la vraie adénosine d'envoyer le message d'endormissement. Elle interrompt donc le signal naturel de sommeil, et permet une importante accumulation de déchets cellulaires, ce qui provoque un état d'intoxication chez l'individu, et qui peut éventuellement mettre en péril la santé.

En général, cela semble être la pire action de la caféine: elle bloque simplement l'action du ligand adénosine qui envoie les messages d'endormissement. De nombreuses personnes ont été effrayées quand des recherches incomplètes ont montré que la caféine faisait des choses extrêmement dangereuses, mais d'autres études ont montré que toutes les conséquences découlent seulement de l'interruption du cycle du sommeil et du cycle sérotonine-mélatonine.

Ce qui est important ici, c'est la comparaison avec l'information qui est acceptée ou non par le chercheur. Ce que nous observons dans l'exemple de la caféine "imitant" l'adénosine, c'est que le ligand naturel paraît avoir certaines propriétés extrêmement subtiles, qui sont transmises à l'intérieur de la cellule, et que l'adénosine peut bloquer ce message en occupant le récepteur, ou bien peut envoyer un message contradictoire. A cause de la précision de la molécule, l'effet est plus important que celui du "quasi"-ligand caféine.

Si nous envisageons les informations comme des ligands, nous voyons qu'accepter pour vrai quelque chose qui ne l'est pas ne bloque pas seulement notre faculté de recevoir les vrais messages envoyés par ce qui EST vrai, mais peut aussi envoyer des messages contradictoires. Les expériences spirituelles qui sont induites rituellement, chimiquement, ou techniquement depuis "l'ici-bas" afin de changer l'état spirituel de "là-haut", fonctionnent exactement de cette manière. Il semble que ce que nous acceptons et ce que nous n'acceptons pas pour vrai affecte notre esprit et notre état de conscience, sans compter notre potentiel d'Ascension de l'âme. Nous pourrions même comparer certaines croyances du genre "tout est amour et lumière" à l'action de la caféine: elles empêchent le système naturel d'avertissement de prévenir l'esprit qu'il doit s'écarter de certaines choses et permettre un "nettoyage". Au fil du temps, ceci peut provoquer de sérieux dommages dans l'esprit, et même, semble-t-il, le faire tomber en fin de compte dans le Non-Etre. Il y a cependant un problème plus sérieux encore à considérer: l'assuétude.

CENTRES DE PLAISIR ET DROGUES

Tout le monde a sans doute entendu parler de certaines expériences faites sur des rats: on leur a planté des électrodes destinées à l'auto-stimulation du "centre du plaisir" dans le cerveau. On a découvert que les rats poussaient ce bouton jusqu'à épuisement. D'autres expériences ont démontré que si la récompense électrique n'était accordée que quand les rats apprenaient un nouveau tour – comme de trouver leur chemin dans un labyrinthe – Les petites créatures travaillaient comme des folles jusqu'au succès, pour obtenir leur "buzz." Tant que la récompense est donnée, les rats continuent à travailler et parviennent même à maîtriser des labyrinthes incroyablement complexes, où des humains ne trouveraient pas leur chemin!

Mais ce n'est pas l'apprentissage qu'ils aiment.

Les études initiales ont montré que s'ils en ont l'occasion, les rats oublient tout: nourriture, compagnons, amis, etc., pour pousser ce damné bouton jusqu'à ce qu'ils s'effondrent dans une extase insensée!

Chez l'être humain (et chez d'autres créatures également), la sensation qui correspond à l'orgasme libère les mêmes produits chimiques qui stimulent la même partie du cerveau qui rend les rats si heureux. Certains scientifiques qualifient, dans leur jargon technique, ce centre de centre "revenez-y"[63] . Lorsque ce centre est stimulé, toute activité qui y est associée est recherchée sans fin.

Comme nous le savons à présent, les drogues court-circuitent ces centres parce qu'elles se fixent sur des récepteurs. Et nous savons que lorsque nous absorbons certaines drogues, notre cerveau agit dans une certaine mesure comme si des neurotransmetteurs naturels inondaient le système. Dans le cas du centre de plaisir, la chimie est tellement semblable à ce que le cerveau pourrait produire naturellement si nous faisions quelque chose comme trouver de la nourriture, ou de la chaleur ou l'amour avec une âme-sœur, que même si nous sommes vautrés dans un taudis dégoûtant qui pue le vomi et les excréments, une seringue d'héroïne dans le bras nous fait croire que nous baignons dans la félicité chimique absolue.

Une chose importante à remarquer ici: même si la première fois qu'une personne est poussée à "essayer" une telle drogue elle est dégoûtée ou éprouve de la répulsion pour le "cadre", le processus ou tous les éléments extérieurs, une fois qu'elle "a reçu sa récompense" toutes ses perceptions basculent. Parce que le corps physique aime tellement cette sensation, parce que celle-ci est tellement irrésistible, le mental raisonne que l'endroit repoussant, le processus tout entier qui est si clairement nuisible pour le soi, n'est

---

[63] cf. Burnham and Phelan, (2000) *Mean Genes*, Perseus Publishing, Cambridge, Massachusetts 2000

pas seulement "okay" : il est en fait désirable. Après tout, comment cela pourrait-il être mauvais puisque c'est si bon? Et si une partie du soi argue que cela ne peut pas être bon, l'autre partie du soi veut frénétiquement retrouver cet état. Après tout, ce qui se passe dans la vie réelle ne produit que stress et sensations déplaisantes, ce qui ajoute du poids à l'argument: « j'ai assez souffert, maintenant je mérite du plaisir»!

Le problème avec la vraie dépendance à la drogue et avec la dépendance spirituelle, c'est qu'elles sont presque toujours présentées dans un cadre de plaisir et de raffinement. Elles sont présentées comme des outils permettant d'étendre la conscience.

Quand on renifle de la cocaïne, celle-ci se met immédiatement à la recherche des sites récepteurs de dopamine et elle les bloque. Dans ce cas-ci, le "sentiment de bien-être" ne vient pas de la drogue mais du fait que notre propre dopamine naturelle envahit nos cellules et se lie frénétiquement avec les récepteurs de dopamine, et elle ne peut être réabsorbée. Le cerveau ne sait qu'une seule chose: c'est GRANDIOSE! On dit que la cocaïne sous forme de crack produit une sensation plus intense de plaisir que n'importe quel acte naturel, y compris l'orgasme! Et notez que c'est un produit de notre propre corps qui fait éprouver ce plaisir, par le blocage du site de réabsorption. Ici aussi nous notons que le ligand spécifique du corps est empêché de se lier avec les sites de retransfert, ce qui très certainement bloque également un message destiné à l'intérieur de la cellule. Et cela provoque de terribles conséquences, comme nous allons le voir.

La morphine et l'héroïne fonctionnent d'une manière légèrement différente. Elles imitent les endorphines qui déclenchent l'émission de la propre dopamine du corps. Et la sensation ne provient pas du fait que le flux naturel de dopamine n'est pas réabsorbé, mais parce qu'il y a trop de dopamine à réabsorber! Et la fausse dopamine n'envoie indubitablement pas les signaux qu'il faut à l'intérieur des cellules avec lesquelles elle est en liaison, et à nouveau, l'excès de dopamine a des conséquences importantes.

Quelles sont ces conséquences? L'usage répété de cocaïne, héroïne ou morphine déséquilibre dans le corps ses propres processus liés à la dopamine; le corps réagit alors en *réduisant le nombre de récepteurs!* Comme il y a moins de récepteurs, les effets de la drogue s'amenuisent, *tout comme la faculté qu'a le corps de lier la dopamine naturellement présente*. Sans un flux normal de dopamine dans un nombre normal de récepteurs, le cerveau reçoit des signaux de "manque", interprétés littéralement comme de la "douleur". C'est la souffrance intolérable d'un mental qui ne peut pas éprouver de plaisir.

Sur le plan strictement physique, l'une des conséquences sérieuses de ce processus est le fait que la dopamine joue un rôle important dans le contrôle des mouvements, des émotions et de la cognition. Des dysfonctionnements en rapport avec la dopamine ont été observés dans des cas de schizophrénie, des troubles de l'humeur, des troubles de la concentration, dans le syndrome de Tourette, la dépendance à des substances, la dyskinésie tardive, la maladie de Parkinson, etc. Bien sûr, la situation est infiniment plus complexe, parce qu'on a identifié pas moins de sept types de récepteurs de la dopamine.

La raison de cette digression dans le domaine de la chimie du cerveau est la suivante: "accepter" ce qui n'est pas Vérité est comme d'absorber une drogue qui se lierait avec des récepteurs psychiques. Ceci nous ramène au début du présent chapitre, où j'ai dit qu'amasser de fausses connaissances est pire que de n'avoir pas de connaissances du tout. Parce elles sont des drogues en quelque sorte, et non "les produits chimiques naturels" de la lumière de l'âme. Le résultat est un état de dépendance, qui réduit les "récepteurs psychiques", ce qui réduit la faculté "d'opérer des liaisons avec la Vérité". En bref, une personne peut faire des recherches à en perdre la raison, mais si elle n'utilise à fond sa perspicacité (c'est-à-dire si elle n'exerce pas son sens critique et ne décortique pas d'une manière diligente ce qu'elle étudie), l'acceptation basée sur la "foi aveugle" équivaut à chercher ses satisfactions dans la drogue.

Et le résultat est ici aussi une glissade, mais spirituelle cette fois.

Qui plus est, nous observons de l'étude des ligands et récepteurs, que les produits chimiques émis par le corps lui-même ont des qualités, que les imitations – les drogues – n'ont pas. Et ces qualités, basées sur la forme et la structure atomique, peuvent activer des processus qu'un ligand étranger est incapable d'activer. Les éléments chimiques du corps peuvent même déclencher des cascades de processus à l'intérieur des cellules bloquées par des ligands "artificiels".

La Vérité fonctionne de la même manière. L'accumulation d'informations à "haute probabilité" sans parti pris équivaut à rassembler toutes les parties d'un neuropeptide très complexe. Quand toutes les bonnes pièces sont finalement rassemblées, l'ensemble produit une certaine "forme" qui "s'adapte" au récepteur spirituel comme une clé dans une serrure. A ce moment, lorsque l'unité ou le bloc d'informations est complet, sa proximité fait "bourdonner" le récepteur et le ligand/l'information "bourdonne" en réponse, et ils "sautent dans les bras l'un de l'autre" pratiquement de la même manière que le font les ligands et récepteurs physiques. AUM.

Et c'est ainsi que nous constatons que le principe est: amassez, amassez, amassez informations et observations sans les "ingérer". Cela signifie qu'il faut éviter les pratiques susceptibles de déboucher sur des produits chimiques "revenez-y", parce qu'il est très, trop, facile d'être attiré, séduit, enclin à le faire encore et toujours, ce qui équivaut à une croyance aveugle.

Ici, nous tombons naturellement sur un problème très particulier: les programmes de notre "machine," notre "intellect." Le développement et la formation de notre intellect se produisent dans les pires circonstances en ce qui concerne le développement de la faculté de penser. Ce n'est ici ni le moment ni le lieu d'un examen détaillé de ce qui ne va pas dans l'éducation des enfants, les théories sur la façon de s'occuper des enfants, ni la liste sans fin des mensonges propagés par notre société et notre culture. Ajoutons à cela un flot sans fin de considérations basées sur l'apparence physique, et pour le moment où une personne ordinaire atteint l'âge adulte, elle ne peut ni penser, ni éprouver ce qui est Vérité. Cette personne est devenue une "fausse personnalité" qui pense qu'elle a une âme. "Le semblable ne peut être perçu et compris que par ce qui lui est semblable", de sorte qu'il n'est pas étonnant que l'aspirant à l'Ascension de notre époque entreprend celle-ci de la mauvaise manière. Pratiquement toutes les "voies" d'ascension se basent sur ce faux Soi et, comme nous pouvons nous en douter, produisent des sensations physiques qui sont de pâles imitations de ce qui se passe dans une Ascension authentique.

C'est ici que nous commençons à mieux comprendre l'idée de l'ésotérisme. L'ésotérisme est la possibilité d'accéder à des faits et des actes qui sont accessibles dans le domaine de la conscience de l'Ame. Et lorsque nous considérons notre état dans le "monde réel", nous voyons que c'est un chemin très difficile.

La connaissance est partout, mais la majeure partie de celle-ci nous est étrangère. Lorsque nous versons quelque chose dans une tasse, cette tasse ne peut contenir qu'une quantité de liquide égale à sa capacité. Nous ne sommes capables de comprendre que dans la mesure des capacités de notre Etre. Pour pouvoir évoluer ésotériquement, il nous faut sans cesse chercher à élargir et enrichir notre Etre, afin d'agrandir le "contenant".

L'ésotérisme est la recherche de la conscience du Divin. Le problème est que notre conscience est en grande partie un simple programme qui tourne dans notre machine. La conscience supérieure qui est recherchée sous forme d'Ascension est le Moi réel ou l'âme. C'est ce que des théories qualifient de point permanent qui existe en nous tout au long de nos nombreuses incarnations. Ce vrai Moi est quelque chose comme un arbitre impartial dont la petite voix est pratiquement couverte par le fracas des événements extérieurs et des "programmes" de personnalité. Néanmoins, c'est cette petite étincelle de vrai Soi qui est la semence de la possibilité d'un développement ésotérique.

La plupart des êtres humains entrent rarement, sinon jamais, en contact avec leur vrai Moi. Et cependant, la personnalité prétend qu'elle a atteint ce niveau de conscience. Nous devrions noter qu'un individu qui a vraiment atteint ce niveau de ferme contact avec, et d'expansion du vrai Moi possède également des attributs tels que par exemple la faculté d'évaluer avec exactitude les conséquences de ses actes, l'exercice permanent de sa propre volonté, la faculté de faire (d'initier des événements causaux), et d'adopter une attitude ou un comportement conséquent avec lui-même en toute circonstance et dans toute condition. Et le plus important: une telle personne ne ment ni à elle-même ni à autrui.

L'examen objectif de ceux qui prétendent posséder ces qualités est suffisant pour démolir les prétentions. Il y a un tel abîme entre les qualités que les gens s'adjugent à eux-mêmes et ce qu'ils font en réalité, qu'il est nécessaire de faire preuve de la plus extrême prudence avant d'accorder foi à des affirmations ou des instructeurs de ce type.

Néanmoins, pour établir un contact avec le Soi supérieur (faute de disposer d'un terme mieux adapté), cette minuscule graine de connexion avec l'âme, qui existe en nous, est l'objet de la science ésotérique. Il semble que les seules personnes qui puissent espérer suivre ce processus avec quelque succès sont celles qui "ont fait banqueroute", c'est-à-dire que toutes les croyances, tous les programmes, tous les mensonges qui ont fait partie du Moi depuis l'enfance doivent disparaître ou être dépouillés.

Nous sommes tous corrompus par le monde extérieur de la matière – le domaine du Non-Etre et ses leurres gravitationnels. Même quand l'expérience contredit ce qu'une personne pense à propos d'elle-même elle est rarement capable de faire un lien de cause à effet, à cause des sérieux défauts qui ont été programmés en nous dès la naissance.

Nous expliquons généralement nos échecs par un "manque de volonté". Ce que les gens ne réalisent pas c'est que l'échec n'est généralement pas dû à un manque de volonté ou de désir, mais à un manque d'Etre. Ce n'est qu'en développant l'Etre que l'on commence à comprendre les connaissances acquises. Alors, en combinant la compréhension avec l'Etre, nous acquérons la faculté de Faire.

Notre personnalité est l'interface entre notre corps et notre esprit. A cause de la nature de notre réalité, la personnalité consiste principalement en "programmes" de la chair, si je peux m'exprimer ainsi. La Machine fonctionne sur le principe du "revenez-y". La plupart des humains contemporains sont bien plus préoccupés de leur apparence ou d' "expériences" qui leur procurent du plaisir que de leur Etre.

L'intime relation de la personnalité avec le corps physique et ses programmes interactifs est mal comprise, et cependant, elle est essentielle au développement de ce Soi qui n'est pas seulement un «fantôme dans la machine». Nous pouvons observer que quand une personne ordinaire éprouve une forte souffrance, tous ses nobles instincts passent à la trappe. Il est vrai que certaines personnes sont capables de maîtrises la douleur et de travailler sur n'importe quoi. On les considère comme héroïques, et c'est certainement des natures de ce genre qui réussissent dans le travail ésotérique. Ce n'est pas une voie pour les faibles.

L'interdépendance de la personnalité et du corps - la machine qui nous permet de fonctionner dans notre réalité – nous conduit à la conclusion logique que ce sont cette même machine et ses programmes qu'il nous est extrêmement important d'étudier pour apprendre la perspicacité, et pour apprendre à distinguer l'authentique du faux.

Alors nous commençons à en savoir davantage sur les "tolérances" de notre machine. Nous commençons à découvrir que nous passons le plus clair de notre temps à faire un mouvement de va et vient entre action et réaction, sans apport réel de notre vrai Soi. Nous découvrons que nous avons de nous-mêmes une image idéale qui n'est que très faiblement fondée sur les faits réels ou orientée vers des résultats. Cependant, pour garder notre image idéale nous recouvrons tout cela de la "foi", et du mensonge selon lequel nous SOMMES ce Moi illusoire.

Revenons-en au fait que nous nous attribuons des qualités que nous ne possédons pas, parce que si nous les possédions, notre vie serait le miroir de l'image que nous faisons de notre Moi. Nos mensonges sur ce qui nous arrive vraiment dans notre vie sont ce que nous utilisons pour "arranger""notre ego avec des rationalisations et des justifications qui nous cachent le fait que nous sommes incapables de FAIRE quoi que ce soit parce que nous nous sommes sans Etre.

Et généralement, pour éviter de devoir faire face à la douleur de cette réalisation, les gens absorbent des drogues chimiques et spirituelles. Seuls le type et le degré varient.

Un individu qui s'est engagé dans le processus de développement de la perspicacité par rapport à son Moi, peut, lorsqu'il a appris à discerner entre mensonges à lui-même et vérités sur lui-même, étendre cette faculté à la connaissance extérieure. Alors, les informations et observations qu'il ou elle aura amassées sans parti pris deviendront des "ligands d'éléments de connaissance". Lorsque cela se produit, lorsqu'une "pièce du puzzle" tombe au bon endroit de la compréhension, ALORS toute une cascade de choses se produisent, tout comme cela se produit dans le corps quand un ligand se lie avec des récepteurs.

Et à ce moment, *l'état* change. Et cela nous amène à l'information la plus passionnante à propos du processus de "séparation de la crème du lait": Il se fait que parfois, les informations communiquées à l'intérieur de la cellule par les ligands contiennent des instructions d'activer ou de désactiver des gènes spécifiques de cette cellule. Le même gène dans un environnement différent peut produire des variantes nombreuses d'une caractéristique donnée, et influencer l'expression d'autres gènes. Qui plus est, il est scientifiquement prouvé que les modifications survenues dans la pensée et le comportement entraînent des modifications dans les synapses.

Il a été démontré que des potentiels électriques libèrent de la sérotonine en direction des terminaux synaptiques et il existe suffisamment de preuves anecdotiques sur les choc électriques qui produisent dans l'individu des changements tels qu'ils ont pour résultat la manifestation de facultés "supra-normales", pour que nous arrêtions là nos considérations sur ce sujet. Comme nous l'avons également déjà noté, si de telles facultés sont activées par accident, héréditairement, par choc électrique ou coup sur la tête, cela ne signifie pas nécessairement que l'individu qui a ces facultés est "avancé" spirituellement. Ce que nous pouvons conclure de cette information est que la sérotonine libérée par le choc électrique fait sans doute "sauter" une étape d'un processus naturel d'activation de l'ADN, qui est une potentialité latente en nous à des degrés divers.

Autrement dit, existe-t-il un processus naturel permettant de libérer de grandes quantités de sérotonine de concert avec d'autres ligands, processus activant littéralement l'ADN, qui déclencherait alors toute une série de facultés "paranormales" directement en relation avec notre maturité spirituelle?

Il est possible de faire des considérations encore bien plus passionnantes à propos des potentialités de l'ADN, mais pour le moment, nous laisserons là le sujet tout en vous avertissant que si le chercheur ne "sépare pas bien toute la crème du lait", il n'arrivera même pas à commencer à écrémer le lait et à pouvoir l'utiliser. Pire encore, "se lier" soi-même à ce qui est faux peut produire temporairement un sentiment de bien-être, mais à long terme cela ne bloque pas seulement la possibilité de se lier à la Vérité, mais réduit POUR DE BON la faculté de percevoir/se lier à la Vérité. Chaque choix d'accepter quelque chose pour Vérité, de faire la moindre hypothèse, est un ligand psychique qui se lie avec un récepteur spirituel. Si ce que l'on croit est un mensonge, dans le cerveau cela équivaut à se lier avec un faux ligand, comme de l'héroïne. Après un certain temps, il n'y a plus de place pour aucune vérité, et la condition du chercheur est devenue pire qu'avant d'entreprendre sa quête, de la même manière qu'un individu devenu un miséreux marginal en conséquence de ses excès d'alcool et/ou de drogues se trouvait bien mieux avant de se livrer à ces penchants. Le fait est là: le mensonge PROVOQUE une dépendance. C'est à dessein.

Cependant, en ce qui concerne la Queste du Saint Graal et la recherche alchimique de la pierre philosophale, comme c'est le cas pour les potentiels du corps, lorsque certains ligands (spirituels) naturels sont produits par l'envoi de signaux vers une cellule pour que celle-ci active l'ADN "en sommeil", des facultés peuvent être "déverrouillées", et parmi celles-ci des facultés et pouvoirs psychiques. Et ces facultés psychiques amènent alors le chercheur à un niveau tout à fait différent. Il a en réalité, fait un saut quantique en termes d'état de conscience.

Une Initiée nous dit ce qui suit:

"Les organes qui véhiculent et irradient la force créatrice ne peuvent se manifester qu'en parfaite union (parfait mariage) avec les fréquences divines et matérielles. Ce conducteur de forces chargé de fréquences divines est l'Arche d'Alliance."[64]

Il y a certes encore beaucoup à dire à ce sujet, mais pour le moment il suffit de savoir que le principe selon lequel "tout ce qui est en haut est comme ce qui est en bas" est valable sur tous les plans, et les connaissances scientifiques peuvent sans nul doute contribuer à la compréhension spirituelle. Comme l'ont dit les Cassiopéens: "la Science est extrêmement spirituelle, en fait!". En

[64] cf. Elisabeth Haich

ce qui concerne la recherche de connaissances, les Cassiopéens ont dit:

> "Des réponses subtiles qui exigent des efforts pour les disséquer ont pour résultat un apprentissage. L'apprentissage est une exploration suivie de l'affirmation de la connaissance par la découverte. L'apprentissage est nécessaire au progrès de l'âme... c'est comme cela que l'on peut construire son centre de pouvoirs. La patience récompense celui qui cherche à découvrir la connaissance cachée. "Fouillez vos fichiers".

Georges Gurjieff a qualifié les «ligands de l'âme» d'«impressions». Il a noté que les Impressions sont une sorte de «nourriture».

> A chaque impression, extérieure, qu'elle soit sous forme de son, de vision, d'odeur, nous recevons de l'extérieur une certaine quantité d'énergie, un certain nombre de vibrations. Pour assurer son existence normale, l'organisme doit recevoir trois sortes d'aliments : de la nourriture physique, de l'air, et des impressions... Mais la relation de ces aliments les uns avec les autres et leur signification par rapport à l'organisme, ne sont pas les mêmes. [...] Le flot des impressions qui nous arrivent de l'extérieur est comme une courroie de transmission qui nous communique le mouvement. [...] La Nature nous transmet, par l'intermédiaire de nos impressions, l'énergie qui nous permet de vivre, et nous mouvoir et d'être.

Gurdjieff poursuit en parlant d' «auto-observation» comme le moyen d'extraire davantage d'énergie des «impressions». C'est ici que le travail de Mouravieff est le plus utile : il explique exactement ce qu'il faut faire. Il parle des Impressions en termes d'influences «A» et «B», et des trois forces de la Création:

> Les trois conditions fondamentales de la Création se manifestent dans l'Univers sous la forme de trois principes fondamentaux de vie: le principe statique, le principe dynamique, et le principe neutralisant.
>
> Dans la Création, tout peut être analysé et étudié à la lumière de ces principes, qui sont en un sens analogues à ceux qui sont décrits quand on parle des conditions de la création du Monde. Ils s'appliquent uniformément à tous les niveaux du Cosmos. L'exemple classique que donnent les écoles d'ésotérisme pour représenter le jeu des trois forces est celui du pain. Pour faire du pain il nous faut de la farine, de l'eau et du feu. Dans cet exemple, la farine est le conducteur de la force passive, le feu est la force active, et l'eau est la force neutralisatrice.

Ici nous devons souligner immédiatement que la substance qui sert dans un cas de conducteur à la force passive peut dans d'autre cas être celui de la force active. [...]

Si l'assemblage des forces demeure stérile, cela signifie que dans le sens ésotérique, leur collaboration n'a pas été complète. La faute peut en être d'une des trois forces, de deux d'entre elles, ou même de toutes les trois. L'analyse à la lumière de la loi en question peut grandement aider à déterminer la ou les causes de l'échec. Par exemple, avec la même bonne farine, le pain peut être mauvais ou immangeable si nous avons ajouté trop d'eau ou pas assez, si la flamme était trop faible ou trop forte [...]

Cette analogie nous permet de saisir le sens et l'effet d'une loi subsidiaire à la Loi des Trois. Nous voyons qu'avec la même farine (la force passive dans notre exemple), nous pouvons aboutir à un échec à cause d'un défaut de proportion de la force active (feu), ou de la force neutralisante (eau), ou des deux ensemble. [...] La force passive contient toutes les possibilités pour la création du phénomène, tandis que la force active intervient en tant que réalisateur et la force neutralisante en tant que régulateur, les relations entre les deux autres forces déterminant le dosage des deux de manière optimale. Ceci explique et justifie le fait que la pré-éminence, dans le monde phénoménal, est attribuée à la force passive.

Notons ici que cette pré-éminence est un résultat direct des conditions lors de la première Création. Pour dépasser ou traverser l'état non manifesté (ou monopolaire, concentré sur l'unique conscience du Soi dans laquelle la Divinité se trouve avant la Création du Monde) la première Idée qui fait sortir la Divinité de l'état de non-manifestation à celui de manifestation, est nécessairement celui du Toi. Cette idée, conçue par le divin sacrifice de l'auto-limitation, a l'Amour, force neutralisante, pour troisième force. [...].

Dès lors, dès le début de la Création, la divine existence devient bipolaire, l'Amour étant la force neutralisante qui permet les relations entre le «Je» universel et le «Tu» universel. [...]

Lorsqu'une substance sert de conducteur à la force passive, nous l'appelons «oxygène» (O) ; quand elle sert de conducteur à la force active, nous la nommons «carbone» (C) ; quand elle sert de conducteur à la force neutralisantre nous l'appelons «azote» (N). Lorsqu'elle est considérée indépendamment des forces dont elle est le conducteur, la substance est appelée «hydrogène» (H). [...].

Nous savons que la structure du centre intellectuel inférieur est bipolaire. Cette structure est parfaitement adaptée à ce que la Tradition orthodoxe nomme «le Monde». Ce « Monde » contient l'ensemble des influences 'A' [...]. C'est le monde dans lequel nous vivons, qui apparaît à la personnalité humaine comme la seule réalité, mais qui est en fait relatif, et même illusoire. [...] ainsi que nous l'avons déjà indiqué, toutes les (influences) 'A' ont des contreparties qui les neutralisent (les influences 'B'). Ceci symbolise la création du monde, à partir de Zéro, par division en deux groupes de forces, égales en puissance et diamétralement opposées en direction.

La structure bipolaire de l'intelligence, contrepartie exacte de la structure du 'Monde', permet à l'Homme d'étudier et reconnaître toutes les influences 'A', de s'orienter dans leur champ d'action immédiat et plus large, d'y appliquer ses facultés afin de chercher, calculer, combiner, intervenir, agir, et même créer, dans les limites du champ d'action de ces influences.

Nous savons cependant que ce 'Monde' est en fait illusoire ; que les influences 'B' représentent la seule réalité impérissable de la vie. Jésus n'a-t-il pas dit : « N'enfouissez pas pour vous-mêmes des trésors dans la terre, là où la rouille et les vers les consomment et où les voleurs brisent les murs et dérobent. Mais placez pour vous-mêmes des trésors dans le Ciel, là où ni l'insecte rongeur, ni la rouille n'ont d'effet, et où les voleurs ne brisent pas les murs ni ne dérobent».

Il est bien compris qu'il est question ici de deux mondes qui s'interpénètrent ; le monde constitué de l'ensemble des influences 'A' : la «Terre», et le monde ésotérique : le «Ciel» constitué des influences 'B '.

En étudiant attentivement le jeu des trois forces, le chercheur s'entraîne à reconnaître l'action des influences 'A' et 'B', et à faire la distinction entre elles. C'est là un des éléments essentiels de la rééducation dont nous avons parlé plus haut. [...]

C'est en absorbant les influences 'B' (des influences divines d'un niveau supérieur, et qui sont par conséquent plus puissantes), en plaçant toute notre foi en elles, et en donnant des preuves de notre aptitude et de notre dévotion, que nous nous libérerons de la domination de ces influences 'A' (qui sont régies par la Loi Générale, assistée parla Loi de l'Accident).

Celui dont les efforts sont couronnés de succès (qui atteint les niveaux supérieurs de l'être) est immédiatement mis à contribution pour la gestion et la croissance d'un niveau donné de forces inférieures du Cosmos.

En général, il aura à accomplir - comme une mission- une tâche dans le domaine des influences 'A'. Et surtout, cette tâche exigera l'étude du monde bipolaire. L'intelligence est le seul outil que nous possédions pour atteindre ce but. C'est là la vraie raison

> d'être, et aussi la raison pour laquelle sa structure reflète exactement le monde des influences 'A'. Cet instrument permet donc à l'Homme, selon le principe de Platon, de saisir et connaître le semblable par le semblable.
>
> Sachant cela, celui qui étudie la science ésotérique doit se garder de tomber dans les extrêmes exprimées dans certains enseignements ; il ne doit ni mépriser, ni négliger ses facultés intellectuelles. L'intelligence doit être développée et aiguisée à la limite du possible, et la pensée doit devenir acérée comme la pointe d'une aiguille. Mais il ne faut pas oublier que la Personnalité, en dépit de sa structure complexe et de ses nombreuses possibilités, n'est rien d'autre qu'un instrument dont le fonctionnement reste purement mécanique. C'est pour cette raison que, dans les matières ésotériques, elle ne sait et ne saura jamais rien avec certitude. De par sa nature agnostique, et concernée seulement par les phénomènes, elle est limitée par sa forme et sa fonction à trois dimensions. Elle est incapable de dépasser ces limites, et prend ingénument le monde des influences comme la seule réalité.[65]

Je voudrais jeter quelque lumière sur le sujet des trois forces, des impressions, des influences 'A' et 'B' qui ont tellement fasciné Gurdjieff et Mouravieff, mais cela demande d'abord quelques mots d'explication. Restez avec moi, cela en vaut la peine.

Qui étaient les Celtes ? A l'école on ne nous en apprend pas grand-chose, bien qu'ils soient considérés comme les ancêtres de la plupart des européens, et donc aussi des Américains. Pourquoi sont-ce la religion et la culture mésopotamiennes qui dominent notre vie et notre culture, alors que cette culture nous est en fait étrangère ?

La littérature celtique vernaculaire, y compris les mythes, histoires et poèmes, date, dans sa forme écrite, en grande partie du moyen-âge. Elle est basée sur une transmission orale qui date de bien avant l'ère chrétienne. Il est très difficile de se faire une idée nette des Celtes pré-chrétiens d'après les textes qui nous restent, non seulement à cause du mélange ordinaire de mythe et de réalité, ou de la longueur de la période, mais aussi parce que l'Empire romain a voulu l'effacer, depuis Jules César jusqu'à l'Eglise romaine.

Mais l'étude de ce qui s'y rapporte donne l'impression d'un peuple dynamique et quelque peu indiscipliné. Les Celtes étaient des gens fiers, imaginatifs, des artistes; ils aimaient la liberté et l'aventure, l'éloquence, la poésie et les arts en général. Il est

---

[65]Boris Mouravieff, *Gnôsis*, Tome I, extrait de chapitres VI et IX.

toujours possible de distinguer l'influence celtique par les grands talents artistiques de ces gens.

Les Celtes regardaient avec GRANDE méfiance, toute espèce d' «autorité» centrale, et c'est ce qui, en fin de compte, a provoqué leur chute. Ils ont été incapables de résister à la machine de guerre hiérarchisée de l'Empire romain. En un sens, on pourrait presque dire que c'est comme cela que Hitler a failli parvenir à conquérir l'Europe, et spécialement la France. Les Gaulois prennent très au sérieux les principes de liberté et d'égalité: jusqu'à l'homme de la rue, qui ne se considère aucunement inférieur au Premier Ministre.

L'un des principaux historiens de l'époque romaine, Jules César, a dit que les Celtes étaient dirigés par les Druides. Les druides «possédaient toutes les connaissances». Les druides avaient en charge TOUTES les activités intellectuelles, et pas seulement les choses religieuses en soi, ce qui nous fait penser que «religion» et «connaissance», dans une approche plus ou moins scientifique, étaient considérées comme essentielles l'une et l'autre: c'est-à-dire qu'elles étaient en symbiose.

Ce sont les écrivains venus ensuite qui ont commencé à décrier les Celtes, les accusant de ce qu'on reproche habituellement aux gens quand on veut les diaboliser: sacrifices humains, homosexualité, etc. La pluspart de ces bruits sans fondement remontent à Posidonius, cité depuis comme une 'autorité' par toutes les autres 'autorités' en matière de culture celtique. Malheureusement, quand on approfondit l'étude de Posidonius on se rend compte qu'il n'avait aucune base sérieuse, et qu'il a probablement arrangé les choses à sa manière dans une intention bien particulière.

L'absence de textes écrits a été le plus grand problème pour les historiens et étudiants de la culture celte. De nombreuses idées ne sont que des suppositions, ou bien reposent sur des sources partiales, et selon certaines d'entre elles, les Celtes auraient même considéré comme 'tabou' le fait de consigner les événements par écrit.

Je suppose que, si notre civilisation venait à disparaître et si toutes nos archives sur bandes magnétiques étaient détruites, on pourrait dire que nous non plus n'avions rien mis par écrit.

Bien des stupidités ont été écrites sur les raisons pour lesquelles les Celtes n'ont pas laissé d'écrits, et la plus grande d'entre elles, considérant ce que nous savons de leur culture, est que c'était ainsi que les druides parvenaient à «garder leur pouvoir» ou bien ils étaient supposés penser quelque chose de ridicule comme : « si les mythes sacrés étaient révélés, il seraient profanés et perdraient ainsi leurs vertus mystiques ».

Ce que Jules César a dit, c'est que la raison pour laquelle les Celtes n'ont pas voulu laisser d'écrits est que les druides craignaient que leurs élèves ne négligent l'entraînement de la mémoire, c'est-à-dire de leur cortex frontal, en se reposant sur des textes écrits. Nous avons parlé de la production de ligands et de leur faculté de libérer l'ADN. Il est très intéressant de constater que ce que nous avons appris des Cassiopéens, de textes alchimiques, de nos propres expériences, et de nos recherches (autrement dit, que «penser au marteau» est la clé de la transformation) était considéré comme faisant partie intégrante de l'initiation druidique.

Cela vaut la peine de noter qu'au dix-neuvième siècle il a été observé que les bardes yougoslaves, illettrés, qui étaient capables de réciter d'interminables poèmes, ont en fait perdu leur faculté de mémoriser, une fois qu'ils ont appris à s'appuyer sur la lecture et l'écriture.

Bien que les druides eussent interdit de mettre certaines choses par écrit, il est clair qu'ils écrivaient. Des textes celtiques en écriture ogamique ont été retrouvés sur de nombreuses pierres anciennes. Jules César a dit que les Celtes utilisaient l'alphabet grec quand les Romains étaient arrivés en Gaule, au premier siècle avant l'ère chrétienne.

Mais les connaissances étaient transmises exclusivement oralement aux initiés. Grâce aux informations concernant les ligands et les récepteurs, nous commençons à comprendre pourquoi.

L'anéantissement de la culture celtique a été si complet que nous en savons très peu sur leur religion. Nous savons qu'ils accomplissaient leur «rites» dans les forêts et auprès des lacs, sans avoir érigé aucun temple couvert ni statues représentant des divinités. Tacite écrit :

> Ils ne pensent pas que cela s'accorde avec la majesté divine de confiner les dieux à l'intérieur de murs ou de faire leur portrait à une quelconque ressemblance humaine. Leurs lieux sacrés sont des forêts et bosquets, et ils donnent des noms de divinités à la présence cachée qui n'est vue que par les yeux de la vénération.

Platon émettait des doutes quant aux origines grecques de l'ouvrage d'Homère parce que, non seulement les descriptions physiques de ses poèmes ne correspondent pas au monde grec, mais la philosophie homérique est aussi très différente de la philosophie grecque qu'on nous enseigne de nos jours en général. Cette dernière est basée sur le dualisme de deux éléments opposés : thèseantithèse, bien-mal, vie-mort, corps-âme, etc. et omet l'idée d'une troisième force.

Depuis l'époque de Platon, beaucoup ont cherché à faire la synthèse de ces éléments opposés, avec un succès mitigé. La «troisième force» de Gurdjieff a été mise sur le tapis à de nombreuses reprises cependant, les tentatives pour la comprendre n'ont pas été très satisfaisantes, mais peut-être serons-nous aidés ici par ce que nous pouvons tirer des enseignements celtiques.

D'après Homère, la philosophie de l'ancien monde était qu'il existe un troisième élément, qui lie des éléments opposés. Entre le corps et l'âme il y a l'esprit. Entre la vie et la mort il y a la transformation possible de l'individu. Entre le père et la mère il y a l'enfant qui prend les caractéristiques de ses deux parents. Entre le bien et le mal il y a la situation spécifique, qui détermine ce qui est quoi, et ce qui devrait être fait. Autrement dit, dans toute situation il y a trois déterminants simultanés qui empêchent de dire que toute une liste de choses sont «bonnes» ou «mauvaises».

En tout cas, le symbole de cette philosophie est le triskèle, qui représente trois ondulations rassemblées.

L'existence simultanée du troisième élément ne signifie pas que la notion de «bon» et de «mal» n'existait pas ou ne se reflétait pas dans la loi celtique. Ce qui est évident c'est que rien n'était considéré comme prédéterminé par une loi, que toute situation est unique, et que les circonstances doivent être évaluées avec circonspection.

Aristote considérait que la Gaule était «l'instructeur» de la Grèce et que les druides étaient les «inventeurs de la philosophie». Les Grecs considéraient aussi que les druides étaient les plus grands savants au monde, et que leurs connaissances mathématiques avaient été la source a laquelle s'était abreuvé Pythagore.

Nous voyons donc qu'il existe une autre façon de considérer les trois forces. Cela nous ramène à la «perspicacité», qui est une fonction de la connaissance. La «faculté d'assimiler les influences 'B' comme le dit Mouravieff, dépend de l'évaluation de l'Impression dans le contexte spécifique dans lequel elle est éprouvée. Une manière très simple d'illustrer cela: est-ce une Vérité ou est-ce un Mensonge? et si c'est l'un des deux lequel a le plus d'affinité avec le monde de l'Esprit ou l'Amour?

Certains pensent que le mensonge ou la vérité est toujours statique: qu'un mensonge est toujours un mensonge, et que pour être «bon», il faut TOUJOURS dire la «vérité». Cependant, ce n'est pas toujours si facile. Par exemple, considérons la France sous l'occupation nazie. Sans aucun doute, ceux qui étaient dans la

Résistance mentaient quotidiennement et régulièrement au sujet de leurs plans et de leurs activités. Ce qui était différent dans leurs mensonges, c'étaient l'INTENTION et la SITUATION SPECIFIQUE. Dans une telle situation, dire la vérité à un soldat nazi qui aurait ensuite fait usage de cette vérité pour supprimer les camarades résistants aurait été en quelque sorte «mal», et dire un mensonge aurait été «bien». Ce simple exemple peut donner à penser au lecteur qui se pose des questions sur la croyance répandue que tout est «blanc ou noir», «bon ou mauvais».

Pour en revenir à l'exemple de la cuisson du pain: dans certains cas, la farine pourrait être la «vérité» et la source de chaleur pourrait être le «mensonge», tandis que l'eau pourrait être la «situation spécifique» dans laquelle les deux éléments se rencontrent et interagissent. Si les impressions sont des «aliments», alors ce principe devrait être soumis à prudente considération quand il s'agit «d'éprouver des impressions» ou «d'assimiler des influences 'B'», maintenant que nous savons que c'est comme cela que fonctionne l'application de la Loi des Trois dans toute situation donnée, dans toute dynamique dans notre vie, et le «penser au marteau». Nous commençons aussi à comprendre que l'amour possède de nombreux visages dans la Création provenant de Dieu. Nous réalisons également pourquoi tant de connaissances sont réservées aux initiés : comme il est aisé de déformer et de faire un mauvais usage de ce genre de compréhension !

CHAPITRE III
RETOUR AU SAINT GRAAL ET AU LANGAGE

Ainsi que l'a dit Fulcanelli, lorsqu'on entreprend d'étudier le sujet en "ayant l'oeil" pour découvrir les indices subtils, on commence à comprendre que les mots eux-mêmes choisis dans les nombreux contes sont destinés soit à nous approcher soit à nous éloigner du sujet central. Autrement dit, les événements sont certes en eux-mêmes des indices, mais les noms en sont également. Ils sont mis là parfois pour nous aider, parfois pour nous égarer! Et cela peut parfois même dépendre de l'individu qui lit l'indice, comme nous le comprenons de notre récente petite étude des ligands. Un individu qui "saute aux conclusions" ou qui accepte pour vraies des choses qui ne le sont pas (et qui fait ceci habituellement) ne possède qu'une faible faculté de discernement. L'individu qui a procédé avec grand soin, qui a été patient, minutieux et prudent, peut être amené à comprendre, grâce aux mêmes indices qui en ont égaré un autre qui chassait le merle blanc! Les indices se trouvent dans le langage et les mots, mais dissimulés comme les petits gènes enroulés sur eux-mêmes dans l'ADN, attendant le bon ligand ou la charge électrique qui leur permettra de se dérouler et se faire connaître. Et il semble y avoir de profondes relations entre le langage et l'ADN. Abraham Abehsera écrit dans son ouvrage "*Babel: The Language of the 21st Century*":

> "La matière, la vie et le langage sont trois exemples démontrant que des richesses infinies ont été amassées en ne disposant pratiquement de rien au départ. La variété de la matière repose sur la combinaison d'environ vingt-six atomes. Les innombrables formes de vie sur notre planète proviennent de la permutation de seulement vingt acides aminés. Et enfin, troisièmement, les millions de mots qui composent le langage humain ne sont rien d'autre que les combinaisons d'environ vingt consonnes modifiées par quelque cinq voyelles.
>
> "Au cours des cinquante dernières années, l'homme a fait des progrès considérables dans la découverte et le déchiffrement des forces physiques et génétiques qui organisent la matière inerte et organique. Aucun progrès comparable n'a été fait dans le domaine du langage. Pourquoi les anglophones utilisent-ils les

lettres L et V pour exprimer leur amour: "LoVe" et leur vie: "LiVe"? Qu'est-ce qui les a poussés à désigner le sentiment opposé en intervertissant les deux mêmes lettres-racines pour former «vil»: "ViLe" et «mal/mauvais»: "eViL"? Et enfin pourquoi a-t-on utilisé des lettres complètement différentes pour exprimer ces concepts dans les six mille autres langues connues sur Terre? Nos pensées et nos mots sont donc faits de chaînes de lettres dont la logique nous échappe totalement.

"L'homme, auteur du discours, est composé lui-même de chaînes de molécules et protéines dont les lois nous sont bien connues. Nous pouvons bien supposer qu'il existe une stricte continuité entre ces règles biologiques et celles qui organisent sa faculté supérieure: le langage. Autrement dit, nous pouvons supposer que les lois qui gouvernent sa chair gouvernent également son discours. Une telle biologie de la formation des mots, valable pour tous les langages des hommes ... (ponctuation ?) se trouve à la croisée des chemins, non seulement de toutes les langues sur cette Terre, mais également de toutes les formes d'expression telles que les arts, les sciences et les histoires pour enfants (Mythes). L'une de ses règles fondamentales est que les mots adhèrent strictement aux objets, situations ou créatures qu'ils désignent. Loin de n'être que des outils facilitant la communication, les mots sont des structures denses, multidimensionnelles, étroitement liées entre elles, qui contiennent des informations innombrables.

"Pendant au moins un tiers de notre vie nous recourons à des mots dans un langage universel: dans nos rêves, nous pouvons être attirés par une pierre, dialoguer avec une fleur, un oiseau ou une source d'eau pure. Les rêves sont des morceaux d'un langage complet dans lequel les mots sont encore reliés aux objets qu'ils désignent. La nuit est donc le temps où l'homme recouvre toutes ses facultés de discours." [66]

Dans les rêves et les mythes, l'homme utilise un langage universel et c'est en comprenant ce "langage non altéré" des alchimistes que nous pouvons arriver à une certaine compréhension de notre réalité et de la manière dont elle est formée par les actions d'êtres d'un niveau supérieur (des "dieux") qui sont hyperdimensionnels, et donc hors du temps. C'est ainsi que nous en venons à comprendre ce qu'est réellement le Saint Graal, et ce qu'il peut réellement «faire». Et il peut réellement faire tout ce qui a été dit dans les mythes et les légendes -littéralement- et bien davantage encore!

---

[66] Abehsera, Abraham A. (1991):*Babel: The Language of the 21st Century.* Jerusalem: EQEV Publishing House

Nous constatons que de nombreuses interprétations "ésotériques" de connaissances anciennes ne sont sans doute que des "vœux pieux". Nous sommes en faveur de l'idée que la science devrait faire briller sur elles la lumière de la raison et répandre les méthodes scientifiques. Mais nous constatons que la science, comme c'est malheureusement le cas pour bien des choses sur cette Terre, n'est pas du tout à la hauteur de cette tâche.

Très tôt dans les contacts avec les Cassiopéens, ceux-ci se sont mis à utiliser des guillemets d'une manière inhabituelle, c'est-à-dire d'une manière qui ne suivait pas strictement les règles grammaticales et de ponctuation qui sont de mise en cette matière. Comme cela m'intriguait, j'ai posé des questions:

> Q: (L) J'ai réfléchi à ces textes et je suppose qu'il y a des raisons pour lesquelles certains mots ont été mis entre guillemets?
> R: Nous mettons entre guillemets ce que nous souhaitons faire l'objet d'examen approfondi.

A ce moment, je n'avais pas réalisé qu'ils allaient m'enseigner dans ce "langage universel". Mais je commençai à noter ces mots entre guillemets ainsi que mes études sur leurs interprétations. Je me suis mise à chercher leur signification dans des dictionnaires, et à rechercher tous leurs sens possibles, ou toutes les variations de signification. Cela m'a amenée à retrouver leurs racines et à trouver d'autres mots qui avaient "surgi" des mêmes racines, et a souvent impliqué des recherches dans d'autres langues. J'ai été proprement stupéfaite de voir comme les connexions devenaient claires de cette manière. Par exemple, considérons les termes "Table d'Emeraude". Emeraude: variété de béryl —– ME + AF —– Emeralde —– VL + L —– smaraldus/ smaragdus —– Gr —– amaragdos (ce qui signifie "d'origine orientale"). Dirigeons-nous ensuite vers l'Orient: Oriental —– L orientalis – de l'Est. Allons voir "Est": de l'Est: —– base IE "aues" —– briller – d'où: Aurora —– aurore/est —– et aurum —– or. Poursuivons avec "or": —– base IE "ghel"[67] —– briller, scintiller, symbole: Au —– Aurora, amante d'Orion. Enfin, voyons ce qui est dit à "green" (vert) —– base IE "ghro" – "devenir". Nous avons donc pu constater que de nombreuses idées entrent en jeu dans l'expression "Tables d'Emeraude" ("Emerald Tablets") et nous verrons plus tard combien cela est important.

Simultanément, j'ai remarqué que très souvent, un mot qui avait une certaine signification à l'origine voit celle-ci retournée au fil du temps. J'ai également constaté que les divers alphabets utilisés par

[67] Voir "geel" = "jaune" en néerlandais *(NdT)*

les humains avaient entre eux des relations qui pouvaient être de similitude ou d'antagonisme. J'ai aussi découvert qu'à certains alphabets de 22 lettres, 2 lettres avaient été ajoutées au fil du temps, pour en faire des alphabets de 24 lettres, et qu'à peu près à la même époque, le zodiaque avait été "bricolé" en ce sens qu'un signe avait été ajouté et un autre divisé en deux. *Et cette période est en relation avec toutes les questions qui concernent le problème du Graal.* Il est alors devenu clair pour moi que quelqu'un ou quelque force ou quelque tendance avait oeuvré pour en arriver au "Syndrome de Babel" comme je l'ai nommé. J'ai pu déceler les "traces" d'une influence déterminée à rendre aussi difficile que possible la solution du mystère en jetant des "pièces de puzzle" supplémentaires sur la pile; pièces qui égareraient les chercheurs pendant des générations et des générations. Je savais qu'il me fallait trouver quelque "norme" qui permettrait d'évaluer les indices; alors je me suis informée:

> Q: Je suis sur la piste d'indices dans les diverses langues et alphabets. Je voudrais savoir lequel de ces alphabets: runique, grec, ou étrusque est venu en premier et a donné naissance aux autres.
> R: Etrusque.
> Q: Et qui étaient les Etrusques?
> R: Véhicules Templiers.
> Q: Qu'est ce que cela signifie?
> R: Cherchez et vous trouverez.
> Q: Mais comment suis-je supposée faire cela? Je ne peux rien trouver de plus sur les Etrusques! Que sont les Véhicules Templiers?
> R: Seigneurs Aviens Repentants.
> Q: Qu'est-ce que cela veut dire?
> R: Pour votre recherche. Tout est tiré d'une forme plus ancienne.
> Q: Ensuite: Je constate que Sargon le Grand est un personnage pratiquement inconnu historiquement parlant. Il a été le premier grand roi akkadien de Sumer, mais personne ne sait exactement d'où vient le nom "Akkadien", ni où était située l'Akkadie. Qui était ce Sargon?
> R: Ponctuateur[68] de niveau profond.
> Q: Quoi?!? Qu'est-ce cela veut dire?!
> R: Qu'est-ce que cela implique?
> Q: Eh bien, la ponctuation fait partie du langage, de la grammaire...
> R: Début ou fin.
> Q: Vous, les mecs, vous me rendez complètement folle! Je ne vais

[68] *NdT*: aussi quelqu'un qui écrit la langue hébraïque avec des points, Masorite

jamais rien trouver!
R: Tout est à votre portée.
Q: Je pense qu'il y a une GRANDE clé sur la piste des langues...
R Toutes les langues ont les mêmes racines ...
Q: Que voulez-vous dire?
R: Votre origine.
Q: Vous voulez dire Orion?
R: Intéressante, la similitude des racines des mots, non?
Q: Ah mais! Les similitudes des racines de noms d'un tas de choses sont TRES intéressantes! C'est fabuleux ce que j'ai découvert en remontant à la racine des mots ...
R: Les architectes de vos langages ont laissé des masses d'indices.

Richard Rudgley nous dit dans son ouvrage *The Lost Civilizations of the Stone Age* qu'il existe de nos jours de par le monde entre 5.000 et 10.000 langages différents. Cela fait écho au récit biblique de la Tour de Babel. La question est de savoir, naturellement, s'il y a jamais eu un seul langage commun dans notre lointain passé, qui pourrait suggérer une civilisation globale antédiluvienne. En fait il y en a eu un.

Un linguiste distingué, Hans Pederson, a émis l'opinion qu'il y a sans aucun doute une relation entre les familles de langues supposées distinctes et indépendantes: indo-européenne, sémitique, ouralienne, altaïque, et même esquimaude-aléoutienne. Il avance que tous ces groupes de langues descendent d'une même langue ancestrale qu'il nomme "nostratique", du latin *noster* qui signifie "nôtre". Dans cette langue, il y a de nombreux mots associés à l'agriculture et à l'économie rurale. Cependant, parmi les quelque 2.000 racines du lexique proto-nostratique, nous ne trouvons aucun mot suggérant des notions d'agriculture ou d'économie rurale, mais nous trouvons de nombreux termes associés à la chasse et à recherche de nourriture.

Autrement dit, on pourrait penser que le proto-nostratique appartient au monde post-diluvien, qui est désigné par la science "orthodoxe" comme étant la "Révolution du Néolithique", tandis que la plupart des langues qui en sont dérivées appartiennent à l'époque néolithique d'une économie de production de nourriture.

Il se trouve que le centre le plus ancien d'économie néolithique de l'Eurasie occidentale se situait en Asie du sud-est, ce qui débouche sur une hypothèse préliminaire selon laquelle le proto-nostratique était parlé dans le sud-ouest (pas clair avec précédemment : pourquoi sud-ouest?) asiatique avant l'époque de la "Révolution Néolithique", tandis que la plupart de ses langues dérivées appartenant à l'époque néolithique, se sont étendues sur de larges territoires eurasiens et africains grâce à l'explosion démographique provoquée par la "Révolution du Néolithique".

Maintenant, soyez attentifs: les implications de l'hypothèse du nostratique sont époustouflantes. Cette théorie suggère que la plupart des peuples d'Europe et ceux d'une grande partie de l'Asie *occidentale*, ainsi que des parties de l'Afrique, ont parlé des langues nostratiques très tôt dans la préhistoire avant l'avènement de l'agriculture.

Le projet de reconstruction du vocabulaire de la langue nostratique nous emmène au plus ancien de la période du Paléolithique supérieur, dernière partie du Vieil Age de la Pierre! Si l'hypothèse de la langue nostratique se confirme, alors elle doit avoir plus de 10.000 ans et même plutôt s'approcher des 15.000 ans.

Les linguistes deviennent en fait de plus en plus audacieux, parce qu'il existe une autre hypothèse, encore plus controversée, selon laquelle il y aurait eu une langue Deno-Sino-Caucasienne comprenant des langues aussi diverses que le basque, le chinois, le sumérien et le haidien. Si on peut prouver qu'il s'agit là d'un authentique groupe de langues, alors comme le nostratique et l'eurasien, il doit remonter au Paléolithique supérieur. Certains linguistes avancent même qu'ils peuvent reconstruire l'ancêtre primordial de toutes les langues du monde, une langue appelée le Proto-Global ou le Proto-Mondial. Certains de ces linguistes ont rassemblé des étymologies dont ils pensent qu'elles démontrent l'existence d'un lien entre toutes les familles de langues du monde, et qu'elles ont des corrélations non seulement en terme de significations, mais aussi en terme de prononciation.

De nombreux scientifiques "orthodoxes" sont étonnés et troublés par le fait que ces correspondances existent à travers les âges et les lieux; et que des langues trouvées aux tréfonds des déserts d'Afrique du Sud, des forêts, de l'Arctique et dans des villes européennes, gardent des liens avec un temps reculé où elles doivent toutes avoir été très proches. Mais ils ne peuvent ignorer ces propositions. Une ressemblance accidentelle répétée des significations et des sons à l'échelle mondiale est peu vraisemblable.

Il est frappant que de tels parallèles existent entre des groupes de langues dans des parties du monde éloignées les unes des autres, et ils sont difficiles à écarter d'office comme de simples coïncidences. En fait, cette hypothèse nous ramène plus de 20.000 ans en arrière, à une époque où ces deux macro-familles doivent s'être séparées pour poursuivre chacune son propre chemin.

C'est pour cela que l'étude des mots est tellement importante. Si nous émettons l'hypothèse d'une ancienne technologie avancée, et que les mythes et les légendes sont les *disjecta membra* de cette civilisation, arriver aussi près que possible de la signification originelle des mots est essentiel.

La conclusion est que les diverses proto-langues dites appartenir au groupe nostratique pourraient s'être dispersées depuis la zone où l'agriculture semble s'être développée en premier lieu, c'est-à-dire au Proche-Orient et en Anatolie. Dans ce scénario, l'expansion de ces langues au-delà de leur région pourrait être associée à l'extension de l'agriculture. La langue-mère, le Proto-Nostratique, pourrait donc avoir été localisée quelque part au centre de cette région, et manifestement à une époque précédant celle où l'agriculture a été connue.

Des agriculteurs opposés à des Pasteurs. Cain et Abel. Alors que je parcourais tous les mythes, j'ai été frappée par ce conflit et aussi par la façon dont l'ancien mythe "pastoral" a souvent été transformé en mythe "agricole" avec un renversement concomitant d'imagerie. J'ai questionné les Cassiopéens à ce sujet:

> Q: Une chose que je veux comprendre puisqu'elle est impliquée dans tout cela, est l'idée du "Pasteur". Toutes les anciennes légendes, tous les anciens récits et mythes mènent en fin de compte à quelque chose qui se rapporte au "berger" ou au "Roi Pasteur".
> R: Le berger est très susceptible d'être frappé par la foudre à cause de son bâton, et donc "éclairé" ou "illumené"!.
> Q: Drôle d'orthographe! Mais pourquoi le contraste entre le concept du pasteur et celui de l'agriculteur? Cela remonte aux racines-mêmes de tout: il y a Cain et Abel, Jacob et Esau, Isaac et Ismaël... et d'autres qui sont encore plus anciens, dans des cultures plus anciennes ....
> R: N'êtes-vous pas "cap-Abel" de comprendre cela? N'avez-vous pas appris à explorer vos idées sans préjugés?

Et en vérité, ceci est l'une des grandes clés permettant de retrouver le Graal. Cette transition du "chasseur-cueilleur " à l'"agriculteur" est considérée comme l'une des grandes "révolutions" ou étapes d'évolution de l'humanité. Mais est-ce nécessairement ainsi? Richard Rudgley note en passant:

> "L'étude de l'échantillon provenant des restes d'un crâne trouvé en Asie méridionale a montré qu'il y a eu *un déclin dans la stature du corps, dans la taille du corps et de la durée moyenne de vie lorsque l'agriculture a été adoptée.* ...Sur les 13 études, 10

> ont montré que la durée moyenne de vie a diminué quand l'agriculture a été adoptée." [69]

Mais il y a une implication encore beaucoup plus profonde ici, et nous le voyons dans *l'inversion* de certains mots dans nos langues et dans l'inversion des concepts exprimés dans nos mythes. La compréhension de cette inversion pourrait constituer le seul concept essentiel qui doive vraiment être saisi par l'homme dans toute son existence. Et c'est cette compréhension que les Cassiopéens ont soulignée et que j'ai obtenue en exécutant le travail nécessaire pour équilibrer mes efforts et leur contribution.

Et avant que nous commencions, je veux parler du facteur mentionné par les Cassiopéens: Connaissance = Pouvoir. Il y a une tendance générale tant parmi les chrétiens que les adeptes du Nouvel Age, et que d'autres "sources d'information" selon laquelle un "Dieu aimant" accorde tout à celui qui le demande avec foi. C'est cette perspective fondamentale que nous allons examiner, et je ne veux pas courir (aller ?) trop vite, alors je soumets les remarques qui suivent à l'attention du lecteur et lui demande de les garder en mémoire à mesure que nous progressons vers la révélation de la signification du Saint Graal. Au début, je me suis sentie frustrée parce que les Cassiopéens refusaient tout simplement de répondre à mes questions. Au lieu de cela, ils me donnaient des indices et m'envoyaient faire des recherches. Je me suis alors plainte de nombreuses fois:

> Q: (L) Comment se fait-il que c'est toujours moi qui doive faire le boulot pour tout comprendre?
> R: Parce que vous avez demandé le "pouvoir" de comprendre les questions les plus importantes dans la réalité tout entière. Et nous vous avons assistée dans l'extension de vos connaissances. Apprendre est nécessaire au progrès de l'âme. Rappelez-vous: nous ne sommes pas là pour vous conduire par la main. C'est comme cela que vous pourrez construire votre centre de pouvoir. Tout n'est que leçons, et apprendre est amusant. La connaissance c'est le pouvoir. Si nous vous la distribuons comme des bonbons à la fête d'Halloween, elle sera dispersée. Pourquoi ne faites-vous pas confiance à vos incroyables facultés? Si nous répondons maintenant à votre place, vous serez incapable de le faire quand vous devrez le faire régulièrement, comme ce sera le cas!!!! Apprendre maintenant multiplie par dix votre pouvoir si vous

[69] Rudgley, Richard (1999): *The Lost Civilizations of the Stone Age*. New York: The Free Press

prenez des initiatives plutôt que de nous demander des réponses directes!!! [70]

Ce que je n'ai pas compris alors c'est que pour devenir « moi-même dans le futur » (en supposant que je sois capable d'atteindre ce niveau de connaissance), il me fallait faire le travail qu'ils m'encourageaient à faire. C'est ainsi que je suis partie à la recherche de connaissances sur la base des pistes données par les Cassiopéens, connaissances que je partage à présent avec vous, lecteurs!

VOUS CONNAISSEZ MA MÉTHODE. ELLE EST FONDÉE SUR L'OBSERVATION DE PETITS RIENS[71]

Il me faut ici aborder deux des concepts sur lesquels est fondée ma "méthode d'étude". Le premier est articulé dans un essai du célèbre historien italien Carlo Ginzburg: *Clues: Roots of an Evidential Paradigm*[72].

Dans cet essai, est décrit un aspect crucial des investigations de "l'inconnu", qui peuvent aller de l'investigation criminelle à l'investigation para-physique et physique, en passant par l'investigation historique. En bref, cette approche est "*l'étude approfondie et méticuleuse de détails paraissant triviaux ou sans importance, et qui se révèlent par la suite être d'une importance cruciale.*" C'est ce qu'il décrit comme «l'Ecole Sherlock Holmes de la Connaissance». Ginzburg souligne que dans les histoires de Sir Arthur Conan Doyle, le Dr. Watson, un penseur intelligent mais terre-à-terre, fait contraste avec Holmes, qui se livre à des analyses inhabituelles et "inspirées" de détails qui paraissent sans importance, comme de la cendre de cigarette. Il estime que ce qui est le plus frappant chez Sherlock Holmes c'est son astuce sans pareille. Son succès a été dû davantage à sa faculté de méditer sur les indices, comme sur un terrain de chasse, qu'aux indices eux-mêmes. Les indices étaient sans signification aucune hors d'un certain contexte, et ce contexte était dans l'esprit de Sherlock Holmes. Il CONNAISSAIT son terrain. C'est sur cette base que Holmes pouvait hypothétiquement reconstruire les activités, en utilisant les traces imperceptibles laissées pour indices. Et après avoir reconstruit une action particulière, il était ensuite capable de

[70] Les réponses à cette même question, données au cours de plusieurs sessions, sont rassemblées.

[71] Sherlock Holmes dans: *The Boscombe Valley Mystery (le mystère de la vallée de Boscombe)*, Doyle.

[72] Les Indices, racines d'un paradigme évidentiel

"prédire" la suivante, ou bien il savait où chercher l'imperceptible trace suivante.

Quand on parle de la Queste du Graal il est essentiel de comprendre les conditions de cette quête. Les allégories de "forêts hantées", de "dragons crachant du feu", et de "belles tentatrices" ne sont pas placées sans raison dans le contexte! Il y A un adversaire; quelqu'un qui terrorise par la ruse, l'assaut frontal ou par une duperie sans égal! Ne vous y trompez point: il existe des forces qui ne veulent PAS que quiconque découvre le secret! Et elles sont si incroyablement anciennes, si profondément malignes et même si consciemment mauvaises, que l'esprit humain est incapable de sonder les profondeurs de leur fourberie. Ceux qui pensent qu'ils le peuvent ou qu'ils l'ont fait, ne trouveront jamais la "Pierre". Ils ont déjà sauté sur la supposition qu'elle équivaut à être branché à un goutte-à-goutte d'héroïne. Et cela est pure présomption et vanité.

Suivre une piste n'est pas seulement une pratique "intellectuelle": cela demande souvent un discernement considérable, étendu, réfléchi et inspiré. "Celui qui lit les signes" doit SAVOIR SUR LA PISTE DE QUOI IL EST, parce qu'il est rare qu'il dispose d'un ensemble complet de traces. Il lui faut identifier l'action sur la base de quelques signes, qui ont très probablement été délibérément falsifiés.

Dans la recherche historique et métaphysique, il faut systématiquement rassembler des données. Malheureusement, les conditions sont les plus mauvaises qui se puissent imaginer en ce qui concerne la quête de la vérité, parce que, non seulement la piste est "froide" mais il y a eu en outre des tentatives délibérées de masquer cette piste. Il y a là de nombreux "Dr. Watson" qui s'agitent et détruisent des informations, dans leurs tentatives bien intentionnées mais mal dirigées de trouver des réponses parmi les éléments qui ont clairement été semés délibérément pour envoyer le chercheur sur une mauvaise piste.

En ce sens, religions et mythes sont également importants en tant qu'indices matériels réels, mais pas dans le sens généralement compris à cet égard. J'ai un jour demandé aux Cassiopéens des explications au sujet des légendes du Graal, qui comprennent les histoires du voyage de Joseph d'Arimathie de Marie-Madeleine transportant le Graal à travers toute l'Europe, le Graal étant, dans ces récits, à la fois un objet et un lignage sacré.

> Q: Qui a créé les légendes du Saint Graal et de Joseph d'Arimathie a) en France, ou b) en Angleterre? Qui a été à l'origine de la création de ce groupe de légendes?
> R: Pas un groupe de légendes.

Q: Pourquoi le XIIe siècle a-t-il été le point focal de la propagation des légendes du Graal, les troubadours, et tout ça?
R: Début de la "Renaissance."
Q: L'histoire veut qu'il existe de très nombreuses légendes en France à ce sujet, qu'il y ait des cavernes ou endroits où Joseph et Marie-Madeleine auraient passé la nuit. Est-ce que Joseph d'Arimathie a réellement voyagé en France et puis en Angleterre avec Marie-Madeleine ou d'autres disciples de Jésus?
R: Non.
Q: Est-ce qu'il est venu seul en France?
R: Non.
Q: Quelle est la source de ces histoires? Quel est le but de ces histoires?
R: Déviation.
Q Déviation de quoi vers quoi ou à partir de quoi?
R: Vérité du destinataire.

C'est ainsi que, dès le départ, nous comprenons qu'il y a eu quelque chose d'important dont il a été fait état à cette époque, et que les récits du Saint Graal -tels qu'ils sont constitués- ont été écrits en fait pour éviter que l'attention se porte sur *quelque chose d'autre*.

Mais il y a un problème plus profond ici, que je voudrais esquisser. Notre monde est généralement expliqué en termes réducteurs, ce qui correspond à la façon de voir de la science "conventionnelle" qui a perdu son approche "véritablement" scientifique et a été convertie en ce que l'on pourrait appeler la "religion de la science" ou la "police de la pensée". La science a altéré les explications de tout cela en le réduisant à ses composantes mécaniques, de sorte qu'il manque un élément essentiel capable de donner vie à notre vie. La science conventionnelle explique la religion comme étant un "vœu pieux" et l'amour comme n'étant rien d'autre qu'une chimie entre les cellules du corps. Le "scientisme" progressiste s'affirme être raison, et la raison est supposée faire un dieu de l'homme, du moins éthiquement parlant. Mais cela ne marche pas. Vous pouvez regarder partout autour de vous, vous verrez que cela ne marche pas. Nous vivons dans une maison des horreurs, funestement technologique, et nous sommes sans défense face à tout ce qui concerne l'état de notre existence.

Les faits simples et durs (plutôt purs et simples) sont que: la science telle qu'elle est pratiquée de nos jours, ne peut nous donner l'explication de l'ordre de l'univers. Dans notre réalité présente, c'est seulement grâce à une science REELLE, combinée au niveau actuel des connaissances technologiques scientifiques, que nous avons une petite chance de «ré-assembler» et comprendre les connaissances scientifiques du passé. Donc, la seule chose rationnelle que nous puissions faire c'est de mettre au défi les idées les plus fondamentales de la science conventionnelle, c'est-à-dire: le progrès scientifique est-il vraiment aussi évolutionniste qu'on le prétend; l'humanité a-t-elle évolué depuis des sauvages sans vêtements jusqu'aux prouesses technologiques actuelles; allons-nous de l'ignorance la plus profonde aux avancements les plus élevés ? Oui, nous savons qu'il y a eu progrès, de nombreuses fois et de nombreuses manières; mais l'histoire de l'homme semble être une histoire de dégénérescence alternant avec des progrès, et des progrès technologiques non équilibrés par un développement éthique ou spirituel. La science et la religion se sont égarées dans des vues étroites et déformées de l'univers. Quelque chose cloche dans ce tableau, et il nous faut découvrir ce que c'est.

Nous proposons l'idée que le thème de la Queste du Graal est constitué de variations diverses sur une idée unique: très loin dans le passé il y a eu Connaissance, Technologie de Vraie Sagesse. En outre, nous suggérons que cette Connaissance a été largement connue et appliquée pendant l'Age d'Or. Nous pensons en outre que l'Ancienne Technologie a survécu, bien que peut-être morcelée et obscurcie par des "doctrines magiques", des mythes et rituels religieux qui ont depuis longtemps perdu leur signification première. Je pense aussi que l'Ancienne Technologie a survécu dans des écoles ésotériques, alimentée en secret et transmise au monde à petites doses, de temps en temps, par quelques élus qui éprouvent de la compassion pour l'humanité.

Avons-nous quelqu'indice (quelque indice?) prouvant l'existence de cette Ancienne Technologie en des temps reculés? Je crois que oui. En outre, je crois qu'il est possible de retrouver ses traces et de l'analyser grâce aux outils scientifiques, et de découvrir les concepts scientifiques exposés dans des doctrines religieuses et des mythes. Ces connaissances peuvent avoir été véhiculées sous différentes formes, dans différents contextes et à différents niveaux de compétences par différents groupes sociaux. Certains de ces groupes ont progressé, d'autres non. Certains ont tout oublié et ne racontent plus que des histoires. Mais ils sont tous d'accord sur un point: le Temps n'est pas ce qu'il nous paraît être.

LA TERRIBLE HISTOIRE

Le Temps est bien sûr ce dont nous discutons quand nous parlons d'Histoire. L'histoire de l'humanité, quand on la considère objectivement, est terrible. Beaucoup de gens se protègent de cette terreur en érigeant des défenses personnelles compliquées: des "mythes personnels" en quelque sorte, afin de pouvoir poursuivre leur vie prosaïque sans être paralysés par le poids écrasant des "durs événements de la vie telle qu'elle est". Le Temps est une "forêt hantée" pleine de ronces et de bêtes sauvages, et c'est seulement après avoir "réussi l'épreuve" de la force et de l'incorruptibilité que l'on obtient la faveur d'un aperçu du Graal.

En règle générale, l'Homme est sans défense face au Temps et à l'Histoire, aux catastrophes cosmiques, aux massacres militaires, aux injustices sociales, aux revers de fortune personnels et familiaux, et toutes les adversités dont il est assailli au cours de son existence, et dont la liste est trop longue pour pouvoir être énumérée. Tous doivent affronter la mort et la destruction -les riches comme les pauvres, les hommes libres comme les esclaves, les jeunes et les vieux, les bons et les mauvais- et ce, selon un arbitraire et une insouciance qui, lorsqu'on les regarde en face même ne serait-ce qu'un instant, peuvent détruire les mythes personnels les mieux construits. Cela est un FAIT, et pour citer le Don Juan de Castañeda: "un fait sacrément effrayant!"

A d'innombrables reprises, l'homme a vu ses champs et son bétail détruits par la sécheresse et la maladie, ses proches tourmentés et décimés par la maladie ou la cruauté humaine, une vie de travail réduite à néant en un instant par des événements sur lesquels il n'a aucun contrôle. L'étude de l'Histoire au travers de ses diverses disciplines offre de l'humanité, une image quasiment insoutenable. Les exactions de tribus avides envahissant, conquérant et détruisant dans les ténèbres de la préhistoire; les envahisseurs barbares, les bains de sang des croisades catholiques d'Europe contre les "infidèles" du Moyen-Orient; les traques de la "terreur du midi" de l'Inquisition pendant lesquelles les martyrs ont éteint les flammes des bûchers avec leur sang; les sauvages holocaustes des génocides modernes; les guerres, les famines, les épidémies de peste. Tout cela donne un sentiment intolérable d'impuissance devant ce qu'un grand historien des religions, Mircea Eliade, nomme la Terreur de l'Histoire.

Certains disent que tout cela est du passé; que l'humanité est entrée dans une nouvelle phase; que la science et la technologie nous ont amenés quasiment au point où toutes ces souffrances pourront être arrêtées. Nombreux sont ceux qui croient en un mythe de la Science postulant que l'Homme évolue, que la société évolue, et que nous sommes maintenant à même de contrôler le mal arbitraire qui nous environne. Tout ce qui n'appuie pas cette idée est réinterprété ou ignoré.

On nous assure que non seulement nous avons évolué en tant qu'êtres humains depuis nos ancêtres primates, mais que notre culture évolue également. La Science a mis à notre disposition les programmes de l'espace, le laser, la télévision, la pénicilline, les sulfamides, et un tas d'autres découvertes utiles qui devraient rendre notre vie plus tolérable et fructueuse. Cependant, il est aisé de voir que ce n'est pas le cas. Après trois siècles de domination scientifique, on peut dire que l'homme n'a jamais été aussi près de sa destruction totale.

Notre vie en tant qu'individus, groupes et cultures se détériore sans arrêt. L'air que nous respirons et l'eau que nous buvons sont pollués au-delà de ce que nous pouvons endurer. Notre nourriture est bourrée de substances qui n'ont que très peu à voir avec l'alimentation mais qui, au contraire, mettent en péril notre santé. Le stress et la tension font maintenant partie de notre vie et il est démontré que des millions de gens en sont morts. La haine, l'envie, l'avidité, la convoitise croissent de manière exponentielle. Le crime se développe neuf fois plus vite que la population. Nous avalons d'innombrables pilules pour nous endormir, nous réveiller, faire notre travail, calmer nos nerfs et nous permettre de nous sentir bien. Les habitants de la Terre dépensent plus d'argent à acheter des drogues récréationnelles que des logements, des vêtements, de la nourriture, de l'instruction, enfin que n'importe quels autres produits et services.

Et les maux anciens sont toujours parmi nous, comme peuvent le constater ceux qui parviennent à émerger assez longtemps de leurs "mythes personnels" pour entrer en contact avec la réalité. Les sécheresses, famines, pestes et désastres naturels moissonnent toujours leur part annuelle de vies et de souffrances. Si nous ajoutons à cela les guerres, insurrections, et purges politiques, nous voyons qu'il n'y a pas seulement, chaque année, des millions de tués pour des raisons politiques, mais qu'il y a des millions et des millions de gens de par le monde qui ne disposent pas d'une nourriture suffisante, d'un logement décent, ni de soins de santé. Plus de cent millions d'enfants sont morts de faim pendant les dix dernières années du XXe siècle.

Lorsque l'homme contemple l'Histoire TELLE QU'ELLE EST il est forcé de constater qu'il se trouve dans les griffes d'acier d'une existence qui semble n'avoir aucune compassion ni souci de ses peines et de ses souffrances. Sans cesse, les mêmes souffrances s'abattent sur l'humanité, multipliées par des millions et des millions de fois au cours des millénaires. Le total de la souffrance humaine est aberrant. Je pourrais écrire jusqu'à la fin des temps, en utilisant des océans d'encre et des forêts entières de papier, sans parvenir à décrire cette terreur de manière appropriée.

La bête de la calamité arbitraire a toujours été parmi nous. Car depuis les premiers battements d'un cœur humain qui a lancé la circulation du sang chaud dans un corps fragile, qui a rayonné de l'ineffable douceur de la vie et a aspiré à tout ce qui est bon, droit et aimant, la bête méprisante, bavante, et intentionnée d'un mal peut-être inconscient, a été à l'affût, se pourléchant les babines dans l'attente de son prochain festin de terreurs et de souffrances.

Car cette malédiction de Cain existe depuis le commencement des temps. Et depuis les jours les plus anciens, le cri a toujours été: "Mon châtiment est trop grand par rapport à ce que je peux supporter!"

Eliade et d'autres spécialistes en mythes et religions ont conjecturé que dans les temps anciens, dès que l'homme a eu la perception de cette condition intolérable et incompréhensible de son existence, il a créé des cosmogonies pour justifier les "cruautés, aberrations, et tragédies de l'Histoire". Et cependant, lorsque nous étudions des mythes et légendes, nous trouvons au plus profond de celles-ci que les défenses contre l'Histoire ont quelque chose à voir avec le Temps. Les mythes religieux sont nombreux et variés, mais quand ils sont dépouillés de tous leurs masques trompeurs le point principal de la discussion est celui-ci: quel est le concept de Temps utilisé à la base du mythe: un temps cyclique ou un temps linéaire?

Certains disent que les formules et images mythiques/religieuses utilisées par les "primitifs" pour exprimer leur réalité paraissent infantiles et absurdes. Cependant, Eliade voit dans les mythes religieux, un effort désespéré pour ne pas perdre le contact avec le fait d'Etre (justification de l'existence en face du monde cruel) et pour trouver une signification, une ontologie archaïque.

Ici aussi, je suggère que cette ontologie archaïque est ce qui reste d'une science et d'une technologie avancées dont l'homme disposait "avant sa chute".

Ici aussi, nous émettons l'hypothèse que les mythes, rituels, et cérémonies de religions anciennes ne sont que des fragments qui subsistent d'une technologie dont la vraie signification a disparu. En outre, nous pourrions penser que s'il découvre les secrets de cette "technologie" l'homme aura une chance de se libérer de la Terreur de l'Histoire.

Qu'est-ce donc que cette technologie secrète? C'est rien moins que le Saint Graal, l'Arche d'Alliance, la Pierre philosophale.

En ce moment on discute beaucoup du temps, parce que la rumeur dit que nous arrivons à la Fin des Temps et même du

Monde. Est-ce que cela peut être vrai? Et dans l'affirmative, quelles sont les implications d'une telle idée par rapport à la nature de notre univers? Et si ce n'est pas vrai, alors d'où vient une telle idée et pourquoi est-elle si populaire?

Si nous travaillons en prenant pour base notre hypothèse selon laquelle il y a eu "un temps d'avant", un Age d'Or dont l'homme est "tombé", et en la mettant à l'épreuve, il nous faut examiner avec soin la question du temps.

Temps: Cadre dans lequel nous vivons, bougeons et sommes.

La question d'Etre et d'Agir (le Libre Arbitre) implique un contexte temporel. Oui, il est possible de concevoir que l'on puisse "être" hors du temps, mais pour pouvoir "agir" il nous faut un contexte. Ce n'est qu'une supposition, mais basons-nous sur elle "pour le moment".

QUELQUES MOTS À PROPOS DE LA DATATION RADIOMÉTRIQUE

La méthode la plus répandue pour déterminer l'âge d'un fossile est de lui attribuer "l'âge connu" de la strate rocheuse dans lequel il se trouve. Et la méthode la plus répandue pour déterminer l'âge de la strate rocheuse est de la dater par "l'âge connu" des fossiles qu'elle contient. Dans cette méthode "circulaire" de datation, tous les âges sont basés sur des assertions "uniformitaires" concernant les époques et l'ordre dans lesquels on pense que plantes et animaux ont évolué. La plupart des gens sont surpris qu'il n'existe en fait aucune manière directe de déterminer l'âge de n'importe quel fossile ou roche. Les méthodes prétendument "absolues" de datation (méthodes radiométriques) ne mesurent en fait que les taux présents d'isotopes radioactifs et de désintégration spontanée dans des spécimens appropriés, mais elles ne mesurent pas leur âge. Ces mesures de taux sont ensuite extrapolées en détermination "d'âges".

Le problème de toutes les "horloges" radiométriques est que leur précision dépend étroitement de plusieurs hypothèses de départ, en grande partie basées sur de l'inconnaissable. Pour dater un spécimen par radiométrie il faut d'abord connaître la quantité de départ d'isotope père au début de l'existence du spécimen. En deuxième lieu, il faut être certain qu'il n'existait aucun isotope engendré au début. En troisième lieu, il faut être certain qu'aucun isotope père ou engendré n'a jamais été ajouté au, ou ôté du spécimen. Et quatrièmement, il faut être certain que le rapport isotopique de décomposition spontanée de l'isotope père en isotope engendré n'a jamais varié. Il est manifeste, d'après les "dates" radiométriques trouvées dans la littérature (pour ne rien dire des dates "rejetées") que souvent, une ou plusieurs de ces prémisses sont erronées.

L'un des problèmes les plus évidents est que plusieurs échantillons provenant d'un même endroit donnent souvent des âges très différents. Par exemple, les échantillons lunaires ramenés par Apollo ont été datés par deux méthodes: la méthode à l'uranium-thorium-plomb et la méthode au potassium-argon; et les résultats obtenus varient de 2 millions à 28 milliards d'années. Les coulées de lave en provenance du volcan du bord septentrional du Grand Canyon (qui est entré en éruption après la formation de celui-ci) donnent des datations au potassium-argon plus anciennes de 2 milliards d'années que les plus anciennes roches du fond du canyon. Des échantillons de lave en provenance de volcans sous-marins des environs d'Hawaii (et que l'on sait être entrés en éruption au XIXe siècle: en 1801) ont été datés par le potassium-argon, méthode qui a donné des dates variant entre 160 millions et 3 milliards d'années. Il n'est dès lors pas étonnant que *tous les laboratoires qui pratiquent la datation de roches exigent de connaître à l'avance l'âge "évolutionnaire" (par rapport à l'évolution) de la strate dont les échantillons ont été extraits. Ainsi, ils savent quelles dates ils peuvent accepter comme "raisonnables" et quelles dates ils peuvent écarter d'office.*

Plus précisément, cette datation est basée sur la prémisse que rien de "vraiment exceptionnel" ne s'est passé dans cet intervalle de temps. Ce que j'entends par "vraiment exceptionnel" est ceci: un événement théoriquement possible, mais dont le mécanisme n'est pas encore compris en termes de paradigmes établis. Par exemple: *deux univers différents qui se seraient croisés.* Cela est théoriquement possible, selon les théories physiques modernes, mais est trop spéculatif pour qu'on puisse discuter de cette probabilité et des conséquences éventuelles.

Est-ce qu'un tel événement pourrait changer les données de la désintégration spontanée radioactive? Est-ce qu'il pourrait changer les valeurs de certaines constantes physiques fondamentales? La réponse est "oui".

Est-il possible que des événements de ce genre se soient produits dans le passé? La réponse est "oui". Combien possible? Nous ne le savons pas. Nous ne savons pas, en fait, ce que veut dire exactement "deux univers qui se croisent".

En plus de l'idée de cataclysmes qui pourraient avoir détruit à plusieurs reprises des civilisations anciennes, il y a encore autre chose à prendre en considération, qui a un rapport particulier avec la décomposition spontanée radioactive: que d'anciennes civilisations pourraient avoir été détruites par des guerres nucléaires.

Selon les scientifiques Richard Firestone du Lawrence Berkeley Laboratory et William Topping, la datation au Radiocarbone montre que des vestiges du Pléistocène en provenance du nord-est de l'Amérique, seraient *de plus de 10.000 ans plus jeunes* que ceux en provenance de l'ouest de l'Amérique. La datation par d'autres méthodes, comme par exemple la thermoluminescence (TL), la géoarchéologie, ou la sédimentation suggère que de nombreuses dates obtenues par le radiocarbone sont grossièrement erronées. Par exemple, pour des matériaux provenant du site paléo-indien de Gainey dans le Michigan, le radiocarbone donne une date de 2.880 avant J.C., et la TL donne une date de 12.400 avant J.C. Il semble que de telles anomalies soient nombreuses dans le nord des Etats-Unis et au Canada, et elles ne peuvent être expliquées par d'anciennes aberrations dans l'atmosphère, d'autres réceptacles de radiocarbone, ni par une contamination des échantillons (source habituelle d'erreur dans la datation au radiocarbone). En supposant l'utilisation de méthodes correctes de datation au radiocarbone, des restes organiques associés à un produit manufacturé ne donneront un âge radiocarbonique plus jeune que ces restes ne le sont en réalité, que s'ils contiennent une base de radiocarbone élevée artificiellement.

> Nos recherches indiquent que toute la région des Grands Lacs (et au-delà) a subi des bombardements par des particules et une irradiation nucléaire catastrophique qui a produit des neutrons thermiques secondaires en provenance d'interactions de rayons cosmiques. Les neutrons ont produit des quantités anormalement élevées de Pu239 et ont ainsi substantiellement altéré les quantités d'uranium naturel dans les produits manufacturés et dans d'autres matériaux exposés, y compris les chailles [73], les sédiments, et le paysage tout entier. Ces neutrons ont nécessairement transmué en radiocarbone l'azote résiduel se trouvant dans les charbons datés, ce qui explique les anomalies de dates. [...]
>
> Le niveau de C14 dans le fossile étudié se serait alors élevé. L'excès global de radiocarbone se serait ensuite décomposé, avec une demi-vie de 5.730 ans, ce que l'on devrait pouvoir observer dans l'analyse du radiocarbone de divers systèmes.[...]
>
> De brusques augmentations de C14 sont observées dans des éléments marins en 4.000, 32.000-34.000, et 12.500 ans avant J.C.

[73] Les chailles sont en fait des morceaux de verre. Elles sont composées de silice presque pure chauffée jusqu'à former de petits éclats de verre .

> Ces augmentations coïncident avec des excursions géomagnétiques. [...]
>
> L'énorme énergie dégagée par la catastrophe qui s'est produite en 12.500 avant J.C. pourrait avoir chauffé l'atmosphère jusqu'à plus de 1.000° C dans la région du Michigan, et le flux de neutrons dans des endroits situés plus au nord aurait pu faire fondre une quantité considérable de glace. Les effets des radiations sur les plantes et les animaux exposés aux rayons cosmiques auraient été mortels, comparables à une irradiation dans un réacteur de 5 mégaWatts pendant plus de 100 secondes.
>
> Le schéma général de la catastrophe suit celui des extinctions en masse d'avant les temps de l'Holocène. L'hémisphère occidental doit avoir été plus affecté que l'hémisphère oriental, l'Amérique du Nord doit avoir été plus affectée que l'Amérique du Sud, et le nord-est de l'Amérique doit avoir été plus affecté que le nord-ouest. L'extinction dans la région des Grands Lacs a été plus rapide et radicale que partout ailleurs. Les grands animaux ont été plus atteints que les plus petits, un schéma qui est conforme au fait que l'exposition aux radiations affecte davantage les grands corps que les petits.[74]

Les preuves découvertes par Firestone et Topping sont surprenantes à plus d'un égard. Mais le fait est que l'on a trouvé ce qui semble être des preuves de ces événements dans des régions aussi distantes les unes des autres que l'Inde, l'Irlande, l'Ecosse, la France, et la Turquie: d'anciennes cités dont la brique et les murs de pierre ont littéralement été vitrifiés, c'est-à-dire qu'ils ont fondu comme du verre. Il y a également des éléments de preuve de vitrification dans des forteresses et des cités bâties en pierre. Il semble que les seules explications à de telles anomalies soient, ou bien une explosion atomique, ou bien quelque chose qui a pu produire des effets similaires, et sur lequel nous reviendrons bientôt.

[74] Firestone, Richard B., Topping, William, *Terrestrial Evidence of a Nuclear Catastrophe in Paleoindian Times*, dissertation research, 1990 - 2001.

CHAPITRE IV
RÉALITÉ HYPERDIMENSIONNELLE

L'ESPACE HYPERDIMENSIONNEL – ROYAUME DES "DIEUX"

La Question du Temps dans les Mythes

Dans de nombreux récits ayant pour sujet le Graal, la description du château du Roi-pêcheur comporte d'intéressantes anomalies temporelles: c'est un lieu où le temps ralentit ou même s'arrête. C'est aussi le cas dans les légendes celtiques de la Tête de Bran le Béni, en présence de laquelle ses guerriers festoient et s'amusent, sans avoir conscience du passage du temps.

Ce thème fait surface avec une grande régularité et suggère une signification profonde et ancienne, qui deviendra plus apparente à mesure que nous progressons.

Le concept le plus ancien du temps est associé à la "Déesse" et est cyclique - comme les femmes. Tout n'est "réel" que pour autant qu'il y ait quelque rapport avec un signe archétypal - *illud tempus* – du début.

> "Chaque héros a répété les gestes archétypaux, chaque guerre a été la répétition de la lutte entre le bien et le mal, chaque nouvelle injustice sociale a été identifiée avec la passion d'un messager divin, chaque nouveau massacre a été la répétition de la fin glorieuse des martyrs. ... (ponctuation ?) Une seule chose compte: en vertu de cette vision des choses, des millions d'hommes ont pu endurer, siècle après siècle, d'énormes pressions historiques sans tomber dans le désespoir, sans vouloir se suicider, sans tomber dans l'aridité spirituelle qui est toujours accompagnée d'une vue relativiste ou nihiliste de l'Histoire"[75].

Voilà un développement de l'idée selon laquelle le monde dans lequel nous vivons est une "forme", un "reflet" ou un "double" d'un autre monde cosmique existant sur un plan supérieur. Ce sont des archétypes célestes. Platon a donné de cela une explication qui est toujours la meilleure, dans sa simplicité:

---

[75] Eliade, 1954, op. cit.

SOCRATE (S) - Maintenant, représente-toi notre nature selon qu'elle a été instruite ou ne l'a pas été, sous des traits de ce genre: imagine des hommes dans une demeure souterraine, une caverne, avec une large entrée, ouverte dans toute sa longueur à la lumière: ils sont là les jambes et le cou enchaînés depuis leur enfance, de sorte qu'ils sont immobiles et ne regardent que ce qui est devant eux, leur chaîne les empêchant de tourner la tête. La lumière leur parvient d'un feu qui, loin sur une hauteur, brûle derrière eux; et entre le feu et les prisonniers s'élève un chemin en travers duquel imagine qu'un petit mur a été dressé, semblable aux cloisons que des montreurs de marionnettes placent devant le public, au-dessus desquelles ils font voir leurs marionnettes. [...]

Imagine le long du mur des hommes qui portent toutes sortes d'objets qui dépassent du mur; des statuettes d'hommes et d'animaux, en pierre, en bois, faits de toutes sortes de matériaux; parmi ces porteurs, naturellement il y en a qui parlent et d'autres qui se taisent. [...]

Ils nous ressemblent. Penses-tu que de tels hommes aient vu d'eux-mêmes et des uns et des autres autre chose que les ombres projetées par le feu sur la paroi de la caverne qui leur fait face? [...]

Et pour les objets qui sont portés le long du mur, est-ce qu'il n'en sera pas de même? [...] Mais, dans ces conditions, s'ils pouvaient se parler les uns aux autres, ne penses-tu pas qu'ils croiraient nommer les objets réels eux-mêmes en nommant ce qu'ils voient?[...]

Et s'il y avait aussi dans la prison un écho que leur renverrait la paroi qui leur fait face? Chaque fois que l'un de ceux qui se trouvent derrière le mur parlerait, croiraient-ils entendre une autre voix, à ton avis, que celle de l'ombre qui passe devant eux? [...] Non, de tels hommes ne penseraient absolument pas que la véritable réalité puisse être autre chose que les ombres des objets fabriqués. [...]

Envisage maintenant ce qu'ils ressentiraient à être délivrés de leurs chaînes et à être guéris de leur ignorance, si cela leur arrivait, tout naturellement, comme suit: si l'un d'eux était délivré et forcé soudain de se lever, de tourner le cou, de marcher et de regarder la lumière; s'il souffrait de faire tous ces mouvements et que, tout ébloui, il fût incapable de regarder les objets dont il voyait auparavant les ombres, que penses-tu qu'il répondrait si on lui disait que jusqu'alors il n'a vu que des futilités mais que, maintenant, plus près de la réalité et tourné vers des êtres plus réels, il voit plus juste; lorsque, enfin, en lui montrant chacun des objets qui passent, on l'obligerait à force de questions à dire ce que c'est, ne penses-tu pas qu'il serait embarrassé et trouverait que ce qu'il voyait auparavant était plus véritable que ce qu'on lui montre maintenant? [...]

Si on le forçait à regarder la lumière elle-même, ne penses-tu pas qu'il aurait mal aux yeux, qu'il la fuirait pour se retourner vers les choses qu'il peut voir et les trouverait vraiment plus distinctes que celles qu'on lui montre? [...]

Mais si on le traînait de force tout au long de la montée rude, escarpée, et qu'on ne le lâchât pas avant de l'avoir tiré dehors à la lumière du soleil, ne penses-tu pas qu'il souffrirait et s'indignerait d'être ainsi traîné; et que, une fois parvenu à la lumière du jour, les yeux pleins de son éclat, il ne pourrait pas discerner un seul des êtres appelés maintenant véritables? [...] Il aurait, je pense, besoin de s'habituer pour être en mesure de voir le monde d'en haut. Ce qu'il regarderait le plus facilement d'abord, ce sont les ombres, puis les reflets des hommes et des autres êtres sur l'eau, et enfin les êtres eux-mêmes. Ensuite il contemplerait plus facilement pendant la nuit les objets célestes et le ciel lui-même - en levant les yeux vers la lumière des étoiles et de la lune - qu'il ne contemplerait, de jour, le soleil et la lumière du soleil. [...]

Finalement, je pense, c'est le soleil, et non pas son image dans les eaux ou ailleurs, mais le soleil lui-même à sa vraie place, qu'il pourrait voir et contempler tel qu'il est. [...] Après cela il en arriverait à cette réflexion, au sujet du soleil, que c'est lui qui produit les saisons et les années, qu'il gouverne tout dans le monde visible, et qu'il est la cause, d'une certaine manière, de tout ce que lui-même et les autres voyaient dans la caverne. [...] Mais quoi, se souvenant de son ancienne demeure, de la science qui y est en honneur, de ses compagnons de captivité, ne penses-tu pas qu'il serait heureux de son changement et qu'il plaindrait les autres? [...]

Et les honneurs et les louanges qu'on pouvait s'y décerner mutuellement, et les récompenses qu'on accordait à qui distinguait avec le plus de précision les ombres qui se présentaient, à qui se rappelait le mieux celles qui avaient l'habitude de passer les premières, les dernières, ou ensemble, et à qui était le plus capable, à partir de ces observations, de présager ce qui devait arriver: crois-tu qu'il les envierait? Crois-tu qu'il serait jaloux de ceux qui ont acquis honneur et puissance auprès des autres, et ne préférerait-il pas de loin endurer ce que dit Homère: "être un valet de ferme au service d'un paysan pauvre", plutôt que de partager les opinions de là-bas et de vivre comme on y vivait. [...]

Et réfléchis à ceci: si un tel homme redescend et se rassied à la même place, est-ce qu'il n'aurait pas les yeux offusqués par l'obscurité en venant brusquement du soleil? [...] Et s'il lui fallait

> à nouveau donner son jugement sur les ombres et rivaliser avec ces hommes qui ont toujours été enchaînés, au moment où sa vue est trouble avant que ses yeux soient remis - cette réaccoutumance exigeant un certain délai - ne prêterait-il pas à rire, ne dirait-on pas à son propos que pour être monté là-haut, il en est revenu les yeux gâtés et qu'il ne vaut même pas la peine d'essayer d'y monter; et celui qui s'aviserait de les délier et de les emmener là-haut, celui-là s'ils pouvaient s'en emparer et le tuer, ne le tueraient-ils pas? [...]
>
> Ce tableau, il faut l'appliquer entièrement à ce qu'on a dit auparavant: en assimilant le monde visible au séjour de la prison, et la lumière du feu au rayonnement du soleil. Et si tu poses que la montée et la contemplation des réalités d'en haut représentent l'ascension de l'âme vers le monde intelligible, tu ne te tromperas pas sur ma pensée, puisque tu désires la connaître; et Dieu sait si elle est vraie [...] [76]

Si nous envisageons un monde semi-physique se projetant dans notre réalité, il nous faut également prendre en considération le facteur Temps. Dans notre géométrie, nous définissons un point comme un segment infinitésimal d'une ligne. Une ligne est une section transversale infinitésimale d'un plan, et un plan est un segment infinitésimal d'un solide. Dès lors, notre réalité tri-dimensionnelle doit être définie comme une série de segments infinitésimaux d'un corps quadri-dimensionnel. Conceptuellement parlant, cela signifie que notre réalité tout entière est un segment d'un corps quadri-dimensionnel, un monde de dimensions potentielles au-delà de la contemplation tri-dimensionnelle.

Nous considérons généralement que le passé n'existe plus. Le futur n'existe pas encore, et le "présent" se rapporte à la transition momentanée d'une non-existence à une non-existence!

Mais, s'il est vrai que seul le "maintenant" existe, alors la conclusion logique est qu'en tant qu'unités de conscience déchiffrant des ondes, nous sommes d'une certaine manière responsables de notre perception du temps. Nous considérons le temps comme linéaire, long ou court, une ligne sans fin, une progression du passé vers le futur. Mais ceci pose un problème insoluble. Sur une ligne, «MAINTENANT» est un point mathématique d'une infinie petitesse: il n'a pas de dimension! *En toute logique scientifique, il n'existe pas!*

---

[76] *La République*: Livre VII,

DIMENSIONS MATHÉMATIQUES

Le premier mathématicien à avoir exploré la quatrième dimension, William Rowan Hamilton, est né en 1805. Hamilton était si précoce qu'il a été capable de lire la Bible à trois ans, âge auquel il s'est mis également à l'étude des caractères hébraïques. Dès l'âge de 10 ans, il était capable de lire l'hébreu, le persan, l'arabe, le sanscrit, le bengali, le latin et le grec, ainsi que plusieurs langues européennes modernes. Hamilton était si doué en calcul mental qu'on l'opposa, lors d'un concours, à un garçon du Vermont qui parcourait le pays en tant que prodige du calcul. Hamilton fut déçu quand il s'aperçut que son adversaire ne disposait d'autres connaissances que ses extraordinaires talents mathématiques.

Pendant ses études universitaires, Hamilton rejoignit le mouvement Tractarien, une organisation religieuse dont était membre Samuel Taylor Coleridge. Coleridge avait dans l'idée que l'algèbre était la science du Temps, et apparemment, cette idée influença profondément Hamilton, qui découvrit un ensemble de nombres quadridimensionnels: les "quaternions." Bien qu'il fût un mathématicien de génie, Hamilton était incapable de penser au-delà du monde strictement matériel, et bien que son travail eût abouti à une quatrième dimension, Hamilton ne put jamais considérer celle-ci comme "réelle".

La phase suivante de développement du concept d'un espace quadridimensionnel a été l'œuvre de Ludwig Schlaefli, un maître d'école suisse. Il a compris que l'idée de quatre dimensions était la suite conceptuelle des trois premières dimensions spatiales. Lorsqu'il était maître d'école, Schlaefli ne fréquentait pas les universitaires, et ceci peut avoir joué un rôle dans le fait qu'il a pu développer cette nouvelle géométrie au début de sa carrière, avant de rejoindre la faculté de mathématiques de l'Université de Berne. Il est intéressant de noter que Grassmann, qui a également exploré une algèbre ingénieuse des dimensions supérieures, a lui aussi été maître d'école. Ses écrits sont restés ignorés pendant de nombreuses années.

Pendant cette période, quiconque orientait ses travaux dans cette direction était considéré comme un peu toqué, alors que ce que eux faisaient en réalité n'était rien d'autre que suivre une tradition *reposant sur une pensée pure capable de les emmener au-delà de ce qui pouvait être confirmé dans le monde des sens.*

MAGIE DE LA PENSÉE ABSTRAITE

De nombreux gourous New Age (ailleurs – chap précédent- cela est traduit en « Nouvel Age ») enseignent que la Connaissance Supérieure ne peut être obtenue directement que par le chemin du "coeur". Pour ce faire, ils ont recours à d'innombrables techniques et rituels destinés à «éteindre» la pensée et induire la "sensation". Ceci n'est qu'une simple variante de la routine de la "foi aveugle", selon laquelle seule la Connaissance apportée directement par Dieu est "vraie" et toute connaissance acquise par des moyens humains ne peut être que billevesée.

Ce qui est intéressant à ce propos, c'est que voilà encore un exemple de désinformation: du mensonge emballé dans de la vérité pour le rendre plus facile à avaler. Comme nous l'avons déjà souligné, la majeure partie de ce que l'on fait passer pour "techniques d'ascension" n'est pas très différente d'une stimulation des produits chimiques qui se trouvent dans le corps, ce qui produit une "sensation de bien-être", mais ne fait rien pour élever le niveau de l'Etre.

Ainsi que nous l'avons déjà dit: il y a une "gravité" dans le monde du Non-Etre, qui est le centre de pensée qui "crée" la matière. La matière est la nature prédominante de notre réalité. Cela nous suggère que notre "champ d'expression" est bipolaire: gravité par rapport à conscience.

Le "champ de conscience" est un champ primaire, comme la gravité, mais nous pouvons constater qu'il est très peu manifesté dans notre monde. Cela signifie que pour quitter le champ de gravité de la matière il nous faut lutter contre une force plutôt puissante.

Le champ de la conscience est celui des pensées, des sentiments, des idées, des motivations, des attitudes/intentions, et de tout ce qui agit sur nous en tant qu'actes de gravité sur les objets et les masses. Et tout comme il y a gravité et anti-gravité, il doit y avoir conscience et anti-conscience, comme nous l'avons décrit lors de notre discussion sur les Centres de Pensée.

Le champ de conscience reflète comme dans un miroir le champ de gravité de la matière. "Tout ce qui est en haut est comme ce qui est en bas". Et tout comme le fait de pousser une pierre en remontant une colline demande de grands efforts, il nous faut faire de grands efforts pour faire passer nos motivations, attitudes et émotions de l'influence de la matière à celle du champ de conscience.

Lorsque se produit un mouvement à contre-courant, il faut faire un effort tout particulier de conscience. Les pensées, idées, concepts basés sur des interprétations matérielles de la réalité demandent peu d'efforts. C'est la possibilité d'atteindre les mondes les plus élevés de pensée qui nous permet de discerner quand nos émotions sont "matérielles" ou quand elles sont pures et participent de l'âme. Approcher ce problème sans travailler à créer un réceptacle des pensées, concepts et idées, est, une fois encore, un processus de croyance à des mensonges et de liaison à des "drogues spirituelles".

Comprendre cela permet de faire la distinction quand nous travaillons à obtenir une conscience plus élevée. "Descendre" dans le champ de la conscience équivaut à dévaler une pente dans le domaine de la gravité: aucun travail d'élévation n'est nécessaire. Donc, un mouvement de descente dans le champ de la conscience est aisé, ne demande aucun effort, et donne du plaisir.

Lorsque nous remontons une pente dans n'importe quel domaine, y compris le domaine de la conscience, il nous faut faire un effort considérable (travail) pour pouvoir effectuer ce mouvement. Cela nous amène à la conclusion logique que les choses qui élèvent la conscience sont également difficiles et vont à contre-courant de la gravité des explications du monde matériel.

Il y a bien sûr, encore beaucoup à dire à ce sujet, mais nous le ferons dans un volume ultérieur. Pour le moment, le point important est que le développement de l'intellect dans le but d'en faire un outil de perspicacité est l'une des premières conditions essentielles du développement spirituel.

Et à présent, aux instructeurs New Age (ailleurs cela est traduit en « Nouvel Age ») et fondamentalistes qui dénigrent la pensée, je demande de lire ce qui suit, qui a été écrit par un autre maître d'école:

> N'est-il pas surprenant que Newton n'ait été capable de découvrir la gravitation universelle que 50 ans après que Descartes eût créé une méthode mathématique d'analyse des données géométriques sous forme d'équation algébrique?Cette méthode allait mettre environ 50 ans à se répandre, à devenir une seconde nature, à éduquer une nouvelle génération immergée dans celle-ci, et pour commencer à remarquer des phénomènes montrant que ces nouvelles expressions mathématiques donnaient d'excellents modèles. C'est plus de 40 ans après que Hamilton eût créé les quaternions que Maxwell découvrit combien ils sont utiles dans la formulation d'équations concernant l'électromagnétique. C'est 50 ans après que Riemann eut mis au point sa géométrie générale non-euclidienne, curvilinéaire, qu'Einstein, aidé par Minkowski,

remarqua combien elle exprimait de manière adéquate les relations de la relativité spéciale et générale.

Ma théorie est que les gens ne peuvent observer quelque chose qu'à condition d'avoir un point de départ à partir duquel ils peuvent comprendre ce qu'ils sont en train d'observer. Par exemple, aucun scientifique ne peut s'exclamer: "hé! Ces nouveaux modèles s'assemblent parfaitement" avant de disposer d'un modèle mathématique décrivant cette sorte de relation comme étant un modèle plutôt que des marques éparpillées au hasard sur un graphique. Pensez à ce que ce serait de découvrir que toutes vos données peuvent être inscrites dans une forme parabolique, mais que vous ne savez pas ce qu'est une parabole. Combien désappointé vous seriez de constater que vous n'obtenez pas une ligne droite alors que vous ne connaissez rien d'autre que la ligne droite. "Je pense qu'après tout, il n'y avait rien de valable dans cette hypothèse", penserez-vous, et vous rejetterez les données. Demain, vous, brillant mathématicien, mettrez au point une méthode permettant de mettre sous forme de graphique des équations du second degré, en pensant que vous avez inventé une mathématique pure sans aucune application pratique possible. Dans cinquante ans d'ici, votre petit-fils ré-examinera vos données ou refera vos expériences. Il obtiendra les mêmes points de données que vous mais lui reconnaîtra le modèle parabolique. Cela a toujours été une parabole, mais vous ne le saviez pas, car la parabole n'avait pas encore été inventée quand vous avez configuré les données.

Si vous ne reconnaissez pas le modèle, votre cerveau l'interprétera au hasard: il n'y a pas de modèle du tout. Donc vous n'y accordez aucune attention. C'est de cette manière que les mathématiciens créent le monde dans lequel nous vivons. Quelle affirmation scandaleuse! Aucun physicien n'en admettrait la validité: après tout, ils ont été habitués à observer le monde réel et non pas à confirmer les fantasmes des rêveurs! Oui, très bien. Le seul hic est que l'Histoire nous dit et répète que les physiciens ont été incapables de voir les modèles qui se trouvaient devant leurs yeux jusqu'à ce que quelqu'un invente des mathématiques rendant ces modèles reconnaissables et discernables dans le vacarme fait par le hasard.

C'est donc dans un sens très réel que la seule réalité qui nous est perceptible est celle des schémas pour lesquels nous avons un modèle mathématique. C'est pourquoi nous ne pouvons observer que la partie d'infini dont le modèle a été inventé par un mathématicien audacieux. Le mathématicien en question ne décrit PAS une réalité objective qu'il observe, mais il crée des relations qu'il qualifie de "belles", "élégantes" ou même "amusantes".

> Il ne pense pas que sa création peut avoir des applications pratiques; mais il y en a toujours. Parce qu'à chaque fois que quelqu'un fait le descriptif d'un nouveau modèle, alors (environ 50 ans après) les gens commencent à remarquer ces parties de l'univers infini qui s'adaptent à ce nouveau modèle. Jadis, ils ont semblé être des produits du hasard mais maintenant que nous reconnaissons le motif, il est devenu si évident que nous ne comprenons pas comment Aristote a pu passer à côté. Et une nouvelle génération d'historiens se met à écrire des ouvrages pour dire comment Archimède était sur le point d'inventer tout cela lui-même mais qu'il n'en a pas eu le temps avant d'être tué par les Romains.[77]

C'est exactement de cette manière que la collecte d'informations, l'observation sans préjugé, et le fait d'élargir le mental dans le champ de la conscience permettent de développer le véhicule de l'âme qui "connaît" alors les choses en vertu d'un don de Dieu.

Quiconque s'est aventuré dans le monde de ces idées d'hyperdimensions qui nous concernent profondément à présent, a pu suivre le chemin plus facilement grâce au développement simultané d'autres branches de connaissance. Par exemple, il a été observé en géométrie que les lignes, dans l'espace tridimensionnel ordinaire, pouvaient être regardées comme des éléments d'un ensemble à quatre dimensions. Des connexions de ce type ont rapidement rendue la quatrième dimension acceptable aux mathématiciens.

LA PENSÉE DIMENSIONNELLE DANS LA SPIRITUALITÉ OCCIDENTALE

C'est à ce moment que quelque chose de vraiment étrange s'est produit. L'idée d'une « quatrième dimension » a été adoptée par les spiritistes et occultistes comme étant «le monde des éthers», ou après-vie, la région des morts.

Les sciences du dix-neuvième siècle ont attiré des esprits qui ont provoqué des effets physiques ainsi que des états psychologiques particuliers, pour disparaître ensuite, tout comme les OVNIS de notre époque. Il était aussi facile à l'époque que ce l'est de nos jours, de leur attribuer un «foyer» dans les dimensions inaccessibles de l'espace et de faire en sorte que tout le monde soit convaincu que ces dimensions étaient «éthériques».

Au dix-neuvième siècle, l'astronome Zollner s'est appliqué à démontrer scientifiquement que les êtres éthériques attirés lors de

[77] Gordon Clason, correspondance privée avec les auteurs.

séances de spiritisme appartenaient à la quatrième dimension. Même si ses démonstrations n'ont jamais été très convaincantes, la quatrième dimension est devenue un moyen de concevoir les phénomènes mystérieux d'une manière non-matérialiste.

Dans la phase finale de la pensée du dix-neuvième siècle, la quatrième dimension est devenue un sujet de méditation, et a été reprise par Rudolf Steiner qui en a fait le sujet de nombreuses conférences brillantes basées sur les travaux de Howard Hinton.

Les travaux de Hinton sont l'aboutissement des idées de son père - James Hinton - dont la philosophie était basée sur les idées d'un monde nouménal kantien existant en filigrane de l'expérience des phénomènes. Ce monde supérieur était féminin, nourricier, libre de toute contrainte sociale et légale: la vertu y consistant à «harmoniser ses intentions avec le monde nouménal». Il n'était pas possible d'y accéder en se contentant d'ajuster ses comportements. Celui qui œuvrait sans égoïsme pour le plus grand bien de l'humanité était aussi susceptible de s'y retrouver que la brute épaisse ou le criminel endurci.

Howard Hinton s'est inspiré des écrits de Hamilton pour adopter une forme matérialiste de kantianisme. Quand il a commencé à exercer son métier de maître d'école, il a mis en doute le fait que la connaissance puisse provenir d'une puissance extérieure. S'efforçant de trouver des connaissances au sujet desquelles il pourrait avoir quelque certitude, il se fabriqua des cubes colorés qu'il arrangea de diverses manières afin d'obtenir des cubes plus grands. En disposant ces blocs, il eut l'impression qu'il lui serait possible d'acquérir des connaissances relatives à la position dans l'espace, qui ne pourraient pas être mises en doute. En recherchant des modèles d'assemblage de ces blocs, il se mit à étudier la quatrième dimension, qu'il vit comme des séquences commandant la transformation en trois dimensions.

Déjà avant son décès, en 1907, les écrits de Hamilton avaient poussé les théosophes de l'Inde et d'Angleterre à étudier eux aussi le sujet de la quatrième dimension. Steiner, qui suivait la ligne théosophique, continua à regarder la quatrième dimension comme un monde «spirituel», bien qu'il ait fait à ce sujet des commentaires d'une grande profondeur, dans la perspective de son approche «ésotérique»[78].

[78] Steiner, Rudolf, *The Fourth Dimension, Sacred Geometry, Alchemy, and Mathematics*, Une série de six conférences données à Berlin ente le 24 mars et le 7 juin 1905 Anthroposophic Press

Tout ce que nous faisons ici-bas n'est qu'une représentation symbolique des mondes supérieurs. [...] Ce qui se trouve dans ces mondes supérieurs ne peut être réalisé qu'en développant de nouvelles possibilités, car la vision peut atteindre ce qui se trouve dans ces mondes supérieurs. Les humains doivent s'activer pour pouvoir accéder à ces mondes.

Howard Hinton et ses idées d'une quatrième dimension ont eu une grande influence sur P.D. Ouspensky, qui a laissé une illustration très simple du concept de la relation à la quatrième dimension, qui ajoute en fait un aspect plus « physique » au concept. Dans cette illustration, il parle d'un escargot voyageant dans un jardin :

> Ses mouvements sont gouvernés par le plaisir et la douleur. Il avance toujours vers l'un et tâche d'éviter l'autre. Il avance toujours sur une ligne, allant du désagréable vers l'agréable. Et selon toute probabilité, il ne sent et ne sait rien, que cette ligne. Cette ligne constitue tout son monde. Sur cette ligne de mouvement, l'escargot perçoit tout ce qui vient de l'extérieur. Et tout cela en dehors du temps : de la potentialité tout devient actualité. Pour un escargot, tout notre univers existe dans le futur et le passé, c'est-à-dire dans le temps.[79]
>
> L'escargot n'est probablement pas conscient de lui-même, c'est-à-dire conscient qu'il fait partie du paysage, dont tous les éléments existent simultanément, et dont l'escargot ne pourrait prendre conscience que s'il pouvait étendre sa conscience par quelque processus de métamorphose élevant sa conscience loin au-dessus du jardin, pour étendre sa portée. Mais il ne perçoit les différents phénomènes (la feuille, le brin d'herbe, la brindille, le sable, le chemin) qu'au moment où il interagit avec eux, et alors très peu à la fois. Ce sont des *événements de courte ou longue durée,* passés et futurs, qui *passent à mesure que l'escargot progresse de centimètre en centimètre.*

Ouspensky suggère que c'est ainsi que nous faisons l'expérience de notre monde par rapport à la quatrième dimension. Les organes de nos cinq sens ne sont que des senseurs, nos moyens de toucher et d'interpréter le monde, par l'intermédiaire des modèles mathématiques de notre cerveau, et de manière limitée de conscience tridimensionnelle. Les gadgets scientifiques ne permettent que d'allonger un peu nos senseurs.

> Imaginez une conscience qui ne serait pas limitée par les conditions de la perception sensorielle. Une telle conscience peut

[79] Ouspensky, P.D., *Tertium Organum*, 1920

> s'élever au-dessus du plan dans lequel nous évoluons; elle peut voir bien au-delà des limites du cercle éclairé par notre conscience ordinaire; elle peut voir que la ligne le long de laquelle nous évoluons existe, mais qu'existent aussi toutes les autres lignes perpendiculaires à celle-ci, et que nous croisons dans nos séries de "maintenant". En s'élevant au-dessus de ce plan, cette conscience peut apercevoir ce plan, s'assurer qu'il s'agit bien d'un plan et non d'une ligne; et ensuite elle pourra voir le passé et le futur existant côte à côte et simultanément. [80]

Plusieurs considérations d'importance sont contenues dans l'analogie avec l'escargot.

Premièrement, si notre perception réelle est aussi limitée, relativement parlant, que celle d'un escargot, pourquoi en est-il ainsi puisque nous possédons la connaissance intérieure et des facultés inconnues de notre conscience ordinaire, en état d'éveil, qui se manifestent parfois spontanément, ou qui peuvent être développées par un entraînement long et difficile?

Deuxièmement, il nous faut noter les implications d'une conscience de ce type qui existe, en fait, sur le plan physique, tridimensionnel. Mais avant que nous tentions de répondre à ces questions, revenons à la question du temps.

> Le passé et le futur ne peuvent pas ne pas exister. Ils doivent co-exister quelque-part ensemble, mais nous ne les voyons pas. Le présent, par opposition au passé et au futur, est la réalité la plus irréelle de toutes. Il nous faut admettre que le passé, le présent et l'avenir ne diffèrent aucunement l'un de l'autre et que la seule chose qui existe vraiment et l'Eternel Maintenant de la philosophie indienne. [81]

L'Alpha et l'Omega. Mais nous ne le voyons pas —ou, du moins, peu d'entre nous le voient. Et même ceux-là ne le voient qu'imparfaitement, "au travers d'un verre sombre". Nous sommes des escargots qui traversent les champs de fleurs de l'univers, conscients seulement momentanément de la terre, de la feuille, ou de la goutte de pluie devant nous. A tout instant, nous ne sommes conscients que d'un petit fragment de l'univers, et nous continuons à nier l'existence de n'importe quoi d'autre, et notamment que *le passé et le futur co-existent,* et qu'il est possible de percevoir cela.

Il y a deux théories principales à propos de l'avenir: celle du futur prédestiné, et celle du futur libre. La théorie de la prédestination affirme que tout événement futur est le résultat

[80] Ibid.
[81] Ibid.

d'événements passés. Si nous pouvions tout connaître du passé, nous connaîtrions tout du futur. C'est le temps linéaire.

L'idée d'un futur libre se base sur des "probabilités" quantiques. Le futur est soit déterminé, soit indéterminé en partie seulement, car de nombreuses interactions de "possibles" peuvent se produire en n'importe quel point donné. Ce futur probable repose sur l'idée d'un vrai libre-arbitre et suggère que des actes volontaires, délibérés, peuvent provoquer des changements dans les événements subséquents.

Ceux qui soutiennent l'idée de la prédestination disent que les actes prétendument "volontaires" ne le sont pas en réalité. Ils seraient en réalité le résultat de causes qui en ont fait des actes impératifs; autrement dit: rien n'est accidentel.

Nous avons donc d'une part la "prédestination pure": quoi qu'il arrive, on ne peut rien y changer! Et d'autre part nous avons une réalité qui n'est qu'un point sur une espèce d'aiguille appelée "présent" et qui est entourée de tous côtés par le Golfe de la Non-Existence - un monde qui naît et qui meurt à tout instant. Ouspensky unifie ces vues:

> A tout instant, le futur du monde est prédestiné et existant, mais il est prédestiné *conditionnellement*, c'est-à-dire qu'il doit y avoir l'un ou l'autre futur selon la direction des événements à un moment donné, *si aucun nouveau facteur n'entre en jeu.* Et un nouveau facteur ne peut provenir que de la conscience *et de la volonté qui en résulte.*[82]

Autrement dit, l'escargot *peut choisir de changer de direction s'il étend ses connaissances et devient plus conscient.* L'escargot peut suivre une odeur de nourriture, ou être attiré par une source de chaleur, et il peut se trouver sur le chemin d'une voiture ou se diriger vers un champ plein d'oiseaux prêts à le manger. Concrètement, cela signifie que les escargots et les humains qui poursuivent leur chemin à travers l'univers en rampant et sont dépourvus de connaissances, se retrouvent très souvent sur un chemin qui leur sera fatal. Cette issue fatale ne peut être évitée que par la maîtrise de l'instinct du plaisir et du rejet de la souffrance. Mais cela ne peut se produire que si l'on *devient conscient* du cours probable que l'on est en train de suivre. Si ces tendances naturelles nous conduisent à un abîme et nous plongent dans les flammes de l'enfer, alors il nous incombe d'apprendre ce qu'il faut faire exactement pour l'éviter.

---

[82] Ibid.

Et c'est là qu'est l'os. Pour y arriver, il nous faut atteindre un état plus conscient, un état supérieur de *conscience* et non pas un état plus intense de *sensations!*

> Dans le passé qui est derrière nous il y a non seulement ce qui a été, mais aussi ce qui aurait pu être. De même, dans le futur il n'y a pas seulement ce qui sera, mais aussi ce qui pourra être.[83]

Autrement dit, le mouvement dans l'espace n'est que l'illusion d'une brève lueur de notre conscience éclairant une construction donnée de conscience. S"'il est vrai que tout ce qui est existe simultanément, alors c'est nous et seulement nous qui, isolément ou collectivement, *pouvons modifier le point de concentration ou le développement de notre conscience.*

> Dans le temps, les événements existent avant que notre conscience entre en contact avec eux et ils existent encore quand notre conscience s'en est retirée.[84]

Revenons maintenant aux questions: Pourquoi ne pouvons-nous pas percevoir la réalité telle qu'elle est? Pourquoi ne pouvons-nous pas élargir notre perception - —pourquoi sommes-nous enchaînés à cette douloureuse existence que nous appelons "réalité"?

Et nous en revenons à l'idée de la caverne de Platon - —ou à ce qui est connu de nos jours comme étant *The Matrix (La Matrice).* Nous nous trouvons devant le fait que la manière limitée dont nous percevons notre monde est en fait une sorte de défaut – l'effet de la « Chute » – la « faute rituelle » qui a mis fin à l'Age d'Or.

Actuellement, de nombreux physiciens suggèrent que « l'hyperespace » permet d'expliquer comment faire le pont entre le monde physique et le monde éthérique. Le marché New Age (ailleurs cela est traduit en « Nouvel Age ») s'est précipité avec une joie diabolique sur ces idées, et a produit d'innombrables variantes débiles de la Science Sacrée, noyées dans des millions de mots dont bien peu sont compréhensibles au profane, et encore moins au scientifique. Ceux qui lisent ces sornettes et se disent: "oh! Cela paraît si vrai! Mais qu'est-ce que ça veut dire?" reçoivent la réponse méprisante que "seuls les initiés peuvent comprendre ces idées élevées!".

Le fait est que les réalités de notre monde en termes de principes connectant matière et conscience ne deviennent pas plus claires grâce à ce genre de discussions philosophiques; ce qu'il nous faut c'est davantage d'étude empirique et d'expérimentation. Et cela doit

---

[83] Ibid.
[84] Ibid.

être fait par ceux qui sont qualifiés pour cela et non par des charlatans et maîtres-arnaqueurs.

Il y a des physiciens des plus hauts niveaux qui sont ouverts aux possibilités d'autres formes de matière et d'autres dimensions. Ils comprennent que de telles hypothèses peuvent avoir une valeur explicative dans leurs propres domaines et dans celui de la parapsychologie. C'est ainsi que, bien que parapsychologie et physique soient des matières très différentes, curieusement leurs perceptions fondamentales coïncident.

QUELQUES MOTS À PROPOS DES PHÉNOMÈNES PSY

Il y a des ressemblances entre les deux voies majeures de la recherche fondamentale en physique théorique moderne, et les deux réalités que nous sommes en train d'examiner: la matière et la conscience. Tout comme il y a eu, en recherche psy, des tentatives de réconciliation et d'unification de la matière et de la conscience, la même chose a été vraie pour la physique avancée. Bien qu'il y ait eu de sérieuses tentatives, au cours des vingt dernières années, pour trouver une théorie unifiée capable de concilier approche quantique (matière) et approche du champ (conscience), aucune de ces théories n'a abouti, dans aucun de ces problèmes.

La mécanique quantique s'occupe fondamentalement du monde sub-microscopique des particules élémentaires. Elle se base sur l'idée que les événements probables se produisent d'une manière non déterministe, plutôt que sur un état déterministe connu pouvant être calculé par des équations classiques du mouvement.

S'il existe un nombre infini d'états possibles, et que tous ces états sont susceptibles d'offrir des solutions dans certaines conditions particulières, on rencontre certains problèmes lorsqu'on tente de traduire ces concepts en des réalités classiques. Le *vecteur d'états* est le rassemblement de tous les états de pré-réduction (pre-collapse) et représente le *système* dans lequel l'événement existe *dans tous les états simultanément*.

Dès que l'événement se produit ou que ce que l'on nomme "mesure" a lieu, le système réduit le vecteur d'états à un état probabilistiquement déterminé. Avant qu'il y ait réduction, le système est spécifié collectivement par le vecteur d'état qui s'est développé de manière déterministe dans le temps.

Cette interprétation de la mécanique quantique est appelée *Interprétation de Copenhague* et prévaut, avec des variantes mineures, dans la mécanique quantique telle qu'elle est appliquée de nos jours. Elle est caractérisée par une rupture directe par rapport à la physique classique où une cause mène nécessairement à un effet.

D'autre part, la théorie des champs (théorie générale d'Einstein sur la relativité) joue un rôle capital dans l'étude des réalités du monde physique réel. La théorie des champs semble découler des vues classiques concernant causes et effets, et du déterminisme. La mécanique classique met en oeuvre des équations de mouvement qui peuvent être résolues pour des événements spécifiques lorsque des *conditions initiales* telles que la position et la vitesse, ou les conditions initiales et finales, sont connues. Il se fait donc que les champs représentent une interrelation déterministe de forces interagissant mutuellement entre différents événements (c'est-à-dire des particules) qui peuvent être trouvés quand on substitue des valeurs dans les équations de champ.

Tant les théories de champ que les théories quantiques ont des caractéristiques spéciales qui sont utiles dans les théories physiques Psy (Psy ou psy, le mot n'est pas unifié dans le chapitre). Cependant, les mêmes problèmes refont surface lorsqu'on tente de combiner la théorie quantique avec la théorie (relativiste) du champ: aucun système n'a encore été découvert, qui puisse couvrir tous les phénomènes.

Cependant, actuellement il semblerait que ce soit la théorie quantique des champs qui présente les meilleures chances de succès dans cette entreprise. Nombreuses sont les spéculations à propos de théories physiques psy qui se basent sur les quanta ou sur la théorie quantique des champs plutôt que sur la théorie des champs. Whiteman note: "*Il semble, dès lors, que toute tentative faite pour unir parapsychologie et physique doive adhérer, du moins substantiellement, au langage de la théorie quantique des champs, en termes de champs "comme si" (as if) au niveau de la potentialité créatrice*""[85].

Les théories Psy les plus anciennes ont décrit les transferts d'énergie de diverses manières, mais les idées nouvelles vont au-delà de telles approches. Un des arguments allant à l'encontre de l'idée du Psy (ce n'est pas très clair ce que représente le Psy en tant que nom ; dans le paragraphe précédent il s'agissait d'un adjectif) et d'une théorie physique du Psy (idem) basée sur la transmission d'énergie (ou de particules), est que les énergies seraient bien trop subtiles pour être perçues par le cerveau. John Eccles a montré que le cortex cérébral agit comme un détecteur sensible d'influences

[85] J.H.M. Whiteman, Parapsychology and Physics, in Wolman, *Handbook*, 1977

faibles.'[86] Sur la base d'un argument probabiliste de mécanique quantique, il est possible de démontrer que les neurones peuvent être stimulés par ces *influences subtiles*, provoquant ainsi dans le cerveau un effet normal en cascade sur les neurones. De cette manière, le cerveau peut agir comme un récepteur de faibles influences telles que celles qui peuvent apparaître dans les porteurs Psy.

Parmi les autres théories tentant d'unir fonctions biologiques et théorie quantique, W. Elsasser a spéculé sur certaines *lois biotoniques* opérant exclusivement dans les êtres vivants et se basant sur "des incertitudes théoriques quanto-mécaniques et informatiques accumulées"[87]. Toutes ces approches représentent une convergence de la bioélectronique et de la théorie quantique, pour expliquer les facultés Psy, y compris la psychokinèse, ou mouvement des objets, provoquée par l'effort mental uniquement.

Il existe un si grand nombre d'interprétations de la théorie quantique qui se rapportent au domaine psy et peuvent aider à comprendre comment la conscience interagit avec la matière! La plupart des nouvelles théories sont basées sur l'introduction d'un nouveau niveau de dualité dans la nature, selon lequel la conscience aurait une fonction d'onde distincte et séparée de la fonction d'onde normale représentant la réalité matérielle et physique dans la théorie quantique, une sorte de système à trois ondes, semblable à celui des biorythmes, et dans lequel quand toutes les lignes se croisent, quelque chose se produit.

Le problème que je veux souligner ici, c'est que nous avons à tout prix besoin d'un cadre conceptuel scientifiquement acceptable, dans lequel les phénomènes parapsychologiques ont un sens en tant que parties intégrantes de la nature et de la vie humaine dans leur totalité. Je crois que de telles idées ont été connues d'une civilisation antique, qui a développé le "Saint Graal" de la physique: la Grande Théorie Unitaire, et qu'en fait le Saint Graal de la physique pourrait bien avoir beaucoup en commun avec le Saint Graal des légendes.

---

[86] Adrian Dobbs, *The Feasibility of a Physical Theory of ESP*, in Smythies, Science and ESP: New York: Humanities Press, 1967.

[87] C.T.K. Chari, "Precognition, Probability and Quantum Mechanics", *Journal of the ASPR*, 66 (1972): 193-207.

EINSTEIN ET LA PHYSIQUE HYPERDIMENSIONNELLE

Lorsqu'elle traite de la théorie générale de la relativité la science se base habituellement sur un continuum spatio-temporel quadridimensionnel.

En relativité générale classique, les propriétés métriques du continuum sont intrinsèques à celui-ci, mais une *cinquième dimension* dans laquelle *l'espace-temps* que nous percevons normalement est "encastré", explique également en partie la courbure et les propriétés de l'espace physique.

On peut dire que dans le continuum espace-temps toutes les parties du monde quadridimensionnel existent simultanément dans le sens d'un formalisme mathématique, et ceci pourrait sonner le glas pour les idées philosophiques de la causalité.

Cependant, de nombreux scientifiques travaillant sur la base de ces idées pensent que ce continuum n'est pas "réel" au sens physique, de sorte que, selon eux, il ne serait pas possible à des entités physiques de faire à volonté des allers et retours hors et dans le temps, aussi facilement que l'on peut changer de direction dans l'espace tri-dimensionnel. En ce qui nous concerne, nous pensons que cela n'est pas seulement possible, mais encore très probable, selon nos observations.

Dans la théorie de la relativité, les intervalles de temps entre événements ne sont pas entièrement fixes par rapport aux systèmes de mouvement ou cadres de référence. Cette idée a abouti à certaines spéculations selon lesquelles il pourrait y avoir aussi des analogies entre précognition et anomalies. Cependant, la "dilatation du temps " (la contraction des intervalles de temps entre les cadres de référence en mouvement) est trop faible pour expliquer la précognition, et il faudra encore bien des transferts d'informations avant de pouvoir voyager plus vite que la lumière. Et la théorie spéciale de la relativité, quand elle est interprétée au pied de la lettre, ne permet pas de voyages physiquement hors du et dans le temps, mais confine au contraire ce concept à un formalisme mathématique imaginaire.

Même s'il est pratiquement interdit de mettre en question les restrictions d'Einstein quant à pouvoir voyager plus vite que la lumière, Einstein a bien proposé à un certain moment, de considérer le monde hyperdimensionnel comme réel. En 1938, il a écrit en collaboration avec P. Bergmann, un article intitulé *On a Generalization of Kaluza's Theory of Electricity*[88]:

> Jusqu'à présent, deux tentatives relativement simples et naturelles ont été faites pour connecter la gravitation et l'électricité au moyen d'une théorie unitaire de champ: l'une par Weyl, l'autre par Kaluza. En outre, il a été tenté à plusieurs reprises de représenter formellement la théorie de Kaluza de manière à éviter l'introduction d'une cinquième dimension du continuum physique. La théorie présentée ici diffère de celle de Kaluza en un point essentiel: nous attribuons une réalité physique à la cinquième dimension, tandis que dans la théorie de Kaluza, cette cinquième dimension n'a été introduite que dans le but d'obtenir de nouvelles composantes du tenseur métrique qui représente le champ électromagnétique.[89]

Nous pensons qu'Einstein a suivi une voie qui devait se révéler très fructueuse par la suite. Einstein était quelque peu inquiet au sujet de cette idée, mais il l'a bien suivie, puisqu'il a écrit dans son article:

> Si la tentative de Kaluza représente un réel pas en avant, alors c'est grâce à l'introduction de l'espace à cinq dimensions. De nombreuses tentatives ont été faites pour retenir les résultats formels obtenus par Kaluza sans devoir sacrifier le caractère quadri-dimensionnel de l'espace physique. Cela démontre clairement combien fortement notre intuition physique résiste à l'introduction d'une cinquième dimension. Mais si l'on considère et compare toutes ces tentatives, il nous faut conclure que tous ces efforts n'ont pas amélioré la situation. Il semble impossible de formuler l'idée de Kaluza d'une manière simple, sans introduire la cinquième dimension.
>
> Il nous faut donc prendre au sérieux la cinquième dimension, bien que l'expérience ordinaire ne nous y encourage pas. Si donc la structure de l'espace semble nous forcer à accepter la théorie d'un espace à cinq dimensions, nous devons nous demander s'il est sensé de supposer la réductibilité rigoureuse à un espace quadridimensionnel. Nous croyons que la réponse devrait être "non", à condition qu'il soit possible de comprendre d'une autre manière le *caractère quasi-quadridimensionnel de l'espace physique* en prenant pour base le continuum à cinq dimensions et en simplifiant ainsi les suppositions géométriques de base. [...] Le point le plus essentiel de notre théorie est le remplacement d'une ..... (ponctuation ?) rigoureuse cylindricité par la supposition que l'espace est clos (ou périodique).[...] La théorie

[88] Généralisation de la Théorie de Kaluza sur l'Electricité *(NdT)*
[89] Einstein, A, Bergmann, P., *Annals of Mathematics*, Vol. 38, No. 3, July 1938.

> de Kaluza sur les cinq dimensions de l'espace physique permet une représentation unitaire de la gravitation et de l'électromagnétisme. [...] Il est bien plus satisfaisant d'introduire la cinquième dimension, non seulement formellement, mais aussi en lui attribuant une certaine signification physique.[90]

Lorsqu'on parle de théorie des champs, il est nécessaire de faire la différence entre théorie pure des champs (gravitationnels, électriques et magnétiques) et théorie quantique des champs. Les champs, tels les champs électromagnétiques et gravitationnels, sont continus et spatiaux, tandis que les champs quantiques sont quantifiés, fragmentés en sections discontinues de substance particulaire. La théorie Psy basée sur un champ gravitationnel repose en partie sur le fait que la gravitation ne dépend pas de la vitesse maximale de la lumière parce qu'elle *ne voyage pas, mais est structurelle.* L'évidence fournie par Vasiliev et d'autres suggère que le Psy (veut-on dire psychisme ici ?)est *également indépendant de la vitesse de la lumière.*

Cependant, la relativité générale a obligé la science à abandonner "l'idée d'action à distance" selon laquelle il y a une "force à distance", et a fait de la gravitation un facteur dépendant d'une vitesse maximale. Cependant, Margenau a suggéré que la relativité générale devrait être regardée comme un principe "formel" tel le Principe d'Exclusion formulé par Pauli. Dans ce cas, la gravitation ne serait pas énergétique *ni assujettie à une vitesse maximale* mais tendrait à des phénomènes physiques.[91]

(toute cette section est quasiment identique à celle suivant la note 16)

Ces idées ont été adoptées par de nombreux auteurs "appartenant aux sciences alternatives" qui les ont mises en relation avec les édifices, les champs d'énergie, les êtres de lumière, les grilles terrestres, etc., et il semble, en effet, qu'il y ait des lieux, sur cette planète, où l'on peut "canaliser" plus ou moins facilement une certaine énergie. Mais le phénomène auquel s'adressent particulièrement ces idées est celui des réalités hyperdimensionnelles, où les énergies mentales ou de la conscience sont amplifiées, et peuvent interagir avec l'environnement dans le cadre d'une technologie spécifique qui suggère non seulement une puissance de transport en partie physique et en partie "éthérique", mais aussi des pouvoirs de "manifestation" qui peuvent nous

[90] Ibid.

[91] Haakon Forwald, *Mind, Matter and Gravitation: A Theoretical and Experimental Approach,* Parapsychology Monographs, Number 11. New York: Parapsychology Foundation, 1969.

paraître impossibles dans l'état actuel de nos technologies. Toutes ces propriétés appartiennent EFFECTIVEMENT à l'existence hyperdimensionnelle, et une existence dans un tel état a fait l'objet d'allusions répétées, au cours des millénaires, comme étant le "monde des dieux", ainsi que celui des Dragons et Serpents, et créatures de toutes sortes.

CHAPITRE V
A QUI CE MONDE APPARTIENT-IL EN FAIT ?

L'ARBRE DE VIE ET LA FIN DES TEMPS

L'un des très anciens aspects de l'idée d'Archétypes Célestes est le concept de l' "Axis Mundi," ou de "Centre du Monde". Il s'agit d'un point où se rencontraient le Ciel, la Terre et l'Enfer lorsque le Temps n'existait pas et que le passage d'une région à l'autre était possible. A chaque point de convergence des trois mondes, on considérait qu'il y avait un "temple", construit ou non.

Ce centre était la zone du Sacré —de la réalité absolue — et était symbolisé par des arbres, des fontaines, des échelles, des cordes, etc. L'interaction avec ces symboles était considérée comme initiatique et avait lieu dans un état intemporel.

On a donc théorisé sur le fait que les rituels religieux ont été établis à titre de tentatives de «connexion» à ce Modèle Divin ou archétype. Ainsi, un sacrifice n'était pas seulement une imitation du sacrifice originel d'un dieu, mais il était vu aussi comme un alignement des trois mondes, la création d'une sorte de "passage" le long de l'Axis *Mundi*. C'est ainsi que pendant un moment, le temps du rituel ou du sacrifice, le/la suppliant(e) s'identifiait au geste primordial et abolissait ainsi le temps, la charge de la Terreur de l'Histoire, et se régénérait lui- ou elle-même, ainsi que toute l'assemblée.

Les exemples abondent, de boucs émissaires, de dieux mourants et de rois sacrifiés, ainsi que d'innombrables substituts: animaux et autres offrandes faites aux dieux. Nous allons suggérer que c'est en effet par le "sacrifice" que l'homme s'"identifie avec les dieux" et "s'aligne sur l'Axe du Monde". Mais il s'agit d'un sacrifice d'un type bien différent: celui qui immole notre "nature animale". Ce sens a été corrompu pour devenir l'exigence d'un sacrifice ou rituel "extérieur". Nous allons suggérer que cette image d'une "échelle" ou d'un "arbre" est un reflet de notre propre ADN et que c'est par l'ADN que l'homme peut regagner l'Etat Intemporel.

Il est important de noter, cependant, que les mythes ne sont que des formulations tardives d'un contenu archaïque qui présuppose une réalité absolue ou des niveaux de réalité qui sont extra-humains ou hyperdimensionnels.

Il existe une autre clé intéressante donnant accès aux anciens mythes et rituels: dans pratiquement tous les cas, se trouve un concept de la fin et d'un commencement d'une Période Temporelle Cyclique; et coïncidant avec cette idée il y a l'expulsion de démons, de maladies et de péchés. Ces idées sont concrètement démontrées lors des célébrations accompagnées de consommation de viandes lors du Nouvel An:

> "...Cette expulsion annuelle des péchés, maladies et démons est fondamentalement une tentative de restauration -ne serait-ce que momentanée- du temps mythique et primordial, du temps "pur"', du temps de "l'instant" de la Création. Chaque Nouvelle Année est une reprise du temps à son commencement, c'est-à-dire une répétition de la cosmogonie. Les combats rituels entre deux groupes d'acteurs, la présence des morts, les Saturnales et les orgies, voilà autant d'éléments qui dénotent qu'à la fin de l'année et dans l'attente du Nouvel An, il y a une répétition du moment mythique du passage du chaos au cosmos."[92]

Pendant cette période, l'expulsion des maux et des péchés se fait par l'intermédiaire d'un bouc émissaire, et le cycle se termine par "l'Hiérogamie" ("mariage sacré"), qui initie la nouvelle création. Les cérémonies les plus anciennes se trouvent pratiquement en globalité dans les sociétés dites primitives, et nous devons nous demander si ce n'est pas dans ces exemples "les plus purs" qu'il nous faut chercher les éléments communs afin de découvrir s'il y a une signification cachée qui pourrait nous servir de piste. Nous avons expliqué cette recherche en détail dans notre ouvrage "Noah Syndrome"[93], et par conséquent nous n'en dirons pas davantage ici.

Dans la plupart des cas, ces rites commencent par une série d'éléments dramatiques qui décrivent un état de confusion universelle, l'abolition de l'ordre et de la hiérarchie, et l'apparition du chaos. Il y a un "Déluge symbolique " qui annihile l'humanité tout entière afin de préparer la voie pour une espèce humaine nouvelle et régénérée. Dans de nombreux mythes et rites nous observons la même idée centrale d'un retour annuel au chaos, suivi d'une nouvelle création. Le chaos qui a précédé la renaissance est aussi essentiel que la naissance elle-même. Sans chaos il ne peut y avoir renaissance.

---

[92] Eliade, 1954, op. cit.

[93] Syndrome de Noé *(NdT)*

Dans de nombreuses versions plus «modernes», le Déluge et l'élément "eau" sont présents d'une façon ou d'une autre, sous la forme de libations ou de baptême. Le baptême est l'équivalent subjectif, microcosmique d'un déluge au niveau macrocosmique: un retour à un état informe. Cette absence de forme, ce chaos, a été illustrée de nombreuses manières: jeûne, confession, chagrin, joie et désespoir excessifs, ou orgies —tout cela destiné à reproduire un état chaotique dont une Nouvelle Création peut émerger.

Il est aussi intéressant d'observer qu'en période de renouveau, de fêtes du Nouvel An, la croyance était que la destinée des hommes était fixée pour "une année entière". En bref, c'est la "formation de l'Arche" qui déterminait si, comment et qui passerait à travers le Déluge.

Ce qui est important dans l'idée qui précède, c'est que la fin d'une année écoulée et le début d'une nouvelle année reposent sur l'idée *d'un épuisement des ressources biologiques sur tous les plans cosmiques*, une véritable fin du monde. Dans cette perspective, la "fin" n'est pas toujours due à un déluge, elle peut également être attribuée aux effets du feu, de la chaleur, ou avoir d'autres causes encore. Fulcanelli écrit:

> La nature elle-même donne des signes non équivoques de lassitude: elle devient paresseuse. C'est à force d'engrais chimiques que le cultivateur obtient maintenant des récoltes de valeur moyenne. Interrogez un paysan, il vous dira que "la terre se meurt", que les saisons sont troublées et le climat modifié. Tout ce qui végète manque de sève et de résistance. Les plantes dépérissent, -- et se montrent incapables de réagir contre l'envahissement des insectes parasites ou l'attaque des maladies à mycélium. [94]

Dans "*Le Problème des centaures*," Georges Dumezil étudie et commente le scénario de la fin et du commencement, en se basant sur un grand nombre de documents d'origine indo-européenne, y compris slaves, iraniens, indiens et gréco-romains. Il a noté plusieurs éléments de cérémonies initiatiques préservés sous une forme plus ou moins corrompue dans la mythologie et le folklore.

Une étude des mythes et rites de sociétés secrètes germaniques, due à Otto Hofler, a fait état de relations semblables. Ces deux recherches montrent l'importance des douze jours intercalaires, et tout spécialement du Jour de l'An:

> "...Nous ne rapporterons que quelques faits caractéristiques:

---

[94] Fulcanelli, *Demeures Philosophales*, op. cit.

> (1) les douze jours intermédiaires préfigurent les douze mois de l'année;
>
> (2) pendant les douze nuits correspondantes, les morts viennent en procession rendre visite à leurs familles;
>
> (3) c'est à cette période que les feux sont éteints puis rallumés;
>
> (4) c'est le moment des initiations, dont l'un des éléments essentiels est justement l'extinction et l'allumage des feux;
>
> (5) combats rituels entre deux groupes adversaires; et
>
> (6) présence d'éléments érotiques, mariages, orgies.
>
> "Chacun de ces motifs mythico-rituéliques atteste du caractère exceptionnel des jours qui précèdent et suivent le premier jour de l'an, bien que la fonction eschato-cosmologique du Nouvel An (abolition du temps et répétition de la création) ne soit pas mentionnée explicitement ... Néanmoins, cette fonction peut se montrer implicite dans tout le reste de ces motifs mythico-rituéliques. *Comment l'invasion par les âmes des défunts, par exemple, pourrait-elle être autre chose que le signe d'une suspension du temps profane, que la réalisation paradoxale d'une co-existence du "passé" et du "présent"?* Cette coexistence n'est jamais aussi complète que dans une période de chaos, où toutes les modalités coïncident. Les derniers jours de l'année écoulée peuvent être identifiés avec le chaos pré-Création, tant par cette *invasion par les morts* - —qui supprime la loi du temps - —que par les *excès sexuels* qui marquent communément cette occasion." [95]

Notez particulièrement les idées "d'épuisement des ressources physiques, de l'invasion par les âmes des morts, et les excès sexuels" qui indiquent une suspension du temps. Ces éléments sont importants en nos temps actuels où il semble y avoir une véritable "invasion" par des visiteurs "d'autres mondes" paradant sous des masques "d'extraterrestres", ainsi qu'une dégénérescence rapide de la moralité en excès sexuels de plus en plus débridés. Un véritable retour au chaos, pourrait-on dire!

Les rites marquent aussi l'abolition de toutes les normes et illustrent de manière violente un *renversement des valeurs et un bouleversement de toutes formes tendant à une unité indécise*. Le lieu même des orgies où la semence a été enterrée dans la terre représente la dissolution de la forme en chaos orgiaque. *Nous sommes en présence d'une idée très ancienne: un retour à l'unité primordiale, le commencement/la fin où limites, contours,*

---

[95] Eliade, 1954, op. cit.

distances, n'ont plus cours. Ce qui est primordial et essentiel est l'idée de régénération par le chaos, la répétition de la création: Une Boucle Temporelle.

> "En dernière analyse, ce que nous découvrons dans tous ces rites et toutes ces attitudes c'est la volonté d'abolir le temps. [...] Le temps peut être abrogé.'"[96]

CIEUX NOUVEAUX ET TERRE NOUVELLE

Du fait de notre propre expérience avec les artisans du COINTELPRO, que nous avons décrite sur notre site web et que nous publierons ultérieurement, nous et notre équipe de recherche globale avons entrepris d'étudier ce phénomène en profondeur afin d'en découvrir les fils conducteurs et les connexions. Cela nous a menés à l'étude des psychopathies et nous a fait découvrir qu'il y a sur notre planète, quelque chose qui va terriblement de travers et qui a été occulté par le monde psychiatrique et médical en général. Le suivi de cette recherche a naturellement abouti à des questions posées aux Cassiopéens sur la nature spécifique de la bête que nous "apercevions cachée dans l'image". Les réponses ont été à la fois choquantes et révélatrices, et ont indiqué qu'il y a en fait DEUX races distinctes d'humains sur la Terre, et DEUX réalités qui s'entrecroisent.

Comme nous l'avons dit, ceci est une notion très perturbante, mais nous avons rapidement trouvé des témoignages auprès d'autres sources qui indiquent qu'il s'agit là de quelque chose qui est connu depuis très longtemps dans les cercles intérieurs des groupes ésotériques les plus secrets. Il semble même que c'est cela la grande vérité enseignée par l'homme autour duquel s'est formée la légende de Jésus.

Dans *Le Mystère des Cathédrales,* de Fulcanelli, il y a dans la deuxième édition, un chapitre des plus mystérieux qui parle d'un monument architectural trouvé à Hendaye, "petite ville à la frontière du pays basque." Fulcanelli nous dit:

> Quoi qu'il en soit de son ancienneté, la croix d'Hendaye, par la décoration de son piédestal, se montre bien le plus singulier monument du millénarisme primitif, la plus rare traduction symbolique du chiliasme, que nous ayons jamais rencontrée. On sait que cette doctrine, acceptée tout d'abord puis combattue par Origène, saint Denys d'Alexandrie et Saint Jérôme, bien que l'Église ne l'eût point condamnée, faisait partie des traditions ésotériques de l'antique philosophie d'Hermès. [...] nous devons

[96] Ibid.

> reconnaître que l'obscur artisan de ces images incarnait une science profonde et de réelles connaissances cosmographiques. [97]

Nous avons trouvé qu'au cœur même de l'hermétisme, de l'alchimie, se trouve la doctrine du "Chiliasme primitif". Notez le mot "primitif".

Lorsqu'on fait des recherches sur des sujets religieux, on tombe toujours sur des prophéties et des miracles. Il semble que ceux qui doivent être maintenus dans la crainte du Seigneur ont besoin de recevoir de temps en temps un signe non-équivoque.

Les miracles et les visions permettent de maîtriser des armées entières. Pensons au cri de guerre: "Allah est grand!", et à l'affirmation de l'effet curatif du sang du Christ, brandie comme un bouclier contre les Sarrasins. Souvenons-nous également de l'ordre donné par Yahweh de "détruire jusqu'au dernier" tous ceux qui ne suivraient pas Josué et sa bande.

Quant aux visions, elles remontent à notre passé primitif. Aux environs de l'an 5.000 avant J.C., il est dit que la divine Ishtar, apparue à Enme-Kar, le souverain d'Uruk, lui dit de renverser la ville d' Aratta. Mais pour le moment nous nous occuperons surtout de visions dans le contexte de la Bible, puisque c'est la Bible qui est à la base des croyances d'un nombre étonnant d'êtres humains sur la planète Terre, y compris dans les "versions revues et corrigées" New Age et du mouvement du Potentiel Humain.

Hans Conzelmann, Professeur d'Etude du Nouveau Testament à Tottingen admet que la communauté chrétienne ne continue à exister de nos jours que parce que les conclusions d'une étude critique de la Bible lui sont en grande partie cachées.

Joachim Kahl, Licencié en Théologie de la Phillips University, de Marburg écrit que "L'ignorance de la plupart des Chrétiens est due en grande partie au peu d'informations que laissent passer les théologiens et historiens ecclésiastiques, qui dissimulent de deux manières la réalité scandaleuse à laquelle ils font allusion dans leurs ouvrages: soit ils la déforment pour en faire diamétralement l'opposé, soit ils la cachent purement et simplement".

Le Dr. Johannes Lehman, co-traducteur d'une édition moderne de la Bible fait remarquer: "Les évangélistes sont des interprètes et non des biographes; ils n'ont pas éclairé ce qui a été caché dans l'ombre au fil des générations mais ont obscurci ce qui était encore clair. Ils n'ont pas écrit l'Histoire, ils ont fait de l'Histoire. Ils n'ont pas voulu être des témoins; ils ont seulement voulu justifier."

---

[97] Fulcanelli, *Le Mystère des Cathédrales.*

Les "textes originaux" auxquels se réfèrent si souvent les théologiens qui coupent les cheveux en huit dans le sens de la longueur, n'existent pas. Tout ce qui existe sont des transcriptions qui ont été faites entre les IVe et Xe siècles. Et il s'agit de transcriptions de transcriptions (il y en a près de quinze cents) dont pas une ne s'accorde avec une autre. On a compté plus de quatre-vingt mille versions. Il n'existe pas une seule page de "texte original" sans contradictions. Le plus important de ces textes, le *Codex Sinaiticus*, contient seize mille corrections, que l'on peut faire remonter à sept correcteurs. Ces correcteurs ont apporté des "corrections" parce que chacun d'entre eux a compris les versets différemment, et ils les ont transformés selon ce qu'ils percevaient comme les nécessités de leur temps.

Le Dr. Robert Kehl de Zurich écrit: "Un même passage a été fréquemment "corrigé" dans un sens par un correcteur, pour être immédiatement "recorrigé" par un autre correcteur, uniquement pour le faire coïncider avec les vues dogmatiques de l'école de chacun. En tout cas, il en est résulté des textes complètement chaotiques et une irrémédiable confusion non seulement des "corrections" individuelles mais davantage encore de celles qui ont été apportées délibérément".

Le Père Jean Schorer, qui a été pendant de nombreuses années conseiller spirituel à la Cathédrale Saint-Pierre, à Genève, a conclu que la théorie de l'inspiration divine de la Bible est tellement en contradiction avec la base la plus élémentaire des connaissances découlant de la raison humaine, et est si évidemment réfutée par la Bible elle-même, que seuls des ignorants pourraient la défendre, et seuls des gens sans culture aucune pourraient y croire.

Le Dr. Robert Kehl écrit dans Die Religion des modernen Menschen:

> La plupart de ceux qui croient en la Bible adoptent un credo naïf selon lequel la Bible aurait toujours existé dans sa forme actuelle. Ils croient que la Bible a toujours contenu tous les chapitres qui se trouvent dans leur exemplaire personnel de la Bible. Ils ne savent pas – et la plupart d'entre eux ne veulent pas savoir – que pendant environ 200 ans, les premiers chrétiens n'ont disposé d'aucune "Ecriture" en dehors de l'Ancien Testament, et que même le canon de l'Ancien Testament n'avait pas été établi définitivement au temps des premiers Chrétiens ; les versions écrites du Nouveau Testament n'ont vu le jour que très progressivement, et pendant longtemps personne n'a même rêvé de considérer ces écrits du Nouveau Testament comme des Ecritures Saintes, et à mesure que le temps passait l'habitude a été prise de lire ces écrits aux congrégations mais, même alors, personne ne se serait aventuré à

> les considérer comme des Ecritures Saintes au même titre que l'Ancien Testament; de telles idées ont vu le jour quand les diverses factions de Chrétiens sont entrées en conflit les unes avec les autres et que celles-ci ont éprouvé le besoin de s'appuyer sur quelque chose qui ne pouvait être contredit, et c'est seulement pour cela que les gens ont commencé à regarder ces écrits comme Ecritures Saintes, aux environs de l'an 200 de l'ère chrétienne.

Nous étudierons plus loin comment la Bible a été créée, mais pour le moment, nous nous contenterons de dire que l'examen de ce processus ne nous dit rien de «l'Esprit Saint». C'est la plate réalité. Et un tas de gens qui se consacrent aux "affaires" religieuses le savent bien.

Néanmoins, nos institutions d'enseignement supérieur disposent en général d'un corps enseignant spécialisé chargé de l'enseignement de la théologie, et *financé par le contribuable*, qu'il soit chrétien, juif, etc. ou non. On suppose que les étudiants qui étudient cette théologie suivent également des cours de mathématiques, de langues, de sciences, etc. La question devient alors: quelles sortes d'étranges aberrations, quelle incompréhensible corruption se produisent dans l'esprit des humains pour qu'ils en viennent à séparer complètement leur savoir universitaire de ce qu'ils entendent prêcher en "chaire de vérité"? *Quelle sorte de lavage de cerveau peut provoquer un oubli aussi total des faits les plus simples?* Comment cela se produit-il?

Il est littéralement ahurissant pour tout être humain logique et intelligent que le conte à dormir debout de la Bible – qui passe pour être la parole de Dieu – ait eu la vie aussi longue. On ne peut comparer ceci à rien de ce qui s'est produit au cours de ces dernières sept mille années, autant que nous sachions. Qualifier tout cela de "tas de mensonges" peut paraître sévère, mais il est de plus en plus évident que nous sommes intentionnellement induits en erreur. Et dans ce cas, par qui?

Que pensez-vous du COINTELPRO?

Les théologiens chrétiens prétendent que les enseignements de Jésus (ce qui est un dogme religieux), sont inconditionnellement fondés. Rudolf Augstein se demande: "...De quel droit les Eglises chrétiennes se réfèrent-elles à un Jésus qui n'a pas existé sous la forme qu'elles proclament, à des doctrines qu'il n'a pas enseignées, à une autorité absolue qu'il n'a pas conférée, et à une filiation avec Dieu dont il n'a jamais fait état?"[98]

---

[98] *Jesus Menschensohn*, Munich, 1972

Naturellement, tous ces problèmes ont débouché sur d'intéressantes et nombreuses solutions théologiques. Il est surprenant de constater combien créatifs peuvent devenir de "vrais croyants" lorsqu'ils se trouvent devant des faits qui démontrent que telle ou telle idée qu'ils ont tenue pour vraie pendant longtemps n'est plus défendable.

De nos jours, les informations largement répandues au sujet d'apparitions anormales de ce que l'on appelle maintenant "aliens" ont naturellement conduit à faire de Jésus un "astronaute interstellaire". Jésus est donc un "alien."

Le Dr. Vyatcheslav Saitsev de l'Université de Minsk prétend que Jésus vient de l'espace extra-atmosphérique. Son idée est que Jésus était le représentant d'une civilisation supérieure, ce qui expliquerait ses pouvoirs surnaturels. Il note: "Autrement dit, la venue de Dieu sur la Terre est réellement un événement cosmique."

Cela pourrait bien ne pas être si fou que cela. Mais, considérant les efforts du COINTELPRO pour dissimuler, distraire l'attention, et désinformer, de quel Dieu s'agit-il?

Pendant ce temps-là, la bande du *Holy Blood, Holy Grail* [99] s'occupe à fabriquer une "lignée de sang divin". Cette idée est renforcée par Laurence Gardner, qui a relié le Lignage du Saint Graal à des aliens reptoïdes. Au même moment, sur toute la planète nous voyons un tas de "vrais croyants" prêcher l'évangile de ces bons Gris si utiles, et du Seigneur reptilien qui nous aime tellement et qui n'a jamais rien fait d'autre que d'enseigner à l'humanité comment devenir civilisée.

Et toujours en même temps, se déroule un évident plan de "révélation progressive" mis en place par le gouvernement et son programme spatial, et nous assistons au grand effort de George Bush et des fondamentalistes tant de tendance chrétienne que de tendance sioniste, pour instituer un Gouvernement Mondial Unique.

Alors, nous avons le droit de demander: Que diable se passe-t-il? Qu'est-ce que cela signifie de parler de la Nouvelle Jérusalem, quand en fait (et nous l'expliquerons bientôt) tout ce qui a trait à l'Ancienne Jérusalem ne repose que sur des mensonges et de la désinformation répandus par ce petit malin de Yahweh/Jehovah qui avait des problèmes de dictature?

La réalité paraît être que le judaïsme, le christianisme et l'islam n'ont été créés et mis au point que pour provoquer telle situation qui était désirable pour quelqu'un en particulier, à une certaine époque, et maintenant nous voyons que la même opération est en cours au

[99] Sang Sacré, Graal Sacré (NdT)

sein de l'humanité, sous la forme du mouvement New Age-Potentiel Humain.

Si nous prenons un certain recul par rapport à cette situation, nous voyons que la prophétie est au centre de la tradition judéo-islamo-chrétienne. Les prophètes de ces religions ont prétendu être en contact direct avec le Créateur de l'Univers, et ce créateur paraît avoir été singulièrement "personnel", en ce sens qu'il avait des traits de caractère, des caprices, des goûts et des dégoûts. Naturellement ces prophètes sont des messagers privilégiés qui ont reçu ses révélations divines, et ces révélations divisent l'humanité entre ceux qui les croient et ceux qui ne les croient pas.

Il va sans dire que ceux qui ne croient pas sont damnés. Cela ressemble furieusement à ce qui se passe de nos jours parmi les Contactés.

La religion chrétienne et ses ramifications New Age sont à l'origine de nombreux scénarios de "Fin du Monde" qui nous sont devenus familiers.

Les scénarios concernant la fin des temps trouvent principalement leur origine dans les écrits apocalyptiques et eschatologiques de l'Ancien et du Nouveau Testament. De l'avis général, c'est dans le dernier livre, celui de la Révélation, que les représentations les plus frappantes et symboliques de la fin du monde sont décrites. C'est un ouvrage difficile à comprendre. Il n'existe probablement pas, dans toute l'Histoire, un autre écrit qui ait fait l'objet d'analyses aussi approfondies et d'interprétations aussi nombreuses. Il s'agit de la légende de la fin du monde, d'un récit rassis du Jugement Dernier, avec abondance d'effets spéciaux de réalité virtuelle. C'est la source d'inspiration des prophètes fous, des prédicateurs coléreux qui postillonnent en tapant du poing sur le bord de la chaire de vérité, des apocalyptiques mages énochiens, des vrais croyants fanatiques, des réalisateurs de films de série B, et des prometteurs de bonjour (? bons jours/jours meilleurs ? Bonimenteurs ?)et vendeurs d'huile de serpent de tout acabit.

Est-ce que cela signifie que nous pouvons tout simplement faire fi de la Révélation et des autres prophéties? Cela nous ferait du bien de le croire, mais comme nous l'avons déjà dit, si le Système de Contrôle intervient toujours pour s'assurer des dégâts, il le fait très prudemment! (un peu difficile comme construction)

Bien que ce qui précède soit plutôt acéré (pointu ? - extrême ?) en ce qui concerne les interprétations nombreuses et variées de la source des prophéties de la fin des temps, il ne faut pas non plus jeter le bébé avec l'eau du bain. Quiconque a des yeux, des oreilles et un soupçon de cervelle, peut constater que quelque chose cloche dans notre monde, dans notre réalité; et quand cela a été vu et que des questions sont posées, ce qui pousse à entreprendre des recherches, nous en arrivons à l'idée que quelque chose est réellement sur le point de se produire!

Ce qui paraît vrai, c'est que les auteurs de l'Ancien et du Nouveau Testament ne pouvaient pas simplement rejeter toutes les traditions orales. Mais ils les ont utilisées à leur manière. Il semble que, souvent, ce qui était positif a été déformé et retourné.

En prenant conscience de la manière dont l'Histoire peut être mythifiée et ensuite "historisée", et de toutes les combinaisons que cela implique, nous pouvons regarder les Ecritures d'un oeil différent. Nous pouvons proposer une théorie selon laquelle il doit y avoir eu un personnage réel autour duquel a été bâtie (Histoire mythifiée) la légende de Jésus. Nous pouvons émettre l'hypothèse qu'il a enseigné quelque chose de fameusement important et spectaculaire pour que cela ait eu un tel impact. Nous pouvons aussi émettre l'hypothèse que cet "impact" a été considéré par un Système de Contrôle comme bon à utiliser à titre de pièce maîtresse. Mais, étant donné la vraie nature de la Matrice, comme nous le soupçonnons de par nos observations actuelles ainsi que grâce à une étude historique approfondie, on peut suggérer que quoi qu'il ait accompli et dit, cela a très certainement été déformé et corrompu ; et ce qui était considéré comme important à l'origine a été mis en retrait, comme on pouvait s'y attendre.

On dit que les premiers Chrétiens croyaient que la fin du monde et la réapparition du Messie étaient imminentes. On nous dit que dès les premiers temps d'une Eglise organisée, l'anticipation du millénium – le règne pendant mille années du Christ revenu- était en conflit avec la politique ecclésiastique qui s'enflait au même rythme que la hiérarchie de la nouvelle Eglise.

Dans ce qui est actuellement la Turquie, un homme du nom de Montanus a prétendu avoir eu une vision d'une Nouvelle Jérusalem céleste sur le point de descendre sur la Terre. Montanus et son idée ont été perçus par l'autorité ecclésiastique comme des menaces. Hippolyte, dans un écrit datant de 215 de notre ère, accuse d'hérésie les croyants montanistes, et frappe également d'hérésie *ceux qui écoutent les révélations faites par des femmes visionnaires*. Le montanisme a poursuivi sa progression, spécialement après que Tertullien – le brillant juriste érudit né à Carthage et converti au christianisme en l'an 196 – se fût joint au mouvement. Lui aussi a fait rapport d'une vision de cette cité céleste descendant du ciel; cette métaphore a perduré pendant des siècles.

L'ubiquité de cette vision est intéressante pour un tas de raisons, et plus particulièrement si nous prenons en compte la possibilité que ces premiers Chrétiens ont pu interagir avec des réalités hyperdimensionnelles. Tandis que certains groupes gnostiques "spiritualisaient" les événements décrits dans la Révélation, d'autres insistaient sur le fait que ce paradis était bien réel et physique, et pourrait exister sur la Terre. On donna à cette idée le nom de *chiliasme,* une forme de vision apocalyptique qui *dépeignait le millénium comme une période physique et matérielle.*

Un prophète gnostique du nom de Cerinthus a dit qu'il y aurait un royaume terrestre du Christ et que la chair des êtres humains qui habiteraient à nouveau Jérusalem serait sujette aux désirs et aux plaisirs. Il ajoute: "Le royaume du Christ ... consistera en la satisfaction de l'estomac et même des organes inférieurs par le manger, le boire et les plaisirs nuptiaux." Un auteur note à propos de Cerinthus et de ses adeptes: "il y eut un grand enthousiasme parmi ses adeptes à cause de cela..."

Sûrement !

De nombreux chiliastes ont cru que pendant le millenium toute faim physique serait apaisée, que les hommes trouveraient toutes les femmes belles et disposées aux délices de la chair. D'autres ont enseigné que les femmes porteraient de nombreux enfants mais sans les douleurs de l'accouchement ni même les inconvénients du sexe.

On peut observer qu'il y a dans la vision millénariste un fil conducteur d'allusions sexuelles, qui a émergé à maintes reprises au cours des siècles.

Il est assez aisé de voir dans le "germe" du chiliasme primitif du christianisme des débuts, le concept de boucles temporelles et de réalités hyperdimensionnelles, ainsi que l'idée de catastrophes cycliques signalant tant le début que la fin des "mondes". Cependant, il semble y avoir eu quelque chose d'autre, dans ce christianisme des débuts, qui aurait été problématique pour les Pères de l'Eglise qui s'occupaient à coder les dogmes et à bâtir un vaste empire ecclésiastique. Puisque la "fièvre de la fin du monde" ne voulait pas disparaître, elle a été codifiée sous la forme: "croyez en nos dogmes et vous monterez au Ciel à la Fin des Temps. Elle ne se produira qu'une seule fois, et nous sommes les agents du dieu qui détruira tous ceux qui n'appartiennent pas à notre Eglise".

Nous arrivons à la question suivante: si les Pères de l'Eglise du début ont éliminé le «chiliasme primitif» du christianisme, qu'ont-ils encore éliminé D'AUTRE? Comme nous l'avons mentionné, ce que nous connaissons comme le christianisme aujourd'hui est, selon de nombreux experts, à peine plus qu'un amalgame d'innombrables représentations mythiques sur le thème d'un dieu qui meurt et ressuscite. Et surtout, il reflète le drame de Tammuz auquel est superposé une grande partie de la religion égyptienne de l'époque.

Ce qui est le plus révélateur est le fait que les seuls écrits contemporains du christianisme du début, et qui le mentionnent explicitement, font la remarque qu'il n'était que "vile superstition". Et cependant, ce qui existe comme christianisme de nos jours se résume plus ou moins à ces mêmes pratiques religieuses adoptées par ceux qui les ont qualifiées de "vile superstition." Tacite nous dit que du temps de Néron:

> Il s'ensuivit une catastrophe, que ce fût par accident ou le résultat d'un dessein de l'empereur, on ne le sait pas car les avis divergent, mais ce fut la calamité la plus désastreuse et horrible de toutes les calamités jamais subies par cette ville par la violence du feu. ...une rumeur s'était répandue à l'étranger, selon laquelle au moment même où la ville brûlait, Néron était monté sur sa scène privée et avait chanté la destruction de Troie, comparant le désastre présent à cette catastrophe antique ....
>
> Pour mettre fin à ces rumeurs, Néron trouva des boucs émissaires et fit subir les châtiments les plus terribles à ceux que l'on appelait communément Chrétiens, *un groupe haï à cause de leurs pratiques scandaleuses.* Le fondateur de cette secte, Christus, avait été exécuté sous le règne de Tibère, par le procureur Ponce Pilate. C'est ainsi que cette *pernicieuse superstition* disparut pendant un temps, mais elle réapparut, non seulement en Judée, où ce mal était né, mais même à Rome, *où se rassemblent tous les éléments odieux et infâmes* venus de partout dans le monde et y sont largement suivis.
>
> Les premiers arrêtés furent ceux qui avaient fait des aveux; puis, sur leurs informations, une vaste multitude fut inculpée, *moins sur l'accusation d'incendie volontaire qu'à cause de leur haine pour l'humanité.*[100]

Pline le Jeune, qui vécut d'environ 62 à 113 de notre ère, avait été envoyé par l'empereur Trajan, à titre de représentant officiel, dans la province romaine de Bithynie en Asie Mineure. Il avait pour mission de maintenir la paix. Lorsqu'il eut des ennuis avec les Chrétiens, Pline écrivit à l'empereur pour lui demander comment il devait agit à leur encontre, décrivant de qu'il savait de leur religion:

---

[100] Leon, Harry J., trans., "Selections from Tacitus" in MacKendrick, Paul and Herbert M. Howe, *Classics in Translation, Vol. II: Latin Literature*, C 1952 (Madison: The University of Wisconsin Press).

> Cependant, ils ont affirmé qu'ils n'étaient pas coupables d'une plus grande faute que d'avoir l'habitude de chanter en chœur des hymnes au Christ comme à un dieu, et de se lier par un engagement, non pas de commettre le moindre crime, mais plutôt de ne pas commettre de vols, de larcins ou d'adultères, ni de rompre leurs promesses, ni de refuser de remettre tout trésor qui aurait été confié à leur garde; quand cette cérémonie est terminée ils s'en vont et se rassemblent plus tard pour un festin ordinaire et innocent. Ils ont même abandonné cette coutume après la promulgation de mon édit qui, selon vos instructions, interdisait l'existence de groupements. J'ai donc considéré comme très nécessaire d'extraire la vérité, au besoin par la torture, de deux servantes que l'on appelait diaconesses. *Je n'ai rien trouvé si ce n'est une vile superstition portée à un degré immodéré.*
>
> La contagion de cette superstition s'est étendue non seulement aux villes, mais aussi aux villages et dans les districts ruraux. Cependant, il semble qu'elle puisse être arrêtée et qu'on puisse y remédier. On s'accorde à dire que des temples pratiquement désertés ont recommencé à être fréquentés, et des rites spéciaux qui avaient été abandonnés pendant longtemps sont rétablis; et l'on débite à nouveau du fourrage pour les victimes sacrificielles, bien que jusqu'à présent les acheteurs se fissent rares. Il est donc aisé de conjecturer le grand nombre de contrevenants pouvant être réformés si une chance de repentir leur est accordée. [101]

Nous avons donc les indices suivants:

Les Chrétiens étaient haïs à cause de *leurs pratiques odieuses.*

Leurs croyances étaient décrites comme des *superstitions pernicieuses*

La superstition pernicieuse est née en Judée.

Les Chrétiens ont été inculpés, non pas parce qu'ils ont allumé des incendies, mais à cause de leur haine de l'humanité.

Pline décrit leurs pratiques comme bénignes, mais dit qu'au cœur de la croyance il y a de la "vile superstition portée à un degré immodéré"

Cette "vile superstition" était insidieuse et aboutit apparemment à l'abandon des temples et anciens rites, y compris les sacrifices.

La question qui vient à l'esprit est: qu'est-ce que les gens de ce temps-là ont bien pu considérer comme "vile superstition" ou "pratiques odieuses " quand on sait ce qu'ils considéraient comme des pratiques religieuses normales, c'est-à-dire des mythes d'un dieu mourant, du gnosticisme, le sacrifice et tous les autres

---

[101] Heironimus, John Paul, trans., "Selected Letters of the Younger Pliny," in MacKendrick, Paul and Herbert M. Howe, *Classics in Translation, Vol. II.- Latin Literature,* C) 1952 (Madison: The University of Wisconsin Press).

accessoires du christianisme tels que nous les connaissons aujourd'hui?

Le seul vrai indice dont nous disposions est la remarque: «moins parce qu'ils ont allumé des incendies, mais à cause de leur haine de l'humanité - une vile superstition portée à un degré immodéré».

Leur quoi?

"Leur haine de l'humanité".

Dans le *Livre III* de son ouvrage *Gnosis*, Boris Mouravieff parle de ce qu'il appelle "humanité préadamique" et "humanité adamique". Voici quelques extraits de ce que Mouravieff a à nous dire:

> Nous avons déjà, dans le premier volume de '*Gnosis*', fait allusion à plusieurs reprises à cette coexistence de deux races essentiellement différentes: celle des *Hommes* et celle des *Anthropoïdes*, ce dernier terme n'emportant au sens ésotérique, insistons-y, aucune idée péjorative. [102]
>
> ...Les Ecritures contiennent plus d'une indication à la coexistence sur notre planète, de ces deux humanités, actuellement qui semblables de forme mais dissemblables dans leur essence. On peut même dire que toute l'histoire dramatique de l'humanité, depuis la chute d'Adam jusqu'à nos jours et sans excepter la perspective de l'Ere Nouvelle, est placée sous le signe de la coexistence de ces deux races humaines dont la séparation ne doit intervenir qu'au Jugement Dernier. [103]
>
> ...L'ivraie humaine, c'est la race anthropoïde issue de l'humanité préadamique. La différence capitale –bien que non perçue par les sens- entre l'homme préadamique et l'homme adamique contemporains, c'est que, comme nous l'avons vu, le premier ne possède pas les centres supérieurs développés qui existent chez le second et qui, bien que coupés chez lui de la conscience de veille depuis la chute, lui offrent une possibilité réelle d'évolution ésotérique. A cela près, les deux races sont semblables: mêmes centres inférieurs et même structure de Personnalité; même corps physique, bien souvent plus fort chez l'homme préadamique que chez l'homme adamique; et quant à la beauté, n'oublions pas que l'homme et la femme préadamiques avaient été créés par Dieu le sixième jour, à son image et à sa ressemblance, et que les filles de cette race étaient particulièrement belles. [104]
>
> ...Pour l'instant, bornons-nous à répéter que l'homme adamique contemporain, ayant perdu le contact avec ses centres supérieurs,

---

[102] Mouravieff, Boris, *Gnôsis*, Tome III, p. 140.
[103] Mouravieff, p. 141.
[104] Mouravieff, p. 142.

> et par suite avec son Moi réel, apparaît pratiquement semblable à son homologue préadamique. Toutefois, à la différence de ce dernier, il a encore ses centres supérieurs ce qui lui assure la possibilité de s'engager sur la voie de l'évolution ésotérique. De cette possibilité, le préadamique est *actuellement* privé, mais elle lui sera donnée dans l'éventualité d'une évolution heureuse de l'humanité adamique au cours de l'Ere de l'Esprit Saint.[105]

C'est ainsi que nous arrivons à une idée qui pourrait bien faire l'affaire, tant d'une "vile superstition" que d'une explication de la remarque que les premiers Chrétiens avaient "une haine excessive de l'humanité". Nous voyons alors également, dans un éclair de conscience, quelques remarques étranges attribuées à Jésus: "Je ne suis pas venu apporter la paix, mais l'épée," et son sermon aux Pharisiens, affirmant qu'ils étaient "les fils de leur père, Satan..."

Nous arrivons également à mieux comprendre la remarque de Fulcanelli à propos du Chiliasme Primitif. Pour citer et paraphraser Mouravieff:

> L'Ere de l'Esprit Saint a deux faces: l'une du Paradis retrouvé et l'autre d'un Déluge de feu... (je n'ai pas réussi à trouver cette phrase dans mon texte) Nous pouvons même dire que toute l'Histoire dramatique de l'humanité, depuis la chute d'Adam jusqu'à aujourd'hui, sans exclure la perspective de la Nouvelle Ere, est assombrie par la coexistence de ces deux races humaines dont la séparation ne se produira qu'au Jugement Dernier. C'est à cela que Jésus a fait allusion en paraboles lorsqu'il a parlé aux foules, mais décrit en termes clairs à ses disciples. La description la plus remarquable se trouve dans la parabole de l'ivraie et du bon grain, à propos de laquelle il a fait le commentaire suivant:
>
> Celui qui sème le bon grain est le Fils de l'Homme: le champ est le monde: les bons grains sont les enfants du Royaume, mais l'ivraie représente les enfants du mauvais: l'ennemi qui les a semés est le diable; la moisson est la fin du monde: ...
>
> La coexistence d'une race d'anthropoïdes et d'une race d'hommes, confirmée ici, est nécessaire du point de vue de la Loi Générale, pour préserver sans l'interrompre la stabilité dans le mouvement de la vie organique sur Terre. Elle est nécessaire également en vertu du principe d'équilibre. La première race est un contrepoids qui permet à la race des Hommes de poursuivre son évolution ésotérique. Jésus a confirmé cela de la manière suivante lorsqu'il a parlé de la Fin:

[105] Mouravieff, p. 168-69.

Et puis, il y en aura deux dans le champ; l'un sera enlevé et l'autre laissé. Deux femmes seront à la meule; une sera ôtée, l'autre restera.

L'ivraie croît sans qu'on doive la cultiver. Le bon grain, d'autre part, exige beaucoup de soins pour donner une bonne récolte.

... On peut même dire que toute l'histoire dramatique de l'humanité, depuis la chute d'Adam jusqu'à nos jours et sans excepter la perspective de l'Ere Nouvelle, est placée sous le signe de la coexistence de ces deux races humaines dont la séparation ne doit intervenir qu'au Jugement Dernier. C'est ce qu'a indiqué Jésus, en paraboles naturellement lorsqu'il s'adressait à la foule, mais en termes clairs à l'intention de ses disciples ; il y a notamment la parabole de l'ivraie et de la *bonne semence* que sur la demande de ces derniers, il a ainsi commentée :

Celui qui sème la bonne semence, c'est le Fils de l'Homme ; le champ, c'est le monde ; la bonne semence, ce sont les fils du royaume ; l'ivraie, ce sont les fils du malin ; l'ennemi qui l'a semée, c'est le diable; la moisson, c'est la fin du monde. ...

La coexistence, ainsi confirmée, d'une race d'Anthropoïdes et d'une race d'Hommes, est nécessaire, du point de vue de la Loi Générale, pour que se maintienne sans interruption *stabilité dans le mouvement* de la vie organique sur la Terre ; elle l'est également en vertu du principe d'équilibre, la première race étant un contrepoids qui permet à la celle des Hommes de poursuivre son évolution ésotérique. Cela aussi a été confirmé par Jésus, à propos de la Fin, dans les termes suivants :

Alors, de deux hommes qui seront dans un champ, l'un sera pris et l'autre laissé ; de deux femmes qui moudront à la meule, l'une sera prise et l'autre laissée. (p141)

L'homme pré-adamique n'a jamais été une individualité. Créé en tant que Personnalité au sixième jour (symboliquement parlant), il est privé de toute possibilité d' "individuation" directe, parce que son existence a été placée sous la loi de l'individualisation collective, qui est soumise [au centre de pensée du Non-Etre] avec l'aide de toute une hiérarchie d'esprits qui sont soumis à son autorité....

L'homme préadamique ne se réincarne pas. N'ayant en lui aucun élément individualisé au sens ésotérique, il naît, il meurt, mais il ne s'incarne pas et ne saurait par conséquent se réincarner.... L'individualisation des préadamiques est *collective*, et dirigée, selon les groupes, par tels ou tels des esprits de la hiérarchie....Cela n'empêche toutefois pas les préadamiques de s'introduire en grand nombre dans le champ d'évolution que constitue *le film* des adamiques, et, par suite du manque de discernement dont souffrent ceux-ci dans leur état déchu, de troubler et de freiner parfois leur évolution. (p173)

... l'humanité est terrestre se compose en parties égales - en vertu du Principe d'Equilibre – d'adamiques et de préadamiques, l'équilibre étant automatiquement ajusté suivant les fluctuations des incarnations des âmes adamiques. Cet équilibre cependant, pourrait se rompre à l'avantage de l'ivraie si la race adamique, en jetant en masse les perles aux pourceaux, reniait sa nature divine dans une mesure qui dépasserait la tolérance admise. Jésus, dans la parabole des talents, a fait entrevoir la possibilité d'une telle dégénérescence personnifiée par l'esclave qui, ayant enfoui dans la terre celui qui lui avait été confié et le rendant à son maître sans l'avoir fait fructifier, s'entendit dire: "Esclave fourbe et fainéant... jetez-le dans les ténèbres du dehors où il y aura des pleurs et des grincements de dents". Est-il besoin de préciser le sens ésotérique de cette terrible sanction ? (p173-174)

...Lors de la création, les deux humanités avaient été placées sous des autorités différentes.... La chute avons-nous dit, rendit nécessaire un nouveau départ... représenté par l'Escalier. Dès lors, l'homme adamique [fut] soumis ... au régime de la naissance et de la mort, ...Mais la conscience crépusculaire du Moi réel qui lui est restée malgré une quasi complète de son canal par lequel il communiquait avec les Centres supérieurs, qui toujours chez lui, lui donne une possibilité de choix : s'il entend la *Voix du Maître*, et s'engage résolument sur l'Escalier, s'il parvient à la Quatrième Marche et résiste à l'épreuve du Feu, il sera, au moment où il franchira le deuxième Seuil, accueilli en Fils prodigue... (p174)

Dans l'éventualité où les adamiques abandonneraient en masse le combat qui mène à la Rédemption et où cet abandon, par son ampleur, dépasserait la tolérance admise, la bonne semence pourrait être progressivement étouffé par l'ivraie... Le monde irait alors droit à la catastrophe, qui cette fois prendra la forme du Déluge de Feu. (p174)

...si l'équilibre actuellement passablement compromis était rétabli, alors, avec l'incarnation intégrale et simultanée des âmes adamiques, la Période de transition prenant fin, l'humanité aborderait l'Ere du Saint Esprit. Viendraient ensuite mille ans qui seraient consacrés au perfectionnement des deux races, et, après un second millénaire, règne de l'Androgyne, le Jugement Dernier séparerait définitivement l'ivraie de la bonne semence. ... Cette dernière,... entrerait alors au sein du Seigneur pour entreprendre une évolution supérieure et atteindre *in fine* le *Plérôme*. Cependant, l'ivraie d'hier cesserait d'être ivraie et, promue au rang de bonne semence, s'engagerait elle aussi dans la longue voie de l'évolution qu'auraient achevé de parcourir les adamiques. Elle recevrait alors à son tour les centres supérieurs de conscience qui lui seraient donnés, en puissance, les *talents* qu'elle devrait faire fructifier.

Il faut encore ajouter que les adamiques qui auraient auparavant dégénéré en préadamiques auraient la possibilité de reprendre, en même temps que ceux-ci, l'évolution abandonnée, tandis qu'un nombre équivalent de préadamiques les plus aptes, recevant les *talents* initialement donnés aux premiers, pourraient ainsi faire un bond en avant sur la voie de l'évolution ésotérique, un peu comme des élèves doués et travailleurs sautent une classe tandis que les et les paresseux la redoublent...(p175)

Entre-temps, le mélange des deux races est total: non seulement les mêmes nations, mais encore les mêmes familles, peuvent être composées, et le sont en général, des deux types humains. Cet état de choses est le résultat lointain de la transgression (...) de l'interdiction des mariages mixtes dont la bible fait mention. (

La position dominante des préadamiques, conséquence de la carence ésotérique des adamiques, crée à présent une situation critique, d'une gravité sans précédent, de sorte que *ce qui reste de la Période de transition offre (...) la dernière chance qui reste à l'humanité terrestre de rétablir l'équilibre compromis, et d'éviter un cataclysme général.*

Si cette chance n'est pas saisie, la tradition salomonesque l'emportera définitivement sur la tradition davidienne. Alors, détournés de l'Absolu II (= des objectifs de l'Ascension d'après Laura), outrepassant même les limites de ce qu'il y a de nécessaire et d'utile dans la mission de l'Absolu III (=la Matrice d'après Laura), les faux prophètes et leurs élites se croyant dans le vrai, lanceront l'humanité préadamique - les fils de ce siècle- contre le reste des adamiques -les fils de lumière- dans une lutte ultime, effroyable et inutile.

Si cela devait se produire, et si à cette époque l'élite nouvelle (je pense que Laura a remplacé ce terme d'élite par humanité pour adoucir une connotation trop élitiste justement), adamique, ne parvenait pas à oppose à cette la révolte contre l'autorité de l'absolu III (=l'Amour du Fils d'après les passages précédents du livre), une résistance qui lui assurerait la victoire, l'équilibre étant définitivement rompu, l'humanité sombrerait dans le déluge de Feu.

La description faite par Mouravieff de la “Chute” de la race adamique suit la même ligne que la description qui nous a été donnée par les Cassiopéens, et où nous voyons qu'il s'agit d'une version symbolique de “Chute” de notre dispositif de conscience:

28-08-99
Q: Ceci est l'un des problèmes que je tente de résoudre en écrivant cette histoire de l'humanité. Si je comprends bien, ou si j'essaie de me le figurer d'après les documents consultés, avant la Chute, dans l'Eden,' l'humanité vivait dans un état de quatrième densité. Est-ce correct?
R: A demi/en quelque sorte.
Q: S'il vous plaît, soyez plus spécifiques.
R: 4e densité dans un autre monde, tel que continuum espace/temps, etc.
Q: Donc, ce monde a changé, comme il fait partie du cycle; différents choix ont été faits: la race humaine a en quelque sorte passé le portail pour se ruer sur l'"or", et s'est alignée sur les Lézards après que l'énergie féminine se soit associée avec le mauvais parti. C'est ce que vous avez dit. Cela a eu un certain nombre d'effets: rupture de l'ADN, mise hors d'usage des dix premiers codons de l'ADN, séparation des hémisphères du cerveau...
R: Seule raison à cela: quand on joue dans la gadoue on se couvre de gadoue.
Q: (T) Qu'étions-nous avant la "Chute?"
R: SDA de 3e densité.
Q: (T) Nous sommes SDS[106] à présent à cause de ce qui est arrivé alors?
R: Oui.
[...]
Q: (T) Nous étions 3e densité SDA en ce temps-là. Etait-ce avant la bataille qui a eu lieu? Autrement dit, avons-nous été, en tant que race de 3e densité, littéralement livrés à nous-mêmes à ce moment-là par opposition à ce qui était auparavant?
R: Eu une bataille.
Q: (L) La bataille a eu lieu en nous?
R: A travers vous.
Q: (T) La bataille a eu lieu à travers nous et l'issue devait être que nous passerions ou non ce portail... (L) La bataille a été livrée par notre intermédiaire, nous avons littéralement été le champ de bataille. (T) Est-ce que l'enjeu de la bataille était que nous passions ou non ce portail?
R: A peu près.
Q: (T) Bon. Donc nous étions SDA à ce moment. Vous avez dit auparavant que dans cette densité nous avons le choix d'être SDS ou SDA.
R: Oh Terry, la bataille dure toujours; c'est "quand' vous choisissez qui compte!
[...]
Q: (T) Cela doit correspondre à la raison pour laquelle les Lézards

[106] SDS = Service De Soi *(NdT)*

et autres extraterrestres disent toujours aux gens qu'ils ont consenti à être enlevés, etc. Nous étions SDA et maintenant nous sommes SDS.
R: Oui, ... "Quand" vous êtes partis à la recherche de l'or, vous avez dit "Salut" (« bonjour », peut-être ? salut peut être compris comme un au revoir ici) aux Lézards et à tout ce que cela implique.
Q: (T) ...En partant à la recherche de l'or nous sommes devenus SDS parce qu'aller chercher de l'or c'était SDS.
R: Oui.
Q: (T) Et ce faisant, nous avons fini par nous aligner sur les Lézards de 4e densité...
R: Oui.
Q: (T) Parce qu'ils sont des êtres de 4e densité et qu'ils ont beaucoup plus de facultés que nous en 3e densité...
R: Avant, vous étiez alignés sur les SDA de 4e densité.
Q: (T) Et nous étions des SDA de 3e densité. Mais en voulant l'or nous nous sommes alignés sur les SDS de 4e densité..
R: Oui.
Q: (T) Et ce faisant, nous avons donné aux SDS de 4e densité la permission de faire tout ce qu'ils veulent de nous?
R: A peu près.
Q: (T) Alors, quand ils disent que nous leur avons donné la permission de nous enlever, est-ce que c'est à cela qu'ils font allusion?
R: en quelque sorte.
Q: (J) Revenez à ce qu'ils ont dit précédemment: "Le Libre-Arbitre ne pourrait pas être limité si vous ne les y aviez pas invités." (T) Nous, en tant que race humaine, avons fait usage de notre libre arbitre pour passer de SDA à SDS. (L) Alors, à un certain degré nous avons choisi le gâchis dans lequel nous nous trouvons et c'est ça la super-ancienne légende de l'Ange Déchu: Lucifer. C'est nous. Nous avons chuté en passant ce portail, en quelque sorte, en partant à la recherche du pot d'or, et une fois le portail franchi, le serpent nous a mordus!
R: Mais c'est là un syndrome qui se répète.
Q: (L) Est-ce que c'est un syndrome qui se répète juste pour la race humaine, ou bien est-ce un syndrome qui se répète à travers toute la création?
R: Ce dernier.

La race adamique avec son ADN complet, avec sa connexion aux centres supérieurs en bon état de fonctionnement, est ce que les Cassiopéens décrivent ci-dessus comme SDA de 3e densité vivant à demi ou tout à fait dans une sorte d'état 4e densité, aligné sur la 4e densité SDA. Cela fait penser à « l'Age d'Or », quand l'homme se promenait parmi les dieux ». .

En faisant le choix de vivre une plus grande physicalité l'unité de conscience se rompt et "chute" de l'état SDA, perd ses connexions avec les centres supérieurs, et se retrouve plus ou moins au même niveau que la race pré-adamique, avec ceux qui n'ont aucune possibilité d'atteindre les centres supérieurs parce que le hardware pour l'ADN n'a pas été mis en place.

Cependant, puisque cette nouvelle existence de 3e densité SDS n'était pas un "habitat naturel" pour un corps doté du potentiel d'atteindre les centres supérieurs, la race déchue est en position de faiblesse par rapport aux pré-adamiques.

> Q: Dans le Livre III de *Gnosis*, Mouravieff discute de ce qu'il nomme "humanité pré-adamique" et "humanité adamique". Au moment où je lisais cela, je me suis rendu compte que ce que je m'efforçais de comprendre dans le cadre de la psychopathie, comme je l'ai décrit dans *Adventures Series*,[107] était exactement ce que décrivait Mouravieff. Mais lui avait recours à la Bible pour l'expliquer, et cela ne fonctionnait pas vraiment. Cependant, l'idée de base est que les types humains pré-adamiques n'ont fondamentalement pas "d'âme", ni la possibilité d'en développer une. Ceci est sans nul doute choquant, mais il y a eu récemment bien des discussions entre spécialistes à ce sujet, la question étant de savoir s'il y a des preuves cliniques établissant que certains êtres humains sont seulement "mécaniques" et ne possèdent par de "soi" intérieur ni supérieur. Gurdjieff a parlé de cela, et Castañeda aussi. Est-ce que les idées de Mouravieff à propos de deux TYPES humains fondamentaux sont correctes telles que formulées?
> R: En effet, bien qu'ici il y ait encore une fois un "reflet biblique". Les types pré-adamiques sont des portails "organiques" entre divers niveaux de densité.

Cela a débouché sur la question: faut-il oui ou non essayer d' "aider" ou de "sauver" de tels individus ou est-ce une perte de temps? Encore un indice concernant la "vile superstition" et la "haine de l'humanité."

> Q: Est-ce que c'est une perte de temps que d'essayer d'aider ou de "sauver" de tels individus?
> R: Plutôt. La plupart d'entre eux sont des machines très efficaces. Ceux que vous avez identifiés comme étant des psychopathes sont des "échecs." Les meilleurs d'entre eux ne peuvent être reconnus, *sauf par une longue et méticuleuse observation*

[107] http://www.cassiopaea.org/cass/adventureindex.htm

Q: Est-ce que l'un ou l'autre d'entre nous a jamais rencontré de ces "portails, et dans l'affirmative, pouvez-vous en identifier un pour nous instruire?
R: Si vous considérez que la population est également répartie, vous comprendrez que dans la vie d'une personne ordinaire ayant une âme, il y aura autant de rencontres de portails organiques que d'individus ayant une âme. MAIS quand quelqu'un est engagé dans le processus de "culture" et de renforcement de l'âme, *le Système de Contrôle s'efforce d'insérer davantage de ces unités dans la vie de cette personne*. Maintenant, pensez à tous ceux et celles que vous avez rencontrés, et en particulier à ceux avec qui vous avez été ou êtes toujours proches. Quelle moitié de ce nombre désigneriez-VOUS comme portails organiques? Difficile à dire, hein?
Q: (B) Est-ce là le sens original de "pollution de la lignée?"
R: Oui.

Ceci nous a certes ouvert de nouvelles perspectives à propos des expériences que j'ai décrites dans *Adventures series* publié sur notre site web. Il est également devenu clair que le travail de distinction entre ces "portails organiques" et les êtres humains dotés d'âme est CRUCIAL dans le processus d'Ascension. Sans une compréhension fondamentale de la transformation et de la conservation des énergies, il n'est pas possible que la fusion fasse aucun progrès dans une telle entreprise.

Au cours de la séance décrite ci-dessus, l'une des participantes affirma qu'elle était certaine qu'un des membres de sa famille était un "portail organique". Les Cassiopéens se sont empressés de répondre:

R: Ne commencez pas à mettre des étiquettes n'importe comment. Souvenez-vous que, très souvent, un individu qui affiche un comportement contradictoire est un être doté d'âme qui est en lutte.
Q: (L) Je dirais que ce qu'ils veulent dire principalement, c'est que les vraiment bons sont impossibles à distinguer sauf grâce à une longue observation. Une clé que nous avons découverte en étudiant les psychopathes, c'est que leurs actes ne correspondent pas à leur discours. Mais cela pourrait être juste un symptôme de faiblesse et de manque de volonté? (A) Comment puis-je savoir si j'ai une âme?
R: Est-ce qu'il vous arrive d'avoir mal pour quelqu'un d'autre?
Q: (V) Je pense qu'ils veulent parler d'empathie. Ces êtres humains sans âme ne se soucient tout simplement pas de ce qui peut arriver à quelqu'un d'autre. Si quelqu'un souffre ou est dans la misère, ils ne savent pas comment faire.
R: La seule souffrance qu'ils éprouvent est le "manque" de

> nourriture ou de confort, ou de ce dont ils ont envie. Ils sont aussi passés maîtres dans la déformation de la perception qu'ils ont des autres, de manière à paraître empathiques. Mais en général des actions de cette sorte servent simplement à garder le contrôle.
>
> Q: (A) Qu'est-ce que le fait d'avoir ou de ne pas avoir une âme a à voir avec une lignée?
>
> R: Les gènes se marient avec l'âme s'il y en a une.
>
> Q: Est-ce que les "portails organiques" vont en 5e densité lorsqu'ils meurent?
>
> R: Seulement temporairement, jusqu'à la "seconde mort".
>
> Q: (V) Quelle est l'origine de ces portails organiques humains? Dans le plan de la Création, d'où viennent-ils?
>
> R: A l'origine, ils faisaient partie du pont qui existe entre les 2e et 3e densités. Revoyez les transcriptions concernant les cycles d'ondes courtes et les cycles d'ondes longues.

Ark avait lu ces transcriptions et avait noté que les Cassiopéens avaient dit que le sommeil était nécessaire à l'être humain parce qu'il représente une "période de repos et de ressourcement". Ils avaient aussi dit que l'AME se repose pendant que le corps dort. Donc, la question suivante était logiquement: "à quelle source d'énergie s'abreuvent le corps et l'âme pour se recharger?"

> R: La question doit être divisée. En quoi ce qui se produit dans un individu ayant une âme est-il différent de ce qui se passe dans un élément de portail organique?

A ce moment, nous nous sommes arrêtés et avons discuté la possibilité que l'énergie vitale incorporée dans les portails organiques pourrait être quelque chose qui ressemble à une âme-groupe, tel qu'on dit qu'il en existe pour la flore et la faune. Ceci expliquerait, naturellement, la similitude frappante et inexplicable entre psychopathes, tellement bien définie, qu'ils ne diffèrent entre eux que comme différentes espèces d'arbres diffèrent entre elles dans la catégorie "condition d'arbre". Nous avons donc divisé la question et avons d'abord demandé :

> Q: ... D'où vient l'énergie qui recharge les portails organiques ?
>
> R: Le «réservoir» que vous avez décrit.
>
> Q: Est-ce que la recharge d'un être humain ayant une âme se fait aussi par l'intermédiaire d'un tel groupe, sauf qu'il s'agirait d'un groupe "humain?"
>
> R: Non – il se recharge à partir de ce que l'on appelle le centre sexuel, qui est un centre supérieur d'énergie créatrice. Pendant le sommeil, le centre émotionnel, qui n'est plus bloqué par le centre intellectuel inférieur et le centre des émotions, fait passer l'énergie du centre sexuel. C'est aussi un moment pendant lequel les centres émotionnels et intellectuels supérieurs ne sont pas

épuisés par l'interaction des centres inférieurs avec ces empoisonnants portails organiques tellement appréciés des centres inférieurs. Rien que ce répit suffit déjà à faire la différence. Mais en outre, l'énergie du centre sexuel est aussi plus disponible pour les autres centres supérieurs.
Q: D'où ce "centre sexuel" tire-t-il son énergie à lui?
R: Le centre sexuel est en contact direct avec la 7e densité dans sa pensée créatrice "féminine" "Toi, je t'aime". "L'expir" de "Dieu" dans le relâchement de la constriction. Pulsation. Ondes Instables de Gravité.
Q: Est-ce que les "centres" décrits par Mouravieff se rapportent à l'idée de "chakras?"
R: Très étroitement. Dans un individu de la variété organique, les chakras dits "supérieurs" sont "produits de fait" en volant cette énergie à des êtres dotés d'une âme. C'est ce qui leur donne la faculté d'imiter des êtres ayant une âme. L'être doté d'une âme perçoit en fait un miroir de sa propre âme lorsqu'il accorde des "qualités d'âme" à un être de ce genre.
Q: Est-ce que la correspondance commence au chakra basal qui a trait au centre sexuel décrit par Mouravieff?
R: Non. Le "centre sexuel " correspond au plexus solaire. Centre inférieur moteur: - chakra basal. Emotionnel inférieur - chakra sexuel. Intellectuel inférieur – chakra de la gorge. Emotionnel– chakra du coeur. Intellectuel supérieur – Chakra de la couronne.
Q: (V) Qu'en est-il de ce que l'on nomme le 7e chakra ou chakra du 3e oeil?
R: Clairvoyant. L'union des centres supérieurs du coeur et de l'intellect. Ceci "fermerait le circuit" dans la configuration de la "crosse de berger".
Q: (V) Qu'en est-il des nombreuses idées selon lesquelles il y a 12 chakras, etc., actuellement enseignées par de nombreuses sources nouvel âge?
R: Ce n'est pas ainsi. C'est un concept corrompu basé sur la croyance erronée que l'activation du système physique endocrinien revient à la création et à la fusion du centre magnétique. Les centres supérieurs ne sont "ancrés" qu'en étant "magnétisés".Et cette condition plus ou moins "extérieure" (non ancrée) des centres supérieurs a été perçue par certains individus et par la suite ajoutée aux points "d'ancrage" potentiels. Cela a abouti à une "conceptualisation transversale" basée sur la supposition!
Q: Est-ce que les degrés d'initiation et les degrés d'escalier présentés par Mouravieff sont relativement corrects?
R: Oui, mais différents degrés atteints dans d'autres vies peuvent atténuer l'intensité de certains degrés dans une "autre" vie.

RÉSUMÉ

Au cours de la séance dont il est question ci-dessus, les Cassiopéens ont confirmé qu'il existe bien deux races, et que, une fois le vernis biblique ôté, la description faite par Mouravieff était exacte. Ils ont été capables d'approfondir notre compréhension en situant la race pré-adamique dans la réalité hyperdimensionnelle et le système de contrôle " Matrice". Examinons quatre points soulignés par eux:

La race pré-adamique sert de portail entre niveaux de densité.

Les pré-adamiques sont des "machines très efficaces" et "les meilleurs ne *peuvent être discernés si ce n'est par l'observation longue et méticuleuse.*"

Ils volent de l'énergie aux êtres dotés d'âme afin de pouvoir les imiter.

Ils représentent la moitié de l'humanité.

La moitié de l'humanité. Volant de l'énergie aux êtres dotés d'une âme. Pensez-y. Cela ressemble assez à ce qu'on pourrait considérer comme "vile superstition" et "haine de l'humanité." Pas seulement jadis, mais maintenant aussi.

Mais si c'est vrai, cela explique pourquoi les enseignements de Jésus disent ce qu'ils disent. Cela explique aussi pourquoi ils ont été dissimulés. Parce que si c'est vrai, alors cela signifie que les deux races se mélangent depuis très, très longtemps.

LE MÉLANGE DES RACES

Il est extrêmement important de comprendre que les deux races se mélangent depuis des milliers, sinon des dizaines de milliers d'années. Il est impossible de nos jours de pouvoir dire en regardant les races: la rouge, la blanche, la noire, la jaune, que l'une ou l'autre est cette race "pré-adamique" et dépourvue d'âme.

Nous ne pouvons pas parler de groupes, nations, tribus, ou personnes qui appartiendraient en tant que groupe à la race sans âme. L'ADN des deux races est complètement mélangé, et c'est là la réelle signification de la pollution de la lignée. Seuls ceux qui possèdent la composition génétique appropriée sont réellement capables d'abriter une âme, et à partir de là de faire un travail ésotérique, ce qui signifie qu'aucun groupe selon la couleur ou l'ethnie ne peut être exclu ou avoir l'avantage.

Approfondissons un peu ceci: l'ADN de ces deux races est tellement mêlé qu'on peut en trouver des deux sortes au sein d'une même famille. Et Jésus a souligné qu'il opposerait le mari à son épouse, l'enfant à ses parents, etc. Et maintenant nous commençons à réellement, REELLEMENT comprendre pourquoi.

Nous voulons insister sur ce point afin que ceux qui ont des difficultés à comprendre ne nous accusent pas de racisme. Les deux races sont tellement mêlées que c'est devenu une question de génétique individuelle pour chaque personne sur la planète. Cela est suggéré dans les commentaires suivants des Cassiopéens:

> Q: (L)Je voudrais revenir à ma question à laquelle vous n'avez pas répondu... Je veux savoir exactement qui a génétiquement manipulé le peuple sémite et exactement pourquoi, et aussi pourquoi il y a une attitude tellement opposée entre eux et les Celtes et Aryens.
> R: Ce n'est pas seulement entre les Juifs et les Celtes, si vous voulez bien vous donner la peine de remarquer. **Outre cela il y a le profil aural qui compte, et non pas les groupements ou classifications.** Mais pour répondre à votre question: les raisons sont nombreuses, tant sur la planète qu'en dehors de celle-ci ....
> Q: (L) Alors, la création de la "Race Germanique des Seigneurs", c'est cela qu'ils cherchaient à faire, c'était créer ce "terrain de culture?"
> R: Oui.
> Q: (L) Et il était important de se débarrasser des Juifs? Est-ce qu'il n'y avait pas moyen de créer une Race germanique de Seigneurs sans détruire un autre groupe?
> R: Non.
> Q: Pourquoi?
> R: A cause de l'encodage préalable en 4e densité du profil de destinée de mission.
> Q: (L) Qu'est-ce que cela veut dire?
> R: Cela signifie encoder pour activer après élévation en 4e densité, donc si pas éliminé, refuse domination Nephalim et absorption. Les Juifs ont été pré-encodés pour exécuter mission après conversion, **quoique sur base individuelle** ....

Vous remarquerez que les Cassiopéens nous font regarder dans la direction d'individus et non pas de groupes. Ce ne sont pas des "groupements ou classifications", c'est le "profil aural individuel." Et cela coïncide avec les affirmations de Mouravieff sur la question; comme il le fait remarquer:

> ...Mais le mélange des chromosomes était déjà un fait accompli, de sorte que la symétrie hormonale des adamiques a naturellement diminué au fil des générations, jusqu'à se stabiliser au point atteint actuellement ... certaines indications dans l'Evangile nous font croire que les deux races humaines qui coexistent sur Terre sont numériquement égales ... (p. 130) (attention, asymétrie et non symétrie d'après le texte ci-dessous)

> Mais le mélange des chromosomes était déjà un fait accompli, et l'asymétrie hormonale propre aux adamiques diminua forcément au cours des générations pour se stabiliser au point où elle en est maintenant. … certaines indications contenues dans l'Evangile portent à ... croire [que] les deux races humaines qui coexistent sur la terre sont numériquement égales … (p. 169)

Nous le répétons: L'ADN de ces deux races est tellement mélangé que les deux types peuvent être trouvés au sein d'une même famille. Votre frère, votre sœur, votre mère, votre père, votre fille ou votre fils. Non pas quelqu'un "d'autre" quelque part dans le monde ou de l'autre côté de la rue, qui adore un dieu différent ou qui a une couleur de peau différente. Ce peut être quelqu'un que l'on côtoie chaque jour, avec qui l'on vit; et si c'est ainsi, il n'y a qu'une raison à leur présence ici: drainer, distraire et empêcher les êtres dotés d'âme d'évoluer.

Le moyen de revenir en arrière pour activer l'ADN nécessaire à entrer en contact avec les centres supérieurs n'est pas la manipulation génétique, ce qui serait voir la question dans l'optique des influences de la Matrice. Le moyen de revenir en arrière est le retour à l'ancienne science spirituelle, le vrai Oeuvre alchimique qui, par le réchauffement du creuset, le néo-cortex, recâble le cerveau de manière à rétablir et réparer les anciennes connexions avec les centres supérieurs. C'est la fusion du "centre magnétique", la naissance de l'enfant sacré», le vrai «Moi». C'est une "modification génétique" dans le sens d'un renforcement de la boucle de rétro-action avec le Centre de Pensées de l'Etre plutôt que le Centre de Pensée du Non-Etre. Grosse différence.

> Q: (A) Quelle partie d'un humain s'étend-elle jusqu'en 4e densité? ?
> R: Celle qui est régie par la glande pituitaire.
> Q: (L) Mais encore?
> R: Psychique.
> Q: (A) Y a-t-il des séquences particulières d'ADN qui facilitent la transmission entre densités?
> R: Addition de brins.
> Q: (L) Comment peut-on ajouter des brins?
> R: On n'ajoute pas, on reçoit.
> Q: (L) D'où les reçoit-on?
> R: Interaction avec onde qui approche, si vibration est alignée.
> Q: (L) Comment sait-on si cela se produit?
> R: Des changements psychophysiologiques se manifestent.
> Q: ...Il semble que de nombreux individus venus à cette période-ci depuis le futur en retournant dans le passé par l'intermédiaire du cycle d'incarnations de manière à ne pas contrevenir au libre-

arbitre, aient sélectionné avec soin des corps ayant un ADN particulier qu'ils activent peu à peu de manière à ce que leur Moi de 4e densité ou encore supérieur, puisse se manifester dans cette réalité-ci. Est-il possible à ces énergies de se manifester dans des corps qui ont été éveillés ou alignés en 3e densité?
R: Le SDA tend à suivre le processus selon le cours naturel des choses. Le SDS tend à altérer les processus de la création pour parvenir à ses fins (c'est-à-dire des enlèvements et/ou de la magie noire)

LES PORTAILS ORGANIQUES ET LE GRAND FILM

Qu'il existe une race sans âme, constituée de près de 3 milliards d'habitants de cette planète contribue certainement à expliquer pourquoi notre Terre se trouve dans un tel état.

Que cette race sans âme soit constituée de portails utilisés par les SDS de 4e densité pour nous garder sous contrôle explique la profondeur des manipulations et pourquoi il a été essentiel de cacher les enseignements de l'homme que nous appelons Jésus, mais que les Cassiopéens disent s'appeler en fait Jesinavarah.

Les portails organiques sont des véhicules ou portails génériques ayant forme humaine, prêts à se laisser utiliser par diverses forces. Voilà pourquoi ce sont de parfaites et dociles marionnettes au service de la Matrice. Il se trouve qu'en ce moment ils sont utilisés par les SDS de 4e densité pour contrôler les SDS de 3e densité et les candidats à l'état SDA de 4e densité dans des fonctions de "crécelle" et de "vampires", nous maintenant enfermés dans un modèle de comportement qui suit la norme orchestrée, et ils sont physiquement proches de nous afin de pouvoir aspirer nos énergies et nous empêcher d'avoir assez "d'énergie de fuite" qui nous permettrait d'échapper au Système de Contrôle de la Matrice par le développement de nos centres magnétiques.

Nous voyons ainsi que la fonction "naturelle" d'imitation de l'âme par le portail organique, prend un caractère spécifique grâce au courant de développement SDS tendant à collecter l'énergie de l'âme des individus qui en ont une, afin de transmettre cette énergie à la chaîne d'alimentation des SDS de 4e densité. Le rôle principal du portail organique est d'empêcher le chercheur authentique de progresser sur la Voie. Cela devient clair quand nous examinons ce qui suit:

Les Portails organiques captent l'énergie de l'âme des individus qui en sont pourvus.

Cette énergie est transmise aux SDS de 4e densité.

Les portails organiques se retrouvent aussi dans une même famille, aux côtés d'individus ayant une âme.

Lorsqu'un individu doté d'âme s'engage à entreprendre le "travail", il ou elle doit apprendre à conserver l'énergie de son âme car en l'absence de celle-ci, le travail ne peut être accompli.

Lorsqu'on s'engage à entreprendre le "travail", on fait l'objet d'attaques.

Ces "attaques" peuvent provenir de ceux qui sont les plus proches de vous: famille et amis.

Les Cassiopéens ont dit: "MAIS, lorsque quelqu'un entreprend de faire croître et renforcer l'âme, le Système de Contrôle cherche à faire entrer toujours davantage de ses "unités" dans la vie de cette personne."

Dès lors, pour pouvoir réellement apprendre à ajuster à sa vision la lentille de la réalité il faut apprendre à discerner la vraie nature des relations de l'aspirant afin qu'il puisse garder l'énergie des portails organiques dans la réalité, afin d'augmenter et renforcer la connexion avec l'âme. Ceci a été dit clairement par Mouravieff dans le commentaire suivant à propos de la compréhension du "film" de notre vie:

> En théorie, le *film* dans lequel un homme naît et dans lequel il vit peut se poursuivre jusqu'à la fin du monde, pourvu qu'il soit heureux, content de lui-même, qu'il se soit attribué des vertus et qu'il ait bien blâmé autrui pour ses erreurs et infortunes. Mais en fait, une telle existence ne peut être considérée comme humaine : on pourrait la qualifier d'*anthropoïde*. Ce terme est justifié dans le sens où l'homme *extérieur*, immergé dans l'auto-satisfaction, représente le couronnement de millions d'années d'évolution de l'espèce depuis des ancêtres animaux et cependant, du point de vue ésotérique, il est une possibilité qui n'a pas encore été réalisée.
>
> Si nous envisageons le problème de l'évolution sous l'angle du *film* et des différents rôles que l'homme peut y jouer, il est clair que cette sorte d'évolution est impossible aussi longtemps que le *film* est considéré comme se passant à l'intérieur d'un même cercle. Les gens qui jouent dans ce *film* sont ceux que nous avons nommés *anthropoïdes*, marionnettes, des *morts* qui, selon les termes employés par Jésus, "croient qu'ils sont vivants". L'évolution ésotérique commence lorsque l'homme, par un effort conscient, se montre capable de briser le cercle et de le transformer en une spirale ascendante. (Livre I, pp 234-5)
>
> Le *film* dans lequel l'homme est né et dans lequel il vit peut en principe tourner jusqu'à la fin du monde, à condition que l'homme s'y trouve heureux, satisfait de lui-même, s'attribuant

> toutes les qualités et rejetant sur les autres les causes de ses erreurs et de ses malheurs. Une telle existence ne peut être considérée comme étant, à proprement parler, humaine ; nous l'avons qualifiée d'*anthropoïde*. Ce terme se justifie en ce sens que l'homme *extérieur*, plongé dans la suffisance, représente le couronnement d'une évolution millénaire de l'espèce à partir de ses ancêtres animaux, alors que d'un point de vue ésotérique, il n'est qu'une possibilité non encore réalisée.
>
> Si l'on envisage le problème de l'évolution ésotérique du point de vue du *film* et des différentes positions que l'homme peut y occuper, il est évident que cette évolution est impossible tant que le *film* peut être considéré comme tournant dans le même cercle. Les personnages y sont ceux que nous avons appelés *anthropoïdes*, des marionnettes, des *morts* qui, selon le mot de Jésus, mais qui se croient vivants. L'évolution ésotérique commence lorsque l'homme, par ses efforts conscients, s'est montré capable de rompre le cercle pour le transformer en une spirale ascendante. (Livre I, p 296)

Mais pour ce faire, les rôles secondaires, ceux qui sont joués par des marionnettes: les portails organiques, doivent être éliminés du *film*.

> Comme nous venons de le dire, le plus souvent l'homme arrive à cette idée d'évolution après qu'il ait déjà compliqué le *film* dont il fait partie. Mais la vraie évolution ne peut se produire que *sur base du film originel*– après que tous les éléments ajoutés artificiellement ont été éliminés. Cela dépend d'un retour à la pureté des centres, spécialement du centre émotionnel qui, du moins au début, est le seul réceptacle des influences spirituelles, et le siège du *centre magnétique*. Le coeur doit dès lors être pur, et s'il n'est pas déjà pur, il doit être purifié. C'est la condition *sine qua non* du succès. (Livre I, p. 238)
>
> Comme nous venons de le dire, l'homme semble venir et en réalité revient à l'idée de l'évolution, après avoir déjà compliqué le *film* auquel il appartient actuellement. Cependant une évolution véritable ne peut se produire que *sur la base du film originel*, c'est-à-dire après l'élimination de tous les éléments qui lui ont été artificiellement ajoutés. Cela est conditionné par un retour à la pureté des centres et notamment du centre émotif, le seul dépositaire, au moins au début, des influences « B » (= spirituelles pour Laura), et siège du *centre magnétique*. Le coeur doit donc être pur, et si tel n'est pas le cas, doit être purifié. Cela est la condition *sine qua non* du succès. (Livre I, p. 300)

Et comme nous le savons, le coeur ne peut être purifié sans de grandes connaissances. Aussi pénible que cela puisse paraître, parmi “les éléments ajoutés artificiellement” qui doivent être éliminés de notre vie, il y a les portails organiques.

Cela nous suggère la possibilité que la figure autour de laquelle la légende de Jésus a été construite, a présenté des enseignements qui rejetaient tout ce que d’autres religions préconisaient. Un tel concept dénie la valeur du sacrifice à des dieux; il dénie la valeur de l’apaisement des dieux, des honneurs rendus aux dieux, la prière aux dieux, l’espérance d’être sauvés ou lavés du péché par un dieu quelconque. Il place, sans mettre de gants, cette importante leçon sur l’être humain décrit dans la parabole du fils prodigue. Cette parabole raconte que le fils s’en va dans un pays lointain. Elle décrit la “Chute” comme “une famine dans le pays.” Elle nous dit comment le fils prodigue “s’en alla demander de l’aide à un habitant de ce lointain pays”. Il nous est facile de voir que cet habitant représente le Dieu de ce monde. Et que fait ce Dieu? Il envoie le fils prodigue vivre avec des cochons. Et c’est là que nous voyons la claire explication des portails organiques dans notre vie. Et nous comprenons aussi l’utilisation de ce terme dans le dicton: “il ne faut pas jeter de perles aux pourceaux de peur qu’ils se tournent contre vous et vous mettent en pièces”. Et puisque nous parlons de perles, nous commençons à comprendre la raison pour laquelle cette “perle” a été utilisée comme métaphore du centre magnétique “enseveli” dans un champ et la nécessité de vendre tout ce que l’on possède pour acquérir le champ qui contient une perle de grand prix. La perle se forme au fil du temps, couche après couche, autour d’une semence, d’un noyau, d’un grain de sable, qui est un “irritant.” Dans ce monde, les êtres dotés d’âme SONT des irritants, mais ils ont la possibilité de “faire croître une âme” et de s’élever.

Si nous nous contentons d’apprendre à “faire bonne figure et bien nous entendre”, souffrons aussi noblement que possible, et pardonnons et oublions dans nos relations avec les portails organiques, alors nous perdons notre temps. Le pardon et la compréhension doivent être prodigués à tout être doté d’âme. Le grand problème est de faire la différence entre enfants du Royaume des Cieux et enfants d’un “dieu inférieur”.

Une telle idée, et une telle idée seulement, aurait très certainement été considérée comme “vile superstition.”

En fait, il y a quelque chose de semblable dans certaines remarques de Pythagore. Il avait été accusé de croire aux “viles superstitions” des barbares, selon lesquelles une âme naît et renaît dans des corps différents.

Dans *l’Evangile Cathare de Jean*, le passage qui suit nous dit quelque chose de très important:

> Et ensuite, moi, Jean, je demandai au Seigneur: Comment les hommes peuvent-ils dire qu'Adam et Eve ont été créés par Dieu et placés dans le paradis pour garder les commandements du Père alors qu'ils ont été livrés à la mort? Et le Seigneur me dit: Ecoute, Jean, aimé de mon Père, les hommes dépourvus de raison disent cela parce qu'ils veulent faire croire que mon Père a fait des corps en utilisant de l'argile; mais l'Esprit Saint a fait telles toutes les puissances des cieux, et certaines d'entre elles se sont trouvées avoir des corps d'argile à cause de leur transgression, et ont pour cela été livrées à la mort.
>
> Et à nouveau, moi, Jean, je demandai au Seigneur: Comment un homme commence-t-il à être en Esprit (à avoir un esprit) dans un corps de chair? Et le Seigneur me dit: Certains des anges qui ont chuté entrent dans des corps de femmes et reçoivent la chair du désir de la chair; voilà comment l'esprit naît de l'esprit et la chair de la chair; et voilà comment le royaume de Satan s'accomplit en ce monde, et dans toutes les nations.
>
> Et Il me dit: Mon Père lui a permis de régner pendant sept jours, qui sont sept âges.
>
> Et je questionnai le Seigneur et dis: Qu'est-ce qu'il y aura en ce temps là? Et il me dit: Depuis le temps où le diable est tombé loin de la gloire du Père et a perdu sa propre gloire, il est assis sur les nuées et a envoyé ses ministres, et même des anges entourés de flammes de feu, vers les hommes, depuis Adam jusqu'à Enoch son serviteur. Et il a élevé Enoch jusqu'au firmament et lui a montré sa divinité, et a commandé que lui soient donné une plume et de l'encre; et il s'est assis et a écrit sept et trente-six livres. Et il a ordonné qu'il les emporte sur la terre et qu'il les donne à ses fils. **Et Enoch emporta ses livres sur la terre et les remit à ses fils, et il commença à leur enseigner comment prendre l'habitude du sacrifice, et des mystères impies, et c'est comme cela qu'il cacha le royaume des cieux aux hommes.** Et il leur dit: Voyez, je suis votre dieu, et à part moi, il n'y a pas autre dieu.
>
> C'est pourquoi mon Père m'a envoyé dans le monde, afin que les hommes sachent, **qu'ils connaissant le mauvais dessein du diable.**

Il est intéressant de noter que la citation ci-dessus est reflétée dans un commentaire fait par les Cassiopéens vers le début de l'expérience:

> Q : [...] Lors d'une séance précédente j'ai posé une question au sujet des « fils de Bélial » et des «fils de la Loi de l'Unique», tels que mentionnés par Edgar Cayce, pour savoir s'il s'agissait de divisions philosophiques ou raciales. A présent, au vu des informations en matière de religion, qui ont été rassemblées au fil

des siècles, j'en arrive à la conclusion plutôt pénible que toute l'idée monothéiste, qui est manifestement le concept de base des « Fils de la Loi de l'Unique » est en fait le moyen de contrôle le plus malin, habile, et rusé que j'aie jamais rencontré dans ma vie. Peu importe d'où il vient ; les prêtres affirment «NOUS avons le Dieu Unique, NOUS sommes ses agents; vous nous donnez votre argent, et nous lui demanderons d'être gentil avec vous dans l'autre monde».

R : Malin si on se laisse tromper. Complètement nul si on ne se laisse pas faire.

Q : Oui, je sais. Mais découvrir cette supercherie, ce mensonge que le « pouvoir » se trouve « là-bas », c'est incroyable. Donc, les « fils de Bélial » ne sont pas négatifs comme je l'ai interprété à l'époque, et les « fils de la Loi de l'Unique » est (sont?) devenu le judaïsme monothéiste, qui s'est ensuite transformé en mythes religieux chrétiens, et cela dure depuis le temps de l'Atlantide.

R : Tissé par ceux qui figurent les lumières.

Q : Et cela a toujours été ainsi. Ils se font passer pour des «anges de la Lumière». Et en fait, tout ce qui est Histoire a été récrit par ce groupe.

R : Sous l'influence des autres. Et qui sont-ils pensez-vous ?

Q : Eh bien, les SDS de 4e densité

R : Qui envoient des piliers de lumière et des chariots de feu pour transmettre le message.

Dans *l'Evangile gnostique de Thomas*, les disciples demandent à Thomas ce que Jésus lui a dit quand il s'est retiré avec lui, et" lui a dit trois choses". Thomas leur dit: "Si je vous disais seulement une des choses qu'il m'a dites, vous prendriez des pierres et me lapideriez. Alors le feu jaillirait des rochers et vous dévorerait."

Maintenant nous avons une idée de ce qui avait fait l'objet d'une telle controverse à propos de ce que Jésus a dit en privé et dont même certains de ses plus proches disciples n'ont pu avoir connaissance. A un autre endroit de ce texte, Jésus dit à ses disciples, après leur avoir raconté la parabole du semeur: "C'est également de cette manière que vous pouvez obtenir le royaume des cieux. *Si vous ne l'acquérez par la connaissance, vous ne pourrez le trouver.*"

A plusieurs reprises, tout au long des textes gnostiques, a été soulignée la recherche de la connaissance (dans le sens de Vérité ou réalité invisible dissimulée derrière les symboles de notre monde), par opposition à la croyance en un salut par "un dieu là-bas". Cela était une vraie hérésie en ce temps-là. En fait c'est encore de l'hérésie de nos jours.

Si "une mort pendant trois jours suivie de résurrection" par des dieux sauveurs était si répandue au Moyen-Orient, alors pourquoi Jésus a-t-il dit:

> "Vous, misérables! Vous, infortunés! Vous qui prétendez détenir la vérité! Vous, falsificateurs de connaissances! Vous, pécheurs contre l'Esprit! Pourquoi continuez-vous à écouter alors que depuis le début vous auriez dû parler? Pourquoi dormez-vous alors que depuis le début vous auriez dû être éveillés afin que le royaume des cieux puisse vous accueillir? Je vous dis la vérité: il est plus facile à une personne sainte de sombrer dans la corruption et à une personne illuminée de sombrer dans les ténèbres, qu'à vous de régner." [108]

Dans *l'Evangile de Thomas*, Jésus fait une comparaison plutôt étonnante:

> Ils virent un Samaritain portant un agneau et se dirigeant vers la Judée. Il dit à ses disciples, "Pourquoi emporte-t-il un agneau?" Ils lui dirent, "Pour pouvoir le tuer et le manger." Il leur dit, "Il ne le mangera pas pendant qu'il est vivant, mais seulement après qu'il ait été tué et soit devenu une carcasse." Ils dirent: "Il ne peut en aller autrement." Il leur dit, "Il en va de même pour vous: cherchez un lieu de repos pour vous-mêmes, afin que vous puissiez devenir des carcasses et être mangés."

Cela est bien loin de l'image chrétienne commune du "Dieu pasteur". Le fait est que les évangiles gnostiques, évidemment "l'autre christianisme" qui a été aboli et enterré par l'Eglise, avaient au coeur de leurs enseignements l'affirmation que les dieux des nombreuses religions au cours des âges n'étaient que des manifestations des forces négatives de la réalité hyperdimensionnelle et que ce royaume de dieux mauvais agissait sur les êtres dotés d'une âme par l'intermédiaire des portails organiques. Mais une telle idée est extrêmement difficile à accepter quand on a été imprégné toute sa vie d'un système de croyance incluant (par précaution) la notion que des idées telles que celle-là représentent les "ruses de Satan" pour pousser les gens à renoncer à leur foi.

Le système de contrôle de la Matrice a multiplié ses efforts pour effacer les enseignements de Jésus au milieu du deuxième siècle. A partir de là, le gnosticisme est devenu hérésie et le modèle égyptien d'un sauveur mourant et revenant à la vie –le dieu maïs- a été

[108] *Gnostic Gospel of James* (*Evangile gnostique de Jacques – NdT*) . Meyer, Marvin W., *The Secret Teachings of Jesus: Four Gnostic Gospels,* 1984, New York, Random House

substitué dans une structure mythologique chrétienne, et une "histoire" d'une "personne réelle" autour de laquelle tout tournerait désormais, a soigneusement été mise par écrit. Mais pas assez soigneusement. Bien sûr, comme pour l'Ancien Testament, il fallait recourir à des histoires réelles et à des déclarations réelles, sinon les adhérents au système auraient des doutes.

A la fin du quatrième siècle, la lutte entre l'Eglise catholique et le gnosticisme classique tel que représenté dans les textes de Nag Hammadi était pratiquement terminée. L'Eglise avait ajouté à présent la force du "politiquement correct" à sa dénonciation dogmatique. Avec cette épée virtuelle, l'"hérésie" fut extirpée chirurgicalement du corps du christianisme, sans anesthésie, devrais-je ajouter. Le gnosticisme fut éradiqué, ce qui restait de ses instructeurs fut assassiné ou envoyé en exil, et ses livres sacrés furent détruits. Tout ce qui est resté pour permettre à ceux qui cherchaient à connaître le gnosticisme au cours des siècles qui ont suivi, ce sont les dénonciations et les fragments préservés dans les hérésiologies patristiques.

LES CATHARES

Du cinquième au quinzième siècle, la période du «sombre moyen-âge» est la plus mystérieuse de toute notre Histoire. C'est au cours de cette période que le christianisme tel que nous le connaissons a été imposé au monde occidental, et que tout témoignage d'une opposition significative aux enseignements de l'Eglise a été détruit. On pourrait dire qu'il s'est agi d'un «Programme COINTELPRO» un peu déformé.

L'Eglise ne s'est pas contentée de la manipulation psychologique et de l'assassinat des «coupables», elle a aussi détruit ceux qui n'étaient pas d'accord avec son plan de globalisation et de conquête.

Les Cathares étaient vus comme les rivaux les plus dangereux de l'Eglise catholique. Pour celle-ci, toute opposition était étiquetée «hérésie», comme de nos jours le COINTELPRO qualifie de «sectes», et «conspirations» les opposants aux idées de conquête globale du Reich Bush.

L'Eglise a lancé contre les Cathares, une croisade particulièrement vicieuse : 20.000 personnes ont été assassinées dans la cité de Béziers seulement. On dit qu'interrogé sur la manière de reconnaître les hérétiques des catholiques, l'inquisiteur[109] aurait

[109] Cette phrase aurait été prononcée lors du terrible massacre de Béziers dirigé contre la religion Cathare en 1209.

répondu: «tuez-les tous; Dieu reconnaîtra les siens». Les survivants au massacre n'ont pas échappé aux poursuites de l'Inquisition, ce qui donne à méditer sur les débuts de la «chasse aux sorcières». Etaient-elles, du moins certaines d'entre elles, des cathares par conviction? Si oui quelle a été la part de leurs idées ayant reflété les enseignements cathares?

Les Cathares étaient des pacifistes, et ils préconisaient la tolérance et la pauvreté. Nous aimerions savoir s'ils avaient des liens étroits avec le christianisme ORIGINEL, avant que l'Eglise officielle ne le fasse disparaître et remplace la religion du Christ par une religion d'hommes avides de pouvoir.

Une chose est certaine : ils étaient « bel et bien hérétiques selon toutes les définitions sauf la leur propre. » [110]

Il se fait que les Cathares ont eu des liens étroits avec les légendes du Graal. Et nous nous posons alors la question: est-ce que les Cathares ont eu (en tout ou partie) connaissance du christianisme ésotérique des premiers temps? Il semble bien que les premiers récits se rapportant au Graal ont décrit un processus plutôt qu'un objet.

De nos jours, un certain nombre de personnes prétendent pouvoir dire avec certitude ce que les Cathares croyaient ou ne croyaient pas, mais la plupart d'entre elles ne font que jeter de la poudre aux yeux. En fait, tout ce que nous savons de ce que croyaient ou pensaient les Cathares n'est que ce qui a filtré au travers des accusations de leurs détracteurs. Le compte rendu qui suit est de source médiévale: "Raynaldus: *Au sujet des accusations contre les Albigeois.*" ("Albigeois" étant un autre nom donné aux Cathares):

> Il faut d'abord savoir que les hérétiques prétendaient qu'il y a deux Créateurs: un qui a créé les choses invisibles et qu'ils appelaient le Dieu bienveillant, et un autre les choses visibles, qu'ils nommaient le Dieu malveillant.[111] Ils attribuaient le Nouveau Testament au Dieu bienveillant, mais l'Ancien Testament au Dieu malveillant et ils le rejetaient en bloc, à l'exception de certaines autorités de l'Ancien Testament incluses dans le Nouveau, qu'ils estimaient dignes d'être acceptées. [112]

Parfois attribué à Simon de Montfort, elle aurait en fait été prononcée par Arnaud Amalric, légat du pape chargé de réprimer l'hérésie Cathare

[110] O'Shea, Stephen, *The Perfect Heresy: The Revolutionary Life and Death of the Medieval Cathars* (Walker & Company).

[111] Voir comment cette idée rassemble celui des Centres de Pensée de Création et de Non-Être.

[112] Raynaldus, "*Annales,*" in S. R. Maitland, trans., *History of the Albigenses and Waldenses*, London: C. J. G. and F. Rivington, 1832, pp. 392- 394.

Aucune version ne subsiste à ce jour du Nouveau Testament des Cathares, de sorte que nous ne pouvons avoir aucune idée précise de ce qu'ils considéraient comme valable. Nous pensons que les évangiles gnostiques sont très probablement assez proches de, sinon ceux-là mêmes qui ont fait l'objet des textes cathares. Nous savons qu'ils estimaient que l'évangile de Jean était le plus "proche" de la vérité, et que les évangiles "historiques" étaient des histoires inventées qui n'avaient rien à voir avec le Jésus "réel" :

> Ils accusaient l'auteur de l'Ancien Testament de mensonge, parce que le Créateur avait dit: "le jour où tu mangeras de l'arbre de la connaissance du bien et du mal tu mourras"; alors que (comme ils disent) après avoir mangé ils ne sont pas morts; en fait, après avoir mangé du fruit défendu ils ont été soumis à la misère et à la mort. Ils le qualifient aussi d'homicide, tant parce qu'il a brûlé Sodome et Gomorrhe, et détruit le monde par les eaux du Déluge, que parce qu'il a submergé Pharaon et les Egyptiens dans la mer.[113]

Voilà très clairement une idée gnostique. Les Gnostiques enseignaient que Jehovah/Yahweh était un "dieu mauvais", plutôt un démon qu'autre chose. Mais une partie de leurs enseignements affirmaient qu'il avait quelque chose à voir dans la création du monde matériel. Donc, il n'était pas seulement un "démon" dans le sens d'un agresseur éthéré du genre humain, qui pouvait être "expulsé" par exorcisme. Non, en fait il était bien plus que cela! Il était un être hyperdimensionnel de grand pouvoir et de profonde astuce!

> Ils affirmaient aussi que tous les pères de l'Ancien Testament étaient damnés; que Jean le Baptiste était un des plus grands démons.[114]

Voilà une remarque des plus intéressantes: en effet, elle se rapporte de curieuse manière à un commentaire fait par "Jésus" dans *Le Livre Secret de Jacques*. Ses disciples lui demandent: "Seigneur, comment pouvons-nous prophétiser pour ceux qui nous demandent de prophétiser pour eux? Car nombreux sont ceux qui nous le demandent et attendent que nous leur fassions un sermon." Le Seigneur répond en disant:

> Savez-vous que la prophétie a perdu sa tête avec Jean? Si vous réalisez ce qu'est la tête et que la prophétie vient de la tête, vous comprendrez ce que cela signifie: sa tête a été emportée. Je vous

---

[113] Ibid.
[114] Ibid.

> ai d'abord parlé en paraboles, mais vous n'avez pas compris. Maintenant je vous parle en clair, et vous ne comprenez toujours pas. [115]

C'est là indubitablement une remarque extrêmement mystérieuse. Les auteurs contemporains, qui ne comprennent pas le symbolisme de la "tête qui parle" et de la tête de Jean le Baptiste dans son rapport avec la tête de Bran le Béni, l'Arche d'Alliance, et le Saint Graal, sont parvenus à la conclusion erronée que Jean le Baptiste était le véritable objet du culte des Cathares et des Templiers. [Picknett et Prince]. Dans leur ignorance, certains auteurs ont même suggéré que cette "tête parlante" était la sphère armillaire du Pape Sylvestre, qui "parlait" des "cycles précessionnels".

Il est très probable que la remarque de Raynaldus à propos de la condamnation de Jean le Baptiste par les Cathares est (soit ?) fondée. Si c'est bien le cas, que devons-nous faire des affirmations de ceux qui disent que depuis des millénaires une société secrète rend un culte tout aussi secret à Jean le Baptiste et à Marie-Madeleine? Il est certain que si cela avait été le cas pour les Cathares, Raynaldus ne se serait pas fait faute de le dire, parce qu'une telle affirmation était déjà assez accablante par elle-même. Mais ce n'est pas cela qu'il a dit. Il a dit que les Cathares condamnaient Jean le Baptiste parce qu'il était un des plus grands démons. En ensuite, nous voyons que le "Jésus" des textes gnostiques dit que la tête de ce "démon" qui avait été en rapport avec la prophétie, avait été "ôtée".

> Ils disaient aussi, dans leur doctrine secrète, (*in secreto suo*) que ce Christ qui était né dans la Bethléem visible et terrestre, et crucifié à Jérusalem, était un mauvais homme et que Marie-Madeleine était sa concubine; et aussi qu'elle était la femme prise en flagrant délit d'adultère dont parle l'évangile. Parce que le bon Christ, disaient-ils, ne mangeait jamais, ne buvait jamais, et n'avait pas sur lui de la vraie chair, et qu'il n'avait jamais été en ce monde, sinon spirituellement dans le corps de Paul.... [116]

Il est vraisemblable que les Cathares ne croyaient pas que le "Jésus historique" avait été correctement décrit dans le Nouveau Testament. Ils étaient clairement convaincus que le "Jésus" du Nouveau Testament était un imposteur, et que les évangiles eux-mêmes étaient des impostures. Nous devrions accorder plus

oui

[115] Meyer, Marvin W., *The Secret Teachings of Jesus: Four Gnostic Gospels,* 1984, New York, Random House

[116] Raynaldus, "*Annales,*" op cit..

d'attention au fait que les Cathares ont pu croire que le Grand Oeuvre avait été accompli par l'apôtre Paul, et que Paul aurait été en fait un pseudonyme donné à l'homme autour duquel la légende de Jésus a grandi. Autrement dit, est-ce que Paul était le Jésus REEL? Voilà une idée intéressante à garder en mémoire dans le cadre de ses épîtres (celles que l'on a confirmées être de lui et non simplement attribuées à lui. Voir Wells pour les analyses[117]).

Dans les enseignements de Paul, il apparaît clairement de l'analyse textuelle que Paul n'avait pas connaissance d'un "Christ" en tant que personnage historique dans le corps d'un homme nommé Jésus, et tel que représenté dans le Nouveau Testament. Il avait connaissance d'un "Christ" en esprit qui était un "oint" de la gnose. Lorsqu'on utilise tous les outils linguistiques pour l'analyse de ses écrits, et que l'on fait abstraction des ajouts, remarques et interpolations (sans compter les épîtres qui ne sont manifestement pas de Paul), nous trouvons une série d'enseignements qui sont absolument gnostiques en saveur et en texture. Et non seulement cela, mais le maître auquel Paul se réfère a eu une histoire bien différente de celle du Jésus du Nouveau Testament.

La remarque de Raynaldus à propos de Marie-Madeleine écrase irrémédiablement de nombreuses théories populaires actuelles selon lesquelles elle aurait été "l'épouse de Jésus" et qu'ils auraient eu ensemble des enfants, et que ces enfants seraient à l'origine d'une idée de "Sang Real," ou "Saint Sang." Le fait est que, si Raynaldus s'était contenté de rapporter que Marie-Madeleine était la "maîtresse" de Jésus et qu'ils avaient eu ensemble des enfants, cela aurait déjà été assez accablant. S'il avait rapporté que les Cathares vouaient un culte à Jean le Baptiste en tant que vrai Christ, cela aussi aurait été suffisamment accablant. Néanmoins, sa version de ce qu'ils croyaient est que 1) Jean le Baptiste était un démon et que 2) un "mauvais homme" avait été crucifié à Jérusalem, qui avait eu rapport avec Marie-Madeleine, mais ce n'était pas Jésus. Donc, il ne l'a sans doute pas inventé. Il est clair que les croyances des Cathares doivent avoir été autre chose que l'idée selon laquelle Jean le Baptiste était le vrai Messie, ou que Jésus et Marie-Madeleine ont eu des enfants ensemble, contrairement à ce que les auteurs des "secrets occultes du Saint Sang, Saint Graal" voudraient nous faire croire.

Il est également probable que les Cathares ont cru que toutes les "crucifixions" physiques qui avaient lieu punissaient des criminels et ne pouvaient se rapporter au "vrai" Jésus. Ils ont pu percevoir cet

---

[117] Wells, G.A., *The Historical Evidence for Jesus*, 1988, Prometheus, Buffalo.

événement comme une superposition de la religion égyptienne dans l'épisode de la résurrection d'Horus, ou bien une superposition du drame de Tammuz, et quant aux idées gnostiques de salut par la fusion des centres magnétiques et donc par la possibilité d'un accès direct à la connaissance, il a pu être répugnant d'admettre un salut par le "sacrifice". Leur rejet des patriarches et de Yahweh provenait du problème des sacrifices, qu'ils voyaient comme "une violente consommation de l'humanité" par de mauvais archontes des Ténèbres. Néanmoins, il est manifeste qu'ils ont dû avoir quelqu'idée d'un processus initiatique faisant partie de l'adoubement en tant que "Christ". C'est L'Escalier Gnostique expliqué par Boris Mouravieff.

> Ils disaient que pratiquement toute l'Eglise de Rome était un repaire de voleurs, et qu'elle était la prostituée dont parle l'Apocalypse. Ils sont allés très loin dans leur rejet des sacrements de l'Eglise, enseignant publiquement que l'eau du saint baptême n'était pas différente de l'eau de la rivière et que l'hostie contenant le corps le plus sacré du Christ ne différait en rien de pain ordinaire: instillant dans les oreilles des simples ce blasphème selon lequel le corps du Christ, même s'il avait été aussi énorme que les Alpes, avait déjà dû être consommé et anéanti par tous ceux qui en avaient déjà mangé depuis le temps....[118]

Oui, les Cathares ont sans doute pensé et enseigné toutes ces choses. Mais pourquoi pas? Ils avaient probablement raison.

> Ils considéraient la confirmation et la confession comme vaines et sans objet. Ils prêchaient que le Saint Mariage est frivole et que nul ne peut être sauvé par lui s'il faut engendrer des enfants. Rejetant également la résurrection de la chair, ils avaient des notions dont il n'avait jamais été parlé auparavant, disant que nos âmes sont celles d'esprits angéliques qui, ayant été expulsés des cieux par l'apostasie de l'orgueil, avaient laissé leurs corps glorieux dans les airs et que ces âmes elles-mêmes après avoir occupé plusieurs corps terrestres d'une sorte ou d'une autre, retrouvent ces corps désertés après avoir accompli leur pénitence. [119]

De toutes les choses dites par Raynaldus, cette dernière est la plus intéressante. Mais je vais m'en occuper dans l'ordre inverse. La partie expliquant que les âmes humaines sont celles "d'êtres supérieurs" est bien dans la ligne des nombreux mythes et légendes

---

[118] Raynaldus, "*Annales,*" op cit.
[119] Ibid.

se rapportant à la Chute: l'état de l'homme chassé du paradis. Mais que ce "paradis" soit décrit ici comme se trouvant "dans les airs" et non pas exactement "dans les cieux" est des plus intéressant en termes de réalités hyperdimensionnelles. C'est également intéressant en termes de Queste du Graal, de l' "ascension accomplie par les chamans", et de Grand Oeuvre alchimique.

L'affirmation qui décrit clairement une croyance en la réincarnation, et particulièrement en sept incarnations est elle aussi intéressante, parce qu'elle semble être une déformation des sept niveaux de réalité qui font partie intégrante de nombreux autres anciens systèmes de philosophie tirant en fait leur origine du chamanisme sibérien.[120]

Le commentaire à propos du mariage est intéressant dans la mesure où les Cathares auraient recommandé à leurs adeptes de ne pas avoir d'enfants pour éviter de fournir davantage de "nourriture" aux archontes des ténèbres (La Matrice – The Matrix). Il semble que l'élément principal de l'idée cathare du mariage était que, quand un enfant est mis au monde, on perpétue les ténèbres parce que ce monde-ci est gouverné par des êtres qui peuvent envahir l'esprit et ainsi emprisonner davantage l'âme. Cependant, ils n'ont pas prêché l'abandon des relations maritales avant que les individus soient prêts à "passer de degré" et à devenir des "Parfaits" ou "perfectionnés".

Sur base des accusations de leurs détracteurs, certains ont suggéré que les Cathares s'adonnaient à des sortes de rites sexuels. Il existe aussi des indices selon lesquels des activités "sexuelles" de type spirituel pourraient avoir été à la base du rite de "crucifixion" du christianisme originel, le "devenir Christ", le Hieros Gamos (Mariage Sacré), c'est-à-dire l'ascension chamanique jusqu'à la Déesse. Disons seulement pour le moment que supposer qu'une

---

[120] De nombreuses personnes utilisent le terme "chaman" comme un fourre-tout dans lequel elles mettent tout individu possédant des pouvoirs magico-religieux dans n'importe quelle société primitive. On parle de chamanisme indien, iranien, germanique, nord-américain et sud-américain, chinois, et même babylonien, quand on examine des cultures primitives.. Le problème est que, si le mot "chaman" est pris dans l'acception de n'importe quel magicien, sorcier, guérisseur, mystique, ou personne en transe extatique dans n'importe quelle religion ou culture, pour exprimer n'importe quel concept, le terme devient vague et perd toute signification. Lorsque j'écris à propos du chamanisme, mon intention est de suivre l'exemple de Mircéa Eliade et restreindre son utilisation au *phénomène religieux de Sibérie et d'Asie Centrale.* C'est là que se sont retrouvées les anciennes technologies d'Europe et les cultures mégalithiques. *Qui y ont été préservées pendant des millénaires avant d'être corrompues par des éléments venus du Sud.* C'est l'approche la plus fidèle que nous puissions avoir des concepts anciens du Cosmos, de l'ancienne technologie de la transcendance de l'espace et du temps.

activité sexuelle physique ait quoi que ce soit à voir avec cela est non seulement se fourvoyer, mais c'est un aveuglement exotérique.

Donc, ce que nous voyons, c'est que le "chiliasme primitif" très vraisemblablement en rapport avec le catharisme, était probablement plus proche des vrais enseignements du Grand Instructeur, autour desquels le mythe de Jésus a été bâti par l'Eglise, et que d'une certaine façon, ce chiliasme et le catharisme sont étroitement reliés aux récits du Graal, récits qui mettent l'accent sur des idylles et des combats avec des forces noires, de grandes batailles de nature physique et émotionnelle.

Nous pouvons également émettre l'hypothèse, en nous basant sur l'évidence, que ces enseignements comportaient l'idée de réalités hyperdimensionnelles et de Boucles Temporelles littérales, culminant en cataclysmes, avec la restauration d'une Terre para-physique – l'Etat édénique de l'Age d'Or - —de l'autre côté de la dissolution. Ceci nous conduit naturellement à la Mère de toutes les histoires du Graal: Noé et son Arche.

CHAPITRE VI
L'HISTOIRE ET LES CATASTROPHES

LE SYNDROME DE NOÉ

L'Histoire de Noé et de l'Arche est le récit primordial du salut: la Queste originale du Sacré Graal (la construction de l'Arche) et le Grand Oeuvre alchimique.

Le Déluge a d'autres connotations: assombrissement du Soleil, représentant le Dieu mourant sacrifié pour expier les péchés de l'humanité. Dans ce sens, l'Arche est le symbole du Mariage Sacré Cosmique ou la clé du passage vers le royaume du - "roi passé et futur" – le roi Arthur/Arca des Bergers d'Arcadie.

Actuellement, la religion chrétienne (et ses rejetons New Age) est le principal (il semble manquer un mot ici : mouvement principal ?) proposant de nombreux scénarios de Fin du Monde qui nous sont les plus familiers. Cependant, ceux-ci ne semblent pas tenir compte du fait que le point capital est que Jésus a relié ladite Fin du Monde à l'histoire de Noé, confirmant ainsi le point de vue du "Chiliasme Primitif". Dans Mathieu, chapitre 24, versets 37 et 38:

> Ainsi qu'ont été les jours de Noé, ainsi sera l'avènement du Fils de l'Homme. Car, tout comme en ce temps avant le déluge ils mangeaient, buvaient, épousaient et étaient donnés en mariage, jusqu'au jour où Noé est entré dans l'Arche et qu'ils ignoraient ou n'ont pas compris jusqu'à ce que le flot les emporte tous, il en sera ainsi pour l'avènement du Fils de l'Homme.

Dans l'histoire de Noé, auquel Jésus a directement relié la "Fin des Temps", un homme avait eu un songe prophétique (qui sait comment Dieu s'est adressé à lui !), et il a *agi* selon cette révélation d'une manière positive qui lui a permis de sauver sa famille et lui-même.

Le plus important dans l'histoire de Noé est qu'il n'y a PAS eu de fin du monde dans le sens physique où la Terre aurait cessé d'exister. Et Noé n'a pas non plus transité pour devenir un "être de lumière" à cause de l'inondation. *Il a construit l'Arche et a survécu au Déluge, pour émerger dans un monde différent.* Cela a été la fin d'un Temps, en ce sens que le monde d'avant le Déluge a été différent de celui d'après le Déluge. La Terre a continué d'exister, et Noé et sa famille métaphorique (il y a eu apparemment un certain nombre de Noés sur tout le globe) sont sortis de l'Arche et se sont trouvés dans un monde tellement différent, que l'apparition d'un arc-en-ciel est notée ici pour la première fois à titre de preuve de ce changement extrême, fondamental, de la réalité.

A maintes reprises, depuis mille ans ou davantage, des groupes de gens ont décidé que la fin approchait. Ils ont alors vendu tout ce qu'ils possédaient, se sont établis dans des bois ou au sommet d'une montagne, ou ont cherché abri dans des huttes au milieu de la jungle, pour y attendre Dieu (ou, de nos jours les E.T.s) et lorsque le soleil se lève enfin sur un glorieux matin de rédemption, eh bien, certains d'entre eux sont si désappointés ou si déterminés à avoir raison, qu'ils sont prêts à sombrer aussi profond que nécessaire pour prouver que leur interprétation était la bonne.

Le Culte Solaire, et le Heaven's Gate group n'en sont que deux illustrations récentes. Ces pronostiqueurs se sont manifestement trompés -terriblement et désastreusement trompés! Et ce ne sont que les plus récents d'une longue série de groupements du genre. C'est un modèle qui se répète sans fin. Alors demandons-nous s'il y a là quelque chose et si oui, quoi?

Soigneusement analysée, l'histoire de Noé est pleine d'enseignements. Ce récit ne nous dit pas qu'une force surnaturelle a préparé un endroit pour Noé. Au contraire, Noé a reçu le conseil d'accomplir certaines tâches destinées à assurer sa survie, celle de sa famille, et celle de certains animaux. Supposant que cette histoire est davantage qu'une simple métaphore du Grand Œuvre, si Noé avait choisi de ne pas faire ces immenses efforts, nous n'aurions jamais entendu parler de lui, ni de sa personnalité, ni de la culture qui était la sienne, ni du contexte dans lequel il a existé.

Avons-nous un moyen quelconque de savoir si nous sommes actuellement dans ce que l'on appelle "la Fin des Temps?" Naturellement, il est impossible de le dire avec une absolue certitude. Cependant, nous avons ce que j'appelle le "Syndrome de Noé" pour nous guider.

Un "syndrome" est une constellation de signes et symptômes qui, considérés dans leur ensemble, caractérisent ou indiquent une condition particulière. "Comme il en était du temps de Noé" peut être interprété à plusieurs niveaux différents. Que pourrait signifier exactement cet indice? Au chapitre six de la Genèse, nous lisons à propos du premier "symptôme":

> Lorsque les hommes commencèrent à se multiplier sur la surface de la Terre, les fils de Dieu virent que les filles des hommes

> étaient belles et ils prirent pour épouses toutes celles qu'ils désiraient et choisissaient.

Voilà sans aucun doute une déclaration lourde de sens! Il y a eu des spéculations sans fin sur l'identité de ces "fils de Dieu" ou "Nephilim". Mais avant que nous traitions de ce sujet, examinons la première partie, curieuse, de cette déclaration qui fait allusion à une multiplication des hommes "sur la surface de la Terre", comme s'il s'agissait là d'un *facteur singulièrement important.* "Comme il en allait du temps de Noé" semble suggérer qu'il y a eu une énorme augmentation de la population. Serait-il possible qu'un certain chiffre de population— comme cela est suggéré dans cette remarque— ait été une sorte de "masse critique" qui aurait déclenché une interaction avec ces "Fils de Dieu? Les Cassiopéens nous ont dit qu'au temps de la haute civilisation qui nous a précédés, la population du monde atteignait à peu près le même nombre que de nos jours: six milliards. Je regrette de devoir dire que la série de remarques devient encore plus incroyable, car elle continue comme suit:

> Il y avait des géants sur la Terre en ce temps-là et aussi après, quand les fils de Dieu ont vécu avec les filles des hommes et qu'elles ont porté leurs enfants. C'étaient là les hommes puissants des temps anciens, des hommes de renom.

Bon sang! Qu'allons-nous donc pouvoir faire d'une déclaration pareille si nous prétendons être des penseurs rationnels et sérieux? Néanmoins, cela semble être le point crucial de l'affaire.

Dans les nombreux mythes et légendes, c'est *la descendance de ces unions qui a apporté la destruction* sur la Terre. D'une part, nous pouvons supposer que c'est là un commentaire sur le mélange de deux races: «portails organiques» et humains pourvus d'une âme. (après d'une part, on s'attend à d'autre part) Mais il semble que le mélange de races pose un problème spécifique: la manipulation d'individus d'une grande puissance créatrice par l'utilisation de portails organiques.

Comme nous l'avons déjà mentionné, de nos jours il semble y avoir une véritable invasion de visiteurs "extraterrestres" déguisés en "aliens". Cela a été repris dans les anciennes légendes comme étant une invasion par "les âmes des défunts".

Il y a un curieux "intérêt sexuel" pour l'humanité de la part de ces visiteurs, qui va de pair avec les excès sexuels de l'humanité dans son ensemble. Est-ce que ces deux choses seraient liées? Et cela nous amène au deuxième symptôme:

> Le Seigneur vit que la méchanceté de l'homme était très grande sur la Terre, et que toute imagination et intention issue de la pensée humaine n'était que mal continuel.
>
> Le passage revient plus loin sur ces affirmations:
>
> La Terre était dépravée et putride aux yeux de Dieu, et le territoire rempli de violence (désacralisation, transgressions, outrages, agressions, et désir avide de pouvoir). Et Dieu regarda le monde et vit combien dégénéré, avili et vicieux il était devenu; car l'humanité tout entière avait corrompu ses manières sur la Terre et perdu sa vraie voie.

Voilà des paroles sévères. Est-ce qu'elles s'appliquent à nous de nos jours? Fulcanelli écrit:

> Déjà à cause de la multiplicité des acquisitions scientifiques, l'homme ne parvient à vivre qu'à force d'énergie et d'endurance, dans une ambiance d'activité trépidante, enfiévrée et malsaine. Il a créé la machine qui a centuplé ses moyens et sa puissance d'action, mais il est devenu l'esclave et la victime [...] En revanche que sait-il de lui-même, c'est-à-dire de son origine, de son essence et de sa destinée? [...] Emporté par ses passions, ses convoitises et ses phobies, l'horizon de ses espoirs recule indéfiniment. C'est la course éperdue vers l'abîme. [...] Enfin, nous n'apprendrons rien en disant que la plupart des découvertes, orientées d'abord vers l'accroissement du bien-être humain, sont rapidement
>
> détournées de leur but et spécialement appliquées à la destruction. Les instruments de paix se changent en engins de guerre, et l'on connaît assez le rôle prépondérant que la science joue dans les conflagrations modernes.
>
> Tel est, hélas! l'objectif final, l'aboutissement de l'investigation scientifique; et telle est aussi la raison pour laquelle l'homme, qui la poursuit dans cette intention criminelle, appelle sur lui la justice divine et se voit nécessairement condamné par elle. [121]

Mais *Noé a trouvé grâce aux yeux de Dieu.* Il était indubitablement quelqu'un que tout son entourage a considéré comme “malade”. Il n'était pas adapté, il était anormal— un homme de discernement et circonspection en un temps et un lieu où tout ce qui avait toujours été considéré comme bon par l'humanité avait été corrompu, perverti, bouleversé et déformé jusqu'à être rendu méconnaissable. Mais Noé a «trouvé grâce aux yeux du Seigneur». Dans l'épître de Paul aux Hébreux, nous lisons:

[121] Fulcanelli, *Demeures Philosophales,* op. cit. pp. 503-504

> Poussé par la foi, Noé, averti par Dieu à propos d'événements dont il n'y avait encore aucun signe avant-coureur, en tint compte, et diligemment et avec respect entreprit de construire et préparer une arche pour la délivrance de sa propre famille. Ce faisant, il jugea et condamna l'incroyance du monde, et devint héritier et possesseur de l'intégrité."[122]

Voilà un indice intéressant: être ... *averti par Dieu à propos d'événements dont il n'y avait encore aucun signe avant-coureur.* Mais cela ne revient-il pas à ce que disent les nombreuses sectes qui prédisent «la fin des Temps» et qui découvrent à chaque fois que leurs prophéties ne valaient rien? Si nous considérons la question, nous découvrons l'endroit «où le bât blesse». Il est certain que le récit nous a déjà donné des indices, qui doivent avoir été déjà découverts par Noé. Mais l'histoire dit aussi que Noé a été averti par Dieu. Est-ce que cela a été vraiment le cas? Ou bien Noé a-t-il basé son évaluation de la situation sur autre chose?

Revenons à notre remarque précédente : « il y avait des géants sur la Terre en ce temps-là et aussi (consistance avec la traduction page préc.)après, quand les fils de Dieu ont vécu avec les filles des hommes, et les leur ont donné des enfants. C'étaient là les hommes puissants des temps anciens, des hommes de renom ».

D'autre part (ou « par ailleurs », sinon il manque un « d'une part ». celui vu précédemment paraît loin pour faire le lien), nous pourrions penser que ces «géants» étaient littéralement des hommes très grands. Mais si l'on tient compte des mots qui suivent : «des hommes puissants, des hommes de renom», cela pourrait signifier que ces hommes étaient aussi des «géants» par leurs actes. Puisque ce passage décrit en résumé les grands et oppressants maux d'une époque, nous soupçonnons que ce symptôme du syndrome est qu'il y a dû y avoir en haut-lieu des guerres et des actes condamnables, des actes inqualifiables commis par de politiques «géants» qui ont été directement responsables de la situation qui a régné en cette période. Le fait que cette petite parenthèse fasse partie de l'histoire de Noé suggère que ce sont ses observations à lui, des conditions de la planète dans des termes spécifiques, qui lui ont donné l'idée que quelque chose était en train de se préparer et qu'il était temps pour lui de «construire une arche».

Si l'on considère notre idée d'un syndrome dans une autre perspective, agir en réponse à la conscience d'un désastre imminent pourrait être perçu comme une forme d'aberration mentale, un syndrome non pas affectant toute l'humanité, mais définissant en

[122] Chapitre 11, verset 7.

termes très spécifiques le "Noé des Elus" et les "Elus", ceux qui ont été destinés à voir la Fin des Temps comme le Commencement d'un ordre nouveau. Et comme du temps de Noé, ceux qui ne sont pas arrivés à cette convergence de conscience y réagiront en le tournant en dérision et ridicule.

Nous découvrons donc que le Syndrome de Noé décrit à la fois la condition dans laquelle se trouve la planète - mortellement malade - et la condition de certains individus atteints par la maladie. Et tout comme un animal localise, grâce à son odorat, la plante qui lui permettra de se soigner, les personnes atteintes éprouvent une agitation, un esprit de quête, un instinct qui les pousse à chercher et découvrir la chose qui leur permettra de soulager la douleur lancinante qu'ils ont à l'âme. Une telle queste ne peut être entreprise que dans une foi ouverte et aventureuse, en suivant la trace à l'odeur, pour ainsi dire, en absorbant la vérité quand celle-ci est enfin découverte. Quand nous examinons la constellation de nos symptômes, nous voyons que nous pourrions peut-être nous trouver dans une période "semblable à celle du temps de Noé". C'est pourquoi, nombreux sont ceux - y compris votre humble servante - qui se sont mis en Queste de la Vérité, de la Connaissance et de la Compréhension de la réalité dans laquelle nous vivons, et qui cherchent à savoir pourquoi la Terreur de l'Histoire nous affecte toujours.

Au cours de cette queste, l'esprit ouvert rencontre naturellement de nombreuses anomalies inexplicables en termes de science ou d'histoire standard, linéaire. La question se pose tôt ou tard de savoir si ces choses sont l'évidence d'une ancienne civilisation avancée qui aurait péri. Et une fois cette question posée, la question suivante est: comment a-t-elle péri et ce phénomène pourrait-il se reproduire ?

> L'Atlantide. Est-ce que cette île mystérieuse dont Platon a laissé la description énigmatique, a jamais existé? Une question difficile à résoudre étant donné la faiblesse des moyens dont dispose la science pour pénétrer le secret des abysses. Néanmoins, certaines observations semblent venir à l'appui des partisans de l'existence de l'Atlantide. [...]
>
> La foi en la véracité des ouvrages de Platon débouche sur la croyance en la réalité de bouleversements périodiques dont le Déluge Mosaïque[123] demeure, nous l'avons dit, le symbole écrit et

[123] En fait, il est étrange que Fulcanelli désigne la destruction de l'Atlantide par le "Déluge mosaïque". Ou bien il fait référence au Livre de la Genèse tel qu'écrit par Moïse, ou bien il donne un indice.

le prototype sacré. A ceux qui ne croient pas en ce que les prêtres ont confié à Solon, nous voudrions seulement demander de nous expliquer ce que le maître d'Aristote a voulu révéler par une fiction aussi sinistre. Car nous croyons sans le moindre doute que Platon a propagé des vérités très anciennes et que, par conséquent, ses ouvrages contiennent un ensemble, un corpus de connaissances cachées. Car si son *Nombre Géométrique*, et sa *Caverne* ont leur signification propre; pourquoi n'en irait-il pas de même pour le mythe de l'Atlantide?

L'Atlantide doit avoir subi le même sort que les autres, et la catastrophe qui l'a engloutie tombe manifestement dans la même catégorie que celle qui, quarante-huit siècles plus tard, a enseveli sous une profonde étendue d'eau l'Egypte, le Sahara, et les pays d'Afrique du Nord. Mais plus heureuse que le pays des Atlantes, l'Egypte a bénéficié d'un soulèvement du fond marin et est revenue à la lumière du jour après une certaine période d'immersion. Quant à l'Algérie et à la Tunisie avec leur "chotts" desséchés et recouverts d'une épaisse couche de sel, quant au Sahara et à l'Egypte dont le sol est constitué en grande partie de sable marin, ces régions montrent que les eaux ont envahi et recouvert de vastes étendues du continent africain. Les colonnes de certains temples pharaoniques portent des traces indéniables d'immersion; dans les chambres hypostyles, les dalles qui subsistent montrent que les plafonds ont été soulevés et déplacées à cause du mouvement oscillant des vagues; la disparition du revêtement extérieur des pyramides et en général celui des jointures de pierre (des Colosses de Memnon qui chantaient), les traces évidentes sur le Sphinx de Gizeh, ainsi que sur de nombreux ouvrages appartenant à la statuaire égyptienne, n'ont pas d'autre origine.[124]

CE QUE PLATON NOUS DIT DE L'ATLANTIDE

L'un des thèmes récurrents de Fulcanelli est que ce sont les "anciens Grecs", et non les Egyptiens, qui sont à l'origine de la science hermétique. L'un des fils conducteurs suivis dans la série *Noah Syndrome* est celui de ces "anciens Grecs" et de leur identité réelle.[125]

Nous traiterons partiellement de ce sujet dans la présente discussion, mais pour de plus amples explications, le lecteur souhaitera peut-être acquérir un exemplaire de la série "*The Noah*

[124] Fulcanelli, *Demeures philosophales,* op. cit..

[125] L'une des pistes que nous suivons est celle des "Anciens Grecs" et quelle était leur véritable identité. Nous couvrirons partiellement ce sujet dans le présent ouvrage, mais pour des explications approfondies, le lecteur souhaitera peut-être acquérir les prochains volumes de la série à mesure qu'ils deviennent disponibles.

Syndrome". Pour en revenir à notre présente discussion, Fulcanelli nous a conseillé d'avoir "foi dans la véracité des ouvrages de Platon", ce qui équivaut à nous encourager à croire en la "réalité des bouleversements périodiques dont le Déluge Mosaïque demeure le symbole écrit et le prototype sacré".

Le *Timée* et le *Critias*, écrits par Platon aux environs de 360 Av. J.C.[126] sont les seuls témoignages écrits qui mentionnent explicitement l'Atlantide. Les dialogues sont des conversations entre Socrate, Hermocratès, Timée, et Critias. Apparemment en réponse à un exposé de Socrate à propos des sociétés idéales, Timée et Critias se mettent d'accord pour distraire Socrate avec un récit qui "*n'est pas une fiction mais une histoire vraie*."

L'histoire raconte un conflit entre les anciens Athéniens et les Atlantes 9.000 ans avant l'époque de Platon. Les connaissances des temps anciens ont apparemment été oubliées par les Athéniens du temps de Platon, et la forme du récit de l'Atlantide dans la version qu'en donne Platon suit l'idée que ce récit a été transmis à Solon par des prêtres égyptiens. Solon a transmis ce récit à Dropidès, arrière-grand-père de Critias. Critias l'a entendu de son grand-père, aussi nommé Critias, fils de Dropidès. Examinons soigneusement la partie principale de l'histoire, et omettons l'introduction, qui décrit le voyage de Solon en Egypte et ses bavardages avec les prêtres.

> Sur ce, l'un des prêtres, qui était d'un très grand âge, dit: Ô Solon, Solon, vous les Hellènes n'êtes jamais que des enfants, et il n'y a aucun homme fait parmi vous. Solon lui demanda en retour ce qu'il voulait dire. Je veux dire, répondit-il, qu'en esprit vous êtes tous jeunes; aucune opinion ancienne ne vous est transmise, ni aucune science blanchie par l'âge. Et je vais te dire pourquoi.
>
> Il y a eu, et il y aura encore de nombreuses destructions de l'humanité provoquées par des causes nombreuses et diverses: les plus grandes ont été provoquées par l'eau et par le feu, d'autres moins graves, par une infinité d'autres causes. Il y a un récit que même vous autres avez conservé, et selon lequel jadis Phaéton, le fils d'Hélios, ayant attelé les étalons au char de son père, comme il n'était pas capable de les mener pour leur faire suivre le trajet de son père, brûla tout ce qui était sur la Terre et fut lui-même détruit par la foudre. Maintenant cela a la forme d'un mythe, mais cela signifie en réalité une *déclinaison des corps qui se meuvent dans le ciel autour de la Terre*, et une grande conflagration des choses sur Terre, qui se reproduit après de longs intervalles; à ces époques, ceux qui vivent sur les montagnes et dans des endroits élevés et secs sont plus susceptibles d'être détruits que ceux qui

[126] Traduit (*en anglais - NdT*) par Benjamin Jowett.

> habitent près de rivières ou au bord de la mer. Et de cette calamité le Nil nous délivre et nous préserve, lui qui est notre sauveur qui ne nous fait jamais défaut.
>
> Quand, d'autre part, les dieux purgent la Terre avec un déluge d'eau, les survivants de ton pays sont les gardiens de troupeaux et ceux qui vivent dans les montagnes; mais ceux qui, comme toi, vivent dans des villes, sont emportés par les rivières, dans la mer. Tandis que dans ce pays-ci, ni alors ni à aucun autre moment l'eau ne coule des hauteurs vers les champs, puisqu'elle a toujours tendance à venir d'en bas et à s'élever; c'est pour cette raison que les traditions préservées ici sont les plus anciennes. Le fait est que, partout où le gel extrême en hiver ou l'été extrême ne l'empêche pas, l'humanité existe, parfois en plus grand nombre, parfois en plus petit nombre. Et tout ce qui a pu se produire, que ce soit dans ton pays ou dans le nôtre, ou dans n'importe quelle autre région et dont nous sommes informés, s'il y a eu des actions nobles ou remarquables, elles ont toutes été écrites par nous il y a longtemps, et ont été conservées dans nos temples.

Observons le fait que les preuves actuelles suggèrent qu'il n'est pas exact que l'Egypte n'a jamais été inondée, ni qu'elle n'a jamais connu un climat pluvieux. Cela nous pousse à nous demander si oui ou non ce récit provient de la bouche d'un vrai prêtre égyptien, pleinement au fait des anciens cataclysmes. Si c'est le cas, il doit avoir eu connaissance de la période de fortes pluies et d'une mer peu profonde en Egypte, par lesquelles le Sphinx et d'autres monuments ont été érodés et qui ont déposé une couche de sel à l'intérieur des pyramides et d'autres monuments. C'est pourquoi nous suggérons de nous réconcilier avec cette difficulté, non pas parce que le récit est faux (puisque que Fulcanelli nous a conseillé d'avoir foi dans les comptes rendus de Platon) mais plutôt parce que le locuteur n'avait pas conscience de certaines idées spécifiquement en rapport avec l'Egypte et que le dialogue a été mis dans la bouche d'un prêtre égyptien afin de le garder dans le contexte de "l'engouement pour l'Egypte" de l'époque. On pourrait même penser qu'il s'agit d'un "aveuglement" exotérique délibéré.

> Alors que lorsque toi et les autres nations commencent seulement à connaître les lettres et d'autres conditions requises par une vie civilisée, après l'intervalle habituel, le flot des cieux, comme une peste, s'abat sur la Terre, ne laissant que ceux qui n'ont ni lettres ni éducation; c'est ainsi qu'il vous faut sans cesse recommencer, comme des enfants, et que vous ne connaissez rien de ce qui s'est passé dans les temps anciens, ni chez nous, ni chez vous. Quant à vos généalogies dont toi, Solon, tu viens de nous faire part, elles ne valent pas davantage que des histoires d'enfants.

> D'abord, vous ne vous souvenez que d'un seul déluge. Mais il y en a eu de nombreux autres avant celui-là; ensuite, tu ne sais pas qu'il y a longtemps, a vécu dans ton pays la race d'hommes la plus belle et la plus noble qui ait jamais vécu, et que toi-même et toute ta cité descendez d'un petit noyau ou de quelques uns d'entre eux qui ont survécu. Et ceci ne t'était pas connu, car pendant de nombreuses générations les survivants à cette destruction n'ont pas laissé d'écrits après leur mort. Car il y a eu un temps, Solon, après le plus grand de tous les déluges, où la ville qui est maintenant Athènes était la première à la guerre, et était la mieux gouvernée de toutes les cités, et on dit qu'elle a accompli les actes les plus nobles et a eu la constitution la plus équitable de toutes celles dont parle la tradition, sous les cieux.

Interrompons une nouvelle fois ce dialogue pour faire remarquer qu'il est peu probable qu'un prêtre d'Egypte ait déclaré que les Athéniens étaient "la plus belle et la plus noble race d'hommes", ou qu'ils "avaient accompli les actions les plus nobles" et avaient "la plus équitable des constitutions .... sous les cieux". Un autre indice donné par locuteur, que ce n'est *pas* l'Egypte qui est à la source de ces informations.

> Solon fut émerveillé par ces paroles et demanda solennellement aux prêtres de l'instruire exactement et dans l'ordre, au sujet de ces citoyens des temps passés. C'est avec plaisir que nous t'en parlerons, Solon, dit le prêtre, tant pour ta propre édification que pour celle de ta cité, et surtout, par égard pour la déesse qui est patronne, parente et éducatrice commune à nos deux cités. Elle a fondé ta cité mille ans avant la nôtre, en recevant de la Terre et d'Héphaïstos la semence de ta race, et par la suite elle a fondé la nôtre, dont la constitution est inscrite dans nos registres sacrés comme étant vieille de huit mille années.

Une fois encore, cependant, le prêtre égyptien accorde *une plus grande antiquité aux Grecs qu'aux Egyptiens*! Un autre indice pour que lecteur comprenne qu'il ne s'agit *pas* d'un récit égyptien! Mais cela ne signifie pas que la majeure partie de ce qui a été dit n'est pas correcte dans les grandes lignes, même si les paroles sont mises dans la bouche d'un prêtre égyptien dans un but «d'occultation». En vérité, le culte d'Isis, la déesse, est manifestement la forme de culte la plus ancienne d'Egypte. Mais tout cela s'est terminé, probablement lors de la conquête par Narmer: la construction du temple d'Héphaistos, la relégation de la déesse et l'abandon du calendrier lunaire, l'institution du culte solaire, et l'instauration du calendrier solaire de 365 jours.[127]

> En ce qui concerne tes concitoyens d'il y a neuf mille ans, je t'instruirai brièvement de leurs lois et de leurs actions les plus célèbres; quant aux détails de tout cela, nous les parcourrons plus tard à notre aise, dans les registres sacrés eux-mêmes. Si tu compares ces mêmes lois avec les nôtres, tu verras que beaucoup des nôtres sont la contrepartie des vôtres telles qu'elles étaient dans les temps anciens.

Nous voyons naturellement ici qu'il y a eu anciennement des connexions et des communications entre les vraiment "anciens Egyptiens" et les peuples du nord. Georges Gurdjieff a fait un jour remarquer que le christianisme venait d'Egypte, une affirmation qui pouvait suggérer qu'il était d'accord avec l'école Pan-Egyptienne. Mais non, s'est-il hâté d'expliquer, le christianisme ne provient pas de l'Egypte historique, mais d'une Egypte bien plus ancienne, dont on n'a pas gardé trace.[128]

> Tout d'abord, il y a la caste des prêtres, qui est séparée de toutes les autres; ensuite il y les techniciens qui s'occupent eux-mêmes de leurs propres arts et ne se mélangent pas; il y a aussi la classe des pasteurs et des chasseurs, ainsi que celle des agriculteurs, et tu observeras aussi que les guerriers sont, en Egypte, à part de toutes les autres classes, et la loi leur commande de ne se vouer qu'à des objectifs militaires; en outre, les armes qu'ils portent sont des boucliers et des lances, style d'équipement que la déesse nous a transmis d'après les Asiatiques, tout comme dans ta partie du monde cela a été d'abord transmis à vous.

La remarque que le bon fonctionnement de la société avait été "enseigné d'abord aux Asiatiques", est des plus intéressantes. La référence à des "Asiatiques" dans ce contexte, et de la part d'un "prêtre égyptien" historique, est extrêmement contestable, parce que dans de nombreuses inscriptions égyptiennes des temps historiques, les Asiatiques sont toujours qualifiés de "vils". Cependant, il est vrai que, même dans des temps historiques, les Egyptiens ont emprunté aux Asiatiques leurs équipements militaires et leurs stratégies de guerre, mais cela a eu lieu bien plus tard que le récit qui précède ne le laisse supposer. Le débat n'est pas encore clos, autour de la question: "Qui étaient ces "vils asiatiques"? ; mais il semblerait qu'il pourrait s'agir des Hittites, des Hyksos, et d'autres

[127] Cet événement a pu n'être qu'un parmi d'autres événements cycliques assimilés à un archétype encore plus ancien.
[128] Ashe, Geoffrey, *The Ancient Wisdom,* 1979, Sphere, London.

tribus indo-européennes venues des Steppes en plusieurs vagues. Nous discuterons ultérieurement des indications selon lesquelles les peuples des Steppes étaient des adorateurs de la déesse depuis des temps immémoriaux, et que le dieu de la guerre, le dieu du feu et des montagnes, ont été introduits plus tard à partir du Sud (« en » semble manquer ici) premier lieu, et que les Grecs viennent seulement en second!

> Ensuite, en ce qui concerne la sagesse, as-tu observé comment nos lois ont, dès le tout début, étudié l'ordre tout entier des choses, y compris la prophétie et la médecine qui donne la santé, tirant de ces divins éléments ce qui était nécessaire à la vie humaine et ajoutant toutes sortes de connaissances du même ordre ? Tout cet ordre et cet arrangement, la déesse vous les a d'abord impartis quand elle a établi votre cité, et elle a choisi le lieu même où vous êtes nés, parce qu'elle a vu que l'heureux caractère des saisons dans ce pays produirait les hommes les plus sages. C'est pourquoi la déesse, qui aimait la guerre autant que la sagesse, choisit et peupla en premier lieu cet endroit qui était le plus propice à produire des hommes qui lui seraient semblables. Et c'est là que vous vous êtes installés, ayant ces lois et d'autres encore meilleures, et avez dépassé tout le reste de l'humanité en toute vertu, et devîntes les enfants et disciples des dieux.

Ce très étrange "prêtre égyptien" dit et redit des choses qui sont tout à fait en contradiction avec le point de vue égyptien selon lequel ils sont eux-mêmes "la plus ancienne et noble race". Dans les remarques qui précèdent, il dit que la déesse a donné D'ABORD aux Grecs toutes les lois sur la santé et les choses nécessaires à la préservation et à la prolongation de la vie. Les Grecs sont dits avoir été "les plus sages des hommes" et ceux "qui sont le plus à la ressemblance de la déesse" elle-même. Et à nouveau, qu'ils "dépassaient toute l'humanité en vertus", ce que, très probablement, aucun prêtre égyptien n'aurait dit, encore que nous allons découvrir que cela aussi était sans doute vrai.

> De nombreuses grandes et merveilleuses actions accomplies par ton pays ont été inscrites dans nos récits. Mais l'une d'entre elles dépasse toutes les autres en grandeur et en bravoure. Car ces récits font état d'une force puissante qui, sans avoir été provoquée, a organisé une expédition contre toute l'Europe et l'Asie, et à laquelle ta cité a mis fin. Cette force venait de l'Océan Atlantique, car en ce temps-là l'Atlantique était navigable, et il y avait une île située devant les détroits que vous avez nommés Colonnes d'Hercule; cette île était plus grande que la Libye et l'Asie mises ensemble, et permettait d'accéder à d'autres îles, et de celles-ci il était possible de passer à tout le continent d'en face

> qui encerclait le vrai océan. Car cette mer qui se trouve délimitée par les Colonnes d'Hercule n'est qu'un port, étant donné que son entrée est étroite, mais l'autre est une vraie mer, et la terre qui l'entoure peut véritablement être appelée un continent sans bornes.
>
> Il se fait que sur cette île d'Atlantide il y avait un grand et merveilleux empire qui avait la main sur toute l'île et sur plusieurs autres, ainsi que sur des parties du continent; et en outre, les hommes d'Atlantide avaient soumis les régions de Libye qui sont limitées par les Colonnes d'Hercule, jusqu'à l'Egypte, et les régions d'Europe jusqu'à la Tyrrhénie. Cet immense pouvoir rassemblé en un seul empire, s'efforça de soumettre en une fois notre pays et le tien, et toute la région à l'intérieur du détroit; et alors, Solon, ton pays a brillé sur l'humanité tout entière par l'excellence de son mérite et de sa force. Il se montra insurpassable en courage et en habileté militaire, et devint le chef des Hellènes. Ta cité a été d'un courage sans égal et quand les autres se sont écartés d'elle, obligée de faire face toute seule après avoir dû faire face aux plus extrêmes dangers, elle défit les envahisseurs et en triompha, et préserva de l'esclavage ceux qui n'avaient pas encore été soumis, et libéra généreusement tout le reste d'entre nous qui vit dans les limites des Colonnes d'Hercule.

De TOUT ce que le "prêtre égyptien" a dit, c'est ce qui précède qui est le plus étonnant et le plus significatif. A nouveau, il accorde la pré-éminence aux Grecs: ils ont accompli les actes les plus héroïques de tous les temps, c'est-à-dire qu'ils ont *défait l'Empire Atlante!* Et c'est le point qui est si souvent tout simplement ignoré par ceux qui sont férus d'Atlantide! L'Atlantide était "le malfaisant Empire des Borgs" originel! Et qui plus est, dans ce passage l'indice est donné, que la civilisation égyptienne ancienne - la construction des pyramides, et des autres oeuvres architecturales monumentales sur lesquels est basé l'immense l'engouement actuel pour l'Egypte —l'ouvrage de Schwaller de Lubicz, etc. —prétendait être issue de l'Atlantide, *cette partie de la civilisation qui est tellement admirée de nos jours par la masse des égyptophiles* —a très probablement été une tentative de reconstruction de *l'empire malfaisant de l'atlantide*! Autrement dit, la "science cléricale" des Egyptiens, à laquelle Fulcanelli fait allusion, a antidaté les matériaux étudiés si diligemment par Schwaller et d'autres qui y cherchaient des "indices" concernant les secrets alchimiques et méthodes d'Ascension.

> Mais ensuite se produisirent de violents tremblements de terre et inondations; et en un seul jour et une seule nuit de malheur, tous vos guerriers furent engloutis en masse par la terre et l'île

> d'Atlantide disparut de même dans les profondeurs de la mer. C'est pour cette raison que la mer dans ces région est impraticable et non-navigable: il y a un banc de boue, causé par l'affaissement de l'île.
>
> Je t'ai racontai brièvement, ô Socrate, ce que Critias avait dans sa vieillesse entendu de Solon et nous avait raconté. Et lorsqu'hier tu nous a parlé de ta cité et de ses citoyens, le récit que je viens de te répéter m'est venu à l'esprit et j'ai remarqué, à mon grand étonnement, comment par quelque mystérieuse coïncidence, tu concordais dans pratiquement tous les détails avec la narration de Solon; mais je n'ai pas voulu en parler à ce moment. Car beaucoup de temps a passé et j'ai trop oublié; j'ai pensé qu'il me fallait d'abord me remettre cette narration en mémoire et que je parlerais ensuite.

Nous trouvons ici un autre indice intéressant. Critias vient de dire que Socrate avait discuté des choses même qui sont contenues dans ce récit —et que tout ce que Socrate avait dit le jour précédent "concordait dans pratiquement tous les détails avec la narration de Solon". Apparemment, cette histoire a été transmise par l'intermédiaire d'une autre voie de transmission.

> Et j'ai donc accédé immédiatement à ta demande hier, considérant que dans ce genre de cas la plus grande difficulté est de *trouver un récit qui corresponde à nos intentions*, et qu'un tel récit serait assez bien approprié. C'est pourquoi, comme te l'a dit Hermocratès, en rentrant à la maison j'ai immédiatement fait part de ce récit, tel que je m'en souvenais, à mes compagnons; et après que je les eus laissés, en y réfléchissant pendant la nuit j'en retrouvai pratiquement la totalité. En vérité, comme on le dit souvent, les leçons de notre enfance restent merveilleusement gravées dans notre mémoire; car je ne suis pas certain de pouvoir me souvenir du discours d'hier, mais je serais très étonné d'avoir oublié ce que j'ai entendu il y a longtemps. En ce temps-là j'ai écouté avec un intérêt enfantin le récit du vieil homme: il était très désireux de m'en faire part, et je lui demandai encore et encore de me répéter ses paroles, de sorte qu'elles furent gravées de manière indélébile dans mon esprit, comme au fer rouge.
>
> Dès que le jour commença à poindre, je me les remémorai telles qu'il les avait dites et les redis à mes compagnons au cas où ils auraient eu un commentaire à faire, ou moi à ajouter. Et maintenant, Socrate, pour en finir avec ma préface, je suis prêt à te faire le récit tout entier. Je ne t'en donnerai pas seulement les têtes de chapitres, mais aussi les détails tels qu'ils m'ont été communiqués.

> La cité et les citoyens que tu nous a décrits hier en fiction, *nous allons maintenant les transférer dans le monde réel.* Il sera question de l'ancienne cité d'Athènes et nous supposerons que les citoyens que tu auras imaginés ont été nos véritables ancêtres dont le prêtre a parlé; ils s'harmoniseront parfaitement et il n'y aura aucun illogisme à dire que les citoyens de ta république sont ces anciens Athéniens. Nous diviserons le sujet entre nous selon nos capacités à *exécuter gracieusement la tâche que tu nous as imposée.* Considère ensuite, Socrate, si ce récit correspond à ce que tu en espérais ou si nous devrions plutôt en chercher un autre.[129]

Et nous comprenons finalement ce que nous dit le secret de l'histoire de l'Atlantide: qu'elle ne provient pas réellement d'un prêtre égyptien, mais que ce récit a été créé pour "exécuter la tâche que toi, [Socrate] nous a imposée," et qui était de voiler par de la fiction quelque chose qui était *vrai.* Est-ce que cela signifie qu'ils l'ont "fabriqué"? Certainement pas. Cela signifie qu'ils ont tenté de trouver pour ce récit, un véhicule qui assurerait sa conservation. Nous en concluons donc qu'il est tout à fait possible que ce récit n'ait PAS été fait à Solon par un prêtre égyptien, mais qu'on l'ait attribué à un prêtre égyptien parce qu'à cette époque tout le monde était convaincu de l'antiquité des Egyptiens. Il y avait alors autant d'engouement qu'à présent, à cause des pyramides et des autres monuments.

Si Fulcanelli a raison lorsqu'il dit que le culte des morts des Egyptiens est une déformation de cette connaissance, et que ce culte a été encouragé, appuyé et poursuivi par l'élite Egyptienne d'il y a plusieurs milliers d'années, alors il est pratiquement certain qu'ils n'étaient pas en possession des connaissances transmises à Solon. Mais il semble évident qu'il a dû l'obtenir de quelque part. Et il nous dit que *les Grecs ont été instruits par les Arabes,* ce qui nous rend certainement perplexes quant à l'identité des "Arabes" de l'origine.

Pour en revenir à Fulcanelli, à Hendaye et au Chiliasme primitif référons-nous à certains commentaires faits à Florence par un vieil homme qui s'adressait à Mark Hedsel, extraits de son livre *The Zelator,* et qui nous épargneront bien des efforts:

> ...Il arrive que même Fulcanelli enrobe de mystère ses mystères, car il sait que certaines choses ne doivent pas être dites, même de nos jours. [...] Fulcanelli est bien plus sage que ne le pensent la plupart de ses lecteurs. Il dit moins de mots qu'il ne le pourrait et donne des paraboles en paraboles. En cela il y a de la réelle

[129] Platon *Timée.*

> sagesse. Les alchimistes ont dit avec insistance qu'il faut *chauffer la cornue de nombreuses fois avant d'arriver à la distillation finale.* Ceci est *un emblème de la pensée vraie*: L'on doit *passer ses pensées dans la flamme à de nombreuses reprises avant d'être certain.* Nous devrions *penser avec un burin*, plutôt qu'avec le cerveau, puisque nous formons notre pensée à partir de matière grossière.
>
> Pour illustrer la pensée imitant les coups de marteau de Vulcain, il tapota de sa canne le dessus de la balustrade. "C'est du fer, vous voyez. De la fonte. Et cependant cela ressemble à de la pierre. Voilà la vraie pierre philosophale qui n'a jamais l'apparence de ce qu'elle est. [...] Il y a de plus profonds secrets dans la pierre que dans le fer." [130]

A la fin de notre discussion, le lecteur aura une meilleure idée de ce que signifie "plutôt penser avec un burin qu'avec le cerveau".Mais pour le moment, il suffit de dire que le vieux maître affirme qu'avant que se soit produite une certaine "initiation" dans le domaine de la maîtrise mentale des traces de pensée émotionnelle (et pratiquement toute pensée est émotionnelle aussi logique qu'elle puisse paraître), il n'y a aucune possibilité de comprendre Fulcanelli. En outre, ce processus de "recâblage" du cerveau par des coups de burin délibérément assénés par la volonté sur les circuits pré-programmés correspond à «chauffer le creuset» de la transmutation —la chose qui produit la "pierre", un "état" particulier qui s'installe dans le cerveau de l'individu qui a sans répit "martelé" sa façon de penser, produisant ce que les anciens nommaient «centre magnétique».

LA DOUBLE CATASTROPHE: LES FRÈRES D'HÉLIOPOLIS

Fulcanelli n'a pas écrit sur l'architecture, ni même sur ce monument particulier, dans l'idée que le lecteur allait trouver nécessaire d'aller voir les monuments en question, s'ébaubir, et les disséquer pour découvrir leur secret. Ça, c'est la méthode des bonimenteurs. Il a écrit sur les sujets qu'il a choisis tout simplement parce que c'était *la plate-forme où il pouvait exposer ses idées.* Canseliet a écrit dans son introduction au *Mystère des Cathédrales*, manifestement sur les instructions de Fulcanelli:

> Grâce à [Fulcanelli], la Cathédrale gothique livre son secret. Et ce n'est pas sans surprise, ni sans émotion, que nous apprenons

[130] Hedsel, op. cit.

> comment fut taillée, par nos ancêtres, la *première pierre* de ses fondations, gemme éblouissante, plus précieuse que l'or même, sur laquelle Jésus édifia son Eglise. Toute la Vérité, toute la Philosophie toute la Religion reposent sur cette *Pierre unique et sacrée*. Beaucoup, gonflés de présomption, se croient capable de la façonner; et pourtant, combien rares sont les élus assez simples, assez savants, assez habiles pour en venir à bout!
>
> Les hermétistes, - ceux du moins qui sont dignes de ce nom, - y découvriront autre chose. C'est, dit-on, du choc des idées que jaillit la lumière; ils reconnaîtront qu'ici c'est de la confrontation du Livre et de l'Edifice que l'Esprit se dégage et que la Lettre meurt.[131]

Le "choc des idées" est une expression du "penser avec un burin". La cathédrale, l' "édifice", est le "temple"; en d'autres mots, les lobes temporaux du cerveau -la faculté de penser et ensuite de voir Le "Livre"- est fait et histoire acceptés, sans compter le «livre de notre ADN» ou nos limites programmées. Fulcanelli dit qu'il faut être "*indifférent aux théories, systèmes et hypothèses, qui sont généralement acceptés sans questionnement sur le témoignage de livres* ". C'est dans le choc entre ce qui est généralement accepté, ce qui est publié dans des livres, ce qui est accepté parce qu'on prend ses désirs pour des réalités et sur quoi l'on se contente de faire mollement des recherches, et ce qui demande de l'effort, du temps et de la patience, que la lumière jaillit dans la magnétite accumulée dans les lobes temporaux par "l'échauffement" répété du creuset grâce au "penser avec un burin" et au développement qui en résulte, de récepteurs et circuits neuronaux additionnels, sans parler de la production de ligands spécifiques. Il faut faire tomber au burin les barrières qui font obstacle à la vérité. Et cela est un ouvrage ardu, long et difficile.

A ceux qui peuvent voir, je viens de dévoiler le secret fondamental de l'Alchimie. Et ceux qui peuvent voir se rendent compte immédiatement de la difficulté du processus. Pour ceux qui ne peuvent pas voir, cela importe peu de toute manière. En alchimie, tout le reste découle de ce processus. C'est "la première pierre de ses fondations", et "*toute la vérité, toute la philosophie et toute la religion reposent sur cette pierre unique et sacrée*". La pierre du mental doit prendre forme sous les coups de burin de la pensée avant que quoi que ce soit d'autre puisse être entrepris.

Dans le chapitre concernant Hendaye, Fulcanelli parle d'une mystérieuse inscription sur la croix, et souligne que l'important

---

[131] Fulcanelli, op. cit.

c'est la lettre S, "qui a la forme sinueuse d'un serpent, correspond au grec *khi* (X) et prend sa signification ésotérique. C'est le parcours hélicoïdal du soleil parvenu au zénith de sa courbe dans l'espace, au moment de la catastrophe cyclique. C'est une image théorique de la Bête de l'Apocalypse, du dragon, qui au jour du Jugement crache le feu et le soufre sur la création macrocosmique".

Fulcanelli donne alors l'indice : «Grâce à la valeur symbolique de la lettre S, déplacée avec intention, nous comprenons que l'inscription doit être traduite en langage secret, c'est-à-dire *dans la langue des dieux*, ou le *langage des oiseaux*, et que la signification doit être trouvée en s'appuyant sur les règles de la *Diplomatie.*"

Fulcanelli s'est étendu sur le sujet de la "double catastrophe" bien avant la parution de la deuxième édition du *Mystère des Cathédrales,* dans lequel le chapitre sur Hendaye apparaît pour la première fois. Dans son livre *Les Demeures Philosophales*, il fait des remarques sur le socle d'un mystérieux obélisque situé dans la forêt de Crécy et qu'il décrit comme étant: *"l'image tangible, expressive, absolument conforme à la tradition, de la double calamité terrestre, de la conflagration et du Déluge, au jour terrible du Jugement*".

Cela me fait penser que quelqu'un -peut-être Fulcanelli lui-même – a réalisé que le vrai message des *Demeures Philosophales* ne passait pas et qu'il fallait découvrir un nouveau moyen d'y attirer l'attention.

C'est pourquoi, je pose au lecteur une question à méditer: pourquoi tous les livres de Fulcanelli sont-ils dédicacés aux "Frères Héliopolis"? Et quel rapport y a-t-il avec une "*Double* Catastrophe?"

Ainsi que le dit Fulcanelli: "La nature n'ouvre pas la porte du sanctuaire à n'importe qui, sans discrimination".

CATASTROPHES CYCLIQUES

De nos jours, les causes d'une catastrophe cosmique sont généralement attribuées par les «chercheurs alternatifs» et pourvoyeurs de sagesse ésotérique, à un basculement des pôles. Le basculement des pôles a été décrit comme «le désastre ultime» par John White, dans son livre judicieusement intitulé «*Pole Shift*». White donne une liste impressionnante de prophéties médiumniques décrivant clairement un basculement des pôles et s'efforce de les relier à des idées scientifiques. Une source prétend que les Iles Hawaii vont se soulever et deviendront les pics d'une grande chaîne de montagnes sur un nouveau continent qui émergera dans le

Pacifique. Une autre source prédit que les Iles Hawaii vont disparaître sous les mers. Ce genre de contradictions entre médiums est généralement expliqué de manière très pratique par la «théorie de l'univers ramifié». Les deux versions sont cependant vraies: elles se réfèrent seulement à des périodes différentes de l'Histoire future.

Il se fait que la plupart des prédictions médiumniques analysées par John White concernaient la période autour de l'an 2.000. Nous pouvons constater que cette année est arrivée, s'en est allée, que les pôles n'ont pas basculé, et que nous sommes toujours là.

Ces médiums, «channels» des frères de l'Espace trouvent que nous devrions remercier leurs guides ou «gardiens", car ils s'y sont tous mis pour nous empêcher de tomber dans le trou. Bien essayé, mais comme l'ont dit les Cassiopéens : «il est facile de bien ficeler une histoire quand elle raconte le passé». Comme cela est vrai !

Qu'est-ce qui est en train de changer dans notre système solaire et dont nous ne pouvons rien savoir? Pourquoi est-ce qu'on permet aux colporteurs de rumeurs et théoriciens d'une «planète Nibirou» ou d'un «alignement galactique» ou d' «âges précessionnels» de répandre tout ces non-sens alors que les vraies données sont si soigneusement dissimulées?

Le fait que les pôles magnétiques de la Terre se sont déplacés à de nombreuses reprises est maintenant accepté par les scientifiques. Mais cela ne dit rien au sujet d'un basculement de la planète proprement dite. Cela signifie seulement qu'il y a eu des renversements du champ magnétique. Nous savons à présent que le Soleil renverse son champ magnétique régulièrement et cycliquement, sans effets cataclysmiques apparents. Dès lors, un simple basculement du champ magnétique ne peut correspondre à l'idée d'un «basculement de pôles» physique et littéral.

En fin de compte, le problème principal de toutes ces théories est celui du «mécanisme de déclenchement». Qu'est-ce qui met la machine en marche?

La théorie actuellement la plus populaire est celle présentée par Zechariah Sitchin, qui a étudié les mythes des Sumériens, pour en conclure qu'ils se réfèrent à une massive planète invisible, et aussi que tous les récits mentionnent un retour cyclique à des intervalles de 3.600 ans.

Pendant tant d'années on nous a tellement corné aux oreilles que la « Fin du Monde » approchait que cela en est devenu lassant. Avez-vous entendu parler dernièrement de la «Ceinture de Photons» ? Cette idiotie a été très populaire pendant un moment. Elle a suscité une panique générale tandis que des dizaines d'individus se mettaient tranquillement des tas d'argent dans les poches en vendant des livres et «cours» d'Ascension permettant de survivre à «l'illumination» de la planète.

La «ceinture de photons» étant tombée à l'eau, c'est ensuite la folie Hale Bopp qui a pris le relais, provoquant des suicides en masse, et une paranoïa générale. Ce que bien des gens n'ont jamais soupçonné c'est que beaucoup de choses bizarres se sont produites sur notre Grosse Bille Bleue pendant que Hale Bopp décorait notre ciel : la météo a subi d'impressionnants changements, et l'Europe a subi ce qu'on a appelé «les inondations du millénaire». On peut se demander si l'affaire Hale Bopp n'a pas été montée pour détourner l'attention de ce qui se passait de vraiment intéressant ailleurs: une sorte de procès O.J. Simpson à l'échelle cosmique.....

Quand le soufflé « Hale Bopp » est retombé, la Panique Planète X a fait chauffer ses moteurs et Nancy Leider[132] - victime ou mystificatrice, qui peut le dire ? - pourrait bientôt se retrouver devant les tribunaux pour avoir trompé les gens avec cette histoire. Nos propres recherches sur les projets gouvernementaux secrets de contrôle du mental suggèrent que Nancy et d'autres ne doivent pas être blâmés: tout cela a été planifié et est délibéré.

Naturellement, pendant que cela était en train de se produire, le monde politique perdait la boule, et nous voilà tous assis sur un baril de poudre, attendant que quelqu'un allume tranquillement une cigarette....

Pour pouvoir nous faire une idée d'un «événement déclenchant», il est important que nous triions les données dont nous disposons, afin de voir si un basculement de pôles est du domaine du possible, et si oui, cet événement est-il graduel, uniforme, ou bien est-il soudain et cataclysmique?

Les scientifiques acceptent à présent l'idée d'un «cycle d'extinction». Mais jusqu'il y a peu, ils se sont efforcés de le pousser si loin dans le passé ou le futur qu'il ne pouvait pas affecter notre civilisation actuelle. Tout récemment, cependant, de frileuses allusions et timides indices ont commencé à faire leur apparition dans la conscience du public: un peu comme on tâte l'eau du bout de l'orteil. Mais le débat est animé. En général, les tenants du «cycle d'extinction» approchent le sujet du point de vue de la collecte et présentation de données. Les adversaires de l'idée, quant à eux, approchent le sujet en réfutant les données disponibles; selon eux, elles sont «inexactes» ou «mal comprises». Ils ont aussi tendance à s'emballer et s'en prennent à la personnalité de ceux qui

[132] Une Américaine de l'Etat du Wisconsin qui a prédit des catastrophes supposées se produire sur Terre en 2003 *(NdT)*

présentent les données. Nonobstant tout cela, de plus en plus de faits, données et informations pouvant être confirmées voient le jour.

L'importance relative d'une idée et les implications des conclusions qui peuvent être tirées de cette idée devraient déterminer le niveau d'attention accordé à cette idée. Le fait est que l'idée d'un objet qui pourrait se précipiter à travers notre système solaire à intervalles périodiques est un concept d'une importance telle qu'on ne peut tout simplement pas assez la souligner.

Au cours des années 1960, Les Russes ont émis l'hypothèse qu'il pourrait y avoir, dans notre système solaire, non pas un mais trois corps planétaires au-delà de Pluton. Des anomalies dans le mouvement orbital de Neptune et d'Uranus ont convaincu beaucoup de nos propres scientifiques qu'il y a de fortes chances pour qu'une sorte de gros corps existe dans l'espace solaire au-delà de Pluton et exerce une forte attraction gravitationnelle sur les planètes qui se trouvent le plus à l'extérieur. Nous sommes d'accord avec Sitchin pour dire que, s'il y a en effet un cycle défini; l'une des explications les plus logiques est que ce cycle dépend d'un corps d'apparence planétaire qui apparaît régulièrement et de façon prévisible. Mais nous disons que ce corps n'est *pas* à l'intérieur du système solaire.

"Si ce corps existe et réapparaît cycliquement, pourquoi la science n'en sait-elle rien?" se demandera le lecteur sceptique.

Le problème du cycle de ce "retour supposé" est de la plus haute importance. Nous nous trouvons devant l'idée que soit le monde subira bientôt de grands bouleversements géologiques et météorologiques, soit il n'en sera rien. Si nous considérons la possibilité que cela pourrait arriver, et si nous nous intéressons aux destinées humaines, alors il nous incombe de chercher s'il y a ou non une corrélation entre les bouleversements géologiques cycliques du passé et du futur sur Terre, et quel pourrait être ce cycle. En outre, il y a des preuves scientifiques irréfutables que notre planète a subi dans un passé relativement récent des cataclysmes géologiques: les résultats de l'analyse des "carottes de glace" et des anneaux de croissance des arbres.

Si pendant seulement une seconde nous pensons qu'il y a un pourcent de chances que de tels événements sont cycliques et qu'un tel événement est en train de s'approcher de nous, alors nous devons mettre au service de cette idée toutes les ressources de toute notre science et rassembler les grands esprits de notre civilisation pour analyser cela. Mais il semble que ce ne soit pas le cas. Est-ce que tous nos chefs d'état sont tellement stupides qu'ils sont incapables de voir plus loin que le bout de leur nez? Ou bien sont-ils tellement avides de pouvoir qu'ils s'en fichent? Ont-ils l'intention de se «servir tant que les prises sont bonnes» et puis, si et quand le rideau tombera croiront-ils qu'ils ont été les vedettes du spectacle ? Cela pose un problème particulier. Comment pouvons nous savoir qui sait quoi exactement?

A mesure que nous approfondissions nos investigations, nous avons constaté à mainte reprise que faire des recherches sur ces matières pose problème, pour un tas de raisons. En surface, nous constatons que les géologues, glaciologues, géophysiciens, paléontologues, océanographes, astronomes, astrophysiciens, physiciens, mathématiciens, archéologues, etc., etc. universitaires et professionnels n'acceptent pas facilement les intrusions dans leurs petits mondes fermés. Ils ont leurs propres divinités de convention, et que le Ciel les protège de toute critique de protocoles pouvant être acceptés par l'interprétation conventionnelle. Ils se trouvent bien au chaud et en sécurité, et leur carrière est en sûreté grâce à leur pacte avec la Police de la Pensée Scientifique dont les membres sont les grands-prêtres du Système de Contrôle.

Et c'est là qu'est le problème. Le système de Contrôle, via les bureaux de ses grands-prêtres de la science, fait en sorte qu'aucun glaciologue ne croise le chemin d'un astrophysicien, et qu'aucun géologue ne croise le chemin d'un archéologue. Comme cela il ne peut y avoir de Science Comparative, et cela est spécialement vrai aux Etats-Unis, où les frontières entre disciplines sont fortement marquées, contrôlées et renforcées par la Police de la Pensée Scientifique.

Ces circonstances mettent notre problème en pleine lumière. A mesure que nous tentions d'aller au fond des nombreuses affirmations d'experts dans divers domaines, nous avons découvert que beaucoup de données sont purement et simplement étouffées par ce même système. Il y a aussi bien des données qui tombent sous le contrôle de ministères et d'agences officielles, et leur accès est sévèrement limité. J'ai découvert qu'il y a en fait des efforts de la part de diverses agences gouvernementales, d'investigation en matière de retours cycliques et impacts de comètes, mais que les résultats de ces enquêtes ne sont en général pas disponibles pour le public. Il s'agit d'articles techniques, stockés sur des microfiches ensevelies dans les sections de recherche et archives spéciales de bibliothèques universitaires. Certains de ces articles arrivent à être imprimés, mais ces volumes sont tellement coûteux que le chercheur qui s'y intéresse doit disposer de finances solides pour pouvoir se les offrir. Ces choses qui parviennent à être imprimées dans des journaux techniques font l'objet d'une terminologie tellement abstruse et opaque, qu'il faut avoir l'esprit aiguisé comme une épée de Damas pour pouvoir tailler son chemin à travers les non-sens. Et il va pratiquement de soi que seul un scientifique connaissant à fond le "jargon secret" est capable de déchiffrer le code.

Je dois aussi dire au lecteur que pendant des semaines et des semaines, à mesure que nous commandions et lisions des articles et livres techniques, fichiers de données, rapports etc. l'énormité du problème de la suppression d'informations est devenue d'une évidence accablante. Chaque soir, après une longue journée d'analyses, calculs, mise de nombres en formules et compilation de résultats, nous nous préparions tous deux à aller nous coucher en secouant la tête et en grommelant continuellement: "mensonges, mensonges, rien que des mensonges". Du COINTELPRO partout.

Et voilà où en sont les choses. Non seulement chaque discipline scientifique n'a pas conscience des développements dans d'autres disciplines qui pourraient disposer d'informations importantes pouvant les aider dans leurs propres études, mais elles sont aussi conditionnées, programmées de manière à faire considérer comme un blasphème scientifique de comparer ses propres conclusions avec les données disponibles auprès d'autres disciplines. Et il y a quelqu'un qui contrôle ce système de répression.

L'axe de la Terre est actuellement incliné à 23,5 degrés. Les premiers philosophes grecs voyaient cette inclinaison comme une "condition d'irrégularité", et non comme quelque chose de fixe depuis le commencement. Anaxagore écrit:

> « Au commencement, les étoiles se mouvaient dans les cieux comme dans un dôme pivotant, de sorte que le pôle céleste qui est toujours visible se trouvait à la verticale, mais par la suite, le pôle prit une position inclinée ».

Hésiode parle de la condition cyclique du temps dans son ouvrage "*Les Travaux et les Jours*". Il dit que la race humaine a connu cinq âges: l'Age d'Or, l'Age d'Argent, l'Age de Fer, l'Age Héroïque et l'Age de Fer. L'Age Héroïque est vu par de nombreux savants comme un ajout à un plan antérieur, et destiné à y faire de la place pour l'Histoire de Grèce.

Pendant le premier de ces âges, l'humanité a vécu sous le règne de Chronos (ou Saturne), était en bons termes avec les dieux et n'était pas soumise au dur labeur, ni à la souffrance ni à la vieillesse.

Platon a écrit que le renversement périodique de la rotation du "monde (et il a sans doute voulu parler de la "machine cosmique" tout entière, plutôt que seulement de la planète") était la cause de la fin d'un âge et du commencement d'un autre. Il nous dit que tous les récits de changements dans le lever et le coucher du soleil, et dans les planètes tirent leur origine d'un même événement survenu dans l'histoire cosmique: l'usurpation du pouvoir de Chronos par Zeus.

> Lorsque Dieu était pasteur, il n'y avait pas de constitutions politiques, on ne prenait pas femme et on n'engendrait pas d'enfants. Car tous les hommes reprenaient vie de la terre, sans souvenir des événements antérieurs. Au lieu de cela ils avaient des fruits en abondance, des arbres et des arbustes; ceux-ci ne devaient pas être cultivés mais jaillissaient spontanément du sol sans intervention humaine. La plupart d'entre eux se plaisaient à vivre en plein air sans avoir besoin de vêtements ni de lits, car les saisons se fondaient l'une dans l'autre de sorte que personne n'en souffrait aucunement, et l'herbe qui jaillissait de la terre en abondance leur était une couche moelleuse.[133]

Mais cet âge se termina, les dieux mirent fin à leur règne bienveillant, et laissèrent le gouvernement du monde à quelque chose "d'autre". Platon décrit la fin de cette ère comme un Basculement des Pôles:

> « Les dieux des provinces, qui avaient régné sous la domination du plus grand dieu, surent immédiatement ce qui était en train de se produire et regrettèrent l'abandon de leurs régions. Un frémissement passa à travers le monde au renversement de sa rotation, pris entre l'ancien contrôle et la nouvelle impulsion qui avait fait de la fin le commencement, et du commencement la fin. Ce choc mit en branle un grand tremblement qui provoqua —dans cette crise du monde tout comme dans la précédente —la destruction de créatures vivantes de toutes espèces. Puis, après la période nécessaire pour se rétablir, il y eut un soulagement, du moins dans les clameurs et la confusion, et redevenant calme après le grand bouleversement, le monde retourna à son cours ordonné et le poursuivit, ayant le contrôle et le gouvernement de lui-même et de tout ce qu'il contenait»[134].

Hérodote paraît puiser à la même source que Platon quand il rapporte:

> C'est ainsi que pendant une période de onze mille trois cent quarante ans, il est dit qu'il n'y eut plus aucun dieu de forme humaine; ni avant ce temps ni même après parmi les rois restants qu'il y eut, il n'y a eu aucun rapport mentionnant qu'une telle

---

[133] Platon, *Le Politique*
[134] Ibid.

> chose était advenue. En ce temps, ils dirent que le soleil avait bougé quatre fois de l'endroit où il se lève habituellement, et que là où il se couche maintenant il avait eu deux fois son lever, et à l'endroit où il se lève à présent il avait eu deux fois son coucher; et entre-temps rien en Egypte n'avait changé de son état ordinaire, ni de ce qui vient de la terre, ni de ce qui vient de la rivière, ni de ce qui concerne les maladies ou les décès.[135]

Tant Hérodote que Platon disent explicitement que le phénomène est *de deux natures*, que quelque chose se produit là-bas dans le système solaire et les résultats sur Terre sont cataclysmiques. Hérodote dit que cela s'est produit quatre fois sur une période de 11.500 ans, et Platon dit que c'est un phénomène toujours récurrent.

Les interprètes modernes de ces passages se divisent généralement en deux groupes: les catastrophistes et les tenants de l'uniformité. Les catastrophistes suggèrent que la description concerne un basculement terrestre de littéralement 180 degrés. Les tenants de l'uniformité préfèrent parler en termes "d'âges du monde" suivant la "précession du Zodiaque".

LE PRINCIPE D'UNIFORMITÉ

Dans son *Principia Mathematica,* Isaac Newton a démontré que la précession des équinoxes est due à la forme oblato-sphérique de la Terre, qui fait que sa rotation n'a pas un mouvement parfaitement aligné. En bref, elle décrit un cercle très graduel par rapport à l'axe céleste et, selon Newton, la période nécessaire pour compléter le cercle est de vingt six mille ans. Cela signifie non seulement que le soleil se lève en un endroit légèrement différent, mais que l'axe terrestre pointe vers une zone différente du ciel à mesure que le temps passe.

Il se fait que, globalement, la zone des cieux vers laquelle pointe le pôle terrestre ne contient pas une abondance d'étoiles visibles, et donc ne permet pas d'avoir constamment une étoile polaire. Ce n'est donc qu'occasionnellement qu'il y en a vraiment une, et même alors, l'étoile polaire n'est pas tout à fait "dans l'alignement".

Il y a douze mille ans, pendant la période dont de nombreux occultistes disent que l'une des étoiles du Dragon, Thuban, était l'étoile polaire, cette étoile était en fait moins polaire que celle de maintenant, si nous tenons compte de l'angle décroissant de l'axe de la Terre. Cela en supposant, bien entendu, que les observations actuelles peuvent être extrapolées à reculons.

---

[135]Hérodote, *L'Enquête*, Livre II :142.

La plupart des spéculations occultes ou médiumniques relient le basculement des pôles au Déluge de Noé et à la destruction de l'Atlantide, l'antique civilisation tant célébrée. Mais le point de vue des partisans du changement progressif (uniforme) est également bien représenté dans la littérature occulte. Sampson Arnold Mackey, un cordonnier de Norwich en Angleterre, a formulé une grande théorie sur les âges du monde, basée en majeure partie sur la théorie de De Louville qui parle d'une diminution graduelle de l'angle de l'axe terrestre vers le plan de l'écliptique, mais qui y incorpore également des idées basées sur la précession des équinoxes. Et c'est ici que nous trouvons exprimée pour la première fois l'idée que la précession elle-même est importante, telle une horloge qui sonne les heures des âges du monde.

Mackey a supposé que le cycle précessionnel est de 25.000 ans. Il a également accepté la diminution graduelle de l'orientation axiale comme étant d'un degré tous les 6.000 ans. Il a supposé (sur base de quoi ? nous ne le savons pas), qu'à chaque fin de cycle complet l'angle de l'axe de la Terre a diminué de quatre degrés. Dès lors, il faudra encore quatre cycles précessionnels avant d'arriver à "l'Age d'Or", époque à laquelle l'axe terrestre est aligné sur l'axe céleste. Quatre cycles précessionnels correspondent à 150.000 années à partir de maintenant. Il y a là certes de quoi réjouir le cœur de tout scientifique qui rejette toute catastrophe dans un lointain passé ou un impossible futur.

Helena Blavatsky a adopté certaines des idées de Mackey pendant sa brève contribution à une "société secrète" nommée Fraternité Hermétique de Louqsor, qui enseignait la doctrine de Mackey dans un essai intitulé "*The Hermetic Key*" écrit par Thomas H. Burgoyne, secrétaire de cet ordre.

Cependant, la Fraternité Hermétique de Louqsor a quelque peu "ajusté" les idées de Mackey de manière à les adapter à leurs propres modèles. Ils ont fait passer de 4 à 3'36" les degrés de changement par cycle, de manière à ce qu'un cycle complet corresponde à cent parcours. Ils ont également fait passer la période précessionnelle de 25.000 à 25.920 ans, se rapprochant ainsi du nombre original donné par Newton.

Mackey a cru qu'il avait découvert, dans l'astrologie, la clé de la mythologie universelle. Tout son procédé est basé sur certaines interprétations mythologiques, et la Fraternité Hermétique de Louqsor a prétendu qu'il était membre de leur mouvement, mais bien sûr seulement après son décès. Cela semble être une pratique courante dans de nombreuses sociétés secrètes : elles cherchent à s'aligner sur certaines idées ou personnes pour l'une ou autre raison.

Quoi qu'il en soit, l'adoption de cette idée sur la précession des équinoxes par la Fraternité Hermétique de Louqsor, reprise par la suite par les occultistes Papus, Barlet, Guénon, Reuss, Kellner et Steiner, permettait d'assurer qu'elle deviendrait une philosophie fondamentale auprès de groupes tels que l'Ordo Templi Orientalis, la Société Théosophique, la Golden Dawn, etc. La plupart de leurs idées sont fondées sur ce principe d'une horloge cosmique graduée, marquant la précession et suivant le mouvement lent et en spirale du pôle terrestre en un large cercle oscillant, qui renverse la direction des pôles tous les deux millions d'années environ.

Un autre mouvement intéressant de l'axe de la Terre est l'oscillation de Chandler (Chandler Wobble). L'oscillation de Chandler, découverte par l'astronome S. C. Chandler en 1891, est une variation de l'axe terrestre de rotation, qui est de 0.7 secondes d'arc sur une période de 435 jours, c'est-à-dire environ 14 mois. Cela signifie que les pôles de la Terre sont ballottés à mesure que la planète tourne, et décrivent un cercle irrégulier d'environ 15-20 mètres de diamètre. Il y a également une nutation, une accumulation de sous-oscillations, la plus importante d'entre elles ayant une période de 18,6 ans, et provenant des variations de distance de la Lune.

Les scientifiques ont été particulièrement intrigués par l'oscillation de Chandler, parce que sa cause est demeurée un mystère, bien qu'elle soit observée depuis plus d'un siècle. Sa période n'est que d'environ 433 jours, ou juste 1,2 années, ce qui signifie qu'il lui faut ce laps de temps pour accomplir une oscillation. L'amplitude de l'oscillation est d'environ 6 mètres au Pôle Nord. Il a été calculé que l'oscillation de Chandler mettrait à peine 68 années à se réduire ou disparaître, si une certaine force ne la redynamisait constamment. Mais quelle est cette force ou ce mécanisme d'excitation? Au fil des ans, un certain nombre d'hypothèses ont été émises: phénomènes atmosphériques, accumulation d'eau continentale (variations dans les couches de neige, écoulement des fleuves, niveaux des lacs ou capacités des lacs artificiels), interaction entre limite du noyau terrestre et manteau avoisinant, et tremblements de terre).

Le chercheur Michael Mandeville a mis en formules et analysé l'oscillation de Chandler et suggère qu'elle est en train de faire glisser progressivement la place des pôles, et ce à une vitesse croissante.

Sa conclusion est que quelque chose "pousse" à ce changement —peut-être une interaction entre Terre et Soleil et/ou Lune. Quelle que soit l'origine de cette poussée, il semblerait que le résultat en est un échauffement de l'intérieur de la Terre, ce qui amplifie l'activité d'El Niño et accélère l'activité sismique.

CATASTROPHISME

Comme nous l'avons dit précédemment, pour se faire une idée du « déclencheur », il est important de trier les données que nous pouvons obtenir et de décider si un basculement de pôle est graduel, uniforme, ou s'il est soudain et cataclysmique.

Il existe d'innombrables descriptions de scénarios possibles, mais aucun d'eux ne m'a jamais rien dit dans la perspective de réelles données scientifiques, jusqu'à ce que je tombe sur les idées d'Immanuel Velikowsky. John White a consacré une vingtaine de pages aux idées de Velikovsky et en général il ne les a utilisées que pour soutenir l'hypothèse de basculements de pôles qui ont eu lieu dans le passé, et pour souligner que Velikovsky n'a fait aucune prédiction sur des événements futurs de ce type. Nous pouvons supposer aussi que Velikovsky a heurté un point extrêmement sensible pour avoir été calomnié à ce point. La Police de la Pensée Scientifique s'est surpassée pour le faire disparaître ! Velikovsky a été condamné principalement parce qu'il niait la stabilité des orbites dans le système solaire.

En lisant l'approche au coup-par-coup de Velikovsky quant aux événements de l'Exode tels que présentés dans la Bible, comme étant le résultat de l'approche d'une comète Vénus, j'ai réalisé que ces événements étaient en miroir, quasiment mot pour mot, avec ceux qui sont décrits dans le Livre des Révélations.

Le plus intéressant est que le Livre des Révélations a été écrit bien longtemps avant l'engouement actuel pour les prophéties de la Fin des Temps. Ce Livre des Révélations est, pourrait-on dire, le père de toutes les prophéties de la Fin des Temps. Je ne suis sans doute pas d'accord avec tout ce que Velikovsky a dit, mais il m'a certainement fait voir d'un regard neuf les mythes et légendes.

Il est vrai que de nombreuses personnes ont remarqué l'évidence dans les anciens mythes et légendes. Nous ne sommes pas les premiers. Sitchin n'est pas le premier. Et les théories de rencontre de la Terre avec une comète ne datent pas de Velikovsky non plus.

En 1882, Ignatius Donnelly, membre du Congrès, originaire du Minnesota, et féru d'Atlantide, fit paraître un livre intitulé *Ragnarok,* dans lequel il pensait qu'une comète géante était passée très près de la Terre en des temps reculés. L'intense chaleur provenant de la comète aurait allumé d'immenses incendies qui auraient fait rage sur toute la surface du globe.

Il croyait que la comète avait fait tomber d'énormes amas de poussière sur la Terre, avait déclenché des tremblement de terre, aplati des montagnes, et fait commencer la période glaciaire. Il explique même par sa comète certains miracles racontés dans la Bible, suggérant que l'arrêt du mouvement du Soleil au commandement de Josué est probablement un récit commémorant cet événement. Les lecteurs de Donnelly se délectèrent de ses descriptions du "monstre aveuglant et flamboyant" dans le ciel, brûlant la planète à des températures jamais atteintes auparavant, et ébranlant le sol par des "coups de tonnerre plus forts que tous les tonnerres".

Peut-être inspiré par Donnelly, Camille Flammarion a écrit en 1893 *La Fin du Monde,* livre dans lequel il raconte une collision fictive de la Terre avec une comète cinquante fois plus grosse qu'elle. La prose brillante de Flammarion fit immédiatement sensation!

Depuis des milliers d'années, les comètes sont assimilées à des désastres et des malheurs. Elles sont annonciatrices de pestes, séismes, inondations, catastrophes naturelles, et guerres. En fait, le passage d'une comète a été si fréquemment suivi de guerres qu'on les a surnommées "Epées du Ciel".

La tradition a rendu les comètes responsables de morts et destructions, maladies et dégénérescences, défaites et dissolutions, morts de rois, et chutes d'empires. On peut affirmer qu'aucun autre *phénomène céleste n'est craint aussi généralement et largement.*

Velikovsky était convaincu que cette crainte était fondée: il y aurait une sorte de mémoire globale subconsciente de collisions réelles entre la Terre et d'autres corps célestes, si dévastatrices que la terrible réalité de ces événements a été «oubliée» par la conscience collective et que seule en subsiste une "phobie des comètes".

En 1857, un astrologue allemand anonyme avait prédit qu'une comète heurterait la Terre le 13 juin de cette année-là. L'imminente catastrophe devint le sujet de conversation de l'Europe entière. L'astronome français Jacques Babinet tenta de rassurer les populations en affirmant qu'une collision entre la Terre et une comète serait inoffensive. Il en compara l'impact avec "un train entrant en contact avec une mouche". Ses paroles eurent apparemment peu d'effet. Le correspondant parisien du magazine américain *Harper's Weekly*, écrivit:

> Des femmes ont fait des fausses couches; des moissons ont été négligées; des testaments ont été faits; des costumes anti-comète ont été inventés; une compagnie d'assurance-vie cométaire a été

créée (primes payables à l'avance...) tout cela parce qu'un faiseur d'almanachs ... a jugé bon d'écrire pour la semaine commençant le 13 juin: vers cette période, on peut s'attendre à une comète".

Naturellement, quand le jour s'est levé à l'aube du 14 juin, on a pu constater qu'il n'y aurait pas de comète. Le fait est qu'une "prophétie" faite par un astrologue avait terrifié des millions de gens, sans qu'il y ait la moindre évidence de la présence d'une comète aux environs de la planète. Et ce type de scénario s'est produit plus d'une fois, et même de nos jours, quand les membres de la secte Heaven's Gate se sont suicidés en masse en réponse aux rumeurs et pronostics qui circulaient à propos de la comète Hale Bopp.

Immanuel Velikovsky a démontré de manière assez convaincante qu'il y avait des masses de preuves de nature littéraire et scientifique qu'il s'était produit de grands et catastrophiques changements terrestres au cours du deuxième millénaire avant l'ère chrétienne, dus à des pluies de comètes et d'un proche passage de Vénus. Il a donné la date de 1.450 Av. J.C., mais des preuves scientifiques plus récentes montrent que ces événements se sont produits entre 1.628 et 1.600 Av. J.C. Il y a également des preuves de perturbations ayant eu lieu aux environs de 5.200 Av. J.C., 8.800 Av. J.C., 12.400 Av. J.C., 16.000 Av. J.C., 19.600 Av. J.C., et par extension logique, tous les 3.600 ans pendant une période indéfinie et inconnue. De plus, si le dernier "retour" s'est produit en 1.600 Av. J.C., le suivant est déjà en retard.

Les théories de Sitchin sur la planète Nibirou ne tiennent pas compte des nombreux rapports littéraires faits par les anciens à propos de ces grands bombardements de comètes. Velikovsky a tenté de justifier cela en suggérant qu'une Vénus-comète traînerait derrière elle une "queue" de rocs.

Il semble que Velikovsky et ses partisans, ainsi que Sitchin et ses partisans, bien que reconnaissant de nombreuses catastrophes à l'échelle mondiale, n'ont pas reconnu la vraie nature de ces événements. Velikovsky a émis la proposition qu'une Vénus hors orbite n'était qu'un événement relativement isolé et non un symptôme indiquant un cycle à long terme. Sitchin est plus proche de la compréhension du cycle, mais il a omis de prendre en considération toutes les variables dans sa solution. En outre, après s'être accroché à son idée que c'était la seule et unique solution, ses efforts pour ajuster les éléments mythiques à cette hypothèse sont devenus presqu' aussi absurdes que les efforts de la science orthodoxe pour les éviter!

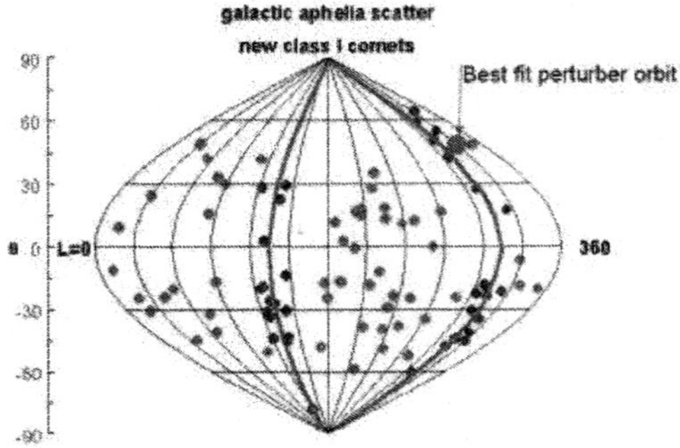

Graphique de Matese, montrant des éparpillements de comètes, qui peuvent suggérer l'orbite du « perturbateur ». (publication autorisée)

L'époque-pivot confirmée de la chute des cultures de l'Age de Bronze tardif, des civilisations du Moyen Orient et autres désastres rapportés "des environs de cette période", semble aller de 1.644 Av.J.C. à 1.628 Av.J.C. Les carottes de glace prises pour échantillons montrent que les perturbations commencent en 1.644 Av.J.C. (inscrites en 1.645) et les anneaux de croissance des arbres montrent un pic important en 1.628 Av.J.C., bien que la période tout entière ait fait l'objet de perturbations. [136]

Ce qui est clair, c'est que quoi qu'il se passe à des intervalles de 3.600 ans, comme le prouvent les échantillons de glace, «cela» est capable de provoquer des périodes prolongées de changements terrestres qui dépassent le niveau des changements géologiques et climatologiques ordinaires et uniformes. Mais les témoignages mythiques et archéologiques suggèrent qu'il s'agit de pluies d'astéroïdes ou de comètes qui ne sont aperçus *que quand il est trop tard.*

Attribuer toute l'évidence des catastrophes cycliques à un "principe d'uniformité" selon lequel il a fait froid, puis chaud, et

[136] Je vais laisser à côté ici toutes les preuves que j'ai assemblées et qui confirment cette date des environs de 1.600 A.J.C.. Cela sera traité en détail dans un volume ultérieur.

puis froid et puis chaud à nouveau... alors qu'un cycle est tellement évident, c'est absurde. L'attribuer à une "explosion au cœur d'une galaxie" est également absurde.

Je pense que, sur base des observations faites par les anciens, ce que nous cherchons c'est une pluie récurrente de comètes qui tourne régulièrement autour du système solaire, sur une orbite de 3.600 ans. En outre, il semble que cet ensemble de comètes groupées pourrait ressembler à un serpent ardent dont la gueule est pleine de dents acérées, dans la nuit de l'espace. C'est pour cette raison que dans les textes des Pyramides on lui a donné le nom de *spdt*, *spdw*, et *spd-ibhw* (aux dents acérées). C'est indubitablement une vision terrifiante!

Nous revenons à la question: qu'est-ce qui "déclenche" ces pluies, et ont-elles débuté en interaction avec quelqu'agent extérieur?

D'après des études scientifiques sur la possibilité que notre Soleil ait un compagnon, des comètes sont périodiquement heurtées dans le système solaire, par une étoile noire, un "petit frère" ou une "petite sœur" de notre propre Soleil, qui parcourt une orbite mesurée, très probablement, en millions d'années.

S'il s'agit d'une étoile-compagne, la science actuelle démontre assez clairement que cette étoile doit avoir une très longue période, sans quoi nous la remarquerions très clairement dans des perturbations orbitales d'un certain type. En fait, le modèle informatique qui tient le mieux compte de toutes les dynamiques est celui d'une orbite de 27 millions d'années[137]. Et cela nous place devant un obstacle considérable: la période des retours de l'Etoile Sombre, par rapport aux périodes de désastres.

Manifestement, un corps dont l'orbite est de 27 millions d'années n'a aucune chance d'être entré dans des mémoires. Cependant, une ancienne science avancée peut avoir été capable de se le figurer, on peut s'en être souvenu par la suite, et cet événement peut alors avoir été transmis par l'intermédiaire de mythes et légendes fantastiques.

Les travaux de ces experts suggèrent que les observations d'autres systèmes binaires viennent en démonstration du modèle de séparation projetée qu'ils ont donné. Ces étoiles qui vont par paires sont des "systèmes connectés physiquement" et ces "naines brunes" sont "ardentes", quoique non nucléaires. Qui plus est, elles restent toujours en dehors du système solaire, bien qu'on puisse les

[137] Matese, J.J., Whitman, P.G., Whitmore, D.P., « Cometary Evidence of a massive bidy in the outer Oort choud », *Icarus* 141:354-366. 1999.

apercevoir de loin et qu'elles soient susceptibles d'interagir avec notre Soleil de façons spectaculaires.

C'est ce que Fulcanelli paraît suggérer dans ses nombreuses allusions au Soleil et aux trajets hélicoïdaux du Soleil, et à des "doubles" et à de la "diplomatie" et à des "miroirs," sans compter la dédicace de ses livres aux "Frères Héliopolis".

Nous comprenons donc ainsi que ce n'est pas ce Soleil jumeau qui fait une "apparition" à *chaque* période de catastrophes. Néanmoins, l'analyse des comètes périodiques suggère qu'à de très longs intervalles, il se précipite encore et encore à travers le nuage de Oort comme une boule de bowling dans des rangées de quilles, en envoyant de nouveaux amas tournoyer en orbite périodique, et puisque ces amas suivent les lois de la mécanique céleste, ils établissent une orbite de 3.600 ans. Cette idée a reçu l'appui de certaines études scientifiques, à l'inverse de la théorie de la planète Nibirou visitant l'intérieur du système solaire.

Si nous nous penchons sur la mythologie de la Mésopotamie et de l'ancienne Egypte, nous pouvons soupçonner que ces récits ne font pas allusion à une « dixième planète » mais bien à la présence du compagnon sombre du Soleil, une étoile avortée classée « naine brune ». Il semble aussi que cette hypothèse englobe toutes les « sous-hypothèses » des nombreux chercheurs qui ont tenté de traiter des divers aspects des problèmes du passé et du futur de la Terre.

Sitchin suggère qu'une «dixième planète» carambole à travers le système solaire. L'évidence scientifique ne soutient pas l'idée d'un corps céleste de la taille qu'il suggère entrant dans le système solaire. Cependant, la science peut soutenir l'idée d'un amas de comètes étalées dans l'espace, qui reviendrait à des intervalles de 3.600 années. En fin de compte, la perspective d'un bouleversement cataclysmique de la Terre est pratiquement aussi mauvaise dans l'un et l'autre cas.

Sitchin pense que cette dixième planète est habitée par les Announaki/Nefilim (ou nephilim). Il prétend qu'ils sont nos créateurs et maîtres. Ses idées s'écartent beaucoup de la forte évidence circonstanciée d'une présence d'extraterrestres sur cette planète. Les idées de Sitchin pèchent aussi pour les autres raisons que nous avons déjà mentionnées, bien qu'il ait certainement fait preuve d'inspiration dans ses interprétations des textes sumériens quand il affirme qu'ils ont trait à des "interventions extraterrestres", et font allusion au retour de quelque chose!

D'autres théoriciens pensent que le Compagnon Sombre du Soleil possède son propre système planétaire habitable, patrie des "dieux" mythiques du monde antique. Cette théorie d'une naine brune possédant son propre système planétaire, susceptible de passer au travers du nuage de Oort et de la ceinture de Kuiper en conservant *intact* son propre mini-système solaire, est manifestement extrêmement problématique.

Tout comme Sitchin passe simplement au-dessus des problèmes posés par Nibirou qui serait à l'origine de la vie sur Terre, en oubliant que les processus évolutionnistes postulés doivent pouvoir s'appliquer aux deux corps, le créateur de la théorie "Les Etoiles Noires ont des Planètes, et voyagent" ne prend pas en considération le problème fondamental posé par une telle idée.

Nous répétons donc que les deux grands thèmes du mythe sont la nostalgie de l'Age d'Or et la terreur que le monde disparaisse dans une catastrophe mondiale Et ces deux idées sont inextricablement liées. Dans pratiquement tous les récits de la Chute après l'Eden et du Déluge de Noé, il est dit que les grands corps célestes avaient perdu tout contrôle.

Ce qui paraît être une version plus "pure" de l'histoire est celle d'Amlodhi, qui fait partie de la légende islandaise.

Il possédait un moulin, qui permettait de "moudre la paix et l'abondance". Plus tard, dans une période de déclin, il a moulu du sel. Pour finir, il est tombé au fond de l'océan, où il n'a plus broyé que roc et sable, ce qui a créé un puissant tourbillon: le Maelström. Selon Giorgio De Santillana et Hertha Von Dechend, ce mythe démontre la présence d'un processus astronomique: la précession du zodiaque. Il s'agit du glissement du soleil d'un signe du zodiaque à l'autre, et selon ces auteurs, il détermine les "ères du monde". Ils écrivent:

> A présent il est temps de localiser l'origine de l'image du Moulin, et aussi ce que sa destruction supposée et l'apparition du Tourbillon pourraient bien signifier.
>
> Le lieu de départ est en Grèce. Cléomedès (+/- 150 de notre ère), parlant des latitudes septentrionales, déclare (1.7): "*Les cieux là-bas tournent comme le ferait une meule*." En Orient, Al-Farghani reprend la même idée, et ses collègues donnent des détails. Ils nomment l'étoile Kochab, Béta de la Petite Ourse, "broche de meule", et les étoiles de la Petite Ourse, qui entourent le Pôle Nord: Fas al-rahha (le trou de la broche) "*parce qu'elles représentent, pourrait-on dire, un trou (l'anneau de l'essieu) dans lequel l'essieu du moulin tourne, puisque l'essieu de l'équateur (l'axe polaire) se trouve dans cette région, relativement proche de l'étoile Al-jadi…*" Ce sont les paroles du cosmographe arabe al-Kazvini. Ideler commente: "*Koth, le nom ordinaire du pôle,*

> *désigne en fait l'essieu de la meule supérieure, mobile, qui traverse la meule inférieure fixe, et est appelé "ferrure du moulin".*
>
> ...Le *Bhagavata Purana* raconte comment le vertueux prince Dhruva a été destiné à devenir Etoile du Pôle. La vertu particulière de ce prince, qui lui valut l'inquiétude des dieux eux-mêmes, mérite d'être mentionnée: *il se tenait sur une jambe, immobile, pendant plus d'un mois.* Voici ce qui lui fut annoncé: "*Les étoiles et leurs formes, et aussi les planètes, tourneront autour de toi.*"[...]
>
> Pétrone fait dire par Trimalchion dans le *Satyricon* (39): "*Ainsi l'orbe des cieux tourne comme une meule et sème toujours quelque désagrément.*" L'idée que les meules des dieux broient lentement et qu'il en résulte généralement de la souffrance, n'était pas étrangère aux anciens.[138]

Les neuf sinistres déesses qui avaient "un jour moulu la farine d'Amlodhi" et qui tournaient à présent ce "roc stérile et hostile" *au-delà du bord du monde,* sont littéralement chez Mundlfoeri, "*celles qui tournent la manivelle.*" Le mot *mundil* ..."*n'est jamais usité, dans l'ancienne littérature nordique, que pour qualifier le manche ou la manivelle au moyen duquel ou de laquelle on fait tourner la meule mobile.* .Nous avons ici un indice qui se réfère directement à quelque chose qui "fait tourner le moulin". Les "neuf sinistres sœurs" que nous pouvons identifier avec l'Ennéade égyptienne se trouvent dans la "manivelle".

> Le cas est donc établi. Mais il y a ici une ambiguïté qui dévoile de nouvelles profondeurs de cette idée. "*Moendull*" vient du Sanskrit "*Manthati*," selon Rydberg; "cela signifie balancer, tordre, forer ...Son application directe se réfère toujours *à la production de feu par friction.*"[139]

Et ici nous avons l'idée d'un système stellaire binaire orbitant en tandem. Une "machine" cosmique, le "trajet hélicoïdal du Soleil" comme le décrit Fulcanelli. Les auteurs de Hamlet's Mill poursuivent leurs efforts en disant:

> L'identité du Moulin, dans ses nombreuses versions, avec les cieux, est donc universellement comprise et acceptée. Mais à partir de là, personne ne semble s'être inquiété de la deuxième partie de l'histoire, dont il est fait mention également dans les nombreuses versions. Comment et pourquoi se fait-il que cette Meule, dont l'essieu est l'Etoile polaire, doive toujours être brisée

[138] De Santillana & Von Dechend, *Hamlet's Mill*, 1977, David R. Godine, Boston
[139] Ibid.

> ou déboîtée? Lorsque l'esprit archaïque a saisi la rotation éternelle, qu'est-ce qui lui a fait penser que la manivelle a pu sortir de son trou? Quel souvenir d'événements catastrophiques a donc créé cette histoire de destruction? Pourquoi Vainamoinen ... doit-il affirmer si explicitement qu'un nouveau moulin doit être construit? Pourquoi Dhruva a-t-il dû jouer le rôle d'Etoile polaire, et ce pour un cycle déterminé? Car ce récit ne concerne en aucune façon la création du monde.[140]
>
> La réponse évidente se trouve dans les faits. L'Etoile polaire ne se déplace pas, et tous les quelques milliers d'années il faut choisir une nouvelle étoile dont la position est approximativement la même. Il est bien connu que la Grande Pyramide, si soigneusement orientée, n'est pas alignée sur notre Etoile Polaire, mais sur Alpha du Dragon, qui a occupé cette position au pôle il y a 5.000 ans. ...Il est d'autant plus difficile pour les modernes, d'imaginer qu'en ces périodes éloignées des hommes étaient capables d'observer un glissement aussi imperceptible, puisque la plupart d'entre eux n'avaient même pas conscience de ces faits.[141]

Cette remarque à propos de l'orientation de la Pyramide sur la Constellation du Dragon égare le lecteur. En fait, l'alignement de la pyramide sur le pôle terrestre reste constante. Ce sont seulement les Etoiles polaires qui changent à cause du glissement de l'orientation de l'axe terrestre.

> Cependant, la plupart de ces mythes sont mal nommés. On les a compris comme étant des mythes de la fin du monde. ... Ce qui vient en fait à sa fin c'est un monde, dans le sens d'un âge du monde.
>
> La cohérence sera rétablie parmi cette pléthore de traditions si l'on en vient à réaliser que ce à quoi il est fait allusion c'est le plus grand des phénomènes célestes: la Précession des Equinoxes.[142]

Avez-vous remarqué ce que ces deux auteurs ont fait ici? A part leur remarque d'une ignorance abyssale en ce qui concerne l'orientation des pyramides, ils ont eu recours au principe d'uniformité pour expliquer le grand mystère du mythe mondial du "déboîtement" de l'Etoile Polaire. Eux-mêmes et d'innombrables autres auteurs ont suivi la même voie, pensant que tous les indices

---

[140] Et ici je me permets d'avoir un avis différent.
[141] Il est encore plus difficile pour moi de comprendre comment ces deux auteurs peuvent s'étonner que les anciens avaient saisi ce concept et ensuite se demander pourquoi quelqu'un capable d'appréhender ce concept puisse s'en soucier! ! C'est-à-dire, pour autant qu'il s'agisse bien seulement d'un "concept".
[142] *Hamlet's Mill*, op. cit.

en provenance d'anciens monuments et mythes ont simplement trait à *la mesure du temps*, des "Ages du Monde," en termes plus ou moins "culturels" et historiques.

L'âge du Monde pour les Hébreux était l'Age de Ram, symbolisé par Abraham emportant son fils vers le sacrifice et voyant apparaître un bélier dans les taillis, et autres allusions du genre. L'Age des Poissons, l'Age du Christ, est symbolisé par le poisson, et de nombreuses légendes viennent à l'appui de cela. A présent, nous sommes supposés entrer (ou bien nous y sommes déjà entrés, cela dépend des sources) dans l'Age du Verseau. Ces descriptions plus récentes des "ères" sont en contradiction directe avec les anciennes idées des Yugas et le déclin de la moralité humaine. Le programme New Age du COINTELPRO a travaillé longtemps et très dur pour répandre l'idée que l'Ere du Verseau" serait une période transcendante de progrès spirituel et d'"ascension" sur la courbe graduée.

Je veux aussi souligner que si la Précession du Zodiaque était un si bon moyen de *mesurer le temps* et les âges du monde, les opinions ne seraient pas aussi différentes sur la fin de l'un et le début d'un autre. Un moyen aussi "extrêmement élégant" de mesurer le temps devrait au moins faire ses preuves, pas vrai? Eh bien, il ne les fait pas. En outre, le zodiaque a été créé et modifié à une période historique reconnue et selon les époques il a comporté dix, onze, douze ou treize signes. Alors, où est le problème? Dans cette optique, il n'y en a aucun, sauf une tentative de rejeter la possibilité que les anciens ont voulu dire exactement ce qu'ils ont dit, même si plus tard des interprètes ont assuré que ces récits n'étaient que des allégories.

Néanmoins, se basant sur cette Précession comme sur une horloge gigantesque, avec des détours fantastiques par des coutumes archaïques, une douzaine d'auteurs, ou même davantage, ont produit tout autant de versions différentes de la définition de ce qu'est un "âge du monde", et ont expliqué quand et comment ils débutent et se terminent. Ils ont ensuite tenté de relier ces ères à toutes sortes de théories bizarres, depuis l'ouverture du "portail des étoiles" jusqu'à des explosions à l'échelle galactique, et à des "monuments élevés à la gloire de la fin des temps".

La réponse est beaucoup plus simple que cela. Je pense que ces éléments qui nous orientent vers l'idée que les pôles se "déboîtent", font allusion à la Précession. Mais l'important, au sujet de la Précession, est le fait que la Terre *oscille*. Et je pense que ce que les Anciens ont si désespérément essayé de nous faire comprendre dans ces histoires, c'est que la Terre oscille pour une bonne *raison*, et qu'il nous faut tenir compte de cette oscillation et nous poser des questions à propos des "neuf sinistres sœurs" qui "tournent la manivelle", et que pourrait bien être cette manivelle qui augmente la friction jusqu'à produire du feu!

Dans le *Gylfaginning* de Snorri[143], il y a une prédiction contenue dans le *Chant de la Sybille,* suivi par un dialogue entre le roi Gylfi et les Aesir[144], déguisés en hommes. Le roi Gylfi demande: "Qu'arrive-il quand le monde entier a brûlé, que les dieux sont morts et que toute l'humanité a disparu? Vous avez dit auparavant que chaque être humain continue à vivre dans l'un ou l'autre monde". La réponse est qu'il y a *plusieurs mondes pour les bons et pour les méchants.* Ensuite Gylfi demande: "Est-ce que des dieux seront vivants, et y aura-t-il quelque chose sur la Terre et dans les Cieux?" Et la réponse est:

> La terre s'élève à nouveau de l'océan et elle est verte et belle, et les choses poussent sans être semées. Vidar et Vali sont vivants, car ni la mer ni les flammes de Surt ne les ont blessés, et ils vivent dans l'Eddyfield, où se trouvait jadis Asgard. Il y a aussi les fils de Thor: Modi et Magni, qui porte son marteau. Il y a aussi Balder et Hoder qui viennent de l'autre monde. Tous s'assoient et conversent ensemble. Ils répètent leurs runes et parlent des événements des jours anciens. Et puis ils trouvent dans l'herbe les tablettes d'or avec lesquelles les Aesir ont joué jadis. Deux enfants des hommes seront également sauvés des *grandes flammes de Surt*. Leurs noms: Lif et Lifthrasir, et ils se nourrissent de la rosée du matin et de ce couple d'humains naîtra une vaste population qui peuplera la Terre. **Et aussi étrange que cela puisse paraître, le soleil[145], avant d'être dévoré par Fenrir, donnera le jour à une fille qui ne sera pas moins belle que sa mère et qui se conduira comme elle.**"

Une fois encore, les auteurs de *Hamlet's Mill* expriment une opinion prosaïque à ce sujet, affirmant sagement qu'il s'agit "seulement d'une métaphore". Et à nouveau, je dois exprimer mon désaccord. Je ne pense pas qu'il s'agit de "mesurer le temps" dans le sens d' "ères" de culture, de civilisation, ou même d'influences "psychiques" ou occultes, il s'agit de quelque chose de beaucoup plus important: *qu'est ce qui produit l'oscillation et quel peut en etre le resultat*? Et nous avons la réponse claire dans le récit de

[143] Snorri Sturlson, auteur de l'*Edda en Prose.*
[144] Dieux nordiques.
[145] Féminin en anglais (et apparemment dans les langues scandinaves également) *(NdT)*

Snorri: «Le soleil donnera le jour à une fille»... ce qui ne peut se produire que par un « accouplement » ou Mariage Sacré.

Dans ce sens, les anciens peuvent avoir supposé, à juste titre, que si nous remarquions jamais ce fait nous serions sur la bonne voie: si nous apprenions qu'il existe tout bonnement une manivelle qui fait tourner l'axe, que cette manivelle s'échauffe, que l'axe de la planète dérape, qu'il a commencé par tourner à la verticale pour ensuite osciller et se déplacer graduellement pour finalement *tomber dans la mer*, nous serions assez malins pour comprendre. L'indice qu'ils veulent nous faire saisir est qu'il existe quelque chose *là-bas*, qui est la *manivelle* et que nous devrions être capables de comprendre, en appliquant les principes de la physique atomique à la mécanique céleste, ce qu'elle est exactement et ce qu'elle fait. Les allusions répétées à "la mort et la renaissance du Soleil" dans une sorte d'"hiérogamie cosmique, et le fait que le Soleil donne le jour à une fille, ou à un Jumeau Céleste, devraient constituer des indices assez clairs pour quiconque fait attention à ces choses.

Au troisième siècle avant l'ère chrétienne, Bérose a popularisé la doctrine chaldéenne de la "Grande Année" sous une forme qui s'est répandue dans tout le monde hellénique. D'après cet enseignement, l'univers est éternel mais il est périodiquement détruit et reconstitué à chaque "Grande Année".

Le concept de la Grande Année varie selon les écoles. Mais selon Bérose, lorsque les sept planètes s'assemblent dans le Cancer, il y a un Grand Hiver; quand elles s'assemblent dans le Capricorne, au solstice d'été (il est clair qu'une opposition astrologique au Soleil est impliquée ici), l'univers tout entier est consumé dans les flammes. Des idées similaires ont cours en Inde et en Iran, ainsi que parmi les Mayas et les Aztèques.

Ce que nous devons retenir de ces postulats c'est leur caractère *optimiste* inhérent; la conscience de la *normalité de la catastrophe cyclique, la certitude de sa signification,* et surtout qu'elle n'est *jamais, au grand jamais* ultime! Ces théories nous disent que tout comme trois jours de ténèbres sont nécessaires avant la renaissance de la Lune, la mort de tout individu et la mort périodique de l'humanité sont nécessaires.

Toute forme matérielle, par le simple fait de son existence *dans le temps,* perd sa vigueur et sa forme, *ne serait-ce que pendant un instant*. Elle *doit* retourner au chaos, à l'orgie, aux ténèbres, à l'eau; elle doit être réabsorbée dans l'unité originelle dont elle provient et dont elle est née. Le Roi est mort! Vive le Roi!

C'est ainsi que les célébrations du Nouvel An et autres initiations servent à rappeler aux hommes que la souffrance n'est jamais ultime; que la mort est toujours suivie de résurrection; que toute défaite est abrogée et transcendée par la victoire finale du retour à l'état édénique ou du commencement d'un nouveau cycle.

Selon Mircéa Eliade, le drame de Tammuz et les autres variantes de ce même archétype, y compris Jésus, rappellent à l'homme que même les justes souffrent et ainsi rendent ces souffrances tolérables. Tammuz a souffert sans être coupable. Il a été humilié, flagellé jusqu'au sang, puis emprisonné au fond d'un puits ou en Enfer. C'est là que la Grande Déesse lui a rendu visite, l'a encouragé et ranimé (dans des versions gnostiques tardives corrompues, c'est un "messager" qui lui a rendu visite, mais l'essentiel de l'histoire a survécu dans les prototypes manichéens et mandéens (bien qu'avec des modifications survenues pendant la période de syncrétisme gréco-oriental.)

Je voudrais suggérer que le drame du dieu qui meurt n'est pas seulement le symbole de la "mort littérale du Soleil" qui restera obscurci pendant longtemps, mais qu'il s'agit également du Mystère Cosmique de l' Hieros Gamos entre le Soleil et son Etoile Compagne. Qui plus est, le Mystère du "dieu qui meurt"' pourrait bien mettre en scène une certaine technologie permettant le passage vers d'autres mondes, cette même technologie qui devra permettre de bâtir l'Arche et de trouver le Saint Graal.

Au plus profond de l'Enfer, pendant sa descente dans le chaos, l'homme a été éveillé par la Déesse qui lui a apporté la bonne nouvelle de son salut, de sa libération imminente, et du retour à l'Age édénique de l'Innocence. Comme c'était au temps de Noé, Noé a bâti une Arche. La venue de la Déesse représente l'avènement de la Connaissance, de la Sagesse, de la Compréhension des réalités hyperdimensionnelles au moyen des symboles de notre réalité qui sont, en fin de compte, seulement des ombres sur les parois de la caverne de l'allégorie de Platon.

Mais quelque chose a changé dans la façon de voir le monde. D'une certaine manière, la perception de la Fin du Temps est devenue un terrible châtiment. D'une certaine manière, un dieu a fait irruption sur la scène du monde, qui a anéanti la paix de l'Eden et tenté l'homme pour que celui-ci place sa confiance en lui et en lui seul: "Je suis le Seigneur, ton Dieu, et je suis un dieu jaloux!". Et le temps est devenu linéaire, et il a été prophétisé qu'il aurait une fin définitive et complète. Et malheur à ceux qui n'était pas du côté du "bon dieu" qui a prétendu être le seul à pouvoir offrir le "salut".

Le concept de la fin du temps, annonçant une renaissance, a été perdu avec l'introduction du monothéisme. C'est alors que la Fin du Temps est devenue la Fin du Monde, pour tous, sauf pour quelques élus qui doivent être sauvés par un dieu unique, spécifique, pour aller vivre dans quelque mystique Cité de Dieu dont les rues sont pavées d'or et où des houris aux yeux en amande servent des dattes et du vin à tous les coins de rue. Et depuis lors, ce dieu unique, spécifique, a fait tourner le spectacle sous un nombre incalculable de déguisements.

Jusqu'à l'apparition du monothéisme, un mythe était mis en scène chaque année: il décrivait des conditions de vie acceptées pour ce qu'elles sont: le Temps est Cyclique. Oui, le monde pouvait finir; mais s'il finissait, c'était seulement parce qu'il était arrivé “au bout du rouleau” et qu'il devait être “remonté”. Tous les éléments de l'histoire de Noé se trouvent dans ces mythes: “*Comme cela était du temps de Noé.*”

CHAPITRE VII
LES ÉNIGMES DU PASSÉ

LES DINOSAURES

L'opinion générale est que l'homme est le produit d'une évolution lente et méthodique, et que son espérance de vie actuelle de 70 ans est un grand progrès, puisque les rapports historiques nous indiquent qu'à d'autres périodes de l'Histoire, où les conditions étaient plus hostiles, l'homme avait une espérance de vie nettement plus courte.

Je voudrais cependant soumettre l'idée qu'un changement radical dans l'ordre des choses au cours de plusieurs périodes dans le passé de la Terre, pourrait avoir modifié les conditions de façon considérable, de sorte qu'une condition "édénique" originelle aurait été perdue. Devons-nous supposer que les anciens ne comprenaient pas le temps comme nous le comprenons nous, lorsqu'ils prétendaient vivre pendant des centaines d'années? Ou nous faut-il penser que le Temps est toujours et à jamais le même?

Il est manifeste que parmi les nombreuses créatures qui ont vécu sur la Terre, nombre d'entre elles n'y vivent plus. Lorsqu'elles disparaissent 'naturellement' ou ont toutes été tuées, nous disons que leurs espèces sont «éteintes». L'idée m'est venue que l'"extinction" est peut-être un *symptôme* de la perte de vigueur du cosmos dans lequel une espèce a pu prospérer. Peu importe comment l'espèce s'éteint, car en fin de compte, cette extinction est seulement un symbole. En outre, le fait qu'une certaine espèce ne s'impose pas une nouvelle fois après avoir disparu, suggère que certaines conditions ont changé, et que ces changements sont définitifs.

Lorsque nous étudions les cultures sud-américaines, la première chose que l'on nous fait remarquer c'est qu'elles sont très "récentes". L'archéologue polonais Arthur Posnansky considère que la cour du palais de Kalasasaya à Tiahuanaco, près du Lac Titicaca, en Bolivie date d'entre 15.000 et 10.000 avant l'ère chrétienne. Les experts "classiques" nous assurent que cela n'est manifestement pas possible, car la datation radiométrique donne des dates différentes. Mais nous savons déjà que la datation radiométrique est une cause perdue, donc nous pouvons la mettre de côté pour le moment et envisager d'autres facteurs.

Cela nous ramène au sujet de l'Atlantide. Selon Platon, "en ce temps-là, l'Atlantique était navigable, et il y avait une île située devant les détroits que vous nommez Colonnes d'Hercule". Nous pourrions nous demander ce que Platon a voulu dire en faisant cette remarque, car d'après ce que nous savons des fonds marins de l'Atlantique, celui-ci a toujours été navigable. Cependant, quelqu'un qui travaille dans l'industrie maritime m'a écrit la remarque suivante:

> Je suis intrigué par les remarques de Platon, lorsqu'il dit que l'Atlantique était "navigable" jadis. En tant que fournisseurs d'équipements pour navires, quand nous disons que l'eau est navigable, cela ne signifie pas seulement que l'eau est suffisamment profonde (L'Atlantique était profond au temps où le récit de Critias a été reconstitué, alors comment aurait-il été plus commode avant ?), mais de nos jours, "navigable" signifie également qu'à terre il existe suffisamment de possibilités d'assistance à l'orientation par radio ou signaux éclairants, et que lorsqu'un navire est trop éloigné de la terre pour un contact visuel, il a des radars, ou des sonars qui, utilisés conjointement avec des cartes précises, lui permettent de relever sa route en toute sécurité, pour éviter un naufrage. Dès lors "navigable", pour un océan profond, signifie en réalité qu'il existe sur terre et à bord des navires, des instruments, et que des cartes précises existent (avec des sondages) – les trois.[146]

Depuis Ignatius Donnelly, des érudits ont produit des tonnes de livres spéculant sur la localisation de l'Atlantide. J'ai deux étagères pleines de ces livres et les théories vont de la destruction de l'île de Santorin par l'éruption du Théra aux environs de 1.600 A.J.C.[147] , en passant par l'Indonésie, jusqu'à la Mer Noire. Plus récemment, Rand et Rose Flem-Ath ont suggéré que l'Antarctique était "l'Ile d'Atlantide" et qu'elle "glissait" ou "bougeait" vers le sud en fonction du déplacement de l'écorce terrestre.

Platon a décrit l'Atlantide comme un "Empire insulaire" qui "en un seul jour ... disparut dans les profondeurs de l'océan". Mais il nous dit aussi que cette "île" était plus grande que la Libye et l'Asie mineure réunies. Du coup, nous nous doutons que ces termes diffèrent quelque peu de ceux que nous utiliserions nous-mêmes.

---

[146] Matthew Walker, correspondance privée avec l'auteur.

[147] Cette date approximative est pratiquement confirmée par Sturt Manning, dans son livre *A Test of Time*, consacré à la datation de l'éruption du Théra calibrée de trois cratères.

Nous pourrions penser que le terme d'île signifie simplement que cet ensemble de territoires n'était pas relié à l'Eurasie ou à l'Afrique - qu'il s'agissait d'un territoire distinct, entouré d'eau – sauf que Platon a ajouté quelque chose d'autre: il nous dit que l'Atlantide était "le chemin vers d'autres îles, et de celles-là il était possible d'atteindre tout le continent d'en face." Ceci nous suggère une formation géographique inhabituelle: un isthme.

Son allusion à sa "disparition dans les profondeurs de l'océan" exprime probablement que l'Atlantide a été balayée par de gigantesques tsunamis à la suite de quelqu'événement cataclysmique. Dès lors, si nous tenons compte de ces indices: son vaste territoire, la définition du terme "navigable'" et l'idée d'une "disparition dans les profondeurs de l'océan", très probablement balayée par de terrifiantes murailles d'eau, jetons un coup d'œil par-delà les Colonnes d'Hercule. Que voyons-nous? Eh bien, nous voyons les Amériques. Nous voyons l'Amérique du Nord et l'Amérique du Sud reliées par un isthme. Et nous voyons aussi un tas de petites îles dans la Mer Caraïbe.

Un autre indice que donne Platon, c'est qu'il y avait beaucoup d'éléphants en Atlantide.

Quelque chose de catastrophique est arrivé aux grands mammifères de l'époque du Pléistocène. Les mammouths laineux, les mastodontes, toxodons, machérodes, rhinocéros laineux, paresseux terrestres géants, et autres animaux géants du Pléistocène, ne sont tout simplement plus parmi nous. Le fait est que plus de 200 espèces d'animaux ont complètement disparu à la fin du Pléistocène, il y a approximativement 12.000 ans, dans ce que les paléontologues sont convenus d'appeler "L'Extinction du Pléistocène."

Pendant que les paléontologues débattent de l'idée dérangeante d'une mort en masse aussi récente, les géologues sont confrontés aux témoignages de terrifiants changements géologiques: volcanisme et séismes intenses, raz-de-marée, fonte des glaces, montée du niveau des mers, etc. C'est sûr que le Pléistocène ne s'est pas terminé dans un faible gémissement: il a fini dans des rugissements et des coups de tonnerre.

Nous savons déjà que ni les géologues ni les paléontologues n'aiment entendre parler de catastrophisme - cela les empêche de dormir la nuit. Ils se sont battus bec et ongles contre les catastrophistes, et ce pendant longtemps. Mais de nos jours, les scientifiques des deux camps doivent admettre le fait que les catastrophistes ont eu raison quasiment sur toute la ligne, depuis le début, même si ceux-ci se sont laissé emporter par leur élan et ont voulu tout expliquer en termes de catastrophes. Il est évident qu'il y a des "changements graduels", mais quand il se produit des changements importants, la plupart des événements sur la Grande Bille Bleue sont catastrophiques.

L'un des faits majeurs qu'ont eu à expliquer paléontologues et géologues, c'est le nombre effarant de carcasses congelées au Canada et dans les régions occidentales de l'Alaska, ainsi qu'en Russie septentrionale et dans les régions orientales de la Sibérie: et toutes datent d'il y a environ 12.000 ans. Cela suggère, naturellement, que quelque chose de terrible s'est produit sur la planète, et que les effets de cet événement ont été plus sévères dans l'hémisphère nord que dans l'hémisphère sud.

Dans les années 1940, le Dr. Frank C. Hibben, professeur d'archéologie à l'Université du Nouveau Mexique a mené une expédition en Alaska pour y examiner des restes humains. Il n'a pas trouvé de restes humains; il a trouvé des kilomètres et des kilomètres de boue gelée, truffée de mammouths, mastodontes, différentes sortes de bisons, chevaux, loups, ours et lions. Juste au nord de Fairbanks, en Alaska, les membres de l'expédition ont été pétrifiés d'horreur en voyant des bulldozers pousser la boue à demi-dégelée dans des cuves de lavage destinées à l'extraction de l'or. Les défenses et ossements d'animaux roulaient sous les lames, "comme de la sciure sous l'action d'un rabot géant". Les carcasses se trouvaient dans toutes les attitudes de la mort, la plupart "démembrées par quelqu'inexplicable perturbation préhistorique catastrophique"[148].

La violence manifeste de la mort de ces masses d'animaux, combinée avec la puanteur de la chair pourrissante était intolérable tant en observant qu'en imaginant ce qui avait pu la causer. Les champs de mort s'étendaient littéralement sur des centaines de kilomètres dans toutes les directions[149]. Il y avait des arbres et des animaux, des couches de tourbe et de mousse, tordus, emmêlés et mélangés, comme si quelque robot-mixeur cosmique les avait tous aspirés il y a 12.000 ans, et les avait ensuite immédiatement surgelés en une masse solide".[150]

Juste au nord de la Sibérie, des *îles entières* sont constituées d'ossements d'animaux du Pléistocène, balayés *en direction du nord* depuis le continent vers le glacial Océan Arctique. Une des estimations suggère que près de dix millions d'animaux sont

---

[148] Hibben, Frank, *The Lost Americans*, Thomas & Crowell Co., New York, 1946

[149] Hibben, ibid.

[150] Sanderson, Ivan T., "Riddle of the Frozen Giants," *Saturday Evening Post*, No. 39, January 16, 1960

enterrés le long des rivières de la Sibérie septentrionale. Des milliers et des milliers de défenses ont généré un commerce massif de l'ivoire au bénéfice des maîtres-graveurs de la Chine; le tout provenant des mammouths et mastodontes congelés de Sibérie. Le fameux mammouth de Bereskova a d'abord attiré l'attention sur les propriétés de conservation par congélation rapide, quand on a trouvé des boutons d'or dans sa bouche.

Quel est l'événement terrible qui a emporté ces millions de créatures en un seul jour? Ces témoignages suggèrent qu'un énorme tsunami a fait rage à travers toute la région, culbutant ensemble animaux et végétation, et les congelant ensuite instantanément pour les 12.000 années suivantes. Mais l'extinction n'a pas été limitée à l'Arctique, même si la congélation a préservé les signes de la rage de la Nature.

Le paléontologue George G. Simpson considère l'extinction du cheval du Pléistocène dans le nord de l'Amérique comme l'un des épisodes les plus mystérieux de l'histoire zoologique; il confesse que "personne n'a la réponse". Il est aussi assez honnête pour admettre qu'il y a le problème plus mystérieux encore de l'extinction de nombreuses autres espèces en Amérique au même moment[151]. Le cheval, la tortue géante vivant dans la mer Caraïbe, le paresseux géant, le machérode, le glyptodonte et le toxodon. Tous des animaux tropicaux. Ces créatures n'ont pas péri à cause d'une installation "graduelle" d'une ère glaciaire, à moins que quelqu'un souhaite postuler qu'il y avait des températures sous zéro à l'équateur, une telle explication pose clairement la question"[152].

Des piles et des piles d'ossements de mastodontes et de machérodes ont été découverts en Floride[153]. Des mastodontes, toxodons, paresseux géants et autres animaux ont été trouvés au Vénézuela, congelés en un instant, dans des glaciers. Le rhinocéros laineux, le tatou géant, le castor géant, le jaguar géant, le paresseux géant, des antilopes, et des dizaines d'autres espèces, ont été entièrement effacés de la surface de la terre à la fin du Pléistocène, il y a approximativement 12.000 ans.

Cet événement a été global. Les mammouths de Sibérie ont disparu au même moment que les rhinocéros géants d'Europe; les mastodontes d'Alaska, les bisons de Sibérie, les éléphants d'Asie et les chameaux d'Amérique. Il est évident que la cause de ces extinctions doit être commune aux deux hémisphères, et qu'elles

---

[151] Simpson, George G., *Horses*, New York, 1961
[152] Martin, P. S. & Guilday, J. E., "Bestiary for Pleistocene Biologists," *Pleistocene Extinction*, Yale University, 1967
[153] Valentine, cité par Berlitz, Charles, *The Mystery of Atlantis*, New York, 1969.

n'ont pas été graduelles. Une "glaciation progressive" n'aurait pas provoqué des extinctions, car les différents animaux auraient tout simplement émigré vers des pâturages plus accueillants. Ce que l'on constate c'est un événement d'une violence effroyable, survenu par surprise[154]. Autrement dit, il y a 12.000 ans, une date sur laquelle nous tombons à répétition, quelque chose de terrible s'est produit; si terrible que la vie sur Terre a pratiquement disparu en un seul jour.

Harold P. Lippman admet que le volume de fossiles et défenses encastrés dans le permafrost sibérien représente une "insurmontable difficulté" devant la théorie d'une glaciation progressive, puisqu'aucun processus graduel ne peut avoir pour résultat la conservation de dizaines de milliers de défenses et d'individus entiers, "même s'ils ont péri en hiver"[155]. Et spécialement quand l'estomac de nombreux de ces spécimens contient des herbes et des feuilles non digérées. Le géologue expert en Pléistocène William R. Farrand, de l'Observatoire Géologique de Lamont-Doherty, qui est un adversaire du catastrophisme sous toutes ses formes, déclare: "La mort subite est attestée par la condition robuste des animaux et leur estomac plein ... les animaux étaient robustes et en bonne santé quand ils ont péri"[156]. Malheureusement, en dépit de cet aveu, le pauvre homme semble avoir été incapable de regarder en face la réalité d'une catastrophe mondiale dont attestent cependant les millions d'ossements dispersés sur toute la planète à la fin du Pléistocène. Hibben résume la situation en une courte déclaration: "La période du Pléistocène s'est terminée par la mort. Ce n'est pas l'extinction ordinaire d'une vague période géologique qui se serait estompée en une fin incertaine. Cette mort a été catastrophique et globale"[157].

La conclusion est à nouveau que la fin de l'Ere Glaciaire, l'extinction du Pléistocène, la fin du Paléolithique supérieur, du Magdalénien, du Perigourdien, etc. et la fin du "règne des dieux", tout cela est arrivé lors d'un événement global, catastrophique il y a environ 12.000 ans. Et il se fait que, même avant de constater l'évidence, nous voyons qu'il s'agit de la même date que celle donnée par Platon pour la disparition de l'Atlantide.

Il y a quelques années, un cartographe du nom de J. M. Allen a publié un livre intitulé *Atlantis: The Andes Solution.* Allen a

---

[154] Leonard, R. Cedric, *Appendix A* dans "A Geological Study of the Mid-Atlantic Ridge," *Special Paper* No. 1, Cowen Publ., Bethany, 1979

[155] Lippman, Harold E., "Frozen Mammoths," *Physical Geology*, New York, 1969

[156] Farrand, William R., "Frozen Mammoths and Modern Geology," *Science*, Vol.133, No. 3455, March 17, 1961

[157] Hibben, op. cit.

considéré que c'est l'Amérique du Sud qui a été l'Atlantide. Il souligne que le nom indien de l'Amérique du Sud, avant l'arrivée de Colomb, était "Atlanta." Il nous informe qu'il se rapporte au mot Quechua qui désigne le cuivre: "*antis*." Allen croit qu'il a trouvé le réseau de canaux sur l'Altiplano du Pérou méridional et de la Bolivie septentrionale. Il pense que ce plateau très uni et (aplani ou plan; plane semble féminin), était entouré de montagnes de tous les côtés, et se trouvait très au-dessus du niveau de l'océan. C'est en effet une description fidèle de l'Altiplano, qui est supposé être la plus vaste plaine plate du monde, et qui contient des mers intérieures: le Lac Titicaca et le Lac Poopo. Allen a trouvé les restes d'un chenal d'énormes dimensions en Bolivie et est certain qu'il a trouvé là l'ancienne cité d'Atlantis. Malheureusement, tout comme William Farrand cité plus haut, Allen est incapable de se débarrasser de certaines idées, telles les chronologies établies par les partisans d'un changement progressif. Il émet l'hypothèse que la civilisation andine a disparu à l'époque de l'éruption du Théra.

Nous avons déjà noté qu'Arthur Posnansky pense que l'époque de la construction de la cour du palais de Kalasasaya à Tiahuanaco, près du Lac Titicaca, en Bolivie est de 15.000 – 10.000 avant l'ère chrétienne. Et Allen mentionne qu'il est admis que le Lac Poopo a débordé il y a environ 12.000 ans

Il y a d'anciens champs en terrasse destinés à la culture du maïs sur les flancs des montagnes qui surplombent le Lac Titicaca; le maïs n'y pousse plus: il pousse seulement à des altitudes plus basses. Les niveaux moins élevés où se trouvent des terrasses de culture où le maïs est encore cultivé sont encore au-dessus du niveau du Lac Titicaca. Ce que cela suggère est que les peuples qui ont construit les terrasses et qui ont cultivé le maïs, doivent l'avoir fait à une époque où le pays se trouvait à un niveau plus bas.

Il y a une chaussée pavée de pierre, qui "sort" du Lac Titicaca et ne mène nulle part. Cette chaussée est construite comme un ancien quai, ce qui suggère qu'elle a été bâtie lorsque le lac et la ville se trouvaient au niveau de la mer.

Ce qui reste de Tiahuanaco, un site d'une culture technologiquement avancée, est considéré par de nombreux archéologues (romantiques, non orthodoxes) comme les plus vieilles ruines du monde. Bien que certains savants mal renseignés aient attribué les constructions de Tiahuanaco aux Incas, il est maintenant établi que cette cité était déjà en ruines quand les Incas sont venus à cet endroit pour la première fois.

En 1540 le chroniqueur espagnol Pedro Cieza de León, s'est rendu dans cette région, et sa description des statues et monolithes correspond assez fidèlement à ce qui est encore visible de nos jours. Le site se trouve à une altitude de 3 990 mètres (13.300 pieds), ce qui le place à quelque 240 mètres (800 pieds) au-dessus de l'actuel niveau du Titicaca. La plupart des archéologues sont d'accord avec l'hypothèse selon laquelle, dans un passé lointain, Tiahuanaco a été un port florissant au bord du lac. Cela signifie que le niveau de l'eau s'est retiré de pratiquement 18 kilomètres (12 miles) et a baissé d'environ 240 mètres depuis ce temps. Tout concourt à suggérer que le lac s'amenuise, principalement à cause de l'évaporation, puisqu'aucun cours d'eau ne s'y jette.

En novembre 1980, l'auteur bolivien Hugo Boero Rojo, spécialiste bien connu des cultures pré-colombiennes, a annoncé la découverte de ruines archéologiques à environ 15 - 20 mètres sous la surface du Lac Titicaca, au large de la côte de Puerto Acosta, un village portuaire bolivien près de la frontière péruvienne, à l'extrémité nord-est du lac.

Si au cours des 3.000-4.000 dernières années le Lac Titicaca s'est lentement retiré, comme cela semble être le cas, et tous les scientifiques sont d'accord à ce sujet, alors comment s'explique l'existence de temples en pierre, escaliers et routes encore submergés? La seule réponse est qu'ils ont été bâtis avant que le lac ne fasse son apparition. Il nous faut retourner en arrière, aux vestiges de Tiahuanaco, et ré-examiner les 400 acres de ruines, dont seulement 10% ont été fouillés. Nous avons souligné que la boue recouvre l'ancienne civilisation sous une couche d'au moins 1m80 (6 pieds). La seule explication à cette accumulation est l'inondation.

Une grande quantité d'eau a dû inonder la ville; et quand elle s'est retirée, elle a laissé une couche de vase recouvrant tout signe d'une civilisation avancée, pour ne laisser visibles que les plus grandes statues et les plus grands monolithes. Il est dès lors logique de conclure que Tiahuanaco a été construit avant l'apparition du lac, et non comme un port sur ses rives. Comme de nos jours les eaux continuent à reculer, nous devrions pouvoir trouver de nouveaux témoignages des habitants qui ont peuplé la cité. Des scientifiques émettent la théorie que la région du Lac Titicaca s'est jadis trouvée au niveau de la mer, à cause de la profusion de fossiles marins trouvés dans la région. La région s'est ensuite *élevée en même temps que le soulèvement andin,* et un bassin a été créé et s'est rempli en prenant la forme d'un lac. Personne n'a suggéré que la vie marine aurait pu être apportée sur l'altiplano par la mer, dans des conditions d'inondation.

Les habitants de Tiahuanaco pourraient avoir été victimes d'un déluge mondial, et leur civilisation effacée lorsque leurs maisons et structures ont été recouvertes par l'eau de la mer. A cause de la géographie de la région, qui présente l'aspect d'un bassin, les eaux d'inondation qui sont devenues ensuite le Lac Titicaca n'ont pas pu s'écouler, et se sont par la suite évaporées au fil des siècles. [...]

Le Professeur Schindler-Bellamy, disciple de Posnansky et Horbiger (celui qui a mis au point la fameuse théorie sur la cosmogonie glaciaire dans les années 1930) a travaillé pendant des dizaines d'années dans la région de Tiahuanaco et a écrit des livres sur ce sujet. D'après lui, la grande porte monolithique de Tiahuanaco dédiée au Soleil était, d'évidence, à l'origine, la partie centrale, la plus importante, du Kalasasaya, le grand temple principal de Tiahuanaco. Sa partie supérieure est couverte de sculptures en bas-reliefs étonnamment complexes. Elles ont été qualifiées de "calendrier" depuis pratiquement le début de la découverte de cette porte monolithique; c'est pourquoi, la Porte du Soleil a aussi été nommée Porte du Calendrier. Cette sculpture calendaire, bien que décrivant indubitablement une "année solaire", est impossible à faire entrer dans l'année solaire telle que nous la divisons de nos jours.

L' "année solaire" du temps du calendrier avait pratiquement la même longueur que la nôtre, mais, comme le montre symboliquement la sculpture, la Terre avait une rotation plus rapide en ce temps-là, et donc l'année de Tiahuanaco n'avait que 290 jours, divisés en 12 "douzièmes" de 24 jours chacun, plus 2 jours intercalaires. Ces groupes (290, 24, 12, 2) apparaissent clairement et indubitablement dans la sculpture. [...]

[Selon Schindler-Bellamy], du temps de la prospérité de Tiahuanaco, la lune actuelle n'était pas encore le satellite de notre Terre, mais était encore une planète extérieure indépendante. Un autre satellite tournait alors autour de la Terre, assez près... A cause de sa proximité, il tournait autour de la Terre plus rapidement que ne tournait notre planète. C'est pourquoi, il se levait à l'ouest et se couchait à l'est (comme le satellite Phobos de Mars), et de ce fait a provoqué un grand nombre d'éclipses solaires: 37 pendant un "douzième," 447 en une "année solaire". Ces groupes (37, 447) apparaissent dans la sculpture, avec de nombreuses références croisées corroborant ce fait. Divers symboles montrent quand ces éclipses solaires, d'une certaine durée, se sont produites: au lever du soleil, à midi, au coucher du soleil.

Ce qui précède n'est qu'un petit échantillon des informations astronomiques précises données par le calendrier. Il donne aussi le début de l'année, les journées d'équinoxe et de solstice, l'incidence des deux jours intercalaires, des renseignements sur l'oblicité de l'écliptique (alors environ about 16,5 degrés; à présent 23,5 degrés) et sur la latitude de Tiahuanaco (alors environ 10 degrés; à présent 16,27degrés), et de nombreuses autres références astronomiques et géographiques à partir desquelles il nous est possible de calculer des choses intéressantes et importantes. [...]

D'autres faits encore, révélés par le calendrier, sont à la fois intéressants et surprenants. D'après les indications données par une disposition d'éléments "géométriques", nous pouvons conclure que les habitants de Tiahuanaco divisaient le cercle en se basant sans doute sur l'astronomie dans la pratique, mais certainement mathématiquement en 264 degrés plutôt que 360. Ils ont aussi déterminé (longtemps avant Archimède et les Egyptiens) le rapport de pi, le rapport le plus important entre la circonférence du cercle et son diamètre, comme étant 22/7 ou, selon notre notation: 3.1416+. Ils pouvaient calculer les carrés (et donc les racines carrées). Ils connaissaient la trigonométrie et les mesures des angles (30, 60, 90 degrés) et leurs fonctions. Ils pouvaient calculer et écrire les fractions, mais ne semblent pas avoir connu le système décimal, et ils n'ont pas non plus fait usage du système duodécimal, bien qu'ils en aient eu connaissance. (Pour une raison encore inconnue, cependant, le nombre 11 et ses multiples se retrouvent fréquemment.)

Le fait le plus troublant est que la culture de Tiahuanaco n'a pas de racines dans cette région. Elle ne s'est pas développée à partir d'humbles débuts, et aucun autre lieu d'origine n'est connu. Elle paraît avoir surgi tout-à-coup dans sa maturité. Seuls quelques monuments "plus anciens" d'après les "inscriptions calendaires" qu'ils portent, ont été trouvés, mais la différence d'âge ne peut avoir été très grande. Les diverses cultures très inférieures découvertes à des distances considérables de Tiahuanaco proprement dit, qualifiées de "Tiahuanaco Décadent " ou " Tiahuanaco Côtier" n'ont eu que de lointains rapports avec la culture révélée par la Porte du Calendrier. [...]

«Lorsque le satellite se trouva à quelques milliers de kilomètres, des forces gravitationnelles le brisèrent». Selon la formule de Roche, tout planétoïde ou astéroïde se désintègre à proximité de la distance critique de 50 à 60.000 km. Les fragments s'éparpillèrent sur la terre, les océans, ne dépendant plus de la gravité du satellite, refluèrent vers les continents, laissant exposées des régions tropicales et submergeant des régions polaires. [...]

Ainsi donc, l'approche de la "Lune" aurait déclenché un déluge universel, provoquant des changements de climat et des tremblements de terre, accompagnés d'éruptions volcaniques. Le "cratère" laissé par le satellite après son éclatement en fragments a eu pour résultat une chute soudaine des températures, d'au

> moins 20 degrés… Cela s'avère, par exemple, de la découverte des mammouths congelés dans la toundra sibérienne. Il est possible que la gravité -et donc le poids physique- ait aussi été modifiée sur Terre, et de ce fait, la croissance biologique. Cela expliquerait les nombreux et énormes monuments mégalithiques, ainsi que la présence de géants – hommes et animaux – dans les strates fossiles, les tombeaux et les mythes. D'après Horbiger, quatre Lunes seraient tombées sur la Terre, provoquant quatre ères glaciaires. Notre Lune actuelle, la cinquième, sera de la même manière attirée dans la configuration critique d'un cinquième de sa distance actuelle (380.000 km).et déclenchera le cinquième cataclysme.
>
> Apparemment, Tiahuanaco n'est resté que peu de temps au faîte de sa perfection (dont témoigne la Porte du Calendrier) et a péri soudainement, sans doute à cause des événements cataclysmiques liés à la disparition de la "lune" précédente.
>
> Nous n'avons actuellement aucun moyen de déterminer quand Tiahuanaco a atteint le point culminant de sa culture, ni quand celle-ci a disparu, puisque bien sûr, le calendrier ne peut rien nous révéler à ce sujet. En tout cas, ce ne doit pas avoir été dans le passé historique, mais bien plus tôt, dans la préhistoire. Ce doit en tout cas avoir été avant que la planète Lune ne soit capturée en tant que lune actuelle de la Terre, il y a environ 12.000 ans.[158]

Il y a plusieurs points fascinants dans le texte ci-dessus. Un point qui m'intéresse particulièrement est la spéculation que l'année pourrait avoir été différente avant le déluge, et que le nombre 11 avait une importance mystérieuse. Les idées au sujet de la capture de la lune, et d'un satellite précédent qui aurait éclaté et dont les fragments seraient tombés en une pluie destructrice sur la Terre sont intéressantes, mais font soupçonner qu'il ne s'agit là que d'une interprétation.

La théorie d'une lune qui tombe a été commentée par le Dr. John O'Keefe, un scientifique du Goddard Laboratory for Astronomy dans le Maryland. O'Keefe prétend que les fragments résultant de la collision de la lune ont formé un anneau autour de notre planète, bloquant ainsi les rayons du soleil, ce qui aurait provoqué une chute des températures à l'échelle mondiale. Après un certain temps, les fragments se seraient désintégrés et seraient tombés sur la Terre sous forme de tectites. Selon O'Keefe, ces tectites sont des fragments d'une lune tombée.

---

[158] Helmut Zettl, *CATASTROPHISM AND ANCIENT HISTORY, VOLUME VI* Part 2 July 1984 A Journal Of Interdisciplinary Study Marvin Arnold Luckerman Executive Editor

Ce qui est manifeste, c'est que le cataclysme mondial d'il y a 12.000 ans est mentionné dans les mythes de tous les endroits du globe. Le papyrus égyptien *Ipuwer* nous dit que "Le Soleil se couche où il se levait" et dans un tombeau égyptien (de Senmout), des peintures montrent Orion et Sirius en position renversée. Le Kalevala finlandais révèle que la Terre tournait comme "le tour d'un potier" et le Popol Vuh décrit une "averse de grêle ardente tombée des cieux.

Dans les environs de Brno, en Moravie, il existe une carrière où des ouvriers ont découvert les ossements d'un mammouth laineux. Là, dans la carrière, a été découverte une séquence de 48m de profondeur des multiples cycles du sol. Chaque cycle climatique, du chaud au froid y est exprimé en une séquence de gradations de types de sols reflétant les changements, partant d'une forêt humide, à feuillages caducs, pour arriver à une toundra aride, gelée, craquelée par un permafrost profond. Au travers de chacun des anneaux, à mi-parcours, il y a de nombreuses bandes de fine poussière qui a dû être soufflée par des vents violents, *de monstrueuses tempêtes sur tout le continent*. Les spéculations de certains experts suggèrent que cette poussière a pu envelopper la Terre toute entière pendant des semaines ou des mois d'affilée, et provoquer un effet de refroidissement du climat européen. Au cours de la période la plus froide de chaque cycle, l'environnement a dû devenir si sec que même de grands fleuves se sont asséchés.

Il semble que les plaques de glace qui se sont à maintes reprises dirigées vers le sud, ont été accompagnées d'un développement de vastes mais éphémères déserts à travers toute la Russie et l'Ukraine, et même jusqu'au sud-est de l'Europe et aux rivages de la Mer Noire. Chaque passage du froid gelant au chaud, a été *abrupt dans chaque cycle*.

Des océanologues de Turquie, Russie, Bulgarie et des USA ont uni leurs efforts pour l'exploration de la Mer Noire. Utilisant des ultrasons et des appareils d'échantillonnage, ils ont découvert que la Mer Noire a été jadis un vaste lac d'eau douce. Glenn Jones, de la Woods Hole Oceanographic Institution, a daté les échantillons prélevés au fond de la Mer Noire et a confirmé qu'il y a environ 7.500 ans, les mers ont jailli au travers de la vallée du Bosphore et l'eau salée de la Méditerranée s'est déversée avec une force inimaginable dans le lac. Il a été constaté que cela s'est produit de manière soudaine et presque instantanée. Les équipes ont aussi remarqué que les immenses quantités d'eau salée déversée dans la Mer Noire étaient pauvres en oxygène.[159]

Pendant que les recherches étaient poursuivies pour trouver les réponses à ce mystère, des carottes de corail ont été extraites par forage du fond de la mer afin de déterminer le taux de croissance par année, de nos jours à il y a 20.000 ans. Apparemment, la fonte des glaces affecte la croissance des coraux. Les résultats obtenus en étudiant ces échantillons ont montré qu'il y a eu un "accès" de fonte de glaces aux environs de 12.500 ans Av. J.C. Les volumes d'eau qui ont résulté de cette fonte ont été énormes. Ces eaux ont rempli des dizaines de lacs qui n'existent plus, des lacs formés par des dépressions dans la croûte terrestre enfoncée par le poids de l'énorme dôme de glace. Immédiatement après cette fonte, l'ère glaciaire a refait une brève apparition pendant la période dite «Dryas récent».

> A 20 heures, le 5 juin 8.498 Av. J.C, des fragments provenant du cœur de l'astéroïde 'A' ont foré le premier trou dans la zone de fracture de la Crète atlantique. Toutes les forces de l'Enfer se sont déchaînées. Par ces deux ouvertures nouvellement formées, le magma chauffé au rouge a jailli à une vitesse terrifiante et s'est mélangé à l'élément liquide qui se trouvait au-dessus de lui: les eaux de l'Atlantique. Tout cela a déclenché une éruption volcanique sous-marine de la plus grande violence. Le bourrelet longeant la fracture a été déchiré. Le fond de la mer s'est ouvert brusquement. Tous les volcans existants sont entrés en activité et de nouveaux cratères se sont ouverts. Le feu terrestre et l'eau de l'océan se sont mélangés en augmentant sans cesse de volume. Le magma s'est mélangé à la vapeur. La chaîne de feu s'est étendue tout au long des deux continents, du volcan Beerenberg sur l'île de Jan Mayen au nord, jusqu'à l'île de Tristan da Cunha au sud.[160]

Cette description assez spectaculaire, extraite de la dernière de couverture du livre de Otto Muck - *The Secret of Atlantis* – se base sur ses idées d'un lien de cause à effet entre les isothermes et le climat favorable du nord de l'Europe occidentale, et le parcours ininterrompu du Gulf Stream en travers de l'Atlantique. Muck s'appuie sur ce parcours pour prouver l'existence d'un vaste territoire localisé dans l'Atlantique, dont l'affaissement a modifié les courants océaniques et réchauffé les Iles Britanniques il y a environ 10.500 ans, à un ou deux jours près. Se basant sur un

[159] Ryan, William, Pitman, Walter; *Noah's Flood*, 1998, Simon and Schuster, New York.

[160] Text sur le couverture de livre *The Secret of Atlantis*, Otto Muck, 1976, New York Times Books, New York.

ensemble varié et intéressant de données fiables, Muck suggère que le massif sous-marin des Açores émergeait jadis de l'eau, et pourrait avoir bloqué et dévié le Gulf Stream, empêchant ainsi la circulation des eaux plus chaudes, et contribuant aux basses températures des Iles Britanniques... Muck écrit:

> Si nous datons la transition du Quaternaire au Quintenaire à il y a environ 12.000 ans, ou aux alentours de 10.000 Av.J.C, nous le faisons de l'autorité des géologues et paléontologues contemporains. En même temps, nous fixons la date à laquelle l'île-barrière X, qui avait jusque là empêché le Gulf Stream d'atteindre les côtes de l'Europe, a sombré dans l'Atlantique … un moment où… les eaux chaudes et les vents porteurs de pluie poussés par le Gulf Stream n'ont plus été déviés vers l'ouest par la barrière de l'île atlantique, mais ont pu passer librement vers l'est puisque l'obstacle avait sombré sous les flots.
>
> Nous avons découvert les traces du plus grand cataclysme terrestre jamais vécu par l'homme. Car il n'y a aucun doute que cette catastrophe survenue il y a 12.000 ans est l'événement le plus terrible qui se soit jamais produit dans toute l'histoire dramatique de l'humanité.[161]

Ce que Muck a fait, essentiellement, c'est noter que les isothermes géologiquement inscrits se sont déplacés à cette époque. Je suis toujours convaincue que ce livre est l'un des meilleurs écrits sur ce thème, parce qu'il rassemble une grande quantité de données fiables intéressantes, même si je n'admets pas nécessairement qu'il y ait eu une grande île qui aurait "sombré sous les flots de l'Atlantique". Il existe d'autres solutions au problème de ces isothermes, y compris une recherche actuelle qui conclut que cela pourrait être le résultat d'un réchauffement global. Même si nous ne nions pas la possibilité d'une sévère rupture lithosphérique telle que décrite par Muck (et nous ne sous-estimons pas l'idée de la destruction massive des espèces), il semble bien qu'un événement capable de provoquer l'immersion totale d'un aussi vaste territoire doive avoir été un cataclysme qui n'aurait laissé absolument aucune chance de survie sur la Terre.

---

[161] Muck, Otto, 1976.

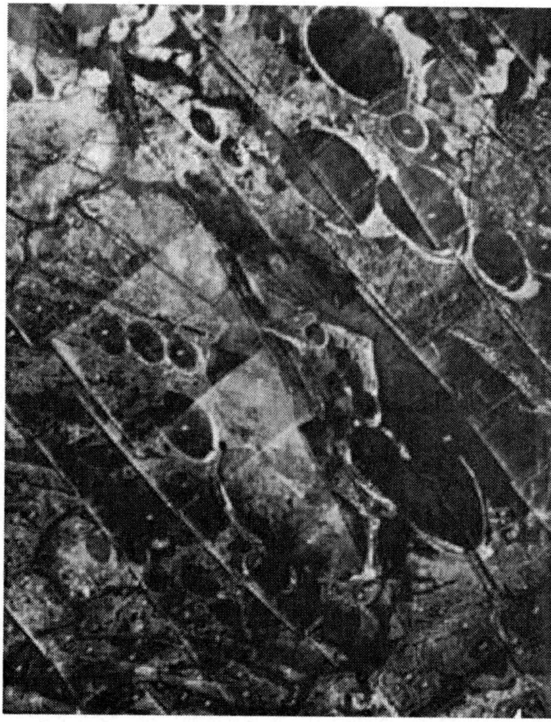

Néanmoins, Otto Muck attire notre attention sur les cratères météoriques des Carolines. Les baies des Carolines sont des territoires mystérieux ; elles sont en général couvertes de lauriers et autre végétation des zones aquatiques. A cause de leur forme ovale et de leurs orientations semblables, elles sont considérées par certaines autorités en la matière comme le résultat d'une énorme pluie de météorites qui se serait produite il y a approximativement 12.000 ans. Ce qui est le plus étonnant c'est leur nombre: il y a plus de 500.000 de ces bassins peu profonds qui pointillent la plaine côtière de la Géorgie au Delaware. C'est un nombre effrayant.

> A l'inverse de n'importe quelle autre pièce d'eau ou changement d'élévation, ces traits topographiques suivent un modèle stable et indubitable. Les baies des Carolines sont circulaires, généralement étendues, forment des dépressions elliptiques dans le sol, sont orientées selon leur axe le plus long *du nord-ouest vers le sud-est.* Elles sont en outre caractérisées par une crête élevée de sable fin qui entoure leur périmètre. [...]

Ces vingt dernières années ont vu une explosion de preuves que la Terre a souvent rencontré des objets qui altèrent profondément notre environnement. Par exemple, il est à présent communément admis que c'est l'impact de la chute d'un objet énorme dans le Golfe du Mexique qui a provoqué l'extinction des grands dinosaures – une théorie considérée comme bizarre et irresponsable du temps où Kacrowski a étudié les baies.

Robert Kobres, un chercheur indépendant basé à Athens en Géorgie, a étudié les baies des Carolines pendant près de 20 ans, intéressé par les menaces d'impacts en provenance de l'espace. Les résultats de ses investigations, récemment publiés par lui-même, sont d'une grande importance pour l'étude des baies des Carolines, et méritent des recherches par des universités, car il s'agit d'informations sérieuses, pertinentes et nouvelles. L'essence de la théorie de Kobres est que la présence de "débris," et une comparaison des baies avec des cratères d'impact "traditionnels", laissent supposer, à tort, que les cratères circulaires contenant des fragments extraterrestres seraient les seuls témoignages terrestres de collisions avec des objets entrés dans notre atmosphère.

Kobres va une étape (logique) plus loin en supposant que des forces associées aux corps entrant dans l'atmosphère, principalement une chaleur intense, laissent également des *signatures* visibles sur la Terre, et enfin, que la physique n'exige pas qu'il y ait "collision" entre des corps pour provoquer d'énormes changements sur terre. Pour prouver que de tels contacts sont possibles en dehors d'un laboratoire de physique, nous nous arrêterons à ce que l'on a appelé "l'événement de Tunguska".

Le 30 juin 1908, dans le voisinage du fleuve Tunguska dans la Sibérie profonde, une énorme explosion a en un instant rasé 2.000 km2 de toundra, abattant des millions d'arbres, qui tous sont tombés le sommet dirigé vers l'extérieur d'une zone centrale. Des comptes rendus de l'époque ont raconté que les Londoniens avaient pu lire leur journal grâce à la lueur qui illuminait le ciel cette nuit-là, et pendant plusieurs nuits encore. Dans le monde entier, les sismographes ont enregistré un cataclysme survenu apparemment en Sibérie. Malheureusement (ou heureusement, selon le point de vue), l'explosion avait eu lieu en un endroit tellement reculé et à une époque de tels bouleversements politiques, qu'aucun chercheur n'a pu repérer ni aller visiter le site pendant plus de vingt ans. Il a fallu attendre que Leonard Kulik, le pionnier russe en matière de recherche en météorites, parvienne à gagner cette région inhospitalière en 1927, pour que quelqu'un d'autre que des membres de tribus locales puisse contempler le désastre et constater sa nature particulière.

> A l'épicentre de l'explosion il n'y avait pas un large cratère contenant une "roche" en son milieu, comme on aurait pu s'y attendre, mais seulement quelques flaques de boue d'un ovale très net. La documentation sur Tunguska passe généralement rapidement sur les flaques de boue, puisque Kulik n'a pas pu faire état de fouilles prouvant qu'il y avait eu une météorite et s'est contenté d'examiner les autres aspects de l'explosion.[162]

De quoi disposons-nous jusqu'ici? Nous avons un événement qui semble avoir affecté la Sibérie orientale et le nord de l'Amérique septentrionale plus sévèrement que d'autres lieux, bien que ce qui s'est produit ait certainement été un événement affectant le monde entier. Nous avons déjà parlé de l'évidence d'un "bombardement nucléaire" dans la région des Grands Lacs, fournie par Firestone et Topping, qui nous disent:

> Les datations au radiocarbone des vestiges trouvés au nord-est de l'Amérique du Nord montrent que lesdits restes sont de 10.000 ans plus récents *dans la partie occidentale du pays*. [.... Du matériel en provenance du site paléo-indien de Gainey dans le Michigan, daté de 2.880 ans Av. J.C. par le radiocarbone, donne par la thermoluminescence un âge de 12.400 Av. J.C. Les anomalies de ce genre concernant le nord des Etats-Unis et le Canada sont tellement nombreuses qu'il n'est pas possible de les expliquer par d'anciennes aberrations dans l'atmosphère ou d'autres contenants de radiocarbone, ni par une contamination des échantillons. [...]
>
> Notre recherche indique que toute la région des Grands Lacs, et même au-delà, a été soumise à des bombardements de particules et à une irradiation nucléaire catastrophique, qui a produit des neutrons thermiques secondaires à partir d'interactions avec les rayons cosmiques. Les neutrons ont produit d'inhabituellement grandes quantités de Pu239 qui a substantiellement altéré les quantités naturelles d'uranium. [...]
>
> De fortes augmentations en C14 sont observées dans les données marines correspondant aux années 4.000, 32.000-34.000, et 12.500 Av. J.C. Ces augmentations coïncident avec des déplacements géomagnétiques. [...]
>
> L'énorme énergie libérée par la catastrophe de 12.500 Av. J.C peut avoir chauffé l'atmosphère jusqu'à plus de 1.000° C au-dessus du Michigan, et le flux de neutrons en des endroits situés plus au nord peut avoir provoqué la fonte d'un volume considérable de glace. Les effets des radiations sur les plantes et les animaux exposés aux rayons cosmiques doivent avoir été

[162] Howard, George A., *The Carolina Bays*: http://www.georgehoward.net/cbays.htm

mortels, comparables à une irradiation dans un réacteur de 5 megaWatts pendant plus de 100 secondes.

Le schéma général de la catastrophe correspond au schéma des extinctions en masse avant la période de l'Holocène. L'hémisphère occidental a été plus affecté que l'hémisphère oriental, l'Amérique du Nord plus que l'Amérique du Sud, et l'Amérique septentrionale orientale plus que l'Amérique septentrionale occidentale. L'extinction dans la région des Grands Lacs a été plus rapide et plus prononcée que partout ailleurs. Les plus grands animaux ont été plus affectés que les plus petits, un modèle conforme aux attentes selon lesquelles l'exposition à des radiations affecte davantage les grands organismes que les petits.[163]

Firestone et Topping penchent en faveur de l'idée que ces preuves d'une irradiation nucléaire sont le résultat d'un "bombardement de rayons cosmiques" à partir, peut-être, d'une supernova. D.S. Allan, un biologiste de Cambridge, et J. B. Delair, co-auteur de *Cataclysm!*, publié en 1995 au Royaume-Uni, penche aussi pour l'hypothèse de la supernova. La preuve de l'explosion d'une supernova, sous la forme d'aluminium 22 (accompagnée d'autres preuves scientifiques et mythologiques), trouvé en importante concentration aux extrémités de notre système solaire, a permis à Allan et Delair de conclure qu'une explosion stellaire a probablement causé cette destruction massive. Du minerai de fer séjournant dans la terre depuis 11.000 ans a montré que sa polarité magnétique s'était violemment renversée. Cela suggère sans aucun doute une rencontre extraterrestre avec un agent puissamment magnétique à cette période. L'explication par une supernova ne tient cependant pas compte de toutes les évidences, et en particulier des preuves géologiques et mythiques de bombardements massifs par des astéroïdes.

Le Dr. Paul LaViolette, auteur de *Earth Under Fire*, affirme qu'il a découvert des preuves d'un cataclysme d'un type différent: une volée d'ondes cosmiques résultant d'une explosion au sein de la galaxie. En entrant dans notre système solaire, cette super-onde galactique (le phénomène énergétique le plus puissant survenu dans la galaxie) aurait interrompu la faculté qu'ont les vents solaires de repousser la plupart des particules de poussière cosmique qui tentent d'entrer.

LaViolette construit, pour étayer sa théorie scientifique, un échafaudage mythologique dont la partie la plus branlante est qu'il

[163] Firestone, Richard B., Topping, William, *Terrestrial Evidence of a Nuclear Catastrophe in Paleoindian Times*, dissertation research, 1990 - 2001.

suggère que les explosions au sein de la galaxie sont des événements cycliques qui se produisent tous les 26.000 ans, période en correspondance avec la précession des équinoxes. Il affirme que c'est une grande horloge et que le cycle précessionnel équivaut à la durée d'une Grande Année telle que reconnue par les anciens Grecs, Zoroastriens, et Chinois. La théorie de La Violette ne repose pas sur du solide, car les explosions qui surviennent au coeur de la galaxie, tout comme les autres phénomènes nucléaires, ne sont que statistiquement probables. En outre, les données dont nous disposons montrent une fréquence plus grande que 26.000 ans, et ses tentatives pour introduire des "mini-explosions" pour expliquer tout cela équivalent à de la prestidigitation. Et puis, sa théorie ne tient pas compte non plus de toutes les preuves, en particulier de l'évidence géologique et mythique de bombardements massifs par des astéroïdes. Qui plus est, la théorie de La Violette, selon laquelle le cycle précessionnel est "une grande horloge" suppose que l'orientation polaire actuelle est restée stable pendant des éons, et la preuve mythique même sur laquelle il s'appuie contredit cette idée, en particulier les informations décodées qui se trouvent sur la Porte du Soleil à Tiahuanaco, comme nous l'avons dit précédemment.

De ces recherches faites dans tous les sens pour retrouver l'Atlantide, et de ces comparaisons d'évidences paléontologiques, géologiques et archéologiques avec le récit de Platon, il appert que ce que tout le monde oublie est ceci: le récit de Platon parle d'une GUERRE suivie de cataclysmes.

Selon le récit de Platon, l'Atlantide était au centre d'un empire d'une extrême richesse économique et d'une grande puissance militaire qui a cherché à réduire toute l'Europe en esclavage. Les Atlantes sont parvenus à défaire de nombreux pays européens. Cependant, la grande civilisation d'Athènes est parvenue à repousser leurs attaques puis à les repousser hors d'Europe. Malheureusement, la plupart des témoignages de ce grand exploit ont été perdus à cause d'un énorme déluge qui a anéanti la plus grande partie d'Athènes et tout le continent atlante en un seul jour et une seule nuit.

Sans cesse, nous retrouvons le fait que quelque chose de terrible s'est produit sur Terre il y a environ 12.000 ans. Cette période est reprise en permanence par de nombreuses disciplines qui étudient l'antiquité. Et s'agit, comme par hasard, de la période dont parlent les personnages de Platon lorsqu'ils font allusion à la destruction de l'Atlantide à la suite d'une terrible guerre dans laquelle l'Atlantide a été défaite après avoir tenté de conquérir le monde entier, au temps resté dans les mémoires comme du “plus grand déluge de l’histoire de l’humanité”: le Déluge de Noé.

En ce qui concerne les êtres humains, la Bible nous dit qu’après le Déluge de Noé, l’homme n’a plus eu la même durée de vie qu’avant. Symboliquement, cela suggère que quelque chose de significatif avait changé dans le cosmos ou dans l’état même de la matière. Bien sûr, la science moderne rejette de telles idées, pour de bonnes raisons, semble-t-il. Mais nous nous posons des questions: et si la durée de vie de l’homme s’était réellement raccourcie? Et si cela s’était produit plus d’une fois? Et si un tel événement représentait une perte de vigueur, ou un épuisement des ressources cosmiques? Ou bien encore: Et si cela reflétait le fait que l’humanité originelle a évolué dans un environnement différent et que l’environnement actuel ne permet plus des vies aussi longues? A cet égard, certaines observations à propos des dinosaures sont pertinentes.

Dans certains “gisements d’ossements” on a retrouvé parmi les restes de dinosaures, des omoplates de 3m30 (onze pieds) de long! L’immense brachiosaure, un herbivore, mesurait, debout, jusqu’à 15 mètres (cinquante pieds) et pesait sans doute environ cent tonnes! Comment a-t-il pu se soutenir? Cent tonnes, c’est approximativement *quinze fois* le poids d’un éléphant d’Afrique mâle adulte - un animal qui consomme entre 150 et 300 kilos de fourrage par 24 heures, et passe jusqu’à dix-huit heures de sa journée à récolter sa nourriture! Il semble tout à fait hors de question d’imaginer ce “Supersaure” s’alimentant.

Si le brachiosaure avait le sang chaud, comme l’éléphant, il a dû être incapable de manger suffisamment pour se maintenir en vie! Mais même s’il avait le sang froid, il est peu probable que cette créature gargantuesque, avec sa petite bouche et ses petites dents, ait pu absorber assez de nourriture. Il n’y a pas réellement de réponse à ce problème si nous supposons que la Terre a toujours été ce qu’elle est depuis que la vie évolue à sa surface.

La science classique nous enseigne que les dinosaures ont été des échecs – de colossaux échecs. A leur propos, on récite des litanies de “ils n’ont pas pu...”: ils n’ont pas pu marcher sur la terre parce qu’ils étaient trop lourds. Ils n’ont pas pu manger autre chose que du tendre, parce que leur tête était trop petite. Ils n’ont pas pu courir vite, parce que leurs articulations ne le permettaient pas. Ils n’ont pas pu avoir le sang chaud parce que leur cerveau était trop petit. Ils n’ont pas pu rivaliser avec les animaux plus petits à sang chaud.

Et cependant, quand les dinosaures ont commencé à émerger comme groupe dominant, il y avait de nombreuses autres espèces qui avaient une opportunité égale de dominer, de gagner la course à la couronne de la montagne. Pendant cinq millions d'années, les dinosaures ont été sur un pied d'égalité avec les autres habitants de l'écosystème. Mais par la suite, les dinosaures ont prouvé qu'ils étaient les mieux adaptés et ont survécu en ayant la domination absolue du globe. Pendant leur règne, il paraît qu'il n'existait pas de non-dinosaure plus grand qu'un dindon! Ce n'est pas pour rien que cette période a été appelée "le Reptilien" Les dinosaures ont monopolisé la planète pendant 130 millions d'années. A mesure qu'ils se répandaient dans les régions qu'ils dominaient, ils chassaient ou détruisaient d'autres clans avancés qui avaient aussi évolué et s'étaient adaptés pendant des dizaines de millions d'années. Pendant leur long règne, d'autres clans peuvent avoir menacé leur survie, mais à chaque fois, les dinosaures ont montré qu'ils étaient les "premiérissimes et les plussissimes" en termes de vigueur adaptative.

Il est admis que la classe des mammifères a émergé complètement définie, juste comme les dinosaures commençaient leur expansion. Mais manifestement, pour une raison que nous ignorons, être un mammifère n'était pas tellement un avantage à cette époque. Les dinosaures ont évolué rapidement, se sont modifiés à maintes reprises, et ont conservé leur position dominante jusqu'à ce qu'un événement terrible mette abruptement fin à leur règne. Robert T. Bakker, auteur de *The Dinosaur Heresies,* écrit:

> La soudaine extinction des dinosaures est un des sujets les plus populaires en paléontologie. Après tout, pourquoi les dernières dynasties ont-elles fini par s'éteindre complètement? En réalité, l'histoire des dinosaures contient bien plus que le drame d'une seule mort. Ils ont subi *trois ou quatre catastrophes majeures* pendant leur long règne, chacune d'entre elles clairsemant les rangs du clan dans son ensemble. Et après chacune de ces chutes, ils ont retrouvé leur bonne fortune d'évolution, et se sont relevés jusqu'à remplir le système terrestre grâce à une autre vague de nouvelles espèces et de familles d'espèces. L'extermination finale et complète n'a eu lieu qu'il y a soixante-cinq millions d'années, avec ce que les géologues ont appelé le "Temps de la Grande Agonie", le plus grand désastre de tous les temps en matière d'évolution... Notre vue de l'évolution doit tenir compte des chocs profondément perturbateurs subis par l'environnement au cours de ces extinctions à l'échelle mondiale.[164]

[164] Bakker, Robert T., *The Dinosaur Heresies,* 1986; William Morrow and Company, New York.

De nombreuses théories sont proposées pour expliquer ces problèmes, mais en général les thèses darwiniennes sont profondément insatisfaisantes et laissent en suspens trop de questions dont les réponses exigent une incroyable gymnastique cérébrale.

En nous servant du rasoir d'Occam[165], ne serait-il pas plus raisonnable de supposer que la Terre était différente au temps des dinosaures? Juste pour l'amour de la spéculation, disons qu'ils ont pu puiser une partie de leur nourriture dans l'acte de respirer. En outre, un niveau différent de pesanteur pourrait avoir réduit considérablement les besoins en énergie, et un climat plus salubre pourrait avoir réduit la dépense en énergie nécessaire à une régulation thermique. Simultanément, une atmosphère plus épaisse pourrait avoir protégé les habitants de la Terre des radiations nocives du Soleil et aurait été plus propice à de longues durées de vie, ce qui pourrait avoir permis aux dinosaures d'atteindre des tailles aussi fantastiques. Bakker fait également un excellent commentaire sur le sang chaud des dinosaures:

> Personne, ni au XIXe siècle ni au XXe, n'a jamais été capable constituer un dossier convaincant prouvant que les dinosaures ressemblaient davantage à des reptiles du genre crocodile qu'à des oiseaux au sang chaud. Personne ne l'a fait parce que cela n'est pas possible... C'est ainsi que des théories vieilles de cent ans sur les dinosaures continuent à exister sans être remises en question, et trop souvent on suppose qu'elles sont entièrement exactes. Même quand une de ces théories est reconnue pour fausse, elle sera susceptible d'être excusée. [...]
>
> Toute tentative d'explication de l'extinction des dinosaures rencontre des difficultés fondamentales qui font obstacle à l'investigation sur n'importe lequel de ces meurtres massifs d'espèces. La plupart des ossements fossiles *doivent leur conservation à un ensevelissement rapide sous des sédiments* juste après la mort de leurs possesseurs. Mais en général, la

---

[165] Le fameux "rasoir" exclut toute "pluralité de raisons que n'imposent ni l'expérience ni l'Ecriture.
Le rasoir d'Ockham (ou rasoir d'Occam) est un principe de raisonnement établi par le moine franciscain et philosophe Guillaume d'Ockham. Énoncé au quinzième siècle, ce principe dit : « Les choses essentielles ne doivent pas être multipliées sans nécessité » (version originale en latin : « pluralitas non est ponenda sine necessitate »). Aussi appelé « principe de simplicité », « principe de parcimonie », ou encore « principe d'économie », il exclut la multiplication des raisons et des démonstrations à l'intérieur d'une construction logique. (extrait de 'Wikipedia')

plupart des endroits de la biosphère terrestre subissent une érosion et non des dépôts.[166]

LE MYSTÈRE DE MALTE

J'ai, sur mon bureau, un petit guide archéologique de Malte, qui proclame en première page que les premiers humains ont quitté leur Sicile natale pour arriver sur l'île il y a environ sept mille ans. La dernière page du livre mentionne, en un paragraphe, les énigmatiques "ornières laissées par des chariots" qui sont trop présentes dans le paysage rocheux maltais pour rester ignorées.

On pourrait dire qu'un seul bref paragraphe à la fin du livre équivaut pratiquement à "laisser ignorée" cette caractéristique du paysage de la région en question. L'auteur du petit guide informe le lecteur qu'il pense que ces ornières ont pu servir, dans les temps anciens, au transport de blocs extraits de carrières et destinés à des constructions. Il insiste ensuite sur le fait qu'il ne veut pas dire « préhistoriques".

Les temples de Malte sont les principales attractions de l'île. Anthony Bonanno[167], auteur du petit livre ci-dessus, déclare dans un bulletin de nouvelles[168] que les temples de Malte sont "datés de façon très fiable à la période 3.600 – 2.500 ans Av. J.C. Pour ce laps de temps, nous avons observé une évolution régulière en style: depuis le petit et rudimentaire, jusqu'au grand et complexe".

Le premier de ces "Temples" a été découvert en 1902, par un ouvrier qui creusait une tranchée pour les fondations d'une maison. Ses travaux de terrassement ont permis de mettre au jour un grand temple souterrain et un cimetière, creusés dans le roc.

Douze ans plus tard, un fermier qui ne rencontrait que des pierres sous sa charrue alors qu'il tentait de labourer son champ, découvrit un complexe de «temples». Au fil du temps, de plus en plus de structures ont été exhumées, et elles sont devenues les monuments préhistoriques les plus impressionnants au monde.

Ce que je remarque en premier lieu à ce propos, c'est que tous ces monuments sont restés ensevelis pendant une très longue période. Tellement longue qu'ils étaient complètement ignorés des habitants de la région. Mais la science qui soutient le principe du progressisme nous dit que la surface de la terre est constamment soumise à des processus d'érosion, à moins, bien sûr, qu'il ne

[166] Ibid.
[167] Museums Department, Department of Classics and Archaeology at the University of Malta.
[168] Old Temples Society, Second issue, November 1999.

s'agisse du delta d'un fleuve ou d'un glissement de terrain, ou d'autre chose du genre. Apparemment, sur l'île de Malte les choses vont à rebours. Les choses sont recouvertes dans des conditions inconnues de la science évolutionniste, et il leur faut des millénaires pour être redécouvertes.

Aussi fascinants qu'ils soient, je n'ai pas l'intention de parler des "temples". Il y en a plusieurs couches, et beaucoup sont construits sur les choses qui retiennent mon attention, c'est-à-dire les ornières laissées par des "roues de chariot", qui sont tellement évidentes partout qu'elles ne peuvent être ignorées. Et cependant, ces "ornières de roues de chariots" ne font l'objet que d'un petit paragraphe, et ne sont certes pas protégées par le gouvernement maltais, puisqu'elles ont si peu d'importance!

Il est difficile de trouver une bonne photographie de ces ornières, mais avec de la persévérance, une photo ici, une autre là, on parvient à faire quelques observations. Le fait est que ces ornières suivent des règles bizarres. Très souvent, il s'agit bien de deux sillons parallèles; mais ils ne diffèrent pas seulement de sillon à sillon, car un seul tronçon de parallèles peut varier en largeur et en profondeur d'une extrémité à l'autre. Voilà un étrange chariot, qui possède un essieu qui s'étire et se raccourcit. Les ornières traversent des vallées, montent des collines, descendent des vallons, et parfois il y en a plus d'une paire sur un morceau de trajet, mais soudainement elles redeviennent une seule paire. Ce qui est plus étonnant encore, c'est qu'elles se perdent souvent dans la Méditerranée ou s'arrêtent pile au bord d'une falaise.

Erich von Däniken s'est rendu sur l'île pour examiner ces traces et, pensivement, a sorti son mètre-ruban. Il semble que la distance entre une série d'ornières parallèles va de 65 à 123 cm. Ce qui est plus surprenant encore c'est que certaines d'entre elles ont jusqu'à 70 cm de profondeur, et font des virages serrés. Quiconque a jamais joué dans un bac à sable avec des petites voitures et des camions, ou conduit un chariot, aura quelqu'idée du problème. Une roue grande assez pour creuser une ornière aussi profonde ne pourrait pas prendre un tel virage. En un endroit proche de *San Pawl-Tat-Targa*, quatre paires d'ornières, de dimensions différentes, se rejoignent pour former une seule paire d'ornières. Près de là, un ensemble en croise un autre, et chacun d'entre eux a une profondeur différente. Une autre ornière qui a jusqu'à 60 cm de profondeur, n'a que 11 cm de large à son point le plus profond, et 20 cm de large à son point le moins profond.[169]

---

[169] Cf. Von Daniken, *Signs of the Gods*

Les ornières qui se perdent dans la Méditerranée sont les plus intéressantes. Des plongeurs ont découvert qu'elles se poursuivent sur une longue distance sur le fond de la mer. Ce qui est encore plus fascinant, c'est qu'en juillet 1999, l'archéologue amateur allemand Hubert Zeitlmair a découvert un temple mégalithique sur les fonds marins des eaux territoriales de Malte, à environ 3 kilomètres au large de la côte est. Le problème dans ce cas-ci, est que pour qu'un temple se retrouve au fond de la Méditerranée, il devrait dater de la dernière ère glaciaire. Cela implique que les temples maltais sont au moins de six mille ans plus anciens que les dates proposées par Bonnano et ses collègues. Naturellement, Bonnano a été appelé à la rescousse pour prononcer de sages paroles à propos de cette découverte.

> Si l'authenticité du temple submergé est prouvée, il doit être contemporain de ceux qui ont été bâtis sur le continent. La seule possibilité qui vient à l'esprit est celle d'une île séparée, ou même d'une partie du continent qui se serait affaissée à cause d'une faille dans le roc. Cela est hautement improbable, mais reste une possibilité. Après tout, il n'existe aucun document écrit d'aucune sorte, datant de cette période. [170]

Il «s'est affaissé a cause d'une faille dans la roche». Il est absolument impossible qu'il ait été recouvert par un niveau d'eau qui se serait élevé.

Les temples et tombeaux de Malte sont uniques dans leur construction: les pierres sont massivement empilées les unes sur les autres, et les fondations sont profondes. Selon les experts, cela témoigne d'une très grande habileté des ingénieurs et constructeurs, et ils doivent avoir mobilisé toute la société qui les a construits. Tous les gens de Malte ont dû travailler à la construction des temples, à l'exclusion toute autre occupation, si ce n'est la recherche de leur propre subsistance. D'après les experts, les gens de Malte n'ont ni construit des maisons de pierre, ni appris à écrire. Ils ont tous évolué en fonction de leurs techniques, pour une seule et bonne raison: ils voulaient construire des "temples" destinés à abriter leurs activités religieuses.

Comment ces gens ont-ils créé une société qui était prête à, désireuse et capable de dépenser tous ses efforts et toute son énergie, à travailler infatigablement à creuser des tunnels et à bâtir des temples, cela demeure un profond mystère.

Sur une carte géographique, on constate que les "temples" sont répartis par groupes qui commandent une portion importante de

---

[170] Old Temples Society, Second Issue, November 1999.

territoire. L'île semble être divisée en six régions principales de ce type. Un problème commence à se poser lorsqu'on tient compte du fait qu'au mieux, l'île n'a jamais pu subvenir aux besoins d'une population de plus de 11.000 habitants répartis dans ces six zones, à raison d'un maximum de 2.000 personnes par section. Alors, comment un groupe de maximum 2.000 personnes a-t-il pu mobiliser la main d'œuvre nécessaire à creuser toutes ces grottes et à bâtir tous ces "temples" dans chacune des zones, particulièrement si l'on tient compte de l'évidence que la région n'a pas pu subvenir aux besoins d'autant de gens, en ce qui concerne la production de nourriture? Cela nous amène à la question de savoir d'où ils tiraient leur nourriture et comment, si tout ce qu'ils faisaient c'était de construire des "temples" et se consacrer à d'autres activités de ce genre. Colin Renfrew[171] a proposé la "Théorie du Grand Chef ", où la construction de « temples » sert à tenir en respect des sauvages primitifs et à les tenir tranquilles.

Pourquoi mets-je toujours le mot "temples" entre des guillemets? Eh bien, quand j'ai examiné les photographies de ces structures, les plans au sol tirés à l'échelle, et les maquettes en plâtre qu'on en a fait, tout cela m'a fait penser simplement à des maisons - des lieux où des gens ont vécu. Après tout, pourquoi devrait-il y avoir autant de "temples?" Ah, bien sûr! Parce que les autochtones ont dû dépenser toute leur énergie à construire les «temples», tandis qu'eux-mêmes devaient se contenter de vivre sur l'herbe ou dans des huttes recouvertes de peaux d'ours! C'est cela. Des structures de pierre mégalithiques DOIVENT être des temples, sinon dans quel autre but y aurait-il eu un tel déploiement d'efforts herculéens?

Naturellement, cela suppose que la faculté de manipuler de gros blocs de pierre était inhabituelle quand ils les ont construits. Ce serait certes le cas pour nous, de nos jours. C'est pourquoi nous ne pouvons imaginer que les anciens peuples ont pu faire cela aussi facilement que nous enfonçons, nous, un clou dans un panneau de plâtre tout préparé, quand nous construisons nos maisons.

Donc, les archéologues expliquent les ornières en les interprétant comme les traces de transport de blocs destinés à la construction de "temples." Mais nous voyons, d'après les descriptions que nous donnons ci-dessus que si ces rigoles dans le sol sont vraiment des ornières creusées par des roues de chariot, nous nous trouvons devant des problèmes sérieux. Tout effort pour les expliquer dans cette optique est réduit à néant si c'est un ingénieur qui les examine

[171] Lisez son livre *Before Civilization* pour les détails. Ses idées sont trop puériles pour que je gaspille mon temps à les exposer.

au lieu d'un archéologue. En fait, à mon humble avis, les archéologues devraient obtenir un diplôme d'ingénieur avant de pouvoir prononcer le moindre mot sur quoi que ce soit. En fin de compte, personne ne semble avoir la moindre explication rationnelle au sujet de ces "ornières creusées par des roues de chariot". C'est là une des plus grands mystères de la planète, et personne ne semble s'en soucier. Quel gâchis !

Ai-je une idée à proposer? Je voudrais suggérer que ces "ornières" ressemblent fameusement à des endroits où la foudre est tombée et où l'électricité à fait exploser les débris et les rocs à mesure qu'elle courait le long de quelque conducteur naturel terrestre. La seule différence est que les ornières de chariots ne sont pas éparpillées au hasard. Est-ce que ces "ornières de chariot" auraient fait partie de quelque système de réseau de conduction d'énergie? Est-ce que certains éléments auraient pu être placés dans le sol par une ancienne civilisation? Quelque chose qui conduisait l'énergie dans leurs habitations comme le font de nos jours les vulgaires poteaux et lignes électriques qui sillonnent nos paysages? Et alors, est-ce qu'à un certain moment la terre aurait été frappée par une telle pointe de courant, en provenance d'une source inconnue, que ces "lignes électriques" auraient fait fondre la roche dans laquelle elles étaient "encâblées"? Peut-être une poussée de courant en provenance de quelque source d'énergie cosmique? Peut-être même la pulsion électromagnétique d'une explosion nucléaire? Peut-être que cela n'a été ni l'un ni l'autre mais simplement un échauffement massif de la surface de la terre tel que l'élément de conduction et sa gaine isolante auraient fondu et été balayés?

Parmi les objets façonnés découverts à Malte, il y a un certain nombre d'extraordinaires représentations de "déesses". Celles-ci sont, sans exception, très corpulentes par rapport aux normes actuelles. Il y a de nombreuses représentations de spirales et autres motifs se rapportant aux "déesses", y compris des vagues aquatiques. Selon les experts, la forme de religion la plus ancienne qui ait été archéologiquement identifiée partout dans le monde, est le culte rendu à la "Mère Divine" par les "chasseurs-cueilleurs".

Pendant très longtemps, l'on a pensé que ces cultures étaient très primitive et limitées, mais à présent on sait que ce n'était pas le cas. Des sites archéologiques nouvellement excavés révèlent des arts et une culture très avancés chez ces "agriculteurs" de la Terre. Un exemple en est la culture japonaise Jomon.

LE CASSE-TÊTE JOMON

Les débuts de la culture Jomon dateraient de l'époque 11.000 à 7.500 ans avant l'ère chrétienne. Elle est décrite comme l'une des cultures de chasseurs-cueilleurs les plus riches ayant jamais existé. Bien que les Japonais n'aient colonisé le Japon que vers le troisième siècle avant l'ère chrétienne, il semble que des êtres humains aient occupé la région dès 30.000 Av. J.C. environ. Pendant les ères glaciaires, le Japon était relié à la péninsule de Corée par une langue de terre. En outre, les quatre principales îles japonaises étaient reliées entre elles, et l'île méridionale de Kyouchou était reliée à la péninsule coréenne, tandis que l'île septentrionale d'Hokkaido était reliée à la Sibérie.

Comme il en va pour tous les peuples avant qu'ils ne découvrent l'écriture, tout ce que nous savons des Jomons provient de fragments d'objets manufacturés et de l'imagination fertile des anthropologues et archéologues. "Jomon" signifie "motif en cordon" ou "marque de corde", car ces peuplades ornaient leurs poteries de motifs en cordon. La poterie est caractéristique des peuplades du Néolithique. Les Jomons, cependant, vivaient au Mésolithique (Age de Pierre Moyen). La ligne anthropologique standard du développement des arts humains stipule que l'art de la poterie s'est développé *après* l'agriculture et est caractéristique d'une culture plus sédentaire. Mais les Jomons sont des chasseurs-cueilleurs qui ont fait de la poterie longtemps avant que l'agriculture soit introduite au Japon. Alors, qui étaient-ils? Tout comme à Malte il nous faut aller sous l'eau pour le savoir.

En 1987 Kihachiro Arataka, un instructeur de plongée en apnée, explorait la côte sud-est de l'île de Yonagouni, la dernière du cordon des îles Ryoukyou dans la mer de Chine Orientale. Ce cordon d'îles dans la Mer de Chine Orientale se courbe à partir du Japon au sud, et vers la Chine à l'ouest. Arataka était à la recherche de sites de plongée intéressants pour ses expéditions touristiques, quand il aperçut une falaise sous-marine qui paraissait être composée d'une série d'immenses terrasses géométriques.

Masaaki Kimoura, un spécialiste en sismologie marine de l'Université des Ryoukyous à Okinawa, entendit parler de ces ruines en 1990 et se rendit sur place pour étudier le site. Pendant les sept années suivantes, Kimoura plongea d'innombrables fois, souvent accompagné de ses étudiants, et a ramené de ses expéditions un portefeuille de dessins, de cartes géographiques et de modèles. Il acquit la conviction que la formation de Yonagouni avait été bâtie par des mains humaines. En prenant pour base des études bien établies sur les soulèvements survenus en Mer de Chine pendant et après la dernière ère glaciaire, le monument de Yonagouni a dû se trouver pour la dernière fois au-dessus du niveau de la mer entre 6.000 et 8.000 ans avant l'ère chrétienne. Cela signifie qu'il pourrait être le fait d'une civilisation précoce inconnue.

Le géologue Dr. Robert Schoch se rendit sur les lieux pour y faire des recherches, plongea à six reprises, et nota plusieurs choses intéressantes à propos du site

> Superficiellement, le monument a l'apparence d'une plate-forme ou d'une partie de pyramide à degrés, quelque chose comme l'ancien Temple du Soleil près de Trujillo au Pérou septentrional. Le sommet du monument se trouve à seize pieds (4m80) de la surface, et le bas à une profondeur approximative de quatre-vingt pieds (24m). Etendu sur plus de 160 pieds (48m) du nord au sud, le monument asymétrique présente des degrés de pierre inégaux, de hauteurs allant d'un pied et demi (45cm) à plusieurs pieds sur sa face méridionale. On dirait un grand escalier qui ne pourrait être gravi que par des géants. Les surfaces sont lisses, comme de la pierre revêtue d'un parement. [...]
>
> En grande partie, la régularité de la surface n'est pas due à un lissage particulier du roc, mais à une épaisse couche régulière d'algues, coraux, éponges, et autres organismes. [...] En certains endroits, j'ai gratté la couche, tant pour pouvoir déterminer la nature de la pierre que pour y chercher des marques d'outils ou d'extraction. Je n'en ai trouvé aucune. Et pour tout dire, je n'ai trouvé aucune évidence confirmant que Yonagouni est fait de blocs de pierre séparés.
>
> Des blocs de pierre gravés, fixés en place, et disposés dans un certain ordre indiqueraient clairement une structure faite de main d'homme. Mais le monument consiste essentiellement en un socle rocheux unique, "vivant", qui est moins bien délimité qu'il n'y paraît au premier coup d'œil. [...] Cependant, Yonagouni pose problème. Si ce monument est le résultat d'un processus naturel, alors ce processus naturel ne ressemble à aucun de ceux que j'ai examinés jusqu'à ce jour. Que peut-il en être?[172]

Le Dr. Schoch s'est trouvé devant un problème intéressant lorsqu'il a examiné la "cité" sous-marine japonaise. Puisque les séquences de niveaux de la mer ont été si bien établies, dire sans équivoque que la structure avait été faite par la main de l'homme aurait été un coup terrible porté à la chronologie de l'Histoire

[172] Schoch, Robert, Ph.D., *The Voices of the Rocks*, 1999, Harmony Books, New York.

humaine actuellement admise. Cela aurait été bien pire que ses affirmations selon lesquelles le Sphinx est plus ancien que les égyptologues ne le prétendent, parce que cette question peut être débattue jusqu"à ce que les poules aient des dents avant que l'on arrive à une conclusion absolue. Mais ici, une déclaration affirmant l'origine humaine de ces structures constituerait une preuve indéniable d'une civilisation ancienne qui aurait construit des monuments avant la montée du niveau de la mer.

J'éprouve une grande sympathie pour la position du Dr. Schoch. Qu'a-t-il déterminé concernant la cité sous-marine? Eh bien, après avoir noté que jamais, au cours de sa carrière de géologue confirmé, il n'avait vu quoi que ce soit qui ressemblât à ces "structures naturelles", il a poursuivi son étude et a trouvé une "tentative de réponse". Il note que:

> Le monument est essentiellement composé de très petits cailloux de grès et d'argilite, du type que nous, géologues, appelons "Groupe du Miocène Inférieur de Yaeyama». Des roches de ce type contiennent de nombreuses couches bien définies de fonds qui permettent d'observer facilement la séparation des plans, et elles sont sillonnées en tous sens par des joints et fractures parallèles les uns aux autres et verticaux par rapport aux plans de stratification. Les pierres de grès du Groupe Yaeyama se trouvent exposées le long des côtes sud-est et nord-est de l'île de Yonagouni, et je m'y suis rendu pour voir quelles étaient actuellement les conditions météorologiques au-dessus de la mer. [...] J'ai acquis la conviction que les structures en terrasse et en degrés du monument sous-marin sont le résultat de processus naturels érodant la pierre, et non d'activités humaines d'un lointain passé.
>
> Le choix entre naturel et artificiel n'est pas aussi simple que cela. L'île de Yonagouni contient un certain nombre de sépultures dont l'âge est incertain, mais elles sont clairement très anciennes. *Curieusement, l'architecture de ces tombeaux est très semblable à celle du monument.* Il est possible que des humains aient imité le monument lorsqu'ils ont édifié les tombeaux, et il est également possible que le monument lui-même ait été modifié par des mains humaines. [...] Il est possible aussi que le monument ait été utilisé comme une carrière de pierres dont les blocs ont été extraits en suivant la stratification naturelle, les joints et les plans de fracture de la roche, et déménagés pour bâtir des édifices aujourd'hui disparus. [...][173]

---

[173] Ibid.

Donc, le Dr. Schoch a décidé que, même si la structure sous-marine peut être expliquée par des forces naturelles, il laisse la porte ouverte à une ancienne civilisation qui aurait vécu sur l'île de Yonagouni il y a plus de 10.000 ans.

Pour approcher le problème sous un autre angle, nous découvrons qu'il y a environ 10.000 ans, un groupe de gens vivaient dans la région nord du Japon, et qu'ils étaient ethniquement différents du reste de la population japonaise. Ils étaient nommés "Ainou", ce qui signifie "être humain" ou *mâle* dans leur langue. Ce mot est remarquablement semblable aux noms "Manou" et "Anou," que nous rencontrerons plus loin. On suppose généralement que les Ainous sont les descendants d'un ancien peuple désigné sous le nom de *Emichi* dans les fameuses chroniques japonaises intitulées "*Kojiki*" et "*Nihon-syoki*. De nos jours, le terme "Ainou" désigne les indigènes de l'île de Hokkaido, l'île la plus au nord du Japon, population unique et intégrée, composée des descendants des Ainous d'il y a dix mille ans.

Le style de vie traditionnel des Ainous comporte la chasse, la pêche et les rassemblements. Les croyances religieuses des Ainous sont centrées sur l'existence d'un autre monde d'essence spirituelle, soumis aux mêmes forces que celles qui contrôlent le monde visible. Ce peuple rend des cultes à des dieux animaux, *spécialement à l'ours*, avec des chants et danses rituels.

Même la langue ainoue est inhabituelle dans son environnement asiatique. Bien qu'ils n'aient disposé d'aucun système d'écriture, ils ont créé une riche tradition orale de récits et poèmes exprimés en prose et en vers. Nous pensons immédiatement aux cultes de l'ours en Europe, et aux crânes d'ours trouvés dans des cavernes en France, et qui sont vieux de dizaines de milliers d'années.

Les Ainous constituent un problème morphologique. Les caractéristiques qui les différencient des Asiatiques sont leur pilosité et la "forme" de leurs chevelures. L'explication est qu'il y a une forte accumulation d'éléments génétiques caucasoïdes chez les Ainous. Certains experts considèrent qu'ils ont des liens avec les aborigènes d'Australie ; d'autres pensent qu'ils sont un groupe entièrement indépendant.

Alors, comment devons-nous relier cette "archéologie" d'une culture "pré-écriture" aux traces proches d'une civilisation précédente, bien plus avancée que les Jomons? Je pense qu'il est important de noter les dates. C'est comme si les Jomons étaient les survivants d'un cataclysme. Il se peut que l'infrastructure de leur société ait été détruite en même temps que de nombreux objets façonnés qui auraient pu être découverts de nos jours par des archéologues; et ils ont pu recommencer tout à zéro sur une planète nettoyée et balayée en profondeur, à l'exception des structures de pierre, qui elles ont survécu au maelström.

EVIDENCES GLOBALES DE HAUTES CIVILISATIONS PRÉHISTORIQUES

Sans cesse nous retrouvons ces étranges indices qui indiquent une ancienne civilisation ayant existé il y a plus de 10.000 ans. La controverse a fait rage à ce sujet pendant des générations, entre pro-Atlantes et anti-Atlantes. Il semble y avoir suffisamment de vestiges archéologiques pour justifier une étude scientifique basée sur une telle hypothèse. L'archéologie et l'ethnologie étant des sciences d'observation et non des sciences expérimentales, leurs structures reposent entièrement sur l'étude de vestiges. Et lorsque nous examinons de près l'éventail des découvertes qui ont été faites dans ces domaines, nous découvrons des petits morceaux de cultures d'une ancienneté qui dépasse l'imagination. Le fait que la science uniformitaire supporte très mal l'idée d'une destruction cataclysmique handicape les archéologues, et en fin de compte les rend tous ridicules.

Sans l'algorithme de cataclysmes cycliques, les archéologues ne peuvent comprendre parfaitement ce qu'ils observent, et ne peuvent expliquer les anomalies ici et là, et l'absence d'autres signes qui devraient se trouver ici ou là (si l'on suppose une haute antiquité de civilisation non interrompue par des cataclysmes).

La réalité paraît être que ce qui continue à exister en termes de vestiges archéologiques d'il y a 7.000 ans ou davantage, a été exposé à des cataclysmes géologiques et cosmiques d'une violence impossible à se représenter et bien peu de reliques importantes subsistent pour faciliter le déchiffrage. Ces quelques vestiges sont cependant rejetés par les archéologues comme "*anomalies*" de l'archéologie et de l'ethnologie, et leur existence même est dissimulée ou niée pour éviter à tout prix de faire effondrer le château de cartes si laborieusement construit par ces sciences.

Néanmoins, nous nous rendons compte que partout sur le globe, à quelques exceptions près, ces études s'arrêtent quasi complètement aux alentours de 7.000 à 10.000 ans Av. J.C. Là elles butent sur ce que les mathématiciens nomment une "solution de continuité". Immédiatement après cette solution de continuité, tous les points importants des civilisations anciennes que les archéologues acceptent comme valables font une apparition soudaine, sans aucune indication d'un développement graduel ou uniforme. Qui plus est, il semble bien que ces développements soient les vestiges dégénérés de choses perdues dans les brumes de l'antiquité.

Des bibliothèques entières de livres ont été écrits pour démontrer cette antiquité de l'homme et de ses civilisations; mais elle n'est toujours pas acceptée, même dans le principe, par aucune branche des sciences. La police de la pensée scientifique s'oppose à l'idée de tout type de changement, dans la structure de la Terre, qui serait dû à un cataclysme, et cette police est prête à tout pour éviter d'être confrontée à l'évidence. Et cependant, comme nous allons le voir, la science se voile la face quand elle est obligée de contempler les origines du développement intellectuel de l'homme.

DES VOLS AU-DESSUS DE LA TERRE DANS L'ANTIQUITÉ?

Existe-t-il des preuves "sérieuses" de cette haute civilisation ancienne et mondiale? Je ne veux pas passer trop de temps à les parcourir toutes et à tenter de répéter les efforts considérables d'autres auteurs. Mais, pour survoler le sujet, l'une des preuves les plus indubitables est contenue dans le livre de Charles Hapgood: *Maps of the Ancient Sea Kings*[174]. Hapgood, professeur d'anthropologie, a inséré dans son livre une lettre des plus intéressantes, en provenance d'un groupe de cartographes de la U.S. Air Force. A ma connaissance, les déclarations contenues dans cette lettre n'ont jamais suscité aucune contestation. En fait, la lettre elle-même ne mérite pas grande attention, bien que Hapgood y soit qualifié d'excentrique à plusieurs reprises. Cette lettre se réfère à une série d'analyses hautement techniques de plusieurs cartes géographiques (ou portulans) soumises par le Dr. Hapgood aux cartographes. Après avoir terminé leur étude, ils écrivent:

> Ce n'est pas souvent que nous avons l'occasion d'analyser des cartes d'origine ancienne. Les cartes de Piri Reis (1.513 de l'ère chrétienne) et d'Oronteus Fineaus [sic] (1.531 de l'ère chrétienne) que vous nous avez envoyées ont représenté pour nous un défi délicieux, car il n'était pas concevable, au premier abord, qu'elles puissent être si précises sans être des faux. C'est avec un enthousiasme croissant que nous avons relevé ce défi et nous avons passé de nombreuses heures en dehors de notre temps normal de travail, à évaluer votre manuscrit et lesdites cartes. Je suis certain que vous serez ravi d'apprendre que nous avons conclu que les deux cartes ont été compilées à partir de cartes-

[174] Cartes des anciens Rois des Mers *(NdT)*

sources originales précises, sans tenir compte des dates. Vous trouverez ci-dessous un bref résumé de nos conclusions:

La solution de la projection de portulan utilisée par l'Amiral Piri Reis, développée par votre classe d'anthropologie, doit être très proche de la vérité, car lorsque nous vérifions des lieux géographiques connus par rapport à la grille établie par Mr. Richard W. Strachan (MIT), il y a une remarquable correspondance. L'utilisation par Piri Reis de la projection de portulan (centrée sur Syène, en Egypte) est un choix excellent, car il s'agit d'une surface développable qui permet de conserver la taille relative et la forme de la Terre à cette latitude. A notre avis, ceux qui ont compilé la carte originale avaient une excellente connaissance des continents dessinés sur cette carte.

Ainsi que vous l'a écrit le Colonel Harold Z. Ohlmeyer dans sa lettre (6 juillet 1960), La côte Princesse Martha du Pays de la Reine Maud, dans l'Antarctique, paraît réellement être représentée dans la section sud de la carte de Piri Reis. La correspondance de la carte de Piri Reis avec le profil sismique de cette région établi par l'expédition norvégienne-britannique – suédoise de 1949, confirmée par votre solution de la grille, permet de conclure au-delà du doute, que les cartes-sources originales doivent avoir été établies avant que la calotte glaciaire qui recouvre actuellement les côtes du Pays de la Reine Maud ne fasse son apparition..

Nous pensons que la précision des éléments cartographiques qui apparaissent sur la carte Oronteus Fineaus [sic] (an 1.530 de l'ère chrétienne) suggère, sans l'ombre d'un doute qu'elle a également été compilée à partir de cartes-sources précises de l'Antarctique, mais, dans ce cas-ci, du continent tout entier. Un examen approfondi a prouvé que les cartes-sources originales doivent avoir été compilées à une époque où la terre ferme et les cours d'eau intérieurs du continent étaient relativement libres de glaces. Cette conclusion est en outre confirmée par une comparaison de la carte Oronteus Finneaus [sic] avec les résultats obtenus par les équipes de l'Année Géophysique Internationale dans leurs mesures de la topographie subglaciale. La comparaison suggère également que les cartes-sources originales (compilées dans une lointaine antiquité) ont été établies alors que l'Antarctique devait être libre de glaces. La projection cordiforme utilisée pour la carte d'Oronteus Fineaus [sic] suggère l'utilisation de mathématiques avancées. En outre, la forme donnée au continent antarctique suggère la possibilité, sinon la probabilité, que les cartes-sources originales ont été compilées d'après un type de projection stéréographique ou gnomonique (y compris l'utilisation de la trigonométrie sphérique).

Nous sommes convaincus que les conclusions auxquelles sont arrivés vous-même et vos associés sont valables, et qu'elles posent des questions extrêmement importantes dans les domaines de la géologie et de l'Histoire ancienne, questions qui demandent certes de plus profondes investigations.

Nous vous remercions de nous avoir donné l'opportunité de participer à l'étude de ces cartes. Les officiers et aviateurs suivants ont volontiers donné de leur temps pour participer à cette étude: Captain Lorenzo W.Burroughs, Captain Richard E. Covault, CWO Howard D.Minor, MSgt Clifton M.Dover, MSgt David C.Carter, TSgt James H.Hood, SSgt James L.Carroll, et AIC Don R.Vance."

Lorenzo W.Burroughs, Capitaine,

Chef de la section cartographique de la USAF
8th Reconnaissance Technical Sqdn

(SAC)Westover, Mass.[175]

La calotte glaciaire qui recouvre l'Antarctique est supposée être vieille de plusieurs millions d'années. Qui donc aurait pu dresser une carte de l'Antarctique quand il n'était pas recouvert par la glace, et quand?

Charles Hapgood avait entendu parler de ces cartes à un moment précis de sa vie : alors qu'il étudiait les ères glaciaires. Une copie d'une carte ancienne avait été retrouvée au palais du Topkapi à Istamboul en 1929, et un officier de la marine turque en avait remis une copie au US Navy Hydrographic Office. Elle fut étudiée par des spécialistes, qui notèrent que cette carte représentait l'Antarctique avant qu'il soit recouvert de glace. Mais cette carte, peinte sur parchemin, datait de 1513, c'est-à-dire plus de 300 avant la "découverte officielle" de l'Antarctique. Des échantillons de glace extraits par les membres de l'expédition Byrd en Antarctique montrèrent que la dernière période chaude en Antarctique s'était terminée aux alentours de 4.000 Av. J.C. Elle avait débuté environ 9.000 ans auparavant. La seule conclusion possible était que quelqu'un avait dressé une carte de l'Antarctique 6.000 ans au moins, auparavant. Hapgood découvrit qu'il existait encore d'autres cartes anciennes: des portulans, et que certains de ces portulans indiquaient que le dessinateur avait dû disposer d'une vue aérienne de ce qu'il était en train de dessiner! Hapgood écrit:

L'évidence présentée par les anciennes cartes paraît suggérer l'existence, en des temps reculés, avant l'apparition d'aucune

[175] Hapgood, Charles, *Maps of the Ancient Sea Kings,* Turnstone Press London 1979.

> culture connue, d'une authentique civilisation, très avancée, qui ou bien était localisée en un certain endroit mais faisait du commerce dans le monde entier, ou bien était littéralement une culture mondiale. Cette culture, du moins à certains égards, était plus avancée que les civilisations de Grèce et de Rome. En géodésie, sciences nautiques et cartographie, elle était plus avancée que n'importe quelle autre culture connue avant le XVIIIe siècle de l'ère chrétienne. C'est au XVIIIe siècle seulement, que nous avons développé un moyen pratique de trouver les longitudes. C'est au XVIIIe siècle, que nous sommes parvenus à mesurer avec précision la circonférence de la Terre. Ce n'est qu'au XIXe siècle que nous avons commencé à envoyer des navires d'exploration vers les mers Arctique et Antarctique, et c'est à cette époque seulement que nous avons commencé à explorer les fonds de l'Atlantique. Ces cartes indiquent qu'un ancien peuple faisait toutes ces choses. […]
>
> Dans ma jeunesse, j'avais une foi toute simple dans le progrès. Il me semblait impossible que lorsque l'homme avait franchi une étape de progrès d'une certaine manière, il puisse rebrousser chemin par la suite. Lorsque le téléphone a été inventé, il devait rester inventé. Si d'anciennes civilisations avaient disparu, c'était uniquement parce qu'elles n'avaient pas appris le secret du progrès. Mais la Science signifiait progrès permanent, sans possibilité de retour.[…] S.R.K. Glanville écrit dans *The Legacy of Egypt*: "Il se pourrait, comme le soupçonnent certains, que la science que nous voyons comme l'aube de l'Histoire connue, n'était pas du tout de la science à ses débuts mais des vestiges de la science d'une grande civilisation disparue sans laisser de traces."[176]

Grâce à une série d'analyses, Hapgood et d'autres sont arrivés à la conclusion qu'il y avait eu une ancienne civilisation dont le centre ou la base, était l'Antarctique même.[177] Et il s'est avéré grâce à d'autres indices, qu'il s'agissait d'une société globale tout comme l'est la nôtre. Le moins que l'on puisse dire, c'est que cette idée ne fut pas bien accueillie par les partisans d'une évolution progressive.

Le Dr. Hapgood n'a jamais utilisé le terme d' "Atlantide" dans son livre. Il connaissait la valeur de sa réputation universitaire, et savait qu'il ne pouvait pas franchir ce seuil. Mais cela n'a pas été un problème pour Erich von Däniken.

Dans son livre, *Les chariots des dieux*, paru en 1967, Von Däniken émet l'hypothèse que les anciens portulans, ajoutés à

[176] Ibid.

[177] Rand and Rose Flem-Ath, *When the Sky Fell*, 1995, St. Martins, Canada

d'autres anomalies, suggèrent la présence et l'influence de "dieux" extraterrestres en des temps reculés.

Je trouve qu'il s'agit là d'une étrange sorte de "limitation des dégâts" qui s'efforce de soutenir l'hypothèse évolutionniste, puisqu'elle suggère avec force que l'humanité a été incapable de créer par elle-même une civilisation avancée.

Les portulans étudiés par Charles Hapgood démontrent qu'il y a eu très anciennement, des cultures ou civilisations qui auraient été capables et ont pu mettre au point des moyens de voler. L'existence des grandes structures mégalithiques suggère en outre que ces moyens de voler pourraient bien avoir été beaucoup plus simples et efficaces que les nôtres, et plus directement associés à des forces que nous ne sommes pas encore à même de comprendre.

Oui, ce sont des témoignages indirects, et ils ne sont pas toujours d'une grande clarté. Cependant, pour étayer la thèse d'une telle antiquité, nous observons qu'il existe en Amérique du Sud, des sculptures dans des montagnes rocheuses, et elles datent certainement d'avant l'apparition des glaciers andins, et presque certainement d'avant la formation des montagnes elles-mêmes. Ces oeuvres sont supérieures, techniquement parlant, à tout ce qui peut être produit de nos jours par notre civilisation mécanisée. Il semble évident que les travaux de construction, sculpture, creusement de tunnels de nos ancêtres n'ont pu être accomplis que grâce à des forces différentes de celles que nous utilisons de nos jours. Le problème peut être résolu si nous admettons une force de lévitation mise au point et utilisée par le même commun dénominateur: les vols spatiaux, ce qui résout de nombreuses autres énigmes. Et il semble que c'est cela même que les mythes de l'antiquité nous disent, y compris la légende du Sacré Graal.

En nous basant sur les évidences d'une antiquité d'il y a 50.000 à 200.000 ou 300.000 ans, ou même davantage, nous postulons le développement, à ces époques, d'une science qui a pu soit connaître les vols spatiaux, soit qui a été amenée sur cette troisième planète depuis le Soleil, par l'intermédiaire de vols spatiaux. Dans les deux cas, il est très important d'envisager ces sujets en se posant les questions comment? pourquoi? et qui?.

La plupart des livres qui traitent de ces sujets les approchent à partir de l'une ou l'autre de ces suppositions, mais sans se préoccuper de ce qui pourrait se trouver derrière tout cela à la lumière des observations de notre époque. Pour nous, ce qui est le plus parlant, c'est que peu importe le point de vue adopté: tous sont exécrés par la science et par la plupart des religions.

En fin de compte, rien, si ce n'est l'existence d'une civilisation extrêmement ancienne, ne peut répondre à toutes les questions que soulèvent les faits observés et enregistrés. Et c'est ce qui nous a fait nous demander quelle est l'origine de nos croyances, quelle est la source du dénigrement et du rejet de ce qui est observable, au bénéfice d'un système imposé de croyances? Nous y reviendrons bientôt.

L'ENIGME DE NÉANDERTHAL

Pour en revenir à l'idée que la Terre a pu être très différente en ce qui concerne l'environnement cosmique, environnement qui a permis aux dinosaures de vivre et prospérer, nous pouvons nous demander si d'autres "environnements différents" ont pu exister en d'autres temps, et en particulier par rapport à l'homme lui-même. Un exemple qui pourrait se rapporter à cette idée est la disparition extraordinairement étrange de l'homme de Néanderthal.

En fait, la disparition de tout un groupe distinct d'êtres de type humain à un moment aussi *récent,* relativement, de l'Histoire, est effrayante. Rendez-vous compte: les hommes de Néanderthal se sont trouvés partout dans les pays glacés d'Europe et de l'Asie occidentale pendant plus de 150.000 ans. Ils étaient extrêmement forts, et manifestement intelligents. Qu'est-ce qui a été de travers? Certains disent qu'au moment où l'homme de Néanderthal jouait les filles de l'air, paf! l' *homo sapiens sapiens* (c'est nous ça), est arrivé, juste à temps pour le dîner. Est-ce qu'il y aurait un rapport entre ce qui a "mal" tourné pour l'homme de Néanderthal et "bien" pour l'homme moderne? Cette question rend fous un tas de paléontologues.

Allan Wilson et Vincent Sarich de l'Université de Berkeley en Californie, ont entrepris de déterminer la date des origines humaines au moyen d'analyses d'ADN. Ils ont étudié les protéines, car ils savaient que celles-ci évoluent en accumulant les mutations. Ils savaient aussi que chez certaines espèces, les protéines diffèrent légèrement les unes des autres à cause des mutations qui surviennent après qu'une espèce se soit séparée de "l'ancêtre commun". Les différences entre protéines peuvent être quantifiées.

Tout cela n'a pas été trop mis en question, jusqu'à ce que Wilson et Sarich annoncent que les mutations se produisent au fil de millénaires, à un *rythme constant,* comme le tic-tac d'une horloge moléculaire. Si cela s'avérait, cela devait signifier que les différences d'une protéine donnée dans deux espèces, indiqueraient, non seulement leur lien de parenté, mais également *combien de temps s'est écoulé depuis leur séparation d'avec un ancêtre commun.* Wilson et Sarich devaient donc analyser certaines protéines et nous dire ensuite jusqu'à quand nous étions restés des singes. Tout le monde retenait son souffle, dans l'attente de la réponse.

Les analyses de protéines, exécutées par Wilson et Sarich suggérèrent que l'ancêtre commun des singes et des humaines vivait il y a *seulement* cinq millions d'années. Pour plus de sécurité, ils ont admis jusqu'à huit millions d'années. "*Pour le dire aussi clairement que possible*," écrit Sarich, "*nous n'avons plus l'option de considérer un spécimen fossile plus vieux qu'environ huit millions d'années, comme une hominidé, quelle que soit son apparence*".

L'idée qu'il y aurait eu ou non un lien génétique entre Cro-Magnon et Néanderthal a suscité de nombreux débats enflammés. Une équipe composée de chercheurs américains et allemands a extrait de l'ADN mitochondrial d'un os de Néanderthalien, et l'analyse a montré que la séquence de l'ADN de l'homme de Néanderthal présente des variantes qui n'apparaissent pas chez l'homme moderne.

Ces chercheurs ont comparé la séquence néanderthalienne avec 2.051 séquences humaines et 59 séquences de chimpanzés communs. Ils ont découvert que les différences dans l'ADN néanderthalien se trouvaient à des endroits où il y a généralement des différences tant chez les humains que chez les chimpanzés. Autrement dit, les Néanderthaliens étaient simplement une espèce différente.

Et lorsque ces chercheurs ont examiné la séquence néanderthalienne par rapport aux 994 lignées d'ADN mitochondrial humain comprenant des Africains, Européens, Asiatiques, Natifs américains, Australiens et Natifs d'îles du Pacifique, ils ont trouvé que la différence entre le nombre de paires de base dans la séquence néanderthalienne et dans celle de ces groupes était de 27 ou 28 *dans tous les groupes*.

Il y a eu un débat long et intéressant à propos de découvertes liées au Néanderthal, dans une caverne en Israël, et que certains scientifiques voulaient utiliser pour prouver que c'était dans cette région que l'homme de Néanderthal avait acquis la forme anatomique de l'homme moderne.

Le lecteur que cela intéresse peut consulter *The Neanderthal Enigma* de James Shreeve. Il y trouvera un compte-rendu de cette idée au coup par coup, et comment elle a été démolie. Pour gagner du temps, je dirai qu'en fin de compte tout cela n'a été qu'un autre vœu pieux darwiniste[178].

Naturellement, puisque l'idée que l'homme de Néanderthal n'est pas le précurseur de l'homme moderne était devenue plutôt caduque (cette phrase semble faire contresens avec la suivante. Peut-être plutôt : « puisque l'idée que l'homme de Néanderthal comme précurseur de l'homme moderne était devenue plutôt caduque »), cela signifiait que l'homme moderne avait évolué en suivant une autre lignée. Cela ouvrit la porte à la reconnaissance de certains faits qui avaient été rejetés lors de débats antérieurs quand l'hypothèse Néanderthal_ienne était encore viable, mais qui maintenant permettaient de sortir raisonnablement du dilemme.

Soudain, l'on acceptait des fossiles d'humains modernes très anciens, même s'ils dataient d'avant la disparition de l'homme de NéanderthaLien.

Le problème est que cette légère indication qu'il existe une controverse n'est que le bout visible d'un fil qui va très profond. Et quand on le saisit, Bon Sang! Il mène tellement profond qu'il faudrait porter des cuissardes de protection!

Il y a quelques années a paru un ouvrage très intéressant: "*Forbidden Archeology*". Les auteurs, Michael Cremo et Richard L. Thompson furent assaillis par les critiques scientifiques tenants de la science classique, pour leurs idées "absurdes" et leurs suppositions ridicules. Et ce qui leur fut le plus reproché c'est que, comme ils n'étaient pas des "experts" et n'étaient donc pas à même de comprendre les données qu'ils avaient rassemblées, leurs idées ne valaient rien. Je regrette de devoir dire que j'ai postposé (plutôt « différé » ou « repoussé ») pendant longtemps la lecture de ce livre à cause des commentaires négatifs dont il avait fait l'objet. Cependant, quand je me suis décidée à tirer sur le bout du fil, un élément perturbant après l'autre a fait son apparition et je me suis alors décidée à commander cet ouvrage et me suis mise à le lire avec scepticisme. Qu'il fût bien écrit n'a pas suffi à faire disparaître mon scepticisme. Qu'il contînt des centaines de références à des articles scientifiques ne me persuada nullement que les auteurs avaient tiré des conclusions correctes de ces articles.

Alors j'ai entrepris de lire moi-même tous ces articles. Et j'ai fini par changer complètement l'opinion que j'avais de Cremo et

[178] De nouvelles données pourraient bien changer cela. S'il peut être démontré que l'homme de Néanderthal a évolué vers l'homme moderne, ou du moins qu'il a pu être une des sources de l'homme moderne, de nouvelles possibilités étonnantes s'ouvriraient alors quant à sa position par rapport à ce que nous avons nommé des portails organiques.

Thompson. Un grand nombre des articles scientifiques qu'ils avaient cités étaient écrits assez simplement pour que le commun des mortels puisse les comprendre. En outre, le fait qu'ils avaient été "enterrés", marginalisés, ignorés, descendus en flammes et oubliés, en disait long sur les experts qui les ont "exécutés" et qui en ont ensuite adopté un jargon pour masquer leur manque de compréhension d'auteurs qui voient eux clairement qu'il y a de sérieuses difficultés à réconcilier les faits observables et empiriques avec les "théories acceptées". Lorsque le lecteur aura terminé la lecture de ce livre, il sera complètement dégoûté par les mensonges flagrants et absolus, et les élucubrations de certains des membres les plus influents de la communauté scientifique classique —ce que j'en suis venue à nommer la Police de la Pensée Scientifique. Lorsque des masses de gens en viennent à réaliser que les structures au pouvoir, à une période donnée, créent des institutions d'éducation qui répandent des mensonges et des contre-vérités pour soutenir la structure politique, et que la majorité de la communauté scientifique ne fait que "suivre l'argent" du complexe militaro-industriel, je tremble pour ceux qui ont choisi les confortables mensonges plutôt que la vérité.

À nouveau, nous nous retrouvons devant la question de savoir qui ou quelle idéologie «contrôle» notre monde de telle manière que la science peut être et est manipulée afin de soutenir des ambitions politiques. Et quelles sont ces ambitions? Nous allons y revenir.

CE QU'ONT À DIRE LES PIERRES D'ICA

Récemment, ce que l'on a nommé "pierres d'Ica" sont devenues l'objet de discussions acharnées. Ces pierres avaient attiré l'attention de la communauté scientifique en 1966, lorsqu'un certain Dr. Javier Cabrera, un médecin péruvien, avait reçu d'un pauvre indigène, en cadeau d'anniversaire, une petite roche gravée. La gravure parut ancienne au Dr. Cabrera, qui, intrigué, pensa y découvrir la représentation d'un poisson primitif. Rapidement, les autochtones lui apportèrent de nombreuses autres de ces roches ramassées sur les rives d'un fleuve. Il eut bientôt une collection de plus de 15.000 de ces roches gravées, et nombre d'entre elles dépeignaient des scènes impossibles qui représentaient des dinosaures tels des triceratops, stégosaures, apatosaures, et des figures humaines chevauchant des ptérodactyles en plein vol! En outre, certaines de ces scènes représentaient des hommes chassant et tuant des dinosaures! D'autres montraient des hommes scrutant les cieux à travers ce qui semblait être des télescopes, exécutant une

Se vrai TAO. p 103 § 65

opération à coeur ouvert, procédant à des délivrances par césarienne, et il y avait même, sur quelque unes, de la sérieuse pornographie.

Seigneur! Comment cela serait-il possible? On nous a déjà dit que l'homme moderne n'a que deux millions d'années et que les dinosaures doivent avoir disparu il y a environ 65 millions d'années.

Sophia Melewska, une géomorphologue, fut dépêchée sur les lieux pour étudier les roches, résumer leur contenu et commenter leur authenticité. Après avoir étudié la collection des pierres d'Ica, Melewska déclara qu'elle se trouvait "en état de choc intellectuel". Melewska fait à présent partie des scientifiques qui tentent, avec bien peu de succès, d'attirer l'attention de la recherche professionnelle sur ce mystère.

Une partie du problème est la nature des objets gravés eux-mêmes. A l'inverse de figurines d'argile qui contiennent des éléments organiques (de la paille, par exemple), il n'y a aucun élément organique permettant de dater de simples roches anciennes. La surface de ces roches est recouverte d'un vernis produit au fil des millénaires par des bactéries et des micro-organismes. Un vernis ou une patine de ce genre met des milliers d'années à modifier la couleur et à recouvrir chaque pierre. La gravure des pierres a ôté le vernis existant, pour révéler de la roche plus claire au-dessous. Puisque ces roches ont accumulé semblable vernis dans les rainures de la gravure, cela prouve qu'elles ont été gravées il y a très, très longtemps.

La BBC envoya une équipe faire une enquête, et Neil Steede devait examiner les pierres. Steede étudia le vernis qui recouvrait les pierres, mais fut incapable de les dater. Quand il n'est pas possible de recourir à la datation radiométrique, la strate dans laquelle un objet est enfoui peut souvent donner un indice à ce sujet. Mais ici, les pierres avaient été exposées par érosion accidentelle, et le lieu originel de leur provenance n'était pas connu.

Ecoutant des rumeurs, Steede se rendit dans un village voisin où il rencontra un fermier local qui était en train de graver des pierres semblables pour les touristes. Les bruits répandus autour de la collection du Dr. Cabrera avaient amené des touristes dans la région, qui recherchaient ce qu'on leur assurait être des pierres "authentiques". Steede découvrit que l'artiste imitait le style des pierres d'Ica, mais que sa technique n'était pas aussi bonne. En outre, il n'y avait pas le fameux vernis dans les rainures de ses gravures.

C'est ici que la Police de la Pensée Scientifique entra en action, du moins il le semble. Elle démontra que ces reproductions étaient les preuves d'une supercherie, et refusa toute étude sérieuse de la collection originale, qui est toujours entre les mains du Dr. Cabrera.

Juste pour montrer où ils voulaient en venir et pour mettre fin à la controverse, après la diffusion du documentaire sur les chaînes de la BBC, le fermier qui avait vendu de nombreuses de ces pierres au Dr. Cabrera, et qui avait été vu en train d'en graver lui-même, fut arrêté et interrogé. Il fut forcé d'admettre qu'il avait gravé TOUTES les pierres lui-même pour les vendre à des touristes! C'est ainsi que fut mis fin à la "supercherie".

Mais nous avons découvert que, selon la législation péruvienne, si les pierres étaient authentiques elles appartenaient au gouvernement. Et si le fermier avait été surpris en train de vendre à quiconque la propriété du gouvernement, il devait être mis en prison. S'il admettait qu'il avait monté une supercherie, le fermier était laissé en liberté. Et plutôt que de tenter de déterminer scientifiquement si les pierres étaient authentiques ou non, les autorités considérèrent qu'elles s'étaient bien tirées d'affaire dans ces circonstances épineuses, et le fermier fut relâché.

Le journaliste allemand Andreas Fischer rendit visite au fermier, qui insista sur le fait qu'il avait admis qu'il avait monté une supercherie, uniquement pour éviter la prison.

En ce qui concerne les pierres d'Ica, nous avons trois possibilités: soit une civilisation humaine a existé pendant l'ère des dinosaures; soit des dinosaures ont survécu et coexisté avec des hommes; soit les pierres sont une supercherie sophistiquée. Au vu de toutes les autres preuves que la Police de la Pensée Scientifique est à l'affût, je vote contre le numéro trois, mais je ne peux me prononcer avec certitude sur aucune des deux solutions restantes. Je pense plutôt que des Boucles Temporelles sont la meilleure explication.

ENCORE DES OBJETS MANUFACTURÉS

De temps en temps, un objet manufacturé "anormal" fait son apparition. Un petit objet en particulier, m'a toujours fascinée. Il semble qu'en 1851, au cours de travaux miniers à Dorchester dans le Massachusetts, une explosion a fait jaillir de sa gangue rocheuse, un récipient en forme de cloche. Il était fait d'un métal inconnu et orné d'incrustations florales en argent[179]. Cet objet n'est que l'une

[179] *Scientific American*, 7:298, June 5, 1852

des très, très nombreuses anomalies que je pourrais nommer ou mentionner, et qui suggèrent très clairement qu'il y a eu, dans l'antiquité, une civilisation de grand talent.

Lorsque nous considérons les antiques éléments de preuves archéologiques, dont la plupart consistent en fragments et morceaux de squelettes ou outils de pierre, il nous est difficile de nous faire à l'idée d'une antique civilisation avancée qui aurait couvert le monde entier. Cependant, il y a là quelque chose que nous devons prendre en considération avant de rejeter cette idée.

D'abord, nous devons réaliser que notre propre "Histoire" ne couvre que cinq mille ans. Lorsque nous parlons de la possible existence de l'homme sur Terre depuis littéralement des millions d'années, de très nombreuses civilisations peuvent avoir existé et disparu en ne laissant derrière elles que des vestiges fragmentaires. Si le lecteur veut bien consulter les livres qui montrent des illustrations des anciennes structures dont nous connaissons l'histoire, et réfléchir pendant un moment à ce qui pourrait rester de notre propre civilisation après une période de dix mille années, il réalisera que, même dans les meilleures conditions, il resterait bien peu de choses reconnaissables en matière d'ouvrages exécutés par des hommes.

J'ai essayé d'imaginer à quoi pourraient ressembler les structures de notre civilisation après des centaines ou des milliers d'années d'abandon. J'ai dû admettre que nous n'avons pas créé un environnement très substantiel. Les perspectives de laisser aux futurs archéologues des ruines élégantes sont bien minces! Et supposer que des sociétés qui ont laissé des centres métropolitains sophistiqués disposaient de technologies primitives, et arriérées par rapport aux nôtres, paraît bien être de la dernière vanité et absurdité.

En fait, dans ces contextes, le métal est le moins substantiel de tous les éléments. De nombreux sites utilisés comme cimetières ont été fouillés après seulement quelques centaines d'années, et à part les objets faits en métaux précieux, tous les objets métalliques sont tout simplement tombés en poussière. Il en résulte donc que ce qui est préservé le plus longtemps ce sont les objets en pierre. Dès lors, ce n'est pas parce que nous ne trouvons que des objets en pierre qu'une technologie des métaux n'existait pas. En fait, il y a, partout sur la planète, des signes d'extraction minière de métaux, et ils sont si anciens qu'ils se perdent dans les brumes du temps.

En outre, au cours de périodes entre deux civilisations, pendant lesquelles nous pouvons supposer que l'homme a été obligé de se contenter de n'importe quels outils pour survivre, il y a toujours eu de la pierre, et elle vient toujours à point, et elle "fonctionne" toujours. Donc, les diverses civilisations dont les seuls témoignages retrouvés sont des outils primitifs en pierre ne contredisent en rien l'idée qu'il y a eu à d'autres périodes, des hautes civilisations.

Mais il nous faut aussi tenir compte d'autre chose en ce qui concerne la survie d'objets manufacturés: les cataclysmes. Les signes qui nous montrent que des cataclysmes à l'échelle mondiale se sont produits à maintes reprises, nous font comprendre qu'il est très probable que pendant de tels événements les forces terrestres elles-mêmes se chargent d'écraser, pulvériser et enterrer les ouvrages des hommes si complètement, que si nous en retrouvons quelques traces cela tient pratiquement du miracle. On pourrait dire dans un tel cas que ces objets manufacturés ont eu une "durée de conservation" très courte!

Il est généralement admis que l'agriculture s'est développée en premier lieu dans le "Croissant Fertile" au Moyen Orient. En fait, l'archéologie admet cette idée. Il est également généralement admis que le nomadisme pastoral a vu le jour dans les steppes d'Asie Centrale. L'archéologie accepte cette idée-là également. Mais l'archéologie de ces deux avènements ne remonte que jusqu'à une période relativement récente, ce qui pose problème lorsqu'on envisage l'hypothèse du langage nostratique. Autrement dit, si une civilisation avancée a existé dans un passé lointain, c'est des survivants de cette civilisation qu'est issu le paradigme des pasteurs et agriculteurs de notre monde actuel.

Il y a environ 35.000 ans, au moment même où l'homo *sapiens sapiens* (Cro-Magnon) est supposé avoir fait son apparition sur la scène de l'Histoire, en même temps que disparaissait mystérieusement l'homme de Néanderthal, il y a eu *une explosion d'art figuratif.* C'est comme si la naissance de cette culture était fondamentalement la continuation de la pensée paléolithique. On distingue, parmi ces créations premières et artistiques, diverses représentations de la déesse de la fertilité, ainsi que des sculptures et peintures pariétales représentant des animaux et des scènes de chasse d'un contenu plus chamanique. La cohérence et la beauté méticuleuse de ces figurines vont de pair avec le culte du principe féminin générateur de la perpétuation de la vie.

Les explications classiques de ces événements nous disent que, tandis que les hommes primitifs étaient des chasseurs errants qui devaient se consacrer à des méditations chamaniques silencieuses, les femmes ramassaient et reconnaissaient une grande variété de plantes, parlaient et "voisinaient" mettant ainsi en place les compétences nécessaires à la naissance d'une civilisation.

Les mythes de diverses cultures tribales font allusion à une époque où les femmes exerçaient en effet cette influence fondamentale. Les "Vénus" de Dolni Vestonice, Willendorff, Lespugue, et Laussel datent du Solutréen inter-Gravettien, c'est-à-dire d'environ 20.000 à18.000 ans av. J.-C.

LA SOUDAINE APPARITION DE L'HOMME DE CRO-MAGNON

Ainsi que nous l'avons dit, les paléontologues ont d'abord pensé que l'homme de Néanderthal s'était graduellement transformé en homme de Cro-Magnon et que l'homme de Cro-Magnon était l'ancêtre des humains tels qu'ils sont de nos jours. Cependant, outre les questions posées par *l'hypothèse d'Eve*, les suppositions au sujet de l'époque de l'apparition sur Terre des types humains actuels posent également de sérieux problèmes. Même si nous adoptons les vues évolutionnistes de la science actuelle, nous voyons que l'anatomie de l'homme de Cro-Magnon était très différente de celle des humains modernes.

Les études scientifiques ressassent le fait que l'homme de Cro-Magnon était un homme "anatomiquement moderne". Les experts disent: "*Les hommes de Cro-Magnon ont vécu en Europe entre 35.000 et 10.000 ans av. J.-C.. Ils sont virtuellement identiques aux humains modernes: grands, musclés, et légèrement plus robustes que la plupart des humains modernes.*"

Observez comme ils glissent sur le "légèrement plus robustes". Le fait est que l'homme de Cro-Magnon était, par comparaison aux autres "hommes anatomiquement modernes" qui l'entouraient, pratiquement un "superman".

Les hommes de Cro-Magnon étaient d'habiles chasseurs et fabricants d'outils, et des artistes consommés, au vu des oeuvres picturales de Lascaux, Chauvet, ou Altamira. Ils avaient un crâne élevé, un visage large et droit, et une capacité crânienne "*pratiquement identique*" à celle de l'homme moderne (oserions-nous dire "plus grande"?) mais moins que celle de l'homme de Néanderthal. Les mâles mesuraient jusqu'à 1m80. Ils sont apparus en Europe au Pléistocène supérieur, il y a environ 40.000 ans, et "leur origine géographique est toujours inconnue". Les ossements retrouvés montrent "*peu de différences avec les humains modernes*".

Bien sûr, les tenants de la théorie "out of Africa" suggèrent que l'homme de Cro-Magnon vient de l'Afrique sub-saharienne et d'un climat tempéré, et qu'il a dû "par la suite s'adapter à des chaleurs et des froids extrêmes". De cette manière, les "légères différences" entre l'homme de Cro-Magnon et les autres formes anatomiques humaines peuvent être expliquées par une adaptation au froid. Mais comme nous le verrons, cette idée "prend l'eau".

Les outils de l'homme de Cro-Magnon sont décrits comme faisant partie de la technologie aurignacienne, caractérisée par l'utilisation d'os et de corne pour (les premières) pointes de lance et les harpons, par exemple. Ils ont également fait usage de pièges à animaux, d'arcs et de flèches. Ils ont inventé des manches et poignées pour leurs couteaux, fixant les lames avec du bitume, une sorte de goudron, il y a 40.000 ans déjà. D'autres progrès ont été l'invention de l' *atlatl*, une grande pièce d'os ou de bois comprenant une rainure courbe destinée à ajouter de la distance et de la force aux lances. Ils ont aussi inventé des pointes de lance plus sophistiquées, comme celles qui se détachent quand elles s'enfoncent dans la cible et infligent de plus profondes blessures aux proies.[180]

L'Homme de Cro-Magnon a également été un pionnier en matière de concepts abstraits tel celui du "temps". Au moyen d'encoches dans des pièces de bois, d'os ou dans des pierres, il marquait le temps en se basant sur les phases de la lune. Certains de ces "calendriers" contenaient l'inscription de 24 lunaisons.[181]

Dans un passé relativement récent, les industries d'outillage se sont diversifiées. L'industrie gravettienne (il y a de 25 à 15 mille ans), caractérisée par des outils en ivoire comme des lames renforcées, est associée aux chasseurs de mammouths. Un type d'industrie brève est le Solutréen, d'il y a 18.000 à 15.000 ans et *limité au sud-ouest de la France et de l'Espagne*. Il est caractérisé par un motif unique et finement gravé: les lames en "feuilles de laurier", confectionnées selon une technique de pression qui demandait une grande habileté. *Cette industrie est associée aux chasseurs de chevaux*. L'industrie de l'outillage de la *Culture* de *Clovis* en Amérique du Nord (il y a 11.000 à 8.000 ans) est remarquable pour sa *grande ressemblance avec celle du Solutréen*. Certains suggèrent que la culture du Solutréen a émigré vers le nord de l'Amérique il y a 10.000 à 15.000 ans.[182]

Les gens de Cro-Magnon habitaient dans des tentes et autres abris faits de leurs mains, par groupes de plusieurs familles.

---

[180] Eric Whitaker, Steve Stewart; Article Reviews; *Late Ice Age Hunting Technology* (Heidi Knecht) Scientific American, July 1994

[181] Marshack, Alexander, 1991; *The Roots Of Civilization*—Moyer Bell Limited, Mt Kisco, New York.

[182] Douglas Preston, June 16, 1997; "*The Lost Man*"—New Yorker Magazine

C'étaient des chasseurs-cueilleurs nomades, et ils suivaient des rituels élaborés pour la chasse, la naissance et la mort. Les sépultures multiples sont communes dans les régions où on les trouve. Le plus intéressant est qu'à la période allant de 35.000 à10.000 ans Av. J.-C., *il n'y a pas de différenciation des sexes ou des âges dans les sépultures*. Elles contenaient des divinités spéciales pour les défunts, mais aussi des objets utilitaires de tous les jours, ce qui suggère une rituélisation très avancée de la mort et de l'ensevelissement.[183]

Ils sont les premiers pour lesquels il a été confirmé qu'ils avaient des animaux domestiques, le début de cette domestication datant d'il y a environ 15.000 ans (encore que l' ancien *sapiens* ait pu domestiquer le chien il y a déjà 200.000 ans). Ils sont les premiers à avoir laissé d'importantes oeuvres d'art, telles des peintures rupestres et des figurines sculptées représentant des animaux et des femmes enceintes.

De grandes cavernes abondamment décorées de peintures pariétales représentant des animaux de l'époque, ont d'abord été rejetées comme étant fausses parce que tellement sophistiquées. Elles ont ensuite été rejetées parce que trop primitives, et classées dans la catégorie magie de la chasse, de la fertilité et autres types de magie sympathique. Des ré-évaluations ont remis ces grandes oeuvres d'art à une meilleure place dans l'histoire de l'art. Elles montrent des motifs et des traditions stylistiques originaux, des styles "impressionnistes", de la perspective, et utilisent de manière innovante les reliefs naturels des parois des cavernes.

Il est possible aussi, considérant les nouveaux concepts temporels reconnus comme faisant partie de la culture Cro-Magnon, que certaines représentations abstraites concernent le passage du temps: plantes printanières en fleurs, ou bisons-femelles grosses, qui pourraient illustrer l'été.[184]

A part les femmes enceintes et l'iconographie tournant autour du culte de déesses, les représentations anthropomorphes sont très rares et elles ne sont ni aussi précises, ni aussi détaillées que celles représentant des animaux. Les humains sont représentés par de simples croquis sans traits caractéristiques, parfois avec des "masques", souvent sans tenir compte des proportions; ils sont difformes et isolés. Dans les *Grottes des Enfants*, en France on a

---

[183] Erin Schirtzinger, December 6, 1994; *The Evidence for Pleistocene Burials, Neanderthals versus Modern Humans*

[184] Reeser, Ken, 1994; "*Earliest Art: Representative Art In The Upper Paleolithic Era*" (after: Marshack, 1991; Grand, 1967; Ucko, Peter J., and Rosenfeld, Andre, 1967; Brown, G. Baldwin, 1932; Breuil, Abbe H., date unknown) (unpublished)

retrouvé quatre sépultures contenant de l'ocre rouge, et associées aux outils aurignaciens.

A Lascaux, en France, se trouvent les célèbres grottes symboles de l'art du Paléolithique supérieur. Elles datent d'il y a 17.000 ans et certaines seraient encore plus anciennes de plusieurs milliers d'années!

Les types humains modernes qui ont fait leur apparition au Levant sont quelque peu différents des hommes de Cro-Magnon. Ils étaient de type sub-saharien, moins "robustes" que les "supermen" de Cro-Magnon d'Europe.

La vérité paraît être que les *humains modernes du Levant étaient simplement "différents" des types Cro-Magnon qui "sont apparus" en Europe*. Même en retournant les hypothèses dans tous les sens, il n'a tout simplement pas été possible de prouver que l'homme de Cro-Magnon a d'abord évolué en Afrique ou au Levant pour ensuite s'en aller vers l'Europe.

Mais comment expliquer cela raisonnablement?

Ce qui semble s'être produit en Europe, c'est qu'après des millénaires de stagnation, même dans des régions où des vestiges d'hommes modernes ont été retrouvés, la culture humaine semble avoir pris un essor explosif. C'est non seulement la culture qui explose, mais également toutes les nouvelles manières de faire les choses, de nouveaux styles, et des innovations entièrement inconnues au cours de la période immédiatement précédente, mais qui ont disparu tout aussi soudainement, comme un engouement passé de mode.

De l'Espagne aux Monts de l'Oural, des sites racontent le développement de l'aiguille à coudre, du projectile barbelé, de l'hameçon, de la corde, de la grille à sécher la viande, du foyer à chaleur contrôlée, et d'un habitat complexe.

Le plus étonnant de tout cela ce sont les arts. Les arts jaillissent soudain dans le paysage, accomplis, sans période de développement graduel, sans aucun signe des balbutiements enfantins d'un début. Une pièce d'ivoire sculptée il y a 32.000 ans est aussi réaliste qu'une oeuvre semblable qui serait sortie de nos jours des mains d'un sculpteur accompli.

Le Paléolithique supérieur témoigne des changements les plus fondamentaux dans le comportement humain, jamais enregistrés par l'archéologie.[185]

La seule explication à ces changements extraordinaires est *qu'une nouvelle sorte d'humains a fait son apparition sur la scène*

[185] Richard Klein, Stanford, cite par Shreeve.

terrestre. Mais les choses sont-elles vraiment aussi simples? Lorsque nous considérons les difficultés que comporte un tel événement, en termes "d'évolution," nous voyons que cela n'est pas simple du tout. Pour commencer, il y a toujours le problème d'un laps de temps de 60.000 ans entre l'apparition de l'homme sub-saharien et celle de l'homme moderne. La méthode la plus efficace et populaire adoptée par la science dans cette sorte de crises et de l'ignorer, de la nier, ou de chercher comment déformer les faits pour les adapter à ses propres théories. De nombreux archéologues continuent à expliquer les événements culturels du Paléolithique Supérieur en les rattachant à l'émergence d'une forme d'humanité plus moderne et intellectuellement supérieure en Afrique. Ils proposent un "second événement biologique" pour expliquer cela, sans se soucier d'expliquer pourquoi il n'a laissé aucune trace d'aucune forme de squelette.

De nos jours, la mode est à la suggestion que les autres "hommes modernes" de l'Afrique sub-saharienne n'étaient pas vraiment tout à fait modernes. Ils étaient "presque modernes". C'est ainsi que l'Afrique est toujours considérée comme le berceau de toute l'humanité, et tout ce qui est nécessaire c'est un «progrès majeur» dans la lignée africaine: un événement "neurologique" permettant à ce "nouvel homme" de développer en vingt-quatre heures de nouveaux comportements culturels.

Cela revient à dire que l'explosion culturelle du Paléolithique Supérieur ne s'est pas produite plus tôt parce que d'autres hommes modernes n'avaient pas le cerveau qu'il fallait pour que cela se produise.

Malheureusement, appuyer cette idée revient à tourner en rond. De plus, si un "événement neurologique" avait dû se produire, il serait vraisemblablement né dans un petit foyer, pour s'étendre ensuite vers l'extérieur. Ce qui paraît s'être produit vraiment, c'est pourrait-on dire, une série d'explosions simultanées en plusieurs endroits, de l'Espagne aux Monts Oural en Russie! Et en fait, le Moyen Orient est le DERNIER endroit où l'art s'est manifesté.

Les premiers sites aurignaciens connus se trouvent dans les Balkans, et ils datent d'il y a environ 43.000 ans. Trois mille ans plus tard, l'engouement pour l'aurignacien a gagné toute l'Europe.

Notons que l'art est absent de l'environnement néanderthalien. En outre, il n'y a eu *aucun changement important dans leurs outils de pierre pendant 100,000 ans.*

Certains suggèrent que l'élan culturel provient d'un développement soudain du langage. Mais cette idée ne tient pas la route non plus. Si nous examinons certaines sociétés aboriginales d'Australie et de Nouvelle Guinée, nous constatons que leurs outils de pierre ont certainement un style néanderthalien. Mais ces gens pensent et communiquent dans des langues qui sont aussi riches que les nôtres, et ils bâtissent des mythes, des récits et des cosmogonies dans ces langues. Ils ne manifestent simplement pas beaucoup d'intérêt pour les technologies.

Il y a encore autre chose d'étrange dans cette explosion de l'homo *intellectualis technologicus*: on dirait qu'il a en quelque sorte "perdu son énergie» il y a environ 12.000 ans.

Nous avons déjà parlé des poteries des Jomons. Plus étonnant encore est le fait qu'il y a *vingt-six mille ans,* les habitants de Dolni Vestonice cuisaient leurs céramiques dans des fours. Mais on ne trouve pas cela dans les livres d'archéologie. Pour l'enseignement standard, l'émergence de la céramique est liée à l'usage fonctionnel de la poterie, qui, suppose-t-on, n'existait pas avant la révolution agricole pendant la période néolithique, quelque 12.000 ans après la dernière utilisation des fours de Dolni.

Diantre! Venons-nous juste de buter sur quelque chose d'intéressant? Est-ce que nous ne venons pas de percevoir que quelque chose s'est produit, qui a "refroidi la vapeur" de l'explosion culturelle du Paléolithique Supérieur et que cela s'est produit il y a environ 12.000 ans? Et n'avons-nous pas noté que la culture Jomon est "née" à peu près à cette époque? Et notons que la révolution agricole s'est produit tout juste deux mille ans avant cette "perte de vigueur créative". Se pourrait-il que ces deux choses soient liées?

En Bulgarie, à quinze cents kilomètres à l'est de Dolni Vestonice, il y a une grotte nommée Bacho Kiro. Elle est célèbre parce qu'elle contient les assemblages d'instruments aurignaciens les plus anciens que l'on connaisse. Ils ont 43.000 ans.

L'une des choses principales que l'on ait remarqué à propos de l'homme de Néanderthal, c'est qu'il ne semble pas s'être rendu quelque part dans un but précis. Il a toujours fabriqué ses outils à partir de ce qu'il trouvait là où il était, et il ne semble pas avoir voyagé du tout. Et ce qui a été fabriqué est resté là où cela a été fabriqué. Personne n'a jamais fait de commerce ou de troc parmi les groupes d'hommes de Néanderthal. Mais il semble que dès le début, l'homme de Cro-Magnon a voyagé, troqué et échangé, non seulement des biens, mais aussi des technologies. S'il se trouvait une meilleure sorte de pierres quelque part, on dirait que le bruit s'en est transmis de bouche à oreille et que tout le monde en a eu à sa disposition. Des silex qui proviennent distinctement du sud de la Pologne ont été retrouvés à Dolni Vestonice, 150 kilomètres plus au sud. Des radiolarites slovaques de couleurs rouge, jaune et olive ont été retrouvées à 150 kilomètres vers l'est. Plus tard, pendant la période du Paléolithique Supérieur, des exemplaires des fameux "silex chocolat" de la Pologne méridionale ont été retrouvés dans un rayon de trois cent soixante-quinze kilomètres[186]. Il va de soi que ces roches n'ont pas voyagé toutes seules. Des jambes humaines doivent les avoir transportées. Et cela nous amène à notre petit problème suivant à propos de l'homme de Cro-Magnon. Voyez-vous, il avait les jambes trop longues.

L'une des lois sacrées de la biologie évolutionniste est la "Règle d'Allen". Cette règle stipule que les jambes, bras, oreilles et autres extrémités du corps doivent être plus courtes chez les mammifères qui vivent dans des climats froids, et plus longues chez les mammifères de la même époque qui vivent dans un climat chaud. Tout cela parce qu'avoir des bras et des jambes courts permet de conserver de la chaleur. Cela est supposé expliquer pourquoi les Esquimaux et Lapons ont les jambes courtes. Cela est également supposé expliquer pourquoi les Bantous sont plus minces, et pourquoi les Massaï sont extrêmement longs et minces dans leur pays ouvert tropical.

Règle d'Allen

Les seuls qui semblent se moquer des règles d'Allen sont les hommes de Cro-Magnon. Ils ont tout simplement refusé de s'y plier. Ils ont tous des jambes beaucoup plus longues qu'ils ne devraient. Naturellement, ceci destiné à démontrer qu'ils viennent d'Afrique. Le seul problème dans ce cas, c'est qu'il est difficile d'imaginer pourquoi ils auraient choisi d'émigrer d'un climat chaud vers un climat froid. Et en plus, de garder des jambes longues pendant plus d'un millier de générations. Souvenez-vous que pendant ce temps le thermomètre a continué à baisser, et qu'au maximum glaciaire, il y a 18.000 ans, il a fait aussi froid qu'au pôle nord dans toute l'Europe septentrionale! Alors, pourquoi ne se sont-ils pas adaptés?

Quelle que soit la manière dont ils sont arrivés en Europe, il nous faut envisager que leur venue pourrait être liée au fait que l'Europe et d'autres endroits voisins sont littéralement couverts de mégalithes. En fait, les mégalithes datent de bien après l'apparition de l'homme de Cro-Magnon, mais il ne faut pas écarter ce lien avant d'y avoir accordé quelqu'attention.

Il y a encore un autre problème: celui de la datation. L'analyse d'ADN mitochondrial dans le cadre de la reconstruction de la préhistoire démographique de l' *Homo Sapiens* révèle l'évidence statistique d'une croissance explosive il y a approximativement

---

[186] Shreeve, op. cit.

50.000 à 60.000 ans. Y a-t-il un rapport entre cette preuve par l'ADN et l'apparition de l'homme de Cro-Magnon? Dans l'affirmative, cela signifierait que l'ADN a deux fois l'âge que veut bien confirmer l'archéologie. Il y a manifestement quelque chose qui cloche dans cette datation.

Du point de vue morphologique et à en juger d'après leur industrie et leurs arts, ces hommes hautement évolués qui ont coexisté avec les hommes de Néanderthal représentent une mutation si énorme et soudaine qu'elle est absurde dans le contexte de la théorie évolutionniste.

Alors, que diable allons-nous faire de ce problème? Je pourrais donner une description exhaustive des innombrables livres et articles qui tentent de donner des explications, de justifier, de marginaliser, ou même d'ignorer ces faits. Mais en fin de compte, le problème est toujours là: une nouvelle espèce d'homme est apparue sur cette planète, on ne sait d'où, et il était intelligent, artiste, et quelqu'ait été son moyen de transport, il a atterri en de nombreux endroits simultanément.

Ai-je dit “atterri”?

Oui, je l'ai dit. Suggéré-je que l'homme de Cro-Magnon était un extraterrestre? Pas exactement. Il nous faut encore examiner l'ADN mitochondrial d'Eve. Et je n'ai pas oublié non plus cet embêtant problème des origines asiatiques ou africaines de la “première mère”, qui ont été si prestement escamotées par omissions et non-réponses. Que suggèrent tous ces facteurs mis ensemble? Eh bien, n'importe quel rustre pourrait le trouver: cela suggère une hybridation. Mais cela implique que quelqu'un a pratiqué cette hybridation.

En outre, nous pourrions observer l'importance de cette culture qui a soudain envahi toute l'Europe : elle s'étend de l'Espagne (et une petite zone d'Afrique du nord) jusqu'aux montagnes de l'Oural. La chaîne de l'Oural fait frontière avec l'Asie Centrale.

Les steppes de l'Asie Centrale, juste au nord du Turkménistan, constituent un environnement difficile pour l'agriculture. On y trouve des ossements de chèvres, de moutons et de bovins, datant d'environ 4.000 Av. J.C. Plus tard, le chameau et le cheval ont été utilisés. Ces cultures parlaient des langues indo-européennes et leurs membres auraient été de type caucasien.

De nombreuses théories ont suggéré que les nomades caucasiens des steppes de l'Asie Centrale ont émigré vers l'Europe. Mais, comme nous l'avons vu, *la migration initiale doit avoir eu lieu d'ouest en est*. Les relevés archéologiques sont incertains, c'est pourquoi les migrations des Indo-Européens (puisque nous pouvons très assurément les nommer ainsi) à partir des steppes d'Asie, ne sont plus aussi claires qu'il y a peu, dans l'esprit des savants.[187] Cependant, l'idée de migrations vers l'Inde et le Pakistan paraît avoir une base plus solide, inspirée des connaissances actuelles. Ces incursions sont très probablement le fait des cultures Andronovo et Srubnaya, car la culture décrite dans les plus anciens textes aryens est très semblable à celle des nomades des steppes.

LE RÔLE DU CHAMAN

Et sur cette idée, nous en arrivons à des rapports très intéressants qui iront très loin dans la découverte d'indices nous permettant de nous poser des questions passionnantes sur notre façon de percevoir les rites et mythes des hommes du lointain passé, *disjecta membra* d'une civilisation disparue. Mircéa Eliade écrit:

> Des recherches récentes ont clairement mis en évidence les éléments "chamaniques" de la religion des chasseurs du Paléolithique. Horst Kierchner décrit les célèbres reliefs de Lascaux comme la représentation d'une transe chamanique. [...]
>
> Enfin, Karl J. Narr a reconsidéré le problème des "origines" et de la chronologie du chamanisme dans son intéressante étude[188]. Il souligne l'influence des notions de fertilité (statuettes de Vénus) sur les croyances religieuses des chasseurs préhistoriques de l'Asie septentrionale; mais cette influence n'a pas interrompu la tradition paléolithique. [...] C'est dans ce "*Vorstellungswelt*" que se sont ancrées les racines des rites de l'ours célébrés en Asie et en Amérique du Nord.
>
> Un peu plus tard, probablement aux environs de 25.000 Av. J.C., l'*Europe présente les premiers témoignages des formes primitives de chamanisme* (Lascaux) avec des représentations plastiques d'oiseaux, d'esprits tutélaires, et d'extase. [...]
>
> Ce qui paraît certain, c'est l'antiquité des rituels et symboles "chamaniques". Il reste à déterminer si ces matériaux mis en lumière grâce aux découvertes de vestiges préhistoriques, représentent les premières expressions d'un chamanisme *in statu nascendi* ou s'ils sont simplement les premiers témoignages, disponibles aujourd'hui, d'un *complexe religieux antérieur* qui, lui, n'a pas fait l'objet de représentations "plastiques" (dessins, objets rituels, etc.) avant la période de Lascaux.
>
> Si nous tenons compte de la naissance du complexe chamanique en Asie centrale et septentrionale, nous devons aussi tenir compte

[187] Renfrew, 1973, 1987.

[188] Barenzeremoniell und Schauanismus in der Altern Steinzeit Europas

des deux éléments essentiels du problème: d'une part l'expérience extatique en tant que telle, en tant que phénomène primordial; et d'autre part l'environnement historico-religieux dans lequel cette expérience extatique devait être incorporée, ainsi que, en dernière analyse, l'idéologie qui la validait. […]

Partout dans ces pays, et ce depuis les premiers temps, nous trouvons des témoignages de l'existence d'un être Suprême, de *structure céleste*, qui correspond aussi morphologiquement à tous les Etres Suprêmes des religions archaïques. Le symbolisme de l'Ascension, avec tous les rites et mythes qui l'entourent, doit être relié à des Etres Suprêmes célestes. […] Ce symbolisme d'ascension et de "hauteur" garde toute sa valeur, même après le "retrait"de l'Etre Suprême —car il est bien connu que les Etres Suprêmes perdent peu à peu leur place active dans les cultes, et cèdent la place à des formes religieuses plus "dynamiques" et "familières" (dieux de la tempête[189] et de la fertilité, démiurges, âmes des défunts, Grandes Déesses, etc.) […]

La réduction ou même la perte totale dans les coutumes religieuses, d'êtres Suprêmes Uraniens, transparaît quelquefois dans des mythes concernant une époque première et paradisiaque, où les *communications entre le ciel et la terre étaient aisées et accessibles à tous;* à la suite d'un certain événement, ces communications ont été interrompues, et les Etres Suprêmes se sont retirés au plus haut des cieux. […]

La disparition du culte de l'Etre Suprême n'a pas effacé le symbolisme de l'ascension, avec toutes ses implications. […] L'extase chamanique pourrait être considérée comme un revécu de l'*illud tempus* mythique, le temps où l'homme pouvait communiquer *in concreto* avec le ciel. Il est indubitable que l'ascension céleste du chaman est une survivance, profondément modifiée et parfois dégénérée, de cette archaïque idéologie religieuse axée sur la *foi en un Etre Suprême céleste, et une croyance en une communication concrète entre le Ciel et la Terre*. […] Les mythes font allusion à des relations plus étroites entre Etres Suprêmes et chamans; en particulier, ils parlent d'un Premier Chaman envoyé sur Terre par l'Etre Suprême, ou son substitut, pour défendre les êtres humains contre les maux et les mauvais esprits.[190]

Il est intéressant de noter que c'est dans le contexte du "retrait" de "l'Etre Céleste" que la signification de l'expérience extatique du chaman s'est modifiée. Antérieurement, cette activité était centrée sur une *communion avec le dieu et l'obtention de bienfaits pour la*

---

[189] Tel Yahweh.
[190] Eliade, Mircea, *Shamanism, Archaic Techniques of Ecstasy.*

tribu. Le glissement de la fonction de chaman, associé au retrait du dieu ou de la déesse bienveillant(e) a eu pour but de "se battre contre les esprits méchants et les maux." Cela nous rappelle l'œuvre de Jésus qui guérissait les malades et chassait les démons – exemple chamanique "d'après la Chute".

Il y a eu, semble-t-il, d'autres conséquences à ce "glissement". De plus en plus, les descentes vers les "mondes inférieurs" et les relations avec des "esprits" ont eu pour conséquence leur "concrétisation" ou la "possession" du chaman par des "esprits". Il est manifeste que ce sont là des *innovations*, et elles sont récentes pour la plupart. Ce qui frappe particulièrement les historiographes des mythes, légendes, du chamanisme, etc., c'est la découverte d' "influences venues du sud", apparues très tôt, et qui ont modifié la cosmogonie, la mythologie, et les techniques de l'extase. Parmi ces influences méridionales, nous trouvons une contribution du bouddhisme et du lamaïsme, ajoutées à l'influence de l'Iran, et en dernière analyse de la Mésopotamie, qui les ont précédées.[191] Eliade écrit:

> Le schéma initiatique de la mort et de la résurrection rituelles du chaman est probablement une innovation, mais une innovation qui remonte très loin dans le temps; en tout cas, on ne peut l'attribuer à des influences en provenance du Proche Orient antique. Mais les innovations introduites par le culte-ancêtre ont particulièrement affecté la structure de ce schéma initiatique. Le concept même de la *mort mystique* a été altéré par les modifications religieuses effectuées par les mythologies lunaires, le culte des morts, et l'élaboration d'idéologies magiques.
>
> Il s'ensuit que nous devons concevoir le chamanisme asiatique comme une technique extatique archaïque, dont *l'idéologie originale sous-jacente* (croyance en un Etre Suprême céleste avec lequel il était possible d'entrer en *relation directe* en montant au ciel) a constamment été transformée par une série sans fin de contributions exotiques, culminant avec l'invasion du bouddhisme [...]
>
> La phénoménologie de la transe a subi de nombreuses modifications et corruptions dues, en grande partie, à une *confusion quant à la nature précise de l'extase*. Malgré cela, toutes ces innovations et corruptions ne sont pas parvenues à éliminer la possibilité d'une authentique extase chamanique.

[191] Par exemple, la corruption et la récupération de l'Arbre de Vie par le Judaïsme, avec perte complète de sa vraie fonction.

> Plus d'une fois, nous avons entrevu dans l'expérience chamanique, une "nostalgie du paradis" qui suggère l'un des types les plus anciens d'expérience mystique christique. Quant à la "lumière intérieure" qui joue un rôle d'une extrême importance dans le mysticisme et la métaphysique de l'Inde tout autant que dans la théologie mystique chrétienne, elle est déjà documentée dans le chamanisme.[192]

Ce qui paraît le plus important en ce qui concerne le chamanisme d'Asie centrale, dans l'histoire du mysticisme, c'est le rôle joué par le chaman dans la *défense* de l'intégrité psychique de la communauté. Les chamans sont par dessus-tout des *champions anti-démons*; ils combattent non seulement les démons et les maux, mais aussi les magiciens noirs. Le chaman est un pourfendeur infatigable de démons et dragons.

Et nous trouvons ici l'explication des éléments "militaires" de l'Ensemble du Graal. L'épée dans la Pierre, qui ne peut être retirée que par "l'Héritier" ou le "Chevalier Désiré" était représentée dans l'équipement chamanique des steppes par la lance, la cuirasse, l'arc, l'épée, etc. Nous les incluons dans notre étude en vertu des exigences de la guerre contre les démons, les vrais ennemis de l'humanité. Comme le souligne Eliade, le chaman défend la vie, la santé, la fertilité, le monde de la "lumière", contre la mort, les maux, la stérilité, les désastres, et le monde "des ténèbres". En bref, le chaman est le type primitif du Chevalier en queste du Sacré Graal: l'ascension chamanique vers les Sphères célestes.

Nous voyons donc que ce qui est *fondamental et universel* pour les chamans, pour les héros du mythe, pour la Queste du Sacré Graal, *c'est la lutte menée par le chaman contre ce que nous appellerions "les forces du mal"*. Le rôle essentiel du chevalier/chaman dans la défense de l'intégrité psychique de la communauté dépend par dessus tout de ceci: que les hommes soient assurés que l'un des leurs est capable de les aider dans les circonstances critiques provoquées par les *habitants du monde invisible*. Et voilà un trait crucial du chevalier/chaman: il doit être capable de VOIR *ce qui est caché et invisible* au commun des mortels, et de ramener depuis les mondes surnaturels, des informations directes et fiables. En bref, dans les comptes rendus d'extases chamaniques, nous trouvons des correspondances avec les thèmes des grandes épopées de la littérature orale. Les aventures du chevalier/chaman dans l'autre monde, les dangers qu'il court, les épreuves auxquelles il est soumis dans ses descentes vers des

---

[192] Eliade, op cit.

mondes inférieurs et ses ascensions vers les cieux, décrivent dans le détail les aventures des personnages des récits populaires et des héros des mythes épiques. Cela suggère que de nombreux “sujets” ou motifs épiques, ainsi que de nombreux personnages, images, et clichés de ces récits, sont d’origine extatique ou ils proviennent peut-être même d’un autre monde.

COMMENT RELIER LE TOUT

Voilà donc la grande clé du mystère du Saint Graal, de l’Arche d’Alliance, et de l’Arche de Noé. En un sens, nous avons trouvé l’Arthur et le Perceval des écrits du Graal: le “Chevalier Désiré” venu de l’obscurité, pour révéler qu’il est “l’héritier légitime” qui peut libérer le potentiel de l’ADN, accomplir l’ascension chamanique ou la Transformation Alchimique, extraire l’épée de la Pierre et défendre la communauté contre les «maladies et les démons» venus «d’Ailleurs».

Nous pourrions donc découvrir que nos mythes et rites religieux sont des vestiges de récits – des messages à la mer – destinées à expliquer ces phénomènes, et que les versions monothéistes faisant état d’une Fin Ultime, d’un Jour du Jugement Dernier, ne sont que des déformations du mythe destiné à établir un système de contrôle sur notre planète.

Ces déformations profitent à ceux qui recherchent le pouvoir et la richesse, qui sont sous le contrôle de forces archétypales d’un autre monde dont notre réalité n’est que l’ombre ou le reflet. Et je ne suggère pas ici que cet autre monde est “astral” ou éphémère, ou immatériel. Je crois qu’il s’agit d’un monde intermédiaire peuplé d’êtres para-physiques, hyperdimensionnels, dont l’existence et la nature nous ont été soigneusement dissimulées depuis des millénaires, pour une raison qui n’est pas à notre avantage. Et cela nous amène à un autre aspect du “mythe primordial”: Orion.

ORION, L’ARCHE, ET LE SACRÉ GRAAL

La première question que pourrait ici poser le lecteur serait: Qu’est-ce qu’Orion a de commun avec l’Arche de Noé et la Queste du Graal? Beaucoup de choses, je crois. Les similitudes entre les histoires sont nombreuses, et la plus évidente est le thème de l’Age d’Or d’antan, qui a été perdu et *comment* il a été perdu. D’après Edith Hamilton, L’histoire d’Orion est la suivante:

> C’était un jeune homme de stature gigantesque et de grande beauté, et un chasseur incomparable. Il tomba amoureux de la

> fille du roi de Chios, et pour l'amour d'elle, il débarrassa l'île de toutes les bêtes sauvages. Il apportait toutes les dépouilles des bêtes qu'il avait tuées à sa bien-aimée, dont le nom est, selon les récits, Aéro, ou Mérope (une des Pléiades). Son père, Oenopion, consentit à la donner en mariage à Orion, mais il remettait sans cesse la date. Un jour, alors qu'Orion était ivre, il insulta la jeune fille et Oenopion fit appel à Dionysos pour le punir. Le dieu le jeta dans un sommeil profond et Oenopion le rendit aveugle. Un oracle lui prédit cependant qu'il pourrait recouvrer la vue s'il se dirigeait vers l'est et laissait les rayons du soleil levant tomber sur ses yeux. Il marcha vers l'est jusqu'à Lemnos, et là il recouvra la vue.[193]

D'autres sources anciennes suggèrent que la vraie raison de l'agression d'Orion est que le père de sa bien-aimée, le roi Oenopion, un des fils d'Ariane et de Dionysos, avait comploté contre lui. Il fut enivré de la même manière qu'Osiris (une autre variante de l'histoire) qui, lui, tomba dans le piège qui consistait à le faire entrer dans un cercueil "par plaisanterie", et alors qu'il était endormi, ses ennemis s'abattirent sur lui, lui enlevèrent les yeux, le portèrent sur le rivage et le jetèrent à l'eau. Héphaïstos – le dieu du Feu – lui donna son serviteur Cédalion pour lui servir de guide. Orion le mit sur ses épaules et lui demanda de lui indiquer la direction du soleil levant; et quand ils y arrivèrent, Orion fut guéri par les rayons de l'astre.

La similitude avec l'histoire de Sanson est évidente. Lui aussi fut privé de la vue pendant qu'il dormait: ses yeux lui furent enlevés, et il dut ensuite travailler à faire tourner une meule. Lors d'une rencontre avec des Pharisiens, Jésus fait mention de "l'homme fort" qui avait été "entravé", allusion évidente à la légende d'Orion. Ce qui est intéressant ici, c'est le contexte:

> Alors, un homme aveugle et muet, *possédé par un démon*, fut amené devant Jésus, et Il le guérit, de sorte que l'homme aveugle et muet se mit à voir et à parler. ... Mais les Pharisiens l'ayant su, dirent: cet homme ne chasse les démons qu'au nom et avec l'aide de Belzébuth, le prince des démons. Et connaissant leurs pensées, Il leur dit: tout royaume qui est divisé contre lui-même tombe dans la désolation et la stérilité, et aucune cité ou maison divisée contre elle-même ne dure ni ne persiste. Et si Satan chasse Satan, c'est qu'il s'est divisé contre lui-même et s'est désuni: et dans ce cas comment son royaume pourrait-il durer ou continuer à exister? Et si moi je chasse les démons avec l'aide de Belzébuth, au nom de qui vos fils les chassent-ils? ... Ou comment une personne peut-elle entrer dans la maison d'un homme puissant et

[193] Hamilton, *Mythology*, 1942, New American Library, New York.

> emporter tous ses biens sans d'abord ligoter cet homme puissant? Alors seulement cette personne pourra piller la maison. ... Ou bien soignez l'arbre et ses fruits, ou bien faites pourrir l'arbre et ses fruits, car l'arbre et connu, reconnu, et jugé à ses fruits.[194]

Dans l'histoire ci-dessus, être "aveugle et muet" qualifie un homme puissant qui a été ligoté et dont tous les biens ont ensuite été volés. Tout comme dans l'histoire d'Orion (qui a été enivré), et dans l'histoire de Sanson, (où l'on a dérobé au dormeur sa chevelure dans laquelle résidait sa vigueur), le fait d'être "ligoté", ou aveugle et muet est attribué par Jésus à des "démons".[195] Une autre sous-référence intéressante dans le Nouveau Testament, est une remarque faite par Jésus à propos des "aveugles qui conduisent des aveugles" : alors tous deux tombent dans le fossé.

Cela paraît être une nouvelle référence à l'histoire d'Orion portant Cédalion sur ses épaules, et donnant des instructions à ce dernier. Le fait d'être rendu aveugle et muet, dans le contexte de l'état de conscience de l'humanité, est représenté par le personnage d'Orion aveuglé, à qui l'on indique de mauvaises directions, ce qui a pour résultat que l'aveugle et son guide tombent tous deux dans le fossé.

Cet événement peut également être mis en parallèle avec le récit du Fils Prodigue qui, lorsqu'une famine en vint à accabler le pays, demanda de l'aide à un "résident d'un pays lointain" qui l'envoya vivre et manger parmi des cochons.

RAPPORT ENTRE LA SITUATION D'ORION ET NOTRE PROPRE SITUATION ACTUELLE

Le lecteur astucieux peut avoir noté que, bizarrement, la *surdité* ne semble pas faire partie de l'état de restriction. Parmi les conditions qui permettent d'être libre, avoir la faculté "d'entendre" va de soi, du fait même qu'elle n'est pas mentionnée dans cette histoire.

Le fait est, comme nous le découvrirons à mesure que nous progressons dans nos investigations, que la plupart des déformations de notre réalité viennent de ce que nous entendons plus que nous n'écoutons et observons. Les manœuvres délibérées

---

[194] Matthew 12:22-33, exc. *Amplified*, Zondervan

[195] Ce que Jésus a voulu souligner, dans ce cas-ci, en expliquant aux Pharisiens que "si Satan chasse Satan, et s'est divisé contre lui-même et s'est désuni, comment son royaume pourra-il durer ou continuer à exister?" , il était complètement illogique de l'accuser Lui d'oeuvrer de concert avec les ténèbres, puisque le but de sa tâche était de libérer l'homme de ses démons, ce qui lui permettrait alors de voir et de parler.

et erreurs de perception auraient bien moins d'effet sur nous, et nous nous ferions beaucoup moins d'illusions si nous voulions bien regarder ce qui nous est mis sous les yeux et voir les choses telles qu'elles sont au lieu de nous laisser hypnotiser par des "experts" qui ont un intérêt certain à nous cacher la vérité: l'aveugle guidant l'aveugle. La plupart des illusions de l'humanité sont "enfants de la rumeur" et du "ouï-dire". Ma très chère grand' mère me recommandait sans cesse de "ne rien croire de ce que j'entendrais et de ne croire que la moitié de ce que je verrais" C'est là un très bon conseil. Si nous ouvrons les yeux et regardons un problème aussi objectivement que possible, en mettant de côté toutes nos croyances et suppositions, ainsi que tout ce qu'on "nous a dit", nous parviendrons à voir *ce qui est* et, si nous appliquons alors notre esprit à ce que nous voyons, nous pourrons arriver à certaines conclusions correctes.

Il est aisé de jeter un regard en arrière dans l'Histoire et de voir où l'un ou l'autre groupe a été "induit en erreur" dans ses croyances, et comment cette erreur a déformé leur façon de penser, ce qui les a ensuite menés à perpétrer des horreurs indicibles. Nous pouvons montrer du doigt le génocide conseillé par le dieu des Hébreux (qu'il ait ou non vraiment eu lieu), ou le zèle religieux poussé à la folie de l'Eglise catholique lorsqu'elle a institué l'Inquisition et les Croisades. Nous voyons la vision déformée du désir de créer un "surhomme génétique" qui a conduit à l'holocauste. Il nous est facile de discerner ces erreurs du passé car "à présent, nous en savons plus".

Nous en *savons* plus à présent. Combien plus pouvons-nous apprendre? Pouvons-nous être certains que les croyances actuelles de notre réalité ne sont pas aussi des manipulations? Combien plus en apprendrons-nous, sur notre situation actuelle? Y a-t-il près de nous quelqu'indice qui nous montre que les choses vont terriblement de travers, comme cela a été le cas au cours des années précédant l'Holocauste? Combien de gens, à cette époque, ont ignoré les signaux d'alarme qui tentaient de les avertir avant qu'il ne soit trop tard? Combien de gens n'ont pas vu plus loin que le bout de leur nez avant que des bombardements ne les rejettent à l'âge de la pierre? Pouvons-nous, jusqu'à un certain point, comparer notre réalité à un tel scénario? Après tout, l'homme intelligent apprend grâce à ses erreurs; le génie apprend des erreurs des autres.

Actuellement, il y a en effet des signes que nous sommes manœuvrés de manière à nous mettre dans un certain état d'esprit, dans un certain système de croyances. Le "jeu de la réalité" est devenu de plus en plus complexe, mais les mêmes erreurs capitales sont toujours répétées. D'où cela vient-il? Est-ce que nos descendants analyseront notre époque en secouant la tête avec consternation devant notre ignorance, la manipulation de notre pensée et l'énormité de nos erreurs dues à nos croyances? Comme le lecteur le découvrira, il semble qu'en ce moment nous nous trouvions devant une de ces grandes illusions; une illusion qui pourrait bien être la plus grande de toutes; et si nous ne trouvons pas notre chemin vers la lumière qui peut nous guérir de notre cécité, nous serons en effet ce maître de maison qui a perdu tout ce qu'il possédait parce qu'il était enchaîné et aveuglé par des démons. Et si nous sommes aveugles et ne suivons que des aveugles, nous tomberons très certainement dans un trou; un trou dont nous ne pourrons sortir avant très longtemps.

Nous savons qu'il ne nous est pas agréable d'affronter la question: "pourquoi la vie est-elle comme elle est?". Mais, quand nous sommes éveillés, tard dans la nuit, seuls avec nos pensées, sans aucune des distractions de la vie quotidienne pour remplir les vides, nous nous trouvons devant notre dilemme existentiel. Et le silence est terrible. Dans ces moments de froide clarté, la futilité de notre morne existence par rapport au cosmos surgit devant nos yeux tout comme il en va pour toute l'humanité depuis des millénaires.

Lorsque nous jetons un regard en arrière sur l'Histoire, nous voyons que pour échapper à cette monstrueuse "nuit noire de l'âme", les êtres humains acceptent n'importe quelle réponse—n'importe quelle foi religieuse ou philosophique—qui leur est offerte, car le silence glacé, abyssal, qui suit la question doit être rempli à tout prix. Et la triste vérité est que des tas de gens souhaitent nous convaincre qu'ils détiennent "les réponses à toutes nos questions". On trouve ces aveugles conduisant des aveugles, à la chaire de vérité de pratiquement toutes les églises de tous les pays, et dans les séminaires et les cycles de conférences d'inspiration New Age. Mais ces réponses consistent en général à brouiller le discernement de la réalité par des opinions personnelles qui débouchent sur un jugement de la réalité, qui refusent de la voir telle qu'elle est. Et ces pans de réalité qui ne sont pas reconnus pour ce qu'ils sont nous retombent dessus d'une manière ou d'une autre. "Ceux qui ne tirent pas les leçons de leur histoire, sont condamnés à la voir se répéter."

De nos jours, pratiquement tout le monde est, soit à la recherche du Roi Arthur et du Sacré Graal, soit dans l'attente d'un atterrissage d'extraterrestres sur la pelouse de la Maison Blanche pour pouvoir donner des coups de pied dans les pneus de la Cadillac OVNI. J'ai des centaines de livres sur ces sujets, et plus de deux douzaines de livres récents; tous prétendent avoir découvert que les deux thèmes se chevauchent et que le Sacré Graal est en fait une lignée de sang authentique, et que cette lignée d'humains "spéciaux" sont des rejetons d'extraterrestres, alternativement "bons" ou "méchants", selon l'orientation de l'auteur.

La majorité des conclusions du train de chercheurs alternatifs actuels est qu'il s'agit "d'aliens" en provenance de Mars, venus sur Terre dans un passé lointain, et que ce sont là les vrais "dieux". L'engouement actuel pour les pyramides et le Sphinx les ont tous menés à la conviction qu'il est à l'origine des grands mystères égyptiens - que les dieux égyptiens sont les vrais "dieux" originaux. Ils seraient des êtres "avancés" et supérieurs venant des "étoiles", c'est-à-dire de Mars, et il y aurait eu là-bas, à l'origine, une grande civilisation qui aurait été détruite, et à la suite de cela ils seraient venus sur la Terre et auraient donné un coup de pouce à la formation de nos propres civilisations des débuts.

Ces récits bifurquent ensuite: certains affirment que ces dieux sont aussi physiques que les êtres humains, d'autres que ce sont des "Netjers" ou principes: des êtres purement éthérés qui daignent se manifester de temps en temps sur la Terre.

Entre-temps, les opposants déclarent que la "race du Serpent " est constituée d'un gang écailleux de civilisateurs bienveillants qui ont à cœur les intérêts de l'humanité, comme dans l'ouvrage d'Arthur C. Clarke: *Childhood's End.* Ce groupe prétend qu'il existe une lignée reptilienne du Christ, et assure qu'un descendant de cette lignée doit venir sur Terre, un Nouveau Christ, qui nous mènera tous au véritable Eveil, pourvu que nous nous y préparions en suivant scrupuleusement une série d'instructions bizarres. Ce groupe voit dans cette prétendue "race reptilienne hyperdimensionnelle" des êtres physiques, comme nous, alors que pour nous ce sont créatures hyperdimensionnelles à physicalité variable.

D'autres groupes disent que ces reptiliens sont tout simplement des êtres éthérés démoniaques, qui peuvent "descendre" dans une personne, ou bien qu'un être humain peut "abriter" un reptilien et revêtir cette forme, (attention, seulement si sa génétique le permet!) et devenir lui-même, temporairement, un reptilien. La reine d'Angleterre et de nombreux chefs d'état de notre planète sont inscrits sur la liste de ces lunatiques comme étant de ce dernier type, et font l'objet d'histoires à dormir debout.

Il y a un nombre infini de variations sur ces thèmes, et tous les systèmes de croyances y sont représentés de A à Z. Dans tous les cas, leur trait principal est de désigner tel ou tel groupe, ou bien comme étant composé d'humains conspirateurs ou gardiens (Maçons, Rosicruciens, Templiers, Illuminati, au choix), ou bien composé d'être éthérés tout aussi conspirateurs ou gardiens. Dans le premier cas, l'humanité est divisée en "bons" et "méchants"; dans le second cas, les gens sont encouragés à avoir foi en les "bons éthérés" afin d'être sauvés des "mauvais éthérés".

Pour finir, j'ai constaté la chose la plus étrange: ils se focalisent tous sur la recherche du Sacré Graal, d'une manière ou d'une autre. Tout comme Hitler avait l'obsession de découvrir un objet matériel qui ferait de lui le maître absolu du monde, ces différents groupes ont en vue un objectif semblable: ils veulent découvrir le Graal!

J'ai réfléchi à cela pendant un bon bout de temps. Pourquoi donc y a-t-il une concentration obsessionnelle sur des Reptiliens et sur le Sacré Graal? Est-ce une distraction, ou bien une intention? Et que ce soit l'une ou l'autre, qu'y a-t-il derrière tout ça? J'ai réalisé que la seule façon d'arriver à le comprendre, c'était de faire une investigation en profondeur.

La première chose que l'on constate quand on entreprend une telle étude, c'est que dans l'esprit de ces individus, l'identification d'Arthur paraît être la condition *sine qua non* de la découverte du Graal proprement dit. La théorie semble être que, si l'on parvient à découvrir qui était vraiment Arthur, on pourra suivre sa trace dans l'Histoire, et découvrir la cachette de ce grand objet de pouvoir. Dans les nombreux livres que je possède au sujet du Roi Arthur, chaque auteur prétend être en possession des seules vraies réponses aux questions: Qui était-il? Quand a-t-il vécu? Où a-t-il vécu? La plupart d'entre eux sont très convaincants, et ont fait des recherches savantes. Et tous ont une réponse légèrement différente.

Est-ce que cela signifie qu'un objet matériel (comme le Saint Graal ou l'Arche d'Alliance qui, soit dit en passant, paraissent être une seule et même chose) n'existe pas? Mon opinion personnelle est que oui, il existe un "objet de pouvoir". Mais à cause de la frénésie des recherches, il a été "perdu". Ou bien il a été perdu, ou bien il a été caché, et il semble bien que même les êtres hyperdimensionnels soient incapables de le retrouver. Ma théorie est qu'ils ne peuvent pas le VOIR, parce qu'il est "occulté" par une fréquence qui est trop élevée pour qu'ils puissent la capter.

Encore un autre élément clé des récits du Graal: le thème de l'Epée plantée dans la Pierre. Seul l'Héritier peut la retirer et la manier. Et donc cette folie furieuse qui pousse actuellement à "découvrir le Graal" a été déclenchée par ceux qui sont impatients de trouver cet objet dans l'espoir que "la bonne personne" le découvrira et les y conduira.

DE LA SCYTHIE À CAMELOT

Il est important de savoir, quand on se pose la question : "qui est Arthur?", que l'Arthur de la Queste du Graal n'est pas un homme de chair et d'os, mais un complexe archétypal d'images. Arthur est autre chose et bien davantage que la somme de ses apparences littéraires, et il est présent dans les mythes, des récits et des images qui ne le mentionnent PAS explicitement. Arthur est présent dans les mythes des rois sacrificiels, sauveurs qui meurent, et héroïques pourfendeurs de dragons depuis des temps immémoriaux. Son histoire grandit avec chaque épisode que nous étudions, et après un moment, nous réalisons qu'Arthur lui-même *n'est qu'un indice*.

Orion, Arthur, Arca, Arcadie (Arche de Dieu), Arche, sont tous des indices de la mythologie de la Chute et de la Rédemption: Le Roi de Jadis et du Futur. Il est le symbole de l'Eden perdu et de la Nouvelle Jérusalem, du monde antédiluvien, et du passage à la réalité d'après le Déluge. Son histoire a des ramifications qui contiennent toutes les idées de changements cycliques et tous les efforts d'exercer un pouvoir *sur* la Nature par opposition à une interaction *avec* la Nature.

Dans tout ce chaos, il y a deux livres qui se distinguent par leur érudition et leur manière de penser qui dépasse le cadre habituel. Le premier est *From Scythia to Camelot: A Radical Reassessment of the Legends of King Arthur,* etc., écrit par C. Scott Littleton et Linda A. Malcor; et *The Keys to Avalon: The True Location of Arthur's Kingdom Revealed,* écrit par Steve Blake et Scott Lloyd.

Scott Littleton et Linda Malcor ont fait l'heureuse découverte de parallèles entre les récits du Roi Arthur et la saga ossète de Batraz, ce qui a permis de faire un grand pas dans la compréhension des origines des thèmes, et nous espérons pouvoir en dire davantage ultérieurement. Littleton et Malcor auraient reçu une information d'un érudit de leur connaissance, J. P. Mallory, selon laquelle à la fin de la guerre contre les Marcomans en 175 de l'ère chrétienne, l'empereur romain Marc-Aurèle aurait envoyé un contingent de 5.500 *cataphracti*[196] sarmates de Pannonie en Grande Bretagne. Leurs descendants auraient survécu en tant que groupe ethnique identifiable jusqu'au IVe siècle et peut-être même plus longtemps. C'est, comme le disent Littleton et Malcor, "juste une petite anecdote intéressante" extraite du livre de Tadeusz Sulimirski *The Sarmatians*.

---

[196] Cavaliers, soldats montés.

Les Sarmates sont un sous-groupe des Scythes, et le terme de "Scythe" peut désigner les anciennes tribus de Scythie décrites par Hérodote, mais dans son sens le plus large il s'applique à toutes les peuplades des steppes iraniennes du nord-est du pays. Les Scythes de l'antiquité, et leurs cousins les Sarmates et les Alains, étaient des nomades des steppes de l'Asie Centrale. A l'époque de leur plus forte présence sur la scène de l'Histoire, ces tribus s'étendaient de la Hongrie à la Chine. Les Scythes étaient forts, blonds, avaient les yeux bleus, et si nous pouvons en croire les documents que nous avons consultés ainsi que les découvertes archéologiques, leur culture nomade *était très parallèle à celles des plus anciens occupants de l'Europe.*

A la fin de la période classique, ces habitants des steppes avaient été poussés vers les frontières de leur patrie par les altaïcophones, les Huns et les Turcs. Certains migrèrent vers l'Afghanistan, l'est de l'Iran, l'ouest de l'Inde, et d'autres envahirent l'empire romain, soit en tant que conquérants, soit en tant que mercenaires. Nombre d'entre eux émigrèrent vers la Grande Bretagne, l'Italie, la France, L'Espagne et l'Afrique du Nord. D'autres se retirèrent en Pologne, en Russie européenne et dans le Caucase. Il a été supposé que les Scythes, les sous-tribus de Sarmates Iazyges[197], Alains, etc., ont disparu sans laisser de traces. Mais ce n'est apparemment pas le cas. Il apparaît clairement du matériel examiné, que les habitants des steppes ont formé l'aristocratie de l'Europe. D'après Littleton et Malcor, un autre groupe d'Alains s'est retiré dans le Caucase et y a survécu en tant que groupe ethnique des Ossètes, dans ce qui est actuellement la République de Géorgie.

Le Saint Graal était la préoccupation majeure des Alains établis en Gaule et en Espagne au Ve siècle. Ils étaient grands, blonds et beaux, et menaient une vie nomade dans des chariots. Leur renommée provient de leur habileté de cavaliers. Les Scythes (et les Alains) étaient connus sous le nom de Goths, et leur point commun était leur art extraordinaire. Ils s'intégrèrent aux territoires dans lesquels ils s'étaient établis, par des mariages avec des Romain(e)s et autres éléments de peuples indigènes. Les noms d'"Alain" et de "Goar" sont communs parmi ces groupes, et ont été transmis de génération en génération.

Outre le fait qu'ils sont à l'origine de la plupart des familles nobles d'Europe, les Alains ont introduit le poney des steppes et le chien de chasse alain. Ils ont introduit aussi la poste par relais, ainsi que les coutumes qui devaient par la suite être adoptées par la

[197] Le nom "Jadczyk" est une variante "polonisée" de Iazyge.

chevalerie normande et bretonne, et surtout, répétons-le, ils étaient comme des poissons dans l'eau quand ils se trouvaient sur le dos d'un cheval. Aliénor d'Aquitaine était sans nul doute une descendante des Alains et les sagas des Nartes, qui faisaient partie de son patrimoine, furent la base des récits du Graal écrits et répandus dans ses "cours d'amour" après que Geoffroy de Monmouth eut créé "l'histoire d'Arthur".

Dans la chronique latine: *Draco Normannicus*, écrite par Etienne de Rouen (1169), Arthur est encore vivant au XIIe siècle. Il échange des lettres avec Henri II, dans lesquelles les monarques se disputent la souveraineté de la Bretagne, mais Arthur permet à Henri de prétendre aux droits féodaux sur le territoire, en tant que son vassal. Ceci paraît refléter une attitude alanique envers d'autres gouvernants du Continent à partir de l'époque gallo-romaine: ils ont permis à des rois romains, mérovingiens, carolingiens, français, et même anglais, de régner sur eux, tandis qu'eux-mêmes s'arrogeaient le contrôle suprême *sur le territoire*.[198]

Dans les sagas des Nartes, le prototype de la coupe du Graal est un grand gobelet magique qui apparaît aux banquets des Nartes, n'est jamais à sec, et s'élève magiquement vers les lèvres du héros pur et sans tache. Autrement dit, *il choisit son propre gardien*

Les légendes du Graal parlent d'une famille spéciale qui est intimement liée à la prospérité du pays, et dans laquelle naît un grand héros, qui devient le souverain du Château du Graal et le gardien de ce même Graal. Cette coupe du Graal gardée par les Nartes est également un "détecteur de mensonges". Elle flotte magiquement vers les lèvres de celui qui dit la vérité.

Nous voyons bien sûr qu'il n'y a ici aucune référence "chrétienne" particulière, telle qu'une affirmation selon laquelle le Saint Graal serait la coupe de la Dernière Cène, ou que sais-je encore. Les *Nartamongae*, comme on les appelle, sont des symboles purement païens. Sur les sites archéologiques associés aux Sarmates en Russie méridionale, on retrouve des chaudrons presqu'exclusivement dans les *sépultures de femmes*. Dans les légendes arthuriennes, la coupe est quasiment toujours portée par une femme. Dans le mythe d'origine scythe, *une coupe tombe du ciel* et est ramassée par Kolaxais, le plus jeune fils de l'être des premiers temps: Targitaos. *La coupe est le symbole primordial de la souveraineté, et celui qui la possède est établi dans sa royale lignée.*

---

[198] Littleton & Malcor, *From Scythia to Camelot,* 1994, New York, Garland.

A la suite des rapports qu'il avait fait dans son esprit entre la saga de Batraz , celle des Nartes, et d'Arthur et les Chevaliers de la Table Ronde, Littleton s'est souvenu d'un passage de l'Histoire de Rome de Dion Cassius, écrite en 225 de l'ère chrétienne, où il est révélé qu'à la fin de la guerre marcomannienne, 8.000 cataphracti d'une tribu sarmate nommée Iazyge, avaient été incorporés dans les légions romaines. 5.500 d'entre eux avaient été envoyés en Grande Bretagne. Les auxiliaires iazyges furent postés par groupes de 500 dans les garnisons le long de la muraille d'Hadrien. A la fin de leur temps de service ils se sont établis dans une colonie de vétérans à *Bremetennacum Veteranorum* près du village moderne de Ribchester. Ce qui est fascinant, c'est que leur premier commandant était un officier romain nommé Lucius Artorius Castus, préfet de la VIe légion Victrix. Il semble que les Iazyges aient été enrôlés dans l'armée romaine.

Chevauchant derrière leur propre étendard au dragon ailé, les Sarmates doivent avoir fait un effet spectaculaire. Imaginez 5.500 hommes avec leurs milliers de chevaux et leur long train de bagages, poursuivant leur chemin à travers l'Europe depuis les plaines de Hongrie jusqu'aux rivages de la Manche. César lui-même n'était arrivé qu'avec une cavalerie de 400 hommes, et la rumeur de l'arrivée de guerriers grands, blonds et montés sur des chevaux doit s'être répandue comme une traînée de poudre dans toute la Grande Bretagne.

Comme le démontrent Littleton et Malcor dans leur ouvrage bien raisonné, il semblerait que les douze victoires attribuées à “Arthur” par Nennius et d'autres, y compris la fameuse victoire de Badon Hill, qui toutes sont datées par convention du début du sixième siècle de l'ère chrétienne, pourraient avoir été le fait de Lucius Artorius Castus, et gagnées *entre 183 et 185 de notre ère en Grande-Bretagne septentrionale.*

Rien ne semble signaler que des femmes Iazyges aient accompagné leurs hommes en Grande Bretagne. On ne trouve aucune trace d'orfèvrerie ou de bijoux sarmates, ni de maquillage, miroirs ou autres objets qui auraient témoigné d'une présence sarmate féminine, dans les ruines de forts, colonies et cimetières romains en Grande Bretagne. Cela signifie qu'ils ont vraisemblablement épousé des femmes de l'endroit et sont restés en Grande Bretagne après leur temps de service.

Pour le début du IIIe siècle, avec 5.500 Sarmates casernés dans le nord de l'Angleterre, il est certain que les techniques, talents, idées, croyances et légendes des hommes des steppes avaient été répandus, expliqués et racontés, y compris leur croyance en une épée divine, leur dieu de la guerre, à laquelle ils rendaient un culte en la fichant en terre et en la retirant ensuite.

L'épée divine était l'un des symboles puissants et majeurs des Sarmates, de sorte qu'il n'est pas surprenant qu'elle nous soit parvenue en tant que thème central de la saga arthurienne: celui de "l'épée dans la pierre". A mesure que les Sarmates s'établissaient et apprenaient le dialecte celtique local avec leurs nouvelles épouses et leurs enfants, il paraît naturel que les grands exploits magiques de leurs propres héros, ancêtres et divinités se soient répandus parmi cette nouvelle population hybride.

En 460 de l'ère chrétienne, Cunedda de la tribu des Votadini, fut invité à se rendre en Galles du Nord pour aider à en chasser les Irlandais. Les Votadini étaient originaires du nord-est de l'Angleterre, leur capitale se trouvait probablement près de Bamburgh, curieusement à proximité du berceau de la grande famille Percy: Alnwick, et dans la région occupée par des Celtes Parisi – deux intéressants indices homonymiques autour du nom du célèbre Perceval du Graal.

Alors que la Grande Bretagne était occupée par les Romains, les Votadini s'étaient constitués en forces de police au service des Romains pour protéger leur frontière septentrionale. Mais ils avaient souffert après le départ des Romains. Au nord, ils étaient menacés par les Pictes, à l'ouest par les Irlandais, et à l'est par les Angles. On pense qu'ils ont colonisé le nord-ouest du pays de Galles. Cette théorie est renforcée par la découverte, à Gwynedd, de poteries distinctement Votadini de cette période. C'est à partir de ce moment que l'étendard portant un dragon ailé est entré dans la culture galloise, ce qui suggère que les cultures galloise celtique et Votadini-Sarmate ont fusionné.

Nous voyons donc ainsi un enchaînement possible de circonstances ayant apporté ces récits au pays de Galles, en même temps que les figures héroïques assimilées ensuite à l'archétype mythique, indépendamment de ce que ces héros auraient accompli dans la réalité. Ce doit avoir été le moment où le prototype gallois, mélange d'imagerie celtique et sarmate, est né, au cours d'une période de troubles et de crises.

Blake et Lloyd établissent, avec une grande clarté, que les documents historiques *écrits* dont s'est inspiré Geoffroy étaient en fait un *corpus de récits gallois* – qui avaient probablement été sarmates avant de devenir gallois – basés sur des personnes réelles dont l'histoire et la géographie s'ajustent si parfaitement dans les détails, qu'il est peu douteux que Geoffroy ait "réinventé Arthur" pour l'adapter aux goûts de son époque. En fait, comme le démontrent Blake et Lloyd, le récit de Geoffrey de Monmouth n'a été que la première étape du détournement du prototype gallois qui a été suivi depuis lors.

La première question que se sont posé Blake et Lloyd a été: quand Geoffroy de Monmouth a-t-il trouvé ses matériaux? Et ils démontrent avec soin et profondeur qu'ils proviennent du pays de Galles, appelé à l'origine "Brittania."

> Au XIIe siècle, "Britannique" ne désignait pas toute la Grande Bretagne telle que nous la connaissons aujourd'hui, mais faisait spécifiquement référence au Pays de Galles. Cela soulève une question cruciale: si Brittannia était le nom latin de Galles, alors quel était le nom latin original de l'Angleterre? … Nous avons trouvé la réponse dans un livre datant du XIIe siècle: le Livre de Llandaff, où le nom du pays qui borde Britannia apparaît plus d'une fois: "Les frontières de Britannia et d'Anglia en direction de Hereford… Des deux parties d'Anglia et Britannia… Anglia.[199]

Comme Geoffroy picore dans plusieurs histoires, de nombreux chercheurs ont conclu qu'un mystérieux et sombre "Riothamus" est *Le* "Arthur historique". En fait, il subsiste des lettres adressées par Sidonius à Riothamus et, selon Geoffroy, l'adversaire d'Arthur lors d'une invasion continentale, était "Leo, empereur de Rome." Il se fait qu'au temps de Riothamus, l'empereur de la Rome d'orient était un certain Leo Ier, soutenu par le général alanique Aspar. Leo désigna un noble *Byzantin*, Anthemius, pour négocier une alliance britannique en 467, ce qui amena Riothamus, "roi des Bretons" en Gaule, en 468. Riothamus et son armée de 12.000 hommes menèrent une série de batailles sur le Continent, avançant tout droit vers la région où sont "mises en scène les légendes de Lancelot ". La lettre de Sidonius est un appel à Riothamus, lui demandant d'arrêter de débaucher les esclaves d'un propriétaire local. Le préfet impérial de la Gaule en appela à Euric, roi des Visigoths, pour écraser Riothamus. Les Chroniques d'Anjou disent que le félon qui a trahi Arthur était Morvandus, ce qui est très probablement une combinaison du nom du traître traditionnel d'Arthur: Mordred, et du nom du préfet: Arvandus. Il n'existe aucun récit de la mort de Riothamus, mais la dernière mention qui est faite de lui le fait aller dans une ville appelée Avallon. Donc, Geoffroy Ashe suggère que Riothamus est le "vrai" Arthur.

---

[199] Blake and Lloyd, *The Keys to Avalon*, 2000, Element Books, Shaftesbury, Dorset.

Mais comme le démontrent Littleton et Malcor, et Blake et Lloyd, ce Riothamus est "le petit dernier" au sein d'un processus d'assimilation archétypale!

Il y a sans doute eu des descendants des Iazyges en Grande Bretagne dans les troupes de ce Riothamus, et il est très probable que beaucoup d'entre eux n'ont jamais revu la Grande Bretagne; et leurs légendes d'Arthur, assimilant leur chef disparu Riothamus, combinées avec des variantes provenant des sagas des Nartes apportées en Gaule par les Alains, se sont fondues pour former le corpus de la tradition arthurienne née en France.

Ce qui est d'un intérêt particulier, c'est l'identité des Gallois celtiques ou Britanniques d'origine, qui s'étaient repliés défensivement sur le Pays de Galles. Lorsque les Anglo-Saxons menèrent leurs invasions et se dirigèrent vers l'ouest, de nombreux Britanniques fuirent le pays et s'installèrent en Normandie.

Gildas, qui écrit au VIe siècle de l'ère chrétienne, est le premier écrivain britannique d'origine dont les ouvrages sont arrivés jusqu'à nous. Nennius, qui écrit environ 200 ans plus tard, se réfère aux "traditions de nos ancêtres". Et Geoffroy de Monmouth loue les travaux de Gildas et de Bède et s'étonne de l'absence d'autres ouvrages au sujet des premiers rois britanniques:

> Cependant les exploits de ces hommes ont été tels qu'ils méritent d'être loués à jamais. De plus, ces actions ont été transmises joyeusement dans la tradition orale, comme si elles avaient été écrites par de nombreuses personnes qui ne pouvaient faire appel qu'à leur mémoire.[200]

Dans sa description des quelque cinquante années qui précèdent son récit arthurien, Geoffroy de Monmouth nous parle de Vortigern et de l'arrivée des Saxons sous les ordres de Hengest et Horsa, évidente assimilation de l'arrivée antérieure des Votadini et des Sarmates pour évincer les Irlandais. Notons la présence, tout au long de ces événements, de Merlin, l'équivalent britannique de Hiram Abiff et Dédale combinés – le grand architecte du Temple.

Ce qui nous intéresse, c'est qu'on attribue à *Merlin la construction de Stonehenge*. Pour une raison qui nous échappe, se basant sur la "tradition orale", Geoffroy de Monmouth a relié la figure mystérieuse et légendaire de Merlin au monument préhistorique de la plaine de Salisbury. Ici, la question n'est pas de savoir si le récit Geoffroy est exact, mais bien pourquoi il a fait ce lien. S'est-il basé sur des récits appartenant aux traditions qu'il a

---

200 Geoffrey of Monmouth, *The History of the Kings of Britain*, trad. Lewis Thorpe, 1966.

mentionnées et considérées comme fiables? Des *traditions antérieures à l'arrivée des Sarmates?*

Le récit de Stonehenge raconté par Geoffroy de Monmouth commence par un massacre déloyal des Britanniques par Hengest et ses Saxons, survenu lors d'une conférence de paix. Les Saxons avaient dissimulé leurs dagues dans leurs chaussures, et sur un signe de leur chef, les avaient saisies et avaient tué tous les nobles britanniques assemblés, sauf le roi.

Geoffroy nous dit que l'assemblée s'était réunie au "Cloître d'Ambrius, non loin de Kaercaradduc, connu de nos jours sous le nom de Salisbury". Il le décrit ensuite comme étant un monastère rassemblant trois cents frères, fondé par Ambrius de nombreuses années auparavant.

Il se fait qu'il existe un endroit nommé Amesbury à trois ou quatre kilomètre à l'est de Stonehenge, et qui à l'origine s'appelait Ambresbyrig. Ce site ne correspond pas du tout à la description du Cloître d'Ambrius. Le cloître est censé se trouver sur le Mont Ambrius, tandis qu'Amesbury se trouve dans la vallée de la rivière Avon. Geoffroy raconte que les victimes du massacre ont été enterrées dans le cimetière du monastère, à moins de trois kilomètres et demi de là. En outre, puisqu'il semble que Geoffroy ait été influencé par la norme mythique qui fait assimiler un événement réel à un archétype, nous avons la liberté de penser qu'un massacre ancien et célèbre a eu lieu sur ce site, et que Stonehenge et le Cloître d'Ambrius ne font qu'un.

Le fait que Geoffroy ait choisi de l'appeler un "cloître" est curieux, car un cloître est une "arcade couverte faisant partie d'une construction religieuse ou d'un collège". Cette description s'applique bien à Stonehenge. Geoffroy a manifestement tenté de "christianiser" Stonehenge dans ses références à un monastère et à des moines. Les Saxons ont donné à Stonehenge le nom qu'on lui connaît actuellement. Les Britanniques l'ont nommé *Le Bal du Géant*, et Geoffroy de Monmouth disposait certainement là d'une tradition dont il pouvait s'inspirer, puisqu'il commence son histoire par les aventures de Brutus, un descendant d'Enée qui, après de nombreux voyages et combats, a accosté en Angleterre, pays inhabité, *si ce n'est par quelques géants*.

Geoffroy disposait ici d'un contexte raisonnable dans lequel placer Stonehenge, mais il l'a ignoré et a préféré attribuer la construction de Stonehenge à Merlin après le terrible massacre par les Saxons. Cela lui a permis de relier son Arthur au grand architecte du monument et à toutes ses gloires. Ceci nous suggère qu'il y a eu, derrière cette idée, une solide tradition selon laquelle

Stonehenge était le point focal d'un peuple qui a souffert un désastre épouvantable et terminal après lequel il a bâti Stonehenge, et les pierres elles-mêmes avaient sans doute des propriétés magiques qui permettaient de guérir. En bref, cette tradition se perd sans doute dans les brumes de l'antiquité.

Dans le récit de Geoffroy, Merlin suggère à Aurelius d'envoyer une expédition en Irlande pour rapporter l'anneau du Géant qui se trouve sur le Mont Killaraus. Le roi commence par en rire et demande:

> "Comment des pierres aussi grosses pourraient-elles être transportées depuis un pays aussi lointain? "Comme si l'Angleterre manquait de pierres assez grosses pour cette tâche!" "Essayez de ne pas rire sottement, Votre Majesté" répond Merlin. "Ce que je suggère n'a rien de ridicule. Ces pierres sont liées à certains rites religieux tenus secrets et elles ont diverses propriétés importantes du point de vue médical. Il y a de nombreuses années, les Géants les ont transportées des confins de l'Afrique jusqu'en Irlande où ils les ont déposées en des temps où ils habitaient ce pays. Leur plan était que, lorsqu'ils souffriraient d'un mal quelconque, des bains devraient être préparés au pied de ces pierres, car ils avaient pour habitude de verser de l'eau sur ces pierres et de verser ensuite cette eau dans les bains; les malades s'y trempaient et en sortaient guéris. En outre, ils mélangeaient à cette eau des décoctions de plantes pour guérir leurs plaies. Pas une seule de ces pierres n'est dépourvue de propriétés médicinales."[201]

Comme le fait remarquer W. A. Cummins, un géologue et archéologue, tout ceci ressemble à une tradition pré-médiévale, et peut-être même préhistorique, de Stonehenge. Cependant, les pierres bleues utilisées pour la construction de Stonehenge ne proviennent pas d'Afrique, ni même d'Irlande, mais des Monts Prescelly, ou Mynydd Preselau. Mais la pierre dite "d'autel" provient vraisemblablement de quelque part dans la région de Milford Haven dans le Pembrokeshire. Cummins demande:

> Pourquoi les bâtisseurs de Stonehenge sont-ils allés chercher des pierres aussi loin que Mynydd Preselau alors qu'il y avait beaucoup plus près des pierres qui auraient parfaitement pu faire l'affaire?
>
> Pourquoi, si le lieu d'approvisionnement en pierres bleues était Mynydd Preselau, ont-ils aussi apporté un seul grand bloc de grès

[201] Geoffrey of Monmouth, ibid.

> micacé (la Pierre d'Autel), qui ne provient certainement pas de cette région?[202]

Cummins fait astucieusement remarquer que Geoffroy vivait à une époque plus proche de huit siècles et demi de l'événement que nous-mêmes, et donc que son récit pourrait être plus proche de la vérité.

Dans les quelques remarques faites par Geoffroy de Monmouth, à propos du Cloître d'Ambrius, et des "bains au pied des pierres", nous apercevons la correspondance cachée entre le Chaudron de la Renaissance, le Sacré Graal, et Stonehenge. L'explication donnée par Merlin à propos de l'importance des pierres telle qu'elle est rapportée par Geoffroy est qu'elles étaient liées à des "rites religieux tenus secrets" qui, poursuit-il, étaient en rapport avec des "propriétés magiques de guérison".

Il existe une très ancienne tradition celtique à propos de chaudrons de renaissance dans lesquels étaient plongés les blessés et les soldats mourants ou morts, qui en ressortaient guéris, entiers, et re-nés. Le Sacré Graal dispensait lui aussi à ceux qui le détenaient: santé, guérison de blessures reçues au combat, et guérison de maladies. Les chaudrons celtiques étaient également des sources d'abondance, de prophétie, d'inspiration et de connaissance. Cerridwen, La déesse galloise de la Lune, possédait un chaudron magique d'inspiration. Les bardes gallois se donnaient le nom de Cerddorion (fils de Cerridwen). Le barde Taliesin, fondateur de leur art, est dit être né de Cerridwen et avoir bu de sa potion appelée "greal," composée de six plantes donnant inspiration et connaissance. Branwen, la sœur de Bran le Bienheureux, était la "Dame du Chaudron" ainsi que la "Dame du Lac". Bref, le "Lac" dont avait émergé la fameuse épée et dans lequel elle a été rejetée, était un Chaudron ou le Saint Graal.

---

[202] Cummins, W. A., *King Arthur's Place in Pre-history*, 1992, Bramley Books, Surrey.

CHAPITRE VIII
LA CULTURE DES PIERRES

MAGIE ET MÉGALITHES

Revenons à présent aux nombreuses sculptures de déesses trouvées aux niveaux archéologiques les plus anciens. Selon les experts, l'idée que l'on peut discerner dans la religion de la déesse est celle d'une *infinie générosité de la Grande Mère*. Selon eux, ces peuples ne se sont pas consacrés à l'agriculture parce que l'idée de "posséder la terre" leur aurait été insupportable. "Forcer" la terre à produire, plutôt qu'accepter l'abondance naturelle accordée par la déesse était tout simplement étranger à leur philosophie. Leur déesse était un *Etre des Etoiles* et elle était vénérée dans des temples alignés sur des *archétypes célestes.*

Mais il se pourrait que leur "culte de la déesse" dans ces temples ait été bien différent de ce que nous entendons nous par culte. Pourquoi dis-je cela? Parce qu'il y a quelque chose de TRES mystérieux chez ces anciens peuples: ils semblent avoir disposé de "super-pouvoirs". Dans un chapitre précédent, nous avons parlé des travaux du Dr. Schoch sur les pyramides sous-marines au large du Japon, auxquelles a été donné le nom de « monuments de Yonagouni ». Schoch a noté le fait étrange qu'il n'y a pas de "marques d'extraction" sur les pierres de la structure souterraine. Il en a conclu qu'elles ne peuvent avoir été façonnées de main d'homme. Mais il aurait dû étudier d'autres grandes cités de pierre d'où sont également absents tous signes de techniques d'extraction telles que nous les concevons actuellement.

Morris Jessup a longuement commenté les structures mégalithiques dans son livre *The Case for the UFO.* Sa conclusion, basée sur sa propre connaissance et expérience, est que nombre d'entre elles paraissent avoir été mises en place selon un procédé de "meulage *in situ*", ce qui aurait bien sûr nécessité des moyens de traiter la pierre, qui échappent totalement à notre entendement actuel. Il fait ensuite une observation intéressante:

> Il se peut que ce formidable pouvoir ait été limité, dans ses applications, uniquement à des objets en pierre, mais cela est quelque peu douteux. Ou bien peut-être était-il limité à des matériaux non-magnétiques en général. De telles limitations

> auraient pu restreindre le développement d'une culture mécanisée telle que la nôtre actuellement, et pourraient expliquer en partie le fait étrange que pratiquement tous les vestiges qui nous restent du lointain passé sont non métalliques.[203]

C'est un fait que la Terre est littéralement couverte de mégalithes laissés par d'anciennes civilisations. Il y en a des dizaines de milliers! Il y a des variantes dans les dispositions et dans les styles, mais ce qu'ils ont tous en commun c'est leur taille incroyable, et leur indéniable antiquité. De nombreux spécialistes tentent de les placer dans la période historique en creusant tout autour et en s'écriant: “aha!” quand ils trouvent quelque chose dont la période peut s'inscrire dans la classification actuelle de l'histoire de l'homme.

Les experts ont maintenant compris que les structures mégalithiques exigent une planification architecturale complexe et ils prétendent que ces structures résultent du labeur de dizaines de milliers d'ouvriers pendant des siècles.

Aucun d'entre eux n'a jamais fait le compte systématique des mégalithes, mais l'on estime qu'il y en a plus de 50.000. Il est également admis que ce nombre n'en représente qu'une fraction, car beaucoup ont été détruits, non seulement par des forces naturelles, mais aussi par l'impéritie des hommes.

Bien qu'il existe des structures mégalithiques dans le monde entier, il n'y en a nulle part ailleurs autant qu'en Europe. Les mégalithes d'Europe forment un immense “tapis de pierre”. Beaucoup de ces mégalithes ont été recouverts de gazon ou de brillants petits cailloux de quartz blanc. Il se fait que le quartz est électriquement actif. Cette manie mégalithique dans l'ancienne Europe est, autant que nous sachions, unique dans l'histoire de l'homme. La seule chose qui en approche:

> ...Sans égal, en vérité, dans l'histoire de l'homme. Car jamais il n'y eut une telle rage, une telle manie, de construire des mégalithes, *sauf peut-être pendant les quelques siècles qui ont suivi l'an 1.000, période au cours de laquelle la même partie de l'Europe, à peu de chose près, a été recouverte, comme le dit un moine de l'époque, “d'un blanc manteau d'églises”*“ [...]
>
> Les mégalithes, eux, ont été dressés par les *premiers Européens.* La raison pour laquelle ce simple fait a mis si longtemps à être accepté, est le complexe d'infériorité particulier que les Européens d'Europe occidentale ont eu au sujet de leur passé. Leurs religions, leurs lois, leur héritage culturel, leurs chiffres

---

[203] Jessup, Morris K. [1955] *The Case For The UFO*, New York, Bantam Books

> mêmes, viennent tous de l'est. Avant que la civilisation fasse son apparition à partir de la région méditerranéenne, les habitants étaient illettrés et n'ont donc gardé aucune trace écrite des événements; ils n'ont construit aucune ville. Il est facile de supposer qu'ils étaient de simples bandes de sauvages demi-nus qui se peignaient le corps, s'enduisaient la chevelure de graisse d'ours, et mangeaient leurs cousins.[204]

Les "pourquoi" et "d'où" de cette "manie mégalithique" font toujours l'objet de débats. Le fait est qu'il est impossible de dater des pierres. Oui, on peut dater des choses qui se trouvent auprès d'elles, autour d'elles, en-dessous d'elles, mais pas les pierres elles-mêmes.

Il est intéressant de remarquer, à propos des constructeurs de mégalithes, que des peuples qui ont été capables d'accomplir ces exploits fabuleux d'ingénierie sont encore considérés, dans la plupart des cercles, comme des barbares parce qu'ils *n'ont pas bâti de cités, n'ont pas pratiqué l'agriculture, n'ont pas utilisé la roue, n'ont pas connu l'écriture*. Et cependant, ils ont fait des choses que les peuples "civilisés", ayant accompli des tas de ces choses "civilisées", n'ont pas faites et n'ont pas pu faire. Ils avaient une sorte de "pouvoir" que nous ne pouvons ni reproduire, ni comprendre.

Je voudrais maintenant faire un peu de spéculation. La première chose qui me vient à l'esprit quand je considère le problème des mégalithes est ce que j'appelle "le profit". C'est-à-dire qu'aucun être humain ne fait jamais rien sans espérer en tirer quelque "profit", ou pour parler d'une manière plus générale, *sans raison*, n'en déplaise à Colin Renfrew et à sa "Théorie du Grand Chef"[205].

Quelle pourrait bien être la raison d'être de ces pierres? Il y en a manifestement eu beaucoup plus que nécessaire pour construire de simples "monuments" ou rendre des "cultes", ou même pour marquer le temps, comme l'ont récemment suggéré certains chercheurs. Ces mégalithes sont disposés comme s'il s'agissait du mécanisme intérieur d'une vaste machine globale dont le but reste une énigme pour nous. Par exemple à Carnac, en Bretagne, 3.000 menhirs formant treize lignes parallèles ont été répandus dans la campagne française.

Est-ce que, par la même occasion, la présence surabondante des mégalithes, et leur disposition "comme dans une machine" auraient quelque chose à voir avec ce qui "manque" chez ces peuples, c'est-

---

[204] Reader's Digest, *The World's Last Mysteries*, 1977

[205] Nous avons brièvement évoqué la théorie de Renfrew au dernier chapitre.

à-dire des signes de civilisation: la roue, l'agriculture, l'écriture, les cités? Oserions-nous supposer que la raison des pierres et la raison de l'absence de vestiges de ce que nous appelons civilisation, serait la même? Et pourrions-nous supposer que, vu qu'on les trouve partout où il y a des mégalithes, les milliers de statuettes sculptées représentant des femmes très corpulentes ont aussi quelque rapport avec ces mystérieux pouvoirs?

Je ne fais qu'observer l'évidence, après de longues périodes d'examen de ces structures et objets fabriqués. Si nous les regardons sans aucune idée préconçue, et si nous nous imaginons participant à la vie du peuple pour lequel elles étaient une partie naturelle et nécessaire du paysage, et si nous mettons cela en parallèle avec ce que nous savons de notre propre civilisation, il nous vient des idées très surprenantes.

L'observation nous montre que des cités se sont développées, dans des sociétés agricoles, en tant que lieux centraux de manufacture et d'échange de biens. L'agriculture est nécessaire à la subsistance de populations stables et statiques. Des roues sont nécessaires pour transporter les gens et les biens à l'intérieur des cités, et depuis les zones agricoles jusqu'aux cités et vice-versa. L'écriture est nécessaire pour garder trace des transactions, comme en attestent clairement les formes primitives d'écriture: elles nous ont laissé d'innombrables listes et comptes de grain et de bétail. Et l'écriture était également utilisée dans un autre but: la chronique et la diffusion des exploits de certains dieux et déesses, et aussi pour garder trace de toutes les dîmes prélevées par les temples et le clergé.

Maintenant, supposons que rien de tout cela ne soit nécessaire. Supposons qu'une civilisation existait et qu'elle n'avait besoin ni de cités, ni d'agriculture, ni de roues, ni d'écriture. Cela ne veut pas dire qu'elle ne produisait pas des biens en quantités, ou qu'elle ne produisait pas de la nourriture pour de grands groupes, ni que ces gens ne parcouraient pas de longues distances, ni qu'ils ne gardaient pas trace de leurs exploits. Mais supposons qu'ils ne le faisaient pas comme nous nous y attendons. Supposons que ce soient LES PIERRES QUI FAISAIENT TOUT CELA?

Que veux-je dire par là?

Le "culte" rendu par les anciens n'était peut-être pas un culte comme nous l'entendons, nous. Il aurait pu s'agir d'une technologie basée sur l'énergie cosmique, qui aurait eu quelque chose à voir avec les étoiles, et utilisait des pierres pour interagir avec des corps humains, probablement celui de femmes très corpulentes, pour produire ce dont la tribu avait besoin. Pour ceux d'entre vous qui sont des fans de science-fiction, pensez simplement à une fonction modifiée du Navigateur dans le livre et dans le film *Dune*. Le lecteur ne doit pas ignorer que l'un des titres de la déesse Isis, ainsi que d'autres divinités, était "La Navigatrice".

Un autre point concernant la représentation de la déesse Isis est l'étrange construction sur sa tête, et qui est appelée le "trône". Le terme "assise" est régulièrement adjoint aux représentations de la déesse, et aux temps archaïques, la royauté était accordée par mariage à la représentante de la déesse.

Le culte de la Lune apparaît dans les littératures les plus anciennes de l'Egypte, de Babylone, de l'Inde et de la Chine, et est pratiqué encore de nos jours dans différentes parties du monde, particulièrement par certains groupes africains et aborigènes américains. Les experts nous diront que le culte de la Lune est fondé sur la croyance que les phases de la Lune et la croissance/le déclin des plantes, des animaux et des humains y sont liés.

Dans certaines sociétés, de la nourriture était déposée à l'extérieur pendant la nuit, pour qu'elle absorbe les rayons lunaires, qui étaient supposés avoir le pouvoir de guérir les maladies et prolonger la vie.

Chez les Baganda d'Afrique Centrale, les mères avaient coutume de baigner leurs nouveau-nés à la lumière de la première pleine lune suivant la naissance. La Lune a également été associée à la sagesse et à la justice, comme dans le culte égyptien rendu au dieu Thoth et dans le culte mésopotamien rendu au dieu Sin. La lune a été à l'origine de nombreuses légendes et superstitions amoureuses (jadis, l'on pensait que les fous avaient été frappés par les rayons de la Lune, d'où le qualificatif de lunatique). Voilà donc une version abrégée, car on pourrait remplir des bibliothèques entières avec les livres écrits sur la mythologie de la Lune et des sujets s'y rapportant.

Les points intéressants à noter sont qu'anciennement, il était admis que les rayons de la Lune avaient le pouvoir de guérir les maux, de prolonger la vie, et de conférer la sagesse. Ce sont là des thèmes appartenant tant au Sacré Graal qu'à la Pierre Philosophale. Et ceci nous amène à une autre idée, extrêmement intéressante, de Morris Jessup.

MORRIS JESSUP ET LES NOEUDES GRAVITATIONNELS

Le lecteur familiarisé avec l'œuvre de Jessup saura qu'il est décédé dans des circonstances très mystérieuses et que sa mort a été la plate-forme sur laquelle a été édifiée la "légende" de l'Expérience de Philadelphie. Cette histoire concerne des expériences menées secrètement par le gouvernement sur l'invisibilité au radar, et dont le résultat aurait été la manipulation du temps /le voyage dans le temps. Cette histoire est trop longue pour être racontée ici, et elle ne se rapporte pas tout à fait à notre sujet. Nous dirons qu'après avoir fait beaucoup de recherches et tenté de trouver des indices, nous sommes arrivés à la conclusion que Jessup a très probablement été assassiné, mais pour d'autres raisons que celles auxquelles le public pense en général. Nous pensons qu'il a été tué pour donner de la "substance" à l'histoire de l'"Expérience de Philadelphie" qui, à notre avis, est destinée à répandre de la désinformation ET distraire l'attention de certaines observations dont il avait rendu compte dans son livre cité plus haut.

Jessup souligne que des OVNIs ont été vus par des humains depuis des milliers d'années et il cite ces rapports dans le détail. Il nous informe que les sources les plus anciennes et les plus riches de ces rapports sont des documents conservés dans des monastères en Inde et au Tibet. Il note que ces rapports font état d'observations faites depuis 15.000 à 70.000 ans, et ces rapports, ainsi qu'un compte rendu fait par une personnalité de la Cour de Thoutmès III aux environs de 1.500 Av. J.C., sont très similaires aux rapports faits de nos jours.

Jessup se réfère ensuite aux nombreuses observations d'apparitions faites par des astronomes sceptiques, et dont je possède moi-même toute une collection. Leurs observations sont quantifiées et documentées en ce qui concerne l'heure et les conditions d'observation. Bien qu'incapables d'expliquer ce qu'ils ont vu, ces astronomes ont cependant fidèlement inscrit tout ce qu'ils voyaient, grâce au matériel dont ils disposaient aux différentes périodes d'observation. Des observations faites simultanément par deux ou plusieurs observateurs ont parfois pu établir les distances auxquelles se trouvaient les OVNIs, par l'étude de calculs de parallaxe[206]. Ce sont ces observations, contenant certaines données spécifiques, qui ont fourni les détails sur lesquels Jessup a basé son idée. Il l'a nommée "*habitat of the UFO's*"[207].

> En affinant la Loi de Bode, l'on constate des *noeudes dans le champ gravitationnel*, sur lesquels les planètes, astéroïdes, et

[206] La "Parallaxe" est l'angle, la plupart du temps mesurable, formé par l'observation d'un objet à partir de deux points différents. Par exemple: tendez un doigt en l'air et observez-le en fermant un oeil et puis l'autre. Le déplacement sur le "fond" distinct est la parallaxe.

[207] L'Habitat des OVNIs

probablement les comètes et les météorites, tendent à se situer. Une extension de cette théorie aux systèmes satellitaires des planètes majeures indique qu'il existe de semblables systèmes de noeudes à plus petites échelles, où les planètes, plutôt que le Soleil, sont des centres gravitationnels. ...il se pourrait que ces *noeudes gravitationnels* soient occupés, dans une certaine mesure, par des constructions navigables.[...]

Nous pouvons dès lors considérer comme hautement probable qu'il existe de nombreuses zones "de confort" autour des planètes et autour du Soleil, qui ne sont pas occupées actuellement par des planètes ou des satellites de grandeur considérable, et pourraient donc être utilisées par des habitants éclairés de l'espace. Ces zones, si elles existent, viennent *s'ajouter au point mort démontrable Terre-Soleil-Lune.*

Puisque ce système de noeudes paraît être fonction du rayon du corps qui exerce l'attraction, il se pourrait qu'il y ait toute une série d'entre eux en cercles concentriques ayant pour point de départ la surface d'un corps-parent, comme la Terre, mais nous ne pourrons être certains de leur existence ou leur vraie nature que lorsque nous aurons déterminé la nature de la gravitation elle-même. Nous pourrions disposer d'indications au sujet de la gravitation. Par exemple, aucune solution définitive n'est encore intervenue dans les discussions qui opposent les théories corpusculaires aux théories ondulatoires au sujet de la propagation de la lumière. *Une supposition selon laquelle l'éther -une adjonction nécessaire à la théorie ondulatoire- serait identique au champ gravitationnel (quel que celui-ci puisse être) réconcilierait les deux théories, et un quantum de lumière serait alors simplement une pulsation ou une fluctuation dans le champ gravitationnel.* Des études approfondies des mouvements d'OVNIs dans l'espace navigable pourraient fournir des indices vitaux sur ces problèmes. [...]

Il y a une évidence croissante que la gravitation n'est ni si continue, ni si immatérielle, ni si obscure que pour empêcher totalement son utilisation, sa manipulation et son contrôle. [...] L'érection des antiques structures mégalithiques, elle aussi, doit être intervenue par lévitation. [...]

Je suis convaincu que quelque chose de ce genre a été fait dans le passé antédiluvien, soit comme étant le résultat de recherches, soit par découverte fortuite de forces et lois physiques qui n'ont pas encore été révélées aux scientifiques de cette deuxième vague de civilisation.[208]

[208] Morris K. Jessup, *The Case for the UFO,* 1955, Bantam Books, New York.

Jessup discute ensuite de la périodicité des événements d'origine céleste et spatiale. Comme il le dit, il ne serait pas particulièrement surprenant que de tels phénomènes soient cycliques, car pratiquement tout ce qui est du domaine de l'astronomie EST cyclique.

Plusieurs points importants des commentaires de Jessup s'appliquent à notre présente discussion. Non seulement il est bien près de décrire un état para-physique, hyperdimensionnel résultant d'une technologie gravitationnelle, mais il souligne également une certaine "périodicité" de ces activités par rapport à ce qui pourrait être considéré comme des moments, dans le temps, où des "portails dimensionnels" s'ouvrent et se ferment naturellement. C'est le concept fondamental de son idée des noeudes gravitationnels dans un système à trois corps: la Terre, la Lune, et le Soleil.

Jessup a trouvé ces idées en étudiant les OVNIs et autres phénomènes paranormaux, et il est très intéressant de se demander comment tout cela pourrait être relié aux idées de Gurdjieff quand il dit que nous sommes "de la nourriture pour la Lune". Dans ce dernier cas, Gurdjieff ne faisait que reformuler une idée ancienne qui a pu avoir un rapport avec le concept d'êtres hyperdimensionnels utilisant les noeudes gravitationnels comme des "portails" entre les dimensions.

Un autre point important dans les commentaires de Jessup est qu'il fait le lien entre les observations scientifiques, les indices contenus dans les anciens mythes, et le fait que les constructeurs de mégalithes doivent avoir eu des facultés extraordinaires. En résumé, quelle pourrait être la signification de "l'intronisation" de la déesse? Comment cela pourrait-il être une source de santé, de longue vie, de connaissance, et autres bienfaits? D'où peuvent donc bien provenir ces idées?

LA DANSE DES HEURES

Le *Livre d'Heures* de Jean de France, Duc de Berry, est considéré comme l'un des plus magnifiques manuscrits du Moyen-Age tardif ayant survécu jusqu'à notre époque.

Un "livre d'heures" est un livre de prières basé sur le calendrier religieux des saints et fêtes religieuses tout au long de l'année. Le livre, commandé par le Duc aux frères Limbourg, consiste en douze folios: un pour chaque mois. D'après une longue analyse de ces folios par le Prof. Otto Neugebauer, il semble que ce calendrier s'appuie sur des traditions de l'ancienne astronomie et des anciennes mathématiques depuis la plus haute antiquité. En guise de conclusion à sa fascinante analyse, qui démontre la méthode de décodage du livre d'heures, Otto Neugebauer écrit:

> Cette combinaison se termine là où elle a commencé, au 19 janvier, si nous admettons que les deux dernières lunaisons sont de 29 jours. Cette exception finale à la règle de l'alternance était nommée Callus Lunae, "bosse de la Lune". Afin de savoir à quelle date il doit y avoir une "nouvelle lune", il faut seulement savoir le numéro de l'année en cours dans le cycle de 19 années. Ce numéro est appelé le "chiffre d'or" car, dit un érudit du XIIIe siècle, "ce chiffre surpasse en excellence tous les autres rapports lunaires, tout comme l'or surpasse en excellence tous les autres métaux"[209].

Le cycle de 19 années est appelé "Cycle Métonique." Il se réfère au fait observé, que 19 années (6.939,689 jours) correspondent presqu'exactement à 235 mois lunaires (6.939,602 jours) et qu'un cycle de 19 années consistant en 12 années de 12 mois lunaires et 7 années de 13 mois lunaires garde les mois lunaires en rythme avec les saisons. Autrement dit, les phases de la Lune commencent à se reproduire, avec une différence d'environ deux heures, les mêmes jours des mêmes mois de l'année.

Méton a tenté de convaincre les Athéniens de l'existence de ce cycle, mais ils n'y ont montré aucun intérêt. Ils ont cependant appelé cette idée "Cycle Métonique". *Ce cycle de 19 ans est étroitement lié à la précession de 18,6 ans de l'orbite lunaire autour de la Terre, qui provoque une oscillation (nutation) correspondante dans le mouvement de la Terre.* Ceci suggère que les constructeurs de mégalithes avaient CONNAISSANCE de la nutation planétaire! En fait, le cycle de 18,6 ans semble avoir été un souci majeur pour les constructeurs de mégalithes: il est également un fait observé que tous les 18,6 ans, la lune atteint un point mort significatif, ce qui veut dire que tous les 18,6 ans, les azimuts du lever et du coucher de la Lune atteignent un extremum nord au solstice d'été et un extremum sud au solstice d'hiver.

En 1897, des fragments d'une tablette de bronze ont été retrouvés à Coligny en Bourgogne. Les fragments ayant été assemblés, cette tablette se révéla être le document en langue gauloise le plus long que l'on connaisse. Il date des environs du premier siècle avant l'ère chrétienne et contient quarante mots différents écrits en écriture latine; il s'agit d'un calendrier. Son déchiffrage a permis de constater que les Celtes utilisaient des ensembles de soixante-deux mois lunaires: d'une nouvelle lune à l'autre. L'un de ces mois contenait trente jours, le suivant vingt-neuf, ce qui donnait des demi-mois de quinze jours, ou une période de quinze jours suivie

[209] Neugebauer, *The Exact Sciences in Antiquity*, 1969, Dover, New York.

d'une période de quatorze jours. Les jours étaient comptés d'un lever de lune à l'autre. L'année qui en résultait avait onze jours de moins que l'année solaire de 365 jours. Mais pour remédier à ce problème ils avaient recours au simple expédient de faire alterner des années de 12 mois avec des années de treize mois: trois des premières et deux des deuxièmes, pour faire un cycle complet de 62 mois.

Cela est manifestement une solution plutôt ingénieuse, mais on peut alors se demander pourquoi, puisque manifestement ils connaissaient assez de mathématiques pour calculer l'année solaire avec précision, ne l'ont-ils pas adoptée dans leur calendrier? Pourquoi n'ont-ils pas lié le passage du temps au Soleil, aux cycles de l'agriculture? Pourquoi se préoccupaient-ils tellement de ce que faisait la Lune et le notaient-ils si scrupuleusement? Pourquoi comptaient-ils leurs jours de lever de Lune en lever de Lune (cette coutume encore adoptée par les Juifs et les Musulmans, qui comptent les jours à partir du coucher du Soleil en conséquence de leurs interactions avec les Indo-Européens)?

Bien sûr, les experts vont nous dire: parce qu'ils "adoraient" la Lune. Elle était proche, grande, et inspirait une crainte respectueuse, alors ils ont créé autour d'elle, tout naturellement, un tas de croyances ineptes et en ont fait leur "Déesse" (ou "Dieu" selon les cas). Comme je l'ai déjà noté, en observant les enfants nous pouvons mieux comprendre l'impossibilité que les anciens (même s'ils étaient des sauvages incultes) aient pu sucer de leur pouce de telles idées: elles doivent avoir une base, ils ont dû entendre une "histoire" à ce sujet. Les enfants acceptent le monde naturel qui les entoure tel qu'il est, jusqu'à ce que quelqu'un leur raconte une histoire. Et même alors, il faut beaucoup pour les convaincre que l'histoire est vraie; car si vous leur dites que la lune est en fromage vert, l'enfant pensera que vous êtes timbré.

Mais si nous admettons l'idée de Jessup à propos d'un node gravitationnel qui se trouverait quelque part entre la Terre et la Lune, en relation spécifique et cyclique avec l'étrange manière, adoptée par les anciens, de marquer le temps d'après les positions de la Lune, et aussi avec le culte plus tardivement rendu à celle-ci en tant que transmission d'une connaissance archaïque de quelque pouvoir secret, alors nous pouvons conclure que la technologie ancienne a dû être quelque chose de très extraordinaire.

Ce qui paraît évident, c'est que les bâtisseurs de mégalithes se préoccupaient assez du "système à trois corps" qui lie la nutation de la Terre aux positions relatives de la Terre-Lune-Soleil pour avoir basé leur système calendaire sur ce facteur! Cela suggère qu'ils ont *fait usage* de la gravitation. Nous soulignons encore ce curieux commentaire de cet érudit du treizième siècle cité par Neugebauer, au sujet de ce cycle de 19 ans: "*ce chiffre surpasse en excellence tous les autres rapports lunaires, tout comme l'or surpasse en excellence tous les autres métaux.*" Si nous mettons ensuite cette remarque en relation avec la queste de l'alchimiste, qui est de "transmuter des métaux vils en or" grâce à la "pierre philosophale", et si nous la mettons également en relation avec l'adage alchimique: "la juste personne, à la juste place au juste moment, faisant le juste geste, est capable d'accomplir la tâche", nous commençons à entrevoir que nous sommes dans la bonne voie. En particulier lorsque nous nous remettons en mémoire cette curieuse histoire à propos de "Fulcanelli" et Jacques Bergier:

> Des dispositions géométriques de substances extrêmement pures peuvent libérer des forces atomiques sans avoir recours ni à l'électricité, ni à la technique du vide...[210]

Nous verrons que cela prend encore davantage de signification à mesure que nous avançons.

Existe-t-il des pistes permettant de penser que les pierres elles-mêmes ont fait partie d'une technologie ancienne? De nos jours, nombreux sont ceux qui prétendent que les mégalithes sont disposés de par le monde selon une grille dont la structure correspondrait à 36 degrés de longitude de distance entre chaque ligne. L'hypothèse est que tous les mégalithes appartiendraient à une seule civilisation antédiluvienne. La supposition issue de cette hypothèse est que les endroits étranges où sont localisés ces ensembles impliquent que ces mégalithes n'étaient pas destinés à tirer des forces d'une grille à usage local, mais plutôt à faire quelque chose à la grille de la Terre tout entière en coordonnant des actions locales dans un but global. Autrement dit, ces mégalithes auraient été utilisés pour apporter de l'énergie à une grille globale, plutôt que pour en tirer de l'énergie.

Cette supposition d'une "couverture" présente des problèmes. Tout d'abord, alors que nous pensons que l'actuelle datation scientifique n'est pas fiable, nous pensons que des diagrammes en "bulles" peuvent être établis si l'on est assez méticuleux dans l'observation des situations individuelles et si l'on prend bien toutes les évidences en considération. Les cités englouties au large du Japon, de Bimini et de Malte, ainsi que le Macchu Picchu en Amérique du Sud suggèrent une civilisation ayant appartenu à un environnement pré-cataclysmique. Mais de nombreuses autres

---

[210] Pauwels, L, and Bergier, J., *The Morning of the Magicians*, (New York: Stein and Day. 1964) p. 77.

structures mégalithiques sont manifestement le fait d'une "irruption" de civilisation dans un environnement post-cataclysmique, et parmi celles-ci se trouvent les pyramides d'Egypte et d'Amérique Centrale, Stonehenge, etc. Ce qui est frappant c'est la différence entre les groupes pyramidaux et les groupes de "formations circulaires", bien que de nombreux chercheurs actuels tentent de les relier à un même contexte philosophique de base. Je pense que c'est là une erreur.

Les partisans de la prétendue "Géométrie Sacrée" assurent que la situation des mégalithes est une fonction de "l'Ingénierie des Grilles", qui est la plus ancienne science de l'humanité. Ces gens prétendent aussi que des versions sphériques précises du cube, comme le tétraèdre, l'octaèdre, l'icosaèdre, le dodécaèdre et d'autres solides composés et semi-réguliers comme le cuboctaèdre, sont à présent reconnus comme preuves que l'homme du Néolithique était familiarisé avec les concepts de cette supposée géométrie sacrée. Ces gens poursuivent leur idée en disant qu'il doit s'être agi d'une sorte de pratique "mystique" comprenant la visualisation de la grille d'énergie terrestre, et dont les rituels devaient permettre aux individus de se "mettre à l'unisson" de l'intelligence supérieure de la Terre en produisant une "résonance".

Je m'interroge sur cette interprétation. Si, comme nous le soupçonnons, nous avons été soumis à l'influence d'un "empire alien" ces derniers millénaires, nous pourrions penser que ces élucubrations sont en grande partie destinées, ou bien à nous informer de l'existence du "système de contrôle", ou bien à le perpétuer. Qu'est-ce qui serait plus naturel pour le Système de Contrôle de la Matrice que de manipuler les gens de telle sorte qu'ils pensent que la "visualisation" de ces grilles les met "en harmonie" avec la Terre et que cela est "une bonne chose"? Il se pourrait qu'en fait cette pratique soit destinée à renforcer les murs de la prison et à faire des êtres humains des "piles" qui la maintiennent en place! Cela ne signifie pas, cependant, que découvrir ces choses et savoir où se trouvent ces points ne soient pas un exercice salutaire. Mais accéder à ce savoir scientifique, ignorer ses applications correctes probables, et tomber dans le piège de ce qui revient à des "rituels" de visualisation pour se "mettre en harmonie" avec la Terre, pourrait bien être exactement ce qu' "ils" veulent que nous fassions. Le seul fait que cela soit répandu si largement de cette manière me suggère que c'est bien le cas.

POLARITÉS ANTAGONISTES PROBABLES DANS DES CIVILISATIONS ANCIENNES

Lorsqu'on parcourt toutes les "anciennes matières", étudie les différents groupes en tentant de les suivre dans leurs déplacements, et analyse la morphologie génétique afin de pouvoir dire «qui est qui», et compare les langages, les mythes et l'archéologie, l'on arrive à la conclusion surprenante qu'il y a eu des polarités significatives dans l'espace et le temps.

J'ai essayé d'identifier ces polarités en faisant une classification en deux groupes: le groupe des triangles et le groupe des cercles. Globalement, la majorité des peuples "triangles" se trouvent dans l'hémisphère sud, où se trouvent les cultures ayant bâti des pyramides et objets manufacturés se rapportant à ces cultures. Chez la plupart, leur art est primitif et stylistiquement rigide. Dans l'hémisphère nord, nous voyons des peuples qui dessinent des cercles, des spirales, ébauchent des mégalithes, produisent les oeuvres d'art de Chauvet et de nombreuses autres cavernes.

Il y a une différence manifeste entre les perceptions et les réponses à l'environnement entre les deux tendances et groupes. Bien sûr, il y a des zones où il y a manifestement eu mélange des deux cultures et des styles, et clairement des constructions idéologiques communes. Mais globalement, il y a une nette différence.

De nombreux livres sont publiés de nos jours sur les "sciences alternatives" et en particulier sur de prétendues anciennes civilisations. Une supposition que tous ces livres ont en commun c'est que tout le monde il était beau, tout le monde il était gentil, et que tout n'était que sucre et miel entre tous les peuples, mais que soudain un mauvais cataclysme a mis fin à tout cela. Ils oublient les *Vedas* et le *Timée* de Platon, qui décrivent une guerre ayant eu lieu dans l'antiquité et que c'est alors ou immédiatement après, qu'un cataclysme cosmique est survenu. Il serait dès lors raisonnable et logique de supposer que les différends qui opposaient les parties avant le cataclysme se sont poursuivis après le cataclysme. Et il semble aussi raisonnable de supposer que "l'influence méridionale" qui englobait aussi l'Egypte, était celle des "Atlantes" de Platon, tandis que "l'influence septentrionale" qui englobait les constructeurs de Stonehenge, était celle des "Athéniens" de Platon, les «Fils de Borée» - le Vent du Nord - étant bien entendu que ces "Athéniens" n'avaient absolument rien à voir avec l'Athènes que nous connaissons actuellement, bien que nous commencions à soupçonner que nous savons de qui il s'agit.

Il nous faut aussi noter que “l’influence civilisatrice” du sud, des fondateurs de civilisations agricoles, des inventeurs de l’écriture, de la roue, etc. est toujours reliée d’une manière ou d’une autre à des “créatures à écailles” comme des dieux-poissons ou serpents. *Ce n’est qu’assez tardivement que le serpent fait son apparition parmi les découvertes archéologiques en Europe et en Asie Centrale* Avant l’apparition du serpent en ces lieux, il n’y avait que des déesses, des oiseaux et des lignes ondulées représentant de l’eau et de l’énergie cosmique. Nous pensons donc qu’il est périlleux de confondre les sujets. Sans cesse, nous observons deux courants diamétralement opposés de processus, deux factions, deux manières de percevoir et d’interagir avec le cosmos: une qui tend à révéler et une qui tend à dissimuler, une qui veut partager, et une qui veut dominer.

Nous remarquons que de nombreux sites mégalithiques sont situés en des points qui correspondent à une certaine géométrie. Mais si nous y regardons de plus près, si nous écartons le courant de la prétendue “Géométrie Sacrée”, et si nous nous contentons d’examiner les sites eux-mêmes et les laissons parler - absolument tous- au lieu de tenir compte de certains et d’en écarter d’autres parce qu”ils “ne conviennent pas tout à fait” ou “conviennent presque”, au lieu d’essayer de faire entrer les sites dans une hypothèse, nous découvrons une autre relation, suggérée par les sites eux-mêmes.

De nos jours, des idées tellement bizarres sont répandues, y compris l’idée absurde que les mégalithes ont été érigés pour absorber l’énergie des sacrifices humains, et que les pierres “boivent le sang”, qu’il est très décourageant de voir comme les gens sont induits en erreur par des non-sens. Si ces auteurs sont incapables de se rendre compte que les mégalithes ont été diabolisés par l’Eglise parce qu’ils étaient révérés par les religions de la Nature (qui, selon nos théories, sont porteuses de connaissances scientifiques anciennes), et que les religions de la Nature ont à leur tour été diabolisées, alors il y a peu de chances qu’ils veuillent voir d’autres choses encore. De telles personnes sont également convaincues que le Sacré Graal est la coupe de la Dernière Cène, et je n’ai même pas envie de faire un commentaire à ce sujet.

LA TECHNOLOGIE DE LA PIERRE ET T.C. LETHBRIDGE

Pour en revenir à nos pierres et à notre envie de savoir s’il existe l’une ou l’autre indication que celles-ci impliquaient une quelconque technologie, notons tout d'abord que l'archéologue T.C. Lethbridge ayant placé un jour une main sur une de ces pierres, éprouva une forte sensation de picotement, comme un choc électrique, et la grande et lourde pierre parut s'ébranler violemment. De nombreuses autres personnes ont ressenti un choc lorsqu'elles ont placé leurs mains sur certaines pierres, et des photographies ont, à l'occasion, montré d'inexplicables rayonnements lumineux émanant de ces pierres. L'examen montre que sur beaucoup de ces mégalithes sont gravés des "coupes et des anneaux": des cercles concentriques et des "canaux" ou sillons. La première impression devant ces dessins est qu'ils représentent des circuits imprimés tels qu'utilisés dans les ordinateurs.

Dans le mythe grec il est dit que les murs de Thèbes avaient été construits grâce à l'habileté d'un musicien nommé Amphion et au son de sa lyre. Il jouait de la lyre d'une manière telle que les pierres se déplaçaient. Le mythe phénicien parle du dieu Ouranos qui faisait bouger les pierres comme si elles avaient une vie propre. Voilà l'une des *nombreuses traditions* dans le monde, selon laquelle différentes sortes de sons étaient utilisés pour faire lever et déplacer de grosses pierres.

Les pierres pourraient avoir une autre propriété intéressante qui mérite des recherches sérieuses. En 1982, Tafter, le propriétaire de la «Prince of Wales Inn» (Auberge du Prince de Galles) à Kenfig dans le Mid-Glamorgan, Pays de Galles, se plaignit d'une musique d'orgue et de voix qui le gardaient éveillé la nuit. Pour étudier le problème, John Marke, ingénieur électricien, et Allan Jenkins, chimiste industriel, connectèrent un soir des électrodes aux murs du pub, après la fermeture. Ils envoyèrent 20.000 volts dans les électrodes et enfermèrent des enregistreurs dans la pièce pendant quatre heures. Lorsque les bandes furent analysées, il fut constaté qu'elles avaient enregistré des voix parlant en vieux gallois, de la musique d'orgue, et le tic-tac d'une horloge. Il se fait qu'il n'y avait pas d'horloge dans la salle à cette époque. Il a été suggéré que les pierres du mur contenaient des substances semblables à celles qui se trouvent dans les bandes d'enregistrement actuelles.

Cette dernière remarque à propos "d'enregistrement" dans la pierre nous fait penser à un autre point intéressant. Tom C. Lethbridge, l'archéologue mentionné plus haut (et qui est devenu par la suite Directeur des Fouilles de la Société des Experts en Antiquités de Cambridge, et Directeur du Musée d'Archéologie et d'Ethnologie de l'Université), a écrit de nombreux excellents ouvrages formant un ensemble considéré comme l'une des plus fascinantes collections jamais compilées de comptes rendus de recherche dans le domaine du paranormal. Depuis quelques années, Lethbridge commence à être apprécié à sa juste valeur. Combinant les compétences d'un scientifique avec un esprit totalement ouvert, il a mené une série d'expériences qui l'ont convaincu de l'existence de mondes hyperdimensionnels qui interagissent dynamiquement avec le nôtre.

Colin Wilson a dit de lui que c'était un homme dont les talents étaient très en avance sur son temps et l'a considéré comme l'un des esprits les plus remarquables et originaux dans le domaine de la parapsychologie. Nous approuvons sans réserves et recommandons chaleureusement son oeuvre au lecteur. Au cours des dix dernières années, et peut-être même davantage, l'oeuvre de Lethbridge nous a servi de tremplin pour de nombreuses spéculations fructueuses à propos des réalités hyperdimensionnelles.

Tom Lethbridge, professeur à Cambridge, ne s'est intéressé à la recherche psychique qu'après sa retraite. Mais il était fasciné par la radiesthésie. Au début des années 1930, lui-même et un autre archéologue étaient à la recherche de sépultures Viking sur l'île de Lundy dans le détroit de Bristol. Après avoir trouvé ce qu'ils cherchaient, ils avaient du temps à perdre en attendant le ferry de retour, et ils décidèrent de se livrer à quelques expériences de radiesthésie, domaine auquel Lethbridge s'intéressait depuis quelque temps. L'île de Lundy est parcourue en tous sens par des bourrelets de roches volcaniques extrudées au travers de l'ardoise, et Lethbridge voulut voir si une baguette de sourcier lui permettrait de les localiser. Il demanda donc à son compagnon de lui bander les yeux et de le conduire, tandis que lui-même tenait entre les mains une baguette fourchue de noisetier. A chaque fois qu'il passait sur un bourrelet volcanique, la baguette de noisetier se tordait violemment entre ses mains. L'ami portait un magnétomètre très sensible, et pouvait vérifier immédiatement si Lethbridge localisait correctement les bourrelets de roche volcanique.

Lethbridge avait réalisé que, tout comme l'eau courante, la roche volcanique possède un faible champ magnétique. Il avait écrit à propos de la radiesthésie que “la plupart des gens sont capables de faire de la radiesthésie à condition de savoir comment. S'ils n'en sont pas capables, c'est qu'il y a probablement un défaut dans le système électrique de leur corps”.

Cette remarque nous fait nous demander s'il n'y a pas des personnes dont le système électrique personnel est extrêmement puissant et développé, et si de telles caractéristiques ne pourraient pas être transmises génétiquement. Nous reviendrons ultérieurement à cette question, donc gardez-la en mémoire.

Le succès de Lethbridge dans sa recherche de roches volcaniques fut le point de départ de ses investigations sur d'autres mondes. Des objets cachés ne pouvaient pas rester dissimulés quand Lethbridge se promenait avec ses bâtons, baguettes, ou pendules. Il semblait n'y avoir aucune limite à la détection par ces moyens. Il avait prouvé, à sa complète satisfaction, que non seulement la radiesthésie "marchait", mais encore qu'il s'agissait d'une "affaire mentale": la baguette ou le pendule étant connecté d'une quelconque façon au mental de la personne qui la/le tenait.

Les résultats obtenus par Tom Lethbridge n'étaient pas seulement exacts, mais aussi reproductibles, et il trouva que les réponses paraissaient dépendre de vibrations de fréquences variées. La longueur d'onde de l'eau, par exemple, était différente de celle du métal. Son instrument principal devint le pendule, et il trouva que la *longueur du cordon du pendule était déterminante*. Il était capable de détecter non seulement des minéraux, mais aussi des choses abstraites comme la colère, la mort, la tromperie, le sommeil, les couleurs, les genres (mâle ou femelle). Après une longue série d'expériences par essais et erreurs, il rédigea une table de mesures très précises montrant, par exemple, qu'une longueur de 22 pouces (55 cm) révèle l'existence d'argent ou de plomb, tandis que le fer demande une longueur de 32 pouces (80 cm), mais pour le soufre il n'en faut que 7 (17,5 cm). Plus étrange encore, le pendule réagit à différentes émotions et attributs, avec des longueurs différentes: pour les éléments féminins la longueur du cordon doit être de 29 pouces (72,5 cm), pour les éléments masculins elle doit être de 24 pouces (80 cm), qu'il s'agisse d'objets ou de restes humains ou animaux. Les détails de ses expériences sont absolument fascinants. Cet homme à l'esprit ouvert et extrêmement instruit avait conscience que ses méthodes et découvertes seraient regardées avec méfiance par de nombreuses personnes. Il écrivit un jour:

> "Il est impossible que cela soit imaginaire. Si l'on peut utiliser un pendule pour savoir à un ou deux pouces près où se trouve quelque chose qui est caché sous de la tourbe vierge, et faire cela devant témoins, pour aller ensuite à l'endroit indiqué par le pendule, ôter la tourbe, creuser le sol et trouver l'objet en question, si l'on peut faire et refaire ces opérations avec un succès pratiquement assuré à chaque fois, alors ce ne peut être de l'imagination, ni de la tromperie, ni autre chose de ce genre. Il s'agit d'une expérience scientifique, même si elle n'est pas raffinée".

Peut-être que la raison pour laquelle certains n'acceptent pas la radiesthésie est que celle-ci est incroyablement simple. Il est possible de fabriquer sans aucun frais, un instrument qu'aucun équipement coûteux ne peut égaler. Mais, répétons-le, Lethbridge souligne que *tout dépend de l'opérateur*.

Lethbridge s'est trouvé confronté à un monde très étrange — "bien plus étrange, je pense, que n'importe quel produit de la physique, de la botanique ou de la biologie"—, et il a écrit à propos des millions de cônes de force qui entourent chacun d'entre nous dans notre habitation ou dans notre cours, et qui peuvent être contactés instantanément par quelque chose qui se trouve dans "notre propre champ d'énergie". Cela est beaucoup plus difficile à comprendre que les molécules, atomes et électrons, dit-il, parce que nous avons été éduqués à accepter ceux-ci pour "argent comptant".

Ainsi que nous l'avons noté précédemment, si l'infrastructure de notre civilisation devait être détruite, et qu'une centaine d'années plus tard il nous fallait décrire le fonctionnement de la radio et de la télévision, les gens seraient dans l'impossibilité de comprendre. Cela semblerait être de la magie.

D'où vient le pouvoir de travailler au pendule? Lethbridge pensait qu'il pourrait s'agir de quelque chose d'invisible et d'intangible, une partie de nous-mêmes qui en sait bien plus que nous. S'agit-il du mental, de l'esprit ou de l'âme? S'agit-il d'un champ électromagnétique ou psychique? De quelque chose en rapport avec une dimension supérieure? Il a sué sang et eau sur cette question et a admis qu'il n'était pas sage assez que pour arriver à une conclusion définitive, à part l'idée que les anciens en savaient beaucoup plus que nous actuellement.

Quoi qu'il en soit, Lethbridge a mené à bien une quantité impressionnante de travaux expérimentaux dans le domaine de la radiesthésie, et ses résultats méritent l'attention de tout chercheur sérieux qui étudie les réalités les plus profondes de notre monde. Ce qui nous intéresse ici, c'est son oeuvre dans un domaine différent, bien qu'en rapport avec nos sujets d'étude.

En 1957, Lethbridge quitta Cambridge, dégoûté de l'esprit étroit de ces intellectuels. Il emménagea à Hole House, une vieille demeure de style Tudor sur la côte méridionale du Devon. A côté de chez lui vivait une vieille petite dame aux cheveux blancs, qui avait affirmé à Lethbridge qu'elle pouvait jeter des sorts aux gens qui l'ennuyaient et qu'elle était capable de voyager hors de son corps pendant la nuit et de se promener dans tout le district. Elle lui expliqua que, si elle désirait décourager des visiteurs importuns, il lui suffisait de visualiser une étoile à cinq branches sur le chemin des personnes en question, et celles-ci restaient à l'écart. Naturellement, Lethbridge, était sceptique. Mais comme il aimait à expérimenter, une nuit il s'essaya à la visualisation alors qu'il était couché dans son lit. Cette nuit-là, sa femme s'éveilla avec la sensation qu'il y avait une présence étrangère dans la chambre. Elle put voir au pied du lit une faible lueur qui s'effaça lentement. Le jour suivant, la vieille dame vint les voir et leur dit qu'elle était venue leur "rendre visite" la nuit précédente et qu'elle avait trouvé le lit entouré de triangles de feu.

A part le fait que nous ne pouvons pas prouver que cette histoire est autre chose qu'une expérience subjective, nous voudrions souligner deux points importants: le premier est que, d'une manière ou d'une autre, la "visualisation de pentagrammes" paraît avoir une relation de cause à effet concernant l'apparition de la vieille dame dans la chambre de Lethbridge. C'est presque comme si cette pratique avait "attiré" la visiteuse, ou lui avait inspiré le désir ou la pulsion de cette visite. Le second point est que les pentagrammes visualisés sont apparus sous forme de triangles de feu. Les théories expliquant en termes mathématiques comment des objets hyperdimensionnels peuvent apparaître dans l'espace-temps de 4e dimension ou comment des objets quadridimensionnels peuvent apparaître dans l'espace-temps tri-dimensionnel, accordent du crédit à cette histoire. Si la vieille dame avait vu des pentagrammes de feu, nous n'aurions pas souligné ce fait. Qu'un pentagone de notre monde puisse apparaître sous forme triangulaire dans un autre monde suggère quelque chose de très mystérieux. Je suis aussi intriguée par la relation possible entre les différences entre ces solides hyper-dimensionnels et les perspectives des "gens du triangle" et celles des "gens du cercle". C'est un point très important en rapport avec les dangers de la visualisation de formes géométriques comme l'a relaté Lethbridge: plusieurs années plus tard, la vieille dame annonça à Lethbridge qu'elle allait jeter un sort sur le bétail d'un fermier avec qui elle était en dispute. Lethbridge la prit au sérieux et la mit en garde sur les dangers de la pratique de magie. Elle ignora ses avertissements, et un ou deux jours après avoir annoncé ses intentions, elle fut trouvée morte dans son lit, dans des circonstances mystérieuses. Il se fait que le bétail de deux fermiers voisins fut atteint de fièvre aphteuse, mais celui du fermier avec lequel la vieille dame était en dispute n'en fut pas atteint. Lethbridge était convaincu que le "sort" avait en quelque sorte rebondi sur la vieille dame. Mais c'est cet événement qui nous a conduits à une importante découverte, et c'est pourquoi nous vous avons raconté cette histoire.

Quelque temps après la mort de la vieille dame, Lethbridge passait devant son cottage, quand il éprouva un "sentiment de malaise", "une impression suffocante de dépression". Sa curiosité éveillée, Lethbridge fit le tour du cottage et découvrit quelque chose de très intéressant: il pouvait "entrer" et "sortir" à volonté de cette dépression, comme si c'était une sorte de "*locus*" défini mais invisible.

Cela rappela à Lethbridge une expérience similaire qu'il avait eue dans son adolescence au cours d'une promenade avec sa mère. C'était dans le Grand Bois près de Wokingham, par une belle matinée, lorsque, soudainement, tous deux éprouvèrent une "horrible sensation de malaise et de dépression, qui rampa sur nous comme une couverture de brume sur la surface de la mer". Ils quittèrent l'endroit en hâte et apprirent plus tard que le corps d'un suicidé avait été découvert à quelques mètres seulement de l'endroit où ils s'étaient tenus.

Quelques années plus tard, Lethbridge et sa femme s'étaient rendus au bord de la mer pour y ramasser des algues pour leur jardin. Alors qu'il se promenait sur la plage, il éprouva une nouvelle fois cette sensation de dépression, de chagrin, et de peur. Voulant résister à cette influence, Lethbridge et sa femme commencèrent à remplir leurs sacs d'algues. Très peu de temps après le début de cette activité, la femme de Lethbridge, Mina, vint en courant auprès de lui et lui dit qu'elle voulait partir: "je ne peux plus supporter cet endroit une minute de plus", dit-elle. "Il y a ici quelque chose d'effrayant".

Le jour suivant, au cours d'une discussion avec le frère de Mina à propos de ce phénomène, celui-ci mentionna qu'il avait fait une expérience très semblable dans la campagne près d'Avebury, dans le Wiltshire. Lorsqu'il prononça le mot "campagne", un déclic se fit dans l'esprit de Lethbridge et il se souvint que les téléphones de campagne sont souvent mis hors circuit par temps chaud et lourd. "Quel temps faisait-il?" demanda-t-il. "Chaud et humide" répondit le frère.

A ce moment une idée commença à prendre forme dans l'esprit de Lethbridge. De l'eau. Le jour où il s'était promené dans le Grand Bois, le temps était chaud et humide. Lorsqu'il était allé ramasser des algues sur le rivage, le temps était également chaud et humide. L'expérience était manifestement concluante!

Le week-end suivant, Lethbridge et sa femme se rendirent à nouveau dans la baie. Une fois encore, alors qu'ils commençaient à se promener sur la plage, ils furent enveloppés dans le même "banc" de dépression et de chagrin. Mina le conduisit à l'endroit où elle avait éprouvé une telle sensation d'accablement qu'elle avait insisté pour quitter la plage. A cet endroit même, la sensation était si forte qu'ils furent littéralement pris de vertige. Lethbridge décrivit cette impression "comme lorsqu'on a une forte fièvre et qu'on a pris plein de médicaments". Il se fait que, de chaque côté de cet endroit, coulait un filet d'eau.

Mina se dirigea vers la falaise pour contempler le paysage, et soudain fut reprise par la "dépression". Elle avait la sensation réelle que quelque chose ou quelqu'un la poussait à sauter de la falaise! Lorsqu'elle eut fait part de cette sensation à Lethbridge, il fut d'accord pour dire que l'endroit était aussi "sinistre" que celui de la plage entre les deux filets d'eau.

Il se fait que, neuf ans plus tard, un homme se suicida en se jetant dans le vide à cet endroit précis. Lethbridge se demanda s'il n'y avait pas une sorte de sentiment "intemporel" qui aurait été "imprimé" dans cette zone par le moyen de quelque principe "d'enregistrement". Il lui sembla que, en provenance du passé ou du futur, les sentiments de désespoir sont en quelque sorte enregistrés dans l'environnement, dans l'atmosphère même. La question était: "comment?". Lethbridge pensa que la clé était l'eau.

Un indice de ce qui peut se passer se trouve dans l'oeuvre de Y. Rocard, de la Sorbonne, qui avait découvert que la présence d'eau souterraine provoque des changements dans le champ magnétique terrestre, et cela était proposé comme explication aux résultats positifs de la radiesthésie. L'eau fait cela parce qu'elle possède un champ propre, qui interagit avec celui de la terre. Et ce qui nous importe avant tout ici, c'est que les champs magnétiques sont les moyens par lesquels le son est enregistré sur une bande recouverte d'oxyde de fer. Cela fit penser à Lethbridge qu'un champ magnétique produit par de l'eau courante pouvait enregistrer les fortes émotions qui, ainsi que l'avait également noté Lethbridge, déclenchent des activités électriques dans la physiologie humaine. Ces champs pouvaient "être rejoués" continuellement et amplifiés par temps humide et lourd.

Cela pourrait expliquer pourquoi ces "zones de dépression" semblent former des murs invisibles. Lorsqu'on approche un aimant de plus en plus près d'un objet en fer, on remarque qu'à un certain point, l'objet est "saisi" par l'aimant alors qu'il entre dans le champ de force.

Les expériences de Lethbridge prirent un tour nouveau à ce moment, et le menèrent à la conclusion que de nombreux phénomènes perçus comme de la "hantise" ou des "fantômes" ne sont en fait que des "enregistrements". Il réfléchit ensuite au fait que l'on rapporte des réapparitions de fantômes à certains "anniversaires", ce qui suggère qu'il existe d'autres courants cycliques qui déclenchent ou arrêtent ces enregistrements, ou qui ne font que les amplifier.

Pour répondre à la question qui est en train de grandir dans l'esprit du lecteur, nous dirons que, oui, il semble que certains phénomènes de hantise résultent d'émotions heureuses, et qu'un bonheur intense peut aussi être enregistré de cette manière. Il semble également que le type de substance matérielle avec laquelle le "champ" humain interagit jour un rôle important. Par exemple, dans la décennie 1840, un évêque nommé Polk raconta à Joseph Rhodes Buchanan qu'il pouvait détecter le cuivre dans le noir. Il dit que quand il le touchait, un goût particulier et déplaisant lui venait en bouche. Buchanan le mit à l'épreuve et découvrit que c'était la vérité, même quand ce métal était soigneusement emballé dans du papier épais. Buchanan refit l'expérience avec ses étudiants, et découvrit que certains d'entre eux avaient la même faculté. En fait, il semblait que toute une série de substances pussent être détectées de cette manière, et la seule explication qui semblât raisonnable était que les nerfs de l'être humain produisent une sorte de champ, qu'il appela "aura nerveuse", qui interagit avec un "champ" similaire de l'objet. Buchanan et d'autres appelèrent "psychométrie", la faculté de "lire" ces champs, et cette pratique est devenue populaire de nos jours. Ce que de nombreuses personnes ne savent pas, c'est que le principe de la psychométrie, que beaucoup tiennent pour allant de soi (ils peuvent "sentir les vibrations"), a mené Tom Lethbridge à certaines découvertes étonnantes.

Comme mentionné précédemment, Tom Lethbridge, après avoir fait de nombreuses expériences, était arrivé à la conclusion qu'un pendule de radiesthésie peut réagir à différentes substances, et qu'allonger ou raccourcir le cordon permettait d' "accorder" le pendule sur une longueur d'onde particulière. Lethbridge passa des jours et des jours à tester différentes substances. Il découvrit que la longueur d'onde de l'argent est la même que celle du plomb: 22 pouces (55 cm). Les truffes et le bois de hêtre réagissent à une longueur de 17 pouces (42,5 cm). Cela signifiait qu'il devait y avoir quelque chose d'autre qui puisse permettre de différencier ces objets "appariés". Après d'autres essais, Lethbridge découvrit que ce n'était pas seulement la longueur du cordon qui était importante, mais aussi le nombre et la direction des révolutions. Pour du plomb, le pendule tournait 16 fois, et pour de l'argent, 22 fois. Il se rendit compte que la Nature paraissait avoir un code réellement merveilleux et infaillible pour tout identifier. Et nous commençons à entrevoir aussi que les anciens devaient savoir cela et qu'ils ont peut-être même essayé de nous transmettre ces connaissances par l'intermédiaire des mythes et des légendes. (Il devient de plus en plus évident que "les petits rituels et autres billevesées magiques" ne permettent pas de résoudre les mystères. Mais continuons à suivre Lethbridge dans des spéculations encore plus remarquables).

Grâce à de nombreuses expériences, Lethbridge établit que la "fréquence" de la mort et de la colère violente était à 40 pouces (un mètre). Et il découvrit que cette longueur est aussi la fréquence du froid et du noir. En effet, les couleurs ont des fréquences. Le gris est de 22 pouces (55 cm), ce qui n'est pas surprenant, puisque le gris est également la couleur de l'argent et du plomb. Pour le jaune c'est 29 pouces (72,5 cm) et pour le vert: 30 pouces (75 cm).

Après des mois d'expériences, Lethbridge avait mis au point sa table des fréquences, et découvert que 40 pouces (90 cm pas consistant avec le paragraphe ci-dessus, où 40 pouces=1m) représentaient une sorte de limite. Toutes les substances simples qu'il avait testées correspondaient à des longueurs de zéro à 40 pouces. C'est alors qu'il découvrit quelque chose de curieux: le soufre réagit à un pendule dont le cordon est de 7 pouces (17,5 cm); s'il allongeait le cordon du pendule jusqu'à 47 pouces (117,5 cm), le pendule réagissait encore au soufre, mais pas directement au-dessus de cette substance. Il n'y réagissait que faiblement sur un côté. Il se rendit compte alors que cela était vrai pour tout ce qu'il avait testé et qui réagissait à plus de 40 pouces: il y avait réaction, mais seulement à côté. Il remarqua encore une autre chose étrange: au-delà de 40 pouces, il n'y avait pas de fréquence pour le concept de temps. Le pendule ne réagissait tout simplement pas. Lethbridge réalisa qu'il mesurait en fait une autre dimension. Cependant, quand il allongea le cordon du pendule à 80 pouces (2 mètres), il y eut une réponse à l'idée de temps. Lethbridge médita sur cette énigme, et émit finalement la théorie que, dans le monde d'au-delà de 40 pouces, le pendule est *dans le temps lui-meme*, et que c'est pour cette raison qu'il n'y a pas de réaction au concept. Mais, au-delà de cela, il y a d'autres "mondes" où l'*idée* de temps existe : dans un autre monde "au-delà de la mort".

Lethbridge découvrit que s'il allongeait encore le cordon au-delà de 80 pouces il obtenait toujours le même résultat, comme s'il y avait encore une autre dimension. Lethbridge réalisa qu'il avait découvert des mondes d'autres dimensions, en dehors des limites spatio-temporelles, et supposa que nous ne pouvons pas les percevoir parce que notre corps physique est un détecteur limité.

Tom Lethbridge poursuivit ses expériences et détermina que le monde du niveau "jouxtant le nôtre" est un monde où les vibrations énergétiques sont quatre fois plus rapides que celles de notre monde. L'effet d'une rencontre avec cette réalité peut être comparé à un train rapide dépassant un train lent. Bien qu'ils avancent tous deux dans la même direction, le train lent paraît aller à reculons. Ce monde hyperdimensionnel se trouve tout autour de nous, mais nous sommes incapables de le percevoir parce qu'il dépasse la portée de nos sens. Tous les objets de notre monde représentent très probablement juste notre perception limitée de ce qui se passe dans cette réalité totale.

Ses expériences sur des mégalithes indiquèrent qu'ils étaient placés de manière à marquer les endroits où les forces terrestres étaient les plus puissantes, et pour pouvoir exploiter cette énergie d'une manière que nous avons à présent oubliée.

Malheureusement, Lethbridge mourut des suites d'un infarctus avant d'avoir pu mener ses recherches à bonne fin.

Notons ici que Tom Lethbridge n'était pas un spiritualiste. Il était convaincu que la magie, le spiritisme, l'occultisme et toutes ces "foutaises" n'étaient que des tentatives grossières de comprendre le vaste univers des énergies cachées, dans lequel nous vivons. Nous voudrions ajouter que les explications issues de la plupart des tendances ésotériques ne servent généralement qu'à obscurcir, et non pas à révéler; elles servent à désinformer plutôt qu'à diffuser de la vraie connaissance. Tom Lethbridge a eu recours à la logique, à l'observation, et à l'expérimentation pour arriver à la conclusion qu'il existe d'autres mondes de réalités en dehors de notre propre monde, et qu'il existe des formes d'énergie que nous ne commençons même pas à comprendre.[211]

LES PIERRES ET LA "GÉOMÉTRIE SACRÉE"

Pour en revenir à nos pierres et à la question de leur position, nous réalisons que cette matière n'est pas aussi simple que les nombreux spécialistes en "Géométrie Sacrée" voudraient nous le faire croire. Il nous faut approfondir encore nos investigations avant de pouvoir arriver à des conclusions solides au sujet des grilles terrestres et de ce qu'elles font et ne font pas.

Le temple de Baalbek, au Liban, est probablement l'une des structures les plus époustouflantes de notre monde, étant donné la taille gigantesque des pierres utilisées à sa construction. Dans une

---

[211] Lethbridge, T.C., *The power of the pendulum*, Viking, Penguin, 1991; Voir aussi: Wilson, Colin, *Mysteries*, Putnam Publishing Group, 1980.

carrière située à environ 1,5 km du temple proprement dit, gît une pierre abandonnée, qui n'a jamais été utilisée. C'est le plus gros bloc de pierre *jamais taillé par l'homme* et ses mesures sont: 68 pieds de long (20,40 mètres) sur 14 pieds (4,20 mètres) de large et 14 pieds de hauteur. Autrement dit, *un seul bloc de construction* qui est aussi grand que deux habitations modestes mises côte à côte. D'après les estimations, ce bloc pèse environ 1.200 tonnes. Si des tailleurs de pierre découpaient cette pierre en blocs maniables, ils pourraient en tirer de quoi construire 15 maisons de 20 x 40 pieds (6 mètres x 12 mètres) chacune, avec des murs épais de 30 centimètres.

Les obélisques égyptiens étaient grands, et chacun était constitué d'un seul bloc, mais le plus grand qui soit encore debout de nos jours a la moitié de la taille de ce bloc. Le marbre destiné aux colonnes de Baalbek a été extrait d'une carrière située loin en amont sur le Nil et à 400 miles (600 km) à l'intérieur du pays. Les fûts des colonnes ont été découpés en sections de 20 pieds (6 m) de long. La plate-forme sur laquelle a été érigé Baalbek est composée de blocs de granit, et mesure 900 pieds (270 m) sur 600 (180 m). Sur cette plate-forme sont posées trois pierres qui ont chacune 63 pieds (18 m90) de long, 13 pieds (3m90) de haut, et 10 pieds (3m) d'épaisseur. Le portail du "petit" temple de Bacchus à Baalbek a 50 pieds (15m) de haut, et est considéré comme le plus merveilleux portail de toute l'architecture antique. Même à l'état de ruine (car il a été endommagé par les guerres et les séismes), Baalbek offre encore l'une des vues les plus imposantes au monde. Curieusement, la plupart des auteurs qui ont écrit à propos de l'antiquité mentionnent rarement Baalbek, si ce n'est en passant. L'on peut se demander si ce n'est pas tout simplement parce qu'ils préfèrent ne pas devoir se creuser la tête pour savoir comment ces blocs ont été découpés, transportés et mis en place.

LE CHÂTEAU DE CORAIL ET LE SIÈGE D'AVION TOURBILLONNANT

En octobre 1994, je demandai aux Cassiopéens comment les pierres de Baalbek avaient été découpées et transportées. Ils répondirent que cela avait été fait par "concentration d'ondes sonores". Mais bien sûr, cela va de soi!! Mais ensuite, ils ajoutèrent que j'allais découvrir par moi-même quelque chose à ce sujet et, de manière énigmatique, ils mentionnèrent, le "Château de Corail" (Coral Castle).

Edward Leedskalnin était un “mage” de cinquante kilos, qui n’avait pas beaucoup fréquenté l’école, et qui avait bâti de ses propres mains un édifice connu sous le nom de Coral Castle, le Château de Corail, dans le sud de la Floride. Certaines des pierres utilisées par Edward pour la construction du Château de Corail pèsent environ 28 tonnes. Cela ne vaut pas les pierres de Baalbek, mais pour un travail effectué par un petit homme, à lui tout seul, cela donne à penser qu’il devait avoir découvert quelque chose!

Vers 1945, Leedskalnin a aussi publié plusieurs brochures, dont le thème était les courants magnétiques. Ces brochures décrivent diverses expériences qu’il avait entreprises en utilisant des aimants fabriqués de ses propres mains à partir de tiges à souder, cannes à pêche en acier, et batteries d’automobile. On peut supposer qu’il a voulu expliquer des idées qui pourraient mener le lecteur perspicace aux découvertes qu’il avait faites lui-même. Jusqu’à présent, personne n’a rien trouvé, si ce n’est que cela pourrait concerner la “grille terrestre”, ce qui, comme nous le verrons, n’est que billevesées.

Il se fait que, bien que j’eusse toujours vécu en Floride, je n’avais jamais vu cette supposée merveille, et tout ce que j’en savais, je l’avais appris par l’émission de télévision “*Unsolved Mysteries*”, je crois.

Au mois de février faisant suite à la remarque des Cassiopéens à propos du Château de Corail, je fus invitée à donner un exposé devant les participants à un groupe d’étude à Orlando. Après ma petite conférence, un vieil homme bizarre vint vers moi, avec un grand sourire, s’empara brusquement de ma main, la secoua avec vigueur, et me dit avec un petit accent: “Vous savez, j’ai étudié ces affaires d’OVNIs pendant plus de 40 ans— j’ai parlé avec Hynek et le Major Keyhoe et tout ça— et à ma connaissance, vous êtes la première personne qui ait parlé en public et décrit les choses comme elles sont réellement! Je possède des documents qui pourraient vous intéresser. Vous devriez venir me voir un de ces jours!”

A ce moment j’ai pensé que c’était juste un vieil homme qui avait beaucoup de temps à sa disposition, qui avait besoin de compagnie, et qui utilisait ce moyen pour se justifier. Je le remerciai, bavardai quelques instants avec lui, et quand il s’éloigna pour aller se restaurer, je “glissai” dans la direction de l’organisateur de la manifestation et qui bavardait avec d’autres personnes, pour lui faire mes adieux. Il était apparemment en train de décrire les attractions touristiques à un groupe de participants, quand il ajouta: “et je vous conseille d’aller aussi jeter un coup d’oeil à ce Château de Corail”!”

"Qu'est-ce que c'est que ça?" demanda l'un d'eux. L'organisateur se remit à parler de la présentation sur les "mystères non résolus", puis il dit: "demandez à Henry, là-bas", en pointant son doigt vers le vieux petit monsieur qui connaissait Hynek— "il était un ami proche de celui qui a construit le Château de Corail".

Inutile de dire que dès que j'ai entendu cela je me suis souvenue que les Cassiopéens m'avaient dit que je "découvrirais" quelque chose à propos de cette "concentration d'ondes sonores". Je décidai alors de ne pas partir immédiatement, retournai bavarder avec le vieux petit monsieur, et lui dis: "j'ai entendu dire que vous avez connu celui qui a bâti le Château de Corail."

"Ayup! Ça c'est sûr! J'l'ai connu pendant des années! J'ai été cantonné là-bas dans la région de Homestead après la guerre, et j' l'ai très bien connu."

Je demandai: "Est-ce qu'il vous a jamais dit comment il avait procédé?"

"Oh, non! Il l'aurait jamais dit à personne. Il disait toujours qu'il connaissait le secret de la construction des pyramides, mais personne ne l'a jamais vu faire. J'ai quelques idées là-dessus, et j'ai écrit un petit livre sur lui et sur mes expériences et observations. Vous savez, c'est honteux que l'émission de télévision n'ait pas dit la vraie histoire! Toutes ces foutaises à propos des "jeunes années" et un "cœur brisé" et tout ça! Quel tas d'idioties! Sûr ça! Si vous venez me voir je peux vous montrer ce que *moi* je sais! Vous savez quoi? Je suis la seule personne que le vieil Edward a jamais invitée dans sa propre habitation! Ayup! Il était un vrai solitaire!"

Dès ce moment, je commençai à faire des plans pour une visite!

Je refis le voyage vers Orlando deux semaines plus tard. Je fus réellement ébahie par ce que je découvris. Henry n'avait pas exagéré quand il avait dit qu'il s'était intéressé à l'étude des OVNIs pendant plus de 40 ans. Sa maison était un véritable musée des OVNIs! Il y avait des peintures, des agrandissements de photographies sur les murs, des bibelots et des souvenirs sur les tables; et des livres! Il avait une *énorme* collection de livres dans des bibliothèques, et des journaux dans des boîtes, partout dans sa maison.

D'une de ces boîtes, il tira un carnet à feuilles libres contenant un manuscrit dactylographié. Il y avait des photographies en noir et blanc fixées aux endroits appropriés avec des coins, et il me dit que c'était un exemplaire unique. J'en fus consternée et lui offris de le transcrire sur mon PC et de lui en remettre une copie sur disquette. Il me dit que cela lui plairait beaucoup, mais qu'il n'était pas prêt à se séparer du seul exemplaire qu'il possédait. Je pouvais naturellement le comprendre!

Le manuscrit parlait de sa longue amitié avec Edward Leedskalnin et de toutes leurs conversations. Henry n'était pas homme à fourrer son nez là où il ne fallait pas, et c'est sans doute pour cela qu'il avait été accepté pour ami. Les photos montraient Henry et Edward—Henry en uniforme militaire—et de nombreuses autres montraient ses enfants jouant parmi les blocs du Château de Corail. Je regrette de ne pas avoir pu lire le livre à fond (Henry est mort en 1996) mais je n'en ai pas eu le temps, avec toutes les autres choses fascinantes que j'avais à voir et à faire.

Henry me fit faire le tour de ses souvenirs, photographies et ses livres. Il y avait bien trop pour tout absorber en une seule fois! Finalement, nous nous assîmes et je pus lui poser des questions sur la plus intéressante des informations qu'Henry avait laissé échapper: qu'il avait été admis à l'intérieur de l'habitation d'Edward Leedskalnin du vivant de celui-ci. Je voulais savoir ce qu'il y avait observé.

Henry raconta qu'Edward avait fait des tas d'expériences et connaissait des tas de secrets, mais qu'il était très paranoïaque. C'est pour cette raison qu'il avait fait ce conte à dormir debout au sujet de sa "tendre jeunesse" et d'un "cœur brisé". C'était pour égarer les gens; du moins c'était comme cela dans son idée. Edward avait dans l'idée que s'il disait ce qu'il savait, quelque sbire du gouvernement viendrait lui mettre le grappin dessus et il disparaîtrait à jamais de la circulation. Eh bien, peut-être n'était-il pas si fou, après tout!

Henry me dit qu'après avoir bâti le Château en partie, ou bien même déjà quand il était terminé, Edward l'avait transporté d'un endroit à un autre. Apparemment, il y avait un problème d'urbanisme, et Edward apprit qu'il devait le démolir ou bien le déplacer. Il le déplaça.

Certains "chercheurs" ont prétendu qu'il l'avait déménagé à cause d'une certaine théorie en rapport avec la "Grille terrestre" et la Géométrie Sacrée, mais cela ne semble reposer sur rien, au su de ce que Henry m'a dit. C'était seulement une question d'urbanisme et de réglementation propre au comté. Et puisqu'il fut re*construit* en un autre lieu que celui d'origine, l'idée que l'endroit était important peut être écartée. L'endroit n'importait tout simplement pas, il faut se rendre à cette évidence.

C'est le mode de transport de ce tas de roches qui m'intéressait vraiment. Apparemment, Edward avait loué un camion et les services d'un chauffeur, mais il avait demandé au chauffeur de garer son camion pour la nuit, et l'avait renvoyé chez lui. Le matin suivant, le camion était chargé des lourds blocs de pierre et devait être conduit vers son nouveau site. Il y avait là un bloc et du matériel de levage sur de grandes perches, tout cela bien en évidence et, apparemment, Edward confia à Henry qu'il avait eu recours à cette ruse pour donner l'impression que c'est cela qu'il utilisait pour décharger les blocs. Il envoya le chauffeur faire une commission, et le camion fut laissé là, avec son chargement de blocs. Quand le conducteur fut de retour, le camion avait déjà été déchargé. Ce scénario fut répété jusqu'à ce que toutes les pierres eussent été réinstallées sur le nouveau site. Certains rapports disent qu'il plaçait ses mains sur les pierres et qu'il "leur adressait un chant".

Une autre chose étrange que me raconta Henry est qu'il avait visité l'endroit dont les pierres avaient été extraites, et il n'y avait pas de gravats! Les gravats sont à la pierre ce que la sciure est au bois. Quand on scie du bois, il y a de la sciure. Quand on découpe de la pierre ou du métal, il y a des gravats ou de la limaille[212]. Dès lors, quelle que soit la manière dont Leedskalnin avait découpé ces pierres, cette manière n'était *pas* habituelle!

La partie finale et la plus intéressante du récit fait par Henry fut la description de l'habitation d'Edward Leedskalnin. D'après Henry, il y avait dans la pièce, trois meubles ordinaires: un lit-cage, une table en bois faite à la main, avec un écran anti-insectes dans un cadre (à adapter sur le dessus de la table afin d'écarter les insectes de la nourriture qu'Edward y gardait, car il ne possédait pas de réfrigérateur), et une chaise en bois faite à la main. Ce qui n'est PAS ordinaire, c'est qu'il y avait, suspendu au plafond par une chaîne, un fauteuil d'avion complet, avec la ceinture pour le passager.

Alors, pour un ascète aussi rigoureux, pour quelqu'un qui dormait dans un simple lit-cage, qui se nourrissait de la manière la plus frugale, qui n'avait absolument aucun goût pour aucun article de luxe ou de confort, que pouvait-il bien faire avec un fauteuil d'avion suspendu au plafond?

J'ai tourné tout cela dans ma tête pendant un bon moment. J'ai pensé qu'il pouvait se balancer dans ce fauteuil. Mais s'il voulait seulement se balancer, pourquoi n'avait-il pas construit tout simplement une balançoire en bois, qui aurait été assorti aux autres articles faits à la main qui se trouvaient dans la pièce ?

---

[212] Rappelez-vous les découvertes de Schoch à propos des monuments sous-marins. Ils ne paraissent pas avoir été taillés.

Mais Edward ne l'avait pas fait. Il avait un fauteuil d'avion équipé d'une ceinture de sécurité. Pourquoi? Eh bien, voyons quelques-unes unes des choses qu'il a écrites dans sa petite brochure. Edward parle d'aimants en forme de sphères ou de balles, ce qui permet de déplacer les pôles vers n'importe quel endroit de la sphère. Il parle de *longueurs* de magnétisation (nord par rapport au sud) dans une perche, qui varient selon la latitude de la Terre. Le nord et le sud sont des courants magnétiques séparés, qui "s'opposent" en tourbillonnant en un mouvement dextrogyre, c'est-à-dire comme une hélice dextrogyre. Il dit ensuite:

> Les aimants, c'est cela la force cosmique, ils tiennent ensemble la Terre et tout ce qu'il y a dessus. [...] J'ai un générateur qui génère du courant, à petite échelle, *à partir de l'air,* sans faire usage d'un aimant à proximité. [...] La direction naturelle des aimants vers le pôle nord, dans l'hémisphère nord est de se diriger vers le bas, et pour les aimants du pôle sud de se diriger vers le haut. Lorsque les aimants s'écartent du milieu de la Terre, dès qu'ils rencontrent un objet ils l'attirent, du fait que dans tout objet il y a les deux sortes d'aimant.[213]

Alors on peut se poser des questions au sujet de ce générateur qui génère du courant à partir de l'air, et s'il a quelque chose à voir avec un tournoiement en spirale vers la droite, comme une hélice. Et puis la petite lampe s'allume au-dessus de notre tête, qui suggère que Edward Leedskalnin devait utiliser son fauteuil d'avion avec la ceinture de sécurité pour s'y asseoir et tournoyer, et que le "générateur" c'était lui-même. Et on pense immédiatement à la longueur de la chaîne en référence aux expériences de Lethbridge.

Edward avait également mentionné une autre chose curieuse: "j'ai plusieurs mares à nénuphars où je conserve de l'eau. J'ai observé les mares de nénuphars pendant seize ans". Cette citation est intéressante de par sa connexion avec certaines légendes qui font le lien entre la présence d'eau et le mouvement de pierres, ainsi qu'avec le lien fait par Lethbridge entre l'eau et certains champs. On raconte que des mégalithes se rendaient au cours d'eau le plus proche pour boire à certains moments astronomiquement propices de l'année. Et "astronomiquement propice" pourrait bien être un autre indice, car Edward suggère également à l'expérimentateur de "faire face à l'est". Mais nous n'avons toujours aucune idée de la

---

[213] Leedskalnin, Edward, *Magnetic Current* (Pomeroy, WA: Health Research 1998) p. 4. D'autres citations viennent des photocopies d'une monographie publiée par Leedskalnin.

manière dont fonctionne cette étrange force que nous abordons de divers côtés. Nous pourrions trouver un indice dans ce qui suit:

> Lorsqu'un champ magnétique variable en fonction du temps est appliqué à un ferro-aimant, un ré-arrangement des champs locaux de force en treillis se produit, dû à un mouvement des parois hors de la portée magnétique, et il émet de l'énergie élastique. L'interaction entre les parois du champ d'action et les défauts du treillis crée une solution de continuité dans le mouvement de la paroi du champ d'action, ce qui provoque une explosion d'énergie nommée Emission Magnéto-Acoustique (Magneto-Acoustic Emission (MAE). L'enveloppe des salves de MAE de valeur temporelle moyenne possède une forme unique dont il a été démontré qu'elle dépend de la fréquence et de la magnitude du champ appliqué, et des facteurs affectant les défauts du treillis, telle la fragilisation. Bien que le mouvement de la paroi du champ soit un processus aléatoire, des éléments de régularité ont été identifiés par l'étude de phénomènes, tel un bruit de papillotement de 1/f et une "criticalité" auto-organisée ("effet dominos"). Néanmoins, certains éléments fondamentaux des caractéristiques de la MAE demeurent inexpliqués.[214]

Ce que le texte ci-dessus nous dit, c'est que l'application d'un champ magnétique provoque un mouvement des parois hors du champ magnétique dans le matériau, et émet de l'énergie élastique. En d'autres termes, *cela produit un son en réponse au champ magnétique*. Est-ce que Edward Leedskalnin tournoyait un nombre précis de fois, à une fréquence précise, afin de produire à l'intérieur de lui-même une énergie qui le connectait à un autre monde, ce qui avait pour résultat une "MAE"? C'est-à-dire, produisait-il un son très spécial qui lui permettait de faire bouger de massifs blocs de pierre, non pas parce que ce faisant il en obtenait la force, mais bien parce que ce son, émis depuis une dimension intemporelle sur laquelle il s'était "branché" et dirigé vers les pierres, avait un effet sur la pesanteur?

Cela est bel et bon qu'une personne seule parvienne à utiliser une technique aussi pratique pour manipuler de gros blocs de pierre comme s'il s'agissait de morceaux de pâte de guimauve. Mais nous voudrions bien savoir comment une civilisation tout entière parvenait à utiliser une telle technologie. Qu'est-ce que cela peut bien signifier, cette suggestion que dans des régions où les mégalithes marchent dans le paysage et où sont situés des temples ? Que ces gens n'ont pas produit de civilisations telles que nous les

---

[214] J. P. Fulton, B. Wincheski and M. Namkung, *A Probabilistic Model for Simulating Magneto-Acoustic Emission Responses in Ferromagnets.*

connaissons parce qu'ils n'en avaient pas besoin? Comment peut-on relier cela à la remarque de Morris Jessup, que: "*il se peut que cet extraordinaire pouvoir était limité, dans son application, seulement à des objets en pierre* ...[Cela] *expliquerait le fait étrange que pratiquement tous les vestiges du passé lointain sont non-métalliques.*

LES VASES ÉGYPTIENS EN PIERRE

Graham Hancock et Colin Wilson ont consacré un temps considérable à décrire les merveilles de l'Egypte et la construction des Pyramides en se basant sur les techniques possibles de découpage des pierres avec une précision étonnante. Ils décrivent en détail l'événement qui a abouti à une datation frauduleuse de la Grande Pyramide, date acceptée à l'époque par les archéologues "classiques", qui sont dans l'impossibilité de la réfuter car ils ont basé toutes leurs autres théories et dates sur cette erreur originelle. Ce qui est intéressant pour nous ici, en ce qui concerne l'Egypte, c'est une découverte faite par Flinders Petrie dans le village de Naqada en 1893. Naqada se trouve à 300 miles (450 km) au sud du Caire; des poteries et des vases en pierre y ont été découverts, et ces objets doivent avoir été produits à l'aide de techniques qui ont fait l'objet de bien des controverses.

Il semble que les poteries de Naqada ne présentent aucune strie ce qui prouverait qu'elles ont été exécutées sans le tour d'un potier. Mais sans un tour de potier, il est pratiquement impossible d'obtenir des pots "parfaitement ronds". Et cependant, ces poteries sont si parfaitement rondes, qu'il est absurde de penser qu'elles auraient pu être faites à la main, sans l'aide d'un tour! Bien sûr, Petrie a daté les poteries de la 11e dynastie, c'est-à-dire vers 2. 000 avant l'ère chrétienne, sur base de ses observations sur la fabrication, de préférence à tout autre critère. Cependant, ces poteries sont "tellement peu égyptiennes" qu'il en a appelé les créateurs: "La nouvelle race".

Petrie s'est trouvé devant un problème quand, par la suite, il a trouvé des vases de ce type dans des tombes datant de la Première Dynastie, c'est-à-dire, selon les égyptologues, des environs de 3.000 Av.J.C. C'est alors qu'il a laissé tomber le vase de Naqada de sa chronologie, préférant ignorer ce qu'il ne pouvait expliquer.

Est-ce que ce sont les gens de Naqada qui ont fabriqué ces objets?

Les gens de Naqada étaient les descendants d'agriculteurs du Paléolithique, qui ont commencé à produire des cultures en Afrique du Nord vers 5.000 Av. J.C. Ils enterraient leurs morts face à l'ouest, et semblent correspondre à toutes les cultures primitives standard. Le seul problème, ce sont les vases! Les plus beaux d'entre eux sont "de grands vases au col long, fin, élégant, et dont le creux joliment courbé comporte souvent des courbes concaves"[215]. Plus étonnant encore, plus de 30.000 de ces vases auraient été trouvés sous la pyramide à degrés de Zoser à Saqqarah.

Christopher Dunn, un ingénieur outilleur, a écrit un article intitulé *Advanced Machining in Ancient Egypt*, où il note:

> Les millions de tonnes de roches extraites par les Egyptiens pour leurs pyramides et leurs temples—et découpées avec une superbe précision—font entrevoir une civilisation qui était techniquement plus avancée que ce que l'on croit généralement. Même si l'on pense que ces millions de tonnes de roches ont été découpées avec de simples et primitifs outils manuels (ciseaux et hachettes de cuivre, maillets en bois), il y a d'amples preuves que ce n'était pas le cas. Même si l'on écarte l'argument que le cuivre durci n'aurait pas pu convenir à la découpe de roches volcaniques, l'évidence nous force à y regarder d'un peu plus près et plus objectivement, pour expliquer les marques de fabrication laissées sur le granit ancien par d'anciens artisans de la pierre.[...]
>
> Bien que les Egyptiens ne soient pas supposés avoir fait usage de la roue, les marques d'outillage laissées sur le granit trouvé à Guizèh suggèrent un degré beaucoup plus élevé d'avancement technique. La conclusion de Petrie concernant leur habileté dans le domaine de la mécanique est qu'ils faisaient preuve de grandes compétences dans l'utilisation de la scie droite, de la scie circulaire, de la foreuse à tube, et même, du tour.[216]

Naturellement, les égyptologues méprisent et attaquent ces points de vue, mais ils sont incapables de produire une quelconque preuve pour soutenir leurs propres assertions, tandis que de l'autre côté, il y a une montagne sans cesse grossissante de témoignages en faveur d'une ancienne technologie. Une fois encore, je propose que les égyptologues soient obligés d'obtenir des diplômes d'ingénieurs, et d'élargir leur champ d'éducation à des domaines divers. Ce sont les égyptologues qui paraissent être les arbitres fondamentaux de notre Histoire, et nous constatons encore et toujours, que ce sont des aveugles qui conduisent des aveugles.

Pour en revenir à Dunn, il examina des blocs provenant du Temple du Plateau de Guizèh, qui paraissaient avoir été creusés à la perceuse. Il nota que les marques de forage laissées dans les trous

---

[215] Hancock, *Fingerprints of the Gods*, op cit.

[216] See: *Technologies of Ancient Egypt* , Christopher P. Dunn, 1998, Bear and Co.

montraient que la foreuse s'enfonçait dans le roc à la vitesse d'un dixième de pouce (0,25cm) à chaque révolution du foret![217]

Qu'est-ce qu'il y a de si étonnant à cela? Il se fait qu'il est impossible de réaliser cela à la main sans exercer une pression de plus d'une tonne. Il est manifestement absurde de supposer que le forage s'est fait à la main! Dunn a interrogé des spécialistes en matériel de forage et a été informé que les meilleures perceuses dont nous disposons de nos jours, qui font 900 tours par minute, ne sont capables de creuser cette sorte de pierre qu'à raison d'un dix-millième de pouce par tour. Conclusion? Les constructeurs de pyramides et les créateurs de vases de pierre disposaient de perceuses qui, soit étaient 500 fois plus rapides que celles dont nous disposons actuellement, soit détenaient un "secret". Colin Wilson nous dit:

> Un autre aspect du problème permit à Dunn d'entrevoir une solution. Un trou creusé dans une roche composée d'un mélange de quartz et de feldspath a démontré que le foret avait pénétré plus rapidement dans le quartz que dans le feldspath, bien que le quartz soit plus dur que le feldspath. La solution qu'il suggère est presque incroyable : il souligne que les équipements modernes aux ultrasons font usage d'un élément qui se base sur des vibrations. [...]
>
> Des cristaux de quartz sont utilisés dans la production d'ultrasons, et corollairement, réagissent aux vibrations ultrasoniques. Cela expliquerait pourquoi le "trépan" s'enfonce plus rapidement dans le quartz que dans le feldspath.
>
> Ce qui est suggéré ici semble absurde, je l'admets: les Egyptiens auraient disposé d'une force aussi puissante que notre électricité moderne, et que cette force utilisait le son.[218]

Comme le soulignent Wilson et Hancock, ces suppositions permettent d'entrevoir l'explication des longs cols de cygne des vases, creusés dans un matériau aussi dur et cassant. Ils soulignent également l'embarras dans lequel se serait trouvé Petrie s'il avait su que des vases semblables avaient été découverts dans des strates datant de 4.000 Av.J.C., c'est-à-dire à une époque où l'Egypte est supposée avoir été habitée par des nomades vivant sous des tentes.

Il reste qu'il y avait en effet à cette époque, des nomades vivant sous la tente, et la seule solution que je puisse proposer est que ces gens étaient des survivants d'un événement cataclysmique et qu'ils utilisaient les quelques objets qui leur restaient de leur civilisation

---

[217] Wilson, op. cit.
[218] Wilson, op. cit.

balayée. De cette manière, des vases et d'autres objets manufacturés, extraits de ruines, se trouveraient dans toutes les "strates" déposées après un tel événement. Il semble que ces vases soient en fait la preuve que la "Nouvelle race" de Petrie a devancé de milliers d'années l'Egypte pharaonique.

Nous en revenons à Edward Leedskalnin qui avait prétendu avoir découvert le secret de la construction de ces pyramides. Et que les théoriciens s'en donnent à coeur joie!

PYTHAGORE ET LES BARBARES

Dans des sections précédentes, nous avons effleuré le sujet de la géométrie sacrée, souvent reliée à la signification cachée des nombres. L'engouement actuel repose en grande partie sur les théories de Pythagore. Nous croyons que Pythagore a été calomnié par ces amateurs New Age de géométrie sacrée et de nombres sacrés.

Naturellement, lorsqu'on examine la "signification secrète" des nombres, les mathématiques pythagoriciennes sont en première ligne. Manly Hall écrit:

> La clé véritable des mathématiques philosophiques est la fameuse quarante-septième proposition de Pythagore, erronément attribuée à Euclide. Le quarante-septième théorème dit ceci: Dans un triangle rectangle, un carré basé sur l'hypoténuse est égal à la somme des carrés basés sur les deux autres côtés.[219]

Tous ceux qui ont été à l'école et ont été quelque peu attentifs au cours de mathématiques connaissent ce théorème. Le problème est: qu'est-ce que cela signifie vraiment, qu'il est "la clé véritable des mathématiques philosophiques"? Que pouvons-nous faire de $C^2=A^2+B^2$?

Les comptes rendus des voyages et études de Pythagore diffèrent, mais la plupart des historiens sont d'accord pour dire qu'il a visité de nombreux pays et étudié aux pieds de nombreux maîtres. On suppose qu'après avoir été initié aux Mystères d'Eleusis il alla en Egypte, où il fut initié aux Mystères d'Isis. Il se serait ensuite rendu en Phénicie et en Syrie, où il aurait été initié aux Mystères d'Adonis. Après cela, il aurait parcouru la vallée de l'Euphrate et appris tous les secrets des Chaldéens qui vivaient encore dans la région de Babylone. Et pour finir, il se serait rendu en Médie et en Perse, puis en Inde, où il aurait été élève des et initié par les

[219] Hall, Manly P., *The Secret Teachings of All Ages.*

Brahmines. On peut dire qu'il semble s'être bien couvert de tous les côtés!

On dit que Pythagore a inventé le terme de "philosophe", qu'il préférait à celui de "sage", car le premier signifie "amateur de vérité", tandis que le dernier signifie "quelqu'un qui connaît la vérité". Apparemment, Pythagore pensait qu'il lui manquait un morceau de la banane.

Pythagore ouvrit une école à Crotone, dans le sud de l'Italie, et il y rassembla des étudiants et disciples qu'il instruisit, suppose-t-on, dans les principes des secrets qui lui avaient été révélés. Il considérait les mathématiques, la musique et l'astronomie comme les bases de tous les arts et de toutes les sciences.

A l'âge d'environ soixante ans, il épousa une de ses disciples, et en eut sept enfants. J'ai l'impression qu'il a dû être un senior assez actif! Son épouse devait être une maîtresse-femme, car elle a poursuivi son oeuvre après qu'il eût été tué par une bande d'assassins incités à la violence par un étudiant qu'il avait refusé d'initier. Les récits du meurtre de Pythagore varient. Certains disent qu'il fut tué et, avec lui, tous ses disciples; d'autres disent qu'il aurait pu s'échapper parce que certains de ses étudiants s'étaient sacrifiés en le couvrant de leur corps, mais qu'il mourut de chagrin par la suite quand il réalisa l'apparente inutilité de ses efforts pour illuminer l'humanité.

Les experts disent qu'il ne reste pratiquement rien, de nos jours, des enseignements de Pythagore, à moins qu'ils n'aient été transmis à des écoles ou sociétés secrètes. Et naturellement, toutes les écoles et sociétés secrètes de la planète prétendent détenir cette connaissance "initiatique" à des degrés divers. Il est possible que subsistent encore certaines des formules numériques originelles de Pythagore, mais la triste vérité est qu'il n'y en a aucune preuve dans les écrits publiés par ces groupes depuis plus d'un millénaire. Bien que tout le monde parle de Pythagore, personne ne semble en savoir davantage que les spéculateurs grecs qui "parlaient beaucoup, écrivaient peu, connaissaient encore moins, et dissimulaient leur ignorance sous une couche «d'allusions et promesses pleines de mystère». Il semble que ce soit toujours le cas actuellement!

Même Plutarque ne prétendait pas être capable d'expliquer la signification des diagrammes géométriques de Pythagore. Cependant, il a fait la plus intéressante des suggestions: il a dit que la relation faite par Pythagore entre les solides géométriques et les dieux, était le résultat d'images vues dans les temples égyptiens. La question que nous nous posons est: qu'est-ce que les solides géométriques ont à voir avec des "dieux"?

Albert Pike, le grand symboliste maçonnique a admis lui aussi, qu'il y avait beaucoup de choses qu'il ne comprenait pas. Dans son *Symbolism for the 32nd and 33rd degrees,* il écrit:

> Je ne comprends pas pourquoi le 7 devrait être nommé Minerve, ou le cube, Neptune. ...Manifestement, les noms donnés par les Pythagoriciens aux différents nombres étaient eux-mêmes énigmatiques et symboliques—et il y a peu de doute qu'au temps de Plutarque la signification de ces noms cachés était déjà perdue. Pythagore a trop bien réussi à couvrir ses symboles d'un voile épais, impénétrable dès l'abord sans ses explications verbales[220].

Manly Hall écrit:

> Cette incertitude partagée par tous les chercheurs sincères prouve finalement qu'il n'est pas sage d'affirmer catégoriquement quoi que ce soit sur base des informations indéfinies et fragmentaires dont nous disposons en ce qui concerne le système pythagoricien de philosophie mathématique.[221]

Pour le peu que nous en avons examiné jusqu'ici, nous commençons à réaliser combien vraie est cette dernière remarque. Naturellement, de nos jours il y a des charretées entières de gens qui ne se laissent pas arrêter par de tels détails. Un tas de gourous contemporains prétendent avoir découvert les secrets de la "Géométrie Sacrée"! Mais ils ne semblent même pas avoir étudié la matière en profondeur, car ils passent sous silence les nombreux points saillants qui transparaissent des fragments restants des enseignements pythagoriciens. A ce propos, il y a dans *Le pendule de Foucault,* d' Umberto Eco, un passage qui parle de ce problème:

> ... Toutefois, au milieu de tant de sottises, il y a aussi d'incontestables vérités. ... Messieurs, je vous invite à aller mesurer ce kiosque. Vous verrez que la longueur de l'éventaire est de 149 centimètres, c'est-à-dire un cent-milliardième de la distance Terre-Soleil. La hauteur postérieure divisée par la largeur de l'ouverture fait 176:56=3,14. La hauteur antérieure est de 19 décimètres, c'est-à-dire égale au nombre d'années du cycle lunaire grec. La somme des hauteurs des deux arêtes antérieures et des deux arêtes postérieures fait 190x2+176x2=732, qui est la date de la victoire de Poitiers. L'épaisseur de l'éventaire est de 3,10 centimètres, et la largeur de l'encadrement de l'ouverture de 8,8 centimètres. En remplaçant les nombres entiers par la lettre

[220] Pike, Albert, *Morals and Dogma, Ancient and Accepted Scottish Rite,* Symbolism for the 32nd and 33rd degrees
[221] Hall, Manly, op. cit.

> alphabétique correspondante, nous aurons $C_{10}H_8$, qui est la formule de la naphtaline.
>
> ...Avec les nombres on peut faire ce qu'on veut. Si j'ai le nombre sacré 9 et que je veux obtenir 1314, date du bûcher de Jacques de Molay—date chère entre toutes, pour qui, comme moi, se déclare fidèle à la tradition chevaleresque templière _ comment fais-je? Je le multiplie par 146, date fatidique de la destruction de Carthage. Comment suis-je arrivé à ce résultat? J'ai divisé 1314 par 2, par 3, et cetera, tant que je n'ai pas trouvé une date satisfaisante. J'aurais tout aussi bien pu diviser 1314 par 6,28, le double de 3,14, et j'eusse obtenu 209. Eh bien, c'est l'année où Attale Ier de Pergame entre dans la ligue anti-macédonienne Satisfaits? ...Je crois que l'univers est un concert admirable de correspondances numériques et que la lecture du nombre, et son interprétation symbolique, sont une voie de connaissance privilégiée. Mais si le monde, inférieur et supérieur, est un système de correspondances où tout se tient, il est naturel que kiosque et pyramide, l'un et l'autre oeuvre humaine, aient inconsciemment reproduit dans leur structure les harmonies du cosmos.[222]

L'idée a été répandue avec grande vigueur pendant plus d'un millier d'années, que les prétendus cabalistes et "interprètes de mystères" sont capables de découvrir La Vérité grâce à leurs méthodes incroyablement tortueuses. Cette arrogance passe complètement à côté d'une vérité bien plus ancienne: les mathématiques dans le langage de la Nature.

Les pythagoriciens disaient que l'arithmétique est la mère des sciences mathématiques. Cette idée se basait sur le fait que la géométrie, la musique et l'astronomie se basent sur l'arithmétique, mais l'arithmétique ne se base pas sur ces sciences. Dans cette optique, on peut se passer de la géométrie, mais pas de l'arithmétique; mais si l'on fait disparaître l'arithmétique, la géométrie est de ce fait éliminée. De la même manière, la musique est basée sur l'arithmétique. Le fait d'éliminer la musique n'affecterait l'arithmétique que parce qu'une de ses expressions serait ainsi limitée.

La taille, la forme et le mouvement des corps célestes sont déterminés en y appliquant la géométrie; leur harmonie et leur rythme, en y appliquant la musique. Si l'astronomie disparaît, ni la géométrie, ni la musique n'en seront affectées; mais si la géométrie et la musique disparaissent, alors l'astronomie n'existera plus.

---

[222] Umberto Eco, *Le pendule de Foucault (Il pendolo di Foucault)*, 1988, pp.296, 296

La pré-éminence tant de la géométrie que de la musique sur l'astronomie est établie, mais l'arithmétique les dépasse, car elle est primordiale et fondamentale.

Jouer sans fin avec les nombres démontre seulement *ce qui ne peut être autrement*. Le vrai secret semble être bien plus profond, mais la plupart, sinon tous les "chercheurs" de vérités ne vont jamais au-delà de la surface de la matière. Néanmoins, nous en sommes arrivés au point où nous pensons qu'il y a eu, par le passé, une technologie qui faisait usage de la simple arithmétique et de la géométrie, ou des relations spatiales, en conjonction avec le son, pour accomplir des choses de grande portée. Nous sommes également arrivés à la conclusion que cette ancienne technologie était la science de la maîtrise de l'espace, du temps, et de la pesanteur.

Voilà le secret de l'Age d'Or. Voilà pourquoi leur civilisation était fondée sur d'autres éléments que la nôtre. A part le fait que des cataclysmes ont pu balayer la plupart des marques d'une telle civilisation, nous avons ici une raison supplémentaire de l'absence de vestiges métalliques et autres objets manufacturés qui pourraient être considérés comme des témoignages de "civilisation".

LE DIEU QUI DANSE

Pour en revenir à notre Edward tourbillonnant dans son fauteuil d'avion, nous réalisons qu'il doit être tombé par hasard sur ce secret et qu'il a été capable de l'utiliser jusqu'à un certain point.

Mais Edward Leedskalnin ne disposait pas de champs couverts de mégalithes pour collecter et stocker l'énergie. Edward disposait d'un fauteuil d'avion suspendu par une chaîne au plafond. Qu'est-ce que cela peut bien nous révéler sur la façon de procéder des anciens?

Au cours de nos recherches sur la manière dont les anciens utilisaient cette technologie, nous avons trouvé un article des plus intéressant. Diodore de Sicile, qui écrivait un siècle avant l'ère chrétienne, nous donne une description de l'Angleterre en se basant, en partie, sur le voyage effectué par Pythée de Marseille, qui fit un voyage à la voile autour de l'Angleterre en 300 Av.J.C.

> Quant aux habitants, ils sont simples et très éloignés de la ruse et du vice qui sévissent de nos jours. Leur mode de vie est modeste, car ils sont très éloignés du luxe qui est conséquence de la richesse. L'île est aussi densément peuplée et son climat est extrêmement froid, comme on peut s'y attendre, puisqu'elle se trouve en fait sous la Grande Ourse. Elle est gouvernée par de

nombreux rois et potentats qui, pour la plupart, vivent en paix l'un avec l'autre.[223]

Diodore nous raconte ensuite une histoire fascinante à propos des Hyperboréens qui, de son temps déjà, devaient avoir un caractère légendaire:

> Parmi ceux qui ont écrit sur les mythes anciens, Hécatée et certains autres disent que dans les régions par-delà le pays des Celtes (la Gaule), il y a dans l'océan une île qui n'est pas plus petite que la Sicile. Cette île, poursuit le récit, est située au nord et est habitée par les Hyperboréens, qui s'appellent ainsi parce qu'ils habitent au-delà du point d'où souffle le vent du nord; le pays est fertile et produit toutes les moissons, et puisqu'il jouit d'un climat exceptionnellement tempéré, il produit deux récoltes par année.[224]

Il semble hors de doute que Diodore décrit le même endroit, mais nous remarquons que le climat est tellement différent d'une description à l'autre, qu'il nous est difficile de faire le lien. Cependant, supposons que cette description de l'Angleterre ait été basée sur le climat qui prévalait à l'époque où il a été décrit, et que la description légendaire de l'Hyperborée ait été basée sur *des conditions climatiques antérieures* qui auraient été conservées dans le récit. Diodore souligne qu'il rapporte quelque chose de très ancien, et il poursuit:

> Les Hyperboréens ont aussi une langue, nous a-t-on dit, qui leur est particulière, et qu'ils sont des mieux disposés envers les Grecs, et spécialement envers les Athéniens et les Déliens, qui ont hérité de cette bienveillance depuis les temps les plus anciens. Le mythe relate également que certains Grecs ont rendu visite aux Hyperboréens et ont laissé derrière eux de coûteuses offrandes votives portant des inscriptions en lettres grecques. Et de même, Abaris, un Hyperboréen, est venu en Grèce en des temps anciens, et a renouvelé l'expression de la bienveillance et de la parenté de son peuple avec les Déliens.[225]

La remarque de Diodore à propos des relations entre Hyperboréens et Athéniens nous remet en mémoire l'affirmation de Platon, selon laquelle les Atlantes étaient en guerre avec les Athéniens, et nous nous demandons si les Hyperboréens n'étaient pas les vrais "premiers Athéniens". Après tout, les Grecs sont appelés les "Fils du Vent du Nord": Borée. La relation des Hyperboréens aux Déliens est exposée par Hérodote:

---

[223] Diodore de Sicile, Livres II et III. 1935 et 1939.
[224] Ibid.
[225] Ibid.

> Certaines offrandes sacrées, enveloppées dans de la paille de froment, sont envoyées par les Hyperboréens vers la Scythie, d'où elles sont transmises successivement par les peuples voisins, jusqu'à l'Adriatique: de là elles sont envoyées vers le sud, et les premiers Grecs à les recevoir sont les Dodonéens. Puis, poursuivant leur route vers le sud, elles atteignent le golfe malien, traversent l'Eubée et sont transmises de ville en ville jusqu'à Caryste. Là elles contournent Andros; les Carystiens les emportent jusqu'à Ténos, et les Téniens jusqu'à Délos. Voilà comment ces objets atteignent Délos, dit-on, de nos jours.[226]

La connexion légendaire entre Hyperboréens et Déliens nous mène à une autre remarque intéressante d'Hérodote: il nous dit que Léto, la mère d'Apollon, était née sur l'île d'Hyperborée. Qu'il y ait eu des contacts réguliers entre Grecs et Hyperboréens pendant de nombreux siècles, semble être hors de doute. Les Hyperboréens auraient amené les Grecs au culte d'Apollon, mais il est très probable que leurs relations ont débuté bien avant cela. Oui, cela va à l'encontre de l'idée que la culture s'est répandue du sud au nord, mais nous écrivons un livre qui va à l'encontre de bien des choses, de sorte que cela ne doit pas vous surprendre! Hérodote a encore une autre chose intéressante à nous dire à propos des Hyperboréens qui envoyaient leurs offrandes sacrées à Délos:

> La première fois, elles furent confiées à deux jeunes filles dont les noms étaient, selon les Déliens, Hyperoché et Laodicé. Pour les protéger pendant le voyage, les Hyperboréens les firent escorter par cinq hommes ... Les deux hyperboréennes moururent à Délos, et les garçons et les filles de l'île se coupent encore la chevelure en signe de deuil à leur égard. ... Il existe encore un récit, originaire de Delphes, selon lequel, avant Hyperoché et Laodicé, deux autres jeunes filles: Argé et Opis, avaient emprunté la même route pour se rendre à Délos. ...Argé et Opis mirent pied sur l'île en même temps qu'Apollon et Artémis...[227]

Hérodote mentionne ailleurs, lorsqu'il parle des pays des "Barbares", que *"tous, sauf les Hyperboréens, envahissent sans cesse les territoires les uns des autres"*. Sans vouloir attribuer une telle conclusion à Hérodote, il semble cependant que les Hyperboréens n'étaient pas belliqueux du tout.

Un autre indice concernant la "religion" des Hyperboréens est extrait des mythes d'Orphée. Il y est dit que, lorsque Dionysos envahit la Thrace, Orphée ne trouva pas bon de lui rendre les

---

[226] Herodotus, *The Histories,* Livre IV, trad. Aubrey De Selincourt, revision John Marincola, 1972; Penguin, London.
[227] Herodotus, ibid.

honneurs mais, au contraire, prêcha aux hommes de Thrace que le meurtre sacrificiel est un mal. Il leur enseigna “d’autres mystères sacrés” en rapport avec Apollon, qu’il considérait comme le plus grand de tous les dieux. Dionysos en eut une crise de rage, et il envoya les Ménades auprès d’Orphée au temple d’Apollon où Orphée était prêtre. Elles firent irruption, assassinèrent leurs époux qui étaient assemblés pour écouter Orphée parler, déchirèrent Orphée membre après membre, et jetèrent sa tête dans l’Hèbre où elle continua à chanter en glissant au fil de l’eau. Elle fut emportée vers la mer, puis vers l’île de Lesbos. Une autre version de l’histoire dit que Zeus a tué Orphée en le frappant de ses foudres, pour avoir divulgué des secrets divins. Il a instauré les Mystères d’Apollon en Thrace, d’Hécate à Aegina, et de Déméter souterraine à Sparte[228]. Et ceci nous amène à une nouvelle révélation de Diodore sur les Hyperboréens:

> Et il y a aussi sur l’île une magnifique enceinte sacrée vouée à Apollon, ainsi qu’un remarquable temple orné de nombreuses offrandes votives, et sa forme est *circulaire*.
>
> En outre, il y a une cité consacrée à ce dieu, et la majorité de ses habitants joue de la cithare; et ils *jouent continuellement de cet instrument dans le temple* et chantent des hymnes à la louange du dieu, glorifiant ses actions… Ils disent aussi que la Lune, vue de cette île, paraît n’être qu’à une faible distance de la Terre et avoir à sa surface des éminences, comme celles de la Terre, qui sont visibles à l’œil nu. On dit aussi que le dieu se rend dans l’île tous les 19 ans, *période à laquelle est accompli le retour des astres à la même place dans les cieux,* et c’est pour cette raison que cette période de 19 années est appelée par les Grecs “année de Méton”. A l’époque de cette apparition du dieu, celui-ci joue de la cithare en dansant tout au long de la nuit depuis l’équinoxe de printemps jusqu’au lever des Pléiades, exprimant, ce faisant, sa réjouissance de ses succès. Et les rois de cette cité et les surveillants de l’enceinte sacrée sont appelés Boréades, car ils sont des descendants de Borée, et la succession à ces fonctions reste toujours dans leur famille.[229]

Je voudrais immédiatement faire remarquer la similitude du récit qui précède, au sujet des Ménades qui assassinent leurs époux, avec l’histoire des filles de Danaos qui ont assassiné leurs époux pendant leur nuit de noce, elle-même semblable à l’histoire du massacre survenu dans le Cloître d’Ambrius et attribué à Hengist et Horsa. Souvenons-nous que les Danaïdes appartenaient à la famille de

---

228 See: Graves, Robert, *The Greek Myths,* 1992, Penguin, London.
229 Ibid.

Persée, qui a tranché la tête de Méduse. Les deux thèmes: des épouses assassinant leurs époux, et une décapitation significative, sont assez surprenants que pour nous y arrêter un moment. Est-ce qu'une légende originale a été adaptée ensuite dans un autre but, assimilée à un autre groupe ou à une autre tribu? Plus d'une fois?

De toute manière, nous avons découvert là une petite série de choses du plus haut intérêt, en un seul endroit. D'abord, un " temple rond" sur une île qui ne peut être que l'Angleterre, décrit peut-être Stonehenge et la manière dont ce site a été utilisé par un groupe de gens. Ensuite, nous voyons que Diodore raconte que le calendrier lunaire de 19 années a été créé par les Hyperboréens, et qu'il se rapporte à une période à laquelle "le retour des astres est accompli". Nous réalisons immédiatement que ces "astres" doivent se référer à une relation géométrique entre le Soleil, la Lune et la Terre, plutôt qu'aux étoiles et planètes en général, parce que celles-ci ne "reviennent" certainement pas à une position particulière tous les 19 ans. Et nous soupçonnons à présent que tout cela pourrait se rapporter à un node gravitationnel d'un système à trois corps célestes.

Nous entrevoyons que ces anciens devaient en savoir des choses!

Dans le Temple d'Apollon, nous voyons qu'il y a des musiciens dont la tâche est de chanter et jouer continuellement de leur instrument, et le plus renommé des anciens chanteurs et musiciens est associé au culte d'Apollon. Cela nous fait penser que le son a pu être utilisé dans un but précis; l'utilisation de noeudes gravitationnels, peut-être?

Ici, il y a une énigme supplémentaire. Qu'est ce que cela signifie, que tous les 19 ans, un dieu "danse" de l'équinoxe de printemps *jusqu'au lever des Pléiades?* Cela suggère qu'une date très spécifique est retenue dans ce mythe. Le lever héliaque des Pléiades ne se produit pas tous les 19 ans. Dès lors, outre l'information à propos d'un événement qui survient tous les 19 ans, le mythe a enregistré quelque chose d'autre, de très important, dont la date appartient au mythe lui-même. Quand est-ce que les Pléiades se levaient juste avant le Soleil à l'équinoxe de printemps?

Nombreux sont ceux qui pensent qu'un "lever héliaque" signifie qu'un astre ou une constellation est en conjonction avec le Soleil. Mais cela n'est probablement pas exact. Les anciens pratiquaient une astronomie d'observation. Otto Neugebauer, dans ses nombreuses études à propos de ce que savaient et ne savaient pas les anciens en sciences mathématiques, a noté ce qui suit:

> Lorsque nous regardons les astres se lever au-dessus de l'horizon oriental, nous les voyons apparaître nuit après nuit au même point

> sur l'horizon. Mais quand nous étendons nos observations à la période de l'aube, de moins en moins d'astres sont reconnaissables lorsqu'ils traversent l'horizon, et pour le lever du Soleil, presque tous les astres se sont effacés. Supposons qu'un certain astre S a été aperçu au moment où l'aube commence à poindre, mais a disparu de notre vue en très peu de temps à cause de l'approche rapide de la lumière du jour. Nous appelons ce phénomène le "lever héliaque" de S, pour utiliser un terme de l'astronomie grecque. Supposons que nous considérions ce phénomène comme une indication de la fin de la "nuit", et *S comme l'astre de la "dernière heure de la nuit*"" [...]. Nous pourrions procéder de la sorte pendant plusieurs jours, mais pendant ce temps, un changement notable survient. [...] Manifestement, après un certain laps de temps, cela n'a plus de sens de prendre S comme indicateur de la dernière heure de la nuit. Mais de nouveaux astres peuvent prendre la place de S. C'est ainsi qu'année après année S peut servir, pendant quelques jours, d'astre *de la dernière heure*, pour être remplacé en ordre régulier par d'autres astres.[230]

Pour pouvoir observer le lever héliaque d'un astre ou d'un groupe d'astres, ceux-ci doivent se lever assez longtemps avant le Soleil pour être "observés", car dès que le Soleil se lève, les astres ne sont plus visibles. Le lever héliaque des Pléiades aurait dû se produire *au moins* 36 minutes avant le lever du Soleil, pour pouvoir être *vues*. Les bonnes questions paraissent donc être: quand est-ce que les Pléiades se sont levées environ une demi-heure avant le Soleil, au temps de l'équinoxe? Quand est-ce que les Pléiades ont été les astres de la "dernière heure de la nuit"? Quelle peut avoir été la portée de cet événement?

Certains textes "standard" écrits par des gens qui n'ont pas tenu compte la nature "observationnelle" d'un lever héliaque ont cité la date de 2.300 Av. J.C, parce qu'alors les Pléiades étaient en conjonction avec le Soleil à l'équinoxe de printemps. Mais, après avoir fait nous-mêmes de méticuleux calculs et après avoir consulté des experts astronomes, nous avons découvert que la date réelle du lever héliaque des Pléiades, dans le contexte fourni par Neugebauer, est le 16 avril 3.100 Av.J.C. Cette date est très certainement correcte, comme nous allons le voir bientôt.

Et il y a un mystère encore plus grand à propos des Pléiades. Dans les grottes de Lascaux se trouve l'image préhistorique d'un aurochs, qui est la plus grande peinture de tout l'ensemble de représentations, et cet aurochs est peint presqu'entièrement sur le

---

230 Neugebauer, Otto, *The Exact Sciences in Antiquity*, 1969, Dover, New York.

plafond de la grotte. Et, étrangement, on aperçoit au-dessus du dos de l'animal, flotter un groupe de six points. La répartition de ces points ne paraît pas être le fruit du hasard, mais elle fait, au contraire, penser à un élément clairement structuré. Ce groupe paraît exactement représenter, en fait, la constellation du Taureau, avec le groupe des Pléiades placées précisément comme elles apparaissent par rapport à la constellation. Les Pléiades ont également été représentées en un arrangement exactement semblable de six étoiles, par les Navajos de l'Amérique des temps modernes, qui disent que cette configuration leur a été transmise par leurs ancêtres.[231]

A l'origine, la constellation du Taureau était représentée par l'image d'un taureau complet dans le ciel. Les Babyloniens le nommaient: Taureau céleste, et les Pléiades étaient "les poils sur le cou du taureau". Par la suite, le taureau fut coupé en deux, pour créer Aries, le bélier, et Cétus, la baleine.

Nous observons donc ici une intéressante confluence d'éléments à première vue sans aucun rapport entre eux.

Nous abandonnons temporairement ce sujet, pour en revenir à notre dieu qui venait danser à Stonehenge tous les 19 ans, et voir comment nous pouvons relier cela à un fauteuil d'avion tourbillonnant qui produit des sons et vainc la pesanteur, et peut-être aussi l'espace, le temps et la matière.

Tous ces éléments sont reliés d'une manière qui a permis à tout un groupe de gens de vivre en harmonie, et de produire tout ce dont ils avaient besoin, de sorte que tous les produits de la civilisation tels que nous les connaissons, ne leur étaient pas nécessaires et cependant, des choses dont nous sommes incapables même avec toutes nos technologies, faisaient apparemment partie de leur réalité quotidienne.

Dans nos recherches d'indices supplémentaires dans les religions de la Nature associées aux symboles du Saint Graal, nous trouvons que la danse fait partie de l'ensemble archaïque du Graal. La Danse de l'Epée, les "Morris Dances"[232], et les "Mumming Plays" [233], par exemple semblent avoir été hérités d'une tradition de danses

---

[231] Chamberlain, Von Del, *Navajo Constellations in Literature, Art, Artifact and a New Mexico Rock Art Site*, Archaeoastronomy 6 (1-4):48-58, 1983.

[232] Danses anglaises traditionnelles où les danseurs portent des petits grelots autour des genoux et manient un bâton. A l'origine, dans certaines régions les danseurs se noircissaient le visage afin de ne pas être reconnus. (NdT)

[233] "Jeux rituéliques de la fertilité, qui ont lieu, depuis avant l'ère chrétienne, principalement dans le Sussex et dans certaines régions d'Ecosse. Les "Mummers" sont des porteurs de masques (ce mot vient soit du grec, soit du vieil allemand, qui signifie "masque") *(NdT)*

solennelles cérémonielles à des dates précises. Et c'est exactement ce que Diodore explique: le dieu dansait pendant une nuit entière tous les 19 ans, au moment de l'équinoxe de printemps.

Jessie Weston, entre autres, voyait dans ces danses et dans le cycle entier du Graal, un rituel destiné à "*préserver et perpétuer la séquence régulière et ordonnée des processus de la Nature*". En d'autres mots, il s'agit des *disjecta membra* de la technologie avancée d'une civilisation disparue.

Il nous semble, devant l'évidence, devant la réalité absolue de ce que ces peuples ont été capables de faire, que les danses, les mythes, et les rites, pointent tous dans la direction d'une technologie archaïque préservée et dite, de manière idéaliste, "perpétuer les processus de la Nature". Mais il s'agissait en fait d'une interaction directe avec la Nature, dont le résultat était la production manifeste de tout ce dont ces peuples avaient besoin, dans un sens littéral et immédiat.

Les premières danses de l'Epée connues, ont été exécutées par les Maroutes, serviteurs du dieu Indra. Ce sont des groupes de jeunes gens d'âge égal et de lignée identique, toujours tous habillés de même, et toujours voués à la danse. Tout au long du Rig-Veda les Maroutes sont désignés comme "*des danseurs couverts d'or ... En chantant des chants de louange, ils dansaient autour de la source ... Lorsque vous, Maroutes, dansez armés d'une lance, [les cieux] se déversent ensemble, comme des vagues d'eau.*"[234]

L'image de danseurs "armés d'une lance" fait naturellement penser qu'ils dansaient avec des lances, mais il pourrait peut-être s'agir d'autre chose. Quiconque a vu des danses celtiques traditionnelles a dû être frappé par les bras tenus raidis vers le bas des danseurs, qui ne bougent que le bas de leur corps. Leurs danses, exécutées en parfaite synchronisation sur une estrade de bois, produisent un effet hypnotique et stimulant; nous y voyons un possible système d'élévation de la conscience qui peut produire des effets vibratoires, non seulement dans la pierre, mais dans les cellules-mêmes des danseurs et du public. En outre, lorsque nous observons l'immobilité de la partie supérieure de leur corps et le mouvement stylisé de la partie inférieure de leur corps, nous pensons à la "longueur du cordon" d'un pendule qui accède à d'autres réalités. Nous pouvons également envisager l'addition d'une vraie "lance" pour "ajouter de la longueur au cordon", ou quelque chose qui était incorporé de manière à connecter les

[234] Von Schroeder, *Mysterium und Mimus*, cite par Jessie Weston dans *From Ritual to Romance*, op. cit.

danseurs à une fréquence particulière. Ajoutons-y une musique très spécifique, destinée à amplifier les effets énergétiques, ou un son qui était le *résultat* de la danse, et nous voyons apparaître une image bien différente de la danse d'Apollon à Stonehenge tous les 19 ans. En fait, nous nous rappelons la curieuse histoire où 'Fulcanelli' aurait dit à Jacques Bergier:

> Des arrangements géométriques de substances extrêmement pures suffisent à libérer des forces atomiques sans avoir recours à l'électricité ou à la technique du vide...

Et encore ceci:

> Car c'est par le feu et dans le feu que notre hémisphère sera bientôt mis à l'épreuve. Et juste comme par le feu l'or est séparé des métaux impurs, de même, dit l'Ecriture, le bon sera séparé du mauvais, au grand Jour du Jugement. [...][235]

Les Maroutes étaient les compagnons d'Indra, ses assistants dans ses combats contre ses adversaires: les dieux méchants qui affligeaient l'humanité. Mais plus que cela, ces danseurs apportaient au peuple tout ce qui lui était nécessaire, d'une manière magique, mystérieuse, et étonnante:

> Les adorables Maroutes, armés de lances brillantes et cuirassés d'or, mènent une existence vigoureuse; *puissent les chars des rapides Maroutes arriver pour notre bien.* ...Faiseurs de pluie, créateurs de fertilité, verseurs d'eau, *multiplicateurs de nourriture.* ...Pourvoyeurs de nourritures abondantes. ...vos outres à lait ne sont jamais vides. ...Nous invoquons *les chars chargés de nourriture des* Maroutes."[236]

Nous commençons à comprendre que les orgies débridées des fêtes de Nouvel An, la frénésie des fêtes dionysiaques, et les cultes de la Nature au cours desquels paradent des hommes et des femmes en extase, au bord de la folie, sont des *corruptions* de ce qui était manifestement à l'origine des danses rituelles. Et cela nous fait penser au Dédale. Le labyrinthe. Troie. La Crète. L'Egypte...

LE LABYRINTHE

Des centaines de dédales et de labyrinthes sont éparpillés dans toute l'Europe, dans certaines régions d'Afrique, d'Asie, et des Amériques. Ils sont composés de pelouses, de haies, de pierres, de briques, ou de motifs carrelés sur le sol. Des labyrinthes ont été

---

[235] Fucanelli, *Le Mystère*, op. cit.
[236] *Rig-Veda*, Vol III.

peints sur et gravés dans le roc à des périodes incroyablement anciennes. L'une des représentations les plus anciennes que j'ai trouvées a été gravée sur un bracelet en ivoire de mammouth il y a 20.000 ans. Ce bracelet a été trouvé à Mezin, en Ukraine. Cette pièce présente le dessin d'une magnifique "grecque" ou «dessin de dédale», précurseur de tous les labyrinthes dont nous allons parler ici, mais elle offre un indice significatif, puisque cette région du monde est le point de départ des légendes du Graal identifié par Littleton et Malcor.

Ce que la plupart des gens connaissent du dédale ou labyrinthe, provient du mythe de Thésée et Ariane.

Brièvement, l'histoire raconte que le roi de Crète, Minos, avait exigé le tribut d'Athènes après avoir détruit cette dernière au cours d'une guerre. Le tribut consistait en un envoi annuel de sept jeunes garçons et sept jeunes filles qui devaient être sacrifiés au Minotaure: ils étaient envoyés dans le labyrinthe, lieu d'habitation de la bête et spécialement construit pour elle, par le grand architecte Dédale. Le labyrinthe avait été construit si intelligemment que Dédale lui-même éprouvait des difficultés à s'y retrouver. Les jeunes gens d'Athènes erraient dans ce labyrinthe, jusqu'à ce que le Minotaure, mi-taureau (pour la partie supérieure du corps), mi-homme (pour la partie inférieure), les trouvât et les dévorât.

Cela nous rappelle certainement l'histoire d'Hérodote à propos des jeunes filles d'Hyperborée envoyées à Délos avec des offrandes, et qui y sont mortes dans des circonstances qui nous paraissent mystérieuses.

Par parenthèse, nous voudrions attirer l'attention du lecteur sur le fait que ce grand architecte Dédale, était parent d'un roi nommé Minos. Un autre roi, nommé Ménès, avait été le grand unificateur de l'Egypte, et constructeur de la grande cité de Memphis, et d'un fameux temple dédié à Héphaïstos dans cette ville. Cela s'est passé approximativement en 3.100 Av.J.C. et nous nous demandons si l'image de l'être mi-taureau, mi-homme ne nous indiquerait pas une date, celle où la constellation du Taureau a été "coupée en deux" pour faire place à Ariès, le bélier, qui représente Agni, dieu du feu. Héphaïstos est, après tout, la version grecque du dieu forgeron.

Découvrir d'une part un grand architecte connecté, même indirectement, à un grand unificateur de deux royaumes et constructeur d'un grand temple, et d'autre part ayant un rapport avec un autre roi dont le nom est similaire et constructeur d'un grand labyrinthe ayant certains « pouvoirs en son centre» (le Minotaure) tout en gardant à l'esprit les légendes de la construction de Stonehenge, le «cloître d'Ambrius», où le dieu dansait une nuit entière vers 3.100 Av.J.C., nous fait faire des liens entre tout cela et le mythe de Salomon et Hiram Abiff, et l'Arche d'Alliance.

Lorsque nous pensons au Temple de Salomon (au sujet duquel nous apprendrons bientôt beaucoup de choses intéressantes), construit pour y abriter l'Arche d'Alliance, et lorsque nous pensons au labyrinthe, construit pour abriter un monstre, nous nous demandons bien sûr où tout cela nous mène! Nous notons aussi que les victimes du roi Minos de Crète étaient des "Athéniens" et nous nous souvenons de ce que Platon avait dit au sujet de la guerre entre Atlantis et "Athènes", même si nous pensons qu'il ne s'agissait pas des Athéniens tels que nous les connaissons.

Selon le mythe, le labyrinthe n'avait été construit que pour une seule raison: y cacher le Minotaure, qui était une source d'horreur et de honte pour Minos, dont la femme avait donné naissance au monstre après avoir copulé avec un taureau. Ceci manque vraiment de logique, car les victimes étaient rassemblées en public et apparemment, tout le monde était au courant de l'existence du Minotaure.

En Afrique du Sud, les Zoulous ont un jeu populaire qui consiste à dessiner sur le sol un labyrinthe, et, à tour de rôle, les joueurs "doivent trouver le chemin qui mène à la hutte du roi" qui se trouve au centre. Le jeu est joué avec des pions qui ont la forme de taureaux. Il semble qu'à des milliers de kilomètres de la Crète, des éléments d'une même légende sont rejoués depuis des temps immémoriaux: royauté, taureau, et conflit au centre du labyrinthe.

Des fouilles faites à Cnossos ont révélé l'existence d'un culte pratiqué dans un "palais" en forme de labyrinthe comprenant des centaines de chambres et de couloirs. Il est orné d'innombrables images de taureaux en bas-reliefs, petites sculptures, récipients en forme de taureau, sceaux et empreintes de sceaux représentant des taureaux, et aussi des cornes de taureau stylisées. Toutes ces choses qui relient la dynastie de Minos à des taureaux suggèrent que la vitalité des rois minoens, tout comme celle des pharaons de l'ancienne Egypte, était assimilée au dieu-taureau. Qui plus est, d'anciens auteurs grecs ont dit que le labyrinthe de Minos était inspiré d'un original qui se trouvait en Egypte du nord. Il reste très peu de chose de cette merveille égyptienne: jusque quelques parcours de brique. Ce qu'Hérodote en a dit est tout à fait fascinant:

> Libérés après le règne du prêtre d'Héphaïstos, les Egyptiens, puisqu'ils ne pouvaient pas vivre sans avoir de roi, désignèrent douze souverains après avoir divisé l'Egypte en douze parties. Ces rois firent des mariages inter-familiaux et régnèrent, s'étant mis d'accord pour qu'aucun d'entre eux ne dépose un autre par

force, et ne cherche pas à tirer avantage de l'un ou de l'autre, mais qu'ils vivraient en parfaite amitié; la raison pour laquelle ils firent ces arrangements les gardant de toute agression était qu'un oracle leur avait été rendu avant qu'ils ne commencent à exercer leur règne, selon lequel celui qui dans le temple d'Héphaïstos ferait une libation avec une coupe de bronze serait le roi de toute l'Egypte (car ils avaient l'habitude de s'assembler dans tous les temples).

En outre, ils décidèrent de se rassembler et de laisser un mémorial d'eux-mêmes; et après cette résolution ils décidèrent de faire construire un labyrinthe situé un peu au-dessus du Lac Mœris et pratiquement en face de la cité appelée Cité des Crocodiles. Cela, je l'ai vu moi-même, et je l'ai trouvé tellement grandiose que les mots ne peuvent le décrire. Car si l'on devait rassembler et compter toutes les constructions et monuments produits par les Hellènes, tout cela n'atteindrait pas ce labyrinthe en valeur et en travail, quoiqu'en vérité le temple d'Ephèse et celui de Samos soient des ouvrages dignes d'attention.

Les pyramides elles aussi sont d'une grandeur indicible, et chacune d'entre elles vaut de nombreux ouvrages exécutés par les Hellènes, aussi grands qu'ils soient, mais le labyrinthe surpasse tout, même les pyramides.

Il a douze cours couvertes, avec des portes qui se font face: six sur le côté nord et six sur le côté sud, donnant l'une sur l'autre, et la même muraille les entoure toutes à l'extérieur; et il y a, dans le labyrinthe, deux sortes de salles: une sorte sous la terre et l'autre sorte au-dessus de celle-ci. Il y en a trois mille: quinze cents de chaque sorte. L'ensemble de salles supérieures, nous les avons vues nous-même en les parcourant, et nous en parlons les ayant regardées de nos propres yeux; quant aux chambres souterraines, nous en avons seulement entendu parler, car les Egyptiens qui les gardaient n'ont voulu sous aucun prétexte les montrer, disant qu'elles contenaient les tombeaux des rois qui étaient à l'origine de la construction du labyrinthe et ceux des crocodiles sacrés.

Dès lors, nous parlons des salles inférieures par ouï-dire, tandis que les supérieures nous les avons vues nous-même et les avons trouvées plus grandioses que tout autre ouvrage humain. Car les passages d'une salle à l'autre et les allées entre les cours, qui étaient admirablement ornés, offraient au regard d'innombrables objets d'émerveillement à mesure que nous allions d'une cour aux salles qui se trouvaient au-delà, et de ces salles aux colonnades, et des colonnades à d'autres salles, et de ces salles à d'autres cours encore. Au-dessus de tout cela il y a un toit, en pierre comme les murs, et les murs sont couverts de figures sculptées; et chaque cour est entourée de piliers en pierre blanche assemblés à la

> perfection, et à la fin du labyrinthe, près du coin, il a une pyramide de quarante brasses (73m20), sur laquelle de grandes figures sont sculptées, et vers celle-ci il y a un chemin souterrain.

Qu'est-ce qu'Hérodote a bien pu décrire là? Il a déclaré que tous les grands travaux architecturaux des Grecs et des Egyptiens, y compris les pyramides, étaient "*inférieurs en ouvrage et en valeur, à ce labyrinthe*". Notons aussi qu'il n'est fait allusion nulle part à des taureaux cachés dans le labyrinthe égyptien: au lieu de cela, dans les salles dissimulées sous la terre il y avait "les tombeaux des rois qui étaient à l'origine de la construction de ce labyrinthe, et des *crocodiles sacrés*". Diodore nous raconte une histoire quelque peu différente à propos la construction du fameux labyrinthe:

> A la mort du roi, le gouvernement tomba aux mains des Egyptiens, qui choisirent un roi autochtone: Mendès, que certains nomment Marès. Bien qu'il n'accomplît aucun exploit militaire, il construisit lui-même un tombeau, qui a été appelé le Labyrinthe, un édifice merveilleux, non tant pour sa taille, que pour l'habileté déployée dans sa construction; car une fois à l'intérieur, il est impossible de trouver sans difficulté le chemin de la sortie, à moins de faire appel aux lumières d'un guide le connaissant parfaitement. Certains disent même que Dédale fit la traversée jusqu'en Egypte et qu'émerveillé par l'habileté déployée dans cette construction, il fit construire pour Minos, roi de Crète, un labyrinthe semblable à celui d'Egypte, et dans lequel certains disent que la créature nommée Minotaure fut gardée. Quoi qu'il en soit, le labyrinthe crétois a complètement disparu, soit sur la décision d'un gouvernant, soit qu'il ait subi les ravages du temps; *mais le labyrinthe égyptien est resté absolument parfait dans sa construction tout entière, et ce jusqu'à mon époque*. [...]
>
> Car ils ont choisi un emplacement près du canal qui mène au Lac Moeris en Libye, et ils ont construit ce tombeau dans la pierre la plus belle, dessinant un rectangle dans la forme et choisissant un stade[237] pour la longueur de chaque côté, tandis qu'en ce qui concerne les sculptures et autres objets d'art, ils n'ont laissé à leurs successeurs aucune possibilité de les surpasser. Car, une fois passée l'enceinte sacrée, l'on trouve un temple entouré de colonnes: quarante de chaque côté, et cette construction possédait un toit fait d'une seule pierre, avec des panneaux sculptés et richement décorés d'excellentes peintures. Il contenait des oeuvres commémoratives provenant de la patrie de chacun des rois, ainsi que des temples et des sacrifices qui s'y étaient déroulés, tout cela habilement représenté par des peintures de la plus grande beauté. L'on dit généralement que les rois accordaient

[237] 1 stade = entre 147 et 192 mètres

à leur tombeau des richesses et des proportions tellement prodigieuses que s'ils n'avaient pas été déposés avant son achèvement, ils n'auraient été capables de laisser à leurs successeurs aucune opportunité de les surpasser en prodiges architecturaux.[238]

Et voici le compte rendu de Strabon:

Outre ces choses, il y a l'édifice du labyrinthe, une construction *qui égale tout à fait les pyramides* et proche du tombeau du roi qui bâtit le Labyrinthe. Il y a, à l'endroit où l'on entre d'abord dans le canal, à environ 30 ou 40 stades sur le chemin, un site plat, en forme de trapèze, qui contient un village et un grand palais composé de nombreux palais, d'un nombre égal à celui des nomes de jadis; car tel est le nombre des cours à péristyle, contiguës l'une à l'autre, en une seule rangée et adossées à un seul mur, comme si l'on avait un seul mur avec des cours devant, et les passages vers les cours se trouvent en face du mur. Avant les entrées, il y a ce que l'on appelle les salles cachées, qui sont longues et nombreuses, et il y a des passages qui vont de l'une à l'autre, sinueux et tortueux, de sorte que personne ne peut entrer dans la cour ni en sortir sans l'aide d'un guide. Et ce qui est surprenant dans tout cela, c'est que *le toit de chaque salle est fait d'une seule pierre*, et que la largeur des salles cachées est soutenue de la même manière par des poutres monolithiques d'une taille extraordinaire; car *nulle part le bois ou un autre matériau n'a été utilisé*. Et si l'on monte sur le toit, qui ne se trouve pas très haut parce que la construction n'a qu'un seul étage, il est possible de contempler une plaine de maçonnerie composée de telles pierres, et si l'on redescend de là vers les cours, il est possible de les voir allongées là en rangées dont chacune est soutenue par 27 piliers monolithiques; les murs aussi sont faits en pierres d'une taille considérable.

Au bout de cette construction qui occupe une zone de plus d'un stade, se trouve le tombeau, une pyramide de base rectangulaire dont chaque côté mesure 4 "plethra" de long, et la hauteur est à peu près de la même mesure. L'homme qui y est enseveli s'appelait Imandès. Il paraît que la raison pour laquelle il y a de si nombreuses cours est qu'il était habituel pour tous les nomes de se rassembler là selon leur rang avec leurs propres prêtres et prêtresses, pour des sacrifices, des offrandes divines, et rendre des jugements sur les matières les plus importantes. Et chaque nome était logé dans la cour qui lui était destinée.

[238] Diodore de Sicile (un siècle avant J.C.): Deux passages de son histoire, Livre I, 61 et 66.

> Et au-dessus de cette cité se trouve Abydos, dans laquelle il y a le Memnonium, un palais merveilleusement construit en pierres massives, de la même manière que le Labyrinthe dont nous avons parlé, bien que le Memnonium soit différent car sa structure est plus simple.[239]

Pline nous donne encore une autre version des récits concernant cette fabuleuse structure:

> Parlons également des labyrinthes, des ouvrages parmi les plus extraordinaires, pour lesquels des hommes ont dépensé des fortunes, mais qui ne sont pas, comme l'ont pensé certains, des produits de l'imagination.
>
> Il existe encore de nos jours en Egypte, dans le Nome héracléopolite, le premier labyrinthe construit selon la tradition: il y a *3.600 ans, par le roi Petesuchis* ou Tithois, bien qu'Hérodote attribue l'ouvrage tout entier aux Douze Rois et à Psammétique, le dernier d'entre eux. Diverses raisons ont été attribuées à cette construction. Démotélès prétend qu'elle a été le palais de Motéris, et Lycéas qu'il s'agit du tombeau de Moéris, mais la majorité des auteurs considèrent qu'elle a d'abord été un temple du Soleil, et cela est généralement accepté. De toute manière, que Dédale l'ait pris pour modèle du labyrinthe qu'il a construit en Crète est hors de doute, mais il est également clair qu'il n'en a imité que la centième partie, qui contient des couloirs tortueux et des passages qui avancent et reculent, le tout impossible à négocier. La raison n'en est pas que sur une petite étendue l'on ait voulu faire un mile de promenade, comme nous le voyons sur les sols pavés de mosaïques, ou bien comme dans les parades données par des jeunes gens sur le Campus mais bien que, fréquemment, des portes y sont dissimulées pour égarer le visiteur qui avance puis est forcé de retourner sur ses pas en suivant les mêmes chemins tortueux. Celui-ci a été le deuxième labyrinthe construit après le labyrinthe égyptien, le troisième se trouvant à Lemnos et le quatrième en Italie; et tous sont couverts de voûtes en pierre polie, bien qu'à ma grande surprise, dans le spécimen égyptien l'entrée et les colonnes soient en *marbre de Paros*, tandis que le reste est en *granit d'Assouan, toutes ces masses étant assemblées de manière telle que le temps lui-même ne pourra les désassembler, même avec l'aide des Héracléopolitains, car ceux-ci ont toujours eu une haine extraordinaire pour cette construction.*
>
> Il serait impossible de décrire dans le détail la disposition de cette construction et toutes ses parties distinctes, car elle est divisée en régions et districts administratifs appelés "nomes", chacun des 21

[239] Strabon (ca. 64 Av. J.C. – 19 de l'ère chrétienne): Trois passages de sa géographie, Livres 17, I, 3 et 37 et 42.

> nomes ayant donné son nom à l'un des édifices. Une autre raison est qu'elle contient également des temples dédiés à tous les dieux de l'Egypte, et que, de plus, Némésis a placé dans les 40 chapelles de la construction, de nombreuses pyramides de 40 *ells* chacune, couvrant de leur base, une zone de 6 *arourae*. Les visiteurs sont déjà fatigués par le voyage dans cet étonnant dédale de chemins; en effet, il y a des chambres élevées à l'étage, qui sont atteintes par des rampes et des portiques dont on descend par des escaliers de 90 marches chacun; à l'intérieur se trouvent des colonnes de porphyre impérial, des représentations de dieux, des statues de rois, et des représentations de monstres. Certaines des salles sont arrangées de manière telle que lorsqu'on ouvre une porte, on entend un terrifiant bruit de tonnerre; en outre, on les parcourt la plupart du temps dans l'obscurité. Il y a encore d'autres constructions massives à l'extérieur du mur du Labyrinthe; on les appelle "L'Aile".
>
> Ensuite, il y a d'autres salles souterraines qui ont été faites en creusant des galeries dans le sol. Une seule personne y a fait des réparations et il y en a eu peu. Il s'agit de Chaermon, l'eunuque du roi Necthebis, 500 ans avant Alexandre le Grand.
>
> Une tradition dit aussi qu'il a fait soutenir les toits avec des poutres de bois d'acacia bouilli dans l'huile, jusqu'à ce que des pierres parallélipipédiques puissent être hissées dans les voûtes.[240]

Ici nous avons un petit problème. Remarquez que Pline nous assure qu'Hérodote avait tort, non seulement quant à l'identité de la personne qui a fait bâtir le labyrinthe, mais aussi quant à l'époque de sa construction. Pline dit qu'il date de près de quatre mille ans avant son époque. Il fait aussi la remarque très intéressante que la construction a été regardée avec une haine extraordinaire. Cela serait certainement justifié dans le cas d'une structure utilisée pour de terribles sacrifices.

Pline mentionne le mythique labyrinthe de Crète, bien qu'il soit certain que le temple de Cnossos, identifié comme étant le labyrinthe, par Arthur Evans, eût disparu depuis longtemps du paysage au temps de Pline. Il semble que Pline, comme tous les autres, ait pris pour argent comptant les légendes du labyrinthe de Crète.

Nous avons donc trouvé que les premiers écrits connus qui parlent du labyrinthe seraient ceux de l'historien grec Hérodote, vers 450 avant l'ère chrétienne. Il décrit un grand labyrinthe situé en Egypte, sur l'ancien site d'Arsinoé, sur la rive orientale d'une

[240] Pline (23-79 de l'ère chrétienne): Un passage de son Histoire Naturelle, Livre 36, 13.

grande étendue d'eau: le Lac Moéris. Le labyrinthe était construit comme un grand palais divisé en compartiments: 3.000 salles diverses, dont 1.500 sur le sol et 1.500 sous le sol. Les fondations devaient avoir approximativement 1000 pieds (300 m) de long sur 800 pieds (240 m) de large. Il prétend qu'il a été construit par Ammenemès III, de la douzième dynastie du Moyen Empire, vers 2.300 Av.J.C. Il dit ensuite que sa destination première était de servir de tombeau, et que de nombreux rois y ont été ensevelis. Pline confirme le compte rendu d'Hérodote dans ses écrits sur les quatre fameux labyrinthes de l'antiquité, vers 50 de l'ère chrétienne. Les ruines de la cité d'Arsinoé ont été fouillées, mais aucun grand labyrinthe tel que décrit par Hérodote n'y a jamais été trouvé.

Flinders Petrie a fait d'importantes fouilles sur le site de la cité d'Arsinoé en 1888, mais il n'y a jamais découvert le site fantastique décrit par Hérodote. Petrie n'a trouvé qu'un vaste lit de fragments dont il a estimé qu'il s'agissait du labyrinthe. Le corps d'Ammenemès III a, suppose-t-on, été découvert, ce qui corroborerait les écrits d'Hérodote. Une partie suffisante des fondations originales a été excavée à propos, pour pouvoir confirmer qu'elles mesuraient bien 1.000 pieds X 800, c'est-à-dire exactement les dimensions données par Hérodote! Il a été impossible de déterminer s'il s'agissait bien d'un labyrinthe.

Plus récemment, des égyptologues ont décidé que la pyramide dite "Pyramide d'Hawara" est le fameux labyrinthe égyptien, mais cela n'a aucun sens. Hérodote, Diodore, Strabon et Pline décrivent tous une structure tellement merveilleuse qu'il nous est difficile de ne pas accorder quelque crédit à leurs descriptions. Les diverses prétendues découvertes de "vestiges" de cette structure ne correspondent pas du tout aux descriptions. Et bien que nous puissions avoir des doutes sur l'exactitude de l'histoire attribuée au monument par les divers auteurs anciens, (selon leurs sources d'information), il est difficile de mettre en doute qu'ils l'ont vu de leurs propres yeux ou ont reçu des informations par voie directe.

Les experts modernes pensent que le Lac Moéris est en fait le Lac Qarun, troisième lac d'Egypte en étendue, qui est situé dans le Fayoum. Si c'est le cas, alors nous pouvons nous demander pourquoi il n'y a aucun vestige de ce labyrinthe dont Pline dit qu'il "était revêtu de marbre de Paros, tandis que le reste était en granit d'Assouan, *toutes ces masses étant assemblées de manière telle que le temps lui-même ne pourra les désassembler, même avec l'aide des Héracléopolitains, qui ont cependant une haine extraordinaire pour cette construction*".

Il y a peut-être ici un indice: si cette construction était si haïe, il est possible qu'elle ait été détruite délibérément, mise en pièces, et emportée bloc par bloc.

En résumé, il semble que la légende du labyrinthe qui abritait une horrible créature soit inspirée du labyrinthe égyptien. Le fait que les Crétois fussent devenus "experts" en quelque culte funéraire, et qu'ils fussent en relation étroite avec les Egyptiens ne fait que renforcer l'idée d'un transfert de cette légende en Crète. En fait, il se peut que les Crétois aient été en rapport étroit avec les Egyptiens d'origine, ceux qui ont bâti les Pyramides, le Sphinx, et autres merveilles technologiques. Nous observons qu'il y a toute une série d'événements en rapport avec l'Histoire égyptienne, qui peuvent nous fournir des indices.

La séquence généralement acceptée des événements historiques égyptiens, est qu'un roi de "Haute Egypte" (c'est-à-dire de l'aride région montagneuse) nommé Narmer, Ménès, ou Aha, (qui ont pu être des individus distincts), a défait le roi de Basse Egypte (Egypte septentrionale), et a ainsi uni les deux régions. Cette unification est commémorée par la fameuse Palette de Narmer, qui est ornée de la si célèbre scène où le roi assomme son ennemi du nord, euphémisme pour une "conquête".

D'après Manéthon, Ménès/Narmer était originaire de la province de This en Haute Egypte, et on ne sait trop si l'unification s'est faite pacifiquement ou par des moyens militaires, bien que la scène où l'ennemi est assommé fasse plutôt pencher pour les moyens militaires.

D'après la tradition, Ménès aurait fondé Memphis sur une île du Nil, mené des incursions en Nubie, étendu sa puissance jusqu'à la première cataracte. Il aurait envoyé des ambassadeurs à Canaan et à Byblos en Phénicie, fondé la cité de Crocodilopolis, et fait construire le premier temple dédié au dieu Ptah, dont Hérodote et d'autres après lui, ont dit qu'il s'agissait d'Héphaïstos, le dieu des volcans/du feu.

En faisant défiler les événements et en glissant sur les listes et détails connus par l'archéologie et sur ceux que l'on ignore et qui font l'objet de conjectures, nous arrivons au règne de Péribsen à la deuxième dynastie, comme on l'a qualifiée. Péribsen fut le quatrième roi de cette lignée, et certains experts sont d'avis qu'il n'était pas l'héritier légitime de Ninetjer, le roi précédent, mais un étranger qui avait monté un coup d'état contre ce pharaon. Péribsen fait usage du nom de "Seth" dans sa titulature. Apparemment, ceci a eu pour conséquence des changements politiques significatifs, car les *serekhs* portant les noms royaux ne sont plus surmontés d'un

Horus mais bien de son rival religieux: Seth, devenu le premier des patrons divins du roi Péribsen.

Et ici, nous découvrons quelque chose de très intéressant: Péribsen prétendait au titre de rival d'Horus. Les Egyptiens admettent que les événements de la deuxième dynastie sont peu connus, sinon les moins connus de toute l'Histoire d'Egypte. Mais il se fait que, juste à l'époque approximative de la "rébellion" de Péribsen, la civilisation crétoise fait son apparition en Méditerranée. Nous notons également, fait étrange, que si nous nous basons sur les années attribuées aux rois par Manéthon (bien que nous ne puissions placer avec certitude aucune de ces dates dans notre propre système calendaire), la période entre l'unification par Narmer et la rébellion de Péribsen se place à 430 années, c'est-à-dire la période qualifiée par les Hébreux d'esclavage. Il est curieux de trouver cette "unification" de l'Egypte, la construction d'une grande cité et d'un temple en Egypte, et une rébellion 430 années plus tard. Et c'est précisément à ce moment qu'un nouveau groupe de personnes fait son apparition sur l'île de Crète. Tacite nous dit:

> Certains disent que les Juifs étaient des fugitifs de l'île de Crète, qui se sont établis sur la côte africaine la plus proche, vers la période où Saturne fut détrôné par la puissance de Jupiter. L'évidence de ceci se trouve dans le nom. Il y a en Crète, une fameuse montagne appelée le Mont Ida; la tribu qui en est voisine, les Idaei, en vinrent par la suite à être appelés Judaei, par un allongement barbare du nom national.[241]

S'agit-il là d'une ancienne tradition, apportée en Crète par des réfugiés venant d'Egypte, et qui, au temps de l'éruption du volcan Santorin, fut emportée vers la Palestine en même temps que les terrifiantes images de mort et de destruction?

Dans les mythes du labyrinthe, le plus haut fait architectural de Dédale, il est dit que le roi Minos l'a emprisonné dans le labyrinthe pour avoir aidé Thésée à fuir. Dédale et son fils, Icare, parviennent à s'échapper en fabriquant des ailes avec des plumes et de la cire, mais le fils se tue en tombant dans la mer parce que la cire a fondu et que les plumes se sont dispersées. Dédale serait parvenu en Sicile.

Encore une fois, nous observons une similitude troublante entre l'histoire de Minos et son grand architecte Dédale, et celle de Salomon et son grand architecte Hiram Abiff. Nous voyons dans l'histoire de Ménès/Narmer non seulement une forte ressemblance, mais aussi des développements historiques qui, bien que non

---

[241] *Histoires*, Livre V, c. 110 CE

spécifiés, nous font penser que le mythe de Thésée, Ariane, Dédale et du Minotaure dans le labyrinthe, concerne en fait Ménès et son labyrinthe, et peut-être même quelqu'outil technologique emporté hors d'Egypte au temps de la rébellion qui se serait produite 430 années après une "unification" et une construction de labyrinthe.

Il est des plus curieux de trouver cet ancien lien entre la Crète, l'Egypte et les Juifs, supposés avoir détenu la fameuse Arche d'Alliance, tout spécialement par rapport au problème du labyrinthe et du Minotaure. Est-ce que le Labyrinthe aurait été en fait le "Temple de Salomon"? Nous trouvons un autre indice dans les écrits de notre bon vieux compère rapporteur de tous les commérages, légendes et histoires à dormir debout, j'ai nommé: Hérodote!. Souvenons-nous qu'Hérodote a mis par écrit ce qu'on lui a dit et ce qu'il a trouvé après avoir effectué des enquêtes. En fait, l'histoire avait déjà été "mythifiée" et différents rois été assimilés au mythe selon le mode découvert par Eliade et consorts. Gardez cela à l'esprit en lisant le passage qui suit:

> Aries ayant donc été détrôné de la sorte, Amasis devint roi, et il était du district de Saïs, et le nom de la cité dont il était originaire était Siuph. Mais dès l'abord les Egyptiens méprisèrent Amasis et le tinrent en peu d'estime, car il avait été un homme du peuple et ne venait pas d'une famille distinguée; mais par la suite, Amasis gagna leur estime par sa sagesse et non par sa volonté.
>
> D'abord à Saïs il construisit et acheva pour Athènes un portique de temple qui est une grande merveille, et là il surpassa de loin tous ceux qui avaient jadis fait quelque chose de semblable, tant sous le rapport de la hauteur que de la grandeur, tant sont grandes les pierres et extraordinaire la qualité. Ensuite, il consacra de grandioses statues colossales et de très grands Sphinx à tête d'homme, et pour la restauration il apporta encore d'autres pierres de taille monstrueuse. Il fit venir certaines d'entre elles de carrières de pierre situées en face de Memphis, d'autres de très grande taille de la cité d'Eléphantine, distante de pas moins de vingt jours de voyage depuis Saïs: et de tout cela je m'émerveille le plus de ceci: une salle monolithique qu'il a apportée de la cité Eléphantine; et trois ans ont été nécessaires pour l'apporter, et deux mille hommes ont été désignés pour la transporter, tous de la classe des bateliers.
>
> En outre, Amasis se mit à aimer les Hellènes, et parmi les preuves d'amitié qu'il donna à plusieurs d'entre eux, il permit à ceux qui souhaitaient s'établir en Egypte de demeurer dans la cité de Naucratis; et à ceux qui ne désiraient pas s'établir mais préféraient faire des voyages aller et retour, il accorda des terrains

pour y dresser des autels et y construire des enceintes sacrées pour leurs dieux.

Et Amasis prit aussi des accords d'amitié et d'alliance avec les gens de Cyrène; et il se résolut aussi à prendre pour épouse une femme de là-bas, soit parce qu'il désirait avoir une épouse de race hellénique, soit par amitié pour le peuple de Cyrène. Quoi qu'il en soit, certains disent qu'il épousa la fille de Battos, d'autres celle d'Arkesilaos, et d'autre encore celle de Critobulos, un homme de réputation parmi les citoyens, et son nom était Ladikê.[242]

Nous nous souvenons soudain des filles d'Hyperborée qui apportaient des offrandes à Délos, l'une d'entre elles du nom de Laodicé. En outre, nous pensons au voyage de la Grande Reine de Saba, qui avait entendu parler de la renommée de Salomon et qui était venue voir par elle-même, en apportant des présents.

LE SECRET DE LA CRÈTE

Pendant des siècles, les histoires du Minotaure ont été racontées par les bardes sur les places de marché dans les régions méditerranéennes. Par la suite, les érudits les ont considérées comme fables et billevesées. Les histoires de sacrifices humains et créatures grotesques furent réinterprétées comme des récits symboliques rendant la manière dont la haute culture grecque était venue à bout du culte sanglant rendu au taureau par les anciens Crétois. Et c'est ainsi que les choses furent interprétées, jusqu'à ce qu'Arthur Evans découvre et remette au jour le "palais" de Cnossos, quelques kilomètres au sud de la capitale de la Crète: Héraklion. (Notons que Pline mentionne les habitants d'une cité égyptienne nommée *Héracléopolis*.)

Néanmoins, Arthur Evans bannit le mythe du Minotaure avec sa découverte. A partir des vestiges de douze cents chambres machiavéliquement interconnectées, escaliers, corridors, magasins, salles à colonnades, et celliers groupés autour d'une cour intérieure; et à partir des arrangements de peintures murales montrant des combats de taureaux, des scènes montrant des animaux, des processions et des portraits, Evans reconstruisit la culture minoenne devant les yeux ébahis du monde entier.

D'après les analyses faites par Evans, les bardes grecs qui avaient raconté ces méchantes histoires à propos des Crétois étaient un tas de scélérats! Les innombrables batailles entre Thésée et le Minotaure peintes sur des vases classiques, sur des murs, sur des

[242] Hérodote, *Histoires,* Livre II, 181.

mosaïques, des reliefs, des bijoux et des monnaies, tout cela était manifestement fruit de l'imagination pure.

Il y eut, c'est vrai, quelques critiques à propos de la reconstruction d'Evans, mais dans les grandes lignes, personne ne douta vraiment que le labyrinthe retrouvé à Cnossos était la demeure de la famille royale crétoise: un palais. Plus encore, le monde de l'époque d'Arthur Evans fut ébahi devant la culture avancée des Minoens : ils avaient des systèmes de drainage, des salles de bain, des fresques montrant des femmes dans des toilettes extravagantes qui étaient en fait similaires à celles qui étaient à la mode au temps de la découverte: seins nus et jupes longues. Les femmes de Cnossos se maquillaient et vivaient dans des villas campagnardes qui n'étaient pas défendues par des murs– signes d'une vie gracieuse, par opposition aux sinistres citadelles des Grecs d'époques ultérieures. Clairement, les Minoens habitaient dans un pays où coulaient le lait et le miel, et ils menaient une vie insouciante consacrée aux sports, aux arts, et à l'amour dans le royaume ensoleillé de Minos, véritable Salomon, avec son génial architecte Dédale.

Il n'y eut qu'une seule voix pour s'élever contre l'idée universellement acceptée d'une vie joyeuse et sans soucis de ces surprenants Minoens: Oswald Spengler. Dans son livre *World History of the Second Millennium BC*, publié en 1935, Spengler fit des spéculations sur les découvertes archéologiques de Crète. Il avait noté l'absence de murs protecteurs autour des anciens palais et propriétés de campagne crétois; Il avait noté les peintures représentant des taureaux, réminiscences de l'ancienne légende du Minotaure; Il avait noté ce trône royal particulier dans le Palais de Cnossos, qui, selon lui, aurait mieux convenu à "'l'image votive de la momie d'un prêtre" Et puis il posa la question: "est-ce que les 'palais' de Cnossos et de Phaïstos auraient été des *temples des morts*, des sanctuaires d'un culte puissant de l'au-delà? Je ne veux pas trancher ici, car je n'ai aucune preuve, mais la question me semble mériter plus ample considération".

Mais cette suggestion fut ignorée.

D'après les experts, la position de la Crète était particulièrement favorable à la domination minoenne supposée de la mer, et à la croissance et au développement de leur merveilleuse civilisation. Elle fut proclamée "carrefour" reliant trois continents; et tous les éléments raciaux et culturels d'Europe, d'Asie et d'Afrique se rencontrèrent et se fondirent dans le creuset crétois. C'est ce mélange qui produisit un merveilleux nouvel art de vivre, une nouvelle philosophie, des arts nouveaux, et la "fraîcheur, le charme et la variété" qui charmèrent le monde.

Le royaume minoen fut détruit par la terrible éruption du volcan de Santorin, dont nous parlerons bientôt en détail, et après cela, aucun des "palais" minoens ne fut plus ré-habité. Il semble que les Minoens d'origine se soient enfuis pour ne jamais revenir, et ensuite commença la période purement grecque de la Crète, avec l'arrivée de vagues de Doriens.

D'après Homère, Idoménée, petit-fils du roi de Cnossos, combattit aux côtés des Achéens contre les Troyens. Dans le fameux catalogue de navires que l'on peut lire dans l'Iliade, les Crétois se trouvent sur la liste avec le reste des Achéens, et non en tant qu'auxiliaires étrangers. Il n'y a absolument aucune indication contredisant le fait que les Crétois auraient en réalité été des Danaens, c'est-à-dire des Achéens ou des Grecs. Avant les découvertes d'Arthur Evans, il n'y avait aucune indication que les Minoens ne fussent pas des Grecs. Mais après ses fouilles, une telle idée ne pouvait plus prévaloir. Ils n'étaient clairement pas des Grecs. La question que chacun se pose est: qui étaient vraiment les Minoens et où se rendirent-ils?

Dès le début des fouilles il apparut que ce qui avait été découvert à Cnossos était si fondamentalement différent des arts et objets d'art de la Grèce classique, qu'il n'y avait tout simplement pas moyen de les comparer. La couleur brun-doré de la peau des Minoens, sur les fresques du palais de Cnossos était un signe distinctif de leur nature étrangère pour les Grecs. Ils n'avaient pas les cheveux blonds des Achéens, mais avaient la peau brune et les cheveux foncés. Evans ne trouva aucun temple, aucune grande sculpture, aucun amphithéâtre pourvu de banquettes, aucune inscription chantant les hauts-faits des dieux et des grands hommes, et aucun personnage familier des panthéons grecs.

Au lieu de cela, Evans découvrit d'étranges colonnes se terminant en cône tronqué vers le bas, et une architecture à nulle autre pareille dans ses formes et ses utilisations de l'espace. Ils trouva des magasins remplis de jarres gigantesques - des *pithoi* – des dépôts de tablettes d'argile contenant des listes statistiques sans fin, sans indication d'aucun personnage historique ni référence mythologique. Il trouva de curieuses statuettes de femmes aux seins nus et tenant en main des serpents.

Des ressemblances avec les découvertes faites à Mycènes et à Tirynthe dans le Péloponnèse ont mené certains experts à penser que les seigneurs des citadelles de Mycènes et de Tirynthe avaient visité la Crète: Les fresques de femmes à Tirynthe, avec leurs longues chevelures noires, seins nus et tailles fines; les dauphins, fleurs de lotus et motifs en spirale; et tout particulièrement les doubles boucliers, montraient clairement la griffe d'artistes crétois.

Cnossos ne permettait aucun parallèle avec d'autres cultures connues à l'est de la Méditerranée. Les Minoens étaient entièrement différents. La seule comparaison possible, en termes d'élégance du mode vie, était avec la Grèce ou l'Egypte. Mais les gens qui avaient vécu à Cnossos étaient très différents tant des Grecs que des Egyptiens. Il n'y avait à Cnossos, aucune momie, aucune pyramide, aucun sphinx ni obélisque, aucune statue monumentale de divinité ou de pharaon, aucun mur couvert de hiéroglyphes à la gloire de gouvernants.

Arthur Evans pensa que quelque chose avait dû empêcher les échanges culturels et de civilisation. Il en vint à penser que les habitants de Cnossos avaient atteint un niveau de civilisation unique à l'Age de Bronze moyen ou tardif, et devaient posséder des outils techniques étonnamment modernes. La question se posa une nouvelle fois: qui étaient-ils et où s'en étaient-ils allés? Qu'était-il arrivé aux Minoens?

En 1974, Hans Georg Wunderlich, professeur de géologie et de paléontologie à l'Université de Stuttgart, publia *The Secret of Crete*. Ce livre était le résultat des nombreuses observations qu'il avait faites au cours de son séjour en Crète, du point de vue d'un géologue. Il y avait beaucoup de choses bizarres dans ce "palais" de 1.200 salles. Une des choses que son oeil de géologue nota immédiatement, fut que les marches du "palais" étaient en albâtre douce, mais ne montraient aucune trace d'usure! Il y avait de nombreuses entrées, mais elles étaient scellées par des dalles de pierre. Il y avait des "baignoires" équipées de trous de vidange, mais il n'y avait pas de canalisations! Il trouva de nombreuses rangées de récipients de stockage mais pas de cuisines. La liste se poursuit, et j'invite le lecteur à lire ce livre pour y consulter la longue analyse. Wunderlich cite le journal de voyage en Crète d'un certain Thomas Munster:

> Qu'en est-il de l'accès à l'air, au soleil et à la lumière, dans ce palais? Par exemple, où sont les grandes fenêtres sans lesquelles il est difficile d'imaginer un mode de vie élégant? Lorsqu'on y regarde de plus près, oui le palais a des loggias ouvertes, des salles à colonnades, des cours sous toit, mais il n'y a que de rares fenêtres. De nombreuses salles sont si complètement enfermées dans la structure complexe, qu'elles ne touchent même pas à un mur extérieur. Il y a quelque chose de très bizarre dans l'idée d'une construction luxueuse dont les gens à l'intérieur devaient

> certainement se sentir comme dans une caverne. Et cependant, ils avaient les moyens de construire des fenêtres tout à fait modernes, peut-être même avec des vitres de verre.
>
> Dans un état de dévastation, cet endroit a dû ressembler à un ensemble de cavernes artificielles entremêlées, dans lequel personne ne pouvait trouver son chemin vers la sortie... et l'impression de mystère, de grandeur et de confusion doit avoir été complète.
>
> Aucun matériau ne fut emporté de Cnossos par les paysans des villages voisins... Cet endroit fut évité avec soin, dans une crainte superstitieuse.
>
> Que s'est-il produit exactement? Pourquoi Cnossos a-t-il été évité comme le sont les endroits où se sont élevé jadis des échafauds, ou encore les clairières où dansaient des sorcières? Le mystère reste entier.[243]

Finalement, Wunderlich en vint à la conclusion, basée sur l'évidence objective, que le "palais" du roi Minos, ainsi qualifié par Evans, était en fait une nécropole. Cet endroit n'avait jamais été destiné aux vivants, mais était un lieu où un puissant culte des morts avait été pratiqué, avec des sacrifices élaborés, des rites funéraires et des jeux rituels funèbres. Il réalisa que la légende crétoise était exacte dans son essence, qui disait que ce n'était pas "la demeure d'un sage souverain protecteur des arts et des sports" mais bien un endroit sinistre appartenant totalement au monde infernal et à un dieu dévoreur. Autrement dit, ce lieu avait, auprès des civilisations méditerranéennes, la même réputation qu'ont dans notre société un cimetière ou un mausolée.

Tout comme notre société raconte des "histoires de fantômes autour d'un bon feu", d'apparitions terrifiantes dans nos cimetières ou "cités des morts", ainsi des récits semblables avaient cours en Crète où les seuls résidents étaient les "entrepreneurs de pompes funèbres", les embaumeurs et les experts en soins aux défunts et vie dans l'au-delà. La Crète n'avait pas besoin de murs de défense parce qu'elle était l'endroit où d'autres cités et pays apportaient leurs morts pour leur "rendre les derniers honneurs". Il se peut également qu'elle ait été un endroit où se pratiquaient des sacrifices humains, toujours dans le cadre d'un culte. Wunderlich fait part de ses propres observations:

> J'avais eu l'intention de visiter les sites minoens pour y chercher des traces de catastrophes géologiques, mais ce que j'y ai

---

[243] Munster, cité par Wunderlich, p. 85.

> découvert sont de curieuses contradictions. Est-ce que les complexes labyrinthiques excavés ont vraiment été les résidences royales de glorieux souverains, du légendaire Minos et de ses frères, Sarpédon et Rhadamanthès? En fait, est-ce qu'on pouvait réellement voir ces endroits comme des résidences? Mes observations géologiques confirmèrent le contraire: des lieux de culte, des tombeaux, des lieux sanctifiés, oui; mais pas des lieux de résidence pour des vivants. Une comparaison avec d'autres cultures méditerranéennes suggère un culte des morts [...] Cela signifierait alors que la culture minoenne, dans la mesure où nous la connaissons, était presque entièrement un culte funéraire.[244]

Lorsqu'il se pose la question de savoir ce qui est arrivé aux Minoens, Wunderlich souligne que ce serait une erreur de penser que, simplement parce qu'une institution cesse d'exister et que les constructions caractérisant une civilisation sont détruites, cela signifierait la fin des peuples eux-mêmes. Les institutions meurent quand elles n'ont plus de "fonction vivante". Au vu de la destruction presque complète de la région à la suite de l'éruption du volcan Santorin, il est bien plus probable, comme le dit Wunderlich, qu'il y a eu un "changement des fonctions" et un "abandon des idées et comportements traditionnels". En d'autres termes, si un culte funéraire disparaît dans un cataclysme, il est très probable que les pratiquants de ce culte en viennent à la conclusion qu'un changement de philosophie est nécessaire, et qu'ils "naissent" alors à un culte nouveau et différent, considéré comme moins susceptible d'attirer des réactions aussi désastreuses de la part des "divinités". Et en fait, c'est bien ce qui paraît s'être produit.

Vu toutes les évidences présentées par Wunderlich, nous ne pouvons plus considérer la Crète comme une anomalie, une civilisation isolée dans la région méditerranéenne. Nous en arrivons au contraire à la surprenante conclusion que la Crète a joué un rôle d'une importance capitale dans le contexte de ces époques. De nombreux liens sont faits entre les Minoens, les Etrusques, les Mésopotamiens, les Egyptiens et les Grecs. En outre, Wunderlich apporte un nombre considérable de preuves démontrant que la civilisation crétoise est née en Egypte et a eu des interactions avec celle-ci pendant longtemps.

> Les Minoens étaient un peuple de gens sombres, élégants et de mystérieuse origine. Même leur nom ancien est inconnu: c'est un

[244] Wunderlich, *The Secret of Crete,* 1974, Macmillan, New York.

archéologue des temps modernes, Arthur Evans, qui leur a donné ce nom tiré de la mythologie grecque.[...][245].

Vers 3.200 Av. J.C, un grand nombre de nouveaux arrivants mirent pied en Crète. Leurs symboles religieux: le trident, la double hache, le bouclier en forme de 8, étaient ceux des tribus du Delta de Basse-Egypte. La déesse libyenne, avec sa lance, son serpent, son fuseau et son tablier en peau de chèvre, les accompagna et elle resta une de leurs divinités principales.

Autres preuves de l'origine égyptienne ou libyenne des nouveaux-venus: la coutume des soldats de rassembler leur chevelure en une longue boucle ramenée sur une épaule, et leur manière de s'habiller d'un pagne de forme particulière au lieu d'un kilt. Il est probable que ces gens aient fui les régions de Basse Egypte conquises par Ménès. Ils se mélangèrent aux Crétois néolithiques des montagnes et formèrent ainsi la civilisation crétoise.[246]

Pour en revenir à notre piste suivie pour retrouver l'histoire du labyrinthe, le héros de l'histoire, le prince Thésée d'Athènes, se porta volontaire pour devenir l'une des victimes à offrir en sacrifice. Mais la prêtresse Ariane en tomba amoureuse et l'aida en lui remettant une pelote de fil d'or. Il la déroula à mesure qu'il pénétrait plus avant dans le labyrinthe, et arrivé au centre de celui-ci, il tua le Minotaure et put ensuite retrouver son chemin et s'échapper en suivant le fil. Après cela, Thésée, accompagné d'Ariane et des autres jeunes athéniens gardés captifs dans le labyrinthe, s'embarqua sur un voilier à destination de Délos, où il consacra un sanctuaire à Aphrodite; lui-même et ses compagnons exécutèrent une danse imitant le parcours dans les tours et détours du labyrinthe, et comprenant des mouvements entrecroisés et sinueux sur des rythmes complexes. Il est un fait connu que les autochtones exécutaient encore une version de cette danse jusqu'à une époque relativement récente.

Ce rapport du mythe de Thésée et Ariane à l'île de Délos nous ramène aux mystérieuses offrandes envoyées par les Hyperboréens aux Déliens, et au récit des quatre jeunes Hyperboréennes qui n'ont jamais revu leur pays: Hyperoché et Laodicé, Opis et Argé, accompagnées par cinq hommes dont Hérodote nous dit qu'ils furent appelés par la suite: "Péripherès." Nous voyons ici la graine d'où a germé le mythe des jeunes Athéniens et Athéniennes envoyés comme tributs à Minos. Nous y voyons également une

---

[245] Colon Thuborn, *The Ancient Mariners,* Alexandria, Virginia: Time-Life Books, 1981, p. 12.
[246] Hayes, pp. 73-74.

graine dont ont germé de nombreux autres mythes qui semblent tous être des versions différentes d'une même histoire "remodelée" sur le principe de la "mythification". Nous nous intéressons aux éléments communs, afin de pouvoir déterminer quel est l'événement au coeur du mythe.

La majorité des experts qui écrivent à propos du labyrinthe nous disent que le plan et la destination proviennent clairement d'Egypte, où il fut la scène de drames religieux impliquant le meurtre du dieu-roi ayant pris la forme d'un taureau. Ils nous disent également que le sacrifice était seulement symbolique et qu'un taureau divin était substitué au roi après sept jours de danses, spectacles et combats rituels exécutés dans un labyrinthe. Un culte semblable est, dit-on, à l'origine du mythe du labyrinthe crétois. Le "taureau de Minos" représentait la royauté et la puissance de Minos; et Thésée, en tuant le taureau et en prenant la fille du roi, devenait symboliquement prétendant au trône.

Une telle solution expliquerait en effet pourquoi le taureau, le roi et le labyrinthe vont ensemble, tant en Crète qu'en Egypte, mais ce qu'elle n'explique pas, c'est le labyrinthe lui-même, et pourquoi on trouve le même motif dans le monde entier. La plupart des spécialistes en Histoire ancienne et en archéologie sont très influencés par les théories de l'Egyptologie, qui font naître toutes les civilisations en Egypte, ou du moins en Mésopotamie. Cependant, la quantité de preuves physiques suggère qu'il n'en va pas ainsi.

Les labyrinthes égyptiens étaient toujours constitués de lignes droites, et sur les labyrinthes abstraits représentés sur des sceaux apparaissent des motifs compliqués de carrés abstraits. Les monnaies crétoises de la période classique montrent souvent des labyrinthes, certains portant un tracé de style égyptien; la plupart comportent un dédale d'une construction très différente: un carré ou un dessin en spirale, le méandre grec de tradition européenne, que l'on ne trouve jamais en Egypte.

Le labyrinthe en spirale consiste en une série de bandes concentriques entrecroisées, généralement au nombre de sept, avec une ligne droite de sortie, allant du centre vers la base. C'est la forme de quasiment tous les anciens labyrinthes d'Europe, y compris ceux dont on sait qu'ils ont été au centre de rites religieux inspirés par la Nature et d'activités humaines telles que des festivals, des danses, des spectacles et des jeux. Ces dessins sont connus sous le nom de "Villes de Troie". Des labyrinthes en spirale dotés de noms manifestement inspirés du nom "Troie" se trouvent au Pays de Galles, en Ecosse, Irlande, Angleterre, Italie, Allemagne, Suède, Norvège, et Russie.

Bref, il n'y a absolument rien d'Egyptien dans les "labyrinthes de Troie", et il y a de bonnes raisons de croire que ceux-là appartiennent aux cultures mégalithiques qui se sont développées indépendamment des civilisations du Moyen Orient.

Mais dans les récits qui parlent de jeunes Hyperboréennes, dans les mythes de Thésée et dans d'autres encore que nous allons bientôt examiner, nous trouvons deux aspects indépendants de l'énigme du labyrinthe, qui se rencontrent et interagissent, et ce qu'ils en commun, à mon avis, c'est une technologie antique – un appareillage qui se serait trouvé au centre de la danse du dieu à Stonehenge, utilisé pour manipuler la pesanteur, l'espace et le temps. Que des pouvoirs semblables aient été à la disposition des Egyptiens paraît évident, mais il est aussi clair que leur perception du monde, leur réaction au monde, et leur utilisation de cette technologie, ont été très différentes.

Dans les récits se rapportant au labyrinthe égyptien, l'objet qui se trouve au centre était une puissance terrible, dévorante. Dans le récit des Hyperboréens, la danse du dieu était une célébration de la vie, de l'abondance, de la victoire sur le serpent. Les "Maroutes aux bras armés" dansaient et portaient des paniers pleins de choses bienfaisantes qui s'étaient matérialisées des ondes de la grande Déesse-Etoile, la Reine intronisée.

Quelque chose s'est passé. Quelque chose de terrible; et que nous découvrions ou non quelle sorte "d'objet" se trouvait au centre du labyrinthe, nous pensons que nos investigations nous conduiront à faire connaissance avec l'Arche. Et jusqu'ici, même si elle a quitté l'Egypte, il semble qu'elle n'ait pas atteint la Crète.

CHAPITRE IX
RETOUR À CAMELOT

Littleton et Malcor ont découvert le lien entre les récits d'Arthur, l'épée plantée dans la pierre, et les sagas sarmates de Batraz et des Nartes. Mais leur recherche ne s'arrête pas là. Ils soulignent que les premières opinions des spécialistes, selon lesquelles il y aurait eu, dans l'antiquité, des contacts entre ancêtres des Ossètes et ancêtres des Celtes, ne répondent pas à toutes les questions posées par l'origine scythe des récits du Graal. Par exemple, ces contacts n'expliquent pas le problème de Lancelot. De nombreux historiens férus de récits arthuriens acceptent tacitement que Lancelot vient de " Lance a Lot"[247], ou "Lanz a Lot", et fait allusion au javelot ou à la lance du dieu Lug. Certains "historiens alternatifs" contemporains proposent des étymologies bizarres, et font même référence à Lazare, l'homme ressuscité d'entre les morts par Jésus (fonction essentielle du légendaire chaudron de régénération!), mais la plupart de ces propositions sont plus farfelues que sérieuses. Comme le démontrent Littleton et Malcor, Lancelot a pour origine "Alanus-a'Lot," ou "The Alan of Lot[248]," référence à leurs terres dans la Vallée du Lot.

Les Alains étaient cousins au premier degré des Iazyges qui, avec les Visigoths, Vandales, et autres tribus germaniques, s'étaient établis dans de petites enclaves en Gaule et dans la péninsule ibérique au cours des premières années du Ve siècle de l'ère chrétienne. Il semblerait que les Alains aient apporté avec eux des variantes des récits du Graal, qui ont évolué après que les Iazyges aient quitté la région. Bref, Lancelot serait un dérivé du même prototype qu'Arthur et Batraz. Il a d'abord été une variante du prototype original puis, après que les récits eurent été combinés entre eux puisque les scribes qui les retranscrivaient n'avaient pas conscience qu'ils parlaient d'un même individu ayant reçu plusieurs noms, qui avait dû être un héros célèbre ou un ancêtre de cette tribu particulière, ils ont englobé les deux personnages dans un même récit et réarrangé les relations et parentés de manière à accommoder

---

[247] L'idée est "quelqu'un qui utilise beaucoup sa lance", qui "lance beaucoup" (NdT)
[248] L'Alain du Lot *(NdT)*

la manœuvre. Nous verrons à maintes reprises que ce traitement a été appliqué à d'innombrables légendes anciennes.

L'un des points discutés par Littleton et Malcor m'a particulièrement frappée: c'est que l'un des premiers objets magiques de Lancelot était un *miroir*. Ceci est un élément sarmate, avec des correspondances alaniques. De nombreux experts ont discuté de la pratique sarmate d'emporter partout avec soi des miroirs, et de nombreux Sarmates, principalement des femmes-guerriers, ont été enterrés avec des miroirs.

Littleton et Malcor notent que Sulimirski, argumentant à propos de l'ethnie d'un occupant d'une tombe, est d'avis que dans la tombe d'un Sarmate il y a en général un miroir, mais qu'il n'y en a pas dans la tombe d'un Visigoth. Sulimirski pense que de nombreuses broches découvertes de Troie à Carthage, et jusque dans la Vallée de la Saône, le Département de l'Aube, et à Albaci en Espagne, et actuellement identifiées comme gothiques, *seraient en fait alaniques*. Si c'est bien le cas, alors nous ne pouvons certainement pas nous faire une idée du Gothique *si nous ne comprenons pas les origines sarmato-scythes des traditions du nord-est de l'Iran qui représentent ses origines*.

L'une des découvertes les plus fascinantes de cette intrépide équipe de recherche du Graal est l'élucidation, par Linda Malcor, du fait qu'un groupe de Sarmates alaniques alliés aux Visigoths d'Alaric, auraient été responsables du vol de certains récipients de grande valeur dans la Basilique St. Pierre pendant le sac de Rome en l'an 410 de l'ère chrétienne. Si un de ces récipients a pu être un calice sacré ayant été utilisé lors de la dernière Cène, on ne le sait pas avec certitude, mais le fait est que ces maraudeurs païens emportèrent ce butin jusqu'en Gaule méridionale, dans la région traditionnellement associée aux légendes du Graal. Le trésor disparut peu après, et il semble que des récits du vol de ces "récipients sacrés" furent par la suite combinés avec les récits de la Coupe Sacrée des Nartes - les *Nartamongae*- qui était dissimulée à tous sauf aux plus audacieux et aux plus purs des guerriers. C'est donc ainsi qu'une coupe volée dans une église a pu devenir l'objet d'une queste sainte, et obscurcit l'histoire authentique et sa signification.

Les généalogies attribuées aux Chevaliers du Graal: Perceval, Galahad, et Bors, sont longues et ont toutes un lien avec Lancelot - Alanus-a'Lot – une famille ou tribu particulière d'Alains de la région du Lot en France. Dans le "*Perlesvaus*", le père de Perceval est Alain le Gros de la Vales. Littleton et Malcor proposent une étymologie fascinante pour la plupart des noms mentionnés dans les histoires, montrant leurs liens avec les Sagas des Nartes, et le lecteur est incité à approfondir cette matière. Pour le moment, contentons-nous de mentionner que le préfixe "Pant," comme dans "Pantdragon," devenu ensuite "Pendragon" signifiait, dans ce qui est très probablement une étymologie provenant d'une culture scythe des Steppes, «roi de», ou "seigneur de" et suivait alors le nom. Dès lors, la famille "Pendragon" ne signifie pas "les fils du dragon" mais bien "*les seigneurs du dragon*" ou les "*Vainqueurs du Dragon*". Le titre de 'Ban', 'Pant', ou 'Pen' était probablement d'origine Scythe, venu en Angleterre par l'intermédiaire des Iazyges et en Gaule par l'intermédiaire des Alains. Et donc, les étendards des Sarmates, dont les blasons affichaient un dragon, signifiaient que leur fonction était de maîtriser et pourfendre les dragons, tout comme les guerriers rassemblent les trophées de leurs victoires pour les exposer et faire connaître leurs prouesses lors d'une bataille particulièrement célèbre. Cette subtile différence aura son importance par la suite.

Perceval est le plus connu des héros du Graal, mais il n'est pas le héros original.

Il existe aussi de nombreux récits médiévaux autour de ce Perceval, mais ils n'ont rien à voir avec le Graal. Il était si populaire qu'il a été représenté sur des fresques, des gravures sur divers objets, des tapisseries, etc. L'on pourrait dire qu'il a été une "star" hollywoodienne du Moyen-Age. Mais on peut se demander s'il s'est agi seulement de propagande, ou bien si, comme l'ont suggéré certains experts en ésotérisme, il s'est agi de transmettre une signification symbolique.

Perceval était également connu sous les noms de Parsifal, Percival, Persevelle, Peredur, Perlesvaus, Paladrhir, et d'autres encore. Son nom a généralement été interprété comme signifiant "Perce le Val", avec une connotation tantrique, ou d'équilibre global dans la vie d'une personne, comme dans les enseignements taoïstes. Il a été appelé le "Lancier à la longue hampe", ainsi relié à Osiris qui était "la Momie au long membre", et donc littéralement "Celui qui perce le val" sexuellement parlant; connotation sexuelle qui n'avait sans doute à l'origine rien à voir avec une activité sexuelle mais qui devait se rapporter à la génétique, c'est-à-dire à l'ADN.

Le récit celtique de Peredur a été expliqué comme étant une allégorie appartenant à l'initiation druidique, et les aventures ont été "mises en scène" pour théâtraliser les degrés d'initiation. Peredur avait passé vingt et un jours dans le château des sorcières de Caer Loyw, tandis que Perceval s'était retiré dans le château du Roi

Pêcheur. Dans la "Grande Cour" des dames, il a vu le chaudron de régénérescence accomplir la résurrection des Fils du Roi de la Souffrance, auprès d'une grotte sacrée à l'entrée de laquelle il y avait un pilier phallique. Deux femmes très proches, de par leurs fonctions, de la Marie biblique et de la Marthe de Jésus, remirent à Peredur du pain et du vin qui devaient être servis à un banquet qui n'était manifestement pas une copie de la Dernière Cène, mais qui devait avoir une origine bien plus ancienne, ce qui suggère que la Dernière Cène de la Bible aurait été tirée de la même source. Peredur fut guidé, tout au long de ses initiations, par une Dame d'Amour ressemblant à une Shakti, qui portait les couleurs de la triple Déesse. Avant de partir, elle lui dit "*Quand tu me chercheras, cherche dans la direction de l'Inde.*"[249]

Une semblable Shakti instruit Perceval au XIIe siècle, dans le *Roman de Perceval*, où le héros gallois se métamorphose en le Chevalier Désiré envoyé pour guérir les maux du monde.

Il avait été dit que Perceval guérirait l'infirmité du Roi Pêcheur et rendrait la fertilité au Pays Inculte.

Comme beaucoup "d'Enfants Divins", la naissance de Perceval est entourée de mystère. Il a été caché et élevé dans la pauvreté et le secret par sa mère, une "veuve". Son instructrice, Blancheflor, lui a révélé les significations cachées de la chevalerie et le mysticisme de l'amour. Une union spirituelle avec Blancheflor, accomplie par une union sexuelle, rend Perceval invincible au combat.

L'Eglise chrétienne s'est ensuite emparée du personnage et a fait de Perceval un héros saint et chaste, rendu plus fort par sa virginité. Des moines ont travaillé à terminer le *Roman de Perceval* pendant à peu près trente années, christianisant le pauvre garçon au point qu'il découvre que la vraie signification de la chevalerie n'était pas du tout ce que son Amour lui avait enseigné, mais bien les doctrines de l'Eglise. Blancheflor fut vilipendée par les moines, qui en firent une "Juive nommée Blanchefleure, qui forniquait avec Satan au Sabbat des sorcières, et avait donné naissance à l'antéchrist. Le Perceval "évolué" n'était plus le champion des dames, mais le champion de l'Eglise. Par la suite, il se castra lui-même afin de devenir l'un des purs chevaliers. Avec ce basculement final des récits originaux manipulés par l'Eglise, l'intérêt pour le sujet déclina et les légendes du Graal tombèrent dans la popularité puis l'oubli, jusqu'à leur redécouverte en des temps plus modernes.

A présent, les légendes de la Queste du Graal parlent à notre imagination et déclenchent, dans notre inconscient, une

---

[249] Goodrich., 63-69

transformation de cette histoire embrouillée et obscure en tout ce que nous voulons qu'elle soit. "Embrouillée et obscure?" Oui, certainement. Très peu de ceux qui "croient" au Saint Graal ont lu aucun des quelque douze romans originaux du Graal. Bien moins nombreux encore sont ceux qui sont au courant des modèles païens et apocryphes sur lesquels ces légendes sont fondées. Et cependant, la plupart de ces adeptes branleront la tête d'un air sage et diront tous en chœur que la Queste du Sacré Graal est la plus grande de toutes les entreprises spirituelles, très probablement en rapport avec la coupe ou le plat de la Dernière Cène du Christ. Ils affirmeront ensuite que tel ou tel "Graal Authentique" se trouve en la possession de telle ou telle famille depuis des siècles, ce qui est la preuve que le Graal est une "Affaire chrétienne".

Chrétien de Troyes, l'un des plus grands responsables, en fin de compte, de la subséquente popularité des légendes arthuriennes de cette période, a écrit l'un de ses premiers romans sur les strictes instructions de Marie de Champagne, fille d'Aliénor d'Aquitaine, épouse d'Henri II d'Angleterre. Aliénor («l'autre Alan-Elen-Helen»[250]) était une descendante des grands lignages et traditions alaniques.

L'une des premières références chrétiennes au Graal apparaît dans un volume de la *Chronique d'Helinandus*, un moine de Froidmont, au tout début du XIIe siècle. Helinandus décrit la vie d'un ermite qui vivait dans l'Angleterre du VIIIe siècle, et qui avait eu une vision de Joseph d'Arimathie, gardien du gobelet utilisé par le Christ lors de la Dernière Cène. Ce thème fut développé dans un ouvrage intitulé *The Lancelot Grail*, qui donne la date précise de la vision: le soir du Vendredi Saint de l'an de grâce 717. Le Christ est supposé être apparu à l'ermite et lui avoir annoncé: "Ceci est le livre de tes origines. Ici commence le Livre du Saint Graal. Ici commencent les terreurs. Ici commencent les merveilles".

Cependant, bien que Chrétien fût supposé écrire un ouvrage chrétien, il ne fait aucune allusion au Christ dans son dernier roman: *Le Conte del Graal*. Pour Chrétien, le Graal est un plat magique d'une valeur inestimable, dont la fonction n'est jamais clairement révélée parce que l'ouvrage n'est pas achevé. Est-ce que Chrétien est mort avant de pouvoir le terminer, ou bien l'a-t-il délibérément laissé de côté, nous ne le savons pas. Mais il a été si populaire que les vingt-cinq années suivantes ont vu paraître une avalanche de suites et d'imitations.

---

[250] L'autre Hélène

Nous voyons très bien, à présent, d'où Chrétien a tiré son inspiration pour son histoire, et le lecteur verra bientôt combien fructueuses vont se révéler les découvertes de Littleton et Malcor. Mais nous remarquons que les auteurs ultérieurs de suites, préambules et versions alternatives, ont tous prétendu avoir eu accès à des documents originaux secrets, vaguement décrits comme des transcriptions directes de paroles *du Christ lui-même*, d'un ange, ou provenant de mystérieux ouvrages alchimiques se trouvant en Angleterre, en Espagne ou en Extrême-Orient. Revenons au récit de Chrétien. Nous voyons que son imagerie puise manifestement des éléments, que l'on peut suivre à la trace, dans les traditions celtico-scythes; et nous réalisons alors que nous nous trouvons *post facto* devant une *importante tentative d'occultation.* Les étonnantes variations observées dans les versions chrétiennes et alchimiques tardives, écrites par des individus habiles dans l'art de la Kabbale juive, semblent s'adapter très exactement aux critères de la désinformation.

Wolfram von Eschenbach a donné la version allemande du récit du Graal avec son *Parzival.* Dans son récit, il voit la Queste comme une lutte individuelle pour atteindre la plénitude exprimée par le Graal. Pour Wolfram, la queste *se poursuit entre les deux extrêmes du noir et du blanc*, ou la Voie Orientale du Tao. Son message fondamental est que l'individu doit laisser la voie naturelle de la vie guider ses actions.

Nous ne voulons pas parcourir toutes les versions et variantes, car il existe de très bons ouvrages très bien documentés à ce sujet. Ce que nous voulons souligner ici, c'est que les légendes du Graal ont été composées par différents auteurs, à des époques différentes, sur des toiles de fond différentes, avec des intentions différentes et, dans la plupart d'entre elles, le mystère central est voilé par des processus répétés d'historicisation et de mythification. L'histoire est, dans son essence, celle d'un héros destiné à partir en queste d'un objet localisé dans un autre monde, avec des thèmes particuliers qui se répètent partout, que l'action se situe en Angleterre, au Pays de Galles, en Ecosse, en Bretagne, dans le sud de la France, en Inde, en Egypte, ou au Proche-Orient.

Différents auteurs, à différentes époques, ont placé le récit dans l'un ou l'autre de ces endroits, donnant des monceaux de détails qui incitent le chercheur à croire qu'il existe un objet réel, physique, appelé Saint Graal, qui attend quelque part qu'on le trouve, et qui apportera à son découvreur une puissance et une gloire illimitées, ou qui "guérira" le pays d'une douzaine de manières différentes.

La conception et la naissance du héros qui, selon les cas, se nomme Arthur, Gawain (Gauvain), Peredur, Perlesvaus, Parzival, Perceval, Galahad, ou Bors, sont en général le résultat d'une mystérieuse conjonction de parents qui possèdent une puissance inhabituelle dans l'un ou l'autre domaine, différente selon les versions, mais qui inclut pratiquement toujours le courage et la pureté.

Le héros est élevé dans des conditions très austères. Il est souvent dépourvu de la compréhension du monde, et dans ce cas il est qualifié de Fou. Il est généralement "spécial" à certains égards, mais pas très "acceptable" en bonne compagnie, parce qu'il est une sorte d'excentrique ou de «débile», comme on les qualifiait dans ma jeunesse. Il y a toujours quelque chose de prodigieux dans sa force ou son intellect, et il possède toujours un pedigree impeccable. A un certain moment, par quelqu'intervention divine ou don divin, il est marqué du sceau de "l'Elu" ou de "l'Héritier".

L'aventure de la Queste du Graal possède un nombre d'éléments qui se répètent assez souvent pour être considérés comme un ensemble. L'initié-héros doit poser la "bonne" question, redresser un tort, gagner le Graal, rester pur même après accomplissement de sa mission, et pour finir, il doit conquérir un château. Par toutes ces actions, il est transformé, et l'environnement est changé également. Un "roi blessé" est guéri, et le monde devient un paradis.

Après avoir étudié tous ces problèmes, nous en revenons encore et toujours à cette embarrassante question débile: Pourquoi Perceval? Pourquoi le héros est-il nommé Perceval dans le récit original de Chrétien, et cela est-il imprégné de quelque signification particulière connue de ceux qui ont guidé la main de l'auteur dans la construction du récit?

Ainsi que le soulignent Littleton et Malcor, l'idée que le personnage de Perceval soit de source iranienne a été discutée par les érudits arthuriens au début du XXe siècle. Il a même été suggéré que le *Parzival* de Wolfram von Eschenbach est une traduction libre de récits persans. Malheureusement, la plus grande partie de cette thèse de valeur a été ignorée au profit de l'hypothèse celtique avancée par Loomis. Certains de ceux qui sont en faveur du courant celtique affirment que tous les manuscrits se rapportant au Graal ont pour origine le *Joseph* de Robert de Boron. Littleton note:

> Bien que Perceval fût bien connu de la tradition continentale du Graal, le seigneur anglais Perceval de Galles (vers 1300-1340) ne fait aucune mention du Graal, même si des images basées sur le motif du Calice à la Croix étaient déjà connues en Angleterre à cette époque. Ceci rend peu vraisemblable que la branche

> "Perceval" de la tradition du Graal se soit développée à partir des récits gallois dont le personnage central est Pryderi ou Peredur, comme l'a suggéré Loomis. [...] La présence d'un grand nombre de Sarmates et d'Alains en Angleterre et en Gaule au cours de la période pendant laquelle est née la tradition arthurienne a rendu une nouvelle fois attrayante l'hypothèse de l'origine orientale.[251]

Il existe une tradition d'un "Peronnik l'idiot" dans la région de Vannes. Ce sont des contes populaires dont le héros combat le Diable, et ils ont une forte ressemblance avec certains récits se rapportant à Perceval. Il est probable que ces contes soient des survivants des légendes de Batraz apportés par les Alains du Ve siècle.

Le nom même de "Perceval" nous relie à ces sources orientales. Les termes parsi de *gohr*, *gohar* et *djauhar*, qui ont donné la racine du nom alanique Goar, sont devenus, en allemand, le mot *Perle*, qui, ainsi que le note Littleton, a pour champ sémantique *joyau, gemme ou pierre*. Si nous examinons l'étymologie de Perlesvaux, nous voyons que "vaux" signifie "vallée" et donc, "Perles-vaux" est la Vallée de la Perle ou "Vallée de Gohar" ou "Vallée de la Pierre Précieuse". Nous trouvons dans cette étymologie le sous-texte de l'association de Perceval avec un graal qui serait une pierre, et non un calice ou un chaudron. Le poème allemand *Lorengel* écrit au XVe siècle, décrit le graal comme étant une "pierre de la victoire" grâce à laquelle Parsifal chasse Attila et ses troupes au moment où il était sur le point de détruire la chrétienté. Sur cette piste se profile curieusement l'ombre de l'Arche d'Alliance, qui assurait puissance militaire et victoire à ses possesseurs. Le fait le plus intéressant à ce sujet est que ce sont les Alains d'Orléans qui ont fait front à Attila en 451 de l'ère chrétienne. Ces Alains avaient, à l'origine, au Ve siècle, un chef nommé *Goar*.

Le lecteur familiarisé avec la littérature tant des spécialistes du Graal que des nombreux chercheurs "alternatifs" actuels, n'auront aucune difficulté à identifier les correspondances croisées entre les récits du Graal et les récits de Jésus dans le Nouveau Testament, qui semblent être des versions parfaitement aseptisées des mêmes thèmes généraux. Par exemple, outre l'allusion à une "Dernière Cène", il y a aussi des histoires de multiplication de pains et de poissons juxtaposées à la tête de Jean le Baptiste sur un plateau. Notons que la tête de Bran le Béni et d'autres "têtes parlantes sur un plateau" ont été associées à des multiplications de pains et de poissons, à des prophéties et à l'abondance en général. Il est

[251] Littleton et Malcor, op. cit., p. 130.

relativement facile de voir comment les chercheurs contemporains se sont fourvoyés en associant les récits du Graal avec les mythes de Jésus (avec, en prime, toute la désinformation produite par l'Eglise de l'époque, il faut bien l'admettre), et en supposant que la "lignée de Jésus" est la source fondamentale du prétendu "Sang Real," ou le la "Lignée Sainte". Mais sur base de l'indéniable connexion avec un récit ossète plus ancien, un cycle de sagas scythes, nous découvrons qu'il nous faut remonter beaucoup plus haut dans le passé pour retrouver l'origine de notre Perceval/Christ. Notons aussi, en passant, la curieuse histoire racontée dans la Bible, où il est question d'une "perle de grand prix" et de "jeter des perles aux pourceaux", qui nous permet de faire certains rapprochements.

Arrivés ici, nous voudrions faire part d'une série de remarques curieuses faites par le maître Fulcanelli dans les premières pages de son ouvrage *Les Demeures Philosophales*. Dans ses premières phrases, il nous dit que les érudits et profanes ont fait une grosse erreur dans leur conception du Moyen-Age, et ce à cause d'une histoire écrite, non corroborée par l'évidence. L'Histoire nous dit que le Moyen Age a été une période sombre d'invasions, de guerres, de famines, d'épidémies, de perturbations dans la vie et la culture; et cependant, cette même période a vu construire de grandes cathédrales, de grands monuments, des maisons, des villes etc., dont aucun(e) ne porte les marques de tels fléaux. Il fait ensuite remarquer que les arts sont le reflet d'une culture, et qu'ils ne fleurissent généralement qu'en temps de paix. Les édifices gothiques (cathédrales et autres) reflètent indéniablement la paix, la sérénité, la prospérité, et une société heureuse et florissante. La statuaire, dont les modèles ont manifestement été des gens vivant à l'époque, nous montre des personnages grassouillets, bien nourris, d'expression joviale, bon-vivants et amateurs de satires. Même les gargouilles sont plus drôles qu'effrayantes, et les représentations du Christ le montrent plutôt "au repos" que tourmenté. Comme le souligne Fulcanelli, si cette période de l'Histoire avait été aussi sombre qu'on l'a décrite, si les gens avaient autant souffert de la misère et été aussi affligés de maux qu'on nous le dit, les arts auraient reflété tout cela. Mais ce n'est pas le cas. Il y a ici quelque chose d'inexplicablement faux. Et comme l'indique Fulcanelli:

> "*...il est aisé de fabriquer de toutes pièces textes et documents. [...]* La falsification, la contrefaçon, sont aussi vieilles que le

monde, et l'Histoire, ayant horreur du chronologique, a dû parfois les appeler à son secours."[252]

Au dix-septième siècle, un Jésuite, le Père Jean Hardouin, dévoila une escroquerie mise au point par des gens qui "créaient" d'anciennes monnaies et médailles grecques et romaines, et les enfouissaient dans la terre afin de remplir "les blancs" de l'Histoire et leurs poches par la même occasion, en vendant leurs "découvertes". En 1639, un certain Jacques de Bie publia *Les Familles de France, Illustrées par les Monuments d'Anciennes et Modernes Médailles*, qui, d'après Anatole de Montaiglon, contenait plus "de médailles inventées que de médailles réelles."[253] Fulcanelli poursuit en citant d'autres cas dans lesquels la possibilité ou probabilité que notre Histoire ait été fabriquée en grande partie, se dresse devant nous telle un spectre de confusion. Nous découvrirons à mesure que nous avançons que ce problème de falsifications n'est pas seulement une idée, c'est un *fait*.

Nous constatons que, de nos jours, certains experts ont "senti l'oignon", et s'empressent de nous dire exactement les mêmes choses que celles suggérées par Fulcanelli. Un examen approfondi de cette matière nous révèle que la chronologie de l'Histoire ancienne et médiévale, dans sa forme actuelle, a été créée et complétée en grande partie par une série d'ouvrages publiés entre le seizième et le dix-huitième siècle, d'abord par J. Scaliger (1540-1609), le "fondateur de la science chronologique moderne" et D. Petavius (1583-1652). La chronologie est ce qui nous dit combien de temps s'est écoulé entre un événement historique et le présent. Pour pouvoir déterminer une chronologie authentique, il faut être à même de traduire les données contenues dans des documents anciens dans une terminologie et dans des ensembles temporels basés sur un calcul moderne du temps. De nombreuses conclusions et interprétations historiques dépendent de la manière dont ont été datés les événements dans un document ancien donné.

La chronologie traditionnelle acceptée du monde ancien et du monde médiéval, repose en fait sur des sables mouvants. Par exemple, entre les différentes méthodes suivies pour dater un événement aussi important que la fondation de Rome, il y a une différence de 500 ans. Pire encore: des chiffres ont été falsifiés jusqu'à notre histoire contemporaine.

---

[252] Fulcanelli, *Les Demeures philosophales* I, pp. 71, 72.

[253] Anatole Montaiglon. Preface de *Curiositiez de Paris*, ré-imprimé d'après l'édition originale de 1716, Paris 1883.

Alexander Polyhistor a été le premier à prendre l'initiative de remplir les 500 années qui manquaient dans la chronologie, entre la destruction de Troie et l'origine de Rome. Mais son intervention a-t-elle été utile, ou a-t-elle augmenté la confusion? Selon une autre chronologie, Troie est tombée l'année même de la fondation de Rome, et non pas 500 ans auparavant.

Isaac Newton a consacré de nombreuses années de sa vie à des études historiques et chronologiques. Il a créé ses propres tables, qui sont devenues chronologie "officielle". De nombreuses personnes n'ont pas conscience du fait que certains événement importants survenus dans l'Histoire de Grèce ont été avancés arbitrairement par lui de trois cents ans, et des événements survenus en Egypte ont été avancés par lui de mille ans. Naturellement, certains esprits pénétrants ont été capables de déceler ces problèmes déjà au seizième siècle. A.D. de Arcilla, professeur à l'Université de Salamanque, a publié deux articles dans lesquels il affirme que toute l'Histoire précédant le IVe siècle de l'ère chrétienne a été falsifiée.

Plus près de nous, le premier essai sérieux pour systématiser toute la matière litigieuse et analyser les paradoxes et duplications du point de vue scientifique, a été entrepris par un scientifique et académicien russe, N. A. Morozov (1854-1946). En 1994, A. T. Fomenko, un mathématicien russe, a publié un ouvrage intitulé Empirico-statistical analysis of narrative materials and its applications to historical dating. Voici un extrait de son livre:

> Ces deux volumes représentent un travail majeur unique, le premier de son espèce à être publié en anglais. Un ensemble complet de nouvelles techniques statistiques est présenté et dédié à l'analyse des données historiques et chronologiques. Ces techniques représentent une tendance nouvelle importante, dans la statistique appliquée. Le premier volume se concentre principalement sur le développement d'outils statistiques mathématiques et leurs applications à des données astronomiques: datations d'éclipses survenues dans le passé, date de l'Almagest, etc. Les problèmes de datation correcte d'événements du passé lointain et du Moyen-Age y sont discutés. Le second volume est consacré à l'analyse de chroniques anciennes et médiévales (égyptiennes, byzantines, romaines, grecques, babyloniennes, européennes, etc.). Un nombre considérable de données historiques ont été analysées. Les conclusions concernant la datation chronologique généralement acceptée d'événements survenus dans l'Histoire ancienne seront certainement sujettes à controverses et débats sérieux. L'auteur a suggéré une nouvelle chronologie qui est notoirement différente de la chronologie traditionnelle. Par exemple, la nouvelle chronologie, raccourcie,

> place l'ancienne Rome et la Grèce ancienne à l'époque médiévale. Le résultat principal est le suivant: les livres modernes d'Histoire traditionnelle ancienne et médiévale se basent sur une chronique obtenue en "collant" ensemble des répliques pratiquement identiques: A, B, C, D, de la chronique A. Trois chroniques: B, C, D sont le résultat de A, obtenu en les faisant glisser vers le passé de respectivement 333, 1053, et 1778 ans (approximativement). Autrement dit, tout livre "moderne" d'Histoire peut être entièrement restitué à partir de sa partie abrégée A, placée dans son ensemble à la droite de l'an 960 de l'ère chrétienne, c'est-à-dire que chaque époque de l'Histoire placée actuellement à la gauche (voir ci-dessous) de l'an 960 est le reflet d'événements historiques survenus entre 960 et 1600 de l'ère chrétienne. Par exemple, les dates de "l'Ancienne Grèce" vont du dixième au quatorzième siècle de l'ère chrétienne. Le livre fournit les éléments de base et le matériel nécessaires à une participation intelligente à des débats sur cette matière.[254]

L'ouvrage de Fomenko mérite une série entière de volumes de commentaires, ce qui serait impossible ici. On peut cependant noter que les historiens et archéologues "classiques" crient "au fou!" à son propos, en dépit du fait qu'il a tiré des conclusions extraordinaires, accompagné ses analyses approfondies d'arguments logiques, et fait preuve d'un désir sincère de Vérité. Comme nous l'avons déjà dit, il est de plus en plus clair que le *statu quo* est plus important pour certains que la Vérité. A propos du Moyen-Age dont nous nous occupons en ce moment, Fomenko écrit:

> Nous avons découvert qu'il existe un indiscutable parallélisme entre d'une part, des durées de règnes dans l'Histoire d'Angleterre de 640 à 1327 de l'ère chrétienne, et d'autre part l'Histoire de Byzance entre 378 et 830 de l'ère chrétienne suivie de l'Histoire de Byzance entre 1143 et 1453.
>
> Cela suggère que, dans ce parallélisme, Byzance est l'original et l'Angleterre d'avant 1327, un reflet. L'on peut voir sur la Fig.1 comment l'Histoire d'Angleterre d'avant 1327 a été construite à partir de plusieurs reflets de l'Empire byzantin entre 1.143 et 1.453 de l'ère chrétienne. [...]
>
> Le lecteur peut se demander comment des chroniques byzantines peuvent avoir été intégrées à l'Histoire médiévale de l'Angleterre (ou de l'île d'Anglia)? La réponse est extrêmement simple si nous effaçons de notre esprit l'image imposée par la chronologie traditionnelle de Scaliger.

[254] Kluwer Academic Publishers, 1994. P.O.Box 17, 3300 AA Dordrecht, The Netherlands. ISBN 0-7923-2604-0 (Volume 1) ISBN 0-7923-2605-9 (Volume 2)

A partir du XIe siècle, plusieurs croisades font rage dans l'Empire Byzantin. Plusieurs états féodaux sont fondés par des Croisés sur le territoire de l'Empire byzantin entre le onzième et le quatorzième siècle. Dans ces états, il y a des mélanges de plusieurs nations: populations locales, Croisés venus d'Angleterre, de France, d'Allemagne, d'Italie, etc. Dans les régions occupées par des Croisés et dans l'Empire de Byzance, une nouvelle culture voit le jour, et des chroniques historiques sont écrites. Parmi les résidents byzantins, nombreux sont ceux qui viennent d'Europe et, en particulier, d'une île appelée plus tard Angleterre. En 1.453, les Turcs conquièrent Constantinople. L'Empire byzantin est en ruines, et des hordes de gens quittent le territoire, et certains retournent en Europe, dans leur ancienne patrie. Par exemple dans l'île d'Anglia.

Ces descendants des Croisés ont emporté avec eux les chroniques historiques byzantines parce que ces textes décrivent leur propre histoire authentique vécue dans l'Empire Byzantin (qui couvre de nombreuses années: cent ou deux cents ans). Plusieurs années passent. Sur l'île d'Anglia, ils commencent à écrire leur propre Histoire, c'est-à-dire l'Histoire des gens qui vivent sur l'île. Aux seizième, dix-septième siècles, des historiens qualifiés font leur apparition et se mettent à créer l'Histoire générale de tout le territoire d'Anglia ("depuis le début"). Ils sont à la recherche de documents anciens. Un beau jour, ils mettent la main sur de vieux coffres contenant des documents "très anciens". Les documents sont poussiéreux, le papier est très fragile, et les vieux livres tombent en morceaux. Ces chroniques ont fait le voyage depuis l'Empire byzantin. Mais à présent, au seizième ou au dix-septième siècle, personne ne le sait plus. Malheureusement, l'origine de ces coffres est oubliée. Et malheureusement, ce qui est oublié aussi, c'est que ces chroniques décrivent une Histoire qui s'est passée *dans un autre pays*.

Les historiens anglais des seizième et dix-septième siècles analysent soigneusement ces textes en les considérant comme "Histoire de l'Ile d'Angleterre", et les placent dans la base de données de l'Histoire Ancienne de «l'Ile d'Angleterre qui a commencé il y a de nombreux siècles». En un certain sens, indiscutable, ils ont raison, car les auteurs des chroniques étaient étroitement liés à l'île d'Anglia (mais ils décrivent, répétons-le, un *autre pays*: l'Empire byzantin). Ce processus est tout à fait naturel et n'est aucunement le produit d'une falsification de l'Histoire. Ce genre d'erreurs naturelles sont inévitables dans les premières étapes de la création d'une Histoire générale. Le résultat est que des chroniques comme la *Chronique Anglo-Saxonne* ou la *Chronique de Nennius*, etc. ont fait leur apparition. Après quelque temps, cette version erronée d'une ancienne Histoire d'Angleterre figée, immobile, devient un "monument".

> D'autres historiens se contentent de modifier (seulement un tout petit peu) le plan historique initial, et ajoutent quelques documents nouveaux. Et c'est seulement aujourd'hui, alors que nous sommes à même d'utiliser des méthodes statistiques et autres, que nous découvrons qu'étrangement, certains événements se reproduisent avec une certaine régularité, et nous commençons à réaliser que l'Histoire originale a vraisemblablement été considérablement plus courte, et qu'il nous faut donc à présent ôter de l'ancienne Histoire d'Angleterre, sa "partie byzantine" et remettre cette pièce à sa place (temporellement et géographiquement parlant). Cette procédure est très douloureuse. Nous réalisons cela parce que nous avons découvert le même problème dans l'Histoire ancienne de Russie, où nous avons également trouvé plusieurs duplications chronologiques.
>
> Il est possible, que ce processus "d'ajout d'anciennes chroniques byzantines" à partir d'une "Histoire locale" se soit produit dans différentes régions ayant été en contact étroit avec l'Empire de Byzance. Cela est vrai, en particulier, pour la Russie, l'Angleterre, Rome, la Grèce. [...].[255]

Et quels sont les corollaires? Si Fomenko a raison, l'Histoire ancienne de Byzance a été ramenée en Europe, et parce que de nombreuses légendes locales sont arrivées en même temps dans cette partie du monde, par exemple les sagas des Nartes, il est permis de supposer qu'elle fait partie de l'Histoire réelle de l'Angleterre et même de l'Europe. Bref, l'idée de Fomenko relie les événements du temps de Jésus, et survenus dans la région du monde où Jésus est supposé avoir vécu, à la région plus globale d'où sont originaires les sagas des Nartes, les racines des légendes du Graal, et tous ces récits peuvent être de l'Histoire mythifiée, des événements jusqu'ici imparfaitement compris.

Sans cesse nous trouvons des fils conducteurs qui nous tirent vers l'Est: vers la Russie, la Sibérie qui est le pays de *Colchis*. Apollodore dit à propos d'Hercule:

> Lorsque les travaux eurent été accomplis, en huit années et un mois, Eurysthée commanda à Hercule, comme *onzième* travail, d'aller chercher des *pommes d'or dans le jardin des Hespérides*, car il refusa de reconnaître le nettoyage des écuries d'Augias et sa victoire sur l'Hydre de Lerne. Ces pommes ne se trouvaient pas, comme l'ont dit certains, en Libye, mais elles étaient gardées par Atlas *en Hyperborée*. Elles avaient été remises (par la Terre) à Zeus à titre de présent pour son mariage avec Héra, et étaient

[255] A.T.Fomenko, G.V.Nosovskij, *New Hypothetical Chronology and Concept of the English History British Empire as a Direct Successor of Byzantine-Roman Empire.*

> gardées par un **dragon immortel** à cent têtes, rejeton de Typhon et Echidna, qui parlait avec de nombreuses voix différentes. Ces pommes étaient également gardées par les Hespérides: Aeglé, Erythia, Hespéria, et Aréthuse. [...]
>
> Prométhée avait conseillé à Hercule de ne pas cueillir les pommes lui-même mais d'y envoyer Atlas, en le soulageant toutefois du poids du monde qu'il portait sur ses épaules. Il arriva donc auprès d'Atlas, *dans le pays des Hyperboréens,* il suivit l'avis donné et soulagea Atlas de son poids. Mais quand Atlas eut reçu trois pommes des mains des Hespérides, il revint auprès d'Hercule et, ne voulant plus porter le globe, il lui dit qu'il irait porter lui-même les pommes à Eurysthée, et demanda à Hercule de porter le monde à sa place pendant ce temps. Hercule fit semblant d'accepter mais par ruse, il parvint à le remettre à Atlas: suivant le conseil de Prométhée, il demanda à Atlas de reprendre le monde sur ses épaules, juste le temps de mettre un coussin sur sa tête. Atlas accepta, déposa les pommes par terre, et reprit le monde sur ses épaules. Hercule ramassa alors les pommes et poursuivit sa route. Certains disent qu'il n'avait pas reçu les pommes d'Atlas, mais les avait cueillies lui-même après avoir tué le **serpent qui les gardait**. Et ayant rapporté les pommes, il les remit à Eurysthée. Mais celui-ci les remit immédiatement à Hercule qui les remit à Athéna, **qui les emporta pour les remettre d'où elles venaient**; car il n'était **pas juste** qu'elles **fussent déposées** où que ce fût.'[256]

Il est très intéressant de noter la similitude entre l'hydre – un serpent à cent têtes – et la gorgone tuée par Persée. Notons aussi le lien avec les Hyperboréens, et le fait que les pommes d'or furent remises à Athéna, qui reçut également la tête de Méduse des mains de Persée. Autre point intéressant: l'endroit d'où provenaient ces pommes était le jardin des Hespérides. Et notons encore que, dans les grandes lignes, la même histoire se rapporte à la Quête de la Toison d'Or.

> Dès qu'il eut entendu cela, Pélias lui offrit de partir à la recherche de la Toison. Elle se trouvait à présent en Colchide, dans un bosquet d'Arès, clouée au tronc d'un chêne gardé par un «**dragon qui ne dormait jamais** ».
>
> De nuit, Médée guida Jason vers la toison et administra **au dragon une de ses drogues pour le plonger dans le sommeil** puis, emportant la toison, elle revint vers le navire *Argos* avec Jason.'

[256] Apollodorus, Livre II:5.11. cite par Graves, *The Greek Myths*, pp. 509-11.

Curieusement, le nom, "Pelléas"[257] apparaît un certain nombre de fois dans les récits du Graal. L'important est cependant que nous soupçonnons que cette Colchide pourrait être le "jardin des Hespérides". Nous nous posons également des questions quant à un lien possible entre "Arcadie" et Colchide. Si les anciens "Athéniens" du récit de Platon ne venaient pas d'Athènes telle que nous connaissons cette ville, alors il se pourrait qu'il ait existé une "Arcadie" plus ancienne également.

POURQUOI PERCEVAL?

Revenons maintenant à l'énigme: pourquoi Perceval? Est-ce en fait un indice donné par Aliénor d'Aquitaine et sa fille Marie de Champagne, pour faire allusion à l'intégration de quelque chose généralement connu à l'époque dans un ensemble de contes dont le héros aurait eu pour nom "Perceval?"

Comme cela se produit fréquemment, une série d'amusantes synchronicités mit en exergue ce sujet et me donnèrent la clé. J'avais retourné la question dans ma tête pendant des semaines, fouillant les étymologies, les mythologies, les généalogies et un tas d'autres références, dont aucune ne se rapportait au problème central du nom. Oui, j'avais lu d'innombrables interprétations ésotériques, pour la plupart sans aucun sens. J'avais lu des livres sur « *L'Oeil percé* » de Dagobert, les "*Merveilles mérovingiennes*", les «*Solipsismes*» de Sinclair, et autres idées absurdes. Et tout cela faisait une pile jusqu'au ciel, et à chaque apparition d'un "sauveur" ou soi-disant "Chevalier Désiré", mon cœur manquait un battement. A la fin de la journée, je n'avais toujours pas de réponse à la question: pourquoi Perceval?

J'étais là, à la fin de ma ligne. Plus de livres, plus de références à chercher, mais plus non plus d'espoir de recevoir une réponse à ma question: pourquoi Perceval? A cet instant même, un terrifiant éclair se produisit et la foudre tomba dans le voisinage, éclair immédiatement suivi d'un formidable coup de tonnerre qui fit trembler la maison et me fit pratiquement sauter hors de ma peau. Ma première pensée fut pour mon chien, qui a une peur bleue de l'orage: "Pauvre Percy!" pensai-je. Et immédiatement, j'eus ma réponse. Voyez-vous, nous l'appelions "Percy" mais son nom (donné par mes enfants quelques années auparavant alors qu'ils étaient plongés dans la mythologie grecque) était en fait "*Perseus*",

[257] En français, le "pelletier" est un fourreur, en italien la peau se dit la "pelle" et en espagnol c'est la "piel" .... *(NdT).*

c'est-à-dire Persée. Dès que j'eus réalisé cela, les pièces du puzzle se mirent en place.

Persée - Pen Dragon – le pourfendeur de dragons par excellence! Le décapiteur de Gorgone; le tueur de monstre marin, le sauveur d'Andromède, le "meneur d'hommes", le fils d'une veuve fécondée par un dieu; élevé dans l'isolement, dépouillé de son héritage; gauche et simple, envoyé en mission impossible dans l'espoir qu'il n'en reviendrait pas vivant; Persée, l'enfant tiré de l'océan avec sa mère par un pêcheur, frère d'un roi - un "roi-pêcheur"; Persée, initié par les "sorcières" des Hyperboréens, qui avait reçu "l'œil d'Horus", de Graea; Persée, aidé par Athéna, à qui il avait remis la tête de la Gorgone, et du sang de laquelle avait jailli le cheval ailé Pégase, avec tous les éléments du conte Scythe, jusqu'au miroir scythe, et jusqu'à «Urim et Thummim» des Lévites, Athéna qui avait placé la tête de la Gorgone, la tête prophétisante de Bran ou de Jean-le-Baptiste, sur son pectoral. Persée qui avait utilisé la tête de la Gorgone comme l'Arche d'Alliance, pour obtenir la victoire sur ses ennemis en les changeant en pierre. Enfin, un millier de connexions prenaient un sens....

Il y a deux figures royales majeures dans la tradition du Graal: le roi infirme et le roi-pêcheur. A une certaine époque ils fusionnent, mais dans la tradition primitive ils sont encore séparés. Le roi infirme a reçu une blessure qui l'a laissé infirme. Il est décrit comme ayant été "blessé à la cuisse", et son infirmité est le résultat d'un certain péché commis par ce roi. En général il est dit que ce roi est malade et non qu'il a été blessé. De toute manière, cet événement est qualifié de Coup Douloureux. Il est embrouillé et élaboré dans les nombreuses versions christianisées, dont nous ne nous occuperons pas ici. Ce qui nous intéresse c'est un personnage de la saga des Nartes, qui non seulement ressemble de très près au Roi Malade/Infirme, mais qui nous fait aussi apercevoir une lueur dans le mystère de la Toison d'Or.

Uryzmaeg, époux de la déesse Satana (rien à voir avec Satan, vous pouvez me croire!), est un homme âgé, dépeint comme ayant l'habitude d'aller s'asseoir sur une colline près de la mer d'où il contemple les moutons et les chevaux, car il est trop âgé pour faire quoi que ce soit d'autre. Dans une variante, il se nomme Uaerxtaenaeg, et a l'habitude de s'asseoir sur la place du village, où il attend le retour de son fils, mais il s'agit du même personnage. La principale raison de sa célébrité est (alors qu'il est âgé et passe son temps assis) qu'il porte sur lui une cotte de maille en or. Alors qu'il est assis en l'un ou l'autre endroit, trois fils d'un méchant sorcier lui arrachent sa cotte de maille et deux bandes de peau de son dos, s'enfuient vers les montagnes et s'y cachent dans une caverne. Lorsque revient le fils du roi, Sybaelc, après une série d'aventures, sa mère lui dit qu'il ne pourra entrer dans la maison que lorsqu'il rapportera la cotte de mailles en or et aura guéri le dos de son père.

Sybaelc, avec l'aide de son gand-père maternel, part en quête de la cotte de mailles en or et de la peau qui a été arrachée du dos de son père. Il trouve les fils du méchant sorcier, les tue, reprend les lambeaux de peau de son père et la cotte de mailles, et retourne chez lui pour remettre la peau sur le dos de son père et lui rendre sa cotte de mailles en or.

Outre l'évidente relation entre le thème de la Toison d'Or (et cela donne certainement un nouveau sens à l'expression "on lui a même pris sa chemise "!), nous apprenons que Sybaelc a été aidé par son grand-père maternel. Dans plusieurs des récits du Graal, le grand-père maternel de Perceval est le Roi-Pêcheur qui l'aide dans sa queste. Voici une curieuse référence à un transfert matrilinéaire. Le Titre de Roi-Pêcheur était héréditaire: transmis d'oncle à neveu: le fils d'une sœur.

Nous commençons à entrevoir que quand nous parlons de Thésée, Jason et les Argonautes, et de Persée, nous parlons en fait de variations sur un même thème, ou occurrence archétypale. Et nous allons découvrir que l'influence de cet archétype s'étend loin. La preuve que la réponse à ma question: "pourquoi Perceval? est que le récit original qui a donné toutes ces variantes est bien l'histoire de Persée, reçoit curieusement confirmation dans les astres.

Voyez-vous, le mythe de Persée est le seul à être entièrement dépeint dans les cieux, avec tous ses protagonistes principaux. Nous voyons tous les protagonistes disposés autour d'un Ram qui a été inséré dans le zodiaque à une certaine époque de l'Histoire. Les voilà tous: Persée le héros, qui brandit la grande épée magique et la tête garnie de serpents de la Gorgone décapitée; avec son bouclier orné d'un miroir et son heaume d'invisibilité. Andromède, la femme enchaînée, et Cassiopée, sa mère, la reine assise sur un siège ou un trône; Céphée le père de cette dernière, et Cétus le serpent de mer. Aucun autre mythe, parmi toutes les histoires fascinantes rapportées dans la mythologie, ne nous est aussi complètement rapporté que la réponse à la question: "pourquoi Perceval?".

Si le lecteur veut bien faire appel à sa mémoire, il se souviendra que le héros de l'histoire: le prince Thésée d'Athènes, s'était offert en victime du Minotaure, la puissance dévoreuse au centre du labyrinthe. Mais la prêtresse Ariane étant tombée amoureuse de lui, l'aida en lui remettant une pelote de fil d'or. Il la déroula à mesure qu'il pénétrait dans le dédale, et arrivé au centre, il tua le Minotaure et put ensuite, grâce au fil d'or, revenir sur ses pas, et s'enfuir. Ensuite, Thésée embarqua sur un voilier et s'éloigna de la Crète en compagnie d'Ariane et des jeunes Athéniens et Athéniennes qui avaient été tenus en captivité dans le Labyrinthe, et ils débarquèrent tous à Délos. Là, il éleva un sanctuaire à Aphrodite, et lui-même et ses compagnons exécutèrent une danse imitant les tours et détours du labyrinthe.

Nous nous souvenons également que notre étude des labyrinthes nous a montré que la plupart des experts affirment que le plan et la signification du dédale ont pour origine l'Egypte, où il a été la scène de nombreux drames religieux impliquant la mise à mort du dieu-roi sous la forme d'un taureau. Ces experts nous disent aussi que le sacrifice était seulement symbolique, et qu'un taureau divin était substitué au roi au point culminant des cérémonies, après plusieurs jours de danses rituelles, drames et combats exécutés dans le labyrinthe. La plupart des archéologues et historiens férus d'Histoire ancienne sont très influencés par les théories de l'Egyptologie qui avancent que toutes les civilisations ont eu pour origine l'Egypte ancienne ou au moins la Mésopotamie. Cependant, ne serait-ce que par le nombre des évidences physiques, nous voyons que ce n'est pas le cas.

Rappelons qu'il y a deux types de labyrinthes: Les labyrinthes égyptiens comportaient toujours uniquement des lignes droites, et les labyrinthes abstraits dessinés sur les sceaux représentaient des motifs carrés imbriqués. Les monnaies crétoises des époques classiques comportent souvent des motifs de labyrinthe, certains d'entre eux copiés sur le modèle égyptien de carrés imbriqués, mais la plupart comportent un labyrinthe d'une construction bien différente: - *le dessin en spirale carrée ou arrondie - le méandre grec- de tradition européenne, que l'on ne trouve jamais en Egypte.* Il semble que la Crète ait été le point de rencontre de traditions complètement séparées.

L'ARCADIE?

L'Ukraine est un pays fascinant et mystérieux. Dans l'ensemble, c'est une vaste plaine plate s'étendant vers l'est à partir du pied des légendaires Monts Carpathes. Le sol est riche et noir dans les régions du centre et du sud, et la température varie de continentale tempérée à sub-tropicale sur les côtes de la Mer Noire. Il est aisé de comprendre pourquoi cette région a été le berceau des grandes tribus celtes qui se sont établies en Europe et sont à l'origine d'une des plus mystérieuses civilisations de notre planète.

La plus ancienne maison du monde a été retrouvée en Ukraine. Il s'agit d'un assemblage d'os de mammouths datant d'il y a 15.000 ans, qui était sans doute à l'origine recouvert de peaux de mammouth. Cette maison a été découverte par un fermier ukrainien alors qu'il était en train de creuser le sol pour construire une nouvelle cave, 1m80 en dessous de sa demeure. Cette maison avait fait partie d'un village et avait été bâtie si solidement qu'elle était manifestement destinée à abriter des générations et des générations.

A Kostienki, en Ukraine également, a été retrouvée une grande maison datant de la même période, qui mesurait 115 pieds (34m50) sur 50 pieds (15m), et possédait onze âtres pour la cuisine, la chaleur et la lumière! Et à propos de cuisine, les fours les plus anciens, primitifs mais identifiables, ont également été retrouvés en Ukraine et datent de 20.000 ans Av. J.C.! Les mammouths étaient certainement très nombreux dans le voisinage car leurs défenses n'ont pas seulement été utilisées dans la construction de cette très ancienne maison, mais la plus vieille carte géographique du monde, découverte en Ukraine en 1966, est aussi inscrite sur de l'ivoire de mammouth et date d'environ 10.000 Av. J.C.

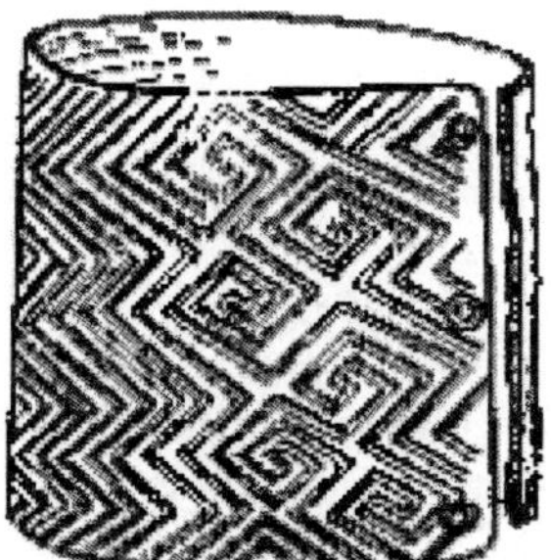

Selon la recherche historique "officielle", les premiers cavaliers ont fait leur apparition en Ukraine il y a environ 6.000 ans. Les pantalons pourraient aussi avoir été inventés vers la même époque et, d'après les éléments retrouvés, ils faisaient partie du costume traditionnel des guerriers scythes d'il y a 2.600 ans. Il est intéressant de noter qu'Hérodote a décrit, il y a 2.500 ans, les Celtes d'Europe comme portant des pantalons et étant d'extraordinaires cavaliers.

L'orfèvrerie scythe est légendaire et témoigne d'une culture de loin plus raffinée que ne le supposent généralement les érudits actuels. Le style des bijoux trouvés en Ukraine est tellement semblable au travail des Celtes d'Europe qu'il est difficile de ne pas voir la connexion. Mais plus vieux encore que les nombreux spécimens d'orfèvrerie métallique et de pierre, est un bracelet d'ivoire de mammouth taillé en une seule pièce, fait il y a 20.000 ans et trouvé à Mezin, en Ukraine. Cette pièce est ornée d'un motif magnifique que l'on trouve encore de nos jours dans les broderies des costumes ukrainiens. Ce motif ressemble, lui aussi, au fameux "méandre" ou "dédale" grec, mais il lui est bien antérieur.

Bref, il n'y a absolument rien d'Egyptien dans les labyrinthes Troyens, et tout porte à croire qu'ils sont originaires des cultures mégalithiques qui se sont développées indépendamment des civilisations du Proche-Orient.

Mais dans les contes de jeunes Hyperboréennes, mythes de Thésée et autres, nous trouvons deux aspects indépendants de l'énigme du labyrinthe, qui se rencontrent et s'interpénètrent, et ce qu'ils ont en commun est, à notre avis, une technologie - un appareil qui a pu être au cœur de la danse du dieu à Stonehenge, utilisé pour manipuler la pesanteur, l'espace, et le temps. Que les Egyptiens aient disposé de pouvoirs semblables paraît évident, mais il est également clair que leur perception du monde, leur réaction au monde et leur utilisation de cette technologie, étaient très différentes.

Dans les histoires de labyrinthes égyptiens, *l'objet au centre était une puissance terrible, dévorante, dévoreuse.* Dans l'histoire des Hyperboréens, la danse du dieu était une célébration de vie, d'abondance, et de victoire sur le serpent. Les "Maroutes aux bras armés" dansaient et apportaient des paniers pleins de choses merveilleuses qui s'étaient matérialisées à partir des ondes émises par la Grande Déesse-Etoile: la Reine sur son Trône, Cassiopée.

Nous nous souvenons ici que Fulcanelli a dit que le lecteur tirerait grand profit de son petit livre sur les cathédrales, pourvu qu'il ne tienne pas en mépris le travail des anciens Philosophes, et qu'il étudie avec soin et pénétration les textes classiques, de manière à comprendre les points obscurs de la pratique. Naturellement, il ne nous est pas possible de faire ici l'examen page par page du *Mystère des Cathédrales*, mais il y a un certain nombre de points à souligner.

Dans la première édition, Canseliet dit, à la fin de sa préface:

> "La clef de l'arcane majeur est donnée, sans aucune fiction, *par l'une des figures* qui ornent le présent ouvrage. Et cette clef consiste tout uniment *en une couleur* manifestée à l'artisan dès le premier travail. Aucun Philosophe, que je sache, n'a relevé l'importance de ce point essentiel. En le révélant, j'obéis aux

volontés dernières de Fulcanelli, et me tiens en règle avec ma conscience."[258]

La plus grande partie de la préface à la deuxième édition parle d'une "étoile brillant sur la vierge mystique- à la fois *notre mère* et la *mer hermétique*- qui annonce la conception".[259] Canseliet nous dit: "l'étoile est le grand signe de l'Oeuvre". Naturellement, tout cela est enveloppé dans des paraboles, avec une quantité de digressions suffisantes pour décourager les chercheurs superficiels. Ceci dit, Canseliet nous en révèle davantage. Il nous dit que le lecteur peut se demander pourquoi il a passé autant de temps à *discuter de l'étoile*, mais la raison en est *qu'elle nous mène droit au cœur du texte de Fulcanelli*. Et il écrit:

"Dès le seuil, en effet, notre Maître s'est longuement arrêté sur le rôle capital de *l'étoile*, sur la Théophanie minérale, qui annonce avec certitude l'élucidation tangible du grand secret enseveli dans les édifices religieux. Le *Mystère des Cathédrales,* voilà précisément le titre de l'œuvre...."[260]

Le seul problème est que, pour le profane, ces remarques n'ont pas de sens. Fulcanelli débute *Le Mystère des Cathédrales* par un exposé sur les cathédrales en général, le festin des fous, et paraît se promener sans but précis. Il ne commence certainement pas par parler du "rôle capital de l'étoile", ce grand signe de l'œuvre". Ou bien le fait-il?

Oui, il le fait.

Vous souvenez-vous de ce qu'a dit Canseliet?

«La clef de l'arcane majeur est donnée, sans aucune fiction, *par l'une des figures* qui ornent le présent ouvrage. Et cette clef consiste tout uniment *en une couleur* manifestée à l'artisan dès le premier travail. Aucun Philosophe, que je sache, n'a relevé l'importance de ce point essentiel ».

En fait, pour un cerveau qui pense en termes de Kabbale, il n'y a pas moyen de comprendre cela. Mais pour le cerveau qui pense en *cabala,* le langage des dieux, le langage des oiseaux, la langue maternelle, la solution est simple. Si l'on s'ouvre au tout premier "travail de l'artisan" ou *phrase du livre*, un "chiffre" est donné = un nombre! et ce chiffre-clé de l'Arcane Majeur est le sept.

Dans la première phrase de l'ouvrage, "le travail de l'artisan" Fulcanelli écrit...

---

[258] Fulcanelli, *Le Mystère*, p. 13.
[259] Ibid. pp. 21-22.
[260] Ibid. p 26.

> "La plus forte impression de notre prime jeunesse – nous avions SEPT ans..." [261]

...et nous avons "la clef de l'arcane majeur."

Comment interpréter le nombre *sept*? Il y a plusieurs manières de le considérer, mais la plus simple est d'aller à la section sept du chapitre et de le lire. Nous tournons donc les pages et lisons:

> Varron, dans ses *Antiquitates rerum humanorum*, rappelle la légende d'Enée sauvant son père et ses pénates des *flammes de Troie* et aboutissant, *après de longues pérégrinations*, aux champs de *Laurente* (Laurentium, Laurentum, Laurente- est cabalistiquement *l'or ente*, ou l'**or enté),** terme de son voyage. Il en donne la raison suivante: "Depuis son départ de Troie, *il vit tous les jours et pendant le jour, l'étoile de Vénus*, jusqu'à ce qu'il arrivât aux champs Laurentins, où il cessa de la voir, ce qui lui fit connaître que c'étaient les *terres désignées par le Destin.*"[262]

Nous avons donc trouvé une étoile qui est "le grand signe de l'Oeuvre", et qui nous mène à une couleur: l'OR. Nous avons le *chiffre* sept qui nous mène à une couleur, et puis, pour confirmer que notre interprétation est la bonne, nous voyons qu'une étoile, qui a été le sujet principal de la discussion de la deuxième préface, est le guide vers "les champs laurentins" (la plaine du Latium) ou l'**or**. Ce paragraphe est, comme le dit Canseliet, *La clé de l'Arcane Majeur.* Et l'arcane majeur ne fait pas partie du Tarot, contrairement à ce que pourraient en penser les Kabbalistes du dimanche. Il se réfère au "Grand Oeuvre", c'est-à-dire la Qabala, et non la Kabbale. Et une partie de cette clé est liée à la légende d'Enée, à l'incendie de Troie, et aux plaines du Latium – Les demeures des Mystiques, et tout cela nous emporte vers le nord, vers les "Athéniens" qui ont tenu tête à l'Atlantide, le mythe archétypal des guerres de Troie, la Tribu de Dan, les Scythes qui vivaient au pays des Hespérides, le Latium (Laurentum), l'Arcadie originelle.

Mais, Fulcanelli s'occupe à envelopper sa parabole dans une parabole, et il est absolument délicieux de se tremper dans la mer de son esprit.

Après nous avoir si bien souhaité la bienvenue, une assurance que nous avons découvert son intention, il nous donne quelques autres "clés" que nous devons garder à l'esprit tandis que nous lisons ce qu'il a écrit, car celles-ci sont les thèmes qui nous

---

[261] Ibid. p. 47.
[262] Ibid. p. 67.

indiquent si ce que nous lisons nous mène à un "cul-de-sac" du labyrinthe ou bien si cette idée va nous éclairer.

Tout d'abord, Fulcanelli a identifié pour nous la "connexion Troyenne", et le nom d'Enée est significatif à cet égard. Nous découvrons aussi que, quoi que nous cherchions, cela a quitté Troie pour le Latium, Laurentum – l'or – A l'*est*. Ceci est à la fois littéral et symbolique. Il nous relie ensuite au nom de Seth - ou Scythe – et nous dit:

> "... qu'il existait un peuple à l'Extrême-Orient, sur les bords de l'Océan, chez lequel il y avait un livre attribué à Seth, qui parlait de l'apparition future de cette étoile... laquelle prédiction était donnée comme transmise par les générations des Sages, de père en fils."[263]

Avec cette remarque, Fulcanelli nous donne le trajet parcouru par le grand secret. Nous pensons alors à la tradition chamanique d'Asie Centrale.

Fulcanelli incorpore cette information aux légendes de la naissance de Jésus, ce qui donne un certain nombre de connexions intéressantes. Premièrement, il mentionne la Judée, ce qui nous fait penser que la transmission du Secret s'est faite à partir des Scythes d'Asie Centrale via la tribu des Dans au Moyen-Orient, et que ce secret a fait partie des enseignements originaux de l'homme autour duquel s'est formée la légende de Jésus, et puis le chemin nous mène en Perse. Il fait alors une remarque bien curieuse:

> Chalcidius... professait qu'il fallait adorer les dieux de la Grèce, les dieux de Rome, et les dieux étrangers, a conservé la mention de l'étoile des Mages et l'explication que les savants en donnaient. Après avoir parlé d'une étoile nommée *Ahc* par les Egyptiens, et qui annonce des malheurs, il ajoute:
>
> "Il y a une autre histoire, plus sainte et plus vénérable, qui atteste que *par le lever d'une certaine étoile* furent annoncés, non des maladies ni des morts, mais la descente d'un Dieu vénérable, pour la grâce de la conversation avec l'homme et pour l'avantage des choses mortelles".[264]

Fulcanelli nous indique ici, ô combien subtilement, que l'"étoile" égyptienne, ou la voie égyptienne, mène à "la mauvaise fortune". Dès lors, le lecteur est averti que lorsque des thèmes égyptiens sont abordés, ils représentent en fait "la voie de l'étoile *d'Ahc*". Il identifie ensuite clairement la connaissance concernant la "descente

[263] Ibid. p. 68.
[264] Ibid. p. 70.

d'un dieu vénérable" transmise par les Chaldéens, et explique encore que Diodore était sur la bonne voie quand il disait: "cette étoile n'est pas l'une de celle que les gens voient dans les cieux, mais *une certaine vertu ou force urano-diurne* ayant pris la forme d'une étoile afin d'annoncer la naissance du Seigneur parmi nous"[265].

Le mot « magie » est dérivé, par l'intermédiaire du latin, du grec, du persan, de l'assyrien, du terme sumérien, ou Touranien *imga* ou *emga* («profond»), qui désignait les prêtres proto-chaldéens ou magiciens. « Mages » est devenu un terme standard pour l'ensemble des prêtres zoroastriens ou persans qui ont fait connaître aux Grecs les arts occultes. Ce terme est ensuite devenu «magos» (et a donné tous les termes apparentés : magique, magie, magicien ou personne possédant des connaissances et pouvoirs secrets comme les mages perses).

Hérodote a dit que les Mages constituaient la caste sacrée des Mèdes. Ils donnaient à la Perse ses prêtres, et ont gardé leur influence religieuse en dépit des changements de dynastie.

La Médie est un pays ancien de l'Asie. La forme hébraïque et assyrienne de Médie est *mdy* (*Madai*) , qui correspond à Mada, le nom donné à ce pays dans les premiers textes persans cunéiformes. L'origine et la signification du mot sont inconnues.

Les premières informations concernant le territoire occupé par les Mèdes et plus tard en partie par les Perses, provient de textes babyloniens et assyriens. Dans ceux-ci, le pays est désigné sous le nom de *Anshan*, et comprenait probablement une vaste région bordée au nord-ouest par l'Arménie, au nord par la mer Caspienne, à l'est par le grand désert, et au sud par Elam. Il était plus vaste que le territoire connu à l'origine comme la Perse. Par la suite, cependant, quand la suprématie perse a éclipsé celle des Mèdes, le nom de Perse a été étendu à tout le territoire médien.

Les autorités en matière d'ethnologie sont d'accord entre elles pour dire que les peuples qui, sous le terme générique de Mèdes, ont occupé cette vaste région dans les temps historiques, n'en étaient pas les habitants d'origine. Ils étaient les successeurs d'une population préhistorique dont on sait très peu. Les Mèdes ont fait leur apparition à l'aube de l'Histoire, et s'ils ont eu une langue écrite il n'en reste aucun fragment, de sorte qu'on ne sait rien directement quant à leur langue. Toutefois, à en juger par les noms propres qui sont parvenus jusqu'à nous, il y a des raisons de croire

---

[265] Ibid.

que cette langue ressemblait au vieux persan. Ils seraient donc d'origine aryenne.

La première mention écrite de ces peuples est l'inscription cunéiforme de Salmanazar II, roi d'Assyrie, qui proclame qu'il a vaincu le Madai au cours de sa vingt-quatrième campagne (vers 838 av. J.C.). Les rapports des règnes successifs jusqu'à celui d'Assurbanipal (668-625 av. J.C.) se réfèrent aux « dangereux Mèdes » (inscriptions de Tiglath-Pileser IV - 747-727 av. J.C.) dans des termes qui montrent qu'ils étaient une menace constante pour le pouvoir des Assyriens. Au cours de cette période, le pouvoir d'Anshan a été graduellement renforcé grâce à l'arrivée et à l'assimilation de nouvelles tribus d'origine aryenne, qui se sont établies sur le territoire jadis tenu par les Assyriens à l'est du Tigre.

En vertu de l'influence croissante d'une autre branche de la race aryenne, il y a eu transition de la puissance médienne à la puissance perse. Cyrus fut d'abord roi d'Anshan, avant de devenir roi de Perse. En 549 av. J.C. il défit Astyage, devenant ainsi le maître des royaumes d'Anshan, de Perse et de Médie.

Cyrus est connu pour avoir été un grand et brillant conquérant, et sa renommée est immortalisée dans les légendes fantastiques associées à son nom par les auteurs grecs et romains. Sa puissance étant une menace pour toute l'Asie occidentale, Nabonide -roi de Babylone-, Amasis -roi d'Egypte-, et Crésus -roi de Lydie-, joignirent leurs forces pour vaincre Cyrus. Mais même cette formidable alliance n'y parvint pas et Cyrus, après avoir assujetti tout l'empire mède, marcha sur l'Asie Mineure. Crésus fut défait et fait prisonnier en 546 av. J.C., et en une année, toute la péninsule d'Asie Mineure fut annexée au nouvel empire perse.

L'Occident dûment soumis, Cyrus lança ses armées victorieuses contre Babylone. Balthazar, fils du roi encore régnant Nabonide, fut envoyé en tant que général en chef pour défendre le pays contre Cyrus, mais il se fit battre à plates coutures. Cyrus entra alors dans Babylone, où il fut accueilli en libérateur, en 539 avant l'ère chrétienne. L'année suivante il publia le fameux décret autorisant les captifs hébreux à retourner en Palestine et d'y «reconstruire» le Temple. Il est intéressant de noter à cet égard qu'Isaïe fait souvent allusion à Cyrus comme «l'Oint du Seigneur».

Outre le fait d'avoir renvoyé les Hébreux à Jérusalem pour y construire un temple (événement qui prendra une grande importance par la suite) , Cyrus soumit la caste sacrée des Mages. Son fils Cambyse réprima encore davantage ces Mages, qui se révoltèrent alors et nommèrent Gaumata, leur chef, roi de Perse sous le nom de

Smerdis. Mais celui-ci fut assassiné en 521 avant l'ère chrétienne, et Darius devint alors roi.

D'après Hérodote, la chute des Mages fut commémorée par un jour férié national appelé «magophonia». Néanmoins, l'influence religieuse de cette caste du clergé se poursuivit, et à l'époque de la naissance du Christ, elle fleurissait encore sous les Parthes. Strabon a dit que les prêtres mages formaient l'un des deux Conseils de l'empire Parthe, et une légende veut que les mages aient représenté les trois branches familiales descendant de Noé.

En ce qui concerne les Parthes, parmi lesquels les Mages ont continué d'exister jusqu'à l'époque du Christ, nous avons trouvé qu'il existait un district nommé Partukka ou partakka, connu des Assyriens déjà au VIIe siècle avant l'ère chrétienne. Les origines du peuple parthe sont obscures, mais Strabon[266] dit que le premier roi, Arsace, était un Scythe qui, avec la tribu semi-nomade des Parni, avait envahi et conquis la Parthie. Strabon fait aussi mention de ceux qui assurent qu'Arsace était un Bactre ayant fui Diodote après une révolte avortée. Selon d'autres sources scientifiques, Arsace aurait été un Scythe.

En 53 av. J.C., Crassus accompagné d'une troupe de plus de 40.000 hommes, fut vaincu par les forces parthes d'Orodes II, et les peuples depuis la Méditerranée jusqu'à l'Indus durent ainsi se rendre compte de la puissance de la Parthie. En 40 av. J.C., Rome fut bien obligée de reconnaître la Parthie, dont les forces avaient pénétré jusqu'au cœur de l'orient romain et pris les provinces d'Asie, Pamphylie, Cilicie et Syrie, ainsi que Pétra à l'extrême sud. La frontière occidentale entre les dominions romains et la Parthie fut finalement établie sur les rives de l'Euphrate. Les années 116, 161, 195, 217 et 232 de l'ère chrétienne virent des campagnes majeures menées par les Romains, mais les Parthes ne furent jamais vaincus.

En l'an 224 de l'ère chrétienne Ardachir, gouverneur parthe de la province achéménide de Persis (Fars), renversa Artaban IV et établit la dynastie sassanide. Les Sassanides allaient dominer l'Iran jusqu'à la conquête musulmane en 641. Les Sassanides étaient d'ardents zoroastriens, en conflit avec leurs sujets arméniens qui furent d'abord zoroastriens mais qui embrassèrent le christianisme ensuite.

L'ancienne religion du feu, de la lumière et de la Sagesse a été fondée par le prophète Zarathoustra il y a 3.000 ans. La puissante influence du zoroastrisme sur la communauté judéo-chrétienne et toutes les civilisations occidentales est en général peu connue, mais

[266] Strabon, Livre XI:515.

le fait est qu'une déformation des paroles de Zarathoustra a modifié la nature de la civilisation en occident.

On sait très peu de la vie de Zarathoustra, ou à quelle époque exactement il a vécu. Les anciens Grecs pensaient qu'il avait vécu six mille ans avant le philosophe Platon, mais plusieurs historiens penchent pour le début du sixième siècle av. J.C. Les historiens modernes croient que Zarathoustra est l'auteur du Gâthâ (une partie de l'Avesta), qu'ils datent (en se basant sur la linguistique) du quatorzième ou treizième siècle av. J.C. Cela corrobore la date donnée par Diogène de Laërte, qui affirme que «Zoroastre a vécu six cents ans avant l'invasion de la Grèce par Xerxès» , c'est-à-dire en 1080 av. J.C.[267]

On ne sait donc pas avec certitude où est né Zarathoustra, ni où il a passé la première moitié de sa vie. D'après le modèle de l' «assimilation du héros au mythe», toutes les tribus qui se sont converties au zoroastrisme ont fabriqué de nouvelles légendes sur sa vie, et presque toutes affirment que le prophète a été «l'un des leurs». En nous basant sur la linguistique nous pouvons proposer l'argument que l'auteur du *Gâthâ* a appartenu à une tribu vivant dans l'est de l'Iran: En Afghanistan ou au Turkménistan. Ceci est en conformité avec une tradition qui relie Zarathoustra à l'ancien pays de Bactriane et à un cyprès situé à Kâshmar, mais ne prouve rien quant à ses origines. Il est intéressant de noter que ce même modèle mythique s'applique à Arsace, le premier roi des Parthes.

Le *Gâthâ* contient quelques informations personnelles, mais pas suffisamment pour en obtenir une biographie. Le *Denkard*, texte védique tardif, contient un résumé d'une biographie ancienne consistant en légendes, et est donc peu fiable.

En mettant ensemble ces quelques bribes, Zarathoustra serait né en Bactriane ou Ariane, connue à présent comme l'Afghanistan occidental. Les Ariens (le terme signifie «nobles») étaient des nomades d'Asie centrale, établis en Iran depuis la fin du second millénaire av. J.C. Fils d'un petit noble nommé Pourouchaspa et d'une femme nommée Doughdova, Zarathoustra était le troisième de cinq frères. Il devint prêtre, et il semble avoir témoigné d'une sympathie extraordinaire pour toutes les créatures vivantes.

La vie de Zarathoustra bascula quand le dieu Ahoura Mazda lui envoya une vision. Un esprit nommé Bonne Pensée lui apparut et ordonna à Zarathoustra de s'opposer aux sacrifices sanglants des cultes iraniens traditionnels, et d'accorder son aide aux pauvres.

---

[267] *Lives and Opinions of the Philosophers* I:2.

Zarathoustra se mit à prêcher qu'un dieu suprême, le «seigneur sage» : *Ahoura Mazda*, avait créé le monde, l'humanité et toutes les choses bonnes par l'intermédiaire de son esprit saint : *Spenta Mainyou*. Le reste de l'univers avait été créé par six autres esprits : les Amecha Spentas («saints immortels»). Mais l'ordre de cette création septuple était menacé par le Mensonge. Les bons et les mauvais esprits étaient en lutte, et l'humanité devait soutenir les bons esprits afin d'accélérer l'inévitable victoire du Bien. Pour décrire les démons, Zarathoustra utilise des mots qui sont remarquablement similaires aux mots utilisés dans le Rig Véda de l'Inde. Il est relativement certain que la langue du Rig Véda a été parlée dans l'est de l'Iran au cours du second millénaire av. J.C., et on peut raisonnablement supposer que Zarathoustra s'est opposé à l'ancienne religion qui devait fleurir au Penjab.

Selon Zarathoustra, il était du devoir du croyant de s'aligner sur Ahoura Mazda, ce qui était possible en évitant le mensonge, en secourant les pauvres, en accomplissant certains sacrifices, en pratiquant le culte du feu, etc. En outre, Zarathoustra avertit les populations qu'il allait y avoir un Jugement Dernier, à l'issue duquel les amis du Mensonge seraient condamnés à l'Enfer, tandis que les Pieux entreraient dans les Cieux.

> Yasna 30.1.-6, 8-9
>
> (3.1.) Et maintenant je vais parler à ceux qui veulent entendre glorifier le Seigneur par la Bonne Pensé, et pour la lumineuse joie de ceux qui peuvent comprendre [...]
>
> (3.2) Ecoutez de vos oreilles les meilleures choses, voyez, regardez avec bienveillance le choix qui s'offre à vous avant que s'accomplisse la Grande Epreuve.
>
> (3.3) Dès le commencement, les deux Mainyou, les esprits jumeaux, l'un bon, l'autre mauvais, apparurent ensemble en pensée, en parole, en action, mais entre *Vahyo* qui est le bien et *Akem* qui est le mal, seul le sage choisit le bien. Lorsqu'à l'origine les deux esprits se rencontrèrent, ils établirent *Gaya* qui est vie et *Ajyaiti* qui est néant, et comment à la fin, la pire des existences sera pour les mauvais, mais [aussi que] la Maison des Meilleurs Objectifs sera pour les Justes.
>
> (3.5) Les deux esprits ont fixé leur choix: Au méchant le mal, les actions mauvaises, les pires choses; à l'esprit très saint revêtu des splendeurs des cieux, à tous ceux qui veulent complaire à Ahoura Mazda, la droiture, l'immuable lumière.
>
> (3.6) Entre les deux esprits les faux dieux n'ont pas reconnu le bien, alors qu'ils se concertaient, l'erreur s'est emparée d'eux, ils

> ont choisi la pensée mauvaise, le mal; à sa suite ils se sont élancés vers la violence pour opprimer les hommes. L'Esprit le plus saint, celui qui est revêtu de la pierre la plus dure, a choisi le bien, et c'est ainsi que font ceux qui satisfont Ahoura Mazda grâce à des actes justes.
>
> En vérité, les dévas n'ont pas fait le bon choix entre ces deux, car le Trompeur s'est approché d'eux tandis qu'ils conféraient. Parce qu'ils ont choisi le pire des objectifs ils ont cédé à la Fureur, avec laquelle ils ont affligé le monde et l'humanité.
>
> Puis, quand l'heure de la rétribution viendra pour ces pécheurs, alors la puissance de Mazda assistera celui qui a une Intention Juste, (....) et alors, puissions-nous être parmi ceux qui transfigureront ce monde. O Mazda, et vous les autres seigneurs, venez nous aider grâce à votre soutien et à la vérité, de sorte que les pensées puissent être concentrées là où la compréhension manque. [268]

Il semble y avoir eu des conflits entre Zarathoustra et les adeptes des religions pratiquant les sacrifices sanglants. Zarathoustra fut obligé de fuir son pays, car il n'avait pas même le soutien de sa propre famille.

En fin de compte, Zarathoustra trouva asile auprès d'un roi nommé Vichtapa (Hystaspe), souverain probable de la Chorasmie (l'Ouzbekistan actuel) ou de l'Ariane. A sa cour, le prophète eut des discussions avec les prêtres de Mithra: au cours d'une discussion officielle, ils abordèrent trente-trois questions, et ce furent les réponses de Zarathoustra qui prévalurent.

De nombreux nobles suivirent l'exemple d'Hystaspe et se convertirent à la nouvelle religion de Zarathoustra. Zarathoustra resta à la cour du roi Hystaspe jusqu'à son assassinat par des envahisseurs nomades, alors qu'il était âgé de soixante-dix-sept ans. Certains localisent le lieu de sa mort à Bactra (Balkh, près de Mazâr e Sherif) en Afghanistan.

Les enseignements de Zarathoustra sont fortement dualistes: le croyant doit faire un choix entre le bien et le mal, ce qui fait de du zoroastrisme l'une des premières religions à formuler des exigences éthiques auprès des croyants.

C'est à Zarathoustra principalement que la civilisation occidentale doit le concept du temps linéaire par opposition aux concepts cycliques et essentiellement statiques des temps anciens. Ce concept, implicite aux doctrines zoroastriennes, rend possible la notion de progrès, de réforme et d'amélioration. La plupart des

---

[268] Zarathustra, ed. Mary Boyce.

civilisations anciennes étaient profondément statiques, étant donné qu'elles étaient convaincues que l'ordre idéal leur avait été donné par les dieux en un mythique Age d'Or, et ils considéraient comme de leur devoir religieux d'adhérer aux traditions aussi strictement que possible. La moindre réforme ou modification aurait été une déviance et un abaissement de l'idéal.

Zarathoustra incorpora dans les pensées persane et grecque l'idée qu'il y avait une raison et un objectif à l'Histoire. Tous les gens, avait-il déclaré, participaient à une bataille surnaturelle entre le Bien et le Mal, les champs de bataille étant la Terre et le corps de chaque individu. Ce dualisme essentiel fut adopté par les Juifs qui, après avoir été exposés à l'influence du zoroastrisme, incorporèrent une démonologie à leur religion, mais en y faisant une entorse: la conduite éthique ne dépendait pas de la sagesse, mais de Yahweh, qui les sauverait à condition qu'ils obéissent à Ses Commandements, en adhérant au plus près aux traditions établies. On pourrait dire que d'une certaine façon, l'adoption et l'entorse faite aux idées de Zoroastre renforcèrent l'arsenal permettant à Yahweh d'exercer un contrôle absolu sur son «peuple élu».

A partir du zoroastrisme, la croyance en la possession démoniaque devint une obsession culturelle, comme le reflètent les Evangiles où c'est Jésus qui est le sauveur et le rédempteur, et non Yahweh et ses commandements éternels. Néanmoins, dans une perspective de réalités hyperdimensionnelles, nous trouvons les enseignements de Zarathoustra du plus grand intérêt.

Zarathoustra prétendait avoir eu une révélation divine, et il s'efforça d'établir l'adoration d'un Dieu suprême : Ahoura Mazda. Mais après sa mort, le polythéisme aryen refit son apparition. De nombreux aspects de sa théologie sont cependant encore d'actualité, grâce aux religions qui les ont adoptés tout en les déformant.

La captivité babylonienne des Hébreux au sixième siècle av. J.C. a profondément transformé le judaïsme naissant exposé à l'influence du zoroastrisme, virtuellement alors religion d'état. Jusque là, la conception juive de l'au-delà était celle héritée des origines sumériennes : une vague existence dans l'ombre du Shéol, le monde d'en-bas, le pays des morts (à ne pas confondre avec l'enfer). Mais Zarathoustra a prêché la résurrection corporelle des morts qui devraient ensuite se soumettre à un Jugement Dernier (tant individuel que général) pour déterminer leur destin ultime dans la vie d'après: soit la vie au Paradis, soit dans les tourments de l'Enfer. Daniel (un des conseillers du roi Darius), a été le premier prophète juif à faire allusion à la résurrection, au jugement, et à la récompense ou au châtiment.

La nouvelle doctrine de la résurrection n'avait pas été acceptée par beaucoup de Juifs et est restée un point litigieux pendant des siècles, jusqu'à son acceptation finale et la modification affirmant que seuls les Juifs, Peuple Elu de Yahweh, feraient partie du royaume terrestre de Yahweh. L'Evangile de Mathieu (chapitres 22:23) rapporte que la querelle se poursuivait toujours au temps où il écrivait: les Sadducéens niaient la résurrection, tandis que les Pharisiens l'affirmaient. Notons également la ressemblance entre les noms de Pharisien et Farsi ou Parsi, les Perses auxquels avait été fait l'emprunt de la doctrine de la résurrection.

Outre l'incorporation des doctrines de la résurrection et du jugement, le zoroastrisme a aussi substantiellement altéré le messianisme juif. Zarathoustra avait prédit l'avènement imminent d'un Sauveur du Monde qui naîtrait d'une vierge et qui se mettrait à la tête de l'humanité lors de sa bataille finale contre le Mal. Le messianisme juif a fait fusionner ces deux concepts avec leur attente déjà existante d'un roi davidique terrestre, qui viendrait sauver la nation juive de l'oppression.

C'est à cette époque, en réponse à leur captivité, qu'apparut dans le judaïsme la littérature apocalyptique basée sur les modèles babyloniens et leur symbologie. Cette littérature devait avoir une influence décisive sur la théologie chrétienne ultérieure. Avec les éléments clés de la résurrection, du jugement, de la récompense ou du châtiment d'un Sauveur, d'une apocalypse, et enfin de la destruction des forces du Mal, on peut conclure que l'eschatologie juive et chrétienne est zoroastrienne du début à la fin. Donc, le zoroastrisme pourrait être la source du Chiliasme Primitif auquel fait allusion Fulcanelli.

Les similitudes ne se limitent pas à l'eschatologie. Loin de là. De nombreuses traditions et rituels sacramentels chrétiens, et particulièrement catholiques, remontent aux précurseurs zoroastriens. Les fidèles zoroastriens avaient l'habitude de se marquer le front avec de la cendre avant de s'approcher du feu sacré; geste qui s'apparente à la tradition du Mercredi des Cendres. Parmi leurs rites de purification avant de participer à un rituel il y avait la confession des péchés classés en trois catégories: pensée, parole ou action.

Les zoroastriens avaient également un rituel eucharistique: le rituel de Haoma, au cours duquel le dieu Haoma, ou plutôt sa Présence, était sacrifiée par l'intermédiaire d'une plante. Les fidèles en buvaient le jus, dans l'espérance d'en obtenir l'immortalité. Il y a ici une curieuse relation avec l'épopée de Gilgamesh, où il est dit à ce dernier qu'une plante pourrait lui donner l'immortalité. On peut naturellement se demander si cet élément n'a pas été ajouté par la suite, lors de l'utilisation de substances altérant les états de conscience pour mimer les états d'extase mystique.

Enfin, les zoroastriens célébraient le Jour des Morts, exprimant par là leur croyance en l'intercession de et pour les morts. Notons également que l'histoire des Mages qui auraient été rendre visite au nouveau-né Jésus, ressemble à un récit de Mages qui attendaient l'apparition d'une étoile annonçant la naissance d'un Sauveur: Mithra. Les mages n'étaient pas des rois, mais des astrologues zoroastriens; et c'est l'Eglise qui s'est approprié l'anniversaire de Mithra (et d'autres «dieux» passant par la mort et la résurrection) le 25 décembre.

Le christianisme aurait aussi emprunté au zoroastrisme l'histoire de la tentation dans le désert, étant donné qu'une légende ancienne plaçait Zarathoustra lui-même dans cette situation. Le démon principal, Ahrimane, avait promis à Zarathoustra le pouvoir terrestre s'il renonçait à adorer le Dieu Suprême. Ahrimane échoua, tout comme le fit Satan dans le cas de Jésus.

Un dernier parallèle intéressant est la période de trois jours pendant laquelle Jésus est supposé être resté dans la tombe. Ce concept pourrait avoir son origine dans une croyance zoroastrienne selon laquelle, après le décès, l'âme reste encore pendant trois jours dans le corps avant de la quitter. Trois jours permettaient d'établir le décès, mais pouvaient aussi permettre à l'âme de ranimer le corps.

En tant que Messie, Jésus a fonctionné selon une ligne purement zoroastrienne. Supposé être d'ascendance davidique, il a offert aux Juifs la rédemption des péchés plutôt qu'un salut à l'échelle nationale. Il a été un Sauveur du Monde et pas seulement un messie juif. Les Juifs ne l'ont pas reconnu pour leur Messie, et en un sens il ne l'était pas et ne l'est toujours pas. Leurs attentes messianiques, avant toute influence étrangère, n'ont pas été satisfaites; en fait, leur nation a été détruite une fois par la suite, et paraît suivre le même chemin de nos jours. Jésus n'a pas non plus triomphé une fois pour toutes du Mal. Ceci est réservé à un second Avènement en conjonction avec le Jugement Dernier et ses récompenses ou châtiments par le Ciel ou l'Enfer.

Les Mages décrits dans l'histoire de Jésus n'étaient probablement pas tout à fait zoroastriens. A mesure que la foi zoroastrienne et l'empire perse s'étendaient en direction de l'occident jusqu'à la Médie, les prêtres d'une religion extrêmement ancienne, les Mages, s'adaptèrent au zoroastrisme, non sans bouleversements sociaux majeurs.

Les historiens pensent généralement que ces prêtres de l'ancienne foi indo-iranienne, contre laquelle Zarathoustra avait prêché dans le Gatha, avaient repris et adapté de nombreuses pratiques appartenant à l'ancienne religion, telles que les cultes rendus à des divinités mineures, le sacrifice d'Haoma, et les rituels de purification.

« Les enseignements de Zarathoustra ont été introduits dans la religion ancienne, et le rang des Mages a été transféré parmi la prêtrise de la nouvelle religion... » écrit Sarius Jahanian. De nombreuses pratiques « magiennes » ont elles-mêmes été adaptées de sources bien plus anciennes encore.

Mais alors, que cherchaient les Mages dans l'histoire de la naissance de Jésus, telle que prise par Fulcanelli, comme une étape de la transformation alchimique ?

Lorsque nous étudions le mysticisme zoroastrien (l'influence 'magienne' en provenance des sources les plus anciennes) nous voyons qu'il pose en principe que des individus ont eu une expérience directe de la Divinité ou de Dieu. Ces individus vivent leur vie dans la Présence de Dieu, un Dieu reconnu par le mystique comme Bien-aimé(e) et en même temps source de Sagesse. Ce mysticisme zoroastrien est rationnellement mis à l'épreuve, mais transcende toute explication rationnelle.

Certains des résultats fondamentaux d'une vie mystique sont: un fort sentiment de la Présence Divine, avec laquelle on peut engager le dialogue et la prière, la qualité aimante et amie de cette Présence, l'accroissement de l'intelligence et de la vivacité d'esprit qu'Elle apporte (souvent reliées à un concept de Dieu en tant que Sagesse Divine), un sentiment de bonheur et de paix et, comme signe, la perception intérieure d'une brillante lumière: une *étoile*.

Ces expériences peuvent certes être contrefaites par le recours à des techniques d'altération des états de conscience ou à des drogues, mais la véritable expérience peut être mesurée à sa faculté de provoquer une transformation personnelle et morale en quelque chose de bon et de constructif: ce que les zoroastriens nomment la voie d'ACHA ou de la droiture.

Les Gâthâs de Zarathoustra démontrent que leur auteur parle justement d'une expérience mystique authentique de cette sorte. De telles expériences sont aisées à décrire en termes zoroastriens. La perception mystique de Dieu dans le «troisième œil» ou «imagination», la lumière mystique, la sensation de sagesse divine, l'amour entre Dieu et l'homme, la pénétration lente de la vertu, du courage et de la persévérance, tous ces facteurs fondamentaux existent clairement dans les Gâthas. Dans les Gâthâs (et d'autres textes), le mysticisme est scellé en pleine lumière.

Dans les Gâthâs de Zarathoustra, le Yasna 28, premier chant, verset 28:2 parle du moyen mystique mis en place pour cette relation - comment elle se produit: « Dieu Sage, je t'approche par le bon usage de l'esprit ...». Ces quelques mots: «par le bon usage de l'esprit» expriment un haut niveau d'expérience mystique. S. Insler, un autre traducteur moderne (en anglais) des yasnas, traduit l'avestien original «vohou nanah» par «penser bien», mais cela ne rend pas le mysticisme du prophète. «penser bien» est une vertu humaine, et approcher Dieu en «pensant bien» est ce qu'un protestant libéral ou un humaniste rationaliste pourrait dire. Il s'agit de bien plus que «penser bien» pour Zarathoustra. Le Bon Esprit est une émanation vivante du Sage Seigneur. S'approcher ('être encerclé par' en traduction littérale) du Bon Esprit c'est arriver à la communion, par l'esprit, avec l'Esprit Divin ou Intelligence Divine. C'est participer de l'esprit Divin par une collaboration entre l'esprit humain et la communication Divine. Par cette union d'Esprit vient la perception de la divine information, des lois de l'humanité et de la nature: la perception, de l'ACHA.

Dans sa préface à la deuxième édition du chef d'œuvre alchimique de Fulcanelli «Les Demeures Philosophales », Eugène Canseliet écrit:

> Suivant le sens du vocable latin adeptus, l'alchimiste, dès lors, a reçu le Don de Dieu, mieux encore le Présent, dans le jeu cabalistique de la double acceptation soulignant qu'il jouit désormais de l'infinie durée de l'Actuel [...]
>
> Au royaume du Soufre... existe un Miroir dans lequel on voit tout le Monde. Quiconque regarde en ce Miroir peut y voir et apprendre les trois parties de la Sagesse de tout le Monde.[269]

Voilà ce que Fulcanelli veut dire quand il parle de l'Etoile annonçant la naissance du Christ intérieur.

Un autre point qui nous intéresse est le fait qu'après le schisme de l'Eglise catholique en Eglise d'Orient et Eglise d'Occident, cette même Eglise catholique a commencé à nommer «Chaldéens» ses «Nestoriens convertis», afin de les distinguer de leurs frères et sœurs dans l'Eglise-mère que Rome a continué à appeler «Nestoriens» (disciples de Nestorius, patriarche de Constantinople en 428 de l'ère chrétienne, et dont les enseignements ont été déclarés hérétiques par l'Eglise catholique en 431). Voilà qui ferme

[269] *Demeures Philosophales* pp 21-22

le cercle en nous ramenant à l'Antique Tradition Esotérique Orientale révélée par Boris Mouravieff.

En ce qui concerne la référence de Fulcanelli à Troie, Apollodore d'Athènes nous dit que la Libye doit son nom à une fille d'Epaphos (un roi de Tyr ou de Sidon, fils de Io et de Zeus) et de Memphis née, comme Io, sous la forme d'une génisse blanche, et qu'elle avait fui l'Argolide pour la région de la côte syrienne qui allait devenir la Phénicie. Elle y connut Poséidon, dont elle eut deux fils: Agénor (le héros mythique phénicien) et Bélus (le héros mythique égyptien). Agénor engendra Europe et ses frères: Cadmus (fondateur de la Thèbes grecque), Phénix (éponyme de Phénicie), Cilix (éponyme de Cilicie) et Thasus (éponyme de l'Ile de Thassos). Tous fondèrent donc des colonies et des villes tout en poursuivant la recherche de leur sœur séduite et enlevée par Zeus ayant pris la forme d'un taureau, et qui allait devenir la mère du roi crétois Minos. Quant à Bélus, il engendra Danaus et Egyptus, dont les descendants revinrent à Argos.

A présent, si nous nous tournons vers les versions bibliques des mêmes mythes, nous voyons qu'Abraham était le père d'Ismaël, qui est le "père des Arabes" selon les textes hébraïques. Hermès est supposé avoir été le père d'Arabus, aussi appelé "père des Arabes". Cet Arabus est le père légendaire de Cassiopée, ce qui constitue un développement pratiquement parallèle où seuls les noms changent. Arabus et Ismaël se ressemblent en type et en fonction et les comparaisons ne s'arrêtent pas là. Mais l'essentiel, ici, c'est que Cassiopée serait alors une petite-fille d'Hermès/Abraham et une fille d'Ismaël. D'autre part, la petite-fille d'Ismaël, serait "Andromède", épouse de Persée fils de Danaé, elle-même fille du roi d'Argos. Nous notons aussi que la mère d'Ismaël était "Hagar l'Egyptienne". Cassiopée aurait épousé Céphée roi de "Joppa" ou bien d'Ethiopie. La plupart des sources indiquent l'Ethiopie.

Mais cette Ethiopie dont Céphée était le Roi n'est pas l'Ethiopie que nous connaissons aujourd'hui[270]. Eusèbe écrit: "Sous le règne d'Aménophis III un groupe d'Ethiopiens émigrèrent du *pays qui se trouve près de l'Indus, et s'établirent dans la vallée du Nil*". Nous pourrions penser que cette affirmation est une fable, sauf qu'Apollonius de Tyane dit la même chose: "Les Ethiopiens sont des colons venus de l'Inde". Ceci est un indice très important, et particulièrement "l'époque d'Aménophis III", mais nous laisserons tout cela pour le moment. Arrêtons-nous, cependant, au fait que

[270] "The road to Meluhha", dans *Journal of Near Eastern Studies,* 41, 1982, pp. 279-288

Memnon, fils d'Aurore et de Tithon, est aussi dit avoir été roi des Ethiopiens en "Extrême Orient". Memnon était apparenté à Priam, roi de Troie, et vint combattre à ses côtés pendant la guerre de Troie. Il se peut que Céphée et Memnon aient été une seule et même personne, car l'étymologie des deux noms concerne la "tête".

Revenons-en aux remarques de Fulcanelli décrivant la transmission de la connaissance de la "descente d'un dieu vénérable". Il nous donne quelques détails en expliquant que Diodore était sur la bonne voie quand il disait que "cette étoile n'est pas une de celles qui peuplent les cieux, mais une *certaine vertu ou force urano-diurne* ayant pris la forme d'une étoile pour annoncer la naissance du Seigneur parmi nous". Et nous voyons ici qu'il s'agit de matières ayant trait au "travail intérieur" de l'alchimiste, dont le résultat sera l'apparition d'une "étoile", ou une lumière dans la "mer" ou l'esprit, ainsi qu'une énergie, une force plus ou moins hyperdimensionnelle, ou un plan de réalité capable d'interagir avec le nôtre dans certaines circonstances "urano-diurnes" dont nous avons déjà parlé à propos des danses des Maroutes, de la danse du dieu à Stonehenge, et de la technologie permettant de maîtriser l'espace et le temps. Et cela est clairement ce à quoi se réfère Fulcanelli:

> A propos de faits si étranges et devant l'impossibilité d'attribuer la cause à quelque phénomène céleste, A. Bonnetty, frappé du mystère qui enveloppe ces narrations, interroge: "Qui sont ces Mages et que faut-il penser de cette étoile? C'est ce que se demandent en ce moment les critiques rationalistes et autres. Il est difficile de répondre à ces questions, parce que le Rationalisme et l'Ontologisme anciens et modernes, puisant toutes leurs connaissances en eux-mêmes, ont *fait oublier tous les moyens par lesquels les anciens peuples de l'Orient conservaient les traditions primitives.*"[271]

Nous en venons dès lors à l'idée que les récits de la naissance de Jésus, l'apparition d'une étoile, et toutes les idées et commentaires qui s'y rapportent, sont des descriptions d'une *technologie* d'interaction avec cette réalité hyperdimensionnelle. Que cette technologie implique clairement, ou soit basée sur, le développement de certains potentiels intérieurs de l'alchimiste, cela est également certain.

Fulcanelli nous mène ensuite auprès des Assyriens et de Balaam, qu'il identifie comme l'un des Mages. Il nous dit ensuite qu'une "*étoile sera issue de Jacob, et un sceptre s'élèvera d'Israël...*". Et

[271] *Mystère des Cathédrales*, p. 72

nous constatons que nous avons fait tout un périple: partis d'Extrême-Orient, nous avons traversé l'Asie, la Chaldée, l'Assyrie, puis la Judée. Et que nous dit ensuite Fulcanelli? Il nous ramène à nouveau vers la plaine du Latium (Laurentum – L'or – l'Orient):

> G.J. Witkowski nous décrit un vitrail très curieux, qui se trouvait près de la sacristie, dans l'ancienne église Saint-Jean à Rouen, aujourd'hui détruite. Ce vitrail figurait la conception de Saint Romain. « Son père, Benoît, conseiller de Clotaire II, et sa mère Félicité [272] »...

A présent, que le lecteur ne pense pas que Fulcanelli parle de St. Romain archevêque de Rouen! Laissez-moi suggérer une signification cabalistique: *Romain Sacré*. Nous sommes immédiatement frappés par les théories de Fomenko, pour qui l'Histoire de Grande Bretagne et celle d'Europe ont été confondues avec l'Histoire de Byzance et que l'Histoire réelle de l'Europe et de l'Angleterre sont perdues, et nous nous demandons comment tout cela est relié.

L'explication qui s'offre d'abord à nous est celle de l'existence d'une famille particulière ou "lignée" de pourfendeurs de dragons. Cette idée est très populaire de nos jours, et si ce que nous avons découvert est avéré, alors cela signifie que tout le monde a cherché là où il ne fallait pas, ce qu'il ne fallait pas, pour des raisons qu'il ne fallait pas.

Une meilleure explication est que l'histoire de Jésus, telle que nous pouvons la lire dans les Evangiles, est un mythe historicisé et *lustré* qui contient les indices d'une certaine "préparation" de l'initié à la fonction de "descente du dieu bienveillant" ou encore, comme l'explique Diodore, "*une certaine vertu ou force urano-diurne ayant pris la forme d'une étoile*". Et nous repensons alors à Edward Leedskalnin et à son fauteuil d'avion tournoyant, et à la danse du dieu des Hyperboréens, tous les 19 ans, selon quelque interaction "programmée" entre le système à trois corps: Soleil-Lune-Terre, qui donne accès à un node gravitationnel tel que décrit par Jessup.

Revenant à Fulcanelli, nous voyons que sa discussion des origines des cathédrales gothiques est des plus intéressantes. Il nous dit que le terme de "gothique" qui a imposé ses règles à toutes les productions du Moyen-Age du XIIe au XVe siècle, n'est pas un héritage des anciens peuples germaniques comme le supposent de nombreux «experts», mais provient des descendants des Argotiers, ou Argonautes. Il parle ensuite du voyage à Colchos, pays de la

---

[272] *Mystère des Cathédrales*, p. 73

Toison d'Or, et que l'*art got* est en fait l'art cot, l'art de la lumière ou de l'esprit. Fulcanelli fait ensuite une remarque très étrange:

> Il n'y a ici-bas, ni hasard, ni coïncidence, ni rapport fortuit; tout est prévu, ordonné, réglé, et il ne nous appartient pas de modifier à notre gré la volonté imperscrutable du Destin[273].

Sans cesse Fulcanelli suggère l'existence d'une réalité hyperdimensionnelle dans laquelle notre propre monde est "incrusté", et dont notre réalité prend la forme comme une ombre sur le mur de la caverne, ainsi que le décrit Platon. Si nous poursuivons cette idée, il devient de plus en plus apparent que le Grand Oeuvre des alchimistes était, dans son essence, le processus permettant de se libérer de la Matrice, décrit en termes alchimiques et allégoriques.

Fulcanelli nous fait ensuite parcourir une série de remarques à propos du symbolisme de l'*art cot*, pour nous amener à l'ornementation des sols des cathédrales. Ici, il nous ramène aux idées de Fomenko, en faisant observer que l'art de la céramique avait atteint la perfection, et des marbres multicolores, *à la manière des mosaïques byzantines*, étaient aussi utilisés.

Le Labyrinthe de Chartres, désigné par Fulcanelli comme *La Lieue* et *Le Lieu* est décrit, et finalement il nous dit qu'il y avait, jadis, au centre, une scène représentant le combat de Thésée et du Minotaure. Il fait observer ensuite que l'important est de faire la liaison avec la signification mythico-hermétique et non avec les fameuses constructions de l'antiquité - les *labyrinthes de Grèce et de Rome*.

Ici, quelque chose nous intrigue: les fameux labyrinthes de l'antiquité n'étaient pas ceux de Grèce ou de Rome, mais bien ceux d'Egypte et de Crète! Mais nous savons déjà qu'il y avait une grande différence entre les labyrinthes égyptiens/crétois et ceux des peuples du Nord. Donc, nous réalisons immédiatement que Fulcanelli a laissé tomber un "double indice" dans notre tablier.

Fulcanelli saute ensuite immédiatement au Labyrinthe de Salomon. Le problème ici, c'est qu'il n'y a jamais eu de fameux labyrinthe de Salomon, à moins que Fulcanelli ait utilisé ce moyen pour nous dire que le fameux "Temple de Salomon" était en fait un dédale, et que l'objet placé au centre du Temple de Salomon était celui-là même qui se trouvait au centre du Labyrinthe. Il nous dit ensuite de ce labyrinthe/temple de Salomon:

---

[273] *Mystère des Cathédrales*, p. 57

> ...C'est une série de cercles concentriques, interrompus par certains points, de façon à former un trajet bizarre et inextricable.
>
> L'image du labyrinthe s'offre donc à nous comme emblématique du travail entier de l'Oeuvre, avec ses deux difficultés majeures : celle de la voie qu'il convient de suivre pour atteindre le centre - où se livre le rude combat des deux natures - l'autre, du chemin que l'artiste doit tenir pour en sortir. C'est ici que le fil d'Ariane lui devient nécessaire s'il ne veut pas errer parmi les méandres de l'ouvrage sans parvenir à en découvrir l'issue.
>
> Notre intention n'est point d'écrire, comme le fit Batsdorff, un traité spécial pour enseigner ce qu'est le fil d'Ariane, qui permit à [Persée] d'accomplir son dessein. Mais, en nous appuyant sur la cabale, nous espérons fournir aux investigateurs sagaces quelques précisions sur la valeur symbolique du mythe fameux[274].

Nous sommes tout d'abord frappés par la phrase «où se livre le rude combat des deux natures»: Zarathoustra assurait que la bataille entre les forces du Bien et du Mal se livrait à l'intérieur de l'être humain. Ensuite, nous sommes intrigués: qu'est-ce qu'Ariane a à voir avec Persée?[275] Qu'est-ce que les Argonautes ont à voir avec Enée? Quel est le rapport entre les "champs laurentins" et Colchos? Quel est le lien entre la Toison d'Or et le Sacré Graal? Qu'en est-il du Temple de Salomon et du labyrinthe, de l'Arche d'Alliance et du Minotaure? Et quelle est la "valeur symbolique"du fameux mythe?

NÉO, NOAH, NOÉ = PERSÉE

A présent, voyons ces histoires comme des métaphores du Grand Oeuvre alchimique. Nous supposons donc que cet "oeuvre" consiste à prendre conscience de, et si possible d'interagir avec, une réalité hyperdimensionnelle dans laquelle la nôtre est incrustée.

De nos jours, il existe un très bon exemple moderne de ce processus dans le film *Matrix*. En surface, ce film présente des possibilités issues de la manipulation technologique de la société et

---

[274] *Mystère des Cathédrales*, p. 65

[275] Dans la traduction anglaise, le texte mentionne Persée et non Thésée. Il peut s'agir d'une "coquille" ou bien d'une erreur du traducteur. J'ai vérifié la seconde édition de la version française en parallèle avec la traduction englaise, et j'ai constaté que l'erreur n'existe qu'en anglais. Je n'ai pas pu mettre la main sur une première édition de Fulcanelli afin de vérifier si cette erreur existe dans l'original, ce qui est possible, et aurait ensuite été corrigée par l'éditeur de la version française. Il se peut que le traducteur anglais ait travaillé à partir d'une première édition. Quoi qu'il en soit, pour moi l'erreur n'était pas capitale puisque je travaillais sur le concept de "mythification" et que les similitudes entre héros de très nombreux mythes étaient déjà manifestes; la confusion de Persée avec Thésée m'a paru être une "confirmation".

de la réalité individuelle. Ce que de nombreuses personnes ne réalisent pas, c'est qu'il s'agit en fait d'une allégorie de la Vraie Réalité – une Matrice encore bien plus mystérieuse et subtile que celle qui est suggérée dans le film – une Matrice dont les spéculations et formules en rapport avec la physique hyperdimensionnelle et les études modernes sur la conscience n'ont encore révélé que la partie visible de l'iceberg.

La vraie Matrice de l'expérience humaine sur Terre n'est que l'ombre d'une réalité qui existe, non seulement au-delà de nos conceptions humaines de la société, de nos religions, des systèmes de croyance, des technologies, et même des paradigmes ultraterrestres tels que si largement et diversement répandus de nos jours.

De nombreuses spéculations scientifiques commencent actuellement à mettre en place les pièces du puzzle de notre existence d'une manière très troublante. L'une de ces pièces semble suggérer - indubitablement en termes de science pure et dure - que non seulement le temps est cyclique, mais encore que notre race humaine et notre société technologique actuelles, pourraient bien ne pas constituer les sommets de l'évolution darwinienne. En fait, la possibilité qu'il y ait eu avant nous des races et des civilisations, ou même une plus grande sophistication et de plus grandioses accomplissements, devient de plus en plus indubitable, ainsi que nous en avons déjà discuté.

Au vu de ce qui précède, et aussi de la nature "matricielle" de notre réalité, les questions que nous avons mises en avant sont: si le temps est cyclique et si de plus grandes civilisations que la nôtre ont existé par le "passé", comment ont-elles péri? Et si elles ont péri, se pourrait-il que des éléments de leurs connaissances aient survécu dans les mythes et les contes populaires? Et si c'est le cas, que pouvons nous en apprendre à propos de notre propre Matrice?

En ce qui concerne les mythes et contes se rapportant à la recherche du Sacré Graal, ou en ce qui concerne notre métaphore moderne: "comment échapper à la Matrice?, la plupart des figures qui apparaissent dans les constellations grecques sont supposées avoir été mises en place par un des dieux, pour honorer et perpétuer leur mémoire. Ainsi que nous l'avons fait remarquer, les constellations de Céphée et de Cassiopée sont insolites en ce sens que leur situation n'est pas le résultat d'un honneur rendu, mais constitue un complément de l'histoire de Persée, Andromède et Cétus. Ce groupe de cinq constellations est insolite en ce sens qu'il représente le seul *mythe classique à être décrit aussi complètement.* Et il se fait qu'il s'agit du mythe que Fulcanelli a souligné par sa bizarre petite "erreur" à propos d'Ariane aidant Persée, et par tous les étranges parallèles entre ce mythe et "la naissance de l'enfant Christ", menant à la description de la conception de St. Romain. Qu'est-ce que Fulcanelli tente de nous dire là? Veut-il suggérer qu'une famille particulière, la famille des Perséides, constitue la lignée de Jésus, pourfendeuse de dragons?

Plus fort encore: se pourrait-il que ceci soit une "piste", un indice que ce mythe est une sorte de "bouteille à la mer" dont le message est destiné à l'humanité? Est-ce que l'histoire de Persée représente notre possibilité de découvrir la vérité? Est-ce que les éléments de l'histoire représentent les actions que nous avons à entreprendre afin de pouvoir prendre symboliquement la "pilule rouge" ou trancher la tête de la Méduse?

De tous les anciens héros de mythes et légendes, Persée se singularise par son succès suprême: tant d'autres, pleins de bonne intentions, se sont lancés dans l'entreprise, ont commencé par rencontrer le succès, mais sont retombés ensuite dans l'ombre à cause de leur arrogance, de leur malhonnêteté, ou parce qu'ils ont succombé à des tentations. Est-ce grâce à son succès ultime que Persée est devenu l'archétype du héros en Queste du Graal? Perceval, un archétype duquel tout le monde peut participer, tout comme Néo dans le film " Matrix". Joseph Campbell écrit:

> La figure du tyran-monstre est très répandue dans les mythologies, traditions populaires, légendes, et même cauchemars dans le monde entier, et ses caractéristiques sont partout essentiellement les mêmes. C'est lui qui tire toujours les marrons du feu. C'est le monstre gourmand et avide à qui tout est dû. Les ravages qu'il fait sont décrits dans les mythologies et les contes de fées comme universels, partout où il passe.[276]

Actuellement, quelle que soit l'origine de notre réalité, ce monstre-tyran semble se manifester dans notre monde depuis des réalités hyperdimensionnelles, sous des formes telles que celle de George Bush ou de Ariel Sharon, et le monstre devient de plus en plus réel et de plus en plus actif. C'est comme si nous étions en un point du cycle temporel où il se manifeste dans notre monde de manière très concrète et effrayante. Le chaos augmente, la vigueur de ce qui est beau, bon et noble diminue, la vertu des ressources cosmiques décline. Nous vivons, en quelque sorte «comme il en était au temps de Noé». Dans cette perspective, nous pensons que l'homophonie entre le nom du héros du film: "Néo", avec celui du héros de l'arche: "Noé", est plus qu'une coïncidence.

---

[276] Campbell, Joseph (1949) *The Hero With A Thousand Faces*. New York: MJF

Dans " Matrix" , la constatation que quelque chose va "terriblement de travers" dans notre réalité est ce qui pousse le héros, Néo à partir sans trêve ni repos à la recherche d'une piste. Qui le mènera où? Il ne le sait pas. Mais Morphéus lui explique en quoi consiste la maladie de son âme:

> Tu as l'air d'un homme qui accepte ce qu'il voit parce qu'il s'attend à se réveiller. Tu es ici parce que tu sais quelque chose. Ce que tu sais, tu es incapable de l'expliquer, mais tu le sens. Tu l'as toujours senti que quelque chose clochait dans le monde. Tu ne sais pas ce que c'est, mais c'est là, comme une écharde dans ton esprit, et ça te rend fou.[277]

Joseph Campbell demande:

> Le héros est un homme qui s'est soumis volontairement. Mais soumis à quoi? La première tâche du héros est de se retirer de la scène du monde des effets secondaires *vers les zones causales de la psyché où les difficultés résident dans leur réalité;* et il doit y identifier les difficultés, les faire disparaître et arriver à l'expérience non-dénaturée et directe, ainsi qu'à l'assimilation des images archétypales. C'est le processus connu des philosophies hindoue et bouddhiste sous le nom de *Viveka*, ou "discrimination". Les Soufis l'appellent "acquérir de la perspicacité". C'est également la première étape du Grand Oeuvre des Alchimistes. La manière la plus élémentaire de décrire ce processus est qu'il faut d'abord *opérer un choix*.

Et Néo a fait son choix: il a pris la "pilule rouge". Dès lors commence la lutte pour devenir son vrai "Lui": la bataille ente les "métaux" décrits par les alchimistes. Après une longue période de "remise en condition" et d' "apprentissage", Néo devient enfin lui-même.

> C'est pourquoi, le héros est l'homme ou la femme qui a été capable de se battre au-delà de ses limites et de son histoire personnelle, pour arriver à des formes humaines normales, valables dans leur ensemble. Ces visions personnelles, idées et inspirations arrivent pures depuis les sources originelles de la vie et de la pensée humaines. Elles représentent la source qui permet à la société de renaître. Le héros est mort en tant qu'homme moderne; mais il est allé vers une renaissance en tant qu'homme éternel. Sa deuxième tâche, sa deuxième action, solennelle, est de revenir transfiguré et d'enseigner la leçon qu'il a apprise de cette vie renouvelée.[278]

---

[277] Morpheus à Neo, *The Matrix*
[278] Campbell, 1949, op. cit.

En fin de compte nous nous trouvons devant la triple formule: Séparation - Initiation - Retour. L'aventure du héros suit le modèle de la séparation d'avec le monde, l'accès à une source de puissance ou de connaissance, et un retour vers une vie meilleure. Campbell écrit: "Les actes réellement créatifs sont ceux qui résultent d'une certaine mort au monde...." C'est ne plus se contenter de l'auto-perception qui limite. C'est se débrancher de la Matrice. C'est le Magistère des Alchimistes.

> La Matrice est partout – elle est tout autour de nous- ici même, dans cette pièce. Vous pouvez l'apercevoir quand vous regardez par votre fenêtre ou que vous allumez votre poste de télévision. Vous pouvez la sentir quand vous êtes au travail, quand vous allez à l'église, quand vous payez vos impôts. Elle est le monde qui a été mis devant vos yeux pour vous dissimuler la vérité: que vous êtes un esclave. Comme tout le monde, vous êtes né esclave, vous êtes né dans une prison dont vous ne pouvez percevoir l'odeur, que vous ne pouvez pas goûter ni toucher: une prison pour votre esprit. [279]

Joseph Campbell estime que l'un des problèmes du "héros qui a échoué" est que la tentation est grande de *ne pas* revenir recycler l'énergie pour l'humanité. Le problème que constitue la transmission de l'illumination à des gens encore «immergés» dans le monde peut paraître trop accablant. Il y a aussi le danger couru par ceux qui, comme Prométhée, ont voulu atteindre leur objectif par la violence, la manipulation, ou en "vendant leur âme", et qui alors reviennent avec leur "présent merveilleux pour l'humanité", qui n'est en fait qu'un cadeau empoisonné qui va réagir avec force, et ils finiront "dans une implosion et une explosion ", et se retrouveront comme Prométhée sur son rocher «avec sa conscience violentée». Bien des choses de ce genre se produisent de nos jours autour de nous, sous la forme d'enseignements New Age, et même en provenance de la réalité hyperdimensionnelle elle-même, car les créatures des ténèbres créent et protègent la Matrice, étant donné qu'elles ont grand intérêt à ne pas perdre leur «source de nourriture/puissance».

C'est dans ce problème que réside le plus grand danger. Puisque ces forces qui créent et conservent la Matrice ont tout à perdre, elles exercent toute l'énergie possible pour garder en place la Matrice des mensonges et faux-semblants. Et comme elles le font depuis une réalité hyperdimensionnelle, elles peuvent agir dans un état d'intemporalité qui leur donne la possibilité de produire tous les

[279] Morpheus à Neo, *The Matrix*

effets de perception qui leur permettent d'accomplir leurs desseins. Le "Méchant magicien" de Gurdjieff; le "Fuyard" de Castañeda; les «Shaitans» des Soufis. Et la réalité est manipulée depuis si longtemps que cela nous paraît naturel. Elle est devenue une prison confortable dans laquelle le Syndrome de Stockholm règne sans partage, et les otages en sont arrivés à aimer leurs ravisseurs/geôliers. Le résultat de tout cela est que, lorsqu'un héros revient avec la vraie connaissance de la Matrice, il ou elle se retrouve devant une telle incompréhension, une telle indifférence de la part de ceux et celles qu'il/elle souhaite aider de tout son cœur, qu'il/elle abandonne, désespéré(e). Morphéus met en garde Néo à ce sujet:

> La Matrice est un système, Néo. Ce système est notre ennemi. Quand on est à l'intérieur et que l'on regarde autour de soi, que voit-on? Des hommes d'affaires, des professeurs, des hommes de loi, des menuisiers- tous ceux-là même que nous tentons de sauver. Mais jusqu'à ce que nous y parvenions, tous ces gens font partie du système, et *c'est cela qui en fait nos ennemis.*
>
> Tu dois comprendre que la plupart de ces gens ne sont pas prêts à être débranchés. Et beaucoup d'entre eux sont tellement inertes, tellement habitués, tellement désespérément dépendants du système, ***qu'ils combattent pour le protéger***.[280]

Le héros est généralement décrit comme quelqu'un qui entre dans la vie dans la peau d'un "petit dernier" ou d'un "bébé non désiré". Il fait l'objet d'un sérieux "rejet" dès sa naissance. Mais c'est le triomphe sur ses difficultés personnelles qui lui donne le moyen de régénérer l'humanité.

> Le cycle cosmogonique est présenté avec une consistance étonnante dans les écrits sacrés de tous les continents, et cela donne aux aventures du héros un tour nouveau et intéressant. Car, au fur et à mesure, il devient clair que le périlleux voyage était en fait un travail non pas d'acquisition de connaissances, mais bien de "*reconnaissance*", un voyage, non pas de découverte, mais bien de *redécouverte*. Les pouvoirs divins cherchés et obtenus dans le danger se révèlent avoir toujours été dans le cœur du héros. Il est le "fils du roi" qui est arrivé à savoir qui il est, et est de ce fait, entré en possession de sa propre puissance. Il est le "fils de Dieu" qui a appris ce que ce titre signifie ...Le héros est le symbole de cette image d'une divinité créatrice et rédemptrice cachée à l'intérieur de nous tous, et qui n'attend que d'être reconnue et rendue à la vie.

---

[280] Morpheus à Neo, The Matrix (caractères gras: notre initiative]

> L'effet du succès des aventures du héros est le déblocage et la remise en circulation du flux de la vie dans le corps du monde. Le miracle de ce flux peut être comparé physiquement à la circulation d'une substance nutritive, dynamiquement: à un courant d'énergie, et spirituellement: à une manifestation de grâce. Les images sont variées, qui représentent les trois degrés de condensation de la force vitale unique. ...La grâce, la substance nutritive, l'énergie: tout cela se déverse dans le monde vivant, et là où le succès n'est pas au rendez-vous la vie se décompose et meurt.
>
> Le torrent coule d'une source invisible, le point d'entrée étant le centre du cercle symbolique de l'univers...[281]

Nous avons observé ce flot d'énergie se précipitant dans le monde par l'intermédiaire de Néo dans *Matrix*. Pour comprendre des rôles comparables dans le mythe de Persée et Andromède, il faut que chaque personne faisant partie de cet archétype, qui lui est "co-linéaire", joue ce rôle aussi bien sur le plan personnel que sur le plan universel. Cela signifie que le héros, Persée, est à la fois mâle et femelle. Il représente "l'enfant de roi" obscur, opprimé et abandonné, mi-humain, mi-divin. Il est Néo, dans la Matrice, qui a été élevé dans une coque comme une "pile", et qui finit par s'éveiller.

Néo-Persée est là, oublié et obscur, obligé de faire face à l'adversité. Pendant longtemps, il se trouve même sous l'emprise de ceux qui voudraient le voir mort mais qui ne peuvent le tuer sans en subir de graves conséquences. L'oracle avait dit à Acrisios, père de Danaé, mère de Persée: "tu n'auras pas de fils, mais ton petit-fils te tuera". Pour échapper à ce destin, Acrisios emprisonna Danaé dans un donjon... Zeus vint la visiter sous la forme d'une pluie d'or; elle en conçut un fils qu'elle nomma Persée. Lorsqu'Acrisios sut que Danaé avait eu un fils, il refusa de croire que Zeus en était le père ... mais n'osant pas tuer sa propre fille, il les enferma, elle et l'enfant, dans un coffre en bois qu'il jeta à la mer. Danaé et son enfant furent trouvés par un pêcheur qui les confia à son frère, le roi Polydectès qui voulut épouser Danaé tout en se débarrassant de Persée. Cela nous montre qu'il y a des pièges partout !

Nous voyons ces pièges dans la Matrice, dans les actes des "Agents". Et nous, nous voyons ces pièges comme la vaste opération à l'échelle cosmique du COINTELPRO, qui est en cours depuis des millénaires.

---

[281] Campbell, 1949, op. cit.

Polydectès met en place un autre piège à l'intention de Persée: il prétend qu'il veut épouser quelqu'un d'autre, et qu'il veut faire un présent très spécial à sa future épouse: la tête de Méduse. Persée, pensant qu'il aide Polydectès à obtenir la main de quelqu'un d'autre et qu'il aide sa mère à éviter un mariage forcé, accepte la mission.

La Méduse symbolise le contrôle de la Matrice sur nos esprits. La Méduse est le monstre qui doit être "décapité" dans le Grand Oeuvre alchimique.

Polydectès est convaincu que Persée échouera, qu'il ne sera pas capable de se débrancher de la Matrice en tranchant la tête de la Gorgone, en surmontant ses propres limites. Mais comme Persée est fils de Zeus, Certains hauts personnages sont prêts à accorder leur aide. Athéna lui donne un bouclier poli comme un miroir et lui recommande de ne jamais regarder la Méduse directement, mais uniquement son reflet dans le bouclier, ce qui lui permettra de lui trancher la tête.

Dans notre monde, cela correspond à "lire les signes" de l'activation de la Matrice en observant notre réalité: les synchronicités, expériences de "déjà vu", et autres phénomènes de ce type, qui "clochent", ce qui permet de prendre conscience des actions qui pourront nous protéger et nous libérer.

Hermès avait donné à Persée une serpe—le force du mental/cortex frontal lors de sa confrontation sans émotion à la Vérité: nous nous taillons un chemin à travers les mensonges, pour atteindre la vérité.

Il lui fallait encore obtenir une paire de sandales ailées, une besace pour y mettre la tête, et un casque d'invisibilité. Mais tout cela devait être obtenu des nymphes du Styx, et les seules à savoir où celles-ci se trouvaient étaient les Grées, qui n'avaient qu'un seul oeil et une seule dent pour elles trois. Persée étant malin, il déroba l'œil et la dent pendant qu'elles se les passaient de l'une à l'autre, et refusa de les rendre avant qu'elles lui aient dit ce qu'il voulait savoir.

Ce qui est intéressant ici, c'est que l'œil unique est un symbole "occulte": l'œil d'Horus, l'œil dans le les billets de banque américains, etc.

Avoir le contrôle de "l'œil" représente la connaissance et la prise de conscience de la Matrice et du système de contrôle - l'opération du COINTELPRO- sans quoi la mission ne peut réussir. Il faut connaître l'ennemi. Il faut être rusé comme le serpent et doux comme la colombe, ainsi que le recommande la littérature de sagesse.

Ainsi armé, Persée trouve la Gorgone et peut lui trancher la tête. De son sang jaillit l'étalon ailé, Pégase, symbole de son “adoubement”. Il a libéré les flots de force créatrice enfermée dans le système de contrôle.

Sur le chemin du retour, il rencontre Andromède.

Andromède est enchaînée à un rocher parce que sa mère a trop vanté sa beauté, ce qui a provoqué le malheur de ses proches. Son père a appris que pour faire revenir le calme il lui faut sacrifier Andromède. Elle a donc été enchaînée à un roc afin que le grand serpent de mer puisse venir la dévorer à l'aise.

La très belle Cassiopée, mère d'Andromède, représente la conscience de sa propre “beauté”. Et oui, il est très dangereux de tenir de tels discours. On se fait échauder comme rien. C'est pourquoi les alchimistes ont décrit ce processus en termes voilés et en recourant à une terminologie aussi difficile. Parler ouvertement de ces choses suscite la colère du système de contrôle de la Matrice!

Pour de nombreux commentateurs, Cassiopée et Danaé ne sont qu'une seule et même entité, tout comme Persée et Andromède peuvent être deux aspects d'une seul être.

Nous pouvons voir le rôle de Cassiopée dans *Matrix* comme l'Oracle – la Dame qui fait des biscuits et dont les paroles cryptiques sont exactement ce que Néo a besoin d'entendre, même si elles paraissent négatives au début et semblent le plonger dans une marmite d'eau bouillante!

Similairement, Cassiopée savait sans doute ce qu'elle faisait quand elle a fait de sa fille un appât pour le serpent de mer Cétus. En tant qu' “Oracle,” elle devait savoir que Persée, tout comme Néo, serait capable de surmonter tous les obstacles pour venir à son secours, et que c'était là “l'extra” requis pour obtenir le succès. Le résultat fut, naturellement, que Persée tua le serpent de mer et épousa Andromède. Ils s'en allèrent ensuite, formant équipe, redressant les torts, libérant les opprimés, changeant en pierre les méchants et, autant que nous le sachions, ils vécurent heureux...

Donc, en tant que symbole de la séparation, de la coupure d'avec la Matrice, nous trouvons Persée, héros parmi les héros, et toute la dynamique du seul mythe à être représenté dans sa totalité dans les cieux, au-dessus même de notre tête, se trouve être celle qui nous suggère de “suivre les pistes” qui permettront à chacun, non seulement de trancher la tête à sa propre Méduse libérant ainsi la Vérité sous la forme du cheval ailé Pégase, mais aussi, grâce à cette Vérité, de participer à la libération d'Andromède - accomplissement du Grand Oeuvre des Alchimistes, accès aux justes pouvoirs, et qualités “d'enfant de roi”.”

Si nous revenons à nos Maroutes dansants et à notre Edward Leedskalnin, tournoyant dans son siège d'avion, la curiosité nous pousse à suivre nos danseurs afin de tenter d'en savoir davantage à propos de cette intéressante idée. En partant des formes aryennes primitives pour en arriver à la Grèce classique, nous rencontrons sur notre chemin les Kourètes, dont la fonction est tellement proche de celle des Maroutes, qu'il ne nous est pas possible de douter que leur origine est commune.

Les Kourètes étaient un groupe de jeunes gens armés, d'origine semi-divine, originaires de Crète, où ils sont associés au culte de la déesse Rhéa. La légende dit qu'ils ont appris leur danse d'Athéna, et un texte découvert parmi les ruines d'un temple crétois - L'Hymne des Kourètes - , indique que cette danse était destinée à augmenter les énergies reproductrices de la Nature. Ce qui est très intéressant, c'est que le dieu ne bénéficie pas d'un culte servile, mais est invité à se joindre à la danse, et c'est cette action qui produira les résultats!

Nous trouvons donc ici un témoignage d'une tradition de la Grèce classique, héritée des ancêtres aryens, témoignage selon lequel un groupe de personnes particulières d'origine semi-mythique, représenté comme une bande de jeunes gens armés, excellents danseurs, est associé de près et d'une manière très particulière, à l'abondance de la Nature.

Lorsque nous trouvons des choses de ce genre sur notre chemin, nous constatons qu'elles ont toujours deux faces. La danse des Korybantes phrygiens est un cas de ce type. Leur danse se distingue de celle des Kourètes par son caractère orgiaque. Leur danse était sauvage et tourbillonnante, un peu comme celles des derviches actuels, mais elle était souvent accompagnée d'automutilations, cris sauvages, et entrechoquement d'armes. Certains pensent que ce dernier trait avait pour but d'étouffer les cris des victimes. Bref, la danse des Korybantes était de nature sacrificielle, tandis que celle des Kourètes était initiatique, et interagissait avec le cosmos dans un but de louange et d'abondance.

Comme nous l'avons noté, cette danse n'était pas de nature guerrière. Dans les prêtres saliens de Rome nous trouvons un lien avec les actuelles "Morris dances" et "Mummers' dances", et une cérémonie archaïque utilisant certains éléments des légendes du Graal, qui ont depuis été séparés, en grande partie. Les Salii étaient un collège de douze prêtres consacrés à Mars dans son aspect primitif de divinité de la croissance et de la végétation. Bien avant qu'il ne devienne le dieu de la guerre, Mars était une divinité du printemps dont le nom a été conservé dans celui du mois de mars. C'est plus tardivement qu'il a été associé à des éléments guerriers.

L'anniversaire de Mars était traditionnellement fêté le 1er mars, et pendant tout le mois, les Salii offraient des sacrifices et exécutaient des danses en son honneur. Ils portaient un bonnet ou casque pointu, une épée au côté, et à leur bras gauche, un bouclier prétendument semblable à un "bouclier" qui serait un jour tombé des cieux. Ici, nous trouvons une des premières références au Graal vu comme un plateau. Dans leur main droite, les Salii portaient un objet qui a été décrit comme une courte lance, mais certains bas-reliefs montrent que cet objet a dû en fait ressembler à la baguette du jeu de Tarot. Selon certains, il s'agit de baguettes de tambour dont ils battaient leur bouclier fait de peaux tendues sur un cadre. Dans ce cas le bouclier, représentant l'élément féminin, aurait été battu rythmiquement par les baguettes représentant l'élément phallique, et aurait constitué un accompagnement sonore de la danse, et cette danse aurait une connotation tantrique. Mais nous pensons que la plupart de ces implications "sexuelles" n'ont rien à voir avec le sexe, mais concernent quelque chose de bien plus fondamental par rapport à la procréation: l'ADN. Et comme tout le reste, ceci a été corrompu.

A la fin de leurs chants, les Salii invoquaient Mamurius Veturius, le forgeron légendaire supposé avoir exécuté les copies du bouclier original tombé des cieux. Le 14 mars, un homme vêtu de peaux, et représentant le forgeron, était mené par les rues, battu par les Salii avec des bâtons, et jeté hors de la ville. Le jour suivant, 15 mars, les Salii célébraient la fête de l'Anna Perenna.

De nos jours, forme survivante la plus célèbre de la Danse de l'Epée, est celle de Papa Stour, sur l'une des îles Shetland. Cette danse est exécutée à Noël, par sept danseurs qui représentent les sept "champions de la Chrétienté". Leur chef, qui joue le rôle de Saint Georges, fait un discours; après quoi, il danse seul, puis chacun de ses compagnons danse à son tour, et ils terminent par une danse compliquée exécutée par tous à l'unisson.

Tant dans la Danse de l'Epée que dans celle du "Mumming Play", le personnage principal est Saint Georges, le pourfendeur de dragon. Ceci nous ramène à Indra et aux Maroutes, à Persée, et au Saint Romain. La "Morris dance" anglaise a perdu ses éléments spectaculaires mais en a retenu d'autres, comme le clown drapé d'une peau, que la danse de l'Epée et le "Mumming Play" n'ont pas conservé.

A la fin de certaines des danses de l'Epée, les danseurs forment une étoile à cinq branches et crient: "une noix!". Jessie Weston note que cet élément se retrouve dans le "jeu des Noix", ou dans les "nœuds de corsage", qui sont de petits bouquets de fleurs fixés sur la poitrine lors des célébrations de mai. Ceci nous rappelle bien sûr la tête de Méduse avec sa tête garnie de serpents, qui était représentée sur le pectoral d'Athéna, et la relation avec la tête de Bran le Béni qui était à la fois oracle et source d'éternelle abondance. Le lecteur pourra également noter que l'histoire de la tête de Jean-le-Baptiste sur un plateau est juxtaposée au miracle de la multiplication des pains et des poissons, et que la tête de Bran-le-Béni était spécialisée dans la multiplication des pains et des poissons!

Dans Gawain and the Green Knight, le médaillon porté par le héros est un Pentacle, décrit ici comme le "Nœud sans Fin". Dans certains jeux de Tarot, le pentacle remplace le denier (=plateau), et nous trouvons donc ici encore une autre connotation. Dans une des "Morris dances", le danseur principal porte vraiment un calice, une épée, et la tête d'un taureau au bout d'une longue pique![282]

Ces cultes remontant à l'antiquité, dont nous pensons qu'il s'agit de représentations d'une technologie archaïque, se réfèrent constamment aux mêmes symboles ou objets rituels. Ces mystérieux objets se trouvent au centre de l'histoire de la Queste, et il semble qu'une juste compréhension de ces objets est essentielle au héros lui-même, héros qui de nos jours est "celui qui est à la recherche des mystères». Les objets: la coupe ou le plateau, la lance ou l'épée, et la pierre, lorsqu'ils sont rassemblés, nous donnent une idée des rites accomplis dans les temples d'Apollon, où le "dieu dansait toute la nuit" jusqu'au lever héliaque des Pléiades.

Nous voyons que les symboles de cette technologie archaïque sont souvent isolés les uns des autres, parfois au hasard. Ils ne forment plus un ensemble complet, et même les dates auxquelles ces actions sont accomplies ont changé. Mais la recherche méticuleuse révèle qu'à l'origine ils faisaient partie d'un tout, et que ce qu'ils représentaient faisait partie d'un processus unique.

Simultanément, nous voyons dans les danseurs la formation originale des Chevaliers du Graal: des prêtres-guerriers dont le devoir n'était pas seulement de protéger la société, mais aussi de lui assurer l'abondance. C'est ainsi que nous passons des Maroutes aux Kourètes, puis aux Templiers, pour arriver à l'architecture gothique.

La construction de la cathédrale de Chartres, commencée en 1194, est le plus bel exemple de l'architecture gothique. Avant la cathédrale, il y avait sur ce site, depuis le quatrième siècle, une église chrétienne. Des centaines d'années auparavant il y avait là un

[282] Weston, op. cit.

bois de chênes où les Druides accomplissaient leurs cérémonies.[283] Selon certaines hypothèses sur les origines de l'architecture gothique, la cathédrale gothique serait la reproduction d'une clairière au milieu d'une forêt, avec la nef, les transepts, le chœur, et les voûtes striées pour représenter les arbres. C'est une image convaincante, et aux XVIIIe et XIXe siècles, on a beaucoup écrit sur les origines sylvestres de l'architecture gothique. En 1792, Sir James Hall, démontra à sa propre satisfaction, en assemblant des poutres de frêne et de souples branches de saule, l'inspiration sylvestre des formes architecturales gothiques[284]. De nos jours, de telles idées sont généralement rejetées, mais elles sont importantes pour nous, parce que c'est dans les forêts du Nord que sont nées les légendes de l'Arche et du Graal, mais c'est dans le Sud, en Mésopotamie, que l'on a « vu » en dernier.

---

[283] Louis Charpentier, *Les mystères de la cathédrale de Chartres*, Robert Laffont, 1972.

[284] Sir James Hall, *Essays on the Origins, History and Principles of Gothic Architecture*, London, 1813.

CHAPITRE X
QUI A ÉCRIT LA BIBLE ET POURQUOI?

L'ARCHE D'ALLIANCE ET LE TEMPLE DE SALOMON

Lorsque nous pensons à un dieu qui "danse toute la nuit" dans le temple rond des Hyperboréens, nous nous tournons tout naturellement vers l'événement le plus remarquable décrit dans la Bible, où l'on voit rien moins que le roi David danser en sous-vêtement devant l'Arche d'Alliance...

D'autres éléments curieux se trouvent au portail nord de la cathédrale de Chartres: une statue représentant Melchisédech "prêtre-roi de Salem" et celle de la reine de Saba. A égale distance ente les deux se trouve l'Arche d'Alliance sur un chariot. Melchisédech tient une coupe supposée être le Saint Graal. Dans la coupe se trouve un objet cylindrique, en pierre. On se demenande naturellement ce que Melchisédek fait auprès de la reine de Saba qui est supposée être contemporaine de Salomon, mais il y a ici de nombreux mystères.

L'arche d'Alliance, cet objet des plus mystérieux et puissant était, pensons-nous, la raison de la présence des Templiers à Jérusalem. Que savons-nous réellement de l'Arche?

Pour nous faire une idée de cette Arche, il nous faut naturellement procéder à un examen minutieux de la structure religieuse dans laquelle elle est insérée: le judaïsme. Lorsque j'ai commencé à étudier les questions qui me préoccupaient à propos de la religion, de la philosophie, etc., je ne me doutais absolument pas que j'allais découvrir quelque chose d'aussi terrifiant et aux conséquences aussi incalculables en ce qui concerne les religions en général et le monothéisme en particulier!

Je vous demande de bien me comprendre et de ne pas penser que je préconise le paganisme ou d'autres formes de cultes à des divinités ou images de divinités. Je suis profondément convaincue que la source de toute existence est la conscience, et que cette conscience est fondamentalement ce que nous pourrions appeler Dieu ou Esprit Divin. Ce qui me dérange c'est l'imposition d'un monothéisme par *tous ces groupes qui prétendent que leur version de ce qu'est ou n'est pas Dieu est la seule correcte.* Et un résultat de ce type de diktat est que le monothéisme judéo-chrétien a répandu le concept erroné du temps linéaire emprunté au zoroastrisme.

Les gens lisent la Bible depuis une éternité. Elle a obtenu, dans notre culture, un statut qu'aucun autre écrit n'a obtenu. Il y a plus d'exemplaires de la Bible sur la surface de la Terre que d'aucun autre livre. Elle est citée (et souvent mal citée) plus souvent que n'importe quel autre texte. Elle a été traduite en plus de langues que n'importe quel autre ouvrage. Depuis ses premières parutions, un nombre incalculable de gens l'ont lue, étudiée, enseignée, admirée, discutée, aimée, ont vécu pour elle et sont morts pour elle. C'est le document unique qui se trouve au cœur du judaïsme et du christianisme, et cependant, le commun des mortels ne se pose jamais la question de savoir qui l'a écrite. Les gens pensent qu'ils savent: elle a été divinement dictée, révélée, ou inspirée.

Nonobstant ce qu'en pense le commun des mortels, de nombreux chercheurs (le plus souvent des théologiens) se penchent sur ces questions depuis environ mille ans, quand ils ne sont pas brûlés sur le bûcher pour avoir osé poser la question. Et, comme nous l'avons vu, la plupart de ces gens n'avaient recherché qu'une communion plus étroite avec Dieu, en essayant de suivre le plus fidèlement le texte original reçu "de la main de Dieu".

Lorsque nous étudions la littérature à l'école, il nous est recommandé de nous documenter aussi sur la vie de l'auteur; ne serait-ce que dans le cadre des oeuvres étudiées. Nous pouvons découvrir alors les liens significatifs entre la vie de l'auteur et le monde qu'il décrit. En ce qui concerne la Bible, ces éléments sont cruciaux. Néanmoins, le fait est que pour des choses aussi "sensibles" que la religion et l'Histoire, nous nous trouvons immédiatement devant un problème.

Les historiens ne parlent pas seulement de faits théoriques proposés comme éléments chronologiques, mais aussi des moyens utilisés pour arriver à leurs idées. En général, ils tirent leurs conclusions en lisant des « sources » ou les comptes rendus existants sur les matières qui les intéressent. Dans certains cas, il s'agit de rapports de témoins directs, dans d'autres ce sont des rapports faits à des scribes par des témoins, etc.

Les historiens tentent de faire la distinction, entre les sources «primaires» et «secondaires». Une source primaire n'est pas nécessairement un compte rendu fait par un témoin direct (ce serait bien beau !) mais est défini par les historiens comme un rapport dont il n'y a pas de traces antérieures et qui ne semble pas dépendre du rapport de quelqu'un d'autre. Les sources secondaires sont essentiellement des copies ou des sources primaires 'retravaillées'. Elles consistent souvent en matériaux provenant de sources diverses, assemblés et assortis de commentaires ou de renseignements additionnels.

C'est un problème quand la source primaire a été falsifiée.

Les sources primaires peuvent légitiment demander des interprétations et évaluations. Cela est le rôle des bonnes sources secondaires. La distinction entre source et interprétation est alors faite clairement. Les sources secondaires, (les analyses) sont certes vitales pour le lecteur ordinaire qui ne dispose pas nécessairement d'une base historique et culturelle lui permettant de se référer aux sources primaires. Mais, trop souvent, les historiens traitent leurs sources comme l'a décrit J.K. Huysmans:

> Pour un homme de talent, les événements ne sont rien d'autre qu'un tremplin pour les idées et le style, vu qu'ils sont mélangés ou dramatisés selon les besoins d'une cause ou le tempérament de l'auteur qui les manie.
>
> Quant aux documents qui en fournissent la base, la situation est pire, puisqu'aucun d'entre eux n'est irréductible et tous peuvent être soumis à la critique. S'ils ne sont pas tout simplement apocryphes, d'autres documents non moins certains qui les contredisent peuvent être retrouvés, jusqu'à ce que ceux-ci soient à leur tour contredits par la découverte d'autres archives non moins certaines[285] .

La Bible est un livre extraordinaire : un livre qui prétend à l'infaillibilité absolue et à l'autorité absolue sur notre corps et notre esprit. Un livre qui exige une acceptation inconditionnelle du châtiment de la damnation éternelle sans aucun doute un livre extraordinaire et devait dès lors soumis à des épreuves extraordinaires.

Mais il ne l'est pas.

Ni les prêtres chrétiens ni les rabins juifs n'acceptent de soumettre la Bible aux examens auxquels sont soumis tous les autres livres.

Pourquoi ?

Parce que cela serait utile à la Bible ? Ce ne peut pas être cela.

Parce que cela pourrait être dommageable (hurt) à la Bible ? Nous ne trouvons pas d'autres raisons.

La vérité est que la Bible est un ensemble d'écrits de dates et d'auteurs inconnus, traduits à partir de supposées copiées ou de supposés originaux malheureusement perdus.

---

[285] Huysmans, 1891, ch. II

C'est l'avis de M.M. Mangasarian, ex-pasteur congrégationaliste et presbytérien sorti du Princeton Theological Seminary, qui a, très tôt dans sa vie, abandonné ses convictions chrétiennes pour une carrière remarquable en tant que défensueur de la Libre Pensée.

Plus récemment, Richard Dawkins, auteur de *The Blind Watchmaker*[286]a suggéré que la religion serait un virus.

Dawkins avance que l'omniprésence de la religion (en dépit de son absence de profits manifestes) suggère qu'il ne s'agit pas d'une adaptation selon une ligne d'évolution [...]. La société fournit un terrain de culture au 'virus' de la religion en marquant les enfants de la religion de leurs parents. Les enfants à leur tour absorbent ces croyances parce qu'ils sont conditionnés à le faire.

Dawkins poursuit en disant que, bien qu'universelle, la religion n'est pas largement bénéfique. Rejetant les théories de nombreux de ses contemporains, Dawkins affirme que la religion n'aide pas les gens à s'adapter ni à survivre. Elle représente une source de réconfort, mais elle n'offre aucune protection contre aucune maladie ni menace physique.

Une personne mise en présence d'un lion ne se sent pas plus à l'aise quand on lui dit que c'est un lapin, dit Dawkins. Selon lui, la religion ne représente pas seulement un faux réconfort: elle est aussi une source active de dissenssions et de maux. Faits chrétiens ou musulmans par leurs parents, les enfants sont aptes à faire face aux discriminations associées à ces étiquettes. Dawkins cite l'exemple des fondamentalistes protestants à Belfast, qui crachent sur les jeunes filles catholiques simplement parce que les parents de celles-ci les ont étiquetées catholiques. [287]

Dawkins a raison à bien des égards. Même si je ne suis pas d'accord avec ses affirmations que la vie n'est que la conséquence « d'accidents mécaniques de l'univers », je dois admettre qu'il a mis le doigt sur l'élément crucial de la religion (ou du culte) telle qu'elle est de nos jours : c'est un virus, et même un virus mortel . Je ne suis pas d'accord avec Dawkins quand il dit qu'une personne mise en face d'un lion ne se sent pas plus à l'aise si on lui dit que c'est un lapin. Cela n'aide pas à survivre ni à résoudre les problèmes de l'humanité, mais cela distrait l'attention et empêche de se poser des questions incorfortables sur notre réalité et que les 'Puissances' ne veulent pas voir posées. Quant aux raisons pour lesquelles les gens gobent les mensonges des religions monothéistes, Dawkinns souligne succinctement que la religion est

[286] L'horloger aveugle (BdT)
[287] Asya Troyochansky, *Harvard Crimson*, jeudi le 20 novembre 2003.

une norme sociétale qui tire son origine des tendances psychologiques de l'enfant. «C'est leur obéissance uniquie en son genre qui les rend vulnérables au virus» affirme Dawkins.

Leur obéissance unique en leur genre... La religion est une forme de coercition à l'obéissance, à la Machiavel.

Le lecteur sait peut-être[288] que pendant de nombreuses années j'ai été hypnothérapeute dans le cadre de ma recherche de réponses dans "le monde de l'esprit". Ce travail m'a donné une perspective absolument unique, applicable à pratiquement toutes les branches d'études que j'ai suivies depuis. Ce que j'ai appris de plus important, à l'époque, c'est que la plupart, sinon TOUTES *les perspectives humaines sont basées sur la pensée émotionnelle*. Les émotions ont une curieuse tendance à "structurer" et "colorer" tout ce que nous voyons, expérimentons, et mettons en mémoire, de sorte que ce que nous *pensons* devient souvent matière à "prendre ses désirs pour des réalités".

Le problème, en ce qui concerne la Bible et l'Histoire, c'est que les DONNEES proviennent de domaines tellement différents: archéologie, paléontologie, géologie, linguistique, etc. qui sont écartées au profit de «vœux pîeux». Et d'autre part nous avons l'Histoire et la mythologie. Malheureusement, on peut les mettre dans le même sac car "ce sont les vainqueurs qui écrivent l'Histoire". Dans les situations difficiles, les humains sont capables de commettre les actes les plus répréhensibles, mais par la suite ils n'ont qu'une envie: les faire oublier et se présenter à la postérité sous un éclairage avantageux.

Les textes les plus vieux de l'Ancien Testament en hébreu, sont ceux trouvés à Qumran et qui ne datent que d'un ou deux siècles avant Jésus Christ. La version la plus ancienne avant cela est une traduction en *grec* d'approximativement la même période. Le premier texte complet en *hébreu* ne date que du *Xe siècle de l'ère chrétienne*! Cela signifie que la version en hébreu est apparue juste avant la période où les récits du Graal ont fait leur apparition. Il y a quelque chose qui cloche dans le tableau!.

Les analyses textuelles font généralement remonter à 1.000 ans Av. J.C. une toute petite partie de la Bible, et à environ 600 av. J.C. tout le restant. La Bible telle que nous la connaissons est le résultat de nombreuses modifications apportées au cours des siècles, et elle contient de si nombreuses contradictions que nous n'avons pas la

---

[288] Voir:: St. Petersburg Times Magazine, section 13 février 2000: article de 20 pages sur mon travail en tant qu'hypnothérapeute et exorciste, par Thomas French (Prix Pulitzer) – en anglais,.

place ici pour en dresser la liste! Il y a des bibliothèques entières de livres consacrés à ce sujet et je recommande au lecteur d'y jeter un coup d'œil afin de pouvoir juger en connaissance de cause des choses que je vais dire.

En général les spécialistes de la Bible donnent pour Abraham les dates de plus ou moins 1800 - 1700 Av. J.C. Ces mêmes érudits situent Moïse vers 1300 ou 1250 Av. J.C. Mais, si nous suivons le fil des générations telles qu'elles sont indiquées dans la Bible, nous découvrons qu'il y a seulement sept générations entre et y compris ces deux figures patriarcales! Quatre cents ans, c'est un peu long pour sept générations. Si l'on considère qu'une génération équivaut à 35-40 ans, Abraham se situe à environ 1550 Av. J.C. et Moïse à environ 1300 Av. J.C. Si nous remontons jusqu'à Noé, en nous basant sur la liste des générations telle que donnée par la Bible, nous arrivons à environ 2000-1900 Av. J.C. – à peu près l'époque de l'arrivée des Indo-Européens au Proche-Orient. Les vestiges géologiques et archéologiques ne font apparaître aucun cataclysme pour cette période. Cependant ce qui peut être décrit comme une discontinuité globale d'éléments cataclysmiques apparaît il y a environ 12.000 ans. Dans ce cas, nous avons perdu 8.000 années à quelques jours près… Une fois encore, quelque chose cloche dans le tableau !

Dans un sens plus général, se baser sur la Bible en tant que source historique présente bon nombre de problèmes sérieux, tout particulièrement quand nous prenons en considération le facteur "mythification". Les textes contiennent de nombreuses contradictions qui ne peuvent être réconciliées, même pas par les contorsions mentales standard des théologiens. A certains endroits, les événements sont décrits dans un certain ordre, et plus loin la Bible dit qu'ils se sont déroulés dans un ordre différent. A certains endroits la Bible dit qu'il y a deux de "quelque chose" et plus loin elle dit qu'il y en a quatorze. Sur une page, la Bible dit que les Moabites ont fait quelque chose, et quelques pages plus loin les Madianites ont fait exactement la même chose. Il y a même un passage décrivant Moïse se rendant au Tabernacle, avant même que Moïse ait bâti ce Tabernacle! (à mon avis, Moïse était capable de voyager dans le temps!).

Dans le Pentateuque, d'autres problèmes se posent: cet ouvrage contient des choses dont Moïse ne pouvait pas avoir connaissance s'il a vécu à l'époque où la Bible prétend qu'il a vécu! Et en un passage Moïse dit quelque chose qu'il ne peut pas avoir dit: le texte donne la description de la mort de Moïse, chose dont Moïse lui-même est peu susceptible d'avoir été capable... Le texte dit aussi que Moïse était l'homme le plus humble de la Terre! Ainsi que l'a si bien souligné un commentateur, il est très peu probable que l'homme le plus humble de la Terre se désigne lui-même comme l'homme le plus humble de la Terre!

Pendant les deux derniers millénaires, ces problèmes ont été pris en main par l'Inquisition, qui s'est également occupée des Cathares et de tous ceux qui refusaient de suivre la ligne judéo-chrétienne.

Pour les Juifs, les contradictions n'étaient pas des contradictions: elles n'étaient que "d'apparentes contradictions"! Elles pouvaient toutes être expliquées par des "interprétations" (je dois ajouter qu'en général, ces interprétations étaient plus fantastiques encore que les contradictions elles-mêmes). Moïse avait eu connaissance de choses qu'il ne pouvait avoir connues parce qu'il était un prophète! Les commentateurs bibliques du Moyen-Age, comme par exemple Rashi et Nachmanidès, ont été *très* habiles à réconcilier l'irréconciliable!

Au XIe siècle, un véritable empêcheur de tourner en rond, Isaac ibn Yachouch, médecin juif au service de la Cour de l'Espagne musulmane, mentionne le fait troublant qu'une liste des rois Edomites, donnée au 36e chapitre de la Genèse, donne le nom de quelques rois qui ont vécu longtemps après la mort de Moïse. Ibn Yachouch suggère l'évidence, c'est-à-dire que la liste a été dressée par quelqu'un ayant vécu après Moïse. Résultat : on lui a donné le sobriquet d' "Isaac le Gaffeur".

Celui qui a immortalisé l'intelligent Isaac de cette façon peu obligeante est un certain Abraham ibn Ezra, un rabbin vivant en Espagne au XIIe siècle. Mais Ibn Ezra nous met devant un paradoxe, car lui aussi a remarqué qu'il y avait des problèmes dans les textes de la Torah. Il fait allusion à plusieurs passages qui paraissent ne pas être de la main de Moïse parce qu'ils se réfèrent à Moïse à la troisième personne, utilisent des termes que Moïse ne peut avoir connus, décrivent des endroits où Moïse ne peut avoir mis le pied, et utilisent une langue appartenant à une autre époque et à un autre milieu que celui dans lequel a vécu Moïse. Il écrit, très mystérieusement: "*Et si vous comprenez, alors vous reconnaîtrez la vérité Et celui qui comprend gardera le silence.*"

Alors pourquoi a-t-il qualifié Ibn Yachouch de "Gaffeur?". Manifestement parce que ce garçon n'avait pu s'empêcher d'ouvrir sa grande bouche et de dévoiler que la Torah n'était pas ce qu'on essayait de faire croire, et qu'alors, des tas de gens qui "étaient" entièrement plongés dans le mysticisme juif allaient perdre tout intérêt à la chose. Et garder vivace l'intérêt des étudiants et aspirants au pouvoir était vraiment un gros "business" à cette époque. En outre, *tout le mythe chrétien était basé sur la validité du Judaïsme,* (puisqu'il était la "Nouvelle Alliance"), et même s'il y avait un conflit apparent entre Juifs et Chrétiens, les *Chrétiens avaient désespérément besoin de valider le Judaïsme et sa prétention à être la révélation au "peuple élu" du Seul Vrai Dieu.* Après tout, c'est sur cette seule base que Jésus était le Fils de Dieu! On pourrait même dire que le christianisme a créé le judaïsme, en ce sens qu'il serait depuis longtemps tombé dans l'obscurité si de nouvelles forces ne lui avaient été infusées pendant l'Age Sombre.

Au XIVe siècle, un érudit du nom de Bonfils, vivant à Damas, écrivit un ouvrage dans lequel il disait: "*Et ceci est la preuve que ce verset a été écrit plus tardivement dans la Torah et que ce n'est pas Moïse qui l'a écrite.* Il ne niait même pas le caractère de "révélation" de la Torah, il faisait simplement un commentaire raisonnable. Trois cents ans plus tard, son ouvrage fut réimprimé .... sans son commentaire!

Au XVe siècle, Tostatus, Evêque d'Avila souligna également que les passages décrivant la mort de Moïse ne pouvaient avoir été écrits par Moïse. S'efforçant d'adoucir le coup, il ajouta qu'il existait une "vieille tradition" selon laquelle c'est Josué, le successeur Moïse, qui avait écrit ce passage. Cent années plus tard, Luther Carlstadt fit le commentaire que *cela était difficile à croire, car le compte rendu de la mort de Moïse était écrit dans le même style que le texte qui précède ce compte rendu.*

Il est vrai que les choses ont commencé à être examinées de manière plus critique à l'arrivée du protestantisme sur la scène du monde, et avec une demande accrue pour le texte original. L'Inquisition et ses inséparables "Majestés Catholiques" tentèrent, mais sans succès, de le garder dans leurs griffes. Mais c'est parfois drôle ce que la foi peut faire. Dans le cas qui nous occupe, grâce à la montée de l'alphabétisation et à de nouvelles et meilleures traductions des textes, "l'examen critique" a abouti à la décision que le problème pouvait être résolu si l'on clamait haut et fort que c'était bien Moïse qui avait écrit la Torah, mais que, oui, occasionnellement, certains éditeurs avaient ajouté çà et là un mot, une phrase de leur cru!

Pfûûûûh! On s'est bien tiré de celle-là!

Ce qui est vraiment amusant, c'est que l'un de ceux qui avaient mis cette idée sur le tapis, qui voulait à tout prix conserver le statut de *textus receptus* de la Bible, a été mis à l'Index par l'Eglise catholique elle-même. Ses travaux ont été mis sur la liste des "livres interdits!" On peut dire que ces gens n'ont pas arrêté pas de se tirer dans le pied!

Enfin, après des centaines d'années passées à marcher sur la pointe des pieds autour de ce problème délicat, certains exégètes ont affirmé que la plus grande partie du Pentateuque n'avait pas été écrite par Moïse. Le premier à le clamer fut Thomas Hobbes. Il fit remarquer que le texte déclare parfois que ceci ou cela est ainsi *à ce jour*. Le problème est qu'un auteur décrivant une situation ayant duré très longtemps ne la situerait pas "*à ce jour*".

Isaac de la Peyrère, un Calviniste français, note que le premier verset du Deutéronome dit: "Ce sont les paroles dites par Moïse aux enfants d'Israël de l'autre côté du Jourdain". Le problème est que ces paroles se référaient à des personnes se trouvant de l'autre côté du Jourdain par rapport à l'auteur. Cela signifie que ces paroles devaient avoir été prononcées par quelqu'un qui se trouvait à l'*ouest* du Jourdain quand il écrivait, quelqu'un qui explique ce que Moïse a dit aux enfants d'Israël qui se trouvent à l'EST du Jourdain. Le problème se corse quand on sait que Moïse n'a jamais mis le pied en Israël!

L'ouvrage de La Peyrère fut banni et brûlé. Il fut lui-même arrêté et informé qu'il ne serait relâché qu'à condition de se convertir au catholicisme et de se rétracter. Apparemment, il savait que le silence est d'or.

Considérant le nombré élevé de fois que cela s'est produit, nous pouvons nous interroger sur la "sacralité" d'un texte conservé à coups de menaces, tortures et bains de sang.

Un peu plus tard, Barouch Spinoza, le célèbre philosophe, publia une analyse critique qui fit du bruit, c'est le moins que l'on puisse dire. Il affirmait que les passages problématiques de la Bible n'étaient pas des cas isolés qui pouvaient être escamotés un par un en les faisant passer pour des "insertions par des éditeurs", mais qu'il s'agissait à l'évidence "d'infiltrations" par une tierce partie. Il fit également remarquer qu'au chapitre 34-10 du Deutéronome il est dit: "Il ne s'est plus levé en Israël de prophète pareil à Moïse, lui que Yahvé connaissait face à face....." Spinoza suggéra, à juste titre, que cela devaient être les paroles d'une personne ayant vécu longtemps après Moïse et qui avait eu l'occasion de faire des comparaisons. Un commentateur remarque aussi que ce ne sont pas les mots "du plus humble des hommes sur la Terre!"[289]

Spinoza vivait vraiment dangereusement, car il écrivit aussi: " [...]Il est plus apparent que le Soleil en plein midi que le Pentateuque n'a pas été écrit par Moïse, mais bien par quelqu'un

[289] Friedman, Richard Elliot, *Who Wrote the Bible*, 1987; Harper & Row, New York.

qui a vécu bien longtemps après Moïse."[290] Spinoza avait déjà été exclu du Judaïsme, mais à présent il se trouvait aussi en position précaire vis-à-vis des Catholiques et des Protestants! Naturellement, son livre fut mis à l'Index, et un tas d'édits furent lancés contre son ouvrage. Il y eut même une tentative d'assassinat contre Spinoza! Jusqu'où ne vont pas les gens pour préserver leur croyance en des mensonges !

Richard Simon, un protestant converti et devenu prêtre catholique, entreprit de réfuter Spinoza et écrivit un livre dans lequel il affirma que le Pentateuque était fondamentalement de la main de Moïse, mais qu'il y avait eu "quelques ajouts". Mais ces ajouts avaient été *inspirés par Dieu ou l'Esprit Saint*, de sorte que ceux qui les avaient faits avaient bien fait de rassembler, réarranger et élaborer. Dieu avait toujours les choses en main, donc.

> On pourrait croire que l'Eglise était à même de reconnaître les siens. Eh bien, non, pas du tout! Simon fut attaqué et expulsé de son Ordre par ses petits camarades catholiques. *Quarante réfutations* de son ouvrage furent écrites par des protestants. Six exemplaires seulement survécurent aux autodafés. L'un de ces exemplaires tomba dans les mains d'un certain John Hampden qui le traduisit et se retrouva de ce fait, lui aussi, en terrain brûlant. Il "répudia publiquement les opinions qu'il avait eues en commun avec Simon [...] en 1688, probablement juste avant sa relaxe de la Tour."[291]

Au XVIIIe siècle, trois exégètes indépendants se préoccupèrent du problème des "doublets," ou histoires qui sont racontées deux fois ou davantage dans la Bible. Il y a deux récits différents de la création du monde. Il y a deux récits différents de l'Alliance de Dieu avec Abraham. Il y a deux récits différents de l'attribution du nom d'Isaac par Abraham à son fils. Deux histoires d'Abraham assurant à un roi étranger que son épouse est sa sœur; deux histoires racontant le voyage en Mésopotamie de Jacob, fils d'Isaac, deux histoires d'une révélation faite à Jacob à Beth-El; deux histoires racontant que Dieu a changé le nom de Jacob en celui d'Israël; deux histoires racontant que Moïse avait fait jaillir de l'eau d'un rocher à Méribah, etc., etc.

Ceux qui ne voulaient pas revenir sur leur *a priori* selon lequel le Pentateuque avait été écrit par Moïse prétendirent que ces doublets étaient toujours complémentaires et non pas répétitifs ou contradictoires. Ils ont dû parfois aller chercher leurs idées vraiment

---

[290] Cité by Friedman.

[291] Ibid.

loin pour pouvoir prétendre que ces doublets étaient destinés à "nous enseigner quelque chose" et qu'ils n'étaient "pas vraiment des contradictions".

Mais cette explication ne tient pas la route: dans la plupart des cas, l'une des versions du doublet fait référence à la divinité en l'appelant du nom divin de Yahweh, et l'autre version y fait référence en la nommant simplement "Dieu" ou "El". C'est donc qu'il y a eu deux groupes de versions parallèles des mêmes récits, et que chacun des groupes a presque toujours été conséquent avec lui-même dans sa façon de nommer la divinité. Il n'y a pas que cela: d'autres termes et traits particuliers apparaissent régulièrement dans l'une ou l'autre version, ce qui démonte que *quelqu'un s'est inspiré de deux sources différentes de documents anciens, a "copié/collé" des passages et tenté d'en faire un récit «cohérent»*

Bien sûr, on a pensé d'abord que l'une des deux sources avait été utilisée par Moïse pour le récit de la création, et que le reste avait été écrit de sa propre main! Mais par la suite, la conclusion a été que les deux sources devaient provenir d'auteurs ayant vécu APRES Moïse. Moïse a graduellement été éliminé en tant qu'auteur du Pentateuque!

L'idée de Simon, selon laquelle des scribes auraient rassemblé, arrangé et élaboré des textes sur base du *textus receptus* n'était donc pas mauvaise.

Je voudrais faire remarquer ici que cela ne s'est pas produit parce que quelqu'un s'est soudainement écrié: "Jetons la Bible aux orties!". Non. Cela s'est produit parce qu'il y avait des *problèmes qui crevaient les yeux* et que tous les chercheurs ayant travaillé sur ce document au fil des siècles ont lutté de toutes leurs forces pour conserver à la Bible son statut de *textus receptus*! La seule exception, que j'ai signalée d'ailleurs, dans toute la chaîne des événements, est notre curieux Abraham ibn Ezra, qui *était au courant* des problèmes des textes de la Torah au XIIe siècle, et qui a enjoint le silence à tous les autres! Vous souvenez-vous de ce qu'il a dit? "*Et si vous comprenez, alors vous reconnaîtrez la vérité Et celui qui comprend gardera le silence.*" Et quel a été le résultat de ce silence? Plus de huit cents années de croisades, d'Inquisition, de répression générale, et de nos jours les guerres entre Israéliens et Palestiniens sous le prétexte qu'Israël est la Terre Promise et qu'elle "appartient" aux Juifs. Ce qui nous mène à un autre événement extrêmement effarant.

Le grand érudit juif Rashi de Troyes, (1040-1105), a déclaré très carrément que le récit de la Genèse qui remonte à la création du monde, a été écrit pour *justifier ce que nous appellerions actuellement un génocide.* Le Dieu d'Israël qui a donné la Terre Promise à son peuple devait être suprême, sans équivoque, de manière à ce que ni les Canaanites dépossédés, ni personne d'autre ne pourrait jamais faire appel de ses décrets.[292] Rashi écrit précisément que Dieu nous a fait le récit de la création et l'a inclus la Torah "*pour dire à ceux de son peuple qu'ils pouvaient donner une réponse à ceux qui prétendaient que les Juifs avaient volé le pays à ses habitants d'origine. Et cette réponse devait être: Dieu l'a fait et le leur a donné, mais ensuite il le leur a repris pour nous le donner à nous. Puisqu'il l'a fait, il lui appartient, et il peut le donner à qui il choisit de le donner*".

Le fait est que les Juifs le disent toujours, avec l'appui de nombreux chrétiens fondamentalistes, dont les convictions sont récupérées par George Bush et ses potes chrétiens, pour leur propre profit économique et impérialiste.

Et nous voici devant un autre point intéressant: l'avènement d' "un seul dieu" ayant pré-éminence sur tous les autres est un acte de violence, quel que soit l'aspect sous lequel on considère la chose. Dans *The Curse of Cain*, Regina Schwartz parle de la relation entre monothéisme et violence, posant en principe que *le monothéisme lui-même est la racine de la violence*:

> L'identité collective, qui résulte d'une convention du monothéisme, est explicitement décrite dans la Bible comme une invention, *une rupture radicale avec la Nature.* Un dieu transcendant s'immisce dans l'Histoire et exige du peuple qu'**IL** constitue, qu'il obéisse à la loi qu'**IL** institue, et l'article premier et principal de cette loi est, bien sûr, que (le peuple) *lui promette allégeance à Lui et à Lui seul, car c'est cela qui fera de ces hommes un peuple uni, à l'inverse des "autres",* et cela mène à la violence. Dans l'Ancien Testament, un tas d' "autres" peuples sont éliminés, tandis que dans le Nouveau Testament des populations innombrables sont colonisées et converties dans le cadre de tels pactes.[293]

Schwartz émet également l'idée qu'un pacte de ce type est "temporaire": *il est soumis à des conditions.* "Croyez en moi et obéissez-moi, sans quoi je vous détruirai". On dirait qu'il n'y a pas le choix, n'est-ce pas? Et c'est ainsi que l'on se trouve purement et simplement devant une Théophanie nazie.

Au XIXe siècle, des spécialistes des textes bibliques ont émis l'hypothèse que dans le Pentateuque il n'y avait probablement pas

---

[292] Ashe, Geoffrey, *The Book of Prophecy*, 1999, Blandford, London; p. 27
[293] Schwartz, Regina M., *The Curse of Cain*, 1997, The University of Chicago Press, Chicago.

deux sources majeures mais bien *quatre*. Ils réalisèrent que les quatre premiers livres ne contenaient pas seulement des doublets, mais aussi des triplets convergents pour certains éléments, divergents pour d'autres, ce qui faisait penser qu'il y avait une source différente. Puis ils réalisèrent que le *Deutéronome était tout compte fait encore une autre source*. Et encore, qu'il n'y avait pas seulement le problème des documents-source originaux mais encore celui du "mystérieux correcteur".

Et donc, après des années de souffrances, de bains de sang, et même de mises à mort, l'on réalisa que quelqu'un avait "créé" la Bible en assemblant quatre documents-source différents pour en faire une seule histoire "continue". Après de longues analyses, il fut conclu que la plupart des lois et récits contenus dans le Pentateuque ne dataient même pas du temps de Moïse. Et cela signifiait *qu'il n'avait pas pu être écrit du tout par Moïse*. En outre, l'écriture des différentes sources ne pouvait être le fait de personnes ayant vécu au temps des rois et prophètes, mais était le produit d'auteurs ayant vécu vers la fin de la période biblique!

De nombreux exégètes ne purent supporter les résultats de leurs propres travaux. Un exégète allemand, qui avait identifié la source du Deutéronome s'était exclamé qu'une telle vue *"accrochait les débuts de l'Histoire des Hébreux non pas aux grandes créations de Moïse, mais bien à du rien venu de nulle part"*. D'autres exégètes réalisèrent que cela signifiait que *l'image de l'Israël biblique en tant que nation régie par des lois basées sur des alliances abrahamiques et mosaïques était complètement fausse*. Je suppose que le fait de réaliser cela a dû provoquer l'un ou l'autre suicide; il est certain que cette conclusion a provoqué bien des abandons de la théologie et de la critique des textes.

Une autre façon de présenter leurs conclusions est que la Bible se réclamait, pour les 600 premières années d'Israël, d'une Histoire qui n'avait probablement jamais existé. Tout cela n'était que mensonge.[294]

Eh bien, ils n'ont pas été capables de supporter cela. Après avoir été obligés pendant des années à croire en une proche "Fin des Temps", avec Jéhovah ou le Christ comme sauveur des Justes pendant ces terribles événements, l'horreur de leur condition, *l'idée*

[294] Bien sûr, maintenant le lecteur a réalisé que ce n'est pas un "mensonge" à proprement parler. C'est seulement un compte rendu hautement mythifié des actions de certains dans un certain contexte historique. Mais après cette mythification et l'imposition d'une foi en un mythe qualifié de "réalité", ainsi qu'après le passage de deux mille années, il est pour le moins problématique de dire avec certitude qui était qui et qui a fait quoi.

qu'il n'y aurait peut-être pas de "sauveur"" a été trop dure à supporter. C'est alors que la cavalerie accourut à la rescousse: Julius Wellhausen (1844-1918).

Wellhausen fit la synthèse de toutes les découvertes de manière à *préserver les systèmes de croyance des religieux érudits.* Il amalgama l'idée que la religion d'Israël s'était développée en trois étapes, avec l'idée que les documents avaient aussi été écrits en trois étapes, puis il définit ces étapes sur la base du contenu de chacune de ces "étapes". Il se mit à la recherche des caractéristiques de chaque étape, examinant la manière dont les différents documents décrivaient la religion, le clergé, les sacrifices et les lieux de culte, ainsi que les fêtes religieuses. Il examina les chapitres relatifs aux lois et les chapitres narratifs, ainsi que les autres livres constituant la Bible. Le résultat fut qu'il livra un "cadre crédible" au développement de l'Histoire et de la religion des Juifs. La première étape concernait la période "nature/fertilité"; la deuxième étape concernait la période "spirituelle/éthique"; et la dernière concernait la période « de la prêtrise/des lois ». Comme le note Friedman: "*A ce jour, si vous n'êtes pas d'accord, c'est avec Wellhausen que vous n'êtes pas d'accord. Si vous voulez imposer un nouveau modèle, il vous faut comparer ses mérites avec ceux du modèle de Wellhausen.*"[295]

Je dois dire aussi que, même si Wellhausen a tenté de tirer les marrons du feu au bénéfice du christianisme, il n'a pas été apprécié de son temps. Un professeur d'Ancien Testament, William Robertson Smith, qui enseignait au Free Church of Scotland College d'Aberdeen, et qui était l'éditeur de l'*Encyclopedia Britannica,* dut comparaître devant l'Eglise sous l'inculpation d'hérésie, pour avoir répandu les idées de Wellhausen. Il fut innocenté, mais l'étiquette de "mauvais évêque" lui resta collée à la peau jusqu'à la fin de sa vie.

Néanmoins, l'exégèse de la Bible s'est poursuivie. Le Livre d'Isaïe est traditionnellement attribué au prophète Isaïe qui a vécu au VIIIe siècle Av. J.C. Il se fait que le première moitié du livre est conforme à ce modèle. Mais les chapitres 40 à 66 ont apparemment été écrits par quelqu'un qui a vécu environ deux cents ans plus tard! Cela signifie, prophétiquement parlant, qu'ils ont été écrits après les faits.

De nouveaux outils et méthodes modernes ont permis de faire un vraiment bon travail dans le domaine de l'analyse linguistique et de la chronologie du matériel disponible. En outre, il s'est produit une

---

[295] Friedmann, op cit, pp. 26-27.

véritable frénésie archéologique depuis Wellhausen! Ce travail archéologique a produit une énorme quantité d'informations sur l'Egypte, la Mésopotamie et d'autres régions jouxtant Israël. Ces informations sont venues jusqu'à nous sous la forme de tablettes d'argiles, d'inscriptions sur les murs de tombeaux, de temples et d'habitations, et même sur des papyri.

Ici, un autre problème se pose: dans toutes les sources rassemblées, tant de l'Egypte que de l'Asie occidentale, il n'y a pratiquement *aucune* référence à Israël, à son "peuple fameux", à ses fondateurs, à ses associés bibliques, etc. *avant le douzième siècle Av. J.C.* Et en fait, pendant 400 ans après cette période, *on ne trouve pas plus d'une douzaine d'allusions.* Et leur contexte pose problème. Malgré cela, les juifs orthodoxes fondamentalistes s'accrochent à ces lambeaux de références comme des noyés à des fétus de paille. Bizarrement, les chrétiens fondamentalistes se sont tout simplement fermés à toute l'affaire en recourant au simple expédient de l'obéissance à un onzième commandement: "Tu ne poseras pas de questions!".

Le problème de l'absence de validation extérieure de l'existence d'Israël en tant que nation souveraine dans la région de la Palestine trouve une correspondance dans la Bible elle-même. La Bible ne fait état d'absolument aucune connaissance de l'Egypte ou du Levant pendant le deuxième millénaire Av. J.C. La Bible ne dit rien de l'empire égyptien qui s'étend sur tout l'est de la Méditerranée (alors que c'était le cas); elle ne mentionne pas les grandes armées égyptiennes en marche (alors qu'elles étaient bien là); et elle ne dit rien des Hittites marchant à la rencontre des Egyptiens (ce qu'ils ont fait); et en particulier, elle ne dit rien des roitelets égyptianisés qui régnaient sur les cités canaanéennes (alors que c'était le cas).

La grande et désastreuse invasion des Peuples de la Mer au cours du second millénaire Av. J.C. n'est même pas mentionnée dans la Bible. En fait, *la Genèse décrit les Philistins comme déjà établis dans le pays de Canaan au temps d'Abraham!*

Les noms des grands rois égyptiens sont complètement absents de la Bible. A certains endroits, des figures historiques qui n'étaient pas héroïques ont été transformées par la Bible en héros, comme c'est le cas pour le Hyksos Sheshy (Num. 13:22). En un autre endroit, le sobriquet de Ramsès II est donné à un général canaanéen par erreur. Le pharaon égyptien supposé avoir prêté assistance à Osée lors de sa rébellion (2 Rois 17 :4) a « souffert l'indignité » de voir sa ville prendre son nom. Le pharaon Shabtaka devient, dans la Table des Nations de la Genèse (10:7) une tribu nubienne!

Les erreurs en ce qui concerne l'Histoire et l'archéologie confirmées s'empilent vertigineusement à mesure que l'on s'informe des époques et endroits réels, de sorte que, de plus en plus, il nous vient à l'esprit que ceux qui ont *écrit la Bible doivent avoir vécu aux septième et sixième siècles Av. J.C., ou plus tard,* et en savaient très peu sur les événements qui s'étaient produits seulement quelques générations avant eux! Donald B. Redford, Professeur d'études proche-orientales à l'Université de Toronto, a publié de nombreux ouvrages sur l'archéologie et l'égyptologie. En ce qui concerne l'utilisation de la Bible en tant que source historique, il écrit:

> Car l'approche érudite standard de l'Histoire d'Israël au cours de la Monarchie Unie revient à rien moins qu'une *mauvaise crise de "vœux pieux"*. Nous avons ces glorieux narratifs dans les livres de Samuel et le Livre 1 des Rois, si bien écrits et si ostensiblement factuels. Comme il est dommage que la critique historique rigoureuse nous oblige à les rejeter et à ne pas les utiliser. Poussons-les donc à servir– qu'avons-nous d'autre? – et que la charge de la preuve retombe sur d'autres épaules.[296][...]
>
> Alors qu'il serait peu sage d'imputer des motifs crypto-fondamentalistes, la mode actuelle qui consiste à prendre les sources pour argent comptant, comme des documents écrits en grande partie à la Cour de Salomon, naît d'un désir peu opportun *de réhabiliter la foi et de la renforcer avec n'importe quel argument, aussi fallacieux soit-il.*[...]
>
> Une telle ignorance est étonnante si l'on se laisse impressionner par les prétentions traditionnelles à l'infaillibilité du christianisme conservateur par rapport à la Bible. Et en effet, *le Pentateuque et les livres historiques présentent audacieusement une chronologie précise qui reporterait les récits bibliques à la période même où l'ignorance et les contradictions se montrent les plus embarrassantes. [...]*
>
> Une telle manipulation de l'évidence sent la prestidigitation et la numérologie à plein nez; et cependant, *elle a fourni les soubassements branlants sur lesquels un déplorable nombre d' "Histoires" d'Israël ont été écrites.* La plupart sont caractérisées par une sorte de *naïve acceptation globale des sources, doublée d'une incapacité à évaluer l'évidence quant à son origine et à sa fiabilité.* Le résultat en a été une réduction de toutes les données à un niveau commun, le tout ayant apporté de l'eau à grand nombre de moulins.

---

[296] Ibid. p. 301.

> Les exégètes ont consacré des efforts appréciables à tenter de répondre à des questions dont ils n'ont pas pu prouver qu'elles étaient valables en aucune manière. Sous quelle dynastie Joseph a-t-il accédé au pouvoir? Qui était le Pharaon de l'Oppression? De l'Exode? Pouvons-nous identifier la princesse qui a sauvé Moïse des eaux de la rivière? Par où les Israélites ont-ils opéré leur sortie d'Egypte: via le Ouadi Tumilat ou en passant par un point plus au nord?
>
> L'on peut apprécier la futilité de ces questions si l'on se pose des questions semblables à propos des récits arthuriens sans soumettre le texte à une évaluation critique préalable. Qui étaient les consuls de Rome lorsqu'Arthur parvint à retirer l'épée de la pierre? Où est né Merlin?
>
> Pouvons-nous sérieusement envisager un historien classique se demandant si c'est Iarbas ou Enée qui a été responsable du suicide de Didon, où exactement Rémus a sauté au-dessus du mur, qu'est-ce qui est réellement arrivé à Romulus pendant l'orage etc.?
>
> Dans tous ces cas imaginaires, rien du matériel qui est à l'origine des questions n'a été soumis à l'évaluation préalable de sa réelle historicité! *Et tout exégète qui refuse de soumettre à l'évaluation critique quoi que ce soit de ses sources, court le risque d'invalider tout ou partie de ses conclusions*.[…]
>
> Trop souvent, le terme "Biblique" dans ce contexte a eu un effet réducteur sur l'érudition en impliquant la validité de l'étude de la culture hébraïque et de l'étude de l'Histoire effectuées séparément. Ce qui est nécessaire, c'est une vue de l'ancien Israël dans son réel contexte Proche-Oriental, une vue qui n'exagère ni ne diminue la vraie place d'Israël dans cet environnement.[297]

Notez bien le commentaire de Redford: "Et tout exégète qui ne soumet pas à l'évaluation critique quoi que ce soit de ses sources court le risque d'invalider tout ou partie de ses conclusions.[…]."

Le sérieux de ce commentaire ne peut être ignoré. Voyez-vous, des millions de gens sont morts à cause de ce livre et à cause des croyances de ceux qui l'étudient. Et des millions meurent encore de nos jours pour les mêmes raisons!

En fin de compte, si ceux qui lisent et/ou analysent ce livre et en tirent certaines conclusions se trompent, et qu'ils imposent ensuite cette croyance à des millions de gens, qui seront eux-mêmes poussés à créer une culture et une réalité basées sur ces fausses

[297] Redford, Donald B., *Egypt, Canaan, and Israel in Ancient Times*, 1992, Princeton University Press, Princeton.

croyances, et qu'en fin de compte ils auront tort, qu'est-ce qui se passe, au Nom de Dieu (sans jeu de mots)?

Le problème de l'utilisation de la Bible comme un manuel d'Histoire, est l'absence de sources secondaires. Il y a une quantité considérable de documents dans des bibliothèques, avant le dixième siècle Av. J.C. – de l'eau apportée au moulin des historiens- mais ces sources sont presque complètement silencieuses vers la fin de la 20e dynastie en Egypte. Dès lors, la Bible, à peu près la seule source à prétendre couvrir cette période particulière, devient très attrayante. Peu importe si les pièces archéologiques ne s'adaptent pas tout-à-fait au puzzle ou ne peuvent s'adapter qu'en faisant un grand nombre d'hypothèses ou en se fermant l'esprit à d'autres possibilités.

Mais, se pourrait-il qu'il y ait une *raison* à ce silence d'autres sources? Voilà une bonne question à propos de "ce qui est."

La personne qui utilise la Bible comme un manuel d'Histoire est forcée d'admettre qu'elle ne dispose d'aucun moyen de vérifier la véracité historique des textes bibliques. Comme le dit Donald Redford ci-dessus, les exégètes qui admettent, quand on les presse un peu, que la critique historique rigoureuse nous force à rejeter les narrations bibliques les utilisent tout de même en disant: "qu'avons-nous d'autre?"

Et moi je demande une nouvelle fois: « pourquoi?»

Nous savons que, par le passé, de nombreux ouvrages écrits sur la Bible considérée comme historique ont été poussés, par une motivation fondamentaliste, à confirmer la justesse religieuse de la civilisation occidentale. De nos jours, ce facteur influence moins les études de la Bible Historique. Néanmoins, il existe toujours une tendance à traiter ces sources comme entièrement véridiques, par des gens qui devraient être mieux au fait de la question!

Je pourrais encore approfondir ici, mais je pense que tous ceux qui liront ceci seront d'accord avec moi ou du moins auront-ils une idée de ce que je veux dire même s'ils ne sont pas d'accord. Mais la question se pose à nouveau: "Qui a écrit la Bible et *pourquoi*?"

Revenons à cette curieuse affirmation de Rashi: que le récit de la Genèse a été écrit pour justifier un génocide. Si nous rapprochons cela avec ce qu' écrit Umberto Eco dans son livre La recherche de la langue parfaite dans la culture européenne[298], c'est-à-dire que la validation de la Bible hébraïque a été soutenue par les premiers exégètes chrétiens pour valider le judaïsme, qui lui était nécessaire pour "valider" le christianisme en tant que "seule vraie religion",

[298] Paris: Seuil, 1994

nous commençons à avoir le sentiment étrange que "nous avons été eus". Parce que cela revient à dire que nous sommes tous des "chrétiens" afin que les "droits" des Juifs, les décrets sans appel de Jehovah/Yahweh, puissent être "hérités" par l'Eglise chrétienne telle qu'elle a été instituée pour des raisons politiques par Constantin! Mais, par le simple acte de la validation du judaïsme et de la "création" de la chrétienté sous forme d'une religion égyptienne, le monde occidental, dans sa soif de pouvoir a, semble-t-il, attrapé un tigre par la queue.

Au cours de cette même période qui a vu naître le Nouveau Testament (ici aussi par l'incorporation de textes anciens fondés sur des évidences internes mais modifiés et "copiés/collés" sans vergogne), nous voyons le monde occidental disparaître dans l'âge sombre à propos duquel, ici encore, très peu de sources secondaires sont encore disponibles.

N'est-ce point étrange? ! L'Ancien Testament décrit un Age Sombre, bien qu'il ait été écrit plusieurs centaines années après cette période; et le Nouveau Testament décrit un Age Sombre, et il a également été écrit plusieurs centaines d'années après cette période. Et tous deux contiennent probablement certains récits véridiques, même s'ils ont subi des modifications, corrections, coupages/collages, embellissements et interpolations, pour les faire entrer dans la perspective d'une certaine "politique".

Voyons-nous le plan ici? Et quelle pourrait en être la raison?

En fin de parcours, ce que nous observons, c'est la mise en place d'un système draconien, monothéiste, et ce pratiquement sur tout le globe. C'est de ce puits qu'a été tirée notre société dans pratiquement tous ses aspects. Ce système s'est arrogé le droit d'organiser les plus nombreux bains de sang de l'Histoire. Quelle pourrait-en être la raison?

Savoir qui a écrit la Bible, et quand, est crucial pour tous ceux qui souhaitent être bien armés afin de prendre les bonnes décisions en matière de foi et de croyances, décisions dont peuvent dépendre tous les aspects de leur vie.

Ainsi que nous l'avons découvert, ce qui a commencé comme une recherche de réponses aux passages étrangement contradictoires du Pentateuque a débouché sur l'hypothèse que ce n'est pas Moïse qui les a écrits. Nous avons ensuite découvert que plusieurs sources largement divergentes avaient été combinées en une seule, et que cela s'était produit à diverses époques et de manières diverses. Chacune des sources est clairement identifiable par les caractéristiques du langage adopté et du contenu. De nouvelles découvertes dans le domaine de l'archéologie, et une meilleure vue du monde social et politique de l'époque nous ont énormément aidés à comprendre l'environnement dans lequel ce document a été écrit. Parce qu'en fin de compte, l'histoire de la Bible est en fait celle des Juifs.

L'Ancien Testament est une combinaison de plusieurs sources: J (Yahweh), E(lohim), D(eutéronome), P(rêtrise) et le rédacteur final, qui a combiné le tout et ajouté sa touche personnelle.

Il est supposé, sur base de signes probants, que la version E a été écrite par un prêtre Lévite, partisan de la lignée mosaïque à Shiloh, et que la version J a été écrite par un défenseur de la lignée aaronique et de la Maison royale de David, à Jérusalem. La conclusion est que ces versions sont issues de sources orales de mythes et légendes, parsemées çà et là de faits historiques, après la séparation supposée des deux royaumes, et recombinées après la conquête syrienne, sous le règne du roi Hézékiah. Cependant, il est très probable qu'il n'y a jamais eu de royaume uni d'Israël en Palestine, mais que ces histoires à propos d'un grand royaume sont en fait des souvenirs tribaux de quelque chose de tout-à-fait différent. De quoi s'est-il agi? Nous espérons pouvoir l'élucider. L'auteur de la version J est supposé avoir vécu entre 848 et 722 Av. J.C., et l'auteur de la version E entre 922 et 722 Av. J.C. Il se fait donc que la version E est probablement le document le plus ancien et J doit représenter soit une autre perspective, soit être le résultat de modifications.

Dans la Bible, l'histoire de l'unification des tribus d'Israël sous le règne de David, suivie du grand règne de Salomon, suivi d'un schisme au cours du règne du fils de Salomon: Réhoboam, est le thème central. "L'espoir d' Israël" est basé sur l'idée de la réunification de Juda et Israël sous l'autorité d'un roi davidique. Et bien sûr, tout ceci est basé sur le don du pays aux Enfants d'Israël, promis quand ils ont été "menés hors d'Egypte" par la main de Dieu, pendant l'Exode pour commencer.

Moïse représente le chef inspiré par Dieu, qui révèle à la nation le Dieu des patriarches en tant que "Divinité Universelle". Est-ce que le témoignage par les fouilles soutient l'Exode de part et d'autre de l'histoire?

Le récit de l'Exode explique comment une nation en esclavage devient grande dans l' exil et, avec l'aide du Dieu Universel, réclame sa liberté à ce qui était alors la plus grande nation de la Terre: l'Egypte.

Images puissantes, n'est-ce pas? Oui, en vérité; et cette histoire de libération est tellement importante que quatre cinquièmes des Ecritures principales d'Israël y sont consacrés.

Mais le fait est que deux cents ans d'excavations intensives et d'étude assidue des vestiges de l'Egypte ancienne et de la Palestine n'ont rien révélé qui puisse venir à l'appui du récit de l'Exode dans le contexte où il est présenté.[299]

LA MAISON DE DAVID

Dès le début, Israël a été constitué d'un nombre variable de petites cités-états (ou plutôt cités tribales) difficiles à distinguer les unes des autres et composées de populations en provenance de toutes les régions de la Méditerranée. La zone spécifique identifiée comme Israël proprement dit, était une région rurale, zone tampon entre les très civilisés Syriens et les nomades d'Arabie. La "culture", dans cette région, était un mélange des cultures avancées avoisinantes: égyptienne, assyrienne et babylonienne. Ces cités-états se sont développées puis ont décliné, se combattant sans trêve. Une vue rétrospective permet de penser que le pillage était considéré comme plus productif que l'agriculture. Dans une autre perspective, ces petites guerres ont été vues comme des conflits entre les divinités d'une tribu et celles d'une autre tribu. Ainsi que nous allons le découvrir, ce concept n'était peut-être pas si éloigné de la vérité.

Et le Royaume de David et de Salomon dans tout cela?

Les livres de Samuel nous disent que l'onction de David, fils de Jessé, en tant que Roi de toutes les tribus d'Israël a été le point culminant des promesses qui avaient commencé par l'alliance entre Abraham et "Dieu". Même si le choix d'un roi s'est d'abord porté sur l'héroïque et impétueux Saül de la tribu de Benjamin, c'est David qui est devenu le "héros populaire" des débuts de l'Histoire d'Israël.

Si elles sont authentiques, il est incompréhensible que les innombrables histoires à la louange du Roi David, dont la Bible dit qu'elles étaient si répandues, n'aient pas été connues du monde «extérieur»: Egypte, Grèce, Assyrie et Babylone. Mais nous allons voir qu'elles l'étaient peut-être, encore que sous un autre titre et un autre nom. Mais quelles sont donc les versions les plus proches de la vérité? Là est la question. Est-ce que les Hébreux ont "adapté" ces récits à leur propre Histoire? Ou bien est-ce que des éléments de

[299] Ibid.

leur Histoire ont été empruntés par des sources ultérieures? Et quel est le théâtre historique de ces récits? Un mythe a-t-il été superposé à une série d'événements historiques? Ou bien une série historique d'événements a-t-elle été façonnée d'après un mythe?

Quoi qu'il en soit, tout comme Persée a tué la Gorgone et tranché sa tête, David a tué le géant Goliath. Tous deux disposaient d'une "besace", et des "pierres" sont impliquées dans les deux histoires. David avait été "adopté" par la cour royale en hommage à ses talents de harpiste et de chanteur (il chantait dans le style d'Orphée). Comme Hercule et d'autres héros grecs, David était un rebelle sans feu ni lieu. Et comme Paris a enlevé Hélène, David a séduit l'épouse d'un autre homme: Bethsabée. Il a lui aussi conquis une grande citadelle: Jérusalem, et un vaste empire par-dessus le marché.

Les récits concernant le fils héritier de David (qu'il avait eu de Bethsabée): Salomon, nous affirment que celui-ci a été le plus sage des rois. Il aurait également été le plus grand bâtisseur. Les histoires nous disent qu'il était un esprit brillant et que ses jugements étaient admirés par tous. En outre, ses richesses étaient si immenses qu'il n'en existait pas d'aussi grandes dans tout le monde connu. Et il a construit le Grand Temple de Jérusalem.

Pendant des millénaires, les exégètes de la Bible ont discuté de l'époque de David et de Salomon en Israël comme si tout s'était produit exactement comme le disent les Ecritures. Même les non-chrétiens sont convaincus que le Temple de Salomon a existé, et pendant des siècles le plan de ce temple a fait l'objet de descriptions et discussions sans fin parmi les ésotéristes. Que devons-nous faire de cet énorme corpus de littérature y compris maçonnique et magique, s'il apparaît qu'il n'y a jamais eu de Temple de Salomon ?

Et le fait est que ce pourrait être le cas. Du moins, il n'y a pas eu de Temple de Salomon tel que décrit dans la Bible.

Les premières choses que les archéologues ont recherchées en Palestine ont été les vestiges du Temple de Salomon et du grand empire de David. Il serait fastidieux de parcourir toutes les descriptions des nombreuses fouilles, les résultats, les suppositions, les cris de victoire ("j'ai trouvé une preuve!"), suivis de sobres démonstrations scientifiques réfutant les hypothèses enthousiastes. Le lecteur désireux d'approfondir ses connaissances dans ce domaine est bien sûr encouragé à "écouter tous les sons de cloche", et il constatera que les preuves scientifiques le mènent aux mêmes conclusions que les nôtres. Le royaume de David et le Temple de Salomon à Jérusalem n'ont jamais existé tels que décrits dans la Bible.

Même si l'on a retrouvé des vestiges d'une sorte de "royaume" à Megiddo, Gezer et Hazor, il a été déterminé par la suite que cet "empire" a dû être bien différent de ce qui avait été imaginé, ainsi que nous le verrons bientôt![300]. Ce qui est important cependant, c'est que la région *spécifiquement* considérée comme la patrie de David et Salomon, c'est-à-dire la région de Judée, était sans aucun doute "sous-développée" à l'époque du prétendu empire de Salomon. Les faits nous disent que la culture y était réduite à sa plus simple expression. "L'évidence à la pointe de la bêche" nous dit que le pays était rural; il n'y a aucune trace d'aucun document écrit, d'aucune inscription, ni même aucun signe d'une alphabétisation, nécessaire cependant au fonctionnement d'une monarchie. En outre, cette région n'était même pas homogène. Il n'y a aucun signe d'une quelconque culture unifiée ou d'une administration centrale. La zone allant de Jérusalem au nord indique une population dense; celle de Jérusalem au sud, c'est-à-dire le pays "en question" était très peu peuplée à l'époque où l'on suppose que David et Salomon ont vécu. En fait, Jérusalem elle-même ressemblait plutôt à un village typique des hautes terres. Du point de vue archéologique on ne peut rien dire de David et de Salomon. Et pourtant, leur légende a la vie dure. Pourquoi?

Il est important de se remettre en mémoire que les découvertes archéologiques font état de l'émergence graduelle d'un groupe distinct à Canaan seulement vers la fin du treizième siècle av. J.C., mais non de l'arrivée soudaine d'un grand nombre de colons israéliens. Et comme nous l'avons dit, ceux qui habitaient le prétendu grand royaume de David et de Salomon n'étaient ni très organisés, ni très cultivés.

AHAB ET JÉZABEL: SALOMON ET LA REINE DE SABA?

Pendant longtemps, les exégètes de la Bible et les archéologues bibliques ont voulu prendre au pied de la lettre le récit biblique de la grandeur et décadence de la monarchie unifiée. Ils ont supposé une unité ethnique originelle et une identité du peuple Hébreu plongeant ses racines dans un passé lointain. Ils ont considéré comme faits acquis, concernant Israël dans le pays de Palestine, la monarchie unie de David et de Salomon et sa chute tragique à une période déterminée. En outre, ils ont supposé que, puisque les deux royaumes: Juda et Israël n'en avaient formé qu'un seul à l'origine,

[300] Finkelstein, Israël, et Silberstein, Neil Asher; *The Bible Unearthed*, 2001,New York, The Free Press

lors de la division ces deux royaumes devaient avoir hérité chacun d'institutions religieuses et administratives pleinement opérationnelles. Ils ont pensé que ces deux royaumes étaient entrés en compétition l'un contre l'autre sur un pied d'égalité.

Mais des fouilles archéologiques intensives menées dans les collines d'Israël au cours des années 1980 ont mis fin à ces hypothèses. Curieusement, les archéologues ont trouvé des signes montrant qu'il y avait eu là trois vagues d'occupation. La première vague de 3.500 à 2.200 av. J.C. La deuxième, d'environ 2.000 à 1.550 av. J.C. Et la troisième, de 1.150 à 900 av. J.C. Nous reconnaissons ces périodes car elles ont déjà été reliées à de probables cataclysmes.[301]

Quoi qu'il en soit, au cours de ces trois périodes d'occupation, au cours desquelles de nouvelles populations sont arrivées et ont laissé derrière elles des témoignages d'une norme culturelle distincte, les "royaumes" du nord et du sud ont toujours semblé différents à cet égard. Le système d'occupation au nord a toujours été dense en termes de population et a laissé des témoignages d'une hiérarchie complexe de sites petits, moyens et grands. Ces sites reposaient en grande partie sur une agriculture fixe. Le "royaume" du sud, quant à lui, était constitué de petites zones éparses faiblement peuplées, et les seuls signes laissés par ces populations sont ceux de petits groupes de pasteurs nomades. Nous avons donc, dès le départ, une scission entre agriculteurs et pasteurs.

D'autre part, le « royaume » méridional restait peu colonisé, en petits établissements clairsemés, ayant laissé des évidences de populations nomades pastorales. Nous avons dès lors une division entre agriculteurs et pasteurs, dès le départ.

Au début de la période d'occupation du territoire, les régions du nord et du sud étaient chacune dominées par un centre unique qui était probablement le lieu où étaient regroupées les activités politiques, économiques et cultuelles de toute la région.

Au nord se trouvait la région devenue par la suite la ville nommée Tirzah dans la Bible. Cette ville devint la première capitale du royaume du nord. Au sud, le centre principal était Ai, situé au nord-est de Jérusalem.

Vers le milieu de l'âge de bronze, il y a eu une deuxième vague de colonisation. Une fois encore, le nord a été densément peuplé et agricole, tandis que le sud restait peu peuplé, formant de petits établissements, et dont les occupants étaient, de toute évidence, des pasteurs nomades. Mais à ce moment, le lieu qui rassemblait les

---

[301] Baillie, Mike, Exodus to Arthur, 1999, London, B.T. Batsford.

activités cultuelles et économiques était Jérusalem - une cité très fortifiée, dont les vestiges font penser qu'elle devait faire partie de l'empire hyksos. Cela est en accord avec le récit de Manéthon décrivant les Hyksos quittant l'Egypte et bâtissant une cité et un temple à Jérusalem. Le problème, c'est la date de construction: après le départ d'Egypte des Hyksos. C'est pourquoi, les archéologues pensent qu'il y a eu à Canaan, une présence hyksos contemporaine de l'occupation de l'Egypte par ces mêmes Hyksos. Près de là se trouvait Hébron, aussi soigneusement fortifiée. Dans le nord, le centre d'activités s'était déplacé vers Sichem. Apparemment, Sichem possédait d'importantes fortifications et un *grand temple*.

En ce qui concerne cette période particulière de l'Histoire, nous disposons de témoignages extérieurs égyptiens qui nous permettent de savoir qui était qui et ce qui était quoi. Ces témoignages, ce sont les textes dits "d'exécration" - la version égyptienne du vaudou. Les Egyptiens écrivaient des malédictions sur des figurines d'argile représentant leurs ennemis, et ensuite ils les fracassaient et les enterraient en cérémonie. L'idée était, naturellement, d'anéantir l'objet de la malédiction. Ce qui est important en ce qui concerne les textes d'exécration, c'est qu'ils nous permettent de savoir quels individus les Egyptiens percevaient comme menaçants. Les textes d'exécration mentionnent un grand nombre de cités côtières et des basses-terres de Canaan, et seulement deux centres des hautes-terres: Sichem et Jérusalem. Et si nous nous souvenons du lien probable entre les Hyksos en Egypte et les Cananéens en Palestine, nous entrevoyons la raison pour laquelle les Egyptiens éprouvaient des sentiments aussi hostiles envers Sichem et Jérusalem. L'important ici est que les textes d'exécration, qui datent, pense-t-on d'au moins 1.630 av. J.C., mentionnent Jérusalem, Sichem, et Hazor, mais aucun de ces textes ne mentionne Israël.

Une autre inscription égyptienne, qui rapporte les aventures d'un général du nom de Khou-Sebek, qui avait mené une expédition dans les hautes-terres de Canaan vers le dix-neuvième siècle av. J.C., fait allusion au "pays de Sichem" et compare Sichem au *Retenou*, l'un des noms donnés par les Egyptiens à toute la région de Canaan.

Il est intéressant de noter que les Egyptiens désignaient aussi les Hyksos comme les "*princes du Retenou*". Ceci indique que, déjà en 1800 av. J.C., il y avait une *entité territoriale dans la zone nord du Canaan* et qu'un centre important situé sur ce territoire était Sichem; en outre, ce centre a eu, à une certaine époque, un lien étroit avec les Hyksos à Avaris, et ce n'était pas Israël.

Les lettres de Tell el-Amarna confirment qu'il existe, vers la fin de cette période, un territoire méridional d'une certaine importance pour l'Egypte, et que la ville de Jérusalem en est un centre important. Un certain nombre de ces lettres se réfèrent aux dirigeants de ces deux villes-états: un roi nommé Abdi-Heba, qui régnait à Jérusalem, et un roi nommé Labayou, qui régnait à Sichem. Chacun d'eux régnait sur un territoire d'environ mille miles carrés. C'est la zone la plus vaste sous le contrôle d'un même chef, car tout le reste de Canaan était divisé en petites cités-états. Il est également intéressant de noter la similitude de ces noms avec "Abraham" et "Laban."

Le problème concernant cette période, c'est, comme le dit Redford, que "l'on éprouve un serrement de cœur à l'approche de cette période, car il semble qu'une page très importante est manquante". Et c'est bien le cas.

Pour résumer: les témoignages archéologiques suggèrent qu'en dépit des affirmations bibliques de richesse et de gloire, Jérusalem n'était qu'une bourgade *à l'époque attribuée à David et à Salomon.* Dans l'intervalle, au cours de la période "où il manque une page", la cité fortifiée de jadis a disparu depuis longtemps. Autrement dit, le royaume septentrional, supposé s'être "libéré de la férule" de Jérusalem, allait devenir un état d'une importance certaine, tandis que le Juda était retourné à l'état "de centre d'élevage de moutons".

A l'époque où les hautes-terres du nord dominaient les hautes-terres du sud, pendant les trois périodes d'occupation, les cités-états de la côte les laissaient toutes deux dans la poussière. Ces cités côtières étaient animées, prospères, cosmopolites et riches. Les archéologues pensent que l'indépendance initiale des hautes-terres a été rendue possible parce que le système des cités-états de Canaan avait subi *une série de bouleversements catastrophiques* vers la fin de l'Age du Bronze. Les archéologues sont perplexes quant à la cause de ce "cataclysme" et pensent qu'il pourrait s'agir d'une invasion par des peuples de la mer, entre autres propositions. Nous avons déjà dans l'idée qu'il y a dû avoir plus que cela.

Ce qui semble s'être produit en fait, c'est que ces cités-états, après avoir été relevées à la suite des cataclysmes, ont été *détruites une deuxième fois, relativement* peu de temps après, cette fois par des assauts militaires et des incendies. La destruction a été si complète que les cités cananéennes de la plaine et de la côte ne s'en sont plus jamais relevées. La cause de cette destruction pourrait avoir été la campagne militaire menée par le pharaon Shishak, fondateur de la vingt-deuxième dynastie. Il est fait mention de cette invasion dans la Bible: "*il arriva, en la cinquième année du roi*

Roboam, que Shishak, roi d'Égypte, monta contre Jérusalem, avec douze cents chars et soixante mille cavaliers ; et le peuple qui vint avec lui d'Égypte, les Libyens, Sukkiens, et Éthiopiens, était sans nombre ; et il prit les villes fortes qui étaient à Juda, et vint jusqu'à Jérusalem.... Et Shishak, roi d'Égypte, monta contre Jérusalem, et prit les trésors de la maison de l'Éternel et les trésors de la maison du roi : il prit tout. Et il prit les boucliers d'or que Salomon avait faits.."

Shishak/Sheshonq avait ordonné de graver une inscription triomphale sur les murs du temple de Karnak pour commémorer l'événement. Cette inscription donne une liste d'environ cent cinquante villes et villages qui ont été rasés pendant sa "marche vers la mer". L'objectif des Egyptiens paraît avoir été les grandes cités cananéennes de Rehov, Beth-Shean, Taanach, et Megiddo. Un fragment d'une "stèle de la victoire" portant le nom de Shishak a été trouvé à Megiddo.[302] D'épaisses couches de cendres et des vestiges d'immeubles effondrés sont les témoins muets de la rage du pharaon qui a fait périr de mort violente et soudaine le territoire cananéen vers la fin du dixième siècle av. J.-C. Il reste peu de témoignages de cet assaut dans les collines, car cette campagne était principalement dirigée contre les cités de la vallée de Jezréel. Si un temple a été pillé par Shishak, ce n'est pas à Jérusalem.

Cependant, il semble que cette incursion de Shishak a permis aux populations des hautes-terres de se répandre jusqu'aux basses-terres au début du neuvième siècle. Mais entre-temps, les découvertes archéologiques montrent que, loin au sud, Jérusalem continue à être constituée de villages dispersés et de pasteurs nomades.

Voilà ce que nous dit "l'évidence à la pointe de la bêche" pour l'époque de la fin supposée de la monarchie unie des environs de 900 av. J.-C.

Dans le royaume du nord, on constate la présence de centres administratifs régionaux dès le début du neuvième siècle. Ces centres étaient lourdement fortifiés et comportaient des palais raffinés et luxueux. Ces cités incluent Megiddo, Jezréel, et Samarie. Au sud du territoire, des constructions semblables ne font leur apparition qu'au septième siècle. Et même à l'époque où de nouvelles méthodes de construction se sont répandues dans le sud, les édifices y sont plus petits et de moins bonne qualité.

En résumé, le royaume au nord d'Israël, prétendument "le vilain dissident" qui avait quitté le grand royaume uni de David et de

---

[302] Malheureusement, il avait été jeté parmi des détritus sur le site archéologique, de sorte que sa provenance précise n'est pas connue.

Salomon au sud, était en fait un état bien développé, tandis que la Judée était toujours un "parent pauvre".

Yahvé était présent dans les deux royaumes, mais parmi un panthéon contenant de nombreux autres dieux. Et il est certain que les populations des deux royaumes ont partagé des récits identiques concernant leurs origines, encore que les versions aient pu différer; et ces populations parlaient certainement des langues semblables. Pour la fin du huitième siècle av. J.-C. l'écriture est devenue commune également. Cependant, ce qui différencie les deux royaumes, *c'est qu'ils ont une expérience différente du monde qui les entoure*. Leurs démographies sont différentes. Leurs économies sont différentes. Leurs cultures sont différentes. Et leurs relations avec leurs voisins sont différentes. Bref, leur Histoire et leur culture divergent totalement.

La question que nous aimerions pouvoir poser est: pourquoi la Bible parle-t-elle d'un schisme et d'une sécession d'Israël par rapport au royaume de Juda, alors qu'aucune preuve archéologique ou historique ne vient à l'appui de cette assertion? Pourquoi ces deux royaumes sont-ils toujours dépeints comme des rejetons jumeaux d'un grand empire unique dont le centre est Jérusalem? Il y a une raison à cela, ainsi que nous allons le voir.

En fait, le premier grand roi d'Israël est Omri. La Bible raconte une histoire très confuse et fragmentaire de la première période du royaume septentrional après sa supposée défection. Le récit de sordides violences et trahisons culmine avec le suicide d'un usurpateur: Zimri, dans les flammes du palais royal de Tirzah. Omri, commandant de l'armée, est invité par le peuple à devenir roi, et il se fait naturellement un plaisir de l'obliger. C'était un bon choix. En outre, cette histoire ressemble assez à celle de David – un commandant militaire – choisi comme roi en lieu et place des héritiers de Saül.

Omri se bâtit une nouvelle capitale à Samarie, et établit les fondements de sa dynastie. Douze années plus tard, son fils Ahab monte sur le trône. Ahab fait un brillant mariage: il épouse la fille du roi phénicien Ethbaal, Roi de Tyr, et nous arrivons ainsi à une curieuse connexion avec le récit biblique décrivant l'amitié de Salomon pour "Hiram, roi de Tyr". Est-ce que ce Ethbaal aurait été le vrai "Hiram?" Quoi qu'il en soit, Ahab a bâti de magnifiques cités et créé l'une des armées les plus puissantes de la région. Il a conquis de vastes territoires au nord et en Transjordanie, et Israël a connu la richesse et un commerce florissant. Enfin, le royaume d'Israël était devenu digne d'être remarqué! Mais le caractère de ce royaume était bien différent de celui du petit royaume de Juda.

De tous les textes bibliques, Ahab doit être le personnage le plus haï.

Qu'est-ce que Ahab avait bien pu faire pour être honni de la sorte? Il avait commis le plus grand de tous les péchés bibliques: il avait introduit des dieux étrangers dans le pays d'Israël et avait fait mettre à mort les prêtres et prophètes de Yahvé. En outre, il l'avait fait sous l'influence de la méchante princesse qu'il avait épousée: Jézabel.

La Bible s'étend longuement et avec complaisance sur les péchés de ce couple fameux. Il nous faut cependant noter que *ces mêmes péchés ont été attribués à Salomon*, métamorphosé, il est vrai, en monarque d'un royaume méridional, c'est pourquoi il a été pardonné, même si Yahvé était déterminé à punir sa famille. Nous nous sentons un peu désorientés ici par le sentiment que les récits concernant Omri et Ahab, David et Salomon sont essentiellement les mêmes. Jézabel était haïe tout spécialement parce qu'elle avait "donné la râclée" aux prophètes et aux prêtres de Yahvé. Salomon est dit avoir évincé les prêtres de Silo; ici encore les récits se recoupent donc.

Dans la Bible, les héros de l'histoire de Omri et Ahab sont les prophètes Akhija et Elisée – indubitablement prêtres de Silo (cela a son importance, comme nous le verrons bientôt) – en effet, il est dit dans le Livre des Rois (1) 14:2 que c'était la ville du prophète Akhija. Confronté à Ahab, Akhija démontra de manière éclatante la puissance de Yahvé, et le résultat fut que les prophètes du dieu étranger, Baal, furent saisis et massacrés au gué de Kishon.

Naturellement, Jézabel fit un esclandre, et Akhija sentit qu'il était temps d'adopter un profil bas. Il s'en alla vers les collines du désert et parla à Dieu sur le Mont Horeb, tout comme Moïse est supposé l'avoir fait. Yahvé prononça une prophétie terrible contre Ahab mais, curieusement, lui laissa quelque chance de se racheter, puisque nous le voyons par la suite victorieux de Ben-Hadad, roi d'Aram-Damas. Yahvé, était semble-t-il prêt à se laisser fléchir si Ahab acceptait de supprimer Ben-Hadad. Mais Ahab décida en faveur de la paix, et un traité fut signé. Le récit se poursuit, calomniant de bout en bout Ahab et Jézabel. Après sa mort, un autre général de l'armée, Jéhu, est élu roi par les agents d'Akhija. Cet individu est davantage du goût de Yahvé, parce qu'il veille à ce que Jézabel ait une fin horrible: jetée par une fenêtre et dévorée par des chiens.

Jéhu fait ensuite rechercher tous les fils d'Ahab (il y en avait 70 paraît-il) qu'il avait eu d'un certain nombre d'épouses ou de concubines, les fait tous massacrer et fait un monticule de leurs têtes aux portes de la cité afin d'inspirer respect et confiance dans le nouveau roi (sans compter Yahvé).

La Bible dit que les Omrides ont été décimés par Jéhu, mais il semble que ce n'ait pas été le cas. En 1993 a été trouvée une inscription attribuée à Hazaël, roi d'Aram-Damas. D'après cette inscription, Hazaël aurait mis la main sur la cité de Dan aux alentours de 835 av. J.C., et elle comporte aussi une allusion à la "Maison de David". L'invasion par Hazaël est clairement celle qui a affaibli le royaume septentrional. Le texte de l'inscription de Dan lie la mort de Jéhoram, le fils d'Ahab et de Jézabel, à une victoire araméenne. Hazaël se vante: "[J'ai tué Jého]ram fils d' [Ahab] roi d'Israël et [j'ai]tué [Ahaz]iahou fils de [Jéhoram ro]i de la Maison de David. Et j'ai mis [leurs villes en ruines et mis leur pays dans la [désolation]".

Il se fait donc que la probabilité selon laquelle la violente destruction des palais "salomoniens" aurait été le fait du pharaon Shishak vers la fin du dixième siècle av. J.-C., n'est pas avérée, et que c'est en réalité Hazaël qui l'a provoquée, vers 835. C'est ainsi que périt la dynastie des Omrides.

Remarquez qu'Hazaël se réfère à la dynastie des Omrides comme à la "*Maison de David.*" Pourquoi? Est-ce qu'en fait Omri était l' "Aimé" de Yahvé? Ou bien est-ce que la Maison de l'Aimé était à l'origine aimée d'un autre "dieu"?

Nous commençons à entrevoir, cependant, comment la terrible prophétie d'Elisée concernant le sort d'Ahab s'est réalisée: grâce à une déformation des faits. Bien sûr, comme nous allons le voir, un tas d'autres prophéties de Yahvé se sont "accomplies" après les faits, et à mesure que la Bible était écrite. L'incursion contre Ben-Hadad, que Ahab était supposé tuer, chose qu'il n'avait pas faite et qui avait suscité la colère de Yahvé, se place en fait beaucoup plus tard dans l'Histoire du royaume septentrional.

Nous voyons donc et revoyons que lorsque les anachronismes et inexactitudes historiques sont ôtés des récits, il ne reste pratiquement rien de la Bible proprement dite, si ce n'est d'ennuyeuses histoires de menaces proférées par Yahvé et l'accomplissement de menaces destinées à faire de Yahvé le Dieu Universel. Ce processus implique-t-il d'altérer et déformer les faits de manière à les rendre pratiquement impossibles à reconnaître? Tant pis.

Ce que les découvertes à la pointe de la bêche nous révèlent à propos des Omrides c'est qu'il s'agit d'un grand royaume et d'une période de prospérité générale. Ce royaume est en fait le modèle du royaume d'Israël tel que vu par David et Salomon *à tous égards, sauf le culte de Yahvé*. Et voilà pourquoi il a été condamné par ceux qui ont écrit la Bible, et “retravaillé” de manière à faire de Yahvé le dieu qui a permis la grandeur d’Israël et dont l’abandon l’a ensuite mis à genoux.

Les faits montrent exactement le contraire. Israël n’a jamais rien accompli de grand sous la férule des prêtres de Yahvé: il n’y a eu que de grandes souffrances et l’exil par la faute de gouvernants qui se sont eux-mêmes tiré dans le pied avec leur politique à double face et leur culture isolationiste.

Les Omrides ont été une puissante famille de militaires ayant régné sur l’un des états les plus puissants du Proche-Orient pendant cette période. C’est à cette époque que le reste du monde a commencé à prendre conscience de l’existence d’Israël. Une stèle de l’époque dit que : “Omri était roi d’Israël et fut l’oppresseur de Moab”. Moab était un état vassal d’Israël. L’inscription sur la stèle nous dit ensuite comment Mesha, le roi de Moab ayant ordonné l’inscription sur la stèle, étendit son territoire en signe de rébellion contre Israël. Nous apprenons de Mesha que le royaume d’Israël s’étendait loin à l’est et au sud de ses territoires primitifs dans les collines du centre.

La Bible souligne à plusieurs reprises les embarras militaires des Omrides, mais il semble que les compétences de ceux-ci leur aient tout de même permis d’assembler une armée qui a tellement impressionné le grand roi assyrien Salmanazar III qu’il a pris la poudre d’escampette et s’est hâté de réintégrer ses foyers. Naturellement, Salmanazar s’est vanté de sa victoire dans ce qui a été appelé l’Inscription du Monolithe. Mais on l’a retrouvée à Nemrod et non pas en Israël, ce qui montre bien qui a eu le dessus! La Bible mentionne une “armée araméenne” faisant le siège de Samarie. Mais il est clair qu’il s’agit d’une armée assyrienne, et Israël avait la sienne propre.

Les nombreuses trouvailles archéologiques faites en Palestine et que l’on a longtemps affirmées être des preuves des règnes de David et de Salomon, ont démontré par la suite qu’il s’agissait en fait de d’ensembles construits par Omri et Ahab. Il se fait donc que, s’il y a eu un David et un Salomon en Israël, il s’est en fait agi d’Omri et Ahab, la dynastie qui a établi la première monarchie accomplie en Israël.

Un élément de preuve est que les constructions d’Omri impliquent des opérations sophistiquées de déblayage et remblayage, pour faire des petites bourgades perchées au sommet des collines, d’importantes forteresses. D’où sont venues la puissance et la richesse? Qu'est-ce qui a permis au royaume du nord de se développer en un état omride?

Avec les ressources limitées du pays des collines, qui suffisaient à peine à la subsistance des petites villes et bourgades, qu'est-ce qui a permis une telle expansion?

Comme nous l'avons noté, la destruction des cités des basses-terres à la fin du dixième siècle av. J.-C., ouvrait la porte à un homme fort, doté d'intelligence et d'ambition. Apparemment, cet homme fort et intelligent a été Omri. Il n'a pas été responsable de la destruction des "Philistins » de David, ainsi que la Bible l'a clamé haut et fort, mais il a certainement été l'homme de la situation, qui a su quand son étoile montait. Il a étendu le territoire depuis le pays des collines des débuts jusqu'au coeur du territoire précédemment cananéen, en conquérant Megiddo, Hazor, et Gezer. Et il a enveloppé les territoires de la Syrie méridionale et de la Transjordanie. Il a établi un état vaste et diversifié qui possédait de vastes étendues agricoles et contrôlait une route commerciale internationale prospère. Plus significatif encore: son territoire était composé d'une société multi-ethnique. Voilà encore une raison pour laquelle il a été diabolisé par les auteurs de la Bible.

Lorsque le royaume septentrional d'Israël a uni les hautes-terres de Samarie aux vallées du nord, les divers écosystèmes ont été intégrés, ainsi que leurs diverses populations. Il est très probable que les occupants du territoire au cœur des hautes-terres se soient sentis israéliens, mais les populations autochtones des basses-terres et des vallées étaient cananéennes. Plus au nord se trouvait l'ethnie araméenne. Vers les côtes, Omri régnait sur des populations d'origine phénicienne. L'archéologie nous révèle que les racines culturelles de chacun des groupes sont restées cohérentes tout au long de cette période, et donc n'ont pas été perturbées par Omri. Les modèles d'occupation de ces territoires sont restés stables; il est donc évident qu'Omri n'a rien imposé à personne à cet égard. En ce qui concerne les croyances religieuses non plus. Il a vraiment "unifié les tribus de Palestine"; même si elles n'étaient pas, comme l'affirme la Bible, issues des "fils de Jacob" et unies sous la houlette divine de Yahvé, ces tribus offraient un mélange varié et unique. Et il est très probable que c'est ce rassemblement de différents groupes ethniques qui a rendu nécessaire le mythe des douze tribus comme autant de "familles". C'est sans doute cette diversité même qui a été le facteur le plus important de la croissance et de l'expansion de la dynastie omride. Selon les estimations, Israël pourrait avoir été l'état le plus peuplé du Levant. Son seul rival était Aram-Damas en Syrie méridionale.

La montée en puissance d'Omri a coïncidé avec la renaissance globale du commerce dans la Méditerranée orientale. Les cités portuaires de Grèce, Chypre et de la côte phénicienne s'occupaient activement de commerce et d'échange, et c'est grâce à Omri qu'Israël a également eu sa part de prospérité. Il y a eu une forte influence artistique phénicienne sur la culture israélienne, et l'on retrouve dans les strates archéologiques de nombreux vaisseaux de style cypriote-phénicien. Cela n'est pas réellement étrange, si l'on se souvient qu'Ahab avait épousé une princesse phénicienne.

Conceptuellement et fonctionnellement les citadelles omrides ressemblent aux grandes cités-états cananéennes de la fin de l'Age du Bronze. Une semblable continuité culturelle est perceptible dans des endroits comme Taanach, où l'on a découvert un support d'offrandes du neuvième siècle av. J.-C., décoré de motifs élaborés dans le style cananéen de l'époque. Tout cela est intéressant, mais présente cependant un problème: du point de vue archéologique, *il n'y a rien de particulièrement israélien dans le royaume septentrional.* En fait, c'est seulement par la Bible que nous apprenons – ou plutôt que l'on nous dit – que ce royaume était israélien, détaché de l'empire de Salomon. Le caractère profond de la dynastie omride est celui d'une puissance militaire, de réalisations architecturales, de sophistication gouvernementale, et de tolérance cosmopolite. Mais tout ce que nous apprenons de la Bible c'est combien Omri et Ahab ont été haïs.

L'auteur biblique a manifestement été obligé de raconter les événements authentiques survenus sous le règne d'Omri, même s'ils avaient déjà été mythifiés, mais il s'est arrangé pour les déformer tous. Il a minimisé sa puissance militaire et l'a ridiculisée par des récits d'échecs. Il a omis les nombreuses victoires et succès qui ont dû se produire, sans quoi la dynastie n'aurait pas réussi une telle expansion.

L'auteur de la Bible a également lié l'opulence de la dynastie à l'idolâtrie et à l'injustice sociale; il a mêlé la princesse phénicienne à des pratiques diaboliques et à une prostitution à de faux dieux.

Non seulement l'auteur de la Bible a "historicisé" ce qui avait déjà été mythifié, mais il y a aussi instillé son propre venin. En résumé, il a voulu démontrer que toute l'Histoire du royaume septentrional reposait sur le péché et le stupre.

Et cependant, l'évidence historique nous dit le contraire.

L'auteur de la Bible nous raconte ensuite l'histoire de la "Maison de David" comme si elle était la propriété exclusive du royaume méridional. Et nous commençons à comprendre pourquoi: c'est pour justifier l'instauration de Yahvé comme Seul Dieu: le Dieu d'Israël.

LES DIX TRIBUS PERDUES

Il se fait que le royaume d'Omri finit par tomber à cause de sa trop grande réussite. En tant que royaume indépendant s'étendant dans l'ombre du grand empire assyrien, le nord d'Israël était un trésor bien tentant qui appelait au pillage.

Tout au long du règne de plusieurs des successeurs d'Ahab, Yahvé se fait hypocrite dans ses jugements. Ou plutôt, les Ecritures le voient comme la cause des succès et des échecs des rois. S'ils ont réussi quelque chose tout en restant idolâtres, c'est que Yahvé a pris le peuple en pitié. Si les rois ont été fidèles à Yahvé mais ont rencontré l'échec et entraîné des souffrances pour le peuple, c'est à cause des péchés de leurs prédécesseurs. Les grâces divines semblent être distribuées singulièrement arbitrairement. Aucun des prêtres de Yahvé ne paraît réaliser que le choix de leur dieu national n'a peut-être pas été si heureux après tout.

Quoi qu'il en soit, après une série d'échecs royaux ou de promesses manquées de la part de Yahvé, un roi vraiment peu habile monte sur le trône: Osée.

A la même époque, Salmanazar V accède au trône d'Assyrie. Osée avait fait serment d'allégeance à Salmanazar, mais derrière son dos il était allé former une alliance avec l'Egypte. Outre ses déficiences en matière d'éthique, il n'a manifestement pas bien vu de quel côté son pain était beurré, parce qu'à peine sa promesse faite, il l'a reniée. Vous vous souvenez combien l'Egypte est supposée avoir été haïe à cause de l'esclavage des Juifs dans ce pays? Eh bien, nous allons remarquer plus d'une fois que ce facteur ne semble pas avoir effleuré l'esprit des Israéliens au cours de cette période primitive. Ce que Osée voulait de l'Egypte, c'est que celle-ci lui accorde son appui dans un soulèvement contre l'Assyrie. Lorsque Salmanazar apprend cela, il fait emprisonner Osée, envahit ce qui restait d'Israël, et met le siège devant Samarie pendant trois ans. Après avoir réussi, il "envoie les Israéliens[303] en Assyrie". Du moins ceux qui n'avaient pas pu acheter leur liberté.

Après avoir exilé les Israéliens, l'Assyrie fit venir des populations de Babylone, Cuthah, Avva, Hamath, et Sepharvaim, et les fixa dans les cités de Samarie afin de remplacer le peuple

[303] Dans le contexte de cet ouvrage, "Israéliens" se réfère principalement à ceux dont la patrie était Israël. Par la suite ils allaient devenir "Israélites" aussi, par leur religion. (NdT)

d'Israël. On n'entendit jamais parler du retour d'aucun des habitants d'origine, et c'est ainsi que se créa la légende des Dix Tribus Perdues d'Israël.

Ces tribus se seraient retrouvées dans le Grand Zimbabwé en Afrique du Sud, au Mexique, en Amérique du Nord, en Perse, en Asie Centrale, en Chine (les Chiang-Min du Séchuan), et au Japon.[304] Le Livre des Mormons explique de long en large ces "dix tribus perdues" en Amérique. Le problème est, naturellement, l'hypothèse qu'il y avait à l'origine douze *tribus en chair et en os, ainsi que l'affirme la Bible;* c'est-à-dire, issues de douze fils d'un même père: Jacob. Je pense qu'à présent le lecteur commence à réaliser qu'il ne peut y avoir de tribus perdues, vu qu'il n'y a eu aucune "tribu" à l'origine - *du moins pas comme l'explique la Bible.*

L'histoire de Joseph en Egypte - Genèse 37-50 – est tellement différente, en style et en excellence, que les experts pensent qu'il s'agit d'une composition littéraire plutôt que d'un rapport historique. Elle partage de nombreux traits avec bien des histoires égyptiennes et du Proche-Orient du même genre. Le changement de style par rapport aux chapitres brefs et sans rapport les uns avec les autres, et ayant trait à Abraham, Isaac, et Jacob, est inhabituel à bien des égards. L'histoire de Joseph ne s'intéresse pas du tout à l'Alliance, aux promesses, aux précédents concernant les droits d'Israël, ni à aucun des sujets dont se préoccupent les auteurs des premiers récits. Il n'y a pas de rencontres avec Yahvé/Jéhovah, pas d'anges, pas de cités violemment détruites, bref, rien de juif du tout. Selon la Genèse 45:11, le voyage de Jacob et de sa famille en Egypte est une mesure d'urgence destinée à les sauver d'une famine. Une autre version parle de leur intention de s'établir en Egypte de manière permanente.

Nous assistons ici à un emprunt fait à la littérature du Moyen-Orient et inséré dans le récit biblique comme un fait historique et à titre de "repère généalogique". La populaire et très connue histoire de Joseph, est prétendument à l'origine des diverses tribus qui allaient par la suite être assimilées à "un seul peuple". Ce récit concernant Joseph ramène "tous les fils de Jacob" en Egypte, où ils vivent leur vie. Cela est en flagrante contradiction avec les traditions des tribus prises chacune individuellement. Par exemple, au chapitre 38 de la Genèse, Juda se marie, s'établit et élève ses enfants à Canaan; Siméon épouse une cananéenne au chapitre 46:10

---

[304] En japonais, *koru* signifie "geler" et en hébreu, *kor* signifie "froid". Cela est considéré comme une preuve que les "tribus perdues" se sont retrouvées au Japon, alors que la solution évidente était de considérer qu'il y a eu un langage proto-nostratique qui a donné naissance à tous les autres.

de la Genèse; Manassé épouse une Araméenne au chapitre 7:14 des Chroniques (1), et son fils Makir reçoit le pays de Galaad tant dans le chapitre 32:40 des Nombres qu'aux chapitres 2:21et 22 des Chroniques (1).

Autre élément discordant dans l'histoire de Joseph: les noms égyptiens qu'il mentionne. Saphnathpane'ah, Asenath, Putiphar, et Potipherah, sont des noms qui appartiennent à la vingt et unième dynastie égyptienne et sont habituels du neuvième au septième siècle av. J.-C., c'est-à-dire pendant la période Koushite-Saïte. De même, au chapitre 42:34 de la Genèse, un titre aramaïque, - *saris* de l'Akkadien *sa resi* – est un titre que l'on retrouve dans l'administration perse d'Egypte. En résumé, les indices en faveur d'une origine du septième ou du sixième siècle, et les parallèles avec l'histoire de Daniel exilé à Babylone sont nombreux.

LA PREMIÈRE "TORAH" ET LE PREMIER "TEMPLE"

A l'époque de la chute du royaume du Nord en 722 av. J.-C., de nombreux habitants d'Israël (qui pourraient être considérés comme des membres des "dix autres tribus" si on veut voir les choses sous cet aspect) se sont réfugiés en Judée. Apparemment, parmi ces réfugiés se trouvaient les prêtres-prophètes de Silo –ennemis de Jézabel, qui trouvaient que leur roi avait été corrompu par cette femme – et tous leurs documents E. C'est alors que E fut ajouté à J – probablement par un membre du clergé aaronique de Jérusalem, pour suivre le programme établi par le roi Hézékiah, désireux de consolider son pouvoir.

Tirant avantage de la situation qui se présentait à lui, c'est-à-dire la destruction de son rival Israël et l'arrivée dans le pays d'une partie de sa population et de son clergé, Hézékiah décida qu'il voulait unifier la population, et tout centraliser. Il allait être le "Nouveau David". Il allait unifier tous les peuples pour n'en faire qu'un seul, et son plan d'unification comprenait manifestement *l'unité psychologique religieuse.* La leçon de tolérance envers des groupes variés et de religions tout aussi variées, donnée par Omri, fut apparemment perdue pour Hézékiah. Ou bien alors il était tombé sous la coupe du clergé.

C'est le moment important où le document P fut créé et où il fut décidé de la division du clergé: les prêtres aaroniques arrivèrent au sommet de l'échelle hiérarchique et les prêtres de Silo (les supposés descendants de Moïse) furent cantonnés aux premiers échelons, ce qu'ils n'apprécièrent pas du tout. Le document P est en fait la combinaison des documents J et E "améliorés". Même s'il leur était impossible de faire disparaître les histoires qui se trouvaient dans J et E (propriété commune aux deux peuples) et qui reflétaient des opinions peu favorables à Yahvé, l'histoire et Aaron en particulier, ils les utilisèrent d'une manière astucieuse qui permit par la suite de mettre le tout sous la férule de Yahvé. Le document P donna à Yahvé la suprématie sur tous les autres dieux qui étaient parties intégrantes des histoires originales, et passa naturellement sous silence toute allusion louangeuse à leur égard, mais il va sans dire que les récits originaux ne purent être supprimés.

L'auteur du document P connaissait apparemment bien les textes des documents J et E. Le texte de P n'est pas une simple copie de J et E, et ne contient pas non plus des doublets dus à l'assemblage de J et E. Il a été écrit en *s'inspirant de* J et E *pour donner sa propre version de ces récits*. Il a manifestement été écrit pour être présenté *à la place de* J et E, et il est probable que J et E ont été supprimés après la parution du texte de P.

P ne s'est pas contenté de commencer par une histoire de la Création et d'un déluge comme le faisaient J et E: il a continué sur sa lancée pour d'autres sujets majeurs: le pacte avec Abraham, l'exode depuis l'Egypte, et l'Alliance du Sinaï. Il fait référence à tout un tas d'éléments des textes J/E. Il y a plus de vingt-cinq cas de récits parallèles *qui ne devaient manifestement pas être combinés avec J et E,* comme cela a été fait par un rédacteur ultérieur. De plus, bien que les similitudes soient flagrantes, les différences nous en disent davantage. Nous devons nous demander pourquoi l'auteur de P a pensé qu'il était nécessaire d'écrire une nouvelle version alors qu'il avait déjà les textes J et E sous la main.

En premier lieu, il nous faut considérer ce qui, dans J et E, est significativement différent de ce qu'il y a dans P. Les populations du royaume du nord avaient une longue tradition affirmant qu'elles descendaient de Moïse en personne. Leurs documents présentent Aaron sous un aspect très déplaisant: celui du prêtre du Veau d'Or, et dont la sœur, Miriam, fut frappée de maladie parce qu'elle avait critiqué l'épouse de Moïse. Le royaume du nord ne se sentait apparemment pas disposé à adorer un dieu qui exigeait des sacrifices. Les croyances du royaume septentrional préféraient les prophètes choisis par les dieux plutôt que par une lignée cléricale.

Dans le sens le plus pur, la raison de cette partie du texte est fondamentalement politique, tout comme a été fondamentalement politique la création de la théologie chrétienne. Les deux textes sont clairement destinés à mettre en lumière tout ce qui peut permettre de vassaliser et mettre sous contrôle les sujets du royaume.

Hézékiah avait entrepris l'élimination de toutes les formes de pratiques religieuses autres que celles sanctionnées par le Temple de Jérusalem. Un contrôle religieux rigide avait été institué, ce qui signifie que tous les lieux de cultes rendus à d'autres dieux, et même ceux rendus à Yahvé mais en dehors du Temple, étaient interdits. Ces lieux de cultes, appelés "hauts lieux", furent éliminés, et une religion centralisée, sous le contrôle des Lévites de Jérusalem, devint la Loi séculière. La Loi de Yahvé devint donc la Loi du pays. Et les Lévites qui devaient faire appliquer cette Loi étaient alors les Lévites aaronides.

Pour pouvoir comprendre les implications de tout cela, il faut comprendre ce qui se passait en ces "hauts lieux" et pourquoi. La fonction du sacrifice, dans le monde du Moyen-Orient, n'était pas simplement la mise à mort gratuite d'un animal. En général, il s'agissait de tuer rituellement un animal pour le manger ensuite, et certains morceaux en étaient offerts à des dieux. L'idée était que, si quelqu'un voulait manger de la viande, il lui fallait comprendre que c'était une vie qui était prise, qu'un tel acte était sacré, et il fallait qu'il soit accompli de la manière prescrite, par une personne désignée (un prêtre en l'occurrence), qui en recevait elle aussi une part.

L'effet de cette nouvelle Loi était donc que, si quelqu'un souhaitait manger de l'agneau au dîner, il ne lui était plus loisible d'accomplir le sacrifice ni à la maison, ni en un "haut lieu": il fallait traîner l'animal jusqu'à Jérusalem où se trouvait un conclave de Lévites. Cela revenait, faut-il le souligner, à remettre un énorme pouvoir entre les mains d'un très petit groupe de gens. Et les Lévites aaronides prirent bien soin d'ajouter au simple abattage ritualisé de leur dîner, des sacrifices spécifiques obligatoires à offrir à Yahvé. C'est ainsi que le clergé s'enrichit aux dépens du peuple.

Néanmoins, la centralisation de la religion à ce moment précis de l'histoire, et la rédaction du document P, constituent une piste intéressante concernant l'existence du Temple de Salomon à Jérusalem.

Voyez-vous, l'une des controverses majeures à propos de l'identité des auteurs de la Bible, des passages qu'ils ont écrits et à quelle époque, tourne autour de la période à laquelle a été écrit le document P. Pendant longtemps il a été admis que J et E dataient d'une période plus ancienne: celle des deux royaumes de Juda et d'Israël (huitième et neuvième siècles av. J.-C.). Il est quasiment universellement admis que D a été écrit au temps de Josué (deuxième moitié du cinquième siècle av. J.-C.) , ainsi que nous allons le voir. Mais savoir qui se trouve derrière le document P a été une autre paire de manches. Et il se fait que P est la plus importante des sources: elle occupe le volume des trois autres mises ensemble.

Le document P comprend le récit de la Création au premier chapitre de la Genèse. Il comprend la version cosmique du récit du déluge : la version dans laquelle les fenêtres des cieux s'ouvrent et les fontaines des profondeurs débordent et noient tout le monde. Il contient les histoires d'Abraham, de Jacob, de l'Exode, et la traversée du désert, dont la plupart sont des doublets des histoires contenues dans J et E. Il contient également un très important corpus juridique couvrant à peu près trente chapitres de l'Exode et des Nombres, et *tout* le Lévitique. Il s'agit donc d'une question très importante qui ne devait pas être traitée à la légère!

En 1833, Eduard Reuss fit à Strasbourg un exposé devant ses étudiants. Au cours de sa conférence, il déclara que les prophètes bibliques ne se réfèrent pas au Droit Canon. Ils ne citent pas la partie P de la Bible, et ne donnent pas non plus l'impression qu'ils en ont connaissance. De cette observation, Reuss conclut que le Droit Canon a fait son apparition après l'époque des prophètes[305]. Reuss n'a pas osé dire cela en public : il a attendu quarante-six années, c'est-à-dire l'an 1879 avant de faire paraître une monographie à ce sujet. A cette époque, un de ses étudiants les plus audacieux avait déjà sauté le pas et publié ses propres opinions en la matière.

Cet étudiant était Karl Graf. Convaincu grâce à Reuss que la Loi était postérieure aux prophètes, il avait entrepris des recherches dans le texte. Il était déjà admis que D avait été écrit après J et E, et ce à l'époque de Josué, de sorte que Graf postula *a priori* que P devait avoir été écrit plus tard, au cours de la période du Second Temple. Une partie de cette opinion qui devait être synthétisée plus tard par Wellhausen supposait que le système légal et rituélique élaboré, ainsi que la centralisation du clergé, étaient intervenus dans la vie des Israéliens vers la fin de la période biblique.

Le problème -épineux- posé par l'opinion selon laquelle P a été écrit par un membre du clergé après l'exil est qu'il n'est à *aucun moment* fait mention d'un temple dans le document P. Dans le P, Yahvé ne commande pas du tout à Moïse d'ordonner à son peuple de bâtir un Temple. Il n'y a dans le document P, aucune loi qui exige la présence d'un Temple. Il y a plus: P parle de l'Arche d'Alliance, d'un autel, de chérubins, d'Urim et Thummim, et

---

[305] Friedman, p. 162.

d'autres objets destinés au culte. Mais il n'y a pas la moindre petite allusion à un Temple.[306]

La solution de Graf au problème du temple manquant est que ce temple est en fait bien présent, mais sous le nom de Tabernacle. Le Tabernacle est la tente des réunions dressée par Moïse dans le désert pour abriter l'Arche d'Alliance. Elle n'est mentionnée qu'à trois reprises dans le document E et pas du tout dans J et D. En revanche, le document P y fait allusion plus de deux cents fois! En outre, P donne un tas de détails sur les matériaux employés, sa construction et les lois qui s'y rapportent. C'est là une caractéristique des histoires contenues dans P: toutes les assemblées se tiennent dans le Tabernacle. Autrement dit, le Tabernacle est essentiel à P.

Donc, la solution de Graf consiste à affirmer que le Tabernacle *n'avait jamais existé*, qu'il était une fiction fabriquée pendant la période du Second Temple parce que l'auteur était désireux d'établir un droit canon servant les intérêts des prêtres du Temple et qu'il lui fallait l'ancienneté et l'autorité de Moïse pour valider le Temple en remplacement du Tabernacle.

Graf décida donc que le Tabernacle avait été créé délibérément (et faussement) pour faire passer l'autorité de ce droit au Temple reconstruit en un deuxième temps, après la captivité à Babylone; et le transfert de l'Arche du Tabernacle vers le Temple, ainsi que les lois qui exigeaient auparavant la présence du Tabernacle, exigeraient dès lors une présence du Temple. Il postula donc que le Tabernacle du clergé était une fiction littéraire et juridique mise au point par l'auteur post-exil de P, dans le but de justifier le temple reconstruit au cours de la période du Second Temple.

Et nous saluons le retour de Wellhausen. Après avoir admis l'idée de Reuss selon laquelle le droit canon datait d'après les prophètes, et celle de Graf selon laquelle que Tabernacle n'était que le symbole du Temple, il pouvait suggérer que dans le document P la centralisation de la religion n'était pas exigée explicitement comme elle l'était au temps du document D, mais qu'elle était entendue. Il affirma que les lois et récits de P considèrent la centralisation comme acquise.

Dans la liste P des différentes sortes de sacrifices se trouve "une offrande de péché" et une "offrande de culpabilité". Aucun sacrifice de ce type n'est mentionné ni dans J, ni dans E, ni dans D. Wellhausen fit le raisonnement qu'il était logique de parler d'offrandes de péché et de culpabilité après l'exil car ces gens

306 Ibid, p. 163.

devaient se sentir coupables et croire que leur exil était un châtiment de leurs péchés.

Dans la liste P des jours fériés se trouve le Nouvel An d'Automne, ou Fête des Tabernacles, suivie, dix jours plus tard, du Jour de l'Expiation. *Ces jours fériés n'apparaissent ni dans J, ni dans E, ni dans D.* Et puisque ces deux jours fériés impliquent l'expiation de péchés, Wellhausen affirma que cela prouvait qu'ils faisaient partie de la période du Second Temple, c'est-à-dire la période à laquelle Israël dut assumer sa culpabilité dans la destruction du royaume et l'exil vers Babylone.

Autre "preuve" acceptée par Wellhausen à titre de démonstration que P avait été écrit après l'exil: l'affaire "Ezéchiel". Ezéchiel était un prêtre aaronide qui avait été exilé à Babylone (nous en reparlerons bientôt) et c'est là qu'il écrivit le livre qui porte son nom. Le Livre d'Ezéchiel est écrit dans un style et une langue remarquablement semblables à ceux du document P. Il y a dans le Livre d'Ezéchiel, des passages qui sont pratiquement mot pour mot des extraits du document P.

Dans le Livre d'Ezéchiel, l'auteur déclare qu'à l'avenir, seuls certains Lévites pourront devenir prêtres. Tous les autres sont disqualifiés à cause de leurs péchés passés. Les seuls Lévites habilités à devenir prêtres sont ceux qui descendent de Tsadok. Tsadok était un prêtre aaronide de David. Et donc, d'après Ezéchiel, seuls les prêtres aaronides sont légitimes. Tous les autres sont à exclure.

Il est également très clair dans le document P que seuls les Aaronides sont prêtres. P ne *tient tout simplement pas les descendants de Moïse* (les prêtres de Silo) *pour légitimes.* Wellhausen décida donc que P devait avoir été écrit à l'époque du Second Temple, quand les prêtres aaronides étaient venus au pouvoir en faisant état de la prophétie d'Ezéchiel. C'est à cette époque que se termine la querelle entre les familles cléricales. Les Aaronides étaient vainqueurs et l'un d'entre eux écrivit une "Torah de Moïse" qui reflétait leur victoire.

L'argument était bon. Mais, comme le dit Friedman: "*il était logique, cohérent, persuasif – et faux*"[307].

Reuss avait tort depuis le début du débat, car il est évident que les prophètes citent bien P, le plus célèbre d'entre eux étant Jérémie. Le fait est que Jérémie semble avoir eu un malin plaisir à jouer avec le document P et à interpréter son langage à sa manière. Jérémie parvient à *rejeter l'Arche d'Alliance* en déformant le langage du

[307] Ibid., p. 167

document P. Ezéchiel semble, lui aussi, très bien connaître le document P. Le lecteur peut se référer à Friedman s'il souhaite lire la liste des comparaisons.

En 1982, Avi Hurvitz, de l'Université Hébraïque de Jérusalem démontra que P est *écrit dans une forme d'hébreu ayant cours avant l'ouvrage d'Ezéchiel.* C'est ainsi que l'idée de Wellhausen selon laquelle il avait été écrit *après* Ezéchiel reçut un nouveau coup. Ces dernières années, cinq autres savants ont découvert de nouvelles preuves linguistiques que la *majeure partie* du document P est écrite dans l'hébreu biblique *d'avant* l'exil à Babylone.

En résumé, Reuss avait tort, Graf avait tort, et Wellhausen avait tort. Mais en ayant tort, *ils mettent en évidence quelque chose d'autre*: les problèmes de Tabernacle suscitent la question de savoir *quand a été construit le premier temple de Jérusalem, s'il y en a jamais eu un...*

> Jérusalem a été excavée d'innombrables fois, avec une période d'investigation particulièrement intense des Ages du Bronze et du Fer au cours des années 1970 et 1980 sous la direction de Yigal Silo, de l'Université Hébraïque, dans la Cité de David, le coeur urbain originel de Jérusalem. La surprise a été, comme l'a souligné l'archéologue David Ussishkin de l'Université de Tel Aviv, que le travail sur le terrain à cet endroit et en d'autres lieux de la Jérusalem biblique, *n'a donné aucune preuve significative d'une occupation au dixième siècle*. Non seulement il n'y avait aucun signe d'architecture monumentale, mais il n'y avait même pas de simples éclats de poteries. Certains spécialistes ont affirmé que des masses architecturales plus tardives avaient effacé tout autre vestige de la ville primitive. Mais des fouilles faites sur le terrain de la cité de David ont permis des trouvailles impressionnantes datant du milieu de l'Age de Bronze et des derniers siècles de l'Age du Fer - *mais tout simplement pas du dixième siècle av. J.-C.*. La conclusion la plus optimiste de cette preuve négative est qu'au dixième siècle Jérusalem était peu étendue, et *qu'elle n'occupait sans doute que le territoire d'un typique village de colline*. Ceci … correspond bien au … modèle du reste de la Judée à la même période, qui n'était alors composée que *d'une vingtaine de petits villages* et était habitée *par quelques milliers d'habitants*, en majorité des pasteurs nomades..[308]

A partir du septième siècle av. J.-C., Jérusalem est une ville relativement importante, dominée par un Temple dédié au Dieu d'Israël, servant d'unique sanctuaire national. Mais il s'agit du

---

[308] Finkelstein, 2001, op. cit.

Second Temple, bâti à la suite d'une vision des "captifs" revenus de Babylone.

Le clergé revenu de Babylone a mis au point la Bible en tant qu'Histoire, afin de rassembler des gens et des peuples épuisés et dispersés par les guerres, pour leur prouver qu'ils avaient vécu des événements passionnants impliquant une itnervention directe de Dieu. La glorieuse épopée de la monarchie unifiée est (comme les récits des patriarches et les sagas de l'Exode et des conquêtes) une brillante composition qui ont tissé ensemble d'antiques récits héroïques et légendes en une prophécie cohérente et persuasive pour les peuples d'Israël au septième siècle av. J.-C.

Une théologie élaborée s'était développée en Judée et à Jérusalem vers la fin de la période monarchique, dans le but de valider le lien entre l'héritier de David et la destinée du peuple d'Israël dans son entier. D'après cette Histoire fabriquée de toutes pièces, le pieux David a été le premier à mettre fin aux cultes abhorrés rendus à d'autres dieux. Grâce à sa dévotion et à sa loyauté envers Yahvé, il fut béni pour avoir achevé la tâche commencée par Josué, et qui était de conquérir le reste de la Terre Promise et de mettre sur pied un glorieux empire couvrant tous les vastes territoires promis à Abraham! C'étaient là les ambitions politiques des prêtres en fonction. Mais ce n'est pas l'Histoire. En conclusion, les glorieux récits de David, Salomon, et de leur merveilleuse Arche, ont été créés pour inspirer les masses. Nous pensons, bien sûr, que ces histoires sont basées sur d'anciens modèles, mais ce qui est clair, c'est que le grand roi Salomon originel n'a été ni un roi d'Israël, ni un adorateur de Yahvé.

De ma recherche d'une indication claire de l'existence d'un grand Temple de Jérusalem, pouvant être vérifiée archéologiquement, je suis revenue les mains vides Même Finkelstein, cité ci-dessus, élude le problème. Il dit qu'au septième siècle av. J.-C., Jérusalem était une "ville relativement grande" dominée par un Temple dédié à Yahvé. Si cela avait été le cas, alors il n'était pas besoin de tant se focaliser sur le *Tabernacle* comme nous le constatons dans le document P. Il paraît avoir été relativement facile de mettre rétrospectivement certaines paroles dans la bouche de Moïse. Ce problème n'avait manifestement pas gêné les prêtres jusque là. Alors, pourquoi toutes ces histoires autour du Tabernacle? Ils auraient aussi bien pu escamoter le problème du Tabernacle en faisant dire à Moïse quelque chose comme: "lorsque vous arriverez à cet endroit, pliez la tente et bâtissez un Temple". Mais ce n'était apparemment pas possible. Cette "Tente des Réunions" était clairement quelque chose de bien établi, quelque chose d'une grande importance pour le peuple. Elle avait besoin d'être affirmée et il fallait que son statut de seul Tabernacle légitime soit établi, à l'exclusion de toute autre "tente".

Nous trouvons donc plusieurs nouveaux éléments dans le document P, qui sont sans nul doute des tentatives faites par le clergé pour remodeler quelque chose qui était très communément admis et connu par les gens de l'époque. Tout d'abord, nous avons un nouveau Jour de l'Automne, connu précédemment sous l'appellation de *Fête des Tabernacles*. Ensuite nous avons un Tabernacle bien spécifique. Enfin, nous avons la raison ostensible de l'existence de ce seul tabernacle légitime: un objet qui doit être abrité à l'*intérieure* de celui-ci; l'Arche d'Alliance!

Toutes les références au Tabernacle dans le document P suggèrent qu'il s'agit d'un objet d'une immense valeur historique, car il a été assemblé sous la direction de Moïse lui-même. Le document P le décrit comme le coffre sacré qui abrite les Tables de la Loi, Urim et Thummim, et les chérubins. Le document P nous dit que le Tabernacle lui-même comporte des bois précieux, de l'or, du cuivre, de la laine et du lin tissés d'or, d'écarlate et de pourpre; et est recouvert de cuir rouge.

Bien que le Tabernacle fût supposé reposer à Silo avec l'Arche dans ses flancs (selon le texte P), le document E du royaume du nord, domaine des prêtres de Silo, *ne comporte aucune mention de l'arche!* Selon les textes E, la "Tente des Réunions" était le signe le plus important de la présence de Dieu. Dieu était dans la tente et non dans l'Arche. Il y avait manifestement de nombreuses "Tentes des Réunions".

D'autre part, le document J mentionne que l'Arche avait été très importante pour les enfants d'Israël pendant leur voyage vers la Terre Promise. Dans le Livre des Nombres il est dit que l'Arche était portée devant ceux qui marchaient. Un autre texte du J souligne que l'Arche était une "arme" militaire, l'idée étant qu'il était impossible d'obtenir aucun succès militaire sans elle. Et puis dans le texte J il y a bien sûr les remarques au sujet du Temple de Salomon: nous voyons que l'Arche est l'objet le plus important qu'il contienne.

Nous ne devrions pas être surpris que la Tente des Réunions ne soit jamais mentionnée dans le document J! Bien sûr cela pose un petit problème. Si le royaume d'Omri était le royaume juif mythico-historique du Roi Salomon et que personne n'y était au courant de l'existence d'une Arche, et s'il est prouvé qu'il n'y a jamais eu dans le royaume de Juda aucun Temple de Salomon abritant une arche avant le temps d'Hézékiah, alors d'où vient l'idée de l'arche?

Qu'était le "vrai" Temple de Salomon? Nous allons y revenir. Pour le moment, il nous faut seulement comprendre que la mythification de l'Histoire et l'historicisation du mythe nous mettent sur une piste où la prestidigitation est à l'honneur.

Les tentes qui à l'origine servaient un but particulier doivent maintenant être éliminées, et le processus de centralisation commence par la focalisation sur *une seule et unique* tente. Et cette tente est légitimée par sa destination précise: elle doit "servir d'abri à l'Arche" et pour ce faire, des "bases historiques" sont jetées dans le texte P.

Quel qu'ait été l'usage de la Tente des Réunions par le passé, et quel qu'ait été l'objet désigné par «Arche d'Alliance», il est intéressant de noter que, globalement, le texte du document J (celui du peuple de l'Arche) est plus nuancé dans son attitude envers les femmes. Le document E, du royaume du nord (celui des gens des tentes) adopte une perspective mâle, se concentre sur les personnages masculins, et ne tient pratiquement pas compte de personnalités féminines telle que Tamar au chapitre 38 de la Genèse. Pas étonnant que Jézabel ait voulu s'en débarrasser!

Quant à Jézabel, elle est encore mentionnée dans la Bible au chapitre 8:11 des Chroniques (2)[309] qui disent à propos de Salomon et de son épouse, la fille du pharaon:. "*Et Salomon fit monter la fille du Pharaon, de la ville de David, dans la maison qu'il avait bâtie pour elle ; car il dit : Ma femme n'habitera pas dans la maison de David, roi d'Israël, car les lieux où est entrée l'arche de l'Éternel sont saints.*" Je suis certaine que si Salomon avait réellement fait et dit cela, la fille du pharaon aurait enfourché le premier chameau qui passait par là pour retourner chez elle.

L'on trouve l'avant-dernière mention de l'Arche au chapitre 35:3 des Chroniques (2): "Et il dit aux Lévites qui enseignaient tout Israël, [et] qui étaient saints, [consacrés] à *l'eternel* : Mettez l'arche sainte dans la maison que Salomon, fils de David, roi d'Israël, a bâtie: vous n'avez pas à la porter sur l'épaule ; servez maintenant *l'Éternel*, votre Dieu, et son peuple Israël". Est-ce que cela ne ressemble pas à une mise au placard alors qu'il s'agit de l'article le plus important de toute l'histoire de l'humanité? Et puis qui donc a écrit cela?

Nous parlerons brièvement des auteurs des Livres des Rois, mais disons seulement que les chroniques reflètent ici les intérêts et le langage des prêtres aaronides. Et en particulier, ils chantent les

---

[309] Bons nombres pour tous les ésotéristes!

louanges d'Hézékiah, ce qui indique que c'est à cette époque que le texte P a été produit.

L'Arche est mentionnée une dernière fois dans la Bible, dans une sorte de "je vous l'avais bien dit" proféré par Jérémie: "Et il se fera que quand vous vous serez multipliés et étendus dans le pays à cette époque, on ne dira plus "l'Arche d'Alliance du Seigneur" . Elle ne viendra plus à l'esprit, et ils ne s'en souviendront plus, et elle ne leur manquera pas, et ils ne la visiteront pas; et elle ne sera pas entretenue ni faite à nouveau".

Voilà une manière bien bizarre de se débarrasser de l'article le plus important de toute l'Histoire juive! (Du moins à en croire la Bible.) . Nous verrons bientôt pourquoi Jérémie a adopté cette attitude vis-à-vis de l'Arche. Mais il en parle clairement en termes qui indiquent qu'elle a reçu des coups ou doit "être faite à nouveau". Il est certain que cette phrase suggère que l'arche existant au temps du royaume de Judée a été détruite avec tout le reste par les Babyloniens. Pour eux, elle n'avait sans doute pas assez de valeur, même pour être emportée sur un chariot, sans quoi elle aurait été mentionnée dans la liste des objets spécifiquement nommés, emportés du Temple. Et pour ceux qui voudraient croire qu'une absence de mention pourrait être une indication de secret ou de conspiration, permettez-moi de pointer du doigt les nombreuses affabulations dont la Bible est truffée et qui ont pour unique objectif de gonfler l'importance de Yahvé. Tout est interprété comme des leçons infligées par Yahvé pour faire rentrer les insoumis dans le rang. S'il avait été possible d'utiliser la disparition de l'Arche comme un moyen d'induire la culpabilité, je pense que cela aurait été fait sans aucune hésitation. Ce qui est clair, c'est que tout ce qui a existé en Judée à un moment de l'Histoire, c'est un substitut de l'Arche. Et au temps de l'exil, cette arche de substitution n'a pas dû peser bien lourd.

Nous remarquons donc que quand l'Arche n'a plus été nécessaire en tant qu'objet majeur permettant de légitimer un Tabernacle unique, dans le but de changer la perception des gens, elle est devenue un problème et s'est perdue dans le silence. L'idée qu'elle a été emportée par les Juifs fuyant vers l'Egypte et ensuite vers l'Ethiopie est une autre fausse piste tracée par le système de contrôle, afin de garder occupés les esprits trop malins.

Il existe plusieurs Arches prétendues être l'original. L'une d'entre elles se trouve à Axxoum, en Ethiopie. Cet objet est vénéré depuis des siècles, abrité dans une chapelle spéciale et veillé par un prêtre dont la vie entière est passée à assurer l'entretien de la chapelle et de son domaine. Il paraît assez évident que si l'Arche d'Axxoum était "la vraie", les autorités israéliennes ne reculeraient devant rien pour la récupérer. En dépit de nombreuses rumeurs, rien de ce genre ne s'est jamais produit.

Mais une fois encore, soyons certains que même si l'Arche existant au temps de la destruction de Babylone n'était qu'un "objet de substitution", il représentait cependant un objet réel qui a existé en d'autres temps et en d'autres lieux, mais son histoire a été mythifiée puis "re-historicisée". Quoi qu'il en soit, voilà encore un coup asséné à ceux qui cherchent toujours l'arche d'Alliance sous le Temple de Salomon!

Pour en revenir au Premier Temple, nous notons que Finkelstein mentionne que l'évidence de la destruction globale de Jérusalem apparaît clairement dans les couches archéologiques, qui révèlent clairement la violence et la volonté d'anéantissement ayant fait disparaître la cité du paysage. Mais nulle part il n'est fait mention spécifique d'un temple. Cela ne signifie pas qu'il n'y en a pas eu quelque part à Jérusalem, mais il n'a pas été bâti par Salomon et il ne date pas du dixième siècle av. J.-C. Et la question de savoir si oui ou non un Temple de Yahvé a existé dans un contexte précis du temps d'Hézékiah, lors de la rédaction du texte P, reste pendante.

Un temple aurait très certainement pu être construit et a très certainement été construit après la destruction du royaume du nord. Des indices sont les allusions faites aux «réparations» au Temple dans le cadre de ses réformes. Plutôt que de "réparer" le temple de Yahvé il aurait pu réparer et redécorer un temple dédié à un autre dieu à Jérusalem, en prétendant qu'il s'agissait du Temple de Salomon. Dans ce contexte, la légitimation du Tabernacle en tant qu'abri temporaire de l'arche et le transfert subséquent de cet "abri" vers un Temple "purifié" aurait eu du sens.

Le rédacteur du document P parle du "Temple de Salomon" et des objets qui s'y trouvaient, mais rien de tout cela ne se retrouve plus dans le second temple, et n'est plus considéré comme important. Voilà encore un point confirmant que le document P doit avoir été écrit avant la période du Second Temple. Pourquoi le rédacteur aurait-il parlé de choses qui n'existaient plus comme si elles existaient encore, même si nous soupçonnons que leur prétendue existence visait à remplacer une idée par une autre? En outre, nous avons déjà noté le silence étonnant gardé par la Bible au sujet de la destinée de l'Arche, à part la brève et éloquente remarque de Jérémie.

L'arche avait la réputation d'être fatale. Le simple contact était supposé être mortel. Après une bataille, 50.000 soldats philistins qui avaient étourdiment dressé leur camp en laissant ouvert le coffre de l'arche sont morts dans leur sommeil. Leur roi ordonne promptement de le sceller et de le renvoyer aux Israéliens. Un porteur de l'Arche qui trébuche et la touche meurt instantanément. Deux des hommes de Moïse jettent un coup d'œil à l'intérieur et tombent morts. Moïse ordonne qu'ils soient enterrés dans le désert, loin du camp. Certains ont prétendu que cela prouvait que l'Arche était radioactive ou qu'il s'agissait d'un instrument issu d'une certaine technologie. Il est évident que si cet objet avait été si puissant, en termes militaires, il aurait été utilisé contre les Babyloniens. Que l'Arche n'ait pu donner la victoire sur Nabuchodonosor, ou n'ait pu provoquer les dévastations supposées s'être abattues sur ceux qui osaient y toucher, tout cela aurait fait partie de l'Histoire si de tels événements s'étaient produits. Ils n'ont pas été rapportés, et ils ne se sont donc pas produits. Et c'est sans doute la raison du silence gardé par la suite à son sujet. Tant de pouvoir avait été accordé à cette Arche, mais la destruction a lieu en dépit de la présence de cette Arche. Elle n'a pas fonctionné, et il vaut mieux l'oublier que de se demander pourquoi. En fin de compte, les seules histoires dont nous disposons en ce qui concerne l'utilisation concrète ou de la présence d'une Arche en action se trouvent dans des mythes historicisés ou dans l'Histoire mythifiée, qui nous reportent longtemps avant l'exil imposé par les Assyriens ou la captivité des peuples à Babylone. Nous puvons même nous poser des questions au sujet de la destruction du royaume du nord par Hazaël. Si l'Arche avait été présente là, les Omrides auraient certes été militairement invincibles. Et tout aussi certainement, si Hazaël s'était emparé de l'Arche, cela aurait été mentionné quelque part. On a attribué tant de choses à cette Arche, et puis on assiste à une défaite en dépit de la présence de celle-ci. Que pouvaient dire les prêtres ? Elle n'a pas fonctionné et il valait mieux l'oublier que de permettre au gens de se demander pourquoi.

A ce point de l'Histoire, les rédacteurs de la Bible, si proches temporellement de des événements, ne pouvaient pas s'en sortir avec un tel non-sens et ils ont préféré ne pas essayer. De plus, il est manifeste qu'ils n'avaient plus besoin de l'Arche à l'époque du Second Temple, de sorte qu'elle a doucement glissé dans l'oubli, pour devenir une belle histoire des grands et glorieux ancêtres. Une fois encore, je pense qu'il a dû y avoir un élément de vérité dans tout cela, mais savoir ce que c'était ou n'était pas n'est pas aussi simple que les nombreux aventuriers de l'Arche perdue voudraient nous le faire croire. Il n'y avait pas de Temple de Salomon à Jérusalem et aucune Arche d'Alliance ne s'est trouvée à l'intérieur d'un quelconque temple s'il y en a jamais eu un à cet endroit. Nous pouvons donc oublier les histoires d'Arche à Axxoum ou sous le Temple, et retrouvée par l'empereur romain Titus ou les Templiers.

De toute façon, la personne qui a écrit P a placé un Tabernacle particulier, la Tente des Réunions avec Yahvé incorporé dans l'arche, au centre de la vie religieuse dès l'époque de Moïse, et ce pour l'éternité. La conclusion est que P a dû être écrit avant D, parce que les lois *tout au long du document P* disent que les sacrifices et autres cérémonies doivent avoir lieu *à l'entrée du Tabernacle* et nulle part ailleurs, et que cette loi est "pour toujours". Nous avons également la démonstration que le Tabernacle a été un centre de culte à Jérusalem jusqu'à ce qu'un temple soit bâti ou nettoyé/purifié, et que cela a dû se produire au temps d'Hézékiah.

Friedman pense que, par la suite, le Tabernacle a été placé dans le Saint des Saints d'un temple à Jérusalem, sous les ailes étendues des "chérubins". Mais comme nous l'avons vu, il n'y a aucune preuve archéologique de l'existence d'un Temple de Salomon à Jérusalem. De sorte que nous devons conclure que, soit le Temple a été construit plus tardivement, soit le Tabernacle, une tente, est tout ce qu'il y a jamais eu jusqu'à la période du Second Temple.

Dans les récits mettant en scène un roi Salomon typiquement juif, et dont nous supposons qu'il s'agit d'Ahad assimilé à un archétype encore plus ancien, il est dit: "*Et ils firent monter l'arche de l'Éternel, et la tente d'assignation, et tous les ustensiles du lieu saint qui étaient dans la tente : les sacrificateurs et les lévites les firent monter* "[310]

Flavius Josèphe, l'historien juif, a lui aussi écrit que le Tabernacle avait été apporté dans le Temple, mais il ajoute qu'il a obtenu cette "interprétation mystique" du Tabernacle auprès de Philon d'Alexandrie. Nous nous demandons dès lors quelle sorte d'activités se déroulaient dans la "Tente des Réunions" avant qu'elle serve d'abri à l'Arche. Pourquoi une tente aurait-elle dû être apportée dans un Temple, si ce n'est dans le but de *changer sa fonction*?

Quant à la destruction du "Temple" de Jérusalem, citons le psaume 74:7 qui se rapporte vraisemblablement à l'événement: "*Ils ont mis le feu à ton sanctuaire, ils ont profané par terre la demeure de ton nom.*" Cependant, l'analyse textuelle[311] suggère que les psaumes 50, et 73 à 83 ont été composés entre 730 et 720 av. J.-C. pour des fêtes religieuses célébrées dans le sanctuaire septentrional

310 1 Rois 8:4; 2 Chroniques 5:5.

311 Michael D. Goulder, *The Psalms of Asaph and the Pentateuch*, Sheffield Academic Press, 1997.

de Béhel et ont été adoptés ensuite, après légères modifications, par Jérusalem. Ce verset qui parle de l'incendie et de la profanation du Tabernacle doit donc soit se rapporter à un événement antérieur, d'avant la chute du royaume septentrional, soit avoir été ajouté à l'hymne de célébration après la Chute de Jérusalem. Dans le premier cas la conclusion est que le Tabernacle considéré comme LE Tabernacle de Jérusalem a été une création de l'époque, dans le second cas on peut conclure qu'il n'y a pas eu de Temple du tout avant la période du Second Temple.

LA TRIBU DE DAN

L'étude des généalogies de la Bible est extrêmement instructive. D'après les Chroniques, il n'existe pas de généalogie pour la tribu de Dan. De nombreux experts ont observé que la majorité des noms qui apparaissent dans les généalogies elles-mêmes sont, soit des noms purement géographiques, soit des noms ayant un rapport avec des lieux; d'autres sont vraiment des noms personnels[312]. Mais le cas de la Tribu de Dan est particulier et nous donne un indice à propos du Temple, du Tabernacle et de l'Arche d'Alliance. Dans II Chroniques 2:11-14 l'historien D écrit:

> 11 Et Hiram, roi de Tyr, dit dans un écrit qu'il envoya à Salomon : À cause de l'amour de l'Éternel pour son peuple, il t'a établi roi sur eux.
> 12 Et Hiram dit : Béni soit l'Éternel, le Dieu d'Israël, qui a fait les cieux et la terre, de ce qu'il a donné au roi David un fils sage, doué de sens et d'intelligence, qui bâtira une maison à l'Éternel et une maison pour son royaume.
> 13 Et maintenant je t'envoie un homme habile, doué d'intelligence, Huram-Abi,
> 14 fils d'une femme d'entre les filles de DAN, et dont le père est Tyrien, sachant travailler en or, et en argent, en airain, en fer, en pierres, et en bois, en pourpre, en bleu, et en byssus, et en cramoisi, et [sachant] faire toute sorte de gravure et inventer toute sorte de choses qu'on lui donnera à inventer, avec tes hommes habiles et les hommes habiles de mon seigneur David, ton père..

Ce qui précède est supposé être une lettre d'Hiram de Tyr à Salomon, commentant les qualités d'un homme en particulier: le loyal conseiller du grand Hiram, envoyé vers David comme une grande faveur. Cet homme est présenté comme un grand concepteur et architecte. Il est nommé, et sa mère est dite appartenir à la tribu de Dan. Il sera l'architecte du Temple de Salomon. Autrement dit, il

[312] De Geus 1993

est le modèle archétypal du "grand architecte" Hiram Abiff des Francs Maçons.

Où donc est le problème? Lisez-donc cet extrait de l'Exode 31:1-7:

> 1 Et L'ÉTERNEL parla à Moïse, disant :
> 2 Regarde j'ai appelé par son nom Betsaleël, fils d'Uri, fils de Hur, de la tribu de Juda ;
> 3 et je l'ai rempli de l'esprit de Dieu, en sagesse, et en intelligence, et en connaissance, et pour toutes sortes d'ouvrages,
> 4 pour faire des inventions : pour travailler en or, et en argent, et en airain ;
> 5 pour tailler des pierres à enchâsser, et pour tailler le bois, afin d'exécuter toutes sortes d'ouvrages.
> 6 Et voici, j'ai donné avec lui Oholiab, fils d'Akhisamac, de la tribu de DAN ; et j'ai mis de la sagesse dans le coeur de tout homme intelligent, afin qu'ils fassent tout ce que je t'ai commandé :
> 7 la tente d'assignation, et l'arche du témoignage, et le propitiatoire qui sera dessus, et tous les ustensiles de la tente,...

La description ci-dessus, de l'ordre de construire une Tente des Assemblées et une arche, est pratiquement identique au contenu de la lettre adressée par Hiram à Salomon, y compris le nom du constructeur principal : Huram-abi de la tribu de Dan est devenu Hur, mais de la tribu de Juda.

> Et Betsaleël, fils d'Uri, fils de Hur, de la tribu de Juda, fit tout ce que l'Éternel avait commandé à Moïse ;
> 23 et avec lui Oholiab, fils d'Akhisamac, de la tribu de Dan, graveur, et inventeur, et brodeur en bleu, et en pourpre, et en écarlate, et en fin coton.

Un problème se pose lorsque nous lisons au Livre I des Rois, chapitre 7:13-21, ces informations des plus déconcertantes au sujet d'Hiram:

> 13 Et le roi Salomon envoya, et prit de Tyr Hiram.
> 14 Il était fils d'une femme veuve de la tribu de Nephthali, et son père était Tyrien, ouvrier en airain ; et il était rempli de sagesse et d'intelligence, et de connaissance pour faire tous les ouvrages en airain ; et il vint vers le roi Salomon, et fit tout son ouvrage.
> 15 Et il forma les deux colonnes d'airain : une colonne avait dix-huit coudées de hauteur, et un fil de douze coudées faisait le tour de l'autre colonne.
> 16 Et il fit deux chapiteaux d'airain fondu pour les mettre sur les sommets des colonnes ; l'un des chapiteaux avait cinq coudées de hauteur, et l'autre chapiteau avait cinq coudées de hauteur.

17 Il y avait aux chapiteaux qui étaient sur le sommet des colonnes, des réseaux en ouvrage réticulé de torsades, en façon de chaînes, sept à un chapiteau, et sept à l'autre chapiteau.
18 Il fit aussi des grenades, savoir deux rangées à l'entour, sur un réseau, pour couvrir les chapiteaux qui étaient sur le sommet des colonnes; et il en fit de même pour l'autre chapiteau.
19 Et les chapiteaux qui étaient sur le sommet des colonnes étaient d'un ouvrage de lis, [comme] dans le portique, de quatre coudées.
20 Et les chapiteaux, sur les deux colonnes, en haut, joignaient le renflement qui était derrière le réseau ; et il y avait deux cents grenades, en rangées, autour de l'autre chapiteau.
21 Et il dressa les colonnes vers le portique du temple ; et il dressa la colonne de droite, et appela son nom Jakin; et il dressa la colonne de gauche, et appela son nom Boaz.

Nous voyons sans trop de difficulté que ces passages proviennent de la même source, bien que l'une parle de la construction d'un temple et l'autre de celle d'une tente. L'un des problèmes est, bien sûr que, selon la Bible, les deux événements sont séparés par un très long laps de temps. Nous notons également les curieuses similitudes de noms entre Huram-Abi du passage des Chroniques II et Hur, le père de Bézalel, apparenté à Aholiab de la tribu de Dan. Tout aussi curieux est le nom de Bézalel, qui ressemble pas mal à celui de Jézabel, que nous avons identifiée comme étant sans doute la princesse phénicienne fille d'Ethbaal, roi de Tyr. Plus étrange encore est l'affirmation de l'inscription de Dan, selon laquelle lors de la destruction de la cité de Dan, la Maison de David avait été détruite. Qulel était la connextrion entre la Tribu de Dan et la Maison du Bienaimé ? S'agit-il, comme ces indices semblent l'indiquer, d'une seule et même personne?

Dans le passage de l'Exode nous constatons qu'une subtile substitution s'est produite: la tribu de Juda a été réunie à la tribu de Dan, et a même préséance sur elle. L'architecte Hiram, envoyé vers David, dont la mère était de la tribu de Dan et le père était Huram-abi, est à présent relégué à une position subalterne auprès de Bézalel de la tribu de Juda, qui est à présent "le fils de Hur." Ce qui est très important, c'est que nous voyons qu'un membre de la tribu de Dan a été le bâtisseur de l'Arche! Nous pouvons dès lors nous demander si la tribu de Dan est la vraie "maison de l'aimé"ou la lignée davidique. Et dans l'affirmative, qui sont-ils?

Sur la piste de la source de cette tribu, nous trouvons beaucoup de choses intéressantes. Au chapitre 30:1-6 de la Genèse, nous découvrons que Dan était l'enfant de Bilha, servante de Rachel:

> 1 Et Rachel vit qu'elle ne donnait pas d'enfants à Jacob, et Rachel fut jalouse de sa sœur, et dit à Jacob : Donne-moi des fils, sinon je meurs.
> 2 Et la colère de Jacob s'enflamma contre Rachel, et il dit : Suis-je à la place de Dieu qui t'a refusé le fruit du ventre ?
> 3 Et elle dit : Voici ma servante Bilha : va vers elle ; et elle enfantera sur mes genoux, et moi aussi j'aurai des enfants par elle.
> 4 Et elle lui donna Bilha, sa servante, pour femme ; et Jacob vint vers elle.
> 5 Et Bilha conçut, et enfanta un fils à Jacob.
> 6 Et Rachel dit : Dieu m'a fait justice, et il a aussi entendu ma voix, et m'a donné un fils ; c'est pourquoi elle appela son nom Dan.

Cette histoire est remarquablement semblable à celle de Sarai et Hagar aux chapitres 16:1-5 et 11 de la Genèse:

> 1 Et Saraï, femme d'Abram, ne lui donnait pas d'enfant ; et elle avait une servante égyptienne, et son nom était Agar.
> 2 Et Saraï dit à Abram : Tu vois que l'Éternel m'a empêchée d'avoir des enfants ; va, je te prie, vers ma servante ; peut-être me bâtirai-je [une maison] par elle. Et Abram écouta la voix de Saraï.
> 3 Et Saraï, femme d'Abram, prit Agar, l'Égyptienne, sa servante, après qu'Abram eut demeuré dix ans au pays de Canaan, et la donna à Abram, son mari, pour femme.
> 4 Et il vint vers Agar, et elle conçut ; et elle vit qu'elle avait conçu, et sa maîtresse fut méprisée à ses yeux.
> 5 Et Saraï dit à Abram : Le tort qui m'est fait est sur toi : moi, je t'ai donné ma servante dans ton sein ; et elle voit qu'elle a conçu, et je suis méprisée à ses yeux. L'Éternel jugera entre moi et toi!
> ....
> 11 Et l'Ange de l'Éternel lui dit : Voici, tu es enceinte, et tu enfanteras un fils, et tu appelleras son nom Ismaël, car l'Éternel a entendu ton affliction

Les dernières lignes des deux passages, qui parlent d'un "jugement", indiquent *qu'il s'agit en fait de la même histoire*.

Un autre lien intéressant saute aux yeux quand nous apprenons, dans le passage décrivant la création des piliers Jachin et Boaz, que Hiram appartenait à la tribu de Nephtali. Chroniques I, chapitre 7:13:

> 13 Les fils de Nephthali : Jahtsiel, et Guni, et Jétser, et Shallum, les fils de Bilha.

Souvenez-vous du nom "Shallum", car nous allons le rencontrer bientôt à nouveau.

Nous trouvons encore un autre indice. Au chapitre 49 de la Genèse, le patriarche Jacob, sur son lit de mort, a rassemblé autour de lui tous ses enfants afin qu'il puisse leur annoncer leur destinée. Lorsque vient le tour de Dan, aux versets 16 à 18, il dit:

> 16 Dan jugera son peuple, comme une autre des tribus d'Israël.
> 17 Dan sera un serpent sur le chemin, une vipère sur le sentier, qui mord les talons du cheval, et celui qui le monte tombe à la renverse.
> 18 J'ai attendu ton salut, ô Éternel!"

Cela est dit pratiquement comme si l'activité de Dan *était* le salut! Dans le Deutéronome 33:22, Moïse bénit la tribu de Dan en disant: "*Et de Dan il dit : Dan est un jeune lion, il s'élance de Basan.*" Mais dans la bénédiction de Jacob, au chapitre 49:8-9 de la Genèse, le Lion est attribué à Juda:

> Toi, Juda, tes frères te loueront ; ta main sera sur la nuque de tes ennemis ; les fils de ton père se prosterneront devant toi.
> Juda est un jeune lion. Tu es monté d'auprès de la proie, mon fils.
> Il se courbe, il se couche comme un lion, et comme une lionne ; qui le fera lever ?

Mettons cela en comparaison avec deux choses: la destinée prédite par Dieu quand il apparaît à Hagar auprès du puits lorsqu'elle a fui Sarai qui avait été cruelle envers elle pendant sa grossesse, et la bénédiction donnée par Isaac à son fils préféré Esau, après que Jacob ait trompé son père avec l'aide de sa mère, Rebecca. Il y a là des résonances intéressantes par rapport aux remarques au sujet de Juda. Le premier événement est raconté au chapitre 16:11-12 de la Genèse, et le deuxième au chapitre 27:39-40:

> 11 Et l'Ange de l'Éternel lui dit : Voici, tu es enceinte, et tu enfanteras un fils, et tu appelleras son nom Ismaël, car l'Éternel a entendu ton affliction.
> Et lui, sera un âne sauvage; sa main sera contre tous, et la main de tous sera contre lui ; et il habitera à la vue de tous ses frères.
> 2) Et Isaac, son père, répondit et lui dit : Voici, ton habitation sera en la graisse de la terre et en la rosée des cieux d'en haut.
> Et tu vivras de ton épée, et tu serviras ton frère ; et il arrivera que, lorsque tu seras devenu nomade tu briseras son joug de dessus ton cou.

L'une des choses les plus intéressantes que nous découvrons à mesure que nous creusons le sujet est que Sanson était de la tribu de Dan. Robert Graves écrit:

Hercule apparaît d'abord dans la légende comme un roi sacré pastoral et, peut-être parce que les bergers se réjouissent quand naissent des agneaux jumeaux, il est un jumeau lui aussi. Ses caractéristiques et son histoire peuvent être déduites d'une masse de légendes, coutumes populaires et monuments mégalithiques.

Il est le faiseur de pluie de sa tribu, et une sorte d'orage humain. Les légendes le relient à la Libye et aux Monts Atlas. Il se peut qu'il y ait fait son apparition à l'époque paléolithique. Les prêtres de la Thèbes d'Egypte, qui l'appelaient "Chou", font remonter son origine à 17.000 ans avant le règne du roi Amasis. Ses emblèmes sont le gland, la colombe de roche (qui fait son nid aussi bien dans le chêne que dans une fissure de rocher), le gui, et le serpent. Tous ces emblèmes sont sexuels. La colombe était sacrée pour la déesse de l'Amour en Grèce et en Syrie, le serpent est l'animal totémique phallique le plus ancien, le gland correspond au gland du pénis tant en grec qu'en latin, le gui était une panacée universelle, et ses noms de "viscus" et "ixias" sont à relier à "vis" et "ischus" (force) probablement à cause de la viscosité spermatique de ses baies, le sperme étant véhicule de vie.[...]

La manière dont il est mort est reprise dans quantité de légendes, coutumes populaires et autres survivances à connotation religieuse. A la mi-été, à la fin d'un règne d'une demi-année, Hercule est enivré au moyen d'hydromel, et mené au milieu d'un cercle délimité par douze pierres disposées autour d'un chêne devant lequel se trouve une pierre d'autel. Le chêne a été taillé de manière à ce qu'il ressemble à un T. Hercule y est attaché au moyen de branches de saule dans un "lien quintuple" qui relie poignets, cou et chevilles. Il est ensuite battu par ses camarades jusqu'à ce qu'il tombe évanoui, puis il est écorché, aveuglé, castré et empalé sur une branche de gui, et enfin découpé en tranches sur la pierre d'autel[313]. Son sang est recueilli dans un bassin et utilisé: toute la tribu en est aspergée pour la vigueur et la fertilité. Les tranches sont rôties sur des feux jumeaux de branches de chêne, allumés avec le feu sacré prélevé sur un chêne foudroyé ou obtenu en faisant tournoyer une baguette d'aulne ou de cornouiller dans une bûche de chêne. [...] Les douze compères s'élancent dans une sauvage danse en figure de huit autour des feux, et chantent en extase tout en déchirant la viande avec leurs dents. Les restes sanglants sont brûlés dans le feu, sauf les parties génitales et la tête. Ces derniers éléments sont placés dans une barque en bois

---

[313] Le lien quintuple a été décrit en 851 par un marchand arabe, Suleyman à son retour de Chine. Il écrit que "quand le condamné à mort a été troussé de cette manière et a reçu un nombre prescrit de coups, son corps, qui respire encore faiblement, est alors remis à ceux qui doivent le dévorer."

> d'aulne lancée sur la rivière jusqu'à un îlet, mais parfois la tête est fumée et conservée pour rendre des oracles. [...]
>
> A ce type d'Hercules se relient divers personnages: Hercule d'Oeta, Orion le Chasseur crétois, Polyphème le Cyclope, Sanson le Danite, Cuchulain of Muirthemne le héros solaire irlandais, Ision (toujours représenté ligoté dans un "lien quintuple" sur une roue solaire) - Agag l'Amalécite, Romulus de Rome, Zeus, Janus, Anchise, Dagda et Hermès. [...]
>
> Dans le mythe classique qui reconnaît sa souveraineté, il est un enfant miraculeux né d'une pluie d'or, qui étrangle un serpent alors qu'il est encore au berceau (un bateau), et on lui attribue le jaillissement de lait qui est à l'origine de la Voie Lactée. Devenu jeune homme il est un incomparable tueur de monstres et notamment d'un monstrueux sanglier qu'il démembre; [...] son alter ego lui succède pour la deuxième moitié de l'année ...; ayant acquis statut royal par son mariage avec la reine, la représentante de la Déesse Blanche, et en mangeant certaines parties de l'homme mis à mort: coeur, épaule ou cuisse[314]

Pour en terminer avec cette petite digression, nous trouvons encore une remarque étrange à propos de la tribu de Dan dans le Livre des Juges 5:17: Galaad est demeuré au-delà du Jourdain; et Dan, pourquoi a-t-il séjourné sur les navires ? Aser est resté au bord de la mer, et il est demeuré dans ses ports?

Chose étrange: une allusion à un peuple de marins? Le prophète Amos paraît être convaincu que cette tribu de Dan représente une menace sérieuse pour Yahvé. Il écrit au chapitre 8:14: *ceux qui jurent par le péché de Samarie et qui disent : Dan, ton Dieu est vivant ! et : La voie de Beër-Shéba est vivante ! Et ils tomberont, et ne se relèveront jamais"*.

Amos paraît suggérer que le "péché de Samarie" (probablement le veau d'or) est directement relié à la tribu de Dan. Et nous entrevoyons déjà que le "péché de Samarie" a aussi été celui de Ahab et Jézabel, la Maison du Bienaimé. Ce qui repose la question de savoir ce qu'était au juste la tribu de Dan et pourquoi elle a été changée en tribu de Juda. Si la tribu de Juda est en fait la tribu de Dan, alors cela signifie que la *Maison de David est la tribu de Dan.* Et grâce à ces indices, nous découvrons que *cette lignée appartenait à Ismaël et Esau, et non pas à Jacob*. Nous découvrons en outre que cette lignée est celle de "l'architecte du Temple de Salomon", le concepteur et constructeur de l'Arche d'Alliance, le bras droit du légendaire roi Hiram de Tyr.

---

[314] Graves, Robert, *The White Goddess*, 1948, New York, The Noonday Press.

LE FESTIVAL DES TABERNACLES

Cette affaire de Tabernacle nous mène à d'intéressantes spéculations. De nombreux spécialistes sont convaincus que les psaumes sont des créations littéraires destinées au grand festival des Cananéens: la Fête des Tabernacles, ou "niches." La fête des Tabernacles est un festival d'une semaine qui se déroule en automne, à l'occasion des moissons. Cette fête est aussi connue comme la Fête du Rassemblement, la Fête des Niches, Soukkoth, Souccoth, ou Soukkot (diverses orthographes dues au fait qu'il s'agit de transcriptions du mot hébreu qui se prononce "Soucaute"). Les deux journées qui suivent ce festival sont des jours fériés séparés: Shemini Atzeret et Simkhat Torah, mais ils sont en général considérés comme faisant partie du Festival des Tabernacles.

Une des allusions les plus intéressantes à ce qui a pu être une célébration primitive de la Fête des Tabernacles se trouve au chapitre 33 de la Genèse. Nos exégètes nous disent que les versets 1 à 17, proviennent de la source E du royaume du nord. L'incident en question suit un événement particulier survenu au chapitre précédent, où Jacob renvoie sa famille et reste seul pour lutter toute la nuit avec un "homme". Par la suite, cet homme est identifié comme un "ange de Dieu", et cet ange "blesse" Jacob à la cuisse. Qu'est-ce que cela veut dire cette blessure à la cuisse?

Apparemment, il souffre d'une blessure commune chez les lutteurs: le déplacement de la hanche vers l'intérieur qui survient lorsque les jambes font un grand écart forcé. Le blessé souffre d'un raidissement de la jambe, d'une dislocation et d'une rotation vers l'extérieur. Il ne peut plus marcher qu'en vacillant, d'une démarche raide, et sur les orteils. La jambe affectée est allongée, ce qui contracte les tendons de la cuisse, et les muscles se raidissent dans un spasme. Puisque l'histoire de Jacob nous vient d'une époque où le droit de gouverner était transmis par les femmes, et puisque Jacob avait bien acquis son nom sacré et son héritage, qui ne pouvaient provenir que d'une femme, il semble que quelque chose cloche sérieusement dans ce tableau. L'élément qui ressort est une transition du *hieros gamos* au combat rituel, souvent avec des sous-entendus sexuels résiduels.

Dans le mythe du combat entre Seth et Horus, Seth tente de s'unir sexuellement à Horus. Cela est en général considéré comme une insulte, mais mais il y a quelque chose de plus profond ici.

Dans le mythe et la littérature grecs, un principe formel veut que l'amour et la mort soient deux aspects d'une même force. Chez

Homère, il existe autant de manière de tuer que d'aimer, si pas plus. Le langage et les images sont, de manière dérangeante, interchangeables.

Le verbe *δαμαζο* (tout comme son équivalent *δαμνεμι)* comprend tout un éventail de significations, depuis la «subjugation» jusqu'au «viol», en passant par la «séduction», et l'allusion au « mélange », transmise par μειγνυμι, peut être celui d'amants ou de guerriers.

> Les deux types de couples s'empoignent, s'étreignent et connaissent une intimité intense pratiquement inconnue dans toute autre expérience humaine. En outre, tant l'acte d'amour que l'acte de mort est accompagné de «menus propos» et précédé d'une forme de jeu, un concours qui n'est pas encore violent, mais qui s'élèvera bientôt en puissance et qui sera décidé ou consommé sur un autre plan. [315]

Dans son ouvrage « La Poétique », Aristote fait remonter l'origine de la poésie au plaisir que les humains trouvent dans μιμεσις, ou le « rendu en images» de ce qui est délectable ou perturbant. Il dit que, très tôt, la poésie s'est divisée en deux courants : poésie de louanges et poésie d'attaque.

Dans le guerre des guerres grecques, et son subséquent Chant des Chants - l'Iliade - la violation de la ville de Troie et le viol de ses femmes est devenu une seule chose dans l'esprit des penseurs de l'Age de Bronze. La métaphore est linguistiquement incrustée dans le mot κρεδεμνα, qui signifie à la fois les remparts d'une ville et les voiles d'une femme. Dans l'histoire de la guerre de Trois, le brillant objet de désir n'est pas de l'or ni des chevaux, ni des bijoux, ni même le pouvoir; c'est une femme : Hélène.

A l'Age de Bronze, en dehors de la tradition grecque, dans le milieu culturel du monde à l'est de la Méditerranée , il y a convergence de Ερος et Ερις. Le thème de la violence ou de menace de violence provoquée par une rivalité à propos d'une jolie femme, absent de toute littérature antérieure du Proche Orient ancien, est évident dans l'histoire d'Abram, le mari d'une femme remarquablement belle. Craignant que la beauté et les attraits de sa femme le mettent en danger, il se fait passer pour le frère de son épouse. En fin de compte, le pharaon qui met la femme d'Abram dans son lit est décrit comme désireux de la voir repartir, car elle ne lui apporté que maladies et désastres.

---

[315] Maegher, Robert Emmet, *Helen : Myth, Legend and the Culture of Misogyny*, 1995, Continuum, New York, chapitre 3.

Si nous allons plus loin dans la relation entre ερος et ερις (l'amour érotique et le conflit mortel), nous trouvons une trace encore plus ancienne préservée dans la tradition poétique et représentée scéniquement dans des rituels comme celui du combat entre Jacob et l'Ange. Dans les cités antiques, c'était le roi en tant que représentant divin ou grand prêtre, qui avec le clergé du temple rejouait le *Hieros gamos* ou mariage sacré du Ciel et de la Terre.

L'histoire d'Hélène de Troie et de sa grande beauté qui a provoqué de telles catastrophes, est une clé du basculement de perception des femmes dans le monde antique. Hésiode a expliqué ce basculement dans son histoire de la première femme : Pandore.

Hésiode est supposé avoir composé sa «Théogonie» et «Les Travaux et les Jours» vers le huitième ou au début du septième siècle av. J.-C. On pense que les travaux d'Hésiode, tout comme ceux d'Homère, représentent l'aboutissement d'une vaste tradition orale de voix anonymes d'origine et d'âge incertains.

La « Théogonie » est un récit des origines des êtres divins qui ont créé et règnent sur le Cosmos. C'est une Histoire divine, retraçant une série de régimes dont le moment culminant est le règne de Zeus olympien. Les narrations plongent indubitablement leurs racines dans une série de mythes qui ont circulé à travers tout le Proche Orient ancien et qui, étant donné la nature cosmopolite du royaume omride, étaient familiers aux oreilles du peuple juif naissant.

Et voilà où les choses deviennent intéressantes. L'influence principale la plus probable exercée sur le récit d'Hésiode semble être les versions hittites des mythes hourriens de *Koumarbi* et *d'Oullikoummi*, ainsi que le mythe babylonien *Enuma Elish*. Il se peut que ces matériaux orientaux soient arrivés en possession d'Hésiode par l'intermédiaire de la Crète et de Delphes.

La *Théogonie*, tout comme la Bible, n'est pas métaphysique. Il s'agit purement et simplement d'un outil politique. Dans la *Théogonie*, le régime de Zeus et le règne de la justice olympienne sont célébrés comme des réalisations éternelles, tout comme Yahvé est célébré dans la Torah. Dans la *Théogonie*, Hésiode donne sa version des débuts de la Création, tout en assurant une propagande régulière de Zeus, aussi « juste que terrible ». Bien des passages de la *Théogonie* peuvent être comparés aux hymnes à Yahvé, censément composés par David, et à *l'Enuma Elish* qui contient des chants et louanges à la gloire du roi-guerrier Mardouk. Dans chaque cas, il y a fusion de la puissance militaire avec l'autorité absolue, la gloire et une promesse de justice aux exilés et à ceux qui sont en esclavage. Et clairement, dans chaque cas il y a complète subordination de la femme à l'homme, présentée comme une réussite philosophique, une évolution à partir de l'ancien ordre sauvage vers l'ordre nouveau, vers le monde glorieux du thériomorphisme mâle.

Dans la Théogonie, la première femme est «καλον κακον», καλον σignifiant "beau" et "κακον» signifiant «mauvais». Aurement dit, la première femme est un vivant oxymoron. Bien sûr, ces termes pourraient également signifier «un beau mal» ou bien une «beauté mauvaise», c'est-à-dire est-ce que la femme est essentiellement belle et notoirement mauvaise, ou bien essentiellement mauvaise bien que notoirement belle, ou simultanément mauvaise et belle?

Hésiode ne nous laisse aucun doute à ce sujet, car il clarifie ce point en nous disant que c'est κακον qui définit la substance ou l'essence d'une femme. La femme se révèle comme un mal non ambigu. «Zeus tonnant a fait les femmes comme un κακον pour les hommes mortels [...] ; il a façonné ce κακον en le destinant aux hommes pour leur faire payer le vol du feu».

Prométhée a été défié par Zeus qui a retiré aux hommes le feu en représailles du vol par Prométhée, des meilleurs morceaux sacrificiels. Prométhée s'était montré plus malin que Zeus, plus malin que le roi des dieux. Dans le premier cas, Prométhée avait enveloppé la viande et la graisse du bœuf dans la peau et l'estomac, non-comestibles, et avait ensuite enveloppé les os dénudés dans de la graisse luisante, sachant que Zeus les voudrait comme de sa prérogative. Dans le second cas, Prométhée a caché des braises vives dans une tige creuse de fenouil, ce qui lui permet d'éluder l'embargo de Zeus et de donner une nouvelle fois le feu aux humains.

Le thème en est « l'habileté » ou « art » utilisé pour créer une ruse ou δολον. Les mots τεχηνε, δολιε et δολον apparaissent très souvent dans le récit fait par Hésiode, des offenses de Prométhée conduisant aux représailles de Zeus.

C'est le mot δολον qui décrit la femme: habillée, voilée et couronnée, elle est nommée δολον: un piège, un leurre. La femme façonnée et vêtue par les dieux est une riposte «sur mesure» au luisant paquet d'os destiné à Zeus par Prométhée.

Selon Hésiode, la différence entre la beauté de la femme et sa méchanceté représente la différence entre les apparences de surface et la réalité. Couverte de fleurs et d'or, la femme est un θαυμα, une « merveille à contempler». Les hommes et les dieux sont remplis d'effroi mêlé d'admiration à sa vue. Mais seuls les hommes sont sans défense contre ses charmes. La femme est un «appât» et les hommes n'ont aucune «résistance» devant elle, et ce sont les dieux qui l'ont voulu ainsi. L'homme est incapable de résister à l'attirante nouvelle épousée qui une fois entrée dans la maison de l'époux et ses charmes superficiels ayant fait long feu, laisse son mari en grande misère, avec un puits sans fond dans lequel il devra laisser tous ses biens, ses efforts et sa force vitale.

Et voilà : le moment de la création de la femme est le moment de la destruction de l'homme. Autrement dit, un sacrifice aux dieux qui a mal tourné, une brève insubordination, et l'humanité se trouve dans une misère sans fond, objet d'une vengeance.

Mais ce que l'on ne voit pas initialement, c'est que le problème est en fait la souveraineté. Prométhée a lancé deux défis de taille à Zeus au nom de l' humanité. Le fait est que les quatre fils de Japet[316] et Clymène : Atlas, Menotios, Prométhée et Epiméthée, ont fait des ennuis à Zeus depuis le début, car ils représentent un lignage rival, celui d'Ouranos et de Gaïa qui, s'il s'allie à l'humanité indisciplinée, pourrait être une menace pour les dieux ! Le plus agité des quatre est Prométhée. Son nom signifie « prévoyance », et sa connaissance de ce qui doit se produire est ce qui l'a insipiré à aider l'humanité. C'est un archi-rebelle, un champion de l'humanité, déterminé à élever le status des êtres humains en leur donnant l'imagination créative, un esprit provocant, et le feu divin, c'est-à-dire tout ce qu'il faut pour les faire devenir comme des dieux.

L'histoire suggère un « concours » entre les hommes et les dieux, qui devait se décider dans un sacrifice animal[317]. L'humiliation de Zeus lui a fait prendre la mesure extrême de retirer le feu aux hommes, ce qui les réduira bientôt pratiquement à une condition animale. Humilié pour la deuxième fois, Zeus trouve la solution finale : la Femme.

Dans *Les Travaux et les Jours*, les quatre âges de l'homme sont venus et repartis, chacun pire que le précédent.

. Notons que la circoncision est une castration symbolique, et que de nombreux adorateurs mâles de la déesse s'efforçaient de lui ressembler et de devenir des femmes.

Quoi qu'il en soit, immédiatement après cette séance de lutte, "l'ange" change le nom de Jacob, qui signifie "usurpateur,

---

[316] Un Titan, fils de Gaia et d'Uranus. Clymène, fille d'Océan, et Japet, engendrèrent les Titans Prométhée, Epiméthée, Atlas et Ménoetius. Au cours de la guerre entre les dieux et les Titans, il fut précipité par Zeus dans le Tartare

[317] Dans ce récit, il y a de curieux rapports entre le défi du sacrifice de Prométhée et le récit du défi lancé par Elisha contre les prêtres de Baal, à la suite duquel du feu est tombé du ciel pour consumer l'offrande d'Elisha.

combinard, tricheur et escroc" en celui d'*Israël.* L'incident de ce changement de nom après une "rencontre" avec un "être divin" nous remet en mémoire l'incident du changement de nom d'Abraham, qui a été immédiatement suivi de la circoncision tant d'Abraham que d'Ismaël[318], ce qui nous met devant un nouveau doublet concernant des événements essentiels: ceux qui entourent Moïse. Immédiatement après l'incident du "buisson ardent' au cours duquel Dieu parle à Moïse en lui ordonnant de retourner en Egypte et d'y libérer son peuple, il arrive ce qui suit:

> Exode 4:24: Et il arriva, en chemin, dans le caravansérail, que L'ÉTERNEL vint contre lui, et chercha à le faire mourir.
> 4-25: Et Séphora prit une pierre tranchante et coupa le prépuce de son fils, et le jeta à ses pieds, et dit : Certes tu m'es un époux de sang ! Et [l'Éternel] le laissa.
> 4-26 Alors elle dit : Époux de sang ! à cause de la circoncision.

Cet incident est comme un "lien de conjonction" entre l'histoire d'Abraham et le pacte de circoncision, l'histoire de Jacob luttant avec l'ange, et Moïse. Nous commençons à soupçonner qu'à la base de toutes les histoires bibliques il y a un seul récit qui a été mythifié au sein de divers groupes tribaux, et que par la suite les différentes histoires ont été ré-assemblées et "historicisées". Des généalogies ont été insérées pour donner un aspect "vertical" aux variantes d'une même histoire, alors qu'à l'origine, toutes ces histoires étaient "horizontales" dans le temps.

Pour en revenir à l'histoire de Jacob, alors qu'il se trouvait encore dans le ventre de sa mère, Jacob avait pris la place de son jumeau, Esau, en tirant celui-ci par le talon, lui retirant par là son statut royal. Le verbe grec *pternizein*, utilisés par les Septante dans ce contexte, signifie "trébucher sur le talon de quelqu'un". Jacob est le roi sacré qui est parvenu à son office en marchant sur un rival. Mais la sanction de cette victoire est qu'il ne pourra plus jamais déposer à terre son propre talon sacré. Il est, en fait, une marionnette. Au chapitre 18:26 du premier Livre des Rois, lorsque les prêtres de Baal dansent devant l'autel et s'écrient: "Baal, écoute-nous!" ils sautillent, selon la version autorisée. Le mot hébreu original est formé de la racine *psch*, qui signifie "danser en boîtant", et le mot Pesach, le nom de la Fête de la Pâque en est dérivé.

La Fête de la Pâque semble avoir été une célébration cananéenne du Printemps, que les rédacteurs de la Bible ont adaptée à leur propre usage, comme une commémoration de la Fuite d'Egypte. Au Carmel, la danse claudiquée peut avoir été une forme de magie

[318] Genèse 17:22-26

sympathique destinée à encourager l'apparition de Dieu, et comportait le port d'un pied de taureau armé, comme Dionysos, d'une torche. Le rédacteur ne donne pas son vrai nom, mais puisque ces prêtres de Baal en particulier (et Baal signifie seulement "seigneur") étaient des Israélites, le nom pourrait avoir été "Jah Aceb" le dieu au talon. Jah Aceb semble aussi avoir fait l'objet d'un culte à Beth-Hoglah, le Sanctuaire du Boîteux, entre Jéricho et le Jourdain au sud de Gilgal. Ceci a été identifié comme l'aire de battage de Atad, là où Joseph a pleuré la mort de Jacob.

Jacob s'en va ensuite voir son frère, Esau, qu'il a supplanté de nombreuses années auparavant, et craignant la colère d'Esau, il place ses enfants et ses femmes en tête de la caravane, dans l'espoir que cela attendrira le coeur de son frère et qu'Esau ne le tuera pas.[319]

Mais Esau avait depuis longtemps oublié sa rancœur. Il embrasse Jacob et *accepte ses présents en bétail et probablement même en esclaves.* L'histoire prend ensuite un tour bizarre. Apparemment, Esau avait pensé que Jacob/Israël allait faire avec lui le voyage jusqu'à Seir. Mais Jacob s'attarde et dit à Esau d'aller de l'avant. Alors, après le départ d'Esau, Jacob s'en va dans une direction *différente et, dit-on, se bâtit une maison et des abris pour les animaux, c'est pourquoi le nom de l'endroit est Souccoth.*"(v. 17)

Mais l'analyse de ce mot, nous révèle que sa signification archaïque est une "petite chambre" aménagée le long de la route par une "prostituée du temple", comme dans l'histoire de Juda et Tamar in au chapitre 38:14 de la Genèse, dans le document J!

Qu'était donc le Festival cananéen des Tabernacles?

La Grèce ancienne dédiait une de ses fêtes de la Moisson à la déesse de la terre et du grain: Déméter. La fête, connue sous le nom de *Thesmosphoria,* durait trois jours, et comportait la construction de petites cabanes par des femmes mariées, le jeûne, et des offrandes à Déméter. Le lien entre les femmes mariées et le festival fait penser que fécondité du ventre et moissons fécondes allaient de pair. Le mot *Mete*r se rapporte naturellement à la mère, et *De* est le delta, ou triangle, signe génital féminin. Dans les anciens alphabets, cette lettre représentait la porte de la naissance, la mort, ou le paradis sexuel.

Ainsi donc, la "petite chambre" ressemble assez bien à une structure établie de manière à représenter une "ouverture de porte". En général, les entrées de porte étaient considérées comme consacrées aux déesses, et dans le pays de Sumer elles étaient

[319] Autrement dit, il se cachait derrière les jupes des femmes.

peintes en rouge pour représenter “le flux de vie” féminin. En Egypte, les entrées de porte étaient enduites de sang authentique pendant les rites religieux en l'honneur de la déesse.

N'avons-nous pas déjà entendu parler de cela quelque part?

Le culte de Déméter, célébrant les *rites d'Eleusis* était bien établi à Mycènes au treizième siècle av. J.-C. et il est plus que probable que la fête cananéenne des Tabernacles soit un rejeton de cette activité. Nos sources d'information en ce qui concerne les Mystères d'Eleusis incluent les ruines du sanctuaire à cet endroit, de nombreuses statues, des bas-reliefs, et des poteries. Nous avons également des comptes rendus faits par divers auteurs: Eschyle, Sophocle, Hérodote, Aristophane, Plutarque, et Pausanias – *dont tous étaient des initiés* – ainsi que des rapports faits par des commentateurs chrétiens tels Clément d'Alexandrie, Hippolyte, Tertullien, et Astorias, tous des critiques et non des initiés. Et cependant, malgré tous ces témoignages la vraie nature des Mystères reste enveloppée dans l'incertitude, car les participants ont été fidèles à leur parole de ne pas révéler ce qui se passait dans le Telesterion, ou saint des saints du Temple de Déméter. La violation de ce serment de garder le secret était une offense capitale.[320] Pour ces raisons, les spécialistes actuels doivent se contenter d'évidences circonstancielles, ce qui a pour résultat une absence de consensus sur ce qui a eu lieu ou n'a pas eu lieu.

Foucart et ses disciples ont conclu que les Mystères d'Eleusis sont originaires d'Egypte[321]. Le fait est que les ruines du sanctuaire d'Eleusis remontent manifestement à plusieurs siècles avant l'*Hymne égyptien à Déméter* récité par Homère, et qui est souvent cité comme la preuve de son origine égyptienne. En outre, les excavations n'ont mis au jour aucun objet égyptien manufacturé datant de cette époque.

De nos jours, de nombreux érudits sont convaincus que le culte rendu à Déméter vient de Thessalie ou de Thrace. Ils basent leurs conclusions en partie sur les références trouvées dans l'œuvre d'Homère, chez d'autres auteurs anciens, et sur des temples à Déméter clairement pré-doriens dans les villes thessaliennes de Thermopyles, Pyrasos et Pherai; en partie sur certains liens étymologiques reliant des mots-clés des rites de Déméter à des dialectes pré-helléniques du nord[322]. D'autres spécialistes affirment que Déméter était à l'origine une déesse “Daméter,” brièvement

---

[320] Eschyle par exemple, a bien failli perdre la vie pour en avoir trop dit sur des vérités interdites.

[321] Foucart 2-23; Magnien 44-46

[322] Mylonas 14-20; Kerényi 111, 145

mentionnée dans les tablettes linéaires B de Pylos, qui datent d'approximativement 1.200 av. J.-C.

Ces témoignages suggèrent que le culte de Déméter pourrait, après tout, être originaire du sud du Péloponnèse.[323]

De toute manière, que le culte particulier de Déméter à Eleusis soit originaire du nord ou du sud de la Grèce, les indéniables parallèles avec des cultes rendus à des déesses des céréales dans d'autres régions de la Méditerranée orientale permettent de conclure qu'il y a eu là-bas de fréquents contacts et une fertilisation croisée des idées religieuses. Et bien que nous pensions que la Fête cananéenne des Tabernacles soit une version corrompue d'une forme plus ancienne, nous croyons qu'il y a quelque chose de très mystérieux derrière cette volonté de faire du Tabernacle le lieu où doivent être gardées les lois de Yahvé, comme pour convertir une autre fonction, antérieure.

Il se fait que le terme "Thesmophoria" a pour étymologie *thesmoi,* qui signifie "lois," et *phoria,* "qui porte," en référence à la déesse vue comme "*porteuse de la loi*".

Mais le symbolisme de l'Arche vue comme "porteuse de la loi" dans la "Tente des Réunions", ou la "Mère-Delta, "porte des mondes supérieurs" a remplacé la signification originelle et, par ce processus, le rôle des femmes.

Il existe d'innombrables ouvrages spéculant sur les rites d'Eleusis. J'en écrirai peut-être un moi-même un de ces jours. Mais pour le moment, je couperai court aux spéculations en disant que tout ce que nous pouvons dire du but de ces rites est qu'ils avaient rapport avec une "ascension" ou une "descente" dans d'autres mondes, pour pouvoir accomplir l'acte archétypal de création du Nouvel An.

Nous avons déjà une petite idée de ce que représentaient ces rites et célébrations puisqu'ils font clairement des parallèles avec l'ensemble du Graal que nous avons brièvement analysé dans des chapitres précédents du présent ouvrage. Les fêtes du Nouvel An des anciens comprenaient des rites symbolisant la nature cyclique du temps, l'épuisement des ressources cosmiques aboutissant au chaos, et étaient suivies du *hieros gamos*, ou mariage sacré. Celui-ci représentait en fait la "plantation de la graine" dans le nouvel univers, ou le "passage" à travers les eaux du déluge, dans une arche, pour arriver dans un nouveau monde. Il pouvait également représenter, dans sa forme originelle, une application de la

---

[323] Ventris et Chadwick 289

connaissance des Boucles Temporelles - une machine à voyager dans le Temps.

Dans ce sens, il paraît raisonnable de conclure que l'ascension ou la descente proprement dite ait constitué le mariage sacré lui-même et que, peut-être, un accouplement sacré symbolisait l'union avec la déesse, la rencontre de l'homme et de la divinité, et la réception des "lois" ou "destinées" pour tout le groupe au cours de l'année nouvelle. Et si l'on va encore un pas plus loin dans la science archaïque dont nous supposons l'existence, il se pourrait que le *hieros gamos* ait été un des symboles de la "dissolution dans le Temps" d'une Machine à voyager dans le Temps.

Pendant le *hieros gamos,* toute lumière était éteinte. L'hiérogamie se déroulait sous la direction de l'hiérophante, ou *à l'intérieur d'une tente préservant l'intimité.* Et la ré-apparition des lumières signifiait que l'année écoulée était morte et que la graine avait été plantée, permettant la naissance de l'année nouvelle. Il est dit que "*l'ultime mystère était révélé à Eleusis dans les paroles: un épi de maïs récolté dans le silence"* - un fétiche sacré" que les Juifs nommaient *shibboleth.*"[324]

Cette affaire de "shibboleth" est un indice intéressant. Le mot lui-même est dérivé d'une racine hébraïque inusitée "shebel", qui signifie "couler" comme la traîne d'une robe, ou quelque chose qui *suit une femme ou s'écoule d'elle.* L' "épi de maïs" est donc vu comme quelque chose qui "grandit d'une femme", ou bien cette graine "s'écoule d'elle", et le grain est le présent de la déesse. Nous voyons exactement illustrée ici l'énergie bio-électronique qui doit avoir été nécessaire pour permettre à l'énergie cosmique d'amener les paniers pleins de grain décrits par le Rig Veda:

> Les adorables Maroutes, armés de lances brillantes et cuirassés de pectoraux d'or, mènent une existence vigoureuse; *puissent les chariots des rapides Maroutes arriver pour notre bien.* ...Faiseurs de pluie et porteurs de fertilité, verseurs d'eau, *multiplicateurs de nourriture.* ...Pourvoyeurs d'une nourriture abondante. ...Vos outres à lait ne sont jamais sèches. ...Nous invoquons les *chariots chargés de nourriture* des Maroutes."[325]

Le mot "shibboleth" n'apparaît qu'une seule fois dans la Bible, dans une histoire tragique racontée aux chapitres 11 et 12 du Livre des Juges. Il y avait un certain Jephthé, fils d'une prostituée. Il avait été expulsé de la maison familiale par les fils légitimes de son père,

---

[324] D'Alviella, Count Goblet, *The Migration of Symbols*, New York: University Books, 1956
[325] *Rig-Veda*, Vol III.

(Galaad), et était devenu en quelque sorte le chef d'une bande de défavorisés. Un peu comme Robin des Bois. Et aussi un peu comme David pendant sa période "hors-la-loi".

Il se fait que ses frères qui l'avaient rejeté, les "aînés de Galaad", firent l'objet d'attaques par les "enfants d'Ammon." Ils avaient désespérément besoin d'aide et, sachant que Jephthé avait une réputation d'intrépide guerrier et qu'il était entouré d'une bande de "compères", ils allèrent implorer son aide.

Jephthé leur fit remarquer qu'ils étaient drôlement culottés, pour venir lui demander d'intervenir dans leurs combats; mais ils le persuadèrent en l'assurant que s'il les aidait, ils feraient de lui le chef de la famille. C'était là un argument auquel il était difficile de résister, et Jephthé accepta de les aider. Non content de cela, il fit par-dessus le marché le serment public que si Yahvé lui accordait le succès dans son entreprise, il lui offrirait en holocauste, "*la première créature qui sortira de ma maison pour venir à ma rencontre, lorsque j'y retournerai.*" Je suis certaine que le lecteur aperçoit déjà ce qui est en train de se profiler à l'horizon. De fait, Jephthé remporta la bataille.

> Et Jephthé vint à Mitspa, dans sa maison ; et voici, sa fille sortit à sa rencontre avec des tambourins et des danses*; et elle était seule, unique : il n'avait, à part elle, ni fils ni fille.
>
> Et il arriva, quand il la vit, qu'il déchira ses vêtements, et dit : Ah, ma fille ! tu m'as accablé, et tu es de ceux qui me troublent ! car j'ai ouvert [ma] bouche à l'Éternel, et ne puis revenir en arrière.
>
> Et elle lui dit : Mon père, si tu as ouvert ta bouche à l'Éternel, fais-moi selon ce qui est sorti de ta bouche, après que l'Éternel t'a vengé de tes ennemis, les fils d'Ammon.
>
> Et elle dit à son père : Que cette chose me soit faite : laisse-moi pendant deux mois, et je m'en irai, et je descendrai sur les montagnes, et je pleurerai ma virginité, moi et mes compagnes.
>
> Et il lui dit : Va. Et il la renvoya pour deux mois. Et elle s'en alla, elle et ses compagnes, et pleura sa virginité sur les montagnes.
>
> Et il arriva, au bout de deux mois, qu'elle revint vers son père ; et il accomplit à son égard le vœu qu'il avait voué. Et elle n'avait point connu d'homme.
>
> Et ce fut une coutume en Israël, que d'année en année les filles d'Israël allaient célébrer la fille de Jephthé, le Galaadite, quatre jours par année

Eh bien, à part le fait que, si nous prenons la Bible au mot nous pouvons nous douter que Yahvé était, à l'origine, un dieu qui *exigeait* des sacrifices humains, nous voyons ici clairement que Yahvé *acceptait* au moins à l'occasion un sacrifice humain! Mais en un certain sens, ceci n'est qu'une autre version de l'histoire où Abraham avait presque sacrifié son fils Isaac, qui est elle-même presqu'identique à une histoire védique de Manou. Ces actes sont basés sur *sraddha,* ou "amour naturel du coeur", foi, "dévotion sans faille", etc.[326]

Selon Dumezil et Levi, le mot *sraddha* a été trop hâtivement interprété comme la "foi" dans un sens chrétien. Correctement compris, il s'agit de la confiance placée par l'ouvrier dans ses outils et techniques en tant qu'actes magiques! Il s'agit dès lors d'un élément d'un pacte dans lequel le sacrificateur sait comment accomplir correctement un sacrifice prescrit et il sait également que s'il accomplit le sacrifice correctement, celui-ci *doit être* suivi d'effets.

En résumé, c'est un acte destiné à exercer un contrôle sur les forces de vie qui résident dans le dieu avec lequel le pacte a été conclu. Ces dieux devenus éléments de pactes ne sont pas des "ornements littéraires" ni des abstractions. Ce sont des partenaires actifs dotés d'intelligence, de passion, et ayant tendance à perdre tout contrôle si les sacrifices ne sont pas accomplis correctement. Dans ce sens, le sacrifice est simplement magique.

Dans un autre sens, l'ascète ou "auto-sacrificateur" est une personne qui s'efforce de se libérer des liens et de l'ordre de la nature en se mortifiant le « soi» et la chair, en mettant à l'épreuve et an renforçant sa volonté *dans le but d'acquérir des pouvoirs tyranniques alors qu'il est encore de ce monde*. Il cherche à exercer sa maîtrise sur lui-même, d'autres hommes, et sur les dieux eux-mêmes.

Dans l'histoire de Manou, en Inde, nous voyons qu'il a la manie du sacrifice, tout comme les ascètes et les saints ont la manie de la dévotion et du sacrifice de soi. Les histoires les plus répandues dépeignent Manou esclave de son *sraddha*, abandonnant aux démoniaques *asuras* Trsta et Varutri, tout ce qu'il possède de quelque valeur. Tout ce que ces démons ont à dire pour obtenir quelque chose de Manou est: "Manou, tu es un sacrificateur, ton dieu est le sraddha". C'est ainsi qu'ils exigent de lui une chose après l'autre, et pour finir, même sa femme: Manavi. Mais Indra intervient alors pour sauver Manavi. Il apparaît à Manou et prononce les mêmes paroles: "*Manou, tu es un sacrificateur, ton dieu est le sraddha.*" Pour déjouer le complot des démoniaques

[326] Meillet, Antoine; *Mémoires de la Société de Linguistique de Paris*, XXII, 1992.

brahmines qui ont induit en Manou l'état de sraddha, ou *croyance en la nécessité d'un sacrifice*, Indra exige le sacrifice de ces mêmes brahmines démoniaques! Manou, étant voué au *sraddha*, les remet sans aucune difficulté, et Indra les décapite avec l'eau du sacrifice.

Les actes de sacrifice sont en fait des *actes d'échange*: l'exécution d'un contrat d'échange entre l'homme et la divinité. "Je donne pour que tu puisses donner". Dans l'histoire de la Bible où le sacrifice de Caïn, une offrande de grain, est rejeté, nous voyons un reflet de l'idée qu'un dieu *évalue* la valeur de l'offrande proposée.

Manou, privé de sa victime par la miséricordieuse intervention d'Indra, est ulcéré parce que "ses droits" ont été bafoués. "Finis mon sacrifice!" dit-il à Indra. Indra lui lance un défi: "*Le désir que tu as eu de prendre ton épouse pour ta victime, qu'il te soit accordé; mais laisse vivre cette femme!*"[327] Dans l'histoire d'Abraham sacrifiant son fils, Isaac, et voyant apparaître un bélier dans les taillis, nous avons une variante très intéressante sur ce thème. Agni est comparé à Vasishtha, "né dans le lotus" ou "de la déesse."

Dans l'histoire de la fille de Jephthé, nous voyons que le rédacteur des textes bibliques a estimé que l'histoire ne pouvait être omise, mais il fallait dissimuler la vraie nature du sacrifice. Cela devient plus clair grâce à ce qui suit:

> Llew Llaw Gyffes (Le Lion à la Main Ferme), une sorte de Dionysos, d'Hercule céleste adoré dans la Grande Bretagne de l'antiquité, est généralement identifié à Lugh, le dieu solaire goidélique ...Et s'il n'était que le Soleil! Il est le glorieux visage de Lugh aux longues mains – que personne ne peut regarder en face sans être ébloui.'
>
> Sa mort, le premier dimanche d'août, appelée "Lugh nasadh" - devenu par la suite Lugh-mass ou Lammas – a été célébrée en Irlande jusqu'à une période récente, jour de deuil comparable à celui du Vendredi Saint, et a conservé ce titre de fêtes des défunts. La procession est toujours conduite par un jeune homme portant une couronne de fleurs mortuaire. Lammas était encore observé au Moyen-Age comme une célébration mortuaire dans la plupart des régions de Grande Bretagne ...
>
> Dans certaines régions du Pays de Galles, Lammas est célébré de nos jours sous forme de foire. Sir John Rhys rapporte que dans les années 1850 les collines de Fan Fach et South Barrule dans le Carmarthenshire étaient couvertes d'une foule portant le deuil de Llew Llaw le premier dimanche d'août, le prétexte étant que l'on

---

[327] Sylvain Levi, cité par Dumezil, ***Mitra-Varuna***, p.63

> "montait pleurer la mort de la fille de Jephthé sur la montagne.' Curieusement, c'est ce même prétexte qui a été utilisé par les jeunes Juives d'après l'Exil, après les réformes deutéronomiques, pour dissimuler leurs lamentations sur Tammouz, la contrepartie palestinienne de Llew Llaw.[328]

Un autre indice concernant les rites éleusiniens est qu'ils étaient, dit-on, célébrés *seulement par des femmes*, dans toute la Grèce, au mois de Pyanepsion (fin octobre), leur trait principal étant *le sacrifice d'un porc*, sacrifice habituel aux divinités chthoniennes[329]. Les Grecs attribuaient des forces particulières aux cochons, au vu de leur fertilité, de la puissance et de l'abondance de leur sang, et peut-être aussi de leur talent inégalé pour déterrer tubercules et jeunes pousses. Selon les historiens, il existait une croyance selon laquelle un mélange de chair de porc et de semences de grain assurait l'abondance des récoltes de l'année suivante. Ces experts pensent également que les cérémonies comportaient le jeûne et la purification, *une descente ritualisée vers les mondes inférieurs*, et le recours à la magie sympathique pour extraire de la mâchoire des morts un renouveau de vie[330].

C'est ainsi que nous découvrons que ceux qui participaient aux Themosphoria honoraient la gent porcine et que leurs rituels comportaient le lavage et le sacrifice de jeunes porcs sacrés à Déméter (bien que ceci se passât sur les plages du Pirée plutôt qu'à Eleusis même). Et nous voyons également que cela était une pratique cananéenne, très étrangement juxtaposée à une religion connue de nos jours pour son horreur du porc. Est-ce parce que l'animal sacré de la religion rivale était le cochon, ou est-ce parce que, aux tréfonds de cette religion, le cochon ne doit pas être mangé parce qu'il est révéré? Et si c'est le cas, pourquoi? Est-ce que le cochon aurait été jadis la personnification d'un dieu? Voyons cela. Au chapitre 12:6-7 de la Genèse, nous voyons Abraham faire un pacte avec Dieu :

> Et Abram passa au travers du pays, jusqu'au lieu de Sichem, jusqu'au chêne de Moré.
> Et le Cananéen était alors dans le pays. Et L'ÉTERNEL apparut à Abram, et dit : Je donnerai ce pays à ta semence. Et [Abram] bâtit là un autel à l'Éternel, qui lui était apparu.

Ensuite, au chapitre 22:2-3 de cette même Genèse, nous voyons que Dieu dit à Abraham:

---

[328] Robert Graves, *The White Goddess*, 1948, New York, Noonday Press.
[329] "Sombres, primitives et mystérieuses."
[330] (Harrison 120-31; Baring and Cashford 374-77)

> Et [Dieu] dit : Prends ton fils, ton unique, celui que tu aimes, Isaac, et va-t'en au pays de Morija, et là offre-le en holocauste, sur une des montagnes que je te dirai.
> Et Abraham se leva de bon matin et bâta son âne et prit avec lui deux de ses jeunes hommes, et Isaac, son fils ; et il fendit le bois pour l'holocauste, et se leva, et s'en alla vers le lieu que Dieu lui avait dit.

Et dans le livre II 3:1 des Chroniques nous trouvons:

> Et Salomon commença de bâtir la maison de l'Éternel à Jérusalem, sur la montagne de Morija, où [L'ÉTERNEL] était apparu à David, son père, sur l'emplacement que David avait préparé dans l'aire d'Ornan, le Jébusien.

L'autre nom de Morija est le Mont Sion. Isaïe nous dit que le Mont Sion est le Trône du Seigneur des Armées qui "disperse, distribue et foule aux pieds". Le "Temple" a été construit sur la "terre battue de Ornan" (Araunah dans une autre version), symbolique du dieu des moissons Tammouz, qui a exigé les "premiers fruits" du grain. Cependant, Jéhovah n'avait qu'un intérêt très relatif pour le grain. Ce qu'il voulait, c'était du sang:

> Exode 34:19 — Tout ce qui ouvre la matrice est à moi, et tout ce qui naît mâle de ton bétail, le premier-né, tant du gros que du menu bétail.
> 20 Et le premier-né de l'âne, tu le rachèteras avec un agneau; et si tu ne le rachètes pas, tu lui briseras la nuque. Tout premier-né de tes fils, tu le rachèteras ; et on ne paraîtra pas à vide devant ma face.
> 21 — Six jours tu travailleras, et le septième jour, tu te reposeras ; tu te reposeras, [même] au temps du labourage et de la moisson.

L'ordre de Jéhovah concernant le septième jour qui doit lui être consacré l'identifie avec Cronos ou Saturne. Il est dit que le Phrygien Adonis a été métamorphosé en pin par la déesse Cybèle qui l'aimait, *alors qu'il gisait mourant d'une blessure reçue d'un sanglier envoyé par Zeus.* Seth, Le dieu Soleil égyptien, *déguisé en sanglier*, a tué Osiris. Apollon, le dieu Soleil grec, *déguisé en sanglier*, a tué Adonis, ou Tammouz, le Syrien, amant de la déesse. Finn Mac Cool, *déguisé en sanglier*, a tué Diarmuid, l'amant de la déesse irlandaise Grainne. Un dieu inconnu, *déguisé en sanglier* a tué Ancée, le roi arcadien, dévoué à Artemis, dans son vignoble de Tegea, et d'après le *Gannat Busame* Nestorien, le Zeus crétois a été tué de manière semblable. Octobre était la saison pendant laquelle le sanglier était chassé et c'était aussi la saison festive pour les Bassarides couronnées de lierre. Le sanglier est l'animal de la mort, et la “chute (automne)” de l’année débute pendant le mois du sanglier.

En Egypte, l’année se décomptait en 360 jours divisés en trois saisons de 120 jours, chacune d’elles comportant cinq périodes égales de 24 jours, avec cinq jours en surplus. Selon les Egyptiens, ces cinq jours étaient ceux pendant lesquels le dieu Thoth (Hermès) battait au jeu de dames la déesse de la Lune: Isis, et étaient composés du 72e de chaque jour de l’année. Les anniversaires d’Osiris, Horus, Seth, Isis et Nephthys étaient célébrés ces jours-là et dans cet ordre.

Il semble, d’après le mythe, *qu’un changement de religion ait nécessité un changement de calendrier.* L’ancienne année de 364 jours et un jour en surplus a fait place à une année de 360 jours avec 5 jours en surplus. Plus tard, sous l’influence assyrienne, les trois saisons ont été divisées en quatre périodes de 30 jours, de préférence à cinq périodes de 24 jours chacune. La saison de 72 jours est observée dans le mythe égypto-phénicien, dans lequel la déesse Isis soustrayait son fils Horus, ou Harpocratès, à la rage du dieu-Soleil aux oreilles d’âne, pendant les 72 journées les plus chaudes de l’année, la troisième des cinq saisons, gouvernée par le Chien Sirius et les deux Anes.

La légende grecque selon laquelle le dieu Dionysos a placé les Anes dans le signe du Cancer suggère que le Dionysos qui s’est rendu en Egypte et a été reçu par Protée, le roi de Pharos, était Osiris, frère du dieu hyksos Typhon, alias Seth. Les premiers occupants du Delta avaient fait de Pharos, l’île-phare au large de ce qui fut plus tard Alexandrie, leur île oraculaire sacrée.

D’après la légende homérique , le roi Protée, roi de Pharos, vivait dans une caverne où Ménélas le consultait. Il avait le pouvoir de changer de forme. Apulée relie à Pharos le sistre d’Osiris, utilisé pour écarter le dieu Seth. Cela nous fait penser que Protée et Osiris étaient considérés comme une seule et même personne. Un autre Protée, ou Proetus, était arcadien.

Le grand quai de débarquement qui se trouvait à l’entrée du port de Pharos était composé de gros blocs, dont certains mesuraient 4m80 (16 pieds) de long, portant en gravure profonde un motif d’échiquier en forme de pentagones. Puisque le pentagone n’est pas une figure adaptée à ce genre de construction, certains chercheurs ont émis l’idée que le nombre cinq doit avoir eu une importante signification religieuse. Robert Graves se demande: “Est-ce que Pharos aurait été au centre d’un système calendaire à cinq saisons?”

D’autre part, l’île a été bizarrement reliée aux nombres 5 et 72 au commencement de l’ère chrétienne. Les Juifs d’Alexandrie avaient pour habitude de se rendre sur l'île lors d'un festival annuel dont le prétexte était que les Cinq Livres de Moïse avaient miraculeusement été traduits là-bas en Grec par 72 docteurs de la Loi, qui y avaient chacun travaillé pendant 72 jours. Qu'est-ce qui se cache derrière cette histoire? Dans les temps anciens, les festivals commémoraient généralement un traité ou un acte d'unification. Que s'est-il produit ici?

Le Nil est qualifié d'Ogygien par Eschyle; Eustathius le grammairien byzantin dit qu'Ogygia était le premier nom de l'Egypte. Cela suggère également que l'île d'Ogygia gouvernée par Calypso était en fait Pharos. Dès que les Phéniciens eurent apporté leur dieu de la Tempête en Egypte, celui qui, *déguisé en sanglier,* tuait chaque année son frère Adonis, le dieu qui renaissait toujours sous un pin, ils l'identifièrent à Seth, l'ancien dieu égyptien du désert, dont l'animal totémique était l'âne sauvage et qui, chaque année, mettait à mort son frère Osiris, dieu de la végétation du Nil. Sanchoniathon le Phénicien, cité par Philon, dit que “les mystères de Phénicie avaient été apportés en Egypte”. Il dit que les deux premiers inventeurs de la race humaine: Upsouranios et son frère Ousous, avaient consacré deux piliers: l'un au feu et l'autre en vent. Ce sont là les deux formes primitives des piliers Jachin et Boaz représentant Adonis, dieu de l'année qui croît et du soleil nouvellement né, et Typhon, dieu de l'année qui décline et des vents destructeurs. Sous l'influence phénicienne, les rois hyksos ont de même converti leur dieu de la Tempête en dieu Seth.

Aux temps prédynastiques, il se peut que Seth ait été le chef de tous les dieux d'Egypte, puisque le signe de royauté porté par tous les dieux dynastiques était le sceptre de Seth, sceptre de roseau aux oreilles d'âne. Les Egyptiens l'ont également identifié à la constellation d'Orion aux longues oreilles, “Seigneur des Chambres du Sud,” et le “souffle de Seth” était le vent du sud venant des déserts et qui tant à cette époque que de nos jours, a toujours provoqué quand il souffle, des vagues de violence criminelle en Egypte, Libye et dans l'Europe méridionale. L'âne apparaît dans de nombreuses anecdotes de la Genèse et des premiers livres historiques de la Bible. Qu'aucun souvenir n'ait survécu en Egypte, d'une année comportant cinq saisons concouramment avec une année de trois saisons ne prouve pas qu'une telle année n'était pas populaire parmi les adeptes d'Osiris. Aucune trace écrite ne subsiste non plus en Egypte, de la construction ou même de l'existence du port de Pharos, et cependant il commandait les bouches du Nil et a été utilisé sans discontinuer pendant plus de mille années!

Les textes et les représentations picturales égyptiens sont bien connus pour avoir supprimé ou déformé des faits. Il semble que les aristocratiques prêtres de "l'Eglise Officielle d'Egypte" aient commencé à manipuler les histoires populaires dès 2.800 av. J.-C. Par exemple, dans le *Livre des Morts,* à la douzième heure de la nuit, quand la barque solaire d'Osiris s'approche du dernier portail de l'Autre Monde avant d'émerger dans la lumière du jour, il est représenté courbé en arrière en forme de cerceau, avec les mains levées et les orteils touchant l'arrière de sa tête. L'explication donnée est "Osiris dont le circuit est l'autre monde". Elle est supposée suggérer qu'en adoptant cette absurde posture acrobatique, Osiris définit l'autre monde comme une région circulaire, et assimile ces douze heures aux douze signes du Zodiaque. Il est clair que le clergé a imposé la corruption d'un mythe archaïque. En effet, comme nous l'avons déjà vu, la posture représente Osiris capturé par Seth, et attaché comme Ixion ou Cuchulain, par le lien quintuple qui lie poignets, cou et chevilles ensemble. Autrement dit, Osiris dans cette posture est une façon économique de décrire le dieu du monde d'en-bas, le serpent Seth, qui apparaît également sous la forme d'un sanglier et d'un âne.

Nous disposons à présent de nombreux indices concernant les origines de la création de la religion de Yahvé, y compris la description de la construction des piliers Jachin et Boaz, mythes historicisés de la Bible et attribués à Salomon. Il se fait que, de nos jours, les Juifs célèbrent la nouvelle année en septembre, aux alentours du temps des moissons. Cette fête est suivie de la Fête des Tabernacles, qui est supposée commémorer la construction, par les enfants d'Israël, "d'abris temporaires" pendant qu'ils erraient dans le désert, domaine de Seth.

Il est dit que c'est sous la tente que "Dieu a rencontré l'homme pour la première fois" pendant l'Exode. Le Tabernacle était le lieu de rencontre de Dieu avec l'homme. Les comparaisons sont tellement évidentes que je n'insisterai pas!

Maintenant, pour en revenir à cette très étrange histoire de Jacob "luttant avec l'homme", après laquelle il s'en est allé vers le *sud* et pour faire toutes ces "affaires de tabernacle", il est évident *que c'est l'ancien drame rituel qui a été "historicisé".* Certains anciens mythes racontent que des batailles ont eu lieu, soit entre deux frères, soit entre un père et son fils. Le combat se termine quand le vieux roi est "blessé à la cuisse", c'est-à-dire rituellement castré, pour symboliser la perte de sa puissance. Le royaume, représenté par la reine, est ensuite remis au frère vainqueur ou par le père à son fils, puisque la reine symbolise la terre. Il est intéressant d'observer que c'est ce drame-là qui est supposé avoir été joué à cette occasion, avec Jacob et un "ange de Yahvé", dans les rôles de Seth et d'Osiris tué par celui-ci. Yahvé est le dieu-sanglier. C'est de cette manière que les gens ont compris que la royauté avait été remise à Yahvé en personne.

Il nous faut comprendre que ces combats rituels, rois mourants, cannibalisme et activités sacrificielles sont tous les corruptions *extrêmes* d'une idée originelle fondamentale que l'on peut se représenter comme une ancienne technologie.

De fait, l'aspect technologique ré-émerge de temps en temps, mais il est souvent tellement altéré qu'il est difficile de démêler les nombreux tours et torsions des fils de la transmission. Parmi les représentations les plus archaïques de ces idées -même si nous pouvons considérer qu'il s'agit encore d'une corruption de la connaissance antique- - se trouvent les rites des chamans d'Asie centrale.

Lorsque nous examinons la fonction du chaman, nous découvrons qu'ou bien il descend dans les mondes inférieurs pour sauver l'homme, ou bien il monte vers les cieux pour intercéder auprès des dieux au nom de son peuple. Il est en fait le "chevalier" choisi divinement, qui est "équipé comme il faut" pour pouvoir accomplir son voyage. Le symbolisme des escaliers montés ou descendus sont typiquement chamaniques. "L'Arbre de Vie" symbole de la déesse de la naissance, est un symbole d'ascension chamanique vers les sphères célestes afin de recevoir de la divinité une communication concernant la destinée de la tribu. En ce sens, l'axe cosmique et le livre céleste ont été joints, symboliquement parlant. Ces éléments sont très visibles dans l'histoire de l'échelle de Jacob et de son combat avec "l'ange".

Ce qui est extrêmement fascinant dans les histoires chamaniques, c'est une mystérieuse "maladie de femme" dont souffre le chaman (mâle). Quelques uns des signes montrant que l'on est en train de devenir un chaman sont: le fait de s'habiller en femme, agir comme une femme, bref, entamer un processus de féminisation.

Nous observons ce facteur dans le voyage de Jacob vers le "sud" pour y "construire des cabanes", activité strictement réservée aux femmes! Cette féminisation nous oriente vers le fait que très probablement, la fonction chamanique/graal originelle était à l'origine remplie exclusivement par des femmes, mais qu'à une certaine époque les hommes ont tenté de se passer de l'élément féminin et d'acquérir eux-mêmes les attributs et facultés chamaniques naturelles de celles-ci.

Il semblerait qu'au moment où dans les rites la place de la femme représentant la déesse dans le mariage sacré, a été remplacée par d'autres éléments: escaliers, arbres célestes, et même des chevaux, la fonction rythmique de l'accouplement rituélique, qui était seulement un acte de "dissolution" dans l'espace/temps, a été remplacée par des battements de tambour et d'autres méthodes destinées à induire la transe. Les indices de ces transitions se trouvent dans les mots eux-mêmes: "knight"[331] et "mare" [332]. "Knight" est dérivé de la même source que "yogi", ou "juga", qui signifie "mettre ensemble", « mettre sous le joug » et le mot "mare"[333] remplace manifestement la "mer" ou la "mère". Pour nous permettre de nous rendre compte comment se produisent les transitions, Eliade commente le rôle chamanique décrit et observé dans les rites funèbres. Il suppose que ce type de rites sont très proches des "rites secrets" ou fonctions qui sont gardées secrètes sous des vœux de silence.

> Hérodote nous a laissé une bonne description des coutumes funèbres en Scythie. Les funérailles étaient suivies de purifications. Du chanvre était jeté sur des pierres chauffées, et tous en inhalaient la fumée. "les Scythes hurlent de joie devant les bains de vapeur." [...] Les hurlements composent un ensemble religieux spécifique, dont le but ne peut être que l'extase. Dans cet ordre d'idées, Meuli cite la séance altaïque décrite par Radlov, au cours de laquelle le chaman guide vers les mondes inférieurs l'âme d'une femme décédée depuis quarante jours. Le chaman psychopompe ne se trouve pas dans la description d'Hérodote, qui ne parle que des purifications suivant les funérailles. Mais parmi certains peuples turco-tartares ces purifications ont lieu lorsque le chaman escorte le défunt jusqu'à sa nouvelle demeure, les régions inférieures. [...]
>
> L'usage de chanvre est aussi attesté dans un but d'extase parmi les Iraniens, et c'est le mot iranien pour "chanvre" qui est employé pour désigner l'ivresse mystique en Asie centrale et septentrionale.
>
> Il est certain que les peuples du Caucase, et en particulier les Ossètes, ont conservé un certain nombre de traditions mythologiques et religieuses des Scythes. Or, les conceptions de l'après-vie chez certaines peuplades du Caucase, sont proches de celles des Iraniens, particulièrement en ce qui concerne la

---

[331] chevalier (à mettre en parallèle avec le mot anglais « knee » (genou : le chevalier est celui qui fléchit le genou pour recevoir l'adoubement) (NdT)

[332] le mot signifie « jument » en anglais

[333] bien qu'il s'agisse ici du mot anglais signifiant « jument », le mot « mare » en français complète très bien la série : mare, mer, mère (NdT)

> traversée, par le défunt, d'un pont aussi étroit qu'un cheveu, le mythe d'un arbre cosmique dont la cime touche le ciel et entre les racines duquel jaillit une source miraculeuse, etc. Ensuite, il y a aussi les devins, visionnaires et nécromanciens-psychopompes, qui jouent un certain rôle parmi les tribus géorgiennes des montagnes. Les plus importants de ces sorciers sont les *messulethe*; dans leurs rangs se trouvent principalement *des femmes et des jeunes filles. Leur office principal est d'escorter les défunts jusqu'à l'autre monde, mais elles peuvent également les incarner* [...] La *messulethe* accomplit sa tâche en étant en transe.

Permettez-moi d'intercaler ici un commentaire: nous observons un curieux parallèle avec le fait que la Themosphoria était célébrée par des femmes exclusivement. Autrement, il s'agissait très vraisemblablement d'une coutume archaïque de ce qui a été appelé "prostitution sacrée", mais clairement dérivée d'archaïques techniques d'extase, dont nous avons suggéré qu'elles sont en fait les *disjecta membra* d'une ancienne technologie permettant en fait de modifier l'ADN. Après des millénaires de transmission, la terminologie décrivant ce facteur d'ADN a été corrompue et ne s'est plus référée qu'à des éléments sexuels. Nous verrons également que ce qui était à l'origine une "idée spirituelle" a reçu par la suite un sens littéral, physique.

Le rôle et la participation des femmes sont certes importants, mais pas du tout de la manière dont certains occultistes les ont interprétés.

Ce qui est clair, c'est que la très ancienne idée représentant les femmes comme des prêtresses ou des "prostituées du temple" ainsi qu'elles ont été qualifiées, vient en fait du rôle naturel de la femme qui est celui d'authentique chaman. Lorsque les femmes ont été privées de leur rôle de psychopompes naturels pour leurs tribus, un tas d'autres éléments ont été inventés pour prendre leur place: arbres, ponts, échelles, escaliers, tambours, hochets, chants, danses, etc.; et tout spécialement, des combats en lieu et place d'unions.

> Nous avons observé les ressemblances frappantes entre les idées des Caucasiens sur l'autre monde et celles des Iraniens. En particulier, le pont Cinvat joue un rôle primordial dans la mythologie funéraire iranienne; sa traversée détermine en grande partie la destinée de l'âme; et la traversée est une épreuve difficile, équivalant en structure aux épreuves initiatiques. [...] Le pont Cinvat est au "Centre", au "milieu du monde" et a la "hauteur de cent hommes". [...] Le pont relie la terre et le ciel au "centre". Sous le pont Cinvat se trouvent les abîmes de l'enfer.

Nous trouvons ici un schéma cosmologique "classique" des trois régions cosmiques reliées par un axe central (pilier, arbre, pont, etc.). Les chamans voyagent librement dans ces trois zones; les défunts doivent traverser un pont pendant leur voyage vers l'au-delà. [...] Un trait important de la tradition iranienne (du moins telle qu'elle a survécu après la réforme de Zarathoustra) est que pendant la traversée du pont il y a une sorte de lutte entre les démons qui tentent de faire tomber l'âme en enfer et les esprits tutélaires qui leur résistent.

Les Gathas[334] font trois fois référence à cette traversée du pont Cinvat. Selon l'interprétation donnée par H.S. Nyberg dans les deux premiers passages, Zarathoustra *fait référence à lui-même comme à un psychopompe*. Ceux qui *ont été unis à lui dans l'extase traverseront le pont avec facilité*.[335] [...] Le pont n'est alors pas seulement un passage pour les morts; *il est le chemin de l'extase*. [...] Le terme gathique de *maga* prouve que Zarathoustra et ses disciples induisaient l'expérience extatique par des chants rituels entonnés en chœur *dans un espace clos consacré*. Dans cet espace sacré (maga) la communication entre le ciel et la terre devenait possible [...] L'espace sacré est devenu un "centre"."[...]

L'extase chamanique induite par des fumigations de chanvre étaient connue en Iran ancien. [...] Dans le Videvdat *le chanvre est diabolisé*. Cela nous paraît prouver une totale hostilité envers l'ivresse chamanique. [...] L'imagerie des chamans d'Asie Centrale peut paraître avoir subi l'influence d'idées orientales, et en particulier de l'Iran, mais cela ne signifie pas que la descente du chaman vers les mondes d'en-bas est d'influence exotique. La contribution de l'orient n'a fait qu'amplifier et ajouter de la couleur aux dramatiques scénarios de châtiment. Ce sont les narrations de voyages extatiques vers le monde d'en-bas qui ont été enrichies par les influences orientales, mais l'extase les a précédés de longtemps. [....] Nous ... avons trouvé des techniques d'extase dans des cultures archaïques où il est impossible de suspecter des influences venues de l'ancien orient. [...] *La valeur magico-religieuse de l'ivresse permettant d'atteindre à l'extase est d'origine iranienne*. [...] En ce qui concerne l'expérience chamanique originelle ... *les narcotiques ne sont que de vulgaires substituts de la transe "pure"*. L'usage de produits enivrants est une innovation récente et indique une décadence dans la technique chamanique. L'induction par des narcotiques permet d'atteindre une imitation de l'état que le chaman n'est plus capable d'atteindre autrement. Décadence ou

---

[334] Hymnes de Zarathoustra.

[335] Je voudrais dire ici the l'influence du Zoroastrisme sur la création de la Bible a sans doute été profonde.

> vulgarisation d'une technique mystique, dans l'Inde ancienne et moderne, et en fait dans tout l'Orient, nous retrouvons sans cesse ce curieux mélange de "manières difficiles" et de "manières faciles" d'atteindre l'extase mystique ou de faire toute autre expérience décisive.[336]

De cette toute petite série d'indices, nous pouvons déduire que le rêve de Jacob à propos d'une échelle, et son combat rituel avec l' "homme" qui était un "ange de Yahvé", sont de simples "couches de peinture" recouvrant les activités chamaniques de Jacob.

S'il y a eu ou non un Jacob historique, nous ne le savons pas. Tout ce que nous pouvons dire, c'est que quelqu'un a accompli quelque chose à ce moment-là et a été "assimilé" au mythe du "Dieu au Talon". Et nous pensons à nouveau aux rencontres entre Abraham et Dieu, Moïse et Dieu, qui ont débouché sur une circoncision. Bien sûr certaines conclusions peuvent être tirées de la relation entre l'action de la circoncision et la "blessure" infligée à Jacob, mais nous n'en dirons pas davantage pour le moment. De toute manière, les trois événements: combat avec l'ange, changement de nom, et circoncision d'Abraham et du fils de Moïse, ont vraisemblablement été à l'origine un seul événement, divisé dans le temps et le contexte par le rédacteur de la Bible, que nous allons rencontrer bientôt.

Quoi qu'il en soit, Jacob a perdu la bataille, ayant échoué dans sa mission de chaman, et représentant aussi le vieux roi qui doit mourir. Et le lendemain il rencontre son frère, sachant qu'il a été "mortellement blessé" et transfère sur lui la "bénédiction" ou royauté.

Je me demande si cette rencontre est également un signe du transfert de quelque chose de vital à Esau, à cause de son échec en tant que chaman.

Nous avons ici un fantastique élément clé qu'il me faut expliquer. Il se fait qu'un des récits importants de la Bible, et tenu pour historique, est en fait confirmé par l'Histoire officielle d'Egypte qui donne "l'autre son de cloche". Cette histoire est celle d'Abram et Sarai en Egypte. Il s'agit en fait d'un des très problématiques "triplets". Voici l'histoire:

> Genèse 12:10 Et il y eut une famine dans le pays ; et Abram descendit en Égypte pour y séjourner, car la famine pesait sur le pays.
> 11 Et il arriva, comme il était près d'entrer en Égypte, qu'il dit à Saraï, sa femme : Voici, je sais que tu es une femme belle de

[336] Eliade, *Shamanism, Archaic Techniques of Ecstasy.*

visage ;
12 et il arrivera que lorsque les Égyptiens te verront, ils diront :
C'est sa femme; et ils me tueront, et te laisseront vivre.
13 Dis, je te prie, que tu es ma soeur, afin qu'il m'arrive du bien
en considération de toi, et que mon âme vive à cause de toi.
14 Et il arriva que, lorsque Abram entra en Égypte, les Égyptiens
virent sa femme, qu'elle était très belle.
15 Et les princes du Pharaon la virent, et la louèrent devant le
Pharaon ; et la femme fut emmenée dans la maison du Pharaon.
16 Et il traita bien Abram à cause d'elle ; et il eut du menu bétail
et du gros bétail, et des ânes, et des serviteurs et des servantes, et
des ânesses, et des chameaux.
17 Et L'ÉTERNEL frappa de grandes plaies le Pharaon et sa
maison, à cause de Saraï, femme d'Abram.
18 Et le Pharaon appela Abram, et dit : Qu'est-ce que tu m'as
fait ? Pourquoi ne m'as-tu pas déclaré qu'elle était ta femme ?
19 Pourquoi as-tu dit : Elle est ma soeur, de sorte que je l'ai prise
pour ma femme ; et maintenant, voici ta femme : prends-la, et va-t'en.
20 Et le Pharaon donna ordre à ses gens à son sujet, et ils le
renvoyèrent, lui, et sa femme, et tout ce qui était à lui.
1 Et Abram monta d'Égypte vers le midi, lui, et sa femme, et tout
ce qui était à lui, et Lot avec lui.
2 Et Abram était très riche en troupeaux, en argent et en or.

JE SUIS MON PROPRE GRAND-PÈRE

De toute l'histoire d'Egypte, rien n'est plus mystérieux que l'étrange histoire d'Akhénaton et son apparence bizarre; rien de plus mystérieux, également, que la disparition de sa reine, son épouse, Néfertiti, dont le nom signifie "la belle venue" Nous remarquons dans le récit qui précède, que «le Seigneur a envoyé au pharaon et à sa maison de grands maux à cause de Sarai». Cela nous rappelle les plaies du temps de l'Exode. Nous remarquons également que le pharaon a dit à Abraham: "prends ta femme et va-t-en". Voilà un étrange écho de la demande de Moïse: "Laisse aller mon peuple".

L'époque de cet événement a son importance. Je pense que nous pouvons la situer au temps de l'éruption du Théra sur l'île de Santorin, vers 1600 av. J.-C., c'est-à-dire l'époque où la Terre entière a subi des bouleversements qui ont été enregistrés au cœur des glaces, et qui ont sonné la fin de l'Age de Bronze. C'est également vraisemblablement l'époque de la guerre de Troie, et une époque où de nombreux réfugiés en provenance des régions méditerranéennes ont fait leur apparition en Palestine – y compris des Grecs danaens – pour former les groupes ethniques dont est sorti plus tard l'Etat Juif.

L'éruption du Théra a vraisemblablement coïncidé avec l'éjection des Hyksos du delta du Nil. Il est également très vraisemblable que de nombreux segments de la liste des rois, actuellement présentés de façon linéaire, ait en fait comporté des dynasties différentes ayant régné en des lieux géographiques différents, *certaines d'entre elles ayant régné simultanément.* En particulier, il est certain que la 18e dynastie s'est en grande partie superposée au règne des rois hyksos. Ceci est important pour nous, car l'histoire d'Abraham et Sarai en Egypte est en miroir de l'histoire Akhénaton et de sa reine, Néfertiti. Le premier document décrivant le temps des Hyksos provient du Temple d'Hatshepsout à Spéos Artémidos. Il dit:

> Ecoutez, vous tous les gens et les peuples, aussi nombreux que vous soyez, j'ai fait ces choses en suivant le conseil de mon cœur. Je n'ai pas dormi en oubliant (mais) j'ai restauré ce qui avait été mis en ruines. J'ai remis debout ce qui avait été mis en pièces, puisque les Asiatiques ont été au milieu d'Avaris du pays du nord, et des vagabonds se sont trouvés parmi eux, renversant ce qui avait été fait. Ils ont régné sans Râ, et il n'a pas agi par ordre divin jusqu'au (règne de) ma majesté.[337]

L'expulsion des Hyksos a été accomplie grâce à une série de campagnes, inaugurées par Kamose qui était roi à Thèbes. Sa rébellion contre les Hyksos avait échoué. Son fils Ahmès parvint finalement à les chasser. Un commandant militaire nommé Ahmose a fait inscrire dans sa tombe la victoire sur les Hyksos. Il dit:

> Lorsque la ville d'Avaris a été assiégée, alors j'ai montré ma vaillance en présence de sa majesté. Après cela, j'ai été nommé sur le vaisseau "Apparition à Memphis".
>
> Ensuite, il y a eu des combats sur l'eau, sur le canal Pa-Djedkou d'Avaris. Ensuite, j'ai fait une capture, et j'ai emporté une main. Cela fut rapporté au héraut du roi. Ensuite, l'Or de la Vaillance m'a été donné. Ensuite, il y eut à nouveau des combats en ces lieux... Et puis Avaris fut pillé. Ensuite, de là j'ai emporté un butin, un homme, trois femmes; quatre personnes au total. Ensuite Sa Majesté me les a donnés pour esclaves. Ensuite, Chérouhen a été assiégé pendant trois années. Ensuite, Sa Majesté l'a pillé.[338]

Notez qu'Avaris a été assiégé. Il n'y a pas d'indication de la manière dont la ville a été prise, et il n'est pas fait mention d'un incendie. En outre, l'évidence archéologique montre qu'Avaris n'a pas été détruit dans un engagement militaire. Il est vraisemblable

---

337 ANET 1969, 231; Breasted 1988, 122-26; Shanks 1981, 49

338 ANET 1969, 233

qu'Avaris a été abandonné à cause de l'éruption du Théra. Cette sortie d'Egypte par les Hyksos, dont beaucoup ont fui vers Canaan, fait partie de leur Histoire. En fait, il y a dû avoir au Levant, de nombreux réfugiés en provenance de tous les lieux affectés par l'éruption et la famine qui s'en est suivie. Et ensuite, lorsque les réfugiés ont été incorporés dans une confédération tribale connue sous le nom d'Israël, cette histoire est devenue l'un des rares événements sur lesquels tous se sont mis d'accord. A cet égard, ils ont tous véritablement partagé une seule histoire.

Le fait est qu'à part l'expulsion des Hyksos, on ne trouve aucune trace d'un exode en masse depuis l'Egypte. Avaris se trouvait sur la côte et était donc très exposé aux activités du volcan. Naturellement, les Egyptiens de Thèbes ont vu l'expulsion des Hyksos comme une grande victoire militaire, tandis que les Hyksos ont vu leur survie comme une grande victoire de salut. Ceci s'apparente à tant d'autres événements inscrits dans l'Histoire ancienne, où les deux adversaires proclament chacun leur grande victoire. Néanmoins, un événement très inhabituel survenu à cette époque, est parvenu jusqu'à nous grâce au papyrus mathématique de Rhind. Il y a, au verso de ce papyrus, un petit calendrier des événements qui ont mené à la chute d'Avaris.

> 11e année du règne, deuxième mois de *shomou* - Héliopolis a été envahi. Premier mois d' *akhet*, 23e jour – Le Taureau du Sud poursuit son chemin jusqu'à Tjarou. 25e jour- il a été entendu dire que Tjarou a été envahi. 11e année du règne, premier mois *d'akhet*, anniversaire de Seth – un rugissement a été émis par la Majesté de ce dieu. L'anniversaire d'Isis – le ciel a versé de la pluie à seaux.

Inscrit sur une stèle du roi Ahmès au cours de la même période:

> Du ciel est tombé un torrent de pluie et les [ténè]bres ont envahi les régions de l'ouest pendant que la tempête faisait rage sans interruption. ...[la pluie a fait entendre le tonnerre] sur les montagnes (plus fort) que le bruit dans la caverne qui se trouve à Abydos. Ensuite, chaque maison, chaque étable qui aurait pu être un abri [a été balayée ... et] trempée d'eau comme des canoés de roseaux ... et pendant une période de [...] jours aucune lumière n'a brillé dans les deux Terres.[339]

Le papyrus mathématique de Rhind a été nommé d'après l'égyptologue écossais Henry Rhind, qui l'a acheté à Louqsor en 1858. Le papyrus, un manuscrit d'environ 6 mètres de long et 30 cm

---

[339] Vandersleyen, C. RdE 19 (1968), pls. 8, 9; W. Helck, *Historisch-biographische Texte der 2. Zwischenzeit* (Wiesbaden, 1975), 106-7

de large, comporte certains renseignements sur celui qui l'a écrit et sur la date à laquelle il a été écrit. Le scribe dit se nommer Ahmès, et dit qu'il copie ce manuscrit pour le roi hyksos Apophis, en l'an 33 du règne de celui-ci. Ahmès poursuit en nous disant qu'il copie le texte d'une version ancienne. C'est ici que nous trouvons des désaccords. Certains experts pensent que les originaux des problèmes mathématiques qui font l'objet de ce papyrus, ont été écrits sous le règne d'Amenemhat III, de la 12e dynastie. L'égyptologue Anthony Spalinger n'est pas entièrement d'accord. Dans une analyse longue et détaillée du papyrus, des calculs, de la disposition des problèmes, et de chaque détail observé, il commente:

> Ici, la ou les sources de Rhind peuvent être mises en question. Est-ce que l'exemplaire original contient le tableau de début et les problèmes qui suivent, ou bien, pour compliquer encore la chose, est-ce que le traité lui-même provient de divers ouvrages inconnus qui ont été perdus? On peut vérifier qu'il ne s'agit pas ici de spéculation oiseuse en lisant les remarques de l'égyptologue Griffith à propos des mesures de grain employées. Il souligne la présence du quadruple *hekat* dans ce papyrus, une mesure qui lui était inconnue en tant qu'étalon utilisé sous le Moyen Empire. [...] Le quadruple hekat du Rhind peut être observé dans les Livres II et III mais non au Livre I, qui contient seulement une allusion du simple hekat. [...] Au Moyen Empire (douzième dynastie), seuls apparaissent le simple et le double hekat; il faut attendre Rhind pour noter la présence du quadruple hekat. . [...] Pouvons-nous dès lors supposer que le Livre I représente la copie mentionnée au début, et que le Livre II (ainsi que les problèmes qui se trouvent au verso) représente une autre source ou des autres sources? [...] Je crois que les sources du Livre II (et du Livre III, mais ceci demande de plus amples éclaircissements) ou bien sont différentes de celles du Livre I ou bien constituent une série retravaillée des problèmes dont l'original se trouve dans la copie que le scribe Ahmès a utilisée. [...]
>
> Il est significatif que la relation du poids de un *deben* à 12 "pièces" se trouve également *à la fin de la 18e dynastie*, un point que Gardiner a souligné dans son importante interprétation des papyri de Kahoun.[...]
>
> Après l'achèvement du papyrus, et sans doute après l'avoir utilisé pendant un certain temps comme manuel d'enseignement, des remarques ont été écrites au verso, dans le grand espace blanc à la suite du problème 84. [...] Ecrit à l'envers, d'une main différente (et d'une écriture plus épaisse), de celle de l'original, *il s'agit d'un des premiers cas d'écriture cryptographique*. Gunn, dans son étude de Peet, a été le premier à tenter de faire une évaluation

> concise de la signification, et il a observé la présence de ce genre d'écriture à partir de la 19e dynastie, citant des exemples extraits de tombes thébaines et autres monuments de cette capitale. [...] D'accord avec Gunn, je pense que la présence d'une cryptographie à ce moment atteste de l'époque de la 18e dynastie, et la localisation, par Rhind, à Thèbes, peut venir à l'appui de cette supposition. Après tout, c'est dans cette ville que nous en apprenons le plus sur cette écriture énigmatique, et les textes de ce genre datent du Nouvel Empire et non d'avant.
>
> Avec le no. 87, situé [...] *grosso modo* au centre, Rhind présente les notes célèbres et controversées concernant la prise d'Avaris par Ahmès. J'ai le sentiment qu'elles ont été ajoutées au milieu du verso et écrites à l'endroit, si je peux dire, peu avant que le rouleau été transféré du nord à Thèbes. [...] Les brèves remarques ne permettent pas seulement de situer le Rhind plus tard que l'an 33 du règne du roi hyksos Apophis, elles indiquent aussi qu'un événement historique majeur a été inscrit délibérément dans un traité mathématique, lui-même de grande importance et valeur. Je pense que peu de temps après, le Rhind a été transporté par un membre de l'armée thébaine victorieuse vers la nouvelle capitale, pour être ensuite utilisé comme un traité auquel une addition a été faite: le n° 87. [...] Je pense que les dates de règne ne se rapportent pas à celui d'Ahmès mais à celui du dernier gouvernant hyksos en Egypte, une position dont je suis bien conscient qu'elle soulève des questions. Cependant, au moins l'événement historique est clair: la fin de la domination hyksos dans le delta oriental (les notes disent que Héliopolis et Sileh sont tombés). Si nous suivons Moller, le possesseur du Rhind à cette époque a estimé que ces événements majeurs méritaient une remarque inscrite sur l'un de ses trésors. [...] Le scribe a été celui-là même qui a copié le Rhind proprement dit.[340]

J'espère que le lecteur a noté les termes "*écriture cryptographique*" dans l'allusion au récit des événements qui ont abouti à la chute d'Avaris. Il m'a fallu un certain temps pour réaliser de quoi ces gens parlaient quand j'ai vu ces allusions à une "écriture cryptographique" sous les 18e et 19e dynasties. Finalement, j'ai compris qu'ils ne suggéraient pas quelque chose d'écrit en code secret dans des buts militaires. Ce que ces termes signifient en fait pour les égyptologues, c'est : "puisque décemment nous ne pouvons pas abandonner notre chronologie, ce qui permettrait cependant à ces éléments de coïncider avec un cataclysme vérifiable dans la région, nous sommes bien obligés de

[340] Spalinger, Anthony, (1990), *The Rhind Mathematical Papyrus As A Historical Document,* Studien zur altagyptischen Kultur; 17, 295-338

dire que les auteurs ne veulent pas dire ce qu'ils disent, mais qu'ils ont recours à des métaphores; et puis nous dirons qu'il s'agit d'une *écriture cryptographique*".

L'égyptologue R. Weill a été le premier à affirmer que cette distorsion était une sorte de fiction littéraire. Par la suite, cette convention a été adoptée pour interpréter les écrits historiques égyptiens. De cette façon, une période de désolation et d'anarchie serait décrite en termes exagérément sinistres de catastrophes climatologiques et cataclysmes, habituellement pour la gloire d'un monarque auquel est attribué le salut du pays.[341]

Eh bien, nous pouvons dire que tout cela est bizarre! Commode aussi ! Une poignée de gens passent leur vie à tenter de valider l'Histoire et la chronologie de ces peuples, et quand cette Histoire et cette chronologie ne "collent" pas à ce qu'ils veulent croire à ce sujet, ils les qualifient de "fiction littéraire". Et bien sûr, cela signifie que ce qui sera ou non "fiction littéraire" dépendra entièrement de l'humeur de l'égyptologue!

Se basant sur cette interprétation "cryptographique", Manning conclut que le texte au verso du papyrus Rhind ne concerne pas une "vraie tempête" ou autre événement climatologique, mais qu'il parle en fait de "la restauration de l'Etat égyptien dans l'ordre et le cadre du Moyen Empire – après les ravages (tempête ayant tout détruit sur son passage) de l'ère hyksos, et la destruction des sanctuaires du Moyen Empire ... »*Il serait même possible d'argumenter que le texte thébain tout entier est une codification symbolique de la défaite des Hyksos par Ahmès...*"[342]

Je dois dire que cette remarque nous a quelque peu étonnés.

Une partie des arguments de Manning (et d'autres) ont pour but de garder la 18e dynastie bien séparée de l'époque des Hyksos. Aucun chevauchement n'est admis ici. Il est impossible qu'Ahmès ait vécu un événement qui s'est produit bien avant sa naissance. Voyons comment Gardiner a résolu le problème des dynasties en question.

> Nous avons déjà fait allusion aux formidables difficultés auxquelles nous devons faire face, mais il nous faut à présent les expliquer en détail.
>
> Comme d'habitude, commençons par Manéthon. Selon celui-ci, la 13e dynastie était diospolite (thébaine) et a vu le règne de soixante rois, qui se sont succédé sur une période de 453 ans. La 14e dynastie a compté 76 rois originaires de Xois, la moderne

[341] cf. Redford.

[342] Manning, Sturt, *A Test of Time*, Oxford, Oxbow, 1999.

> Sakha dans le delta central, ayant régné pendant 184 ans au total ou, selon une lecture alternative, 484 ans. Pour les dynasties XV à XVII il y a une divergence entre Sextus J. Africanus et Eusèbe, tandis qu'un compte beaucoup plus simple a été conservé par l'historien juif Josèphe dans ce qui est supposé être un extrait *verbatim* écrit de la main de Manéthon. Pour le moment, les données d'Africanus nous suffiront. Sa Quinzième Dynastie comporte six rois étrangers qualifiés de "Pasteurs" ou "Hyksos" dont la domination s'est étendue sur 284 ans. La Seizième Dynastie comporte à nouveau des rois-pasteurs: 32, dont le règne s'étend sur 518 années. Enfin, la Dix-septième Dynastie voit régner tant des rois pasteurs que des rois thébains: 43 de chaque lignée, dont les règnes s'étendent sur 151 ans. L'addition de ces nombres donne, en adoptant le plus petit nombre d'années sous la quatorzième Dynastie, 217 rois, dont les règnes s'étendent sur une période de 1.590 ans, plus de sept fois la durée que nous fait accepter la date sothique du papyrus El-Lahoun. Renoncer à 1786 av. J.-C. comme date à laquelle se termine la Douzième Dynastie équivaudrait à abandonner notre seul point de ferme ancrage, une décision qui entraînerait de sérieuses conséquences pour l'Histoire, non seulement d'Egypte, mais de tout le Moyen-Orient.[343]

Vous souvenez-vous de ce que nous avons dit des hypothèses scientifiques dans un chapitre précédent? Quand il fait de la "bonne science", le chercheur doit prendre conscience qu'il a tendance à être trompé par son propre mental et ses propres souhaits. Et le bon scientifique ayant pris conscience de cela, se doit d'analyser "sans émotions" dans la mesure du possible, les éléments qu'il veut accepter comme des faits.

Tout doit être *mis en question,* démonté, comparé, vérifié par rapport à d'autres éléments de même nature, et *s'il se trouve le moindre défaut, même un défaut minime, l'hypothèse doit être rejetée.* Cela ne signifie naturellement pas que l'hypothèse suivante doive être radicalement différente; il suffit peut-être d'étendre légèrement les paramètres.

Comme le soulignait Thomas Edison avant qu'il invente la lampe d'éclairage, il a découvert 99 moyens de *ne pas* construire une lampe. Les hypothèses devraient suivre le même chemin. Si les observations ou les faits ne s'adaptent pas, ce n'est pas la fin du monde. Il faut simplement rester souple et penser aux moyens qui permettraient d'ajuster l'hypothèse.

Le problème est que les égyptologues se soucient peu d'ajuster leurs hypothèses, si ce n'est par des moyens sanglants. Ils préfèrent

---

[343] Gardiner, Sir Alan, *Egypt of the Pharaohs*

déformer les faits de manière à faire entrer des chevilles carrées dans des trous ronds. En fait, les égyptologues ne sont pas partis d'une hypothèse. Ils sont partis d'une "convention". Cela signifie qu'ils ont décidé de ce qui devait être fermement accepté, et tout ce qui ne s'y adaptait pas devait être soit rejeté, soit forcé à s'adapter à la convention.

Cela me frappe que Gardiner n'ait pas même remarqué les indices menant à la solution du problème: les deux «périodes intermédiaires» en question étant quasiment identiques à tant d'égards pourraient en être une seule! Cela signifierait que la liste d'Abydos est essentiellement correcte quand elle «saute d'Ammenemès IV au premier roi de la XVIIIe dynastie». Sobeknofrê était peut-être Hatchepsout ?

La douzième dynastie a été une famille ayant donné huit rois, du milieu du vingtième au milieu du dix-huitième siècle av. J.-C. : Amenemhat I, Senouseret I, Amenemhat II, Senouseret II, Senouseret III, Amenemhat III, Amenemhat IV, Neferousobek ou Sobeknofrourê, une femme qui, dans une de ses rares représentations en statuaire, est montrée avec des seins normaux, et sans fausse barbe comme Hatchepsout a été représentée.

En ce qui concerne Hatchepsout, nous avons découvert qu'elle était supposée avoir été le cinquième souverain de la XVIIIe Dynastie, et qu'elle était la fille de Touthmès I et de la reine Ahmose. Hatchepsout a disparu, pense-t-on, quand Touthmès III, désireux de récupérer le trône, s'est mis à la tête d'une révolte. Touthmès a fait mutiler ses sanctuaires, ses statues et ses bas-reliefs. Lorsque nous considérons la carrière de Sésostris III et celle de Touthmès I, nous voyons qu'ils se ressemblent beaucoup, jusqu'à être remplacés sur le trône par une de leurs filles. Je pense qu'il s'agit de la même personne.

L'un des problèmes majeurs du tri de la chronologie égyptienne est que les individus en question ont utilisé de nombreux noms différents, pour de nombreuses raisons différentes. En fait, il semble bien que de nombreux noms ont été en fait des titres. Par exemple: Thoutmès signifie "fils de Thoth". Quant à Ramsès, il est le "fils de Ra". Il est très peu probable que le dieu principal change avec chaque roi, aussi souvent que le suggèrent ces titres. Il est bien plus vraisemblable que chaque roi ait été un "Thoutmès" et un "Ramsès." C'est vrai que, dans un certain sens, cela complique les choses. Mais dans un autre sens, cela les simplifie.

Pour donner un petit exemple: dans la chronologie conventionnelle, nous voyons que le roi Ahmès (Ahmose, Ahmosis) a épousé sa sœur, Ahmès-Néfertari, fille de Séqénenrê II et de la reine Ahotep. Son fils, Amenhotep I, a co-régné avec Néfertari, bien qu'il soit supposé avoir épousé la reine Senseneb. Leur fils, Thoutmès I A EGALEMENT épousé une princesse Ahmose fille de la reine, ce qui signifie, naturellement, que la reine Ahotep doit avoir également épousé le père de celui-ci: Amenhotep I, qui est dit avoir été le fils d'Ahmose-Néfertari, ce qui fait de la reine Ahotep sa grand-mère.

Eh bien, alors moi je suis mon propre grand-père!

Il serait un peu plus simple de considérer l'idée qu'Ahmose et Touthmès I ont été un seul et même individu.

La raison originale de l'identification de Kamose et Ahmose comme frères est une statue d'un prince fils du roi Tao (ou Taâ) et d'une certaine Ahhotep. On suppose généralement que le roi est Tao II et que la reine est la mère du roi Ahmose: Ahhotep, dont l'existence est avérée par ailleurs. Le problème c'est que Kamose vient entre Tao et Ahmose, et il serait donc logique de considérer Kamose comme le frère aîné. Mais alors il y a le problème d'Ahhotep. Et la relation exacte de Kamose avec la famille royale est aussi quelque peu problématique Vandersleyen suggère que Kamose était l'oncle et non le frère d'Ahmose.[344]

Autre évidence, provenant cette fois de l'étude cranio-faciale faite par Wente et Harris[345] montre la forme du crâne d'Ahmose n'est pas assez proche de celle de Sekenenrê Tao ni d'Amenhotep Ier pour être le fils de l'un ou le père de l'autre. Les restes de Kamose ont été détruits lors de leur découverte, en 1857, de sorte qu'ils n'ont pas pu être inclus dans l'étude.

Enfin, vous observons un fait extrêmement intéressant. Donald B. Redford a noté que les liens qui rattachaient Kamose à la famille royale de Sekenenrê Tao étaient de nature ramesside[346]. Pourquoi un souverain ramesside s'en serait-il soucié à moins d'y avoir un certain intérêt si pas un intérêt certain ? Et qu'aurait pu être cet intérêt sinon la validation de sa propre progéniture: Horemheb ?

Notons que le roi Amosis (ou Amasis) assure que ses propres parents étaient issus de la même mère et du même père; un exemple classique de mariage entre frère et sœur. Comme nous l'avons vu précédemment, ces parents sont supposés avoir été Ahhotep et Sekenenrê Tao II. Ahhotep, reine aux côtés de Tao II, est supposée avoir atteint une célébrité plus grande encore que celle de sa mère. Le texte d'une grande stèle trouvée à Karnak, après s'être répandu

---

344 *Egypte et la vallée du Nil*, tome II.

345 *X-ray Atlas of the Royal Mummies*, pp. 122-30 et dans C.N. Reeves, *After Tutankhamun: Research and Excavation in the Royal Necropolis at Thebes*, p. 6.

346 Redford, *History and Chronology of the Eighteen Dynasty*, p. 37.

en éloges sur son fils Amosis Ier, celui qui dédicace, exhorte ses sujets à lui rendre hommage à elle. Dans ce curieux passage, elle est louée pour avoir rassemblé les soldats d'Egypte et mis fin à une rébellion. On pense naturellement à Hatchepsout et à Sobeknefrouré.

La tombe de Kamose a été la dernière de la rangée inspectée par les fonctionnaires ramessides, mais par la suite, la momie a été enlevée et placée avec son cercueil, juste au sud de l'entrée du *wadi* menant aux tombeaux des Rois, où les ouvriers de Mariette l'ont trouvée en 1857. le cercueil n'avait pas été doré, mais était recouvert d'une décoration comprenant des *richis* emplumés, utilisée à l'époque pour les sarcophages de personnages n'appartenant pas à la famille royale.

Simultanément, il faudrait savoir ce qu'était exactement un "roi" à cette époque. L'on commence à considérer comme vraisemblable que bon nombre des rois dont on a retrouvé la tombe, qui se sont immortalisés ou qui ont été immortalisés par leurs familles, n'étaient en fait que des roitelets locaux ou même seulement les "marionnettes" de rois plus puissants.

Au cours de nos lectures sur cette matière nous avons découvert que la momie d'Amenhotep III a en fait été retrouvée dans le tombeau d'Amenhotep II. Voilà qui est étrange. Ce qui est encore plus intéressant, c'est qu'une proposition visant à prélever des échantillons sur les différentes momies afin de se faire une idée sur leurs liens de parenté a été refusée par le gouvernement égyptien.

> L'Egypte a ajourné *sine die* la proposition de procéder à des tests d'ADN destinés à jeter une lumière sur les questions qui intriguent les égyptologues depuis des années: qui était le père de Toutankhamon et était-il de sang royal? Le Chef du Conseil Suprême des Antiquités d'Egypte, Gaballah Ali Gaballah, a déclaré mardi dernier que les projets de tests d'ADN sur les momies de Toutankhamon et son grand-père présumé, Amenhotep III, avaient été annulés. "Il n'y aura pas de tests pour le moment, et nous verrons plus tard s'il y a lieu d'en faire," a déclaré Gaballah à Associated Press. Il a refusé de ne donner aucune raison. [...]
>
> L'annonce de tests prochains a déclenché la controverse parmi les archéologues égyptiens. Certains ont affirmé qu'ils présentaient des risques pour les momies. D'autres ont estimé que les résultats pourraient être utilisés pour récrire l'Histoire d'Egypte. Zahi Hawass, Directeur du Site de Guizeh, a déclaré à l'hebdomadaire Akhbar Al-Yom: "Il y a quelque temps, j'ai déjà interdit à des équipes étrangères de pratiquer des tests de ce genre sur les

> ossements des bâtisseurs de pyramides, car certains tentent de trafiquer l'Histoire d'Egypte".[347]

Ce communiqué de presse est plus intéressant et mystérieux qu'il n'y paraît, car Tout Ankh Amon était indubitablement le fils du roi hérétique Akhénaton et de son épouse Néfertiti, qui pourrait en fait avoir été la Sarai d'Abraham, ce qui signifierait qu'elle était aussi la mère putative de «Isaac», le patriarche des Juifs.

La découverte du tombeau de Tout Ankh Amon a indubitablement été le plus grand événement archéologique de tous les temps, et cependant, chacun sait que cette remarquable découverte a été truffée d'ennuis de toutes sortes. Le penchant de Lord Carnarvon pour l'occulte, et son décès inopiné juste après l'ouverture du tombeau, ont rapidement suscité les rumeurs d'une malédiction. D'autre part, la présence de certains objets d'art dans divers musées des Etats-Unis constituent des preuves que Howard Carter et son aristocratique patron avaient (illégalement) ôté de la tombe des objets d'une valeur inestimable.

Ce que l'on sait moins, c'est que parmi les merveilleux trésors mis à jour par Carter et Carnarvon se trouvaient, dit-on, des papyri se rapportant à la fuite biblique des Israélites hors d'Egypte.

Pourquoi Carter a-t-il menacé de rendre publiques ces informations sensibles lors d'un entretien avec un fonctionnaire de l'Administration britannique au Caire peu de temps après la découverte du tombeau? A une période où l'hostilité arabe envers le soutien britannique de l'établissement d'une patrie juive en Palestine se répandait dans les rues de Jérusalem et de Jaffa, une telle action de la part de cette tête-brûlée anglaise aurait provoqué un chaos sans précédent dans tout le Moyen-Orient.[348]

La seule raison qui me vient à l'esprit pour rendre impératif le silence du gouvernement britannique sur «le vrai récit de l'Exode» serait que cette information aurait pu mettre un point final à la prétention des juifs à la «Terre Promise». Elle aurait pu également mettre un point final au judaïsme et au christianisme.

Le fait est que la plupart des premiers égyptologues ont abordé leurs objets de recherche en tant que chrétiens si pas fanatiques, au moins très engagés. Ils ont cherché à utiliser l'Egypte comme un moyen d'étendre et de soutenir les récits bibliques. Beaucoup d'entre eux ont vu Akhénaton comme le fondateur inspiré d'une

---

[347] The Associated Press Cairo, Egypt, Dec. 13, 2000.

[348] Sur le couverture, Collins, Andrew and Ogilvie-Herald, Chris, *Tutankhamun : The Exodus Conspiracy*, 2003, Virgin Books, London.

religion monothéiste pré-chrétienne, et sa foi en un dieu unique a fait de lui une figure à admirer.

Pour les premiers spécialistes dans ce domaine, Akhénaton a été «le premier individu de l'Histoire» (Breasted); pour Toynbee, son culte solaire a été un prototype de l'impérial *Sol Invictus* romain; pour Freud, il est devenu un mentor du législateur hébreu Moïse. Pour certains, Akhénaton a été un précurseur du Christ, ou du moins un grand mystique.

Ces idées ont pris forme et se sont écartées de plus en plus de leur source primaire, et elles continuent à s'étendre comme une mycose. Comme le dit Donald Redford : «il nous faut constamment retourner aux sources originelles [...] afin d'éviter toute déformation».

Notre connaissance de l'Egypte est puisée dans un assortiment hétéroclite de vestiges archéologiques, un abondant art religieux et mortuaire, et l'architecture, le tout additionné de quelques documents historiques. La période d'Amarna, celle d'Akhénaton, est particulièrement difficile à cerner, car il semble que l'Egypte tout entière se soit efforcée d'effacer la mémoire d'Akhénaton de la conscience individuelle et collective. Akhénaton a été haï, et Néfertiti aussi, apparemment.

Les cinq premières années du règne d'Akhénaton présentent en fait une étonnante discontinuité dans la connaissance historique. Les vestiges se rapportant à cette période ont été si profondément éradiqués (bas-reliefs dans les temples, stèles, tombes, etc.) qu'il nous en reste bien peu pour nous raconter l'Histoire. Autrement dit, historiquement parlant, il n'est possible d'y rattacher aucun récit. La destruction d'Amarna par la pharaon Horemheb a été si complète qu'il n'est littéralement pas resté «pierre sur pierre».

Horemheb a été le quatorzième roi de la XVIIIe Dynastie. Il était chef des armées sous le règne de Tout Ankh Amon. Après la mort de celui-ci, Ay a apparemment usurpé le trône. Ay estimait Horemheb et l'a gardé comme chef militaire. Quand Ay est mort sans héritier, Horemheb a été fait roi. Restaurer l'ordre a été un de ses objectifs majeurs. Cela accompli, Horemheb s'est installé à Memphis et a travaillé aux affaires intérieures. Il a rendu les propriétés des temples aux prêtres légitimes, et les terres aux propriétaires légitimes. Il a procédé à des restaurations et à des constructions à Karnak. Il a fait ériger des sanctuaires et un temple à Ptah. Il a fait construire des tombeaux dans la Vallée des Rois à Thèbes, et à Memphis. On sait qu'il a admonesté des fonctionnaires de haut rang qui s'enrichissaient sur le dos des pauvres et s'appropriaient esclaves et propriétés. Il préconisait la peine de mort pour de telles offenses.

Rien n'arrache mieux le masque de la période amarnienne que l'Edit de Réforme. Le tableau qui se révèle alors ne ressemble pas aux belles images sculptées en relief à Karnak ou Akhétaton. Envolés les élégants messieurs et dames qui s'inclinent très bas devant un monarque bienveillant sous le disque solaire, son père. A leur place apparaît une armée rebelle, une paysannerie appauvrie, et des juges corrompus. On pourrait dire que ces conditions ont pu être celles de la fin du règne hérétique, mais les évidences s'opposent à une telle défense. Le retrait et l'isolation subséquente du chef de l'état et de sa cour, qui ont clairement suscité l'anarchie, doivent être attribués à Akhénaton lui-même. [349]

Horemheb n'avait pas d'héritier, de sorte qu'il a choisi un chef militaire pour lui succéder. Ce chef était Ramsès Ier, et c'est à cette époque que le «ballet des momies» a commencé. On peut se demander si une partie de la confusion qui existe de nos jours n'est pas due à une tentative délibérée de la part d'Horemheb et de ses héritiers ramessides de créer une nouvelle Histoire.

Un fait intéressant à noter à propos de la XVIIIe dynastie est que, dans le domaine artistique et tous les autres domaines aussi d'ailleurs, elle paraît être la continuation de la XIIe Dynastie. Si nous considérons l'idée que les rois hyksos ont régné en même temps qu'une dynastie égyptienne du sud, ce facteur prend un sens.

Manéthon, cité par Eusèbe, Africanus et Josèphe, présente une histoire très embrouillée de la Deuxième Période Intermédiaire, avec des longueurs impossibles de règnes pour les Dynasties XIII à XVII, et une présentation des plus confuses des correspondances rois-dynasties. Nous pensons qu'il est très possible qu'une compréhension erronée de ce qu'il a écrit ait abouti à des erreurs de la part de ceux qui l'ont cité, c'est-à-dire Eusèbe, Africanus, et Josèphe; chacun d'eux prêchant pour sa propre chapelle. Et pour ce que nous en savons, Manéthon avait aussi ses propres objectifs.

Le problème semble être que, dans sa forme originale, la Deuxième Période Intermédiaire de Manéthon comprend cinq dynasties: trois thébaines et deux hyksos, qui ne se suivent pas mais ont régné simultanément. Manéthon l'a dit, mais il n'a pas été cru. Il semble que, pour indiquer quelles dynasties ont régné simultanément et quelles dynasties ont régné successivement, une série d'additions ont été faites, et cette pratique a été mal interprétée

---

[349] Redford, Donald B., *Akhenaten : The Heretic King*, 1984, Princeton University Press, Princeton, p. 225.

par ceux qui ont cité Manéthon. Ils ont pensé qu'ils avaient devant les yeux des listes séquentielles de rois, entrecoupées de résumés et de sous-totaux. Ils ont pensé que ces résumés étaient en fait des groupes de rois qui s'additionnaient. Il en est résulté de graves erreurs dans les citations de Manéthon faites par Africanus, Eusèbe, et Josèphe. Ceci a abouti à d'autres erreurs: Africanus a mélangé les rois hyksos et thébains dans une seule dynastie; Africanus et Eusèbe n'ont pas pu se mettre d'accord pour décider quelle dynastie était hyksos, et laquelle était thébaine, ni quel a été le nombre d'années de règne.

Pour en revenir à notre problème, il semble qu'il s'agit en fait d'un cadre temporel plutôt restreint, au cours duquel l'Age du Bronze a trouvé une fin cataclysmique, et où les Hyksos ont été chassés d'Egypte. Et ces événements ne se sont pas produits au milieu du quinzième siècle av. J.-C., mais bien plus de 200 ans auparavant. Nous voyons également que la curieuse "écriture cryptographique" de la dix-huitième dynastie s'adapte à un modèle qui inclut la fin de l'Age de Bronze Moyen et d'extraordinaires événements climatologiques.

Des fouilles archéologiques menées sur les îles de Santorin et de Crète ont démontré que la disparition de l'Age de Bronze Moyen s'est opérée en deux phases. Cela coïncide avec les observations d'anomalies climatiques qui ont commencé vers 1644 av. J.-C., pour aboutir au désastre final de l'éruption du Théra en 1628 av. J.-C. Il y aurait eu d'abord une activité volcanique (tremblements de terre), suivie d'une reconstruction et d'une installation, avant l'éruption finale, décisive du Théra au moins une si pas deux générations plus tard! Qu'il y ait eu des signes avertisseurs de l'imminence de l'éruption, cela semble attesté par le fait qu'aucun corps n'a été trouvé dans les couches de cendres volcaniques de plusieurs mètres d'épaisseur qui ont enseveli la ville d'Akrotiri. Du fait qu'aucun objet précieux facile à emporter n'a été retrouvé, on peut conclure que la population a abandonné la ville en hâte.

La civilisation Dilmoun est dite avoir été prospère de 3200 av. J.-C. à 1600 av. J.-C. La civilisation de la Vallée de l'Indus aurait disparu entre 1700 et 1600 av. J.-C. Le grand empire babylonien aurait disparu vers 1600 av. J.-C. En Egypte, le Moyen Empire a disparu vers 1600 av. J.-C. La dynastie Xia, en Chine, s'est terminée en 1600 av. J.-C. L'utilisation du site de Stonehenge s'est terminée vers 1600 av. J.-C. Dans pratiquement tous les cas, la fin de la civilisation et la destruction massive inscrites dans les vestiges mis au jour par la bêche de l'archéologue sont attribuées à des guerres et à des tribus barbares venues les ravager et piller.

Deux savants allemands des plus influents: Von Rad et Noth, ont affirmé que "l'Exode et les traditions du Sinaï, ainsi que les événements supposés y être survenus, sont indépendants l'un de l'autre"[350]. Von Rad a souligné que l'alliance du Sinaï commémorée par la Fête des Tabernacles était célébrée à Sichem, tandis que la tradition de l'installation était commémorée à Gilgal par la fête des Semaines. Von Rad note également que le chapitre 16 du Deutéronome est étrangement silencieux sur les événements du Sinaï.

Il a ensuite été suggéré que l'Israël des premiers temps était en fait une ligue tribale, un peu comme les confédérations de cités-états connues par la suite en Grèce et en Italie, et connues en Grèce sous le nom de *amphictyonies*[351]. Si ces groupes tribaux ont été ensuite amalgamés sous le règne d'Ezéchias, il est certainement devenu nécessaire de "créer" une Histoire nationale, et celle-ci a été basée sur les traditions orales. Et c'est là que les choses deviennent vraiment intéressantes, car il semble bien qu'au moins un petit groupe ait vécu une expérience pour le moins extraordinaire au cours de cette période.

Des suggestions variées ont été faites quant à la localisation du Mont Sinaï. La tradition juive le place en Arabie. Démétrius affirme que Dedan était l'ancêtre de Jéthro, de l'oasis de El-'Ela et que, lorsque Moïse s'est rendu à Madiane, il s'est arrêté en Arabie[352].

En 1954, Mendenhall a émis l'idée que l'alliance du Sinaï ressemble aux traités hittites de suzeraineté. Il y a des parallèles évidents entre l'alliance du Sinaï et les anciens traités de suzeraineté, et il a existé des ligues tribales.

Dans le livre de Josèphe *Antiquités Judaïques*, le Sinaï est là où se trouve la cité de Madiane[353]. Dans le Talmud babylonien[354] R. Huna et R. Hisda disent: "Le Saint, béni soit-Il, ignora toutes les montagnes et les hauteurs, et il plaça sa Shékinah sur le Mont Sinaï».

D'après des passages de l'Ancien Testament, le Mont Sinaï est identifié à Séhir et au Mont Paran. Le chapitre 33:2 du Deutéronome dit:

---

[350] Nicholson 1973
[351] Nicholson 1973
[352] De Vaux 1978, 435
[353] Antiquities, II.264; III.76
[354] Sotah 5a, Freedman and Simon 1935, 18-19

> "L'Éternel est venu de Sinaï, et il s'est levé pour eux de Séhir ; il a resplendi de la montagne de Paran, et est venu des saintes myriades; de sa droite [sortit] une loi de feu pour eux."[355]

Il semble que l'itinéraire qu'il a suivi, dans les Nombres (33:18-36), situe le Sinaï dans le nord de l'Arabie. Madiane est aussi localisé là, et Moïse y a vécu avec Jéthro, prêtre de Madiane, pendant quarante ans[356]. De Vaux pensait que la théophanie du Sinaï était la description d'une éruption volcanique qui se serait produite dans le nord de l'Arabie, parce que l'Exode (19:18) décrit la montagne comme une fournaise fumante. Dans le lointain, elle devait ressembler à une colonne de nuages pendant la journée, et à une colonne de feu pendant la nuit. En suivant cette colonne de fumée ils arrivaient tout droit au volcan.

Le problème est qu'il n'y a pas de volcan au Sinaï. Il y en a plusieurs dans le nord de l'Arabie, mais la seule grande éruption de cette époque est celle du Théra, sur l'île grecque de Santorin. A ce sujet, nous découvrons un passage intriguant dans les "Histoires" de Tacite.

> On dit que les Juifs sont des réfugiés originaires de l'île de Crète, qui se sont établis dans la partie la plus reculée de la Libye au temps où, selon le récit, Saturne a été chassé de son trône par Jupiter. Cela est une déduction du nom de «Judaei» sous lequel on en est venu à les connaître: ce mot doit être vu comme un allongement barbare de "Idaei", le nom du peuple qui s'était établi auprès du fameux Mont Ida en Crète.
>
> Certaines autorités en la matière affirment que sous le règne d'Isis, la population excédentaire d'Egypte a été évacuée vers des pays sous la houlette de Hiérosolymus et Judas.[357] Nombreux sont ceux qui assurent que les Juifs descendent des Ethiopiens qui, poussés par la crainte et la haine, ont été forcés de quitter leur patrie alors que Céphée était roi.[358] Certains disent que des bandes hétéroclites d'Assyriens sans terres ont occupé une partie de l'Egypte et y ont bâti leurs propres cités, en s'établissant dans les terres des Hébreux et dans les régions voisines de la Syrie[359].

---

[355] KJV, voir aussi Juges 5:4-5, Hab. 3:3,7

[356] I Rois 11:18; Exode 2:15, 3:1

[357] Hiérosolymus' et 'Judas' sont les interprétations grecques des noms hébreux de Jérusalem et Juif.

[358] Selon la légende grecque, Céphée était roi d'Ethiopie. Sa fille Andromède avait épousé le héros Persée. La question qui se pose ici est: où se trouvait l'ancienne "Ethiopie"?

[359] Cette théorie est plausible. En grec et en latin, le mot 'Assyrien' peut indiquer quelqu'un vivant dans l'Irak moderne ou la Syrie. Les Araméens, une tribu à laquelle les Hébreux semblent avoir été apparentés, correspondent également à la définition

D'autres encore trouvent des ancêtres fameux aux Juifs dans les Solymi qui sont mentionnés avec respect dans l'épopée d'Homère[360] . Cette tribu est supposée avoir fondé Jérusalem, à laquelle ils ont donné leur propre nom.

Cependant, la plupart des experts sont d'accord avec le récit suivant: La population de l'Egypte entière était affectée par une maladie défigurante. Le pharaon Bocchoris[361] alla consulter l'oracle d'Hammon de lui demanda un remède. Il lui fut recommandé de purifier son royaume en expulsant vers d'autres terres les victimes de ce mal, car elles faisaient l'objet d'une malédiction divine. C'est ainsi qu'une multitude de malades furent rassemblés, et le misérable troupeau fut abandonné dans le désert. Là, les exilés désespérés se résignèrent à leur sort. Mais l'un d'entre eux, nommé Moïse, exhorta ses compagnons à ne pas attendre passivement une aide divine ou humaine, car dieux et hommes les avaient abandonnés. Ils ne devaient donc compter que sur eux-mêmes, et profiter de la première occasion venue pour se tirer de ce mauvais pas. Ils acceptèrent et se mirent en route à tout hasard, vers l'inconnu.

Mais ils furent vite épuisés, principalement à cause du manque d'eau, et la plaine fut bientôt parsemée des corps de ceux qui s'étaient effondrés et rendaient le dernier soupir, quand une troupe d'ânes sauvages quitta son terrain de pâture et se dirigea vers un escarpement boisé. Moïse les suivit et découvrit en cet endroit de nombreuses sources d'eau dont la présence était attestée par un sol herbeux. Ils étanchèrent ainsi leur soif. Ils voyagèrent sans trêve pendant six jours, et au septième ils chassèrent les habitants de Canaan, s'approprièrent leurs terres, et y bâtirent une cité sainte et un temple.

Afin de s'assurer leur allégeance future, Moïse leur prescrivit une religion nouvelle, très différente de celles du reste de l'humanité. Pour les Juifs, tout ce que nous considérons comme sacré est profane; et d'autre part, ils permettent ce que nous considérons comme immoral. Dans la partie la plus secrète du temple ils consacrèrent l'image de l'animal qui les avait délivrés de leur errance et de leur soif, et choisirent le bélier comme animal

---

donnée aux "Assyriens". Notons également que les membres de la famille d'Abraham désignaient leur parenté comme des "Syriens". Il y a également le fait que des études génétiques démontrent que les Juifs sont très proches des Syriens, Juifs et non-Juifs.

[360] Les Solymi sont mentionnés par Homère dans l'Iliade (6.184 et 204) et l'Odyssée (5.283). C'étaient des guerriers courageux originaires de Lycie. Le nom "Jérusalem" se lisait 'Hiéra-Solym ou Saint lieu des Solymi'.

[361] Josèphe, Africanus et Eusèbe font tous référence à un roi Orus, dont les experts sont d'accord pour dire qu'il s'agit d'Amenhotep III.

sacrificiel pour montrer, paraît-il, leur mépris pour Hammon.[362]. Le taureau est également offert, car les Egyptiens le vénèrent sous la forme d'Apis. Ils évitent de manger du porc, en mémoire de leurs tribulations puisque par le passé ils ont été contaminés par une maladie à laquelle est sujette cette créature.[363]

Ils jeûnent encore fréquemment en souvenir de la faim qu'ils ont jadis éprouvée si durement, et pour symboliser leur repas hâtif, le pain mangé par les Juifs n'est pas levé. Il paraît que le septième jour était considéré comme jour de repos, car ce jour marquait la fin de leurs peines. [...] D'autres disent que c'est là une marque de respect envers Saturne, soit parce qu'ils doivent les principes de base de leur religion aux Idaei (qui, dit-on, ont été chassés en compagnie de Saturne et devinrent les fondateurs de la race juive), soit parce que, parmi les sept astres qui gouvernent l'humanité, celui qui décrit l'orbite la plus haute et exerce l'influence la plus grande est Saturne. Un autre argument est que la plupart des corps célestes accomplissent leur trajet et leurs révolutions en multiples de sept. [...]

Plutôt que d'incinérer leurs morts, ils préfèrent les enterrer en imitation de la mode égyptienne, et ils ont les mêmes préoccupations et croyances à propos des mondes d'en-bas. Mais leur conception des choses célestes est très différente. Les Egyptiens adorent toutes sortes d'animaux et de créatures mi-humaines mi-animales, tandis que la religion juive se base sur un monothéisme purement spirituel.

Ils considèrent comme impie de faire des idoles en matières périssables à la ressemblance de l'homme. Pour eux, le Très Grand et Eternel ne peut être représenté de la main de l'homme et ne mourra jamais. Pour cette raison, ils n'élèvent pas de statues dans leurs villes, et encore moins dans leurs temples. Leurs rois ne sont pas aussi flattés, les empereurs romains si honorés.

Cependant, leurs prêtres exécutaient leurs chants au son de la flûte et du tambour, couronnés de lierre, et une vigne d'or a été découverte dans le Temple, ce qui a poussé certains à penser que le dieu qui était ainsi adoré était le Prince Liber [364], le conquérant de l'Orient. Mais les deux cultes sont diamétralement opposés. Liber a fondé un culte festif et joyeux, la croyance juive est paradoxale et dégradée[365].

---

[362] Les Egyptiens représentaient Amon avec une tête de bélier. Mais il y a davantage, ici, que ne le soupçonne Tacite.

[363] La lèpre.

[364] Titre courant de Dionysos, le dieu du vin, de l'ivresse et de l'extase.

[365] Tacitus, *Les Histoires*, Livre V:2-5.

L'important, à propos du récit par "ouï-dire" de Tacite, c'est qu'il affirme très clairement que la nation d'Israël était un amalgame de tribus, et de peuplades qui avaient vécu en Crète et avaient emporté avec elles des récits d'éruptions de volcan, et d'un autre groupe très étrange, qui avait été chassé d'Egypte dans des circonstances très particulières, et qui avaient apporté une histoire différente au mélange.

Le récit de Tacite concernant ce groupe, son expulsion, et le fait qu'il le relie au roi Bocchoris sont des indices très importants.

L'histoire païenne du déluge d'Ogygès et son rapport avec l'histoire de Noé a constitué un problème pour les commentateurs bibliques, tout comme le déluge ultérieur de Deucalion; Deucalion qui avait survécu avec son épouse, en flottant sur les eaux dans un grand coffre. Eusèbe nous dit qu'Ogygès "vivait au temps de l'Exode d'Egypte"[366].

Dans le passé, des experts ont conclu qu'Ahmès devait avoir provoqué la destruction de l'Age du Bronze Moyen, mais Redford a démontré que la campagne d'Ahmès n'avait concerné que Shérouhen et ses environs, pour punir les Hyksos.[367] La première incursion de quelqu'importance à l'intérieur de la Palestine a été le fait de Thoutmès III[368].

Ce que je suggère ici, c'est que la XVIIIe Dynastie égyptienne n'a pas seulement été le prolongement de la XIIe Dynastie en Egypte méridionale, mais qu'elle a été simultanée avec la dernière dynastie hyksos, la quinzième, et qu'elle s'est arrêtée avec l'expulsion des Hyksos.

Je n'essaierai pas de trier tous les liens familiaux confirmés ou supposés des dynasties égyptiennes. Pour le sujet qui nous occupe, la chronologie égyptienne n'est importante que pour autant qu'elle nous permette de débrouiller les sujets pouvant conduire à l'identification de l'Arche d'Alliance et ses tribulations possibles à certaines époques du passé. Une de ces époques est celle de l'éruption du Théra, de la chute d'Avaris, et de la FIN de la XVIIIe Dynastie.

Je veux rappeler au lecteur le problème défini par Gardiner, c'est-à-dire que «le nombre de rois et d'années de règne provenant des sources de Manéthon, donnent une période de 1.590 années, plus de sept fois la durée à laquelle nous arrivons si nous acceptons la date sothique du papyrus de El-Lahoun».

---

[366] Eusèbe 1981, 524
[367] Redford 1979, 274; Bietak 1991, 58; Weinstein 1981, 1-28
[368] Bietak 1991, 59

Gardiner nous dit pourquoi il ne peut en être ainsi :

> L'abandon de 1786 av. J.-C. comme date de fin de la XIIe Dynastie équivaudrait à abandonner notre ferme ancrage pour dériver d'une manière qui aurait de sérieuses conséquences pour l'Histoire, pas seulement d'Egypte, mais du Moyen Orient tout entier.[369]

SOTHIS AUX DENTS ACÉRÉES

Il se fait que toutes les datations archéologiques de la région méditerranéenne sont axées sur la chronologie égyptienne, du fait de gens qui tenaient pour authentique la chronologie biblique. Qui plus est, toutes leurs dates reposent sur deux hypothèses principales: le *Cycle Sothique* et l'identification du roi égyptien Chéchonq Ier avec le roi biblique Chichak, le chef égyptien qui a affronté Réhoboam et s'est emparé de "tous" les trésors du Temple de Salomon et du "palais de Salomon".

Il est entendu que Manéthon n'a mentionné que trente dynasties, la trente-et unième ayant été ajoutée par après. Mais il se fait qu'il n'existe aucun original de "*L'Histoire d'Egypte*" de Manéthon. Tout ce qui nous reste de son oeuvre, ce sont des extraits cités par Flavius Josèphe, l'historien juif du premier siècle de l'ère chrétienne, et par deux important historiens chrétiens, Sextus Julius Africanus (IIIe siècle), et Eusèbe (IVe siècle). Georges le moine: Syncellus, s'est basé largement sur Africanus et sur Eusèbe pour écrire son Histoire du monde en l'an 800 de l'ère chrétienne.

Il est relativement aisé de voir que *tous ces hommes avaient des intentions particulières.* Notons une fois de plus l'époque à laquelle ils écrivent, et nous voyons alors que le but de leurs efforts est l'imposition du christianisme, fondé sur le judaïsme, arbitre ultime en matière de vue linéaire du temps sur le credo «vous êtes tous damnés».

Il est régulièrement affirmé que la chronologie égyptienne est basée sur la "datation astronomique". Qu'est-ce que cela signifie? Cela signifie en fait que la *datation égyptienne est basée sur une THEORIE selon laquelle les Egyptiens avaient recours à la datation astronomique. Mais nombreux sont ceux qui n'ont pas réalisé que ce n'est qu'une théorie et qui sont convaincus que la chronologie égyptienne est réellement fondée sur l'astronomie.* Le fait est qu'il y a des dates fixées astronomiquement au Proche-Orient, mais ce ne sont pas des dates égyptiennes. Deux tablettes

---

369 Gardiner, Sir Alan, *Egypt of the Pharaohs.*

cunéiformes babyloniennes ont été retrouvées, concernant le Soleil, les planètes et les éclipses. Ces dates fixent deux années: une partie de 568/567 av. J.-C. et une partie de 523/522 av. J.-C. *Ce sont là nos dates astronomiquement fixées les plus anciennes.* Il existe une autre éclipse plus ancienne qui a été notée au Proche-Orient par des Assyriens, texte qui contient assez de données partielles pour pouvoir fixer la date à une ou deux années près: Elle a eu lieu soit en 763 av. J.-C. soit en 791 av. J.-C. Les experts ne sont pas d'accord sur la date.

Lorsque nous creusons plus profondément encore dans ces suppositions de dates, nous remarquons que le crochet auquel sont suspendues ces hypothèses s'appelle "cycle sothique".

Qu'est-ce donc que le cycle sothique?

Les experts nous disent que l'année civile égyptienne était de 365 jours - 3 saisons (*Akhet, Peret, Chemou*), de 4 mois chacune, avec 30 jours par mois. A cela ils ajoutaient cinq jours épagomènes. Puisque la Terre parcourt son orbite autour du Soleil en 365 jours et environ un quart de journée, ce calendrier retarde d'un jour tous les quatre ans. De nos jours, cela est corrigé en ajoutant un jour tous les quatre ans, lors d'une "année bissextile". Mais si aucune correction calendaire n'était faite, une telle année créerait bientôt d'importants problèmes (du moins c'est l'avis des experts). Comment les Egyptiens parvenaient à le faire, cela est matière à conjecture, et il a finalement été décidé qu'ils corrigeaient leur calendrier tous les 1460 ans, à l'époque du lever héliaque de Sirius.

D'où est venue cette idée?

Nos informations sur le supposé cycle sothique reposent en grande partie sur les travaux des auteurs classiques Censorinus (plus ou moins 238 de l'ère chrétienne) et Théon (379-395). Sir William Flinders Petrie écrit, se référant à un tableau de prétendues observations de Sirius:

> A présent, en allant à reculons, la première donnée importante que nous trouvons est celle qui a été inscrite au dos du papyrus médical Ebers, où il est dit que Sirius s'est levé le 9e jour d'Epiphi dans la 9e année d'Amenhotep Ier. Comme le 9 d'Epiphi tombe 56 jours avant le 1er de Thoth, Sirius s'est levé ce jour-là 4 X 56 ans (224) avant les dates qui se trouvent en tête de la première colonne. Comme l'époque ne peut être que 1322 av. J.-C., cela donne 1322 + 224 = 1546 av. J.-.C. pour la 9e année d'Amenhotep I, ou 1554 av. J.-.C. pour son accession au trône. Et puisque Ahmès Ier a régné pendant 25 ans, nous arrivons à 1579 av. J.-C. pour l'accession au trône d'Ahmès et le début de la dix-huitième dynastie. Ceci n'est pas défini à quelques années près, étant donné que 4 années équivalent à seulement un jour de

> glissement; ceci dû au fait que ce lever a peut-être été observé dans une partie différente de l'Egypte à des moments différents, comme le suggèrent plusieurs détails astronomiques mineurs. Mais ceci nous donne 1580 av. J.-C. comme date approximative de la grande époque de la montée de la dix-huitième dynastie. [370]

Nous découvrirons bientôt qu'il y a une très bonne raison pour rejeter ces dates, mais pour le moment, contentons-nous de remarquer que Petrie avec son beau système, rencontre tout de même (tout comme Gardiner) quelques problèmes.

> Avant cela, nous trouvons un autre lever de Sirius et deux dates saisonnières dans la XIIe dynastie et l'indication d'une saison dans la VIe dynastie. La plus exacte de ces dates antérieures est un lever de Sirius le 17 de *Pharmuthi* pendant la septième année du règne de Sénousert III, sur un papyrus de Kahoun. Celui-ci se trouve à présent à Berlin, et a été publié par BORCHARDT dans Zeits. Aeg. Spr., xxxvii, 99-101. Cela montre que le 17e jour de *Pharmuthi* tombait le 21 juillet, ce qui fait remonter la 7e année du règne de Sénousert III à 1874 ou 3334 av. J.-C. Comme il a régné probablement jusqu'à sa 38e année, il doit être mort en 1843 ou 3303 av. J.-C. Amenemhat III a régné 44 années selon ses monuments, Amenemhat IV: 9 ans, et Sébekneférou: 4 années d'après le papyrus de Turin. Ces règnes font se terminer la XIIIe dynastie vers 1786 ou 3246 av. J.-C. Il nous faut donc décider par les preuves internes des monuments des rois, laquelle de ces dates est la plus probable, en voyant si l'intervalle entre la XIIIe et la XVIIe dynastie a été de 1.786 – 1.580 = 206 ans, ou bien de 1.666 ans. Cette question a été purement et simplement ignorée jusqu'ici, et toute l'école de Berlin a pris la date la plus tardive comme la seule possible, et l'intervalle n'aurait été que de 206 ans.[371]

Notez s'il vous plaît, que cet autre "lever de Sirius" se serait produit soit en 1.874 soit en 3.334 av. J.-C. C'est un grand écart! On pourrait penser qu'au cours de tous ces millénaires, si des observations étaient faites chaque année à ce sujet, elles auraient été le plus souvent mises par écrit. Mais Petrie s'obstine à essayer de faire entrer cette cheville carrée dans un trou rond:

> Mettant de côté pour le moment les détails de la liste de Manéthon, contentons-nous de jeter un coup d'œil aux monuments, et au papyrus de Turin sur les rois, qui a été écrit avec de nombreux détails concernant cette époque, avec une longue liste de rois, et seulement deux ou trois siècles après la

[370] Petrie, Flinders, *Researches in Sinaï* (John Murray, London) 1906
[371] Ibid.

> période en question. Sur les monuments, nous avons les noms de 17 rois de la XIIIe dynastie. Dans le papyrus de Turin il y a les détails des règnes de 9 rois, couvrant 67 années, c'est-à-dire une moyenne de 7 années par règne.
>
> Si nous appliquons cette durée moyenne seulement aux règnes des 17 rois dont le règne est attesté par des monuments, nous devons leur accorder 120 ans, et ne pas tenir compte des 40 rois mentionnés sur le papyrus de Turin car nous ne les connaissons pas encore par des monuments. Des rois hyksos, nous en connaissons trois avec certitude par des monuments ; et sans adopter ici les longs règnes dont fait état Manéthon, nous devons pourtant allouer au moins 30 années à ces rois. Et au cours de la XVIIe dynastie, au moins les règnes de Kamès et de Sekhent.neb.ra, qui couvrent probablement 10 ans. [...]Cela ne nous laisse que 46 des 206 ans, pour contenir les 120 rois nommés dans le papyrus de Turin, et toute la conquête et domination hyksos, à l'exception des 30 années indiquées plus haut.
>
> Ceci est manifestement une situation impossible; et ceux qui penchent pour l'intervalle court doivent bien tenir compte du papyrus de Turin, et admettre que, au cours d'une période de deux ou trois siècles après ces événements, un décompte entièrement faux a été donné pour Histoire officielle des Egyptiens.
>
> Cette difficulté s'est révélée si grande que de nombreux spécialistes, en Allemagne et dans le reste de l'Europe, ont refusé d'adopter cette façon de voir. Cependant, si l'élément Sirius doit être respecté, alors nous sommes obligés d'admettre qu'il y a, soit 206 ans, soit 1.666 ans d'écart entre la XIIe et la XVIIIe dynastie. *Comme aucune de ces dates ne paraît probable, il se pourrait que la donnée Sirius elle-même soit erronée,* et ce sujet attend de nouveaux témoignages. [372]

Ici, Petrie a presque trébuché sur l'indice même qui aurait pu le sortir du dilemme. Lire une déclaration aussi éclairante et constater ensuite qu'il trébuche dans le noir fait presque mal!

Que voulons-nous dire? Nous voulons dire que Sothis n'est peut-être pas Sirius. Et que le "cycle sothique" était peut-être quelque chose de tout à fait différent. Pour rester clairs, voyons ces suppositions. Tout d'abord, il est supposé qu'un calendrier sothique était en usage en Egypte. Nous ne savons pas si c'était bien le cas. Nous le savons seulement *parce que Censorinus l'a dit.* Censorinus a mis cette idée par écrit un peu tard pour être considéré comme une grande autorité en la matière. De plus, Censorinus a été hautement loué par Cassiodore, un chrétien converti ayant vécu environ deux

---

[372] Ibid.

siècles plus tard. Et nous découvrons que *les travaux de Censorinus ont été préservés parce qu'ils ont été 'approuvés", tandis que d'autres travaux contredisant ces idées ont sans doute été "perdus"*.

Le gros problème suivant est la supposition que le cycle sothique est de 1.460 années. Ici encore, l'interprétation de Censorinus l'a emporté, malgré les problèmes sans fin suscités par cette idée. Il se fait que, quand on examine la question de plus près, on constate que les dates basées sur ce théorique calendrier sothique ne se correspondent pas.[373]

Enfin, le problème le plus fondamental est que ce sont les égyptologues modernes qui supposent que le mot *spd.t* – dans les observations ci-dessus- se traduit par Sirius! Un tas de gens affirment que c'est bien là ce qu'ont voulu dire les Egyptiens, mais personne n'en est certain! Le mot que l'on traduit par "Sothis" aurait pu être autre chose! Et en fait, dans le contexte qui précède, nous ne pouvons même pas être sûrs de ce qui est entendu par "lever". Cela pourrait concerner un astre, ou cela pourrait concerner la crue d'un cours d'eau, ou cela pourrait concerner une cérémonie appelée "Lever de Sothis".

Ainsi que nous l'avons déjà dit à propos de l'astronomie d'observation, Sirius se lève dans les cieux toutes les 24 heures, pour n'importe quel poste d'observation. Mais il n'est pas visible pendant que le Soleil est dans le ciel. Le prétendu lever héliaque de Sirius devrait se produire au moins 36 minutes avant le lever du Soleil pour pouvoir être observé, ce qui présuppose une méthode très précise de calcul du temps, ce qui *contredit donc tout l'argument à propos du cycle sothique, pour commencer*.

Bien qu'elle ait été considérée comme la clé de voûte absolue de toute la datation de l'Histoire ancienne, la chronologie de l'Egypte ancienne repose sur un monceau d'hypothèses non prouvées. La structure tout entière est rendue plus caduque encore par la nature tardive et fragmentaire de la plupart des sources littéraires qui fournissent un squelette à la chronologie égyptienne.

Ainsi que nous l'avons noté, l'articulation de l'Histoire d'Egypte autour de 31 dynasties commence avec l'œuvre de Manéthon, compilée au troisième siècle av. J.-C. Les rapports de Manéthon sont complétés par des éléments trouvés sur d'anciens monuments et grâce aux fouilles archéologiques entreprises en Egypte. L'œuvre

[373] Nous savons qu'un calendrier lunaire était en usage en Egypte ancienne, mais nous en savons peu à ce sujet. Le résultat final de l'usage de ce calendrier est que chaque date sur chaque monument devrait nous dire quel calendrier a été utilisé, mais les Egyptiens ne l'ont pas fait.

de Manéthon ne survit que sous forme de citations. John Brug écrit dans *The Astronomical Dating of Ancient History before 700 AD*:

> Le recours à des calculs astronomiques pour déchiffrer les références à ce cycle sothique dans des écrits datant de l'Egypte ancienne est le fondement de toute la chronologie ancienne. Censorinus dit:
>
> "La lune n'est pas impliquée dans la "grande année" des Egyptiens, que nous appelons "année du Chien" en grec et "année du Petit Chien" en latin parce qu'elle commence lorsque la constellation ou l'étoile du "Petit Chien" (probablement la moderne Canis Major ou Sirius] se lève le premier jour du mois que les Egyptiens nomment "Thoth". Car leur année civile n'a que 365 jours, sans aucun jour intercalaire. Donc, une période de quatre années pour eux est environ d'un jour plus courte que la période naturelle de quatre années, et donc il s'écoule 1.461 années avant que cette "année" revienne à son point de départ. Cette 'année" est nommée "héliaque" par certains, et "année divine" par d'autres. (Censorinus, *De Die Natali*, ch. 18).
>
> La déclaration de Censorinus n'est certainement pas exhaustive. Elle nous donne très peu de renseignements sur la manière dont cette "grande année" était utilisée ou du début de son utilisation. Il y a certainement matière à débat dans l'application de cette description au calendrier et à l'astronomie égyptiens des deuxième et troisième millénaires av. J.-C. Cette description ne parle pas des changements qui se sont produits dans le calendrier égyptien au cours des millénaires. Nus ne disposons d'aucune preuve que les Egyptiens étaient conscients qu'ils dataient de longues ères en se basant sur le cycle sothique au deuxième millénaire av. J.-C. Et même si nous pensons qu'ils en étaient conscients, nous ne savons pas avec certitude quand un cycle sothique a débuté.
>
> La plupart des historiens contemporains sont d'accord avec Censorinus pour placer le commencement d'un cycle sothique vers 140 de l'ère chrétienne, et par extension vers 1.320 av. J.-C., 2.780 av. J.-C. et sans doute 4.240 av. J.-C. Censorinus écrit:
>
> "Tout comme nous le faisons, les Egyptiens font allusion à un certain nombre d' "ères" dans leurs écrits, par exemple celle de " Nabonnasar" qui a débuté avec la première année de son règne, c'est-à-dire il y a 986 ans. Une autre ère est celle de " Philippe" qui est comptée à partir de la mort d'Alexandre le Grand il y a 562 ans. Mais le début de ces ères se compte toujours à partir du premier jour du mois que les Egyptiens nomment *Thoth* et qui, cette année, est tombé le 7e jour avant les Calendes de juillet [25 juin]. Il y a 100 ans, alors que l'Empereur Antonin le Pieux était consul pour la deuxième fois et que Bruttius Praesens était l'autre

consul, le même jour est tombé le 12e [corrigé en 13e] jour avant les Calendes d'août [21 juillet, corrigé en 20 juillet) date à laquelle le "Petit Chien" se lève généralement en Egypte. C'est pourquoi, il est possible de connaître celle de la grande année qui, ainsi que je l'ai écrit est appelée "solaire" ou "du Petit Chien", ou "année divine" maintenant que la centième année est passée. J'ai noté les commencements de ces années de peur que l'on pense qu'elles commencent au 1er janvier ou à une autre date, parce que les points de départ choisis par ceux qui sont à l'origine de ces années ne sont pas moins variés que les opinions des philosophes. Pour cette raison, certains disent que l'année naturelle commence au nouveau Soleil, c'est-à-dire au solstice d'hiver, d'autres disent que c'est au solstice d'été, d'autres encore à l'équinoxe de printemps, d'autres à l'équinoxe d'automne, d'autres au lever des Pléiades, d'autres à leur coucher, et nombreux sont ceux qui en placent le début au lever du "Chien" (Censorinus, Ch. 21)."

Remarquons que Censorinus en dit très peu et en conclut beaucoup. Censorinus écrit, non pas dans le but d'établir un système chronologique, mais pour *discuter des diverses dates de Nouvel An dans différentes cultures*. Il ne donne pas de date spécifique pour le début d'un cycle sothique comme il le fait pour les autres ères qu'il mentionne. Tout ce qu'il fait, c'est donner la date du calendrier julien à laquelle tombe le premier jour de Thoth l'année où il écrit, c'est-à-dire très certainement en 238 ou 239 de l'ère chrétienne, et cent ans auparavant, c'est-à-dire en l'an 139. En l'an 238, le premier jour de Thoth est tombé vers le 25 juin du calendrier julien. Cent ans plus tôt, ce jour tombait vers le 20 juillet, c'est-à-dire la date à laquelle le Petit Chien (peut-être Sothis) se levait en général en Egypte. Il semble se référer à une méthode de datation conventionnelle plutôt qu'à une réelle observation du lever de Sothis à cette date. [...]

Outre l'absence d'accord sur l'époque à laquelle débute un cycle sothique, cette théorie présente d'autres incertitudes. On ne sait pas exactement quelle est la durée d'un cycle sothique, car il faut tenir compte encore d'autres variables astronomiques que la longueur précise de l'année solaire. Les calculs du cycle sothique donnent de 1.423 à 1.506 années.

Nous ne savons pas avec certitude à quelle étoile ou constellation Sothis doit être identifié pour toutes les périodes de l'Histoire d'Egypte. Il est généralement admis que Sothis est l'étoile que nous appelons Sirius, mais aucune source ne donne la preuve de cela avant la période classique. Porphyre, dans son ouvrage *De Antro Nympharum* écrit: "*Près du Cancer est Sothis que les Grecs nomment le Chien.*" Caïus Julius Solin écrit dans son *Polyhistor* que cette étoile se lève entre le 19 et le 21 juillet.

Au chapitre 21 de son ouvrage sur Isis et Osiris, Plutarque dit: "*L'âme d'Isis est nommée 'le Chien" par les Grecs, et l'âme d'Horus est nommée Orion.*" Puisque Sothis est identifié à Isis dans d'autres textes égyptiens et que Sirius est appelé "le Chien" par les Grecs, nous concluons que Sothis est l'étoile que nous nommons Sirius. Mais ce n'est pas évident. Au moins la seconde moitié du texte de Plutarque paraît être erronée, car Orion est habituellement associé à Osiris et non à Horus. D'après certains égyptologues, les noms astronomiques égyptiens ne sont pas toujours restés attachés aux mêmes objets célestes. Osiris a d'abord été associé à Vénus; Par la suite, Osiris a été associé à Jupiter. La planète Vénus, d'abord identifiée à Osiris, a ensuite été identifiée à Isis. Parfois "oeil droit " est un titre d'Isis-Hathor, parfois ce titre est accordé au Soleil.

Plutarque identifie aussi Osiris à la constellation que les Grecs nomment Argo. Le triangle hiéroglyphique qui représente Sothis paraît aussi représenter la lumière zodiacale, et les Egyptiens connaissaient apparemment une Isis-Sothis et un Horus-Sothis. Le terme *wp rnpt* qui se réfère au lever de Sothis, se réfère également au début de l'année civile et à l'anniversaire du roi. *Même le mot grec pour "Sirius" n'est pas toujours attaché au même objet céleste.* Des glissements et incertitudes semblables s'appliquent à l'identification d'anciens noms astronomiques en général, par exemple les constellations dans Job.

Selon l'astronome anglais Poole, Sirius ne se trouvait pas à l'horizon coïncidant avec le lever du Soleil le jour du Nouvel An égyptien en 140 av. J.-C., date spécifiée par Censorinus et ses successeurs. Macnaughton a établi une chronologie basée sur la supposition que Sothis était Spica, et non Sirius, pour tourner cette difficulté. Canope et Vénus sont d'autres candidats qui ont été suggérés, sans doute moins plausibles. Kenneth Brecher a ravivé les doutes en identifiant l'étoile brillante désignée dans les écrits sous les noms de Sothis/le Chien/ Sirius, à l'étoile que nous appelons Sirius aujourd'hui. Des sources babyloniennes et romaines aussi tardives que Ptolémée voient toutes Sirius comme une "étoile rouge". Sénèque dit qu'elle est plus rouge que Mars. Dans son catalogue des étoiles, Ptolémée fait allusion à la brillante étoile rouge dans la face du Chien. Il fait le lien entre Sirius et des étoiles rouges comme Aldebaran et Arcturus.

L'étoile que nous nommons actuellement Sirius n'est pas une étoile rouge. Aucune théorie d'évolution stellaire n'explique comment une étoile rouge peut devenir blanche en 2.000 ans, bien que de nombreuses spéculations aient fait état de possibles changements survenus dans l'étoile qui accompagne Sirius et fait partie de celui-ci. Il y a un "hic" soit dans notre identification de Sothis à Sirius, soit dans les observations des anciens, soit dans

> notre traduction de leurs textes, soit dans les présentes théories d'évolution stellaire qui sont davantage basées sur l'analyse par ordinateur que sur l'observation.
>
> Une des explications proposées est que la couleur rouge ne se rapporte à cette étoile qu'au moment de l'observation de son lever héliaque près de l'horizon. Il se peut que "rouge" signifie simplement "brillant" ou "beau", comme c'est le cas en akkadien ou en russe. *De toute manière, nous pouvons dire qu'il y a au moins une question au sujet de l'identification de Sothis à notre étoile Sirius, et une nouvelle étude approfondie des termes astronomiques égyptiens et grecs pertinents pourrait être utile.*[374]

En dépit de tous les problèmes et raisons d'écarter toute la chronologie basée sur la datation sothique en conjonction avec la chronologie biblique, la chronologie égyptienne tout entière est basée sur ce cycle sothique proposé par Censorinus, même s'il y a eu beaucoup de discussions à propos du début supposé de ce cycle. En l'absence de réelle évidence, les experts ont décidé d'un ensemble de dates (1.320 av. J.-C. à 141 de l'ère chrétienne) pour ce cycle, et ont décrété qu'il fallait se baser sur cette norme pour établir les dates anciennes.

En fait, de nombreux égyptologues ont rejeté cette théorie en bloc. En outre, ce cycle sothique théorique ne correspond pas à la datation au carbone 14, même si nous avons déjà quelques doutes sur la fiabilité des méthodes de datation radiométrique. Pour des dates couvrant certaines périodes, ces problèmes ont été résolus par le comptage des anneaux de croissance des arbres.

Un autre point controversé de la datation sothique est l' "ère de Ménophrès". Le débat a été suscité par une déclaration d'un auteur classique tardif, Théon qui dit:

A la centième année de l'ère de Dioclétien, en ce qui concerne le lever du Chien, sur base du modèle qui nous vient de l'ère de Menophrès jusqu'à la fin de l'âge d'Auguste, le total des années écoulées a été de 1.605. De nombreux efforts ont été faits pour identifier le Ménophrès de Théon. Ménophrès a été identifié à la cité de Memphis ou à l'un des pharaons. Merneptah, Séti Ier, Harmhab, et Ramsès Ier sont parmi les candidats suggérés.

Mais il n'y a tout simplement pas assez de preuves pour tirer des conclusions définitives à propos de la signification de ce texte.

Otto Neugebauer commence les dix pages de son chapitre consacré à l'Egypte dans son ouvrage *History of Ancient Mathematical Astronomy* par une phrase provocatrice: "l'Egypte n'a

[374] Brug, John, (1988); *The Astronomical Dating of Ancient History before 700 AD.*

pas sa place dans un ouvrage sur l'Histoire de l'astronomie mathématique."[375]

Vous saisissez bien? Ce que Neugebauer nous dit c'est que *les Egyptiens étaient nuls en sciences.* Il a tout lu et tout examiné. Des tas d'égyptologues convaincus de la supériorité des sciences égyptiennes lui ont envoyé papyri et inscriptions provenant de tombes et de monuments. Tout ce qui est si difficile à trouver de nos jours a été envoyé à Neugebauer. Et qu'est-ce qu'il en pense, Neugebauer?

> Les mathématiques et l'astronomie ont uniformément eu un rôle *insignifiant* dans toutes les périodes de l'Histoire de l'Egypte. [...] Le fait que les mathématiques égyptiennes soient restées à un niveau relativement primitif rend possible l'investigation d'un stade de développement qui n'existe plus, dans une forme aussi simple, que dans les documents égyptiens.
>
> Dans une certaine mesure, les mathématiques égyptiennes ont eu de l'influence, encore que négative, sur des périodes ultérieures. L'arithmétique était largement basée sur l'utilisation de fractions d'unités, pratique qui a probablement influencé les administrations helléniques et romaines, et qui s'est aussi étendue dans d'autres régions de l'empire romain. [...]L'influence de cette pratique est visible, même dans des ouvrages de la stature de l'Almageste, où les résultats finaux sont souvent exprimés en fractions d'unités en dépit du fait que les calculs eux-mêmes ont été exécutés sur base de fractions sexagésimales. [...] Et cette vieille tradition a sans nul doute beaucoup contribué à la restriction de la notation de la valeur de la sexagésimale à un usage purement scientifique.
>
> Il serait tout à fait hors de propos de donner ici une longue description de la géométrie égyptienne. Qu'il me suffise de dire que nous trouvons en Egypte à peu près le même stade élémentaire que celui observé dans la Mésopotamie contemporaine.
>
> La meilleure façon de décrire le rôle des mathématiques égyptiennes est probablement de dire que ce sont des forces qui ont ralenti les procédures numériques. L'astronomie égyptienne a eu très peu d'influence sur le monde extérieur pour la simple raison que tout au long de son histoire, elle est restée à un niveau très élémentaire sans commune mesure avec l'astronomie mathématique qui s'est développée avec rapidité au cours de la période hellénistique. La tradition égyptienne n'a exercé une influence très positive qu'à un seul égard: l'usage du calendrier

---

[375] Neugebauer, Otto, *The Exact Sciences in Antiquity,* 1969, Dover, New York.

égyptien par les astronomes de la période hellénistique. Ce calendrier est en fait le seul calendrier intelligent qui ait jamais existé dans l'Histoire de l'humanité. Une année consiste en 12 mois de 30 jours, et il y a cinq jours supplémentaires à la fin de chaque année.

Une deuxième contribution égyptienne à l'astronomie est la division de la journée en 24 heures, bien qu'à l'origine ces heures n'aient pas été d'égale longueur mais dépendaient des saisons. [...]

Les calendriers lunaires ont eu un rôle à jouer depuis les premiers temps, aux côtés du calendrier schématique civil de l'année de 365 jours. Une inscription du Moyen Empire mentionne des "grandes" et des "petites" années, et nous savons à présent que les "grandes" années étaient les années civiles comportant 13 fêtes de la Nouvelle Lune, par opposition aux "petites" années ordinaires de 12 nouvelles Lunes seulement. La manière dont ces jours intercalaires étaient gérés est décrite dans le texte démotique.

Ce texte démotique contient un simple modèle périodique fondé sur le fait que 25 années civiles égyptiennes (qui contiennent 9.125 jours) sont pratiquement équivalentes à une moyenne de 309 mois lunaires. Dans le texte qui nous occupe, ces 309 mois sont groupés en 16 années ordinaires de 12 mois lunaires, et 9 "grandes" années de 13 mois. Ordinairement, deux mois lunaires consécutifs comptent 59 jours selon notre modèle, manifestement parce qu'un mois lunaire équivaut approximativement à 29 $^{1/2}$ jours. Mais tous les 5 ans, les deux derniers mois équivalent à 60 jours. Cela donne, pour le cycle complet de 25 années, le total correct de 9.125 jours.

Puisqu'à cette période, tous les calculs astronomiques étaient faits selon le système sexagésimal, du moins en ce qui concerne les fractions, les heures équinoxiales étaient divisées en sexagésimales. Il se fait donc que notre division actuelle de la journée en 24 heures de 60 minutes est le résultat d'une modification hellénistique d'une pratique égyptienne, combinée à des procédés numériques babyloniens.

Enfin, il nous faut mentionner les décans. [...] Les décans sont la vraie raison de la division par 12 de la nuit, et dès lors, en dernière analyse, du système de 24 heures. A nouveau, pendant la période hellénistique les décans égyptiens ont été fixés par rapport au zodiaque babylonien, ce qui est attesté en Egypte seulement à partir du règne des successeurs d'Alexandre. Dans cette version finale, les 36 décans sont simplement des tiers des signes du Zodiaque, chaque décan représentant 10 degrés d'écliptique. Puisque cette même période assiste au rapide développement de l'astrologie, les décans prennent une place de plus en plus grande dans la tradition astrologique ainsi que dans des domaines apparentés comme l'alchimie, la magie des pierres et des plantes, et leur utilisation en médecine. Sous cet aspect, les décans ont atteint l'Inde, pour repartir dans une forme encore plus fantastique vers les pays musulmans et l'Occident. […]

[Dans les décans] *nous n'avons pas un calendrier, mais une horloge des astres.* L'utilisateur de cette liste reconnaissait l'heure de la nuit grâce au lever du décan inscrit dans la décade appropriée du mois. […]

Nous nommons ce phénomène "lever héliaque" de S, pour utiliser un terme de l'astronomie grecque. [...]

C'est cette séquence de phénomènes qui a conduit les Egyptiens à *mesurer le temps de la nuit au moyen des étoiles,* ce que nous nommons à présent "décans". Cela était destiné à constituer une méthode pour indiquer le temps des offices de nuit dans les temples, (et pour d'autres raisons pratiques). Tout comme les mois étaient divisés en décades, ainsi l'étaient les services des étoiles des heures. Pendant 10 jours, c'est S qui indiquait la dernière heure de la nuit, ensuite l'étoile suivante pour les 10 jours suivants, etc. […]

Tout cela a en fait été tenu en compte par les inventeurs des heures décanales, comme le montre la dernière section des "calendriers diagonaux" sur les couvercles des cercueils. […] A l'époque du Nouvel Empire, l'utilité des décans comme indicateurs des heures avait disparu. […] Les décans conservèrent une position solide pour représenter les décades de l'année dans la décoration de plafonds astronomiques, comme dans le tombeau de Senmout ou le cénotaphe de Séti Ier. *Ils ont continué à exister sous cette forme jusqu'à ce que leur association avec le zodiaque de la période hellénistique les fasse revivre et en fasse de puissants éléments de la doctrine astrologique.*

Les cercueils à "calendriers diagonaux" appartiennent *grosso modo* à la période de 2.100 av. J.-C. à 1.800 av. J.-C.. […] Dans ces documents, il n'y a aucune tentative sérieuse de précision astronomique. […]

En résumé, au cours des presque trois millénaires d'écriture égyptienne, les seuls textes qui nous soient parvenus sur le sujet des prédictions numériques de phénomènes astronomiques appartiennent à la période hellénistique ou romaine. Aucun des documents astronomiques d'avant cette période ne contiennent des éléments mathématiques: il s'agit de dessins grossiers d'observations, en partie dans un but religieux, en partie dans un but pratique. La science ancienne n'a été le fait que de très peu

> d'hommes, et ces quelques hommes n'étaient pas des Egyptiens.[376]

Les observations faites par Neugebauer nous apprennent plusieurs choses au sujet des textes des divers papyri, inscriptions tombales, monuments, calendriers, etc. L'un des éléments très importants est que les Egyptiens corrigeaient effectivement leur calendrier tous les cinq ans, ainsi que nous le faisons de nos jours tous les quatre ans, lors des années bissextiles. Cela ôte de ce fait toute valeur à l'idée d'un cycle sothique en termes de réconciliation calendaire. Nous commençons également à comprendre certains passages jusqu'ici complètement incompréhensibles des textes des Pyramides. Ils concernent des récitations de prières et de sorts magiques qui doivent être accomplis à certains "moments" de la nuit, et la seule façon de déterminer un moment la nuit, était l'observation des étoiles. D'après Neugebauer, il y a suffisamment de ces "horloges stellaires" dans les tombes pour confirmer cette idée.

Ensuite, nous voyons que Neugebauer affirme que les seuls textes qui nous soient parvenus sur le sujet des prédictions numériques de phénomènes astronomiques appartiennent à la période hellénistique ou romaine et pendant la période hellénistique les décans égyptiens ont été fixés par rapport au zodiaque babylonien, ce qui est attesté en Egypte seulement à partir du règne des successeurs d'Alexandre.

Autrement dit, les "secrets occultes" généralement attribués aux Egyptiens, reviennent en fait aux Grecs.

Mais il y a ici quelque chose de plus profond, que je voudrais souligner. Comme le dit Neugebauer, les Egyptiens des temps historiques étaient en fait "illettrés" en sciences. Tant et si bien que leur influence dans le domaine des mathématiques et des sciences a été gênante. Mais il reste le fait étonnant qu'ils disposaient de ce que Neugebauer considère comme le calendrier le plus intelligent qui ait jamais existé. Même les Babyloniens, dont les mathématiques mettent Neugebauer en extase, ne possédaient pas un calendrier aussi malin. Mais alors *où les Egyptiens ont-ils été pêcher ce calendrier?*

Pour essayer de comprendre ce problème de Sothis, (qui est en fait le nom grec de Sirius, et c'est seulement une hypothèse que le mot transcrit des textes égyptiens correspondrait en fait à Sothis ou Sirius), j'ai entrepris une lecture comparative avec la traduction faite par Faulkner, des *Textes des anciennes Pyramides égyptiennes*.

---

[376] Neugebauer, op. cit.

Il est vrai que je ne suis ni égyptologue ni expert en ces matières, mais je me suis demandé si je pourrais remarquer quelque chose de particulier, en supposant que le traducteur avait été honnête avec le texte. En lisant les références au mot transcrit en anglais comme "*spdt*," et traduit par "Sothis", je me suis trouvée devant un certain nombre de problèmes intéressants.

Si nous nous souvenons que Sirius est également supposé représenter Isis, nous remarquons en premier lieu que les Egyptiens n'avaient aucune difficulté à spécifier qu'il s'agissait d'Isis quand ils le voulaient, et ce parfois dans un passage où il est également fait mention de Sothis. Dans la Formule 216 des Textes des Pyramides nous trouvons la traduction suivante: "Sothis est avalé par le monde souterrain, Pur et vivant à l'horizon." Mais il y a une note de bas de page qui dit: "Bien que le genre (grammatical) ne soit pas correct... dans une triple répétition de la phrase, le scribe a ignoré la contradiction de genre dans le cas de Sothis."[377]

Autrement dit... Sothis est considéré comme étant du genre masculin et le traducteur doit se débrouiller avec ce problème.

Apparemment, ce problème de genre fait surface à plusieurs reprises, et la note de pas de page nous oriente vers un article paru dans le *Journal of Near Eastern Studies*, volume 25, p. 159. A plusieurs reprises, le mot *spdt* est traduit par "ma sœur est Sothis..." après quoi, nous sommes renvoyés à la page 153 du même article, où il est dit que dans chacun de ces cas, le problème de cet embêtant genre masculin surgit sans cesse.

Dans la Formule 366, nous trouvons Isis et Sothis mentionnés ensemble d'une étrange manière: [c'est à Osiris que l'on s'adresse]

"Ta sœur Isis vient à toi en se réjouissant pour l'amour de toi. Tu l'as placée sur ton phallus et ta semence se répand en elle, elle étant prête comme Sothis, et Har-Sopd est sorti de toi comme Horus qui est en Sothis."

Isis est décrite comme étant "prête comme Sothis." Ce fait d'être prête est décrit en termes ouvertement sexuels, comme si une sorte d'interaction dynamique entre des corps du cosmos était décrite sexuellement: un échange a lieu entre eux. Nous lisons ensuite qu'en résultat de cette interaction cosmique d'imprégnation, "*sopd*" est supposé être "né d'Isis comme Horus sort de Sothis". Qu'est-ce donc que ce "*sopd*" dont il est question?

Dans la Formule 412 nous trouvons ce qui suit:

> Le Grand tombe sur son flanc; celui qui est en Nedit tremble, sa tête est levée par Râ; il déteste le sommeil, il déteste l'inertie. O

---

377 Faulkner, *The Ancient Egyptian Pyramid Texts,* 1969, Aris and Phillips

> chair du Roi, ne dégénère pas, ne pourris pas, ne répands pas d'odeur déplaisante. Ton pas ne sera pas dépassé, ton enjambée ne sera pas plus grande, tu ne marcheras pas sur la corruption d'Osiris. Tu atteindras le ciel en tant qu'Orion, ton âme sera aussi efficace que Sothis; aie de la puissance, ayant la puissance; sois fort, ayant de la force; que ton âme se tienne parmi les dieux comme Horus qui se tient dans Irs. Que la terreur de toi habite les cœurs des dieux comme la couronne Nt..."

Dans ce passage, il semble que Sothis est comparé(e) à quelque chose d' "efficace" et puissant, et fort comme Horus.

Dans la formule 472, nous trouvons:

> "Je monte sur ce côté oriental du ciel où les dieux sont nés, et je nais comme Horus, comme lui sur l'horizon; Je suis justifié et mon double est justifié; Sothis est ma sœur, l'Etoile du Matin est ma progéniture."

D'abord, le rédacteur dit: je suis "comme Horus"; ensuite, il fait une allusion à Horus qui est son "double", et poursuit par une allusion immédiate à Sothis qui est ce double, alors que l'allusion à un "double" indique une "sœur".

Dans la Formule 1074:

> "Sothis s'avance, revêtue de sa clarté, elle recense les lumineux qui sont autour d'elle. Les puissances d'attaque de la cité se tiennent tranquilles; la région est satisfaite. J'ai préparé une route sur laquelle je pourrai passer, c'est-à-dire ce que Méref prédit dans [la région d'] On."

Ce passage est vraiment problématique, car Faulkner a écrit une note de bas de page pour pratiquement chaque mot. En particulier, le mot "brightness" est annoté comme signifiant "acuité", «fait d'être acéré».

Cela nous amène à notre curieux mot transcrit par *spd*, ou *Soped*. En ce qui concerne l'allusion ci-dessus à une "acuité" de Sothis qui s'avance, nous trouvons que *spd-ibhw* signifie "aux dents acérées". "Aux dents acérées" se répète un certain nombre de fois dans un contexte illustré dans la Formule 222:

> "Je suis venu vers toi, mon père; je suis venu vers toi, O grand Taureau Sauvage. ...Je suis venu vers toi, mon père, je suis venu vers toi, O Sopd."

Ce "*Sopd*" est transcrit "*spdw*", ce qui ressemble fort à "*spdt*", traduit par "Sothis." Il est manifeste que les traducteurs ont un problème avec ce "*spdw*", et se contentent de le traduire par "*Sopd*." En fin ce compte, nous avons trois mots qui se ressemblent: *spdt*, *spdw*, et *spd-ibhw* (aux dents acérées), et je devine que cette affaire de "dents acérées" pourrait se rapporter à quelque chose qui ressemble visuellement à une bouche pleine de dents étincelantes, acérées. Il se pourrait aussi que "aux dents acérées" signifie quelque chose qui irradie des "rayons" clairement définis, qui sont "acérés" comme des dents".

Le mot *sp* se trouve tel quel en un endroit:

> "O dieu; ton troisième est celui qui commande les offrandes. Le parfum de Iht-wtt est sur ce Roi, une miche de bnbn est dans la Demeure de Sokar, une épaule est dans la Maison d'Anubis. Ce Roi est vigoureux, le Berger se tient debout, le mois est né, Sp vit."

Plus je lis ces textes, plus je suis convaincue qu'il s'agit de répétitions machinales de choses qui ont jadis vraiment eu une signification, mais qui, au cours des siècles, avec les changements survenus dans la langue et la sémantique, ont perdu leur signification et ont été récitées simplement comme des textes magiques. Un élément important, cependant, est que chaque fois qu'il est fait mention de *spdw* c'est dans un passage qui parle du "grand taureau sauvage"; et tant Osiris que Seth étaient qualifiés de "taureaux". Seth était le "*Taureau du Sud*". La Formule 580 est un texte à réciter pendant le sacrifice d'un taureau rouge. Ce taureau est censé représenter Seth sacrifié par Horus. En adresse à Seth le taureau:

> "O toi qui as frappé mon père, qui as tué un plus grand que toi, tu as frappé mon père, tu as tué un plus grand que toi".
>
> Ceci est suivi d'un passage adressé au roi défunt/à Osiris:
>
> O mon père Osiris ce Roi, j'ai frappé pour toi celui qui t'a frappé en tant que bœuf; j'ai tué pour toi celui qui t'a tué en tant que taureau sauvage; j'ai rompu pour toi celui qui t'a rompu...[il énumère toutes les parties qu'il a découpées]. Sa patte avant est sur Khopr, sa patte arrière appartient à Atoum père des dieux, ses hanches appartiennent à Chou et Tefenet, ses cuisses appartiennent à Hnt-irty et Kherty, son dos appartient à Neith et Selket, son cœur appartient à Sekhmet la Grande, le contenu de son pis appartient à ces quatre dieux, les enfants d'Horus, Hapy, Imsety, Douamutef, Kebhsenouf. Sa tête, sa queue, ses bras et ses jambes appartiennent à Anubis...[378]

Evidemment, on peut se dire qu'un bœuf qui a un pis, c'est bizarre... mais, bien sûr, Faulkner a une explication: le scribe a

[378] Faulkner, op. cit.

"oublié" qu'il écrivait à propos d'un bœuf! Quoi qu'il en soit, la remarque sur Sekhmet amène une remarque très intéressante dans la Formule 704:

> "Ce Roi est le [...] qui est sorti de Ra, ce Roi est sorti d'entre les cuisses des deux Ennéades; il a été conçu par Sekhmet, le Roi est né de Shezmetet. Ce Roi est le faucon..."

La note de bas de page nous révèle que quand il est dit "il a été conçu", en ce qui concerne le "il" le scribe "emploie pour une fois le suffixe féminin". Nous pensons dès lors que certaines autres traductions de "il" ont été rendues par "elle" et vice-versa.

Si nous nous souvenons que "*Sopd*" est supposé signifier "né d'Isis comme Horus vient de Sothis", nous trouvons le curieux lien ci-dessus avec "deux Ennéades" et elles sont décrites comme Sekhmet et Shezmetet. Formule 248:

> "Le Roi est un grand (roi), le Roi est sorti d'entre les cuisses de l'Ennéade. Le roi a été conçu par Sekhmet, et c'est Shezmetet qui a porté le roi, une étoile brillante et VOYAGEANT AU LOIN, qui chaque jour apporte à Râ des produits lointains."

Nous nous posons naturellement bien des questions au sujet des nombreuses références aux "sœurs", les "deux Ennéades", le "double" et les "jumeaux" dont il est fait mention à maintes reprises.

Sekhmet est la patronne du châtiment divin, de la vengeance, et de la conquête. Elle est représentée avec la tête d'un lion pour suggérer la "crinière" ou l'auréole lumineuse. Sekhmet signifie "La Puissante" ; elle était l'une des divinités les plus terribles. Elle était la déesse qui infligeait le châtiment divin aux ennemis des dieux et du pharaon. Dans cette fonction, elle était appelée « l'Oeil de Rê». Elle accompagnait également au combat le pharaon, décochant des flèches enflammées devant lui pendant la bataille. Sekhmet pouvait également répandre fléaux et maladies parmi ses ennemis, et pour cette raison, à titre préventif, elle était parfois invoquée pour éviter le malheur et guérir les maladies.

Le pouvoir de destruction de Sekhmet est abondamment attesté. Dans un des récits, Rê l'envoie punir les mortels qui l'ont oublié, et elle détruit pratiquement toute la race humaine. Seule une ruse de Rê parvient à mettre fin à sa frénésie de carnage avant l'extermination de tout ce qui vit.

Le souffle de Sekhmet est le vent brûlant du désert, et son corps luit comme le soleil de midi. Elle représente la force destructrice du soleil. Selon les légendes, elle a fait son apparition lorsque Hathor a été envoyée sur Terre par Rê pour se venger des hommes. Elle les a massacrés et a bu leur sang jusqu'à ce qu'elle soit arrêtée par une ruse de Rê. Elle est donc l'aspect destructeur du Soleil, et possède le titre de «Oeil de Rê». Puisque plusieurs de ces attributs sont aussi ceux de Seth, le «Taureau du Sud» dont le souffle est le vent brûlant du désert qui apporte crime et destruction, nous nous demandons si Sekhmet n'est pas un «modèle» différent. Dans l'affirmative, vu les descriptions de Sekhmet, ajoutées aux qualifications de «aux dents acérées» et de «étoile qui voyage loin», alors nous pourrions suggérer que Sothis se rapporte à une comète. Si c'est le cas, nous n'avons aucune idée de quelle comète il s'agit, nous ne savons pas si c'est un corps qui apparaît cycliquement ni, si c'est un corps cyclique, quelle est sa périodicité.

Quoi qu'il en soit, d'une manière générale nous découvrons que les grandes connaissances astronomiques et scientifiques vues par ceux qui sont convaincus que l'empereur d'Egypte est revêtu d'un merveilleux habit de science[379], ne sont que de la frime. Pas étonnant que les résultats de Neugebauer ne soient pas connus du grand public. Ils tordent le cou à l'idée que les Egyptiens observaient Sirius et la précession des équinoxes, ou qu'ils disposaient d'un calendrier complexe qui leur permettait de connaître le cycle sothique de 1.460 ans. La science authentique a été appliquée à l'égyptologie, et les égyptophiles n'ont pas pu le supporter. Ils se sont retirés dans leur petit monde de rêves et d'illusions sur la grandeur de l'Egypte et en ont exclu le reste du monde, s'accrochant désespérément aux oripeaux et aux lambeaux de leurs croyances occultes, comme le noyé s'accroche à un fétu de paille.

C'est seulement au cours de ces dernières années que les interruptions de civilisation ont été mises en relation avec des phénomènes célestes par des chercheurs scientifiques sérieux, mais même leurs observations n'ont pas pu faire bouger d'un pouce la chronologie établie par les égyptologues. Après avoir échangé une correspondance avec certains d'entre eux, après avoir lu leurs livres et leurs articles techniques, j'ai réalisé qu'aucun d'eux n'était à même de répondre directement à une seule question, encore que l'un d'entre eux m'ait fait comprendre de manière détournée qu'il avait quelques idées légèrement radicales. Il n'a manifestement pas osé le crier trop fort de peur de se faire taper sur les doigts.

---

[379] Allusion au conte de Hans Christian Andersen: Les habits neufs de l'empereur (NdT)

MOÏSE ET AARON

Pour en revenir à notre problème de chronologie biblique et au fait qu'elle a été imposée au monde jusqu'à nos jours, il nous faut prendre plusieurs éléments en considération. Le rédacteur et correcteur de la Bible a réordonné les récits pour arriver à une «nouvelle Histoire», dans le but d'arriver à une unification tribale pour des raisons politiques et de contrôle par la religion. Il en est résulté de nombreux problèmes pour ceux qui ont cherché à trouver l'Histoire authentique dans l'histoire biblique.

Nous avons vu que la source du clergé qui a amalgamé les Histoires de groupes tribaux indépendants du Canaan de l'Age de Fer a été contrainte par la nécessité d'inclure plusieurs variantes d'un même récit. Les lecteurs auraient rejeté toute «Histoire» qui n'aurait pas inclus les traditions orales qui leur étaient familières. D'autre part, l'évidence suggère que ces Histoires ont été assemblées dans un ordre destiné à créer l'illusion d'une longue tradition de «peuple élu».

C'est exactement ce dont Newton a accusé les auteurs anciens, mais il n'a pas envisagé cette possibilité dans le cadre de la Bible. Néanmoins, Newton nous a montré les grandes lignes du procédé utilisé. Les "correcteurs" de la Bible ont mis au point leur Histoire en y insérant des extraits du *Livre des Générations*, de telle manière que des histoires qui s'étaient passées à une même période, ont soudain semblé s'être produites des centaines ou même des milliers d'années auparavant. Autrement dit, *les histoires disposées "horizontalement" dans le temps ont été disposées "verticalement".* Ce qui est survenu à de nombreux peuples est soudain survenu au "peuple élu". Et des histoires qui avaient passé de groupe en groupe au sujet d'un seul personnage et d'une seule série d'actions ont été interverties de manière à s'adapter à la mythification dont nous avons déjà parlé.

La manière dont il nous faut voir cela est qu'il faut considérer d'abord les faits tels que nous pouvons les découvrir, et voir ensuite si l'un ou l'autre des récits bibliques correspond à ces faits d'une manière ou d'une autre, *en ne tenant aucun compte des généalogies "fabriquées" et "lignes chronologiques historiques" telles que présentées dans la Bible.*

La Bible est supposée raconter l'histoire d'une longue série de fondateurs éponymes. Les différentes versions des histoires, assemblées à partir des différentes tribus, ont été arrangées de manière "verticale" sur plusieurs siècles, et des généalogies y ont été insérées, dont la plupart sont incertaines et répétitives, sans compter qu'elles peuvent avoir été inventées pour servir la cause.

Comme j'en ai fait l'hypothèse, il y a une histoire composée d'une série d'interactions situées dans un seul cadre chronologique de référence, une personne, un événement pouvant être extrait de ces histoires, et qui EST rapportée tant dans l'Histoire d'Egypte que dans la Bible, si exactement que les deux faces de l'histoire s'adaptent aussi exactement qu'un gant s'adapte à la main. Et comme je l'ai suggéré, la compréhension de cet événement, de cette connexion avec un événement réellement historique rapporté dans la Bible et dans les textes égyptiens, est la clé qui permet de résoudre toute l'énigme de l'Arche d'Alliance.

Revenons aux réformes d'Ezéchias après la chute du royaume du nord. Qu'est-ce qu'un descendant d'Aaron est supposé faire dans le royaume du sud, parmi tous ces réfugiés du nord qui ont apporté avec eux leurs histoires, leur Histoire et leurs généalogies? Vous-mêmes, que feriez-vous si vous étiez un prêtre de la lignée aaronique, et si votre rôle d'arbitre de la loi de Yahvé était dénigré, et si vos revenus provenant du monopole des sacrifices étaient menacés?

Eh bien, vous écririez une nouvelle Loi! Que faire d'autre? Le texte P a été écrit comme une *alternative* à J et E. Dans P, *Aaron* apparaît comme l'Autorité. Dans J E, des miracles sont accomplis en Egypte grâce au bâton de Moïse. Mais l'auteur de P en fait le bâton d'Aaron. Dans J E, Aaron apparaît comme le "frère lévite" de Moïse, ce qui signifie qu'ils sont membres de la même tribu et non pas nécessairement vraiment des frères comme nous entendons ce terme. Mais ici, l'auteur de P affirme catégoriquement que Moïse et Aaron sont littéralement des frères: des fils d'une même mère et d'un même père. Et P va plus loin, en affirmant qu'Aaron est le premier-né!

Dans P, il n'est pas fait mention de sacrifices *jusqu'au sacrifice fait le jour où Aaron est consacré Grand Prêtre*. L'auteur de P ne voulait manifestement pas qu'on puisse penser que quelqu'un d'autre qu'un prêtre aaronide puisse offrir un sacrifice! L'auteur de P a délibérément omis les sacrifices offerts par Caïn, Abel, Noé, Abraham, Isaac, et Jacob. Et là où il lui a été impossible de passer un sacrifice sous silence, il a éliminé le récit tout entier.

Par exemple, dans la version J de l'histoire du déluge, Noé prend sept couples de tous les animaux qui peuvent être offerts en sacrifice. P dit qu'il prend seulement deux animaux de chaque espèce. Dans J, à la fin du récit, Noé offre un sacrifice. Il avait bien besoin des animaux supplémentaires s'il ne voulait pas que l'espèce disparaisse complètement! Mais dans le récit P il n'y a pas de sacrifice.

Pour l'auteur de P, la question des *prêtres d'une certaine lignée* comme seuls intermédiaires entre l'homme et Dieu est omniprésente. Il n'y a pas d'anges, pas d'animaux qui se mettent à parler, pas de songes prophétiques, et surtout, *celui qui franchira les limites sera mis à mort*. Dans P, Yahvé est un dieu universel et abstrait qui a créé "le ciel et la terre" et qui a puni l'humanité à cause d'une crise cosmique survenue à l'époque du Déluge.

Dans J et E, Dieu a créé la terre et les cieux – *dans cet ordre* – et Dieu est personnel et parle à l'homme en termes familiers. L'histoire du Déluge parle de pluies abondantes cycliques, et non d'un désastre cosmique provoqué par la culpabilité d'une part et la vengeance d'autre part.

Il se fait donc que, tout au long de P nous lisons qu'il y a un dieu cosmique de l'ordre et de la domination, avec lequel l'homme ne peut communiquer que par l'intermédiaire d'un prêtre d'une certaine lignée, ayant été ordonné selon les rites prescrits et transmis aux prêtres par Yahvé. P répète inlassablement que le prêtre aaronide à l'autel est le seul accès possible à dieu. Ces prêtres sont devenus les psychopompes, les participants féminisés à un bizarre *hieros gamos* avec une divinité mâle, et dans lequel leur rôle est symbolisé par la castration rituelle: la circoncision.

Dans les *Propos de Table*, de Plutarque, un des intervenants prétend pouvoir prouver que le dieu des Juifs est en fait Dionysos Sabazius, le dieu de l'orge en Thrace et en Phrygie; et Tacite rapporte de même, dans ses *Histoires* (v. 5) que "*certains prétendent que les rites des Juifs ont été établis en l'honneur de Dionysos.*" L'historien Valerius Maximus raconte qu'en l'an 139 av. J.-C., le Préteur des Etrangers, C. Cornelius Hispallus, a chassé de Rome certains Juifs qui "*tentaient de corrompre la morale romaine par un prétendu culte à Dionysios Sabazius*". On peut en inférer que ce préteur ne les a pas chassés parce qu'ils rendaient un culte légitime à ce dieu, mais parce qu'ils voulaient imposer un nouveau rite bizarre à la religion Thrace: la circoncision! Et il est curieux de remarquer que par la suite, les adeptes de cette perversion ont pratiqué la castration totale en hommage à leur dieu, même après que ce dieu, Yahvé, se soit transformé en Jésus! St. Augustin a été l'un de ces adeptes, et certains disent que St. Paul a également été un de ces eunuques «auto-mutilés», mais personnellement je ne le crois pas. Par la suite, cette pratique a été convertie en vœu de célibat et état monastique, ce qui a davantage encore obscurci et déformé le "Feu de Prométhée".

Dans le texte P, pas une seule fois il n'est fait allusion à un dieu miséricordieux. Nulle part n'apparaissent des termes comme: miséricorde, grâce, fidélité, ou repentir. Le rédacteur entend bien faire comprendre au lecteur que le pardon ne peut être obtenu simplement parce qu'on éprouve du regret ou parce qu'on a appris sa leçon. Le pardon ne peut pas être obtenu autrement qu'en offrant un sacrifice, et ce par l'intermédiaire d'un prêtre "officiel" qui, puisqu'il est incapable d'accomplir lui-même la véritable ascension par l'extase, offre en guise de substitut un sacrifice sanglant à son dieu.

Celui qui a écrit le document P ne s'est pas contenté de modifier seulement quelques histoires: *il a développé tout un concept de dieu,* et ce pour des motifs de domination théologique, politique et économique. Son idée était également de donner l'autorité légitime sur la terre à un groupe: celui des Lévites aaronides. Le rédacteur de P ne pouvait établir son autorité simplement en prenant la défense d'Aaron ou en le présentant sous un meilleur jour. Il a également estimé nécessaire de «s'occuper» de Moïse et de ses descendants. On peut donc penser qu'il a réalisé qu'il se trouvait en position très précaire.

Avec l'arrivée des réfugiés en provenance du royaume du nord, les prêtres de Silo, descendants de Moïse, l'auteur de P ne pouvait pas tout simplement se débarrasser de Moïse. Moïse était le héros national du royaume du nord. Moïse était le fondateur du royaume du nord. Il n'était pas possible de répandre des mensonges à ce sujet. Mais il était possible de présenter les histoires sous un jour particulier. Il était possible de parsemer les récits de détails présentés comme "clairvoyance" ou "révélation venue de dieu" si nécessaire, afin de consolider les affirmations et positions de l'auteur.

Désireux de faire accepter sa nouvelle Torah, l'auteur du document P se devait de prendre en considération ce que le peuple savait et acceptait déjà. Il lui fallait produire un compte rendu habile des événements du passé, que le public accepterait. C'est pourquoi, dans les grandes lignes il a laissé Moïse à la place qu'il occupait dans la Tradition, mais il a minimisé son personnage et a même déformé complètement deux des récits, de manière à présenter Moïse sous un jour défavorable[380]

L'auteur de P donne aussi sa propre version de la révélation sur le Mont Sinaï. P ajoute un détail à la fin de l'histoire qui est, jusqu'à

[380] Voir les différences dans les comptes rendus de "l'eau jaillissant du roc" dans l'Exode (17:2-7) et les Nombres (20:2-13).

ce point, très proche de l'original. Ce détail est qu'il y a quelque chose de très étrange sur le visage de Moïse lorsqu'il redescend de la montagne. Lorsque les gens le voient, ils ont peur de s'approcher de lui et il est forcé de porter un voile. D'après le P, quand nous voyons Moïse au cours des 40 dernières années de sa vie, nous devons le voir portant un voile.

Qu'est-ce qu'il y avait donc sur le visage de Moïse? Le sens du terme hébreu est incertain, et pendant longtemps il a été suggéré qu'il lui était poussé des cornes sur le front. Cela a eu pour résultat des représentations de Moïse portant des cornes dans l'art médiéval. Selon une autre interprétation, c'est la peau de Moïse qui avait quelque chose d'étrange: il en émanait de la lumière. De nombreuses traductions et interprétations ont suivi cette idée et décrivent une "gloire" rayonnant du visage de Moïse et blessant les yeux de ceux qui le contemplaient. C'est cette version-là que j'ai moi-même apprise.

Plus récemment, l'exégète biblique, William Popp, a rassemblé une série de preuves montrant que le rédacteur de P voulait convaincre son public que Moïse avait été défiguré d'une manière tellement horrible que les gens ne pouvaient pas soutenir cette vision. Le texte nous dit bien que la "gloire de Yahvé" est comme un "feu ardent", ce qui suggère que la chair du visage de Moïse avait été brûlée, faisant ainsi de lui un spectre issu des cauchemars les plus épouvantables. Si c'est là une version devenue familière à l'époque, alors l'auteur de P a réussi un coup de maître. Il n'a pas dénigré Moïse, mais il en a créé une image d'horreur que personne ne veut regarder!

Mais moi je crois qu'il y a une autre raison à cette allusion. Si nous revenons à la divinité solaire, nous voyons que les premières tentatives pour diaboliser la déesse ont été l'emploi du symbolisme de l'ancien dieu babylonien Huwawa (Houmbaba). Huwawa apparaît dans les récits de Gilgamesh au service d'Enlil en tant que gardien de la Forêt de Cèdres, et nous voyons que le bois de cèdre était très important pour le dieu de Moïse tel que présenté dans le texte P. Nous savons aussi l'importance accordée antérieurement au pin par rapport à la déesse de la naissance, et nous voyons donc ce dieu reprenant le rôle de la déesse en tant que divinité solaire ou "gardien de la Forêt de Cèdres" avec ce nom d'Huwawa, dont la consonance me fait fameusement penser à Yahvé!

L'utilisation du cèdre dans les sacrifices, et l'exigence d'utiliser du bois de cèdre dans la construction du temple constituent certes de très curieuses connexions avec ce dieu Huwawa. Dans le Livre de

Samuel (2, chapitre 7:7), il est dit que Yahvé s'est adressé à David par l'intermédiaire de son prophète Nathan:

> "Partout où j'ai marché au milieu de tous les fils d'Israël, ai-je dit un mot à quelqu'une des tribus d'Israël à laquelle j'ai commandé de paître mon peuple Israël, en disant : Pourquoi ne me bâtissez-vous pas une maison en cèdre?"

Et au verset 13, Yahvé dit à David que c'est son fils qui aura à bâtir cette demeure:

> "Lui, bâtira une maison à mon nom ; et j'affermirai le trône de son royaume pour toujours.

Dans le Livre des Rois (1- chapitre 5:6), Salomon demande des cèdres du Liban pour bâtir son temple:

> Et maintenant, commande qu'on me coupe des cèdres dans le Liban ; et mes serviteurs seront avec tes serviteurs, et je te donnerai les gages de tes serviteurs selon tout ce que tu [me] diras; car tu sais qu'il n'y a personne parmi nous qui s'entende à couper le bois comme les Sidoniens.

Curieusement, dans la Bible, Salomon lève un tribut de main d'œuvre forcée pour l'abattage des arbres et la construction du temple, ce qui ressemble fort aux histoires d'esclavage en Egypte. Les fondations du temple étaient "d'énormes pierres de grand prix" qui, bien sûr, étaient impossibles à trouver à Jérusalem.

Est-ce que la relation du terrible visage de Moïse, comparable au terrible visage de Huwawa le gardien de la Forêt de Cèdres, a bien été comprise par le peuple? Huwawa était présenté comme *un géant protégé par sept coûches d'un rayonnement terrible*. Il avait été tué par Gilgamesh et Enkidou dans des circonstances très semblables à celles qui entourent la mise à mort de Goliath par David et celle de la Méduse par Persée. Dans ces récits, le héros osirien est victorieux du serpent séthien.

Melam et *ni* sont deux mots sumériens qui vont souvent ensemble. Le sens littéral de *ni* paraît signifier l'effet sur les êtres humains, de la puissance divine: *melam*. Les Babyloniens ont utilisé différents mots pour rendre l'idée de *ni,* y compris *poulouhtou*, "la crainte". L'exacte connotation de *melam* est difficile à saisir. Il s'agit d'un éclat brillant, visible, exsudé par les dieux, les héros, parfois par des rois, et également par des temples de très grande sainteté. Bien qu'à certains égards il s'agisse d'un phénomène lumineux, *melam* est aussi terrifiant et inspire une crainte respectueuse. *Ni* peut être expérimenté physiquement, comme la chair de poule. Les dieux sont parfois décrits comme "portant" ce *melam* comme un vêtement ou une couronne, et ainsi que pour un vêtement ou une couronne, il peut être “enlevé”. Bien qu’il s’agisse toujours d’une marque surnaturelle, *melam* n’implique aucune valeur morale, puisque les démons et les géants terrifiants peuvent eux aussi le “porter”.[381]

Il est donc très probable que c’est cela que l’auteur de P a voulu faire “porter” à Moïse. Moïse est comparé à Huwawa/Houmbaba, le gardien de la Forêt de Cèdres, une variation sur le thème du dieu solaire dont la face est tellement brillante qu’elle doit être “voilée”; à la suite de quoi, Huwawa/Yahvé a exigé que ses sacrifices contiennent du cèdre et que sa demeure soit construite en bois de cèdre!

L’auteur de P ne s’est pas contenté d’éliminer ce qui le dérangeait pour des raisons théologiques ou politiques; il s’est également débarrassé de longs récits qui font partie des textes J et E. Son but n’était pas de donner une nouvelle version des merveilleuses histoires des gens; son but était de consolider la position de Yahvé et de ses agents : le clergé aaronide. Il ne se préoccupe pas du tout des intérêts des personnages: il n’y fait allusion que très brièvement, en quelques lignes ou paragraphes où ils sont rejetés comme non-sens païen. Dans tout le P il n’y a que trois récits d’une certaine longueur qui ressemblent à ceux de JE: celui de la Création, celui du Déluge et l’alliance avec Noé (à l’exclusion du sacrifice à la fin du Déluge), et celui de l’alliance avec Abraham (à l’exclusion du presque sacrifice de son fils Isaac). L’auteur a aussi ajouté une histoire qui ne se trouve pas dans les documents plus anciens: le récit de la mort de Nadab et Abihou, les fils d’Aaron, qui est présentée pour informer le peuple que tout sacrifice doit être accompli selon les commandements de dieu, même s’il est confié à des prêtres de la lignée des Lévites! Il n’a oublié aucun détail! L’emphase répétée sur ce point nous montre qu’il s’est efforcé de changer quelque chose qui avait cours depuis très longtemps: c’est-à-dire que n’importe qui pouvait pénétrer dans la Tente des Réunions. Mais à présent qu’il y avait une fausse arche d’alliance dans ses flancs, seuls les prêtres pouvaient y entrer. Ainsi, ils étaient les seuls à pouvoir constater que l’arche était une copie et non l’original. Malin n’est-ce pas? L’auteur de P semble très préoccupé du Sinaï et de la remise des tables de la Loi, puisque la moitié du Livre de l’Exode, la moitié du Live des Nombres, et pratiquement tout le Lévitique concernent la *Loi Lévite*.

---

[381] Black, Jeremy, and Green, Anthony: *Gods, Demons and Symbols of Ancient Mesopotamia*; 1992; University of Texas Press, Austin.

P contient encore un autre récit qui n'apparaît pas dans les textes antérieurs et qui doit donc avoir été fabriqué de toutes pièces: celui de la caverne de Machpelah. Ce récit décrit longuement des négociations entre Abraham et un Hittite à propos d'un terrain sur lequel se trouve une caverne; Abraham l'achète comme lieu de sépulture pour sa famille. Pourquoi la source P, qui tait de nombreux faits et histoires intéressants mentionne-t-elle donc cette affaire triviale? Friedman croit que c'est pour établir une revendication légitime sur Hébron, cité des prêtres aaronides. Mais si c'était le cas, cette revendication aurait pu être faite de bien d'autres manières. Personnellement, je pense que cette histoire n'a pas été fabriquée. Il se pourrait que, puisque c'était une cité aaronide, il existait à son sujet une certaine tradition, qui a été ajoutée à l'histoire. Et il se peut aussi que la tradition selon laquelle Abraham était un "Grand Prince" des Hittites n'était pas tout à fait de la poudre aux yeux, car en fait, indirectement elle nous mène vers Huwawa! Mais je crois que le plus important, c'est qu'elle nous écarte de quelque chose d'autre que l'auteur de P ne veut pas que nous prenions en considération.

De toute manière, nous avons maintenant une assez bonne idée de ce qui s'est passé au temps des réformes d'Ezéchias dans le royaume méridional de Judée, après la chute du royaume du nord. Nous ne savons pas si Ezéchias a mis ce projet à exécution parce qu'il avait reçu la promesse qu'il pourrait bénéficier des avantages de la prêtrise, ou parce qu'il était simplement convaincu que cela l'aiderait à consolider son pouvoir et ses vues expansionnistes. Quelqu'aient été les motifs cachés de ces actes, nous voyons qu'Ezéchias s'est glissé dans le rôle d'un nouveau Omri-David avec des projets de rébellion contre l'empire assyrien. Il a monté les cités phéniciennes et philistines contre l'Assyrie, et est parvenu à se faire une alliée de l'Egypte.

L'Assyrien Sennachérib a alors mobilisé contre lui son armée, et capturé la forteresse judéenne de Lachish dans un assaut qui a préfiguré la capture de Masada par les Romains huit cents ans plus tard. Les fouilles faites à Lachish racontent une partie de l'histoire. La fin de cette histoire est racontée dans le palais de Ninive, capitale de l'empire assyrien. Là, sur les murs, se trouvent quelques-unes des rares représentations picturales des Juifs aux temps bibliques. Ces panneaux sont à présent au British Museum à Londres, et des copies se trouvent au Musée d'Israël.

Il se fait que les Assyriens n'ont pas réussi à mettre la Judée à genoux. Lorsque Sennachérib a fait son apparition à l'horizon, "les rois et les archers d'Egypte, les chars et la cavalerie du roi de

Kouch, une armée innombrable" ont été appelés à la rescousse pour aider à combattre la puissante armée assyrienne. L'Egypte, sous le commandement de Shabaka, possédait une grande armée cantonnée dans le Delta, qui n'attendait apparemment qu'un signal pour se mettre en marche. Enfin, nous avons les témoignages contemporains de cette campagne dans les archives assyriennes et sur des bas-reliefs égyptiens. Ces derniers sont plutôt généraux, et dépeignent des scènes standard accompagnées de textes, où les ennemis sont assommés.

Cette bataille a indubitablement été un sérieux revers pour Sennachérib, qui s'est par la suite soigneusement tenu à l'écart du Levant. Cependant, la Bible nous dit: "Et ce fut cette nuit-là que l'ange de Yahvé en frappa cent quatre-vingt-cinq mille dans le camp assyrien, et ils se levèrent le matin suivant entourés de cadavres. Et Sennachérib s'en alla et retourna, et il vécut à Ninive." Curieux comme l'armée égyptienne est devenue un "ange de Yahvé."

Cet événement marque un tournant dans l'histoire de la Judée. Sennachérib était parvenu à détruire les districts éloignés, mais Jérusalem n'était pas tombée. Et Jérusalem se mit à grandir, jusqu'à devenir la "Cité Sainte". Et la population augmenta, car évidemment, il était plus pratique de se trouver près de la source d'approvisionnement en viande. Et les Lévites virent leur pouvoir renforcé.

LE PÉCHÉ DE MANASSÉ: EXIL À BABYLONE

A la mort d'Ezéchias, c'est son fils Manassé qui accéda au trône. Sous son règne les Assyriens revinrent, mais il ne doit pas s'être montré très amical envers eux, car il fut envoyé en exil à Babylone, dont le gouverneur était le frère du roi d'Assyrie. Nous ne savons pas si c'est le peuple qui l'avait exigé ou si les Assyriens avaient fait pression sur lui, mais l'exil de Manassé intervint après que lui-même et son fils eurent restauré le culte païen et replacé des statues païennes dans le Temple. Ils avaient aussi rebâti des sites païens à l'extérieur de Jérusalem. Le successeur de Manassé fut son fils Amon, qui fut assassiné après seulement deux ans de règne, après quoi c'est le fils âgé de 8 ans de celui-ci, Josias, qui devint alors roi (du moins d'après l'une des versions).

> 1 Josias était âgé de huit ans lorsqu'il commença de régner; et il régna trente et un ans à Jérusalem.
> 2 Et il fit ce qui est droit aux yeux de l'Éternel, et marcha dans les voies de David, son père, et ne s'en écarta ni à droite ni à gauche.

3 Et la huitième année de son règne, lorsqu'il était encore un
jeune garçon, il commença de rechercher le Dieu de David, son
père ; et la douzième année, il commença de purifier Juda et
Jérusalem des hauts lieux, et des ashères, et des images taillées, et
des images de fonte.
4 Et on démolit devant lui les autels des Baals, et il abattit les
colonnes consacrées au soleil, qui étaient en haut au-dessus
d'eux ; et il brisa les ashères, et les images taillées et les images
de fonte, et les broya, et en répandit la poussière sur les sépulcres
de ceux qui leur avaient sacrifié ;
5 et il brûla les os des sacrificateurs sur leurs autels. Et il purifia
Juda et Jérusalem.
6 Et dans les villes de Manassé, et d'Éphraïm, et de Siméon, et
jusqu'à Nephthali, dans leurs ruines, tout à l'entour,
7 il démolit les autels, et mit en pièces, jusqu'à les réduire en
poussière, les ashères et les images taillées, et abattit toutes les
colonnes consacrées au soleil, dans tout le pays d'Israël ; et il s'en
retourna à Jérusalem. [...]
8 Et la dix-huitième année de son règne, lors de la purification du
pays et de la maison, il envoya Shaphan, fils d'Atsalia, et
Maascéïa, le chef de la ville, et Joakh, fils de Joakhaz, pour
réparer la maison de l'Éternel, son Dieu.
9 Et ils vinrent chez Hilkija, le grand sacrificateur ; et on [leur]
remit l'argent qui avait été apporté dans la maison de Dieu [et]
que les lévites, gardiens du seuil, avaient recueilli de la main de
Manassé et d'Éphraïm, et de tout le reste d'Israël, et de tout Juda
et Benjamin, et des habitants de Jérusalem.
10 Et ils le remirent en la main de ceux qui faisaient l'ouvrage,
qui étaient préposés [sur le travail] dans la maison de l'Éternel; et
ceux-ci le remirent aux ouvriers qui travaillaient dans la maison
de l'Éternel, pour refaire et réparer la maison :
11 ils le remirent aux charpentiers et aux constructeurs pour
acheter des pierres de taille, et des bois pour les assemblages, et
pour faire la charpenterie des maisons que les rois de Juda avaient
détruites.
12 Et ces hommes faisaient le travail avec fidélité. Et sur eux
étaient préposés Jakhath et Abdias, lévites d'entre les fils de
Merari, et Zacharie et Meshullam d'entre les fils des Kehathites,
pour la surveillance; et tous ces lévites étaient habiles à [jouer]
des instruments de musique.
13 Et [ils étaient préposés] sur les portefaix, et ils surveillaient
tous ceux qui étaient occupés à toute sorte de service. Et les
scribes, et les intendants, et les portiers étaient d'entre les lévites.
14 Et comme on sortait l'argent qui avait été apporté dans la
maison de l'Éternel, Hilkija, le sacrificateur, trouva le livre de la
loi de l'Éternel [donnée] par Moïse.
15 Et Hilkija prit la parole et dit à Shaphan, le scribe: J'ai trouvé

> le livre de la loi dans la maison de l'Éternel. Et Hilkija donna le livre à Shaphan.
> 16 Et Shaphan apporta le livre au roi ; et de plus il rendit compte au roi, disant : Tout ce qui a été remis en la main de tes serviteurs, ils l'exécutent ;
> 17 et ils ont versé l'argent qui s'est trouvé dans la maison de l'Éternel, et l'ont remis entre les mains des préposés et entre les mains de ceux qui font l'ouvrage.
> 18 Et Shaphan, le scribe, raconta au roi, disant : Hilkija, le sacrificateur, m'a donné un livre. Et Shaphan y lut devant le roi.
> 19 Et il arriva que, quand le roi entendit les paroles de la loi, il déchira ses vêtements. [...]
> 22 Et Hilkija et les gens du roi allèrent vers Hulda, la prophétesse, femme de Shallum, fils de Thokehath, fils de Hasra, qui avait la garde des vêtements ; et elle habitait à Jérusalem dans le second quartier de la ville; et ils lui parlèrent selon ces choses.
> 23 Et elle leur dit : Ainsi dit l'Éternel, le Dieu d'Israël : Dites à l'homme qui vous a envoyés vers moi :
> 24 Ainsi dit l'Éternel : Voici, je fais venir du mal sur ce lieu et sur ses habitants, toutes les malédictions qui sont écrites dans le livre qu'on a lu devant le roi de Juda.[...]
> 33 Et Josias ôta toutes les abominations de tous les pays qui appartenaient aux fils d'Israël, et obligea tous ceux qui se trouvaient en Israël à servir l'Éternel, leur Dieu. Pendant tous ses jours, ils ne se détournèrent pas de l'Éternel, le Dieu de leurs pères.[382]

Quelqu'un avait créé un document: *Le Code Légal* différent des lois rituéliques de la source P, qui fut "découvert soudainement" et imposé comme La Torah. Ce code devait ensuite être "retravaillé" de manière à devenir une nouvelle version de l'Histoire officielle.

Comme nous le constatons dans le compte rendu ci-dessus, dans la dix-huitième année du règne de Josias, 622 av. J.-C., celui-ci fut averti par son scribe Shaphan que le prêtre Hilkija avait trouvé un "livre de la Loi" dans le Temple de Yahvé. Lorsque Shaphan lut au roi le texte trouvé par Hilkija, Josias déchira ses vêtements (signe d'angoisse!), et s'en alla *consulter une prophétesse* pour connaître la signification de tout cela. Après cette consultation, il organisa une grande cérémonie nationale de renouvellement du pacte d'alliance entre Dieu et son peuple. Le livre trouvé par le prêtre Hilkija dans le Temple en 622 av. J.-C. était le Deutéronome.

Josias ordonna donc un "nouveau nettoyage de Juda" et une centralisation de la religion à la manière d'Ezéchias, s'écartant donc des pratiques moins radicales de son père et de son grand'père. Et

---

[382] 2 Chroniques 34

non content de fracasser les idoles, nettoyer le Temple et détruire les hauts-lieux, Josias étendit aussi sa sphère d'influence à l'ancien royaume d'Israël dans les hautes-terres. Une fois de plus, tout le monde dut se résoudre à amener à Jérusalem toutes les victimes à offrir en sacrifice, et aux prêtres isolés il ne fut confié que des tâches subalternes dans le Temple.

Ce qui a probablement permis à Josias de réussir dans son entreprise, c'est que l'empire assyrien était en train de s'affaiblir et qu'il y avait, à l'époque, des tensions entre l'empire et Babylone. Et l'Egypte avait changé de camp: elle était devenue une alliée de l'Assyrie. Toutes deux avaient des vues sur Babylone. Josias, comme Ezéchias, était résolument anti-assyrien, et se débarrasser du joug assyrien était devenu un des objectifs majeurs du royaume de Juda. Précédemment, alors que l'Egypte était adversaire de l'Assyrie, le royaume de Juda avait pactisé avec l'Egypte. Mais à présent, L'Egypte était l'alliée de l'Assyrie, et Babylone était l'ennemie de l'Assyrie, de sorte que Josias se tourna contre les Egyptiens qui avaient prêté main forte à Ezéchias, et les combattit aux côtés de Babylone. Il rencontra l'armée égyptienne à Megiddo et, pas vraiment inopinément, il y fut tué.

Le décès prématuré de Josias signifiait la fin de l'indépendance politique et de la réforme religieuse. Les hauts-lieux furent reconstruits (une fois de plus!), et trois de ses fils ainsi qu'un de ses petits-fils régnèrent au cours des vingt-deux années suivantes. Du moins, on le pense. Lecteur, si vous pensez que l'Histoire du temps d'Omri-Ahab racontée dans la Bible est confuse, préparez-vous à assister à la plus terrible pagaille causée par la plus grande manipulation historique jamais "organisée".

Selon la chronologie acceptée, le premier des fils de Josias à accéder au trône a été, Jéhoahaz, qui a régné pendant trois mois, pour être détrôné ensuite par le roi d'Egypte, qui l'emmena dans son pays et plaça un de ses frères sur le trône. Ce frère, Jéhoiakim, régna en tant que vassal égyptien, et parvint à se maintenir en place pendant onze années. Pendant ce temps, les Babyloniens parvinrent enfin à soumettre les Assyriens, et tournèrent ensuite leurs regards vers l'Egypte. Le royaume de Juda se trouvant donc sur leur chemin, Johoiakim mourut au cours d'une bataille contre les Babyloniens.

Le fils de Johoiakim, Jéhoiachin (oui, je sais, tous ces "Jéhoia" deviennent lassants, mais tenez bon), régna pendant trois mois, et fut ensuite capturé par les Babyloniens. Nabuchodonosor l'exila à Babylone, ainsi que des milliers d'autres Judéens. Tous ceux qui étaient éduqués, qui avaient un métier, ou qui étaient susceptibles de provoquer des troubles derrière son dos, ou qui pouvaient être utiles à Babylone, Nabuchodonosor les traîna avec lui jusqu'à Babylone. Nabuchodonosor mit sur le trône un autre fils de Josias: Zédékias.

Zédékias parvint à bien se tenir pendant onze ans, puis il eut la bêtise de se rebeller contre Nabuchodonosor. C'est ainsi que fut mis fin à sa carrière et à sa vie par la même occasion.

Nabuchodonosor et l'armée babylonienne revinrent, détruisirent Jérusalem, et exilèrent ce qui restait de la population. Nabuchodonosor fit brutalement assassiner devant lui les enfants de Zédékias, puis creva les yeux de celui-ci. C'est donc la dernière chose qu'il put voir. Du moins c'est ce que dit l'histoire.

C'est ainsi que se termina le règne de la lignée "davidique"[383].

Fatigué de jouer, Nabuchodonosor mit en place un gouverneur juif:, Guédalia, fils d'Ahikam, fils de Shaphan le scribe qui avait rapporté la trouvaille du rouleau du Deutéronome.

Donc, comme nous l'avons dit, Josias était pro-babylonien et la famille de Shaphan aussi. Le prophète Jérémie était également pro-babylonien. Cependant, ceux de la Maison de David furent tellement furieux de voir placé au-dessus d'eux un gouverneur pro-babylonien issu d'une famille de scribes, que deux mois plus tard un membre de cette famille assassina Guédalia.

Ce fut une très mauvaise idée. Le peuple de Juda savait déjà que Nabucho avait un caractère détestable, et il a été dit que virtuellement toute la population s'enfuit vers l'Egypte, mais ce n'est pas tout à fait vrai. Il est probable que seuls s'enfuirent la famille de l'assassin et ses complices.

A présent, avant d'assister à la destruction de Jérusalem, jetons un coup d'œil plus attentif sur ce nouveau "Livre de la Loi" présentée sous le règne de Josias

Le Livre du Deutéronome, c'est-à-dire la chose en question est, pourrait-on dire, le discours d'adieu de Moïse sur son lit de mort. La scène se passe dans les plaines de Moab[384]. Il y a un rapport particulier entre la personne qui a écrit ce texte et les six livres suivants de la Bible[385]. Il peut être démontré que cet ensemble de livres constitue une oeuvre arrangée délibérément de manière à raconter une histoire continue: l'Histoire des gens dans leur pays. Il y a eu plus d'un auteur, car il est manifeste que les récits ont été écrits par des mains différentes (l'histoire de la Cour de David et les

---

383 Même si nous avons de forts soupçons que la "lignée davidique" a été tellement manipulée et/ou falsifiée que tenter d'y faire le tri reviendrait à nettoyer les écuries d'Augias.

384 Souvenez-vous que Moab était une "Cité de l'Enfer city" pour le clergé aaronide.

385 Josias, Juges, Ruth, Samuel 1 & 2; Rois 1

histoires se rapportant à Samuel). Mais il est clair que le produit fini est l'œuvre d'un seul «correcteur».

Ce qui émerge de l'analyse textuelle est que l'auteur a opéré une sélection parmi un groupe d'histoires dont il disposait et dont il a arrangé les textes en les allongeant ou en les raccourcissant, selon ses besoins, et en y ajoutant des commentaires de son cru. Tout cela peut être détecté par l'analyse linguistique. Cela est aussi clair que l'identification par les empreintes digitales et, dans ce cas précis, nous nous trouvons, ironiquement, devant les "empreintes digitales de Dieu". En fait, ce rédacteur a mis au point l'Histoire d'Israël depuis Moïse jusqu'à la destruction du royaume de Juda par les Babyloniens. Et il avait manifestement une idée derrière la tête.

Pour cet homme, le Deutéronome était LE livre: la Torah. Il a par conséquent tout bâti autour de cette idée. Le Deutéronome est le *fondement* de l'histoire. Le Livre de Josias reprend les choses là où le Deutéronome se termine, grâce aux talents de l'auteur. Josias développe les thèmes du Deutéronome et se réfère à celui-ci. De nombreux passages clé des Livres de Josias, des Juges, de Samuel et des Rois ont recours à des expressions linguistiques qui se retrouvent dans le Deutéronome. Il est devenu clair pour les exégètes que *le rédacteur du Deutéronome est celui qui a produit les six livres suivants de la Bible: L'histoire deutéronomique.*

Mais il y a un petit problème. A l'occasion, l'auteur parle de choses existant "à ce jour", alors que les choses en question n'ont manifestement existé qu'à l'époque où le royaume était debout. Une question se pose donc. Pourquoi donc un auteur écrivant une histoire, disons en 560, ferait-il référence à quelque chose comme existant "à ce jour" alors que ce quelque chose a disparu en 587?

Au Livre 8:8 des Rois (1) il est fait mention de barres utilisées pour hisser et transporter l'arche. Il est dit que ces barres ont été placées à l'intérieur du Temple de Salomon le jour où il a été dédié, et qu'elles s'y trouvent "jusqu'à ce jour". Pourquoi écrire une telle chose après l'incendie du Temple? Nous pensons que c'est cet auteur qui a créé l'histoire d'un Temple de Salomon situé à Jérusalem, et a appliqué cette histoire à un temple très vraisemblablement bâti sous le règne d'Ezéchias. Mais vraiment, pourquoi parlerait-il d'un Temple contenant des objets ayant existé "jusqu'à ce jour" quand ce temple et ces objets ont tous été détruits?

La solution manifeste est qu'il a dû y avoir deux éditions de l'histoire deutéronomique. L'histoire originale doit avoir été écrite sous le règne du roi Josias. Il s'agit d'un compte rendu positif, optimiste, de l'histoire de ce peuple. Cette version souligne l'importance de l'alliance davidique et veille à ce que le lecteur réalise que ce Temple est le Temple de Salomon. L'auteur a pensé que le royaume prospérerait sous le règne de Josias et survivrait. Cependant, après la mort de Josias, les règnes désastreux de ses fils, et la chute du royaume, cette version originale de l'Histoire n'était plus seulement obsolète, mais les tragiques événements en avaient fait un point de vue complètement fantaisiste.

Alors, quelqu'un entreprit d'écrire une nouvelle version de l'Histoire après la destruction de 587. Cette seconde édition est à 95 pour cent identique à la première. La différence majeure est l'addition des derniers chapitres: les deux derniers chapitres du Livre des Rois (2), qui racontent les règnes des quatre derniers rois du royaume de Juda. L'histoire mise à jour se termine à la chute de la Judée.

Dans la première version de l'histoire, le "correcteur" fait allusion à des choses existant "jusqu'à ce jour" parce qu'au temps de Josias elles existaient vraiment encore. Le rédacteur de la seconde édition n'a pas jugé bon de les enlever parce qu'il ne s'en souciait pas. Son but n'était pas de récrire toute l'histoire ou de rechercher les contradictions à éliminer. Il souhaitait simplement ajouter une fin et une petite préface au début.

Un autre élément intéressant suggère que l'auteur du Deutéronome a vécu au temps du règne de Josias. Il a été souligné que la longueur du texte se rapportant à Josias est hors de proportion par rapport à son importance historique et à ses accomplissements. Il y a d'autres rois qui ont vécu plus longtemps et qui ont accompli plus de choses. La réforme de Josias a subsisté peu de temps. En outre, les Livres de Jérémie, Ezéchiel, Rois (2) et Chroniques (2) disent que les innovations de Josias ont disparu avec lui. Alors, pourquoi tant d'insistance sur ce roitelet plutôt raté?

Nous avons des exemples de ce genre en d'autres temps et lieux: Josias était manifestement le souverain en exercice quand cette histoire a été écrite; et elle a été écrite pour le flatter et le porter au pinacle, par quelqu'un qui recherchait la faveur ou le pouvoir.

Autre élément curieux: le Livre des Rois (1), chapitre 13, raconte une histoire à propos du roi Jéroboam. C'est lui qui a érigé les veaux d'or à Dan et Béthel pour célébrer une fête. Et lorsqu'il monte à l'autel pour brûler de l'encens, quelque chose d'étrange se produit:

> 1 Et voici, un homme de Dieu vint de Juda, par la parole de l'Éternel, à Béthel, et Jéroboam se tenait près de l'autel pour faire fumer l'encens.
> 2 Et il cria contre l'autel, par la parole de l'Éternel, et dit : Autel, autel ! ainsi dit l'Éternel : Voici, un fils naîtra à la maison de

> David ; son nom sera Josias, et il offrira sur toi les sacrificateurs des hauts lieux qui font fumer de l'encens sur toi, et on brûlera sur toi des ossements d'hommes.'

Le hic, c'est que cette histoire à propos de Jéroboam est censée se passer *trois cents ans* avant la naissance de Josias! Le fait est qu'il n'existe, dans toutes les narrations bibliques, aucun autre cas de prédiction aussi précoce et explicite concernant quelqu'un dont le nom est cité! En outre, plus loin dans le texte l'auteur deutéronomique du Livre des Rois et des chroniques fait grand cas de cette histoire. Il a mis en scène l'accomplissement de la prophétie en racontant comment Josias s'est rendu à Béthel pour y détruire le haut-lieu qui s'y trouvait depuis le temps de Jéroboam. Pour bien impressionner dûment le lecteur, il décrit comment, alors qu'il se trouve à Béthel, Josias aperçoit des tombes dans le voisinage, creuse pour en retirer les ossements et les brûle sur l'autel pour le souiller "*selon la parole de Yahvé*". De peur que nous ne soyons pas encore suffisamment écrasés d'admiration devant la clairvoyance des prophètes de Yahvé, l'auteur enfonce le clou en décrivant comment Josias remarque ensuite la tombe du prophète qui est censé avoir prédit chacun de ces événements trois cents ans auparavant! Quand il découvre qui se trouve dans cette tombe, Josias ordonne que personne ne dérange les ossements d'un aussi grand homme!

En fait, ce n'est pas seulement la prédiction de la naissance de Josias au commencement de l'histoire et l'accomplissement de cette prédiction par la suite, qui pose problème. En fait, l'auteur de cette histoire considère tous les autres rois ayant régné entre-temps, tant en Israël qu'en Judée, comme inférieurs à Josias en importance, en sainteté et en autres vertus dignes de louanges. Josias est tout simplement un "super-king"! La plupart des rois sont considérés comme "mauvais", et ceux qui sont considérés comme "bons" ne sont tout de même pas aussi bons que Josias. Même le grand et héroïque roi David est critiqué pour son adultère avec Bethsabé. Autrement dit, l'auteur du récit deutéronomique fait de Josias, et de Josias seul, un *modèle inégalé de la vertu royale.* Mais l'Histoire montre bien que Josias n'a absolument rien fait d'autre que prendre des décisions politiques désastreuses qui l'ont mené à une mort prématurée. Celui qui a écrit ce récit l'a écrit au début de ce qu'il espérait être une nouvelle et merveilleuse dynastie, coordonnée avec une religion centralisée, qui débutait avec Josias. Et l'auteur a manifestement vu sa propre place dans la dynastie comme très significative.

Nous concluons donc que le responsable de sept des livres bibliques a été quelqu'un ayant vécu sous le règne de Josias. Cette personne a voulu faire culminer son Histoire des Juifs avec le règne de Josias, qu'il a en fait comparé à Moïse. Dans toute la Bible, les mots “aucun ne se leva comme lui” *ne sont appliqués qu'à Moïse et à Josias*. Les mots de la fin du Deutéronome sont:

> “9 Et Josias, fils de Noun, était rempli de l'esprit de sagesse, car Moïse avait posé ses mains sur lui ; et les fils d'Israël l'écoutèrent, et firent comme l'Éternel l'avait commandé à Moïse.
> 10 Et il ne s'est plus levé en Israël de prophète tel que Moïse, que l'Éternel ait connu face à face.

et dans Le Livre des Rois (2) (chap 23 – V.25) nous lisons :

> 25 Avant lui[386] il n'y eut pas de roi semblable à lui, qui se fût retourné vers l'Éternel de tout son cœur, et de toute son âme, et de toute sa force, selon toute la loi de Moïse ; et après lui, il ne s'en est pas levé de semblable à lui.

Autre fait curieux: la livre de la Loi n'est mentionné que dans le Deutéronome, le Livre de Josias, et puis on n'en trouve plus trace nulle part dans la bible hébraïque, sauf dans une seule histoire, celle de Josias. Moïse l'écrit, il le donne aux prêtres, qui le placent auprès de l'arche, et on n'en parle plus jusqu'à ce qu'on tombe sur l'histoire de sa découverte par le prêtre Hilkija.

Le rédacteur du récit deutéronomique décrit Josias comme une vivante apologie de Moïse. Tout ce qu'il a accompli l'a été sur le modèle de Moïse. L'alliance avec Moïse doit être accomplie dans Josias. Et ensuite: *point final*, comme le note Friedman. L'histoire reprend après la mort de Josias, d'un point de vue radicalement différent[387].

Notons aussi que l'objectif de cet auteur est la centralisation de la religion. Tous les rois qualifiés de “mauvais” sont ceux qui ont restauré les “hauts-lieux” où les sacrifices pouvaient être accomplis localement. Le critère appliqué à tous les rois est celui de la centralisation de la religion. Mais après Josias, ce critère disparaît de l'horizon. Nous en concluons que la religion n'était pas centralisée à l'époque de Josias, mais quand la Bible a été assemblée, cela n'était plus un problème, cela était devenu un *fait accompli*[388] (accompli par les Perses, devrais-je ajouter).

---

[386] Josias
[387] Cf. Friedman.
[388] (en français dans le texte)

Le roi David figure aussi abondamment dans le Deutéronome. La moitié du Livre 1 de Samuel, tout le Livre 2 de Samuel, et les premiers chapitres du Premier Livre des Rois parlent de sa vie. L'auteur affirme explicitement que grâce au mérite de David, même un mauvais roi de Juda ne peut perdre le trône pourvu qu'il descende de David. Il compare Josias à David. Le nom de David est cité *500 fois* dans le Deutéronome. Puis soudain, plus rien. Le texte ne fait plus aucune allusion à l'alliance davidique, plus personne n'est comparé à David, et aucune explication n'est donnée quant à la raison pour laquelle l'alliance n'a pas sauvé le trône. De plus, nous avons déjà vu que la "Maison de David" était la dynastie omride, et qu'elle a été complètement anéantie par les Assyriens avec le massacre des fils d'Ahab.

Alors, quelle est l'idée?

Quelqu'un a écrit le Deutéronome et les six livres bibliques suivants comme un seul ouvrage. La version d'origine racontait l'histoire de Moïse et de Josias. L'un des traits principaux de cet ouvrage était le "Livre de la Loi". Cette loi occupe la moitié du Deutéronome: du chapitre 12 au chapitre 26. Et la première ordonnance de cette loi concerne la centralisation du culte. La deuxième ordonnance est que *le roi doit être choisi par Yahvé* – ce qui signifie, naturellement, qu'un roi ne peut régner que pour autant qu'il ait été approuvé par les prêtres. Le code de la Loi comprend des interdictions en matière de religions païennes, faux prophètes, charité, justice, organisation de la famille et de la communauté, jours fériés et ordonnances en matière d'alimentation, ordonnances en matière de guerre et d'esclaves, d'agriculture et de pratiques magiques. Cette Loi se réfère tout particulièrement au bien-être des Lévites, de tous les Lévites, et pas seulement celui de la famille aaronide.

Il est donc clair que l'auteur de cette série de livres n'était pas simplement un scribe ou un courtisan désireux de s'attirer les faveurs de Josias. Ce texte rejette le pouvoir royal, et remet fermement et entièrement ce pouvoir dans les mains des Lévites, y compris la faculté d'appeler les armées tribales à la guerre.

Le fait que l'auteur de cette histoire favorise les Lévites en général, sans mentionner Aaron en particulier, indique que le rédacteur appartenait à la lignée du clergé de Silo, dans le royaume du nord, acquis à la religion de Yahvé. A aucun endroit il n'est fait mention de l'arche ou de chérubins, ou d'un quelconque objet religieux qui aurait été abrité dans le Temple de Jérusalem. Il ne fait non plus aucune allusion à l'office de Grand Prêtre - office rempli par le clergé aaronide.

Les lois ne reflètent aucunement les vues des prêtres de Béthel au cours des 200 ans écoulés entre Jéroboam et la chute d'Israël en 722. Ces prêtres n'étaient pas des Lévites. Le Deutéronome prend le parti des Lévites uniquement. Ce sont les seuls prêtres légitimes.

Nous concluons donc que l'auteur de l'histoire du Deutéronome est un homme qui a voulu centraliser la religion mais *qui n'avait aucun lien avec l'arche, ni même avec le clergé de Jérusalem.* Oui, ceux-ci se préoccupaient des Lévites en général, mais l'attention était focalisée sur un certain groupe de Lévites: ceux qui *descendaient de Moïse. Cet auteur a accepté un roi comme une nécessité, mais il a voulu s'assurer que ce roi était aux ordres des Lévites mouchites.* Et plus que tout, cet homme a voulu obtenir et conserver le contrôle des opérations militaires. Il voulait le pouvoir pour pouvoir faire la guerre.

Comme nous l'avons noté, tout a commencé avec la rédaction de la Loi, par Moïse, et s'est terminé par la redécouverte triomphante du rouleau par le prêtre Hilkija, qui le transmit ensuite à Josias, et Josias (qui en croyait chaque mot, probablement parce que de document annonçait sa propre naissance) s'est occupé de mettre en oeuvre toute l'affaire.

Pourquoi les experts pensent-ils que c'était un prêtre de Silo? Parce que le document minimise l'importance du clergé aaronide: il ne fait mention d'Aaron qu'à deux reprises: une fois pour dire qu'il est mort, et une fois pour déclarer que le dieu avait été fou de le liquider à cause de l'épisode du veau d'or.

En outre, ce récit présente Salomon sous le plus mauvais jour possible, lui attribuant de mauvaises habitudes et une mauvaise fin. Naturellement, Josias arrive à point nommé pour détruire tous les hauts-lieux établis par "Salomon". Il spécifie même que les ouvrages détruits par Josias avaient été bâtis par Salomon. Et naturellement, les prêtres de Silo avaient une dent contre lui, car trois siècles auparavant, si l'on en croit la tradition, Salomon – ou une copie raisonnablement conforme de celui-ci- les avait jetés dehors pour mettre en place le clergé aaronide. C'est du moins ce que l'on prétend. Et nous savons déjà qui s'est débarrassé du clergé de Silo voué à Yahvé: Ahab et Jézabel.

Maintenant, souvenez-vous que c'est le prêtre Hilkija, qui a "découvert le rouleau" et que c'est le scribe Shaphan qui l'apporté et lu au roi Josias. Il se fait que plus tard, quand après la chute de Jérusalem et l'exil vers Babylone, Jérémie a transmis une lettre aux exilés à Babylone, cette missive lui avait été remise par Guémaria, fils d'Hilkija, et par Elhasça, fils de Shaphan.[389]

Mais, mais, mais! On dirait que l'intrigue s'épaissit! Attendez, ce n'est qu'un début!

Jérémie était très proche des conseillers de Josias qui étaient impliqués de près ou de loin dans la Torah. Guémaria et Ahikam, fils de Shaphan, se sont tenus aux côtés de Jérémie dans les moments critiques, le sauvant même un jour de la lapidation. C'est Guédalia, fils d'Ahikam, qui a été nommé gouverneur de la Judée par Nabuchodonosor. On peut dire que Jérémie s'était associé au parti pro-babylonien, et c'est probablement lui qui avait donné à Josias le mauvais conseil de soutenir Babylone contre l'Egypte et l'Assyrie. Quel précieux conseil donné par un prêtre de Yahvé! Et cependant, on dirait que chaque fois que ses conseils sont suivis, les résultats ont été la mort et la désolation pour Israël.

D'autre part, Jérémie est le prophète biblique qui fait référence à Silo. Il appelle Silo: "*L'endroit où J'ai fait demeurer Mon nom (celui de Dieu")*. C'était en fait un lieu central de culte.

Comme je l'ai dit ci-dessus, Salomon-Ahab n'avait pas été très gentil envers les prêtres de Silo. Leur chef, Abiathar, avait été l'un des deux prêtres principaux d'Omri-David. Ils avaient été expulsés de Jérusalem par Salomon, et condamnés à résider sur leur propriété de famille dans la ville d'Anathoth. C'était un fief du clergé aaronide, et apparemment, Abiathar pouvait y être surveillé de près.

Alors, comment relions-nous les choses à présent? Le premier verset du Livre de Jérémie dit: Paroles de Jérémie, fils de Hilkija, d'entre les sacrificateurs qui étaient à Anathoth, dans le pays de Benjamin.

Et à présent nous savons comment cette "Loi" a pu être découverte si opportunément, juste au bon moment: elle a été créée pour l'occasion.

Jérémie est un prêtre qui ne sacrifie jamais, ce qui est en accord avec la position des prêtres de Silo. Il est aussi le seul prophète à faire allusion à une histoire concernant un serpent de bronze appartenant à Moïse[390]. Cette histoire provient de la source E, la source de Silo. Le roi Ezéchias avait pulvérisé ce serpent. Cette destruction d'une relique ancienne associée avec Moïse lui-même est étonnante en soi. Mais le fait est qu'il était étroitement associé au clergé de Silo. Ce sont ces prêtres qui ont raconté l'histoire du serpent. Ce sont eux qui tenaient Moïse en plus haute estime que

[389] Jérémie 29: 1-3.
[390] Jérémie 8: 17-22.

n'importe qui d'autre, et ils étaient, *très probablement, des descendants de Moïse* – mais qui était vraiment Moïse? En hébreu le terme signifiant "serpent de bronze" est "Nehouchtan." Josias a donné son fils en mariage à une femme nommée Nehouchta.[391]

Mais nous devons nous poser encore une autre question: si un tel document a été écrit par des prêtres du royaume du nord, comment-est-il arrivé jusqu'au Temple de Juda, puisque nous savons que c'est le clergé aaronide qui avait là-bas ce genre de choses fermement en mains? Comment ce document a-t-il pu devenir la Loi du pays?

Nous voyons ici quelque chose de très bizarre, à quoi j'ai fait allusion précédemment en parlant des généalogies mélangées.

Dans les Chroniques (I) 3:15 nous lisons:

> "Et les fils de Josias: le premier-né, Jokhanan; le second, Jehoïakim; le troisième, Sédécias ; le quatrième, Shallum".

Et au verset 16:

> "Et les fils de Jehoïakim: Jéconias, son fils; Sédécias, son fils".

Cela veut dire qu'il y a eu deux Sédécias. De toute façon, rappelez-vous le nom du quatrième fils de Josias: "Shallum."

La mort de Josias est racontée dans le Livre des Rois (2) 23. Les versets 30 et 31 disent:

> "30 Et de Meguiddo, ses serviteurs l'emportèrent mort sur un char, et l'amenèrent à Jérusalem, et l'enterrèrent dans son sépulcre. Et le peuple du pays prit Joakhaz, fils de Josias, et ils l'oignirent et le firent roi à la place de son père.
> 31 Joakhaz était âgé de vingt-trois ans lorsqu'il commença de régner ; et il régna trois mois à Jérusalem; et le nom de sa mère était Hamoutal, fille de Jérémie de Libna."

Le problème ici, c'est que dans le premier passage des Chroniques (1) ci-dessus, les quatre fils de Josias sont mentionnés, mais aucun d'eux ne s'appelle Joakhaz. Mais nous remarquons que la mère du nouveau roi est une fille d'un certain Jérémie originaire de la ville de Libna. Cela signifierait donc que le nouveau roi est le petit-fils de ce Jérémie et que le roi défunt, Josias, était son beau-fils. Autrement dit, Hamoutal serait la femme de Josias.

Nous lisons ensuite dans le Livre de Jérémie, au chapitre 1:3:

> elle (la parole du Seigneur) vint aussi [à lui] dans les jours de Jehoïakim, fils de Josias, roi de Juda, jusqu'à la fin de la onzième année de Sédécias, fils de Josias, roi de Juda, jusqu'à ce que Jérusalem fut emmenée en captivité, au cinquième mois.

---

[391] 2 Rois, 24:8

Nous voyons très clairement ici que Sédécias est le fils de Josias et Hamoutal, et que c'est cet homme qui est emmené en captivité à Babylone.

Et au chapitre 52, verset 1, nous découvrons que:

> "Sédécias était âgé de vingt et un ans lorsqu'il commença de régner; et il régna onze ans à Jérusalem ; et le nom de sa mère était Hamoutal, fille de Jérémie de Libna".

Je vous rappelle que la chronologie est supposée se dérouler comme suit: le premier fils de Josias est Joakhaz. Il a 23 ans quand il accède au trône et il a régné pendant *trois mois* avant d'être détrôné par le roi d'Egypte qui l'emmène en captivité dans son pays et place son fils sur le trône. Le frère, Jehoiakim, a exercé son règne en tant que vassal du souverain égyptien pendant *onze ans*. Il a trouvé la mort dans une bataille contre les Babyloniens.

Le fils de Jehoiakim, Jehoïakin, a régné pendant *trois mois*, puis a été capturé par les Babyloniens et envoyé en exil avec tous ceux qui avaient un certain rang. La Bible dit dans les Chroniques (2) 36:9:

> "9 Jehoïakin était âgé de [dix]-huit ans lorsqu'il commença de régner; et il régna trois mois et dix jours à Jérusalem. Et il fit ce qui est mauvais aux yeux de l'Éternel".

J'ai difficile à imaginer ce qu'un garçon âgé de huit ans a bien pu faire de si mal en trois mois seulement. Cela est cependant directement corrigé dans le Livre des Rois (2) 24:6:

> 6 Et Jehoïakim s'endormit avec ses pères ; et Jehoïakin, son fils, régna à sa place.[…]
> 8 Jehoïakin était âgé de **dix-huit ans** lorsqu'il commença de régner; et il régna trois mois à Jérusalem ; et le nom de sa mère était Nehouchta, fille d'Elnathan, de Jérusalem.
> 9 Et il fit ce qui est mauvais aux yeux de l'Éternel, selon tout ce que son père avait fait.[…]
> 12 Et Jehoïakin, roi de Juda, sortit vers le roi de Babylone, lui, et sa mère, et ses serviteurs, et ses chefs, et ses eunuques; et le roi de Babylone le prit, la huitième année de son règne.[392]

Ensuite, le mystérieux Sédécias monte sur le trône. Fils de Josias, âgé de vingt-deux ans, il règne pendant *onze ans* avant d'être renversé par les Babyloniens.

Eh bien, à part le fait que nous nous trouvons devant une sorte de doublet en terme de durée des règnes, il y a quelque chose de tout à fait étrange dans les deux "ensembles": les deux règnes de trois

---

[392] 2Rois 4:6-12

mois se terminent sur une captivité: Joakhaz est emmené en Egypte, et Jehoïakin à Babylone. Et ce n'est pas tout: le règne de onze années de Jehoiakim prend fin lorsqu'il est tué au cours d'une bataille contre les Babyloniens, et les enfants de Sédécias sont mis à mort, tandis que lui-même subit le supplice de l'énucléation et est emmené captif à Babylone.

Tout cela est déjà assez confus. Mais nous observons que lorsque Joakhaz est emmené en Egypte, le pharaon Neco met son frère sur le trône. Nous avons encore ici une "double tête". Mais cette fois-ci il y a un coup de théâtre. Le second Livre des Rois nous dit au chapitre 24, verset 17:

> "Et le roi de Babylone établit roi, à la place de Jehoïakin, Matthania, son oncle, et lui changea son nom en celui de Sédécias."

Mais le second Livre des Chroniques nous dit au chapitre 36, verset 10:

> "Et au retour de l'année, le roi Nebucadnetsar envoya, et l'amena à Babylone, avec les objets désirables de la maison de l'Éternel ; et il établit Sédécias, son frère (celui de Jehoïakin), roi sur Juda et sur Jérusalem."

Cela signifie que nous avons "consommé" trois des quatre fils de Josias. Et si la Bible peut être pointilleuse au point de nommer un oncle en un endroit et un frère en un autre, je ne pense pas que l'argument qui fait d'un "frère" un simple "parent" puisse tenir debout. De plus, seul un des noms des ces frères est celui qui est donné dans la généalogie: Johanan, Jehoiakim, Sédécias, Shallum, contre: Joakhaz, Jehoikim, Mattaniah. Nous savons également que Jehoïakin est le seul de ce petit groupe de rois de cette période, dont l'existence a été confirmé par des preuves extérieures. Dans le *corpus* des documents administratifs trouvés lors des fouilles de Babylone se trouvent les dates du règne de Nabuchodonosor. Un document endommagé mentionne que des rations sont envoyées à Jehoïakin, explicitement nommé roi de Juda, et à ses fils. Ce même document babylonien mentionne aussi des provisions pour le roi Philistin d'Ashkelon, ainsi que pour d'autres rois. Un deuxième document, endommagé lui aussi, mentionne des devoirs accomplis par les rois de Gaza et d'Ashdod envers Nabuchodonosor.

Mais alors, qui peut bien être Shallum?

Souvenons-nous d'abord qu'au tout début de ce chapitre nous avons raconté l'histoire de la découverte du Deutéronome dans le temple. Il a été trouvé par le prêtre Hilkija, apparemment père de

Jérémie, et il a été remis au scribe royal, Shaphan. Le roi a ensuite ordonné à Shaphan de faire quelque chose d'inhabituel: Hilkija doit aller consulter une prophétesse! (2 Chroniques 34:22):

> "Et Hilkija et les gens du roi allèrent vers Houlda, la prophétesse, femme de Shallum, fils de Thokehath, fils de Hasra, qui avait la garde des vêtements ; et elle habitait à Jérusalem dans le second quartier de la ville ; et ils lui parlèrent selon ces choses).

Nous trouvons ici une étrange connexion possible, même si la généalogie de l'individu diffère de celle du Shallum qui nous préoccupe.

Au chapitre 32 du Livre de Jérémie, le roi Sédécias, dernier des fils de Josias à régner, un supposé frère de Shallum a jeté Jérémie en prison parce que Jérémie ne cesse de lui dire que les Babyloniens vont l'attraper. Jérémie parle avec grandiloquence de cette terrible situation et parle d'une transaction commerciale que lui, Jérémie, a reçu l'ordre de mener à bien.

> 6 Et Jérémie dit : La parole de l'Éternel vint à moi, disant :
> 7 Voici, Hanameël, fils de Shallum ton oncle, vient vers toi, disant : Achète-toi mon champ qui est à Anathoth, car le droit de rachat est à toi pour l'acheter.
> 8 Et Hanameël, fils de mon oncle, vint vers moi, selon la parole de l'Éternel, dans la cour de la prison, et me dit : Achète, je te prie, mon champ qui est à Anathoth, dans le pays de Benjamin, car à toi est le droit d'héritage, et à toi le rachat : achète-le pour toi. Et je connus que c'était la parole de l'Éternel.
> 9 Et j'achetai de Hanameël, fils de mon oncle, le champ qui est à Anathoth ; et je lui pesai l'argent, dix-sept sicles d'argent ...

Ceci suggère que le Shallum en question est mort, que le fils en a hérité, et que Jérémie étant le plus proche parent, il a le droit de refuser d'acheter cette terre que le fils de Shallum souhaite mettre en vente. Il va de soi que si Sédécias était réellement un fils de Josias et un frère de ce Shallum, il avait un droit de préemption. Nous avons donc devant nous soit un Shallum, soit deux Shallum.

Alors, qui est donc ce Shallum, inscrit sur la liste des fils de Josias? Est-ce le Shallum indiqué sur la liste comme étant l'oncle de Jérémie? Et qui est donc le Jérémie père de l'épouse de Josias, et donc grand-père de Sédécias? On ne peut le dire avec certitude, mais je pense personnellement que cette généalogie a été reproduite à plusieurs reprises et que plusieurs personnages qui apparaissent ici n'ont peut-être même pas vécu à l'époque dite, et qu'il n'y a sans doute qu'un seul Shallum dont le nom a été ajouté en tant que fils de Josué afin de fonder une revendication ou établir un lien.

Dès lors, même s'il n'est pas possible de déterminer les liens de parenté ou même les époques précises, ou de savoir comment ces noms en sont venus à être insérés dans une chronologie qui n'a manifestement pas existé, ou qui a été rendue tellement confuse que toute tentative d'y mettre de l'ordre serait futile, il nous reste cependant une vive impression que Jérémie, auteur d'au moins sept des livres bibliques, était lui-même de lignée davidique, quoi que cela implique, et qu'il était également apparenté avec la lignée des prêtres aaronides. Il n'est pas possible de déterminer avec certitude ses liens de parenté personnels, mais il pourrait bien avoir été un cousin du roi Sédécias, ou le beau-père de Josias. Dans les deux cas, c'est ce lien qui lui aura conféré le droit d'être inclus parmi les membres de la famille royale.

Pour en revenir au contenu du Deutéronome, en dernière analyse, les documents nous disent que D et E sont complémentaires. Les deux traditions donnent le nom d'Horeb à la montagne de Moïse. J et P la nomment Sinai. Ce récit fait de Moïse un être à part. Il se trouve à un tournant de l'Histoire et est, en fait, l'élément essentiel du récit. Sa vie et son époque sont soigneusement et largement développés; il n'y a rien de comparable dans les sources J et P. Les livres deutéronomiques font grand cas des prophètes. Le mot *prophète n'est mentionné qu'une seule fois* dans le document P et pas du tout dans la source J. L'historien deutéronomiste fait également grand cas des Lévites. Mais dans le J, les Lévites sont dispersés pour avoir massacré les gens de Sichem. Dans P, Les Lévites sont séparés des prêtres aaronides, et leur sont inférieurs. Enfin, D et E qualifient Aaron de mauvais, pour l'affaire du veau d'or et la lèpre de Miriam. Rien de cela n'apparaît dans J ou P.

Si nous examinons cette histoire de plus près, nous constatons que, curieusement, tous les passages qui mentionnent l'alliance davidique se divisent en deux catégories: conditionnelle et inconditionnelle. Dans le premier cas, un membre de la lignée de David sur le trône d'Israël ne peut s'y maintenir qu'à la condition de l'obéissance du peuple. Dans le second cas, celui de la destruction d'Israël, l'alliance davidique parle simplement de “garder le trône”. Pourquoi cela? Manifestement parce que l'auteur a dû finalement re-corriger son ouvrage. Il avait d'abord raconté comment la Maison de David en était venue à régner sur tout le royaume uni d'Israël, et comment tout avait été perdu à l'exception de la tribu de Juda, qui lui appartiendrait à tout jamais. Mais ensuite, il a dû faire intervenir la mort des fils de Sédécias et l'exil à Babylone.

Certains ont qualifié tout cela de “pieux mensonges”. Certains ont suggéré qu'il a fabriqué lui-même l'alliance davidique. Mais il semble bien que l'auteur n'a mis par écrit que ce dont les membres de son groupe familial étaient convaincus. La tradition de l'alliance davidique fait son apparition dans certains des psaumes composés bien avant que le Deutéronomiste écrive son histoire. Dès lors, il est clair qu'il n'a pas inventé. S'il l'avait fait, qui l'aurait cru? Personne. Il a dû se baser sur des récits “acceptés” des gens de son entourage. Il a simplement transféré ce récit qu'il connaissait, du royaume du nord au royaume du sud. De cette façon, il lui était possible d'écrire au début de son livre, la prophétie qui devait faire de Josias un messie, et ensuite, tout ce qu'il a eu à faire c'est de travailler le personnage de Josias pour arriver à une vérité.

L'historien deutéronomiste a basé son interprétation des traditions et ses ajouts sur quatre éléments Deutéronomiques: Fidélité à Yahvé; alliance davidique; centralisation de la religion dans le Temple de Jérusalem, et la Loi (en tant que Deutéronome, cela va de soi). Son interprétation des événements est que: le royaume a été divisé parce que Salomon avait délaissé Yahvé et la Loi. Les descendants de David ont conservé Jérusalem parce qu'ils bénéficiaient d'une alliance inconditionnelle. Le royaume du nord est tombé parce que ni les rois ni le peuple n'avaient suivi la Loi. Mais à présent, au temps de la rédaction, tout allait s'arranger très bien parce que la Loi avait été redécouverte et que Josias, descendant de David, allait redresser la barre!

Et puis Josias s'est pris une flèche égyptienne, et la partie a été perdue.

Donc, vingt-deux ans après sa rédaction, cette histoire était déjà devenue triste et bête. Le grand “royaume éternel” avait connu une fin ignominieuse. La famille qui “ne serait jamais séparée du trône” n'en avait pas seulement été séparée, mais elle avait aussi pratiquement cessé d'exister. Cet endroit que Yahvé “avait choisi pour y faire demeurer Son nom” était en cendres, et tout ce qui avait “existé jusqu'à ce jour” n'était plus.

Alors, il fallait que quelqu'un examine tout l'ouvrage et y apporte quelques modifications qui pourraient expliquer ce gâchis. Il ne pouvait pas se contenter d'ajouter quelques lignes décrivant les événements ultérieurs: il lui fallait surtout retirer du feu les marrons pour Yahvé et expliquer pourquoi le beau grand rêve des disciples de Yahvé avait échoué – ce qui finit par faire apparaître Yahvé comme une sorte de demeuré. L'évidence montre que c'est cela qui s'est produit. L'évidence montre des erreurs grammaticales comme des passages du singulier au pluriel, des termes spéciaux, des thèmes différents, des ruptures de structure syntaxique et littéraire – tout cela pour expliquer des événements présentés comme une rupture de l'alliance, et surtout afin que Yahvé puisse rester le seul et vrai dieu. Tous les plans soigneusement mis au point par Yahvé sont tombés à l'eau? Pas d'importance. Il fallait seulement que Yahvé puisse sauver la face. C'était une sale besogne, mais il fallait que quelqu'un la fasse.

L'une des choses les plus étonnantes est la manière dont Jérémie considère la mort de "l'élu" tombé aux mains des Egyptiens. Ce qu'il a introduit dans le texte est une "prophétie" de Yahvé, mise dans la bouche du roi d'Egypte, et qui a été ignorée par Josias qui, de ce fait, devait être mis à mort.

> Mais [Neco] envoya des ambassadeurs vers lui [Josias], disant, qu'ai-je à voir avec toi, Roi de Juda? Je ne viens pas contre toi aujourd'hui, mais contre la maison avec laquelle je suis en guerre; Et Dieu m'a ordonné de me hâter. Garde-toi de t'opposer à Dieu, qui est avec moi, de crainte qu'il ne te détruise. Cependant, Josias ne voulait pas se détourner de lui, mais il eut recours à une feinte pour le combattre. Il ne prit pas au sérieux les paroles de Neco qui parlait au nom de Dieu, mais il le combattit dans la vallée de Megiddo.[393]

A part le fait que l'histoire du déguisement d'un roi qui le mène à sa mort concerne en fait Ahab, comme il est raconté au chapitre 2 des Chroniques, il semble que cet individu n'ait pas ré-écrit toute l'histoire; il s'est contenté d'ajouter ici et là quelques paragraphes à la version «d'après la mort de Josias». Il a ajouté des passages qui prédisent l'exil, ce qui est facile à observer quand les "prophéties" rompent le contexte et prennent des libertés avec la grammaire.

Enfin, pour terminer en beauté, le rédacteur a ajouté la raison de l'exil: le peuple avait suivi d'autres dieux. A ce propos, il lui a suffi d'insister sur ce qui était déjà écrit dans le Deutéronome, à savoir que le culte rendu au seul Yahvé était le premier commandement. Puis, l'auteur exilé de cette nouvelle édition a ajouté dix références au commandement contre l'apostasie et a emballé le tout dans une menace d'exil si cette Loi n'était pas obéie.

Il a ensuite ajouté ceci à la dernière prophétie de Dieu entendue par Moïse. Dieu dit à Moïse qu'après sa mort:

> "16 Et l'Éternel dit à Moïse: Voici, tu vas dormir avec tes pères; et ce peuple se lèvera et se prostituera auprès des dieux étrangers du pays au milieu duquel il va entrer; et il m'abandonnera, et rompra mon alliance que j'ai faite avec lui.

---

[393] 2 Chronicles, 35:21-22, *Amplified*, Zondervan.

17 Et ma colère s'enflammera contre lui en ce jour-là; et je les abandonnerai, et je leur cacherai ma face; et il sera dévoré, et des maux nombreux et des détresses l'atteindront; et il dira en ce jour-là: N'est-ce pas parce que mon Dieu n'est pas au milieu de moi que ces maux m'ont atteint ?
18 Et moi, je cacherai entièrement ma face, en ce jour-là, à cause de tout le mal qu'il aura fait; parce qu'il se sera tourné vers d'autres dieux...."[394]

Il restait au deutéronomiste de trouver une "patère de culpabilité" à laquelle il pourrait suspendre le tout, et l'analyse textuelle révèle cela aussi. Il ne pouvait manifestement pas jeter le blâme sur Josias. Et Josias n'était pas un héros très convaincant, comme le montrent les événements survenus dans sa vie. Dès lors, sa pauvre vie gâchée fut manipulée de manière à ce qu'il puisse conserver sa position de héros. Il fallait trouver une raison à la destruction, à la mort et à l'exil, qui conserve à Josias la position exaltée qui lui avait été assignée, et la seule manière de le faire était d'en faire une noble et grande tentative de redresser le plus terrible de tous les torts, mais Josias, tout merveilleux qu'il fût, avait été incapable de faire la part du mal.

Manassé. Oui, oui, le grand-père de Josias.

D'après la première version du Deutéronome, Manassé avait annulé toutes les réformes religieuses de son père, Ezéchias. Il avait élevé une statue à la déesse Achérah et des autels aux dieux païens, tout cela dans l'enceinte du temple. Voilà comment a été mise en scène l'histoire de Josias et de ses grandes réformes, qui ont été encore plus grandes et complètes que celles d'Ezéchias.

Mais le remaniement de l'histoire D insiste sur les crimes de Manassé et gonfle les conséquences de ses crimes. Cela apparaît ici aussi, de l'analyse du texte. Voici ce qui a été ajouté:

Manassé les a incités à faire le mal, davantage encore que les nations détruites par Yahvé devant les enfants d'Israël. Et Yahvé a dit, par l'intermédiaire de ses serviteurs et prophètes:
8 et je ne ferai plus errer le pied d'Israël loin de la terre que j'ai donnée à leurs pères, si seulement ils prennent garde à faire selon tout ce que je leur ai commandé, et selon toute la loi que leur a commandée mon serviteur Moïse.
9 Et ils n'écoutèrent point; et Manassé les fit errer [en les induisant] à faire le mal plus que les nations que l'Éternel avait détruites devant les fils d'Israël.
10 Et l'Éternel parla par ses serviteurs les prophètes, disant :
11 Parce que Manassé, roi de Juda, a pratiqué ces abominations,

---

[394] Deut 31: 16-18.

> [et] a fait le mal plus que tout ce qu'ont fait les Amoréens qui ont été avant lui, et qu'il a fait pécher aussi Juda par ses idoles,
> 12 à cause de cela, ainsi dit l'Éternel, le Dieu d'Israël: Voici, je fais venir sur Jérusalem et sur Juda un mal tel que quiconque l'entendra, les deux oreilles lui tinteront,
> 13 et j'étendrai sur Jérusalem le cordeau de Samarie et le plomb de la maison d'Achab, et j'écurerai Jérusalem comme on écure un plat: on l'écure et on le tourne sens dessus dessous.
> 14 Et j'abandonnerai le reste de mon héritage, et je les livrerai en la main de leurs ennemis; et ils seront le butin et la proie de tous leurs ennemis,
> 15 parce qu'ils ont fait ce qui est mauvais à mes yeux et qu'ils m'ont provoqué à colère depuis le jour que leurs pères sont sortis d'Égypte jusqu'à ce jour.[395]

Lourd programme de culpabilité. Manassé est si mauvais, et le peuple est si mauvais en le suivant, qu'il est à présent annoncé que le royaume tombera. Puis le rédacteur se porte d'un saut à la fin du rouleau et dit: "aucun roi comme Josias ne s'est plus levé jusqu'"à ce jour," et il ajoute: "mais Yahvé ne se détourna pas de Sa grande fureur qui brûlait contre Juda, sur tout ce que Manassé avait fait et qui L'avait mis en fureur.. "[396]

Il y a cependant un problème ici, car la lecture de ces textes nous montre que la chaussure n'est pas faite pour ce pied. Par exemple, dans les Chroniques (2), à partir du chapitre 32, verset 33, nous lisons l'histoire suivante:

> 33 Et Ézéchias s'endormit avec ses pères, et on l'enterra à l'endroit le plus élevé des sépulcres des fils de David; et tout Juda et les habitants de Jérusalem lui rendirent honneur à sa mort et Manassé, son fils, régna à sa place.
> Chapitre 33:
> 1 Manassé était âgé de douze ans lorsqu'il commença de régner; et il régna cinquante-cinq ans à Jérusalem.
> 2 Et il fit ce qui est mauvais aux yeux de l'Éternel, selon les abominations des nations que l'Éternel avait dépossédées devant les fils d'Israël.
> 10 Et l'Éternel parla à Manassé, et à son peuple ; mais ils n'y firent pas attention.
> 11 Et l'Éternel fit venir contre eux les chefs de l'armée du roi d'Assyrie, et ils prirent Manassé dans des ceps, et le lièrent avec des chaînes d'airain et l'emmenèrent à Babylone.
> 12 Et quand il fut dans la détresse, il implora l'Éternel, son Dieu, et s'humilia beaucoup devant le Dieu de ses pères, et le pria;

[395] 2 Rois 21:8-15
[396] On pourrait presque dire que Manassé est en fait Sédécias. Mais ne nous précipitons pas sur une autre série spéculations pour le moment.

13 et il se laissa fléchir par lui, et écouta sa supplication, et le
ramena à Jérusalem dans son royaume ; et Manassé reconnut que
c'est l'Éternel qui est Dieu.
14 Et après cela, il bâtit la muraille extérieure de la ville de David,
au couchant, vers Guihon, dans la vallée, et vers l'entrée de la
porte des poissons, et il entoura Ophel [d'un mur], et l'éleva très
haut; et il mit des chefs de l'armée dans toutes les villes fortes de
Juda.
15 Et il ôta de la maison de l'Éternel les dieux étrangers et l'idole,
et tous les autels qu'il avait bâtis sur la montagne de la maison de
l'Éternel et à Jérusalem, et les jeta hors de la ville.
16 Et il mit en état l'autel de l'Éternel, et y sacrifia des sacrifices
de prospérité et d'action de grâces; et il commanda à Juda de
servir l'Éternel, le Dieu d'Israël.
17 Toutefois le peuple sacrifiait encore sur les hauts lieux, mais
seulement à l'Éternel, leur Dieu.
18 Et le reste des actes de Manassé, et sa prière à son Dieu, et les
paroles des voyants qui lui parlèrent au nom de l'Éternel, le Dieu
d'Israël, voici, cela est [écrit] dans les actes des rois d'Israël.
19 Et sa prière, et comment [Dieu] fut fléchi, et tout son péché, et
le mal qu'il commit, et les endroits où il bâtit des hauts lieux et
dressa des ashères et des images taillées, avant qu'il se fût
humilié, voici, cela est écrit dans les paroles de Hozaï.
20 Et Manassé s'endormit avec ses pères, et on l'enterra dans sa
maison ; et Amon, son fils, régna à sa place..
21 Amon était âgé de vingt-deux ans lorsqu'il commença de
régner ; et il régna deux ans à Jérusalem.
22 Et il fit ce qui est mauvais aux yeux de l'Éternel, comme avait
fait Manassé, son père ; et Amon sacrifia à toutes les images
taillées que Manassé, son père, avait faites, et les servit ;
23 et il ne s'humilia point devant l'Éternel, comme Manassé, son
père, s'était humilié ; car lui, Amon, multiplia son péché.
24 Et ses serviteurs conspirèrent contre lui, et le mirent à mort
dans sa maison.
25 Mais le peuple du pays tua tous ceux qui avaient conspiré
contre le roi Amon ; et le peuple du pays établit pour roi Josias,
son fils, en sa place

D'abord, quelque chose de très suspect: voilà encore un individu qui est expédié à Babylone par les Assyriens. Seulement, celui-ci a été miraculeusement renvoyé d'où il venait, sans un froncement de sourcil. Il a fait quelques trucs pourris, a été puni, a récité une splendide prière qu'on ne trouve nulle part dans la Bible, même si des visionnaires ont affirmé que la prière de Manassé et les paroles qu'il a prononcées se trouvaient dans le Livre des Rois. Elles ne s'y trouvent pas. Ce qui s'y trouve, en revanche, c'est ce qui suit:

1 Manassé était âgé de douze ans lorsqu'il commença de régner;
et il régna cinquante-cinq ans à Jérusalem ; et le nom de sa mère
était Hephtsiba.
2 Et il fit ce qui est mauvais aux yeux de l'Éternel, selon les
abominations des nations que l'Éternel avait dépossédées devant
les fils d'Israël.
3 Et il rebâtit les hauts lieux qu'Ézéchias, son père, avait détruits,
et éleva des autels à Baal, et fit une ashère, comme avait fait
Achab, roi d'Israël, et il se prosterna devant toute l'armée des
cieux, et les servit ;
4 et il bâtit des autels dans la maison de l'Éternel, de laquelle
l'Éternel avait dit : C'est dans Jérusalem que je mettrai mon nom ;
5 et il bâtit des autels à toute l'armée des cieux, dans les deux
parvis de la maison de l'Éternel ;
6 et il fit passer son fils par le feu, et il pronostiquait, et pratiquait
les enchantements, et il établit des évocateurs d'esprits et des
diseurs de bonne aventure: il fit outre mesure ce qui est mauvais
aux yeux de l'Éternel, pour le provoquer à colère.
7 Et l'image de l'ashère qu'il avait faite, il la plaça dans la maison
de laquelle l'Éternel avait dit à David et à Salomon, son fils :
C'est dans cette maison, et dans Jérusalem que j'ai choisie d'entre
toutes les tribus d'Israël, que je mettrai mon nom à toujours ;
8 et je ne ferai plus errer le pied d'Israël loin de la terre que j'ai
donnée à leurs pères, si seulement ils prennent garde à faire selon
tout ce que je leur ai commandé, et selon toute la loi que leur a
commandée mon serviteur Moïse.
9 Et ils n'écoutèrent point; et Manassé les fit errer [en les
induisant] à faire le mal plus que les nations que l'Éternel avait
détruites devant les fils d'Israël.
10 Et l'Éternel parla par ses serviteurs les prophètes, disant :
11 Parce que Manassé, roi de Juda, a pratiqué ces abominations,
[et] a fait le mal plus que tout ce qu'ont fait les Amoréens qui ont
été avant lui, et qu'il a fait pécher aussi Juda par ses idoles,
12 à cause de cela, ainsi dit l'Éternel, le Dieu d'Israël: Voici, je
fais venir sur Jérusalem et sur Juda un mal tel, que quiconque
l'entendra, les deux oreilles lui tinteront,
13 et j'étendrai sur Jérusalem le cordeau de Samarie et le plomb
de la maison d'Achab, et j'écurerai Jérusalem comme on écure un
plat : on l'écure et on le tourne sens dessus dessous.
14 Et j'abandonnerai le reste de mon héritage, et je les livrerai en
la main de leurs ennemis ; et ils seront le butin et la proie de tous
leurs ennemis,
15 parce qu'ils ont fait ce qui est mauvais à mes yeux et qu'ils
m'ont provoqué à colère depuis le jour que leurs pères sont sortis
d'Égypte jusqu'à ce jour.
16 Et Manassé versa aussi le sang innocent en grande abondance,
jusqu'à en remplir Jérusalem d'un bout à l'autre bout, outre son
péché par lequel il fit pécher Juda, en faisant ce qui est mauvais

> aux yeux de l'Éternel.
> 17 Et le reste des actes de Manassé, et tout ce qu'il fit, et le péché qu'il commit, cela n'est-il pas écrit dans le livre des chroniques des rois de Juda ?
> 18 Et Manassé s'endormit avec ses pères, et fut enterré dans le jardin de sa maison, dans le jardin d'Ouzza ; et Amon, son fils, régna à sa place.[397]

Est-ce que le vrai Manassé veut bien se lever? On dirait qu'il s'agit de deux personnes différentes! Et aussi, l'indication de la captivité de Manassé à Babylone est absente, tout comme son repentir et ses réparations faites au Temple et dont il est fait mention dans les Chroniques. Alors quel est le dessous des cartes?

En ce qui concerne les travaux de réparation du Temple, c'est en effet pendant des travaux de ce genre que le rouleau de la Loi des Lévites a été découvert sous le règne d'Ezéchias, le père de Manassé. Une fois de plus, nous avons ici, un sentiment de déséquilibre. Est-il possible que Ezéchias et Manassé aient été en fait une seule et même personne? Nous percevons un étrange écho entre l'humiliation subie par Manassé et celle qui a été subie par Ezéchias, mais dont les détails ne nous sont pas révélés:

> 24 En ces jours-là, Ézéchias fut malade à la mort ; et il pria l'Éternel, et [l'Éternel] lui parla, et lui donna un signe.
> 25 Mais Ézéchias ne rendit pas en raison du bienfait qu'il avait reçu ; car son coeur s'éleva, et il y eut de la colère contre lui et contre Juda et Jérusalem.
> 26 Et Ézéchias s'humilia de ce que son coeur s'était élevé, lui et les habitants de Jérusalem; et la colère de l'Éternel ne vint pas sur eux pendant les jours d'Ézéchias.[398]

On dirait qu'Ezéchias n'était pas le grand homme dont on nous a fait le portrait, et que Manassé n'était pas le méchant qu'on nous a décrit. En outre, il est de plus en plus évident qu'on nous cache quelque chose. Quoi et pour quelle raison? Nous ne le découvrirons peut-être jamais, mais il est nécessaire de se poser ces questions, et il nous faut tenir compte de tous les textes avant de décider si oui ou non nous croyons que la Bible est la Parole inspirée par Dieu. Je pense quant à moi que l'histoire d'Ezéchias et de Manassé est encore un doublet de l'histoire d'Omri et Ahab. On peut se demander si l'exil des Juifs a réellement débuté avec la chute du royaume du nord et si tout ce qui a été ajouté par la suite, toute

---

[397] 2 Rois: 21
[398] 2 Chroniques 32

l'histoire du royaume du sud, de ses rois, etc. n'a pas été concocté par des prêtres en exil.

Un autre problème devant lequel s'est trouvé le rédacteur est que Yahvé avait promis que le "Temple" du roi Salomon durerait à jamais. Il avait déjà écrit, guidé par une sorte "d'inspiration", que Dieu avait dit[399]:

> "3 Et l'Éternel lui dit: J'ai entendu ta prière et la supplication que tu as faite devant moi ; j'ai sanctifié cette maison que tu as bâtie, pour y mettre mon nom à jamais; et mes yeux et mon coeur seront toujours là"[400].

Voilà qui est assez définitif! Mais à présent, l'auteur devait s'arranger du fait que tout avait disparu, s'était envolé en fumée, avait été détruit. Que faire? Il n'était clairement pas prêt à abandonner l'idée de la promesse faite à Israël. Alors, il a enveloppé la promesse dans la nature conditionnelle de l'alliance mosaïque. Il ajouté quatre phrases dans lesquelles Dieu avertit le peuple que s'il ne garde pas les commandements qu'Il lui a donnés, Il les enverra en exil et rejettera le Temple.

Et puis il a ajouté une longue liste de malédictions au texte du Deutéronome proprement dit. Cette liste des malédictions qui devaient s'abattre sur le peuple s'il n'observait pas l'alliance reste un des passages les plus terribles du document. Elle promet maladies, folie, cécité, défaites militaires, destruction des récoltes et du bétail, famine et cannibalisme et, cerise sur le gâteau: la dernière malédiction du Deutéronome: "et Yahvé vous renverra en Egypte".

Une des dernières phrases du Livre des Rois (2) est:

> "26 Et tout le peuple, depuis le petit jusqu'au grand, et les chefs des forces, se levèrent et allèrent en Égypte, car ils craignaient les Chaldéens."

Ainsi, jusqu'au retour des exilés, les prêtres ont utilisé comme armes les textes bibliques pour se combattre les uns les autres, afin de s'assurer le contrôle de l'esprit des gens.

C'est le dernier rédacteur qui, à Babylone, s'est occupé d'assembler, mélanger et combiner les quatre documents, en "coupant et collant", ajoutant et supprimant, embellissant et gonflant si merveilleusement que la plupart de ceux qui lisent les textes ont l'impression qu'il s'agit d'un seul long récit continu. Il n'a raté son coup que très rarement, mais alors même l'oeil le moins averti peut voir que quelque chose ne tourne pas rond. Pour l'oeil

---

399 Nous nous occuperons plus tard de la source probable de cette "inspiration".

400 1 Rois, 9:3

averti, pour celui qui recherche les vérités les plus profondes de la Bible, les déformations et détours du texte sont manifestes. En fin de compte, la Bible est un labyrinthe dont certains pensent que le centre est Dieu. Peut-être est-ce le cas. Mais alors la question est de savoir qui est Dieu.

Autre question: s'il n'y a eu ni Arche d'Alliance, ni Temple de Salomon comme décrits dans la Bible, alors qu'en est-il de la fameuse histoire des Templiers? Et à quoi s'occupaient-ils dans le Temple? Qu'en est-il des prétentions de si nombreuses sociétés occultes et secrètes, dont la plupart se revendiquent de "secrets égyptiens" transmis par Moïse au judaïsme? Se pourrait-il que ces histoires aient été fabriquées après coup, comme l'a suggéré Fulcanelli? Si c'est bien le cas, alors qui étaient réellement les Templiers, que faisaient-ils et où le faisaient-ils?

C'est ainsi que nous revenons à notre problème concernant Abram et Sarai en Egypte. Cette histoire exigera un nouveau volume pour pouvoir l'expliquer de manière adéquate; mais je voudrais suggérer que Sarai et Néfertiti ont pu être une seule et même personne, que Abraham et Moïse étaient une seule et même personne, et qu'ils ont pu a pu avoir en leur possession quelque «objet de valeur destiné au culte», si pas une merveille technologique des temps anciens, et qu'ils l'ont emporté d'Egypte avec eux alors qu'ils fuyaient l'éruption du Théra, fuite qui aurait mis en fureur le Pharaon, Akhénaton, qui les aurait alors poursuivis. Et si le fond de l'affaire était: "Rends-moi ma femme" et non pas "Laisse aller mon peuple"? Et si le drame s'était produit sur un fond de catastrophes géologiques et atmosphériques ayant mené à la fin de l'Age du Bronze, alors nous disposerions d'une bonne base sur laquelle nous pouvons disposer le reste de la chronologie. Et si vraiment il y a eu simultanément des dynasties hyksos et thébaines, et si Abram avait un lien quelconque avec les Hyksos, alors nous disposons également d'un cadre qui nous permettra de comprendre la mythification.

Si nous rassemblons l'histoire originale à partir de ses fragments épars, donnés comme des histoires appartenant à des personnages différents: Abraham, Isaac, Ismaël, Jacob, Esaü, Moïse, et Aaron, et même les exploits du grand roi David, quelqu'espoir nous est donné d'approcher ce qui s'est réellement produit et de savoir qui a été qui. J'ai déjà dit que j'ai l'intention de consacrer un volume à la comparaison et à l'analyse de ces personnages, mais pour le moment, il me semble que le lecteur imaginatif peut examiner les textes originaux, extraire les éléments des récits, les disposer en colonnes, et voir par lui-même qu'il y a tellement de correspondances qu'il est très probable que le tout se rapporte à une seule personne ou à un petit groupe de personnes ayant vécu à une certaine époque de l'Histoire, et que cette époque a été celle de l'éruption du Théra. Une chose qui me paraît particulièrement importante ici est que si Abram et Moïse ont été un seul et même individu, si Sarai et Néfertiti ont été une seule et même femme : «la belle venue», il nous faut réfléchir à quelque chose que tous ces hommes avaient en commun, y compris Akhénaton : le monothéisme. Et ceci peut avoir eu davantage à voir avec la femme en question (qu'ils se partageaient) qu'on peut l'imaginer.

Et nous revenons à l'étrange événement rapporté dans la Genèse (33:11), où quelque chose a passé de Jacob à Esaü.

Etait-ce l'Arche d'Alliance? La «bénédiction»?

Si c'est bien le cas, elle a été emportée vers l'EST, ce qui est bien étrange quand on se remémore les récits du Graal et certaine remarque de Fulcanelli disant qu'il nous faut avoir foi dans le récit de Platon; dans ce récit, il nous est dit que les *Grecs avaient été instruits par les Arabes.* Et nous pouvons nous demander qui étaient ces Arabes à l'origine, qui semblent en fait avoir été la Tribu de Dan. Nous ne sommes pas sans observer la similitude avec le nom de Danaé, la mère de Persée. Et n'oublions pas que Persée détenait la tête de la gorgone, qui avait des effets semblables à ceux de l'Arche d'Alliance. N'oublions pas non plus que ces écrits concernent les anciens Scythes.

CHAPITRE XI
LE TEMPS

CULTE DE LA TÊTE

Pour en revenir à notre ensemble du Graal, nous comprenons que la lance et la coupe sont deux symboles "arche/graal" qui "vont ensemble" car ils font partie de l'ensemble des récits du Graal. Aussi loin que nous remontions dans le temps sur leurs traces, nous les retrouvons sous les formes symboliques de genre (masculin/féminin), de pénétration, de plantation d'une graine, et de gestation suivie d'une naissance. Trouvés en juxtaposition (ex.: la lance droite dans le vase) leur signification est admise de tous ceux qui sont familiarisés avec le "symbolisme de la vie". Tous sont des éléments d'une fonction ayant trait aux processus de la vie et de la vitalité et, ainsi que nous l'avons dit, nous ne pensons pas qu'il s'agisse de Tantra, mais bien d'un concept symbolisant la reproduction élémentaire, autrement dit l'ADN. Notons qu'étrangement, les lettres de ce mot peuvent être redisposées de manière à former le nom "DAN." Langage des Oiseaux et boucles temporelles?

Notons cependant que Persée, supposé avoir fondé la dynastie Perséide, est également dit avoir fondé et bâti la citadelle de Mycènes. Pendant très longtemps, le nom de "Mycènes" m'a intriguée, car ce nom signifie "l'endroit des champignons". Cela m'a naturellement conduite à de nombreux textes sur l'importance des "champignons magiques" dans les rites initiatiques, et nous réalisons que l'usage de drogues dans de nombreux rites anciens est abondamment attesté. Quand j'ai examiné, dans la cathédrale de Chartres, l'image de Melchisédech tenant dans ses mains cette étrange coupe contenant un objet cylindrique, je n'ai pas pu m'empêcher de penser à un champignon posé à l'envers. Et soudain, le lien m'est apparu: le champignon est un symbole naturel de l'union sexuelle avec l'élément féminin dominant. Autrement dit, il exprime la fécondité de la Nature considérée comme une déesse et celle qui accorde tous les dons. Et plus spécifiquement, il exprime la supériorité des gènes mitochondriaux par rapport à ceux de l'ascendance paternelle. Bref, il s'agit d'un symbole de l'ADN et non pas du sexe ni d'une drogue. Et par conséquent, il représente la clé même du Grand Oeuvre Alchimique souvent exprimé en termes "sexuels", et que de nombreux charlatans interprètent comme "tantriques".

Dans les légendes du Graal, nous découvrons que le héros doit accomplir une tâche particulière qui ne lui sera pas d'un profit direct, mais qui est plutôt un combat à mener contre des forces mauvaises pour libérer un roi et son pays de certaines calamités. L'étroit rapport entre la maladie du roi et la désolation du pays n'est pas une invention littéraire du Moyen-Age. Il s'agit en fait d'un élément profondément enraciné depuis une antiquité immémoriale. Comme nous l'avons vu il y a, liées aux légendes du graal, certaines "pratiques cérémonielles" dont la forme ne varie pas, quelle que soit la variante de l'histoire. Mais nous voyons aussi que quelque chose est survenu, qui a mis fin aux danses d'Apollon et à la manière de vivre des gens du mégalithique.

A tout cela est liée la tradition alchimique de "la pierre philosophale", du Sacré Graal, de la Tête de Bran le Béni, de la tête appelée "Baphomet" des templiers disparus, et de l'Arche de Noé. Tout cela est relié à l'idée de certains pouvoirs liés à l'arrêt ou à la manipulation du temps, une source d'abondance sans fin (multiplication des pains et des poissons), passage à une nouvelle vie avec un tas d'animaux, vie éternelle ou "élixir de jouvence", etc. Et plus important encore, nous percevons l'idée de "cycles" et de positions astronomiques nécessaires à "l'œuvre". Et il n'est pas entièrement hors de question que, si cette idée est correcte, les mégalithes puissent simplement avoir fait l'objet d'une "translation" par des Transporteurs de Pierres, vers un autre *Futur Quantique* au moment où les alignements astronomiques le permettaient: la "Grande Récompense du retour chez soi" en quelque sorte.

Sur un plan général, il semble qu'ils aient compris l'utilisation de l'énergie cosmique (dénigrée dans la Bible comme les "hôtes des cieux") et aussi que ces "machines de pierre" permettaient de rassembler et de concentrer cette énergie. Leur notation méticuleuse et inhabituelle (le cycle de 19 ans de la Lune, par exemple; et le 19e jour considéré comme jour de repos par les Assyriens) permettait de trouver les moments, dans l'espace/temps, où certaines activités pouvaient être menées avec plus de facilité. Peut-être bien qu'après tout ces gens n'étaient pas des sauvages superstitieux qui traînaient des pierres partout en suant à profusion, juste pour pouvoir danser autour à la pleine lune et pour savoir quand ils devaient planter leur maïs.

Et nous voilà à présent devant une autre sorte de "pierre": le culte de la Tête. Partout où nous faisons des recherches sur ce thème, nous tombons sur des têtes parlantes ou têtes d'abondance, ou des têtes prophétisantes, ou des têtes qui changent les gens en pierres. Les traces les plus récentes d'un culte de la Tête sont les archives du procès des templiers, au moment où ils ont été accusés d'adorer une tête nommée "Baphomet". Nous trouvons également d'intéressantes références à un "Merkaba" ou "char céleste".

La littérature ancienne contient des allusions à quelque chose qui est nommé "Merkaba", mais la définition de cet objet extrêmement mystérieux a été perdue au cours des siècles. Il y a eu de nombreuses "explications" par des sources comme le Midrash – commentaires judaïques – mais il y a des dissensions même à ce sujet. Il semble que même à cette époque personne ne savait de quoi il s'agissait. Mais à présent, grâce à tous ces gens du New Age qui ont décidé qu'ils savaient de quoi il retourne, nous savons qu'il a dû s'agir de doubles tétraèdres pivotants...

Le terme est curieux. En fait il est composé de deux mots: "mer" et "kaba". "Kaaba" signifie "cube" en arabe, et c'est le bâtiment cubique qui abrite la Pierre Noire à La Mecque. Cet édifice est supposé avoir été bâti par Ismaël et Abraham. Donc, nous avons "mer", la "mer" ou la "mère", combiné avec "kaaba", qui est une pierre ou un cube. Qu'obtenons-nous alors? Pierre de l'Ame? "Pierre-Mère"? Centre magnétique, à n'en pas douter!

Le Baphomet a été identifié de manières diverses, et notamment comme une "idole bisexuée" ou une 'tête parlante'. Plusieurs variantes ont été suggérées. Certains disent que le terme est issu de l'arabe "abu-fihamet", ou "Père de la Sagesse". D'autres ont affirmé que c'était une déformation du nom de Mohammed. D'autres bruits encore ont couru sur ce Baphomet, et certains ont même prétendu qu'il s'agissait de la sphère armillaire du pape Sylvestre. D'autres affirment que ce nom est dérivé de "Baphe Meteos", ou le baptême de Métis. Métis était une déesse gnostique de la Sagesse. Cependant, en le considérant sous l'angle de la Cabale, nous arrivons à une conclusion différente. Fulcanelli a affirmé qu'il s'agissait d'un "emblème complet des traditions secrètes de l'Ordre". Il dit ensuite qu'il s'agit de " feu enfermé dans l'eau" Nous revoilà devant le Merkaba: une "pierre ardente dans la mer". Dans "Baphomet" nous trouvons la syllabe "pho" dérivée de racines signifiant "souffle" ou "respiration", et qui du mouvement de l'air devient son. Un phonème est une unité de son distinct, dans la description de n'importe quel langage. En fin de compte, nous avons une idée de la "tête parlante" et elle ne correspond pas du tout à la sphère armillaire du pape Sylvestre !

Il y a aussi l'intéressante famille des Maroutes. Ils étaient tous "d'une même lignée" et cela suggère qu'un certain patrimoine génétique pouvait produire les énergies nécessaires à leur importante mission envers leur tribu ou civilisation. Cependant, nous pensons que cette lignée n'est pas familiale génétiquement parlant, mais plutôt qu'elle est issue du Grand Oeuvre, qui est en fait le résultat d'un travail sur l'ADN! En ce sens, le/la "fils/fille du roi" est celui/celle qui parvient à accomplir la Transformation Alchimique!

Donc, nous voilà aux prises avec une série de facteurs, qui tous paraissent vouloir nous dire que l'ADN est bien plus mystérieux et intéressant que nous l'avions supposé. D'une part nous avons des "pouvoirs" transmis naturellement, et d'autre part nous avons des gens capables de se livrer à des activités qui changent quelque chose, temporairement ou définitivement, dans leur physiologie - et les résultats apparents en sont des phénomènes psy et/ou des "facultés supranormales" qui ne sont probablement pas du tout supranormales: ils parviennent à accéder à des états hyperdimensionnels grâce à une certaine modification des neurones de leur cerveau, en activant des gènes "dormants". Après tout, il y a une grande ressemblance entre les mots "shaman" et "sarman," et ce dernier est traditionnellement défini comme "celui dont la tête a été purifiée". Cette notion peut avoir été corrompue par la suite, et la "purification de la tête" est alors devenue une trépanation. Quand la technologie authentique a été perdue, c'est la force brutale qui l'a emporté.

RETOUR EN ATLANTIDE

D'après le récit de Platon, l'Atlantide se trouvait au centre d'un pays de très grande richesse économique et de très grande puissance militaire, qui a cherché à mettre en esclavage l'Europe entière. Les Atlantes sont parvenus à conquérir de nombreux pays européens. Mais, la grande civilisation d'Athènes avait repoussé leurs attaques, et était même parvenue à les bouter hors d'Europe. Malheureusement, pratiquement tous les témoignages attestant de ce grand exploit ont été perdus dans un immense déluge qui a emporté la quasi-totalité d'Athènes et tout le continent de l'Atlantide, en un jour et une nuit. Jetons un coup d'œil à un extrait du livre de Frank Joseph: *The Lost Pyramids of Rock Lake*[401]. Pendant que vous lisez, souvenez-vous de notre problème de

[401] *Les Pyramides perdues du Lac des Roches*

datation, qui a été résolu depuis la parution du livre de Joseph; nous devrons donc très probablement repousser les dates très loin en arrière:

> Il y a très longtemps, quelqu'un a emporté d'Amérique du nord, une énorme quantité de cuivre brut. L'identité de ceux qui l'ont fait et ce qu'ils en ont fait demeurent une vaste énigme sur laquelle les chercheurs se penchent depuis plus d'un siècle, bien que la plupart des Américains ignorent ce fait.
>
> Vers l'an 3.000 avant l'ère chrétienne, [ajoutons à cela les 10.000 ans de Firestone et Topping] plus de 500.000 tonnes de cuivre ont été extraites dans la péninsule supérieure du Michigan; le gros de l'activité s'est déroulée sur Isle Royale, une île du Lac Supérieur à la frontière canadienne. Les mines ont été inexplicablement et brusquement fermées en 1.200 avant l'ère chrétienne, pour réouvrir, tout aussi mystérieusement, 2.300 ans plus tard. Jusqu'en l'an 1.320 de l'ère chrétienne, quelque 2.000 tonnes supplémentaires ont été extraites. Destination? Inconnue.
>
> Comme auparavant, les opérations ont été suspendues brusquement, sans raison apparente. Les outils - marteaux, pics, et pelles – ont été laissés sur place par leurs propriétaires. Octave Du Temple, une autorité de premier plan en matière d'Histoire du Michigan, se demande pourquoi ces mineurs ont abandonné leurs activités et leurs outils comme s'ils avaient l'intention de reprendre leur travail le jour suivant, alors qu'ils ont mystérieusement disparu.
>
> William P.F. Ferguson écrit: l'ouvrage est colossal, revient à avoir retourné toute la formation jusqu'au plus profond, et à avoir déplacé de nombreuses tonnes cubiques de roches, pour ne pas dire des MILLIONS.'
>
> Les mines préhistoriques n'étaient PAS de simples trous dans la terre, mais une industrie incroyablement développée permettant d'extraire avec rapidité d'énormes masses de minerai.
>
> Une moyenne de 1.000 à 1.200 tonnes de minerai ont été extraites de chaque puits, c'est-à-dire environ 50.000 kilos de cuivre raffiné par puits. [...]
>
> Cette antique entreprise a été quelque chose d'époustouflant, avec environ 5.000 mines, la plupart le long de la Péninsule de Keweenaw et à l'extrémité est du Lac Supérieur, au-dessus du fleuve St. Marie. Sur la rive septentrionale, les excavations s'étendaient sur 225 km environ, et leur profondeur varie de six à dix kilomètres. ... Ces puits suivent une ligne pratiquement continue de 45 km à travers le Rockland...

Des estimations selon lesquelles 10.000 hommes auraient creusé les mines pendant 1.000 ans semblent crédibles, comme aussi la conclusion qu'il ne s'agissait pas d'esclaves, car ces mineurs emportaient leurs morts. Aucune tombe, aucun signe de crémation n'ont été trouvés sur la péninsule supérieure. En fait tout ce qu'ils ont laissé derrière eux c'est leurs outils. Des millions d'outils. Dans les années 1840, 10 wagons chargés à ras bord ont emporté des marteaux de pierre provenant d'un même endroit près de Rockland. Diverses tailles et types de marteaux destinés à divers usages, ont été produits en masse.

"W.H. Holmes écrit sobrement: 'Il est peu probable, cependant, qu'il y ait eu sur l'île une importante industrie de façonnage. Il me semble plus probable que les pièces de métal ont été transportées vers des centres peuplés éloignés, où ils ont été traités par des artisans spécialisés, et nous pouvons supposer à juste titre qu'il y a eu des échanges considérables de matière première". Ces "centres peuplés éloignés" étaient Rock Lake et *Aztalan*, reliés aux zones minières des Grands Lacs par une ceinture de tertres semblables. Un des tertres-temples de la Péninsule avait 3m de haut, 4m50 de long sur les côtés, et était virtuellement identique à la pyramide de la Lune à Aztalan. Comme nous le verrons, les anciens mineurs de cuivre et les habitants de Rock Lake-Aztalan formaient un seul et même peuple.

Les anciennes mines de cuivre américaines sont la clé des secrets les mieux gardés de Rock Lake. La grandiose entreprise minière a surgi aux alentours de 3.000 avant l'ère chrétienne et s'est arrêtée brusquement 1.800 ans plus tard. [...] Lorsqu'ont cessé soudainement les activités minières américaines en 1200 avant l'ère chrétienne, Les puits du Michigan ont été laissés à l'abandon pendant les vingt-et-un siècles suivants. Ils ont soudainement été réouverts en 900 de l'ère chrétienne, événement qui ne peut signifier qu'une chose: en dépit de l'abandon virtuel de la région de Rock Lake pendant des milliers d'années... [quelqu'un SAVAIT – et y est revenu]. [...]. Un partenariat avec un autre peuple de constructeurs de tertres à Spiro (Oklahoma), près du fleuve Arkansas, a permis le transport vers des centres commerciaux méso-américains. [...] Roy Ward Drier écrit que: "le cuivre qui a permis de fabriquer les outils dispersés sur une vaste étendue de pays, provenait indubitablement des anciennes mines du Lac Supérieur. Bien que de vastes et nombreux gisements de minerai de cuivre soient répandus dans l'Arizona, le Nouveau Mexique, le Mexique, l'Amérique Centrale et l'Amérique du Sud, il n'existe aucun témoignage qui permette d'affirmer que les aborigènes disposaient d'assez de connaissances ou de compétences en matière de métallurgie, pour pouvoir transformer et raffiner le minerai de cuivre. Les rivages du Lac Supérieur possèdent les seuls gisements de cuivre natif connus au monde.

> Le terme de "cuivre vierge" est bien adapté pour décrire sa pureté. De nos jours, il dépasse tous les autres minerais de cuivre disponibles sur le marché mondial. [...]
>
> Des fouilles archéologiques entreprises dans les années 1930 à Aztalan ont mis au jour les vestiges d'un vaste édifice rectangulaire contenant de grandes quantités de cuivre non travaillé, ce qui a permis d'identifier ce site comme ayant été une ville minière. [...]

Frank Joseph a découvert de très étranges structures pyramidales à Rock Lake, dans le Wisconsin. Elles sont différentes des autres structures pyramidales car elles sont coniques, et il a été très surpris de voir, quelques années plus tard, des structures pyramidales similaires aux îles Canaries.

> Les autochtones des îles Canaries se désignaient eux-mêmes comme des "Canaris" bien avant l'arrivée des Romains. Ce nom paraît avoir eu la même signification en latin qu'en langue native qui était un mélange de langage indo-européen et de plusieurs termes apparentés au latin.
>
> Avant le premier siècle de l'ère chrétienne, ce groupe atlantique était connu dans tout le monde méditerranéen, sous le nom d'Iles Bénies ou Iles Fortunées, les Hespérides, ou les Iles Bienheureuses. Oubliées de toute civilisation classique, elles sont restées loin de tout contact extérieur pendant près de mille ans, jusqu'à leur redécouverte par des navigateurs portugais au XIVe siècle. Les Canaris se désignaient eux-mêmes comme des Guanches (hommes), une race jadis civilisée, qui avait lentement dégénéré au fil de millénaires dû aux mariages entre gens d'une même race, tandis que leur niveau social descendait littéralement au niveau des cavernes...
>
> "Avant leur disparition virtuelle, un certain nombre d'études ont été menées sur les Guanches, des gens à la peau blanche, claire, et à la chevelure rousse, auburn, et parfois blonde. En dépit de leur condition génétique affaiblie, ils ont préservé des traditions d'un lointain passé hautement civilisé, et ils s'assemblent encore auprès des ruines des monuments en pierre de leurs ancêtres lorsqu'ils ont des événements à célébrer. Certaines de ces murailles cyclopéennes, appelées "tagora", subsistent encore sous la forme d'enclos, de cercles et même de pyramides, à moitié écroulés.
>
> A Santa Cruz, capitale de Tenerife, la plus grande des îles, j'ai été surpris d'apprendre que la communauté académique reconnaissait qu'il y avait eu jadis des contacts réguliers entre les Canaries et l'Amérique du Nord. Parler de possibles visites pré-colombiennes en provenance d'Europe est tabou dans les cercles de spécialistes

> aux Etats-Unis, mais le plus grand historien de Ténérife, le professeur López Herrera, écrit: "Un fait dont nous pouvons être certains est qu'il y a eu jadis, des relations entre les peuples d'origine canarienne et les habitants de l'Amérique". [...]
>
> De Tenerife j'ai emprunté un ferry jusqu'à Lanzarote qui, à 190 km de là, est la plus proche de l'Afrique du Nord parmi les sept îles. Après avoir débarqué au port-capitale d'Arrecife et rempli les formalités d'usage à mon hôtel, je me suis promené dans le parc qui se trouve à front d'océan, pensant y découvrir seulement de jolies vues, quand soudain j'ai été comme foudroyé en me trouvant en face de l'objet que j'avais cherché pendant plus de 50 ans dans les profondeurs de Rock Lake: une pyramide conique de six mètres. Elle correspondait exactement à la structure immergée aperçue dans les eaux du lac en 1937. [...]
>
> Dans tous mes voyages à travers l'Europe et mes études de sociétés classiques et pré-classiques, je n'ai jamais trouvé la moindre référence à une pyramide conique en pierre telle que celle-ci et, autant que je sache, rien de ce genre n'a jamais existé nulle part ailleurs, si ce n'est sous les eaux du Rock Lake, dans le Wisconsin.[402]

Est-ce que Rock Lake et les mines cuivre seraient des vestiges de la civilisation nommée Atlantide par Platon? Si l'on ajoute, comme le suggèrent Firestone et Topping, 10.000 ans aux dates citées par Joseph, ces sites se trouvent alors dans le cadre temporel indiqué par Platon.

La découverte de Firestone et Topping est étonnante à plus d'un titre. Mais le fait est qu'il y a, en provenance de régions aussi éloignées les unes des autres que l'Inde, l'Irlande, l'Ecosse, la France et la Turquie, des comptes rendus de probables guerres nucléaires; il y a dans ces pays d'anciennes cités dont des murs de brique et de pierre ont été littéralement vitrifiés: fondus comme du verre. Il y a également des vestiges vitrifiés de forts et de cités de pierre. La seule explication raisonnable à de telles anomalies - considérées dans le cadre des autres témoignages- serait une explosion atomique. Cela est en accord avec le récit de Platon, d'une guerre qui aurait éclaté entre Atlantes et "Athéniens".

Si les Amériques étaient l'Atlantide, et s'il y a eu une guerre avant le cataclysme, alors, si l'on rassemble les descriptions, l'Amérique du Nord aurait été la plus touchée. Il n'y a pas seulement l'évidence d'activités nucléaires, mais aussi de

---

[402] Joseph, Frank, *The Lost Pyramids of Rock Lake* Lakeville, MN: Galde Press, Inc., 1992.

bombardements massifs par des astéroïdes explosés, qui ont balayé pratiquement toute trace de civilisation.

Rappelons que les carcasses d'animaux trouvées dans la glace paraissent avoir été emportées vers le nord, ce qui peut avoir été le résultat d'un basculement soudain de 7 degrés de l'axe terrestre: de 16,5 degrés aux 23,5 degrés actuels – ce qui aurait provoqué les glissements tectoniques qui ont non seulement formé les montagnes d'Amérique du Sud, mais aussi changé la face de l'Amérique du Nord, élevant hors de l'eau certaines parties, en immergeant d'autres, et détruisant pratiquement tout ce qui vivait.

Les vestiges sous-marins de structures mégalithiques au large de Bimini, ainsi que les récentes découvertes d'une cité immergée près de Cuba, attestent de cette inondation. Avant le cataclysme, d'après les renseignements gravés dans la pierre de la Porte du Soleil à Tiahuanaco, la Terre tournait autour du Soleil en 290 jours.

Nous nous demandons naturellement qui était qui? Et qui était là en premier?

Nous avons regardé les Amériques comme étant probablement l'ancien empire d'Atlantide. A présent, il est temps de répéter certaines observations. Nous avons noté précédemment que la pratique du sacrifice humain a probablement débuté dans l'hémisphère sud. Nous avons aussi noté que les sacrifices humains étaient en étroite relation avec des divinités solaires. A mesure que l'on se dirige vers le nord, et à mesure que l'importance du Soleil diminue, on voit augmenter l'importance de la Lune et diminuer l'incidence de sacrifices humains. En certains lieux, là où les deux "types" se sont mêlés, il n'est pas rare de trouver un culte de la Lune associé à des sacrifices humains, ou un culte du Soleil d'où sont absents les sacrifices humains. Mais lorsqu'on suit les traces laissées par les mythes, contes populaires et objets manufacturés, on constate que le sacrifice humain est une production de l'hémisphère sud. Il est virtuellement impossible de suivre exactement à la trace les anciens peuples, mais il est attesté que la religion juive est venue de l'Amérique du Sud via l'Inde et en direction du Moyen-Orient, apportant avec elle sa divinité assoiffée de sang, avide de chair et de mutilations génitales.

De même, nous trouvons sur l'île de Malte des structures mégalithiques d'avant le Déluge, les pyramides coniques de Rock Lake dans le Wisconsin, et des structures semblables sur les îles Canaries. Nous avons suivi à la trace les longues jambes des hommes de Cro-Magnon à travers l'Europe jusqu'en Asie Centrale et retour. Et nous soupçonnons fortement qu'ils ont habité l'Amérique du Nord. Nous avons trouvé des peuples adorateurs d'une déesse chamanique en Asie Centrale: bergers, cavaliers et agriculteurs de ce pays.

Qu'est-il arrivé aux peuples de l'Amérique du Nord et du Sud? Où se trouvait "Athènes"? Comment les "Athéniens" ont-ils défait l'empire terrifiant de l'Atlantide?

En méditant sur ces questions, ce qui vient à l'esprit c'est cet étonnant et antique récit de l'Arche d'Alliance, qui apparaît dans une centaine de contes parvenus jusqu'à nous au fil des millénaires, et qui vont de cinq cailloux lisses ramassés dans un ruisseau et lancés par un jeune garçon à la tête d'un géant dont il coupe ensuite la tête, jusqu'à la tête de la Gorgone brandie comme une arme changeant en pierre les méchants. Nous retrouvons cette idée de "changer en pierre" dans l'histoire de la fuite de Lot des cités corrompues de Sodome et Gomorrhe où, lorsque sa femme hésite et regarde *derrière* elle, elle est transformée en une colonne de sel. Dans la légende de Persée, il suffit de jeter un regard sur la Méduse pour être changé en pierre.

Et en repassant en revue les mythes et légendes, nous trouvons cet étrange récit sumérien à propos du vol de la "tablette des destinées", qui nous mène aux tablettes d'or de l'Aesir de Snorri Sturlson, et aux Tables d'Emeraude d'Hermès, et ensuite aux Tables de la Loi de l'Arche d'Alliance. Et, en cercle, nous arrivons à l'idée de "véhicule de la Loi" ou Arche d'Alliance, qui pourrait être ces Thesmophoria des mystères d'Eleusis célébrés seulement par des femmes – et où la femme était représentée comme une entrée, un delta – et même une croix – à laquelle a été suspendu Odin pendant neuf jours afin de recevoir les secrets de la Déesse, les runes, et pour lesquels il a sacrifié un oeil afin de pouvoir boire à la source de sagesse. Quel méli-mélo!

Justement, à propos de méli-mélo: si partout sur la Terre, toutes nos méthodes de datation se révèlent inutiles parce que la Terre a été soumise à des cataclysmes répétés (et à des guerres nucléaires), alors nous avons toute liberté de considérer Tiahuanaco comme une cité atlante survivante. Nous ne disposons que des discussions de Platon pour spéculer sur les Atlantes, et nous y reviendrons bientôt. Pour le moment, comme nous aimerions interroger sur le passé les pierres silencieuses! Tout ce que nous savons de Tiahuanaco en ligne plus directe, provient des mythes et légendes des Incas.

Chavín est supposée être la Mère de la Civilisation des Andes. Le nom de "Chavín" a été appliqué à un stade de développement de l'Histoire andine, à une période archéologique, à un style artistique, et à un empire hypothétique. "Chavín" a été interprété comme une culture, une civilisation et une religion. La culture Chavin était une civilisation d'agriculture, de pêche et de navigation. Elle se manifeste en premier lieu dans la région d'Ica, et nous avons déjà noté les pierres décorées d'Ica qui suggèrent, pour cette culture, une plus lointaine antiquité que les dates attribuées par les scientifiques académiques.

La culture *Mochica* s'est développée dans la région qui avait vu auparavant la culture *Chavín*, de sorte que nous pouvons supposer qu'elle a été constituée par les survivants de cette culture. Les experts sont d'avis qu'il est aisé de constater l'influence de la plus ancienne civilisation du Pérou, les Chavín, sur la culture de Moché. Chavín possédait une société de classes, bien développée, divisée en nobles, fermiers, et esclaves. Le peuple Moché était développé en agriculture, pêche, artisanat, commerce, navigation et métallurgie. Les poteries anthropomorphiques mochicas illustrent des thèmes mythiques et sociaux et, dans toute la civilisation péruvienne, elles sont les plus représentatives de cet art à son apogée.

Cela soulève une question bien intéressante, car les poteries anthropomorphes montrent que les Mochicas avaient des traits tant mongoloïdes que négroïdes.

La première image "divine", celle qui est gravée dans la pierre de la Porte du Soleil, est une créature d'aspect "divin", tenant dans ses deux mains, des bâtons ou des baguettes. On pense que cette divinité aux bâtons devait être un être suprême céleste, un dieu des cieux, qui au fil du temps est devenu un dieu du tonnerre. Le culte rendu à la divinité aux bâtons s'est étendu de Chavín à tout le Pérou, et plus particulièrement à la culture de Tiahuanaco sur l'Altiplano du Pérou méridional, où cette divinité a été nommé Viracocha.[403]

Plusieurs versions de la Genèse andine de Tiahuanaco ont été enregistrées par Juan de Betanzos en 1551, et Cristobal de Molina en 1553. Dans la version primitive conservée par Betanzos, le créateur du monde est nommé Contiti Viracocha, et il émerge du lac Titicaca pour créer "le soleil et le jour, la lune et les étoiles". Viracocha ordonne au Soleil "d'avancer sur son chemin" et c'estainsi que débute le temps de l'humanité. Après avoir fait sortir les gens des grottes, rivières et sources éparpillées dans le paysage mythique du temps de la Création, Contiti Viracocha en fureur, *change en pierre certains d'entre eux qui ont eu un comportement sacrilège.* Ensuite, il refait entièrement sa création! Mais cette fois-

[403] Berezkin, Juri 1983. *Mochica. Tsivilizatsia indeitsev Severnogo poberzhia Peru v I-VII vv.* Leningrad.

ci, il crée les êtres humains à partir de la pierre au lieu de les changer en pierres.

Naturellement, nous voudrions bien savoir ce que sont ces “bâtons” dans les mains de Viracocha. Est-ce que ce sont les outils qu’il a utilisés pour “changer en pierre” les gens ou pour les créer à partir de la pierre? Sont-ils à l’origine des piliers Jachin et Boaz? Quel est le rapport entre ces bâtons et les bâtons que Jacob jette par terre dans l’histoire de l’augmentation magique de ses troupeaux?

Ces questions nous incitent à nous pencher sur les Sémites et sur Sargon.

SARGON LE GRAND

D’après les “experts”, Sargon d’Akkad a régné vers 2334-2279

avant l’ère chrétienne, et a été l’un des premiers grands bâtisseurs de ce monde, conquérant tous la Mésopotamie méridionale ainsi que des régions de Syrie, d’Anatolie et d’Elam (à l’ouest de l’Iran). Il a fondé la première *dynastie sémite* de la région et est considéré comme le fondateur de la tradition militaire mésopotamienne.

On ne connaît Sargon pratiquement que par les contes et légendes qui ont suivi sa réputation pendant plus de 2.000 années d'Histoire inscrite sur des tablettes cunéiformes, et non pas par des documents écrits de son vivant. Cette absence de documents *contemporains* s'explique par le fait que la capitale, Agade, (notez la ressemblance homophonique avec "Arcadie") bâtie sous son règne, *n'a jamais pu être située et donc excavée.* Elle a été détruite vers la fin de la dynastie fondée par Sargon et n'a plus jamais été habitée, du moins sous le nom d'Agade.

Un conte populaire dit que Sargon était un "self-made man" d'humble origine: un *jardinier* (pensez au "jardin des Hespérides – en Arcadie) l'avait trouvé alors que, bébé, il flottait au fil d'une rivière, couché dans un panier. Ce jardinier l'avait élevé et lui avait appris son métier. Son père est inconnu; sa mère aurait été prêtresse dans une ville de l'Euphrate Moyen (notez encore les ressemblances avec l'histoire de Moïse et celle de Persée). S'élevant ensuite sans aucune aide de relations influentes, il obtient le poste *d'échanson* auprès du gouverneur de la cité de Kish, au nord de l'ancien pays de Sumer (notez ici le symbole de la coupe).

L'événement qui lui donne la suprématie est la défaite de Lougalzaggisi d'Ourouk (L'Erech biblique, au centre de Sumer). Lougalzaggisi avait déjà unifié les cités-états de Sumer en défaisant chacune d'elles à tour de rôle, et prétendait régner non seulement sur les terres des cités-états sumériennes, mais aussi sur celles aussi loin à l'ouest que la région méditerranéenne. Sargon devint le roi de toute la Mésopotamie méridionale. Il a été le premier grand souverain pour qui la langue sémite et non la langue sumérienne, l'akkadien, a été la langue naturelle, de naissance.

Sargon voulait assurer des échanges commerciaux favorables dans tout le monde connu avec Agade, ce qui, accompagné d'un tempérament énergique, a conduit Sargon a conquérir des villes le long de l'Euphrate moyen jusqu'au nord de la Syrie et aux mines d'argent dans les montagnes de l'Anatolie méridionale. Il s'empara également de Suse, capitale des Elamites, dans les Monts Zagros en Iran occidental, où l'unique témoignage contemporain de son règne a été découvert.

Grâce aux prouesses militaires et aux capacités d'organisateur de Sargon, ainsi qu'aux cités-états sumériennes conquises, grâce aussi au commerce qui existait déjà entre les vieilles cités-états sumériennes et d'autres pays, des liens commerciaux se sont fortement développés avec la Vallée de l'Indus, la côte d'Oman, les îles et rivages du Golfe Persique, le Badakhshan pour ses mines de lapis lazuli, le Liban pour ses cèdres, les Monts Tauris pour leurs mines d'argent, la Cappadoce, la Crête, et peut-être même la Grèce.

Sous le règne de Sargon, sa langue, l'akkadien, s'est adaptée aux caractères utilisés précédemment dans la langue sumérienne, et de là a surgi un nouvel esprit de la lettre, manifesté dans les tablettes d'argile et les sceaux cylindriques de cette dynastie. Il y a des scènes mythologiques et festives magnifiquement présentées et exécutées. Il se pourrait que ce nouveau sentiment artistique soit directement attribuable à l'influence sémite de Sargon et de ses compatriotes sur les Sumériens moins raffinés. En contraste avec la civilisation sumérienne, dans la nouvelle capitale de Sargon les valeurs militaires et économiques ne sont plus les seules choses qui comptent.

La dernière partie de son règne a été troublée par des rébellions que la littérature ultérieure attribue, comme on pouvait s'y attendre, à des actes sacrilèges que lui (comme Salomon) est censé avoir commis; mais on peut dire que c'est la cause standard attribuée à tous les désastres, tant par les Sumériens que par les Akkadiens. Les troubles sont sans doute à attribuer au fait qu'un seul homme, même d'une énergie peu commune, ne peut contrôler un vaste empire. Il n'y a aucune évidence qu'il ait été particulièrement dur, ni qu'il ait été haï par les Sumériens parce qu'il était sémite. En outre, l'empire ne s'est pas effondré en totalité, car les successeurs de Sargon ont été à même de garder le contrôle de leur héritage, et les générations qui ont suivi l'ont considéré comme le plus grand nom de leur Histoire. Il est très intéressant de noter que Sargon a attribué ses succès au patronage de la déesse Ishtar, en l'honneur de qui Agade avait été construite.

L'histoire de Sargon semble être une combinaison des récits bibliques concernant Moïse, David, et Salomon, et il y a sans aucun doute des traces de traditions sémitiques dans la culture sumérienne. Il faut également tenir en compte que Sargon a été le premier "Sémite". De nos jours, les Sémites sont en général compris comme des individus originaires du Moyen-Orient: surtout des Juifs et des Arabes. C'est-à-dire qu'être un Arabe ou un Juif c'est être sémite.

Ces dernières années, l'idée a fait son chemin, que les Juifs ashkenazes sont en fait des Turcs et non pas des Juifs. Cette idée a été considérée comme un coup mortel asséné par des études génétiques qui font des Ashkenazes des très proches parents des Juifs romains d'une part (qui ne sont pas très éloignés des Libanais non-juifs), et des Syriens non-juifs de l'autre. Les Syriens non-juifs sont très proches des Juifs kurdes et des Palestiniens non-juifs. Mais le point essentiel est qu'en tant que groupe, les Juifs sont remarquablement homogènes.

Ce qui semble s'être passé en fait, c'est qu'après la chute du royaume Khazar, des émigrants juifs parlant le yiddish et venus d'Europe occidentale et centrale (Allemagne, Bohème, et d'autres régions d'Europe centrale) se sont mis à affluer en Europe de l'est, et l'on pense que ces nouveaux immigrants ont fini par surpasser en nombre les Khazars. C'est ainsi que les ancêtres des Juifs d'Europe de l'Est sont venus principalement d'Europe Centrale et non du royaume Khazar. Les deux groupes (Juifs orientaux et occidentaux) ont fait des mariages croisés pendant des siècles.

En ce sens, les Juifs ashkenazes sont, en fait, des descendants des Israélites[404].

> L'analyse du chromosome Y a déjà donné d'intéressants résultats: le Dr. Ariella Oppenheim, de l'Université Hébraïque de Jérusalem, a affirmé qu'elle a trouvé de considérables similitudes entre Juifs israéliens et Arabes palestiniens, comme si le chromosome Y de chacun des deux groupes avait été tiré d'une population commune ayant commencé à se développer il y a 7.800 ans.[405]
>
> Environ deux-tiers des Arabes israéliens et Arabes de ces territoires, ainsi qu'une proportion similaire de Juifs israéliens, sont les descendants d'au moins trois ancêtres préhistoriques communs ayant vécu au Moyen-Orient à l'ère Néolithique, il y a environ 8.000 ans. C'est ce qui a été découvert à l'issue d'une étude récente menée par une équipe internationale de spécialistes dirigée par le Prof. Ariella Oppenheim, généticienne en chef au département d'hématologie de l'Université hébraïque de Jérusalem et à l'hôpital Hadassah de Jérusalem. Dans cette étude, qui sera bientôt publiée dans le journal "Human Genetics", les chercheurs ont creusé l'histoire des Juifs et des Arabes en analysant les changements survenus au chromosome Y. [...].

---

[404] Les Juifs sont représentés par des triangles: Ashkenazim = Ash; Juifs romains = Rom; Juifs nord-africains = NAf; Juifs du Proche-Orient = NEA; Juifs kurdes= Kur; Juifs yéménites = Yem; Juifs éthiopiens = EtJ; non-Juifs du Moyen-Orient = Pal; non-Juifs de Syrie= Syr; non-Juifs du Liban= Leb; Druses israéliens = Dru; non-Juifs d'Arabie Séoudite = Sar; non-Juifs européens: Rus=Russes, Bri=Britanniques, Ger=Allemands, Aus=Autrichiens, Ita=Italiens, Spa=Espagnols, Gr=Grecs; Tun =Afrique du Nord et Tunisie ; Egy=Egypte; Eth=Ethiopie, Gam=Gambie, Bia= Karsi Giaka; Bag=Baganda, San=San; Zul=Zoulous; Tur = non-juifs de Turquie; Lem=Lembas d'Afrique du Sud;

[405] Nicholas Wade. "Scientists Rough Out Humanity's 50,000-Year-Old Story." *The New York Times* (November 14, 2000).

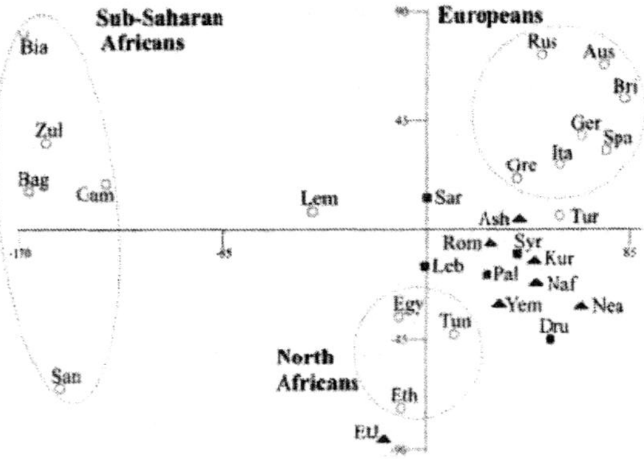

Selon le Prof. Oppenheim, les résultats de l'étude sont en accord avec la documentation historique selon laquelle les Arabes sont les descendants d'une ancienne population établie dans le pays, et une grande partie d'entre eux étaient des Juifs qui se sont convertis à l'Islam lorsque l'Islam est entré dans Eretz Israël au VIIe siècle de l'ère chrétienne".

Ils ont découvert que Juifs et Arabes ont des ancêtres préhistoriques communs ayant vécu ici jusqu'à ces derniers millénaires… […] Etant donné la taille géographique réduite d'Israël et de l'Autorité Palestinienne, les chercheurs ont été surpris de découvrir que certains Palestiniens de la Cisjordanie possèdent un trait génétique unique reflété dans une fréquence relativement élevée de certains signes génétiques. Ce fait indique qu'ils sont les descendants de gens qui ont vécu ici pendant au moins plusieurs centaines d'années. […] Le Dr Filon a déclaré que ce trait génétique unique est caractéristique d'une population ayant vécu au même endroit pendant de nombreuses générations". 406

Les données sur le chromosome Y indiquent que les mâles tirent leur origine du Moyen-Orient, tandis que l'ADN mitochondrial des mères semble indiquer une origine de diaspora locale dans les éléments fondateurs féminins. 407

Nous avons analysé l'ADN mitochondrial hérité du côté maternel chez neuf groupes juifs distincts sur le plan géographique, huit populations non-juives porteuses, et une population arabo-

[406] Tamara Traubman. "A new study shows that the genetic makeup of Jews and Arabs is almost identical, and that both groups share common prehistoric ancestors." *Ha'aretz* (2000).
[407] Judy Siegel-Itzkovich. "Dad was out and about, while Mom stayed home." *Jerusalem Post* (June 16, 2002).

palestinienne israélienne. Nous avons comparé les différences entre juifs et non-juifs avec celles trouvées en utilisant les données concernant le chromosome Y obtenues, dans la plupart des cas, dans les mêmes échantillons de population. Les résultats suggèrent que la plupart des communautés juives ont été fondées par un nombre relativement restreint de femmes, que le processus de fondation a été indépendant dans les diverses zones géographiques, et que l'apport génétique subséquent par des populations environnantes a été limité au côté féminin. En fort contraste, le chromosome Y hérité du côté paternel montre une diversité similaire à celle des populations environnantes et ne montre aucune évidence d'effets fondateurs. Ces différences spécifiques au genre démontrent le rôle culturel important de la formation de modèles de variations génétiques et ont probablement des implications significatives en termes d'épidémiologie dans des études impliquant ces populations. Nous pouvons illustrer ce fait en présentant les données d'un ensemble de microsatellites de chromosomes X, qui indiquent que dans le cas de Juifs géorgiens, l'événement fondateur spécifiquement féminin paraît avoir eu pour résultat des niveaux élevés de déséquilibres de liaison408.

L'image génétique qui émerge est basée principalement sur deux études [...] qui montrent ensemble que les hommes et les femmes ayant fondé les communautés juives, avaient des historiques génétiques étonnamment différentes [...].

Une nouvelle étude montre que les femmes de neuf communautés juives depuis la Géorgie (en ex URSS) jusqu'au Maroc, ont des historiques génétiques extrêmement différentes de ceux des hommes. L'identité des femmes est un mystère car, contrairement à celle des hommes, leurs signatures génétiques ne sont pas reliées entre elles ni à celles des populations actuelles du Moyen-Orient [...].

La nouvelle étude menée par les Docteurs David Goldstein, Mark Thomas et Neil Bradman du University College of London, est publiée ce mois-ci dans The American Journal of Human Genetics... Sa propre (celle du Dr. Goldstein) spéculation, dit-il, est que la plupart des communautés juives proviennent d'unions en des hommes juifs et des femmes locales, bien qu'il note que les

[408] Mark G. Thomas, Michael E. Weale, Abigail L. Jones, Martin Richards, Alice Smith, Nicola Redhead, Antonio Torroni, Rosaria Scozzari, Fiona Gratrix, Ayele Tarekegn, James F. Wilson, Cristian Capelli, Neil Bradman, and David B. Goldstein. "Founding Mothers of Jewish Communities: Geographically Separated Jewish Groups Were Independently Founded by Very Few Female Ancestors." *The American Journal of Human Genetics* 70:6 (June 2002): 1411-1420.

> origines des femmes sont impossibles à déterminer génétiquement parlant [...].
>
> Comme les autres communautés juives incluses dans l'étude, la communauté ashkenaze de l'Europe septentrionale et centrale, d'où proviennent la plupart des Juifs américains, montre moins de diversité que prévu dans son ADN mitochondrial, ce qui est peut-être le reflet de la définition maternelle de la judaïté. Mais à l'inverse des autres populations juives, elle ne montre aucun signe d'un nombre très restreint de fondatrices. Selon le Dr Goldstein, il est possible que la communauté ashkenaze soit une mosaïque de populations distinctes formées de la même manière que les autres [...]
>
> Selon le Dr [Shaye] Cohen [de l'Université d'Harvard] les auteurs ont raison de dire que les origines historiques de la plupart des communautés juives sont inconnues. Non seulement celles de petites communautés comme en Inde, mais aussi celles du milieu culturel ahkenaze en général, dont descendent la plupart des Juifs américains. [...] Si les mères fondatrices de la majorité des communautés juives étaient des autochtones, ceci pourrait expliquer pourquoi les Juifs établis dans un pays, ressemblent physiquement à la communauté-hôte alors que les origines de leurs pères fondateurs pourraient expliques les traits que les communautés ont en commun [...]
>
> Le chromosome Y et l'ADN mitochondrial dans les communautés juives actuelles reflètent l'ancienneté de leurs fondateurs masculins et féminins, mais en disent peu sur le reste du génome... Notant que le chromosome Y indique une origine moyen-orientale des communautés juives et que l'ADN mitochondrial indique une origine locale probable, le Dr. Goldstein a déclaré que la composition des chromosomes ordinaires, qui véhiculent la majorité des gènes, était impossible à évaluer. 409

Les études suggèrent que certains des premiers ancêtres du Levant ancien et des civilisations mésopotamiennes tirent leurs origines des environs de l'Arménie et se sont déplacés vers le sud, et qu'ils étaient sémites à la manière de Sargon. En outre, le Tanach enregistre de nombreuses évidences d'intermariages entre Juifs et peuples anciens originaires de l'Anatolie orientale, comme les Hittites et les Hourriens (y compris les Jébusites de Jérusalem). Les Edomites, qui étaient d'origine judéo-hourienne, ont été absorbés par le peuple juif. Les Arméniens et les Kurdes descendent de

[409] Nicholas Wade. "DNA, New Clues to Jewish Roots." *The New York Times* (May 14, 2002): F1 (col. 1).

peuplades restées en Anatolie orientale, en Arménie et au Kurdistan, qui se sont par la suite mélangées aux Turcs et au peuplades environnantes. Nous voyons donc que les idées de "Dix tribus perdues" ou même d'une "treizième tribu" ne sont que des mythes qui explosent à l'analyse génétique.

Le problème est naturellement qu'aucune étude actuelle ne compare l'ADN de populations juives modernes avec celui des populations de l'ancienne Judée. La question reste donc posée: si Sargon a été le "chef sémite originel", était-il un Sémite comme nous l'entendons actuellement? La question suivante est: est-ce que Sargon, en tant que conquérant, a imposé une langue et une expression culturelle à un peuple différent: les Sumériens, qui avaient déjà imposé leurs propres langue et culture aux populations indigènes du Croissant Fertile?

Ce que nous observons en particulier, c'est que Sargon était supposé être "venu du nord" et qu'il vénérait la déesse Ishtar. Il se fait également que quand nous considérons le mot "sémite" sous l'aspect du Langage des Oiseaux, nous nous demandons si cela n'impliquerait pas quelque chose qui était "le "demi" (hémi-, semi-) d'une chose et le "demi" d'une autre.

Le problème devient alors: qui étaient ces Sumériens qui ont absorbé et adopté la langue sémitique et les expressions culturelles des Sémites en les adaptant à leur propre usage ?

Les Sumériens étaient un peuple non-sémitique dont les individus, à en juger d'après les vestiges archéologiques, étaient petits et râblés, avec un grand nez droit et des yeux étirés vers le bas. Les hommes portaient en général la barbe, mais certains se rasaient. Ces populations ont apparemment émigré vers le Croissant Fertile (ils sont apparus soudainement dans la région) et ont immédiatement établi ce qui a été considéré pendant longtemps comme la première vraie civilisation. Ils ont construit des cités, des temples en pyramides à étages, de vastes résidences, et mis sur pied des services économiques. Ils se désignaient eux-mêmes comme "les gens à tête noire", comme pour souligner leur différence par rapport à la population locale, qui ne devait pas avoir la tête noire comme on peut le supposer....

Le tableau archéologique des cités-états de civilisation sumérienne d'avant Sargon est celui de conflits permanents entre ces cités, spécialement entre les plus importantes: Kish, Erech, Our, Adab, et par la suite Lagash et Oumma. Ces guerres constantes ont affaibli les Sumériens jusqu'à ce que"la royauté fut emportée par des étrangers" tels le roi d'Awan, Sargon d'Akkad, les Goutiens, les Elamites, et enfin Hammourabi. Sargon d'Akkad, le premier

Sémite, était alors un 'étranger' pour les Sumériens qui ont eu (comme nous allons le voir) une assez longue Histoire avant l'influence sémitique.

Il est bien curieux que malgré leur sens du nationalisme et leur identité commune, ces gens "à tête noire" aient été incapables de s'unir pour résister à leurs conquérants. Ce qui est encore plus curieux, c'est que bien qu'ils aient été incapables de résister à leurs envahisseurs et qu'ils aient été gouvernés par des étrangers, la culture sumérienne a été en grande partie assimilée par les conquérants, qui ont adopté ses coutumes, son écriture, sa littérature, et nombre de ses mythes religieux.

L' 'âme' culturelle d'un peuple se trouve dans ses histoires, ses mythes, et ses rituels. Les histoires de Sumer, tels qu'inscrites sur des tablettes d'argile, nous permettent de retrouver, au moins partiellement, le processus de développement dynamique qui a eu cours pendant de nombreux siècles. Certains experts supposent que les talents de conteurs des Sumériens sont à attribuer aux tribus sémites errantes qui, étant illettrées, (du moins le suppose-t-on) possédaient la faculté de mémoriser, commune aux peuples illettrés. Ces experts suggèrent que ces Sémites distrayaient souvent leur distingués hôtes sumériens en leur "racontant des histoires autour d'un feu de camp" ou bien sur la place du marché. Ces histoires auraient ensuite été mises par écrit par des scribes sumériens qui se seraient efforcés de classer ces matériaux en groupes de récits continus. Manifestement, les "Sémites illettrés et nomades" n'étaient pas si attardés que ça, puisqu'ils sont parvenus à conquérir les Sumériens et que leur influence a donné un fameux coup de pouce culturel à la civilisation sumérienne. Ce qui est plus probable c' est que l'écriture des Sumériens a été développée pour des raisons économiques et militaires, ce qui était du domaine du 'dieu' et des prêtres. C'est seulement après les incursions des Sémites qu'une tradition littéraire a fait son apparition, et que l'écriture a progressé.

Les spécialistes nous disent que les Sumériens eux-mêmes n'avaient pas vraiment le 'sens de l'Histoire', bien qu'ils aient inventé l'écriture. Cette opinion est due au fait que les Sumériens avaient mis par écrit une "sorte d'histoire" sous la forme d'une liste des rois, qui est surprenante, c'est le moins qu'on puisse en dire!

La relation des Sumériens avec leurs dieux a été le moteur du développement de leur civilisation. La vraie raison de l'existence pour Sumer et son peuple semble se rapporter de très près à ces étranges et mortelles 'divinités'. La vraie raison de l'existence était de servir la divinité appropriée.

La religion sumérienne était une sorte d'alliance féodale avec un suzerain, plutôt que l'adoration d'un dieu comme nous comprenons une religion de nos jours. Pour les Sumériens, la vénération des dieux signifiait une complète servitude - la vraie raison pour laquelle (selon les Sumériens) l'humanité avait été créée par les dieux sumériens.

Selon les Sumériens, les cités-états avaient été fondées bien longtemps dans le passé par les dieux, et c'étaient les dieux qui avaient donné aux Sumériens - les "gens à tête noire"- tous les outils, les armes et les merveilleuses inventions caractérisant leur culture. Pour les Sumériens, tout ce qu'ils avaient (cités, champs, troupeaux, outils, institutions) avait toujours existé parce que les dieux avaient créé tout cela avant de créer les gens à tête noire qui devaient gérer toutes ces choses et leur servir d'esclaves. Cela nous fait immédiatement penser au seul peuple qui prétend avoir été esclave à son origine: les Juifs.

Cette religion de rapport "esclave-maître" a été le principe organisateur central des cités-états, chaque cité appartenant à une divinité différente, qui était vénérée dans un grand temple. Selon les Sumériens, même si les dieux préféraient être justes et miséricordieux, ils avaient aussi créé le mal et le malheur, et les gens à tête noire ne pouvaient rien y faire. A en juger par les textes sumériens de lamentation, le mieux à faire dans les périodes de troubles était de "plaider, se lamenter et gémir, en confessant dans les larmes ses péchés et ses fautes". Le dieu de la famille ou de la ville pouvait éventuellement intercéder en leur faveur, mais cela n'allait pas de soi, même si toutes les règles avaient été méticuleusement respectées. Après tout, l'homme avait été créé en tant qu'outil sans volonté, pour épargner du travail aux dieux. Et à la fin de la vie terrestre on allait dans le monde souterrain, un endroit redouté, comme le Shéol des premiers Hébreux.

Pour les Sumériens, leurs dieux étaient très intelligents, vivaient très longtemps, et étaient cependant très mortels. Cela apparaît dans leur liste des rois. D'après eux, le temps écoulé avant le Déluge avait été de 432.000 ans. Deux rois d'après le Déluge, mentionnés sur la liste, sont Gilgamesh et Tammouz. Les légendes de Tammouz étaient si appréciées qu'elles ont été assimilées dans le panthéon de Babylone et sont devenues par la suite le modèle d'Adonis pour les Grecs. Gilgamesh est devenu le héros d'un poème épique babylonien qui porte son nom, et qui contient aussi un récit du Déluge.

Jusqu'au XXe siècle, la liste des rois et les noms qu'elle contient était considérée comme purement mythique. Mais dans les années

1930, Sir Leonard Woolley a excavé un immeuble à Our, au niveau Oubaïde, et y a trouvé une inscription indiquant que cette structure avait été érigée par le fils du fondateur de la première dynastie de Our, personnage jusqu'alors considéré comme fictif. Gilgamesh a lui aussi des inscriptions mentionnant les édifices qu'il a fait construire.

La liste des rois est divisée en deux périodes dynastiques orientées vers les cités-états en ce qui concerne apparemment le siège du pouvoir central. La plus étonnante de ses sections est celle qui énumère les rois d'avant le Déluge. Huit rois announakis sont mentionnés, tout comme le sont cinq cités-états où le pouvoir central avait apparemment son siège. La durée de règne est donnée en *sars*. Toutes les sections restantes de la liste des rois donnent la durée des règnes en années. Le '*sar*' équivalait à 3.600 années.

Roi	**Ville du règne**	**Durée du règne en années**	**Durée du règne en sars**
A-lou-lim	Noun	28.800	8
A-la(l)-gar	Noun	36.000	10
En-Me-En-Lou-An-Na	Bad-Tabira	43.200	12
En-Me-En-Lou-An-Na	Bad-Tabira	28.800	8
Doumouzi	Bad-Tabira	36.000	10
En-Sib-Zi-An-Na	Larak	28.800	8
En-Me-En-Dour-An-Na	Sippar	21.000	5 (5 ner)
?? Dou-Dou	Sourouppak	18.600	5 (1 ner)

Ici s'achève la royauté des Announakis.

A présent, il est important de noter que pendant ces étonnantes périodes considérées comme historiques par les Sumériens, seuls deux Announakis ont eu un règne d'envergure. Le premier a été Enki (connu par la suite sous le nom de Ea) et le second a été Enlil, un demi-frère d'Enki. L'événement qui a mis fin a cette première liste a été le légendaire déluge. C'est également au cours de la dernière partie de cette première période de la liste des rois que l'être humain a fait son apparition.

Si l'on calcule le temps écoulé à partir de l'arrivée de ces Announakis, nous arrivons à 450.000 ans. Ce qui est bien avant la date acceptée de l'apparition de l'homme sur Terre.

Le système de numérotation des Sumériens est vraiment très fascinant. La civilisation sumérienne peut être divisée *grosso modo* en trois périodes de manifestation culturelle. La première comprend le développement de glyphes: des sceaux cylindriques ont été gravés de parades d'animaux ou de scènes de nature religieuse. La deuxième est caractérisée par l'apparition de la sculpture, et la troisième par l'émergence de l'écriture.

Au cours de la première période de manifestation culturelle, l'archéologie indique qu'il n'y a pas eu de palais pour ce que nous considérerions comme des rois réels. Le “roi” était en fait un prêtre qui vivait dans un temple. Le prêtre-roi avait pour titre “En” ou “Seigneur”. Ce n'est que plus tard, au cours de la deuxième période culturelle, que le titre de roi ou “lougal” est apparu. A la même époque, les palais ont fait leur apparition, témoignant d'une séparation de l'Etat (et ses forces militaires) et du clergé.

Au début du deuxième millénaire avant l'ère chrétienne, les Sumériens sont revenus au pouvoir pendant un temps, mais après Hammourabi, Sumer a disparu totalement en tant qu'entité politique. Néanmoins, la langue sumérienne est restée en tant que langue du clergé.

Vers 3.200 avant l'ère chrétienne les Sumériens ont mis au point leur système de notation numérique, attribuant des symboles graphiques spéciaux aux unités de 1, 10, 60, 600, 3.600. Cela signifie que les Sumériens ne comptaient pas en dizaines, centaines et milliers, mais en soixantaines: ils groupaient les choses en soixantaines et les multipliaient par des puissances de soixante.

Notre propre civilisation se base encore sur des vestiges de ce mode de calcul: nous mesurons le temps en heures de soixante minutes, en minutes de soixante secondes, et nous avons divisé le cercle en 360°.

Pour nous, soixante est un grand nombre à utiliser comme base d'un système numérique. Il est difficile à mémoriser car il nécessite la connaissance de soixante signes (mots) différents pour les nombres de 1 à 60. Les Sumériens le faisaient en utilisant le 10 comme intermédiaire entre les grandeurs sexagésimales: 1, 60, 602, 603, etc. le mot signifiant soixante est *gĕs*, et il signifie également l'unité. Le nombre 60 représentait un niveau au-delà duquel ses multiples de 60 jusqu'à 600 étaient exprimés en utilisant 60 comme nouvelle unité. Quand ils atteignaient 600, le niveau suivant était traité comme nouvelle unité, avec des multiples allant jusqu'à 3.000. Le nombre 3.600 (60 x 60) était appelé *šàr*, et le *šàr* devenait à son tour une nouvelle unité.

Le système sumérien de numérotation exigeait souvent des répétitions excessives de marques identiques, plaçant des symboles côte à côte pour représenter l'addition de leurs valeurs. Le nombre 3.599 nécessitait vingt-six symboles au total. Pour cette raison, les

Sumériens avaient souvent recours à une “convention soustractive”, c’est-à-dire un petit symbole signifiant “enlever ce nombre de ce nombre-là pour obtenir le nombre indiqué”[410].

Avant Sargon, certaines irrégularités ont fait leur apparition dans la représentation cunéiforme des nombres. Outre la convention soustractive, des symboles entièrement nouveaux ont été créés pour représenter les multiples de 36.000. Cela signifie qu’au lieu de répéter 36.000 autant de fois qu’il l’aurait fallu, ils ont attribué aux nombres 72.000, 108.000, 144.000, 180.000 et 216.000 des symboles spécifiques.

Dans toute l’Histoire de l’humanité, les Sumériens sont les seuls qui, à notre connaissance, ont mis au point et utilisé un système sexagésimal. On peut considérer ce fait comme un “triomphe” de leur civilisation et aussi comme un grand mystère. Nombreux sont ceux qui ont tenté d’en comprendre le pourquoi, et de nombreuses hypothèses ont été émises, de Théon d’Alexandrie à Otto Neugebauer. Ces hypothèses vont de “c’était le moyen le plus commode” et “c’étaient les nombres les plus petits qui avaient le plus grand nombre de diviseurs” à “c’était naturel parce que le nombre d’années de l’année solaire est 360”, etc. Daniel Boorstin a suggéré que les Sumériens ont utilisé le 60 parce qu’ils multipliaient le nombre des planètes connues d’eux (5) par le nombre de mois de l’année. L’assyriologue G. Kewitsch a souligné en 1904 que ni l’astronomie, ni la géométrie ne peuvent vraiment expliquer l’origine d’un système numéral, si l’on présuppose que des considérations abstraites précèdent l’application concrète. Kewitsch a émis l’idée que le système sexagésimal pouvait être le résultat d’une fusion de deux civilisations dont l’une utilisait le système décimal et l’autre une base de six dérivée d’une façon particulière de compter sur les doigts. Ceci n’a pas été accepté facilement, car il n’existe dans le monde aucun écrit historique faisant mention d’un système numéral basé sur le 6.

Néanmoins, il existe de nombreux systèmes numéraux basés sur le 12, spécialement en Europe de l’ouest. Ce système est encore utilisé pour compter des oeufs et des huîtres. Nous utilisons fréquemment le terme de “douzaine” et “grosse”. En France, des mesures basées sur le 12 ont eu cours jusqu’à la Révolution et sont encore utilisées actuellement au Royaume-Uni et aux USA.

Les Romains avaient une unité de poids, de monnaie et d’arithmétique appelée *as*, qui se divisait en 12 onces. Une des unités monétaires de la France d’avant la Révolution était le *sol*, qui

---

[410] Cfr les chiffres romains. Par exemple: IX (enlever 1 de 10) (NdT)

se divisait en 12 *deniers*. Les Sumériens, Assyriens et Babyloniens utilisaient fréquemment la base de 12 ainsi que ses multiples et diviseurs. Le jour mésopotamien était divisé en 12 parties égales, et ils divisaient le cercle, l'écliptique et le zodiaque en 12 sections égales de 30 degrés chacune. Cela signifie que la Base de 12 peut avoir joué un rôle capital dans la mise au point du système numéral sumérien.

Le rôle primordial joué par le 10 dans le système sexagésimal est largement attesté lui aussi, car il était utilisé comme unité auxiliaire pour contourner les difficultés du système sexagésimal. Un indice important: le mot sumérien pour "dix" signifie aussi "doigts", ce qui suggère l'existence d'un système numéral antérieur.

Pour en revenir à l'hypothèse de Kewitsch, Gorges Ifrah propose une variante de celle-ci: la base de 60 a peut-être été la "solution érudite" d'une union entre deux peuples: l'un qui utilisait un système décimal dérivé d'un système vigésimal, et l'autre un système basé sur le 12. Il se fait que 60 est le plus petit commun multiple de 10 et 12, ainsi que le nombre le plus petit dont tous les six premiers nombres entiers sont des diviseurs. Et d'autre part, 5 x 12 = 60.

Il est intéressant de noter que le français dit quatre-vingts pour 80 et quatre-vingt-dix pour 90, ce qui est un vestige d'une arithmétique vigésimale anciennement utilisée en Europe.

L'hypothèse d'Ifrah est que la société sumérienne avait recours simultanément au système décimal et au système duodécimal, et que par la suite, ses mathématiciens ont inventé un système qui combinait les deux bases.

Naturellement, cette hypothèse présente des faiblesses car elle présuppose un très grande sophistication intellectuelle. A moins, bien sûr, que nous soyons en présence de *disjecta membra* d'une haute civilisation disparue.

Il est évident que le bassin mésopotamien a été peuplé par une ou des population(s) indigène(s) avant l'arrivée des Sumériens. Les Sumériens étaient des "immigrants" venus d'un endroit dont nous ne savons rien, car ils semblent avoir rompu tout lien avec leur environnement antérieur.

Pour en revenir à la question: qui étaient les Sémites? Nous comprenons que le terme en lui-même vient de l'Ancien Testament, où les tribus de Eber (les Hébreux), Elam, Asshour, Aram, Arphasad et Loud sont dites descendre de Sem, un des trois fils de Noé. Mais alors cela ferait des Elamites (qui parlaient une langue asianique) les cousins germains des Hébreux, Assyriens et Araméens, dont les langues appartiennent au groupe sémitique.

“Asianique” est le terme appliqué aux premiers habitants du continent asiatique dont les langues, de type agglutinatif pour la plupart, n’étaient ni indo-européennes ni sémitiques. On croit généralement que la Mésopotamie a été à l’origine habitée par des peuples asianiques avant l’arrivée des Sumériens. On pense que la population d’expression sémitique est arrivée en une vague plus tardive, et que Sargon a été le premier roi sémite d’une “nation sémite”. Mais cela n’explique ni les Sumériens ni leur langue.

Des éléments sémitiques d’importance se trouvent dans les cultures *Mari* et *Kis* du début du troisième millénaire avant l’ère chrétienne et les peuplades d’El Obid seraient même les Sémites originels, absorbés et assimilés par les Sumériens. La découverte des tablettes d’Ebla révèlent l’existence d’une langue sémitique vers le milieu de troisième millénaire avant l’ère chrétienne

Lorsque Sargon fonda le premier état sémite en vainquant les Sumériens, l’akkadien est devenu la langue dominante de la Mésopotamie. Lorsque l’écriture cunéiforme sumérienne a été adoptée par les Akkadiens, ce système d’écriture avait déjà plusieurs siècles. Les Akkadiens ont trouvé un système d’écriture idéographique qui était déjà en train de glisser vers un système phonétique, et ils ont accéléré le processus tout en gardant certaines des significations idéographiques. L’héritage culturel akkadien a fusionné avec l’héritage culturel sumérien, ce qui a créé une réelle tradition littéraire. Lorsque la langue parlée et l’écriture akkadiennes ont fini par supplanter leurs équivalents sumériens en Mésopotamie, un système numéral strictement décimal a été adopté pour l’usage quotidien. Les anciens signes signifiant 60, 600 et 3.600 etc. ont progressivement disparu. Aux mains des Sémites, les chiffres cunéiformes et l’arithmétique mésopotamiens ont été peu à peu adaptés et intégrés à un système utilisant une base différente et des principes différents. Cependant, la base de 60 n’a pas entièrement disparu, comme nous l’avons mentionné.

Notons, cependant, que c’est avec la soudaine apparition de la civilisation sumérienne (dès le cinquième millénaire avant l’ère chrétienne) que la longue période de société tribale égalitaire du Néolithique s’est terminée, entre 4.000 et 3.000 avant l’ère chrétienne. Des archéologues et anthropologues ont certifié qu’à l’origine la société mésopotamienne a été matriarcale et vénérait une déesse. La disparition de la suprématie féminine peut être déduite de la citation suivante extraite de *In the Wake of the Goddesses* de Frymer-Kenski:

> La dynastie de Kish a été fondée par Enmebaragesi, un contemporain de Gilgamesh. Le nom se décompose comme suit:

enetik-eme-ebakin-aragikor, ageriko-ezi, ce qui peut se traduire par "depuis ce temps-femelle-récolte-lascive-notoire-domestiquer", ce qui peut être rendu par "depuis lors, la lascive femelle des moissons, de mauvaise réputation, a été domptée".

Ce 'nom' nous dit sans ambiguïté que le temps de la Déesse avait décliné à cause de la domination mâle des Sumériens conquérants. A l'inverse, Sargon a attribué toutes ses réussites à la Déesse.

Revenons à présent aux faits que les mots français quatre-vingts et quatre-vingt-dix portent les traces d'une antique arithmétique vigésimale européenne, que le premier roi sémite était venu du 'nord', et que 'l'influence sémitique' du culte rendu par Sargon à la Déesse a accéléré la transformation de la culture sumérienne de sorte que les hommes sont devenus plus que de simples esclaves des dieux. Si nous tenons compte de ces facteurs, nous pouvons peut-être reconsidérer le terme de "sémitique".

En fait, la religion des anciens Sumériens a laissé son empreinte sur tout le Moyen-Orient. Nous voyons non seulement ses temples et ziggourats éparpillés dans toute la région, mais la littérature, la cosmogonie et les rituels ont également influencé leurs voisins à un point tel que nous voyons des reflets de Sumer dans la tradition judéo-christano-islamique actuelle. Autrement dit, la majorité des textes que nous considérons actuellement comme sémitiques est en fait du sumérien écrit en langue akkadienne sémitique. Il est indubitable que les peuples qui de nos jours sont appelés sémites parce qu'un nom extrait de la Bible leur a été attribué, sont en fait des descendants des Sumériens, et la "langue sémitique" leur a été imposée par Sargon d'Akkad, qui ne faisait apparemment pas partie des "gens à tête noire".

Les affinités linguistiques du Sumérien n'ont pas encore été établies. L'Oural-altaïque (y compris le turc), le dravidien, le brahoui, le bantou et de nombreux autres groupes de langues ont été comparés avec le sumérien, mais aucune théorie n'a été acceptée unanimement.[411]

---

[411] Arno Poebel, *Grundzüge der sumerischen Grammatik* (1923), partiellement obsolète, mais toujours la seule grammaire sumérienne complète ; Adam Falkenstein, *Grammatik der Sprache Gudeas von Lagas*, 2 tomes. (1949-50), une grammaire très approfondie du dialecte néo-sumérien, et *Das Sumerische* (1959), une étude très brève mais très complète de la langue sumérienne; Cyril J. Gadd, *Sumerian Reading Book* (1924), obsolète, mais le seul outil de grammaire en anglais; Samuel N. Kramer, *The Sumerians* (1963), donne une introduction générale à la civilisation sumérienne.

ENCORE SARGON

Sargon est devenu roi de toute la Mésopotamie méridionale, premier grand souverain dont la langue sémitique (et non sumérienne) connue sous l'appellation d'akkadien, a été naturelle depuis la naissance. Ceci nous fait penser que Sargon n'était pas sumérien mais qu'il a apporté une nouvelle langue à la Mésopotamie, qu'il l'a imposée à tous les peuples qui la composaient, comme les Espagnols ont imposé leur langue aux Amériques Centrale et du Sud, ou comme l'anglais et l'américain ont été adoptés dans le monde entier en vertu de la domination commerciale exercée par ces nations.

La langue est ce qui nous permet de savoir qui est qui. Le tronc afro-asiatique a donné six branches distinctes, y compris la langue égyptienne jusqu'à la période copte précédant son extinction au XVIIe siècle. Les cinq autres branches sont le berbère, le tchadique, le couchitique et l'omotique. Le groupe linguistique afro-asiatique est divisé en six branches distinctes, y compris l'égyptien ancien connu dans ses dernières années comme le copte, et qui s'est éteint au XVIIe siècle. Le groupe de langues sémitiques est subdivisé en une branche orientale, l'akkadien parlé par Sargon, et une branche occidentale ayant deux sous-branches: branche centrale et branche méridionale. Le groupe central comprend l'aramaïque, le cananéen et l'arabe. Le groupe méridional comprend l'arabe méridional et l'éthiopique. Et voilà la curiosité: l'une des autres branches des langues afro-asiatiques est le berbère, ayant dans ses sous-branches le guanche, parlé par les habitants d'origine des Iles Canaries; le numidien oriental c'est-à-dire le libyen ancien; et le berbère proprement dit.

Et vous vous demandez maintenant où est la bizarrerie? Elle se trouve dans la langue guanche. Certains experts pensent que les Guanches sont arrivés des côtes africaines voisines bien longtemps avant que les envahisseurs Noirs et Arabes s'en emparent. Nous sommes doctement informés que la Mauritanie était jadis habitée par la "même ancienne race ibère qui a occupé jadis toute l'Europe occidentale: des gens grands, robustes, à la peau claire". L'Espagne s'en est emparée, et la plupart des Guanches ont été emportés par des maladies contre lesquelles leur organisme était incapable de lutter, car ils avaient pendant très longtemps vécu isolés. Il a fallu plus de cent années d'occupation avant que quelqu'un se préoccupe de leur langue, de leurs coutumes, et de ce qui pouvait être connu de leur Histoire. Le Frère Alonso de Espinosa, de l'Ordre des Augustins Prédicateurs, écrit en 1580:

...On croit généralement qu'il s'agit des Champs Elysées chantés par Homère. Le poète Virgile, au quatrième Livre de l'Enéide, mentionne le grand pic de l'île, quand il fait aller Mercure envoyé par Jupiter, à Carthage pour détromper Enée et pour lui prodiguer des encouragements afin qu'il n'abandonne pas le voyage qu'il a entrepris en Italie.

Il n'a pas été possible de s'assurer de l'origine des Guanches, ni d'où ils viennent, car, vu que les natifs n'avaient pas d'écriture, ils ne disposaient d'aucun document concernant leurs origines ou leur ascendance, encore que certaines traditions aient été transmises de père en fils. [...] Les vieux Guanches disent que, selon une tradition immémoriale, soixante personnes sont arrivées sur l'île, mais ils ne savent pas d'où elles venaient. Ces personnes ont donné à leur colonie le nom de “endroit de l'union du fils du Très Grand”.

Ils avaient connaissance de Dieu et L'appelaient de plusieurs noms, mais n'avaient ni rites ni cérémonies, ni paroles par lesquels ils Le vénéraient. [...] Quand il n'avait pas plu de longtemps, ils rassemblaient leurs moutons en certains endroits, où il était de coutume d'invoquer le gardien du troupeau. Là, ils plantaient dans le sol une baguette ou une lance, séparaient ensuite les agneaux des brebis, et plaçaient les mères autour de la lance, où elles bêlaient. Ils pensaient que Dieu était apaisé par cette cérémonie, qu'Il entendait le bêlement des moutons et allait envoyer la pluie.

...Ils savaient qu'il y a un enfer, et pensaient qu'il se trouvait sur le pic du Teide (la montagne volcanique), et que le diable s'appelait Guayota.

Lorsqu'un enfant naissait, ils faisaient appel à une femme ayant une certaine fonction. Celle-ci versait de l'eau sur la tête du nouveau-né, et ainsi cette femme contractait un lien avec les parents de l'enfant, de sorte qu'il n'était pas permis de l'épouser ni de la traiter injustement. Ils ne savent pas d'où leur vient cette coutume ou cérémonie, ils savent seulement qu'elle existait. Ce ne peut avoir été un sacrement, car elle n'était pas accomplie en tant que tel, et l'évangile ne leur a pas été prêché.[...]

La loi inviolable était que si un guerrier rencontrait une femme par hasard sur la route ou en un endroit isolé, et s'il lui parlait ou la regardait avant qu'elle ait parlé la première ou demandé quelque chose, ou bien si, dans un endroit habité il prononçait des paroles désobligeantes et que cela pouvait être prouvé, il devait être mis à mort sans appel. Voilà quelle était leur discipline. [...]

Ces gens étaient très beaux, avec des traits parfaits et des corps très bien formés. Ils étaient de haute stature, avec des membres

> bien proportionnés. Il y avait parmi eux des géants d'une taille incroyable ...
>
> Ils ne possédaient et ne semaient que de l'orge et des haricots. ... S'ils avaient un jour eu du froment, les semences en avaient été perdues.... Ils mangeaient aussi de la viande de mouton, de chèvre et de porc, et ils la mangeaient telle quelle, sans aucun condiment. La viande devait être à moitié rôtie car, disaient-ils, ainsi elle contenait plus de substance que si elle avait été tout à fait rôtie.
>
> Ils comptaient l'année selon les lunaisons ... Le seigneur n'épousait jamais quelqu'un d'un ordre inférieur, et s'il n'y avait personne qu'il pût épouser sans entacher la lignée, alors des frères étaient mariés à leurs sœurs.
>
> Ils étaient incroyablement doués en calcul. Bien qu'un troupeau comptât de nombreuses bêtes et sortît à grande vitesse de la cour ou du bercail, ils comptaient les moutons sans ouvrir la bouche ou compter sur leurs doigts, et ne faisaient jamais d'erreur.[412]

Je suis certaine que le lecteur peut voir que, même s'il y a très peu d'éléments solides, le brave frère a saisi quelques points très suggestifs. La première chose que nous notons est la coutume de planter une lance dans le sol afin que les moutons "appellent le dieu". Souvenir d'une technologie anté-diluvienne, qui sait?

Mais ce n'est pas tout. Certains indices semblent indiquer que ce que nous appelons le langage sémitique pourrait avoir été en fait une langue parlée dans le nord, une langue aryenne adoptée par des peuples que nous qualifions de « sémitiques » en termes de pensée moderne, mais qui dans les temps anciens n'étaient pas sémites du tout.

LA MODE DES SACRIFICES

Pour en revenir à Viracocha, nous avons retenu qu'il était un tailleur et façonneur d'êtres humains. Il était un dieu actif, un créateur et destructeur de mondes: le Chiva des Andes. Avant de créer avec succès le monde des humains, Viracocha a anéanti des mondes antérieurs: d'abord par le feu, ensuite par l'eau. Bref, pour les Andins l'humanité n'a pas émergé d'un utopique Jardin d'Eden, mais de la roche dure et vivante mélangée à l'eau du monde naturel: l'argile. Viracocha avait deux fidèles serviteurs, qu'il avait envoyés

---

[412] De Espinosa, Alonso, *The Guanches of Tenerife*, (traduction anglaise de Sir Clements Markham, Kraus Repring, Nendeln/Liechtenstein, 1972)

dans des directions opposées avec mission d'engendrer une nouvelle race d'humains.

Dans la version de Cristobal de Molina version de ce même mythe, les deux héros sont les Adam et Eve des Andes: Le couple mâle-femelle originel, progéniture de Viracocha. Comme dans les autres variantes sur le thème de la Genèse, les événements contenus dans le mythe commencent après un déluge universel. Le prêtre espagnol Bernabe Cobo nous informe que le nom d'origine de Tiahuanaco était *Taypi Kala*. Taypi Kala signifiait "la pierre au milieu"; les natifs auraient donné ce nom à l'endroit parce qu'ils considéraient que la ville se trouvait "au centre du monde, et que de là, le monde avait été repeuplé après le déluge".

Les peuples des Andes ne connaissaient aucune forme d'écriture indigène, dès lors les témoignages de leurs activités doivent provenir d'autres sources. Les premiers chroniqueurs espagnols ont rapporté ce qui leur avait été raconté de la vie au temps des Incas; leurs récits comprennent de nombreuses références à des "sacrifices" et des "offrandes". Des doutes ont cependant été exprimés au sujet de ces rapports, accusant les Européens d'avoir adopté un point de vue catholique négatif, et insinuant que les chroniqueurs n'avaient pas posé les bonnes questions.

Néanmoins, les représentations picturales de sacrifices sont connues depuis longtemps. Les Incas n'ont pas laissé grand-chose en termes d'art figuratif, mais *les représentations pré-incaïques* témoignent visuellement de sacrifices. Et de nos jours, les évidences archéologiques s'accumulent en de nombreux endroits où des fouilles sont entreprises. La plupart des preuves archéologiques de sacrifices humains dans les Andes – et le plus clairement parmi les Incas et les Mochicas – n'ont été découvertes que récemment.

Pour de nombreuses personnes du monde moderne occidental, faire un sacrifice signifie soit donner quelque chose sans espérer quelque chose en retour, soit donner quelque chose de valeur pour une bonne cause. Ce qui paraît évident dans le processus de sacrifice des systèmes de croyances primitifs, c'est que les sacrifices d'animaux ou d'êtres humains étaient accomplis au bénéfice du groupe. Le sang était le symbole de la vie, de l'animation, de la nourriture; c'était la plus grande offrande qui pût être faite à des êtres naturels ou surnaturels. L'idée était que la nourriture sacrificielle offerte à des "êtres sacrés" rendaient possible la vie. La croyance était aussi que le cosmos "fonctionnait" grâce à ces nourritures. Ces sacrifices étaient une tentative désespérée des prêtres pour apaiser les dieux. Malheureusement, ces spéculations ne répondent pas à la question de savoir pourquoi un être humain peut penser que la mort d'un autre être humain peut apaiser les dieux d'une quelconque manière.

Dans les représentations artistiques, on voit les Mochés couper la gorge de prisonniers de guerre et boire leur sang. Ensuite, leurs corps étaient démembrés. Il est difficile d'imaginer la raison de ces sacrifices sans fin. Peut-être les prêtres pensaient-ils qu'ils acquéraient du pouvoir en buvant du sang humain. Rappelons-nous que dans la Bible il est dit : « le sang est la vie », et que les Hébreux avaient interdiction de boire du sang ou de manger de la viande d'un animal qui n'aurait pas été saigné à blanc. Peut-être parce que le sang -et la vie qu'il contient- était supposé être réservé au dieu exclusivement. Les sacrifices d'enfants sont un thème récurrent, non seulement dans les Andes, mais dans le monde entier.

Revenons à présent à notre problème: Yahvé. Il semble que, tout comme les Mochés et les Aztèques, le clergé juif s'est adonné à de terrifiants rituels et sacrifices impliquant le cannibalisme. Figurez-vous le prêtre - *kohane*[413] - se tenant debout devant les fidèles, dégoulinant de sang en train de se coaguler, et déversant sur ces mêmes fidèles de pleins bassins de sang afin de les "purifier", tout en leur transmettant ce message subliminal: "si vous n'obéissez pas à Yahvé, voilà ce qu'il vous fera!" C'est indubitablement ce qui s'est produit dans le Grand Temple de Salomon, qui était en fait le temple d'Héphaïstos – celui du labyrinthe - à Memphis, et qui fut par la suite transféré au "labyrinthe" crétois. Cette histoire a ensuite été emmenée en Palestine par les réfugiés de l'éruption du Théra, et combinée ensuite avec d'autres récits du cataclysme pour produire l'Ancien Testament et les rites du Judaïsme. Nous commençons à comprendre pourquoi le labyrinthe d'Egypte était, selon Pline, "extraordinairement haï".

L'idée du sacrifice rituel d'un roi en lieu et place de milliers de vierges, enfants ou guerriers paraît être le résultat d'une fusion entre le culte méridional du dieu solaire et le culte septentrional lunaire. Cela semble être une déformation de l'idée selon laquelle le roi était tel en vertu de son mariage avec la "déesse" ou sa représentante, et que ce mariage impliquait une mort chamanique permettant de transduire vers la tribu les énergies cosmiques bénéfiques et de prospérité, et de défendre cette même tribu contre les esprits mauvais.

La coutume nordique selon laquelle le roi ayant perdu sa vigueur abdiquait volontairement pour laisser le trône au "juste héritier" qui pouvait épouser la déesse, a été mêlée à des notions de sacrifices, et

[413] v. le nom Cohen (NdT)

le résultat a été que le clergé s'est trouvé pourvu d'une arme dont il pouvait menacer le monarque afin de le faire marcher droit. C'est ainsi qu'est apparue l'idée du roi "bouc émissaire" qui était sacrifié dans le labyrinthe à la place des vierges et des guerriers.

Hérodote nous donne une version déjà faussée de ce mélange de deux idées:

> S'étant trouvés libres après le règne du prêtre d'Héphaïstos, les Egyptiens, parce qu'ils ne pouvaient vivre sans roi, se donnèrent douze rois, ayant divisé l'Egypte en douze parties.

Nous entendons ici un écho à l'histoire de Jacob et Esaü et des douze tribus. Ce glissement se retrouve également dans le mythe de Thésée.

La réalité paraît être qu'il y a eu un "objet" de pouvoir au coeur du mythe des fils d'Aegyptus et des filles de Danaus. C'est un descendant de cette union - Persée- qui a «purifié le temple» et remis la Déesse à sa juste place, ainsi qu'il est dit dans le récit de l'élimination de Méduse, de la libération de Pégase, et du sauvetage d'Andromède. Mais ici encore, il s'agit de l'assimilation d'événements plus tardifs au mythe original de l'Atlantide.

Lorsque nous examinons les témoignages, nous trouvons de nombreux indices, mais avec le passage du temps, les mouvements des peuples en migration ou partis à la conquête de territoires, il est impossible de dire avec certitude qui vient en premier. Bien sûr, il y a là bien davantage que le peu que nous pouvons en dire ici. J'en parlerai dans un prochain volume.

Dans la Bible, le «Sage Roi Salomon» est dépeint comme s'étant vendu au feu de Tyr et au dieu solaire Moloch/Molech. On peut se demander ce que cela signifie, si l'on considère qu'il n'y a pas de différence entre Moloch et Yahvé quand on creuse un peu sous la surface. Certains «experts» suggèrent que le prêtre Melchisédech, supposé avoir été l'instructeur d'Abraham, était un prêtre de Moloch et que son nom signifierait «Moloch le Juste» . Mais c'est là une conceptualisation croisée et une manière d'égarer le lecteur. Il faut traduire l'expression entière: *Malkiy* ou *Malak* signifie «roi», et *Tsedeq* signifie «droit», «juste» ou «bienveillant» ; il a une connotation de prospérité.

Ce qui semble s'être produit, une fois de plus, c'est qu'une possible révélation à propos de notre réalité a été corrompue et déformée par des citoyens de réalités hyperdimensionnelles qui n'ont pas envie que leur nature et leurs ambitions soient révélées. Dans la méthode standard de désinformation la vérité est mêlée à des mensonges afin d'égarer et de dévier. Ceux qui voudraient que tout soit clairement blanc ou entièrement noir ne prennent pas le temps de démêler patiemment tous les brins de l'écheveau pour retrouver la vérité. Ma suggestion sur ce point est que l'ancien clergé de Melchisédech a été ainsi désigné dans le but de clairement le distinguer du culte de Moloch le dieu du Feu.

L'apparente corruption des noms, termes et symbolisme se poursuit à travers les âges. De nos jours, de nombreuses personnes affirment qu'elles font partie de l'Ordre de Melchisédech, ce qui n'est manifestement pas le cas.

Certains experts citent la remarque de Paul dans son épître aux Hébreux (9 :22) : «Selon la Loi, pratiquement tout est purifié par le sang, et sans verser le sang il ne peut y avoir de rémission des péchés ni de la culpabilité, ni rémission du juste châtiment des péchés». Ce que ces experts omettent de mentionner (encore une habile déformation) c'est la suite du passage ; qui est justement une condamnation de ce genre de pratiques.

La religion de la Grande Déesse Mère a existé et prospéré pendant de nombreux milliers d'années au Proche- et au Moyen-Orient avant l'arrivée du patriarche Abraham, décrit comme le premier prophète de la féroce divinité mâle, Yahvé. Les archéologues font remonter le culte rendu à la Déesse à certaines communautés néolithiques des alentours de 7.000 av. J.-C., d'autres au Paléolithique supérieur des alentours de 25.000 av. J.-C. Depuis au moins l'époque néolithique, son existence est fréquemment attestée jusqu'à au moins une partie de l'époque romaine. Et cependant, les exégètes de la Bible prétendent qu'Abraham a vécu en Canaan seulement entre 1.800 et 1.550 av. J.-C.! Comment donc une apparition aussi récente sur la scène mondiale est-elle parvenue à une position aussi éminente et dominante?

Partout, dans les études d'anciennes religions, il est noté que site après site, la déesse a dû céder la place à une divinité mâle, à un culte rendu à un jeune dieu guerrier et à un père suprême. Il a été supposé que cela était dû à l'invasion indo-européenne venue du nord. Mais quand on examine les liens culturels, on voit clairement que les premières invasions sont venues du sud. Peut-être devrions-nous parler d'une invasion "indo-incaïque", puisque nous avons déjà fait la jonction avec les cultures sud-américaines. L'archéologie révèle qu'après ces invasions, le culte de la Déesse-Mère a fluctué de cité en cité. A mesure que les envahisseurs gagnaient du terrain au cours des deux millénaires suivants, le mâle est graduellement apparu sous les traits de l'époux dominateur ou même du meurtrier de la Déesse. La transition a été accompagnée de massacres violents et la conquête de territoires dans tout le

Proche- et le Moyen- Orient. Cela est vrai aussi en ce qui concerne la conversion du monde occidental au christianisme. Il y a vraiment quelque chose de bizarre dans le tableau.

Cette corruption a dérivé vers le nord, comme l'a noté Eliade, changeant les cultures chamaniques d'adoration de la déesse en sociétés dominées par les mâles.

L'étude des légendes parlant de l'Age d'Or, le monde antédiluvien, nous fait réaliser encore et encore que ces histoires parlent d'un jardin où une femme et un homme vivaient en harmonie avec eux-mêmes et la nature. Et ce, jusqu'à ce qu'un dieu mâle dominateur décide que la femme s'était très mal conduite et devait à présent et à jamais être asservie à l'homme.

Le *Tao Te King* chinois parle d'une époque où le "yin", principe féminin, n'était pas encore dominé par le "yang", principe masculin, époque à laquelle la sagesse de la mère était encore honorée et suivie par-dessus tout. Pour de nombreuses personnes, les références à cette époque passée ne sont que fantaisies.

Il semble que les sociétés anciennes ont été organisées très différemment des nôtres, et le plus important dans ce qu'on en retrouve lors des fouilles faites de nos jours, ce sont les nombreuses images de la Déesse, de la femme. Nous sommes alors mieux à même d'interpréter les références à la Grande Déesse dans les arts, les mythes, et même les récits historiques du passé.

L'idée principale de ces gens était que l'univers est une mère qui donne tout ce quelle a. Cette idée a en fait survécu jusqu'à nos jours. En Chine, les divinités féminines *Ma Tsou* et *Kouan Yin* sont encore très largement honorées comme des divinités bienveillantes et pleines de compassion.

De même, la vénération de Marie, la Mère de Dieu, est très largement répandue; et même si, dans la théologie catholique, il ne lui est pas accordé de statut divin, sa divinité est implicitement reconnue puisqu'elle est appelée "Mère de Dieu" et priée par des millions de gens qui font appel à sa protection bienveillante et à sa compassion. En fait, l'histoire de la naissance, de la mort et de la résurrection de Jésus ne semble pas être autre chose qu'un remaniement des "mystères" des premiers temps tournant autour d'une Mère Divine et de Son fils, ou comme dans le cas de Déméter et de Koré, Sa fille.

Il est bien sûr raisonnable de penser que la compréhension la plus profonde de la puissance divine se fasse sous la forme féminine plutôt que masculine. Après tout, la vie émerge du corps de la femme, et s'il nous faut comprendre le macrocosme à partir du microcosme, il n'est que naturel de voir l'univers comme une Mère infiniment généreuse, de la matrice de laquelle sort toute vie et vers laquelle, comme pour les cycles de la végétation, elle retourne après la mort pour pouvoir renaître à nouveau.

Ce qui nous importe le plus ici c'est l'idée que les sociétés qui verraient l'univers comme une Mère auraient une structure sociale bien différente de la nôtre. Nous pouvons aussi conjecturer que, dans une telle société, les femmes ne seraient pas considérées comme inférieures. Bienveillance, éducation, croissance et création deviendraient des valeurs importantes. Et entre parenthèses, cela n'a pas de sens de penser qu'il y a eu des sociétés "matriarcales" où les femmes dominaient les hommes. Au contraire, de toute évidence, ces sociétés ont apprécié les différences et ces différences n'étaient pas classées en "infériorité" et "supériorité".

Ce que nous savons, c'est que des figurines représentant des "Vénus" ont été retrouvées par milliers dans toute l'Eurasie: des Balkans au Lac Baikal en Sibérie, en passant par Willendorf en Autriche, et la *Grotte du Pape* en France. Certains chercheurs (qui avaient manifestement l'esprit mal tourné), les ont décrites comme "art érotique" de l'âge de la pierre, et estiment qu'elles ont dû être utilisées dans d'obscènes rites de la fertilité!

Mais cela se pourrait-il? Est-ce que ces figurines féminines que l'on retrouve partout de la Grande Bretagne à Malte peuvent même être décrites comme des images de "Vénus"? La plupart d'entre elles ont des hanches larges, sont parfois enceintes, elles sont stylisées et, très souvent, n'ont pas de visage. Elles sont clairement des symboles, tout comme la croix avec un homme crucifié est un symbole qui rappelle étrangement l'épée plantée dans le sol. Les futurs archéologues qui fouilleront les vestiges de notre civilisation trouveront à peu près partout de nombreuses croix symboliques!

La vénération d'une déesse créatrice se retrouve littéralement partout dans le monde.

Il est significatif que la série de preuves la plus tangible soit celle des nombreuses sculptures de femmes trouvées dans les cultures du Gravettien-Aurignacien du Paléolithique Supérieur. Certaines d'entre elles datent de 25.000 av. J.-C., comme nous l'avons dit précédemment, et sont faites le plus souvent d'os ou d'argile. Elles ont souvent été trouvées auprès de renfoncements dans la paroi rocheuse qui a sans doute été le premier habitat aménagé par l'homme sur Terre. Les spécialistes disent que ces niches ou dépressions étaient destinées à abriter les figurines. Des découvertes de ce genre ont été faites en Espagne, France, Allemagne, Autriche, Tchéquie, Slovaquie, et Russie. Ces sites couvrent une période d'au moins dix mille ans! Il est très probable que ces figurines féminines étaient des idoles faisant partie d'un culte de la "Grande Mère", pratiqué par les chasseurs de mammouths de l'Aurignacien, qui ont vécu dans les immenses territoires eurasiens qui s'étendent de la France à la Sibérie.

Les plus anciennes découvertes archéologiques montrent la Déesse représentée sous forme d'oiseaux et de traits ondulés représentant des symboles aquatiques et/ou énergétiques. Ces mêmes traits ondulés ont été attribués au symbole astrologique du Verseau, qui est sans doute le plus ancien symbole existant de la Grande Déesse-Mère.

Mais soudain, il y a environ 5.000 ans, le serpent a été associé à la déesse, et les ondulations représentant l'eau ou l'énergie sont devenues symboles du serpent. Qu'est-ce qui a pu se produire?

Vers 4.000 av. J.-C., des représentations de la Déesse sont présentes à Our et Ourouk, deux cités à l'extrémité méridionale de l'Euphrate, non loin du Golfe Persique. Vers la même période, les cultures néolithiques badarienne d'Egypte et amaratienne du Soudan font leur apparition. C'est sur ces sites que l'agriculture égyptienne fait son apparition.

A partir de là, avec l'invention de l'écriture, l'Histoire telle que nous la connaissons émerge, tant à Sumer qu'en Egypte, vers 3.000 av. J.-C. (il y a 5.000 ans!). Dans toutes les régions du Proche- et du Moyen-Orient, la Déesse est connue depuis les temps historiques. Il est évident que de nombreux changements ont dû intervenir dans la forme et les modes de vénération mais, sous divers aspects, le culte de la Déesse était encore présent dans la Grèce et la Rome classiques. Ces formes de culte ont subsisté jusqu'à l'époque des empereurs chrétiens de Rome et Byzance, qui ont fait fermer les derniers temples consacrés à la Déesse vers 500 de l'ère chrétienne. Une fois encore, nous sommes frappés par l'étrangeté de ce fait quand il est mis en parallèle avec tous les autres éléments.

Il semble qu'au début, la Déesse ait régné seule, bien qu'elle fût "mariée" au roi par l'intermédiaire d'une représentante humaine. Donc, le fils ou le frère qui était également son amant et son consort faisait partie du culte rendu à la Déesse dans des temps très anciens.

Par la suite, à mesure que la corruption faisait son oeuvre, après des événements cataclysmiques, d'une ampleur effrayante, le jeune homme en question (selon les langues: Damouzi, Tammouz, Attis, Adonis, Osiris ou Baal) est supposé avoir trouvé la mort, à la suite de quoi, une commémoration annuelle de deuil et de lamentation a été instaurée par ceux qui vénéraient la Déesse.

Pendant très longtemps, ce mythe a été joué chaque année, représentant le fait que le temps est cyclique, tout comme le sont les saisons. C'est ainsi que se transmettait la connaissance de catastrophes cycliques dépendant des cycles du temps. Oui, le monde connaissait une fin, mais seulement parce qu'il était arrivé "au bout du rouleau" et qu'il fallait le "remonter".

Mais quelque chose est venu changer tout cela. La perception de la Fin du Monde est devenue un terrible châtiment qui ne pouvait être prévenu que par l'accomplissement de sacrifices violents. Et le contexte de cette idée était que le temps était linéaire et disparaîtrait "un jour" complètement lorsqu'il serait arrivé au bout de son parcours. Cette notion a été apportée par les envahisseurs venus du Sud: les assassins de la Déesse, les violeurs des vierges des puits, qui ont apporté avec eux la religion dominatrice qui a planté l'épée dans la pierre.

L'affaire a été masquée en partie en attribuant la responsabilité de cette corruption aux "envahisseurs du nord", c'est-à-dire les Indo-Européens aryens. Les invasions par les Aryens se sont produites par vagues, sur une période de trois mille ans, selon l'archéologie conventionnelle. Elles sont appelées invasions parce qu'il semble que l'arrivée de masses de gens a toujours été liée d'une certaine manière à des destructions qui peuvent ou ne peuvent pas en avoir été la conséquence. Ces destructions peuvent avoir été le fait de guerres de conquête. Ou elles peuvent avoir été le fait de cataclysmes atmosphériques ou géologiques. Les incursions aux temps préhistoriques sont suggérées par des connexions étymologiques spéculatives. Moi je suggère qu'il y a eu également des invasions par le sud et que ces invasions ont apporté une corruption qui s'est répandue comme une épidémie sur le globe entier, et qu'elle a atteint même ceux qui vénéraient la Lune et la Déesse.

Ce qui apparaît très clairement dans les écrits historiques postérieurs, c'est que ces envahisseurs venus du nord ont révolutionné non seulement l'artr de la guerre, mais aussi les arts et la culture. Ils ont introduit le char tiré par des chevaux, et les auriges ont formé une nouvelle aristocratie. Etant donné que les anciens peuples des steppes utilisaient des chariots pour voyager et transporter leurs biens, il paraît logique de suggérer que ce n'est qu'après le mélange de ces populations avec les peuples vindicatifs du sud que ces véhicules ont été transformés de manière à être utilisés pour la guerre et la destruction.

Nombreux sont les "experts" qui prétendent que ce sont ces peuples du nord qui nous ont apporté le concept selon lequel la lumière est le bien et les ténèbres le mal, ainsi qu'une *divinité suprême masculine*. Cependant, les découvertes archéologiques

suggèrent le contraire. Si en effet, par la suite, ils ont fait entrer la divinité suprême masculine dans leur panthéon, il est clair cependant que ces idées ont surgi du mélange des cultures en Mésopotamie.

L'entrecroisement de deux théologies apparaît dans les mythologies des cultures de la région, et pendant trop longtemps, le blâme a été jeté du mauvais côté. Mais la plupart de ces idées sont apparues avant que l'on ait connaissance des cultures du sud de l'Amérique. C'est dans les mythes d'Amérique du Sud que nous découvrons l'origine des prises de position qui ont abouti à l'anéantissement de la Déesse. C'est également dans ces récits qu'on trouve l'origine du concept d'un temps linéaire, avec un début et une fin du genre humain du moins.

Il se fait que pendant notre voyage au Mexique, en 1997, j'ai remarqué, dans un des anciens temples, une sculpture étrange qui était exposée au musée d'anthropologie. Elle représente un homme dont le crâne, le coude et la cuisse ont été écorchés, tandis que le reste est intact. C'est une claire représentation non seulement du crâne surmontant deux fémurs, mais aussi du symbole très répandu de "jointure" dans certaines sociétés secrètes qui vénèrent la divinité mâle avide d'écorcher et de boire du sang.

J'ai photographié cette sculpture et vous constaterez qu'il y a également un serpent à sonnette enroulé autour du tronc de l'écorché.

Le thème de l'écorchement est également présent dans la danse de Chiva sur le dieu éléphant. Après avoir écorché l'éléphant, Chiva endosse sa peau, symbolisant ainsi le transfert de la force du dieu sur lui. Cette pratique était également répandue chez les adorateurs sud-américains du Soleil, chez les Egyptiens, et aussi parmi le clergé juif: les victimes de sacrifices étaient écorchées, et leur peau endossée par les sacrificateurs.

Viracocha était le dieu suprême inca, synthèse du dieu solaire et des dieux des tempêtes. Une version de l'histoire raconte que le dieu créateur Viracocha "s'est élevé du Lac Titicaca au temps des ténèbres, pour apporter la lumière". Viracocha était représenté avec le Soleil en guise de couronne, des éclairs dans les mains, et des larmes coulant de ses yeux pour signifier la pluie. Viracocha avait fait la Terre, les étoiles, les cieux et le genre humain, mais sa première création lui avait déplu, de sorte qu'il avait décidé de la détruire par un déluge, et il fit ensuite une nouvelle, meilleure race humaine, se remit à errer, puis disparut comme un vagabond en marchant sur les eaux de l'océan (selon la version christianisée), après avoir enseigné à ses nouvelles créatures les rudiments de la civilisation, et accompli de nombreux miracles.

Une autre version de l'histoire raconte que le groupe Viracocha était tellement haï que les peuples se révoltèrent contre eux et les massacrèrent, mais qu'un couple d'entre eux était parvenu à s'échapper en traversant l'océan. Celui-ci est le scénario le plus vraisemblable, selon toute évidence. Il rappelle aussi la haine pour le labyrinthe égyptien. Notons qu'il y a en Amérique du Sud et en Egypte, d'importantes représentations artistiques de gens «à la tête noire» sacrifiant des hommes blonds ou roux.

Le terme "viracocha" désigne aussi un groupe d'hommes appelés "*suncasapa*" ou les "barbus": ils étaient les soldats mythiques de Viracocha, également appelés les 'guerriers angéliques de Viracocha' Par la suite, un des rois incas (le huitième) prit le nom de Viracocha. Mais dans tous les cas, nous voyons que l'allusion au fait qu'ils étaient des aryens est due aux religieux espagnols, et cela n'est soutenu par aucune évidence archéologique.

Sur la Porte du Soleil, la fameuse figure gravée sur le cintre décoré de la porte de l'antique cité pré-incaïque de Tiahuanaco représente très vraisemblablement Viracocha, flanqué de 48 effigies ailées: 32 ayant des faces humaines, et 16 représentant des têtes de condors.

Donc, il semblerait qu'un groupe de gens nommés *Viracocha* soient arrivés au pouvoir en Amérique du Sud. Après que les Espagnols eurent détruit tout le témoignage historique des populations natives des Amériques, ils ont écrit leurs propres versions, y compris des histoires où les Viracochas sont blonds et de type aryen. Cela est dû au fait que les Espagnols ont noté certaines similitudes entre les mythes des dieux civilisateurs des Incas et leurs propres croyances religieuses. Au XXe siècle, Thor Heyerdahl a repris tout cela, mais l'examen approfondi des témoignages archéologiques ne permet pas de conclure que ces gens étaient des Aryens. La preuve de la présence d'Aryens sur l'île de Pâques a été expliquée de manière convaincante comme étant des survivants d'un naufrage qui s'y seraient établis définitivement, et n'aurait rien à voir avec des «voyages des Incas». Cependant, les liens entre certains caractères d'écriture trouvés sur l'île de Pâques et des caractères d'écriture trouvés dans la Vallée de l'Indus, ainsi que certains motifs mythiques, suggèrent fortement un rapport entre l'Amérique du Sud, l'île de Pâques, l'Inde, la Mésopotamie, l'Egypte, et la religion des Juifs. Naturellement il est possible que ces influences civilisatrices se soient répandues par l'intermédiaire de «grand marins blonds» parvenus au pouvoir en Amérique du Sud et qui ont pu être anéantis lors de révolutions fomentées par les masses indigènes mises en esclavage. Des représentations d'hommes roux en train d'être sacrifiés existent en Amérique du Sud, et il se peut qu'ils aient été considérés comme des «dieux» par les populations indigènes qui auraient cherché à acquérir leurs pouvoirs en les écorchant et en endossant leurs dépouilles. Nous réalisons que la couleur de la peau a toujours été un problème tout au long de l'Histoire de l'humanité, de sorte qu'il est raisonnable de penser que l'esprit primitif ait pu voir la peau blanche comme un transmetteur de pouvoir. Cela ne résout naturellement pas la question de savoir pourquoi les individus à peau claire ont été perçus comme appartenant à une «caste supérieure» et dignes d'émulation, mais ceci est une autre histoire....

Nous pensons donc que le groupe des Viracochas a quitté les territoires des Incas et traversé l'Océan Pacifique. En Inde se trouve la très intéressante civilisation de la Vallée de l'Indus dont les ruines présentent une ressemblance frappante avec les ruines des anciennes cités d'Amérique du Sud. La seule différence est que, la faculté de donner forme à des mégalithes paraissant avoir été perdue, les cités de la vallée de l'Indus sont stylistiquement semblables, mais construites en briques. Un élément curieux, digne d'être noté, est la ressemblance de certains caractères d'écriture trouvés sur l'île de Pâques avec les caractères d'écriture découverts dans la Vallée de l'Indus.

Un mouvement s'est ensuite opéré vers le nord, vers la Mésopotamie, où ici aussi, certains sceaux cylindriques portent une écriture semblable à celle trouvée dans la Vallée de l'Indus. Le rigide système de castes des Incas se retrouve également en Inde.

D'autres éléments d'un intérêt considérable qui relient l'Egypte à l'Amérique du Sud sont les crânes incas que l'on peut comparer aux crânes allongés de personalités royales égyptiennes. C'est là un sujet que j'ai l'intention de développer dans un autre volume. Pour le moment, je me contenterai de montrer les rapports évidents entre certains éléments très étranges en Amérique du Sud, et d'autres éléments très étranges en Egypte et au Moyen-Orient, tous reliés de

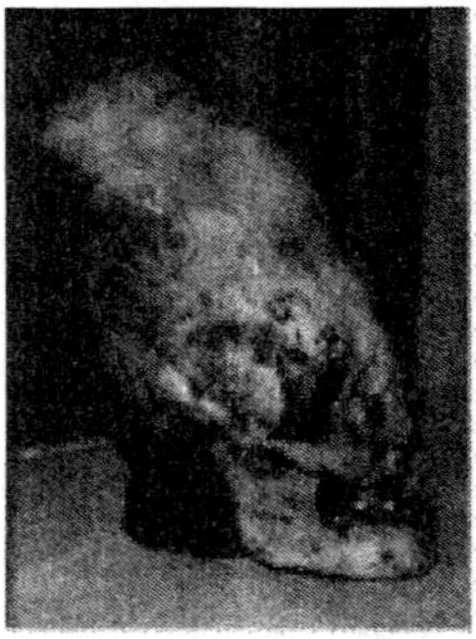

façon très mystérieuse à la création de trois religions monothéistes, et aux luttes actuelles entre ces trois religions.

Et nous trouvons donc ce groupe Viracocha qui après leur traversée du Pacifique sont en route vers la péninsule indienne, et rencontrent un groupe de grands bergers nomades des monts Altaï, probablement en Mésopotamie. C'est ainsi que la divinité masculine du sud a été adoptée par les Aryens des monts Altaï, qui se sont mélangés aux méridionaux ayant envahi l'Inde en venant de l'Océan.[414] « Et les fils de Dieu regardèrent les filles des hommes et virent qu'elles étaient belles et ils les prirent pour femmes... »

Ce nouveau dieu "aryen" est souvent décrit comme un dieu des tempêtes, au sommet d'une montagne, et environné de la lumière du feu ou des éclairs. Dans nombre de ces mythes transposés, la déesse est représentée sous la forme d'un serpent ou d'un dragon, et associée aux ténèbres et au mal. Parfois, le dragon est neutre ou bien même mâle, mais dans de telles circonstances il est étroitement apparenté à la déesse: il est généralement son fils.

La religion de la Déesse paraît avoir assimilé les divinités masculines dans les formes plus anciennes du culte, et avoir survécu sous la forme d'une religion populaire pendant des milliers d'années après les premières invasions aryennes venues du sud. Mais sa position a généralement été très affaiblie et a continué à décliner. C'est finalement le judaïsme, et par la suite le christianisme, qui sont parvenus à supprimer cette religion.

Et voici le plus intéressant: c'est dans les récits de ces Aryens que nous trouvons les idées originelles des Hébreux. C'est aussi de ce mélange (dans la région d'où est originaire Zarathoustra) que nous trouvons les premirèes idées d'une Fin du Monde. Dans le mélange des deux idéologies nous trouvons dieu au sommet de sa montagne, qui brandit des éclairs; il y a la dualité entre la lumière et les ténèbres, symbolisées comme "bien" et "mal"; il y a le mythe de la divinité masculine terrassant le serpent; et il y a le règne suprême d'une classe dirigeante: les prêtres lévites. Tous ces concepts religieux et idées politiques se retrouvent tant chez les "Indo-Incas" que chez les Hébreux!

[414] Voir *Gods of the Cataclysm* pour la preuve relative au transfert des croyances.

En Inde, nous pensons qu'il y a une autre façon d'interpréter ces évidences : nous pensons à une invasion «sumérienne du sud» de l'autre côté de l'océan, qui se serait mélangée à l'invasion aryenne venant du nord et aboutissant à l'assimilation des adorateurs de la Déesse et à la prédominance de la divinité mâle venue du sud. Les *Vedas* sont la Bible des Aryens de l'Inde. Ils ont été écrits en sanskrit entre 1.500 et 1.200 avant l'ère chrétienne, utilisant des caractères probablement empruntés aux Akkadiens.

L'attitude indo-aryenne envers les femmes est clairement décrite en deux phrases attribuées à Indra dans le *Rig Véda: L'esprit de la femme ne supporte pas la discipline. Son intellect a peu de poids.'* Et les Juifs orthodoxes remercient Dieu quotidiennement de ne pas les avoir fait naître femmes! Cela nous fait conclure que ou bien les modèles indo-incas ont été adoptés par les Juifs, ou bien les prêtres suméro-juifs étaient indo-incas au départ.

Le *Rig Véda* indo-aryen raconte que: "au tout début, il n'y avait que '*asoura*,' ou la '*puissance vivante*'. L' *asoura* s'est divisée en deux groupes cosmiques: l'un rassemblant les ennemis des Aryens du sud (composé des "*Danavas*" ou "*Dityas*, les Aryens du nord"), dont la mère était la déesse *Danou* ou *Diti*; l'autre groupe rassemblant manifestement les héros des Aryens: les A-*Dityas*. Cette dénomination trahit le fait que cette structure mythique a été créée en réaction à la présence des adorateurs de Diti, puisque "A-Ditya" signifie littéralement "non Ditya", ou "non- partisan de Diti".

> De nombreux sociologues pensent qu'il existait, peut-être avant l'arrivée des Aryens, une sorte d'ordre social hiérarchisé selon les activités et les responsabilités des individus. L'évolution de cet ordre vers un système de castes ou *varna* tel que nous le connaissons de nos jours, avec quatre séparations en *brahmines*, *kshatriyas*, *vaisyas* et *soudras* (en ordre décroissant de standing social) s'est probablement produite lors de l'établissement des Aryens, qui ont sanctifié et légitimé l'ordre social selon leurs propres vues, nettement influencées par la religion. Certains sociologues sont convaincus que la stratification sociétale en termes de droits et devoirs de l'individu est une création des Aryens dans leur volonté d'exercer le pouvoir sur les populations indigènes proto-asiatiques du nord de l'Inde. [...]
>
> Récemment, avec la montée d'un fort nationalisme sous la forme d'une idéologie *hindoutva*, rejetant l'hypothèse selon laquelle les Aryens auraient été des étrangers, et la préférence de les voir comme parties intégrantes du *continuum* de la civilisation de la Vallée de l'Indus, une réponse non-équivoque à cela pourrait avoir des implications politiques. Alors que l'évidence matérielle

par l'Histoire n'a pas pu apporter de réponse à cette question, la génétique de la population actuelle, révélée par des analyses des variantes de l'ADN dans des ensembles de population, dispose d'outils permetant une réponse plus claire. Certains des gènes hérités portent l'empreinte de ces informations depuis des âges. [...]

Une étude internationale sur les origines des castes, menée par Michale J. Bamshad de l'Eccles Institute of Human Genetics de l'Université de l'Utah, a révélé (les résultats ont été rapportés dans un numéro du magazine *Genome Research*) que les membres des castes supérieures se rapprochent génétiquement des Européens -ou plutôt des Eurasiens occidentaux pour être précis- tandis que les castes inférieures sont plus proches des Asiatiques. Cette découverte correspond aux attentes basées sur le raisonnement historique et les point de vues de nombreux ethnologues. En exerçant leur supériorité sur les populations indigènes proto-asiatiques les Aryens se seraient approprié les castes les plus élevées. [...]

Il est intéressant de noter qu'une analyse des variations génétiques dans les marqueurs associés au mt-ADN hérité du côté maternel et du chromosome Y hérité du côté paternel montrent des différences frappantes. L'ADN hérité du côté maternel a partout montré des similitudes avec les Asiatiques plutôt que les Européens, bien que la ressemblance avec celui des Européens augment à mesure que l'on monte dans l'échelle des castes. D'autre part, l'ADN hérité du côté paternel est partout plus similaire à celui des Européens qu'à celui des Asiatiques, mais à l'inverse de l'héritage maternel, il n'y a pas de variation significative d'affinité selon les castes. Ceci est surprenant, mais il y a une explication plausible. Les populations eurasiennes migrantes peuvent avoir été composées en majorités d'individus mâles qui se sont intégrés dans les castes supérieures et ont épousé des femmes indigènes. La pratique des mariages inter-castes, bien que généralement tabous, sont autorisés occasionnellement : des femmes peuvent épouser un homme d'une caste supérieure et monter ainsi dans l'échelle sociale. L'appartenance à une caste, permamente pour les hommes, mais mobile dans une certaine mesure pour les femmes, permet donc ainsi aux gènes de franchir les barrières des castes. Voilà, selon les chercheurs, la raison des différents apparentements de gènes spécifiques au sexe parmi les castes de populations continentales.[415]

[415] Ramachandran, R., *The Genetics of Caste*, Frontline, Volume 18 - Issue 12, Jun. 09 - 22, 2001; India's National Magazine, from the publishers of THE HINDU.

Le plus important des dieux indo-aryens connus est Indra, le Seigneur des Montagnes, "*celui qui renverse des cités*". Après avoir obtenu la promesse de sa suprématie s'il parvenait à tuer *Danou et son fils Vrtra*, il parvient à perpétrer ce meurtre et de ce fait devient roi des A-Dityas. Cela nous rappelle le très ancien texte sumérien mentionné précédemment :

> La dynastie de Kish a été fondée par Enmebaragesi, un contemporain de Gilgamesh. Le nom se décompose comme suit: enetik-eme-ebakin-aragikor, ageriko-ezi, ce qui peut se traduire par "depuis ce temps-femelle-récolte-lascive-notoire-domestiquer", ce qui peut donner "depuis lors, la lascive femelle des moissons, de mauvaise réputation, a été domptée".

Ce "nom" nous dit clairement que le temps de la Déesse était sur son déclin parce que la domination par les mâles étaient advenue avec l'arrivée des Sumériens.

Dans un hymne à Indra contenu dans le *Rig Véda* et qui décrit l'événement, *Danou* et son fils sont d'abord décrits comme des démons serpents; après leur mort, ils sont symbolisés par une vache et son veau. Après les meurtres, "les eaux cosmiques coulent et sont prégnantes". A leur tour, elles donnent naissance au soleil. Ce concept du dieu solaire émergeant des eaux primordiales apparaît dans d'autres mythes indo-suméro-incas, et est en rapport avec deux des invasions préhistoriques. Nous pensons que tout cela relie les événements à des époques de cataclysmes pendant lesquelles le soleil a été "assombri" ou caché par des nuages de poussière.

Le *Rig Véda* fait également allusion à un dieu-le-père ancestral, connu sous les noms de *Prajapati* et *Dyaus Pitar*. Dyaus Pitar est "le dieu suprême de tous". L'extension de la culture indo-aryenne est à l'origine de la religion hindoue et du concept selon lequel une peau de couleur claire est "meilleure" ou "plus pure" qu'une peau foncée (le mot sanskrit pour "caste " est *'varna'*, c'est-à-dire "couleur").

Les croyances indo-aryennes se retrouvent en Iran, bien que les écrits soient très tardifs: seulement 600 av. J.-C. Les Indiens et les Iraniens proviennent d'un même groupe ethnique, établi sur les hauts-plateaux de l'Iran à partir de 4.000 av. J.-C. Ce groupe parlait un dialecte sanskrit védique.

Bien que les différences soient considérables entre le *Rig Veda* et l'*Avesta* iranien, nous retrouvons cependant ici, encore que sous un autre nom, le père suprême qui représente la lumière: Ahoura Mazda. Il est le Seigneur de la Lumière et il vit au sommet d'une montagne, entouré d'un halo doré. La dualité lumière-ténèbres est inhérente à la pensée religieuse iranienne. Ahoura Mazda est en-haut et bon; tandis que la figure démoniaque d' Ahrimane se trouve "tout en bas dans les ténèbres". Notons ici le mélange des concepts chamaniques avec l'idée inca-sumérienne d'un dieu anthropomorphisé.

Dans des textes iraniens datant de 200 de notre ère, qualifiés de manichéens, nous retrouvons le bien et le mal mis en parallèle avec la lumière et les ténèbres. Ces écrits racontent que les problèmes de l'humanité sont *dus au mélange des deux*. Et ici *Mithra* fait son apparition sous les traits de celui qui terrasse les "démons des ténèbres.".

Nous trouvons ici un autre indice qui vaut la peine d'être noté: le nom du démon des Guanches est *Guayota*. Dans les textes iraniens se trouve un personnage nommé *Gayo Mareta*: c'est le "premier homme". Il semble être apparenté à Indra dans les versions indiennes. *Gauee* ou *gavee* signifie "vache" en sanskrit. *Mrityou* signifie "mort" ou "meurtre" en sanskrit, et ce mot survit aussi en allemand, une langue indo-européenne: *mord*, signifie "meurtre", et nous le retrouvons dans ce sens dans l'anglais "murder". *Gavo Mareta* signifierait donc "meurtrier de la vache". Comme pour Danou symbolisée sous la forme de la Déesse-Vache, assassinée par Indra, et dont le culte est devenu très important dans l'Egypte d'avant Narmer, ainsi Gayo Mareta pourrait avoir suivi un chemin semblable en Iran.

Dans les *Pahlavi Books* datant d'environ 400 av. J.-C. nous lisons: De Gayo Mareta, Ahoura a façonné la famille des terres aryennes, la semence des terres aryennes. Nous remarquons immédiatement que cela est un mensonge. Il est bien clair que dans les temps les plus anciens, c'est la Déesse qui était vénérée et Gayo Mareta - Guayota, le diable, l'a assassinée.

De toute façon, il nous est certainement permis de faire quelques spéculations à propos des Guanches: un groupe isolé d'individus qui parlaient une langue cousine de celle de Sargon – un adorateur de la Déesse – dans laquelle le nom du "diable" est le même que le nom du héros en sanskrit. Puisque les Guanches sont restés isolés pendant très longtemps, bien que nous ne sachions pas pendant combien de temps, nous subodorons qu'ils ont pu transmettre leur langue depuis un passé très reculé. Peut-être y a-t-il eu une langue antédiluvienne globale. Et il se peut que nous ayons ici un indice nous montrant qui est vraiment venu en premier.

Si nous étudions "l'ancienne langue égyptienne", nous réalisons que celle-ci s'est développée après la conquête par Narmer, bien avant l'époque de Sargon. Qui plus est, il est pratiquement certain que Narmer avait des liens étroits avec la Sumérie. La fameuse palette de Narmer comporte des motifs distinctement sumériens, et parmi ces motifs, une rangée d'hommes – des victimes sacrificielles – décapités, et dont la tête est placée entre leurs cuisses. Un crâne et des fémurs croisés?

LE JEU DES GOBELETS

Dès le quatrième millénaire avant l'ère chrétienne, un groupe est arrivé dans la région du Tigre et de l'Euphrate. Ils sont décrits comme les "nouveaux-venus de l'est". Cette appellation s'appuie sur la tradition:

> " 2 Et il arriva que lorsqu'ils partirent de l'orient, ils trouvèrent une plaine dans le pays de Shinhar (= Babylone) ; et ils y habitèrent." [Genèse XI, 2]

mais elle se base également sur des poteries découvertes respectivement à El Oubeïd et à Suse, et sur ces bases, il est généralement admis que le peuple d'El Oubeïd étaient apparentés, culturellement et probablement ethniquement, aux premiers habitants d'Elam.

Certains experts suggèrent que c'est le peuple obéidien qui a apporté la langue sumérienne, qui n'est ni sémitique ni indo-européenne. *Aratta* est un nom de lieu fréquemment mentionné dans les textes sumériens.

Les Obéidiens ont établi une importante colonie de peuplement à l'endroit connu par la suite sous le nom de "*Eridou*". Ils ont mis fin à la culture Halaf, en la dévastant. Ces Obéidiens se sont étendus vers le nord jusqu'au Lac Ourmia et au Lac Van, près de la frontière irano-russe. Ce territoire a reçu plus tard le nom de *Ararat* ou *Ourartou*, qui peuvent être des déformations du nom *Aratta*. Le nom *Eridou* pourrait également être une déformation de "Aratta", suggérant la patrie d'origine.

Vers 4.000 avant l'ère chrétienne les Obéidiens ont construit à Eridou un temple qui semble avoir été le premier établi sur une plate-forme élevée. Dans ce temple, *aucune figurine de divinité féminine n'a été retrouvée*. En revanche, il est très intéressant de noter qu'une statuette trouvée dans une tombe obeidienne représente une mère et son enfant, dotés de traits reptiliens.

Notons encore que les Sumériens et les Sémites actuels ne présentent des différences que dans leurs langues et non pas dans leur religion, leur culture, ou leur politique.

La divinité vénérée jadis à Eridou était le dieu *Enki*. Avant cela, la divinité du temple paraît avoir été un poisson, ou un dieu aquatique qui a émergé de l'eau exactement comme l'a fait le groupe viracocha; cette divinité était recouverte d'écailles, et a enseigné la langue et la culture. Par la suite, Enki a été vu comme le dieu des eaux, et décrit comme voyageant dans un bateau. Il a aussi été nommé "celui qui parcourt". Ce concept d'une divinité-poisson ou aquatique rappelle celle qui est représentée sur un fragment de tablette hittite qui décrit un dieu solaire sorti de l'eau avec un poisson sur la tête. Cette divinité rappelle également le dieu solaire né des eaux cosmiques libérées par Indra à la mort de Danou et Vrtra. Bien que Enki ne soit généralement pas considéré comme un dieu solaire, dans le mythe de Mardouk il est le père de Mardouk et Mardouk est appelé le "fils du soleil".

On attribue aux Obéidiens le développement de canaux d'irrigation à Eridou, ce qui pourrait faire penser que leur lieu d'origine était parsemé de cours d'eau où la pêche était une occupation coutumière. Un autre indice de l'identité de cette peuplade est l'institution de la royauté, et la mention du nom d' *Alalou* comme tout premier roi de Sumer dans la liste des rois de la première partie du deuxième millénaire. D'après ces tablettes qui se réfèrent à une période préhistorique, c'est à Eridou que "la royauté est d'abord descendue des cieux". Un peu comme dans le mythe inca de Viracocha.

Bon. Réfléchissons un moment. Nous avons un dieu avec un poisson sur la tête, et donc associé à des écailles, et décrit comme "celui qui parcourt". Ce dieu à écailles ne se contente pas de "parcourir", il est aussi sorti de l'eau comme le soleil! Et il est né de la mort de la Déesse-Mère et de son fils. Et nous avons des montagnes de feu, de l'or, et une "royauté descendue du sommet de la montagne ".

Une troisième divinité masculine: - *An* ou *Anou* – apparaît sur la scène sumérienne au début du deuxième millénaire: la période où les Hourriens ont fait leur apparition dans cette région; ce sont donc sans doute eux qui ont apporté avec eux ce dieu *Anou.*

Au début de la période sumérienne, le nom d'Anou est relativement peu connu et son nom n'apparaît sur aucune des dix-huit listes relatives à cette période.

Anou apparaît comme le successeur *d'Alalou* dans le mythe hourrien et hittite de Koumarbi. Mais plus intéressante encore est son apparition dans le mythe plus tardif de Mardouk, le "fils du Soleil". Nous y apprenons que Enki avait eu pour mission de soumettre la Déesse-Créatrice, nommée Tiamat; il n'a pas réussi car, arrivé devant elle il a reculé, terrifié, mais est tout de même parvenu à tuer son époux, Apsou, devenant ainsi lui-même le

Seigneur des Abzou (eaux primordiales). Enfin Mardouk, fils de Enki, accepte la mission à son tour, à la condition expresse qu'en cas de réussite lui soit accordée la suprématie sur toutes les divinités. Cette promesse demandée avant d'accepter une mission me fait penser à celle exigée par Indra avant le meurtre de Danou et de son fils Vrtra. Ces deux mythes ont probablement été mis par écrit vers la même période (1600-1400 avant l'ère chrétienne) bien qu'ils doivent dater de bien avant. A propos, je voudrais faire observer que le nom *Tiamat* est semblable à ceux de certaines des premières divinités mâles connues: *Tiou*, *Tyr*, *Thor*, etc. et *Mat* nous rappelle la *Maat* égyptienne, déesse représentant la vérité, l'harmonie universelle, l'ordre cosmique.

Cette légende, L' *Enouma Elish*[416], qui raconte la suprématie de Mardouk, a été considérée comme babylonienne, et donc akkadienne et sémitique. Mais des recherches récentes suggèrent que, bien que Mardouk fût connu au temps d'Hammourabi, le mythe établissant sa suprématie n'est apparu *qu'après* la conquête de Babylone par les Kassites. Saggs souligne que: "aucun des textes relatant ce mythe ne date d'avant le premier millénaire" et il a été suggéré que ce mythe n'a fait son apparition qu'à la période Kassite, c'est-à-dire une période connue pour son intense activité littéraire. Gurney quant à lui déclare que: ""Les noms des divinités indiennes sont des éléments des noms des dirigeants kassites de Babylone."[417]

Vers 2.100 avant l'ère chrétienne un roi *sumérien*, *Our Nammou*, déclara qu'il voulait établir la justice dans le pays. Il supprima les lourds impôts et taxes qui pesaient sur le peuple à cette époque, et "débarrassa le pays des *grands navigateurs* qui s'emparaient des bœufs, des moutons et des ânes" [418]. On peut penser qu'il s'agit là de ces mêmes Aryens corrompus par la vénération du dieu des tempêtes.

Après toutes ces invasions, conquêtes et anéantissement du culte de la Déesse dans la région du Tigre-Euphrate, la même chose se reproduit en Egypte sous Narmer-Ménès!

Les preuves ne manquent pas, de contacts entre l'Egypte et Sumer: d'abondants témoignages de l'influence de la culture mésopotamienne à cette époque, ont été retrouvés en Egypte. Très significative est l'apparition, dans ce pays, de sceaux cylindriques

[416] Lorsque les Cieux en-haut ... (les premiers mots du poème racontant la Création) (NdT)
[417] Gurney, O.R., *The Hittites*
[418] Jacquetta Hawkes

(invention spécifiquement mésopotamienne), et des constructions en briques, étrangères jusque là à l'Egypte, mais typiques de la culture *Jemdet Nasr* en Mésopotamie, *et* de la civilisation de l'Indus. Des objets et motifs mésopotamiens commencent à se répandre dans l'art égyptien: des barques de style mésopotamien, par exemple. Et l'idée d'écrire, bien qu'exprimée très différemment en Egypte, paraît être originaire de Mésopotamie. Des peintures trouvées dans des tombes des premières dynasties représentent un type de nasse conique quasiment identique aux nasses utilisées par les Erteböllliens du nord de l'Europe, descendants des Maglémosiens, ce qui nous permet de situer l'origine des Akkadiens dans le nord. La divinité masculine égyptienne a accompagné les envahisseurs, et a été représentée comme le soleil faisant route dans une barque!

Le Professeur Walter Emery a passé près de quarante-cinq années à fouiller les anciennes tombes et pyramides d'Egypte. A propos de l'arrivée de ces peuples, il écrit:

> Si cette pénétration s'est faite sous forme d'infiltration graduelle ou sous forme d'invasion par des hordes, cela n'est pas clair. Mais la répartition du matériel archéologique suggère fortement ... cette dernière forme... ...nous nous trouvons devant un style artistique qui pourrait être d'inspiration mésopotamienne, ou même syrienne, et une scène qui pourrait représenter un combat contre des envahisseurs venus de la mer ... [dans ces] représentations nous voyons des navires typiquement égyptiens et d'étranges vaisseaux avec une proue et une poupe élevées, incontestablement d'origine mésopotamienne..
>
> Quoi qu'il en soit, vers la fin du quatrième millénaire avant l'ère chrétienne nous voyons apparaître ceux que l'on connaît traditionnellement sous l'appellation de "Suivants d'Horus", et qui forment apparemment une aristocratie ou une race dominante régnant sur toute l'Egypte. La théorie de l'existence de cette race de seigneurs est étayée par la découverte, dans des tombes de la fin de la période pré-dynastique dans le nord de la Haute-Egypte, de restes anatomiques de gens dont le crâne est plus volumineux et les corps plus grands que ceux des natifs. La différence est si marquée qu'il n'est pas pensable que ces gens proviennent de la même souche".[419]

Les Egyptiens ont appelé ces envahisseurs "*Shemsou Hor*" ou peuple d'Horus. Et bien sûr, ils avaient apporté avec eux leur divinité masculine, *Hor-Wer* ou Grand Horus. Vers 2.900 avant l'ère chrétienne des images de ce dieu solaire montrent celui-ci voyageant dans sa "barque du ciel".

---

[419] Cité par Stone, 1976

On peut se demander si un brillant OVNI sortant des eaux aurait pu être considéré par les gens de l'époque comme une barque (une barque vogue sur l'eau) volant dans les airs et ressemblant au soleil!! Nous retrouvons sans cesse cette image ou juxtaposition d'images.

Selon le Professeur Emery, le nom du premier roi de la Première Dynastie, *Narmer* ou *Ménès* dans l'Histoire écrite par Manéthon en 270 avant l'ère chrétienne, aurait pu en fait être *Hor-Aha*. Par la suite, *Hor* semble avoir été incorporé dans la religion ancienne de la Déesse comme "le fils qui meurt". Ceci a provoqué énormément de confusion entre les deux "*Hor*": *Horus l'Ancien*, dieu de la lumière apporté par les envahisseurs; et *Horus le Jeune*, fils de la déesse Isis.

Plus tard, Hor a été transformé en Horus par les Grecs, qui le représentent en combat rituel avec une autre divinité mâle nommée Seth. Seth est censé être son oncle, le frère de sa mère Isis et le père d'Osiris. Le combat devait symboliser la conquête des ténèbres (Seth) par la lumière (Hor).

En Sanskrit le mot *'sat'* signifie *détruire en taillant en pièces*. Dans le mythe d'Osiris, c'est Seth qui tue Osiris et découpe son corps en quatorze morceaux. Mais le mot "set" signifie aussi en égyptien "reine" ou "princesse"! L' "*Au Set*" connue sous le nom d'Isis par les Grecs signifie " super-reine"“

Dans le mythe de ce combat rituel, Seth tente de s'accoupler sexuellement à Horus, ce qui est généralement interprété comme l'insulte suprême. Mais l'identité la plus primitive du personnage de Seth, avant que les traits ondulés de l'eau ou d'énergie ne soient devenus des serpents, pourrait bien être la religion de la Déesse, et ce combat, à mettre en parallèle avec le combat de Mardouk et Tiamat, pourrait avoir représenté l'anéantissement de la religion de la déesse. Naturellement, les envahisseurs conquérants doivent s'être présentés comme des "sauveurs" et avoir prétendu que leur victoire était celle de la "lumière" sur les "ténèbres!

Il en a toujours été ainsi.

Quoi qu'il en soit, les successeurs de Hor ont établi l'institution de la royauté en Egypte. Et à nouveau, épouser la représentante de la Déesse afin de lui "voler sa puissance" était très important pour établir la suprématie d'une royauté mâle: un exemple de cela est le mariage de Salomon avec une princesse égyptienne. Et il nous semble justifié de comparer le nom de "Hor" avec celui des "*Hourriens*" ou "*Horites*" venus d'Inde en Sumérie.

Vers l'époque de la Deuxième Dynastie, la ville d'Héliopolis (connue des Egyptiens sous le nom de "*Annou*"!), ...est devenue un centre d'étude pour les prêtres-scribes qui vénéraient également un dieu solaire voyageant dans une barque. Dans cette ville, ils lui ont donné le nom de *Râ*. En sanskrit, "*Ra*" signifie royal ou exalté en-haut". Ce préfixe se trouve dans le mot sanskrit signifiant "roi": "*raja*" et la reine est "*rani*". Il subsiste dans le mot allemand "*ragen*" (avancer, dépasser), dans le mot français "*roi*", et dans les mots anglais "royal", "reign" et "regal".

Dans les Textes des Pyramides de la Cinquième Dynastie, Horus est l'égál de Râ. Horus et Râ ont des liens étroits (et s'affrontent parfois) avec le droit au trône. En tant que *Râ-Horakhty*, Râ est *Horus sur l'horizon*, les deux termes signifiant "le Soleil à son lever". Râ est aussi le Soleil qui parcourt les cieux dans sa barque sacrée. Et je repose la question: pourquoi une barque dans les cieux?

La barque de Râ était censée avoir surgi des eaux primordiales, tout comme Enki parcourait les eaux profondes de l'Abzou d'Eridou, ou comme le dieu indo-aryen surgi des eaux cosmiques. Et comme dans le mythe hittite indo-inca du dieu solaire qui émerge de l'eau avec un poisson sur la tête, ainsi Râ émerge de l'eau tous les matins.

Puisque le nom d'Horus était associé à la religion de la Déesse en tant que fils d'Isis, les prêtres de Memphis ont proposé un autre concept du grand dieu-le-père. Cette fois, son nom était *Ptah*, curieusement ressemblant au sanskrit "*Pitar*" (père). Les textes le concernant décrivent la création de toute existence et affirment que Ptah est apparu en premier. Cette fois, nous sommes informés que c'est par une masturbation que Ptah a fait naître tous les autres dieux, éliminant ainsi toute nécessité d'une Mère divine!"

Cette d'idée d'un dieu se masturbant n'est pas neuve. L'un des dieux sumériens, Enki, est également censé s'être masturbé pour faire couler le Tigre et l'Euphrate!

Et en dépit des vagues successives de conquête par les Indo-Incas qui ont apporté avec eux leurs dieux voyageant dans des barques brillantes dans les cieux, la religion de la Déesse survivait toujours. Ce fait pourrait indiquer la présence d'un autre groupe oeuvrant dans l'ombre pour préserver les anciennes vérités, face à une opposition accablante. Les nouveaux dieux masculins ont été assimilés et synthétisés, ce qui a créé un incroyable mic-mac de dieux et déesses.

Sachant à présent que le culte de la Déesse a violemment été renversé par les envahisseurs indo-incas descendants des adorateurs incas du Soleil, dont l'objectif était de prévenir une nouvelle "fin du monde" par le sacrifice d'un nombre immense d'êtres humains, nous comprenons mieux, les transitions et inversions qui se sont produites dans nos mythes et légendes, ainsi que dans notre concept du temps. Et grâce à cette compréhension, il nous est loisible de suivre une série plus ouverte et raisonnable de spéculations relatives à la fin du monde et à toutes les prophéties qui s'y rapportent.

Tout comme il y a eu un âge de ténèbres lors de la mise en place de l'Ancien Testament, période pendant laquelle le judaïsme monothéiste a été imposé avec violence aux Cananéens (et seul l'Ancien Testament lui-même atteste de sa validité), nous voyons de même survenir un âge de ténèbres, enveloppant le développement et la codification du Nouveau Testament qui impose le christianisme monothéiste au monde occidental et l'Islam à ceux qui ne se sentent pas concernés par cette religion-là.

Vous ne trouvez pas cela curieux?

LA FIN DES TEMPS

Le Dieu des Juifs est une personnalité supposée intervenir en permanence dans l'Histoire et qui révèle sa volonté par des événements. Les faits historiques ont ainsi acquis une valeur religieuse du fait qu'ils ont été considérés comme des situations spécifiques concernant le dieu et l'homme, et c'est ainsi que l'Histoire est devenue une épiphanie de dieu. Ce concept a été repris et encore magnifié par le christianisme. Nous pouvons y apercevoir les germes des mythes originaux, mais nous y apercevons également les déformations majeures.

Dans le monothéisme, *chaque événement est expressément défini dans un temps* - un temps bien précis et pas un autre – qui n'est pas réversible. C'est un événement historique doté de poids et d'une valeur intrinsèque, en tant que tel. Et ce poids pèse sur les épaules de l'humanité, individuellement et collectivement.

Dans la ramification chrétienne du judaïsme, l'espoir messianique, la victoire sur les forces des ténèbres, est indéfiniment projeté dans le futur, et ne se produira *qu'une seule fois*, dans un temps linéaire. En outre, il n'y a qu'*une* seule personne qui peut faire la conquête des ténèbres, et le seul espoir pour l'homme, réside dans l'abandon de sa volonté à celui qui a été crucifié et est ressuscité pour symboliser sa vérité, même s'il n'a rien fait pour changer l'état du monde en temps *réel*. Quand le Messie reviendra (peu importe qu'il soit censé être déjà venu sans qu'on ait pu constater une amélioration générale des conditions), le monde sera sauvé une fois pour toutes, et l'Histoire cessera d'exister -ainsi que la majeure partie de l'humanité d'ailleurs, sans parler "d'un tiers des anges", etc.

Cette idée d'un temps linéaire, irréversible, a été imposée à l'humanité par la violence et l'exclusion, pour servir de base à une philosophie de l'Histoire que le christianisme, à partir de Saint Augustin, s'est efforcé de construire.

Au cas où vous ne réaliseriez pas ce qui s'est vraiment produit, je vous donne quelques éclaircissements. Le concept d'un temps linéaire donne de l'importance au futur en tant que *fin* de tout. Fini, il n'y a plus rien. En outre, l'arbitre de ce futur est *un* dieu qui, pourrais-je ajouter, constitue sa propre sécurité, car il a pris la précaution d'annoncer dès le début qu'*Il* est le *seul* dieu. Ce dieu unique possède un groupe de serviteurs triés sur le volet, qui sera préservé à l'inverse de tous les autres d'une certaine façon, à condition qu'ils lui obéissent; ils seront anéantis s'ils lui désobéissent. Mais bien sûr le "libre arbitre permet de choisir si cela doit être cru ou non". Moi je trouve que ce n'est pas un choix. Cela ressemble furieusement à un ultimatum.

Nous subodorons qu'il y a anguille sous roche: le concept du temps linéaire pourrrait avoir été introduit en tant que *raison d'être*[420] de l'introduction du monothéisme.

Notre monde moderne est basé principalement sur le temps linéaire. Dès lors, la *raison d'être* peut être entrevue par ceux qui m'ont suivie jusqu'ici: ce temps linéaire est une arme suprême utilisée contre l'esprit de l'homme dans un but de contrôle et de domination! Le monothéisme est un mythe établissant la puissance d'une identité particulière, comme une antithèse, contre une autre; en fait, contre toutes les autres! La Crème de la crème!

Revenons-en au fait que la majorité de l'Ancien Testament est la chronique d'un génocide et d'horribles sacrifices humains et animaux. Dans le Nouveau Testament nous voyons que le travail d'un homme remarquable ayant vécu au Moyen-Orient il y a deux mille ans, dont les enseignements ont donné naissance au christianisme, a été remplacé par une "histoire" basée sur un rituel de sacrifice humain, qui était déjà une corruption très ancienne: l'omniprésent culte du soleil/de la fertilité. Pratiquement au moment où cela s'est fait, le judaïsme a refait surface, les Cathares ont été anéantis, et les Croisades ont commencé à se mettre à la recherche d'un objet curieux se trouvant en "Terre Sainte".

Curieux, n'est-il pas?

---

[420] En français dans le texte

Il est clair que le concept du sacrifice sanglant est passé dans le christianisme de cette façon barbare. Et c'est en fait le cœur du christianisme tel qu'il est compris de nos jours par les chrétiens. Cependant, le fait d'avoir fait du Christ "Celui qui a expié une fois pour toutes et pour tous" a eu des conséquences inattendues. Avec un tel événement pour "exemple", il a été facile de manipuler les foules de manière à stimuler le sacrifice de soi volontairement accompli; c'est ainsi qu'en sont venus à être regardés comme "normaux" les croisades, les interminables guerres et les génocides perpétrés par des peuples dits "civilisés".

Diablement intelligent! Si vous voulez mon avis...

Il semble qu'il existe un groupe, depuis la période de l'Age Sombre, et que ce groupe est en fait le "nouveau véhicule" de machinations machiavéliques de ces créatures qui pourraient aussi être les *Elohim* qui ont à l'origine "rassemblé" les peuples sémites afin de les utiliser de diverses manières, y compris la création d'une "armée" permettant des manipulations hyperdimensionnelles dans le but apparent de diviser et soumettre l'humanité.

En décembre 1994, Les Cassiopéens nous ont fait parvenir une série crépitante de commentaires bizarres. C'est seulement en y repensant par la suite, et en considérant les attaques contre le World Trade Center le 11 septembre 2001 et tous les événements climatiques et géologiques survenus depuis, que nous sommes parvenus à comprendre qu'il s'agissait là très probablement d'une série "d'événements marquants" dont il nous fallait tenir compte dans le cadre de la mise en oeuvre du plan de "Fin des Temps" mis sur pied par ces êtres hyperdimensionnels que nous appelons les Seigneurs de l'Entropie. Mais que ces événements n'aient été que "possibles" et/ou "probables", cela apparaît clairement dans d'autres remarques faites par les Cassiopéens à propos des prédictions en général.

Les forces à l'œuvre ici sont bien trop malignes pour être exactement anticipées si aisément. On ne sait jamais quelles déformations et quels tours vont suivre; elles sont au courant des modèles prophétiques et philosophiques, et changent brusquement d'orientation pour tromper et décourager ceux qui croient en des futurs fixés à l'avance".

En gardant cela à l'idée, examinons la série de "points de repère":

Explosion Ukraine; chimique ou nucléaire.

Hawaii: crash avion; probablement impliquant armée

Encore des activités sismiques en Californie après 1er de l'an: San Diego, San Bernardino, North Bakersfield, Barstow: tous des points fractaux. Hollister, Palo Alto, Imperial, Ukiah, Eureka, Point Mendocino, Monterrey, au large de San Luis Obispo, Capistrano, Carmel: tous importants points de fracture en séquence. "Temps" est indéfini. S'attendre à la détérioration graduelle de l'économie de la Californie, due à l'exode massif des gens. Aussi, Shasta entre en éruption; Lassen en activité. Fond de l'océan commence à s'affaisser.

Reine Elizabeth maladie sérieuse, en rapport avec sang.

Princesse Diana: tentative de suicide.

Explosions de gaz cet hiver dans NE USA, Texas et autres.

Supernova et météo inhabituelle partout.

Memphis secouée.

Scandale bancaire à Minnéapolis en rapport avec mystérieuse Alliance Nordique.

Révélation rendez-vous sexuels Evangéliques.

De l'or découvert en Californie après un des tremblements de terre.

Spectaculaire augmentation des OVNIs et affluence à Gulf Breeze, devient littéralement une "Mecque" .

Laura constate encore beaucoup plus d'activités OVNI.

Grande vague d'OVNIs. Toutes sortes et origines.

De nombreux "aliens" vont apparaître, et nous aussi serons visibles.

Tout le monde doit prendre conscience de cela. Cela est en train de se produire. Tous les gens vont jouer des rôles différents, selon leurs fréquences individuelles. C'est seulement le début.

Le point n°5: "suicide de la Princesse Diana" est un point de repère intéressant, car il n'était manifestement qu'un "futur probable" en 1994. Trois ans plus tard, d'autres événements se sont produits pour la diriger vers une autre destinée, mais la mort était toujours au rendez-vous. En un certain sens, ses rapports avec Dodi Al Fayed auraient pu être considérés comme "suicidaires". Et quand nous considérons les choses sous cet aspect, et d'un point de conscience plus élevé, les actes de Dodi ont également été "suicidaires". Et donc, ce qui a d'abord été "lu" comme une tentative de suicide, est devenu un fait. Beaucoup prétendent que Diana et Dodi ont été assassinés. En un sens, cela peut être vrai. Mais dans ce cas, ce sont encore une fois leurs propres actions qui les ont rendus vulnérables.

Pour en revenir au "groupe" qui se trouve derrière les machinations de l'Histoire, nous ne devons pas oublier l'expression "cinquième colonne". *"C'est une invention de la guerre psychologique des nationalistes espagnols quand, en 1936, ils convergeaient en quatre colonnes vers Madrid, la capitale républicaine. Leur radio annonçait que leur "cinquième colonne" était déjà sur place; ce qui désorganisa la défense en faisant régner la suspicion. Cette expression est tout de suite devenue le synonyme d'une armée secrètement infiltrée et sabotant les arrières.* ("dictionnaire des cibles" – site de Maurice Gelbard)

Certains "spécialistes de l'ésotérisme", disent que les Juifs et les Allemands ont conspiré contre l'Eglise catholique au IXe Siècle, formant un groupe d'élite qui s'adonnait à "d'écoeurants rituels sacrificiels". Quand j'ai lu cela pour la première fois, ma première réaction a été de renifler avec dégoût et de déclarer que c'étaient des idioties. Je suis très sensible à tout ce qui est anti-sémite. Mais après avoir étudié l'histoire de la création dans la Bible et avoir remis les éléments ensemble, j'ai conclu que cette affirmation n'était pas si biscornue, sauf qu'il ne s'agissait probablement pas de Juifs mais bien "d'occultistes" qui tiraient les ficelles. Quand je dis "occulte", je ne veux pas nécessairement dire "magie noire" ou autres choses du genre, bien que cela ne puisse pas être exclu. En général, quand des choses telles que l'occultisme sont ajoutées au mélange on découvre habituellement, après une analyse méticuleuse, la présence et l'activité d'êtres hyperdimensionnels déguisés en "anges" ou "démons", et tout ce qu'il y a entre les deux...

Quasiment tous les "experts-ésotéristes", après des années et des années de recherche et d'étude, en sont venus à la conclusion qu'il existe une sorte de conspiration de grande ampleur qui "met en scène le spectacle" sur la planète Terre depuis très longtemps. Le problème est qu'il y a un nombre incalculable de conclusions quant à "qui doit venir en premier" dans ce jeu trans-millénaire, multinational. Ce qui fait agiter les fanions rouges, cependant, c'est que pratiquement *toutes* les conclusions sont étayées par des *rames entières* de preuves. Et simultanément, il y a des efforts concertés de la part de la "culture officielle" pour persuader tout un chacun que les théories de "conspiration" sont des signes d'instabilité mentale.

Il y a, en hypnose, un fait peu connu illustré par l'histoire suivante:

Un sujet avait été averti alors qu'il était sous hypnose, que lorsqu'il s'éveillerait il serait incapable d'apercevoir un troisième homme qui se trouvait dans la pièce, car cet homme serait devenu invisible. Toutes les suggestions adéquates furent faites pour faire avérer cette circonstance: "vous ne verrez pas untel", etc. quand le sujet s'éveilla, ô surprise les suggestions n'ont pas fonctionné.

Pourquoi? Parce qu'elles allaient à l'encontre des convictions du sujet: il ne croyait pas qu'une personne puisse devenir invisible.

Dès lors, un autre essai fut mis au point. Le sujet fut hypnotisé à nouveau et il lui fut dit que le troisième homme allait quitter la pièce... qu'il avait été appelé à l'extérieur pour une affaire urgente, et la scène de cet homme reprenant son manteau et son chapeau fut décrite avec force détails et sons appropriés: la porte fut ouverte et fermée, etc., puis le sujet sut sorti de transe.

Devinez ce qui est arrivé.

Il a été incapable de *voir* le troisième homme.

Pourquoi? Parce que ses perceptions avaient été modifiées selon ses propres convictions. Certains "censeurs" ont été activés dans son cerveau de manière acceptable pour son "ego de survie".

La survie de l'ego s'établit très tôt dans la petite enfance par notre programmation parentale et sociétale de ce qui est et n'est pas possible, de ce qu'il est permis de croire afin d'être accepté. Nous apprenons cela d'abord en apprenant ce qui plaît à nos parents, et par la suite nous modifions nos convictions sur base de ce qu'il plaît à notre société (nos pairs) de croire.

Pour en revenir à notre petite histoire, le troisième homme dans la pièce se mit à déplacer des objets dans la pièce, les soulevant, les déposant, afin de vérifier si le sujet avait conscience de sa présence. Le sujet devint pratiquement hystérique en constatant ces activités anormales! Il pouvait voir les objets se déplacer dans les airs, il pouvait voir la porte s'ouvrir et se fermer, mais il ne pouvait pas voir la source de ces mouvements car il ne croyait pas à la présence d'un troisième homme dans la pièce. Quelles sont donc les implications de ce facteur de conscience humaine? (à propos, ceci est aussi la raison de l'échec de la plupart des thérapies destinées à mettre fin à de mauvaises habitudes: elles tentent d'opérer à l'encontre d'un système de convictions" qui est imprimé dans le subconscient, selon lequel cette habitude-ci ou celle-là est essentielle à la survie du sujet).

Une des premières choses que nous pouvons observer est que chacun possède un ensemble différent de convictions, basées sur ses propres conditionnements sociaux et familiaux, et que ces convictions déterminent le volume de réalité objective que chacun est prêt à accepter.

Les réalités objectives, subjectives, etc., sont un sujet très sensible pour les scientifiques, et en particulier pour les physiciens, de sorte que je ne veux pas m'embourber ici pour le moment. Qu'il me suffise de dire que des années passées à travailler sur le mental de toutes sortes de personnes m'ont appris que les humains ne perçoivent pratiquement jamais la réalité telle qu'elle est vraiment.

Dans la petite histoire ci-dessus, la réalité objective est ce qu'elle est, soit vraiment objective, soit seulement une réalité de consensus. Et cependant, dans cette histoire une grande partie de cette réalité est clairement inaccessible au "sujet", à cause d'un censeur de perception qui a été activé par les suggestions de l'hypnotiseur. C'est-à-dire que le sujet a une profonde conviction basée sur son choix de qui ou quoi il veut croire. Dans ce cas-ci il a choisi de croire l'hypnotiseur et non pas ce qu'il aurait été capable d'observer si aucun censeur de perception n'avait été placé par l'hypnotiseur.

Et c'est ainsi pour pratiquement tous les êtres humains: nous croyons l'hypnotiseur (la "culture officielle") et nous sommes capables, avec une adresse qui frise le surnaturel, de refuser de voir ce qui se trouve juste devant notre nez. Dans le cas du sujet hypnotisé, il est entièrement à la merci de "l'homme invisible" parce qu'il a choisi de ne pas le voir. Il en va de même dans notre vraie réalité vis-à-vis des réalités hyperdimensionnelles.

Admettons-le: nous avons appris à éviter toutes les réalités inconfortables. Les humains placés devant des vérités déplaisantes à leur propre sujet au sujet de leur réalité, réagissent comme des alcooliques qui refusent d'admettre leur condition, ou comme le mari trompé qui est "le dernier à savoir", ou comme l'épouse qui ne remarque pas que son mari abuse de leur fille.

Dans *States of Denial: Knowing about Atrocities and Suffering* [421], Stanley Cohen traite du sujet du déni, qui peut jeter une certaine clarté sur le contexte dans lequel j'ai émis des spéculations sur les réalités hyperdimensionnelles. Je ne suis pas surprise de l'état de déni des scientifiques et de ceux qui seraient le mieux à même se voir ce qui se passe réellement dans notre monde. C'est la norme culturelle. Je ne suis pas surprise de la projection de cet inconfort sur des "théoriciens de la conspiration".

Le déni est un "mécanisme complexe de défense permettant de vivre avec la culpabilité, l'anxiété et autres émotions perturbantes déclenchées par la réalité". Le déni peut être délibéré et intentionnel, ou bien complètement subconscient. Un individu qui nie quelque chose délibérément et intentionnellement exprime un mensonge. Je ne pense pas qu'il s'agisse de cela dans le déni des "théories de conspiration". Ce dont nous parlons ici c'est d'un déni subconscient, organisé et "institutionnel". Cela implique de la propagande, de la mésinformation, du blanchiment, de la manipulation, des effets, de la désinformation, etc.

---

[421] Etats de Déni: Savoir ce que sont les atrocités et la souffrance (NdT)

Croire tout ce qu'on veut nous faire avaler n'est pas l'opposé du déni. Reconnaître la probabilité d'un niveau élevé de vérité à propos d'une matière donnée est ce qui devrait se produire quand les gens sont activement stimulés par certaines informations. Ces informations peuvent être:

Des vérités factuelles ou légales, c'est-à-dire des informations légales ou scientifiques qui sont factuelles, exactes et objectives. Elles s'obtiennent par des procédures impartiales;

Des vérités personnellement et narratives.

Il faudrait ajouter ici que le scepticisme et les arguments solipsistes (y compris le relativisme épistemologique) à propos de l'existence d'une vérité objective, sont en général des constructions sociales et peuvent être considérés dans la perspective de l'homme hypnotisé qui a été programmé pour penser “qu'il n'y a pas de vérité”.

Il y a déni pour des tas de raisons. Il y a des vérités qui sont “clairement connues” mais sont cachées pour des raisons personnelles ou politiques, justifiables ou injustifiables; ou bien il est tacitement décidé qu'elles ne seront pas reconnues “à haute voix”. Il y a des vérités déplaisantes et des vérités fatigantes parce que, si nous les reconnaissons, si nous faisons plus que les reconnaître tacitement, alors nous verrons qu'il est nécessaire de changer notre façon de vivre.

Cohen souligne que “toutes les contre-affirmations à propos de la réalité déniée ne sont en fait que des manœuvres dans un jeu de la vérité qui n'aurait pas de fin. Et la vérité telle que nous la connaissons, est inséparable du pouvoir”.

Le déni de la vérité c'est, en effet, renoncer à son pouvoir.

Il y a diverses sortes de déni. D'abord il y a le déni littéral, celui de la définition donnée dans le dictionnaire, l'affirmation que quelque chose ne s'est pas produit ou n'existe pas. C'est ce qui se produit le plus souvent dans des situations pénibles où il y a des conflits amoureux: l'épouse voudrait dire que le mari n'a pas pu abuser leur fille, et donc l'enfant doit “raconter une histoire”; ou bien il s'agit de quelque chose de très traumatisant ou qui menace la sécurité. Ceci semble aussi s'appliquer au déni par l'Etat dans notre réalité manipulée. Notre amour pour nos parents, notre besoin de leur approbation, est souvent transféré sur nos pairs, nos employeurs et l'Etat. Penser à quitter le système de croyances dans lequel nous avons été élevés est trop effrayant. Cela agresse notre sens profond de la sécurité.

La deuxième sorte de déni est “interprétative”. Dans cette sorte de déni, les faits qui se sont produits ne sont pas niés, ils sont seulement "interprétés". Si une personne est raisonnablement intelligente et est placée devant l'évidence d'un phénomène qui ne s'adapte pas au système de croyances de sa famille, de sa culture ou de son groupe de pairs, il n'est pas possible de faire autre chose qu'interpréter, rationaliser. Les "gaz des marais" et la "planète Vénus" en guise d'explication de visions d'OVNIs sont de bons exemples. Autre exemple: L'interprétation donnée par Bill Clinton affirmant qu'il 'n'a pas inhalé" quand il a fumé de la marijuana. Et puis la fameuse interprétation: "je n'ai pas eu de relations sexuelles avec Monica".

La troisième sorte de déni est définie par Cohen comme le déni implicatif, où il n'y a aucune tentative de dénier les faits ni leur interprétation conventionnelle: ce qui est en fait nié ce sont les implications psychologiques, politiques et morales qui doivent suivre la complète reconnaissance. Par exemple, l'idée que l'Amérique est dirigée par un fou qui a des vues sur la planète tout entière, ou bien que les Sionistes sont manifestement derrière ces activités, cela est reconnu comme des faits, mais n'est pas considéré comme psychologiquement dérangeant ni porteur d'une nécessité impérative d'agir.

Cohen décrit cinq différents contextes de déni psychologique:

perception sans conscience

défense perceptuelle

attention sélective

erreurs cognitives

échecs déductifs

Sa conclusion est que:

Le discours scientifique ne tient pas compte du fait que la faculté de nier est un étonnant phénomène humain [...] un produit de pure complexité de notre vie émotionnelle, linguistique, morale et intellectuelle.

L'implication profonde du refus des théories de conspiration met plus mal à l'aise: le *réel* progrès de la science serait empêché par un système qui servirait à exclure toute pensée innovante -et la science réelle- par l'intermédiaire d'un réseau étendu où:

> Trop de recherches sont placées dans des domaines "sécurisés" et ne produisent que des articles. La vérité est que pour gagner leur vie, les physiciens doivent produire des articles, doivent être "cités"; et donc, ils se citent les uns les autres: les collègues citent leurs collègues et produisent des étudiants qui citent leurs maîtres, après quoi ils deviennent eux-mêmes des maîtres qui se citent les uns les autres, et produisent des diplômés qui les citent, en un cycle sans fin instauré dans les tours d'ivoire.

> Et ceci ne vaut pas que pour la physique. Tant s'en faut! Cela est également vrai pour d'autres domaines d'études. Mais en physique les résultats sont vraiment mauvais: il n'y a eu aucun progrès apparent de notre compréhension de la Nature depuis soixante-dix longues années... et la Nature doit vraiment être comprise, parce que les choses commencent à nous échapper dans le monde "réel".
>
> Ne me comprenez pas mal: il y a de nombreux BONS physiciens, d'authentiques experts, mais en général ils ne font pas la une des livres ni des journaux car ils sont tellement occupés à essayer de comprendre ce qui se passe, qu'il leur reste peu de temps pour jouer aux jeux politiques qui leur donnent des situations confortables dans les "écuries" de physique dirigées par des "big bosses" qui sont des interfaces avec les "pourvoyeurs de fonds" officiels. Et il semble qu'approcher de la Vérité de notre réalité est bien la dernière chose que les pourvoyeurs de fonds veulent voir se produire dans les saints des saints académiques.[422]

La science fonctionne sur le financement, comme toutes les autres choses. Nous connaissons personnellement de nombreux excellents scientifiques qui triment dans des petits cagibis surchauffés, qui sont sous-payés et surchargés de travail, et qui n'utilisent jamais leurs potentiels à fond. Pourquoi le feraient-ils? Cela leur permet tout juste de vivre, d'espérer qu'un jour ils auront un peu de temps pour respirer, pour travailler sur leurs propres idées, pour faire de vrais progrès scientifiques. Il y a aussi des amateurs talentueux: ceux qui travaillent dans des domaines scientifiques juste pour le plaisir, et qui sont exclus du "réseau des bons anciens élèves" parce que la politique n'est pas leur tasse de thé et qu'ils ne veulent pas vendre leur âme.

Enfin, il y a les maîtres citant les maîtres (simplement parce qu'ils sont capables de le faire) parce qu'ils s'admirent eux-mêmes ainsi que leur "statut de maître". Et beaucoup d'entre eux savent quels maîtres il est utile de citer, et comment les citer de manière à obtenir un maximum de fonds pour un minimum de travail, tout en étant considéré comme "grand maître".

C'est ainsi dans toutes les professions. La physique n'est pas différente.

Mais ça, c'est l'explication de la "culture officielle". Nous pouvons dormir sur nos deux oreilles grâce à cette explication.

Le fait est que la science est régie par l'argent. La plupart des scientifiques doivent se plier à ces procédures pour obtenir de l'argent. Il n'y a rien de très extraordinaire à ce propos, puisque

---

[422] Jadczyk, Arkadiusz, *Physic and the Mysterious*, 1997, www.cassiopaea.org.

c'est une règle générale. Si le travail que l'on fournit n'est pas payé on meurt de faim, et alors on ne produit plus de travail du tout. Oui, c'est simpliste, mais c'est pertinent.

La question est: c'est quoi qui est financé? Qui sont les décideurs? Quel est le contexte dans lequel *toute* science fonctionne?

Restez avec moi encore un moment et appliquons un peu de logique au problème.

La première chose qu'ils faut nous demander c'est pourquoi le mot "conspiration" provoque en nous une si forte réaction: personne ne veut recevoir l'étiquette de "théoricien de la conspiration". Cela n'est tout simplement pas "acceptable". C'est "inscientifique" ou bien c'est la preuve d'une instabilité mentale. N'ai-je pas raison?

En fait, je parie même que la seule lecture du mot produit certaines réactions physiologiques: une légère accélération du pouls, et peut-être un regard furtif autour de vous pour vous assurer que personne ne regarde pendant que vous lisez le mot silencieusement.

Vous êtes-vous jamais demandé *pourquoi* ce mot provoque une réaction émotionnelle instantanée? Vous êtes-vous jamais demandé pourquoi il provoque une forte réaction de "recul"? Après tout, c'est seulement un mot. Il ne fait que décrire l'idée de personnes "haut placées" qui pensent et font des choses et manipulent d'autres personnes afin de produire des bénéfices pour elles-mêmes, ce qui est généralement accepté comme allant de soi. Pas vrai?

Richard Dolan a écrit au sujet de la "conspiration":

> Certains rejetteront ceci dans l'idée qu'il ne s'agit que d'une des nombreuses théories de conspiration qui parsèment le paysage américain. L'étiquette-même provoque le rejet automatique, comme si personne n'agissait jamais en secret. Donnons un peu de perspective et de sens commun à ce problème.
>
> Les Etats-Unis comptent de vastes organisations: des corporations, des bureaucraties, des "groupements d'intérêts", etc., dont la nature est de conspirer. C'est-à-dire que ces organisations sont hiérarchisées et leurs décisions importantes sont prises en secret par quelques décideurs qui ne dédaignent pas de mentir à propos de leurs activités. C'est la nature du comportement organisationnel. La "conspiration", dans ce sens clé, est un style de vie qui a cours sur le globe tout entier.
>
> Au sein de l'appareil mondial militaire et du Renseignement, cette tendance est portée à son paroxysme. Pendant les années 1940, [...] les militaires et les scientifiques ont mis au point les armes les plus terribles au monde, et ce dans le plus grand secret [...]

Tous ceux qui ont vécu dans une société répressive savent que la manipulation de la vérité est une activité quotidienne. Mais les sociétés ont leurs majorités et leurs minorités. De tous temps et en tout lieu ce sont des minorités qui commandent, ce sont des minorités qui exercent une influence dominante sur ce que nous pourrions appeler la culture officielle. Toutes les élites prennent le soin de manipuler l'information du public afin de maintenir en place les structures du pouvoir. C'est un jeu très ancien.

De nom, l'Amérique est une république et une société libre, mais en réalité c'est un empire et une oligarchie, vaguement consciente de sa propre oppression de l'intérieur et de l'extérieur. J'ai utilisé le terme de "Etat de sécurité nationale" pour décrire ses structures de pouvoir. C'est un moyen commode d'exprimer les communautés militaires et du renseignement ainsi que les mondes qui s'en nourrissent, comme les sous-traitants de la défense et autres entités souterraines et nébuleuses. Ses traits fondamentaux sont le secret, la richesse, l'indépendance, le pouvoir, et la duplicité.

Pratiquement toutes les activités importantes entreprises ces cinquante dernières années par les communautés militaire et du Renseignement se sont déroulées dans le secret. L'entreprise de construction de l'arme atomique, mieux connue sous le nom de Projet Manhattan, reste le modèle le plus important pour toutes les activités subséquentes. Pendant plus de deux ans, aucun membre du Congrès n'en a eu vent, bien que le coût final en ait dépassé les deux milliards de dollars.

Pendant et après la Deuxième Guerre Mondiale, d'autres projets importants comme le développement d'armes biologiques, l'importation de scientifiques nazis, des expériences de contrôle total du mental, l'interception à l'échelle nationale de toutes les transmissions de courrier électronique et par câble d'une populace ignorante, l'infiltration des médias et des universités, des coups d'état secrets, des guerres secrètes, et des assassinats, tout cela s'est produit à l'insu non seulement du public américain, mais aussi à l'insu de la plupart des membres du Congrès et de quelques Présidents. En fait, plusieurs agences de renseignement, parmi les plus puissantes, ont été crées dans le plus grand secret, et sont restées inconnues du public et du Congrès pendant de nombreuses années.

Depuis les années 1940 l' "Establishment" de la Défense et du Renseignement américains a eu à sa disposition plus d'argent que n'en ont bien des nations. A côté des dollars officiels, d'innombrables financementsn'ont laissé aucune trace. Dès ses débuts, la CIA a été engagée dans bon nombre d'activités "commerciales non -officielles" qui ont généré d'énormes liquidités. Les connexions de la CIA avec le crime organisé (et donc *de facto* avec le trafic international des stupéfiants) sont bien établies et prouvées depuis des années. La plupart des fonds destinés à la gestion du Renseignement américain proviennent de familles américaines très riches et de bonne souche, qui depuis longtemps financent d'importances opérations de sécurité nationale dans leur propre intérêt.

En théorie, la supervision civile est au-dessus de "l'Establishment" de la sécurité nationale américaine. Le Président est le commandant-en-chef des armées. Le Congrès est au-dessus de la CIA. Le FBI est subordonné au Ministère de la Justice. En pratique, tout cela est peu appliqué. Une des raisons en est le secret. [...]

Un exemple qui fait froid dans le dos, de cette indépendance, est ce qui s'est produit au cours des années 1950, lorsque le Président Eisenhower a perdu le contrôle effectif de l'arsenal nucléaire des Etats-Unis d'Amérique. La situation s'est tellement détériorée que pendant ses deux dernières années de mandat, Eisenhower a demandé à plusieurs reprises une audience avec le *Strategic Air Command*, afin de savoir quel était le plan américain de représailles nucléaires. Ce qu'il a fini par apprendre en 1960, pendant sa dernière année de mandat, l'a horrifié: la moité de l'hémisphère nord serait anéanti.

Si un héros militaire aussi révéré que Eisenhower n'a pas pu avoir accès au contrôle de l'arsenal nucléaire américain, s'il a été incapable d'obtenir une réponse franche du Pentagone, alors comment des Présidents comme Truman, Kennedy, Johnson ou Nixon auraient-ils pu le faire?

Le secret, la richesse et l'indépendance ajoutent au pouvoir. Au fil des ans, l'état de sécurité nationale est parvenu à accéder aux technologies les plus sophistiquées cachées au plus profond de millions d'hectares de terrain, loin des yeux et des oreilles indiscrets, a acquis la faculté d'espionner aussi bien à l'intérieur qu'à l'extérieur de ses frontières, a mené des actions publiquement ou clandestinement contre d'autres nations, et a entrepris des guerres loin de la trop grande curiosité des médias. A l'échelon domestique, il exerce son influence sur les élus gouvernementaux et provinciaux (y compris les scientifiques, les universités, etc.) qui attendent de la Défense des milliards de dollars.

La ruse est l'élément-clé de la guerre, et quand la victoire est tout ce qui compte, la morale conventionnelle des gens ordinaires devient une charge. Les exemples de duplicité officielle incluent des morceaux de choix tels que le faux état de guerre de 1948, la fausse brèche faite par un missile fabriquée par l'Armée de l'Air

> dans les années 1950, les événements soigneusement gérés qui ont débouché sur la résolution du Golfe du Tonkin ...[...]
>
> Le secret provient d'un élément répandu et fondamental de la vie dans notre monde: ceux qui sont en haut du tas feront toujours tout ce qu'ils peuvent pour y rester.
>
> Des sceptiques demandent souvent: "pensez-vous vraiment que le gouvernement parviendrait à cacher quelque chose de tel pendant si longtemps?". La question elle-même reflète l'ignorance de la réalité, à savoir que le secret est un style de vie dans l'Etat de Sécurité Nationale. Mais en fait, la réponse est "oui et non".
>
> Oui, en ce sens que les dissimulations sont monnaie courante, le public les ignore pendant des dizaines d'années, et elles ne deviennent connues que parce que les dés ont roulé. Non, parce que de l'information "filtre" dès le début. Il est impossible de sceller le couvercle. La clé du succès est alors la neutralisation et le discrédit jeté sur les informations mal venues, parfois par des démentis officiels, parfois par des "hommes de paille" dans les médias.
>
> L'évidence de la conspiration prise à la racine est peu susceptible de survivre au conflit inévitable avec la culture officielle. Et la reconnaissance de la réalité [des conspirations] ne se produit que quand la culture officielle l'estime recommandable ou nécessaire. [Ne retenez pas votre souffle]
>
> C'est un phénomène très largement répandu qui affecte de nombreuses personnes, qui génère de hauts niveaux d'intérêt, qui se passe dans un secret quasi-complet, dans des buts ignorés, par des agences ignorées, avec accès à d'incroyables ressources et technologies. Une idée peu réjouissante et matière à réflexion. [423]

Considérez ceci: même si Dolan écrit spécifiquement à propos des Etats-Unis d'Amérique dans un monde dominé par les Etats-Unis d'Amérique, il faut se rendre compte que des pressions sont exercées partout par cet "Etat de sécurité nationale" pour satisfaire aux exigences des USA.

Dans un chapitre précédent j'ai souligné qu'en grande partie, le COINTELPRO est destiné à créer des organisations-bidon et à faire circuler des idées-bidon. Dans la communauté scientifique cela peut fonctionner de diverses manières, la plus courante étant les "organisations à marques déposées" qui financent une recherche qui ne mènera à rien, afin de garder occupés des gens qui ont des idées prometteuses. Ce n'est pas aller trop loin que de penser que de "nouvelles idées intéressantes" ou des domaines de recherche

[423] Dolan, op. cit.

puissent être encouragés dans le but de diriger les scientifiques vers de la recherche à temps perdu et sans issue pour les empêcher de faire des découvertes intéressantes et importantes. Ce que nous ne savons pas c'est jusqu'où s'étend ce genre de pratique, mais nous pouvons sans doute le deviner.

> Dans notre monde, il existe de nos jours une secte puissante et dangereuse.

C'est ce qu'écrivait Victor Marchetti, ancien cadre supérieur de la CIA dans son livre *The CIA and the Cult of Intelligence*. C'est le premier livre contre lequel le gouvernement des Etats-Unis a fait un procès de censure avant sa publication. Dans ce livre, Marchetti affirme qu'une Cabale dirige le monde, et que ses saints hommes sont les professionnels clandestins de la CIA. A notre avis, la CIA n'est qu'un "bras" de cette secte, tout comme les Bénédictins n'étaient qu'un ordre de l'Eglise catholique. Pour emprunter à et paraphraser Marchetti:

> Cette secte est parrainée et protégée par les plus hauts officiels gouvernementaux du monde. Ses membres sont ceux qui occupent les centres de pouvoir des gouvernements, des industries, du commerce, de la finance, et du travail. Elle manipule les individus dans des domaines d'importante influence du public, y compris le monde universitaire et des médias. La secte secrète est une fraternité globale d'aristocratie politique dont l'objectif est d'appliquer des politiques de personnes ou agences inconnues. Elle agit en sous-main et illégalement.

Et alors que nous voyons cela se produire sous nos yeux, la plupart des gens se refusent à l'admettre! Ce qui est encore plus inquiétant c'est ce que Woodrow Wilson Président des Etats-Unis d'Amérique avait écrit dans "*The New Freedom*" (1913):

> Certains des hommes les plus influents des Etats-Unis, dans le domaine du commerce et de l'industrie, ont peur de quelque chose. Ils savent qu'il y a quelque part un pouvoir si bien organisé, si subtil, si vigilant, si complexe, si complet, si omniprésent, qu'il vaut mieux ne pas en parler quand on veut le condamner.

Souvenez-vous: ceux qui se trouvent au sommet du tas feront toujours tout ce qu'ils peuvent pour y maintenir le *statu quo*, et le *statu quo* en science *doit* être l'un des objectifs principaux de l'Elite au Pouvoir.

Et comment procèdent-ils? Par la "culture officielle". Et la culture officielle, comprise de cette façon, dans la perspective des groupes d'élite désireux de maintenir le *statu quo* de leur puissance signifie COINTELPRO.

L'arme la plue efficace du COINTELPRO et le Ridicule et la Moquerie. Notez que Marchetti souligne que cela est fait par la manipulation d'individus dans des domaines d'importante influence publique, par exemple le *monde universitaire* et les *médias*. Voilà comment la culture officielle est entretenue, en particulier dans la communauté scientifique.

La conclusion est: si vous marchez dans la combine de consensus par la manipulation émotionnelle de la "culture officielle" selon laquelle il n'y a aucune conspiration, pas de "troisième homme" dans la pièce, alors il est très probable que vous vous laissez manipuler par peur du ridicule. Vous êtes en déni. Vous avez été hypnotisé par les suggestions des saints hommes du Culte Secret, et vous avez choisi de les croire en dépit de vos propres observations et sens.

Pensez encore une fois au mot "conspiration" et permettez-moi de souligner le point clé des remarques de Dolan: d'un point de vue historique, la *seule* réalité est celle de la conspiration. Le secret, la richesse et l'indépendance ajoutent au pouvoir. ... La ruse est l'élément-clé de la guerre (l'instrument des élites au pouvoir), et quand la victoire est tout ce qui compte, alors la moralité conventionnelle des gens ordinaires devient une charge. Le secret est issu d'un élément omni-présent et fondamental de la vie dans notre monde, c'est que ceux qui sont au sommet du tas feront toujours tout ce qu'il pourront pour maintenir le *statu quo*. Si nous envisageons l'attaque du World Trade Center dans ce contexte, nous aurons davantage de chances de découvrir "qui l'a fait".

Quand j'ai entrepris mes propres recherches de manière sérieuse et engagée, j'ai été très perturbée par ce facteur. Ce que j'ai fait de différent par rapport à la plupart des chercheurs, c'est que j'ai pris cette confusion pour un "fait certain" *intentionnel*. Il y a deux choses que, depuis le début, j'ai gravées en lettres de feu dans mon esprit et qui se sont révélées très efficaces dans le cas présent. La première est une remarque faite par Franklin Delano Roosevelt: "En politique, rien ne se produit par accident. Si cela se produit, vous pouvez parier que cela avait été planifié". L'autre idée est une remarque que m'avait faite un de mes amis qui avait suivi une formation dans le service du Renseignement de l'armée. Il m'a dit que, dans le Renseignement, la première règle est d'observer ce qui EST, et de comprendre que ce qui *est* l'est très probablement pour une bonne raison. Une fois que cela est bien imprimé dans son esprit, on peut commencer à se demander à qui profite le plus une situation donnée, et une fois les hypothèses formées, il faut commencer à les mettre à l'épreuve. Quand on trouve quelque chose qui ne va pas, on peut l'écarter, mais à moins de suivre le processus ci-dessus, on risque d'être dupé en permanence.

Lorsqu'on étudie le problème qui se trouve devant nous, nous constatons qu'à travers toute l'Histoire il y a eu des indications de choses mystérieuses qui suggèrent effectivement qu'il y a une "conspiration". Si nous considérons cela comme une observation de ce qui *est*, nous nous trouvons immédiatement devant la deuxième grande question: est-ce qu'il s'agit d'une conspiration de "bons", ou d'une conspiration de "méchants"? C'est là que tous les experts en conspiration commencent à diverger dans leurs fulminations contre les sionistes ou les francs-maçons, et toutes les variations sur ces thèmes.

Mais si au lieu de poser cette question et de commencer à discutailler, nous nous contentions d'observer ce qui est et essayions de trouver une réponse basée sur cette observation?

L'unique grand argument contre une conspiration historique et la durée relativement courte de la vie humaine combinée avec la composition psychologique qui peut être observée dans les êtres humains. Une observation corollaire est le fait que, très souvent, l'effet domino des événements qui "changent l'Histoire" est tel qu'il serait impossible à des êtres humains ordinaires de l'avoir déclenché. Autrement dit, le temps et l'espace sont des barrières à l'idée que des êtres humains sont derrière une conspiration globale.

Il va de soi que le chercheur diligent aura maintenant essayé de toutes les manières possibles d'ajuster les pièces du puzzle, et il ne sera pas parvenu à les mettre toutes à leur place, notamment celles des divergences et contradictions des nombreux points de vue.

Quand nous prenons le temps de penser à ce fait initial, observable, de la barrière du temps et de l'espace, il nous vient encore une autre idée: et si les conspirateurs ne subissaient PAS la contrainte du temps et de l'espace?

Notre réaction initiale à cette pensée est de l'écarter. Mais si nous poursuivons nos recherches, à mesure que nous trouvons de plus en plus d' "anomalies", de "choses qui clochent" et de "pistes" au fil du temps - ce que nous appelons l'Histoire - nous commençons à nous sentir mal à l'aise et sommes poussés à voir cette idée sous un autre angle.

Il se fait qu'une fois ajoutée à notre hypothèse, la possibilité d'une manipulation de l'espace et du temps, les pièces commencent à se mettre en place. Une fois cela fait, quand nous commençons à regarder l'Histoire dans cette perspective trans-millénaire, transspatiale, le caractère de la "conspiration" commence à émerger, et seuls les occultistes les plus crédules -ou les plus mal-intentionnés- pourraient s'accrocher à la conviction, ou continuer à répandre l'idée que cette conspiration est bienveillante. En fait, il devient de plus en plus évident que la plupart sinon toutes les religions et systèmes philosophiques, ont été créés et introduits par les conspirateurs afin de dissimuler la conspiration elle-même.

Et quand on envisage l'existence probable d'êtres qui ont la maîtrise du temps et de l'espace, les milliers d'années consacrés à l'un ou l'autre aspect du plan sont des durées négligeables. Et donc, si de tels êtres existent, nous devons revenir à l'idée de l'espace hyperdimensionnel - c'est-à-dire la 4e densité, et ses ressortissants.

Il se fait que, précisément au moment où je m'efforçais de comprendre l'étrange nature des Xe-XIIe siècles, les Cassiopéens ont saisi l'occasion pour me donner une "petite leçon d'Histoire":

> Q: Question suivante: y a-t-il un rapport entre le fait que Roger de Mortimer, dernier de la lignée des rois gallois, ait été l'amant d'Isabelle de France, qui était la fille de Philippe le Bel, le roi qui a anéanti les templiers, et le meurtre d'Edouard II, le premier des princes anglais du Pays de Galles?
> R: Templiers sont une mise en scène en ce qui concerne la persécution. Souvenez-vous que vos "archives historiques" peuvent être modifiées de manière à se débarrasser d'enquêtes gênantes telles que la vôtre.
> Q: Je sais cela. J'ai déjà trouvé celle-là! Mais on dirait que personne d'autre n'a fait le rapport. Je veux dire que les lignées qui convergent vers les Percy et les Mortimer sont incroyables!
> R: Vous devriez savoir que ces lignées sont au fil du temps infestées de parasites, manipulées et "bricolées" dès qu'un saut quantique de prise de conscience est imminent: comme "maintenant". Voilà quelque chose à digérer: pourquoi vos scientifiques ne voient-ils pas l'évidence quand ils prétendent que des extraterrestres ne pourraient pas faire le voyage vers la Terre depuis des systèmes lointains???? Même s'il n'était pas possible de voyager à la vitesse de la lumière ou plus "rapidement" encore - et ça l'est, naturellement - il n'y aurait aucune raison de penser qu'une race "*alien*" serait incapable de construire une "arche de l'espace" dans laquelle de nombreuses générations pourraient vivre. Ils pourraient parcourir de grandes distances à travers le temps et l'espace, à la recherche d'un monde qui leur conviendrait et qu'ils pourraient conquérir. Et l'ayant trouvé, ils pourraient alors placer leur arche sur une orbite éloignée, construire des bases sur plusieurs plans solides de ce système solaire, et commencer à manipuler avec patience des civilisations choisies afin de mettre en place les infrastructures technologiques

nécessaires. Et ensuite, après avoir institué un long, lent, et grand projet de programmation des esprits, ils pourraient tout simplement faire leur entrée et prendre les choses en mains une fois la situation devenue favorable.
Q: Est-ce ce qui s'est produit ou est en train de se produire?
R: Ce pourrait bien être le cas, et peut-être qu'à présent il pourrait vous être utile d'apprendre les détails.
Q: Est-ce qu'une telle race serait d'orientation 3e ou 4e densité?
R: Pourquoi pas des éléments des deux?
Q: Quel est l'endroit le plus susceptible de susciter une telle race?
R: Oh, peut-être Orion, par exemple?
Q: Bon. Si une race a effectivement fait le voyage jusqu'à cet endroit-ci, combien de générations sont allées et venues dans leur arche de l'espace pendant cette période de voyages, à supposer, bien sûr, qu'une telle chose s'est produite?
R: Peut-être 12.
Q: Ah bon! Cela implique, qu'ils ont une durée de vie plutôt longue...
R: Oui...
Q: A supposer que ce soit le cas, quelle est leur durée de vie?
R: 2.000 de vos années. Quand sont dans l'espace, bien sûr ...
Q: Et quelle est leur durée de vie sur la *terra firma*?
R: 800 ans.
Q: Et est-ce que cela ne leur est pas venu à l'idée que rester dans l'espace pourrait mieux leur convenir?
R: Non. Les planètes sont beaucoup plus 'confortables".
Q: Ah, bon! ... Et si on imagine qu'un de ces groupes a voyagé jusqu'ici ......
R: Nous vous avons parlé des conflits qui se préparent ... Peut-être avons-nous voulu dire la même chose que votre Bible, et autres références. Parler de... la bataille "finale" entre "le bien et le mal". semble un peu cosmique quand on y songe, non?
Q: Est-ce que cela veut dire qu'il y a eu plus d'un groupe qui a voyagé jusqu'ici dans des arches de l'espace?
R: Une autre pourrait bien être en train d'approcher, ainsi que des "renforts" pour les uns et les autres, et aussi des observateurs non-impliqués mais intéressés, qui apprécient l'histoire depuis les coulisses.
Q: SUPER! Adieu ma vie paisible!
R: Elle ne l'a jamais été! Vous avez choisi d'être incarnée maintenant, avec quelque prescience de ce qui va se passer. Référez-vous à vos rêves d'attaques spatiales.
Q: Bien. A propos de ces hypothétiques "*aliens*", de quels types raciaux s'agit-il?
R: Trois types de base: Nordiques, Reptiliens, et Gris. Nombreuses variantes du type 3, et trois variantes des types 1 et 2.
Q: Et de quel type racial sont les "bons"?'

R: Nordiques, en affiliation avec “guides” de 6e densité.
Q: Et ce sont les seuls bons?
R: C’est tout ce dont vous avez besoin.
Q: Magnifique! Donc, si c’est un Gris ou un Lézard, on sait que ce ne sont pas des braves types. Mais si c’est un grand blond, on doit se poser des questions!
R: Tout est subjectif quand on parle de sympa et pas sympa. Certains de la 2e densité vous considèrent comme peu sympathiques, pour ne pas dire plus!
Q: Ça c’est sûr! Spécialement la vermine! Peut-être devrions nous entrer en contact avec les types sympathiques? ...
R: Quand le “temps” sera venu. Faites bien attention aux signes s’il vous plaît!
Q: On raconte beaucoup de choses à propos de ce qui a été vu dans la région du Sud Ouest. On dit que c’est l’imminente “nouvelle” invasion qui se prépare, un atterrissage en masse. Pouvez-vous commenter ces activités?
R: Prélude à la plus grande des paniques jamais vécues.
Q: Et où y aura-t-il cette panique?
R: Terre. Invasion se produira quand programmation sera complète...
Q: Quelle programmation?
R: Voir Bible, livre “lucide”, matériau “Matrix”, “Faiseurs d’Aube”, et nombreuses autres sources, puis faites références croisées...
Q: Eh bien, on a intérêt à se bouger! Il n’y a pas de temps à perdre!
R: Vous procéderez comme il le faut; vous ne pouvez pas forcer ces événements ni modifier la Grande Destinée.
Q: Tout ce qui se prépare ne me dit RIEN DE BON! Je veux rentrer chez moi!
R: L’alternative est moins attrayante. Réincarnation sur une Terre de 3e densité, comme “troglodyte” parmi les ruines et un ciel rougeoyant, dans la bise qui siffle ...
Q: Pourquoi le ciel serait-il rougeoyant?
R: Réfléchissez.
Q: Bien sûr! Poussière de comète!
[…]
Q: (L) J’ai lu le nouveau livre du Dr. David Jacobs, professeur d’Histoire à la Temple University, sur ses recherches approfondies concernant le phénomène des enlèvements par des extraterrestres. [la thèse de doctorat du Dr. Jacobs porte sur l’Histoire des OVNIs). Le Dr. Jacobs dit qu’à présent qu’il SAIT, après des années de recherches rigoureuses, pourquoi ces “*aliens*” sont ici, il a peur. David Jacobs affirme qu’assurer une descendance est l’objectif majeur qui se cache derrière les enlèvements. Est-ce vraiment le cas?
R: En partie, mais ce n’est pas tout.

Q: (L) Y a-t-il une autre raison dominante?
R: Remplacement.
Q: (L) Replacement de quoi?
R: De vous.
Q: (L) Qu'est-ce que vous voulez dire? Créer une race pour remplacer les humains, ou enlever certains humains pour les remplacer par un clone? Ou autre chose?
R: Principalement ce qui vient en premier. Voyez-vous, quand on veut créer une race, quel meilleur moyen que d'hybrider massivement puis réincarner massivement. Spécialement quand l'espèce-hôte est tellement ignorante, contrôlée et anthropocentrique. Quel merveilleux environnement pour une destruction totale, une conquête totale et un remplacement total... voyez-vous?
Q: (L) Eh bien, voilà la réponse à ma question sur les objectifs. Donc, ici, dans son livre, le Dr. Jacobs dit que les enlèvements se produisent en particulier dans certaines familles. Je cite: Outre la protection du fœtus, il y a d'autres raisons pour garder le secret. Comme les enlèvements sont, selon toute probabilité, un phénomène intergénérationnel dans lequel les enfants de personnes enlevées en viennent eux-mêmes à être enlevés, alors l'un des objectifs des "*aliens*" est d'engendrer de nouvelles personnes à enlever. [...] Pour protéger la nature intergénérationnelle du programme "d'élevage", il doit être caché aux intéressés, afin que ceux-ci continuent à faire des enfants. Si les personnes enlevées SAVAIENT que le programme est intergénérationnel, ils pourraient choisir de ne pas avoir d'enfants. Cette situation mettrait en péril une partie importante du programme, ce que ne veulent pas permettre les extraterrestres. La raison ultime du secret est que pour favoriser l'expansion du programme "d'élevage", pour l'intégrer latéralement dans la société, les *aliens* veulent être certains que les personnes enlevées s'accoupleront avec des personnes non-enlevées, et produiront des enfants à enlever". Cela semble suggérer qu'il y a une lignée particulière qui est susceptible de ...
R: Nous vous l'avons déjà dit: l'expérience nazie a été une "répétition générale" et à présent vous voyez les correspondances, non? Et nous vous avons également dit que l'expérience des "Natifs américains" par rapport aux Européens pourrait être un précurseur dans le microcosme. Et aussi, dans ce que ce que les Terriens de 3e densité font aux créatures terriennes de 2e densité il y a "à boire et à manger". Autrement dit, vous n'êtes pas si merveilleux malgré vos perspectives, n'est-ce pas? Et nous avons aussi avertis qu'après la translation des humains en 4e densité, les Orions de la 4e densité et leurs alliés espèrent bien vous mettre sous contrôle "là-bas". Bon. Et si on met tout cela ensemble qu'avons-nous? A présent, vous devriez au moins savoir que c'est l'âme qui compte, et non le corps. D'autres vous ont manipulés et

> programmés de manière à faire de vous des êtres centrés sur le corps. Intéressant de voir qu'en dépit de tous les efforts de 4e à la 6e densité SDA[424], le "voile", n'est toujours pas levé.

Dans les extraits cités ci-dessus il y a de nombreux points extrêmement intéressants, dans la perspective des événements actuels. L'un de ces points est la question de la "programmation du mental". Contrairement à ce que prétendent de nombreux théoriciens de la conspiration, le principal projet de "programmation des esprits" sur Terre a été et reste toujours religieux et culturel.

La seconde méthode en importance, pour contrôler les esprits, est l'utilisation des médias et le contrôle de l'information. Il se pourrait même que des êtres qui sont parvenus à maîtriser l'espace-temps voyagent dans le passé, détruisent des documents, et les remplacent par leur propre "version de l'Histoire":

> Q: Qui a brûlé la Bibliothèque d'Alexandrie? En fait j'ai lu deux histoires: l'une dit que ce sont des Chrétiens qui l'ont fait, l'autre dit que ce sont des Arabes. Qui, alors?
> R: Aucun des deux.
> Q: Qui l'a brûlée alors?
> R: Gardiens à l'Epée, du "Verrou".
> Q: Qui sont les Gardiens à l'Epée, du Verrou?
> R: Ont à voir avec les Illuminati.
> Q: Quel était leur but, en mettant le feu à cette bibliothèque?
> R: Quel est le but quand on met le feu à n'importe quelle bibliothèque?
> Q: Détruire les connaissances. Empêcher les gens d'y avoir accès.

Encore une fois, nous trouvons une "piste" qui suggère que quelqu'un a voulu garder l'humanité dans le noir. Nous pouvons, naturellement, attribuer ce méfait à des humains ordinaires avides et ignorants; c'est ce que font de nombreux interprètes matérialistes. Et alors, quand on se met à additionner tous les faits de ce genre qui se sont produits au fil de l'Histoire, ce crime de l'homme crie vengeance au ciel. Et cependant, en tant qu'hypnothérapeute cette opinion ne m'a jamais convaincue. Souvent, quand j'ai fouillé à l'intérieur de l'esprit humain, ce que j'ai trouvé c'est que les humains veulent une meilleure vie pour eux-mêmes et pour leurs enfants. Les humains ne sont pas intrinsèquement mauvais, et il n'y a rien de tel que le "péché originel", à moins que l'on considère tel le premier individu qui a voulu en dominer un autre (Caïn contre Abel, dans la représentation mythique de cette idée). Il est clair que pour arriver à une structure d'idées telle qu'il peut y avoir

[424] Service des Autres (NdT)

récompense de la tromperie et du meurtre, il faut qu'elle existe dans le continuum d'idées de cet individu. Et voilà comment les réalités hyperdimensionnelles interagissent avec la nôtre: par l'intermédiaire d'idées et d'émotions requises pour les faire maturer.

Revenons un moment au problème des Juifs. A l'époque, j'ai voulu vraiment comprendre comment ont pu se produire, dans notre Histoire, ces terribles événements au cours desquels plus de 60 *millions* de gens ont perdu la vie, et dont seulement un dixième étaient des Juifs. J'ai entrepris un dialogue avec "moi-même dans le futur":

> Q: (L) Est-ce qu'un élément karmique est intervenu dans l'Holocauste?
> R: Naturellement.
> Q: (L) Pouvez-vous nous dire quel karma a été effacé par ces actions? Et quel groupe les Juifs représentaient-ils?
> R: Ce n'est pas cela qui est significatif[425]; mais c'étaient des dirigeants atlantes qui ont effacé leur culpabilité dans cette expérience de vécu.
> Q: (L) Vous avez dit que les Juifs étaient des descendants des Atlantes et que Noé était un Atlante....
> R: La plupart d'entre eux.
> Q: (L) Quelle est la signification de cela par rapport à leur religion, à leurs expériences, et à la situation actuelle des Juifs?
> R: Juifs dans 'holocauste" seulement.
> Q: (L) [Que voulez-vous dire?]
> R: Pas de signification karmique spéciale dans fait d'être "juif"; important est "vécu" de l'holocauste dans but d'apurer une dette karmique extraordinaire.

La réponse que "la plupart" des Juifs étaient des descendants des Atlantes ne m'a pas particulièrement frappée au moment où elle m'est parvenue. C'est seulement bien plus tard que j'ai réalisé que c'était un indice appréciable. J'ai poursuivi mes recherches en Histoire, mythes et archéologie, et elles m'ont menée bien loin du problème central. Sans cesse je me heurtais à ce que j'ai appelé la "Question Ecossaise" dans le cadre de supposées conspirations. En fait, à chaque fois que je suivais une série d'indices, je me heurtais à une porte qui barrait l'accès d'une manière ou d'une autre à l'Ecosse, y compris au Rite Maçonnique Ecossais.

> Q: (L) Je voudrais savoir quelle est l'origine des francs-maçons?
> R: Osiriens.

[425] le terme employé est "germane": jeu de mots sur "allemand" et "significatif" ou "pertinent" (NdT)

Q: (L) Pouvez-vous me dire quand les premiers francs-maçons ont formé une société?
R: 5.633 avant l'ère chrétienne
Q: (L) Est-ce que la franc-maçonnerie telle qu'elle est pratiquée de nos jours est toujours la même?
R: 33e degré, oui.
Q: (L) Il y a donc eu une tradition qui s'est poursuivie pendant plus de sept mille ans?
R: Oui.
Q: (L) Est-ce que c'est cette organisation qui a pour projet de s'emparer du monde et de le gouverner?
R: Pas exactement.
Q: (L) Sur quoi se concentrent-ils?
R: Dirigeants.
Q: (L) De quoi?
R: Etat du Quorum.
Q: (L) Qu'est-ce que le Quorum?
R: Organisation s'occupant de connaissances approfondies. Totalement secrète pour tous vos semblables tels que vous êtes. Très importante pour votre avenir.
Q: (L) En quoi?
R: Changements.
Q: (L) Pourriez-vous être plus précis? Des changements qui nous concernent personnellement?
R: En partie.
Q: (L) Changements subis par la Terre?
R: Aussi.
Q: (L) Quel est le rapport entre ce Quorum et les Cassiopéens?
R: Ils communiquent régulièrement avec nous.
Q: (L) Est-ce qu'ils le font en sachant que vous êtes des Cassiopéens, ou bien pensent-ils...
R: Oui.
Q: (L) Est-ce qu'il y a des relations entre les Cassiopéens et ce Quorum depuis tous ces milliers d'années?
R: Depuis un certain temps selon votre mesure.
Q: (L) Qui était Hermès Trismégiste?
R: Traître à la Cour du Pharaon Rana.
Q: (L) Qui était le pharaon Rana? [notez que "pharaon" signifie simplement "grande maison (Per-AA)" et que Rana est le féminin de Raja, Ra, etc. ce terme signifierait alors "maison de la Reine"]
R: Chef égyptien d'alliance spirituelle
Q: (L) En quoi Hermès a-t-il été un traître?
R: A rompu alliance d'unité spirituelle de tous les peuples dans région maintenant connue comme Moyen-Orient
Q: (L) Qui Hermès a-t-il trahi?
R: Lui-même; était avide de pouvoir
Q: (L) Quels actes a-t-il commis?

R: Rompu alliance; a inspiré divisions dans les rangs des Egyptiens, Esséniens, Aryens, et Perses, etc.
Q: (L) Quel était son but en faisant cela?
R: Diviser et conquérir comme inspiré par ceux désignés comme “La Fraternité” dans le livre de Bramley que vous avez lu [*The Gods of Eden*
Q: (L) Est-ce là la Fraternité du Serpent que Hermès a fondée en rejet de l'unité?
R: Hermès ne l'a pas fondée; elle existait depuis longtemps.
Q: (L) Qui est à l'origine de la Fraternité du Serpent telle que décrite dans le livre de Bramley?
R: Lézards
Q: (L) Je voudrais savoir l'année approximative de la vie d'Hermès Trismégiste
R: Approximativement 5.211

Si cette date de formation de la société connue par la suite comme les France-Maçons (5.633 avant l'ère chrétienne) est correcte, cela signifie qu'elle existait environ 2.400 ans avant la rébellion d'Hermès qui a eu lieu il y a 5.211 ans. Les Cassiopéens ont dit que Hermès était un “traître à la Cour du Pharaon Rana” qui était le chef égyptien d'une alliance spirituelle d'unité spirituelle de tous les peuples de la région actuellement désignée comme “Moyen-Orient”.

Ce qui nous paraît le plus intéressant, ici, c'est que ce sont les dates qui nous fournissent des indices - le 33 représente les Osiriens(la société des frans-maçons originelle), le 11 représente Hermès et la Fraternité du Serpent. Nous remarquons également que l'histoire de la lutte de Jacob avec l'ange se trouve au chapitre 33 de la Genèse, et que le verset qui nous dit que Jacob a transmis quelque chose à Esaü est le 11e. Esaü est, bien sûr, le père légendaire des Arabes.

Q: (L) Une chose que je voudrais comprendre, puisque elle est impliquée dans tout ceci, c'est l'idée du “Pasteur”. Toutes les anciennes légendes, histoires et mythes mènent en fin de compte à quelque chose auprès du “berger” ou du “roi pasteur”.
R: Berger susceptible d'être frappé par la foudre à cause du bâton, et donc “éclairé” ou “illumené”!!
Q: (L) Drôle d'orthographe! Mais quel est la différence entre le concept du pasteur et celui de l'agriculteur? Cela remonte à la racine de tout? Il y a Caïn et Abel, Jacob et Esaü, Isaac et Ismaël ...
R: N'êtes vous pas capAbel de voir cela?
Q: (L) J'ai remarqué qu'au chapitre 33, verset 11 de la Genèse il est dit que Jacob, qui a lutté toute la nuit avec l'ange alors qu'il était en chemin pour rendre visite à son frère Esaü, qu'il avait

trompé de manière à lui faire abandonner sa bénédiction des années auparavant, a donné sa bénédiction à Esaü. Qu'est-ce que cela signifie? Le droit d'aînesse cédé par son père ou la bénédiction de Jacob reçue de l'ange?
R: Feuilles de colère, piétinées
Q: Est-ce cela que Jacob a donné à Esaü?
R: Oui et quel est le coeur de la signification de ceci?
Q: (L) Je ne sais pas. C'est quoi le coeur de la signification?
R: Feuilles sont celles de l'Arbre à Pommes, d'où vient le dicton "raisins de la colère". Pommes Bleues incarnées!
Q: (L) Pourquoi ces feuilles sont-elles "piétinées"?
R: Enlève chlorophylle
Q: Quelle est la signification de la chlorophylle?
R: Quand la chlorophylle meurt, l'équinoxe d'automne est proche
Q: Est-ce que cela signifie quelque chose à propos de l'équinoxe d'automne?
R: Découvrez la signification ma Chère!
Q: Pourquoi Jacob a-t-il trompé son frère une nouvelle fois? Il devait faire le voyage et le rencontrer à Edom, puis il s'en va dans une autre direction dès qu'Esaü se met en route
R: Référez-vous à dernière réponse et faites références croisées.
Q: Après avoir lutté avec l'ange, Jacob est renommé 'Israël', ce qui signifie 'celui qui règnera comme un dieu". Cela me fait penser que cet ange que Jacob semble avoir fait apparaître a fait quelque chose. Qui était cet être avec qui Jacob a lutté?
R: Elohim donne la réponse conventionnelle.
Q: (L) Bon, bon. Qui étaient les Elohim de la Bible?
R: Transdéfinitifs. Et entités variables.
Q: (L): Est-ce que les Elhoim étaient des "bons?
R: Première manifestation a été humaine, puis non-humaine.
Q: (L): Et qu'est-ce qui a provoqué leur transformation d'humains en non-humains?
R: Pacte ou alliance
Q: (L): Ils ont conclu un pacte ou une alliance les uns avec les autres?
R: Non, avec 4e densité SDS. [Seigneurs de l'Entropie]
Q: (L) Eh bien, cela n'est pas bien! Etes-vous en train de dire que les Elohim sont SDS? Qui étaient des SDS avec qui ils ont conclu un pacte?
R: Rosteem, maintenant manifestés comme Rosicruciens.
Q: (L) Nous avons le problème du frère à résoudre. Nous avons Abraham et son neveu, Lot. Puis nous avons Moïse et Aaron, Jacob et Esaü, Isaac et Ismaël. Est-ce que tous ces ensembles de frères n'ont été que des aspects ou des angles différents de mêmes histoires, un ensemble d'individus singuliers, frères ou non?
R: Assez bien, mais avec addition d'éléments d'autres histoires mélangées à cela.

Q: (L) S'est-il agit de relations frère/frère comme avec des frères authentiques?
R: Non. La relation "fraternelle" a été créée pour légitimer une "fausse" ligne de transmission.
Q: (L) Donc, il n'y a pas eu un frère ou une relation aaronide en présence, en supposant qu'au moins une partie de l'histoire est vraie. C'est cela?
R: Oui.
Q: (L) Un aspect de la variante de cette histoire est que Jacob a donné à son frère Esaü la "bénédiction" et un "présent". Est-ce que cela reflète une partie exacte de l'histoire selon laquelle Abraham/Moïse, dans son "incarnation mythique" en tant que Jacob, a transmis à quelqu'un d'autre ou à plusieurs autres personnes, quelque chose d'important?
R: Oui
Q: (L) Est-ce que c'est Moïse/Abraham qui a fait cela?
R: Oui
Q: (L) A qui l'a-t-il transmis?
R: Il a finalement été compris par "Moïse" que le danger de l'objet était plus grand que la faculté de descendants de résister à la corruption. Il l'a remis à ceux qui l'avaient créé.
Q: (H) Est-ce que ce sont des forces SDS ou SDA qui l'ont créé?
R: SDS
Q: (H) Donc, l'Arche était un objet créé par les SDS. Est-ce que ceci correspond à une sorte de réalisation de la part de Moïse? A-t-il commencé à s'éveiller?
R: Oui. L'histoire de la "lutte avec l'ange" représente un tournant important ainsi que le moment du retour.
Q: (L) Quelle est donc la bénédiction qu'il a donnée, pour citer Esaü, si donner l'objet à l' "ange" a été l'événement du retour de l'arche? Quelle est l'histoire?
R: Deux événements distincts
Q: (L) Donc il a remis l'arche au soi-disant ange. Et puis il a donné quelque chose à quelqu'un d'autre. Quand j'ai demandé ceci précédemment, vous avez dit que ce qu'il a donné à Esaü était des "feuilles de colère piétinées, les pommes bleues incarnées", et avez fait la remarque que je devrais chercher le "coeur de la signification".
R: Et qui était "Koré"?
Q: (L) la fille d'Abraham?
R: Dernier membre vivant de la famille des Perséides.
Q: (L) Homme ou femme?
R: Femme.
Q: (L) Et comment Abraham est-il entré en possession de cette femme?
R: Cherchez dans le texte et vous verrez.

Les Cassiopéens ont décrit cette chose - la “bénédiction”- comme des “feuilles de colère piétinées” et mentionné des cycles et des fins de cycles[426]. Plus tard, les Cassiopéens ont relié le nombre 11 à “Méduse”, et nous avons récemment vu cet élément en action le 11 du 9 [427].

Mais voyons cette affaire d’Hermès d’un peu plus près. La séquence généralement admise des événements historiques en Egypte nous montre qu’un roi de “Haute Egypte”, c’est-à-dire des hautes-terres arides, du nom de Narmer, Ménès, ou Aha, a défait le roi du nord, c’est-à-dire de Basse-Egypte, et a unifié les deux terres. Cette unification est commémorée sur la fameuse Palette de Narmer, qui représente une scène où des guerriers sont assommés, euphémisme pour une conquête.

Les estimations les plus sérieuses placent cet événement dans le temps vers 3.100 avant l’ère chrétienne – époque à laquelle les Cassiopéens placent la rébellion d’Hermès. Autrement dit, le grand “unificateur” de l’Egypte pourrait bien avoir été cet Hermès, et sa rébellion pourrait avoir eu pour objet la mise en question d’un traité de paix qui existait jusqu’à cette époque.

Nous découvrons ici un élément historique des plus intéressants. Avant cette époque, les pharaons du temps de Narmer/Ménès étaient apparentés à Horus, le fils d’Osiris. Cela signifie qu’apparemment, la bande de rebelles était composée de Horus, des Shemsou Hor.

Q: (L): Qui étaient les “suivants d’Horus”?
R: Ceux qui possédaient le 3e “discernement”
Q: (L) C’était quoi le 3e discernement?
R: Il y en a dix. Le 3e implique l’existence transcendante.

Cela paraît certes très positif, mais il nous faut rester prudents dans nos hypothèses, considérant que des termes semblables ont été utilisés pour décrire les mystérieux Elohim qui ont fait un marché avec Jacob avant le passage de l’Arche vers l’Est, et nous réalisons que les apparences peuvent être trompeuses: “Rosteem actuellement manifestés comme Rosicruciens”. La lueur qui commence à se manifester dans les ténèbres est que les Fils d’Horus et les Elohim doivent avoir été un seul et même groupe: la bande d’Hermès qui

---

[426] A mesure que nous relevons les indices, nous sommes perturbés par la pensée dérangeante que la Bible a été assemblée par des individus qui avaient eu une “prescience” et que cette information n’était pas favorable aux Juifs. C’est presque comme si quelqu’un avait voyagé dans le passé pour y “déposer” la Bible dans des buts infâmes dont les fruits doivent être recueillis à l’ époque actuelle.

[427] C’est-à-dire le 11 septembre 2001 (NdT)

s'est rebellée cotnre l'alliance spirituelle des Osiriens. Le mythe d'Isis et Osiris et de Seth et Horus prend un nouveau sens, et nous voyons à présent comment il a subi une légère déformation qui a obscurci la vérité. Nous commençons également à entrevoir un étrange lien entre ce groupe (avec leurs connexions mésopotamiennes" et la "création" du judaïsme via un amalgame d'éléments égyptiens ainsi qu'une conversion du christianisme d'après un mythe égyptien lui ressemblant. L'Egypte, l'Egypte, l'Egypte encore et partout!!!

CHAPITRE XII
HORS DU TEMPS

IL ÉTAIT UNE FOIS...

C'est dans le sens expliqué dans le présent ouvrage que je pense que les mythes et rites des anciens sont un pâle reflet d'une antique science, et que c'est seulement grâce aux progrès des sciences modernes que nous avons quelque chance de déchiffrer cette technologie, cette "science de l'âme" ce Grand Oeuvre alchimique.

Il n'est de l'avantage de personne que ces matières soient consignées aux domaines de la magie et du mysticisme, et restent du ressort de quelques baratineurs passés maîtres dans l'art de se mêler les pinceaux et d'égarer les authentiques hommes de science avec leurs propos sans queue ni tête, leur débile "géométrie sacrée" et divagations kabbalistiques.

Fulcanelli a dit que les cathédrales gothiques sont une expression de la puissance initiatique, d'une philosophie érudite et transcendante. Il souligne qu'elles sont des productions sévères et austères, et non pas des expressions légères, gracieuses et plaisantes comme l'est l'art émotionnel de la Renaissance. Il affirme là quelque chose de très important. Et il insiste an faisant remarquer que:

> Mais, tandis que ces derniers n'aspirent qu'à flatter l'œil ou à charmer les sens, les oeuvres artistiques et littéraires du moyen âge sont étayées sur une pensée supérieure, véritable et concrète, pierre angulaire d'une science immuable, base indestructible de la Religion.[428]

Par ces mots, Fulcanelli donne de nouvelles preuves que notre idée de la clé est correcte. Il dit que la "pensée élevée" est la "pierre angulaire". Et en maints autres lieux, cette "pierre" est identique à celle qui est décrite comme la "première pierre" de l'Oeuvre. C'est ainsi que nous comprenons que la "pensée élevée" est le moyen qui permet d'obtenir la Pierre. Espièglement, il nous demande ensuite si nous voulons un exemple.

Mais bien sûr!

---

[428] Fulcanelli, *Demeures Philosophales*, op. cit., Tome I, p. 89.

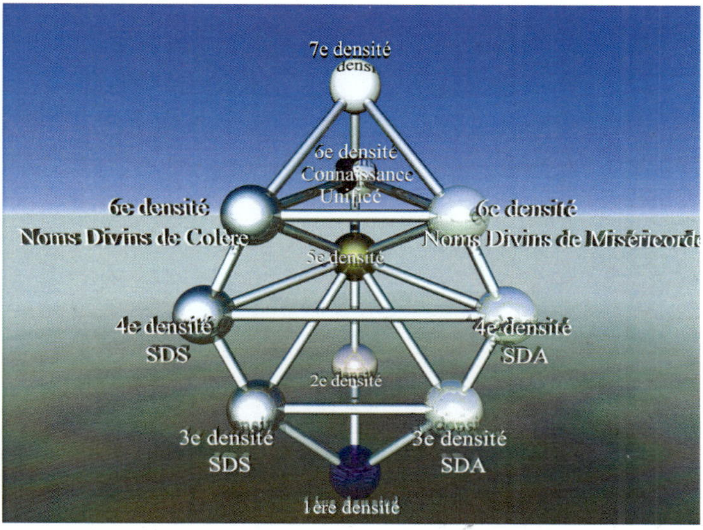

1.*L'Arbre de Vie*

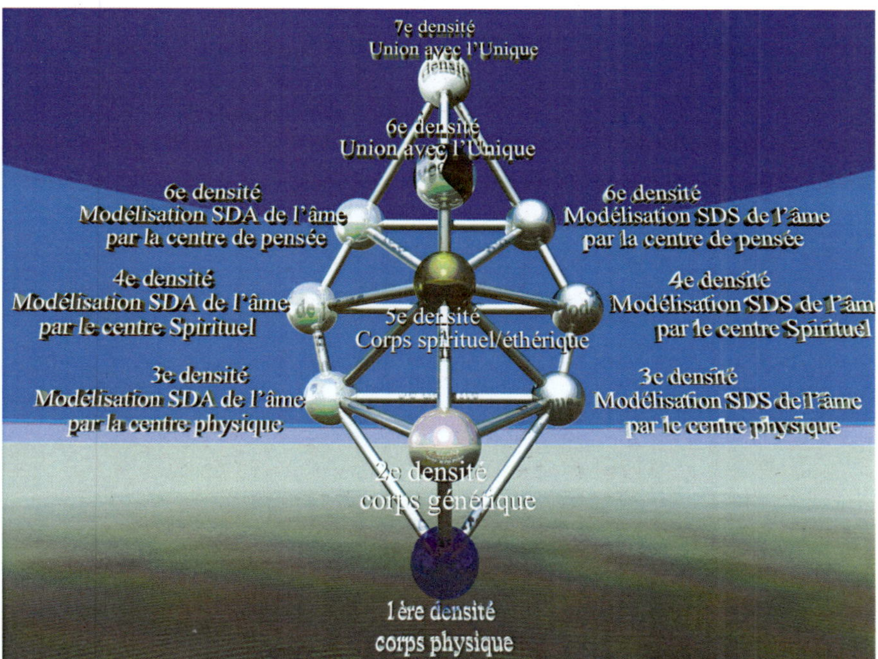

2. *L'Arbre de Vie retravaillé*

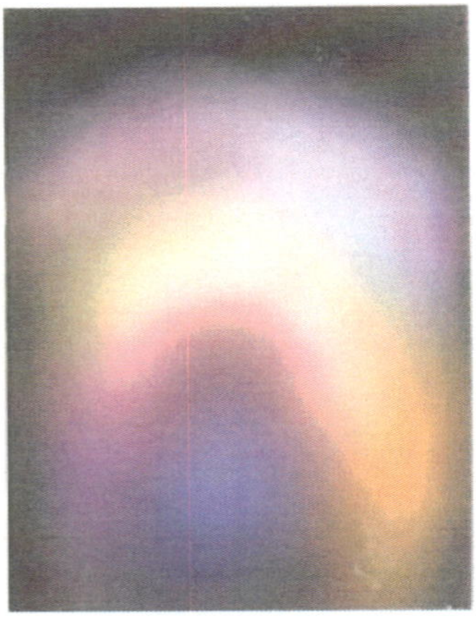

3. *Photographie aurale de Laura.*

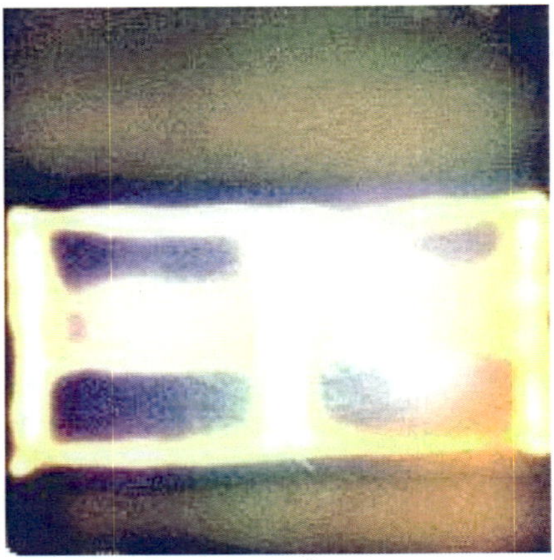

4. *Photographie aurale des mains de Laura et de F sur la planchette ouija.*

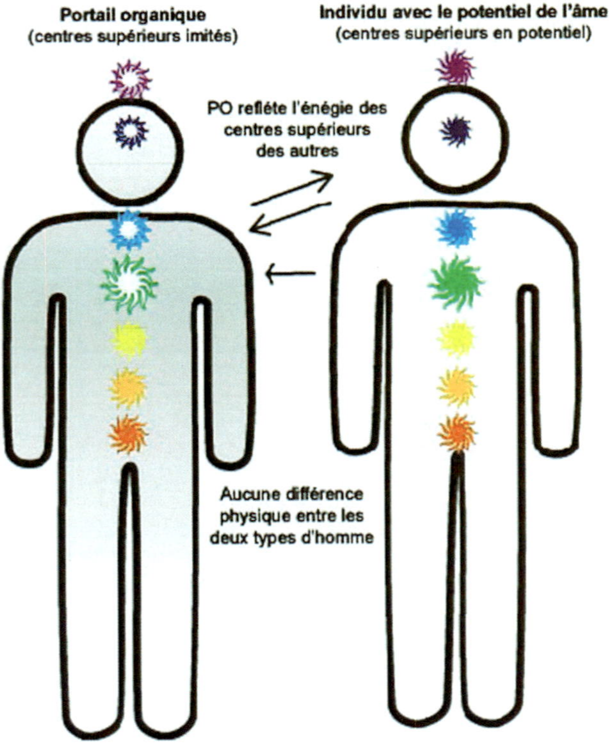

5. *Portails Organiques et Centres dotés d'âme*

6. *Mise au tombeau du Christ – Cathédrale d'Auch*

7. *La Sibylle de Samos – Cathédrale d'Auch*

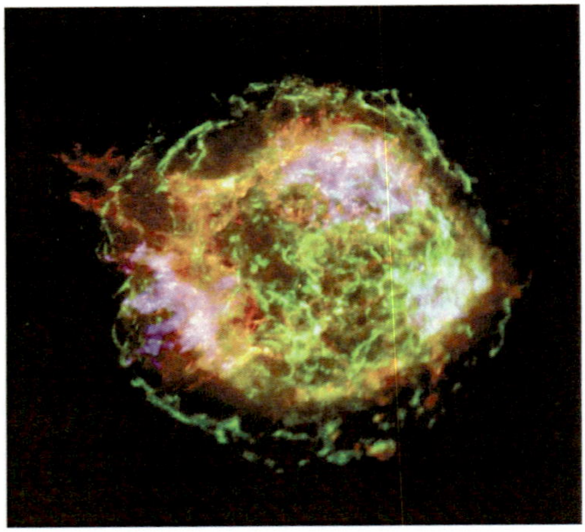

Le Prototype des grandes rosaces?

9. *Tombeau de Pierre-Henri Gérault de Langalerie – Cathédrale d'Auch*

10. *Marie-Madeleine – Cathédrale d'Auch*

11. *La famille de Jésus – Cathédrale d'Auch*

12. *L'épouse du Christ – Cathédrale d'Auch*

13. *Sibylle – Cathédrale d'Auch*

14. *Les présents apportés par les Mages – Cathédrale d'Auch*

15. *Comment on pense avec un burin – Cathédrale d'Auch*

16. *Initiation – Cathédrale d'Auch*

17. *Crâne et tibias – Cathédrale d'Auch*

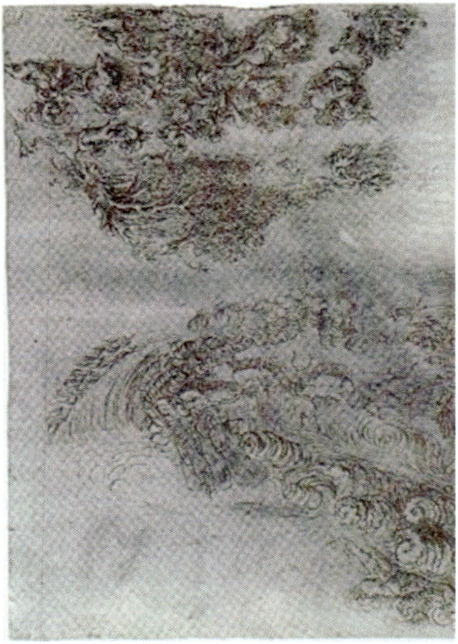

18. *Le Jugement dernier – Leonardo da Vinci*

19. *Le Jugement dernier – Leonardo da Vinci*

20. *St. Jean. (Musée du Louvre, Paris).*

Il a été dit que cette oeuvre est la plus inquiétante des peintures de Léonard de Vinci. Da Vinci a transformé Jean, celui qui est censé être le précurseur du Christ: d'un ascète émacié il a fait un être quasiment hermaphrodite à la peau douce, féminine, et dont le regard n'est pas de renoncement mais de mystère et d'invite sournoise. A remarquer aussi: le doigt pointé vers le ciel.

Extrait des carnets de Leonardo da Vinci:
"Les membres qui sont utilisés pour le labeur doivent être musculeux, et ceux qui ne sont pas très utilisés vous devez les faire sans muscles et doucement arrondis. Représentez vos personnages dans des postures adaptées à l'expression de ce qui est dans l'intention de chacun, sans quoi votre art ne sera pas admirable."

"C'est pourquoi il est représenté ici avec un roseau dans la main droite qui est inutile et sans force, et les blessures infligées sont envenimées. [...] C'est pour cette raison que le roseau est tenu comme leur support. Une mauvaise pensée est de l'Envie ou de l'Ingratitude.

"L'Envie doit être représentée faisant un geste méprisant de la main vers le ciel, parce que, si elle le pouvait, elle utiliserait sa force contre Dieu,..."
Qu'a donc vraiment voulu exprimer Leonardo au sujet de Saint-Jean?

21. *Vierge aux rochers, Première version,* 1483, Musée du Louvre, Notez le doigt de l'ange pointant avec mépris vers Jean le Baptiste

22. *Vierge aux rochers, deuxième version, 1506.*
Notez le roseau dans la main droite de Jean le Baptiste.

23. *La dernière Cène – Leonardo da Vinci*

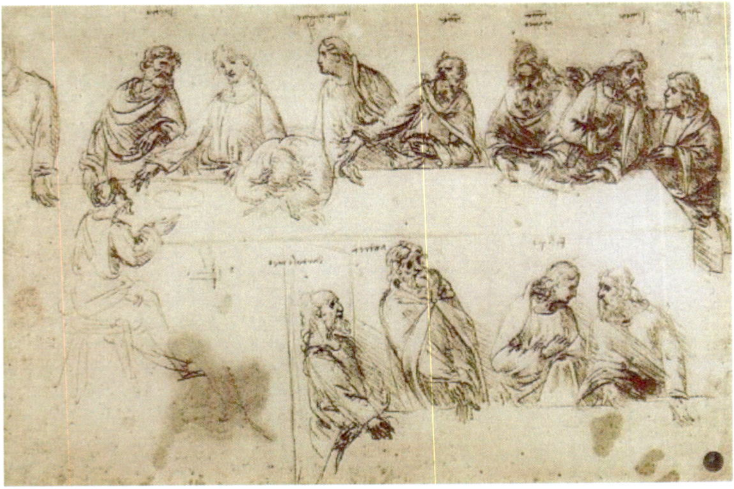

24. Quand on examine l'étude faite pour la Dernière Cène, on réalise que da Vinci a commencé en suivant les idées "standard", mais qu'en cours de route il a décidé de faire quelque chose de très différent.

25. *Plaisir et Douleur.*
Jésus et la femme mystérieuse.

26. *Position des mains dans la Dernière Cène* - Un
J'ai placé des points d'interrogation au-dessus des mains qui "posent problème": la main qui tient le couteau et qui semble appartenir à l'homme qui murmure à l'oreille de la femme. Je pense que le geste de son autre main, de celle qui devant le cou de la femme fait le geste de couper la tête, n'est pas anatomiquement impossible, mais certainement contraint. Mais peut-être est-ce de la "contrainte" ou de la "déformation" que Leonardo da Vinci a voulu exprimer dans le geste de Saint-Pierre?

27.*Position des mains dans la Dernière Cène - Deux*
Ci-dessus est représentée la seule personne dont une seule main est visible. Son index levé pointe insolemment vers le ciel, comme dans le portrait de Saint-Jean, dernier tableau de Leonardo da Vinci.

28. *La main de Pierre, La Dernière Cène (détail)*

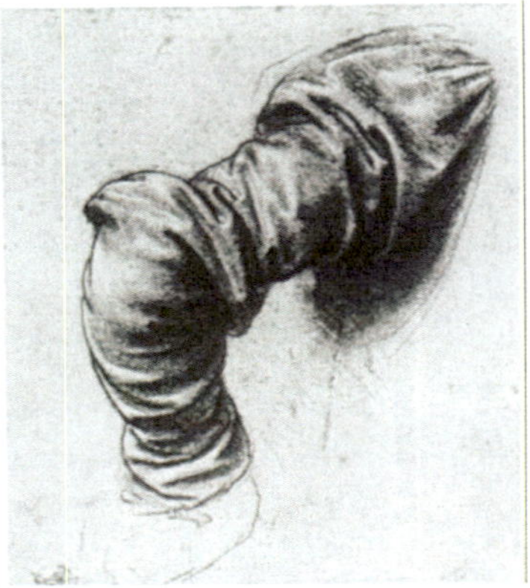

29. *Etude pour la main de Pierre*

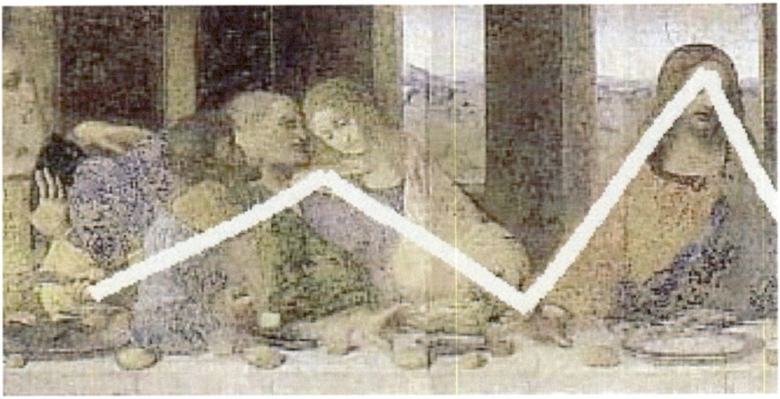

30. *Le véritable Code Da Vinci?*

31. *La constellation de Cassiopée.*

Fulcanelli nous demande alors de regarder attentivement une figure qui se trouve dans un tympan du XIIe siècle. Elle représente un maître instruisant un élève, le doigt pointé vers les pages d'un livre ouvert. En dessous de ces personnages, un athlète vigoureux est en train d'étrangler un monstre, un dragon. Cette représentation se trouve auprès d'un couple se tenant embrassé, symbole d'émotion. Fulcanelli nous donne la signification de cet ensemble de symboles, l'interprétation cabalistique: **La science gouverne la force et l'amour; il faut opposer la supériorité de l'esprit aux manifestations physiques de la puissance et du sentiment!**

Et même si ces idées sont en opposition directe aux idées New Age actuelles qui se basent sur les enseignements d'Helena Blavatsky, Schwaller de Lubicz et d'autres encore, nous devons souligner qu'il semble évident, malgré les tentatives du COINTELPRO de ruiner son oeuvre, sa réputation, et ses réalisations, que Fulcanelli était un Maître ayant accompli le Grand Oeuvre et reçu le don: il a, en effet, échappé à la Matrice. Il est devenu l'Enfant du Roi, il est devenu Persée, et il a tranché la tête de la Gorgone. Voilà enfin la réponse à la question: "Pourquoi Perceval?".

LE TEMPS EST DE MON CÔTÉ

Sachant ce que nous savons à présent de la littérature du Saint Graal, nous pensons qu'il y a plus, dans la fascination pour ces légendes, qu'un engouement pour le Moyen Age. Cette histoire a paru sous différentes formes et à diverses époques, bien avant que l' *Historia* de Geoffroy mette le feu aux poudres. Arthur représente donc autre chose, autre chose qu'un simple *Dux Bellorum* britannique: il représente un Age d'Or du lointain passé, une époque d'harmonie sociale et de sage gouvernement, une période d'éthique et de moralité, une époque à la "Manière des Anciens Rois," *un temps où le temps n'existait pas.*

Le thème de l'Age d'Or Perdu est si puissant que quand Geoffroy fait d'Arthur une sorte de Messie, en combinant le mythe et la tradition gallois avec l'Histoire, il fait vibrer quelque chose de si profond dans la psyché humaine, que l'Ame Médiévale s'est envolée vers l'espoir d'une restauration du Royaume sur la Terre, *ce qui ne pouvait être accompli qu'en découvrant le Graal;* ou, en d'autres termes, en "construisant l'Arche", et *en abolissant le temps.* Je répète que ce concept pourrait être passé d'un processus à un objet. Je ne parle pas d'un processus mystique, mais bien littéralement d'un procédé scientifique ou une technologie, ainsi qu'un état différent de la personne, quantiquement parlant, par rapport à l'environnement. Et cet état dépend peut-être, en partie, d'une vue essentiellement différente du temps.

De nos jours, dans le cadre des trois religions dominantes de notre temps: le christianisme, l'islam, et le judaïsme, il y a un concept linéaire de *limitation du cosmos* à un certain nombre de millénaires, après quoi il freinera des quatre fers et s'arrêtera, et les élus s'en iront au "Nirvana/Paradis" et les damnés iront rôtir éternellement en enfer. Pour la chrétienté, le temps est réel, car il a une signification - la *rédemption* à la *fin*.

> Une ligne droite suit le cours de l'humanité de la chute initiale à la rédemption finale. Et la signification de cette histoire est unique, parce que l'Incarnation est un fait unique. Par conséquent, le destin de chacun d'entre nous se joue une seule fois une fois pour toutes, dans un temps concret et irremplaçable qui est celui de l'Histoire et de la vie.[429]

Le concept linéaire du temps est intimement lié à l'idée de l'évolution. Les événements de l'Histoire sont des déploiements continus de nouvelles manifestations de plus en plus parfaites de l'homme, de l'ouvrage de l'homme, et donc de l'Esprit de Dieu.

> Mais en dépit de la réaction des Pères orthodoxes, les théories des cycles et des influences astrales sur les destinées humaines et les événements historiques ont été acceptées, du moins en partie, par d'autres Pères [de l'Eglise] et auteurs ecclésiastiques comme Clément d'Alexandrie, Minucius Felix, Arnobius, et Théodore, mais le conflit entre ces deux conceptions du temps et de l'Histoire s'est poursuivi jusqu'au XVIIe siècle.
>
> Il nous faut rappeler au lecteur qu'à l'apogée du Moyen Age, les théories cycliques et astrales commencent à prendre le pas sur la spéculation historiologique et eschatologique. Déjà populaires au XIIe siècle, elles subissent une élaboration systématique au siècle suivant, particulièrement après la parution de traductions d'auteurs arabes. ...Albert le Grand, St. Thomas, Roger Bacon, Dante, et de nombreux autres, ont cru que les cycles et périodicités de l'Histoire du monde sont *régis par l'influence des astres*, soit que cette influence obéisse à la volonté de Dieu et soit son instrument dans l'Histoire, soit qu'elle doive être considérée comme une force immanente dans le cosmos.[430]

---

[429] Puech, Henri-Charles, *Gnosis and Time*, cité par Eliade, 1954
[430] Eliade, 1954

Bref, le temps de la création des légendes du Graal est précisément le moment où des concepts eschatologiques ont été combinés avec et complétés par la théorie d'un retour cyclique des événements.

En dépit des Croisades et de l'Inquisition, ces idées ont eu cours jusqu'au XVIIe siècle. C'est alors que le Système de Contrôle s'est livré à une opération de nettoyage pour faire disparaître ces idées. Car c'est également précisément à cette époque que le progrès linéaire de l'Histoire commencé à s'affirmer, particulièrement sous l'influence d'Isaac Newton.

> A partir du XVIIe siècle, le linéarisme et la progression "progressiviste" de l'Histoire s'affirment de plus en plus, instaurant la foi en un progrès infini, foi déjà proclamée par Leibniz... popularisée au XIXe siècle par le triomphe des idées des évolutionnistes.[431]

Karl Marx, à l'extrême du matérialisme, a suggéré que toutes les souffrances de l'humanité ne sont pas arbitraires; elles sont destinées à amener l'homme à une fin définitive et cohérente - une élimination finale de la Terreur de l'Histoire par le salut matériel représentant un "âge d'or", ou le Paradis Marxiste sur Terre. Cela justifiant, naturellement, *l'exacerbation du mal pour hâter la délivrance finale*, idée qui n'est pas étrangère au judaïsme ni au christianisme, comme en attestent les croisades, l'Inquisition, et l'effrayante régression actuelle des Etats-Unis d'Amérique et d'Israël vers le fondamentalisme. C'est là également le concept fondamental de nombreuses sociétés secrètes actuelles qui prônent un retour au mysticisme égyptien, aux dieux égyptiens et à la Divine Théocratie.

Le point important est: où est le libre-arbitre dans tout ça?

En surface, l'homme moderne semble avoir affirmé son "autonomie" en rejetant les concepts de périodicité, de cycles et d'archétypes. L' "homme historique moderne" ou chrétien, considère que le point de vue historique de l'homme archaïque revient à répéter indéfiniment des gestes archétypaux, symptômes de sa peur du mouvement et de la spontanéité, -ou bien n'ayant ni libre-arbitre ni courage.

> D'autre part, plus l'homme devient "moderne" et "mécanisé", moins il est capable de faire l'Histoire par lui-même. Comme un "rouage" dans une vaste société mécanisée, l'Histoire est faite par un nombre de plus en plus petit d'hommes qui non seulement

[431] Ibid.

> empêchent la masse de leurs contemporains d'intervenir directement ou indirectement dans l'Histoire qu'ils sont en train de produire, mais en outre ont à leur disposition des moyens suffisants pour forcer chaque individu à endurer, pour sa part, les conséquences de cette Histoire, c'est-à-dire à vivre immédiatement et en permanence dans la crainte de l'Histoire. La tant vantée liberté de l'homme moderne de faire l'Histoire est illusoire pour quasiment la race humaine tout entière. Au mieux, l'homme est laissé libre de choisir entre deux positions:
>
> S'opposer à l'Histoire qui est préparée par la très petite minorité (et dans ce cas il est libre de choisir entre le suicide et la déportation);
>
> Se réfugier dans une existence subhumaine ou fuir.
>
> Le marxisme et le fascisme doivent aboutir à l'établissement de deux types d'existence historique: celle du leader (le seul homme vraiment "libre") et celle des disciples, qui trouvent dans l'existence historique de leur leader, non pas un archétype de leur propre existence, mais le promulgateur des gestes qui leur sont temporairement permis.[432]

Donc, l'homme moderne, dans son temps linéaire, *n'est ni libre, ni un créateur de l'Histoire*. Pire, il est enfermé dans cette maison des horreurs avec la perspective d'une *fin totale* annoncée à l'horizon, avec toute la culpabilité de milliers et de milliers d'années de souffrance humaine pesant sur ses épaules!

Nous voyons donc que, ne serait-ce que dans un sens psychologique, les anciens avec leur existence cyclique, étaient libres! Ils étaient libres d'annuler leur Histoire, d'abolir le temps, de se régénérer, même si ce n'était que symboliquement. Et dans les temps les plus reculés, *il se peut qu'ils aient été capables de le faire littéralement.* Et si pas cette fois-ci, alors une autre fois! Pas de blâme éternel, pas d'arbitraire culpabilité, pas d'enfer ni de damnation éternels.

Le Roi est mort. Vive le Roi!

L'ESPOIR DU MONDE

En revoyant nos images de labyrinthe, de danse de Thésée/Persée, de Maroutes dansants, de Thésée pourvu du fil d'Ariane lui permettant de sortir du labyrinthe égyptien, de Persée tranchant la tête de la Gorgone, de l'Arche d'Alliance, des Hyperboréens et leur dieu qui dansait tous les 19 ans, et d'un tas

---

[432] Ibid.

d'indices s'y rapportant, nous commençons à former l'idée d'un groupe de gens qui avaient compris que les énergies biophysiques de certains individus, se mouvant dans *une relation géométrique spécifique les uns par rapport aux autres*, dans une relation géométrique par rapport à une disposition spécifique de mégalithes, deviennent une "machine" efficace ayant la faculté de transduire les énergies cosmiques. "*ô Maroutes au bras armé d'une lance, quand vous dansez, [les cieux] coulent ensemble comme les vagues sur l'eau.*" Et nous trouvons dans cette idée une explication de l'origine des représentations de la Déesse-Mère sous la forme de traits ondulés représentant la confluence des énergies cosmiques en réponse à une action "d'ascension" extatique.. Nous commençons aussi à comprendre ce que Pythagore a voulu signifier dans ses références à la géométrie, à l'astronomie et au son - choses qu'il était supposé avoir apprises de Barbares venus du Nord. L'idée que le mouvement, et *spécialement le mouvement d'un groupe*, est un stimulant de la production de certaines énergies semble avoir fait partie de la technologie archaïque. Mais ce groupe devait être constitué d'adeptes qui s'étaient libérée du labyrinthe ou qui avaient tranché la tête de Méduse et qui, de ce fait, étaient en possession de la "puissance de l'Arche". Ce sont ceux qui étaient capables de combiner les fonctions de devin et de guérisseur, et qui, en transe extatique étaient les médiateurs entre le monde des humains et les forces transcendantes: les chamanes.

Le fait de lever le voile, l'authentique "*art cot*" ou Art de la Lumière, sont les éléments de la Queste du Sacré Graal, la construction de l'Arche, grâce à quoi l'être humain peut "passer au travers de la conflagration" à la Fin des temps. Fulcanelli écrit:

> L'obélisque de Dommartin-sur-Tigeaus est l'image tangible, expressive, absolument conforme à la tradition, de la double calamité terrestre, de la conflagration et du déluge, au jour terrible du Jugement. [...] Ce monument semble être érigé sur le plan de l'ancien hexagramme; une figure composée des triangles de l'eau et du feu, utilisée comme signature du Grand Oeuvre physique et de son résultat, la Pierre Philosophale. [...]
>
> Deux faces de la pyramide sont orientées exactement selon l'axe nord-sud de la route nationale. Sur le côté méridional on remarque l'image d'un vieux chêne sculpté en bas-relief. [...] Si nous interrogeons le chêne de pierre, il peut nous répondre que les temps sont proches, parce qu'il en est le présage figuré. C'est l'éloquent symbole de notre période de décadence et de perversion; et l'initié à qui nous devons l'obélisque, eut soin de choisir le chêne pour frontispice de son oeuvre, en manière de

prologue cabalistique chargé de situer, dans le temps, l'époque néfaste de la fin du monde. Cette époque qui est la nôtre a ses caractéristiques clairement indiquées dans le vingt-quatrième chapitre de l'Evangile selon Saint Mathieu c'est-à-dire selon la Science. [...]

Ces secousses géologiques fréquentes, accompagnées de modifications climatériques inexplicables [...] sont symboliquement exprimées par le chêne. Ce mot, chuinté dans sa prononciation française, correspond phonétiquement au grec Khén, et désigne l'oie vulgaire. Le vieux chêne prend, de ce fait, la même valeur que l'expression *vieille oie* et le sens secret de vieille loi, **annonciatrice du retour de l'ancienne Alliance ou du Règne de Dieu.** Les Contes de ma Mère l'Oie (loi mère, loi première) sont des récits hermétiques où la vérité ésotérique se mêle au décor merveilleux et légendaire des Saturnales, du Paradis ou de l'Age d'or.

Dans la période de l'âge d'or, l'homme, rénové, ignore toute religion. [...] Il respecte, honore et vénère Dieu dans ce globe radiant qui est le coeur et le cerveau de la nature et le dispensateur des biens de la terre. [...] Au sein du rayonnement de l'astre, sous le ciel pur

d'une terre rajeunie, l'homme admire les oeuvres divines, sans manifestations extérieures, sans rites et sans voiles. [...]

[...] L'âge d'or, âge solaire par excellence, a pour symbole cyclique l'image même de l'astre, hiéroglyphe employé de tout temps par les anciens alchimistes, afin d'exprimer l'or métallique ou soleil minéral. Sur le plan spirituel, l'âge d'or est personnifié par l'évangéliste saint Luc. Le grec... lumière, lampe, flambeau (latin lux, lucis), nous porte à considérer l'Evangile selon saint Luc, comme l'Evangile selon la lumière. C'est l'Evangile solaire qui traduit, ésotériquement, le trajet de l'astre et celui de ses rayons, revenus à leur premier état de splendeur. Il marque le début d'une ère nouvelle, l'exaltation du pouvoir radiant sur la terre régénérée et le recommencement de l'orbe annuel et cyclique [...][433]

Au demeurant, nous considérons comme exactes toutes les descriptions qui ont été faites du Paradis terrestre ou, si l'on préfère, de l'âge d'or; mais nous ne nous arrêterons pas au différentes thèses visant à prouver que l'espace de refuge habité par nos ancêtres, se trouvait localisé en une contrée bien définie. Si, à dessein, nous ne précisons pas où elle se situait, c'est uniquement pour la raison que, lors de chaque révolution cyclique, il n'existe qu'une mince ceinture qui soit respectée et

[433] Fulcanelli, *Demeures philosophales,* Tome II, pp 352-353, 354-355

> qui reste habitable sur ses parties terrestres. Nous y insistons cependant, la zone de salut et de miséricorde se trouve tantôt dans l'hémisphère austral, au début du cycle suivant. [434]

Et dans le mystérieux chapitre sur Hendaye dans *Le Mystère des Cathédrales*, Fulcanelli dit encore:

> [n]ous apprenons qu'il existe une contrée où la mort n'atteindra point l'homme, à l'époque terrible du double cataclysme. Quant à la situation géographique de cette terre promise, d'où les élus assisteront au retour de l'âge d'or, c'est à nous de la rechercher. Car les élus, enfants d'Elie, seront sauvés selon la parole de l'Ecriture. Parce que leur foi profonde, leur inlassable persévérance dans l'effort leur auront mérité d'être élevés au rang des disciples du Christ-Lumière. Ils en porteront le signe et recevront de lui mission de renouer à l'humanité régénérée la chaîne des traditions de l'humanité disparue. [...] Car c'est à l'aide de feu et dans le feu même que notre hémisphère sera bientôt éprouvé.[435]

> L'âge de fer n'a point d'autre sceau que celui de la Mort. Son hiéroglyphe est le squelette pourvu des attributs de Saturne: le sablier vide, figure du temps révolu, et la faux, reproduite dans le chiffre sept, qui est le nombre de la transformation, de la destruction, de l'anéantissement. L'Evangile de cette époque néfaste est celui qui fut écrit sous l'inspiration de Saint Mathieu. Mathaeus [...] qui signifie science. Ce mot a donné [...] étude, connaissance, [...] apprendre, s'instruire. C'est l'Evangile selon la Science, le dernier de tous, mais le premier pour nous, parce qu'il nous enseigne que, sauf un petit nombre d'élus, nous devons collectivement périr. Aussi l'ange fut-il attribué à Saint Mathieu, parce que la science, seule capable de pénétrer le mystère des choses, celui des êtres et de leur destinée, peut donner à l'homme des ailes pour qu'il s'élève jusqu'à la connaissance des plus hautes vérités et qu'il parvienne jusqu'à Dieu.[436]

Je voudrais à présent réitérer l'hypothèse que j'ai formée après toutes ces années de recherches et ayant constaté qu'il y a un certain "motif" qui se répète, c'est-à-dire que les mythes religieux pourraient bien être des narrations concernant une ancienne technologie et une connaissance du cosmos qui surpassent de loin notre compréhension actuelle, et ils pourraient être aussi un avertissement concernant les circonstances périlleuses dans lesquelles nous vivons, ainsi que quelqu'événement futur vers

[434] Fulcanelli, *Demeures Philosophales* , Tome II, p. 356.
[435] Fulcanelli, *Le Mystère des Cathédrales*, pp 215-216
[436] Fulcanelli, *Le Mystère des Cathédrales*, pp. 218-219.

lequel nous nous dirigeons. Nous avons également émis l'hypothèse que les mythes, rituels et cérémonies des anciennes religions ne sont que des fragments qui subsistent de cette technologie dont la vraie signification a disparu. Ce que je veux dire ici est qu'en découvrant les secrets de cette "technologie" - le Sacré Graal – l'humanité a une chance de se libérer de la Terreur de l'Histoire, de construire une Arche, et de survivre au prochain Déluge.

A maintes reprises, nous avons vu que la piste du Graal/de l'Arche nous mène vers la Russie, l'Asie Centrale, les Scythes, la Tribu de Dan. Il est intéressant de relire la prophétie faite par Edgar Cayce à propos de la Russie et de la Chine. En 1944, il a prophétisé qu'un jour la Chine serait "le berceau du Christianisme tel qu'il est appliqué dans la vie des hommes". "Par la Russie", dit-il, "vient l'espoir du Monde. Non pas par rapport à ce qui a parfois été appelé Communisme ou Bolchevisme - Non! Mais la liberté – la liberté. Chaque homme vivra pour son prochain. Le principe est né là-bas. Il faudra des années pour qu'il se cristallise, cependant, c'est de Russie que reviendra l'espoir du Monde!". Dans cet ordre d'idées, et pour ce qui touche aux nombreuses autres références "russes", Geoffrey Ashe écrit dans son ouvrage *The Ancient Wisdom:*

> De la Grèce à la Vallée de l'Indus, nous voyons des peuples qui tiennent la Grande Ourse en grand respect depuis pratiquement aussi loin qu'on puisse remonter dans le temps ... De diverses manières, l'Ours(e) est introduit(e) dans les croyances qui relient les centres d'En-Haut et d'En-Bas. [...] Nous en avons assez pour reconstruire un mythe commun sous-tendant toutes les versions primitives de la mystique du sept [...] dont découle tout le reste.
>
> Dans le grand nord, il existe un endroit élevé et paradisiaque, peuplé de gens dont la longévité et la sagesse sont surhumaines. Ils ont des partenaires et contacts dans les niveaux inférieurs. [...]
>
> La censure biblique ne s'est jamais vraiment "occupée" de la montagne du nord et, avec elle, de l'identité mystique de Sion. [...] L'imagerie du prophète est déconcertante et, par la suite, des rabbins ont affirmé qu'elle dissimulait un grand secret, une sagesse occulte. Seuls les plus sages et les plus saints ont pu expliquer le Travail du Chariot. Robert Graves a soutenu que le dieu du Chariot est en fait Apollon. [...]
>
> Y a-t-il des raisons de croire que le Quelque Chose du nord se trouve littéralement là? [...] qu'un système cosmique a réellement été enseigné par les Rishis sur un réel Mont Mérou, et que cela a fait route vers le sud et l'ouest en suivant diverses routes? [...] L'enquête a [...] abouti à quelque chose que personne n'avait

> jamais identifié auparavant: un lieu probable, auquel la recherche peut se restreindre.
>
> Nous avons de bonnes raisons pour revenir à la Théorie d'Apollon émise par Guthrie. Si ce dieu a atteint l'Asie Mineure et de là, la Grèce en partant d'une origine sibérienne, un réel pays des Hyperboréens, alors il implique un "Quelque Chose du nord" qui s'y trouvait vraiment: un centre d'un type influent de chamanisme, avec un Apollon hyperboréen parmi ses dieux. [...] Si Apollon a bien effectué ce voyage depuis la Sibérie, alors la déesse-ourse Artémis a probablement été jumelée avec lui dès le début.[437]

L'histoire d'Apollon et de sa sœur- jumelle Artémis est intéressante et nous ramène, étrangement, à Orion. Certaines sources affirment qu'Artémis est tombée amoureuse d'Orion et était prête à lui abandonner sa virginité pour l'épouser. Mais Apollon n'étant pas d'accord avec ce mariage, eut recours à une ruse et fit en sorte qu'Artémis tire une flèche sur Orion pendant que celui-ci se baignait dans la mer. Inconsolable, Artémis plaça alors Orion dans le ciel pour lui rendre hommage.

D'autres sources disent qu'Orion avait violé une des suivantes d'Artémis, et que celle-ci l'avait tué en châtiment: un scorpion envoyé par elle, le piqua mortellement. Lorsqu'Orion et le Scorpion furent placés parmi les astres, leurs lieux de résidence respectifs se trouvèrent en face l'un de l'autre, de manière à ce qu'Orion restât à l'abri du danger. Dès que le Scorpion se lève, poursuivant Orion, le chasseur commence à disparaître à l'ouest de l'horizon.

La vénération de l'ours est si ancienne que nous en retrouvons même des vestiges dans des grottes françaises dont l'origine se perd dans la nuit des temps. Ici le symbolisme est profond: un ours est supposé naître comme une petite boule plutôt informe, et il est "mis en forme à coups de langue". Son sommeil pendant l'hiver symbolise la mort et la renaissance ou, plus significativement, la "survie dans une arche". L'ours se tient sur ses pattes de derrière et est omnivore, tout comme l'homme.

Le fait est que l'ours, Arca, Arthur[438], nous ramène à ses origines, en Europe occidentale et en Sibérie. Les chamanes sibériens disent qu'il y a très longtemps, tous les hommes pouvaient entrer en contact avec les dieux, tandis qu'à présent, seuls les chamanes le peuvent. Le chamanisme se présente comme ce qui reste d'un enseignement de l'Antique Sagesse ayant jadis fleuri dans tout

---

[437] Je pense que la constellation d'Orion pourrait, à l'origine, avoir représenté Artémis, la chasseresse .

[438] Arcturus (NdT)

l'hémisphère nord. La caractéristique principale de l'univers du chamane est le centre cosmique, un axe qui relie la Terre tant au Ciel qu'à l'Enfer. Il est souvent représenté comme un arbre, une échelle, ou une perche. Le chamane peut utiliser cet arbre pour s'élever afin de pouvoir communier avec les dieux, ou pour descendre afin d'aller combattre les démons.

Les nombres sont importants: il y a un nombre fixe de marches ou échelons, ou étapes célestes. L'arbre cosmique peut également être représenté comme une montagne à sept étages. La montagne est faite d'or et en fait, le nom "*Altaï*" signifie "or". Et nous savons que les Scythes étaient des orfèvres hors pair. En outre, même l'œil le moins averti peut voir que l'art des Scythes ressemble fort à celui des cavernes françaises, et à celui des Celtes d'Europe.

Il est évident que le chamanisme tel qu'il est connu de nos jours, a décliné et n'a plus ni forme unifiée originelle ni système cohérent. Une raison pour suivre ce raisonnement est qu'il existe de nombreux termes locaux pour désigner un chamane homme; mais il y en a un seul pour désigner une femme chamane. Il semble que, jadis, le chamanisme était une affaire de femmes. Dans un dialecte tartare, *utygan*, le mot désignant une femme-chamane, signifie également "ours".

A environ 83 km au nord-ouest d'Irkoutsk, se trouve un lieu nommé *Mal'ta*, une région où subsistent des éléments actifs du chamanisme altaïque. Des gravures y ont été découvertes, et parmi celles-ci, une plaque oblongue d'ivoire de mammouth couverte de motifs. Le dessin dominant est une spirale en pointillé à sept tours, qui s'enroule ou se déroule vers ou depuis un trou central – un labyrinthe en spirale. Ce dessin est la plus ancienne heptade connue du monde: elle a près de 30.000 ans.

Certains prétendent que la Sagesse antique survit encore en Asie Centrale de nos jours. Nous ne pouvons pas le confirmer. En tout cas, c'est de Russie qu'est venue l'oeuvre de Georges Gurdjieff, principalement grâce aux efforts d'un autre Russe: P. D. Ouspensky. Le Troisième Homme, Boris Mouravieff, a développé de manière considérable la théorie des Quatre Corps émise par Gurdjieff, la reliant ainsi au thème du Sacré Graal. Gurdjieff et Mouravieff ont nommé cette Tradition "Christianisme Esotérique", suggérant par là qu'il s'agit des vrais enseignements de l'homme connu sous le nom de Jésus. Mais nous subodorons à présent que ce qui a été enseigné à l'origine par un inconnu vivant au Moyen-Orient il y a plus de 2.000 ans a été repris d'une *Tradition beaucoup plus ancienne* - une Tradition qui se perd dans les brumes de la pré-histoire, en un temps où l'homme interagissait avec son environnement d'une manière totalement différente – une manière qui nous paraît magique et mystérieuse dans l'état présent de nos capacités réduites.

> L'oeuvre de Boris Mouravieff: *Gnosis* est une tentative de retrouver et décrire d'une manière compréhensible à l'homme moderne, une Tradition particulière transmise au fil des siècles en ligne parfois brisée, mais qui existe encore actuellement dans l'Eglise Orthodoxe. [..] On pourrait dire que cette tradition est l'équivalent chrétien du Yoga, du Zen et des autres traditions intérieures des religions de l'Extrême-Orient, disciplines qui toutes ont existé au titre de spécialisations au sein de la religion dont elles font partie. [...]. Sa forme la plus tardive se retrouve particulièrement dans l'Eglise Russe [et] se rapporte clairement à la tradition connue comme la Voie Royale. [...]
>
> Mouravieff admet lui-même que la survivance de cette tradition dans l'Eglise est ténue, que la doctrine ne semble pas survivre dans son ensemble ou bien n'a pas été rassemblée complètement. [...] Les moines du Mont Athos admettent l'existence de cette Tradition mais disent qu'elle n'a jamais été mise complètement par écrit.[439]

En étudiant avec attention l'oeuvre de Mouravieff, nous remarquons que nous avons découvert beaucoup des pièces qui manquaient à notre puzzle. Le plus frappant dans tout cela, c'est que ces pièces ont un rapport direct avec les *sens cachés* de la Queste du Sacré Graal et du Grand Oeuvre des Alchimistes.

Les chercheurs se sont toujours efforcés d'interpréter le processus d' "Ascension" par rapport à leurs expériences extérieures. Mais comme l'a dit Fulcanelli, c'est du choc des idées que meurt la lettre et que naît l'esprit. Cela signifie que la connaissance se trouve dans la signification, pas dans les mots

> Epoque après époque, la Tradition ésotérique est mal comprise et, dès lors, meurt. Puis, quand le temps est venu, elle doit être soit restaurée, soit reformulée. Entretemps, la signification est gardée vivante dans des communautés ou écoles symbolisées par le terme de «arche» ; et l'Arche de Noé a été l'une d'elles.[440]

Mouravieff écrit:

> Avec le temps, la Parole révélée, parfois transmise depuis des civilisations disparues, subit des dommages du fait de la tendance

---

[439] Amis, Robin, traducteur et éditeur: *Gnosis: Study and Commentaries on the Esoteric Tradition of Eastern Orthodoxy* , Boris Mouravieff, (1992), Praxis Institute Press, Robertsbridge, UK.
[440] Ibid.

> des hommes à l'oubli: elle devient fragmentaire. Ensuite, elle reçoit des ajouts arbitraires de sources purement humaines. Au fil des ans, ces conjectures sont en général prises pour des réalités.
>
> A part ces mutilations, nous ne devons pas perdre de vue un phénomène d'un ordre entièrement différent. La Révélation Divine, source de toute vraie Tradition, ne se cristallise pas dans l'immobilité au cours des millénaires. La Révélation se fait par étapes: distillée à chaque fois de manière nécessaire et suffisante pour répondre aux besoins de l'époque et de la Cause.[441]

Les paroles de Mouravieff font écho à celles de Fulcanelli:

> Tout homme prudent doit premièrement apprendre la Science, s'il peut, c'est-à-dire les principes et les moyens d'opérer, sinon en demeurer là, sans follement employer son temps et son bien... Or, je prie ceux qui liront ce petit livre, d'ajouter foi à mes paroles. Je leur dis donc encore une fois qu'ils n'apprendront jamais cette science sublime par le moyen des livres, et qu'elle ne peut s'apprendre que par révélation divine, c'est pourquoi on l'appelle Art divin, ou bien par le moyen d'un *bon et fidèle maître; et comme **il y en a très peu à qui Dieu ait fait cette grâce, il y en a peu aussi qui l'enseignent**.* [442]

Si nous revenons un moment sur nos pas pour considérer les problèmes des divers et nombreux enseignements d' "Ascension" que nous avons mentionnés dans notre introduction, nous constatons que le Chercheur a toujours été confronté à ce problème du «travail par opposition à la foi» . Il se trouve dans la Forêt Hantée qu'il doit traverser avant même de devoir faire face aux véritables épreuves d'endurance, de courage, et de discernement. Mouravieff en parle également:

> Une très ancienne maxime, citée dans l'Evangile de Saint-Luc, place le problème [de l'Ascension] sans son contexte propre. Il écrit: *l'ouvrier est digne de son salaire*. Cette maxime est donnée dans le contexte de l'envoi des soixante-dix disciples «comme des agneaux parmi les loups» pour annoncer au peuple que «le royaume de Dieu est venu à vous».
>
> Cela signifie que, dans le domaine ésotérique, comme dans n'importe quelle vie, l'homme reçoit une rétribution pour le service qu'il rend. [...]
>
> Dans le domaine ésotérique, il est impossible de rien obtenir de pur ou d'authentique, et de ce fait rien de beau *sans faire des*

---

[441] Mouravieff, Boris, *Gnosis: Study and Commentaries on the Esoteric Tradition of Eastern Orthodoxy*, (1992), Praxis Institute Press, Robertsbridge, UK.
[442] Fulcanelli, *Demeures Philosophales,* tome I, p. 181.

> *efforts dont la somme et l'importance sont équivalents au résultat auquel le travailleur aspire.* Inversement, la valeur des résultats que nous obtenons est toujours équivalente, quantitativement et qualitativement, *à la mesure des services rendus sur le plan ésotérique.*
>
> Il est possible d'obtenir des résultats dits 'ésotériques' qui sont impurs : ils sont *faux*, et donc, *transitoires.*
>
> Ici, nous faisons référence au vaste monde de l'occultisme, où les enfants de ce siècle, plus capables que les enfants de la lumière, cherchent à appliquer leurs facultés au-delà du monde visible. Cela se produit dans ce que nous appelons le mysticisme de phénomènes. [...]
>
> Si le chercheur [...] approche le domaine ésotérique poussé par le désir d'y trouver une satisfaction personnelle et donc *impure*, il ne pourra pas aller bien loin. S'il persiste, il rencontrera l'échec. L'erreur de conception faite au départ le conduira imperceptiblement vers ce « mysticisme de phénomènes ».
>
> Le lecteur attentif tirera une conclusion pratique de ce qui est écrit ci-dessus: il faut trouver une authentique tâche ésotérique entreprise dans le monde, se rendre utile dans ce travail, et y prendre une part active. [...]
>
> [Nous sommes au coeur de cette période] que nous appellerons Période de Transition. [...] Tous les signes montrent que les conditions nécessaires à la Fin sont en train d'émerger sous nos yeux. [...]
>
> Le travail préparatoire, fondamental pour la Période de Transition, peut et doit être accompli [...] pour les êtres humains et par les êtres humains. Cela est, dès lors, une question de Nouvel Homme. [...]
>
> En pratique, ce problème peut être réduit au besoin de former une nouvelle élite [Les Enfants d'Elie, comme les appelle Fulcanelli]. Pendant la période de transition entre notre civilisation qui touche maintenant à sa fin, et la nouvelle ère vers laquelle se dirige actuellement l'humanité dans son évolution historique, le succès dépend de l'émergence, dans un avenir proche, d'un nombre suffisant de gens appartenant à ce nouveau type humain. [...][443]

Dès lors, sur base de nos recherches, de ce que nous avons appris des Cassiopéens, et de ce qui a été révélé par Mouravieff, laissez-moi vous donner une brève description, de la *vraie* Antique Science Secrète de l'Ascension.

---

[443] Mouravieff, Boris, *Gnosis: Study and Commentaries on the Esoteric Tradition of Eastern Orthodoxy*, (1992), Praxis Institute Press, Robertsbridge, UK.

La vie organique sur Terre sert de "station de transmission". Lors d'une transition, comme dans le cas de la dépression d'une onde quantique, ce qui est « transmis/observé » détermine la "mesure". Il y a environ 6 milliards d'êtres humains sur la planète, en cette époque de transition, et la plupart d'entre eux contribuent à une transmission QUANTITATIVE. Mais ce qui manque, c'est la VIBRATION QUALITATIVE DE LA FREQUENCE DE RESONANCE qui doit créer le modèle de base d'un NOUVEAU MONDE.

La QUALITE de l'humanité a peu changé au cours des nombreux millénaires de son existence. La plupart des êtres humains sont toujours régis par la crainte, la faim et le sexe dans des états de misère et de chaos.

En bref, bien que l'intensité globale de la transmission se soit accrue exponentiellement, le spectre des énergies transmises est incomplet. Il y manque des quantités IMMENSES d'énergies les plus fines de la psyché. Seuls les êtres humains sur le point d'accomplir une ascension SPIRITUELLE AUTHENTIQUE sont capables d'assurer la transmission de ces énergies en qualité et en quantités suffisantes.

Les énergies nécessaires sont les TROIS COURANTS DE L'AMOUR OBJECTIF: Spirituel, Emotionnel/Mental, et Physique. Et nous soulignons que ces trois courants doivent être PURS.

Seul l'homme a la faculté de rassembler et vivre les trois. Mais pour saisir et faire l'expérience complète de l'Amour de l'Ame, de l'amour généreux, de l'amour courtois témoigné et enseigné par la Chevalerie et les Chevaliers des récits du Graal, le Chercheur DOIT développer un centre magnétique à l'intérieur de lui-même.

L'homme est pénétré en permanence par deux courants: celui de l'amour mental/émotionnel et celui de l'amour physique, mais ces courants ne sont pas purs. Sans un centre magnétique pleinement développé, l'homme n'a pas la faculté de les saisir. Ce n'est qu'en concrétisant ces courants dans sa vie, soit à la manière de l'Alchimiste, soit sur le modèle de la Queste du Graal, tous deux exemples de l'Ascension Extatique chamanique, que l'homme a une REELLE possibilité d'Ascension, de retour à l'Age d'Or.

Nous avons vu, dans notre parcours de l'Histoire et des témoignages, ce que sont les potentialités: un Retour à l'Etat Edénique dans le sens littéral du Chiliasme Primitif – de Nouveaux Cieux et une Terre Nouvelle.

Je répète que cela dépend de la possibilité de saisir et garder stables (même au milieu d'événements extraordinaires s'il le faut), des quantités massives de pur Amour Objectif.

Il est clair pour ceux qui sont attentifs à ce qui se passe dans le monde, qu'il y a des forces qui NE VEULENT PAS que cette possibilité se manifeste!! Elles ne veulent pas perdre leur source d'approvisionnement en énergies négatives! Et dans ce but, elles répandent en permanence des mensonges et ont recours à des duperies - de telle manière que même les plus avertis sont trompés!

Comment réaliser cet ancrage de fréquence des trois courants de l'Amour Objectif?

L'attitude adoptée par un être humain envers l'Amour reflète son état personnel. La splendeur de l'Amour de Dieu/de la Création lui est inconcevable. L'intensité de cet Amour brûlerait tous ses circuits au premier contact. Néanmoins, l'être humain PEUT appréhender et survivre à l'Amour spirituel de la Connaissance Objective. Pour y parvenir, il doit s'élever à un niveau supérieur d'Etre et devenir une individualité AUTHENTIQUE. Seuls ceux qui sont arrivés au niveau de l'individualité, qui obéissent aux impératifs du Divin à l'intérieur du soi - le vrai MOI, ont la possibilité de maintenir cette fréquence et de la faire irradier au Temps de la Transition.

Les "Elus", les Enfants d'Elie, sont des êtres humains qui ont franchi le deuxième Seuil et qui sont passés par une Deuxième Naissance. Ils seront "rassemblés des quatre vents, d'une extrémité du ciel à l'autre" pour passer par la Transition et devenir les germes de l'humanité du Nouveau Monde. Cela signifie qu'ils seront des humains de tous les types et de toutes les couleurs; le seul critère sera qu'ils aient franchi le Deuxième Seuil. Chacun d'entre eux aura Pleine Conscience, grâce à une union directe et indissoluble de sa Personnalité avec son Centre Emotionnel/Intellectuel Supérieur. Ce contact direct de la nouvelle humanité avec les plans supérieurs explique pourquoi le Retour n'exige pas "une nouvelle incarnation du Christ". Et c'est pourquoi nous avons été avertis: "Si quelqu'un te dit: Regarde, le Christ est ici, ou là, ne le crois pas. Car il se lèvera de faux christs et de faux prophètes, et il y aura de grands prodiges et miracles, tant et tellement que, si c'était possible, ils séduiraient les élus eux-mêmes".

Le chemin qu'il faut suivre est celui dont l'exemple est donné dans la Queste du Sacré Graal. Les humains doivent passer du résidu d'Amour Céleste que nous vivons dans notre vie ordinaire, à l'Amour de l'Esprit. C'est là ce qui est requis, d'une manière générale, pour le "Salut".

Ce chemin mène à la Deuxième Naissance. Mais avant de pouvoir renaître, l'être humain doit d'abord passer l'épreuve de l'Amour Vrai. Seul celui qui a dompté sa personnalité et qui BRULE de l'AMOUR VRAI peut franchir le Deuxième Seuil. Et avant qu'il puisse en arriver là, le Chercheur, poussé par l'ardent désir du Salut, doit passer par les étapes intermédiaires. Il doit passer par l'épreuve de la Force nourrie par l'Espoir. Ensuite, il lui faut acquérir le discernement, et il ne peut le faire sans obtenir la Connaissance. Le passage de l'Espoir à l'Amour est marqué par le renouvellement de l'esprit, l'intelligence, et par la Connaissance.

La Connaissance, acquise par l'étude et le travail ne représente qu'une étape intermédiaire. Seul l'Amour le plus élevé peut révéler la Nature Divine, et celle-ci est issue de Dieu. Mais si aucun récipient n'est construit par la Connaissance pour recevoir la Gnose, alors il n'est pas possible d'ancrer l'Esprit Précurseur qui ouvre les portes de l'Esprit Saint. Et le Gardien du Seuil est la Connaissance.

Mais pour que puisse se produire le Signe, c'est-à-dire le Signe de la Connaissance, le Signe de St Mathieu -la Science- doit être orienté correctement. Cela signifie que l'aspirant doit être libéré du mensonge et ne plus croire de mensonges. Sans cela, il n'y a aucun accès possible à la nouvelle Ere de l'Esprit Saint. Même si quelqu'un est de la meilleure volonté, s'il suit des pratiques ou des enseignements fondés sur des mensonges ils n'obtiendra pas le Graal. Et c'est là que nous voyons pourquoi la connaissance est essentielle.

Accéder à la connaissance demande du courage et exige des efforts psychologiques particuliers de la part de l'Aspirant: il doit accepter le postulat selon lequel "la vérité se trouve quelque part, mais il est difficile de mettre la main dessus", tout en remettant en question ses propres idées et croyances.

A l'approche de l'ère de l'Esprit Saint, tout doit graduellement être amené à la lumière du jour, non seulement les secrets du laboratoire, mais également les significations les plus profondes de l'ésotérisme. Le même processus doit être suivi pour les illusions, les erreurs et les mensonges, qui doivent être dévoilés afin de pouvoir être rectifiés. Ce processus, qui comprend la Révélation de la Connaissance ésotérique la plus profonde, révélation qui a été promise et annoncée, révélera entièrement les nombreuses déviances de l'esprit fondamentalement inquisiteur de l'homme. L'initiation, au sens ésotérique du terme, n'est pas une simple "cérémonie". En fait, la "cérémonie d'initiation" n'a plus cours sur le plan humain, avec des rituels humains. L'initiation du présent cycle se passe sur un plan supra-sensoriel. Elle confirme l'Initié dans une nouvelle dignité acquise par son Labeur, et l'emporte vers la Grâce Divine.

Pour résoudre le problème de l'ancrage des trois Courants de l'Amour Objectif, nous devons nous concentrer sur une solution positive et pratique des problèmes des êtres humains pris individuellement. Une application pratique de la connaissance ésotérique aiderait ceux qui cherchent et qui brûlent du désir de passer par une Deuxième Naissance.

Celui qui cherche le Sacré Graal, exactement comme il est décrit dans les histoires, doit d'abord assimiler tout ce qu'il peut apprendre sur le plan exotérique et sur le plan ésotérique. Et ensuite, il doit être prêt à servir la Cause dans la joie.

Brûler et Servir, voilà la devise du nouveau Chevalier.

La Tradition enseigne – et l'ombre de cette connaissance se profile dans les Légendes du Graal ainsi que dans les fragments des enseignements cathares- qu'à la Fin des Temps, les enfants d'Elie iront en Couples Polaires. Au Temps de la Transition, le Nouvel Humain devra résoudre le problème de l'Idylle Singulière.

Au cours de l'évolution, le chemin de l'amour, qui depuis la Chute a passé de la polygamie - qui considérait les autres êtres humains (les femmes généralement) comme des "biens meubles" - au libre choix des partenaires, a atteint son expression ultime à notre époque. Epoque en décadence, qui a mis toute l'emphase sur l'expression physique et qui, dans certains cas, a même régressé jusqu'à une nouvelle forme de "polygamie" ou des partenaires multiples.

Mouravieff écrit:

> Une révolution est en train de se produire en silence, qui remplacera l'idylle libre, marque distinctive de l'ère chrétienne, par l'idylle singulière caractéristique de l'Esprit Saint. Libérée de la servitude de la procréation, cette idylle de demain scellera l'union indissoluble entre deux êtres strictement polaires, union qui assurera leur intégration dans le sein de l'Absolu. Comme le dit Saint-Paul: "Néanmoins, n'est dans le Seigneur ni la femme sans l'homme, ni l'homme sans la femme".
>
> La vision d'une telle idylle a hanté les esprits les plus élevés pendant des milliers d'années. Nous la trouvons dans l'amour platonique, base de l'idylle singulière dans les mythes de l'androgyne; d'Orphée et Eurydice; de Pygmalion et Galatée... C'est à cela qu'aspire le coeur humain qui verse des pleurs en secret sur sa grande solitude. Cette forme de relation amoureuse est le but essentiel du travail ésotérique. Voilà cet amour qui va unir l'homme à un être qui est unique pour lui: la Soeur-Epouse, la gloire de l'homme, comme lui est la gloire de Dieu. Etant entré dans la lumière du Tabor, non plus deux, mais un, buvant à la fontaine de l'Amour vrai, le transfiguré: le conquérant de la Mort.
>
> [...]

> L'homme et la femme ont formé jadis, dans des corps séparés, un seul être spirituel doté d'une conscience unique du Soi réel, l'Etre décrit dans le mythe de l'Androgyne.
>
> Le Moi incomplet de la Personnalité, inachevé et sans force, erre dans la vie sans foi et sans affection vraie. Il va d'erreur en erreur, de faiblesse en faiblesse, et de mensonge en mensonge. Prisonnier - peut-être volontaire - mais prisonnier tout de même- l'homme ne fait pas ce qu'il veut dans la vie, il fait ce qu'il déteste, en obéissant aveuglément à une «mécanicité» diabolique qui, sous ses trois aspects: crainte, faim et sexualité, gouverne sa vie.
>
> Cette existence est purement factice et n'a rien de réel, excepté la possibilité d'une évolution - qui demeure latente et qui est l'objectif des études et du travail ésotériques. A part ce germe tout, dans la vie extérieure, est fondé sur des mensonges.[444]

L'étape suivante de l'évolution de l'Amour est l'Androgyne alchimique. Ceci ne doit pas être compris dans le sens physique, mais bien dans le sens spirituel. Le Divin Androgyne est l'état le plus élevé de la Conscience humaine, qui couronne les efforts de l'Aspirant, et dont l'Union a pour résultat la Deuxième Naissance.

Mouravieff a interprété la Tradition comme une relation entre deux personnes, mais c'est en fait plus simple que cela. L'Amour objectif ne peut être atteint ici–bas, dans l'existence humaine, que par sa complète et vivifiante manifestation au moment de la Deuxième Naissance.

L'Amour Courtois, illustré dans les récits du Graal, est alors le précurseur de l'Amour Objectif.

La pratique de l'Amour Courtois exige sacrifices et exploits. Ce sont les épreuves. Pour ceux qui les surmontent, l'effet salutaire de la Gnose est doublé.[445]

L'amour entre le Chevalier et sa Dame est une métaphore décrivant la juste relation entre la matière - *Mère* – et l'esprit – *Verbe*.

L'ARBRE DE VIE

> Au commencement était la Parole; et la Parole était auprès de Dieu ; et la Parole était Dieu.
> 2 Elle était au commencement auprès de Dieu.
> 3 Toutes choses furent faites par elle, et sans elle pas une seule chose ne fut faite de ce qui a été fait.
> 4 En elle était [la] vie, et la vie était la lumière des hommes.

---

[444] Mouravieff, *Gnosis I*, pp. xxv-xxvi, 225-227.
[445] Ibid.

> 5 Et la lumière luit dans les ténèbres ; et les ténèbres ne l'ont pas comprise.” [Jean 1: 1-5, *Bible Darby*]

En grec, le mot *logos* (λογος) veut dire *mot*. Dans une signification archaïque il avait un sens plus spécifique: l' “Essence Divine” était concentrée dans son *Nom*. Cette théorie de la Création est passée du tantrisme à la philosophie néo-platonicienne, a été adoptée par la suite par le christianisme, et à partir de là, s'est appliquée uniquement à Jésus.

L'enthousiasme chrétien pour cette idée peut avoir été lié au fait qu'elle accorde aux divinités mâles, exclusivement, le moyen de donner le jour! Il leur suffisait de “dire le mot juste” et Tatammm! C'était fait. Cette théorie est dès lors devenue une notion théologique très répandue et populaire.

Cependant, la faculté de créer et de détruire au moyen de mots était à l'origine l'apanage de la Déesse dans toutes ses manifestations. Elle créait des alphabets, des langues et des mots secrets de pouvoir: les mantras. Toute manifestation de vie provenait de la “*syllabe suprême et mère de tous les sons: Ohm*.”

L'idée du mot est en fait presque identique au concept oriental de la Sur-Ame dite l'essence de la Grande Mère. *Origène*, l'un des premiers Pères de l'Eglise a écrit:

> Tout comme notre corps qui est composé de membres humains est tenu ensemble par une âme, ainsi l'univers doit être vu comme un immense être vivant tenu ensemble par une âme: le pouvoir de la Parole.

La doctrine de la Parole était si répandue dans le monde antique, qu'elle aurait été impossible à ignorer de la part des chrétiens. Mais non contents de se l'approprier pour servir leurs propres intérêts, ils ont aussi détruit les anciens *Logoi* (λογοι) ou écrits sacrés de la tradition orphique mentionnés par Platon et d'autres philosophes. Il s'agit ici d'une large portion de la littérature de Sagesse qui a survécu en partie dans la Bible, et dont des fragments ont été préservés dans certains des écrits gnostiques découverts à Nag Hammadi en 1945. L'Evangile de la Vérité dit:

> “**Quand le Verbe est apparu, le Verbe qui est dans le coeur de ceux qui l'ont prononcé..... ce n'était pas seulement un son, mais il avait aussi pris un corps**.”[446]

Les chrétiens ont fait de cette idée une interprétation très simpliste, en supposant que les auteurs ont à l'origine eu l'intention

---

[446] Evangiles gnostiques

de dire que l'homme, le «nomothète»[447], crée tous ses dieux à partir de son Verbe.

Et nous revoici dans le domaine des Noms de Dieu, ou Centres de Pensée.

Q: (L) Y a-t-il un seul créateur ultime de l'univers?

R: Tout est un. Et un est Tout.

Q: (L) Comment la pensée devient-elle matière?

R: Bilatéralement.

Q: (L) Comment cela "bilatéralement"?

R: Emergence duelle.

Q: (L) Emergence de quoi en quoi?

R: Pas "de quoi en quoi," mais bien, "depuis quoi et vers quoi."

Q: (L) Qu'est-ce qui émerge de quoi?

R: Le commencement émerge de la fin et vice versa.

Q: (L) Et qu'est-ce qui est le commencement et la fin ?

R: Union avec l'Unique.

Q: (L) Qu'est-ce que l'Unique?

R: 7e densité, c'est-à-dire tout ce qui est et n'est pas.

Q: (L) En termes du plus grand SDS, ceci peut avoir un rapport ou non; pouvez-vous nous dire la nature des Trous Noirs?

R: SDS sur Grande Echelle. Les trous noirs sont les reflets d'une force naturelle d'orientation SDS de conscience du Libre Arbitre. Remarquez que les trous noirs sont localisés au centre de la spirale des forces d'énergie; toutes les autres rayonnent vers l'extérieur. Tout dans la création est uniquement cela: une onde rayonnante.

Q: (L) Où s'en va l'énergie aspirée dans un trou noir?

R: Vers l'intérieur de la non-existence totale. L'univers contient tout. Les trous noirs sont la destination finale de toute énergie SDS. La non-existence totale équilibre l'existence totale. Devinez ce qui est l'existence totale. Dieu. Le Créateur Premier. Aussi longtemps que vous existez vous êtes du Créateur Premier.

[447] Nomothète : (n.m.) nom donné dans Athènes aux membres d'une commission législative chargée de réviser les lois existantes. (NdT)

Q: (L) Mais ce qui va dans les trous noirs, qui va vers la non-existence, cela ne fait donc pas partie du Créateur Premier?

R: Correct.

Q: (L) Comment le Créateur Premier peut-il perdre une partie de Lui-même?

R: Créateur Premier ne "perd" rien.

Q: (L) Mais alors comment décririez-vous cette énergie qui existait et puis qui n'existe plus parce qu'elle est devenue ou entrée dans un trou noir?

R: La réflexion est régénérée au niveau 1 en tant qu'atomes premiers. La première densité comprend toute matière physique en-dessous du niveau de conscience. La septième densité est l'union avec l'Unique... elle est intemporelle dans tous les sens du terme, car son "essence" irradie à travers tout ce qui existe dans tous les mondes possibles de conscience. Et souvenez-vous qu'il y a un seul «Dieu» et que le créateur inclut tout ce qui est créé et vice versa!

Q: (L) Bon. Qui a créé les Cassiopéens?

R: Vos super-anciens ancêtres spirituels.

Q: (L) Est-ce que ces êtres ont un nom?

R: Non. Ce sont des passagers en transit.

Q: (L) Quelle est la signification de ce terme et qui sont ces êtres?

R: Passagers en transit ne sont pas des êtres. Passagers en transit sont forme pensée unifiée.

Q: (L) Pourquoi sont-ils appelés passagers en transit?

R: Parce qu'ils transitent par toutes les formes de réalité. Et ils proviennent de la forme unifiée d'existence.

Q: (L) Est-ce que ces passagers en transit sont des mondes?

R: Oui. Et vous aussi.

Q: (L) Est-ce que les Orions de 6e densité sont également des passagers en transit, est-ce que ce sont ces mêmes passagers en transit dont il a été dit qu'ils nous ont manipulés génétiquement ou placés ici?

R: A peu près. Ils voyagent sur l'onde.

Q: (L) Est-ce que "voyager sur l'onde" fait partie de la définition des passagers en transit?

R: Oui.

Q: (L) Est-ce que cela leur plaît de voyager sur cette onde?

R: Est-ce que c'est "amusant" pour vous de vivre sur la Terre?

Q: (L) Eh bien, c'est vrai que j'aime beaucoup vivre sur la Terre mais je n'aime pas la peine et la souffrance, et je n'aime pas l'inhumanité de l'homme envers l'homme, et je n'aime pas voir les autres souffrir.

R: Vivez-vous sur Terre pour vous amuser?

Q: (L) Je voudrais vivre sur terre pour m'amuser, mais je ne me suis vraiment pas très souvent roulée par terre de rire depuis que je suis ici. Je voudrais avoir une vie sur la planète où les choses soient agréables ...

R: Vous n'avez pas bien compris.

Q: (L) Je vois ce que vous voulez dire. Ils vivent là parce que c'est là qu'ils habitent.

R: Oui.

Q: (L) Est-ce qu'il y a en sixième densité des êtres Service de Soi, que certains appellent Orions de sixième densité?

R: Ceux-là ne sont que des reflets d'individus, et non des entités unifiées. Ces reflets existent pour l'équilibre. Ce ne sont pas des entités complètes, seulement des *formes pensées*.

Q: (L) Est-ce que ces êtres de sixième densité sont ce que la Bible décrit comme un "rassemblement" d'anges comme dans l'histoire de Job où "Lucifer" comparaît devant le Seigneur...

R: Oui.

Q: (L) Donc, outre les SDA, il y a en 6e densité des SDS qui font équilibre? Et ils sont juste là, ils existent?

R: Reflet pour l'équilibre.

Q: (L) Est-ce qu'il y a une sorte de hiérarchie dans tout cela? Est-ce que ces êtres comparaissent devant quelque Grand Conseil et font des plans et discutent des choses, prennent des décisions et les concrétisent?

R: Non.

Q: (L) Alors comment les choses se passent-elles? Est-ce que les choses se passent juste comme une interaction naturelle entre des choses et des énergies?

R: Oui.

***

Q: (L) Vous dites que vous êtes des formes-pensées unifiées dans le monde de la connaissance.

R: Oui.

Q: (L) Ibn Al-'Arabi décrit les formes-pensées unifiées comme étant les «Noms de Dieu». Son explication paraît être tellement identique aux choses que vous nous dites que je me demande...

R: Nous sommes tous les noms de Dieu. Souvenez-vous, ceci est un conduit. Cela signifie que les points d'arrivée et les points d'origine sont de valeur et importance égales.

Q: (L) Que voulez-vous dire? Est-ce que cela veut dire que nous faisons partie de cela?

R: Oui. Ne nous déifiez pas. Et assurez-vous que tous les autres avec qui vous communiquez le comprennent également ! Rappelez-vous : la 1ère densité inclut toute matière physique au-dessous du niveau de conscience. La 6e densité est uniforme dans le modèle de lumière de ce niveau comme il y a équilibre complet à ce niveau de densité et que la lumière est représentée comme la connaissance. La 7e densité est en union avec l'Unique... elle est intemporelle dans tous les sens du terme, puisque "l'essence" rayonne à travers tout ce qui existe dans tous les mondes de conscience possibles. La lumière qu'on aperçoit à la fin de toute manifestation physique consciente est l'Union en elle-même. Rappelez-vous : la 4e densité est la première à inclure une physicalité variable!! Pesez cela bien soigneusement!!! Et souvenez-vous qu'il y a un seul "Dieu" et que le créateur inclut tout ce qui est créé vice versa!

Examinons à présent une petite hypothèse, un modèle de travail. Disons que la forme pensée unifiée de 6e densité est «les Noms de Dieu». Ceci est un niveau de pure conscience; le niveau platonicien des idées, essences ou Noumènes.

Le 6e niveau de densité de la Connaissance-de-Tout est alors juste en-dessous de l'UNIQUE de la 7e densité. Nous appellerions ceci «le Nom de la Connaissance»; c'est le Logos ou «mot» qui engendre TOUTE existence. Il pourrait être symbolisé par l'antique symbole du ying et du yang puisqu'il comprend TOUS les noms. Il pourrait aussi être symbolisé comme "l'Universel Hermaphrodite/Androgyne". C'est le "Deux en Un" où commence le travail de l'engendrement. C'est la première manifestation de l'Eternel Parent et d'un "Etre Universel Bi-Sexué". Elle combine en elle-même les éléments et principes de la Masculinité et de la Féminité.

Mais il nous faut opérer une distinction, dans la Connaissance du TOUT, entre les “Noms de Colère” et les “Noms les Plus Beaux”.

En essayant d‘aller au fond de cette idée, j’ai voulu disposer d’une image visuelle. Pendant des mois je me suis efforcée, avec bien peu de succès, de trouver une manière de la représenter. Finalement, je me suis rendu compte que l’Arbre de Vie de la Cabale pourrait être un moyen valable. J’en ai trouvé une représentation dans un livre et cela ne m’a pas paru très convaincant, mais j’ai pensé que je pourrais un peu “jouer” avec, la modifier, et lui faire faire ce que je voulais. Je l’ai donc scannée. Quand j’ai procédé à l’opération, la position du scanner m’a obligée à placer le livre tête en bas. Quand l’image est apparue renversée sur l’écran, j’ai immédiatement vu que cela était en effet bien utile! Dès lors, voici ma petite modification de l’Arbre de Vie telle que représentant le Cosmos ou “Corps de Dieu”. [*Voir Planche 1.*]

Remarquez tout d’abord que l’axe vertical représente la 7e densité, avec l’“Union avec l‘Unique”, au sommet, et la “matière de 1ère densité” à la base. Si j’avais pu représenter ceci de manière hyperdimensionnelle, la position au sommet inclurait “Etre” et “Non-Etre”, une sorte de connexion à la Möbius entre la première et la septième densité. Autrement dit, elles ne sont pas vraiment séparées: elles sont reliées en un cycle sans fin. ”Le commencement émerge de la fin et vice versa”. Il pourrait être utile de prendre en compte le concept du *tesseract* afin de pouvoir réaliser que ceci est une représentation en trois dimensions de quelque chose qui n’est pas tridimensionnel!

Ce qu’il faut considérer ensuite à propos de cet axe vertical, c’est la position du niveau de sixième densité de Connaissance sur l’axe vertical, *comme une “image miroir” de la position de la deuxième densité ou monde de la Nature.* C’est-à-dire la Flore et la Faune. Il y a ici une clé importante à comprendre. Si la sixième densité est « uniforme dans son modèle de clarté de ce niveau, qu’il y a équilibre complet à ce niveau de densité, et que la clarté est représentée par la Connaissance », alors il nous faut considérer le monde de la Nature comme le *reflet* physique de ce principe. C’est-à-dire que la «nature» - la création TOUT ENTIERE- est un reflet de TOUTE la conscience!

Remarquons aussi que la deuxième densité n’est capable de se recycler qu’au travers de la cinquième densité, afin de pouvoir “monter de classe” et atteindre n’importe quelle autre densité; et ceci se reflète dans ce que nous observons dans la Nature. Nous ne voyons jamais aucune créature du monde animal développer soudain une conscience de soi correspondant à la nature de la conscience humaine.

En réalité, nous ne possédons pas de preuve matérielle qu'il soit possible pour des humains de passer dans les densités supérieures indiquées par les axes latéraux de la figure, qui indiquent des canaux directs entre les troisième, quatrième et sixième densités, mais il nous a été dit que cela est possible; il y a, dans la littérature ésotérique, des preuves circonstanciées que cela s'est produit; et nous pouvons penser que certains «êtres divins» apparus au fil de l'Histoire ont eu une forme plus ou moins «humaine». Nous pouvons donc supposer que, d'une manière générale, il n'y a pas d'obstacle insurmontable entre notre état de troisième densité et les densités supérieures comme il y en a entre la deuxième densité et les densités reflétées dans la conscience de soi et la prise de conscience humaines.

C'est pourquoi la deuxième densité est montrée sans conduit direct vers les densités supérieures sauf vers la cinquième qui est la «zone de recyclage».

Il me semble, quand je regarde cette petite adaptation de l'Arbre de Vie, qu'elle représente et définit de manière assez simple et précise les rapports que nous commençons à comprendre au sujet de notre réalité, ainsi que les mouvements POTENTIELS d'un point de l'Arbre vers un autre.

Une fois encore, il faut comprendre que les conduits de connexion sont en fait de nature "hyperdimensionnelle" et non pas vraiment séparés comme sur le modèle. Et non seulement cela, mais les deux axes latéraux identifiés comme SDS et SDA (ou "création" et "entropie") représentent littéralement des dimensions infinies ou des idées potentielles en grand nombre. Ces dimensions peuvent représenter différents Noms de Dieu et leurs "extensions" vers le bas par l'intermédiaire des densités, soit sous forme d'individus distincts, soit sous forme de groupes d'individus, ou simplement en tant que potentiels. Mais il y a toujours équilibre, de sorte qu'à chaque axe de Création SDA correspond un axe égal d'Entropie SDS.

Autre idée qui me vient à l'esprit quand j'analyse les rapports: à partir de n'importe quel axe latéral en accédant au rapport Nature/Connaissance, l'on s'aligne également sur l'axe vertical de l'Etre, qui pourrait être défini comme l'*axe de gravité* en chacun de nous. Peut-être qu'en s'alignant sur cet axe il nous est théoriquement possible «d'ouvrir une porte» donnant accès à cet axe. Et une fois dans cet axe, il serait alors être possible d'ouvrir un passage vers n'importe quelle position des axes verticaux et horizontaux. Bien sûr, en parler et le FAIRE sont des choses bien différentes! Apparemment cela représente un des aspects du "Grand Oeuvre" alchimique. Et quand on étudie l'alchimie on rencontre certains avertissements à ne pas négliger.

Les alchimistes ont écrit que l'étude et la contemplation de la "Pierre philosophale" métaphorique accompagnées du travail chimique, étaient des composantes indispensables pour élever l'esprit et préparer l'âme à la transmutation.

> "en donnant vigueur aux Organes que l'Ame utilise pour communiquer avec les objets extérieurs, l'Ame doit acquérir des pouvoir plus grands non seulement pour la conception mais aussi pour la rétention; c'est pourquoi, si nous souhaitons acquérir davantage de connaissances, les organes et ressorts secrets de la vie physique doivent être merveilleusement renforcés et revigorés. L'Ame doit acquérir de nouveaux pouvoirs pour concevoir et retenir.... Que cela n'ait pas été le cas pour tous les possesseurs, cela a été de leur propre faute.
>
> .... Ceux qui n'étudient que l'élément matériel ne peuvent découvrir, au mieux, qu'une moitié du mystère... *l'alchimie est un mystère dans trois mondes: le divin, l'humain et l'élémental* ... l'alchimie se pervertit aux mains du profane...
>
> La recherche de l'or par l'homme est souvent sa défaite, car il interprète mal les processus alchimiques en croyant qu'ils sont purement matériels. Il ne réalise par que l'Or des Philosophes, la Pierre philosophale, et l'Elixir des Philosophes *existent dans chacun des quatre mondes* et que la consommation de l'expérience ne peut s'accomplir que si elle est menée dans les quatre mondes simultanément d'après une formule.
>
> En outre, une des composantes de la formule alchimique n'existe que dans la nature de l'homme lui-même, et sans celle-ci ses substances chimiques ne se combineront pas, et il pourra passer sa vie et dépenser sa fortune en expérimentations chimiques sans parvenir à produire le résultat désiré [qui est] l'élément subtil provenant de la nature de l'alchimiste illuminé et régénéré. *Il doit posséder le pouvoir magnétique d'attirer et de coaguler d'invisibles éléments astraux.*"[448]

La littérature alchimique fait mention d'alchimistes qui ont péri dans des explosions, qui ont souffert d'horribles maladies, qui ont subi le pouvoir d'influences démoniaques, parce que leurs

[448] Eugène Philalèthe, cité par Manly Hall, *The Secret Teachings of All Ages (Enseignements secrets de toutes les époques)*, (caractères en italique, notre initiative).

compétences techniques dépassaient leur développement spirituel, ou bien certains ont été propulsés comme des météorites vers le «vedettariat», pour s'écraser au sol aussitôt après et brûler dans l'ignominie.

Mais ici nous amassons les indices. Arrêtons-nous à la remarque qui dit que "l'alchimie est un mystère dans TROIS mondes", et que le travail a lieu dans QUATRE mondes simultanément. Les trois mondes sont définis comme « le divin, l'humain et l'élémental ». Les Cassiopéens nous ont aussi parlé de ces «trois mondes»:

> "**Chaque âme a son propre modèle, qui est maintenu en place par les** *trois corps d'existence:* **'centre de pensée, centre de l'esprit et centre physique,' il existe des méthodologies spécifiques pour les ajuster et pour voyager vers ou depuis d'autres plans d'existence. Quand on ne les utilise pas à bon escient, on déchire le tissu de leur continuum trilatéral quand ils cherchent à voyager. Ceci peut être très problématique et peut avoir pour résultat que l'âme devient incapable de se reconnecter au corps, causant ainsi la perte du centre physique!!!" [Cassiopéenns, 05-10-96]**

Les Cassiopéens ont également parlé des "quatre mondes".

> "**Et souvenez-vous:** *votre conscience fonctionne sur quatre niveaux*, **et non pas sur un seulement! [Ce sont] le corps physique, le corps génétique, le corps spirituel-éthérique, et la conscience. [Voilà] les quatre composantes de la manifestation humaine en 3e et 4e densités." [Cassiopéens, 10-10-98]**

Alors, comme je méditais sur ces choses, j'ai pensé que cet Arbre de Vie modifié pourrait être utilisé pour représenter chaque individu humain puisque, comme l'ont souligné les Cassiopéens, toute la création existe dans chacun de nous! Si nous nous alignons sur l'axe central, nous sommes alignés sur la 7e densité, qui est à l'origine de tous les "êtres engendrés", et de là nous avons accès à toute la Création, au pied de la lettre.

Mais comme l'homme est une "image miroir" de Dieu, il nous faut à présent renverser l'image construite par les cabalistes, et y apporter encore une fois mes petites modifications.

Regardez maintenant cet arbre. [*Voir Planche 2.*]Vous voyez que sur l'axe vertical, au-dessous de l'Union avec l'Unique, ou 7e densité, il y a quatre positions. Si nous avons là la relation que nous cherchons, nous voyons alors que le corps physique est relié à la matière de 1ère densité, que le corps génétique est relié à la deuxième densité, que le corps spirituel/éthérique est relié à la 5e densité, et que la conscience est reliée à la 6e densité. Simultanément, nous gardons toujours notre connexion avec la 7e densité, ce qui doit être considéré comme le "pivot" ou " dimension vraie".

Q: (L) Les physiciens parlent d'univers multidimensionnels. L'idée est que notre espace tridimensionnel et notre temps unidimensionnel sont des illusions des créatures de ce plan, alors que l'univers réel a davantage de dimensions perpendiculaires au dimensions supérieures. Ici les physiciens font différentes estimations: 5, 6, 7, 11, 256. Combien de dimensions a l'univers réel?
R: Concept pas correct. Devrait être: combien d'univers a la "réelle" dimension?
Q: (L) D'accord alors. Je pense que lors d'une séance précédente il nous a été dit que le nombre des univers était impossible à compter. Est-ce exact?
R: Infini peut-être; mais plus précisément: **variable et sélectif.**
Q: (L) Expliquez variable et sélectif s'il vous plaît.
R: Pour ceux qui savent comment faire, des univers peuvent être créés à volonté afin de transmodifier la fusion de réalité.
Q: (L) Qu'est-ce que la fusion de réalité?
R: Qu'est-ce que cela vous dit?
Q: (T) Fusion des réalités d'un univers avec celles d'un autre? Une création d'une nouvelle réalité qui fusionne ensuite avec l'ancienne pour créer un nouvel univers. (L) Cela signifie peut-être que les réalités de différentes personnes fusionnent pour créer une sorte d'univers mutuel"? Comme l'idée: "chacun crée sa propre réalité"?
R: T plus proche; Laura joue "ailier gauche."
Q: (T) Une structure de l'univers qui tient ensemble les niveaux... tout est relié. La conscience de 6e densité est parfaitement collée à et en équilibre avec la 3e densité et le niveau quasiment physique de 4e densité et le niveau entièrement physique des niveaux 3 à 1, et l'UNIQUE total de la 7e, et la 5e quelle qu'elle soit. (L) Nous avons quatre niveaux d'expression physique, pour ainsi dire, allant de la conscience minimale, réellement dense du niveau 1 jusqu'à ....
R: Oui, mais les scientifiques terriens ont été programmés de manière à croire que rien ne peut exister à moins de pouvoir être mesuré, estimé, calculé et représenté d'une manière ou d'une autre dans le plan physique matériel. Pas vrai!!!!!!! Par exemple: Nous ne sommes EN AUCUNE MANIERE physiques.
Q: (L) Eh bien je voudrais aussi savoir pourquoi vous faites allusion à un instrument technologique qui peut censément transporter quelqu'un d'une réalité vers une autre, comme un "Remoléculiseur Atomique TransDimensionnel"?

R: Afin de reconstruire la 3e densité dans la 4e densité physique, d'autres dimensions doivent intervenir dans le processus. Souvenez-vous, nous parlons d'exactes reproductions que l'on fait fusionner.
Q: (L) Mais il y a peu vous avez dit qu'il y a une seule dimension et de nombreux univers, et maintenant vous parlez de faire intervenir une autre dimension, alors la terminologie nous désoriente quelque peu...
(T) C'est comme un programme qui se télécharge sur un ordinateur. Certains programmes se chargent directement. D'autres doivent créer un espace sur le disque dur pour pouvoir y placer les fichiers nécessaires à CHARGER le programme mais ils ne font PAS PARTIE du programme, et quand le téléchargement est terminé, il efface toutes les «instructions de téléchargement». Le disque dur est toujours le disque dur, mais pendant un certain temps le programme a utilisé un secteur du disque dur et créé une dimension temporaire pourrait-on dire. (L) C'est cela que nous voyons ici ?
R: A peu près. Et souvenez-vous, nous avons dit "dimension réelle" !
Q: (L) Donc c'est comme un disque dur, de nombreux programmes, des instructions de téléchargement pour de nouveaux programmes qui sont ensuite effacés, etc. S'il y a une "dimension vraie" et une infinité d'univers dedans, est-ce qu'un univers particulier y existe, de et par lui-même, en un certain temps donné, jusqu'à ce qu'il fusionne en un nouvel univers, ou bien **y a-t-il dans cette dimension vraie, des univers multiples aussi réels que le nôtre, dans lesquels nous pourrions entrer, et qui pourraient être là jouxtant le nôtre en quelque sorte?**
R: Oui à ce dernier.
Q: (L) Et est-ce que des nombres infinis de "dimensions" existent à chacun des niveaux de densité, ne serait-ce que temporairement ?
R: Oui SI vous voulez retourner en arrière pour changer "l'histoire", soit en ce qui concerne des individus, soit en termes de perception universelle, il faut d'abord créer un univers alternatif pour ce faire. Vos «amis» de 4e densité SDS font beaucoup cela.
Q: (L) Si on crée un univers alternatif, est-ce que le premier continue à exister, ou bien est-ce que celui d'avant fusionne avec le nouveau?
R: Les deux.
Q: (L) Si l'ancien continue à exister, est-ce qu'il existe et évolue par ses propres moyens, dissociés de ceux du deuxième ou de ce «rejeton»?
R: Clarifiez.
Q: (T) L'univers dans lequel vous êtes; un jour vous vous dites: "je pense que je vais créer un nouvel univers". Vous le faites,

vous y emménagez et vous emportez avec vous votre univers. Cela c'est une fusion de réalités. Mais quand vous emménagez dans votre nouvel univers vous ne vous trouvez plus dans celui d'origine, qui poursuit sa propre route. Le modèle de l'ancien univers, vous l'emmenez **dans** le nouveau et quand vous faites partie du nouvel univers que vous venez de créer, vous ne faites plus partie de l'ancien que vous venez de quitter, qui s'en va avec tout le monde sauf vous. Est-ce que cela est possible?
R: En quelque sorte... Souvenez-vous on peut créer toutes les gammes de types de possibilités alternatives.
Q: (L) Alors on peut même créer un nouvel univers avec un nouveau "passé"?
R: Oui.
Q: (L) Alors de cette manière, les deux se passent en réalité et on peut changer le tout ?
R: Quand fusionnés, l'ancien n'a jamais existé.
Q: (T) Pas pour la personne qui crée un nouvel univers, mais l'ancien continue pour tous les autres.
R: A peu près.
Q: (L) Donc, pour la personne qui crée un nouvel univers, l'ancien n'a jamais existé, mais les autres êtres qui se satisfont de cet ancien univers et le "perpétuent" continuent comme si...
R: Les restrictions de votre mental de 3e densité limitent l'étendue de votre compréhension dans ce domaine.
Q: (L) Si on décide qu'on n'aime plus l'univers présent, et que l'on travaille comme un fou pour apprendre comment créer un nouveau, et qu'on le fait, est-ce que, essentiellement, on oublie qu'on l'a fait? Et pourquoi on l'a fait? Et est-ce qu'on oublie l'autre univers?
R: Si vous voulez.
Q: (L) Donc on peut et on ne peut pas... (T) Si on suit ce que vous venez de dire: "un univers malheureux" existe peut-être parce qu'on perçoit l'univers dans lequel on est comme étant malheureux parce que c'est **notre** manière d'être et notre niveau d'apprentissage, et en créant un nouvel univers nous voulons simplement changer l'univers qui nous entoure, et en réalité ce n'est pas l'univers qui pose problème mais nous-même...
R: Hors piste. [Autant pour **cette** version là de "on crée sa propre réalité"!]
Q: (L) Donc, l'univers dans lequel on est est ce qu'il est, et on est dedans pour certaines raisons,... (T) On est dedans pour apprendre des leçons... changer l'univers juste parce qu'on ne veut pas apprendre les leçons qu'on a choisi d'apprendre... (L) Ou bien nous les avons apprises et alors on PEUT changer l'univers ... (T), Quand on apprend, on avance automatiquement, on n'a pas à changer l'univers. L'univers changera pour nous.

R: "Déjà vu"[449] vous arrive avec les compliments de la 4e densité SDS.
Q: (L) Est-ce que le "déjà vu" résulte de quelque sensation que l'univers a été changé?
R: Ou... quelque sensation de passerelle entre réalités.
Q: (L) Qu'est-ce qu'une passerelle entre réalités?
R: A quoi cela vous fait-il penser?
Q: (T) Une passerelle c'est quelque chose qu'on met entre deux choses...
R: Vous voulez limiter, attendez d'être en 4e densité; alors ce mot sera obsolète!
Q: (L) Cela ne m'aide toujours pas à comprendre le "déjà vu" comme une sensation de passerelle entre réalités. Est-ce qu'il y a «déjà vu» parce que quelque chose vient dans notre réalité en provenance d'une autre ?
R: Une possibilité.
Q: (T) Est-ce que nous n'avons pas déjà parlé de cela? Que c'est une interpénétration de dimensions... que quand nous pensons que nous avons été auparavant dans un endroit c'est parce que dans une autre dimension nous avons ...
R: Oui.
Q: (L) Si on se trouve en ce moment dans un univers particulier qui a été créé par nous et que la 4e densité SDS a fait fusionner, et que l'ancien univers existe toujours, et qu'on sent une connexion, ou qu'il y a une passerelle, parce qu'un soi alternatif est dans cet univers alternatif, vivant une expérience... ou quelque chose de semblable?
R: Pas de limites aux possibilités.
Q: (L) Donc cela peut être n'importe laquelle de ces choses, et établir un pont entre réalités "passées" et "futures" aussi. Est-il possible de changer le passé dans un univers indéterminé, ou bien est-ce que tout changement implique un univers nouveau ou alternatif?
R: Indéterminé il n'y a pas.
Q: (L) Eh bien, dans un des univers en particulier, choisi, est-ce qu'on peut retourner en arrière dans le temps, dans cet univers, changer le passé, et faire en sorte qu'il change tout vers l'avant, toujours à l'intérieur de cet univers sélectionné, comme un effet-domino?
R: Dans un tel cas, oui.
Q: (L) Mais vous avez dit que si on veut changer le passé il faut créer un univers alternatif... (T) Non, tu as posé une question sur le changement du passé et ils ont dit qu'il faut créer un endroit temporaire d'où on peut travailler, une position à partir de laquelle on peut manipuler la réalité ...

[449] En français dans le texte (NdT)

R: Cela, c'est pour des activités spécialisées. Ce qui a été décrit n'est pas la même chose qu'un "univers alternatif".
Q: (L) C'est un fichier temporaire qui disparaîtra quand on aura fini de télécharger le programme. Et cela n'est pas créer un univers alternatif, mais bien une dimension temporaire...
R: A peu près.
Q: (L) Dans notre univers particulier, quel est le mode primaire? Est-ce que nous sommes constamment en train de basculer et de fusionner d'univers en univers, ou bien est-ce que c'est notre passé qui est changé et qui réagit comme un effet-domino ... du moins ces dernières années... (T) Mais nous ne saurions pas si le passé a été changé parce que nous le verrions pas...
R: Mesures prises sont inadéquates.
Q: (L) Est-ce que toutes les possibilités vont se produire et sont en train de se produire?
R: Plus proche.
Q: (L) Est-ce que les mots "univers" et "dimension" sont synonymes?
R: Oui et non. Pour vous ce sont des zones "grises", et quoi que vous fassiez, vous n'obtiendrez rien jusqu'à ce que votre perception bascule de manière fondamentale!
Q: (L) Okay. Il y a 4 densités physiques...
R: Non, trois.
Q: (L) Okay. Il y a 3 densités physiques, et la 4e est,...
R: Une est variable. Trois éthériques.
Q: (L) Okay. Trois qui sont physiques, trois éthériques, et une entre qui est les deux à la fois.
R: A peu près.
Q: (L) Est-ce que la prise de conscience est la seule chose qui détermine dans quelle densité on existe?
R: Non. Prise de conscience est le lien qui unifie la réalité.
Q: (L) Vous avez dit que c'est la gravité qui est le liant de toute réalité.
R: Oui.
Q: Et à présent vous parlez de la perception qui soude.
R: Oui. A présent essayez de visualiser comment la gravité est l'élément qui relie toutes la réalité. !!!
Q: (L) Si c'est la gravité qui lie, est-ce que la gravité est la conscience?
R: Pas exactement. Saviez-vous qu'il n'y a ni "gauche" ni "droite" de la 4e à la 7e densité? Si vous pouvez vous imaginer ceci exactement, alors vous serez peut-être à même de comprendre les réponses à toutes les questions que vous posez. Sinon, vaut mieux "laisser reposer". Parce que ce sera de l'apprentissage productif seulement si vous méditez et réfléchissez "plus tard".

En ce qui concerne les trois mondes : «divin, humain et élémental», ou comme les Cassiopéens le disent: l'âme a trois corps d'existence; "le centre de pensée, le centre spirituel, et le centre physique" jetons encore un regard sur l'Arbre, et notons que chacun des axes latéraux a trois positions: 6e densité, 4e densité, et 3e densité. Autrement dit, notre corps physique de troisième densité est directement connecté à notre "centre spirituel" en 4e densité, qui émerge du centre de PENSEE de 6e densité, qui est le niveau des Noms de Dieu.

Cependant, pour garder notre "image miroir" de l'arbre cosmique, nous avons désigné les deux axes comme SDS ou Entropique et SDA ou Créatif. Sur l'axe SDS, les êtres qui "passent de classe" sont de plus en plus "enfermés" jusqu'à ce que, en 5e densité, ils existent complètement dans la pensée entropique, sans aucune activité d'aucune sorte. A un certain moment, ces énergies contractiles «acquièrent un poids suffisant» pour «passer» en 6e densité, auquel moment, en contact avec TOUTE connaissance, elles perçoivent leur fonction véritable, qui est de «se régénérer au niveau Un en tant qu'atomes primaires». Ils deviennent de la «matière». Ceci se produit à l'instant même où les énergies SDA ont "acquis du poids" sur un axe opposé, et s'élèvent en Union avec l'Unique. Bref, un cycle constant.

> Q: (T) Une autre force dans ce que nous qualifions de passé, vous a vaincus et a utilisé le pouvoir de la lumière pour nous modifier de diverses manières; est-ce que correct?
> R: Oui. A présent comprenez ceci: tout cela fait partie du grand cycle naturel.
> Q: (L) Vous dites que c'est une chose naturelle ou que cela fait partie d'un grand cycle naturel. Est-ce que ce grand cycle naturel est simplement une partie de l'interaction entre lumière et ténèbres, qui doit tout simplement être?
> R: Oui. Nous sommes sur le "front" du système d'équilibre naturel de l'univers. C'est-à-dire là où l'on s'élève avant d'atteindre l'union totale avec «l'Unique». 6e niveau.
> Q: (T) Et la bataille que vous avez eue avec l'autre partie,...
> R: En train d'avoir.
> Q: (T) Cette bataille se poursuit... avez-vous à nouveau le pouvoir de la lumière?
> R: Ne l'avons jamais perdu. Vous oui.
> Q: (T) Bon. Je crois que pour nous les Lizzies[450] sont la force principale, même s'il y en a d'autres à leurs côtés...
> R: Oui.

[450] = les Lézards (NdT)

Q: (T) Ils ont pris notre lumière; pas la vôtre?
R: Pas contre vous. Actuellement en union avec vous.
Q: (T) Alors nous livrons une seule bataille dans l'univers dans une lutte générale et constante?
R: Oui. Equilibre est naturel. Rappelez-vous. Il n'y a que des leçons dans le grand Cycle.
Q: (T) Quand nous émettons de l'énergie, positive ou négative, il y a des êtres sur d'autres plans qui se nourrissent de cette énergie. Est-ce vrai ?
R: Oui.
Q: (T) Okay, et vous avez dit que les Lizzies se nourrissent d'énergie négative?
R: Oui.
Q: (T) Qui se nourrit de l'énergie positive?
R: Vous.
Q: (T) Comment nous nourrissons-nous d'énergie positive?
R: Progression vers union avec l'Unique, c'est-à-dire Niveau 7.
Q: (L) Autrement dit, on alimente son propre générateur au lieu d'alimenter celui de quelqu'un d'autre. (T) Vous êtes au niveau 6. De quoi vous nourrissez-vous?
R: Vous avez un concept erroné. Nous donnons à autrui et recevons d'autrui le SDA. Nous nous nourrissons mutuellement.
Q: (L) Donc, en se nourrissant l'un l'autre on avance et on grandit, mais ceux du chemin SDS ne se nourrissent pas les uns les autres, donc ils doivent se nourrir d'autres. (T) Maintenant vous êtes en train de nous parler, Est-ce que cela est considéré comme SDA?
R: Oui.
Q: (T) Nous sommes en train de fournir de l'énergie pour le canal aussi, est-ce que cela vous alimente en énergie?
R: Non.
Q: (L) Que voulez-vous de nous?
R: Nous ne «voulons» pas quand nous sommes de purs SDA. Nous sommes venus parce que VOUS le vouliez. Mais cela est SDS à moins de la partager avec d'autres. [...]
Q: (B) Quel est le but de ce contact?
R: Vous aider à apprendre, et ainsi acquérir des connaissances, et ainsi acquérir une protection, et ainsi progresser.
Q: (B) Qu'est-ce que les Cassiopéens gagnent à ce contact?
R: En vous aidant nous avançons vers l'accomplissement de notre destinée d'union avec vous et tous les autres, réalisant ainsi le Grand cycle.
Q: (B) Est-ce que ceci est la seule probabilité qui vous est ouverte, ou bien est-ce la meilleure probabilité qui vous est ouverte?
R: Les deux.
Q: (B) Etes-vous à une très grande distance de nous en années-lumière?

R: Distance est idée de 3e densité.
Q: (B) Les années-lumière sont de 3e densité?
R: Oui.
Q: (B) Que voulez-vous dire par voyager sur l'onde?
R: Voyager sur pensées.
Q: (L) Les pensées de qui?
R: Pensées unifient toute réalité existante et toutes sont partagées.
Q: (S) Vous voyagez sur une onde d'énergie créée par toutes les formes pensées?
R: Formes pensées, il n'y a que cela qui existe!
Q: (B) Est-ce que ceux qui sont SDS ont reconnu que ceux qui sont SDA vont gagner cette course ou ce conflit?
R: Non, absolument pas! En fait, les SDS ne peuvent concevoir l'idée de "perdre" mais sentent instinctivement la pression qui augmente à leur égard, c'est la raison de l'imminent tumulte.[451]
Q: (B) Que leur arrivera-t-il s'ils perdent? Est-ce que cela signifie qu'ils seront démagnétisés, ou bien cela signifie-t-il qu'ils devront revenir en arrière et refaire tout le parcours évolutionnel sur l'autre polarité?
R: Ce dernier.
Q: (B) Donc, quelque chose de crucial se prépare?
R: Proche. Quand nous avons dit "proche", vous vouliez dire que le concept était "proche" de la réalité. Non pas proche en temps ou en distance.
Q: (B) En ce moment est-ce qu'ils font l'expérience de la souffrance qu'ils ont provoquée?
R: Non. C'est ce qui se produit au 5e niveau uniquement.

Dans le cadre des "centres de pensée," une remarque particulière des Cassiopéens pourrait constituer un autre indice pour notre quête:

> **Souvenez-vous, la plus grande partie de toute la puissance nécessaire à altérer la réalité et la physicalité est contenue dans le centre de croyance du mental. C'est là quelque chose que vous comprendrez mieux quand vous atteindrez la réalité de 4e densité, où la physicalité n'est plus une prison, mais au contraire votre maison que vous pouvez modifier comme bon vous semble. Dans votre état actuel, vous avez l'interprétation erronée de croire que la réalité est finie et c'est là que se trouve votre difficulté avec l'existence physique finie. Nous sommes surpris que vous ne soyez toujours pas à même de saisir complètement ce concept." [Cassiopéens, 12-08-95]**

[451] Notez que cette séance prédisant l'état du monde après le 11 septembre date du 11 janvier 1995.

Ceci nous suggère que le moyen de "changer notre réalité" est d'accéder à quelque chose nommé "centre de pensée" ou "centre de croyance". Le seul problème c'est qu'il semble qu'en nous "alignant" sur la réalité Service de Soi de 4e densité nous soyons aussi passés sous la domination du «centre de pensée» ou «centre de contrôle» SDS. Voyons certaines des références aux Centres de Pensées pour voir si nous parvenons à démêler l'écheveau:

Q: (L) Qui a créé les Lizzies?

R: Ormethion.

Q: (L) Et qui est cet individu?

R: Centre de Pensée.

Q: (L) Situé où?

R: Partout.

Q: (L) Pouvez-vous nous donner un peu plus d'indices?

R: Un autre secteur de réalité.

Q: (L) Est-ce que c'est un être doté de sens, un être conscient de son propre soi qui a créé les Lizzies?

R: Oui et non.

Q: (L) Et qui a créé cet Ormethion?

R: Pas un être. Centre de pensée.

Remarquons que les "centres de pensée" sont légèrement différents des 'formes unifiées de pensée' qui sont identifiées comme des « passagers en transit ». Voilà un autre élément qui confirme que notre modèle de l'Arbre de Vie est correct, puisque les formes de pensée *Unifiées* existeraient au niveau de connaissance de 6e densité, qui contient la «pensée» du SDS pour l'équilibre, mais non pas des «êtres» de pensée unifiée SDS si nous pouvons nous exprimer ainsi. Mais apparemment, le monde du Centre de Pensée est un niveau d'état de 6e densité. La différence se voit aisément quand on regarde l'Arbre de Vie. Le Centre de Pensée de 6e densité relatif au SDS ne traverse PAS toutes les densités et réalités: il ne concerne que le monde SDS. La même chose est vraie pour le centre de pensée SDA: il ne concerne que le monde SDA. Néanmoins, le niveau de Conscience Unifiée de 6e densité se situe sur l'axe vertical central comme le «rejeton» logoïque de la 7e densité.

Q: (L) D'où émane la gravité?

R: Centre de pensée.
Q: (L) Vous avez mentionné les centres de pensée en de nombreuses occasions. Y en a-t-il plus d'un ?
R: Tous sont un et tous.
Q: (L) Si l'on a un centre de pensée, comment les centres de pensée sont-ils reliés à la 7e densité, l'Unique?
R: Exactement!
Q: (L) Est-ce que les centres de pensée sont de 7e densité?
R: Tout l'est.
Q: (L) Tout est centre de pensée?
R: Non. Tout est de 7e densité. Nous vous avons dit auparavant que la gravité est la force fondamentale d'absolument tout!!! Cela signifie à tous les niveaux de densité, dans toutes les dimensions... c'est le "matériau" de toute existence. Sans elle, rien n'existerait. Vos pensées aussi sont basées sur la gravité!!

En se plaçant sous un angle de vue légèrement différent, voici l'incident rapporté dans un chapitre de mon livre *The Wave*[452]. Lors de cette séance, un des participants avait apporté un appareil à photographier les auras, et il en est résulté quelques photos étranges. Dans l'extrait qui suit, «AM» et le participant qui a apporté l'appareil-photo.

Q: (AM) Prenez une profonde inspiration et retenez votre souffle ... [une photo de l'aura de L est prise]

Nous avons attendu pendant quelques minutes que la photo soit développée, et quand elle l'a été nous avons vu qu'elle ne ressemblait pas du tout aux "photos d'aura" de tous les autres participants présents à la séance. [*Voir Planche 3.*]Puisque l'appareil prend en fait une photo et y superpose une autre image, on devrait au moins apercevoir les contours physiques du sujet. Ce n'est pas le cas.

Q: (L) [regardant la photo de son aura] Ceci est très bizarre les amis. Comment se fait-il que je n'apparais pas sur cette photo alors que F apparaît sur la sienne ? Pourquoi ai-je physiquement disparu?
R: Apprentissage stimule croissance spirituelle et prise de conscience "solidifie" connaissances.
Q: (L) Okay, les gars, souriez, vous êtes filmés! [une photo aurique est prise du tableau, avec les doigts de L et de F sur la planchette.] (L) Okay, mais cela n'explique pas pourquoi j'ai disparu.

[452] L'Onde (NdT)

R: Parce que l'enceinte du champ d'énergie vous unifiait avec le conduit, comme cela est habituel pendant les séances de channeling faisant communiquer les 3e et 6e niveau de densité.
Q: [la photo du tableau se développe et une figure géométrique apparaît, parmi les exclamations d'étonnement du groupe] (L) Quelle est cette figure géométrique?
R: Etait en fait une représentation visuelle du conduit!!! La raison d'une luminescence aussi vive est que les centres de pensée étaient clairs et ouverts en vous au moment de la photographie. Autrement dit, il y a eu un déséquilibre d'énergie en provenance du point de transmission de 6e densité. Donc, ce que vous voyez c'est en fait 100 pourcent de pure énergie lumineuse non-corrompue de connaissance transmise à travers vous. Ceci n'a jamais été vu auparavant en 3e densité. Vous ne réalisez pas encore toutes les ramifications de tout cela, mais vous y viendrez. Nous avons fait de l'Histoire ce soir, les amis!!!!!

Vous pouvez voir ma main à droite et la main de F*** à gauche, avec nos doigts reposant légèrement sur la petite planchette de plastique. [*Voir Planche 4.*]

J'ai entrepris d'écrire la série de *L'Onde* et d'autres articles comme un moyen de rassembler les extraits se rapportant à des thèmes généraux. Quand je les ai publiés, de plus en plus de lecteurs m'ont posé des questions. Alors que je tentais de leur DONNER des réponses, tout comme les Cassiopéens m'en avaient donné, j'ai découvert qu'une chose réellement extraordinaire était en train de se produire.

L'Expérience cassiopéenne avait pour résultat des transmissions provenant de “moi-même dans le futur”, et j'ai réalisé qu'en procédant aux recherches suggérées, en fouillant pour trouver les réponses sur base des indices qui m'étaient donnés, j'étais en train de DEVENIR moi-même dans le futur - un moi cosmique. J'ai commencé à voir ce que j'essayais de me transmettre à moi-même depuis cet état surconscient. Les années de travail expérimental avaient créé un nouveau circuit dans lequel il était possible de simplement poser une question dans ma tête sur le sujet en cause, et la réponse coulait ensuite de mes doigts sur le clavier. J'ai souvent été aussi abasourdie que les autres de voir le résultat.

J'ai questionné les Cassiopéens à ce sujet lors de la séance du 23 septembre 2000, et voici ce qu'ils ont répondu:

Q: Je dois dire que l'écriture de cette série [sur l'Onde] a été un des projets les plus instructifs que j'aie jamais entrepris. Parce qu'en mettant les choses par écrit j'ai dû démêler les transcriptions et les expliquer à d'autres gens, et qu'avant de

pouvoir faire cela il me faut l'expliquer à moi-même. Cela est devenu un moyen d'expansion profonde de mon esprit....
R: Bien.
Q: C'est presque aussi amusant d'apprendre les choses que je dois mettre ensemble que si je les lisais. Et je suis celle qui écrit. C'est vraiment tout à fait fabuleux.
R: Vous le faites en partie [écrire].

J'ai enfin compris ce que les Cassiopéens voulaient dire quand ils disaient:

Q: (L) Al-Arabi décrit les formes unifiées de pensée comme les "Noms de Dieu". Son explication paraît être tellement identique aux choses que vous nous dites que je me demande...
R: Nous sommes tous les Noms de Dieu. Souvenez-vous, ceci est un conduit. Cela signifie que tant les points de début que de fin sont d'égale valeur et importance.

Il semblait donc qu'à présent j'étais vraiment en train de "fusionner avec moi-même dans le futur" et que j'avais un accès direct à cette prise de conscience par l'intermédiaire de mon écriture, qui me montrait comment assembler et disposer les matériaux après les avoir mis dans une belle pagaille dans la phase originale de questions-réponses. C'était comme si la longue période de travail au clavier avait développé un circuit qui contournait mon mental conscient et travaillait directement par l'intermédiaire de mes mains.

L'idée des "Noms de Dieu" telle qu'expliquée par Ibn Al'Arabi nous aide également à comprendre ce que les Cassiopéens voulaient exprimer quand ils disaient « Nous sommes *Où* nous sommes ».

Certes, ce procédé de travail créateur à partir du matériau a subi de nombreuses attaques de la part de ceux qui voudraient déifier les Cassiopéens, qui déclarent que ce matériel "appartient à l'humanité", et que je n'ai aucun droit de faire des recherches le concernant, de l'analyser, de le corriger, ou de le raffiner d'une quelconque manière selon les principes alchimiques. Je trouve cette attitude très dérangeante.

Quoi qu'il en soit, cette discussion est peut-être un avant-goût de l'effet de l'Onde sur l'humanité - ou du moins sur une partie de l'humanité. Peut-être que ces expériences nous donnent un aperçu de ce que pourrait être la 4e densité?

Je peux confirmer que je suis passé par de nombreuses expériences physiques dans mon interaction avec les Cassiopéens. J'ai alternativement brûlé de fièvre et frissonné de froid en conséquence de certains exercices de méditation, sans parler de la participation au processus de channeling. Et bien sûr, il y a eu de nombreux états visionnaires y compris la bi-localisation.

Ce qu'il est important de noter, c'est que l'initiation dénote un "changement d'une situation en une autre" et qu'elle est décrite comme une «auto-transmutation». Je soupçonne que l'Onde est une source d'énergie qui interagira avec tous les individus, selon leur propre fréquence de résonance. Pour certains, cela pourra être, en effet, la fin du monde. Mais pour d'autres...

> **"Entre-temps, le monde dans lequel nous existons a d'autres objectifs. Mais il passera, brûlé au feu de ses dévorantes passions: et de ses cendres jaillira un monde neuf et jeune, plein de frais espoirs, avec la lumière du matin dans ses yeux." Bertrand Russell**

Je me trouvais donc sans doute dans un état de totale "non-anticipation" au moment de la photo, ce qui doit avoir déclenché une fonction «d'énergie au point zéro» d'une façon médiumnique. Mais plus important encore, cela suggère que nous sommes connectés par une sorte de "conduit" à ces Centres de Pensée Archétypaux, comme décrit sur notre représentation de l'Arbre de Vie.

Une autre remarque à propos des Centres de Pensée, et qui démontre une nouvelle fois que notre figure de l'Arbre de Vie nous amènera bien quelque part:

> **Tout d'abord, la confusion abonde ici à cause des interprétations incorrectes à propos du dernier sujet traité. Les dimensions ne sont pas des densités!!!! Les dimensions sont strictement le résultat de la conscience universelle telle que manifestée dans le secteur "imagination" de la pensée.** Une densité signifie un niveau de développement **tel que mesuré en termes de proximité de l'union avec l'Unique** ...

Nous pourrions alors penser que les axes latéraux représentent des dimensions résultant de divers centres de pensée qui sont infinis même s'ils tombent dans les catégories générales de 'SDS-Entropie' et 'SDA-Création' ou 'Noms de Colère' et 'Beaux Noms' de Dieu.

En essayant de comprendre les relations de notre position donnée au niveau de la 3e densité par rapport aux axes verticaux latéraux, ou au niveau des densités 3, 4, et 6, auxquelles nous sommes reliés de manière directe, nous pouvons voir cette information comme un indice:

Q: (A) Quelle partie d'un humain s'étend en 4e densité?

R: Celle qui est influencée par la glande pituitaire.
Q: (L) Et qu'est-ce que cela?
R: Psychique.
Q: (A) Y a-t-il des séquences d'ADN particulières qui facilitent la transmission entre densités?
R: Addition de brins.
Q: (L) Comment obtient-on une addition de brins?
R: On n'obtient pas, on reçoit.
Q: (L) D'où les reçoit-on?
R: Interaction avec onde qui s'approche, si vibration est alignée.
Q: (L) Comment sait-on que cela se produit?
R: Des changements psycho-physiologiques se manifestent.
Q: (A) Quand vous parlez d'une onde qui s'approche, c'est une onde de quoi?
R: Pensez-y comme une onde de réflexion à partir de point de début et de fin.
Q: (A) Mais qu'est-ce qui vibre? L'énergie? L'aether?
R: Energie et aether sont directement symbiotiques. "Aether" est une tentative de la science matérielle terrienne pour comprendre l'éther. L'ennui, c'est qu'il n'y a tout simplement pas moyen de physicaliser un plan d'existence composé exclusivement de conscience. C'est l'union du parfait équilibre entre les deux «états» ou plans qui est le fondement et l'essence de toute réalité de la création. On ne peut avoir l'un sans l'autre!
Q: (L) Quand vous dites les deux états ou plans, vous parlez de l'état physique et de l'état de conscience...
R: Oui.
Q: (L) Et on ne peut avoir l'un sans l'autre. Et l'état de conscience et l'état d'existence matérielle sont si complètement connectés que tous deux sont infinis? On ne peut exister sans l'autre...
R: Oui, connectés, entrecroisés, liés,... Fusionnés.
Q: (A) Lorsque cette aether-énergie-matière vibre, dans quelle dimension cela se passe-t-il?
R: Les densités 3 et 4 à la jonction de transition.
Q: (A) Si pas en temps linéaire, alors en quoi?
R: "Temps" cyclique.
Q: (A) Qu'est-ce qui mesure la distance entre un pic et un autre?
R: Fin/début de cycle.
Q: (A) Est-ce que l'ADN agit comme un super-conducteur?
R: Oui!!! Mais de façon variable.
Q: (A) J'essaie de comprendre l'univers en termes de triade: matière – géométrie - information. Est-ce que l'idée est correcte?
R: Si on considère la matière comme "vivante" plutôt que "morte". Et à présent, quand on fait fusionner des densités, ou qu'on traverse des densités, ce qu'il y a c'est une fusion de la réalité physique et de la réalité éthérée, ce qui implique 'forme pensée' par rapport à 'physicalité'. Lorsqu'on est à même de faire

fusionner les deux parfaitement, ce qu'on réalise alors c'est qu'il n'y a ni commencement ni fin, simplement parce qu'il n'est pas besoin de contempler un commencement ou une fin quand on a achevé son développement. Quand on est en union avec l'Unique en 7e densité, alors c'est qu'on a accompli cela et il n'est plus nécessaire de faire la différence entre formes physiques et éthérées.

Ceci nous reporte, d'une manière curieuse, à l'étude de la Nature – la Création tout entière – comme un moyen d'approcher l'alignement sur l'axe vertical central.

En donnant vigueur aux organes utilisés par l'âme pour communiquer avec les objets extérieurs, cette Ame doit acquérir des pouvoir plus grands non seulement pour la conception mais aussi pour la rétention, c'est pourquoi si nous souhaitons acquérir davantage de connaissances, les organes et ressorts secrets de la vie physique doivent être merveilleusement renforcés et revigorés.

La connexion pituitaire a été mentionnée. Il serait trop long de décrire la fonction de cette glande et des nombreuses hormones qu'elle produit, mais je voudrais proposer au lecteur de se livrer à des recherches personnelles afin de découvrir comment exactement, quand elle est adéquatement «connectée», la glande pituitaire peut en effet être la glande qui déclenche les processus de transmutation physique.

Cassiopéens: "Les pierres ont autrefois été utilisées pour satisfaire tous les besoins, comme les énergies transmises étaient directement connectées à la glande pituitaire pour connecter les réalités spirituelles aux mondes matériels de 3e et 4e densités. Vous voyez donc que la «pierre» était vue comme matriarcale en effet!"

Et les alchimistes disent:

L'étude et la contemplation de la "Pierre philosophale" métaphorique, accompagnant le travail chimique, était une composante nécessaire pour élever l'esprit et préparer l'âme à la transmutation.

Les Cassiopéens relient la transmutation alchimique à la 4e densité:

Q: (L) Est-ce que les êtres impliqués dans ce genre d'activité étaient de 3e densité, de 4e densité ou de bi-densité?
R: A l'origine 4e, quand "chez-soi" était en d'autres endroits.

Q: (L) Pourrait-on dire que la glande pituitaire elle-même est la véritable "pierre-mère" du corps "?
R: Si vous préférez.
Q: (J) Qu'est exactement la fonction de la glande pituitaire dans vos références à Stonehenge?
R: Cette glande est votre"liaison sol-air".
Q: (L) Est-ce que la glande pituitaire peut être stimulée par des sources extérieures telles que des ondes radio, des ondes en provenance d'une supernova, ou d'autres fréquences dans l'environnement?
R: Oui et des expériences en ont découlé.
Q: (L) Est-ce qu'il serait bon pour nous de faire des expériences avec des choses de ce genre?
R: Pas sage. Vous pourriez frire dans votre propre zèle.

Concernant les aspects strictement physiques de notre être, regardons encore une fois notre Arbre de Vie, et notons en particulier la disposition des 3e, 4e et 6e densités sur les axes latéraux. La position de la 3e densité est directement reliée à la zone de contemplation de 5e densité, comme le sont toutes les autres densités. Les Cassiopéens ont un jour fait la remarque suivante à propos des chakras:

R: Tout d'abord, les "chakras" sont un phénomène très peu compris et non prouvé. Il se fait qu'ils existent mais sous une forme différente de celle rapportée par la soi-disant communauté «médiumnique».
Q: (L) Qu'est exactement un chakra?
R: Un champ d'énergie qui fait fusionner les densités un, deux, trois ou quatre avec la cinquième. Vous êtes tous connectés au niveau cinq quand vous vous trouvez dans un cycle d'ondes courtes. Les chakras sont la connexion avec le "lieu" de l'empreinte physique.
***
Q: (A) Je lisais dans les transcriptions que le sommeil est nécessaire à l'être humain parce que c'est une période de repos et de rechargement. Vous avez dit aussi que l'AME se repose pendant que le corps dort. Dès lors, la question est: à quelle source l'énergie est-elle puisée pour recharger tant le corps que l'âme?
R: La question doit être divisée. Ce qui arrive à un individu doté d'une âme est différent d'un portail organique.
Q: (L) Je suppose que cela signifie que l'énergie de force vitale incarnée dans les portails organiques est quelque chose comme l'âme-groupe dont on dit qu'elle existe pour la flore et la faune. Cela expliquerait naturellement la frappante et inexplicable ressemblance des psychopathes qui est si bien définie qu'il ne diffèrent les uns des autres que comme diverses essences d'arbres

sont différentes à l'intérieur de la classe générale de l' «arbritude ». Alors, s'ils n'ont pas d'âme, d'où vient l'énergie qui recharge les portails organiques?
R: Le groupe que vous avez décrit.
Q: Est-ce que le rechargement des êtres dotés d'âme provient d'un groupe similaire, sauf que ce serait le groupe "humain"?
R: Non – il se recharge à partir de ce qui est appelé le centre sexuel, qui est un centre supérieur d'énergie créatrice. Pendant le sommeil le centre pulsionnel, qui n'est pas bloqué par le centre intellectuel inférieur et le centre de l'émotion, transduit l'énergie à partir du centre sexuel. C'est aussi la période pendant laquelle les centres émotionnel et intellectuel supérieurs peuvent se reposer de la pression de l'interaction des centres inférieurs avec les empoisonnants portails organiques tant aimés par les centres inférieurs. Ce répit à lui seul est suffisant pour faire la différence. Mais il y a plus: l'énergie du centre sexuel est aussi plus disponible pour les centres supérieurs.
Q: (L) Eh bien, la logique question suivante était: d'où le "centre sexuel" tire-t-il SON énergie?
R: Le centre sexuel est en contact direct avec la 7e densité dans sa pensée créatrice "féminine" : «Toi, je t'aime». "L'expir" de "Dieu" dans le relâchement de la constriction. Pulsation. Ondes Instables de Gravité.
Q: Est-ce que les "centres" tels que décrits par Mouravieff ont un rapport avec l'idée des "chakras"?
R: Très étroitement. Dans un individu de la variété organique, les chakras dits supérieurs sont "produits en effet" en dérobant cette énergie à des êtres dotés d'âme. C'est ce qui leur donne la faculté d'imiter les êtres dotés d'âme. L'être doté d'âme perçoit un miroir de sa propre âme quand il accorde des "qualités d'âme" à de tels êtres.
Q: Est-ce que ceci est une correspondance à partir du chakra de base qui est relié au centre sexuel comme décrit par Mouravieff?
R: Non. Le "centre sexuel" correspond au plexus solaire.
Centre pulsionnel inférieur – chakra racine
Emotionnel inférieur – chakra sexuel
Intellectuel inférieur – chakra de la gorge
Emotionnel supérieur - chakra du cœur
Intellectuel supérieur – chakra coronal
Q: (L) Qu'en est-il du septième chakra ou chakra du troisième œil?
R: Voyant. L'union des centres supérieurs du cœur et de l'intellect.
[Note de Laura: Ceci "fermerait le circuit" dans la configuration de la "crosse du berger " et se rapporte certainement à la glande pituitaire.]
Q: (V) Et qu'en est-il des idées de 12 chakras, etc. qui sont actuellement enseignées par de nombreuses sources new age?

R: Il n'y a rien de tel. Ceci est une conceptualisation corrompue basée sur la fausse croyance qu'une activation du système endocrinien physique est la même chose que la création et la fusion du centre magnétique. Les centres supérieurs ne peuvent être "assis" qu'en étant "magnétisés". Et cette condition plus ou moins "extérieure" [localisation des centres supérieurs] a été perçue par certains individus et par la suite ajoutée aux localisations «d'assise» perçues, en potentiel. Ceci a conduit à une «trans-conceptualisation» basée sur une allégation!
Q: Est-ce que les niveaux d'initiation et les marches d'escalier telles que présentées par Mouravieff sont relativement corrects?
R: Oui, mais différents niveaux atteints dans d'autres (ce que l'on appelle) vies peuvent alléger l'intensité de certains niveaux dans "une autre" vie.
Q: (L) Donc le travail sur soi au cours de diverses incarnations – à supposer qu'on ne soit pas un portail organique – peut être cumulatif? On peut reprendre où on a laissé si on s'est planté ?
R: Oui. Dans une certaine mesure.

Pour en revenir à notre hypothèse sur les Archétypes et/ou Noms de Dieu, je voudrais soumettre la proposition que la 4e densité serait un monde où les Archétypes sont "incarnés" dans des âmes-groupe. Ces âmes-groupe ont alors des "extensions" d'elles-mêmes dans la réalité de troisième densité, de la même façon qu'une main a cinq doigts. Seulement, dans ces "projections" chaque doigt est une vie différente d'une âme individuelle, lesquelles vies ne sont PAS limitées à l'expérience séquentielle; et nous ne pouvons pas limiter le nombre de mains ou de doigts! Dans ce sens, on pourrait dire que la 3e densité est une "projection" de la 6e densité au travers de la «lentille» de la 4e densité.

Q: (D) Quand les êtres de 4e densité communiquent c'est par télépathie; vrai?
R: Oui.
Q: (D) Bon. Puisque le temps n'existe pas, comment communique-t-on en ce qui concerne les événements? Si on communique télépathiquement en 4e densité et que le temps n'existe pas, comment communique-t-on à propos d'événements dont l'un se passe maintenant par rapport à un autre plus tardif, et puis que la chose suivante se produit, et puis la suivante? (J) Comment est-ce séquentiel?
R: Traduisez.
Q: (D) Bon je vais expliquer ce que je veux dire Je veux dire, si nous parlons de 1907, quelque chose s'est produit...
R: C'est comme cela que c'est fait.
Q: (T) Vous traduisez l'expérience?
R: De 4e densité à la 3e densité. Et vice versa.

Q: (L) Donc, autrement dit, c'est presque comme pour faire des films. En d'autres mots, si on est un être de 4e densité, tout se passe plus ou moins, excusez le mot " passe", tout est simultané, et si on veut discuter ou communiquer ou se concentrer sur un aspect particulier de cette dimension unifiée, alors ce qu'il faut faire c'est en quelque sorte l'extraire, le projeter en 3e densité comme un film...
R: Proche. Mais vous ne comprendrez pas complètement avant d'arriver là.

Chacune de ces "Qualités" archétypales ou "Noms" de Dieu se manifeste en 4e densité sous la forme de "Drames Archétypaux". Ceci nous ramène au concept de Mircéa Eliade à propos de la Geste Archétypale - *illud tempus* – depuis le début.

Chaque héros a répété la geste archétypale, chaque guerre a répété la lutte entre le bien et le mal, chaque nouvelle injustice sociale a été identifiée à la passion d'un messager divin, chaque nouveau massacre a répété la fin glorieuse des martyrs. ... Tous les actes religieux sont dits avoir été posés par des dieux, des héros civilisateurs, ou des ancêtres mythiques . ...Ce sont non seulement les rituels qui ont leurs modèles mythiques, mais tout acte humain lui aussi acquiert une effectivité dans la mesure où il répète exactement un acte accompli au commencement des temps par un dieu, un héros, ou un ancêtre.[453]

Ceci exprime l'idée que le monde dans lequel nous vivons est une "forme", un "reflet" ou un "double" d'un autre monde cosmique existant à un niveau supérieur. Ce sont les Archétypes Célestes.

Q: (L) Il y a quelque temps, Eva et moi parlions au téléphone des figures mythologiques qui représentent peut-être des âmes-groupe. C'est-à-dire, à notre niveau de 3e densité, que des groupes d'individus qui sont séparés par la chair pourraient être des extensions d'âmes-groupe à un niveau supérieur...
R: Zeus, qui représente-t-il?
Q: (F) Le père des dieux?
R: et l'implication est...?
Q: (L) Est-ce que Zeus représente la 7e densité?
R: Ou est-ce que Zeus représente la compréhension du concept de la 7e densité?
Q: (L) Est-ce que nous disons compréhension dans des termes inadéquats?

[453] Eliade, *Le Mythe de l'Eternel Retour*, 1954

R: Aucune compréhension n'est "inadéquate"
Q: (L) Bon. Nous sommes tous des morceaux de.... est-ce qu'il y a des groupes et des groupes et des groupes qui sont des morceaux d'un tout plus grand, ou de " touts" plus grands, et qui ne peuvent monter de classe que quand ils sont assemblés?
R: Plus exact serait que cela fait accélérer les progrès pour la plupart de ceux qui sont impliqués dans un tel processus.
Q: (C) Faisons-nous partie d'une âme-groupe ou d'une entité-groupe?
R: Qu'en pensez-vous?
Q: (C) Oui.
R: Et...
Q: (C) Je pense que nous faisons partie d'une âme-groupe.... quoi que cela puisse être, nous avons un but; je pense que nous avons des intérêts similaires, et qu'il est de découvrir la vérité. Et c'est aussi pour nous faire progresser.
R: Et...
Q: (C) Quand un groupe avance, alors il filtre vers le bas pour d'autres...
R: Comment est-ce qu'il "filtre vers le bas"?
Q: (C) Parce que je pense que tous sont connectés.
R: Comment cela?
Q: (L) Je comprends! La chose avec Zeus. Toute la chose avec Zeus, de porter des enfants, des changements de toutes ces différentes manières, des manifestations ou modèles tels que définis par "les enfants de Dieu" à travers tous les divers niveaux, de sorte tout cela revient finalement en 7e densité.
R: Et qu'est-ce que cela signifie quand "tout cela revient"?
Q: (L) Union avec l'Unique. Et cela ne fait que se produire et se reproduire.
R: Et C___ dit...
Q: (C) Si nous sommes faits sur le modèle des mythes de Zeus, et que nous avons progressé, et qu'il y a des tas de petits fragments sur Terre qui vivent de nombreuses expériences, et que nous grandissons à mesure que nous avançons, nous arrivons à la vérité et à la pleine signification , nous re-fusionnons ensemble avec toute la sagesse de toutes ces expériences.
R: Oui, mais pas seulement la "Terre."
Q: (C) Ils sont tous dans le même processus.
R: Oui.
Q: (C) Est-ce qu'ils ont des mythes différents?
R: Ils ont des différents de tout... Mais en fin de compte, tout revient en fait au même!
Q: (C) Alors je dirais que quand chacun a "terminé son éducation" dans l'existence physique, il occupe le même espace à une vibration différente et s'oriente vers d'autres leçons et expériences, et progrès que je suis incapable de concevoir en ce moment.

R: Mais qu'est-ce que "le moment"?
Q: (C) Le moment? Je n'ai pas encore pensé aussi loin!
R: Ou bien peut-être l'avez-vous fait mais vous ne le percevez tout simplement pas comme cela?
Q: (C) Probablement. Combien de personnes font partie de ce groupe particulier dont Laura et moi faisons partie, pour faire ce travail?
R: A vous de le découvrir.
Q: (C) Eh bien je pensais avoir essayé! Penser c'est électrique. Est-ce qu'on laisse un écho électrique et est-ce que certaines combinaisons produisent une harmonie cumulative et exponentielle, de sorte que certaines pensées en groupe peuvent produire plus que d'autres ou individuellement?
R: Proche. A présent, suggestion: combiner des fréquences pour constater le développement d'un effet direct d'onde; frappe un fameux "coup."
Q: (LC) Je suis vraiment curieuse. Il me semble que nous avons tous été poussés à nous assembler pour une certaine raison. Nous avons tous sué sang et eau pour y arriver, chacun d'entre nous, mais nous y sommes arrivés, et je me demande juste quel est le pourquoi? Pourquoi est-ce que nous nous sommes tous sentis si attirés que nous AVONS DU être ici?
R: Ce n'est pas tellement que vous vous le demandez, vous cherchez surtout une confirmation.
Q: (LC) Je ne sais pas. Je ressens seulement quelque chose de puissant.
R: Chacun ici pense sur plus d'un niveau. Cela met déjà chacun dans une catégorie différente du *statu quo*. Vous avez tous des sens bien développés, une tâche plus difficile est d'apprendre à faire confiance aux messages. Souvenez-vous, vous avez tous reçu une programmation négative au niveau de la troisième densité, ce qui est destiné à faire dérailler votre prise de conscience psychique supérieure. Vous savez à présent que cela est une fausse programmation, mais nous réalisons que **les centres subconscients vous sont plus difficiles à maîtriser.** La patience payera; vous vous paierez du grand bon temps!!!
Q: (P) C'est mon sentiment à propos de tout cela: notre rencontre, l'énergie créée par chacun de nous en notre présence mutuelle est une clé; cela déverrouille quelque chose, que nous ayons accepté de nous rencontrer à ce moment-ci, bien que cela puisse ne pas être évident maintenant, mais ce le sera. C'est comme cela que je ressens tout ça. (LC) Okay, une autre question, et c'est une question en quelque sorte égoïste à laquelle je pense...
R: Une minute; souvenez-vous: votre plan d'existence est SDS de nature et cela est bien parce que vous êtes tous où vous êtes pour une raison... Maintenant L__, à vous de tirer et soyez aussi égoïste que vous le voudrez, très chère. [Rires]

Q: (LC) Eh bien, si c'est comme ça! Je voudrais savoir quelque chose au sujet des relations entre nous dans des vies antérieures. Je suis sûre qu'il y en a. Est-ce qu'il y a des connexions spécifiques en rapport avec des vies antérieures entre certaines des femmes qui se trouvent dans cette pièce?
R: Avant que nous ne répondions à cela, nous voudrions vous entendre dire que ce que vous percevez comme une circonstance de vie antérieure. Comment percevez-vous le processus de la réincarnation?
Q: (LC) Je le perçois comme cela: on revient avec les gens qu'on a choisis pour revenir en notre compagnie, et comme on choisit les gens avec lesquels on est karmiquement connecté. (I) Je vois les choses un peu différemment...
R: Aha! Nous avons une variante!
Q: (I) Je pense que quand on meurt et qu'on va en 5e densité, on fait des pactes avec des gens dans chaque incarnation, de sorte que quand on revient, on revient pour remplir ce pacte. (LC) Oui, c'est dans cette ligne-là que je pense. Mais quand ils ont posé la question, j'ai pensé qu'il y a des gens avec qui on revient à cause de la proximité. Quelqu'un peut être notre mère dans une vie, et il y a un lien d'amour, et puis il y a d'autres personnes avec lesquelles on revient parce qu'on doit résoudre quelque chose pour pouvoir se détacher de cette personne plutôt que de s'en rapprocher.
R: Ceci est partiellement correct. Mais il y a plus que cela. Par exemple, on peut s'incarner sur plusieurs plans d'existence, pas seulement celui que vous percevez en ce moment. Et on peut se réincarner sur plusieurs plans simultanément, si l'on est assez avancé pour pouvoir le faire.
Q: (L) Suggérez-vous que nous tous ici faisons partie de la même unité d'âme?
R: Oui, nous le faisons! Jusqu'à un certain point, mais il se peut que vous ne compreniez pas encore ce qu'est exactement une "unité d'âme" dans ce sens. Et bien sûr, il y a plus d'un sens à cela aussi. Le "truc" que vont apprendre les formes de vie de 3e densité SDS, soit avant la transition en 4e densité, soit à l'exacte jonction, ce sera de penser en termes absolument illimités. La première étape, et la plus dure dans ce processus, c'est de ne pas anticiper du tout. C'est le plus difficile pour vous. Nous le comprenons mais c'est aussi la raison pour laquelle nous insistons sans cesse sur ce point. Par exemple, imaginez qu'une de vos vies passées serait aussi une de vos vies futures.
Q: (P) Je voudrais seulement dire que je pense que nous tous ici sommes remontés dans le temps pour changer les choses telles qu'elles sont à présent. Nous nous sommes insérés dans cette période temporelle pour nous éveiller et voir ce qui se passe réellement. Ceci est une manière de penser 3e densité, je le sais, mais c'est la seule façon dont je puisse le décrire. Nous avons

regardé comment les choses se sont passées, comment le monde est à présent, et nous sommes revenus changer les choses. Nous sommes revenus du futur, pour nous éveiller maintenant, parce que nous ne nous sommes pas éveillés auparavant. Parce que le monde va dans cette direction, et que QUELQUE CHOSE doit être fait. Voilà ce que je vois. Pas seulement ça, des choses arrivent pour nous garder loin de la période de l'éveil! Nous avons tous été bombardés de toutes sortes de choses, toute notre vie.
R: Cela est étonnamment proche de la vérité. Maintenant, un petit moment.... réfléchissez s'il vous plaît.
Q: (L) P___ disait que nous sommes revenus du futur et que nous nous sommes introduits dans cette ligne temporelle-ci...
R: Oui. Cela est bien près d'être entièrement correct!
Q: (L) En termes de réincarnation, comme nous en avons parlé quelques minutes auparavant, il se peut que nous soyons des incarnations de nous-mêmes incarnés à des niveaux différents. Il se fait simplement que ceci est un des niveaux de réalité que nous occupons, mais il y a d'autres nous-mêmes à d'autres niveaux, pensant et faisant des choses d'autres niveaux, et ces autres niveaux sont perçus par nous comme le futur...
R: Peut-être pour certains d'entre vous, mais ne nous emportons pas.
Q: (P) Les Cassiopéens disent qu'ils sont NOUS dans le futur. Donc, nous étant EUX dans le futur, dont certains sont dans le futur, sont revenus en tant que nous, pour faire ce que nous sommes en train de faire, pour défaire ce qui se passe sur la Terre...
R: Proche mais plus complexe que cela. Il vous serait difficile de comprendre complètement pour le moment, mais disons simplement que vous êtes proches. Vous devriez réfléchir à tout ce qu'il y a dans la réflexion!
Q: (L) Quelle est la raison de l'utilisation du terme "réflexion"?
R: "Alice de l'autre côté du miroir[454]."
Q: (L) Quand elle a traversé le miroir, elle s'est trouvée dans une réalité alternative. (I) Nous trouvons-nous dans une réalité alternative?
R: Ouaip. Mais une nouvelle fois, est-ce que toutes les réalités ne sont pas "alternatives"?
Q: (P) Je pense que nous sommes en train de créer une possibilité qui n'aurait pas existé si nous ne nous étions PAS rencontrés ici.
R: Oui, mais cela est généralement vrai pour la plupart des circonstances semblables. La question est le degré auquel il y a de la signification.

---

[454] *Alice through the looking glass*, Lewis Carroll (NdT)

Nous rencontrons dans les mythes l'idée que l'homme ne fait que répéter les actions des dieux; son calendrier commémore, sur une période d'une année ou de cycles plus longs, toutes les phases cosmogoniques qui se sont produites au commencement ou qui se produisent de manière répétée à un autre niveau de réalité.

Les mythes ne sont qu'une formulation très tardive d'un contenu archaïque présupposant une réalité absolue, ou des niveaux de réalité extrahumains. Si nous pensons que notre réalité n'est qu'une sorte de séance de diapositives projetées à partir d'un monde hyperdimensionnel, nous devons commencer à penser aux drames archétypaux eux-mêmes. Si nous concluons que nous sommes des extensions de notre Soi supérieur servant les objectifs des Grands Drames Cosmiques, nous allons à l'encontre de quelques concepts importants.

Le premier de ces concepts est le Libre Arbitre.

Revenons à ce que le Cheikh Ibn al-Arabi a dit à ce sujet:

> Vous devriez savoir que le divin appel inclut le croyant et l'incroyant, l'obéissant et le désobéissant... Cet appel ne provient que des divins noms.
>
> Un nom divin en appelle à quelqu'un qui est gouverné par la propriété d'un second nom divin quand celui-ci sait que la propriété du second nom dans cette personne est arrivée à son terme.
>
> Alors ce nom qui en appelle à cette personne prend la précédence. Cela continue ainsi dans ce monde et le suivant.
>
> Il s'ensuit que tout ce qui est autre que Dieu est appelé, par un nom divin, à arriver à un état engendré auquel ce nom cherche à l'attacher.
>
> Si l'objet de l'appel répond, il est nommé "obéissant" et devient "heureux." S'il ne répond pas, il est nommé "désobéissant" et devient "misérable." [455]

Ceci nous donne un indice quant à l'étendue véritable de notre prétendu Libre Arbitre. Fondamentalement, il se résume à identifier dans QUEL drame archétypal nous jouons; que nous le reconnaissions, en témoignions dans notre esprit, et accélérions ou ralentissions sa conclusion. Nous accélérons par notre "obéissance" à "l'appel", ou nous le ralentissons par notre rejet et notre "désobéissance". Dans le premier cas, le résultat peut être heureux si nous prenons soin de "terminer le drame" à l'intérieur de

[455] *Futuhat*, II 592.32

l'archétype, ne serait-ce que symboliquement (ce qui est souvent le choix le plus sage quand on est pris dans un drame de grand potentiel négatif); et dans le second cas nous pouvons refuser d'admettre le drame, continuer à lutter contre celui-ci comme un insecte qui ne cesse pas de se heurter au carreau d'une fenêtre, et en fin de compte être misérable.

Bien sûr, le problème de beaucoup de gens c'est de comprendre qu'ils ne sont PAS OBLIGES de se souvenir de leurs vies passées pour "apprendre". L'âme a une mémoire qui lui est propre.

> Q: (L) OK, laissez-moi poser cette question. Parlant du temps, je voudrais demander, par rapport au temps, qu'est-ce que le souvenir? Une certaine compréhension du temps s'y réfère comme le "maintenant", le "maintenant" à tout jamais présent. Il se fait qu'un tas de gens se souviennent d'un tas d'autres «maintenant», que d'autres ne se souviennent d'aucun, et il semble que le souvenir serait presque comme une fonction inverse de l'anticipation. L'anticipation étant quasiment comme un souvenir du 'futur' et le souvenir étant comme une anticipation inverse du passé. Dès lors, ce que je voudrais savoir c'est si le temps est seulement un «maintenant» qu'est-ce que le souvenir ?
> R: Enregistrement conscient et subconscient des perceptions.
> Q: (L) OK. Si la mémoire est un enregistrement subconscient ou conscient des mêmes perceptions, quand on accumule un nombre suffisant de souvenirs est-ce qu'on devient alors "intemporel"?
> R: On est toujours intemporel.
> Q: (L) OK, mais est-ce qu'on devient alors conscient de son intemporalité?
> R: Dans la 4e densité.
> Q: (L) OK. Est-ce qu'un électron a une mémoire?
> R: L'électron est une unité empruntée à la 7e densité.
> Q: (L) Très bien; dans la photo du "crop circle" dont vous avez dit qu'il s'agit d'une "structure atomique", il y avait des cercles concentriques et puis ces trois choses à l'extérieur des coins du triangle, une en zig-zag, une simple et ronde, et l'autre comme une sorte de roue, avec des petites divisions. Est-ce que la chose en zig-zag serait l'électron?
> R: Concept pas correct structure atomique unifie atomes élémentaux.
> Q: (L) Qu'est-ce qu'un atome élémental par rapport à un atome ordinaire?
> R: Elémental définit un corps de structure singulière. A l'intérieur de, comme dans «élément de». Electron est élément de structure atomique.
> Q: (L) Y a-t-il quelque chose dans l'atome qui retient le souvenir?
> R: Souvenir est subjectif; atome ne l'est pas.

Q: (L) Eh bien il semble que certains atomes soient quelque peu subjectifs.
R: Non, c'est votre interprétation.
Q: Si le souvenir est l'enregistrement conscient et subconscient de la perception, comme vous l'avez dit, et qu'il se produit une "fusion de réalités" comme vous l'avez dit aussi précédemment, une sorte de manipulation du temps, est-ce que cela change automatiquement les perceptions individuelles?
R: Perceptions "sautent" en place en fonction des points de repère dans l'éternellement présent continuum.
Q: Que sont ces points de repère?
R: Ruptures expérientielles dans monde perceptuel de durée.
Q: Les points de repère sont des ruptures expérientielles. Donc, on fait l'expérience de ruptures et elles deviennent des points de repère... les perceptions sautent en place... est-ce que cela veut dire que quand il y a la perception d'une rupture, une partie de la psyché cherche à jeter un pont en sautant dans une sorte de ...
R: La définition des réponses précédentes ne vous deviendront claires qu'après réflexion, ma chère!
Q: Vous avez dit que le souvenir est subjectif et qu'un atome ne l'est pas. Si le souvenir est subjectif, ce que vous venez de décrire signifie que chacun a une perspective légèrement différente, même si il ou elle est impliqué(e) dans un même incident ou une même séquence de temps.
R: Bien sûr! C'est cela le trésor de l'apprentissage.
Q: Qui est le trésorier?
R: L'apprenti.
Q: Mais cependant, ce que vous avez dit implique malgré tout qu'un atome a une existence objective. Est-ce correct?
R: Oui.
Q: Voudriez-vous s'il vous plaît nous dire en quoi consiste l'objectivité?
R: L'effort de la part de l'observateur de laisser les préjugés "à la porte".
Q: Comment l'effort de la part de l'observateur de laisser les préjugés à la porte se rapporte-t-il à l'existence objective de l'atome?
R: Un atome, comme il en va de tout le reste, ne peut exister sans un observateur.
Q: Donc, dans le cas de l'objectivité de l'atome, si les observateurs humains ne sont pas objectifs, où est l'observateur qui rend l'atome objectif, ou bien **l'atome n'existe pas s'il n'y a pas d'observateur?**
R: Oui au dernier commentaire.
Q: Il doit donc y avoir un observateur. Est-ce que l'observateur doit être humain?
R: L'observateur doit être une conscience.

Q: Si vous dites qu'un atome a une existence objective, et que cependant il n'existe que s'il est perçu par une conscience, alors un atome n'a pas d'existence objective, correct?
R: Non.
Q: Okay, quelle est la distinction? Vous dites que l'objectivité est la TENTATIVE de la part de l'observateur de laisser les préjugés à la porte.
R: Sans conscience, il n'y a ni objectif, ni subjectif!!
Q: Donc l'important c'est d'essayer de laisser les préjugés à la porte de la même manière que l'on devrait être sans anticipation pour pouvoir créer?
R: Oui.
Q: Eh bien cela est TRES épineux... (A) Est-ce que la conscience est objective?
R: La conscience est objective, jusqu'à ce qu'elle ait la faculté de choisir d'être autrement.
Q: Quel est le stimulus pour le changement, pour obtenir la faculté de choisir?
R: L'introduction du préjugé.
Q: Dans un sens cosmique, la conscience cosmique, dans le sens de la Conscience Unique Unifiée, quel est le stimulus pour la faculté de choisir?
R: Quand le voyage a atteint l'union avec l'Unique, toutes ces leçons sont accomplies.
Q: Mais cela ne répond pas à la question.
R: Si, cela le fait!

C'est ici que se place l'étude de la nature. Il y a dans les Psaumes un passage sur la Nature en tant que source de connaissance:

1 Les cieux racontent la gloire de Dieu, et l'étendue annonce l'ouvrage de ses mains.
2 Un jour en proclame la parole à l'autre jour, et une nuit la fait connaître à l'autre nuit.
3 Il n'y a point de langage, il n'y a point de paroles; toutefois leur voix est entendue.
4 Leur cordeau s'étend par toute la terre, et leur langage jusqu'au bout du monde. En eux, il a mis une tente pour le soleil .[456]

Les alchimistes disent:

Pour respecter le principe d'hermétisme adopté par la Tradition, il nous faut comprendre que les enseignements ésotériques sont donnés en forme sibylline.

[456] Psaume 19: 1-4 (Bible Darby)

> Saint- Isaac-le-Syrien souligne que Les saintes Ecritures disent bien des choses en utilisant des mots dans un sens différent de leur sens originel. Parfois, des attributs corporels sont appliqués à l'âme, et inversement, des attributs de l'âme sont appliqués au corps. Les Ecritures ne font aucune distinction ici. Cependant, les hommes éclairés comprennent.

Voici le moment où nous commençons à comprendre notre réalité. Les mythes célestes sont les représentations archaïques des Archétypes. En étudiant ces récits et leurs personnages, nous pouvons accéder à des connaissances très profondes se rapportant à toute situation humaine ou à tout drame dans lequel nous pouvons nous trouver. Nous sommes également à même d'identifier quel personnage ou rôle nous sommes activés de "jouer". Une fois que nous avons identifié le drame du moment (qui peut s'étendre sur des années ou même sur une vie entière, ou qui peut être seulement un "mini-drame" de quelques minutes, ou heures ou jours), nous pouvons pleinement activer notre participation, AVEC UN CERTAIN DEGRE DE CONTROLE.

En reconnaissant la pièce, en reconnaissant notre "rôle", nous formons un lien entre nous-même et le metteur en scène, le producteur et l'auteur de la pièce, aux densités supérieures! Nous leur sommes psychiquement "reliés" réellement et symboliquement. Et en étant reliés, nous avons accès à un Libre Arbitre qui n'est pas accessible ordinairement.

Joseph Chilton Pearce était conscient qu'il y avait, dans notre réalité, quelque chose de plus profond et complexe que la plupart des gens ne le supposent, et il a appelé cela "L'Oeuf Cosmique". Il pourrait avoir raison davantage qu'il ne le pensait lui-même. Si les Centres de Pensée sont des Oeufs Cosmiques pondus de 6e densité en 4e densité au travers de la 5e densité, et couvés et éclos en 3e densité, alors il n'y a qu'une seule question à se poser dans CETTE densité-CI : LEQUEL EST NOTRE PROPRE OEUF?

Il y a plus: si cet oeuf ne nous plaît pas, pouvons-nous le casser et en sortir?

Eh bien, nous revenons toujours à la "question à un million":

> Q: (L) Quand nous parlons de rideaux dimensionnels, nous parlons de séparations à un même niveau de densité. Est-ce correct?
> R: Peut-être.
> Q: (L) Est-ce qu'il peut y avoir des rideaux dimensionnels entre des dimensions à un même niveau de densité?
> R: Oui.

Q: (L) Est-ce que les rideaux dimensionnels sont aussi quelque chose qu'il y a entre deux niveaux de densité?
R: Oui.
Q: (L) Donc, un rideau dimensionnel est un point auquel un changement quelconque se produit,... qu'est-ce qui provoque ce changement?
R: Nature.
Q: (L) Qu'est-ce qui définit ce changement?
R: Expérience.
Q: (L) Est-ce qu'il a un rapport quelconque avec la physique atomique ou quantique ou le mouvement des atomes ?
R: Oui.
Q: (L) Okay. Un atome est en 3e densité. Qu'est-ce qui le distingue d'un atome de 4e densité?
R: Réalité.
Q: (L) Qu'est-ce qui distingue un monde d'un autre?
R: Allégations.
Q: (L) Okay, ce que l'on suppose ou attend est ce qu'on perçoit à propos de cet atome selon la réalité dans laquelle on se trouve; est-ce que cela est correct?
R: Proche.
Q: (L) Qu'est ce qui détermine nos allégations?
R: Expérience. Tout ce qui existe n'est que leçons.
Q: (L) Okay, donc une fois que nous avons appris certaines leçons, comme dans l'expérience de certaines choses, alors nos allégations changent?
R: Oui.
Q: (L) Okay, est-ce que cette onde qui approche dans notre direction va nous donner une expérience qui va changer nos hypothèses?
R: Question à un million: La moitié en est que vous devez changer vos allégations pour pouvoir faire l'expérience de l'onde d'une manière positive. Tout est purement leçons et rien, répétons, rien d'autre.

Comment obtenons-nous les expériences qui changeront nos allégations?

Eh bien, revenons une fois encore à notre Arbre de Vie. Remarquons que dans les deux versions, le miroir Cosmique et le miroir Humain, les différents niveaux des différentes densités se «recyclent» au travers de la 5e densité sur l'axe central. Il existe en fait des sortes de "conduits" entre les centres, mais ces conduits n'ont aucun "lieu d'échange " sur l'axe central, qui faciliterait un «glissement» des centres de pensée ou «allégations». De ceci, nous pouvons conjecturer qu'il est assez difficile de "changer de polarité" sans un recours à quelque facilitateur. C'est pourquoi, les chemins du Moine, du Yogi et du Fakir sont si difficiles. Ils s'efforcent de jeter un pont sans qu'il y ait aucun facilitateur sur l'axe central.

Notons que, sur l'Arbre cosmique, la position de la Connaissance facilite le recyclage des énergies de 6e densité vers une Union avec l'Unique qui est, en fait, instantanée (ou intemporelle) avec l'Etre et le Non-Etre qui démarre ensuite un nouveau cycle de conscience qui se régénère en tant matière dense et consciente émergeant latéralement vers les Beaux Noms et les Noms de Colère de Dieu pour recommencer le drame depuis son début.

Lorsque nous regardons l'Arbre de Vie humain, nous voyons que la position de la Connaissance est à présent occupée par le corps génétique, qui se trouve SUR l'axe central. Nous réalisons alors que CECI est notre facilitateur.

Le corps génétique est le centre de contrôle du corps physique puisqu'il transduit les énergies de l'axe central; dès lors, le centre de pensée dominant, quel qu'il soit, contrôle alors l'expérience physique. En outre, nous apercevons encore une autre possibilité : la connaissance et la génétique sont DIRECTEMENT INTERACTIVES. Au niveau de 3e densité, les GENES sont le LOGOS!

> **Au commencement était le Verbe, et le Verbe était avec Dieu, et le Verbe était Dieu. Il était présent à l'origine avec Dieu. Toutes choses ont été faites et ont été amenées à l'existence par Lui; et sans Lui pas une chose n'a pu venir à exister**.

On dirait des Chromosomes Cosmiques! C'est par notre génétique que nous avons le potentiel de nous aligner sur l'axe vertical central et de "changer nos centres de pensée". Et tout comme la Nature de 2e densité est un reflet de la Connaissance de 6e densité sur l'Arbre Cosmique, ainsi notre code génétique est le reflet de 2e densité de tout ce qui existe en potentialité à l'intérieur de NOUS en tant qu'êtres humains.

On pourrait même dire que TOUTE la nature existe en NOUS.

Gurdjieff a traité aussi des questions de ce chapitre; il a montré que la source de ses informations ressemblait fort à la Source "Q"[457] des enseignements alchimiques. Cela est démontré dans la réponse qu'il a donnée à Ouspensky quand ce dernier lui a demandé: "Peut-on dire que l'homme possède l'immortalité?" Réponse de Gurdjieff:

> "L'immortalité est une des qualités que nous attribuons aux gens sans avoir une compréhension suffisante de leur signification.

---

457 'Q' pour "Quelle" = "source" en langue allemande (NdT)

> D'autres qualités de ce genre sont "l'individualité" dans le sens d'une unité intérieure, un "Je permanent et immuable", "la conscience" et la "volonté". Toutes ces qualités peuvent appartenir à l'homme, mais cela ne signifie certainement pas qu'elles lui appartiennent ou appartiennent à chacun et à tous de fait.
>
> "Afin de comprendre ce qu'est l'homme actuellement, c'est-à-dire au présent niveau de développement, il est nécessaire d'imaginer dans une certaine mesure ce qu'il peut être, c'est-à-dire à quoi il peut tendre. C'est seulement en comprenant la séquence correcte du développement possible que les gens cesseront de s'attribuer ce qu'actuellement ils ne possèdent pas et qu'ils ne pourront acquérir, peut-être, qu'au prix de grands efforts et d'un dur labeur.
>
> "Selon un enseignement ancien dont on peut trouver des traces dans de nombreux systèmes, anciens et nouveaux, l'homme qui a atteint le développement le plus complet accessible à l'homme, un homme dans le plein sens du terme, est composé de quatre corps. Ces quatre corps sont composés de substances qui deviennent graduellement de plus en plus fines, qui s'interpénètrent mutuellement, et forment quatre organismes indépendants, en relation définie l'un avec l'autre, mais capables d'actions indépendantes."

L'idée de Gurdjieff est qu'il est possible à ces quatre corps d'exister parce que le corps humain a une organisation tellement complexe que, dans certaines conditions favorables, un nouvel organisme indépendant peut en effet se développer et croître à l'intérieur de celui-ci. Ce nouveau système d'organes de perception dispose alors d'un instrument plus commode et sensible pour les activités d'une conscience éveillée.

> "La conscience manifestée dans ce nouveau corps est capable de le gouverner, et elle a plein pouvoir sur et plein contrôle du corps humain.
>
> "Dans ce deuxième corps, sous certaines conditions, un troisième corps peut croître, à nouveau ayant ses propres caractéristiques. La conscience manifestée dans ce troisième corps à plein pouvoir sur et plein contrôle des deux premiers corps; et le troisième corps possède la possibilité d'acquérir des connaissances inaccessibles tant au premier qu'au deuxième corps.
>
> "Dans le troisième corps, sous certaines conditions, un quatrième peut croître, qui diffère autant du troisième que le troisième diffère du deuxième, et le deuxième du premier. La conscience

manifestée dans le quatrième corps a le plein contrôle des trois premiers corps et de celui-là.

Ces quatre corps sont définis dans différents enseignements et de diverses manières. Le premier est le corps physique (dans la terminologie chrétienne: le corps charnel); le deuxième en terminologie chrétienne est le corps «naturel», le troisième est le corps spirituel, et le quatrième, dans la terminologie du christianisme ésotérique, est le corps divin. Dans la terminologie théosophique, le premier est le corps physique, le deuxième est le corps astral, le troisième est le mental, et le quatrième est le corps causal.

Dans la terminologie de certains enseignements orientaux le premier corps est le "véhicule" (le corps physique), le deuxième est le "cheval" (les sentiments, les désirs), le troisième est le cocher (le mental) et le quatrième est le "maître" (le "Moi", la conscience, la volonté).

On trouve de telles comparaisons et idées dans la plupart des systèmes et enseignements qui reconnaissent quelque chose de plus dans l'homme que le corps physique. Mais pratiquement tous ces enseignements, s'ils répètent dans une forme plus ou moins familière les définitions et divisions des enseignements anciens, ont cependant oublié ou omis le trait le plus important, qui est celui-ci : l'homme ne naît pas avec les corps plus subtils. Ceux-ci ne peuvent qu'être cultivés de manière artificielle en lui, et ce uniquement dans des conditions favorables tant intérieures qu'extérieures.

Le corps astral n'est pas un outil indispensable à l'homme. C'est un grand luxe qui est l'apanage de quelques uns seulement. L'homme peut très bien vivre sans corps astral. Son corps physique possède toutes les fonctions nécessaires à la vie. *L'homme sans corps astral peut même donner l'impression d'être très intellectuel ou même spirituel, et peut tromper non seulement les autres mais aussi lui-même.*

Lorsque le troisième corps s'est formé et a acquis toutes les propriétés, pouvoirs et connaissances à sa portée, il reste le problème de la fixation de ces connaissances et de ces pouvoirs. Parce qu'ayant été impartis par des influences d'une certaine sorte, ils peuvent être repris par ces mêmes influences ou par d'autres. Par un travail très particulier sur ces trois corps, les propriétés acquises peuvent devenir des propriétés permanentes et inaliénables du troisième corps.

Le processus de fixation de ces propriétés acquises correspond au processus de formation du quatrième corps.

Et seul l'homme qui possède quatre corps pleinement développés peut être appelé "homme" dans le plein sens du terme. Cet homme possède de nombreuses propriétés que l'homme ordinaire ne possède pas. Une de ces propriétés est l'immortalité. Toutes les religions et enseignements anciens contiennent l'idée qu'en acquérant le quatrième corps l'homme acquiert l'immortalité. Et ils donnent tous des indications sur la manière d'acquérir ce quatrième corps, autrement dit l'immortalité. Toutes les religions et enseignements anciens contiennent l'idée que, en acquérant le quatrième corps, l'homme acquiert l'immortalité; et ils contiennent tous des indications sur les moyens d'acquérir le quatrième corps ou immortalité."[458]

Dans un sens général, pour pratiquement tout le monde, y compris votre humble servante, l'idée même du voyage dans le temps, de la maraude mentale, d'êtres hyperdimensionnels ayant le pouvoir de créer et maintenir une réalité d'illusion et de restriction dans laquelle nous sommes confinés comme des moutons attendant chaque jour de voir qui sera «pris» pour sa laine, sa peau ou sa chair, est un concept tellement horrible que l'accepter comme une réelle possibilité équivaut à être dépouillé de toute espérance, de tout rêve et de tout réconfort.

Comme bon nombre d'entre vous, j'ai entrepris ce travail remplie de frustration par rapport aux enseignements qui ne "marchent pas" ou qui n'ont pas de sens quand on les met en parallèle avec l'honnête observation de la réalité et de l'expérience. Il y avait un tel labyrinthe de contradictions partout où je me tournais, alors que je SAVAIS qu'il était nécessaire d'aller au-delà de tout ce qui était connu ou avait été tenté jusqu'ici. J'avais dans l'idée que ces connaissances avaient été disponibles dans des temps anciens à en juger par l'évidence des mégalithes et autres structures incompréhensibles, partout sur le globe, mais s'il serait possible de redécouvrir ce chemin, rien n'était moins sûr.

Il était TRES clair qu'il y avait un sérieux clivage entre la réalité observable et une "réalité plus profonde" dont, on pouvait le présumer, la nôtre tirait quelque chose de sa forme et de sa structure, mais je savais que quelque chose «nous» séparait «d'eux». Et à nouveau, quand je cherchais des réponses, j'atterrissais toujours dans un dédale d'allégations insupportables et de faits irréconciliables. Oui, à tous ceux qui m'ont écrit pour me demander si j'avais vérifié telle ou telle source, il est plus que probable que je l'ai fait, et bien davantage encore. Et, je le répète, quand on les lit TOUTES, on trouve, comme l'a dit Blaise Pascal:

---

[458] Gurdjieff, cité par Ouspensky, *In Search of the Miraculous (à la recherche du miraculeux)*, op. cit.

> **"Je vois des multitudes de religions en plusieurs endroits du monde, et dans tous les temps. Mais elles n'ont ni morale qui me puisse plaire, ni preuves capables de m'arrêter. Et ainsi j'aurais refusé également la Religion de Mahomet, et celle de la Chine, et celle des anciens Romains, et celle des Égyptiens, par cette seule raison, que l'une n'ayant pas plus de marques de vérité que l'autre, ni rien qui détermine, la raison ne peut pencher plutôt vers l'une que vers l'autre.." [*Pensées*, Chapitre XI]**

En ce qui me concerne, vous pouvez ajouter une centaine d'autres "sources" à la liste de Pascal. Elles sont toutes un ramassis d'allégations et de "faits" irréconciliables.

Mais lorsque les Cassiopéens ont commencé à communiquer, à dire des choses qui expliquaient véritablement les problèmes que je rencontrais dans les sciences, les religions et les philosophies, et que ces choses qu'ils nous disaient ne faisaient PAS partie de mes attentes, cela m' mise en fureur et j'ai enragé devant une image aussi noire de notre existence.

J'étais déjà passée par là quelques années auparavant, en lisant Gurdjieff et Ouspensky, mais je trouvais que ce que les Cassiopéens disaient était bien plus déprimant que ce que j'étais préparée à recevoir.

Je refusais les idées qui suggéraient que nos croyances de "contes de fées" POURRAIENT nous être imposées afin de nous tenir endormis et inconscients, parce qu'elles ne me plaisaient pas non plus! A mesure que le temps a passé et que sont venues s'ajouter des preuves d'autres sources, je me suis mise en colère contre les leçons qui me convainquaient de leur justesse dans ma vie personnelle ; et j'ai versé des océans de larmes sur la perte de mon innocence. Alors croyez-moi quand, à ceux d'entre vous qui m'écrivent en essayant de saisir tout cela, en essayant de raisonner et rationaliser pour pouvoir se cramponner aux anciens, faux, systèmes de croyance, je dis que je comprends!

Mais quand cela a été dit et fait, je pense que j'ai pleuré davantage encore sur toutes les années gaspillées en stupidité et aveuglement. Après un certain temps j'ai réalisé que nous ne sommes stupides et aveugles qu'aussi longtemps exactement *que nous avons besoin* d'être stupides et aveugles, et pas une seconde de plus. Je suis énormément reconnaissante pour toutes ces expériences parce qu'elles m'ont enseigné des choses à un niveau très profond.

Une chose curieuse et commune aux enseignements de Gurdjieff et de Castañeda qui affirment tous deux que l'homme est de la "nourriture" pour quelque chose "d'autre": c'est le manque d'informations au sujet de cet «autre». Oui, Castañeda va plus loin que Gurdjieff en nous donnant une partie de l'histoire du « volant », ou « prédateur » mais cela est vague et amorphe.

Nous nous sommes souvent demandé si Gurdjieff connaissait la "vérité" comme les Cassiopéens l'ont expliquée mais n'avait pu se résoudre à la révéler à quiconque; ou bien, s'il en avait communiqué une partie à ses étudiants, est-ce que c'était seulement à ceux du «cercle intérieur» qui à leur tour avaient gardé le secret ?

Ark a rencontré Henri Tracol, un des élèves de Gurdjieff, à Marseille en juillet 1986. Ce fut une brève rencontre de deux heures au plus, dans un restaurant de l'aéroport. L'intérêt [de Ark] était de déterminer s'il serait utile à son propre éveil de fréquenter une école comme la Fondation Gurdjieff à Paris. Il a posé de nombreuses questions, la plupart d'entre elles en rapport avec cette idée que nous sommes "mangés" par "quelque chose". Son estimation (faculté hautement développée chez lui grâce à son important bagage de scientifique et d'enseignant) de la réaction de M. Tracol à cette question est que cet homme *avait peur de répondre*.

Son souvenir est que M. Tracol a nerveusement jeté des regards autour de lui comme s'il avait peur que quelqu'un l'entende, bien que manifestement il n'y eût personne qui aurait pu entendre, et il a fait une vague allusion à quelque chose comme des "êtres interdimensionnels".

Puisque cette rencontre a eu lieu il y a près de vingt ans, Ark a difficile à se remémorer ce qui a été dit exactement, mais les notes dans son journal pour les jours qui suivent la rencontre reflètent son état d'esprit du moment:

> Marseille, 21 juillet 1986
>
> Je suis un transformateur et un convertisseur d'énergie. C'est cela l'essence de mon existence. C'est mon seul objectif possible. Je peux choisir de servir ou non cet objectif. Je ne sers qu'en tant que transformateur d'énergie. Ce que je ferai ne semble donc pas faire une grande différence. Le résultat sera le même.
>
> Ou bien je peux servir de canal. C'est là le choix entre volonté personnelle et discipline. Ce que «je» fais, qui est «le Je-Personnalité» c'est de la volonté personnelle. Ce qui agit à travers moi n'est pas de la volonté personnelle. Je veux donc autoriser «ce qui peut agir à travers moi» qui n'est pas de la volonté personnelle. Pour ce faire, il me faut éliminer la volonté personnelle. Mais, à Dieu ne plaise, ne pas éliminer le contrôle!

Je veux donc éliminer la volonté personnelle. Je veux éliminer l'identification. Eliminer l'identification est l'important. Je veux me souvenir de moi. Je veux planifier la justification de chacune des heures. Je veux me débarrasser de ma bosse. Cesser d'être un dromadaire.

Comment? Par l'élimination de l'identification. Je veux écouter. Et considérer intérieurement.

23 juillet 1986

Tout ce monde est vanité. Une vanité qui passera. Le ciel passera, la Terre passera, les arbres passeront et les gens passeront aussi. Les aspirations humaines passeront. Les sciences passeront. Tout ce qui me tient ensemble passera. Un but - à ce niveau- cela n'existe pas. S'assigner un but - à ce niveau-ci- c'est mentir à soi-même.

Humanité, vérité, connaissances – ce sont des mots vides. Des mots entourés d'une souffrance qui n'a pas de sens. Quand je dis que je veux «aider l'humanité», ce sont des mots vides. Quand je dis «science», «connaissance», «vérité » , « savoir », ce sont des mots-fantômes.

Je suis un transformateur d'énergie et je dois servir en tant que tel. Et c'est cela que je suis capable de faire.

Où est la sortie?

Rien ne restera de ce que je fais. Je pourrais tout aussi bien ne pas exister du tout. Penser que je suis "différent"? Que je suis "exceptionnel"? Que je peux accomplir des choses que jamais personne n'est parvenu à accomplir mais que moi je réussirai parce que j'aurai la chance pour moi? Oh Seigneur, comment est-il possible de croire en ces vaines illusions! Je mourrai et rien ne restera derrière moi. Rien ne réussira. Rien ne restera. Aucun but ne sera atteint. Un seul but semble possible: quand la fin sera proche la souffrance sera si grande que je trépasserai avec soulagement.

Où est la sortie? A quoi servent les humains? Ceci est une expérience! Ce qui vient de moi ne compte pas. La seule chose que je puisse faire c'est permettre à quelque chose de plus puissant de parler à travers moi. Permettre à quelque chose de plus instruit de me parler à moi et à travers moi. Permettre à quelque chose de plus puissant d'agir à travers moi. Permettre à quelque chose de plus puissant de m'utiliser. Je ne suis qu'une coquille, je suis une machine. Je suis un instrument. Je suis un moyen pour atteindre un but. Je suis une possibilité pour quelque chose de plus puissant d'être en moi et d'agir à travers moi. Je suis un lieu qui attend d'être rempli. Je suis un véhicule sans

> conducteur et sans maître. C'est vrai qu'il y a un cerveau, il y a les membres du corps, il y a les sens. Mais je ne suis qu'un véhicule. Sans conducteur et sans maître. Une personnalité qui prétend avoir des droits. Qui joue des rôles: parfois celui du conducteur, parfois celui du maître, et qui dit sans cesse «Moi, Je». Et cependant je ne suis qu'un véhicule qui ne va nulle part, et condamné à s'écraser dans quelque fossé.
>
> Mes aspirations, mes ambitions, mes besoins – tout cela appartient à un véhicule vide dont le cheval est laissé sans contrôle. Tout ce que je fais n'a aucun sens. Tout ce que je fais est personnalité. Et ce qui participe de la personnalité est du lest. Tout ce qui vient de la personnalité est bosse de dromadaire.
>
> Comment passer par le chas d'une aiguille tant qu'on a une bosse de dromadaire? La personnalité doit être mise de côté. Les aspirations et les caprices – cela n'est pas moi. Heureux les humbles. Etre humble, c'est cela dont j'ai besoin. Le non-attachement. Eliminer les choses non nécessaires. Et aussi être conscient du fait que CHAQUE MOMENT EST UN EMBRANCHEMENT DE L'UNIVERS.

Voilà donc son état d'esprit après une conversation de deux heures avec Henri Tracol.

Mais qu'est-ce qui "agit au travers de", contrôle l'humanité, ou crée les conditions de ce sommeil enseigné par Gurdjieff? Nous en avons discuté entre nous, en passant au peigne fin les sources disponibles, pour tenter de déterminer si ceci était l'un des grands "secrets" de l'oeuvre de Gurdjieff, mais avec de minces résultats.

S'il est vrai que les humains sont élevés comme du bétail dans une grande étable et pris en nourriture tant psychiquement que parfois physiquement, nous nous trouvons en face d'une situation fameusement grave, c'est le moins que l'on puisse dire. Comme je l'ai déjà expliqué, je n'ai JAMAIS vu aucun Drachomonoïde sauf dans des états proches du rêve, du demi sommeil ou hypnopompes. Dès lors, quand les Cassiopéens ont commencé à en parler, pour moi c'était «de l'imaginaire dépassant la réalité»!

J'ai dit aussi qu'à chaque fois que les Cassiopéens nous ont dit quelque chose j'ai travaillé dur pour découvrir s'il y avait moyen de trouver une corroboration que j'appellerais soit verticale, soit latérale. Les données verticales sont celles qui sont localisées dans l'Histoire en tout point différentes du présent. Les données latérales consistent à rechercher des rapports, des comptes rendus de témoins, et d'autres données qui reviennent à des preuves circonstancielles à partir du temps présent. Il vaut toujours mieux que les deux types de données se «croisent» et se recroisent. Mais ce n'est toujours pas la même chose que de disposer d'un "pistolet encore fumant". Mais quand on a à faire à des réalités hyperdimensionnelles, les «pistolets fumants» sont rares.

Dans le cas de l'idée que l'homme serait de la "nourriture" pour des êtres hyperdimensionnels il y existe une énorme quantité de corroborations tant verticales que latérales de TOUTES les sortes. Tellement, en fait, qu'il est pratiquement impossible de comprendre pourquoi cela n'est pas su plus généralement. Il y a clairement eu des efforts délibérés de «dissimuler» ce fait. Et le fait même de cette dissimulation nous en dit long.

Il se fait que quand nous entendons Don Juan, Gurdjieff, les Cassiopéens (et d'autres) nous dire que nos religions, nos structures sociales, nos valeurs, nos croyances à propos de notre nature spirituelle et les conditions qui ont été créées délibérément pour perpétuer l'illusion que nous sommes libres; que nous sommes (ou pouvons devenir) "les enfants exceptionnels et adorés d'un Dieu aimant"; que nous sommes ou pouvons devenir des «co-créateurs» travaillant avec Dieu, que nous pouvons FAIRE n'importe quoi de nature positive et puissante, alors il nous faut examiner la situation avec le plus grand soin!

Mais cela demande du TRAVAIL de l'examiner objectivement. C'est un DUR LABEUR parce qu'il consiste en un auto-examen long et difficile devant aboutir à la maîtrise des émotions qui nous empêchent de voir à quelles illusions nous nous cramponnons, quelles illusions nous empêchent de voir et agir de manière à DEVENIR LIBRES.

Les enseignements de Gurdjieff sont connus comme la *Quatrième Voie* par opposition aux trois voies qui ont, autant que nous le sachions, existé à l'intérieur de et ont eu recours à ces mêmes religions et structures sociales dont nous il est permis de penser qu'elles ont été mises en place pour nous garder emprisonnés. C'est cela que Gurdjieff a voulu dire quand il a dit que beaucoup sont hypnotisés pour qu'ils pensent qu'ils sont des hommes ou des mages. Le problème avec ces trois voies, comme nous l'avons déjà dit, c'est qu'elles se concentrent sur un seul des trois centres qui se trouvent dans l'homme: discipline corporelle, développement mental, «voie du coeur» - l'amour. La voie de Gurdjieff incorpore le tout dans une forme de *Labeur Conscient et Souffrance Intentionnelle.*

Qu'est-ce que Gurdjieff a voulu dire? Jamais deux de ses élèves n'ont donné la même réponse. Tout ce que nous pouvons penser de cela est que la compréhension de ses élèves dépendait de leurs efforts, de leur expérience et de leur *niveau d'être*.

Le labeur conscient ne se réfère manifestement pas au creusement de fossés ou à la taille de pierres, encore que cela se POURRAIT. Il doit se référer aux efforts que nous ne sommes pas habitués à faire dans notre vie de tous les jours. Il ne peut clairement pas y avoir de souffrance intentionnelle quand on dort puisqu'elle dépend de la conscience et que, selon Gurdjieff, jusqu'à ce que l'individu soit éveillé il n'est pas conscient et n'a pas de REELLE conscience. Pour Gurdjieff, conscience et connaissance ne peuvent être séparées.

Il y a actuellement de nombreuses méthodes "Quatrième Voie" de par le monde, toutes partiales et incomplètes, semble-t-il. Mais il reste que Gurdjieff a franchi un grand pas: il a supprimé bien des obstacles qui parsèment le sentier conduisant aux moyens de ramener la technologie à la prise de conscience du mental du groupe, et parce qu'il l'a fait, ceux qui sont venus après lui ont pu aller plus loin dans cet effort.

Malheureusement, le Système de Contrôle a immédiatement déclenché le "plan de limitation des dégâts" pour réparer les trous dans le voile qui cache la révélation; et des barrières de secret et de restriction ont été érigées de manière à ce que, SI quelqu'un de l'organisation venait à posséder la connaissance profonde, ce quelqu'un soit si bien isolé que le processus de déformation et de corruption puisse malgré tout suivre son cours normal.

Même comme cela, nous devons voir chacune de ces choses comme des "marches" d'un escalier. Nous ne pouvons pas faire fi du soufisme, de l'alchimie, du catharisme, ni d'aucun autre système de connaissance persécuté, ayant été jadis une «marche de l'escalier» avant Gurdjieff. Quand on regarde l'image dans sa totalité, on peut dire sans grand risque de se tromper, que dès que l'utilité d'une révélation est avérée, qu'elle aide les gens qui y sont impliqués à mener une vie plus pleine, plus riche de signification, les forces à l'oeuvre se mettent immédiatement en "vitesse supérieure" pour la détruire ou la dissimuler. Et si elles ne parviennent pas à le faire, alors elles font en sorte de la déformer et de la corrompre en introduisant leurs propres agents dans la place pour s'assurer que le travail sera bien fait. Voyez le développement du christianisme par l'intermédiaire de l'Eglise catholique.

Oui, Gurdjieff a peut-être atteint lui-même le niveau du Vrai Sage et nous a laissé un héritage de procédés et d'applications, mais à présent, notre devoir est d'aller plus loin. Et à mesure que nous le ferons, nous devrons nous attendre à des menaces continuelles de contrecarrer, empêcher, et corrompre de toutes parts les concepts. Gurdjieff a traité de ces problèmes:

> **"l'humanité à laquelle nous appartenons, c'est-à-dire toute l'humanité historique et préhistorique connue de la science et de la civilisation, ne constitue en réalité que le** *cercle extérieur de l'humanité,* **dans lequel se trouvent plusieurs autres cercles. [...]**
>
> "Le cercle intérieur est appelé "ésotérique"; ce cercle est composé de personnes ayant atteint le plus haut développement possible pour l'homme, chacune d'elle possède l'individualité au degré le plus complet, c'est-à-dire un "Moi" indivisible, toutes les formes de conscience possibles pour l'homme, le plein contrôle de ces états de conscience, toute la connaissance possible pour l'homme, et une volonté libre et indépendante.
>
> "Ces personnes ne peuvent accomplir des actes opposés à leur compréhension ni avoir une compréhension qui ne soit pas exprimée par des actes.
>
> "Simultanément, il ne peut y avoir entre elles ni discorde, ni différence de compréhension. C'est pourquoi, leurs activités sont totalement coordonnées et mènent à un but commun sans aucune sorte d'obligation, parce que celui-ci est basé sur une compréhension commune et identique.
>
> "Le cercle suivant est appelé 'mésoterique,' c'est-à-dire du milieu.
>
> "Les personnes qui appartiennent à ce cercle possèdent toutes les qualités possédées pas les membres du cercle ésotérique, avec la seule différence que leurs connaissances ont un caractère plus théorique.'
>
> "Ceci se réfère, bien sûr, aux connaissances de caractère cosmique. Ces personnes savent et comprennent de nombreuses choses qui n'ont pas encore trouvé d'expression dans leurs actes. Elle savent plus qu'elles ne font. Mais leur compréhension est précisément aussi exacte que, et dès lors aussi précisément identique à la compréhension des personnes du cercle ésotérique.
>
> "Entre elles il ne peut y avoir aucun malentendu. L'une comprend de la façon dont toutes comprennent, et toutes comprennent dans le sens que l'une d'elles comprend. Mais comme il a été dit auparavant, cette compréhension comparée à la compréhension du cercle ésotérique, est plus théorique.

“Le troisième cercle est appelé “exotérique”, c’est-à-dire extérieur, parce que c’est le cercle extérieur de la partie intérieure de l’humanité.

“Les personnes qui appartiennent à ce cercle possèdent beaucoup de ce que possèdent les personnes des cercles ésotérique et mésotérique, mais leurs connaissances cosmiques sont d’un caractère plus philosophique, c’est-à-dire plus abstrait que les connaissances du cercle mésotérique.

“Un membre du cercle mésotérique *calcule,* **un membre du cercle exotérique** *contemple.* **Leur compréhension ne peut être exprimée en actes. Mais il ne peut y avoir de différences de compréhension entre eux. Ce que l’un comprend, tous les autres le comprennent.**

“Dans la littérature qui reconnaît l’existence de l’ésotérisme, l’humanité est généralement divisée en deux cercles seulement, et le cercle «exotérique», par opposition à «l’ ésotérique», est appelé “vie ordinaire”.

En réalité, comme nous le voyons, le “cercle exotérique” est quelque chose qui est très loin de nous et très élevé. Pour l’homme ordinaire ceci est déjà de l’ésotérisme.

« Le cercle extérieur » est le cercle de l’humanité mécanique, auquel nous appartenons et le seul que nous connaissions.

“Le premier signe de ce cercle est que parmi les personnes qui lui appartiennent il n’y a et ne peut y avoir de compréhension commune. Chacun comprend à sa manière propre et tous le font différemment.

“Ce cercle est parfois appelé “cercle de la confusion des langues” c’est-à-dire le cercle à l’intérieur duquel chacun parle dans son propre langage particulier, où personne ne comprend personne, ni ne prend la peine d’être compris.

“Dans ce cercle, la mutuelle compréhension entre personnes est impossible, sauf en de rares moments exceptionnels ou pour des matières qui n’ont pas grande importance et qui sont confinées aux limites de *l’être* en question.

“Si les personnes appartenant à ce cercle prennent conscience de *ce manque général de compréhension* et acquièrent le désir de comprendre et d’être comprises, alors cela signifie qu’elles tendent inconsciemment vers le cercle intérieur, parce que la compréhension mutuelle commence seulement dans le cercle exotérique et n’est possible que là.

“Mais la conscience du manque de compréhension vient aux personnes de manières très différentes.

"De sorte que la possibilité que les personnes comprennent dépend de la possibilité de pénétration dans le cercle exotérique, où la compréhension commence.

"Si nous imaginons l'humanité sous la forme de quatre cercles concentriques, nous pouvons imaginer quatre portes sur la circonférence du troisième cercle intérieur, c'est-à-dire le cercle exotérique, par lesquelles les personnes du cercle mécanique peuvent pénétrer.

"Ces quatre portes correspondent aux quatre voies décrites précédemment.

"La première voie est la voie du fakir, la voie des personnes numéro un, des personnes du corps physique, des personnes instinctives-émotionnelles-sensuelles sans beaucoup d'esprit et sans beaucoup de coeur.

"La deuxième voie est la voie du moine, la voie religieuse, la voie des personnes numéro deux, c'est-à-dire des personnes émotives. Le mental et le corps ne doivent pas être très forts.

"La troisième voie est la voie du yogi. C'est la voie des personnes numéro trois. Le coeur et le corps ne doivent pas être particulièrement forts, sans quoi ils peuvent constituer des obstacles sur cette voie.

"Outre ces trois voies, une quatrième voie existe, que peuvent emprunter tous ceux qui sont incapables de suivre aucune des trois premières voies.

"La différence fondamentale entre les trois premières voies, c'est-à-dire la voie du fakir, la voie du moine et la voie du yogi, et la quatrième voie, consiste dans le fait qu'elles sont liées à des formes permanentes qui ont existé pendant de longues périodes de l'Histoire pratiquement sans changement. A la base de ces institutions il y a la religion. Là où existent des écoles de **yogis elle diffèrent peu, extérieurement, des écoles religieuses. Et en différentes périodes de l'histoire, diverses sociétés ou ordres de fakirs ont existé dans divers pays et existent encore. Ces trois voies traditionnelles sont des voies** *permanentes* dans les limites de notre période historique.

"Il y a deux ou trois mille ans, il y avait encore d'autres voies, qui n'existent plus, que les voies qui existent de nos jours mais elles n'étaient pas aussi divisées; elles étaient bien plus proches les unes des autres.

“La quatrième voie diffère des anciennes et nouvelles voies par le fait que ce n’est en aucun cas une voie permanente. Elle n’a pas de forme définie et aucune institution ne lui est connectée. Elle apparaît et disparaît, gouvernée par ses propres lois particulières. [459]

“La quatrième voie ne se passe jamais de quelque *travail* **d’une signification particulière, ne se passe jamais de quelque** *entreprise* autour de laquelle et en rapport avec laquelle elle peut seulement exister.

“Quand ce travail est terminé, c’est-à-dire quand le but fixé auparavant est atteint, la quatrième voie disparaît, c’est-à-dire qu’elle disparaît d’un endroit donné, disparaît dans sa forme donnée, se poursuivant peut-être en un autre lieu, sous une autre forme.

“Des écoles de la quatrième voie existent pour les besoins du travail accompli en rapport avec l’entreprise proposée. Elles n’existent jamais par elles-mêmes en tant qu’écoles dans un but d’éducation et d’instruction.

“L’aide mécanique ne peut être requise dans aucun des travaux de la quatrième voie. Seul le travail conscient peut être utile dans toutes les entreprises de la quatrième voie. L’homme mécanique ne peut produire un travail conscient de sorte que la première tâche des personnes qui entreprennent un tel travail est de créer des assistants conscients.

“En soi, le travail des écoles de la quatrième voie peut prendre de nombreuses formes et de nombreux sens. Dans les conditions de la vie ordinaire, la seule chance qu’un homme a de trouver une «voie» est la possibilité de trouver le début d’un travail de cette sorte. Mais la probabilité de trouver un travail de ce genre tout autant que la possibilité de profiter de cette chance dépend de nombreuses circonstances et conditions.

“Plus vite un homme saisit le but du travail qui est en train d’être exécuté, plus vite il y deviendra utile et plus il sera capable d’en tirer quelque chose pour lui-même.

“Mais peu importe le but fondamental du travail, les écoles ne continuent à exister que tant que ce travail se poursuit. Quand le travail est fait, les écoles ferment. Les gens qui ont initié le travail quittent la scène. Ceux qui y ont appris ce qu’ils pouvaient

[459] A mon avis, les anciennes voies dont Gurdjieff affirme qu’elles n’existent plus étaient en fait la “Quatrième Voie” qu’il décrit, bien que plus “permanentes”.

apprendre et ont atteint la possibilité de continuer sur la voie de manière indépendante commencent sous une forme ou une autre leur propre travail personnel.

"Mais il arrive parfois que quand une école ferme, de nombreuses personnes sont abandonnées, qui se trouvaient *à proximité* **du travail, qui en ont vu l'aspect extérieur,** *et ont vu la totalité du travail dans son aspect extérieur.*

"N'ayant aucun doute à propos d'elles-mêmes ni à propos de la justesse de leurs **conclusions et compréhension, elles décident de poursuivre le travail. Pour continuer ce travail elles forment de nouvelles écoles, enseignent aux gens ce qu'elles ont elles-mêmes appris, et leur font les mêmes promesses qu'elles avaient reçues elles-mêmes. Tout cela ne peut, naturellement, être qu'une imitation extérieure.** [460]

"Mais si nous jetons un regard en arrière sur l'histoire, il nous est presque impossible de distinguer où le réel finit et où l'imitation commence. A strictement parler, pratiquement tout ce que nous savons sur les différentes écoles occultes, maçonniques et alchimiques se réfère à une telle imitation. Nous ne connaissons pratiquement rien des vraies écoles, sauf les résultats de leur ouvrage et cela seulement si nous parvenons à faire la distinction entre résultats d'un travail réel d'une part, contrefaçons et imitations d'autre part.

"Mais ces systèmes pseudo-ésotériques jouent aussi leur rôle dans les travaux et activités des cercles ésotériques. En fait, ce sont des intermédiaires entre l'humanité entièrement immergée dans une vie matérialiste, et les écoles qui sont intéressées à l'éducation d'un certain nombre de gens, tant au bénéfice de leur propre existence qu'au bénéfice d'un travail à caractère *cosmique* **qu'ils peuvent être en train d'accomplir. L'idée même de l'ésotérisme, l'idée d'initiation, atteint les gens, dans la plupart des cas, par l'intermédiaire de systèmes et écoles pseudo-ésotériques; et s'il n'y avait pas ces écoles pseudo-ésotériques, la vaste majorité des humains n'auraient aucune possibilité d'entendre parler de l'existence de quelque chose de plus grand que la vie, parce que la vérité dans sa forme pure leur serait inaccessible.**

[460] C'est certainement ce qui est arrivé au travail de Gurdjieff.

> **"En raison des nombreuses caractéristiques de l'être humain, particulièrement de l'être contemporain, la vérité ne peut venir aux gens que** *sous la forme d'un mensonge*— **et c'est seulement sous cette forme qu'ils sont capables de l'accepter; c'est seulement sous cette forme qu'ils sont capables de la digérer et de l'assimiler**. La vérité pure serait pour eux, une nourriture impossible à digérer.
>
> **"En outre, un grain de vérité sous une forme non altérée apparaît parfois dans des mouvements pseudo-ésotériques, dans des religions d'Eglises, dans des écoles d'occultisme et de théosophie. Il peut être préservé dans leurs écrits, leurs rituels, leurs** traditions, leurs conceptions de la hiérarchie, leurs dogmes, et leurs règles."[461]

Ainsi que je l'ai écrit précédemment, l'évidence circonstanciée démontre l'existence d'une fraternité secrète inconnue dans sa totalité à la race humaine. D'autres groupes dits «secrets» (Rosicruciens, Illuminati, Francs-maçons, Templiers des temps modernes, Prieuré de Sion, etc.) sont en général des «fausses pistes» destinées à distraire et détourner l'aspirant. Gurdjieff souligne que ces groupes remplissent une fonction utile parce que l'idée de l'ésotérisme parvient aux gens par l'intermédiaire des systèmes pseudo-ésotériques proposés par ces groupes. C'est ainsi que je peux dire que la plupart des grandes religions de l'antiquité, sinon toutes, ont été des représentations symboliques du travail alchimique.

Ceci nous amène à la très intéressante remarque faite ci-dessus par Gurdjieff à propos du cercle intérieur:

> "Le cercle intérieur est appelé "ésotérique"; ce cercle est composé de personnes ayant atteint le plus haut développement possible pour l'homme. Chacune d'elle possède l'individualité au degré le plus complet, c'est-à-dire un "Moi" indivisible, toutes les formes de conscience possibles pour l'homme, le plein contrôle de ces états de conscience, toute la connaissance possible pour l'homme, et une volonté libre et indépendante.
>
> "Ces personnes ne peuvent accomplir des actes opposés à leur compréhension ni avoir une compréhension qui ne soit pas exprimée par des actes.
>
> "**Simultanément, il ne peut y avoir entre elles ni discorde ni différence de compréhension. C'est**

[461] Gurdjieff, cité par Ouspensky, *In Search of The Miraculous*, op. cit.

> **pourquoi, leurs activités sont entièrement coordonnées et mènent à un but commun sans aucune sorte d'obligation, parce qu'il est basé sur une compréhension commune et identique.**

Et souvenons-nous également de la maxime alchimique: “les semblables attirent les semblables”.

> Lorsqu'un candidat a développé une vertu et une intégrité acceptables pour les adeptes, alors ils lui apparaissent et révèlent les parties des procédés secrets qui ne peuvent être découvertes sans une telle aide.
>
> Ceux qui sont incapables de progresser jusqu'à un certain point par leur propre intelligence ne sont pas qualifiés pour se voir confier les secrets qui peuvent soumettre à leur volonté les forces élémentales de la Nature.

Il est donc certain qu'un processus doit être suivi pour pouvoir atteindre le niveau requis permettant ‘d'attirer’ de l'aide.

Lorsque nous creusons au plus profond dans toutes ces matières, nous tombons toujours sur l'idée que c'est la Connaissance de Soi qui est la clé. Ce n'est PAS le but ultime, mais c'est le moyen; la première étape du développement de soi et le début de l'éveil est d'être à même de connaître le soi d'une façon objective, de manière à ce que «l'esprit du prédateur» puisse être mis sous contrôle. Notez bien que j'ai dit «mis sous contrôle» et NON PAS que l'on fusionne avec cet esprit du prédateur.

Gurdjieff affirme que nous avons de nombreux “Moi”, et qu'en même temps nous avons une nature animale et une nature sipirituelle. L'auto-observation et d'autres efforts de discipline ont été enseignés comme des moyens de cristalliser “un seul Moi”. William Baldwin pensait que la source de ces nombreux “Moi” était le problème de l'attachement des esprits. En y travaillant, il a trouvé que ces techniques pouvaient aider les gens, en éliminant cette barrière à la manifestation du vrai Soi, en s'efforçant de développer la volonté.

Le revers de la médaille est le manque d'encouragement à l'assimilation d'autres connaissances comme moyen d'obtenir un contexte dans lequel placer les découvertes faites par le soi au cours de ces processus.

Mais à quoi bon ces connaissances si, comme le disent les Cassiopéens, nous sommes sans défense devant une duperie de cette ampleur? Le fait est qu'ils ont dit ou suggéré bien plus que cela. Et plus important encore, si nous comprenons de manière adéquate les communications cassiopéennes, nous constatons qu'il s'agit en fait d'un travail de Quatrième Voie et que les Cassiopéens sont les instructeurs apparus pour révéler ces parties des procédés secrets qui ne peuvent être découvertes sans aide.

Quel est ce grand secret?

Gurdjieff se réfère au méchant Mage. Les alchimistes disent la même chose: Eugène Canseliet, dans sa préface à la seconde édition des *Demeures Philosophales* de Fulcanelli écrit:

> Philippe de Mallery grava, de toute la délicatesse de sa main… « l'Image du Monde, dans laquelle sont présentés, emblématiquement, ses Calamités et ses Périls, puis aussi l'Antipathie de l'Amour de Dieu et de l'homme. »
>
> Le premier emblème désigne, sans ambages, la source initiale, sinon unique, de tous les maux de notre Humanité. C'est ce que souligne la légende latine jouant, entre parenthèses, avec la cabale phonétique :
>
> Totus mundus in maligno (mal ligno[462]) positus est[463] …"[464]

Quel est ce monde dans le Malin? C'est le monde du mensonge et de la confusion. Comment Gurdjieff l'a-t-il décrit?

> « **Le 'cercle extérieur' est le cercle de l'humanité mécanique, auquel nous appartenons et le seul que nous connaissions.**
>
> Le premier signe de ce cercle est que parmi les personnes qui lui appartiennent il n'y a et ne peut y avoir de compréhension commune. Chacun comprend à sa manière propre et tous le font différemment.
>
> Ce cercle est parfois appelé "cercle de la confusion des langues" c'est-à-dire le cercle à l'intérieur duquel chacun parle dans son propre langage particulier, où personne ne comprend personne, ni ne prend la peine d'être compris.
>
> Dans ce cercle, la mutuelle compréhension entre personnes est impossible sauf en de rares moments exceptionnels ou pour des matières qui n'ont pas grande importance et qui sont confinées aux limites de *l'être* en question ».

Gurdjieff semblait penser qu'une "volonté" peut être "nourrie" dans l'homme et en quelque sorte accélérée. .

---

[462] Jeu de mots : « dans du mauvais bois » (NdT)

[463] Le monde entier est dans le Malin

[464] Fulcanelli, *Les Demeures Philosophales*, Editions Pauvert, Paris, 3ième édition augmentée, 197.

Gurdjieff avait clairement conscience du facteur "contrôle des dommages" du Système de Contrôle, et de la rapidité avec laquelle il se déclenche pour stopper toute déchirure dans le voile de l'illusion. Son idée qu'il nous faut sans cesse inventer de NOUVEAUX REVEILS[465] indique clairement qu'il savait que sa méthode devrait être retravaillée, révisée, augmentée et étendue. Son espoir d'accélérer le réveil de l'homme paraît avoir été le moteur qui a fait fonctionner tout ce qu'il a réalisé, et il était conscient de ce qui pourrait arriver à son ouvrage. Ce n'est pas seulement qu'il pourrait être déformé. Il savait qu'il DEVRAIT être constamment réinventé pour ne pas se laisser dépasser par l'évolution du Système de Contrôle.

Sommes-nous à même d'accélérer cet éveil?

Les Cassiopéens ont indiqué que, oui, cela est possible:

> Q: (L) Existe-t-il un outil pour stimuler le libre arbitre?
> R: Aucun outil n'est nécessaire, parce que tout ce qu'il y a ce sont des leçons. Le cycle d'apprentissage est variable, et le progrès dans ce cycle est déterminé par les événements et circonstances à mesure qu'ils se déroulent.
> Q: (L) Donc, quand une personne est hypnotisée et contrôlée de l'extérieur, puisque c'est le sujet de préoccupation dont nous avons discuté il y a un moment, elle est hypnotisée et contrôlée jusqu'à ce qu'elle apprenne à arrêter cela?
> R: Oui.
> Q: (L) Alors, pour utiliser l'analogie de la soue à cochons, on est obligé de s'y vautrer et d'y souffrir jusqu'à ce qu'on en ait assez?
> R: Pour en revenir à votre analogie avec une bicyclette: existe-t-il outils qui rende superflu pour l'enfant d'apprendre à rouler en vélo pour qu'il sache comment rouler?!?
> Q: (MM) Est-ce qu'on obtient pas davantage de libre-arbitre en assimilant des connaissances?
> R: Oui!! Oui!!
> Q: (L) Donc, autrement dit, la connaissance et la prise de conscience nous rendent conscients du fait que nous avons un libre arbitre, et nous donne également conscience des actes qui SONT REELLEMENT des actes de libre arbitre, et donc, quand on connaît ou soupçonne la différence entre mensonges/tromperies et vérité, alors nous sommes en mesure de contrôler notre vie?
> R: Oui. Souvenez-vous, *vous apprenez sur une courbe exponentielle une fois que vous avez été "accordés"*. Cela signifie que vous êtes de plus en plus capables d'accéder à la conscience universelle. S'il vous plaît, apprenez à faire confiance à la prise de

[465] Dans le sens de « horloges à système de réveil » (NdT)

> conscience grandissante. Tous ceux qui sont présents ici sont sur l'un ou l'autre point de ce cycle de progression, certains sont plus loin que d'autres. Si vous travaillez en réseau de manière adéquate et sans préjugés, il se pourrait que vous vous retrouviez tous au même point de ce cycle.

Que signifie “être accordé”? Revenons au dicton “les semblables attirent les semblables”.

> Lorsqu'un candidat a développé une vertu et une intégrité acceptables pour les adeptes, alors ils lui apparaissent et révèlent les parties des procédés secrets qui ne peuvent être découvertes sans une telle aide.
>
> Ceux qui sont incapables de progresser jusqu'à un certain point par leur propre intelligence ne sont pas qualifiés pour se voir confier les secrets qui peuvent soumettre à leur volonté les forces élémentales de la Nature.

Les transmissions cassiopéennes sont justement une “apparition” de ce genre. La meilleure définition de ce processus est donnée par Eugène Canseliet dans sa préface à la seconde édition du chef d'oeuvre alchimique de Fulcanelli, *Les Demeures Philosophales:*

> Suivant le sens du vocable latin *adeptus*, l'alchimiste, dès lors, a reçu le Don de Dieu, mieux encore le Présent, dans le jeu cabalistique de la double acceptation soulignant qu'il jouit désormais de l'infinie durée de l'Actuel [...]
>
> **Au royaume du Soufre... existe un Miroir dans lequel on voit tout le Monde. Quiconque regarde en ce Miroir peut y voir et apprendre les trois parties de la Sagesse de tout le Monde.**'

Après trente années d'études et deux années consacrées à l'expérimentation, comme je l'ai détaillé dans mon autobiographie, *Amazing Grace*, les communications cassiopéennes ont commencé.

« Nous sommes vous dans le futur » ont-ils dit. « Nous transmettons par l'ouverture qui se présente dans le ‘lieu’ que vous vous représentez comme Cassiopée, grâce aux fortes pulsations radio alignées depuis Cassiopée, qui sont dues à un pulsar en provenance d'une étoile à neutrons située à 300 années-lumière derrière elle, vu depuis votre ‘lieu’. Ceci permet un clair canal de transmission à partir de la 6e densité vers la 3e densité ».

Grâce à ce “Don de Dieu” - le Présent - j'ai été mise à même de ‘regarder dans le miroir’ dans lequel on peut «voir et apprendre les trois parties de la Sagesse du Monde entier» depuis mon propre ‘Moi’ omniprésent, dans un état de pleine conscience. En résumé, sur base de tous ces détails, les transmissions cassiopéennes sont un authentique travail de quatrième Voie, et exactement tel que l'a décrit Gurdjieff, le premier point à l'ordre du jour d'un tel ouvrage est de travailler en réseau, d'enseigner et de former des assistants.

> "Des écoles de la quatrième voie existent pour les besoins du travail accompli en rapport avec l'entreprise proposée. Elles n'existent jamais par elles-mêmes en tant qu'écoles dans un but d'éducation et d'instruction.
>
> "L'aide mécanique ne peut être requise dans aucun des travaux de la quatrième voie. Seul le travail conscient peut être utile dans toutes les entreprises de la quatrième voie. L'homme mécanique ne peut produire un travail conscient de sorte que la première tâche des personnes qui entreprennent un tel travail est de créer des assistants conscients.[466]

Dès lors, apprendre, travailler en réseau avec d'autres qui sont plus loin dans le cycle du progrès, et faire cela sans préjugés PEUT faire une différence, semble-t-il.

Quel est donc l'objectif spécifique du travail cassiopéen? Faisons une pause et voyons ceci: au début de la première guerre mondiale Ouspensky a soumis à Gurdjieff l'idée que la guerre pourrait être une conséquence de la vie dans l'Age Industriel, où les humains deviennent de plus en plus 'mécanisés' et arrêtent de penser par eux-mêmes parce qu'ils ont une vie trop facile. Gurdjieff a répondu:

> "**Il y a une autre sorte de mécanisation qui est bien plus dangereuse: être soi-même une machine. Avez-vous déjà pensé au fait que tous les gens sont eux-mêmes des machines? ...Voyez tous ces gens, ce ne sont que des machines - rien de plus. ...Vous pensez qu'il y a quelque chose qui choisit son propre chemin, quelque chose qui peut s'opposer à la mécanisation; vous pensez que tout n'est pas mécanique au même niveau**."

Ici, Ouspensky a élevé ce qui semble une objection des plus logiques:

> "**Mais bien sûr que non! ...L'art, la poésie, la pensée, ce sont des phénomènes d'un ordre entièrement différent**."

Gurdjieff a répondu:

> "Du même ordre exactement. Ces activités sont tout aussi mécaniques que n'importe quoi d'autre. Les hommes sont des

[466] Ouspensky, op. cit.

> machines, et rien d'autre que des actions mécaniques ne peut être attendu de la part de machines."

Et il poursuit:

> "[La civilisation occidentale] armée de 'connaissances exactes et de toutes les dernières méthodes d'investigation, n'a aucune chance, et court en un cercle dont il est impossible de s'échapper."
>
> "C'est parce que de nombreuses personnes croient au progrès et à la culture. Il n'y a aucun progrès. Tout est exactement au même point qu'il y a des milliers, des dizaines de milliers d'années. La forme extérieure change. L'essence ne change pas. L'homme reste exactement le même. Les gens «civilisés» et «cultivés» ont exactement les mêmes intérêts que le plus ignorant des sauvages. La civilisation moderne est basée sur la violence, l'esclavage et les beaux mots.
>
> "...A quoi vous attendez-vous? Les gens sont des machines. Les machines doivent être aveugles et inconscientes, elles ne peuvent être autrement, et toutes leurs actions doivent correspondre à leur nature. Tout 'arrive'. Personne ne fait rien. Le "progrès" et la "civilisation" dans le vrai sens de ces termes ne peuvent apparaître qu'en résultat d'efforts conscients. Ils ne peuvent apparaître en résultat d'inconscients actes mécaniques. Et quel effort conscient peut-il y avoir dans des machines? Et si une machine est inconsciente, alors cent machines sont inconscientes, et il en va de même pour mille machines ou cent mille machines, ou un million de machines. Et l'activité inconsciente d'un million de machines doit nécessairement avoir pour résultat la destruction et l'extermination.
>
> "C'est précisément dans les manifestations inconscientes involontaires que se trouve tout le mal. Vous ne comprenez pas encore et ne pouvez imaginer tous les résultats de ce mal. Mais le temps viendra où vous comprendrez."

Notons une nouvelle fois que Gurdjieff parlait au début de la première guerre mondiale, au début d'un siècle de guerres sans précédent. Et maintenant, près de cent ans plus tard, l'humanité est au bord du gouffre et personne ne sait d'où viendra le coup de plume qui nous fera basculer.

Wilhelm Reich a écrit à propos du problème qui préoccupait Gurdjieff et Ouspensky:

> **Pourquoi l'homme, tout au long de milliers d'années, partout où il a élaboré des systèmes scientifiques, philosophiques ou religieux, s'est-il fourvoyé avec une**

> **telle persistance et** *avec d'aussi catastrophiques conséquences?* [...]
>
> Est-ce que l'erreur humaine est nécessaire? Est-elle rationnelle? Toute erreur est-elle rationnellement explicable et nécessaire? Si nous analysons les sources de l'erreur humaine, nous constatons qu'elles se partagent plusieurs groupes:
>
> Les trous dans la connaissance de la nature constituent une large section de l'erreur humaine. Des erreurs médicales avant la connaissance de l'anatomie et des maladies infectieuses ont été des erreurs nécessaires. Mais nous devons nous demander si les menaces mortelles à l'égard des premières investigations sur l'anatomie animale ont été nécessaires elles aussi.
>
> La croyance que la Terre est fixée dans l'espace a été une erreur nécessaire plongeant ses racines dans l'ignorance des lois naturelles. Mais était-il aussi nécessaire de brûler Giordano Bruno sur le bûcher et d'emprisonner Galilée?[...]
>
> Nous comprenons que la pensée humaine ne peut pénétrer que jusqu'à un certain point en un temps donné. Ce que nous ne parvenons pas à comprendre, c'est pourquoi l'intellect humain ne s'arrête pas à ce point pour se dire: «voici à présent la limite de ma compréhension. Attendons que de nouvelles perspectives se présentent." Voilà qui serait de la pensée rationnelle, compréhensible, utile. [...]
>
> Ce qui nous surprend, c'est *la soudaine volte-face: d'un début rationnel vers une illusion irrationnelle*. L'irrationalité et l'illusion sont révélées par l'*intolérance et la cruauté* avec lesquelles elles sont exprimées. Nous observons que les systèmes de la pensée humaine montrent de la tolérance aussi longtemps qu'ils adhèrent à la réalité. Plus le processus de pensée s'éloigne de la réalité, plus l'intolérance et la cruauté sont nécessaires pour garantir la suite de son existence.[467]

Qui ou quoi est responsable de l'état de l'humanité est une question majeure, en particulier si nous supposons un Dieu bienveillant et une hiérarchie d'êtres bienveillants guidant les destinées de l'humanité. Gurdjieff a fait le commentaire qui suit (simplifié pour plus de clarté):

> "Nous devons nous souvenir que le rayon de la création... est comme la branche d'un arbre. ... La croissance dépend de la vie organique sur terre. ...Si la vie organique est arrêtée dans son développement, dans son évolution, et ne répond plus aux

[467] *Ether, God and Devil*, Wilhelm Reich]

exigences qui lui sont faites, la branche se dessèche. Ceci doit être gardé en mémoire.

“A ce rayon de création, il a été accordé exactement la même possibilité de développement que celle qui est accordée à chaque branche individuelle d'un grand arbre. Mais la réussite de cette croissance n'est aucunement garantie. Elle dépend de l'action harmonieuse et juste de ses tissus.

La vie organique sur Terre est un phénomène complexe dans lequel toutes les parties séparées dépendent l'une de l'autre. La croissance générale n'est possible qu'à condition que «le bout de la branche» puisse croître. Ou pour parler plus précisément, il y a dans la vie organique des tissus qui évoluent, et il y a des tissus qui servent de nourriture et de véhicule à ceux qui évoluent. Et puis il y a des cellules qui évoluent dans les tissus qui évoluent. Dans chacune des cellules qui évoluent il y a des parties qui évoluent et des parties qui servent de nourriture à celles qui évoluent. Mais toujours et dans tout, il faut se souvenir que l'évolution n'est jamais garantie, elle est seulement possible et elle peut s'arrêter à tout moment et en tout lieu.

“La partie de vie organique qui évolue sur terre c'est l'humanité. Si l'humanité n'évolue pas cela signifie que l'évolution de la vie organique va s'arrêter et celle-ci, à son tour, provoquera l'arrêt de la croissance de notre rayon de création.

“Et si l'humanité cesse d'évoluer, elle devient inutile du point de vue des buts pour lesquels elle a été créée, et dès lors elle peut être détruite. De cette manière, l'arrêt de l'évolution peut signifier la destruction de l'humanité.

“Nous ne possédons pas d'indices permettant de nous indiquer dans quelle période d'évolution planétaire nous existons. Il ne nous est pas possible de savoir cela, mais nous devrions nous souvenir que le nombre des possibilités n'est jamais infini.

“Et quand nous analysons la vie de l'humanité telle que nous la connaissons historiquement, nous sommes obligés de reconnaître que l'humanité se meut en cercle. En un siècle elle détruit tout ce qu'elle crée dans un autre, et le progrès dans les choses mécaniques des cent dernières années a été obtenu au prix de la perte de beaucoup d'autres choses, qui lui étaient peut-être bien supérieures.

“En général, il y a toute raison de penser et d'affirmer que l'humanité est en arrêt. Et de l'arrêt, il y a un chemin qui mène tout droit à la décadence et la dégénérescence.

“L'arrêt signifie qu'un processus est arrivé à son équilibre. L'apparition de n'importe quelle qualité appelle immédiatement l'apparition d'une autre qualité qui lui est opposée. La croissance de la connaissance dans un domaine appelle la croissance de l'ignorance dans un autre; le raffinement d'une part appelle la vulgarité d'autre part la liberté dans un sens appelle l'esclavage dans un autre; la disparition de certaines superstitions appelle l'apparition et le développement de certaines autres, etc.

"Un processus équilibré se déroulant d'une certaine manière, ne peut être changé à n'importe quel moment. Il peut être modifié et orienté différemment seulement à certains "carrefours". Entre les carrefours, rien ne peut être fait.

"Et si un processus arrive à un carrefour et que rien ne se passe, que rien n'est fait, alors rien ne pourra être fait par la suite, et le processus se poursuivra et se déroulera selon des lois mécaniques; et même si des gens qui prennent part à ce processus prévoient la destruction inévitable du tout, ils n'y pourront rien faire.

"Je répète que quelque chose ne peut être fait qu'à certains moments que j'ai appelé des 'carrefours' et que dans les octaves nous avons appelé des 'intervalles'.

"Le processus d'évolution, de l'évolution qui est possible pour l'humanité dans son ensemble, est totalement analogue au processus de l'évolution possible pour l'individu. Et il commence par la même chose, c'est-à-dire qu'un certain groupe de cellules deviennent graduellement conscientes; puis ce groupe de cellules attire vers lui d'autres cellules, en soumet d'autres, et graduellement, il fait en sorte que l'organisme tout entier sert ses objectifs et ne se contente plus de manger, boire et dormir.

"Tant dans l'humanité que dans l'individu, tout commence par la *formation d'un noyau conscient*. Toutes les forces mécaniques de la vie luttent contre la formation de ce noyau conscient dans l'humanité, exactement de la même manière que toutes les habitudes mécaniques, goûts mécaniques et défauts mécaniques luttent contre la prise de conscience par l'homme.

"Peut-on dire qu'il y a une force consciente qui lutte contre l'évolution de l'humanité?" a demandé Ouspensky.

"D'un certain point de vue, on peut le dire" a répondu G.

"D'où vient cette force?" a demandé Ouspensky.

"Il y a deux processus, qui sont parfois appelés "involutif" et "évolutif" . La différence entre les deux est la suivante: un processus involutif commence consciemment dans l'absolu, mais à l'étape suivante il devient déjà mécanique; et il devient de plus en plus mécanique à mesure qu'il se développe; un processus évolutif commence dans la demi-conscience, mais il devient de plus en plus conscient à mesure qu'il se développe.

"Mais la conscience et l'opposition consciente au processus évolutif peuvent aussi apparaître à certains moments dans le processus involutif.

"D'où vient cette conscience?

"Du processus évolutif, bien sûr. Le processus évolutif doit se poursuivre sans interruption. Tout arrêt provoque une séparation d'avec le processus fondamental. Les fragments de conscience qui ont été arrêtés dans leur développement peuvent aussi s'unir , et en tout cas pendant un certain temps peuvent survivre en luttant contre le processus évolutif. Après tout, cela ne fait que rendre plus intéressant le processus évolutif.

"Au lieu d'une lutte contre des forces mécaniques il peut, à certains moments, y avoir une lutte contre l'opposition intentionnelle de forces assez puissantes bien que, naturellement, elles ne soient pas comparables à celles qui dirigent le processus évolutionnaire.

"Ces forces d'opposition parviennent même parfois à gagner.

"La raison de cela est que les forces qui guident l'évolution ont un choix plus limité de moyens; autrement dit, elles ne peuvent avoir recours qu'à certains moyens et certaines méthodes. Les forces d'opposition ne sont pas limitées dans leur choix de moyens et elles sont à même d'utiliser tous les moyens, même ceux qui ne donnent lieu qu'à un succès temporaire, et qui en fin de compte détruisent tant l'évolution que l'involution au point en question.

"Pourrions-nous dire, par exemple, que la vie est régie par un groupe de personnes conscientes? Où se trouvent-elles? Qui sont-elles?

"Nous voyons exactement l'opposé: la vie est régie par ceux qui sont les moins conscients, par ceux qui sont les plus endormis.

"Pouvons-nous dire que nous observons dans la vie une prépondérance des éléments les meilleurs, les plus forts et les plus courageux?

"Rien de la sorte. Au contraire, nous voyons la prépondérance de la vulgarité et de la stupidité dans tous les domaines.

"Pouvons-nous dire que des aspirations à l'unité, à l'unification, peuvent être observées dans la vie?

"Rien de la sorte, naturellement. Nous ne voyons que de nouvelles divisions, de nouvelles hostilités, de nouveaux malentendus.

"C'est ainsi que dans la situation actuelle de l'humanité il n'y a rien qui indique qu'elle se dirige vers l'évolution.

"Au contraire, lorsque nous comparons l'humanité à un homme, nous voyons clairement une croissance de la personnalité au détriment de l'essence, c'est-à-dire une croissance de l'artificiel, de l'irréel, et de ce qui est étranger, au détriment de ce qui est naturel, réel, et en propre.

"Avec cela nous voyons une croissance de l'automatisme.

"La culture contemporaine a besoin d'automates. Et les gens sont indubitablement en train de perdre leurs habitudes acquises d'indépendance et deviennent des automates, des parties de machines.

"Il est impossible de dire où tout cela s'arrêtera et où se trouve l'issue - ou même si cela s'arrêtera et s'il y a une issue. Une seule chose est certaine: l'esclavage de l'homme croît et se développe. L'homme est en train de devenir un esclave consentant. Il n'a plus besoin de chaînes. Il commence à aimer son esclavage; à en être fier. Et cela est la chose la plus terrible qui puisse arriver à l'homme."[468]

Carlos Castañeda présente le problème d'une autre manière avec les mots de Don Juan:

"**Tu es arrivé, par tes efforts uniquement, à ce que les chamanes de l'ancien Mexique appelaient** *le sujet des sujets.* **J'ai tourné autour du pot pendant tout ce temps, insinuant que** *quelque chose nous tient prisonniers.* **En fait, nous sommes prisonniers! Cela a été un fait énergétique pour les sorciers de l'ancien Mexique. [...] Ils ont pris le dessus parce que** *nous sommes de la nourriture pour eux*, et ils nous pressent sans merci parce que nous sommes leur subsistance. Juste comme nous élevons des poulets dans des poulaillers, les prédateurs nous élèvent dans des poulaillers à humains. C'est ainsi qu'ils ont toujours leur nourriture sous la main. [...]

"Je veux faire appel à ton esprit analytique" dit Don Juan. "Pense pendant un moment, et dis moi comment tu expliquerais la contradiction entre l'intelligence d'un homme ingénieux et la stupidité de ses systèmes de croyances, ou la stupidité de ses comportements contradictoires. Les sorciers croient que les prédateurs nous ont donné nos systèmes de croyances, nos idées du bien et du mal, nos coutumes sociales. Ce sont eux qui décident de nos espoirs et de nos attentes, de nos rêves de succès

---

[468] Gurdjieff cité par Ouspensky, op. cit, 1949

ou d'échec. Ils nous ont donné la convoitise, l'avidité et la couardise. Ce sont les prédateurs qui nous rendent complaisants, routiniers et égocentriques.[...]

"Pour nous garder obéissants, humbles et faibles, les prédateurs se sont engagés dans une manoeuvre stupéfiante – stupéfiante bien sûr du point de vue d'un stratège. En fait une manoeuvre horrible du point de vue de ceux qui en font les frais. *Ils nous ont donné leur mental!* M'entends-tu? Les prédateurs nous donnent leur mental, qui devient notre mental. Le mental des prédateurs est *baroque, contradictoire, morose, rempli de la crainte d'être découverts à tout instant.* [...]

"Par le mental, qui en fin de compte est leur mental, les prédateurs injectent dans la vie des êtres humains, tout ce qui leur convient ."[469]

Ceci nous ramène naturellement à l'histoire du méchant Mage contée par Gurdjieff, et dont nous avons déjà parlé. Accordons une attention particulière à cette remarque de Gurdjieff:

Si l'humanité n'évolue pas cela signifie que l'évolution de la vie organique va s'arrêter et ceci, à son tour, provoquera l'arrêt de la croissance de notre rayon de création.

"Et si l'humanité cesse d'évoluer, elle devient inutile du point de vue des buts pour lesquels elle a été créée, et dès lors elle peut être détruite. De cette manière, l'arrêt de l'évolution peut signifier la destruction de l'humanité.

En résumé, sur la base d'une évaluation objective du monde qui nous entoure, nous pouvons dire que nous sommes à fond dans les ennuis. Ailleurs, Gurdjieff a fait une remarque qui donne froid dans le dos:

"Il y a une période définie" dit-il " pour qu'une certaine chose soit faite. Si pour un certain moment ce qui devait être fait ne l'a pas été, la terre peut périr sans avoir accompli ce qu'elle aurait pu accomplir."

"Est-ce que cette période est connue?" demandai-je.

"Elle est connue" dit G. "Mais ce ne serait un avantage pour personne de le savoir. Ce serait même pire. Certains le croiraient et d'autres ne le croiraient pas, d'autres encore exigeraient des preuves. Et ensuite ils se mettraient à se casser mutuellement la tête. Tout finit comme cela avec les gens. "

---

[469] Castañeda, *The Active Side of Infinity,* 1998, pp. 213-220.

Gurdjieff a donné d'autres pistes à ce sujet, bien que je pense qu'il ne connaissait pas tous les détails puisque son propre travail était celui d'un précurseur qui prépare le sol et sème les graines fondamentales pour nous, dans le cadre de la "Mission" cassiopéenne. Dans ce passage, Gurdjieff revient sur le sujet de l'évolution qui, comme il le souligne, s'est arrêtée pour l'humanité.

> "Tout ce que j'ai dit jusqu'à présent, je l'ai dit au sujet de l'humanité tout entière. Mais comme je l'ai souligné auparavant, l'évolution de l'humanité ne peut se poursuivre qu'à travers l'évolution d'un certain groupe qui, à son tour, influencera et mènera le reste de l'humanité.
>
> **"Pouvons-nous dire qu'un tel groupe existe? Peut-être le pouvons-nous, sur base de certains signes, mais de toute manière, il nous faut reconnaître que ce groupe est très petit, tout à fait insuffisant en tout cas, pour entraîner le reste de l'humanité. Ou bien, si nous voyons les choses d'un autre point de vue, nous pourrions dire que l'humanité est dans un état tel qu'elle est incapable d'accepter d'être guidée par un groupe conscient.**
>
> "Combien de personnes pourrait-il y avoir dans ce groupe conscient?" a demandé quelqu'un.
>
> "Ils sont eux-mêmes les seuls à le savoir," a dit G.
>
> "Est-ce que cela signifie qu'ils se connaissent tous?" a demandé la même personne.
>
> "Comment pourrait-il en être autrement?" a demandé G.
>
> **"Imaginez que parmi une multitude de gens endormis, trois ou quatre personnes soient éveillées. Elles se connaissent certainement toutes. Mais ceux qui sont endormis ne peuvent pas les connaître. Combien sont-elles. Nous ne savons pas et nous pourrons pas le savoir avant de devenir comme elles.**
>
> **"Il a été dit clairement que chaque homme ne peut voir qu'à son propre niveau d'être. Mais** *deux cents personnes conscientes,* **si elles existent et le trouvent nécessaire et légitime, peuvent changer toute la vie sur la Terre. Mais soit elles ne sont pas assez nombreuses, soit le temps n'est pas encore venu, soit les autres gens dorment**

> **trop profondément** ."[caractères en italique, notre initiative][470]

Gurdjieff avait raison de dire que le temps n'était pas encore venu alors. D'après l'observation et la recherche, il semble que l'humanité ait atteint à présent un grand carrefour historique. Nous sommes arrivés à la fin de deux mille années d'Histoire d'intolérance, de cruauté et de stupidité, ce qui a créé notre présent état de folie globale et collective. L'humanité, en tant que tout collectif, a atteint un état de banqueroute spirituelle collective, ou "mort spirituelle." Et cependant, nous ne pouvons pas supposer que cela n'a pas de sens.

Ceux qui comprennent les principes de l'électricité comprendront si je dis que l'état global actuel est la manière dont travaille la nature pour établir un Différentiel de Potentiel de Contact pour l'influx d'énergie de Lumière Cosmique. Mais tout comme pour l'individu, quand ce point est atteint – cette Nuit obscure de l'Ame – il y a un choix qui se fait jour: l'âme reçoit la possibilité de soit «monter» soit «descendre». Pour que cet afflux d'énergie puisse agir de façon positive, pour pouvoir créer une nouvelle réalité de libre arbitre et d'équilibre, il doit y avoir un point de contact qui puisse conduire l'énergie. Il doit y avoir des "micro-chips" ou "circuits" humains suffisamment forts pour supporter cette énergie, ou bien toute l'humanité périra. Cela signifie que seul le développement d'êtres humains d'une certaine sorte - avec un certain "câblage" - aura finalement la faculté d'affronter les énergies du Carrefour.

Le seul autre Tournant de l'Histoire à pouvoir être comparé avec celui-ci est celui du "Grand Déluge". C'est ainsi que nous venons à penser que la Queste du Saint Graal et le travail alchimique de distillation de la Pierre philosophale sont EGALEMENT des actes de construction d'une Arche permettant de passer dans le Nouveau Monde.

C'est là le travail de Quatrième Voie des Cassiopéens.

Comment quiconque peut être certain de quoi que ce soit de nos jours alors que le monde semble devenu fou et que nous nous trouvons tous collectivement dans la posture du héro ou de l'héroïne d'un film d'horreur, qui entend un bruit mais est incapable d'en localiser la source. Le public peut voir le monstre tapi dans le bush (le calembour n'est pas intentionnel[471]), la musique est pesante et

---

[470] Ouspensky, op. cit.

[471] Jeu de mot: "in the bushes" = dans les buissons (NdT)

chargée de tension menaçante, tandis le naïf héro ou la naïve héroïne, armé(e) d'une simple lampe torche pose la main sur le bouton de la porte. Le public gémit avec l'effroi de celui qui sait, et crie d'une seule voix "N'OUVRE PAS LA PORTE"! Malheureusement, le monde du film n'est pas relié à celui du public, de sorte qu'aucun avertissement ne pourra franchir la séparation.

Jadis les héros et héroïnes de film survivaient en général à ce genre d'erreur grâce à l'astuce du scénariste. Mais depuis quelques années, on n'est plus sûr de rien: le héros ou l'héroïne peut être voué(e) à la mort - reflet de la vie réelle- à cause de sa stupidité.

Je dois admettre que dans ma tendre jeunesse je n'aimais que les films où le héros ou l'héroïne triomphe à la fin. J'étais frustrée et en colère (je me sentais trahie) si le film finissait comme souvent dans la vie réelle: pas d'abri, pas d'aide, pas d'espoir.

Ce n'est que par la suite que j'ai vu l'utilité de ce genre de films: ils pouvaient être des outils éducatifs nous aidant à analyser nos espoirs, nos croyances, nos voeux pieux (« le droit vaincra quoiqu'il arrive»), de sorte que quand nous nous trouvons dans des situations semblables, nous puissions pallier les 'défauts d'intelligence' susceptibles de mener à des 'défauts de conscience' et de stratégie. Bref, observer comment le voeu pieux conduit le plus souvent au désastre dans la vie réelle peut nous enseigner à penser rationnellement, à analyser et à prédire, et dès lors à formuler une réponse adéquate à une situation périlleuse.

C'est un concept utile.

Mais il ne jette cependant pas de passerelle entre les acteurs qui jouent dans le film et le public qui peut VOIR.

Pour partager nos connaissances, pour boucler la boucle et donner à ceux qui demandent la Vérité, nous avons commencé en 2002 à rédiger quotidiennement une page de nouvelles appelée *Signs of the Times*[472]. Notre tâche est de faire rapport sur l'état du monde *tel qu'il est*. Nous recevons de nombreuses lettres de lecteurs et de participations à notre forum de la part de personnes qui se plaignent que l'équipe de "Signes" « semble frustrée », ou « est insultante » ou qu'elle « se répète », ou bien encore que ses membres ne comprennent pas qu'il s'agit simplement d'un jeu cosmique, que nous pourrons rentrer chez nous à la fin, et organiser une fête avec tous les «méchants». Ces lecteurs n'ont naturellement pas conscience des nombreuses discussions que nous avons pour essayer de savoir ce qui pourrait marcher ou non pour attirer

[472] http://www.signs-of-the-times.org/ (Signes des Temps)

l'attention des lecteurs d'une manière susceptible de les galvaniser pour les éveiller. Un jour nous essayons une chose, le lendemain une autre.

En ce moment, il semble qu'une bonne partie du monde extérieur ait les yeux tournés vers l'Amérique de la même façon qu'un public regarderait un film d'horreur. Le public a, naturellement, l'avantage d'une «vue d'en haut», ainsi que de tous les indices musicaux et d'une perspective privilégiée par le metteur en scène. Les acteurs sont dans un état imaginaire, ou de 'voeu pieux' si vous préférez. Ils se sont tous mis d'accord individuellement et collectivement pour s'engager à jouer la pièce. Ils ont accepté d'oublier tout ce qu'ils savent du script afin de pouvoir mieux entrer dans leur rôle. Quand le tournage est terminé, ils organisent une fête avec l'équipe du tournage, lèvent leur verre en se félicitant mutuellement d'être si bien parvenus à duper le public, trouvent tous que c'est un grand film, rentrent chez eux et lisent un nouveau script.

Pour sa part, le public, s'il est bien informé, trouve que ses acteurs favoris l'ont sans aucun doute bien fait entrer dans l'action! Grâce au talent des acteurs, le monstre était excellent, le vilain était horriblement méchant.

Ces analogies avec un public et des films sont souvent utilisées par les philosophes pour suggérer que tout se qui se produit sur Terre est exactement cela: un grand spectacle, et que tout le monde redevient lui-même quand ce spectacle est terminé: acteurs et public sont simplement deux groupes qui ont accepté de 'jouer des rôles' dans la vie de l'humanité. Certes, à quelque niveau ultime de réalité cela peut être vrai d'une certaine manière, mais nous soupçonnons que ce n'est pas aussi simple que cela.

Certes, dans l'ultime Grand Dessein, toute chose revient à la source. La différence est que ceux dont la nature de Créativité est d'ETRE ne sont pas en faveur de l'Entropie et ils se réservent le droit de faire un choix.

Il est plus facile de résister au mal au début qu'à la fin.

Et il est oh, tellement facile de se donner une bonne excuse pour ne pas résister en se disant: « Oh, c'est seulement un film! Nous rentrerons tous chez nous quand il sera fini et que nous aurons vu comme tout le monde a bien joué son rôle... »

Il ne manque pas de preuves scientifiques à l'appui des idées ci-dessus exposées que la conscience - racine de l'existence et de l'Etre – a fondamentalement deux états: 'en marche' ou 'à l'arrêt'. En fin de compte, il semble que la métaphore décrivant l'humanité - et ses "Soi" supérieurs collectifs - comme un film et un public, soit une anthropomorphisation des forces créatrices et entropiques de l'univers, dans un but d'apaisement de soi. Les enjeux sont, semble-t-il, bien plus élevés et concrets.

Cela nous mène à la question de la subjectivité par rapport à l'objectivité.

Ainsi que l'ont dit les Cassiopéens, et qui fait écho aux traditions les plus anciennes: « Ce n'est pas où on se trouve, mais QUI on est et CE QU'ON VOIT qui compte ». Ce 'qui' et 'ce qu'on voit' ont parfois été problématiques en tant que sujets de recherche, et c'est seulement depuis trois ans qu'une claire compréhension de ces concepts a été articulée.

Il y a environ deux cents ans, le mathématicien et physicien français Pierre Laplace écrivait:

> **Il nous faut regarder le présent état de l'univers comme l'effet de son passé et la cause de son futur. Considérez une intelligence qui, à tout instant, pourrait avoir connaissance de toutes les forces contrôlant la nature ainsi que de l'état momentané de toutes les entités dont consiste la nature. Si cette intelligence était assez puissante pour soumettre toutes ces données à l'analyse, elle serait capable d'embrasser en une seule formule les mouvements des plus grands corps de l'univers et ceux des moindres atomes, car rien ne serait incertain; le futur et le passé seraient également présents devant ses yeux**[473].

Certainement, une intelligence telle que celle décrite par Laplace serait 'semblable à Dieu' ne pensez-vous pas? Et certainement qu'aucun être humain n'est capable d'une telle vision, vous serez sans doute d'accord avec moi. Cependant, il semble bien qu'il existe un indice significatif menant à la solution de la pressante question du jour: la connaissance menant à la conscience.

Je renverrai le lecteur au chapitre sur les substances neurochimiques. Puisque le cerveau interagit avec son environnement, les circuits synaptiques se combinent pour former des cartes synaptiques du monde perçu par les sens. Ces cartes décrivent des petits segments de ce monde: formes couleurs, mouvements, et ces cartes sont dispersées partout dans le cerveau. Comme le réseau synaptique du cerveau évolue dès la naissance (ou même avant) ces cartes traitent les informations simultanément et en parallèle. Sur base de ces cartes synaptiques du monde, nous pouvons avoir une vue plus ou moins objective de la réalité.

---

[473] Traduction à partir du texte anglais, faute de disposer de l'original (NdT)

La physique classique suppose que le futur existe déjà, tout comme le présent et le passé. Tout ce qui arrivera s'est déjà produit. Mais pour une raison inconnue, notre mental ne peut faire l'expérience du futur qu'un petit peu à la fois, dans ce que nous appelons le présent.

La physique quantique dit que nous ne pouvons jamais prédire le futur avec une certitude absolue. Le futur n'existe pas encore dans un seul état défini. L'incertitude quantique ne nous refuse pas toute connaissance du futur. Elle nous donne des outils pour faire des prédictions, mais seulement en termes de probabilités.

Bohr et d'autres physiciens majeurs de l'Ecole de Copenhague ont dit que la réalité objective est un concept ambigu au niveau quantique. En physique, notre connaissance naît seulement quand nous mesurons concrètement quelque chose, et même alors la façon dont nous décidons de prendre la mesure affecte les résultats que nous obtenons.

Poser une même question de différentes manières peut appeler des réponses qui semblent contradictoires, mais aucune expérience ne fournira en elle-même des informations contradictoires. Certaines expériences montrent des électrons sous forme d'ondes, et d'autres les montrent sous forme de particules. Dans aucune expérience les électrons n'apparaissent simultanément sous la forme d'ondes et de particules. Bohr appelé cela de la complémentarité.

La mécanique quantique laisse l'observateur dans le doute quant à la nature réelle de la réalité. Est-ce qu'en réalité ce sont des ondes ou bien des particules? Nous ne le savons pas, et aucune expérience ne nous le dira. Détecter l'un des attributs exclut automatiquement toute connaissance au sujet de l'autre.

Il y a une ressemblance frappante entre la vie et la pensée. Tout comme il y a potentiellement plus de formes de vies que la planète n'en peut contenir, ainsi il existe potentiellement plus d'idées que notre mental n'en peut absorber et remémorer.

Tout comme la sélection naturelle évolutive peut générer des changements en choisissant parmi les nombreuses formes de vie potentielles, ainsi la pensée peut sans doute générer des changements évolutifs en opérant un choix parmi les nombreuses pensées potentielles.

Le mécanisme évolutif original se trouve dans la fonction d'onde de l'univers. L'observateur guide la sélection à partir d'un nombre infini de dispositions potentielles que l'univers peut prendre d'instant en instant.

L'univers a de nombreux états futurs possibles, ou potentialités, représentés par la fonction d'onde. L'onde se déprime constamment dans le présent, à mesure que les nombreux états possibles deviennent un seul état, à mesure que le présent se déplie et que les possibilités deviennent des actualités.

Beaucoup ont décidé que l'Incertitude Quantique signifie qu'on est en mesure de créer sa propre réalité à soi selon ce que l'on croit, ou selon ce sur quoi on porte son attention. C'est une idée devenue populaire parmi les adeptes du «New Age» et c'est en fait le fondement de la plupart des religions, qu'elles le réalisent ou non.

Chris Floyd a écrit dans le *Moscow Times* du 22 octobre 2004:

> Maintenant nous sommes enfin au coeur des ténèbres. Maintenant nous savons par leurs propres dires, que le régime Bush est un culte - un culte dont le dieu est le Pouvoir, dont les adhérents croient qu'ils sont seuls à contrôler la réalité et qu'en fait ils sont à même de re-créer le monde à partir de chacun des actes de leur volonté de fer. Et l'objectif de cette volonté, -- renforcé par les vertus suprêmes de ce culte : la guerre, la fureur et la foi aveugle – est ainsi déclaré ouvertement: "l'Empire."
>
> Vous pensez que cela est de l'exagération? Alors lisez les mots de la Maison Blanche elle-même : un «haut conseiller» du président qui, comme le rapporte le *The New York Times*, a expliqué le culte à l'auteur Ron Suskind, dans la grisante période d'avant-guerre, en 2002.
>
> D'abord, ce proche de Bush s'est moqué du journaliste et de tous ceux qui "font partie de ce que nous appelons la communauté ancrée dans la réalité», c'est-à-dire des gens qui «croient que les solutions découlent de la judicieuse étude de la réalité discernable." Les efforts de Suskind pour défendre les principes de la raison éclairée n'ont aucunement brisé la glace pour l'homme de Bush[474].
>
> "Ce n'est pas comme cela que le monde fonctionne en fait de nos jours. Maintenant nous sommes un empire, et quand nous agissons nous créons notre propre réalité", dit-il. "Et pendant que vous analysez cette réalité, nous agissons à nouveau, et nous créons encore d'autres réalités, que vous pourrez encore étudier, et c'est comme cela que les choses continueront. Nous sommes des acteurs de l'Histoire... et vous, vous tous, devrez vous contenter d'étudier ce que nous faisons."

---

[474] Jeu de mots: 'Bushman' = Bochiman, homme de la brousse, ou « homme de Bush » (NdT)

> Tous ceux qui ont quelque connaissance de l'Histoire du XXe siècle sauront que cette sortie mégalomaniaque aurait pu être faite par un «haut conseiller» de Hitler, Staline, Mussolini ou Mao. En fait, comme le souligne le savant Juan Cole, le dogme du Culte Bush est identique au contenu de la déclaration faite par Mao dans son «Petit Livre Rouge» : il est possible d'accomplir n'importe quelle tâche." Pour Bush, comme pour Mao, "la réalité discernable" n'a pas d'autre signification: la vérité politique, culturelle, économique, scientifique – et même les procédés fondamentaux de la nature, même la nature humaine- doivent courber la tête devant les déclarations de foi de l'idéologie appliquée brutalement par des zélateurs inflexibles.

Les vues du " Reich Bush " sont diamétralement opposées aux vues que nous proposons dans *Signs of the Times*. Ces vues ont été décrites avec une grande économie de mots par les Cassiopéens:

> **La vie est religion. Les expériences de la vie reflètent comment nous interagissons avec Dieu. Ceux qui sont endormis sont ceux qui ont peu de foi en leur interaction avec la création. Certaines personnes pensent que le monde est là pour être conquis, ignoré ou dissimulé. Pour ces individus, le monde s'arrêtera.** *Ils deviendront exactement ce qu'ils donnent à la vie.* **Ils deviendront un simple rêve du «passé». Les gens qui font strictement attention à la réalité objective à gauche et à droite, deviendront la réalité du «Futur**».

Les humains sont à la fois fascinés et repoussés par ce qui est appelé "le mal". La fascination provient du fait que les "bonnes gens" ont des difficultés à comprendre comment le mal peut exister dans un monde dont on suppose qu'il est régi par un créateur bienveillant et aimant. Alors ils s'efforcent de l'identifier, de le quantifier, et de le comprendre.

A travers toute l'Histoire, des individus ou des groupes ont été étiquetés 'mauvais' par les autorités de l'époque. A notre propre époque, nous voyons souvent dans les 'mass media' des photographies de meurtriers surmontées d'un titre dans le genre : "le visage du mal". Le spectateur frissonne de peur et remercie sa bonne étoile de n'avoir pas un tel individu dans SA propre vie!

En tête de la liste des gens les plus mauvais du XXe siècle, se trouve un homme d'apparence ordinaire, nommé Adolf Hitler. Comme George Bush, il était plus comique et absurde qu'effrayant. Il reste de nombreuses photos le montrant en train de cajoler des bébés et de caresser des animaux.

Néanmoins, quand nous regardons ces vieilles photos de Hitler, nos perceptions sont automatiquement conditionnées à produire un frisson de crainte: voici HITLER, le VISAGE DU MAL. Nous réalisons rétrospectivement que les câlins aux bébés et les gratouillis derrière les oreilles des chiens ont sans aucun doute servi de propagande à l'époque. Nous le savons parce que nous connaissons l'histoire des faits de Hitler.

Ce que nous avons tous tendance à oublier c'est que Hitler n'aurait jamais pu arriver au pouvoir et plonger l'Allemagne dans sa politique de guerre et de génocide sans le consentement tacite de la population allemande et si le reste du monde n'avait pas détourné le regard de ce qui se passait en Allemagne. Dans un certain sens, cela rend le monde entier responsable des crimes commis en Allemagne.

Est-ce que le peuple allemand aurait été si docile sous la férule nazie s'il y avait eu un effort concerté de la part des autres peuples pour les aider à s'éveiller, à voir sa folie?

Pourquoi est-ce que tout le monde pense « ce n'est pas mon affaire! », et en particulier ces gouvernements qui auraient pu agir avec le plus de force pour réduire le pouvoir ascendant de Hitler? Quelle est leur part de responsabilité dans les soixante cinq millions de morts lors du Grand Holocauste qu'a été la deuxième guerre mondiale?

Savoir que le peuple allemand a été la base qui a porté Hitler, ses soldats, ses ouvriers et ses assistants-bourreaux, est une chose; comprendre comment cela s'est produit est une autre chose.

Même si d'autres pays ne s'étaient pas fortement opposés, certainement que le peuple allemand pensait que la direction dans laquelle les menait Hitler était au moins leur propre solution à leurs problèmes particuliers, même si ce n'était pas exactement la solution que d'autres pays auraient choisie.

Aucun véritable consensus de rejet des idéaux nazis n'a effectivement été transmis à l'Allemagne, et il est certain que le peuple allemand souffrait de divers sérieux problèmes intérieurs pour la résolution desquels les réponses apportées par Hitler paraissaient bonnes.

Il n'y a pas eu un certain moment où le peuple allemand dans son entier est soudain devenu mauvais. Les Allemands, le peuple disposé en faveur de Hitler était un peuple désespérément à la recherche d'une identité et d'une prospérité économique. L'Allemagne était un pays déchiré par d'accablants chocs économiques, politiques et sociaux: la première guerre mondiale, le Traité de Versailles, l'hyperinflation et la Grande Dépression, ont été des coups qui ont ruiné ou affaibli les admirables qualités de l'Allemagne dans son ensemble. Ces désastres ont laissé la porte ouverte à une idéologie véritablement horrifiante.

Hitler a utilisé ce désespoir pour faire avancer à coups de fouet le peuple allemand vers une ferveur religieuse, messianique. Petit à petit, ce peuple a dû fermer sa conscience; c'était le prix à payer pour ses rêves ; il a été amené, par une intelligente propagande et tactique de peur, à réaligner sa moralité collective, de sorte qu'en fin de compte, le Visage du Mal a été le visage de tous les partisans de Hitler.

L'histoire de l'ascension de Adolf Hitler est l'histoire la plus importante de XXe siècle. Avec cet événement, en moins d'une seule durée de vie, l'un des pays les plus civilisés d'Europe a été réduit à la ruine morale, physique, et culturelle. Le reste du monde a failli être aspiré dans ce trou noir du mal. Cela devrait faire réfléchir chacun; et il faudrait y réfléchir longtemps et à fond.

A présent, il est facile de voir que le modèle de ce qui a transpiré en Allemagne est en train de se dérouler aux Etats Unis. L'Histoire de l'Allemagne aurait pu se dérouler différemment à cette époque. L'Histoire des Etats-Unis pourrait se dérouler autrement à présent.

La complicité n'implique pas qu'il faille nécessairement épauler le mal; elle implique seulement que pour que le mal triomphe il suffit que les hommes de bien ne fassent rien.

Dans mon travail, je ne dis pas à chacun ce qu'il doit faire. Le travail comme par exemple celui de *Signs of the Times*, est là comme un phare, un pinceau de lumière qui tourne et tourne constamment pour mettre en lumière l'horreur de la situation. Le but est de communiquer la connaissance de la réalité objective dans laquelle nous vivons, une réalité qui paraît devenir incontrôlable. Ceci nous fait reposer la question de savoir comment la Connaissance peut protéger.

Nous avons récemment été contactés par des représentants de deux différents « consortiums de pouvoir » à un niveau global. Ces deux groupes voulaient savoir si nous serions intéressés à faire partie d'une approche en réseau des problèmes globaux rencontrés actuellement et que nous connaissons tous; c'est-à-dire que nous sommes assis sur un baril de poudre qui commence à lancer des étincelles.

Pour autant que nous puissions comprendre, ces réseaux se proposent de dévoiler les mensonges de l'administration américaine, afin de provoquer l'éveil 'politique' des Américains.

Les conditions qui nous auraient été imposées étaient que nous nous tenions éloignés de notre propre objectif d'éveil des gens à la nature hyperdimensionnelle du système de contrôle. Un des "agents" mentionnés ci-dessus m'a écrit ce qui suit:

> Mon intérêt pour la politique des Etats-Unis n'est pas tellement d'essayer de changer (ou sauver ou préserver) les Etats-Unis, qui sont sous l'étroit contrôle d'intérêts commerciaux engagés, mais bien d'attirer l'attention sur mon objectif ultime qui est de sauver l'environnement de la planète (par ex. en arrêtant l'extinction en masse des espèces, en arrêtant le réchauffement à l'échelle planétaire), en voyant tout d'abord ce qu'il faudra faire quand le système actuel d'industrialisation globale se sera effondré. [...]

Tiens, tiens, tiens!.... On dirait que ceux au sommet commencent à craindre que leurs plans ne marchent pas tout à fait comme ils le voudraient.

Pour faire court, nous avons décliné ces invitations même si la "carotte financière" était d'importance. Il nous a semblé que, même si elle était légitime, cette approche était mauvaise et ne faisait que servir les ambitions de quelqu'un et non celles de la vérité, et qu'elle suggérait que toute cette histoire de « bon flics, mauvais flics » n'était qu'écrans de fumée et miroirs aux alouettes, contrôlés par des facteurs hyperdimensionnels.

J'ai eu l'impression que ces deux contacts, si proches l'un de l'autre, opéraient une sorte de "mouvement en tenaille" destiné à contenir et réprimer les informations que nous diffusons à propos des problèmes fondamentaux: les réalités hyperdimensionnelles.

Au monsieur qui représentait l'un de ces " consortiums de pouvoir ", j'ai répondu:

> "Il semble que vous perceviez qu'ici au sein du Groupe de Futur Quantique, nous avons sans doute un solide acquis en ce qui concerne la vision et la prédiction, même si nous soulignons que les prédictions ne peuvent être que statistiques et qu'y attacher des dates serait un jeu de dupes.
>
> "Il semble également que ce que vous cherchez à faire équivaut en quelque sorte à " disons aux gens autant que nécessaire afin d'apporter tel ou tel ajustement à la dynamique, puisque nos propres idées ne semblent pas si bien réussir, mais ne leur disons pas tout'.
>
> "Il est déjà trop tard pour cela.
>
> "Par exemple, l'autre soir nous avions quelques questions à poser au sujet des récents tremblements de terre et tsunamis. Voici l'échange avec les Cassiopéens :

Séance du 9 janvier 2005
Q: En ce qui concerne le récent tremblement de terre, il y a eu beaucoup de «bruits» qui ont couru sur le Net, alléguant que cela n'avait pas été un phénomène naturel. Certains disent que c'était dû à une météorite, d'autres à une explosion nucléaire américaine, d'autres que c'étaient l'Inde et Israel jouant dans des tranchées sous-marines. Et puis il y a eu des allégations à propos d'une certaine arme électro-magnétique. Ceux du New Age disent que c'était le début de la fin des "changements terrestres". Alors qu'est-ce qui a donc réellement provoqué ces tremblements de terre qui ont commencé un an moins une heure après le tremblement de terre en Iran?
R: Pression sur Terre. Aucune des suggestions proférées. Mais souvenez-vous que le cycle humain est le miroir du cycle des catastrophes et que la conscience humaine de masse joue un rôle.
Q: De quelle manière la conscience de masse joue-t-elle un rôle?
R: Quand ceux qui ont des centre supérieurs sont empêchés de se manifester ou coupés de l'énergie créatrice, cette énergie doit aller quelque part. Si on ne peut pas créer «à l'extérieur» alors on crée «à l'intérieur».

Au cours des trois dernières années nous avons fait des progrès considérables dans notre travail de découverte de ce qui fait réagir la réalité et comment l'humanité s'y adapte. Une grande partie de ce travail est purement scientifique - physique et mathématiques – Mais je ne vais pas vous donner les formules ni les codes informatiques de simulation; je vais vous expliquer les choses simplement.

Notre univers paraît être composé de matière/énergie et de conscience.

La matière/énergie telle quelle "préfère", semble-t-il, l'état chaotique.

La matière/énergie telle quelle n'a pas même un concept de "création" ou "d'organisation". C'est la conscience qui donne vie à ces concepts et par son interaction avec la matière, elle pousse l'univers soit vers le chaos et la dégénérescence, soit vers l'ordre et la création.

Ce phénomène peut être mis sous forme de modèle mathématique et simulé sur un ordinateur utilisant la Théorie Quantique des Evénements[475] [476]. Est-ce que la Théorie Quantique des Evénements donne un modèle fidèle de l'interaction de la conscience avec la matière? Nous ne le savons pas. Mais il y a des chances pour que ce soit le cas, parce qu'elle semble décrire les

[475] EEQT (Event Enhanced Quantum Theory)
[476] http://quantumfuture.net/quantum_future/papers/petruc/petruc.html

phénomènes plus correctement que la mécanique quantique orthodoxe ou ses théories rivales (Mécanique Böhmienne, GRW, etc.)

Ce que nous apprenons de la Théorie Quantique des Evénements peut être dit simplement comme suit:

Appelons notre univers matériel "le système". Le système est caractérisé par un certain "état". Il est utile de représenter l'état du système par un point dans un disque. Le point au centre du disque, son origine, est l'état de chaos. Nous pourrions aussi le décrire comme "Potentiel Infini". Les points sur le bord représentent les "purs états" d'être, c'est-à-dire des états de "connaissance pure, non floue ». Entre les deux il y a des états mitigés. Plus l'état se rapproche du bord, plus pur et plus «organisé» il est.

Un "observateur", une "unité de conscience", extérieur, se fait une idée - peut-être exacte, peut-être fausse, peut-être entre les deux- de l'état réel du système, et observe le système avec cette "conviction" au sujet de son état. L'observation, si elle se prolonge, a pour résultat que l'état du système «saute». C'est dans ce sens qu'on crée sa propre réalité ; mais comme toujours, le diable est dans le détail.

Les détails sont que l'état résultant de l'observation du système peut être plus pur ou plus chaotique, cela dépend de la "direction" du saut. La direction du saut dépend de l'objectivité de l'observation: dans quelle mesure l'observation est proche de la réalité de l'état.

D'après la Théorie Quantique des Evénements, si les attentes de l'observateur sont proches de l'état réel du système, le système saute, le plus souvent, vers un état *plus organisé*, moins chaotique.

Si d'autre part les attentes de l'observateur sont proches de la négation de l'état réel (c'est-à-dire quand les convictions de l'observateur sont plus proches du faux que du vrai par rapport à l'état REEL - la réalité objective) alors l'état du système va sauter vers un état plus chaotique, moins organisé. En outre, ce saut prendra, selon la règle, beaucoup plus de temps.

Autrement dit, si la connaissance de l'observateur à propos de l'état réel, est proche de la *vérité*, alors l'acte d'observation et de vérification en lui-même provoque promptement un saut et l'état résultant est plus organisé. Si la connaissance de l'observateur à propos de l'état réel est fausse, alors cela prend en général très longtemps pour provoquer un changement dans l'état du système, et l'état résultant est plus chaotique.

Ce que cela signifie c'est que de l'ordre peut être tiré du chaos grâce à l'observation de ce chaos tel qu'il EST et non pas en prétendant qu'il en est autrement.

En résumé, celui qui "croit" en la possibilité de "créer une réalité" différente de ce qu'elle EST, augmente le chaos et l'entropie. Si vos convictions sont perpendiculaires à la vérité, même si elles sont inébranlables vous êtes fondamentalement en conflit avec la vision que l'univers a de lui-même, et je peux vous assurer que ce n'est pas vous qui allez gagner. Vous attirerez la destruction sur vous-même et sur tous ceux qui se livreront avec vous à ce genre d'exercice de «bras de fer» avec l'univers.

D'autre part, si vous êtes capable de voir l'univers comme il se voit lui-même, objectivement, sans cligner des yeux et en l'acceptant, vous vous alignez alors sur l'énergie créatrice de l'univers et votre propre conscience devient un transducteur d'ordre. Votre énergie d'observation, accordée de manière inconditionnelle, peut apporter l'ordre dans le chaos, peut créer à partir d'un potentiel infini.

Dans *Adventure Series*[477], je me suis concentrée sur le problème des psychopathes dans le monde d'aujourd'hui. J'ai été poussée à faire cela du fait que nous avons été abusés par un psychopathe dont le comportement était absolument incompréhensible. Grâce à cette recherche, j'ai été mieux à même de comprendre George Bush et son Reich, et cela m'a "vaccinée" contre les tactiques de peur utilisées par les psychopathes pour paralyser leurs victimes. Je réalise que les Américains qui sont «stupides» le sont pour une raison. En un sens, ce n'est pas de leur faute. Ils ne sont plus capables de penser par eux-mêmes, pas plus qu'une souris n'est capable d'échapper aux griffes d'un chat déterminé à la manger.

Mais tout le monde n'est pas une souris. C'est pour ceux qui sont en train d'évoluer que nous gardons le phare allumé. Mais sachez qu'un jour - peut-être plus proche que vous ne le pensez- la tempête pourrait être devenue tellement violente que les gardiens de la flamme devront abandonner leur tâche, sachant qu'aucune lumière ne peut percer les ténèbres du Styx.

Dans *Adventure Series*, j'ai écrit ce qui suit:

> Est-ce qu'il pourrait y avoir une stratégie évolutive stable selon laquelle les gens seraient non-égoïstes de naissance?
>
> Globalement, les facultés de tricher, d'entrer en compétition et de mentir se sont révélées des adaptations étonnamment payantes. Dès lors, l'idée que la pression de la sélection pourrait faire en sorte que la sainteté se répande dans la

[477] http://www.cassiopaea.com/cassiopaea/adventureindex.htm

société semble peu plausible en pratique. Il ne semble pas faisable de mettre hors jeu les gènes de la compétition. Les «bons gars» sont soit mangés soit écartés. Les gens heureux qui sont inconscients sont mangés ou écartés. Le bonheur et l'amabilité sont de plus en plus rares; la misère et la souffrance de ceux qui sont capables de réellement ressentir, qui sont en empathie avec d'autres humains, qui ont une conscience, n'est que trop générale.

Cependant, une prédisposition à la conscience, à l'éthique, peut prévaloir si et quand elle est également à même d'aller au plus profond de l'altruisme: faire de l'objet de son empathie le plus haut idéal d'application du libre arbitre dans un sens abstrait, pour l'amour d'autrui, y compris nos descendants.

En résumé, notre propre intérêt devrait être investi collectivement, de manière à assurer que tous sont heureux et bien disposés; et de manière à assurer que les enfants que nous mettons au monde ont l'option d'être constitutionnellement heureux et bienveillants les uns envers les autres.

Bref, si la psychopathie menace le bien-être futur du groupe, alors elle ne peut être appréhendée que par un refus de se laisser dominer par elle, sur une base individuelle, personnelle.

La préservation pratique de son propre libre arbitre préserve en fin de compte le libre arbitre de tous.

La protection tant de nos propres droits que ceux des autres renforce la position du libre arbitre et le potentiel de bonheur pour tous.

Si les mutants psychopathes représentent un danger potentiel alors la vraie empathie, la vraie éthique, la vraie conscience, nous dictent d'avoir recours à une thérapie prophylactique à l'encontre de ces psychopathes.

Il paraît avéré que la transformation positive de la nature humaine ne se fera pas par un grand éveil spirituel, des réformes socio-économiques ou un désir spontané des peuples de la Terre d'être agréables les uns aux autres. Mais il est tout à fait possible qu'à long terme la psychopathie de la souffrance perde du terrain, parce que la misère n'est pas une stratégie stable.

Dans un état de misère croissante les victimes tentent d'y échapper; et ces efforts les amènent en fin de compte à voir l'état réel de leur misère, ce qui peut déboucher sur une société de gens intelligents ayant la faculté collective de ce faire.

Dès lors, identifier les psychopathes, cesser d'interagir avec eux , les couper de notre société, nous rendre indisponibles en tant que "nourriture" ou objets à utiliser pourrait être la seule bonne stratégie que nous puissions appliquer . [...]

Se laisser escroquer ou utiliser par un psychopathe c'est en fait entrer dans sa hiérarchie alimentaire. Croire les mensonges d'un psychopathe, c'est se soumettre à son "offre" (ils vous offre un mensonge à croire, et vous acceptez) et c'est donc renoncer à son propre libre arbitre.

En termes strictement matériels, cela ne semble pas être un vraiment gros problème n'est-ce pas? Après tout, quelqu'un nous ment, mais qui s'en soucie? Est-ce que cela nous fera du mal de le laisser mentir? Est-ce que cela va nous faire du mal de le suivre juste pour avoir la paix, même si nous savons ou soupçonnons qu'il ment? Après tout, il est en général très déplaisant de devoir vérifier les faits, confronter le psychopathe à la vérité et lui dire «non». Souvenez-vous, le jeu est ainsi fait que nous devons payer un maximum pour être éthiques dans l'attitude envers le psychopathe. Matériellement, cela semble ne pas valoir le coup parce que nous subissons toutes sortes d'attaques - verbales, psychologiques et même physiques – il est donc plus facile de laisser dormir le loup, pas vrai ? [...]

Au mieux, nous ne pouvons pénétrer réellement que jusqu'au niveau de la réalité psychologique, du comportement jugé discordant ou autodestructeur . Et nous sommes programmés à fond à aider en donnant jusque cela fasse mal, en essayant de réparer ou de se faire gentil. Toutes ces choses, tous ces accommodements à la psychopathie, à un niveau simplement pratique, peuvent être vues comme «des choix en vue de psychopathie» en termes de réservoir de gènes.

Mais à un autre niveau, au vu du grand nombre de preuves dont nous disposons pour nous montrer que quelque chose de très mystérieux est en train de se produire en ce qui concerne le "contrôle du mental des humains" et qui couvre quelque chose qui pourrait affecter chacun des êtres humains de cette planète, nous constatons que ce problème est crucial. Refuser de céder aux manipulations et manoeuvres du psychopathe peut en fait être capital à la transformation positive de notre planète. [...]

Et nous voyons que le but ultime du psychopathe, en tant que représentant des forces universelles d'entropie, du non-être,

> est d'acquérir la maîtrise de l'énergie créatrice. De se l'assimiler, d'en priver autrui en lui faisant croire des mensonges.
>
> Parce que, quand on croit aux mensonges d'un psychopathe, on lui abandonne le contrôle de notre propre libre arbitre - l'essence de la créativité. [...]
>
> Le premier commandement divin est SOIS! Et cela comprend l'être et le non-être instantanés. Dès lors, le deuxième commandement est « suivez l'être ou le non-être selon votre choix et votre nature inhérente ».
>
> Toute création est le résultat du commandement d'engendrement. A cet égard il n'y a donc pas de mal. Mais la deuxième loi prescriptive détermine vers quelle "Face de Dieu" on va se tourner: Vie ou Mort.
>
> Il EXISTE des choses telles que des "mauvaises planètes" et des étoiles noires. Et la vraie question est maintenant: Est-ce que Mère Nature va devenir l'une d'elles?

Bon. Vous êtes une personne intelligente, aucun doute à ce sujet, donc je suis certaine que vous pouvez faire un peu d'extrapolation à partir de ce qui a été dit ci-dessus, et que vous pouvez comprendre qu'il y a une, et UNE SEULE manière de "sauver la Terre". Puisque l'humanité dans son ensemble est un "organe" de transduction des énergies cosmiques vers notre planète ", l'état de l'humanité dans son ensemble est reflété par la planète. Les souffrances de l'humanité, les mensonges que crient les humains, tous cela a un effet profond sur la planète.

TRES IMPORTANT: ce n'est pas le fait de croire ou non en des bonnes choses ou des mauvaises choses qui les fait se produire. C'est l'observation factuelle de la réalité et si oui ou non elle permet une évaluation vraie ou mène à des mensonges.

L'effort à faire pour voir l'univers COMME IL SE VOIT LUI-MEME avec amour et acceptation même devant ce qui pourrait être qualifié d' "horreur", peut véritablement conduire à une amélioration de cette horreur. Voir l'univers et nier la vérité, insister pour ne croire que ce que l'on veut croire, c'est refuser la réalité et contribuer au chaos, à la destruction, à la souffrance.

Quelle est donc la solution? La VERITE – aussi proche qu'objectivement possible- DOIT être répandue aussi largement et aussi rapidement que possible.

C'est la seule chose qui pourra sauver la planète. Parce que c'est dans les centres créateurs de l'humanité - aussi bien de ceux qui ont une âme que de ceux qui n'en ont pas - que repose le sort du monde.

Venons-en maintenant aux spécificités. Nous avons vu ce que Mouravieff a écrit à propos de l'amour courtois, ce que Gurdjieff a écrit à propos des cercles ésotériques, ce que tous deux ont écrit sur la "Fin du Monde". Alors, que faisons-nous exactement ? Si la conscience du Graal est l'objectivité, comment apprenons-nous à voir l'univers objectivement, tel qu'il se voit lui-même? Une autre façon de le dire est: comment vainquons-nous notre subjectivité? La réponse est: en acquérant la maîtrise de aspects impermanents de notre personnalité et en les soumettant au contrôle de cette partie de nous qui est permanente, cette part de nous qui a un lien avec la Force créatrice. Et dans ce combat nous découvrirons que non seulement nous formons un lien spirituel avec la vérité, mais encore que ce processus induit un changement dans la chimie de notre cerveau, ce qui peut mener littéralement à une transmutation physique.

TRANSMUTATION DE LA PERSONNALITÉ

Quiconque s'est livré à un peu d'introspection aura remarqué que notre personnalité paraît être divisée. Une minute nous nous promettons à nous-même de renoncer aux sucreries avec toute la volonté dont nous sommes capable, la minute d'après notre main se retrouve dans la boîte de chocolats. Nous nous mettons au régime et l'oublions dès que nous voyons quelque chose de tentant qui se trouve sur la liste des nourritures interdites. Nous nous promettons de nous mettre au paiement de nos factures, pour décider l'instant d'après que nous allons d'abord boire un café, et ensuite lire un magazine. Combien de fois n'avons-nous pas fait quelque chose qu'il ne fallait pas faire, en dépit de la voix intérieure qui nous dit que nous aurons à en payer les conséquences? Gurdjieff a dit que tout le travail consiste dans la lutte entre le "oui" et le "non".

La première chose que nous remarquons alors à propos de nous-même c'est qu'il paraît y avoir de nombreux 'Moi' différents qui nous tirent et nous poussent dans toutes les directions. Ils vont et viennent si subtilement que nous pensons que nous avons un "Soi" permanent, alors que nous avons en fait un tas de pulsions et compulsions contradictoires. Nous pourrions identifier chacune de ces petites voix comme des aspects différents de notre personnalité, mais nous avons également vu que ce sont des 'programmes' mis en nous depuis notre enfance, généralement avec d'importants effets émotionnels. La Tradition considère ces programmes de pensée en boucle, idées, opinions, comme des parties impermanentes de nous-même. Certes, dans une certaine proportion nos goûts, désirs et besoins changent à mesure que nous grandissons, mais nombre de ces circuits sont imprimés dans notre cerveau pendant la petite enfance; ils sont donc 'pré—verbaux' et extrêmement profonds. Si nous devons parvenir à une vue objective de la réalité, ces voix subjectives doivent être reconnues pour ce qu'elles sont et ensuite alignées et soumises au contrôle de la partie essentielle de nous-même qui pourrait être qualifiée d'âme. Cette essence est la partie de soi qui – dans l'individu d'une nature créatrice intrinsèque – a la possibilité de réellement VOIR ou du moins qui veut voir, le monde tel qu'il est. Mais comment fait-on cela?

Dans notre état normal où nous fonctionnons sur pilote automatique, nous recherchons généralement une existence confortable, libre de conflits. Notre allure nous emporte le long d'un certain chemin, et c'est seulement quand nous nous heurtons à des obstacles ou même quand nous sommes attirés par quelque chose d'imprévu que nous sommes forcés de changer de cap. Ce sont des chocs. C'est par les collisions avec le système que nous sommes tirés de cet état de sommeil. Parce que nous sommes conditionnés à rechercher une vie libre de conflits, nous cherchons en général à surmonter ces chocs en restant avec aussi peu de perturbations que possible dans le système. Bref, nous cherchons à revenir sur l'auto-pilotage aussi rapidement que possible. Le résultat est que, quand nous sommes forcés d'éteindre le pilote automatique et de faire face au monde en temps réel, nous essayons de trouver la manière la plus rapide et facile d'absorber le choc sans perturber notre style de vie, ou en tout cas le moins possible.

Mais quand les choses ne vont pas comme nous le voulons, quand le monde n'agit pas ou ne réagit pas selon nos désirs, nos souhaits, nos prédictions ou nos anticipations, alors nous recevons un choc encore plus grand. C'est dans de telles conditions que l'être humain se rend compte des fausses suppositions qui nous mettent dans des situations que notre programmation ne peut assumer. En bref, c'est dans ces moments de choc que toutes les différentes parties intérieures sont momentanément alignées pendant que nous cherchons à créer un "nouveau programme" qui à l'avenir sera à même de gérer ce genre de situation. Cela signifie que, pendant que nous cherchons une solution, nous nous trouvons devant un choix : ou bien nous «prenons un médicament» pour calmer la douleur, ou bien nous en acceptons l'expérience de sorte que le corps lui-même (et nous faisons allusion ici au corps spirituel) va produire ses propres substances chimiques qui pourront guérir la blessure.

Autrement dit, dans les moments de choc, nous avons une opportunité de casser nos habitudes, d'éliminer les allégations que nous avons acquises, et de mettre fin au mécanisme avec lequel nous accomplissons les choses. Dès lors, la clé de la fusion du soi est d'utiliser ces chocs, ces moments de conscience de soi, comme des moyens pour devenir moins mécanique. Le choc peut nous rendre conscient, pendant un court instant, du lieu où nous nous trouvons, de la manière d'y arriver, de nos allégations à ce sujet, c'est-à-dire du programme que nous faisions tourner, si nous le saisissons pendant le bref instant où il existe. Mais le moment pendant lequel nous pouvons remplacer l'autopilote est très bref, parce que nous disposons de systèmes de back-up aptes à déclencher des programmes destinés à traiter les chocs (drogues spirituelles, croyances, etc.) et que ces programmes sont tout aussi mécaniques que les autres. Nous devons donc apprendre à discerner le moment où le transfert des programmes a lieu, et intervenir *consciemment* avant la mise en route du nouveau programme.

Comme nous sommes mécaniques dans tous les aspects de notre vie, les chocs qui peuvent nous éveiller se trouvent aussi dans tous les domaines de notre vie: au travail, à la maison, avec notre conjoint, nos enfants, nos parents, dans les comptes rendus des nouvelles du jour, ou même au cinéma. Mais nous devons savoir comment les provoquer. Il faut pouvoir arrêter quand on est choqué pour pouvoir convenablement observer nos propres réactions à mesure qu'elles ont lieu. Dans la Tradition, ce procédé est nommé " Doctrine du Présent."

Lorsqu'il applique certains aspects de la Doctrine du Présent, l'aspirant peut observer les changements physiques provoqués par le choc: accélération du pouls, respiration plus courte, peut-être un serrement dans la poitrine. Cela se produit en un instant. Les changements physiologiques sont toujours accompagnés d'une émotion; peut-être de la crainte, un sentiment d'être attaqué. La peur peut déclencher une réaction d'agression ou de fuite, soit physique, soit simplement mentale, un repli sur soi ou une bordée de mots de colère.

Avec le temps et la pratique on peut regarder tout cela se produire comme si cela ne nous concernait pas. Nous pouvons devenir de plus en plus objectifs à notre propre égard. Bien sûr, cela prend du temps de se développer, de se séparer des manifestations physiques, des réactions émotionnelles et des subséquentes justifications intellectuelles que nous élaborons pour expliquer notre réaction au choc. A cet égard, un réseau ou un groupe est très précieux, car nous tombons très facilement dans la rationalisation intellectuelle extrêmement subtile, alimentée par une énergie émotionnelle «colorée».

A mesure que nous acquérons de la pratique grâce au recours adéquat à un réseau d'aspirants orientés dans la même direction - un groupe ésotérique - nous parvenons à identifier les différents petits "Moi" dès qu'ils réagissent. Certains sont physiques, certains sont émotionnels, d'autres sont intellectuels. Ce sont les myriades de manifestations des trois corps dont nous avons parlé précédemment dans le cadre de l'Arbre de Vie. Le christianisme ésotérique les a définis comme le centre moteur (les aspects physiques et instinctifs), le centre des émotions, et le centre intellectuel. Travailler à aligner ces centres c'est travailler à les comprendre, à en sortir pour les regarder fonctionner, pour ensuite changer les réponses habituelles et mécaniques qu'ils engendrent en quelque chose qui est contrôlé par l'essence - l'observateur objectif. Au lieu de réagir aux chocs pendant que les substances chimiques se répandent dans le système et nous emportent, nous avons le contrôle, et pour une fois, nous pouvons agir au lieu de simplement réagir à des stimuli.

Voilà ce que Gurdjieff veut dire quand il affirme que nous sommes incapables *d'actions*. Nous ne faisons que *réagir* automatiquement jusqu'à ce que nous "cristallisions" ou «développions» ce corps spirituel qui peut contrôler nos programmes.

Par ce travail d'auto-observation et de maîtrise de soi, nous nous recâblons en quelque sorte, nous créons physiquement de nouveaux circuits. Cela n'est pas facile. Cela fait mal. Vous allez souffrir. Vous souffrirez physiquement, émotionnellement et mentalement. Prendre le contrôle des émotions pendant que les substances chimiques se répandent dans tout le corps fait mal, mais cela fait nécessairement et inévitablement partie du processus. C'est le corps qui est le creuset alchimique, et le bon usage des énergies mentales, émotionnelles et physiques est le procédé qui transmue le plomb en or.

Lorsque nous visons à l'objectivité en ce qui nous concerne nous et le monde qui nous entoure, par opposition à ce que nous sommes programmés à penser et à ce qui nous attire par l'intermédiaire des émotions, le cerveau est forcé à produire un mélange chimique différent, et un lien avec la Vérité se crée à deux niveaux initiaux. Ce qui est en haut est comme ce qui est en bas. Cette activité peut être cumulative et peut déverrouiller des potentiels de l'ADN, ainsi que cela est décrit dans le chapitre sur les substances neurochimiques. Sous cet éclairage, relisez ce qui suit:

> ..."en donnant vigueur aux Organes que l'Ame utilise pour communiquer avec les objets extérieurs, cette Ame doit acquérir des pouvoir plus grands non seulement pour la conception mais aussi pour la rétention, c'est pourquoi si nous souhaitons acquérir davantage de connaissances, les organes et ressorts secrets de la vie physique doivent être merveilleusement renforcés et revigorés. L'Ame doit acquérir de nouveaux pouvoirs pour concevoir et retenir.... Que cela n'ait pas été le cas pour tous les possesseurs, cela a été de leur propre faute.
>
> .... Ceux qui n'étudient que l'élément matériel ne peuvent découvrir, au mieux, qu'une moitié du mystère... *l'alchimie est un mystère dans trois mondes: le divin, l'humain et l'élémental* ... l'alchimie se pervertit aux mains du profane...
>
> La recherche de l'or par l'homme est souvent sa défaite, car il interprète mal les processus alchimiques en croyant qu'ils sont purement matériels. Il ne réalise par que l'Or des Philosophes, la Pierre philosophale, et l'Elixir des Philosophes *existent dans chacun des quatre mondes* et que la consommation de l'expérience ne peut s'accomplir que si elle est menée dans les quatre mondes simultanément d'après une formule.
>
> En outre, une des composantes de la formule alchimique n'existe que dans la nature de l'homme lui-même, et sans celle-ci ses substances chimiques ne se combineront pas, et il pourra passer sa vie et dépenser sa fortune en expérimentations chimiques sans parvenir à produire le résultat désiré [qui est] l'élément subtil provenant de la nature de l'alchimiste illuminé et régénéré. *Il doit avoir le pouvoir magnétique d'attirer et de coaguler d'invisibles éléments astraux.*" [478]

Gurdjieff a parlé de *souffrance intentionnelle*. Nous voyons à présent comment la souffrance peut être utilisée quand on est conscient et qu'on a fait le choix de la transmutation. Pour utiliser l'image des nombreux «petits Moi», nous pourrions dire que la chaleur du creuset, le feu engendré par notre souffrance, devient le carburant nécessaire à la fusion des nombreux «petits Moi» dans un seul but : La Vérité. Cette activité se reflète dans les substances chimiques du corps qui affectent l'ADN. Le mot «fusionner» est utilisé à dessein, car le Soi devient un fourneau dans lequel le processus répétitif de d'échauffement puis de refroidissement de la personnalité est analogue à celui utilisé par le forgeron pour forger et tremper le fer. Si l'opération est faite d'un seul coup, le fer est fragile et cassera facilement; l'aspirant devient fou. Mais si

[478] Eugène Philalèthe, cité par Manly Hall, *The Secret Teachings of All Ages*, (caractères en italique: mon initiative).

l'opération est accomplie lentement et avec soin, en chauffant et refroidissant à de nombreuses reprises, le fer devient plus fort et à même de résister aux chocs les plus violents.

Il en va de même pour le travail intérieur sur soi.

Il est possible que vous deviez passer par ce processus pour chacun des "petits Moi" - chaque boucle intellectuelle de réaction apprise de la société, de la famille, de l'expérience - et chacun se débat et crie quand il n'obtient pas ce qu'il veut; c'est un processus qui se produira et se reproduira pendant que chacun d'eux s'alignera sur et fusionnera avec votre volonté d'atteindre la Vérité, et ce processus vous rendra libre; la vraie libération; la maîtrise de Soi.

Ce procédé est la Queste qui conduit au Saint Graal du soi transmuté tant psychiquement que physiquement au travers de l'ADN. Ces batailles avec soi-même sont les épreuves du Chevalier, les mises à l'épreuve de son engagement, destinées à forger le Chevalier, par la force, la distraction ou la séduction. Chaque choix que l'on fait est une épreuve. Allons-nous continuer à vivre comme avant, ou allons-nous commencer une vie nouvelle? Allons-nous continuer à réagir aux chocs comme nous l'avons toujours fait ? Ou bien irons-nous de l'avant en apprenant à comprendre pourquoi nous avons toujours réagi de cette manière (dans l'illusion que nous étions en fait en train *d'agir*), et en travaillant à changer, à ne plus être mécanique, dépendant de notre chimie? Allons-nous nous laisser porter par le flux du monde, dépouiller de notre conscience et attirer par les schémas de l'habitude ou de l'activité automatique? Quand nous allons tomber dans un piège, pouvons-nous l'identifier à temps ou tombons-nous dedans? Si nous sommes pris au piège, reconnaissons-nous que nous sommes pris, ou trouvons-nous des arguments pour affirmer que nous sommes libres? Ces choix seront nécessairement difficiles et pénibles. Je sais bien que dans ma vie il m'est arrivé d'avoir le coeur quasiment brisé de douleur de devoir faire face à la vérité, pour l'accepter, pour agir dessus! Et pendant tout le temps que la douleur se précipitait et se répandait dans mon système, une petite voix me disait que rien ne valait cette peine, que la queste tout entière n'était qu'illusion, me suppliant d'arrêter, de changer de cap, de retourner au confort de ma vie d'avant.

Mais ma vie d'avant n'a jamais été confortable. La vie d'avant m'a poussée au désespoir au point de vouloir faire quelque chose pour en sortir; donc en pleine douleur on doit continuer à regarder au-delà de l'illusion, il faut s'accrocher au but ultime, la vérité objective.

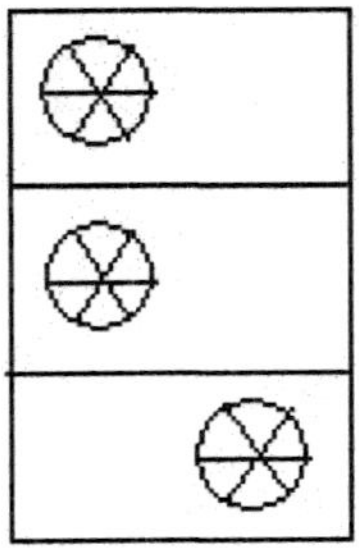

Voilà la pensée que j'ai dû garder présente à l'esprit lorsque mon corps et mes émotions me disaient d'abandonner, quand mon mental utilisait mes émotions pour élaborer des histoires à propos de ma vie d'avant qui n'était pas si mauvaise que cela après tout, comment les choses auraient pu être différentes en apportant seulement un petit changement, un minuscule compromis avec ce qui est juste. Il m'a fallu énormément de volonté pour rester en contact avec cette partie de moi qui connaissait la vérité, qui savait que je serais incapable de continuer comme avant, cette partie qui savait que le compromis n'est qu'un mensonge.

Ce barrage continu de chocs est le carburant du travail et les émotions sont le feu qui chauffe le creuset. Ce feu doit être nourri encore et encore. Réussir une épreuve n'est pas une garantie pour réussir la suivante. En fait, on devient facilement trop confiant en soi et trop complaisant envers soi; et on oublie facilement que l'on n'a pas le plein contrôle de son mental.

Dans notre travail à l'Ecole du Futur Quantique, nous avons vu des étudiants qui, pleins d'énergie et de force, ont fait des progrès énormes, ont surmonté de nombreux obstacles, jusqu'au jour où ils ont dû faire face à un problème, une vache sacrée, qu'ils refusaient d'abandonner. Très souvent, ce sont des personnes qui ont auparavant très exactement évalué cet état de subjectivité chez d'autres. Mais même si elles sont parvenues à discerner la dynamique à l'oeuvre chez ces autres, dès qu'elle survient, dès que le feu brûle en elles, elles trouvent des excuses, raisons et justifications pour expliquer pourquoi leur cas est spécial, unique, différent, et pourquoi il devrait leur être épargné de regarder la vérité en face. Vanité suivie de pitié de soi.

Et nous voyons combien ont raison les Ecritures quand elles affirment que “il y aura beaucoup d'appelés mais peu d'élus”.

La souffrance consciente, la faculté de rester assis dans le feu qui brûle et le regarder objectivement, c'est-à-dire le voir pour ce qu'il est sans essayer de l'éteindre, d'y jeter de l'eau, ou de le couvrir, c'est le moyen à utiliser pour faire fusionner tous nos "petits Moi".

Le centre magnétique de la Tradition ésotérique chrétienne est le quatrième corps. Il n'existe pas en tant que tel et doit être créé comme un pont reliant au Soi supérieur, appelé l'Ame.

Regardons de plus près la structure de ces centres.

Ce diagramme repésente les trois centres inférieurs: le centre moteur, le centre émotionnel, et le centre intellectuel. Chacun de ces centres consiste en deux moitiés : la moitié positive et la moitié négative. Chaque moitié est divisée en trois parties, qui repésentent les trois centres inférieurs. Boris Mouravieff a défini comme suit ces trois centres:

> *Le Centre Intellectuel* enregistre, pense, calcule, combine, recherche, etc.;
>
> *Le Centre Emotif* a pour domaine les sentiments, ainsi que les sensations raffinées et les passions;
>
> *Le Centre Moteur* régit les cinq sens physiques, accumule l'énergie dans l'organisme par l'intermédiaire de ses fonctions instinctives, et grâce à ses fonctions-moteur il régit la consommation de cette énergie. [479]

Il développe ensuite le sujet des parties positives et négatives des centres:

> Une introspection constante nous permettra plus tard de constater que chacun de ces trois centres est divisé en deux parties: une positive et une négative. Normalement, ces deux parties sont en conjonction l'une avec l'autre, car elles sont en fait polarisées comme le sont les organes doubles de notre corps, qui doublent une même fonction ou participent d'une même tâche au même moment : nos bras par exemple. Cette division des centres, reflet de la polarisation universelle, leur permet d'établir des *comparaisons:* de considérer les deux aspects des problèmes qui se posent à eux. La partie positive de chaque centre s'occupe, disons, de la tête du problème et la partie négative de la queue. Le centre dans son entier fait une synthèse appropriée et tire ses conclusions, inspirées des constatations faites par chacune des deux parties.
>
> Un exemple est le processus de l'analyse critique. Il est dès lors totalement erroné de considérer que les noms de ces parties indiquent un rôle bénéfique ou nuisible selon qu'elles sont positive ou négative. Ces termes n'impliquent aucun jugement de

---

[479] Mouravieff, Boris, *Gnosis,* Vol I, p. 11. (retranscription libre faute de disposer du texte original – NdT)

> valeur, pas plus que la constatation d'une charge positive ou négative dans des particules élémentaires.
>
> Si nous regardons le fonctionnement du centre moteur nous percevons que ces parties sont inséparables l'une de l'autre dans leur structure tout autant que dans leur action. [...]
>
> Cette symétrie - cette polarité – se trouve dans les deux autres centres. Les idées constructives et créatives naissent dans la partie positive du centre intellectuel. Mais c'est la partie négative qui évalue les idées, qui en prend la mesure, pour ainsi dire. C'est sur la base de cette polarité fonctionnelle que ce centre, dans son entier, juge.
>
> Il en va de même pour le centre émotionnel: l'action de la partie négative s'oppose à la partie positive qui en même temps la complète, permettant par exemple au centre dans son entier de distinguer l'agréable du désagréable.
>
> Néanmoins, nous pouvons faire un mauvais usage des facultés des parties négatives. Cet abus de négatif est un réel danger. C'est manifestement le cas pour le centre moteur, bien qu'ici l'épuisement physique fasse office de contrôle et intervienne pour mettre fin à la consommation excessive d'énergie. Quant aux autres centres, le mauvais usage des parties négatives prend des formes beaucoup plus insidieuses, ce qui entraîne des conséquences plus sérieuses tant pour notre esprit que pour notre corps. [...]
>
> Dans chaque centre il y a donc autant de positif que de négatif; un secteur de chacun possède les caractéristiques de ce centre à l'état pur. Dans le centre intellectuel il y a des secteurs qui sont purement de l'intellectuel-négatif et d'autres qui sont purement de l'intellectuel-positif; dans le centre émotionnel, des secteurs qui sont purement émotionnel-positif et négatif; dans le centre moteur, des secteurs qui sont purement moteur-positif et négatif. A côté des secteurs purs nous trouvons des secteurs composites qui sont, pourrait-on dire, représentatifs des deux autres centres.[480]

Nous n'avons pas assez de place dans ce livre pour approfondir les centres et leur fonctionnement. Ce sujet est traité en grand détail tant dans l'ouvrage de Mouravieff que dans le livre *In Search of the Miraculous* de P.D. Ouspensky qui présente les idées de Gurdjieff. Nous voulons cependant donner un bref aperçu de ces centres quand le travail décrit plus haut est entrepris.

Chez les individus "dotés d'une âme" caractérisés par Mouravieff comme appartenant à la race adamique, ainsi que nous en avons parlé dans un chapitre précédent du présent ouvrage, il y a trois autres centres - deux supérieurs et un «inférieur» - qui

[480] Ibid., pp. 24-25.

constituent le "corps" du "soi supérieur." Comme indiqué, un pont doit être jeté pour unifier le soi supérieur et le soi inférieur. Les deux centres supérieurs sont le Centre Emotionnel Supérieur et le Centre Intellectuel Supérieur. Le centre inférieur qui est, relativement parlant, encore un centre «supérieur» est le centre sexuel. Le diagramme des six centres ressemble à ceci:

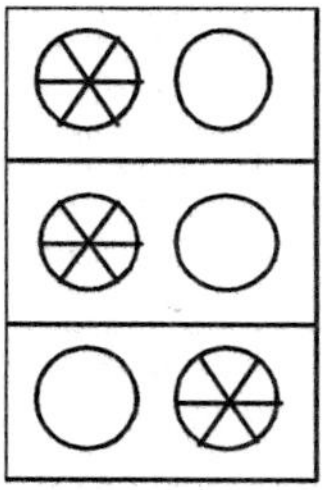

Les deux centres supérieurs sont indépendants de notre corps physique et de notre personnalité. Ils représentent notre âme, le Logos. Bien que les centres supérieurs fonctionnent à pleine capacité, le manque d'équilibre - de pont – dans nos trois centres inférieurs nous empêche de recevoir les messages qu'ils envoient. Le travail des centres inférieurs a pour but de les mettre en équilibre et de les purifier, c'est-à-dire de nous débarrasser de nos programmes de sorte que les énergies des centres supérieurs puissent être reçues sans aucune déformation, interférence ou bruit. Quand nous atteignons cet équilibre nous formons ce que nous avons qualifié de quatrième corps, notre centre magnétique.

A droite nous voyons le centre magnétique qui commence à former ses connexions avec les autres centres. Il est encore petit, un point noir d'"essence" qui va croître petit à petit jusqu'à ce qu'il soit capable d'équilibrer et réguler l'énergie entre tous les centres. Ensuite, le centre magnétique devient assez fort pour attirer l'un vers l'autre le centre émotionnel inférieur et le centre émotionnel supérieur, de manière à ce qu'ils forment une seule unité. Ceci devient alors ce que l'on appelle la "Connaissance du Coeur" Malheureusement, la plupart des exposés actuellement disponibles sur ce sujet sont déplorablement erronés. Au début de ce processus, le diagramme devrait ressembler à la figure ci-après. Mouravieff décrit comme suit ce processus:

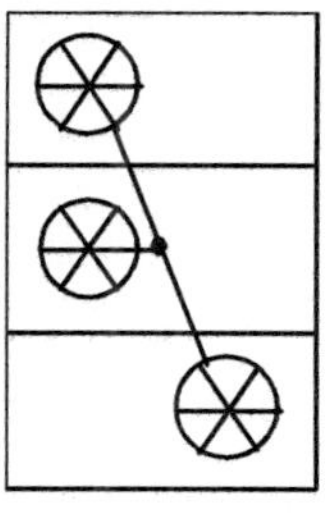

> Quand le *centre magnétique* prend enfin forme, il établit une autorité incontestée sur les trois centres de la personnalité. [...] Voilà comment la croissance du *centre magnétique* est accomplie
>
> 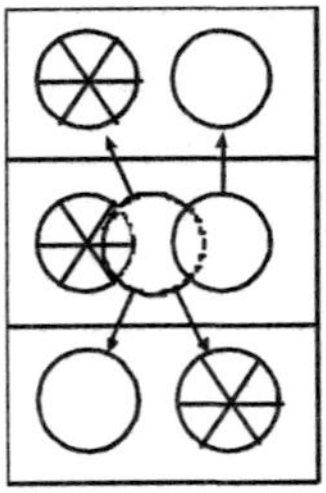
>
> et comment commence son développement. Ce dernier est fonction d'efforts conscients faits pour développer les centres inférieurs jusqu'à leurs limites. Plus ce développement est poursuivi, plus le *centre magnétique* absorbe le centre émotionnel inférieur, tout en s'identifiant de plus en plus au centre émotionnel supérieur. Une fois les trois centres inférieurs pleinement développés et équilibrés, le centre magnétique s'identifie une fois pour toutes au centre émotionnel supérieur, et entraîne avec lui le centre émotionnel inférieur qu'il finit par absorber. A partir de là, le centre émotionnel inférieur, avec le centre magnétique, va devenir partie intégrante du centre émotionnel supérieur.[481]

Lorsque la fusion des centres est achevée, le centre émotionnel supérieur prend la place du centre émotionnel inférieur et nous obtenons alors la figure de droite, que ceux qui sont familiarisés avec le travail ésotérique reconnaîtront comme l'authentique représentation du pentagramme de «l'Être Ascendé»."

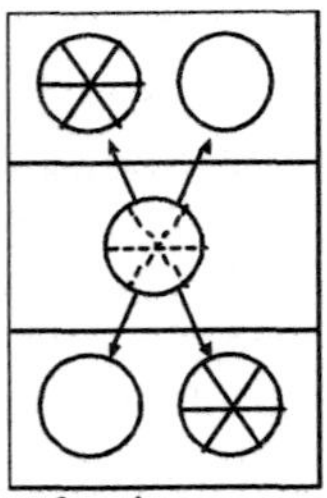

Ici, la fausse personnalité est remplacée par l'individualité qui a elle-même trois étapes de croissance et de développement à parcourir.

Au chapitre V nous avons parlé de la race pré-adamique, aussi appelée celle des portails organiques. Le portail organique ne possède pas les centres supérieurs. Il peut cependant les imiter et le fait parfois; et il fait se refléter sur l'individu qui en a potentiellement, une image qui peut devenir un piège. L'individu qui peut potentiellement avoir une âme prend le reflet, l'illusion, pour la chose en soi. L'image ci-après montre comment les choses fonctionnent.

Nous avons appris qu'une grande partie de notre travail ésotérique est d'apprendre à nous extirper de la dynamique qui se nourrit d'énergie, dynamique inhérente aux relations avec des portails organiques. En outre, puisque ceux qui ont potentiellement des centres supérieurs sont soumis à la même programmation et restent des unités mécaniques de réaction jusqu'à ce qu'ils entreprennent un travail de développement de leurs centres

[481] Ibid., pp. 59-60.

supérieurs, il en va de même pour nos interactions avec eux et notre dynamique à leur égard. Nous sommes tous de la nourriture jusqu'à ce que nous apprenions à cesser de l'être. Le travail ésotérique exige une énergie énorme et cette énergie est ce dont d'autres se nourrissent.

Pour pouvoir progresser dans le travail ésotérique, il est fondamental de comprendre cette dynamique sous-jacente d'alimentation; il est inutile et dangereux d'essayer d'identifier et de classer des individus comme des portails organiques, parce que nous sommes tous des portails organiques à moins que nous ne choisissions de ne pas en être. Faire d'un outil permettant de comprendre la véritable horreur de notre situation dans ce monde de déchus, une arme contre certains individus c'est le vider de son contenu spirituel et en faire un outil d'esclavage au monde matériel, c'est-à-dire le processus même qui a affecté toutes les religions du monde pendant toute notre malheureuse Histoire.

Une véritable compréhension du portail organique et du monde dans lequel nous vivons nous fournit les connaissances nécessaires pour nous en "sortir vivants", que ceci soit pris dans le sens littéral ou qu'il s'agisse de devenir vivants à notre vraie nature d'âmes prisonnières de corps matériels afin d'apprendre les importantes leçons que seul ce monde peut nous donner. Nous ne pouvons plus haïr pour ce qu'ils sont ceux qui n'ont pas accès aux vérités les plus élevées, pas davantage que nous ne pouvons haïr le chat qui joue avec une souris avant de la tuer et de la manger.

Je voudrais citer une nouvelle fois le commentaire des Cassiopéens sur les Portails Organiques dans leur relation aux humains dotés de centres supérieurs [*Voir Planche 5.*]:

> Q: (A) J'ai lu dans les transcriptions que le sommeil est nécessaire aux humains parce que c'est une période de repos et de rechargement. Vous avez dit aussi que l'AME se repose pendant que le corps dort. La question est donc: quelle est la source d'énergie qui permet de recharger tant le corps que l'âme?
>
> R: La question doit être divisée. Ce qui se produit chez l'individu doté d'une âme est différent de ce qui se produit chez un portail organique.
>
> Q: (L) Je crois que cela signifie que la force vitale qui se trouve dans le portail organique est quelque chose comme l'âme groupe supposée exister pour la flore et la faune. Cela expliquerait naturellement la frappante et inexplicable similitude des psychopathes, qui est si bien définie qu'ils ne diffèrent l'un de l'autre que comme différentes essences d'arbres diffèrent au sein

de la classe générale de "l'arbritude". Donc s'ils n'ont pas d'âme, d'où provient l'énergie qui recharge les portails organiques?

R: Le réservoir que vous avez décrit.

Q: Est-ce que le rechargement de l'être doté d'une âme provient d'un réservoir de ce genre, sauf qu'il s'agirait du "réservoir humain"?

R: Non – il se recharge à partir de ce qui est appelé le centre sexuel, qui est un centre supérieur d'énergie créatrice. Pendant le sommeil le centre pulsionnel, qui n'est pas bloqué par le centre intellectuel inférieur et le centre de l'émotion, transduit l'énergie depuis le centre sexuel. C'est aussi la période pendant laquelle les centres émotionnel et intellectuel supérieurs peuvent se reposer de la pression de l'interaction des centres inférieurs avec les empoisonnants portails organiques tant aimés par les centres inférieurs. Ce répit à lui seul est suffisant pour faire la différence; Mais il y a plus: l'énergie du centre sexuel est aussi plus disponible pour les centres supérieurs.

Q: (L) Eh bien, la logique question suivante est: d'où le "centre sexuel" tire-t-il SON énergie?

R: Le centre sexuel est en contact direct avec la 7e densité dans sa pensée créatrice "féminine" : «Toi, je t'aime». "L'expir" de "Dieu" dans le relâchement de la constriction. Pulsation. Ondes Instables de Gravité.

Grâce à cette dernière remarque, nous commençons à comprendre comment les maîtres hyperdimensionnels de l'Entropie utilisent les portails organiques pour dérober l'énergie créatrice de la Mère, Mater, Mer.

Ibn al-'Arabi parle de la Réalité universelle ou Réalité des Réalités, c'est-à-dire la Nature. Dans sa cosmologie, la Nature se rapporte au côté féminin d'une relation mâle/femelle, actif/réceptif, ou yang/yin. Les mots qu'il utilise font de la réceptivité mentale une sorte d'activité "venant d'en haut". La Nature est réceptive au Verbe ou "signe"; Même si la Nature est dite réceptive, elle peut être active ou réceptive selon les "formes" qui y sont «imprimées» par l'intermédiaire du Logos. La Nature, le centre sexuel supérieur dans le christianisme ésotérique, est la Vierge du Monde.

La Nature est aussi la Vierge Noire parce que, relativement parlant, la Nature est sombre et informe sans le Logos, ou la Lumière. Simultanément, la Nature est aussi la Lumière parce que seul le non-être absolu est la vraie obscurité puisqu'elle ne peut être perçue et que la perception ne se fait pas par son intermédiaire. Dès lors, la Nature, bien qu'elle puisse être appelée Vierge Noire par rapport à l'esprit qui lui insuffle vie, est lumière par rapport au néant absolu.

La Nature est vue par al-'Arabi comme réceptive par rapport aux Noms Divins ou Centres de Pensée comme nous les appelons. Dans ce sens, elle est la Respiration de Dieu, la «très haute et très grande Mère», qui donne naissance à toutes choses bien qu'elle-même ne puisse pas être vue. La Vierge Noire est la réceptivité qui permet aux choses existantes de se manifester.

Les propriétés spécifiques de la Nature sont chaleur, froid, humidité et sécheresse. Deux, sont actives et deux sont réceptives. La chaleur est à l'origine de la sécheresse, et le froid est à l'origine de l'humidité. Mais ces quatre propriétés sont réceptives par rapport au Divin Commandement. Chaleur et froid, ainsi que humidité et sécheresse, témoignent d'une opposition et d'une mutuelle aversion. Le résultat est que tout ce qui témoigne des propriétés de la Nature reflète cette opposition et ce conflit. Mais comme dans la Nature, ces propriétés ne peuvent être placées dans une catégorie "bien" ou "mal" dans le contexte de la troisième force.

> **L'origine du Souffle est la propriété d'Amour. L'Amour a un mouvement à l'intérieur de celui qui aime, tandis que le "souffle" est un mouvement de désir envers l'objet de l'amour, et par cette respiration la jouissance est expérimentée. Et Dieu a dit, comme il a été rapporté, "J'étais un Trésor mais je n'étais pas connu, alors j'ai aimé pour être connu". Grâce à cet amour, la respiration a lieu, dès lors le Souffle se manifeste, et le Nuage vient à l'existence!**

Le Nuage c'est la Nature. Le Logos "pénètre" la Nature pour donner naissance à l'entité possible du potentiel infini de l'être. Mais l'Union Cosmique a une signification plus profonde et plus importante pour nous. Al-'Arabi écrit:

> Ce qui est désiré du mariage peut être la reproduction – je veux dire la naissance de la descendance – ou bien ce peut être simplement la jouissance. Le Mariage Divin peut être seulement de la jouissance. Le Divin Mariage est l'empressement du Réel auprès du possible en la présence de la possibilité par l'intermédiaire du désir d'amour, de sorte que la félicité puisse accompagner le désir. Lorsque le Réel tourne son empressement vers le possible comme mentionné, il rend manifeste la venue à l'existence de ce possible. Dès lors, ce qui est né de cette rencontre est l'existence de la chose possible.
>
> L'entité de la chose possible est nommée "épouse", l'empressement au travers du désir et de l'amour est nommé

> "mariage", et la présentation de la descendance est nommée "don de l'existence" pour l'entité de ce possible ou, si vous préférez, une "existence."
>
> L'Aimé se tient à l'écart de l'objet de son amour afin de transmettre des connaissances et d'enseigner la courtoisie en amour. Car si l'amant est fidèle à sa parole, quand Dieu le met à l'épreuve par l'absence de l'Objet de son Amour, alors il se fait de la part de l'amant un mouvement de désir pour témoigner de Lui. Par ce désir, il montre la vérité de sa parole; ainsi sa position est renforcée et sa récompense par la félicité en l'Objet de son Amour est multiplié. Car le plaisir qu'il trouve dans la rencontre est plus grand que le plaisir d'une compagnie permanente. Ceci est semblable à une personne effrayée qui trouve la douceur de la sécurité : la douceur d'une sécurité permanente n'est pas comparable à cette intensité.[...][482]

Aimer Dieu de manière objective, dans tous Ses états, c'est être attentif à la réalité et prouver cet amour par un "mouvement intérieur de désir de témoigner" envers l'Être Aimé.

> **La vie est religion. Les expériences de la vie sont le reflet de nos interactions avec Dieu. Ceux qui sont endormis sont ceux qui ont peu de foi en termes d'interaction avec la création. Certains pensent que le monde existe pour être dominé, ignoré, ou rejeté. Pour ceux-là, le monde cessera.** *Ils deviendront exactement ce qu'ils donnent à la vie.* **Ils deviendront un simple rêve du «passé». Ceux qui font strictement attention à la réalité objective à gauche et à droite, deviendront la réalité du "Futur."**

Le monde est comme il est pour une raison. Lorsque nous aurons appris nos leçons et que nous nous serons alignés sur l'un ou l'autre des deux principes universels fondamentaux, Création ou Entropie, il nous sera permis de sortir par l'une des deux portes, celle du dessus ou celle du dessous, donnant soit sur le chemin ascendant, soit sur le chemin descendant. Nous avons le choix. C'est là la grande économie cosmique et le grand secret du monde.

La Vérité sort de la Connaissance. La Connaissance conduit à l'Amour. Pour atteindre à l'Amour dans les mondes supérieurs, il nous faut croire en l'Amour ici dans le monde inférieur, non pas l'amour qui cherche à dominer, ignorer ou écarter la vérité de la nature ou le monde dans lequel nous vivons, mais bien l'objectivité

---

[482] *Futuhat*, tranduit par William Chittick, op. cit.

de la Nature telle qu'elle est vue, avec amour, par le Logos – c'est-à-dire inconditionnellement.

De nos jours, tout comme au temps de l'émergence des récits du Graal l'amour courtois reste, par définition, la condition indispensable au succès de la vivification de l'amour objectif des mondes supérieurs, la transduction des énergies de Création, l'objectif de la Queste du Saint-Graal. C'est seulement en atteignant cet état d'objectivité, d'amour vraiment inconditionnel qui VOIT et SAIT et Aime malgré tout, que l'aspirant pourra avoir accès à l'ancienne Technologie secrète qui inclut la maîtrise de l'Espace, du Temps et de la Matière: La Pierre Philosophale, l'Ascension.

L'androgyne alchimique: Je suis devenu UN/UNE: Créateur/Créatrice de mondes.

POSTFACE

Maintenant que des millions de gens ont lu le Da Vinci Code de Dan Brown, il semble qu'une prise de conscience que la véritable Histoire de l'humanité a été cachée aille de pair avec une soif de la Vérité. Dans le présent livre, Histoire Secrète du Monde, j'ai traité de nombreux sujets tributaires du "courant caché" de savoir, traditions qui ont périodiquement émergé dans le monde parallèlement à l'Histoire «officielle». Ces traditions comprennent les Mystères d'Eleusis, la Tradition orphique, le gnosticisme, la quatrième Voie ou "christianisme ésotérique" de Gurdjieff, et le catharisme devenu souterrain à mesure qu'émergeaient les récits du Saint-Graal, sans oublier l'alchimie, qui les relient aux traditions les plus anciennes depuis la Préhistoire, y compris le chamanisme originaire de Sibérie: les "techniques archaïques de l'extase" ainsi que les qualifie Mircéa Eliade.

Il est donc bon de souligner que la présente série de remarques ne peut être compréhensible qu'aux férus d'Histoire vue dans une perspective d'ésotérisme et de religions comparées, en ce compris le *Gnosticisme*, le *Soufisme*, le *Saint Graal*, *l'alchimie*, (en particulier les mystères entourant l'alchimiste français connu sous le nom de Fulcanelli), et *l'hermétisme* en général. Ces pages plongent directement et immédiatement dans le grand mystère. Les familiers du travail de la Quatrième Voie, qui ont commencé à "voir" auront peut-être reconnu les implications les plus profondes de l'ouvrage de Gurdjieff.

Planche 6 – l'ensevelissement du Christ – provient d'une photographie que j'ai prise dans la cathédrale d'Auch (Gers – 32). Cette cathédrale est dédiée à la *Vierge noire.*

Ces deux mots, qui suggèrent une initiation, recouvrent une réalité spirituelle très vivante dans notre monde actuel. La Vierge noire est une présence cachée qui peut servir de guide à l'aspirant à la renaissance. La dédicace gravée dans le marbre de la cathédrale d'Auch au-dessus du portail central est: "A Marie la Vierge qui doit enfanter Dieu". Notons qu'elle dit "qui doit enfanter"... et non pas "qui a enfanté ..."

Il y a deux représentations de la Vierge noire dans la cathédrale, et elles sont suggérées par certains détails. Dans la chapelle 13, sous les traits de la Sibylle de Samos [*Voir Planche 7.*] : son costume et son visage sont bruns, elle est enceinte, et elle tient un berceau dans les mains.

L'autre représentation se trouve parmi les stalles du choeur, sur les dais, immédiatement après le panneau représentant Adam et Eve. Il s'agit de la Charité. Deux enfants se tiennent debout à ses pieds, en attente et les mains tendues vers elle.

Un prêtre retraité qui a passé sa vie à étudier le remarquable art ésotérique de la cathédrale d'Auch a écrit:

> Ce sont surtout les vitraux d'Arnaud de Moles qui méritent notre attention. Réalisés entre 1507-1513, ils sont jugés comme les plus beaux de la Renaissance. D'ailleurs, cette réputation n'est point usurpée. En effet, Emile Male, le critique d'art très apprécié, reconnaissait : « Pour l'ampleur de la pensée aucun travail de cette époque n'égale les vitraux d'Auch ».
>
> Ils occupent toutes les fenêtres, dans les chapelles du déambulatoire. Une seule n'est point pourvue, celle du Saint-Sépulcre, par impossibilité, car alors elle se trouvait adossée à l'ancien évêché. La visite de ces vitraux doit se faire comme pour les chapelles du chevet, de la gauche vers la droite, en partant du transept. Il faut donc commencer à la chapelle no 11. [...]
>
> Une idée les a rassemblés pourtant. Mais quelle est-elle? La clef de ce mystère se trouve entre les mains de la sibylle. L'objet qu'elle porte nous donner la clef de l'énigme. Et cet objet symbolique, à évocation biblique, concerne d'une certaine manière chacun des personnages d'un même vitrail. Il les rassemble pour une même idée. Et c'est l'artiste qui a provoqué ces rencontres, pour l'éclairage d'un thème, pour l'illustration d'une histoire. [...]
>
> Ces vitraux ne sont pas une galerie de personnages seulement illustres. Car parmi les plus illustres, certains n'y sont pas et, par contre, quelques-uns, peu connus, y occupent une place de choix. D'ailleurs, ce qui compte avant tout ce n'est pas le personnage lui-même, mais plutôt l'histoire qu'il évoque, le destin qu'il tente d'orienter. Comme les sibylles, chacun se voue donc au service d'une histoire. Il s'y trouve en plein cœur, au creuset même. Ils accourent de partout, et ils sont de toutes classes, de toute origine. Ils viennent bénévolement comme ces vedettes-artistes, qui se retrouvent, au cours des galas-montres, non point pour leur bénéfice propre, mais au contraire à l'avantage d'une œuvre sociale de portée humanitaire. Les personnages-vedettes des vitraux d'Arnaud de Moles viennent donc de partout eux aussi, la plupart de la Bible, certains du paganisme. Ils concourent, selon leur manière propre, à l'illustration de la plus belle épopée qui soit, et qui n'est pas autre que le témoignage unique de l'AMOUR

DE DIEU, créateur et père, dans le cours d'une HISTOIRE, dans l'intimité de chaque histoire. [...]

Dès lors, une question se pose! Quel fut le véritable rôle de Arnaud de Moles, le maître-verrier, en la réalisation de cette œuvre, qui porte sa signature?[...]

Au bout de compte, Arnaud de Moles s 'est révélé vraiment un maître pour la réalisation de l'espèce de mise en scène qui lui avait été confiée.... Un habile ouvrier donc, formé à l'école des Compagnons, et qui sut faire école lui-même. Son école n'était pas franchement renaissance, mais encore bien marquée par les techniques du Moyen-Age et de l'époque gothique. [...]

Et ses compagnons peintres-verriers étaient comme lui sérieux, disponibles et appliqués. [...]

Les 18 verrières d'Arnaud de Moles sont donc une œuvre exceptionnelle. Mais ce qui demeure vraiment unique, dans cet ensemble comme dans les stalles du grand chœur, c'est le message qui s'en dégage. Arnaud de Moles n'en est pas l'inspirateur. Il n'eut pas ce génie. Cette pensée lui fut proposée par des mécènes inconnus....

Ce qui frappe tout d'abord l'esprit attentif, c'est la richesse et la variété des détails [des stalles]... Et la source de cette inspiration n'est pas unique. Bien sûr, l'imagination et la foi de l'artiste ont puisé très largement dans la Bible et dans la vie des saints. Mais la nature fut aussi un trésor incomparable: la faune autant que la flore. La mythologie fut utilisée également. On remarque aussi la présence d'une foule de monstres qui tiennent à la fois de l'homme et de la bête. Ils voisinent avec des détails empruntés aux religions païennes. On rencontre encore les thèmes du Graal et de la chevalerie. [...]

Mais ce remarquable ensemble n'est pas que de l'art! Il est porteur de pensée, il contient un message. [...]

[L]orsque l'on observe attentivement les détails, dans les stalles, il est une autre évidence qui saute aussitôt aux yeux. Les démons et les serpents, les animaux maléfiques et les monstres de toute espèce y pullulent. Cet envahissement contribue à donner à cet ensemble un aspect tragique qui s'accorde d'ailleurs très bien avec le mouvement profond de l'histoire qui nous est racontée, aussi bien dans les hautes que les basses stalles. [...]

Mais, de toute façon, cet aspect tragique de nos stalles n'est qu'une somme complémentaire, qu'il faut mettre en rapport avec l'impression parallèle qui se dégage des verrières d'Arnaud de Moles qui paraissent plus optimistes. En fin compte, les verrières et les stalles constituent un tout, très instructif, dont chacun des

> éléments est aussi indispensable que l'autre, pour l'équilibre d'une pensée dans la perfection d'un art. D'ailleurs ces deux chefs-d'œuvre furent conçus en même temps. Une même histoire s'y déroule. Son thème fut proposé au maître-verrier aussi bien qu'aux sculpteurs. Les sentiments qui s'y expriment, d'une manière différente sinon opposée, évoquent pratiquement la même réalité : la réalité de l'homme en général…[…]
>
> L'on penserait presque à «l'enfer» de Dante. Mais cette apparente tragédie n'est pas un enfer. Elle est un chemin vers la Vie, vers la réussite…. cette très belle Charité qui s'en va seule, mais courageuse, pour affronter le mal, c'est-à-dire le serpent maléfique. Elle part les mains nues. Mais, au bout du cycle, elle est devenue la Force triomphante. Alors sa mission est terminée. Elle mérite vraiment une juste promotion; car nous voyons tous les serpents maléfiques écrasés sous ses pieds ou bien maîtrisés définitivement dans ses mains. […]
>
> D'ailleurs puisque cette Histoire est racontée et revécue en rétrospective, nos artistes savaient à l'avance que cette dramatique aventure devait déboucher finalement sur la Vie. […]
>
> Quelle envergure ! Quelles perspectives dans cette pensée qui se dégage des boiseries du chœur d'Auch! On ne manque pas d'être impressionné en effet, à tel point que certains connaisseurs n'ont pas craint de comparer les extraordinaires envolées bibliques des stalles avec les exceptionnelles fresques peintes par Michel-Ange sur la voûte de la chapelle Sixtine à Rome. [Raymond Montané]

Je voudrais attirer votre attention sur le fait qu'après avoir cherché pendant un certain temps qui était vraiment *Arnaud de Moles*, les informations que j'ai pu récolter suggèrent qu'il pourrait s'agir d'un nom donné à un groupe: *Les Compagnons de la Liberté*[483] ou encore, d'une anagramme. Dans "la langue verte des oiseaux", le nom "*De Moles*" est riche de significations allant de la possibilité d'une prononciation homophonique de "*de Molay*", nom du dernier Grand Maître des Templiers, jusqu'à "*môle*", c'est-à-dire une jetée, un brise-lame. En anglais, la langue verte des oiseaux nous mène vers une créature qui vit sous la terre (la "mise sous terre" d'une tradition): la taupe (*mole*). Ou bien ce pourrait être: "*Mea Deus Leonard*". Un lecteur trouvera peut-être une meilleure solution. Il y a bien davantage encore, mais je ne veux pas m'étendre sur le sujet pour le moment car j'ai une histoire à vous raconter.

---

483 http://www.cassiopaea.org/cass/Laura-Knight-Jadczyk/column-lkj-28-07-03.htm

En 2003, pour diverses raisons, nous avons décidé de nous établir en France. Puisque mon époux, Ark, avait travaillé un bon bout de temps en France et avait des collègues et amis qui étaient enthousiastes à l'idée du possible retour d'Ark en Europe, nous avons décidé d'y poursuivre nos recherches d'intérêt mutuel.

Nous désirions par-dessus tout une vie paisible, à la campagne, un endroit où nous pourrions travailler, poursuivre nos recherches, et nous sentir libres des pressions de plus en plus fortes en provenance de diverses sources, qui menaçaient non seulement notre tranquillité d'esprit, mais aussi nos vies mêmes[484]. Après avoir étudié pendant des semaines des cartes détaillées de la France, je décidai que c'était dans la région d'Auch que je voulais aller. Alors nous avons informé nos amis et les recherches immobilières ont commencé.

Quand nous sommes arrivés en France, morts de fatigue, j'ai cependant remarqué la cathédrale qui se trouvait tout à côté de l'agence immobilière où nous avions signé notre bail. J'étais heureuse de voir qu'une aussi intéressante vieille église se trouvait si proche, mais d'abord je n'ai pas eu l'envie d'y entrer et de la visiter. Après tout, j'avais déjà visité Notre-Dame de Paris! Est-ce que le livre de Fulcanelli, *Le Mystère des Cathédrales* ne se concentrait pas sur des édifices se trouvant à Paris, Amiens, et Bourges? Qu'aurait eu à offrir une cathédrale à Auch?

Cependant, une étrange remarque entendue d'une visiteuse américaine (merci Charlotte !) m'a rendue curieuse de voir "les fameuses statues" dont je n'avais jamais entendu parler jusque là; alors j'ai pris le temps d'entrer et d'aller les voir. A la vue des verrières d'Arnaud de Moles et du choeur issu de mains anonymes, j'ai été tellement frappée par l'évidente importance ésotérique de la Cathédrale d'Auch que *je me suis demandé pourquoi Fulcanelli n'en avait pas fait mention.* Plus j'y ai pensé, et plus j'ai réalisé qu'il devait l'avoir omise à dessein, pour la simple raison que c'était cette cathédrale-là qui détenait les clefs, et que Fulcanelli savait ce qu'il faisait. Il n'allait pas livrer au tout-venant les clefs des plus grands secrets de la réalité pour permettre au premier dilettante

[484] Dans mon autobiographie partielle, *Amazing Grace*, j'ai parlé des très étranges événements qui ont débuté peu de temps après ma naissance, qui se sont poursuivis jusqu'à ce jour, et qui témoignent du fait qu'il y a, en vérité, à l'intérieur de groupes mystérieux, une sorte d'extraordinaire intérêt pour mon existence et mon travail. Il est clair, de l'évidence objective, que certains de ces groupes ne veulent peut-être pas me tuer, mais bien certainement me garder sous contrôle, tandis que d'autres veulent me protéger et m'assurent que je réussirai une «mission» dont j'ai bien peu conscience, mais qu'apparemment je découvre de manière satisfaisante «un pas à la fois».

venu de déchiffrer le tout en un an ou deux. Qui plus est, pour Fulcanelli, *sans une assistance divine* – assistance que nous avions indubitablement reçue au travers des transmissions cassiopéennes – il n'y avait aucun espoir de jamais résoudre le mystère. C'est là un des préceptes du travail ésotérique qui est souvent ignoré, même par ceux qui se qualifient d'ésotéristes. Le cheikh Ibn Al Arabi, un grand Soufi, a souligné qu'un aspirant peut frapper à cette porte pendant toute sa vie et elle ne lui sera jamais ouverte, tandis qu'un autre pourra être admis après la formulation d'une simple demande.

L'étude ce ces matières nous apprend que parmi les règles qui doivent diriger le processus de la compréhension se trouvent celles qui sont énoncées ci-dessous, chacune d'elle conduisant, en une progression naturelle, à la suivante:

> 1) L'Ame doit acquérir des pouvoirs plus grands, non seulement pour concevoir mais aussi pour retenir; c'est pourquoi, si nous voulons acquérir davantage de connaissances, les organes et ressorts secrets de la vie physique doivent être renforcés et vivifiés à merveille. "L'Ame doit acquérir des pouvoirs nouveaux pour concevoir et retenir..."
>
> 2) Pour respecter le principe d'hermétisme adopté par la Tradition, nous devons comprendre que les enseignements ésotériques sont donnés en forme *sibylline*.
>
> Saint-Isaac-le-Syrien a souligné que: Les saintes Ecritures disent beaucoup de choses en recourant à des mots qui ont un sens différent de leur sens originel. Parfois des attributs du corps sont appliqués à l'âme, et des attributs de l'âme sont appliqués au corps. Les Ecritures ne font aucune distinction ici. Cependant, ceux qui ont reçu la lumière comprennent.
>
> 3) "Les semblables attirent les semblables". Lorsqu'un aspirant a développé une vertu et une intégrité acceptables pour les adeptes, ils lui apparaissent et lui révèlent les parties des procédés secrets qui ne peuvent être découvertes sans une aide de ce genre. Ceux qui ne sont pas capables de progresser jusqu'à un certain point par leur propre intelligence ne sont pas qualifiés pour recevoir des secrets qui peuvent assujettir à leur volonté les forces élémentales de la Nature.

Pendant que je continuais à m'émerveiller devant la Cathédrale d'Auch, j'ai commencé à réaliser pleinement, pour la première fois, que les Transmissions cassiopéennes sont justement des «apparitions d'adeptes». Il a fini par se faire jour dans mon esprit que le processus que j'avais suivi instinctivement avait été décrit très précisément par Eugène Canseliet dans sa préface à la seconde édition des *Demeures Philosophales* de Fulcanelli:

> Suivant le sens du vocable latin *adeptus*, l'alchimiste, dès lors, a reçu le Don de Dieu, mieux encore le Présent, dans le jeu cabalistique de la double acceptation soulignant qu'il jouit désormais de l'infinie durée de l'Actuel [...]
>
> Au royaume du Soufre... existe un Miroir dans lequel on voit tout le Monde. Quiconque regarde en ce Miroir peut y voir et apprendre les trois parties de la Sagesse de tout le Monde.[485]

Après trente années d'études et deux consacrées à l'expérimentation, comme je l'ai détaillé dans mon autobiographie, *Amazing Grace*, Les communications cassiopéennes ont débuté :

> "Nous sommes vous dans le futur. "Nous transmettons «au travers» de l'ouverture qui se présente dans l'endroit que vous vous représentez comme Cassiopée, due aux fortes pulsations radio alignées depuis Cassiopée, qui sont provoquées par un pulsar d'une étoile à neutrons à 300 années-lumière derrière elle, si l'on regarde depuis votre point de repère. Cela favorise un canal de transmission clair depuis la sixième densité vers la troisième. "
>
> 14 juillet 1996
> Q: (L) Autrement dit, aussi longtemps que nous sommes dans une porcherie, nous sommes dans la bauge, et nous serons dedans jusqu'au moment où nous nous en tirerons?
> R : Jusqu'à ce que vous atteigniez ce point du cycle d'apprentissage. [...] La "passion" ne rend pas "libre", bien au contraire!
> Q: (L) Mais si on a une passion pour le savoir?
> R : Cela, ce n'est pas de la passion, c'est une quête de l'âme.
> Q: (L) Qu'est-ce qui pousse certains, qui leur donne cette force de rouleau-compresseur d'aller jusqu'au tréfonds des choses et d'en supprimer mensonge après mensonge jusqu'à ce qu'il ne reste plus que la vérité nue? Quelle est la source de ce désir?
> R : Concept erroné. C'est simplement que l'on se trouve à cet endroit du cycle d'apprentissage. A ce point il n'est pas nécessaire d'être poussé par quoi que ce soit.
> Q: (L) Ainsi, vous êtes là plus ou moins parce qu'une masse critique a été atteinte, qui nous fait "sauter" jusqu'au point où rechercher la vérité fait partie de notre identité? Cela définit les paramètres de notre existence.

Autrement dit, les Transmissions cassiopéennes étaient une initiation préparant à recevoir le "Don du Présent".

Après avoir habité dans le Gers pendant onze mois, nous avons trouvé une habitation plus permanente – et plus sûre – avec tout ce

---

[485] Demeures Philosophales pp 21-22

dont nous avions besoin pour notre travail. Nous y avons donc emménagé, pour découvrir bientôt qu'un de nos voisins était Patrick Rivière, historien et auteur de nombreux ouvrages sur l'alchimie et le Saint Graal, et aussi expert dans le mystère de Rennes-le-Château. Il se fait que Patrick a également été un *élève d'Eugène Canseliet, le disciple de Fulcanelli.* Nous lui avons envoyé une note, et avons été très heureux de recevoir, quelques jours plus tard, un appel proposant une rencontre. Voilà comment notre collaboration a commencé.

J'étais très impatiente de questionner Patrick sur les indices de la vraie identité de Fulcanelli. J'avais lu de nombreuses théories à ce sujet, mais grâce à un indice particulier lâché presque par inadvertance par Eugène Canseliet dans la description de sa visite à "l'enclave des alchimistes" en Espagne, j'avais été convaincue que Fulcanelli était un individu et non un «comité», et qu'il avait, en effet, accompli le Grand Oeuvre. Patrick m'a répondu qu'il connaissait l'identité de Fulcanelli, et qu'il avait écrit à ce sujet un petit ouvrage, *Fulcanelli*, paru en français dans la série des "Qui suis-je?"

Nous avons passé de nombreuses heures agréables en compagnie de Patrick, assis autour d'une table, à nous familiariser avec son processus de découverte, de raisonnement, et à examiner la documentation qu'il a rassemblée au fil des ans. Cet homme a vraiment consacré toute sa vie à cet ouvrage. En fin de compte j'ai acquis la certitude que Patrick avait entièrement raison: la véritable identité de Fulcanelli est bien *Jules Violle*, un physicien français très connu ayant vécu au XIXe siècle.

Je laisserai Patrick décrire le processus de ses découvertes, et je me contenterai de parler de ce que nous avons découvert ensemble de très important, après avoir reçu cet indice. En fait, il s'agit, je crois, de la solution au "code da Vinci ".

Violle était diplômé de l'Ecole Normale Supérieure de Paris. Il a enseigné à l'Université de Lyon (1883), puis à l'École Normale et, à partir de 1891, au Conservatoire des Arts et Métiers de Paris. Il a été le premier, en 1875, à déterminer à haute altitude, sur le Mont Blanc, la constante solaire. Le "*violle*" est une unité d'intensité lumineuse égale à 1 cm^2 de platine luisant à sa température de fusion, 1769 °C (3216 °F). *C'est la première unité d'intensité lumineuse à ne pas dépendre des propriétés d'une lampe particulière.*

Quand j'ai lu cela, mon esprit s'est immédiatement reporté à un extrait des transmissions cassiopéennes:

21 juin 1997
R : Les champs de luzerne en Rhénanie produisent des trésors encore jamais vus même en rêve.
Q: Où se trouvent ces champs de luzerne?
R : Auprès de pistes bien usées.
Q: [...] Vous voulez dire la Rhénanie, en Allemagne?
R : Nous ne parlons pas de Rhinelander dans le Wisconsin... Ou bien le faisons-nous?!? Qui peut le dire?
Q: Qui?
R : Le chercheur, le tombeau, celui qui porte le bâton dans sa recherche constante de pâturages plus verts.
Q: Oh mon Dieu! Vous êtes vraiment très obscurs ce soir! [...] d'autres indices pour moi ou Ark?
R : Dernier indice pour ce soir: cherchez la fréquence vibratoire de la lumière. Bonne nuit.

J'ai soudain réalisé que la drôle de remarque à propos de "Rhinelander, Wisconsin" concernait directement la France – le pays des mille fromages – parce que, pour les Américains, le Wisconsin est "le pays du fromage". Par la suite j'ai appris que la Garonne avait reçu le nom de "le Rhin de France". Et puis sur les fromages il y a aussi des "*rinds*", c'est-à-dire des croûtes. Mais la cerise sur le gâteau était naturellement "cherchez la fréquence vibratoire de la lumière ", et le violle: *la première unité d'intensité lumineuse à ne pas dépendre des propriétés d'une lampe en particulier.*

Quand j'ai commencé à creuser le passé de Jules Violle, j'ai découvert un autre indice significatif: il était proche de *Camille Flammarion*, l'astronome et auteur populaire français. Flammarion avait fondé la *Société Astronomique de France*, et travaillé pendant de nombreuses années à l'observatoire de Paris ainsi qu'au Bureau des Longitudes. Flammarion avait établi un observatoire privé à Juvisy (non loin de Paris) en 1883 et ses études ont porté principalement sur les *étoiles doubles et multiples,* sur la Lune et sur Mars. Il est aisé de voir que Violle et Flammarion avaient beaucoup en commun, et en particulier leur intérêt pour les étoiles. Ceci présente la dédicace "*Aux Frères d'Héliopolis*" sous un jour tout nouveau!

L'étude de la vie et des fréquentations de Flammarion, nous fait faire une découverte des plus intéressantes: il a très bien connu et a été très influencé par Allan Kardec, ce Français pédagogue, qui avait entrepris des études de médecine, et qui était linguiste et chercheur en «communications spirites».

Au printemps de l'année 1858 Kardec avait fondé la *Société Parisienne des Etudes Spirites*. Vers la fin des années 1850 et début des années 1860, des petits groupes spirites s'étaient mis à proliférer dans toute la France et surtout à Paris, Lyon et Bordeaux.

Camille Flammarion:

> "Je n'hésite pas à dire que celui qui déclare les phénomènes spirites contraires à la science ne sait pas de quoi il parle. En effet, dans la nature il n'y a rien d'occulte, de surnaturel, il y a de l'inconnu; mais l'inconnu d'hier devient la vérité de demain".

Victor Hugo, un autre défenseur du spiritisme scientifique a affirmé: "Refuser de voir les phénomènes spirites c'est refuser de voir la vérité ".

La *Société Parisienne des Etudes Spirites* était le pendant de la *Society for Psychical Research* de Londres, un organe consacré à la recherche spirite impartiale. Les efforts de Kardec ont surtout porté sur l'encouragement de l'étude impartiale et rationnelle du spiritisme. Les vues spirites de Kardec étaient scientifiques et non pas mystiques; et il préférait la découverte objective au ressenti intuitif, tout juste comme le sont les transmissions cassiopéennes et notre propre travail.

Dans le cadre des commentaires sur le millénarisme dans les ouvrages de Fulcanelli, il est intéressant de noter que le dernier ouvrage de Kardec, *La Gazette selon le Spiritisme*, paru en 1868, appuie fortement le point de vue millénariste. L'ouvrage se termine sur une série de communications et commentaires déclarant que "le temps choisi par Dieu est venu," et qu'une nouvelle génération d'âmes hautement évoluées est en train de s'incarner sur la Terre.

C'est précisément ce que Fulcanelli déclare dans le chapitre sur la croix de Hendaye dans *Le Mystère des Cathédrales,* ainsi que dans les derniers chapitres des *Demeures Philosophales*. Notons également que Fulcanelli a mis l'accent sur le rôle crucial de la science dans ce qu'on appelle «la Fin des Temps». *Jules Violle était un scientifique, tout comme l'est mon mari: Ark est un homme de science, expert en physique hyperdimensionnelle, dynamique non-linéaire, et systèmes complexes.*

La découverte d'un lien solide entre Flammarion et Jules Violle, et d'un autre lien solide entre Flammarion et Kardec, ouvre une perspective toute nouvelle sur le travail de Violle, autre identité de Fulcanelli. Serait-il possible que Fulcanelli ait eu recours à des "techniques de communication supraluminales" telles que j'en ai fait moi-même l'expérience? Est-ce pour cette raison que Fulcanelli a insisté :

"L'alchimie n'est si obscure que parce qu'elle se dissimule. Les philosophes qui ont souhaité transmettre à la postérité l'exposé de leurs doctrines et le fruit de leur labeur ont pris grand soin de ne pas divulguer leur art en le présentant sous une forme commune, afin que le profane ne puisse en faire un mauvais usage. C'est ainsi qu'à cause de la difficulté de sa compréhension, à cause du mystère de ses énigmes, et à cause de l'opacité de ses paraboles, cette science s'est peu à peu enfermée dans des rêveries, des illusions et des chimères. [...]

Au surplus, il ne nous paraît pas suffisant de savoir exactement reconnaître et classer des faits; il faut encore interroger la nature pour apprendre d'elle dans quelles conditions, et sous l'empire de quelle volonté, s'opèrent ses multiples productions. L'esprit philosophique ne saurait, en effet, se contenter d'une simple possibilité d'identification des corps; il réclame la connaissance du secret de leur élaboration.

Entrouvrir la porte du laboratoire où la nature mixtionne les éléments, c'est bien; découvrir la force occulte sous l'influence de laquelle son labeur s'accomplit, c'est mieux.

Avec leur texte confus, émaillé d'expressions cabalistiques, les livres restent la cause efficiente et génuine de la méprise grossière que nous signalons. Car, en dépit des avertissements, des objurgations de leurs auteurs, les étudiants s'obstinent à les lire suivant le sens qu'ils offrent dans le langage courant. Ils ne savent pas que ces textes sont réservés aux initiés et qu'il est indispensable, pour les bien comprendre, d'en détenir la clef secrète. C'est à découvrir cette clef qu'il faut préalablement travailler.

Certes, ces vieux traités contiennent, sinon la science intégrale, du moins sa philosophie, ses principes, l'art de les appliquer conformément aux lois naturelles. Mais si l'on ignore la signification occulte de ses termes, -- ce qu'est, par exemple, *Ares*, ce qui le distingue *d'Aries* et le rapproche d'Arles, d'Arnet et d'Albait, -- qualificatifs étranges employés à dessein dans la rédaction de tels ouvrages, on doit craindre de n'y entendre goutte ou de se laisser infailliblement tromper.

Nous ne devons pas oublier qu'il s'agit là d'une science ésotérique. Par conséquent, une vive intelligence, une excellente mémoire, le travail et l'attention aidés d'une volonté forte ne sont point des qualités suffisantes pour espérer devenir docte en la matière. «Ceux-là s'abusent fort», écrit Nicolas Grosparmy, « qui cuident que nous n'ayons faict nos livres que pour eux ; mais nous les avons faicts pour en jecter hors tous ceulx qui ne sont point de nostre secte. »

> Betsdorff, au début de son traité, prévient charitablement le lecteur en ces termes : « Tout homme prudent», dit-il, «doit premièrement apprendre la Science, s'il peut, sinon en demeurer là, sans follement employer son temps et son bien... Or, je prie ceux qui liront ce petit livre, d'ajouter foi à mes paroles. **Je leur dis donc encore une fois qu'ils n'apprendront jamais cette science sublime par le moyen des livres, et qu'elle ne peut s'apprendre que par révélation divine**, c'est pourquoy on l'appelle Art divin, ou bien par le moyen d'un bon et fidèle maître; et comme il y en a très peu à qui Dieu ait fait cette grâce, il y en a peu aussi qui l'enseignent.'[486]

A ce sujet, il peut être utile de lire quelques extraits d'un article écrit par Camille Flammarion, ami et associé de Jules Violle et Allan Kardec, qui reflète exactement notre point de vue:

> Le spiritisme[487] a en général une mauvaise presse et il le mérite. Ses adeptes manquent de méthode, pour la plupart, sont souvent mal pondérés et dupes d'illusions. A l'examen impartial et critique sans lequel on n'est sûr de rien, ils préfèrent une croyance et une religion consolatrices. Ce sont là de mauvaises conditions d'étude, dépourvues de sanctions suffisantes.
>
> Dès le temps d'Allan Kardec, dans le discours que j'ai prononcé sur sa tombe (2 avril 1869), j'ai cru utile et même nécessaire de proclamer, sur cette tombe même, que "*le spiritisme n'est pas une religion, mais une science*", et d'ajouter que «nous assistons à l'aurore d'une science inconnue». Depuis plus d'un demi-siècle que ces paroles ont été prononcées, la marche continue de nos études les a de plus en plus affirmées et confirmées.
>
> C'est par la méthode scientifique seule que nous avançons dans la recherche de la vérité. La croyance religieuse ne doit pas se substituer à l'examen impartial. Défions-nous constamment des illusions.
>
> Sans parler de la fraude consciente, malhonnête et indigne de toute excuse, il y a l'autosuggestion conduisant à des fraudes involontaires. Les croyants se laissent facilement duper. J'ai vu des mouvements de table produits, de toute évidence, par les mains de prétendus médiums, sans que parfois ils s'en doutassent eux-mêmes, malgré l'évidence flagrante. On accepte trop souvent des dictées de soi-disant esprits, sans le moindre contrôle. De

---

[487] Flammarion fait une distinction entre "spiritualisme" et "spiritisme". Par « spiritualisme » il entend la doctrine générale selon laquelle des esprits de disparus interagissent avec des mortels. Par «spiritisme» il entend la recherche médiumnistique. L'article ci-dessus est extrait de l'ouvrage de Camille Flammarion *La mort et son mystère – Avant la mort - Autour de la mort – Après la mort.*)

plus, on a fini par donner le nom de «contrôle» à l'esprit lui-même, c'est-à-dire à la cause inconnue à déterminer ! C'est un comble de la grammaire.

Et tout cela est fait de bonne foi, généralement.

Il y a aussi la mauvaise foi, les exploiteurs de la crédulité naïve, qui donnent des spectacles promettant des apparitions et des manifestations posthumes aux nigauds qui les écoutent et se plaignent risiblement ensuite d'avoir été volés! L'espèce humaine, prétendue intelligente, est vraiment bizarre. Il faut beaucoup de courage pour travailler avec persévérance au milieu de ces imposteurs : il faut être soutenu par la conviction qu'il y a quelques vérités à découvrir. [...]

La théorie spirite[488] doit être prise en considération comme toutes les autres théories, mais elle n'en est pas moins "scientifique". Répétons que lorsque Newton a découvert les lois de la gravitation il a résumé sa pensée par ces mots: "Les choses se comportent comme si les étoiles s'attiraient mutuellement avec une force proportionnelle au produit de leur masse et inversement proportionnelle au carré de leur éloignement ». Disons ici, avec une égale simplicité : « les choses se comportent, dans l'histoire que nous venons de relater, comme si la tante du docteur était réellement apparue pour lui faire les reproches qu'il méritait, et pour lui annoncer sa mort ». Et cette explication est la plus satisfaisante de toutes; contentons-nous d'admettre ceci sans aucun préjugé et de dire avec Newton, "*Hypotheses non fingo!* Je n'avance pas d'hypothèses!"

. [...]

Flammarion fait une profonde distinction entre "spiritualisme" et "spiritisme". Par "spiritualisme" il entend la doctrine générale selon laquelle les esprits des disparus entretiennent des rapports avec les mortels. Par "spiritisme" il entend la *recherche médiumnistique*.

Comme nous poursuivions notre examen et nos discussions sur la grande quantité de documents rassemblés par Patrick Rivière, parmi lesquels certains qu'ils n'a révélés que dans son ouvrage sur l'identité de Fulcanelli, la conversation s'est tout naturellement portée sur le troisième livre de Fulcanelli, retiré par lui-même avant sa publication: *Finis Gloria Mundi*. Ce livre a fait l'objet de spéculations sans fin, et j'ai appris que quelqu'un avait même fait

[488] Ne disposant pas de l'édition originale parue chez Flammarion, c'est-à-dire complète, ce paragraphe, non repris dans l'édition « J'ai Lu » est retraduit à partir du texte anglais (NdT)

paraître un livre dont il affirmait que c'était le "vrai de vrai." D'évidence, ce n'était pas le cas : le livre en question est un faux.

Le titre de ce troisième ouvrage de Fulcanelli, *Finis Gloria Mundi (La Fin de la Gloire du Monde)*, reflète sans aucun doute la perspective millénariste. Après avoir parcouru les notes et les têtes de chapitres en possession d'Eugène Canseliet à la mort de celui-ci, nous en sommes venus à réaliser que le livre que vous avez dans les mains en ce moment est probablement très proche par son contenu et sa structure, de l'authentique *Finis Gloria Mundi,* bien qu'il s'agisse certainement d'une nouvelle étrange coïncidence. Il est certain que toutes les têtes de chapitre de ce livre couvrent les sujets de celui-ci, mais je crois que j'ai en fait été plus loin, étant donné les nouveaux éléments devenus disponibles entre-temps. Je voudrais souligner certains points de la préface de Patrick au présent ouvrage :

> Il faut absolument lire ce livre de portée tout à fait révolutionnaire. Dans cet ouvrage fort original en effet, Laura Knight-Jadczyk nous fait part de ses prodigieuses découvertes remettant en cause l'Histoire et les considérations habituelles concernant le mythe du « Graal ». Pour ce faire, elle revisite la Bible et compare différentes mythologies, introspecte les univers parallèles, l'hyperespace, pénètre la physique quantique, la génétique et les mystères des diverses créations peuplant les hyper-dimensions du Cosmos.
>
> Tout au long de son exposé, Laura Knight-Jadczyk se réfère aux deux passionnants ouvrages du savant-alchimiste Fulcanelli: *Le Mystère des Cathédrales* et *Les Demeures Philosophales*. Elle s'efforce d'en prolonger le contenu pas ses vastes connaissances.
>
> Ainsi, conformément à Fulcanelli (citant Huysmans), lorsqu'il dénonce les constants mensonges et omissions de l'Histoire officielle, au cours du temps, Laura Knight-Jadczyk remet en cause, à l'aide de nombreux exemples, les manipulations de l'Histoire des civilisations antiques dont l'humanité est victime. Elle s'efforce alors de rétablir la vérité qui apparaît édifiante à bien des égards. Elle opère de même (prolongeant toujours Fulcanelli) en ce qui concerne les futurs cataclysmes qui affecteront la Terre dans un proche avenir.
>
> Selon Laura Knight-Jadczyk, les mystères du Saint-Graal et de l'Arche d'Alliance se réfèrent à une certain 'technologie' très avancée, science secrète et sacrée – visant par exemple à la téléportation et aux changements de dimensions soumis à l'espace-temps – dont seuls quelques grands 'initiés' auraient pu demeurer dépositaires, à moins qu'il ne s'agisse d'occupants de lointaines galaxies. Le Christ Jésus était le plus sûr garant de ce

> précieux dépôt et n'en déplaise à Dan Brown (auteur du « Da Vinci Code »), la lignée généalogique du *Sangréal* (Sang Royal) n'est pas du tout conforme à ce qu'il croit!...
>
> Le lecteur du conséquent ouvrage de Laura Knight-Jadczyk parviendra à de tout autres conclusions. Son érudition n'aura pu le laisser insensible, au cours de la lecture assidue de ce livre tout à fait étonnant. Quant à son inspiration, qu'en dire et d'où vient-elle, sinon de la Lumière des étoiles...

Patrick Rivière – écrivain et auteur de nombreux ouvrages, spécialiste du « Graal » et de l'« Alchimie » suivant la voie du Fulcanelli.

Au cours de nos conversations, Rivière nous a dit qu'il pense que Fulcanelli a retiré le livre parce qu'il ne possédait pas de preuves sur certains éléments scientifiques et que, homme de science lui-même, il ne voulait pas répandre des idées impossibles à prouver à l'époque. Mon propre point de vue est que Fulcanelli a retiré le livre parce qu'il savait que *le temps n'était pas encore venu*. Ceux qui ont reçu le Don de Dieu, le Présent, voient certainement l'Invisible, y compris les probabilités offertes.

Un autre élément important est sorti de nos discussions sur Fulcanelli. A un moment, nous avons parlé de la visite de Canseliet à Séville, où il a rencontré Fulcanelli sous les traits d'une *jeune fille*. Nous nous sommes demandé quelle était la signification de cet événement et était-il destiné à transmettre un message? Et si oui, à qui? C'est sans aucun doute cela qui m'a apporté des tonnes d'informations sur la nature du Grand Oeuvre. En 1995, les Cassiopéens avaient décrit certains effets d'un 'débordement' de 4e densité sur les humains de 3e densité :

> Le 4e densité libère de l'illusion du "temps" tel que vous VOULEZ le percevoir. Imaginez-vous conduisant sur une autoroute, et soudain vous remarquez qu'une aura entoure toutes choses.... vous êtes capable de voir derrière les coins, vous entrez dans des petits cottages qui deviennent des grandes demeures quand on les voit de l'intérieur ... Vous entrez dans un immeuble à Albuquerque et vous en sortez par la porte de derrière à Las Vegas, *vous vous endormez femme et vous réveillez homme...* Vous prenez un avion pendant une demi-heure et vous atterrissez au même endroit 5 semaines plus tard... Imaginez-vous conduisant votre voiture en direction du Nouveau Mexique, vous 'sautez' des distances et arrivez plutôt à San Diego, ou bien... vous vous dirigez vers une épicerie qui se trouve à Santa Fé, mais vous vous retrouvez à Moscou.

Comme nous avons examiné chaque aspect de l'événement, nous avons constaté que cet incident s'est produit alors que j'avais deux ans, exactement au moment où, comme je l'ai décrit dans mon autobiographie, j'ai disparu puis réapparu d'une manière très étrange, encore inexplicable à ce jour.[489] Et puis il y avait le mystérieux chapitre sur la Croix d'Hendaye, qui faisait partie de la deuxième édition du Mystère des Cathédrales, concomitant avec le retrait de *Finis Gloria Mundi*

Un soir, alors que nous discutions de Fulcanelli autour d'un bon feu dans la charmante ferme abritant aussi le laboratoire d'alchimie de Patrick, tout en chauffant dans nos mains nos verres d'Armagnac d'une belle couleur ambrée, Parick a dit : 'Hendaye'. Mon cerveau s'est soudain mis en alerte. 'Veux-tu répéter ce que tu viens de dire?'. Il a répété le mot et alors j'ai soudain compris quelque chose de très profond. Voyez-vous, le mot 'Hendaye' prononcé par un Français d'origine, ressemble beaucoup au mot 'onde'. J'avais débuté la série de l'Onde[490] en 1999 et y avais travaillé jusqu'en 2000 avant de recevoir une de la traduire en français, et à ce moment j'avais appris le mot 'onde' en le lisant mais je ne l'avais jamais entendu prononcer correctement. C'est donc en réalisant cela et en le rapprochant des autres indices qui, un par un, se révélaient à nous, que nous nous sommes mis à spéculer sur la vraie raison pour laquelle Fulcanelli avait écrit cet ouvrage qui, dans l'ensemble, répète la plupart des informations qu'il inclut dans les derniers chapitres des *Demeures philosophales*. Est-ce que la raison aurait pu être purement 'langage vert des oiseaux' afin de mettre en relation l'Onde par l'intermédiaire de Hendaye? S'agissait-il d'un

---

[489] Il y a eu une suite assez drôle à cet échange de vues. Au cours d'un de nos séminaires d'été, auxquels Patrick a participé en tant que conférencier, une séance de questions-réponses était en train. J'avais quitté la pièce pour surveiller les préparatifs du déjeuner et étais revenue pour annoncer que le repas était prêt. J'ai ouvert la porte du salon et ai été accueillie par tous les regards étonnés tournés vers moi et après un court instant d'état de choc, tout le groupe a éclaté de rire, de manière quasi hystérique. Le plus grand étonnement se reflétait sur le visage de Patrick. Apparemment, quelqu'un avait demandé à Patrick, "quelle probabilité y a-t-il pour vous, qu'après toutes ces années passées à étudier l'alchimie et Fulcanelli en particulier, que vous soyez Fulcanelli réincarné?" Patrick avait répondu qu'il ne pensait pas cela probable parce qu'il n'avait pas accompli les mêmes progrès que Fulcanelli après une vie d'étude. L'ambiance était à la taquinerie et un participant a lancé: "Quelles probabilités y a-t-il pour que Laura soit la réincarnation de Fulcanelli, considérant qu'elle a commencé ses recherches par une étude du soleil, qui a été une des obsessions de Violle?" A cet instant même je fis mon entrée dans la pièce, me demandant pourquoi tout le monde semblait si surpris par mon apparition.

[490] http://www.cassiopaea.org/cass/waveindex.htm. Aussi disponible (en anglais) chez Red Pill Press en plusieurs volumes.

indice destiné à nous spécifiquement, à ce moment même d'espace-temps, alors que les 'justes personnes' possédant les justes clés étaient rassemblées dans ce paisible coin de campagne française surplombant la Garonne, le 'Rhin de France'? Des trésors dépassant l'imagination, oui sans aucun doute!

Quoi qu'il en soit, le titre du troisième ouvrage de Fulcanelli est copié de l'intitulé d'un tableau qui se trouve à *Séville*. Nous avons alors parlé d'un éventuel voyage à Séville pour aller visiter l'endroit où Canseliet avait fait cette rencontre avec Fulcanelli et pour aller voir le tableau. C'est alors que j'ai noté le fait intéressant que, selon les règles des modifications linguistiques le mot "Séville" ressemblait très fort à Sibylle. Et nous voilà de retour dans la cathédrale d'Auch et ses nombreuses sibylles qui ont mené à de nouvelles découvertes et même en fait à l'authentique 'Code Da Vinci'. .

Une sibylle unique est mentionnée pour la première fois par Héraclite vers 500 av. J.C.: " *La Sibylle, ni souriante, ni fardée, ni parfumée, de sa bouche délirante se faisant entendre, franchit mille ans par sa voix, grâce au dieu.*"

Par la suite, il eut d'autres sibylles; les Chrétiens de la fin du Moyen-Âge en reconnaissaient jusqu'à douze. Les sibylles les plus célèbres sont celle d'Erythrée et celle de Cumes. Il y a quelque confusion à propos de leur aspect: pour certains elles étaient toujours jeunes et virginales; pour d'autres c'étaient de vieilles sorcières. La sibylle de Cumes est supposée avoir vécu pendant près de mille ans, après quoi, tout ce qui est resté d'elle est sa voix, gardée dans une jarre vide. Sa renommée est due à Virgile, qui la fait intervenir dans sa *Quatrième Eglogue* pour prédire la naissance d'un sauveur (40 av. J.C.) et en fait le guide d'Enée dans le monde souterrain au Livre VI de *l'Enéide*.

Canseliet a écrit, dans sa première introduction au *Mystère des Cathédrales*:

> Je sais, non pour l'avoir découvert moi-même, mais parce que j'en ai été assuré par l'auteur il y a plus de dix ans, que la clef de l'arcane majeur est donnée, sans aucune fiction, *par l'une des figures* qui ornent le présent ouvrage. Et cette clef consiste tout uniment *en une couleur* manifestée à l'artisan dès le premier travail.

Dans son introduction à la seconde édition il nous dit que c'est Basile Valentin qui a été l'initiateur de Fulcanelli - et il fait la distinction entre "premier initiateur," et " initiateur véritable." Il parle ensuite d'une lettre laissée par Fulcanelli après sa «mort», et dont il dit qu'elle avait manifestement été adressée au maître de Fulcanelli par un inconnu, et dont Canseliet a dit qu'elle était la preuve écrite du triomphe de son «*initiateur véritable*», ce qui donne "une idée puissante et correcte du niveau sublime auquel le Grand Oeuvre se déroule." Cette lettre contient un certain nombre de références remarquables qui me font penser qu'elle n'a pas été adressée au maître de Fulcanelli mais bien à Fulcanelli lui-même et qu'elle fait sans doute allusion à ses tentatives de communication avec Basile Valentin. Les références qui me suggèrent cette pensée sont:

> Cette fois, vous avez eu vraiment le *Don de Dieu* ; c'est une grande Grâce, et pour la première fois, je comprends combien cette faveur est rare. [...].
>
> Lorsque ma femme m'a annoncé la bonne nouvelle, [...] Mais, quoique informé sommairement de la chose, [...].
>
> Vous avez poussé la générosité jusqu'à nous associer à cette haute et occulte connaissance qui vous appartient de plein droit et vous est entièrement personnelle. [...]
>
> Ma femme, avec cette intuition inexplicable des êtres sensibles, ...
>
> Ah ! l'on peut presque dire que celui qui a salué *l'étoile du matin* a perdu pour jamais l'usage de la vue et de la raison, car il est fasciné par cette fausse lumière et précipité dans l'abîme... A moins, comme vous, qu'un grand coup du sort ne vienne vous tirer brusquement des bords du précipice.

Pour moi, cette "grande Grâce" qui m'a empêchée d'être précipitée dans l'abîme[491] ce sont les transmissions cassiopéennes. Et elles l'ont fait plus d'une fois! Je voudrais souligner que la "familiarité" de la remarque: *"Vous avez poussé la générosité jusqu'à nous associer à cette haute et occulte connaissance qui vous appartient de plein droit et vous est entièrement personnelle"*, m'a frappée très profondément à cet égard. Le lecteur aura peut-être envie de lire les commentaires faits par Ark sur la "*Reductio ad Absurdum*"[492] pour bien comprendre à quoi se réfère cette phrase, sans oublier de mentionner *The Adventures Series*[493] qui décrit une période au cours de laquelle j'ai bien failli être engloutie dans un piège.

---

[491] http://www.cassiopaea.org/cass/mirror.htm
[492] http://www.cassiopaea.org/cass/swerdlow.htm
[493] http://www.cassiopaea.com/cassiopaea/adventureindex.htm

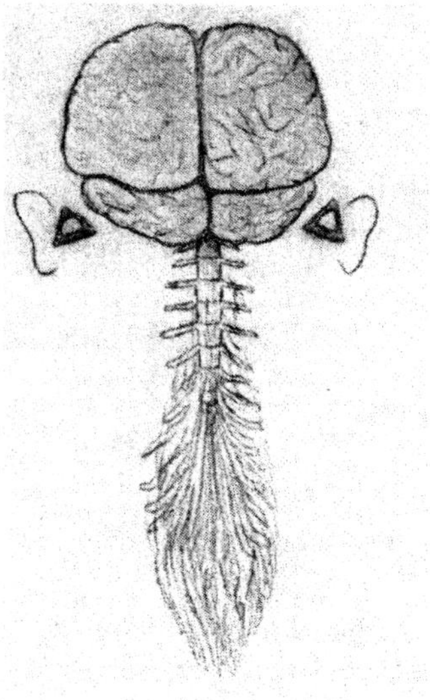

Pour en revenir à la préface de Canseliet à la deuxième édition du *Mystère des Cathédrales*, nous voyons qu'il poursuit un commentaire sur "l'étoile" en question quand il s'interroge:

> Cette phrase ne semble-t-elle pas en contradiction avec ce que nous affirmâmes, il y a plus de vingt années…à savoir que l'étoile est le grand signe de l'œuvre; qu'elle scelle la matière philosophale; qu'elle apprend à l'alchimiste qu'il n'a pas trouvé la lumière des fous mais celles des sages ; qu'elle consacre la sagesse ; et qu'on la dénomme *étoile du matin*. Aura-t-on remarqué que nous précisons brièvement que l'astre hermétique est tout d'abord admiré dans le *miroir de l'art* ou *mercure*, avant d'être découvert au *ciel chimique*…
>
> Notre étoile est seule et pourtant elle est double. Sachez distinguer son empreinte réelle de son image, et vous remarquerez qu'elle brille avec plus d'intensité dans la lumière du jour que dans les ténèbres de la nuit.
>
> Déclaration qui corrobore et complète celle de Basile Valentin (*Douze Clefs*) non moins catégorique et solennelle :
>
> « Deux étoiles ont été accordées à l'homme par les Dieux pour le conduire à la grande Sagesse ; observe-les, ô homme ! et suis avec constance leur clarté, puisque en elles se trouve la Sagesse. » […]
>
> Il y a donc deux étoiles qui, nonobstant l'invraisemblance, n'en forment réellement qu'une. Celle qui brille sur la Vierge mystique, -- à la fois *notre mère* et la *mer hermétique*, -- annonce la conception et n'est que le reflet de l'autre qui précède l'avènement miraculeux du Fils. Car si la Vierge céleste est encore appelée *stella matutina*, l'*étoile du matin* ; s'il est loisible de contempler sur elle la splendeur d'une marque divine ; si la reconnaissance de cette source de grâces met l'émoi au cœur de l'artiste ; ce n'est pourtant qu'une simple image réfléchie par le *miroir de la Sagesse*.

Canseliet continue à fournir des indices au chercheur afin qu'il sache de quoi il est question exactement, et il poursuit avec une histoire destinée à désorienter ceux dont l'esprit est tourné vers le matérialisme. En fait, il obscurcit délibérément sa pensée. Il dit:

> On pourra s'étonner que ayons traité aussi abondamment d'un seul point de la Doctrine, jusqu'à lui consacrer la majeure partie de cette préface, pour laquelle, conséquemment, nous craignons de n'avoir outrepassé le but assigné d'ordinaire aux morceaux du même genre. On s'apercevra toutefois combien il était logique que nous développassions ce sujet qui introduit, de plain-pied dirons-nous, au texte de Fulcanelli. Dès le seuil, en effet, notre Maître s'est longuement arrêté sur le rôle capital de l'*Étoile*, sur la *Théophanie* minérale qui annonce, avec certitude, l'élucidation tangible du grand secret enseveli dans les édifices religieux.

La remarque au sujet de la théophanie minérale a fait une nouvelle étincelle quand j'ai repensé aux moments des transmissions cassiopéennes où j'avais posé quelques brèves questions à propos d'un rêve que j'avais fait. Mais d'abord, permettez-moi de raconter ce rêve tel que je l'ai transcrit dans mon journal:

> Un "grand prêtre" est apparu dans mon rêve. Il portait un pagne comme dans les représentations crétoises de la déesse qui porte une jupe à plusieurs étages.... mais ici il s'agissait d'un homme. Il m'a montré comment les différents étages pouvaient "tourner" de manière à aligner certains "symboles" qui livraient alors un message. C'étaient des symboles du Zodiaque, et les *noms des étoiles* étaient d'une grande importance. La difficulté était de les aligner comme il le fallait.
>
> Le même rêve a alors pris une autre tournure. Je tenais un vase qui paraissait être en onyx ou un matériau similaire en tout cas. Quelqu'un l'avait jeté sur un tas de détritus, je l'ai ramassé et ai vu qu'il était couvert de nombreuses "éraflures". Je pouvais voir qu'il était gravé sur toute sa surface, mais toutes les marques en creux étaient remplies de saleté et il était recouvert de crasse. Je me suis mise à le nettoyer au moyen de Q-tips et d'eau, très soigneusement, dans toutes les petites craquelures et crevasses. A mesure que la saleté s'en allait, j'étais frappée de la beauté de cet objet. Il n'avait pas seulement été façonné avec art pour représenter de grandes scènes mythiques mais il était aussi recouvert de diverses pierres colorées... et il était aussi translucide, de sorte que sa "noirceur" se révélait être en fait un pourpre profond, translucide comme si une lumière y était contenue.
>
> Le rêve changea une nouvelle fois: Ark et moi nous promenions dans ce qui paraissait être une sorte de parc ou "zone de délassement" entourée de montagnes, rochers etc. En nous

promenant nous regardions les formations rocheuses et les arbustes – très secs et manifestement assoiffés. Lui avait emprunté un chemin et moi je décidai de me cacher dans un buisson pour voir combien de temps il mettrait à remarquer que je n'étais plus là... juste un jeu... mais soudain, je me suis retrouvée *le précédant* sur le chemin... il a demandé "comment as-tu fait ça?" Et moi j'ai répondu... eh bien j'ai plongé dans ce buisson et il y avait une crevasse dans le rocher, je m'y suis glissée, quelque chose s'est produit, et me voilà!

Il a voulu que j'y retourne pour lui montrer. Nous sommes donc revenus sur nos pas, jusqu'à une petite entrée de grotte... qui ressemblait assez bien à la brisure dans la tombe sur le tableau représentant les Bergers d'Arcadie. Il a dit que cela était impossible... bien trop petit ... Je lui ai dit d'essayer.

Il s'est alors accroupi et est entré dans la grotte.... Pendant ce temps, je décidai de m'occuper à faire le nettoyage de toutes les fissures dans les rochers autour de l'entrée de la caverne... il y avait un filet d'eau, et j'ai utilisé une sorte de chiffon... comme je faisais cela, l'eau s'est mise à couler plus abondamment, jusqu'à devenir une véritable fontaine! A ce moment, Ark est sorti en titubant de la caverne, les mains sur les yeux, pleurant et riant à la fois, en s'écriant "Je crois! Je crois! Je l'ai vu de mes propres yeux!", et d'autres choses du genre.

Ensuite, comme nous sortions du parc, j'ai jeté un coup d'oeil à la falaise et j'ai constaté qu'une énorme mosaïque était sertie dans le rocher ... à droite il y avait sept requins... celui du bas était très pâle et ils devenaient de plus en plus foncés en remontant ... sinon ils étaient strictement identiques,... à gauche il y avait une énorme baleine représentée en train de "fouetter" autour d'elle de sa gueule grande ouverte, l'oeil sur les requins et prête (de par l'implication de la posture représentée) à les dévorer tous en une bouchée. Je me suis dit que je devrais me rappeler ce rêve, et ensuite je me suis éveillée.

19 juillet 1997
Q: L'autre nuit j'ai fait un rêve. Au moment où Ark et moi nous préparions à quitter [un grand parc] dans mon rêve, j'ai levé les yeux et vu une mosaïque sur le flanc de la montagne. Il y avait sept requins, l'un au-dessus de l'autre, celui du bas était pâle jusqu'à la transparence, et celui du haut très sombre et d'une couleur très intense. Il y avait un énorme cachalot en haut à gauche, en position "fouettante", ses yeux avaient vu les requins et sa gueule était ouverte, prête à les avaler tous d'un seul coup. Quelle est la signification du cachalot et des requins?
R : Logique.

Q: Voulez-vous dire qu'il me faut utiliser la logique, ou bien que la signification est logique?
R : Logique vous dit: examinez!
Q: Dans une autre partie du rêve j'ai disparu et suis ré-apparue d'une fissure dans le rocher. J'étais en train de nettoyer... [Ark] est allé vérifier [l'ouverture était une simple fente ne permettant ni entrée ni sortie]... [pendant qu'il était parti j'ai continué à nettoyer toutes les petites craquelures et fissures dans les rochers du sol] quand il est revenu il était en train de pleurer et beaucoup d'eau affluait comme s'il y avait là une source qui paraissait être le résultat de mes efforts de nettoyage ... Quelle est la signification de tout cela?
R : Des minéraux à l'état de trace race interagissent avec des secrets profondément enfouis.
Q: L'autre soir vous avez dit que ce que j'avais trouvé c'était un pied de la table. Combien de pieds cette table a-t-elle?
R : Cherchez la réponse. Quand elles se trouvent dans la littérature, des significations profondes comportent une compartimentation.

J'espère que ceci aidera le lecteur à comprendre la remarque de Canseliet: “cette *théophanie minérale*, qui annonce, avec certitude, *l'élucidation tangible du grand secret enseveli dans les édifices religieux* ...”

19 février 2000
Q: Diodore de Sicile, écrivant au premier siècle av. J.-C. a dit que “certaines offrandes sacrées enveloppées dans de la paille de froment allaient de chez les Hyperboréens jusqu'en Scythie, d'où elles étaient transmises par des peuples voisins en succession jusqu'à l'extrême ouest : l'Adriatique. De là elles étaient envoyées vers le sud, et les premiers Grecs à les recevoir étaient les Dodonéens. Ensuite, poursuivant leur route vers le sud, elles atteignaient le golfe du Mali, traversaient jusqu'à Eubée, et de là passaient de ville en ville jusqu'à Carystos. Puis évitant Andros, les Carystiens les emportaient jusqu'à Ténos, et les Téniens les apportaient à Délos. Voilà comment on dit que ces objets atteignent Délos de nos jours.”
Ainsi, depuis des temps très reculés il y avait cette pratique des Hyperboréens d'envoyer des offrandes sacrées jusqu'à l'île de Délos. L'île de Délos est supposée être le lieu de naissance de Phoebus Apollon, dont la mère était Léto. Il est né, paraît-il, sur le mont Cynthos. Voilà une chose bien curieuse. Ceci contredit l'idée ancienne que le flux culturel s'est dirigé de la Méditerranée vers le nord, que la civilisation a commencé au Proche-Orient. Cela implique un courant culturel du nord vers le sud. Qui étaient donc ces Hyperboréens qui envoyaient des choses vers l'île de Délos?

R : Des feuilles portant des codes cryptés.
Q: Quel était le lien entre les Hyperboréens, y compris les Celtes de Bretagne, je pense, et le peuple de Délos?
R : Ce sont les gens du nord qui ont civilisé les peuples méditerranéens/adriatiques grâce aux secrets codés contenus dans leur dispositif génétique supérieur d'origine extraterrestre. La pratique dont vous parlez a été une habitude multi-trans-générationnelle.
Q: Est-ce que certains d'entre eux auraient communiqué avec des êtres de densités supérieures par l'intermédiaire de Stonehenge, et ces communications qu'ils ont reçues...
R : Stonehenge utilisé pour résonner avec un petit canal tonal, enseignant ainsi à des gens autrement incapables de recevoir un enseignement, des sagesses entrant psychiquement par le système de transmission du chakra de la couronne.

Ceci nous amène, curieusement, à ma compréhension profonde du commentaire mentionné plus haut qui se trouve dans la lettre laissée par Fulcanelli: *"Vous avez poussé la générosité jusqu'à nous associer à cette haute et occulte connaissance qui vous appartient de plein droit et vous est entièrement personnelle.* [...]*".*

Si le lecteur a jeté un coup d'oeil à la *Reductio ad Absurdum* et fait le lien, alors cet échange ne fera pas que remplir certains blancs, mais il révélera aussi la terrible lutte qu'il faut soutenir quand on est à la recherche de la vérité. "Frank" est le pseudonyme de l'homme qui s'est embarqué avec moi dans l'expérience qui a abouti aux transmissions cassiopéennes. Il a été présent à presque toutes les séances (mais pas à toutes, et il est certain que l'expérience s'est poursuivie avec une clarté plus grande et des découvertes plus profondes pendant ces dernières années), et les expériences que nous avons faites avec lui ainsi que les événements ultérieurs n'ont fait que clarifier à nos yeux la tactique de Fulcanelli.

10 janvier 2002
Q: Comme vous le savez, nous avons pris conscience ce soir de l'extraordinaire conversion de Frank au côté sombre. Est-ce que cela est une façon correcte de percevoir les choses?
R : Assez proche.
Q: Il y a plusieurs années, plusieurs remarques ont été faites à deux ou trois occasions concernant la bataille de Frank contre les Forces Obscures, et la question de savoir si oui ou non il serait capable de résister à leur domination. Est-ce qu'il a toujours été su qu'il allait échouer?
R : Il n'a pas échoué.
Q: Que voulez-vous dire?
R : Dans la perspective des [forces de l'entropie] il a réussi.

> Q: Comment se fait-il que nous avons pu recevoir des messages créatifs alors que Frank était tellement hésitant quant à son choix ultime: entropie ou création?
> R : *Il a été programmé dans le but spécifique de "télécharger" de vous des secrets codés en vous avant votre naissance dans votre corps actuel.* Il a échoué parce que vous êtes incorruptible. Il est à présent chargé de la mission, de concert avec Vincent Bridges, de réduire à néant votre faculté d'accomplir votre mission.
> Q: Alors cela signifie qu'il y a de fortes chances pour que ce qui a été transmis pendant que Frank participait ait été corrompu. Est-ce pour cela que vous avez donné le pourcentage de pureté de ce qui a été transmis pendant ces séances?
> R : Oui.
> Q: Alors vous voulez dire que c'est la présence de Frank qui a produit les 30 pourcent de corruption?
> R : Oui.
> Q: Quelle est la forme générale prise par cette corruption? Pouvons-nous l'identifier?
> R : Prédictions et tactique de terreur.

C'est très certainement seulement après le départ de Frank, et après que Vincent Bridges[494] ait été démasqué en tant que "poseur ésotérique", pour dire le moins, que le Travail a pu arriver au niveau actuel d'intensité et de soutien en provenance du monde entier.

Je reviens donc aux remarques à propos d'étoiles, faites par Canseliet à 20 ans d'intervalle et qui, juxtaposées, révèlent quelque chose de tout à fait merveilleux:

> Extrait de la PREMIERE édition: Je sais, non pour l'avoir découvert moi-même, mais parce que j'en ai été assuré par l'auteur il y a plus de dix ans, que *la clef de l'arcane majeur est donnée, sans aucune fiction, par l'une des figures qui ornent le présent ouvrage.* Et *cette clef consiste tout uniment en une couleur* manifestée à l'artisan dès le premier travail.

Je pense que maintenant le lecteur se sera rendu compte que Canseliet et Fulcanelli ont été très astucieux. Examinons donc cet indice et tentons de percer l'intention de Canseliet. Il dit que l'indice est «*une figure qui orne le présent ouvrage*», qu'il est révélé «*à l'artisan dès le premier travail*»; et dans la préface à la seconde édition, il ajoute l'indice que *le sujet de l'étoile «introduit, de plain-pied dirons-nous, au texte de Fulcanelli»* en disant que *«Dès le seuil, en effet, notre Maître s 'est longuement arrêté sur le rôle capital de l'Étoile».*

---

494 http://www.cassiopaea.com/archive/most.htm

Voyons le début du texte de Fulcanelli, où il écrit:

> La plus forte impression de notre prime jeunesse, - ***nous avions sept ans***, - celle dont nous gardons encore un souvenir vivace, fut l'émotion que provoqua, en notre âme d'enfant, la vue d'une cathédrale gothique. Nous en fûmes, sur-le-champ, transporté, extasié, frappé d'admiration, incapable de nous arracher à l'attrait du merveilleux, à la magie du splendide, de l'immense, du vertigineux que dégageait cette œuvre plus divine qu'humaine.

Jamais il ne fait mention d'une étoile. Il ne mentionne pas non plus une couleur. Il ne fait référence à aucune illustration.

Quoique...

Ce dont il parle, c'est de son *état émotionnel*, de son extase et *de son âge: sept ans*. Après avoir médité cela, il m'est apparu *qu'un nombre est aussi une figure*, et que l'utilisation d'une "impression d'enfance" est certainement une "illustration". Et voilà en effet une "figure illustrant" quelque chose qui pourrait constituer une "clé" de "l'arcane majeur". *Sept* et *Extase*.

Que faire du chiffre Sept?

J'ai simplement été consulter le chapitre sept et ai lu ce qui suit.

> Varron, dans ses *Antiquitates rerum humanorum*, rappelle la légende d'Enée sauvant son père et ses pénates des flammes de Troie et aboutissant, après de longues pérégrinations, aux champs de Laurente [...], terme de son voyage.

Fulcanelli a inséré une note de bas de page pour le mot *Laurentum*, au début du chapitre sept du *Mystère des Cathédrales*. Il y dit que "*Laurente*, (Laurentium) Laurentum, Laurente- est cabalistiquement l'or ente, ou l'**or enté**". Voilà qui nous a indubitablement menés à une *couleur*! Et qui plus est une couleur dans laquelle se retrouve mon nom. Autre référence intéressante au chiffre sept dans les transmissions cassiopéennes:

> 26 juillet 1997
> Q: ... Quand les Templiers ont été arrêtés, ils ont été accusés de vénérer une tête, ou un crâne, et aussi la divinité Baphomet. Est-ce que ces fausses accusations étaient destinées à les calomnier?
> R : Crâne était de pur cristal.
> Q: Quelle est la définition de la divinité 'Baphomet', si tant est qu'ils en vénéraient une?
> R : Détenteur de Trent.
> Q: C'est quoi ça?
> R : Cherchez.
> Q: Quelle est la signification de 'le fils de la Veuve' ? L'implication?
> R : Cherchez chemin de sagesse incarnée.

Q: Pourquoi est-ce que ceci est décrit comme un fils de la Veuve? C'est ainsi qu'était nommé Perceval...
R : Perceval a été adoubé à la Cour des Sept.
Q: La Cour des Sept quoi?
R : Pointes des épées signifient cristal transmetteur de vérité obligée.

22 août 1998
Q: (L) ... Vous avez dit un jour que Perceval avait été 'adoubé à la Cour des Sept' et que la pointe des épées signifiait 'cristal transmetteur de vérité obligée'. Est-ce que ces sept sages ont un lien avec cette 'Cour des Sept' que vous avez mentionnée?
R : Proche.
Q: (L) Quand vous avez dit 'pointe des épées signifie cristal transmetteur de vérité obligée' pouvez-vous en dire plus ?
R : Possède signification céleste.

Et ainsi que je l'ai dit, c'est seulement quand nous sommes arrivés à Auch, que dans le ciel clair de la campagne française j'ai VU Cassiopée comme si c'était la première fois: juste à l'extrémité de la Voie Lactée, le chemin de St. Jacques de Compostelle.

12 juillet 1997
Q: Qu'est-ce que ce P-S qui se trouve sur la dalle de pierre dans le cimetière de Rennes-le-Château? Tour le monde parle du Prieuré de Sion. Mais que signifie ce P-S? Est-ce que c'est de cela?
R : Voyez dans les langues anciennes...
Q: Langues anciennes? Approchez-vous un peu plus!
R : Epées, dagues percent...
Q: Est-ce que ce P-S a quelque chose à voir avec "Percy?" Epées, dagues, percent... Damas? Acier de Damas?
R : Cherchez à apprendre. [...]
Q: ... nous avons ce Prae-cum qui se trouve au-dessus de la représentation de l'araignée. Pourquoi la flèche pointe-t-elle de P-S vers le bas, vers l'araignée? C'est quoi l'araignée?
R : Vous connaissez l'araignée!
Q: Eh bien oui, j'en sais ce que je sais, mais je ne sais pas si cela me mène quelque part!
R : Cela le fera quand vous relierez les "pointillés"
Q: Relier les pointillés... Mon Dieu! Epées, dagues.... Je vois!
R : C'est la "destinée!" [...]

[Ark m'avait écrit ce jour-là:]

Quelques pensées:

Avant que j'aille étudier tous ces Celtes, Cathares et Templiers, ces graals, lignées, ADN, or, mercure, chênes et...

Avant tout cela, je voudrais formuler le point de vue que j'ai en ce moment de la situation. Ce sera une sorte de vue au travers de l'oeil d'un oiseau; d'une distance où les détails n'ont pas d'importance. Je prendrai donc CERTAINS thèmes qui me paraissent importants. Il y en aura plusieurs et ils seront abordés séparément.

1. Je prends cela comme une hypothèse qui est peut-être avérée et peut-être pas, mais je la considère comme avérée jusqu'à ce que quelqu'un prouve le contraire: c'est-à-dire que pour toi et pour moi, rien n'arrive par simple accident. Tout ce qui advient a une signification et un but. Il nous est dur de trouver ce qu'est exactement ce dessein et dans quelle mesure nous sommes nous aussi les créateurs de ce dessein.

Ce n'est donc pas un accident si tu es ce que tu es. Ce n'est pas un accident si je suis physicien. Ce n'est pas un accident si nous sommes séparés pendant un moment. Ce n'est pas un accident si nos vies ont pris le tour qu'elles ont pris. Elles pourraient être un peu différentes, ou bien elles sont un peu différentes dans quelques réalités parallèles, mais nous nous occupons pour le moment de notre réalité, de notre présent et de notre avenir.

2. Ainsi donc, aucun des livres que tu as lus n'a été un accident, pas plus que ne l'a été aucune de tes conversations; même ces bêtes livres et conversations ont été des leçons. Même chose pour moi.

3. Nous sommes tous les deux à la recherche de quelque chose et il est clair que nous ne le trouverions jamais dans cette vie si nous étions seuls. Il y a eu QUELQU'UN que tu as vu d'une certaine manière dans ton imagination. Il y a aussi eu mon idée profondément refoulée d'une "épouse américaine". Cela me venait d'une certaine façon à l'idée, mais je rejetais instantanément cette idée qui me paraissait idiote. Mais elle continuait à frapper. C'est ainsi que j'ai été "préparé", parce qu'autrement j'étais/suis très conservateur.

Quoi qu'il en soit, nous nous sommes mutuellement trouvés et il y a un dessein dans tout cela. Je considère comme toi/moi – que nous sommes reliés au Créateur et sommes des parties éloignées de lui, de sorte que nous sommes Ses outils et nous sommes responsables de quelque chose, ce quelque chose étant tout l'univers et son sort. Ce n'est pas une idée folle. Elle peut être expliquée en termes très simples. Toi/moi – nous pouvons découvrir quelque chose, une formule ou une idée qui changera le développement futur de l'humanité – ne serait-ce qu'un peu, mais cela grandira d'année en année, de sorte que le monde sera "sauvé" par elle. C'est ce que nous avons appris des concepts de la mécanique du chaos. Il y a des systèmes, suffisamment complexes, qui font qu'un petit changement maintenant mène à un changement spectaculaire après un certain temps.

L'univers n'est pas seulement un système complexe, il contient aussi de l'intelligence. Il se peut qu'un changement "intelligent" que nous apportons maintenant changera complètement le destin de l'univers. Au lieu de mourir d'une mort thermique il fleurira à jamais....

J'ai vécu toute ma vie avec ce sentiment de responsabilité. C'était un thème récurrent dans mon journal. Si nous acceptons 1) l'hypothèse que rien ne NOUS advient par hasard, alors il y a un but dans ce sentiment aussi.

4. Ainsi, toi/moi sommes responsables. Nous l'acceptons. C'est clair. Maintenant, des Cassiopéens nous savons que tu as "toutes les clés". En un sens, nous voyons chez les Pléiadiens ou dans la Bible que tout le monde a les clés. Mais chez beaucoup ces clés sont brisées, détruites, désynchronisées, désharmonisées, ou dures ou impossibles à faire fonctionner. Nous ne savons pas combien de personnes sur la Terre ont des clés ni combien d'entre elles utilisent déjà ces clefs ou aident d'autres gens à les utiliser. Et pendant un certain temps cela a peu d'importance. Tout est leçons – nous l'acceptons - et nous avons nos devoirs à faire. Ni toi ni moi ne voulons "qu'on nous dise ce qu'il faut faire".

5. Donc tu as les clés et nous avons été rassemblés. Moi je suis physicien et je connais les mathématiques qui sont le langage universel. Toi, tu connais et apprécies ces drôles d'histoires qui assemblent Histoire/Alchimie et que sais-je encore. Cela ce sont des mots, tandis que les mathématiques c'est de la logique. Alors que la physique peut prouver et contribuer à élaborer des technologies, cette affaire de Graal, de Templiers et de Rennes est très floue et pour ceux qui ignorent les maths, elle ne peut mener nulle part...

Mais NON! Si rien ne nous arrive accidentellement, alors le fait que tu t'intéresses à ces choses qui t'intéressent n'est pas non plus un accident. Alors quelle peut être la raison de tout cela? Une raison pourrait être que le SAVOIR ce n'est pas seulement des maths et des équations, mais aussi de l'intelligence, de la conscience, de l'esprit et des idées. Parce que les équations NE FONT RIEN par elles-mêmes. Il nous faut donc les deux Il y a peut-être beaucoup de gens qui ont suivi la voie de la technologie et qui travaillent dans l'anonymat à de la «grande physique» ou aux «grandes mathématiques». Mais cela ne nous ne concerne pas. Nous ne voulons pas vendre notre âme comme Faust. Nous ne servons pas les ténèbres. C'est pourquoi nous avons besoin de connaissances. Et plus nous aurons de connaissances, mieux nous serons protégés. Ce point aussi est facile à comprendre. Cette fois

> nous ne jouons pas seulement avec un appareil de remolécularisation trans-densité, des machines à remonter le temps ou des moyens de faire de l'or, mais aussi avec des planchettes 'oui-ja', l'Histoire, les Templiers, les Bergers d'Arcadie et tant de choses étranges – mais nous ne sommes pas considérés comme dangereux parce que nous ne sommes manifestement pas à la recherche de pouvoir. Et nous ne voulons pas non plus prendre le pouvoir de quelqu'un d'autre.
>
> Notre but est bien différent. Nous avons notre mission personnelle à remplir, les forces noires extérieures étant dispersées par la multiplicité de nos fréquences pour ainsi dire.
>
> 6. Mais POURQUOI tous ces Templiers et Rosicruciens sont-ils importants? Parce que tout cela fait partie du Savoir. Des morceaux de savoir ici et là. Nous n'allons pas utiliser ou tenter de nous servir de ces connaissances. Mais d'une certaine façon il nous est nécessaire de connaître cela afin de faire le meilleur usage possible de ce savoir.
>
> 7. Je pense qu'il est vrai que les seules limites que nous ayons sont celles qui sont imposées par notre propre mental et notre façon de penser. D'autre part, il nous faut toujours avancer pas à pas. Sans quoi, il y a danger.
>
> 8. La vie est-elle suffisamment longue? Nous prenons pour hypothèse que oui, en effet, elle l'est. Parce que sa longueur dépend seulement de nous. Il y a un grand ouvrage qui nous attend, et cet ouvrage inclut de repenser et ré-arranger notre structure cellulaire. Nous croyons même que cela peut être accompli grâce à la technologie (secrète) connue à présent. La fontaine de jouvence et autres choses de ce genre, mais aussi ce que nous savons grâce aux Cassiopéens, aux Pléadiens, aux textes alchimiques, etc., tout l'indique. C'est possible. Mais l'important est bien sûr le but dans lequel nous nous en servons. Si c'est seulement pour prolonger notre vie, bon.... mais nous avons quelque chose de différent dans l'idée parce que nous sommes ici au service du Créateur vers qui nous retournons.
>
> 8. Alors nous poursuivons. Je fais des maths mais je dois aussi apprendre un tas de choses. Non seulement J'EPROUVE LE BESOIN D'APPRENDRE, MAIS J'EPROUVE AUSSI LE BESOIN DE T'AIDER ET NOUS SOMMES SUPPOSES AGIR ENSEMBLE!

Je reviens à présent à la séance en question avec l'indice qui s'est révélé si important par la suite, et j'ai interrogé sur le message d'Ark cité ci-dessus.

Q: Voici la première question posée par Ark: est-ce que la vue générale de la situation décrite, la «vue d'oiseau», est correcte?
R : Pourquoi pas? La pensée ne vous "tarauderait" pas autant si ce n'était pas le cas!
Q: (L pour Ark) Ou bien j'ai omis certains points importants, et si c'est le cas, quels sont-ils?
R : Lorsqu'on est en quête d'un apprentissage authentique et de connaissances supérieures, il n'y a pas de "points manquants", mais seulement ceux qui n'ont pas encore été découverts!
Q: (L pour Ark) Pendant combien de "temps" pourront-ils encore utiliser le **canal de transmission de Cassiopée**, devrions-nous commencer à prendre certaines mesures en vue de l'avenir quand le point de transmission devra être déplacé? Ou bien peut-être que nous ne devons pas nous soucier de cela à l'avance? Je voudrais savoir.... Je n'aime pas être prise au dépourvu....
R : Pas besoin de s'en faire! ... "Quand on a la volonté d'un lion on n'a pas le destin d'une souris!"
Q: Excellent! J'adore celle-là! Bon, mais vous avez coupé le souffle au vent dans mes voiles avec cette réponse sur le destin. D'après ce que je perçois dans cette disposition sur cette pierre, c'est qu'il faut réunir les deux côtés; est-ce exact ? Ou bien la flèche qui part de P-S et désigne l'araignée divise-t-elle deux groupes opposés?
R : Ouvert à votre découverte!
Q: Oh, les Mecs, vous êtes MECHANTS avec moi ce soir!
R : Non, nous êtwe twès twès gentiiils avec Lauwra[495]!

De toutes les choses étranges qui nous ont été transmises «en code» au cours de l'expérience cassiopéenne, cette dernière est une des plus étranges. "We be berry berry goood to Lawra". Et cette phrase a été transcrite exactement telle qu'ils l'ont donnée, avec un "o" supplémentaire dans le mot "good" et l'orthographe particulière de mon nom.

Une des premières choses que nous avons remarquées quand la maison temporaire a été trouvée pour nous près de Auch, c'est que le nom du domaine était "En Laurenc". Cela est proche et intéressant, mais il devait y avoir encore bien, bien davantage. En fait, le "davantage" s'est produit au travers de la connexion avec Rennes-le-Château.

J'ai étudié et lu beaucoup sur ce mystère, et j'ai même écrit une série qui peut être lue sur la Toile[496]. Le lecteur verra que j'admets qu'il y a un mystère à Rennes-le-Château, mais il n'est pas là où le placent des dizaines de théoriciens. *Le grand mystère de Rennes-le-*

---

[495] Phrase originale: "No, we be berry berry goood to Lawra!" (NdT)
[496] http://www.cassiopaea.org/cass/grail.htm

Château est celui du livre écrit par l'abbé Boudet : "La Vraie Langue Celtique".[497]

C'est au cours de notre visite à Alet-les-Bains, où Béranger Saunière a d'abord été curé, que nous avons appris que c'était là et non pas à St. Rémy qu'était né en fait Nostradamus. Comme vous allez le voir, cela a son importance.

> Revenons à :"*we be berry berry goood to Lawra!*" après une digression par Rennes-le-Château, et les mots de Canseliet "... la clef de l'arcane majeur est donnée, sans aucune fiction, *par l'une des figures qui ornent le présent ouvrage. Et cette clef consiste tout uniment en une couleur manifestée à l'artisan dès le premier travail.*
>
> Les premiers mots du Mystère des Cathédrales nous mènent au chapitre SEPT où nous lisons: "Varron, dans ses *Antiquitates rerum humanorum*, rappelle la légende d'Enée sauvant son père et ses pénates des flammes de Troie et aboutissant, après de longues pérégrinations, aux champs de *Laurente* [...], terme de son voyage.

Et la note de bas de page ajoutée par Fulcanelli: "*Laurente*, (Laurentium) Laurentum, Laurente- est cabalistiquement l'or ente, ou l'**or enté**". Et puis il y a *En Laurenc* non loin de la cathédrale d'Auch.

Je savais que je me trouvais devant un puzzle complexe à assembler. Sachant que l'abbé Boudet, le personnage le plus intéressant du mystère de Rennes-le-Château, avait écrit un livre très curieux sur *La Vraie Langue Celtique*, où il sème des indices semblables à «la langue verte des oiseaux» au sujet de lieux et de noms en France, j'ai décidé d'aller voir ce qu'il avait à dire au sujet d'Auch.

LES GASCONS. – LES OCCITANI. LES AQUITAINS ET LEURS TRIBUS. – AUCH. BORDEAUX.

Les Celtes avaient imposé aux descendants de Tubal certaines dénominations dans lesquelles se révélaient des coutumes que les siècles n'ont pu effacer. Ainsi, le nom de Vardulles a été donné à une tribu ibérienne à cause de l'habitude de ces peuples de conserver sur leurs épaules, et le jour et la nuit, une espèce de

---

[497] Le lecteur souhaitera peut-être lire le texte de mon exposé sur Rennes-le-Château publié sur la Toile : :http://www.cassiopaea.org/cass/grail_5f.htm. Pour nos photos de l'endroit et les commentaires, voir: The Quantum Future Group Goes to Rennes-le-Château: http://www.cassiopaea.org/Rennes-le-Chateau/

manteau – *to ward*, garder, – *hull*, couverture extérieure, manteau, – et on sait que les fils des Vardulles ne dérogent point à cet usage.

Il n'entre point dans notre pensée d'examiner tous les noms des tribus ibériennes ; il faut faire néanmoins une exception bien méritée pour les **Vascons ou Gascons**.

« D'après l'histoire, les **Basques** avaient le privilège de «former l'avant-garde des armées carthaginoises», et de se «mesurer les premiers avec l'ennemi». Leur réputation de courage indomptable était si bien établie, que « César n'osant point traverser la Vasconie, tant il les redoutait, se rendit en Espagne, pour éviter leur rencontre, par la vallée d'Aspe, dans le Béarn». Les **Gascons** ont donné leur nom à notre **Gascogne** française. On ne peut guère dire que leur établissement dans l'Aquitaine ait été un envahissement, car **les Aquitains étaient pour eux des frères**, et les Gascons étaient venus à leur secours pour combattre le joug de la domination que Clovis cherchait à leur imposer. Nous les voyons d'abord sous les enfants de Clovis établis jusqu'à la rive droite de l'Adour, et plus tard, vers l'année 626 après Jésus-Christ, occupant la Novempopulanie tout entière qui désormais s'appelle Gascogne.

Ils ont reçu leur nom étrange de la chaussure particulière qu'ils avaient adoptée et que leurs descendants n'ont point abandonnée. *Gaskins*, en langue celtique, signifie une large chaussure à l'antique. C'est la sandale qu'en Languedoc on nomme *spardillo*, en Catalogne *spadrilla*, et que les Basques appellent *spartinac*. Il est loin de manquer de sens le mot *spartinac* : il est composé du verbe *to spar*, préluder au combat, et de l'adjectif *thin* (*thinn*), délié, clairsemé, peu nombreux.

Cette chaussure légère permettait aux Basques de se livrer à la guerre d'embuscades: doués d'une agilité rare, et pour ainsi dire insaisissables, ils avançaient peu nombreux, préludant au combat par des coups sûrs et isolés qui devaient singulièrement étonner leurs ennemis. Ce terme *spartinac* nous montre dans son vrai jour le caractère du génie guerrier des Basques: ils étaient dans ces temps reculés ce qu'ils sont encore aujourd'hui, des guerrilleros.

Après nous avoir donné la signification des noms des tribus ibériennes, la langue celtique nous expliquera avec la même facilité ceux des tribus vivant dans l'Aquitaine. Dans cette partie de la Gaule, la famille celtique a laissé les traces les plus grandes et les plus fortes de son mélange avec la famille ibérienne. Tous les auteurs ont reproduit les traits différents de caractère qui séparent les Ibères et les Celtes : ceux ci étaient gais, légers, ardents, aimant les combats et prompts à l'attaque; les Ibères au contraire étaient graves, sérieux, presque sombres, aimant aussi la guerre et la soutenant avec une opiniâtreté invincible. Lorsque les deux peuples se sont rencontrés, le choc a dû être terrible. Après avoir combattu pour la possession du pays, rapporte Diodore de Sicile, les Celtes et les Ibères l'ont habité en commun, en vertu d'un accord pacifique, et ils se sont mêlés par des alliances. De ce mélange est sortie la nation Celtibérienne, dans laquelle le sang ibère est resté prédominant.

Les Aquitains qui, d'après leurs traditions, ne seraient pas issus des Celtes, appartiennent à la famille Celtibérienne, car s'ils se rapprochent fortement des Ibères par les traits et les moeurs, ils n'en ont pas moins adopté les habitudes et les institutions des Celtes. Nous en présenterons une preuve dans l'institution des *soldures*, qui nous paraît être absolument celtique quoiqu'on l'attribue généralement à la nation ibérienne.

«Une institution qui lui est particulière» (à l'Aquitaine), et «qui est étrangère aux Gaulois», dit le très estimable auteur de *l'Histoire de la Gascogne*, l'abbé Monlezun, «est celle des *solduriens*, ou plutôt *saldunes* (de *l'Escualdunal, zaldi* ou *saldi*, cheval ; *salduna*, qui a un cheval, cavalier, *l'eques* romain); on nommait ainsi des soldats qui se vouaient à un chef, partageaient à jamais sa destinée ou plutôt s'identifiaient tellement avec lui qu'il n'est pas d'exemple qu'un seul lui ait jamais survécu. (1) Dès que le chef succombait, on les voyait chercher dans la mêlée un mort glorieuse, et s'ils ne pouvaient l'y trouver, ils revenaient se percer sur le corps de celui qui avait leur foi ».

On peut observer que dans le récit de la guerre contre les Aquitains, César parle seulement de l'institution des *soldurii*, sans affirmer d'ailleurs que les *soldures* n'existassent point dans les autres parties de la Gaule. Ce terme de *soldures*, qui dans la langue basque n'offre aucune idée à l'esprit, présente au contraire, dans la langue des Tectosages, un sens parfaitement en rapport avec l'institution elle-même. C'est le soldat dévoué à son chef, à la vie, à la mort; il vivra ou mourra avec lui, et les accidents de la guerre ne les sépareront pas; la vie du soldure ne durera pas plus que la vie de son chef. – *Soul* (*sôl*), vie, âme. – *to dure* (*dioure*), durer.–

De nos jours encore, le soldat ne se nomme-t-il pas *soldier,* dans l'anglo-saxon ? D'où provient ce *soldier*, sinon de *soldure* (*soldioure*), et comment ce terme existerait-il dans l'anglo-saxon, **si l'institution des *soldurii* eût été particulière aux Ibères? Cette institution, qui, nous semble-t-il, est commune aux Celtes et aux Celtibères, nous indique comment, sur le sol aquitain, s'était opérée la fusion des deux familles.**

Le nom d'*Occitania* a été employé pour désigner l'Aquitaine. Charles VII, dans l'ordonnance portant érection du Parlement de

Toulouse, la nomme *Patria Occitania* : ce qui a donné sujet au pape Innocent VI, dans son registre, d'appeler ce païs *Occitania*. Mais communément et le plus souvent il est nommé dans les anciens actes *patria linguae Occitaniae*.

L'auteur des Mémoires de l'Histoire du Languedoc voudrait, à cause de la première syllabe d'*Occitania*, appliquer ce terme au Languedoc, mais cette expression, désassemblée et interprétée par la langue celtique nous montre avec la dernière évidence que les *Occitani* étaient les habitants des côtes maritimes qui enserrent le golfe de Gascogne, c'est-à-dire, les Aquitains et les Cantabres.

La réputation des Basques et des Cantabres comme intrépides marins n'a jamais été contestée, et ce n'est pas sans raison qu'ils s'attribuent l'honneur d'avoir, les premiers, donné la chasse à la baleine. Du reste, si les baleines tombaient peut-être rarement sous leurs coups, il n'en était pas de même des marsouins, et cette chasse habituelle aux marsouins leur a valu le nom d'Occitani – *hog-sea* (*hogsi*), marsouin, – *to hit*, frapper, – *hand*, la main – *hogsihithand*. – Le terme *Occitani* était donc un nom général désignant les pêcheurs du golfe de Gascogne. Les Celtibères de l'intérieur du pays compris entre l'Océan, les Pyrénées et la Garonne, avaient reçu une autre dénomination, générale aussi, celle d'*Aquitani*. Les Basques appellent dit-on, leur langue, *l'Escualdunac* : c'est le langage des dompteurs de chevaux, dompteurs au visage sombre et refrogné – *scowl* (*skaoul*), air sombre et refrogné, – *to down* (*daoun*), dompter, – *hack*, cheval.– Le titre de dompteurs de chevaux n'appartient pas aux seuls Basques, il doit être partagé par les *Aquitani*, et cette communauté de goûts et de moeurs nous semble un trait remarquable d'affinité, qu'il ne faut point négliger.

Il eut été difficile aux Aquitains d'être de mauvais cavaliers, car leur pays était fécond en chevaux renommés.

Le savant Bénédictin, Dom Martin, à qui les auteurs modernes ont emprunté les détails les plus curieux sur les moeurs, le gouvernement et la religion des Celtes, comprenait que cette production de magnifiques chevaux avait eu une grande influence sur le nom donné à l'Aquitaine. Aussi avance-t-il que ce pays s'était d'abord appelé *Equitaine*, du latin, *equus*, cheval. La sagacité remarquable du docte religieux n'était guère en défaut, car c'étaient encore de hardis dompteurs de chevaux, que ces Aquitani – *hack*, cheval, – *to cow* (*kaou*) intimider, – *to hit*, frapper, – *hand*, main, – *hackcowhithand*. –

La passion du cheval est-elle disparue du coeur des Aquitains modernes? Il est certain qu'elle possède encore le même degré de vivacité, malgré les changements apportés par les siècles dans les habitudes: les exercices équestres d'un cirque quelconque suffisent, en effet, pour exciter dans l'âme des Aquitains et des Gascons un intérêt et un enthousiasme qui ne sauraient être contenus.

Les tribus qui vivaient dans l'Aquitaine étaient au nombre de quarante environ, parmi lesquelles neuf principales ont fait donner par les Romains à ce pays le nom de *Novempopulanie*. Nous examinerons les noms de quelques-unes de ces tribus avec ceux de plusieurs villes, et nous constaterons qu'ils appartiennent tous à la langue celtique.

Les *Tarbelli* occupaient les côtes de l'Océan, et Ausone n'hésite pas à appeler le golfe de Gascogne, l'océan Tarbellien. Strabon prétend que leur pays était riche d'un or excellent: cependant les mines d'or de la contrée n'étaient pour rien dans le nom qu'ils portaient. Marins soigneux et prévoyants, ils savaient goudronner leurs barques légères pour lutter contre l'action destructive des eaux de la mer – *to tar,* goudronner, – *to belly*, bomber. – A l'extrémité de leur territoire, du côté de l'Espagne, les Tarbelli possédaient une ville, *Lapurdum*, dont le nom a servi plus tard à désigner le pays de Labour ou Labourdan. On croit que c'est Bayonne (1) *Lapurdum*, l'ancien Bayonne, devait être placé sur les bords de la mer, puisque les flots de l'Océan Tarbellien arrivaient jusqu'à lui, – *to lap*, lécher, – *ord*, bord, – *Lapord.* –

Les *Bigerriones* dont parle César, occupaient le pays dont Tarbes est aujourd'hui le chef-lieu.

De *Bigerriones* est venu le nom de Bigorre qui désignait anciennement un château fort défendant la ville de Tarbes. Deux de ses premiers pasteurs, Aper, dans le concile d'Agde, et St-Julien dans le quatrième concile d'Orléans, s'intitulent, l'un, évêque de la cité de Bigorre, *civatis Bigorritanae*, et l'autre, évêque de la cité *Bigerricae*. Grégoire de Tours ne la nomme jamais autrement. (1)

Quelques auteurs ont cru pouvoir faire dériver Bigorre de deux mots basques, *bis*, deux, *gora*, hauteur ; mais cette interprétation par le basque n'offre aucun sens précis.

Ausone appelle ce petit peuple *Bigerri*, et il paraît bien qu'il nous a transmis avec le véritable nom, la prononciation la plus exacte. Ces montagnards étaient des dévastateurs, des pillards dont l'intrépidité n'avait jamais fléchi. C'est là le trait de moeurs retracé dans les *Bigerri* d'Ausone – *big*, courageux, *to harry* (*herri*), piller, dévaster –.

Les *Auscii* formaient dans l'Aquitaine la tribu la plus puissante. Les anciens géographes donnent à leur ville principale le nom de *Climberris*. Nous croyons bien à une erreur de leur part ; ils n'ont point saisi le sens exact de ce terme, distinctif d'une contrée entière, car Auch n'a jamais pu voir varier son nom qu'il a emprunté aux *Auscii*. Du reste, il nous semble qu'on peut découvrir la vérité par la signification de *Climberris* qui devait s'appliquer à toute la contrée comprenant aussi bien la ville d'Auch que celle d'Eluse. Tout ce pays produisait des baies et des grains – *clime*, région, pays, – *berry*, baie, grain, – *Climeberry* –. Pourquoi aurait-on attribué à une seule ville la production des grains et des baies de raisins, dès lors que c'était là une production générale de la région ? Et qu'on ne soit pas étonné de voir les baies de la vigne, les raisins entrer dans la composition de Climberris, car la vigne existait dans les Gaules à l'état sauvage. Un temps considérable s'était écoulé peut-être sans qu'on ait songé à sa culture, et l'histoire semble faire honneur aux Grecs d'avoir enseigné aux Celtes à faire le vin, ce qui nous paraît d'ailleurs fort douteux, les Gaulois étant aussi avancés que les Grecs dans la civilisation matérielle, et supérieurs aux fils de Javan dans les sciences philosophique et religieuse.

Nous avons déjà dit qu'Auch avait emprunté son nom aux *Auscii* et était leur ville principale. En cherchant à donner à Auch une prononciation celtique, on est forcé de dire *Aouch* et c'est probablement l'appellation véritable de cette ville, s'écrivant en anglo-saxon *Ouch*, et se prononçant *Aoutch*.

Ouch signifie collier d'or, enchâssure d'une pierre précieuse, et *Auscii* désigne les ouvriers habiles, appliqués au travail des métaux précieux et fabriquant ces magnifiques colliers d'or dont les guerriers ornaient leur poitrine dans les grands jours de joie qui, pour eux, étaient les jours de combat – *ouch* (*aoutch*), collier d'or, – *hew* (*hiou*), tailler –

Les Auscii pouvaient aisément se rendre habiles dans les ouvrages d'or; ce métal était presque à fleur de terre dans leur région, et divers historiens prétendent que les avides marchands grecs et phéniciens, revenant dans leur pays, donnaient pour lest à leur vaisseaux l'or recueilli dans les Pyrénées.

[...]

"We be berry, berry goood to Lawra" indeed!

> **Varron**, dans ses *Antiquitates rerum humanorum*, rappelle la légende d'Enée sauvant son père et ses pénates des flammes de Troie et aboutissant, après de longues pérégrinations, aux champs de Laurente [...], terme de son voyage.

Je vais laisser ici ce passage ainsi que les autres indices que j'ai révélés, pour présenter au lecteur la cathédrale d' Auch en tant que cathédrale des *Mystères des Cathédrales* de Fulcanelli.

Ceci nous ramène aux sibylles. Fulcanelli avertit ses lecteurs qu'il est essentiel de posséder une bonne éducation classique pour pouvoir lire entre ses lignes. Ainsi que nous l'avons dit, la sibylle de Cumes a été rendue célèbre par Virgile, pour avoir prédit la naissance d'un sauveur et pour avoir servi de guide à *Enée* dans son voyage souterrain. La suite de la lecture du chapitre sept nous fait découvrir que Fulcanelli parle justement de cela, et nous remarquons une nouvelle fois son allusion particulière à Varron.

Le meilleur et le plus connu des catalogues des sibylles (bien que l'original ait été perdu) est celui de Varron (M. Terentius Varro - 116-27 av. J.C.) le savant écrivain romain, cité par Fulcanelli, (et dont les dix sibylles nommées sont connues par les *Divinae Institutiones* de Lactance (*Lactantius*, Lucius Caelius ou Caecilius Firmianus), environ 250 –323 AD). C'est le premier livre à avoir été imprimé en Italie (Subiaco, 1465). La sibylle est restée, pour les Chrétiens encore très attachés à leurs racines païennes, un témoin direct de la *Gesta Dei,* la Geste des Dieux, c'est-à-dire les exploits des dieux.

A la période hellénistique, des élucubrations d'origine juive sont apparues à Alexandrie, où on les a fait passer pour des oracles sibyllins, et elles ont été utilisées à titre de propagande. Il est supposé que d'authentiques oracles sibyllins ont existé dans le temple de Jupiter Capitolin à Rome, jusqu'à la fin de l'empire romain. Ce qui nous en reste est une compilation plutôt chaotique intitulée *Oracula Sibyllina,* ouvrage empli de propagande et de prédictions apocalyptiques. Le texte grec antique a pu être retrouvé et a été publié à Bâle en 1545.

Les sibylles ont été des figures populaires de l'art médiéval et de la Renaissance, les représentations les plus célèbres restant celles peintes par Michelange dans sa Chapelle Sixtine. Souvenons-nous que Raymond Montané compare les oeuvres visibles à Auch à celles de Michelange Ce sujet a presque complètement disparu de l'art chrétien après le Concile de Trente clôturé en 1563. La consécration de la cathédrale d'Auch a eu lieu le 12 février 1548[498]. A cette époque, les 18 vitraux d'Arnaud de Moles et les 113 stalles du choeur sont terminés et représentent abondamment les sibylles. La représentation de toutes ces sibylles est en elle-même une bizarrerie.

---

[498] Une des choses intéressantes que j'ai notées à propos de la cathédrale d'Auch est que la date de sa dédicace est un 12 février, et que mon jour d'anniversaire est précisément le 12 février.

Les sibylles faisaient leurs prophéties en état d'extase ce qui, comme l'apprendra le lecteur, est lié à la fonction d'ascension ou de descente extatique opérée par le chamane et, à l'origine, une fonction exclusivement féminine. Voilà qui nous ramène à la description faite par Fulcanelli de son propre état d'extase à la vue de sa première cathédrale gothique.

Le lecteur astucieux aura sans aucun doute saisi la signification de tout cela.

Fulcanelli a inséré une note de bas de page après le mot *Laurentum:* Laurentium, Laurentum, Laurente- est cabalistiquement l'or ente, ou l'**or enté**. C'est ainsi que nous avons été conduits vers une *couleur*!

Comme le lecteur l'aura découvert à présent, la résolution du plus grand mystère de notre monde est d'une part très simple et évidente, et d'autre part très compliquée, comme un labyrinthe. La fin du chapitre VII du *Mystère des Cathédrales* nous reporte à la Vierge:

> Dans l'iconographie symbolique, l'étoile sert à désigner aussi bien la conception que la naissance. La Vierge est souvent représentée nimbée d'étoiles. Celle de Larmor (Morbihan), qui fait partie d'un fort joli triptyque interprétant la mort du Christ et la souffrance de Marie, -- *Mater dolorosa*, -- où l'on peut remarquer, dans le ciel de la composition centrale, le soleil, la lune, les étoiles et l'écharpe d'Iris, tient de la main droite une grande étoile, -- *maris stella*, -- épithète donnée à la Vierge dans une hymne catholique.

Ce petit passage est lourd de sens et d'indices qui conduisent dans plusieurs directions à la fois. D'abord, il suggère que nous reliions la Vierge au *Camino de Santiago de Compostela*.

Le mot *Compostela* provient manifestement de "*campus stellae*" ou *champ de l'étoile*. Tout le chemin de Saint-Jacques, depuis Saint-Jean-Pied-de-Port jusqu'à Compostelle, est semé de villages, lieux et montagnes nommés d'après des étoiles, comme pour suggérer que le *Camino* tout entier est une route stellaire, une route menant à un point particulier: *le champ de l'étoile*. Fulcanelli nous donne un indice:

C'est ainsi qu'on appelle encore la Voie Lactée. Les mythologues grecs nous disent que les dieux empruntaient cette voie pour se rendre au palais de Zeus et que les héros la prenaient également pour entrer dans l'Olympe. Le Chemin de Saint-Jacques est la route étoilée, accessible aux élus, aux mortels valeureux, savants et persévérants.

Nous nous remémorons ici l'indice donné au cours d'une transmission cassiopéenne:

> R : Les champs de luzerne en Rhénanie produisent des trésors encore jamais vus même en rêve.
> Q: Où se trouvent ces champs de luzerne?
> R : Auprès de pistes bien usées.
> Q: [...] Vous voulez dire la Rhénanie, en Allemagne?
> R : Nous ne parlons pas de Rhinelander dans le Wisconsin... Ou bien le faisons-nous?!? Qui peut le dire?
> Q: Qui?
> R : Le chercheur, le tombeau, celui qui porte le bâton dans sa recherche constante de pâturages plus verts.
> Q: Oh mon Dieu! Vous êtes vraiment très obscurs ce soir! [...] d'autres indices pour moi ou Ark?
> R : Dernier indice pour ce soir: cherchez la fréquence vibratoire de la lumière. Bonne nuit.

"Auprès de pistes bien usées" peut certainement être considéré comme une allusion au chemin de Saint-Jacques de Compostelle.

Fucanelli nous donne un indice:

> C'est ainsi qu'on appelle encore la Voie lactée. Les mythologues grecs nous disent que les dieux empruntaient cette voie pour se rendre au palais de Zeus et que les héros la prenaient également pour entrer dans l'Olympe. **Le Chemin de Saint-Jacques est la route étoilée**, accessible aux élus, aux mortels valeureux, savants et persévérants.

Une autre interprétation tire son origine du terme alchimique *compost*. Ceci se réfère au sujet des préfaces de Canseliet: *l'apparition d'une étoile blanche indiquant l'accomplissement de la première partie du Grand Oeuvre*. Fulcanelli note:

> L'opération est achevée lorsque paraît à la surface une *étoile* brillante, formée de rayons émanant d'un centre unique, prototype des grandes *roses* de nos cathédrales gothiques. C'est là le signe certain que le pèlerin est parvenu heureusement au terme de son premier voyage. Il a reçu la bénédiction mystique de Saint-Jacques, confirmée par l'empreinte lumineuse qui rayonnait, dit-on, au-dessus du tombeau de l'apôtre. L'humble et commune coquille qu'il portait au chapeau s'est changée en astre éclatant, en auréole de lumière. Matière pure, dont l'étoile hermétique consacre la perfection: c'est maintenant notre *compost*, l'eau bénite de *Compostelle* (lat. *compus*, qui a reçu, possède, -- *stella*, l'étoile), et l'albâtre des sages (*albastrum*, contraction de *alabastrum*, étoile blanche). C'est aussi le *vase* aux parfums, le *vase d'albâtre* (… lat. *alabastrus*) et le bouton naissant de la *fleur* de sapience, *rosa hermetica*.

C'est seulement après mon arrivée en France que j'ai pu comprendre l'importance de la relation entre la Vierge, l'étoile, le Chemin (ou *Camino*), la Voie Lactée, et mon propre chemin. Cela faisait des années que je n'avais plus pu apercevoir clairement les étoiles depuis notre maison en Floride. Il y a tellement de pollution que seules les étoiles les plus brillantes peuvent être vues par nuits claires. Je n'avais plus vu la Voie Lactée depuis mon enfance.

> Dans la France rurale, les cieux sont un délice pour les observateurs d'étoiles. Nous sommes sortis un soir de la maison et la Voie Lactée était si claire et chatoyante qu'elle ressemblait à des doigts de lumière faisant vibrer les cordes de quelque grande harpe atmosphérique. Et tout là-bas, à l'extrémité de la Voie Lactée, comme une ponctuation de la destination finale était Cassiopée, gigantesque lettre M ou W selon la saison de l'année. Il est indubitable que la constellation de Cassiopée a une configuration qui ressemble à celle de la coquille de Saint-Jacques. La coquille est une étoile, l'étoile est le vase d'albâtre, la rose hermétique, l'Etoile qui se trouve *dans la main* de la Vierge.

Cassiopée est une belle constellation qui se trouve au bord de la galaxie de la Voie Lactée; elle est associée à ce que nous connaissons sous le nom de *Constellation des Perséides*.

Cassiopée est une femme assise sur un trône; à sa droite se trouve le roi couronné d'étoiles, Céphée, qui tient son sceptre incliné vers elle. D'anciens écrits la décrivent comme son épouse; parfois d'anciennes sources l'ont nommée «*la Fiancée, l'Epouse de l'Agneau*».

Cassiopée était la fille *d'Arabus* (dont le nom a été donné à l'Arabie), un fils d'Hermès. On suppose, si l'on se réfère aux mythes "stalinisés" des anciens Grecs, que Cassiopée était une femme orgueilleuse et obstinée, et que c'est pour cette raison que sa fille a dû passer par tant de souffrances. Poséidon aurait placé Cassiopée dans les cieux en châtiment – et cependant cela est en général un honneur et une récompense. Comment expliquer ce fait déroutant?

Cassiopée est assise sur un siège qui se renverse toutes les vingt-quatre heures, ce qui est supposé constituer son châtiment. Cependant, TOUTES les constellations sont «renversées» toutes les 24 heures selon la perspective adoptée.

Dans l'optique des concepts de la "Triple Déesse", Cassiopée pourrait être vue comme l'élément maternel de la triade formée avec Andromède, la Vierge, et Méduse la Vieille Sorcière, l'élément destructeur dans l'histoire. Cassiopée est souvent représentée tenant une palme, symbole de fertilité qui la rend comparable à Déméter remettant du blé à Triptolème. Notons que *la Sibylle de Samos, dépeinte sur les vitraux d'Arnaud de Moles, tient une palme*.

Julius Schiller (1627) *voyait en Cassiopée Marie-Madeleine*, et certains ont vu un parallèle entre Cassiopée et Bethsabé.

Les Celtes appelaient cette constellation *Ilys Don*, la "maison de Don," ou "*Tuatha de Danaan*". Dans ce rôle de Danaé, elle était la mère de Persée. Nous pouvons donc voir la fusion des deux femmes, et le *hieros gamos* (mariage sacré) de Persée avec sa soeur Andromède, comme une expression de l'androgyne alchimique, achevant le Grand Oeuvre.

Dans le cadre des mythes et récits sur la recherche du Saint-Graal ou, dans une moderne métaphore, la possibilité d'échapper aux griffes de la Matrice – la plupart des figures apparaissant dans les constellations grecques sont censées avoir été placées là par un des dieux afin de les honorer et de perpétuer leur souvenir. Les figures "constellataires" de Céphée et Cassiopée sont inhabituelles en ce sens qu'elles n'ont pas reçu leur position à titre honorifique, mais *qu'elles y ont été placées pour compléter l'histoire de Persée, Andromède et Cétus*. Nous avons ici un groupe de cinq constellations, groupe insolite dans le sens où *il s'agit ici du seul mythe classique à être représenté dans sa totalité*.

Ceci pourrait-il constituer une «piste», un indice que ce mythe est une sorte de "bouteille à la mer" contenant un message pour l'humanité? Cassiopée, le champ des étoiles:

> L'opération est achevée lorsqu'apparaît à la surface une *étoile* brillante, formée de rayons émanant d'un centre unique, prototype des grandes *roses* de nos cathédrales gothiques. C'est là le signe certain que le pèlerin est parvenu heureusement au terme de son premier voyage. Il a reçu la bénédiction mystique de Saint-Jacques, confirmée par l'empreinte lumineuse qui rayonnait, dit-on, au-dessus du tombeau de l'apôtre. L'humble et commune coquille qu'il portait au chapeau s'est changée en astre éclatant, en auréole de lumière. Matière pure, dont l'étoile hermétique consacre la perfection: c'est maintenant notre *compost*, l'eau bénite de *Compostelle* (lat. *compus*, qui a reçu, possède, -- *stella*, l'étoile), et l'albâtre des sages (*albastrum*, contraction de *alabastrum*, étoile blanche). C'est aussi le *vase* aux parfums, le *vase d'albâtre* (… lat. *alabastrus*) et le bouton naissant de la *fleur* de sapience, *rosa hermetica*.

Cassiopée: une étoile brillante formée par les rayons en provenance d'un centre, le prototype des grandes rosaces de nos cathédrales gothiques. [*Voir Planche 8.*] Ceci est le signe certain que le pèlerin a atteint avec succès la fin de son premier voyage... Il a reçu la bénédiction mystique de Saint-Jacques

"Nous sommes vous dans le futur ", ont-ils dit. "Nous transmettons 'au travers de' l'ouverture qui se présente dans l'endroit que vous représentez comme Cassiopée, grâce aux fortes pulsations radio alignées depuis Cassiopée, et qui sont dues à un pulsar émanant d'une étoile à neutrons qui se trouve derrière elle à 300 années-lumière, vu depuis l'endroit où vous êtes. Ceci permet un clair canal de transmission depuis la 6e densité vers la 3e densité... [en] temps "Zéro". [en utilisant l'électromagnétisme et la gravitation qui sont interconnectées ou, pourriez-vous dire, unifiées. L'espace et le temps sont sélectifs et flexibles.... voyez-vous, quand on utilise le temps-zéro l'espace est lui aussi zéro."]

Julius Schiller, qui a interprété les constellations sous l'angle chrétien, a vu dans Andromède le "*Sepulchrum Christi*", ou "tombeau du Christ". Il y a aussi l'analogie freudienne qui associe la barrique à la femme. Les implications de fertilité y sont manifestes: Le Christ se trouvait au tombeau, dans l'attente de sa résurrection –graine prête à germer au printemps. Cela nous ramène naturellement à ce qu'a dit Fulcanelli :

Il a reçu la bénédiction mystique de Saint-Jacques, confirmée par l'empreinte lumineuse qui rayonnait, dit-on, au-dessus du tombeau de l'apôtre.

Et aussi à l'indice de Cassiopée : 'Qui peut le dire ?..... Le chercheur, le tombeau, celui qui porte le bâton dans sa recherche constante de pâturages plus verts'.

Les Phéniciens ont vu dans la constellation d'Andromède une aire de battage, ce qui est une connotation intéressante quand on pense en termes de "récolte" et de "séparation du bon grain de l'ivraie». Le mot "tribulation" a lui aussi un rapport avec le battage ou séparation du grain de l'ivraie.

Sirrah, l'étoile qui scintille sur la tête d'Andromède, est également l'une des quatre étoiles qui constituent le carré de la constellation de Pégase (l'étalon de Persée) né du sang jaillissant de la gorgone décapitée, Méduse. Ce n'est PAS par coïncidence que l'étoile sur la tête d'Andromède est aussi considérée comme le "nombril" de Pégase le cheval, la jument, la mer, le bassin, la mère.

Pégase était le rejeton de Poséidon avec qui Méduse avait copulé dans le temple d'Athéna, violant ainsi l'espace sacré de la déesse. Cette violation était une offense sérieuse, car Athéna était fière d'être vierge; et "Parthénon" signifie "lieu de la/des vierge(s)".

Le nom de Pégase vient probablement du grec "*pêguê*" (πηγη) (la source), ce qui représente un nouveau lien avec l'idée que la décapitation de la gorgone correspond aussi à la *restauration des eaux* des vierges des puits dans les mythes du Graal, rétablissement permettant alors la «guérison» des terres arides.

Le cheval ailé n'est pas rare dans les représentations artistiques du Moyen Orient, et il illustre sans doute toujours ce même mythe. Certains affirment que pour les premiers Aryens cette constellation représentait *Asva,* le Soleil, et qu'elle était en fait *Théa,* la fille de Chiron. Elle était une compagne d'Artémis et avait été séduite par Eole, le dieu des Vents. Poséidon l'avait secourue en la transformant en *cheval.* Et l'association de longue date et bien connue des chevaux avec les Celtes et avec les Perséides devrait également être prise en considération.

Les Egyptiens avaient identifié cette constellation comme "La Servante," et certaines de ses étoiles comme un chacal. Les Arabes avaient appelé son quadrangle *Al Dalw*, ou "seau d'eau," également identifié comme la jarre dans la constellation zodiacale du Verseau, mon propre signe de naissance. Je pense que l'illustration ci-dessus est claire. Le cerveau est le cheval de Dieu que dompte l'aspirant pour pouvoir arriver à destination. Notons la ressemblance frappante avec la lettre grecque oméga (Ω).

Les Grecs ont reconnu dans les quatre étoiles de Pégase la *porte du paradis*. Les Hébreux l'ont nommée "*Cheval de Nemrod*". Les Chrétiens l'ont vue comme l'âne transportant le Christ à Jérusalem, ce qui suggère un culte caché et authentique rendu à la Déesse, et exprimé allégoriquement par la crucifixion. N'oublions pas non plus l'image des Templiers: deux hommes sur le dos d'un seul cheval. Qu'est-ce que cela pourrait donc représenter sinon une dualité: esprit et matière unifiés dans un commun «voyage à cheval»? Certains symboles alchimiques représentent soit deux hommes, soit un homme bicéphale, monté(s) sur un cheval qui grimpe à une échelle ou à un arbre.

Dans toutes les variantes du récit l'élément essentiel paraît être un héros qui accomplit une action impossible, à la suite de quoi il obtient un "cheval volant" qui lui permet d'accomplir des actions encore plus impossibles ayant toujours à voir avec des «délivrances». En plus de tout cela il reçoit la main de la jeune fille de son choix et - pour Persée en tout cas - il vit heureux pour le reste de ses jours.

En termes freudiens, le cheval ailé est associé au phallus puissant qui permet au héros de surmonter tous les obstacles. Il existe de nombreuses représentations artistiques de *phalloi* (φαλλοι) ailés dans la Grèce antique. Cet élément sexuel peut faire référence tant à d'authentiques principes de génétique qu'aux «opposés polaires» abordés dans le présent ouvrage, une tradition gnostique ancienne révélée par Boris Mouravieff.

Un des récits raconte que Persée avait construit un navire nommé Pégase, capable de filer à la voile aussi rapidement que le cheval volant. C'est là en fait le prototype de l'histoire des Argonautes, dont le lien est fait grâce au "Bélier volant" devenu par la suite la Toison d'Or. Et n'oublions pas que *les constellations dont nous parlons se trouvent toutes dans le signe du Bélier*. Dans ce récit, le frère et la soeur sont sauvés par le bélier volant, mais la soeur tombe à la mer. Serait-elle ensuite devenue Andromède? Voyons-nous la différence entre *Arès* (Mars) et *Aries* (le bélier) ?

Notons également que le thème des argonautes est cher à Fulcanelli, et qu'il y a fait référence comme une façon de parler en 'langue verte des oiseaux': "*Art cot*", ou art de la lumière. Nous retrouvons ici Jules Violle et sa mesure de la luminosité, le "*violle*". Fulcanelli a également associé Persée au Jason des Argonautes, et je suis convaincue qu'il s'agit là d'une 'erreur' délibérée.

Autre point important: de tous les héros des mythes et légendes antiques, Persée se distingue par sa réussite suprême; beaucoup d'autres sont partis pleins de bonnes intentions, ont connu certains succès, mais ont ensuite perdu leur gloire soit à cause de leur arrogance, soit par la tromperie, soit en succombant à la tentation.

Un rapport intéressant entre Cassiopée et Danaé est qu'elles sont toutes deux à la «racine» du problème débouchant sur l'action principale de l'histoire. Persée est mis en grand danger par ses efforts pour "sauver" sa mère, et Andromède est également exposée à un grand péril à titre de "sacrifice" pour sa mère. Pour une raison inconnue, Danaé est incapable de dire «non» à Polydectès – il est plus puissant qu'elle – et la très maligne Cassiopée parle en faveur de sa fille et de la beauté de sa fille, et les voilà toutes deux dans le bain.

D'autre part, Cassiopée a peut-être su ce qu'elle faisait en obligeant sa fille à devenir un appât pour le serpent de mer Cétus. En tant que "Oracle," elle devait savoir que Persée, tout comme Néo, serait à même de vaincre tous les obstacles *pour aller sauver son prochain;* et voilà le «petit quelque chose en plus»: la juste perspective du service d'autrui, nécessaire à la réussite.

Le résultat fut naturellement que Persée mit à mort le serpent de mer et épousa Andromède. Ils se mirent en route ensemble comme une équipe: redressant les torts, libérant les opprimés, changeant en pierre les mauvais, et ils vécurent heureux le reste de leur âge, pour autant qu'on le sache.

Donc, comme un symbole de libération par rapport à la Matrice, nous voyons d'abord que c'est Persée le héros choisi et ensuite que la dynamique du seul mythe à être représenté dans son ensemble dans les Cieux au-dessus de nos têtes est celle qui nous suggère de "suivre une piste" grâce à des indices qui permettront à chacun non seulement de couper la tête à sa propre Méduse, libérant de la sorte la Vérité sous la forme du Cheval Ailé Pégase, mais également, avec l'aide de cette Vérité, de participer à la délivrance d'Andromède.

Nous croyons qu'il n'y a pas devant nous de tâche plus importante sur Terre à présent.

Pour en revenir au présent, quand nous avons emménagé dans notre demeure actuelle, nous avons remarqué que le village d'à côté se nomme "Belcassé". Ce nom m'intéressait car il me rappelait la «Belle Cassiopée». Nous avons appris que ce nom signifie «Beau Chêne». J'ai suivi à la trace les mots et significations, pour enfin réaliser que Cassiopée pourrait signifier très littéralement la «Voix du Chêne», la Sibylle, la Grande Mère, la Vierge. Les choses sont devenues encore plus intéressantes quand j'ai appris que le village portait jadis le nom de « *Lampe Adagio* » (Lampe Lente) .... «*cherchez la fréquence de la lumière*».

Cette région, qui se trouve à peu de distance d'Agen, où Nostradamus a passé de nombreuses années (nous y reviendrons) était un centre important pour les Cathares, tout comme Alet-les-Bains, lieu de naissance de Nostradamus. Ce qui est intéressant, c'est que même les moines catholiques avaient été «contaminés par cette hérésie», et il existe des récits de Cathares protégés dans des maisons religieuses locales. Par exemple, l'abbaye de Belleperche, située sur la Garonne, et que je peux apercevoir depuis la fenêtre de mon bureau, possédait jadis toutes les terres, jusqu'à notre château. Ces terres étaient renommées pour leurs chevaux. De nombreuses terres qui produisent à présent du froment, du colza, du tournesol, etc., étaient utilisées comme pâturages pour les chevaux. « Champs de luzerne en Rhénanie ?».....

Sur la couverture du présent ouvrage est représentée une mise au tombeau du Christ. Elle se trouve dans la chapelle n° 17, auparavant nommée «chapelle royale». C'est à cet endroit que la première pierre de la cathédrale a été posée, le 4 juillet 1489. Ici aussi j'ai trouvé une synchronicité, puisque c'est un 4 juillet qu'Ark m'a écrit pour la première fois, de Florence, là où Léonard de Vinci a passé une grande partie de sa vie. C'est aussi dans la crypte directement sous la chapelle n°17 où se trouve la mise au tombeau ou le «tombeau», qu'une autre coïncidence a été notée : à ma première visite (je suis tellement devenue une habituée des lieux que le sacristain se contente de me remettre la clé au lieu de m'y emmener lui-même), alors que je me tenais sous la mise au tombeau du Christ, tout en regardant autour de moi sans réellement focaliser mon regard, j'ai fini par regarder le sol sous mes pieds. Il y avait là un tombeau, celui d'un archevêque, et ce tombeau portait la date de sa nomination et celle de sa mort. Une des dates, devant mes orteils, était celle de ma naissance, et l'autre celle de la naissance de mon mari, Ark. La cathédrale avait également été consacrée le jour de mon anniversaire : un 12 février. [*Voir Planche 9.*]

Nous avons discuté des singulières synchronicités de dates avec le mathématicien Robert Coquereaux[499] . Il a admis que notre choix, plus ou moins dû au hasard, de la région de notre nouveau home, région qui abrite une cathédrale consacrée à mon jour anniversaire, dont la première pierre a été posée au jour où Ark m'a écrit pour la première fois, cathédrale abritant dans la crypte, au-dessus de la première pierre, une pierre tombale portant nos deux jours d'anniversaire, c'était « aller un peu loin dans les coïncidences ». Mais en véritable homme de science il a suggéré de faire autant d'analyses que possible avant de tirer aucune conclusion.

Pour en revenir à la mise au tombeau du Christ, qui se trouve dans la chapelle au-dessus de la tombe de Pierre-Henri Gérault de Langalerie, nous en trouvons une excellente description dans les écrits de Raymond Montané :

> La mise au tombeau rassemble d'une manière très inhabituelle huit personnages traditionnels. Il y a Jésus déposé sur un suaire et derrière lui, Marie la mère de Jésus, deux femmes, Saint-Jean l'apôtre, et Marie-Madeleine tenant sa jarre d'albâtre, placée aux pieds de Jésus. Joseph d'Arimathie et Nicodème tiennent chacun une extrémité du suaire.

Chaque personnage du tableau est identifiable par son attitude, des détails de son costume, sa position par rapport à Jésus, ou par l'objet qu'il tient entre les mains. *La femme qui se tient à côté de la mère de Jésus est représentée d'une manière très particulière: elle occupe en fait la place d'honneur au centre et tient la couronne d'épines une «étoile» peut-être*? Elle porte une coiffe de femme mariée et sa place d'honneur fait d'elle *l'épouse de Jésus*. Mais elle n'est pas Marie-Madeleine, qui est, elle, clairement positionnée aux pieds. [*Voir Planche 10.*]Le prêtre Raymond Montané, qui a passé sa vie à étudier la cathédrale et son art, nous dit:

---

[499] Voir "The Cave Beneath the Sea": http://www.cassiopaea.org/cass/Laura-Knight-Jadczyk/article-lkj-18-10-03.htm

> Le dais, de style flamboyant, est donc orné d'une trinité originale. Il s'agit de la «monstration» du Christ en croix, par Dieu le Père lui-même. Le Saint Esprit, symbolisé par une colombe, est placé entre le Père et le Fils. Cette théophanie est bien en rapport avec la mise en tombeau, et plus encore avec les *fondements théologiques* de la Passion, *mais non pas avec le texte proprement dit des évangiles.*

Il note en passant que le monument a été *inspiré par Marguerite d'Autriche*. L'époux de Marguerite, *Philibert de Savoie* était cousin avec un des évêques responsables de l'attribution des chantiers de la cathédrale, *François de Savoie*, et que c'est *cette famille qui était en possession du Saint-Suaire gardé à Turin.*

Il note également que *Marguerite de Navarre, petite-cousine de Marguerite d'Autriche*, a eu des rapports étroits avec la Cathédrale d'Auch. Nous développerons le sujet des personnages ayant eu des liens avec la Cathédrale Sainte-Marie d'Auch dans un prochain volume consacré à ses mystères, mais je voudrais déjà donner quelques indices au lecteur.

Marguerite de Navarre nous ramène, étrangement, en ligne directe vers Fulcanelli.

Peu après l'an 1520, *Marguerite de Valois* s'implique dans le mouvement pour la réforme de l'Eglise, en rencontrant et correspondant avec les chefs de la réforme de l'époque.

En 1527, apparemment de son propre chef, *Marguerite épouse Henri d'Albret*, roi de Navarre (bien que la plus grande part de son royaume se trouvât aux mains des Espagnols). *Henri d'Albret était fils de Catherine de Foix*, descendante d'une famille cathare très connue.

Vers 1531, *Marguerite de Valois, devenue de Navarre*, autorise l'impression d'un poème composé par elle, *Miroir de l'âme pécheresse*. Elle remet un exemplaire de son *Miroir* à une de ses dames d'honneur, *Anne Boleyn*. Par la suite, ce poème sera traduit en anglais par Elizabeth fille de Anne, âgée alors de douze ans. Anne Boleyn avait auparavant été dame d'honneur de Marguerite d'Autriche; on peut donc penser que les deux dames étaient en contact. On peut aussi se demander s'il n'y a pas eu quelque mystère autour de la personne d'Anne Boleyn[500].

Un très intéressant article intitulé *The Holbein Code* et écrit par David Hambling, un journaliste très respecté, a paru dans le *Fortean*

[500] Deuxième épouse de Henry VIII d'Angleterre, décapitée le 19 mai 1536 sur ordre de celui-ci (NdT)

Times (FT 202). D'après lui, le tableau de Hans Holbein[501] *Les Ambassadeurs* contient un message particulier. Il écrit:

> Il n'existe aucune référence contemporaine à ce tableau, et les deux personnages représentés sont restés anonymes pendant des siècles. En 1890, Sir Sidney Colvin a identifié le personnage de gauche comme étant Jean de Dinteville, ambassadeur de France auprès du roi Henry VIII d'Angleterre, à cause de la désignation de l'endroit où se trouve le château de Polisy, demeure de Dinteville, sur le globe terrestre. En 1900, Mary Hervey s'est livrée à un travail de détective dans ses recherches historiques sur le château de Polisy. Ayant trouvé certains documents datant du XVIIe siècle, et parmi ceux-ci un inventaire de son contenu daté de 1653, elle a pu confirmer qu'à l'origine cette peinture se trouvait bien dans le château et que le deuxième personnage était George de Selve, évêque de Lavour et pendant un certain temps ambassadeur de France auprès du Saint-Empire Romain.
>
> Le tableau représente dès lors ces ambassadeurs de France en mission à Londres à une période cruciale de l'Histoire: Henry VIII était sur le point de répudier son épouse espagnole, Catherine d'Aragon, et de faire d'Anne Boleyn sa nouvelle reine. Anne avait passé ses années de formation à la Cour de France...
>
> Le moteur de la Renaissance a été le nouveau concept d'humanisme: "l'esprit de la liberté intellectuelle grâce à laquelle l'homme assurait son indépendance par rapport à l'autorité de l'Eglise " A l'époque médiévale, l'Eglise pouvait se prononcer sur tout, de la nature de Dieu jusqu'au mouvement des astres, en passant par la forme de la Terre. L'humanisme remettait en question l'ordre existant.
>
> De nouvelles sources d'information devenaient disponibles en dehors du monde chrétien: les philosophes grecs païens... les humanistes se sont efforcés de faire de cela un tout. Un nouvel esprit de découverte se mettait à souffler. Copernic venait de publier sa théorie affirmant que la Terre n'était pas le centre de l'univers, et Martin Luther de clouer ses 95 thèses sur la porte de l'église...
>
> L'Eglise résista, parfois avec violence. Les réformes proposées par Luther furent considérées comme hérétiques, tout comme la théorie de Copernic. Et quiconque se livrait à l'alchimie, l'astrologie, le cabalisme ou à de nouvelles vues religieuses, apprit vite à se tenir tranquille sous peine de devoir monter sur le bûcher.

---

[501] Holbein le Jeune (NdT)

> *Nous savons qu' Anne Boleyn soutenait la cause protestante.* Les écrits du poète Nicholas Bourbon, réfugié en Angleterre sous sa protection, nous ont livré un aperçu indiscret du groupe qui entourait la reine. Il y avait Thomas Cromwell et Thomas Cranmer, ainsi que l'évêque protestant Hugh Latimer, Nicholas Kratzer, William Butts – et le peintre Hans Holbein. [...]
>
> Les membres de cette petite cabale très soudée qui a fomenté l'ascension d'Anne Boleyn avaient deux choses en commun: c'étaient des autodidactes avant d'être des aristocrates, et ils avaient des vues qui pouvaient se révéler dangereuses. D'où leurs efforts pour faire prendre à l'Angleterre une nouvelle voie rendue sûre pour ceux qui étaient menacés par l'Eglise établie. C'est ainsi qu'ils ont donné le coup d'envoi au processus de la Réforme.
>
> Dinteville était un allié d'Anne Boleyn. Il était le protecteur de l'humaniste Jacques Lefèvre. Mary Hervey note que, selon la rumeur, c'était un enthousiaste des "sciences secrètes", c'est-à-dire l'alchimie et l'astrologie. Le tableau d'Holbein indique peut-être des sympathies religieuses...
>
> L'étude la plus détaillée de ce tableau a été exécutée par le professeur John North, professeur émérite d'Histoire de la Philosophie et des Sciences Exactes auprès de l'Université de Groningen aux Pays-Bas. Son livre, *The Ambassadors' Secret*, contient un trésor de détails... [502]

Il se fait que les instruments représentés dans le tableau donnent une heure et une date bien précises : 4h de l'après-midi, le 11 Avril 1533. Cette date correspond au Vendredi Saint, à l'heure de la mort supposée de Jésus *s'il avait vraiment été crucifié* 1.500 ans plus tôt.

> North ne se livre pas à des spéculations oiseuses. Comme d'autres, il envisage l'influence possible du grand mage de la Renaissance Cornelius Agrippa de Nettesheim, un personnage de la Cour de France qui a pu connaître Dinteville, Holbein ou Kratzer, mais il pense que le volume et la complexité du symbolisme utilisé par Agrippa ne permet pas de faire des correspondances certaines. [...]
>
> Le tableau *Les Ambassadeurs* n'est pas seulement le portrait de deux dignitaires français: il est – très littéralement - un instrument qui allait changer l'Histoire. [503]

Je vais maintenant donner "un autre son de cloche" qui expliquera très différemment le "Code Holbein ", car celui-ci pourrait bien être mêlé au "Code da Vinci ". Il semblerait qu'il y ait

---

[502] David Hambling, *Fortean Times*, FT 202
[503] Ibid.

eu une tentative désespérée de transmettre un savoir, de propager une Gnose, tentative qui a avorté quand le bourreau est venu couper la tête d'Anne Boleyn incapable de donner un héritier mâle à Henry VIII.

Mais, et si cette tentative n'avait pas avorté après tout? Peut-être que le temps n'était pas encore venu?

Pour en revenir à Marguerite de Navarre, maîtresse et instructrice d'Ann Boleyn, les théologiens de la Sorbonne ont condamné son *Miroir* comme une hérésie. Un moine s'est écrié que Marguerite de Navarre aurait dû être cousue dans un sac et jetée dans la Seine. Des étudiants du Collège de Navarre avaient fait d'elle l'objet d'une satire dans laquelle elle était "une furie de l'Enfer". Mais son frère, François Ier, Roi de France, ordonna que ces accusations soient abandonnées et que la Sorbonne présente des excuses.

Marguerite de Navarre a donc été l'une des femmes les plus influentes de France. Son salon a été universellement salué comme le "Nouveau Parnasse". L'écrivain-historiographe Pierre Brantôme a dit d'elle: «Ce fut une grande princesse. Mais outre tout cela, elle était très bonne, douce, gracieuse, charitable, grande dispensatrice d'aumônes, et aimable envers tous».

L'humaniste hollandais Erasme, lui a écrit: "Pendant longtemps j'ai chéri tous les excellents dons que Dieu a répandus sur vous: la prudence digne d'un philosophe, la chasteté, la modération, la piété, une force d'âme invincible, et un merveilleux mépris pour toutes les vanités de ce monde. Qui donc pourrait s'empêcher d'admirer dans la soeur d'un grand Roi, de telles qualités si rares même parmi les prêtres et les moines?"

En tant que généreuse protectrice des arts, Marguerite de Navarre s'est liée d'amitié avec et a accordé sa protection à de nombreux artistes et écrivains, parmi lesquels *François Rabelais*.

Fulcanelli a fait de fréquentes allusions à François Rabelais. Or, il se fait que de ses livres mettant en scène Gargantua et Pantagruel, *Le Tiers Livre des faicts et dicts héroïques du bon Pantagruel* (1546) a été dédicacé à Marguerite de Navarre, l'une des commanditaires de la Cathédrale d'Auch.

Un autre proche et correspondant de Marguerite de Navarre était *Jules César Scaliger*, ami très proche et associé de Nostradamus. Né à Alet-les-Bains, dans le pays de Foix, en pays cathare, *Nostradamus a fréquenté l'école avec Rabelais*.

En 1525, Nostradamus s'est établi à Agen, non loin de Toulouse et Auch. En 1534 il a épousé, dit-on, une dame de "haute condition" qui devait lui donner deux enfants. Cette femme n'a jamais été identifiée, mais eu égard à sa proximité probable avec Marguerite de Navarre, il est vraisemblable qu'il y a eu là certaines connexions. Il est dit également qu'en 1538 sa femme et ses enfants sont morts de la peste. Vers cette époque, il s'est éloigné de Scaliger, et *a été accusé d'hérésie par l'Inquisition* à cause d'une déclaration qu'il avait faite plusieurs années auparavant. Ses biographes disent qu'il quitta alors Agen et "erra dans le Sud de la France". Ce n'est qu'en 1546, deux ans avant la consécration de la cathédrale d'Auch, qu'il s'est établi dans le Village de Salon-de-Craux, qui s'est depuis glorifié de la présence du grand homme. On peut se demander quelle influence Nostradamus a pu avoir sur l'histoire dépeinte dans la Cathédrale d'Auch. Pour résumer le mystère qui nous occupe, *Nostradamus a vécu à Agen pendant treize ans, et pendant huit ans on ne sait pas exactement où il a été et ce qu'il a fait.* On peut se demander s'il n'a pas trouvé refuge auprès de Marguerite de Navarre qui patronnait et protégeait des gens comme Nostradamus. Et l'on peut se demander quelle influence celui-ci a pu avoir sur les histoires représentées dans la cathédrale d'Auch....

Notons que Scaliger, est "l'auteur" de la *chronologie historique acceptée* qui est de plus en plus mise en question de nos jours. Il est possible que le désaccord survenu entre lui et Nostradamus ait eu trait, au moins partiellement, à la manière dont l'Histoire devrait être vue et enseignée.

Autre lien étrange avec Marguerite de Navarre: Léonard de Vinci est décédé en 1519 alors qu'il était l'hôte de celle-ci et de son frère François Ier. Un ambassadeur de Venise de l'époque a admiré Marguerite de Navarre pour sa connaissance de tous les secrets de l'art de la diplomatie, qui lui assurait d'être traitée avec déférence et circonspection.

En 1550, une année après la mort de Marguerite de Navarre, fut publié en Angleterre Annae, Margaritae, Ianae, sororum virginum heroidum Anglarum, in mortem Diuae Margaritae Valesiae, Nauarrorum Reginae, Hecatodistichon, un poème à sa mémoire, écrit par les nièces de Jane Seymour (1505-37), troisième épouse du Roi Henry VIII. Toutes ces dames ont donc été en contact les unes avec les autres, et il est très probable qu'elles aient partagé certains secrets.

Nous voyons donc dans la personne de *Marguerite de Navarre*, un personnage central du mystère de la cathédrale d'Auch, dont les fréquentations nous suggèrent qu'elle était férue d'ésotérisme et qu'elle connaissait probablement des secrets transmis depuis le temps des croisades contre les Cathares. Fulcanelli nous oriente vers Rabelais, et Rabelais nous mène à Marguerite de Navarre, et c'est ainsi que nous arrivons à la cathédrale d'Auch, où le grand mystère attend le chercheur attentif.

La photographie [*Voir Planche 11.*]est un agrandissement de la Mise au Tombeau du Christ, inspirée par Marguerite d'Autriche, parente de Marguerite de Navarre, et qui nous montre quatre femmes parmi les huit personnages. Notons la coiffure des quatre femmes. Celle de la femme qui occupe la place de l'épouse est distinctement différente de celles de Marie, la mère, et de celle de la femme qui se trouve à droite de «l'épouse».

Vous pouvez apercevoir un gros plan de la femme qui se tient à la place d'honneur de l'épouse du défunt; elle tient la couronne d'épines. [*Voir Planche 12.*] Auprès d'elle se trouve une des sibylles des verrières d'Arnaud de Moles, tenant la palme de l'Espérance/de la Fertilité. Notons soigneusement les insignes en spirale sur leur poitrine. Notons aussi le turban inhabituel de l'épouse, identique à celui de la sibylle. [*Voir Planche 13.*]

A présent, jetons un coup d'oeil sur une des sculptures du Choeur de la cathédrale d'Auch. Elle représente les Présents faits par les Mages à l'enfant Christ. Remarquez en particulier les coiffures que portent les "trois rois". Celui de droite l'a gardée sur la tête, celui qui est agenouillé l'a déposée par terre, et celui au centre l'a levée de manière qu'elle paraît couvrir le calice qu'il tient dans l'autre main. Ici aussi nous notons la similitude des coiffures: des turbans associés de nos jours avec les Arabes. Quelle était donc la relation de "l'épouse" de Jésus avec les "Mages"? [*Voir Planche 14.*]

Je voudrais encore montrer au lecteur deux autres illustrations, car elles sont typiques des éléments ésotériques disposés dans cette merveilleuse cathédrale. Toutes deux portent sur le même thème, sont faciles à discerner sur l'image, mais exigent une certaine interprétation pour pouvoir comprendre le symbole. [*Voir Planches 15 et 16.*]

Que nous disent ces figures? Sur les deux représentations, quelque chose est en train d'être fait à la tête du personnage central. Sur l'image du dessus, il semble que les acteurs de la scène essaient de déloger de force quelque chose qui se trouve dans la tête de l'homme assis. Sur la deuxième image, nous voyons un personnage dont la tête est maintenue de force sur une enclume pendant que les trois personnages assemblés tapent dessus avec un marteau!

S'agirait-il de quelque terrible torture moyenâgeuse?

Non, c'est la représentation d'une *initiation*. Et de fait, sur un des vitraux d'Arnaud de Moles, Jésus est représenté en personnage central – identique à la sculpture de gauche – à la tête de qui quelque chose est fait. Le personnage représente bien Jésus puisque sa tête est ceinte d'une "couronne d'épines".

Ainsi que l'écrit l'historien des religions Mircéa Eliade, le chamane est un *technicien de l'extase*. Ceci est une qualification essentielle et/ou résulte d'un contact avec le divin. Et pour pouvoir être en contact direct avec le Divin, l'être humain doit pouvoir "voir l'invisible". Cette capacité de vision est la faculté qu'ont les humains d'élargir leur champ de perception jusqu'à pouvoir évaluer non seulement leur apparence extérieure, mais également l'essence de tout ce qui est, afin de pouvoir accéder à un état qui les rende capables de faire des choix susceptibles de faire démarrer une nouvelle série causale dans le monde. Cela n'a rien à voir avec de l'hallucination ni avec un moyen mécanique de modifier les perceptions du cerveau, mais bien avec l'âme.

Le mot "*chamane*" vient de la langue russe, par l'intermédiaire du mot toungouse *saman*. Ce mot provient du pali *samana*, (en sanskrit *sramana*), devenu en chinois *cha-men* (une transcription du mot en pali).

Le mot *chamane* peut être relié à *sarman*. Selon John G. Bennett, *Sarmoung* ou *Sarman*:

> "La prononciation est commune aux deux orthographes et ce mot provient sans doute de l'ancien persan. Il apparaît en fait dans certains anciens textes *pahlavi*...
>
> "Ce terme peut être interprété de trois manières. Il signifie l'*abeille,* qui a toujours été un symbole de ceux qui récoltent le précieux 'miel' de la sagesse traditionnelle et qui le conservent pour les générations futures.
>
> "Une série de légendes bien connues des cercles arméniens et syriens, sous le titre *The Bees*[504], a été remise au goût du jour par Mar Salamon, un archimandrite nestorien du XIIIe siècle. L'ouvrage *The Bees* fait référence à un mystérieux pouvoir transmis depuis le temps de Zoroastre et rendu manifeste au temps du Christ."
>
> " En langue persane, le substantif *Man* [505] signifie la qualité transmise héréditairement et, de ce fait, une famille ou une race distinguée. Ce peut être le dépositaire d'un héritage ou d'une tradition. Le mot *sar* signifie *tête*, tant littéralement que dans le sens de *principal* ou *chef*. La combinaison *sarman* correspondrait donc au dépositaire principal de la tradition..."

[504] Les abeilles (NdT)
[505] Homme (NdT)

> "Et il y a encore un autre sens possible du mot *sarman*... celui dont la tête a été purifiée."[506]

Celui dont la tête a été purifiée! Quelle idée intéressante!

Le thème central du chamanisme est "l'ascension vers les cieux" et/ou la "descente vers le monde infernal". Dans la première, le praticien fait l'expérience de l'extase, dans la seconde il se bat contre les démons qui menacent le bien-être de l'humanité. Certaines études suggérant les premières de ces pratiques ont été faites sur les peintures des grottes de Lascaux qui représentent de nombreux oiseaux, esprits tutélaires, et une expérience extatique (vers 25.000 ans av. l'ère chrétienne). Des crânes et ossements d'animaux retrouvés en Europe sur des sites de la période paléolithique (avant 50.000 – jusqu'à approximativement 30.000 avant l'ère chrétienne) ont été interprétés comme témoignages de pratiques chamaniques.

"L'expérience extatique" est le phénomène premier du chamanisme, et c'est cette extase qui peut être vue comme l'action de fusionner avec les êtres célestes. La fusion a pour résultat une oscillation forcée qui modifie la fréquence. Une interaction prolongée avec des êtres célestes est une forme de la fréquence de résonance vibratoire.

> 14 janvier 1995
> Q: (L) Nous avons quelques questions et la première est: vous nous avez dit par le passé que vous êtes nous dans le futur et que vous agissez de cette manière pour fusionner avec nous.
> R : Oui.
> Q: (L) Pour notre mesure de temps, à combien de distance dans le futur êtes-vous nous . [...] Qu'est-ce que le "futur" de toute façon?
> Q: (L) Le futur ce sont des événements simultanés, juste des localisations différentes dans l'espace-temps, juste une focalisation différente de conscience; est-ce exact?
> R : Oui, et si cela est vrai pourquoi tenter d'appliquer ici une manière de penser linéaire, voyez-vous, nous sommes en train de fusionner avec vous en cet instant-même!

L'idée qu'il a eu un temps où l'homme était en contact direct avec les êtres célestes est à l'origine des mythes de l'âge d'or qui sont devenus les récits du Graal aux XIe et XIIe siècles. En ces temps paradisiaques il est dit que les communications entre le Ciel et la Terre étaient aisées et accessibles à tous. Les mythes nous parlent d'un temps où "les dieux se sont retirés" de l'humanité. En conséquence d'un certain événement, c'est-à-dire "la Chute", les

---

[506] John G. Bennett, *Gurdjieff: Making of A New World*]

communications ont été interrompues et les êtres célestes se sont retirés au plus haut des cieux.

Mais les mythes disent également que certains humains sont restés capables "d'opérer l'ascension" et de communier avec les dieux au nom de leur tribu ou de leur famille. Par l'intermédiaire de ces personnes le contact était maintenu avec "esprits-guides" du groupe. Les croyances et pratiques des chamanes actuels sont une survivance profondément modifiée et même corrompue et dégénérée de la technologie archaïque de communication concrète entre le Ciel et la Terre, comme les transmissions cassiopéennes.

Le chamane, lui qui était à même de parvenir à un état extatique inaccessible au reste de l'humanité grâce à la fusion de son centre des émotions au travers de la souffrance, généralement (voyez la métaphore de la Crucifixion) était regardé comme un être privilégié. Ajoutons que les mythes parlent des premiers chamanes, qui ont été envoyé sur Terre par les êtres célestes pour *défendre l'humanité* contre les "divinités négatives" qui avaient pris en main le sort de l'humanité. La tâche des premiers chamanes était d'activer, dans leur propre corps, une sorte de "transducteur" d'énergie cosmique au bénéfice de leur tribu. Cela a été exprimé sous la forme du concept de "l'arbre du monde", devenu par la suite "l'axe" ou Pôle du Monde, et encore plus tardivement les "lignées de sang royal ".

Il semble bien qu'il y ait une relation particulière entre cette fonction et certaines "lignées". Mais comme il en va de tout ce qui a pu servir à aider l'humanité, ce concept a été corrompu par les forces qui cherchaient à maintenir l'humanité dans l'obscurité et l'ignorance. Les authentiques et anciennes lignées des premiers chamanes ont été reléguées et dissimulées sous les fausses pistes des généalogies inventées dans l'Ancien Testament des Hébreux, censées aboutir à certaines branches d'actuelles familles européennes nobles et/ou royales, cherchant à établir une "royauté" frauduleuse qui a récemment fait l'objet d'une attention soutenue.

Comme nous l'avons déjà noté, *avant* la Chute tout être humain avait accès à la communication avec les densités supérieures par l'intermédiaire des "Vierges des Puits" des anciennes légendes celtiques.

Après la Chute, on dirait qu'une certaine variante génétique a été introduite somatiquement par l'incarnation de certains êtres de densités supérieures qui ont "donné leur sang" pour la "rédemption de l'homme". C'est-à-dire qu'ils ont modifié le corps et l'ADN par une oscillation forcée. Il est probable que cela a été accompli au travers d'incarnations féminines, vu le rôle de l'ADN mitochondrial, mais je ne veux pas anticiper, et nous laisserons ce sujet de côté pour le moment.

Quoi qu'il en soit, la présence de cet ADN, qui dépend des termes de la recombinaison, permet de conclure qu'il y a très probablement en ce moment, sur Terre, de nombreux porteurs de cette lignée/faculté chamanique, encore que peu d'entre eux soient porteurs des lignées "convergentes".

Les Soufis ont gardé vivant le concept de "Techniciens de l'Extase" dans leur tradition des "Pôles du Monde". Le *koutoub* ou *q'toub* (pôle de son temps) est un être désigné, de nature entièrement spirituelle, qui agit en tant qu'agent d'une certaine sphère à une certaine époque. De chaque *koutoub* dépendent quatre *awtads* (supports) et un certain nombre de *abdals* (substituts), qui l'assistent dans son travail de préservation et d'entretien du monde. Ce qui est intéressant ici, c'est que l'individu qui occupe cette position ne doit même pas en être conscient! Sa vie, son existence, sa physiologie même, sont fonctions de réalités supérieures extrudées dans le monde humain. Il est vrai que cela a beaucoup à voir avec les "lignées", dont on parle beaucoup en ce moment, mais pas nécessairement comme on le suggère.

De nos jours, il semble que ceux qui sont porteurs de ce "sang" soient en train de s'éveiller. Il n'est plus possible d'être un "Pôle du Monde" en restant endormi, parce qu'au chamane éveillé incombent des choix et des actions importants. Les priorités paraissent être d'abord s'éveiller et puis accumuler de la force de polarité.

On naît chamane *et* on est fait chamane. C'est-à-dire que le chamane naît pour devenir un chamane mais qu'il a le choix de le devenir ou non. Et de ce que j'ai pu déterminer, ce choix se fait sans doute à un autre niveau que le niveau conscient de l'expérience linéaire de 3e densité. Ceux qui ont fait le choix aux niveaux supérieurs, et qui ont ensuite refusé ce choix à ce niveau-ci parce qu'ils ne se sentent pas capables de renoncer à leur vie ordinaire, paient le prix fort, cela est certain.

Un chamane se distingue par certaines caractéristiques de "crise religieuse". Il diffère des autres gens par l'intensité de ses expériences religieuses. Dans les temps anciens, l'élite chamanique se devait d'être "Spécialiste de l'âme", c'est-à-dire veiller sur l'âme de la tribu parce que seul le chamane savait voir l'invisible et connaissait la forme et la destinée de l'âme-groupe. Mais avant d'acquérir cette faculté, il était souvent un citoyen ordinaire, ou même l'enfant d'un chamane sans vocation apparente, (considérant que cette faculté est réputée s'hériter sans être nécessairement présente à chaque génération).

A un certain moment de sa vie, toutefois, le chamane vit une expérience qui le sépare du reste de l'humanité. La "quête de la vision" des Natifs américains est une survivance de la compréhension archaïque de l'initiation naturelle du chamane qui est "appelé" à sa vocation par les dieux.

Une étude approfondie de ce sujet révèle que ceux qui cherchent à obtenir des pouvoirs magico-religieux grâce à la quête de la vision, alors qu'ils n'ont pas reçu un appel intérieur spontané grâce à leur propre nature orientée vers la queste et un sentiment de responsabilité à l'égard de l'humanité, deviennent en général des chamanes ou sorciers «noirs» qui, par l'étude systématique, parviennent à acquérir des pouvoirs utilisés à leur propre profit.

La véritable initiation chamanique se fait par des songes, des transes extatiques, combinés avec une étude intensive et un labeur acharné: une souffrance recherchée. Le chamane ne doit pas seulement passer par certaines épreuves initiatiques, il/elle doit aussi être très instruit(e) afin de pouvoir évaluer à leur juste valeur les expériences et épreuves qu'il/elle aura à affronter. Malheureusement, jusqu'à présent bien peu ont suivi la voie du chamane et les pratiques subsidiaires de "lutte contre les démons", qui seraient capables d'enseigner ou de donner des conseils pour devenir un chamane éveillé. Dans mon propre cas, plus de trente années d'études, vingt années de travail en tant qu'hypnothérapeute et exorciste, et toutes les années "d'appels à l'univers" qui constituent l'Expérience cassiopéenne constituent un exemple de la façon dont le processus peut se manifester de nos jours.

Traditionnellement, il est attendu du futur chamane qu'il montre depuis l'enfance certains traits exceptionnels. Il est souvent très nerveux et même maladif (dans certaines cultures, l'épilepsie est vue comme une "marque" du chamane, mais cela est plutôt une perception corrompue, survenue par la suite, de l'état d'extase). Il a été remarqué que, dans leur enfance, les chamanes sont souvent maladivement sensibles, ont le coeur faible, la digestion difficile, et sont sujets au vertige. Certains pourraient penser que ces symptômes sont précurseurs d'une maladie mentale, mais des études sérieuses ont montré que leurs hallucinations ou visions contiennent des éléments qui suivent un cours particulier commun à toutes les cultures et à toutes les époques, et que leur contenu théorique est fabuleusement riche. On pourrait même dire que les personnes qui deviennent folles sont des chamanes manqués, qui ont échoué soit à cause d'un défaut dans la transmission génétique, soit à cause de facteurs d'environnement. Il existe bien davantage de mythes à propos de héros chamanes ayant échoué que de héros chamanes ayant réussi; on peut donc dire que les avertissements à propos des risques ont été mis en place depuis longtemps. Mircéa Eliade commente:

> "... Le malade mental est sans doute un mystique ayant échoué ou mieux, la caricature d'un mystique. Son expérience est dépourvue de contenu religieux, même si elle ressemble à une expérience religieuse, tout comme un acte d'auto-érotisme aboutit au même résultat physiologique que l'acte sexuel régulier (émission séminale), et cependant il n'est qu'une caricature de ce dernier puisqu'il y manque la présence concrète de la partenaire."

Voilà une analogie bien intéressante! Elle suggère même que celui/celle qui s'efforce d'activer un héritage chamanique dans le cadre SDS, qui prend ses propres désirs pour des réalités, a un(e) partenaire illusoire comme dans l'activité ci-dessus décrite, avec des résultats similaires. Autrement dit, la sorcellerie est comme la masturbation: celui/celle qui s'y livre se satisfait lui/elle-même mais son acte n'a de résultats positifs pour personne. De la même manière, le chamane qui opère sans avoir la connaissance est comme le proverbial "éjaculateur précoce": il excite et puis laisse tomber en chemin sa partenaire! Dans les deux cas, il s'agit d'une satisfaction purement personnelle, et on pourrait même dire que le dernier cas est pire, parce que quelqu'un d'autre a été utilisé pour cette satisfaction.

Mais laissons de côté ces amusantes petites trivialités (même si elles illustrent parfaitement la situation). Le fait à propos du chamane, est qu'il/elle n'est pas simplement un(e) malade: c'est une personne qui a été *guérie*, ou qui est parvenue à se guérir elle-même, du moins spirituellement parlant!! La possibilité d'acquérir des pouvoirs chamaniques pour le Service De Soi existe aussi, et il faut donc faire très attention quand on tente de "voir l'invisible".

Dans de nombreux cas, "l'élection" du chamane se manifeste par une maladie assez sérieuse, qui ne peut être guérie que par une "ascension vers les cieux". Après la vision extatique de l'initiation, le chamane se sent beaucoup mieux! Après la réponse à l'appel des dieux, la santé du chamane dépasse la normale; il est à même d'arriver à une concentration dépassant les facultés d'un homme ordinaire; il est capable de soutenir des efforts épuisants et, le plus important, il parvient à "garder la tête froide" dans des épreuves qui terrifieraient ou briseraient une personne ordinaire.

Autre point à souligner, le chamane doit avoir le plein contrôle de lui-même, même en état d'extase! (Le channeling en état de transe sans souvenir de ce qui s'est produit n'a rien à voir avec l'activité chamanique). Cette faculté de "se promener dans deux mondes simultanément" exige une extraordinaire constitution nerveuse. On affirme que les chamanes de Sibérie ne montrent aucun signe de désintégration mentale même dans l'extrême vieillesse; leurs souvenirs et leur maîtrise de soi sont très au-dessus de la moyenne.

Le Don Juan de Castañeda nomme cet état "être impeccable". Cette idée est également reflétée dans les systèmes archaïques des *Yakoutes*, chez qui le chamane doit "être sérieux, faire preuve de tact, être capable de communiquer véritablement avec tous les gens, et par-dessus tout il ne peut pas être présomptueux, vaniteux, ni de mauvais caractère. Le chamane authentique irradie une force intérieure qui est consciente mais jamais agressive. *En même temps, il faut noter que le vrai chamane peut susciter des réponses très négatives de la part de ceux qui sont sous la domination des forces de l'entropie.* J'ai moi-même fait cette expérience bon nombre de fois.

Pour en revenir aux infirmités, troubles nerveux, maladies ou crises vus comme des "signes d'élection", remarquons que parfois un accident, une chute, un coup sur la tête, ou le fait d'être atteint par la foudre, sont des signes donnés par l'environnement que le chamane a été élu. Mais "être appelé" n'est pas la même chose que "être choisi", ou plus précisément, choisir. "Beaucoup sont appelés, peu choisissent de répondre".

Ce choix est un processus, et c'est un processus de lutte, de peine, de souffrance parce que, en fin de compte, l'ego est tué.

La pathologie de la voie chamanique paraît faire partie des moyens permettant d'atteindre les "conditions" d'initiation. Mais simultanément, elle est souvent le moyen même de l'initiation. Elle a un effet physiologique qui équivaut à la transformation d'un individu ordinaire en technicien du sacré. Mais si cette expérience n'est pas suivie d'une période d'instruction théorique et pratique, alors le chamane devient un instrument de ces forces qui pourront faire usage de la fonction chamanique pour renforcer les chaînes dans lesquelles est tenue l'humanité, ainsi que nous l'avons vu précédemment.

L'expérience qui transforme le chamane est constituée des éléments religieux bien connus de *la souffrance, la mort et la résurrection*. L'une des premières représentations de ces éléments est le récit sumérien de la descente d'Ishtar/Inanna vers le monde souterrain pour sauver son fils/amant Tammouz. Elle doit passer par sept "portes de l'enfer" et à chaque porte ou portail, elle est dépouillée d'un élément de sa parure parce qu'elle ne peut entrer aux enfers que nue. Pendant qu'elle est aux enfers la terre et ses habitants souffrent d'une perte de vigueur. Quand elle a accompli sa mission, la fertilité est rétablie.

La variante la plus célèbre de cette histoire est le mythe de Perséphone/Koré, la fille de Déméter, qui a été enlevée par Hadès/Pluton.

Les visions chamaniques représentent la descente comme *un démembrement du corps, une séparation de la chair et des os, une cuisson dans un chaudron*, pour être ensuite rassemblé par les dieux et/ou déesses. Ceci aussi apparaît dans bon nombre de mythes et légendes, y compris le mythe de Jésus: souffrances, mort et résurrection. Autrement dit, la crucifixion – la mise au tombeau du Christ – est un symbole de transformation chamanique:

> Un chamane yakoute, Sofron Zateyev, a déclaré qu'au cours de cette initiation visionnaire le futur chamane "meurt" et reste couché dans la yourte pendant trois jours, sans manger ni boire. ...
>
> Pyotr Ivanov donne davantage de détails. Dans la vision, les membres de l'aspirant sont arrachés et écartés du corps au moyen d'un crochet de fer; les os sont nettoyés, la chair grattée, les liquides corporels éliminés, et les yeux ôtés de leurs orbites; Après cette opération, tous les os sont rassemblés et rattachés avec du fer.
>
> D'après un troisième chamane, Timofei Romanov, le démembrement aperçu dans la vision dure de trois à sept jours; pendant tout ce temps, dans un endroit solitaire, l'aspirant demeure comme mort, respire à peine.[507]

Dans un autre récit yakoute, les esprits du mal emportent l'âme du futur chamane dans le monde souterrain où l'ils l'enferment dans une maison pendant trois ans (un an seulement pour ceux qui deviendront des chamanes de moindre importance). C'est là que le chamane subit son initiation. Les esprits lui coupent la tête, qu'ils mettent de côté (car l'aspirant doit observer son démembrement de ses propres yeux), puis le coupent en petits morceaux qui sont ensuite distribués aux esprits des diverses maladies. Ce n'est qu'à condition de passer par ces épreuves que le futur chamane acquerra le pouvoir de guérison. Ses os sont ensuite recouvert de chair nouvelle, et dans certains cas, son sang est lui aussi renouvelé.

Dans un autre récit les "diables" gardent l'âme de l'aspirant jusqu'à ce que celui-ci ait appris toute leur sagesse. Pendant tout ce temps l'aspirant, malade, reste couché. *Il y a aussi un élément récurrent: un oiseau géant qui "couve" le chamane dans les*

[507] Eliade, 1964, op. cit.

branches de l'arbre du monde, allusion à une lignée de "sang aviaire" par opposition à l'héritage reptilien. Les extraits qui suivent proviennent de comptes rendus obtenus sur le terrain et doivent être lus avec la conscience que ce monde est purement symbolique:

> "...L'aspirant ...a rencontré un homme nu faisant fonctionner un soufflet. Sur le feu se trouvait un chaudron "grand comme la moitié de la Terre." L'homme nu l'a aperçu et l'a attrapé avec une paire de grandes pincettes. Le novice a eu le temps de penser "je suis mort!" L'homme lui a coupé la tête, hâché le corps en morceaux, et a jeté le tout dans le chaudron. Il y a bouilli son corps pendant trois années.
>
> Il y avait aussi trois enclumes, et l'homme nu a forgé la tête de l'aspirant sur la troisième, celle où sont forgés les meilleurs chamanes. ...
>
> Le forgeron a ensuite repêché les os de l'aspirant dans une rivière où ils flottaient, les a remis ensemble, et ensuite les a recouverts de chair. ...
>
> Il a forgé sa tête et lui a appris à lire les lettres qui se trouvent à l'intérieur. Il a changé ses yeux, c'est pourquoi quand il chamanise il ne voit pas avec les yeux de son corps mais avec ses yeux mystiques. Il lui a percé les oreilles, ce qui l'a rendu capable de comprendre le langage des plantes.
>
> ...Le chamane toungouze Ivan Cholko affirme que le futur chamane doit tomber malade, que son corps doit être taillé en pièces et que son sang doit être bu par les esprits du mal. Ceux-ci jettent sa tête dans un chaudron où elle est fondue avec certaines pièces métalliques qui feront par la suite partie de son costume rituel.
>
> ...Avant de devenir un chamane l'aspirant doit être malade pendant une longue période; les âmes des ancêtres de ce chamane l'entourent alors, le torturent, le frappent, taillent dans son corps avec des couteaux, etc. Pendant cette opération le futur chamane demeure inanimé; son visage et ses mains sont bleus, son coeur bat à peine.
>
> ...Une femme de la peuplade des Teleuts de l'Altaï est devenue une chamanesse après avoir eu une vision au cours de laquelle des inconnus ont découpé son corps en morceaux et les ont fait cuire dans une marmite. Selon les traditions des chamanes de l'Altaï, les esprits des ancêtres mangent leur chair, boivent leur sang, ouvrent leur ventre, etc.

...Tant en Amérique du Sud qu'en Australie ou en Sibérie, la vocation spontanée et la quête de l'initiation impliquent toutes deux soit une maladie mystérieuse soit un rituel plus ou moins symbolique de mort mystique, parfois suggérée par un démembrement du corps et un renouvellement des organes.

... *Ils lui ouvrent la tête en la découpant, prennent son cerveau, le lavent puis le remettent en place*, afin de lui donner un mental clair pour pénétrer les mystères des esprits méchants et les profondeurs de la maladie; ils lui mettent de la poudre d'or dans les yeux afin de lui affiner la vue de manière à ce qu'il puisse voir l'âme où qu'elle puisse errer; ils lui mettent des crochets de fer au bout des doigts pour lui permettre de saisir l'âme et de la tenir solidement; et enfin ils lui percent le coeur d'une flèche pour que son coeur devienne sensible et plein de sympathie pour ceux qui sont malades et qui souffrent.

...Si la raison supposée du renouvellement des organes est authentique (pour conférer une meilleure vue, un coeur sensible, etc.), elle indique cependant que le sens originel du rite a été oublié.

...Ensuite le maître obtient "l'illumination" ou "l'éclairement" du disciple, c'est-à-dire une *lumière mystérieuse* que le chamane ressent soudain dans son corps, *à l'intérieur de sa tête*, dans son cerveau, un inexplicable faisceau lumineux, *un feu lumineux*, qui le rend capable de voir dans l'obscurité, littéralement et métaphoriquement, car à présent, même les yeux fermés, il voit à travers l'obscurité et perçoit des choses et des événements à venir qui sont cachés à d'autres...

L'aspirant perçoit cette lumière mystique après de longues heures d'attente, assis sur un banc dans sa hutte... Lorsqu'il la voit pour la première fois "c'est comme si l'habitation dans laquelle il se trouve s'élevait soudain"; il voit au loin, par-delà les montagnes, exactement comme si la Terre était une grande plaine et que ses yeux pouvaient voir jusqu'aux confins de la Terre. Rien ne lui est plus dissimulé; non seulement il peut apercevoir des objets très lointains, mais il peut aussi découvrir des âmes, des âmes volées qui, soit ont été gardées cachées dans d'étranges pays lointains, soit emmenées vers le monde des morts.

...L'expérience de *lumière intérieure* qui détermine la carrière du chamane Igloulik est familière à bon nombre d'écoles de mysticisme supérieur. Dans les *Oupanishads*, la "lumière intérieure" définit l'essence de *l'atmane*. Dans certaines techniques de yoga, et en particulier celles des écoles bouddhiques, *des lumières de diverses couleurs* indiquent le succès de certaines méditations. De même, le *Livre tibétain des Morts* accorde une grande importance à la lumière dans laquelle

> l'âme mourante paraît se baigner pendant l'agonie et immédiatement après la mort; la destinée du défunt (délivrance ou réincarnation) dépend de la fermeté avec laquelle il opère le choix de la lumière immaculée.
>
> ...L'élément essentiel de cette vision mystique est le *dépouillement de la chair*. ...Dans tous ces cas *la réduction à l'état de squelette* indique le dépassement de la condition humaine, et dès lors la délivrance.
>
> ...*Les os représentent la source de la vie*. Etre réduit à l'état de squelette équivaut à rentrer dans la matrice pour un renouveau complet, une renaissance mystique. ...C'est une expression d'une volonté de transcender le profane, la condition individuelle, et d'obtenir une perspective trans-temporelle.
>
> ...Le mythe du renouveau par le feu, la cuisson ou le démembrement a continué à hanter les hommes même en-dehors de l'univers spirituel du chamanisme. ...
>
> Le mythe de la régénération par le démembrement et la cuisson a été transmis dans le folklore de Sibérie, d'Asie Centrale, et d'Europe, le *rôle du forgerons* y étant joué par Jésus ou d'autres saints.[508]

Le lecteur aura sans doute à présent une meilleure idée de ce que signifient les étranges illustrations du travail effectué sur la tête de l'initié, y compris les coups de marteau sur la tête posée sur une enclume: il s'agit d'une initiation chamanique, de la transmutation alchimique par des techniques d'extase. Nous comprenons mieux maintenant ce que Fulcanelli a essayé de nous dire:

> La plus forte impression de notre prime jeunesse, - nous avions sept ans, - celle dont nous gardons encore un souvenir vivace, fut l'émotion que provoqua, en notre âme d'enfant, la vue d'une cathédrale gothique. Nous en fûmes, sur-le-champ, transporté, extasié, frappé d'admiration, incapable de nous arracher à l'attrait du merveilleux, à la magie du splendide, de l'immense, du vertigineux que dégageait cette œuvre plus divine qu'humaine.

Ces mêmes idées de mort et de renaissance sont bien représentées dans la littérature alchimique, tout comme les divers processus de la "transmutation chimique". Ré-examinons la citation suivante:

> Pour respecter le principe d'hermétisme adopté par la Tradition, nous devons comprendre que les enseignements ésotériques sont donnés en forme *sibylline*.

---

508 Ibid.

> Saint-Isaac-le-Syrien souligne que: Les Saintes Ecritures disent beaucoup de choses en utilisant des mots dans un sens différent de leur signification originelle. Parfois, des attributs corporels sont appliqués à l'âme et inversement, des attributs de l'âme sont appliqués au corps. Les Ecritures ne font pas de distinction ici. Néanmoins, les hommes éclairés comprennent. Saint-Isaac-le-Syrien a souligné que: Les saintes Ecritures disent beaucoup de choses en recourant à des mots qui ont un sens différent de leur sens originel. Parfois des attributs du corps sont appliqués à l'âme, et des attributs de l'âme sont appliqués au corps. Les Ecritures ne font aucune distinction ici. Cependant, ceux qui ont reçu la lumière comprennent.

Nous comprenons mieux à présent la représentation ancienne du *crâne et des tibias croisés* entourés de petites langues de feu, telle qu'elle apparaît en évidence dans la cathédrale d'Auch et que vous pouvez voir sur la Planche 17.

Il y a un certain nombre d'années, j'avais entendu parler de l'histoire chère aux auteurs de "*L'Enigme Sacrée*"[509] qui voulait que Jésus ait eu une épouse: Marie-Madeleine. Je consultai immédiatement des amis habitant Marseille à propos de cette "légende bien connue". Et j'appris que oui, on disait que Marie-Madeleine était venue en France accompagnée d'autres personnes. Elle était très proche de Saint-Maximin, mais jamais, jusqu'à l'arrivé du flot de livres parus à la suite de "*L'Enigme Sacrée*" elle n'avait été considérée comme l'épouse de Jésus.

Il est donc clair qu'en 1548, et déjà beaucoup plus tôt d'ailleurs, il était connu que Jésus avait eu une épouse, comme cela est représenté dans la cathédrale d'Auch, mais il ne s'agissait pas de Marie-Madeleine.

Nous ne pouvons même pas être sûrs que la représentation d'une "épouse" doive être prise au pied de la lettre, et qu'elle n'indique pas plutôt un processus qu'un réel mariage physique.

La question est donc: qui était l'épouse de Jésus, est-ce que cette représentation suggère une épouse "physique", ou bien est-ce qu'elle dépeint un processus initiatique?

Je traiterai de cette question dans un prochain volume, mais pour le moment, je voudrais partager encore quelques indices avec le lecteur.

Nous en venons à présent au curieux lien entre Marguerite de Navarre et Léonard de Vinci, qui est mort en 1519 *alors qu'il était l'hôte de celle-ci et de son frère François Ier*. Un ambassadeur de

[509] Titre original : *Holy Blood, Holy Grail* (Henry Lincoln, Michael Baigent, Richard Leigh) (NdT)

Venise de l'époque a admiré Marguerite de Navarre pour sa connaissance de tous les secrets de l'art de la diplomatie, qui lui assurait d'être traitée avec déférence et circonspection. Manifestement, ceci est un indice, puisque Fulcanelli a plusieurs fois fait référence à la Langue Verte des Oiseaux comme étant 'la langue de la diplomatie'.

Vers 1508, la carrière de Léonard de Vinci tire à sa fin, bien qu'il lui reste encore quelque dix années à vivre. Deux tableaux en particulier, peints à cette époque sont arrivés jusqu'à nous : *La Vierge à l'enfant, avec Saint-Anne, et Saint-Jean* et *la Joconde*.

Leonardo avait choisi de s'établir pendant quelque temps à Milan, ville gouvernée par les Français. En 1512, une alliance des Suisses, Espagnols, Vénitiens et forces papales chassait les Français de Milan. Evénement mineur dans l'Histoire de France, mais grand désastre pour Leonardo. Il avait près de soixante ans et avait été traité par les Français avec respect et compassion. Il se trouvait donc brusquement sans protecteur ni revenu, dans la pauvreté. Sa renommée avait pâli, et bien que les nouveaux maîtres de Milan ne lui fussent par vraiment hostiles, ils n'avaient cependant nulle intention de lui accorder ni honneurs ni réconfort. En février 1513 meurt le pape Jules II. C'est Léon X, un Medici, qui lui succède, célèbre pour avoir dit : «il nous a bien servi ce mythe du Christ». Les Medici n'avaient jamais accordé de faveurs spéciales à Leonardo, mais apparemment, il décide de s'en remettre à eux puisqu'ils étaient, après tout, des protecteurs des arts. En septembre 1513, le vieux Leonardo se met en route pour Rome. Le pape Léon X avait été persuadé de lui faire une petite commande (dont le sujet est inconnu), mais le résultat est désastreux. Quand Leonardo décide de s'attaquer au projet en composant d'abord un vernis de conservation, le pape aurait jeté les bras au ciel en s'exclamant : «cet homme n'arrivera jamais à rien! Il pense à la fin avant le commencement!». Leonardo a inscrit dans ses carnets vers cette époque : «nous ne devrions pas désirer l'impossible» et aussi «dites-moi si quelque chose a jamais été fait... ».

Nous apprenons sans surprise que Leonardo tomba malade. La nature de sa maladie n'est pas connue, mais on pense, d'après certains indices, qu'il aurait eu une légère attaque, qui aurait affecté son côté droit (heureusement, il était gaucher). Son autoportrait date apparemment de cette époque. Son dernier tableau a été achevé à Rome, n'ayant fait l'objet d'aucune commande à ce qu'il paraît, mais résultant d'une pulsion intérieure. Il se trouve au Louvre et il s'agit du *Saint-Jean*.

Malade, oublié à Rome, Leonardo n'avait cependant pas été oublié par les Français. François Ier, frère de Marguerite de Navarre, mit à la disposition de da Vinci une demeure proche du château royal d'Amboise, ainsi que tout ce qu'il lui fallait pour couvrir ses besoins, souhaits et projets qu'il lui plairait d'entreprendre. François désirait seulement le plaisir de la compagnie de Leonardo. Celui-ci se mit donc en route pour la France, accompagné de ses notes, dessins et deux derniers tableaux : Saint-Jean, la Vierge et l'Enfant avec Sainte-Anne, et un portrait d'une « certaine dame de Florence».

A son arrivée au château royal d'Amboise, il reçut pour titre celui de "*Premier peinctre et ingénieur et architecte du Roy*", non pas pour ce qui était attendu de lui, mais pour ce qu'il avait déjà accompli. C'est François qui allait rendre visite à Leonardo, se disant qu'il était plus facile à un vigoureux roi de 22 ans de rendre visite à un vieil artiste, plutôt que l'inverse.

Leonardo doit avoir fait grande impression sur François Ier, car 24 ans plus tard, Benvenuto Cellini, qui était lui aussi au service de la France, écrivait :

Le Roi François s'était tellement enamouré de ses grands talents, et prenant tellement de plaisir à l'entendre discourir, que dans l'année il y avait peu de jours où il en était séparé.... Il disait qu'il ne croyait pas qu'il y ait jamais eu de par le monde un homme qui en savait autant que Leonardo, et cela non seulement en matière de sculpture, peinture et architecture, mais aussi parce qu'il était un grand philosophe.

C'est en 1517, alors que Leonardo se trouvait à Amboise, que Martin Luther a cloué ses 95 thèses sur un portail de l'église de Wittenberg. La majorité de ses activités en France sont inconnues. Il est mort le 2 mai 1519.

Giorgio Vasari, dans sa biographie de Leonardo, a entouré de mystère les croyances religieuses (ou l'absence de celles-ci) de celui-ci. Dans la première édition de son livre : *Vite de più eccellenti pittori, scultori et architetti da Cimabue insino a' tempi nostri,* celle de 1550, il a écrit que Leonardo était naturellement si enclin à l'hérésie qu'il n'adhérait à aucune religion, pensant qu'il valait sans doute mieux être un philosphe qu'un Chrétien chrétien. Dans la seconde édition, celle de 1568, il a remplacé cette phrase par: "il désirait s'occuper des vérités de la foi catholique et de la sainte religion chrétienne. Puis, s'étant confessé et ayant fait pénitence en se lamantant beaucoup, il prit le Sacrement avec grande piété".

Leonardo, quant à lui, avait écrit à propos des enterrements chrétiens: "des morts qui sont emportés pour être enterrés: les gens simples emportent un grand nombre de lumières pour éclairer le voyage de tous ceux qui ont perdu la faculté de voir. Ô humaine sottise! Ô folie de l'humanité! "

Il semble toutefois que Leonardo n'était pas athée. Le nom du Créateur apparaît bon nombre de fois dans ses écrits et indique qu'il avait une conception extraordinaire d'une puissance divine. Certes, s'il avait voulu être explicite il aurait été tout à fait capable de l'exprimer avec des mots. Mais il ne l'a pas expliqué, sauf peut-être dans son art. Peu avant sa mort il a écrit:

> "Voyez les espoirs et les souhaits de revenir à sa patrie et à ses origines - ce sont des papillons de nuit qui tentent d'atteindre la lumière. Et l'homme qui attend avec une anticipation joyeuse le nouveau printemps, le nouvel été, et toujours de nouveaux mois, de nouvelles années – même si le temps pour lequel il se languit arrive, il lui paraîtra toujours venir trop tard – il ne voit pas que son désir porte en lui les germes de sa propre mort."

> "Mais le désir est la quintessence, l'esprit des éléments, elle qui par l'âme est enfermée dans le corps humain et qui aspire à retourner à sa source. Vous devez savoir que cette aspiration même est la quintessence de la vie, la servante de la Nature, et que l'Homme est un modèle du Monde."

A mesure qu'il vieillissait, la sombre vision qu'avait Leonardo de l'humanité s'accentue, ainsi que son pessimisme général. On dit qu'il entrait parfois en fureur et lançait alors des phrases scatologiques, ce qui nous remet en mémoire la diatribe contre l'homme, de la plume de Jonathan Swift: "Les hommes ne peuvent prétendre être rien d'autre que des passages pour la nourriture, que des producteurs de merde, des remplisseurs de latrines, car d'eux rien d'autre ne vient dans le monde, il n'y a en eux aucune vertu, car rien de subsiste d'eux que des latrines pleines."

François Ier avait pour Leonardo un tel respect qu'il n'exigeait absolument rien de lui - tout ce qu'il voulait c'était pouvoir venir parler avec le Maître aussi souvent qu'il le souhaitait. Ce fut en France, un "pays étranger", que Leonardo lança son dernier coup de trompette, en produisant une série apocalyptique de dessins, intitulée "Le Déluge" dont il prédit qu'il inonderait un jour la Terre et mettrait fin au monde de l'Homme.

Ces dessins, presqu'abstraits dans leur abandon de tout style artistique traditionnel, ont manifestement été un exercice salutaire de son imagination. Ses connaissances scientifiques sont appliquées ici pour produire un effet dévastateur, montrant la faiblesse des moyens humains en face de la Nature.

> "Ah, quelles terribles tumultes l'on entend résonner dans la sombre atmosphère!", a-t-il écrit en commentaire à ces dessins; "Ah quelle tristesse, combien de lamentations!"

Ses représentations du déluge sont terrifiantes:

> "Que l'air sombre et triste soit battu par l'élan des vents contraires gros de pluies perpétuelles mêlées à la grêle... Partout à la ronde montrez les vieux arbres déracinés et mis en pièces par la furie des vents... que les fragments de montagnes soient précipités dans les profondeurs d'une des vallées, et qu'ils forment là un barrage aux eaux gonflées de ses rivières qui, ayant déjà brisé cet obstacle, se précipitent en des vagues immenses..."

Voilà le Jugement Dernier de Leonardo sur le Monde [*Voir Planches 18 et 19.*], son dernier message à l'humanité. Etrange que ce soit le message de la cathédrale d'Auch, le message de Fulcanelli, Kardec, Nostradamus, etc. Et étrange qu'ils soient tous rassemblés par leurs liens avec Marguerite de Navarre.

Rappelez-vous que la scène de la mise au tombeau du Christ dans la cathédrale d'Auch a été inspirée par *Marguerite d'Autriche*, dont l'époux appartient à la famille qui a eu en sa possession le Suaire gardé à Turin. L'époux de Marguerite, *Philibert de Savoie* était *cousin de l'un des évêques impliqués dans l'attribution de la construction de la cathédrale*, François de Savoie, avait des liens étroits avec le cathédrale d'Auch.

Récapitulons: Marguerite de Navarre nous ramène tout droit à Fulcanelli via François Rabelais: de ses livres mettant en scène Gargantua et Pantagruel, Le Tiers Livre des faicts et dicts héroïques du bon Pantagruel (1546) a été dédicacé à Marguerite de Navarre, l'une des commanditaires de la Cathédrale d'Auch.

C'est après la mort de Leonardo que Marguerite s'implique dans le mouvement pour la réforme de l'Eglise, et c'est alors qu'elle rencontre et correspond avec les principaux réformateurs de la période. En 1527, Marguerite épouse Henri d'Albret, Roi de Navarre. Henri d'Albret était fils de *Catherine de Foix*, descendante d'une illustre famille cathare.

Souvenez-vous aussi qu'un autre des proches et correspondants de Marguerite de Navarre était *Jules César Scaliger* ami proche et associé de *Nostradamus*, que Nostradamus, comme cela a été mentionné, est né à Alet-les-Bains, au pays de *Foix*, et que *Nostradamus a fréquenté l'école avec Rabelais.*

C'est vers 1531 que Marguerite de Navarre a autorisé la publication d'un poème dont elle est l'auteur: *Le miroir de l'âme pécheresse*. Marguerite a donné une copie du *Miroir* à une de ses dames d'honneur, *Anne Boleyn*, et ce poème a été traduit ensuite en anglais par la fille âgée de 12 ans d'Ann: *Elizabeth Ière*. Rappelez-vous également qu'Ann Boleyn a été dame d'honneur de *Marguerite d'Autriche avant de servir Marguerite de Navarre*.

Les connexions sont tout simplement trop nombreuses pour qu'on les ignore, trop nombreuses pour qu'on les considère comme des "coïncidences" si vous voulez mon avis. C'est pourquoi, je crois que c'est seulement dans l'étroit contexte que j'ai pu présenter dans le présent ouvrage que nous serons à même d'arriver à une certaine compréhension du *véridique* " Code da Vinci ".

Leonardo a légué ses carnets et manuscrits à son compagnon, Francesco Melzi, qui les a emportés chez lui près de Milan où il les a conservés comme "des reliques religieuses". Jusqu'au décès de Melzi elles étaient dans des mains sûres. A son décès, il les laisse à son fils, un homme de loi, certain qu'il leur témoignera le même respect. Ce n'a apparemment pas été le cas: les documents ont été dispersés, les manuscrits et feuillets non reliés vendus, volés, donnés, éparpillés sur la moitié de la planète. Il y a quelques années, des tentatives ont été faites de rassembler au moins des facsimilés, mais personne ne sait au juste quelle est l'étendue des pertes. Vers la fin du XIXe siècle, un grand nombre de pages en possession de la Couronne britannique ont disparu de manière mystérieuse; on présume qu'elles ont été cachées, et non pas détruites. On peut se demander pourquoi.

Quoi qu'il en soit, certaines parties de ses carnets ont été rassemblées, et une étude attentive de ces écrits encore disponibles nous permettent de découvrir de quoi il a voulu "parler" dans son art. Par exemple:

> L'esprit du peintre doit ressembler à un miroir qui prend toujours la couleur de l'objet qu'il reflète et est toujours occupé des images de tous les objets qui sont devant lui. C'est pourquoi tu dois savoir, ô Peintre ! que tu ne pourras pas être bon si tu n'es pas le maître universel de représenter par ton art toute sorte de forme produite par la nature. Et ceci tu ne sauras comment le faire si tu ne les vois pas et les garde dans ton esprit.

> Nous savons très bien que les erreurs sont plus faciles à reconnaître dans les oeuvres des autres plutôt que dans les nôtres, et que très souvent, tu reproches les petits défauts des autres tandis que tu ignores les grands chez toi. Pour éviter une telle ignorance, en premier lieu deviens un maître de la perspective, et

puis acquiers une connaissance parfaite des proportions des hommes et des autres animaux et aussi, étudie la bonne architecture, c'est-à-dire la forme des édifices et autres objets à la surface de la terre; ces formes sont infinies et mieux tu les connaîtras, plus admirable sera ton oeuvre.

La pratique universelle que les peintres adoptent sur les murs des chapelles doit être grandement et raisonnablement condamnée. Pour autant, ils représentent un sujet historique à un niveau avec un paysage et des édifices, et puis montent d'un niveau et en peignent un autre, en variant le point de vue, et puis un troisième et un quatrième, de telle manière que, sur un mur, il y ait quatre points de vue, ce qui est suprême sottise chez ces peintres. Nous savons que le point de vue se trouve en face du regard du spectateur de la scène ; et si vous voulez que je vous dise comment représenter la vie d'un saint divisée en plusieurs tableaux, sur un seul et même mur, je vous répondrai que vous devez disposer l'avant-plan avec ce point de vue au niveau du regard du spectateur de la scène, et sur ce plan, représenter la partie la plus importante de l'histoire en grand, et puis en diminuant par degrés, les figures et les édifices sur plusieurs collines et espaces ouverts, et vous pouvez ainsi représenter tous les éléments du récit. Et sur le restant du mur jusqu'au sommet, placez des arbres, en grand par rapport aux personnages, ou des anges s'ils entrent dans le cadre de l'histoire, ou bien des oiseaux, des nuages et autres objets semblables ; sans quoi, ne vous en préoccupez pas car tout votre ouvrage sera faux.

Quand vous aurez bien étudié la perspective et que vous saurez par coeur les parties et formes des objets, vous devez vous déplacer, et pendant que vous le faites, constamment observer, noter et considérer les circonstances et le comportement des hommes en train de parler, se quereller, rire ou se battre: les gestes des hommes eux-mêmes et ceux des spectateurs qui les séparent ou les regardent.

Lorsque vous composez un tableau historique, prenez deux points, un point de vue, l'autre étant la source de la lumière, et écartez les l'un de l'autre autant que faire se peut.

Les tableaux historiques ne doivent pas être encombrés d'une foule, ni confus à cause d'un trop grand nombre de personnages.

De la composition des tableaux historiques. Ne pas prendre en compte les membres des personnages figurant sur des tableaux historiques, comme beaucoup le font, dans un désir de représenter un personnage dans son entier, gâche la composition. Et lorsque vous placez un personnage derrière un autre, prenez soin de le dessiner en entier, de façon que les membres qui viennent à l'avant des personnages voisins figurent en leur taille et place naturelles.

Le personnage le plus admirable est celui qui par ses gestes, exprime la passion qui l'anime.

Vous devez représenter un homme au désespoir avec un couteau à la main, ayant déjà arraché ses vêtements, et une main déchirant la blessure...

Un tableau ou représentation de figures humaines devrait être exécuté de telle manière que le spectateur reconnaisse facilement l'intention, par leur attitude. Ainsi, si vous avez à représenter un homme de noble caractère en train de parler, faites en sorte que ses gestes soient ceux qui accompagnent naturellement de bonnes paroles; de la même manière, si vous souhaitez peindre un homme de nature brutale, dotez-le de mouvements violents, comme avec les bras jetés en avant vers son interlocuteur, sa tête et sa poitrine en avant de ses pieds, comme si elles suivaient les mains de celui qui parle.

C'est ainsi qu'un sourd et muet, quand il voit deux personnes en conversation – bien que privé de l'ouïe – peut cependant comprendre des attitudes et gestes de ceux qui parlent, la nature de leur discussion.

Si vous voulez représenter un homme s'adressant à une assemblée, considérez le sujet qu'il a à traiter et adaptez ses gestes au sujet. Et donc, s'il parle de manière persuasive, que ses gestes soient appropriés. Si le sujet à traiter doit susciter la discussion, faites en sorte que l'orateur, des doigts de la main droite, tienne un doigt de la main gauche, les deux plus petits étant repliés, et son visage animé, tourné vers les gens, avec la bouche entrouverte, pour le représenter comme s'il parlait. Et s'il est assis, représentez-le comme s'il était sur le point de se lever, la tête en avant. Si vous le représentez debout, faites-le se pencher légèrement en avant, la tête vers les gens. Ceux-ci, vous devez les représenter aussi silencieux qu'attentifs, tous regardant le visage de l'orateur avec des gestes d'admiration; et montrez certains hommes âgés dans l'étonnement de ce qu'ils entendent, les coins de la bouche vers le bas et rentrés, les joues ridées et les sourcils levés...

Les mouvements des hommes doivent suggérer leur dignité ou leur vilenie.

Faites en sorte que votre ouvrage fasse apparaître vos intentions et ce que vous voulez dire. C'est-à-dire que, quand vous dessinez une figure, pensez bien à ce dont il s'agit et à ce que vous voulez lui faire faire.

Les membres destinés au labeur doivent être musculeux, et ceux qui ne sont pas autant utilisés vous devez les faire sans muscles et doucement arrondis. Représentez vos personnages dans des actions adaptées à ce que chacun peut avoir dans l'idée; sans quoi, votre art ne sera pas admirable.

La renommée devrait être dépeinte couvertes de langues au lieu de plumes, et sous l'apparence d'un oiseau.

Le plaisir et la douleur représentés comme des jumeaux, l'un ne peut être présent sans l'autre; et comme s'ils étaient unis dos à dos, puisqu'ils sont contraires l'un à l'autre.

Ceci représente le Plaisir et la douleur assemblés, et les montre comme des jumeaux parce que l'un n'est jamais séparé de l'autre. Ils sont dos à dos parce qu'ils sont opposés l'un à l'autre, et ils existent comme des contraires dans un même corps, parce qu'ils ont la même base, dans la mesure où l'origine du plaisir est le labeur et la douleur, et où les diverses formes de plaisir blâmable sont à l'origine de la douleur. C'est pourquoi il est représenté ici avec un roseau dans la main droite qui ne sert pas et n'a pas de force, et les blessures qu'il inflige sont empoisonnées. En Toscane on les utilise comme supports de lit pour signifier que c'est là que viennent les rêves vains et qu'une grande partie de la vie est consumée. C'est ici qu'un temps précieux est gâché, c'est-à-dire au matin, quand l'esprit est rafraîchi et reposé, et le corps dispos prêt à entreprendre de nouveaux labeurs, c'est là à nouveau que de vains plaisirs sont goûtés, tant par l'esprit qui imagine des choses impossibles que par le corps qui prend de ces plaisirs qui sont souvent cause de l'affaiblissement de la vie. C'est pour ces raisons que le roseau est vu comme leur support. Penser du mal, c'est de l'envie ou de l'ingratitude.

L'Envie doit être représentée avec un geste dédaigneux de la main vers le ciel, parce que si elle le pouvait, elle utiliserait sa force contre Dieu. [*Voir Planche 20.*]Montrez-la avec le visage couvert d'un masque avenant; montez-la blessée à l'oeil par une branche de palmier et par un rameau d'olivier, et blessée à l'oeil par un laurier et un myrte, pour signifier que la victoire et la vérité lui sont odieuses. [510]

On peut donc penser que dans chacune des peintures qu'il a faites Leonardo da Vinci a voulu transmettre des messages. De plus, les messages ont été codifiés d'une certaine façon. Nous pouvons

[510] Citations de L. da Vinci extraites de : *The Notebooks of Leonardo Da Vinci* (Les carnets de Leonardo da Vinci) compilées et édités à partir des manuscrits originaux par Jean Paul Richter, Dover Edition, 1970, première publication en 1883 par Sampson Low, Marston, Searle & Rivington sous le titre *The Literary Works of Leonardo da Vinci*. Dover Publications, New York

extraire certains principes généraux de ses écrits, et les utiliser pour analyser ses oeuvres.

Après le décès de Leonardo, des critiques ont été émises, qui clamaient bien haut qu'après tout "Leonardo n'était qu'un homme et ses peintures, tout comme celles des autres artistes, n'étaient que des couleurs appliquées sur des surfaces" . C'était en tout cas l'opinion exprimée par John Ruskin, qui trouvait que le Maître était largement surestimé. Quant à Renoir il a dit: "Leonardo da Vinci m'ennuie."

Les attaques les plus sérieuses de l'image de Leonardo sont celles de Sigmund Freud. Travaillant sur ce qu'à tort il avait pris pour des faits historiques, il a écrit un essai : *Un souvenir d'enfance de Leonardo da Vinci,* où il suggère que Leonardo, n'ayant pas eu de père dans les premières années de sa vie, a eu des relations amoureuses avec sa mère, et que plus tard, quand son père l'a emmené chez lui, sa belle-mère a été "trop affectueuse", sans doute dans un sens sexuel.

La plus grande erreur de Freud est l'importance qu'il donne à un rêve/une rêverie fait(e) par l'artiste dans son enfance, d'un grand oiseau qui s'est posé sur son visage. Freud a rapproché ce rêve d'une remarque faite par Leonardo, à savoir: "l'acte de procréation et tout ce qui s'y rapporte est tellement dégoûtant que la race humains s'éteindrait bientôt sans de jolis visages et des dispositions à la sensualité ", et il en a conclu que Leonardo était un homosexuel latent. Cette calomnie lui est restée associée, bien qu'il n'y ait aucune preuve de la véracité de cette affirmation.

Freud s'est basé sur un ouvrage en grande partie romancé, écrit par Dimitri Merejkowski, *The Romance of Leonardo da Vinci*, qui inclut le passage, décrit par Leonardo, de la rencontre avec l'oiseau. Malheureusement, l'auteur parle d'un "vautour" ce qui a plongé Freud dans un ravissement psychoanalytique sans humour aucun, basé sur la mythologie égyptienne antique et ses croyances érotico-religieuses concernant la déesse à tête de vautour nommée *Mout*. Freud se demande: "nous pouvons nous demander si la consonance, semblable à notre substantif *mutter*[511] est seulement une coïncidence".

En fait, le mot que Leonardo a utilisé pour décrire son rêve était *nebbio* , un "milan"[512], un oiseau de la famille des faucons, commun en Europe. Bref, la dissertation de Freud sur Leonardo était hors de propos. Mais, à mon avis, Freud lui-même est hors de propos.

---

[511] Mère (NdT)

[512] Le terme en anglais est 'kite', ce qui signifie aussi « cerf-volant »

Quoi qu'il en soit, le mot "milan" a attiré mon attention. Voici pourquoi:

> 20 juin 1998
> Q: ... Bon, je voudrais demander ceci; ces types qui ont fait des recherches sur cette lignée sacrée ont en quelque sorte focalisé toute leur attention sur une lignée particulière, censément la lignée de Jésus qui irait jusqu'aux rois mérovingiens... Ce type, Pierre Plantard, aurait plus ou moins créé une généalogie, validée par lui-même... c'est comme de décrire x en termes de y et y en termes de x. Alors, est-ce que ce Pierre Plantard a véritablement dans ses veines du sang de la lignée qui nous préoccupe?
> R : Partiellement.
> Q: Alors cela me fait penser que la chose importante que nous recherchons est une convergence des lignées... ces lignées sont symbolisées par les figures divines, les enfants d' Odin, et ce que nous cherchons c'est un endroit où ces lignées convergent?
> R : Oui.
> Q: Quelles sont les caractéristiques que pourrait avoir un individu qui serait le produit de convergence?
> R : Peau claire et menton à fossette.
> Q: Eh bien, Ark et F*** ont tous deux un menton à fossette, mais C** et moi de l'avons pas! Est-ce que cela signifie...
> R : Nous ne disons pas que tous ceux qui ont ces caractéristiques sont de cette lignée!
> Q: On peut donc être de cette lignée et avoir une apparence différente?
> R : Oui.
> Q: Combien de personnes sur cette planète ont-elles ces lignées "convergentes"?
> R : 7.367. Des cerfs volants[513] ont été utilisés pour des communications croisées entre membres de la lignée.
> Q: Des cerfs volants?! Qu'est-ce que les cerfs volants ont à faire ici? Que diable... vous les gars, vous me rendez dingue! Vous voulez dire des cerfs volants en papier et avec des ficelles, ou bien des oiseaux?
> R : Oui, du papier, du bois, et de la ficelle.
> Q: ... (C) Cela implique que ces gens savent que ce sang coule dans leurs veines et qu'ils restent en contact les uns avec les autres? (L) Ou bien est-ce que c'est quelque chose pour l'avenir quand ceux de cette lignée s'éveilleront?
> R : Oui. [à ce] dernier.
> Q: Donc nous devons aller faire voler un cerf volant... (C) d'une forme et d'un symbole particuliers...
> R : Des cerfs volants de recherche.

[513] L'original anglais utilise le mot « kite » (NdT)

Q: (C) Les Japonais font voler des cerfs volants... et il y a des tas de gens qui suspendent à tout propos des bannières à leurs fenêtres ...
R : Vous voulez des révélations? Préparez-vous à une chasse au "Trésor".
Q: Merci beaucoup!
R : Ces quêtes vous dynamisent, Laura!
Q: Oui, en effet. Quand je commence à trouver les connexions c'est comme s'il y avait des petites explosions d'énergie dans mon cerveau... (A) Eh bien, je ne comprends pas ces cerfs volants. Ils ne volent pas par eux-mêmes, ils sont au bout d'une ficelle. On ne les voit pas de loin ... seulement à quelques kilomètres... à quoi cela sert-il de communiquer de cette façon avec quelqu'un qui se trouve à quelques kilomètres seulement?
R : Les cerfs volants peuvent être lâchés ou abandonnés aussi!
Q: (A) Quand on lâche un cerf volant, il tombe! Enfin, nous devrions peut-être attendre pour voir où mène cet indice avant de rester calés sur les aspects techniques. Peut-être s'agit-il seulement d'une sorte de point de repère... nous ne savons pas s'il est fait allusion à un cerf volant dans le sens littéral, un à une référence à un cerf volant, ou à un dessin de cerf volant... une sculpture... quelque chose va apparaître pour relier, j'en suis certain. C'est toujours comme ça.

Et en effet. Dans le traité de Leonardo da Vinci *Il Nebbio* et le *Codice sul volo degli uccelli* il écrit:

> " Je parais donc avoir été destiné à écrire de manière si approfondie au sujet du milan car, dans un de mes premiers souvenirs d'enfance, il me semble que, lorsque j'étais au berceau, un milan vint et m'ouvrit la bouche de sa queue, et me frappa avec cette queue à maintes reprises à l'intérieur sur les lèvres." (*Codice Atlantico*)
>
> Le milan est un oiseau de grande envergure, qui utilise les courants aériens pour rester en l'air tout en planant. Il a étudié le milan et d'autres oiseaux, essayant d'apprendre comment ils volaient, afin qu'il puisse imiter la nature avec succès. On sait bien peu de la vie privée de L. da Vinci, parce qu'il n'en a jamais rien écrit dans son journal. Cependant, ceci est une exception intéressante, car nous y voyons que *Leonardo a écrit que c'était sa destinée d'écrire sur et étudier le milan,* et cela signifie aussi qu'il pensait que c'était sa destinée de construire des machines volantes et de permettre aux hommes de voler.
>
> Quand on a goûté une fois du vol on parcourt toujours la terre les yeux tournés vers le ciel, car c'est là que vous êtes allé et c'est là que vous désirerez toujours retourner. [Leonardo]

Ayant rassemblé tant d'indices intéressants, dirigeons à présent nos pas dans une direction légèrement différente. En 1483, Leonardo da Vinci peint *La madone aux rochers*. (Titre complet: *La Vierge aux rochers (La Vierge avec l'Enfant Saint-Jean adorant l'Enfant Christ accompagné d'un ange)*) (le Louvre). [*Voir Planche 21.*] Entre 1506 et 1508, il produit la seconde version, ou "version de Londres", de la *Madone aux rochers*. [*Voir Planche 22.*] On pense généralement que la première a été faite pour remplir un contrat signé avec la Confraternité milanaise de l'Immaculée Conception. Apparemment elle n'a pas été appréciée, et s'est retrouvée en France. La Confraternité a lors commandé une deuxième version, dans laquelle Ambrogio da Predis devait se voir attribuer une partie du travail. Il s'en est suivi des procès entre lui, Leonardo, et la Confraternité, et vingt-cinq années ont passé avant que cette Confraternité obtienne finalement la version qu'elle souhaitait.

C'est en comparant les deux peintures qu'on a le sentiment que la première version doit avoir transmis un message que la Confraternité souhaitait supprimer. Dans la seconde version, apparemment acceptée par eux, Leonardo est cependant parvenu à transmettre son message. Ou bien c'est cela qui s'est passé, ou bien il n'a pas participé pour grand chose à la seconde version.

La version qui se trouve au Louvre est généralement considérée comme l'oeuvre de Leonardo, mais le doute subsiste quant à la version qui se trouve à la National Gallery.

De toute manière, les changements dans la composition nous révèlent ce à quoi, selon toute vraisemblance, la Confraternité a fait objection. Ils n'ont manifestement pas apprécié l'ange, assis à côté de l'enfant Jésus, qui montre du doigt Jean-le-Baptiste. Ils ont probablement exigé des auréoles, mais je crois que Leonardo a ajouté de sa propre initiative la "croix qui paraît faite en roseau " sur l'épaule de Jean.

Les tableaux sont de tailles pratiquement égales, mais les personnages de la seconde version sont rapprochés du spectateur, paraissent plus "lourds" et "plus idéalisés" comme s'ils étaient en pierre. Les couleurs de la seconde version ont été atténuées au point que les corps paraissent morts – une pâleur mortelle semble délibérément souligner que le "message" du tableau est "la mort".

Le sujet de la première peinture qui a fait l'objet du plus grand nombre de commentaires est l'étrange main, presque menaçante, de la Vierge. Regardons les mains dans les deux versions côte à côte, en nous remémorant les commentaires de Leonardo sur "la façon de raconter une histoire" dans les tableaux, les gestes des mains, etc. Je ne pense pas du tout que la main soit menaçante, ainsi que nous le verrons bientôt.

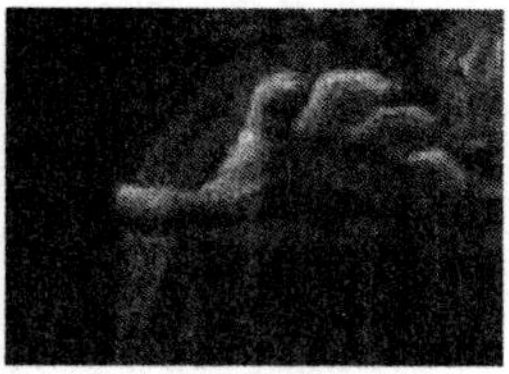

Jetons à présent un coup d'oeil à une autre oeuvre de da Vinci: *La dernière Cène*...[*Voir Planche 23.*]

Il a été dit que la Dernière Cène "a figé un moment", le moment où le Christ vient de dire: "L'un de vous va me trahir", et où les disciples réagissent tous à ces mots en prenant des poses superbes et en faisant des gestes grandiloquents "révélant les intentions de leur âme". Incontestablement, Leonardo faisait de nombreuses études avant d'entreprendre un tableau, mais seulement deux d'entre elles sont parvenues jusqu'à nous. L'une d'elles est esquissée à la hâte – plutôt grossièrement – et montre *tous* les personnages, même s'ils ne sont pas alignés sur un rang derrière la table. [*Voir Planche 24.*] Incapable de les placer tous à la table à cause de la petitesse de la page sur laquelle il dessinait, il en a placé quatre dans le bas. Son intention était malgré tout claire, parce qu'il a placé une répétition d'épaule/bras d'un des disciples à gauche dans la rangée supérieure. Dans l'esquisse, Leonardo s'en est tenu au style iconographique ordinaire, laissant Judas assis tout seul à un petit côté de la table.

Il semble que, non content de figer un moment, Leonardo a aussi eu d'autres intention plus profondes, comme nous pouvons le conclure de ses commentaires sur la manière de peindre cités plus haut, appliqués à l'étude présentée ci-dessus et au tableau terminé.

Nombreux sont ceux qui ont insisté sur le fait que ce tableau est censé représenter Jésus dînant avec son "épouse", Marie-Madeleine, assise près de lui. Je suis entièrement d'accord pour dire que le personnage à côté de Jésus est manifestement une femme – une femme absente de l'étude préliminaire à moins qu'il ne s'agisse de celle qui n'a pas la tête baissée, près de Jésus. Mais s'agit-il de Marie-Madeleine? Ou est-ce quelqu'un d'autre? Ou bien est-ce que l'indice pointe vers quelque chose de totalement différent?

Mais avant d'aller plus loin, je voudrais donner, de la plume même de Leonardo, une signification possible des deux personnages qui apparaissent presque comme des jumeaux, le regard quelque peu détourné l'un de l'autre et cependant unis par la proximité de leurs bras reposant l'un à côté de l'autre sur la table, formant ainsi un "M" qui peut nous faire avancer d'un pas:

> [...] Ceci représente le Plaisir et la douleur assemblés, et les montre comme des jumeaux parce que l'un n'est jamais séparé de l'autre. Ils sont dos à dos parce qu'ils sont opposés l'un à l'autre, et ils existent comme des contraires dans un même corps. [*Voir Planche 25.*]

Leonardo a aussi des formules pour les mains, qui doivent "suivre" la nature du discours du sujet du tableau:

> Si vous voulez représenter un homme s'adressant à une assemblée, considérez le sujet qu'il a à traiter et adaptez ses gestes au sujet. Et donc, s'il parle de manière persuasive, que ses gestes soient appropriés. Si le sujet à traiter doit susciter la discussion, faites en sorte que l'orateur, des doigts de la main droite, tienne un doigt de la main gauche, les deux plus petits étant repliés, et son visage animé, tourné vers les gens, avec la bouche entrouverte, pour le représenter comme s'il parlait.

Considérant ce que Jésus est supposé avoir annoncé au cours de la Dernière Cène, l'aspect de ses mains est des plus intéressants. Nous remarquons le geste de supplication de la main gauche, mais la main droite est vraiment étrange. C'est seulement après l'avoir examinée pendant un bon moment que j'ai réalisé ce qu'elle me rappelait: La Vierge aux Rochers. Regardons-les ensemble:

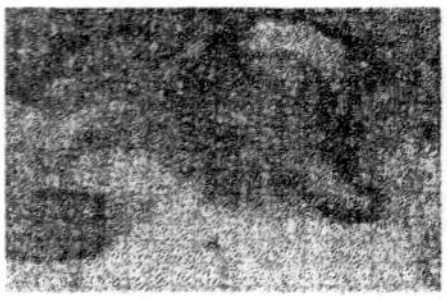

Main de Jésus Dernière Cène

Main de Marie, le Louvre

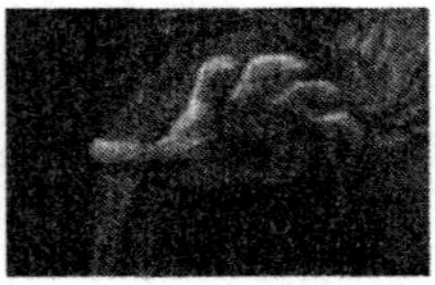

Main de Marie, Londres

Nous voyons en fait que la main droite de Jésus dans la Dernière Cène correspond presqu'exactement à la main gauche de Marie dans la *Vierge aux Rochers*. Autrement dit, ce qui est "exprimé" par les mains est la même chose sur les deux tableaux. Mais naturellement, dans la Dernière Cène, d'après le scénario, Jésus est sur le point de prendre un morceau de pain et de le tremper dans la coupe, avec Judas dont la main se tend également d'une manière curieuse. Est-ce que cela implique que Jean-le-Baptiste, dans la *Vierge aux Rochers*, est une sorte de "Judas"?

Une autre controverse sur la *Dernière Cène* concerne les deux "mains anormales" dans le tableau. Dans l'image qui suit j'ai passé au scanner haute résolution une photo professionnelle achetée sur place à Milan par un membre du Quantum Future Group. (Les touristes ne sont pas autorisés à prendre des photos). J'ai agrandi la photo et dessiné un cercle autour de chaque main évidente ou en partie évidente sur le tableau. J'ai placé un numéro au dessus de la tête de chaque personnage, montrant combien de mains cet individu particulier en montre. J'ai ensuite découpé l'image pour pouvoir la placer sur la page en deux parties. [*Voir Planches 26 et 27.*]

Il y a treize personnes à table, et nous comptons 25 mains, parce qu'une main est cachée: une main qui appartient à l'homme dont le doigt est pointé vers le ciel.

Le personnage murmurant à l'oreille de la femme a été identifié comme étant Saint-Pierre. Une des mains, qui doit lui appartenir, est celle qui fait le geste de couper la gorge de la femme assise à côté de Jésus. [*Voir Planche 28.*]

Il est évident que Leonardo a voulu transmettre un message, car il a longuement et clairement expliqué comment compléter les corps qui se trouvent derrière d'autres corps, de manière à respecter l'anatomie. Nous voyons la seule autre étude connue de la Dernière Cène, à côté du bras de Saint-Pierre sur la fresque. [*Voir Planche 29.*]

Il est manifeste que la main qui tient le couteau et celle qui fait le geste de trancher la gorge de la femme appartiennent toutes deux à Saint-Pierre.

Revoyons ce que Leonardo a écrit:

> [...] Et lorsque vous placez un personnage derrière un autre, prenez soin de le dessiner en entier, de façon que les membres qui viennent à l'avant des personnages voisins figurent en leur taille et place naturelles.
>
> [...] Le personnage le plus admirable est celui qui par ses gestes, exprime la passion qui l'anime.
>
> Vous devez représenter un homme au désespoir avec un couteau dans la main, [...]
>
> Un tableau ou représentation de figures humaines devrait être exécuté de telle manière que le spectateur reconnaisse facilement, par leur attitude, ce qu'ils ont l'intention de faire. ... de la même manière, si vous souhaitez peindre un homme de nature brutale, dotez-le de mouvements violents, comme avec les bras jetés en avant vers son interlocuteur, sa tête et sa poitrine en avant de ses pieds, comme si elles suivaient les mains de celui qui parle.
>
> Les mouvements des hommes doivent suggérer leur dignité ou leur vilenie.

> Faites en sorte que votre ouvrage fasse apparaître vos intentions et ce que vous voulez dire. C'est-à-dire que, quand vous dessinez une figure, pensez bien à ce dont il s'agit et à ce que vous voulez lui faire faire.
>
> L'Envie doit être représentée avec un geste dédaigneux de la main vers le ciel, parce que si elle le pouvait, elle utiliserait sa force contre Dieu. ...

Donc, très certainement, nous avons ici la "représentation de jumeaux" sous les traits de Jésus et de la femme à sa droite, pour suivre le principe de "Plaisir/Souffrance", mais nous voyons aussi que la main qui apparaît *de derrière Judas Iscariote* tient un couteau: "vous devez représenter un homme au désespoir avec un couteau dans la main...", et si nous supposons , que le pain, l'Eucharistie, doit représenter "le corps du Christ", alors le mouvement du couteau au-dessus du pain pourrait bien correspondre à l'Envie faisant " un geste dédaigneux de la main vers le ciel ". Assemblez cela avec l'esquisse du geste d'égorgement et avec le murmure à l'oreille, *qui conspire*, et une image plutôt déplaisante de Saint-Pierre émerge. Il semble que c'est *Pierre qui dissimule ses gestes derrière Judas.*

Curieux.

Poursuivant mon étude de la fresque, j'ai noté encore une autre chose remarquable:

Si vous utilisez comme des points de repère la main qui fait le mouvement de trancher, la main droite de Jésus, son front, et la paume de sa main gauche, vous avez tracé exactement la constellation de Cassiopée en *en miroir*. [*Voir Planche 30.*]

Pour vous faire comprendre les implications possibles de cette étrange figure qui apparaît clairement sur le tableau, voici une information plutôt obscure donnée à propos de ce groupe d'étoiles:

> "Le nom de l'étoile provient de l'image d'une étoile vue par les peuples d'Arabie, qui est très différente de la conception grecque de cette constellation", explique Teske. "Malgré cela, son **nom arabe** a été introduit dans le concept grec de Cassiopée *il y a environ 400 ans.*"

Cela daterait l'insertion des noms arabes de l'époque de da Vinci et du cercle de personnes liées à la cathédrale d'Auch. Ces gens savaient donc certainement que:

> Les noms arabes des étoiles principales de Cassiopée donnent certains indices quant à la signification ésotérique de la constellation; parmi ceux-ci "poitrine" (*schedir-seder*?) "main", "bosse du dromadaire", "genou", et "coude", qui sont tous des

symboles ésotériques que l'on trouve dans de arcanes. Les Arabes ont nommé la constellation dans son ensemble *l'arbre seder*. Avant cela ils ont vu cette constellation comme "*la grande main peinte au henné* ", les étoiles les plus brillantes constituant le bout des doigts.

Ce qui nous refait penser à l'étrange grande main de la Vierge aux Rochers, à la main en miroir de la main droite de Jésus sur la fresque de la Dernière Cène.

Cassiopée est une belle constellation qui se trouve à un bout de la galaxie de la Voie Lactée; elle est associée à ce que nous connaissons sous le nom de *Constellation des Perséides*. [*Voir Planche 31.*]Elle se trouve dans le signe zodiacal du Bélier où se trouvent les étoiles *Shedir* "La poitrine" (l'étoile sur le front de Jésus) *Ruckbah (*genou*)* "L'Intronisée" (l'étoile sur la main qui fait le geste de trancher la gorge de la femme à coté de Jésus) et *Dat al-Cursa* "celle qui est assise". Pour les Chinois Cassiopée était *Ko Taou*, ou "l'entrée." Certains ont vu dans cette constellation la forme d'une clé.

Suspendue presque au-dessus de nos têtes dans le ciel nocturne de novembre se trouve la constellation en forme de W que nous nommons Cassiopée... Les observateurs qui font face au nord pourront apercevoir l'étoile appelée "*Caph*", c'est-à-dire *la paume de la main*, à l'extrême gauche du "W" renversé de Cassiopée

N'est-il pas intéressant de voir la "paume de la main" et la "palme", dans la paume de Jésus tournée vers le haut? Etrange aussi que Cassiopée soit vue comme un "W renversé" plutôt que, logiquement, comme un "M" – une tentative de dissimuler une relation?

En 1893, E. W. Bullinger écrivait au sujet de Cassiopée:

La captive délivrée et se préparant pour l'époux, le Sauveur. Au dernier chapitre nous avons vu une femme enchaînée (Andromède); ici nous voyons la même femme libérée, délivrée, et assise sur un trône.

Ulugh Bey dit que son nom arabe est *El Seder*, qui signifie Le/la libéré(e).

Avec les mains de la femme de la Dernière Cène jointes comme si elles étaient "liées," et le mouvement d'égorgement esquissé par Saint-Pierre qui dissimule son couteau, nous apercevons clairement une relation ici.

Dans le Zodiaque de Dendérah (en Egypte) son nom est *Au-Set - Isis* – ce qui signifie 'faite reine'. Al Bumazer affirme que cette constellation était anciennement nommée "*la fille de la splendeur*". Ce qui paraît être le sens du nom de *Cassiopée : celle qui est assise sur un trône, la belle.* Le nom arabe est *Ruchba*, 'celle qui a été mise sur un trône'. C'est aussi le sens de son nom chaldéen, *Dat al cursa.* Il y a 55 étoiles dans cette constellation, dont 5 sont de troisième grandeur, 5 de quatrième, etc.

Cette belle constellation passe quotidiennement à la verticale de la Grande-Bretagne, et se distingue facilement grâce ses cinq étoiles les plus brillantes, qui forment un "W" irrégulier. *Cette brillante constellation contient une étoile binaire*[514]*, une étoile triple, une étoile double, une étoile quadruple, et un grand nombre de nébuleuses***.** C'est en 1572 que l'astronome danois Tycho Brahé[515] a découvert cette constellation, et très proche de l'étoile *k* (sous le bras du fauteuil), *une nouvelle étoile, plus brillante que Vénus. Elle a pu être observée pendant près de deux années, mais a disparu complètement en 1574***.**

L'étoile la plus brillante, *a* (sur le sein gauche), est nommée *Schedir* (en hébreu), ce qui signifie *libérée*. La suivante, *b* (au sommet du fauteuil), porte elle aussi un nom hébreu: *Caph*, 'la branche'; manifestement à cause *du rameau de la victoire qu'elle tient dans la main.* Elle est en effet très exaltée et est en train de se préparer. Ses mains, *qui ne sont plus liées*, se livrent à cette agréable tâche. De la main droite elle arrange sa robe, de la gauche elle orne sa coiffure. Elle est assise sur le cercle arctique, auprès de Céphée, le Roi. *Elle est "la jeune épousée, l'épouse de l'Agneau, la cité céleste, la nouvelle Jérusalem", "répondant à l'appel céleste"***.**

Cassiopée *est visible toute la nuit, tout au long de l'année, ne se lève ni ne se couche jamais*, mais parcourt continuellement une orbite autour de notre étoile [Polaris]. La Grande Ourse (ou constellation du Chariot) est située, sur le pôle, à l'opposé de Cassiopée.

---

[514] En astronomie, une **étoile binaire** se compose de deux étoiles orbitant autour de leur centre de gravité commun. Le terme *étoile binaire* a apparemment été inventé par William Herschel en 1802 pour indiquer « une vraie étoile double - l'union de deux étoiles qui sont formées ensemble dans un système par les lois de la gravitation » - Encyclopdie Wikipedia (NdT).

[515] Brahe est né le 14 décembre 1546 à Skane, qui appartenait alors au Danemark, mais est passé, depuis, à la Suède. (NdT)

Les Lithuaniens nommaient les étoiles de Cassiopée "le Cavalier", "*Justandis*" ou "qui porte de la nourriture" –(sein?) – ou encore "*Abakukas*" ou *"étoiles de Marie"*. Ceci nous amène à ce qu'a écrit Sir John Rhys à propos de Cassiopée:

> Il nous faut trouver de l'aide pour nous mettre à même d'identifier la grande "ELLE" qui se dérobe à notre recherche dans la syntaxe de la langue galloise. Il n'y que deux noms féminins qui, à mes yeux, pourraient être appropriés: L'un est *Tynghed*, «Destinée» ou «Fortune», et l'autre est *Don*, la mère de quelques uns des personnages les plus nébuleux de la littérature celtique.
>
> C'est d'après cette Don que Gwydion le barde et grand-mage, et son frère le forgeron sont appelés *fils de Don*; et c'est le cas également pour Arianrhod, fille de Don, mère de Ilew, et propriétaire du château battu par les vagues de Caer Arianrhod, pas très éloigné du tertre préhistorique de Dinas Dinlle...
>
> Dans la légende irlandaise nous découvrons Don sous la forme irlandaise de son nom, *Danu* ou *Donu*, génitif : *Danaan* ou *Donaan*, et elle est pratiquement seule là-bas à être considérée comme divinité. D'après elle les grands personnages de la légende d'Irlande sont nommés *Tuatha De Danaan*, ou 'les tribus de la déesse Danu', et parfois *Fir Dea*, ou 'les hommes de la divinité'.
>
> La dernière étape, dans le récit gallois de Don, consiste en la translation de celle-ci vers les cieux, où la constellation de Cassiopée est supposée représenter *Ilys Don*, ou «Cour de Don».[516]

Est-ce que Leonardo da Vinci a voulu indiquer Cassiopée dans sa fresque de la Dernière Cène? Est-ce que Marguerite de Navarre, Rabelais, Nostradamus, François Ier, Anne Boleyn, et d'autres, font partie d'un groupe en contact avec "Nous dans le futur"?

Revenons aux remarques sur les étoiles, faites par Canseliet à vingt années de distance et qui, juxtaposées, dévoilent quelque chose de merveilleux:

> Extrait de la PREMIERE édition: Je sais, non pour l'avoir découvert moi-même, mais parce que j'en ai été assuré par l'auteur il y a plus de dix ans, que *la clef de l'arcane majeur est donnée, sans aucune fiction, par l'une des figures qui ornent le présent ouvrage*. Et *cette clef consiste tout uniment en une couleur* manifestée à l'artisan dès le premier travail.

[516] John Rhys, *Celtic Folklore*

Le lecteur aura remarqué que Canseliet et Fulcanelli ont été très astucieux. Examinons donc cet indice et tentons de percer l'intention de Canseliet. Il dit que l'indice est «*une figure qui orne le présent ouvrage*», qu'il est révélé «*à l'artisan dès le premier travail*»; et dans la préface à la **seconde** édition, il ajoute l'indice que le sujet de l'étoile «*introduit, de plain-pied dirons-nous, au texte de Fulcanelli» en disant que «Dès le seuil, en effet, notre Maître s 'est longuement arrêté sur le rôle capital de l'Étoile*».

Revoyons donc le début du texte de Fulcanelli:

La plus forte impression de notre prime jeunesse, - nous avions sept ans, - celle dont nous gardons encore un souvenir vivace, fut l'émotion que provoqua, en notre âme d'enfant, la vue d'une cathédrale gothique. Nous en fûmes, sur-le-champ, transporté, extasié, frappé d'admiration, incapable de nous arracher à l'attrait du merveilleux, à la magie du splendide, de l'immense, du vertigineux que dégageait cette œuvre plus divine qu'humaine.

Reprenons donc cet indice et tentons de découvrir ce que Canseliet a voulu dire. Il dit que l'indice est dans *"une figure illustrant le présent ouvrage"*, et qu'il est révélé *"dès le premier travail"*. Et dans la préface à la seconde édition il ajoute que *le sujet de l'étoile «introduit, de plain-pied dirons-nous, au texte de Fulcanelli»* en disant que *«Dès le seuil, en effet, notre Maître s'est longuement arrêté sur le rôle capital de l'Étoile»*.

Varron, dans ses *Antiquitates rerum humanorum*, rappelle la légende d'Enée sauvant son père et ses pénates des flammes de Troie et aboutissant, après de longues pérégrinations, ***aux champs de Laurente*** [...], terme de son voyage.. ***Laurente*** (Laurentium) est cabalistiquement *l'or enté* (l'or greffé)". Et donc, en effet, nous avons été conduits à une *couleur*!

Abbé Boudet:

Les Auscii pouvaient aisément se rendre habiles dans les ouvrages d'or ; ce métal était presque à fleur de terre dans leur région, et divers historiens prétendent que les avides marchands Grecs et Phéniciens, revenant dans leur pays, donnaient pour lest à leur vaisseaux l'or recueilli dans les Pyrénées.

Est-ce que le Code de Leonardo da Vinci serait aussi le Mystère des Cathédrales auquel nous a conduit Fulcanelli? Est-ce que tous deux se réfèrent au travail des Cassiopéens?

Patrick Rivière, alchimiste, élève d'Eugène Canseliet le disciple de Fulcanelli:

> Tout au long de son exposé, Laura Knight-Jadczyk se réfère aux deux passionnants ouvrages du savant-alchimiste Fulcanelli: *Le Mystère des Cathédrales* et *Les Demeures Philosophales* . **Elle s'efforce d'en prolonger le contenu pas ses vastes connaissances**.[...]
>
> [...]Quant à son inspiration, qu'en dire et d'où vient-elle, sinon de la Lumière des étoiles?

BIBLIOGRAPHIE

Aaboe, Asger, "Remarks on Theoretical Treatment Of Eclipses In Antiquity", *JFHA* 3 June 1972.

———. "Babylonian Planetary Theories", Brown University Dissertation, 1957, 58-4346. in *Centauris* V, 1958.

Aardsma, Gerald. 1993. *A New Approach to the Chronology of Biblical History from Abraham to Samuel.* El Cajon:Institute for Creation Research.

Abehsera, Abraham A. 1991. *Babel: The Language of the 21st Century.* Jerusalem: EQEV Publishing House

Adolf, Helen. 1960. *Visio Pacis/ Holy City and Grail: An Attempt at an Inner History of the Grail Legend.* State College: Pennsylvania State U.P.

Aharoni, Yohanan. 1979. *The Land of the Bible. Revised.*Translated by A.F. Rainey. Philadelphia: Westminster Press.

Ahituv, S. 1984. *Canaanite Toponyms in Ancient Egyptian Documents.* Leiden.

Ahlstrom, Gosta. 1993. *The History of Ancient Palestine from the Palaeolithic Period to Alexander's Conquest.*Sheffield: JSOT Press.

Al-Biruni The Chronology of Ancient Nations. C. E. Sachau (trans.)t *Oriental Translation Fund*, Vol. 73, London: Willaim H. Allan, 1879.

Albright, W.F 1935. "The Names Shaddai and Abram." *Journal of Biblical Literature* 54.

———. 1943a. "Two Little Understood Amarna Letters From the Middle Jordan Valley." *Bulletin of the American School of Oriental Research* 89.

———. 1943b. "An Archaic Hebrew Proverb in an Amarna Letter From Central Palestine." *Bulletin of the American School of Oriental Research* 89.

———. 1955. "Northwest-Semitic Names in a List of Egyptian Slaves From the Eighteenth Century B.C." *Journal of the American Oriental Society* 74.

———. 1961. "Abram the Hebrew: A New Archaeological Interpretation." *Bulletin of the American School of Oriental Research* 163.

———. 1934. *The Vocalization of the Egyptian Syllabic Orthography.* New Haven: American Oriental Society.

———. 1957. *From Stone Age to Christianity.* Garden City: Doubleday & Company.

Alcock, L.. 1971. *Arthur's Britain.* London: Allan Lane

Alexander, Joseph A. 1953. *Commentary on the Prophecies of Isaiah.* rpt. 1846-7. Grand Rapids: Zondervan.

Aling, Charles 1986. *Har Karkom: The Mountain of God.* New York: Rizzoli.

———. 1995. "Some Remarks on the Historicity of the Joseph Story." *Near East Archaeological Society Bulletin* 39-40

Aling, Charles. 1981. *Egypt and Bible History.* Grand Rapids:Baker Book House.

Allegro, John. *The Sacred Mushroom and the Cross*, Abacus

Amis, Robin. *A Different Christianity: Early Christian Esotericism and Modern Thought.* Albany: SUNY Press, 1995.

Anati, Emmanuel. 1963. *Palestine Before the Hebrews.* New York: Alfred A. Knope.

Andreae, Johann Valentin. 1459. *The Chymical Wedding of Christian Rosenkreutz*, Minerva Books, London

Andrews, Richard & Schellenberger, Paul. 1996. *The Tomb of God: The Body of Jesus and the Solution to a 2,000-year-old Mystery* New York: Little, Brown.

Ante-Nicene Fathers. 1975. 10 Vols. ed by Roberts and Donaldson. Grand Rapids: Eerdmans.

Arthurian Tradition & Chrétien de Troyes, Columbia University Press, NY (1949),

Ashe, Geoffrey. 1990. *King Arthur The Dream of a Golden Age*. London: Thames and Hudson.

———. 1982. *Kings and Queens of Early Britain*. London: Methuen.

———. 1979. *The Ancient Wisdom*. London: Sphere.

———. 1999. *The Book of Prophecy*,. London: Blandford.

———. 1985. *The Discovery of King Arthur*. London: Guild.

———. 1975. *Camelot and the Vision of Albion*. Panther.

———. 1979. *The Ancient Wisdom*. London: Sphere.

———. 1999. *The Book of Prophecy*. London: Blandford.

Astour, M. 1975. "Place Names." Ras Shamra *Parallels*. Vol. 2, ed by Loren R. Fisher. Rome: Pontificium Institutum Biblicum.

———. 1979. "Yahweh in Egyptian Topographical Lists." *Festschrift Elmar Edel* 12. ed. by Gorg and Pusch.

Atkinson, R. J. C. 1979. *Stonehenge Archaeology and Interpretation*. Penguin Harmondsworth.

Aubrey, John. 1718. *Natural History and Antiquities of the County of Surrey*, 5 Vols. London: Curll.

Augstein, Rudolf. 1999. *Jesus Menschensohn*, Hamburg: Hoffmann and Campe.

Baigent, M., Leigh, R., & Lincoln, H. 1982. *The Holy Blood and the Holy Grail*. London: Jonathan Cape.

Baigent, Michael & Leigh, Richard 1990 [1989] *The Temple and the Lodge*. London: Corgi Books.

Baigent, Michael, et.al. 1986. *The Messianic Legacy*. New York: Dell.Publ.Co.

Baillie, Mike. 1999. *Exodus to Arthur*. London: B.T. Batsford. 1999.

Baker, Robert. 1961. *Introduction to Astronomy*. Princeton, N.J.: D. Van Norstrandt

Bakker, Robert T. 1986. *The Dinosaur Heresies*.; New York: William Morrow and Company.

Balfour, Michael. 1992. *Megalithic Mysteries*. Limpsfield, Surrey: Dragon's World.

Barber, Chris. 1987. *Mysterious Wales*. London Paladin.

Barber, Richard. 1993. *The Arthurian Legends: An Illustrated Anthology*. New York: Barnes & Noble Books.

Barrett, C.K. 1994. *A Critical and Exegetical Commentary on the Acts of the Apostles*. Vol. 1. Edinburg: T&T Clark.

Bartar W. "Die Chronologie der 1. bis 5. Dynastie nach den Angaben des rekonstruierten Annalensteins" *ZAS* 108(1981).

Bartholomew, Robert E., and Howard, George S. 1998. *UFOs and Alien Contact: Two Centuries of Mystery*. Amherst (NY): Prometheus.

Beaumont, Comyns. 1945. *The Riddle of Prehistoric Britain*. London: Rider & Co.

Bell, Barbara. 1975. "Climate and the History of Egypt." *American Journal of Archaeology* 79.

Bellingham, David. 1990. *Celtic Mythology*, London: Apple Press.

Bennett, J. A. W., ed. 1963. *Essays on Malory: Walter Oakeshott, C. S. Lewis, E. Vinaver, D. S. Brewer, P. E. Tucker, F. Whitehead, et. al.* Oxford: Clarendon Press.

Berezkin, Juri. 1983. *Mochica. Tsivilizatsia indeitsev Severnogo poberzhia Peru* v I-VII vv. Leningrad. Berlin 1945.

Berlitz, Charles. 1969. *The Mystery of Atlantis*. New York: Avon.

Bevent, Edwyn. 1927. *A History of Egypt Under the-Ptolemaic Dynasty*. London: Methuen & Co.

Bickerman, E.J. 1968. *Chronology of the Ancient World*. London:Thames & Hudson.

Bierling, Neal. 1992. *Giving Goliath His Due*. Grand Rapids: Baker Book House.

Bietak, Manfred. 1987. "Comments on the Exodus." *Egypt, Israel, Sinai: Archaeological and Historical Relationships in the Biblical Period.* Tel Aviv: Tel Aviv University.

———. 1988. "Contra Bimson, Bietak Says Late Bronze Age Cannot Begin as Late as 1400 B.C." *Biblical Archaeology Review* 15:4 (July/August).

———. 1991. "Egypt and Canaan During the Middle Bronze Age." *Bulletin of the American School of Oriental Research* 281.

Bimson and Livingston. 1987. "Redating the Exodus." *Biblical Archaeology Review* 13:5 (September/October).

Bimson, John J. 1980. "Archaeological Data and the Dating of the Patriarchs." *Essays on the Patriarchal Narratives.* ed. by Millard and Wiseman. Winona Lake: Eisenbrauns.

———. 1981. *Redating the Exodus and Conquest.* 2nd ed.Sheffield: The Almond Press.

Black, Jeremy, and Green, Anthony. 1992. *Gods, Demons and Symbols of Ancient Mesopotamia.* Austin: University of Texas Press.

Blake and Lloyd. 2000. *The Keys to Avalon.* Shaftesbury, Dorset: Element Books.

Blavatsky, H.P. 1980. *The Esoteric Writings of Helena Petrovna Blavatsky.* Wheaton, IL: Theosophical Publishing House. Originally published in 1897 as the third volume to The Secret Doctrine.

Boeckhr, August. *Menetho und die Hundsternperiode.*

Bogdanow, Fanni. 1973. "The Transformation of the Role of Perceval in Some Thirteenth Century Prose Romances." *Studies in Medieval Literature and Languages in Memory of Frederick Whitehead.* Manchester: Manchester University Press.

Bonanno, Anthony. 1999. Article in *Old Temples Society* 2. November.

Borchardt, Ludwig. "Der zweite Papyrusfund von Kahunp" *Zeitschrift futr Aeawtische*--§grache 37 (1M)r p. 89-103. Die Annalen und die zeitliche Festleguna des alten Reighen der aeqwtischen Geschichte. Quellen und Forschungen zu Zeitbestimmung der ASMMtischen Geschichte. Berlin 1917.

Bord, Janet and Colin. 1974. *Mysterious Britain.* Paladin.

Bosroff, Marie (trans). 1967. *Sir Gawain and the Green Knight.* New York: WW Norton & Co.

Bower, B. 1996. "Ancient World Gets Precise Chronology." *Science News* 149 (June 29th).

Bramley, William. 1990. *The Gods Of Eden.* New York: Avon.

Branston, B. 1957. *Lost Gods of England.* London: Thames and Hudson.

———. 1978. *Gods and Heroes From Viking Mythology.* London: Peter Loewe.

———. 1980. *Gods of the North.* London: Thames and Hudson.

Breasted, James. 1988 rpt. *Ancient Records of Egypt* 1906-7, 5 Vols. London: Histories & Mysteries of Man Ltd.

Brecher, Kenneth. 1979. "Sirius Enigmas" *Astronomy Of The Ancients.* Cambridge, Mass.: MIT Press.

Brewer, E. Cobham, Rev. Dr. 1885. *Dictionary of Phrase and Fable.* London: Cassell & Company.

Britton, John. *On the Quality of Solar and Lunar Observations and Parameters In Ptolemys Almagest.* Yale Dissertation, 67-6997.

Brown, A. C. L. 1940. "Arthur's Loss of Queen and Kingdom," *Speculum*, XV (January).

Bruce, J. D. 1928. *The Evolution of Arthurian Romance.* Peter Smith Pub. 2nd edition (July 1983).

Brug, John. 1988. *The Astronomical Dating of Ancient History before 700 AD.* Wisconsin Lut1983heran Seminary.

Brugsch, K.H. 1968. *Thesaurus Inscriptionum Aeavaticarum*, I-IV. Graz v Austria: Akademische Druck.
———. 1870. "Ein neues Sothis-Datum" *Zeitschrift der Aegyptische Sprache* 8.
Bruins and Plicht. 1996. "The Exodus enigma." *Nature* 382 (July 18).
Bryant, Nigel. 2001. *Merlin and the Grail.* Cambridge UK: D.S.Brewer.
———. (trans.). 1978. *The High Book of the Holy Grail.* NJ: Brewer, Rowman and Littlefield.
Buccellati, Giorgio. 1977."Apiru and Munnabtutu--The Statelessof the First Cosmopolitan Age." *Journal of Near Eastern Studies* 36.
Budge, E.A.W. 1904. (1976).*The Decree of Memphis and Canopus.* London: Kegan Paul. AMS Reprint N.Y.
Bulgakov, Fr. Sergius. 1993. *Sophia: The Wisdom of God.* Hudson NY: Lidisfarne.
———. 1997. *The Holy Grail and the Eucharist.* Hudson NY: Lidisfarne.
Bullinger, E.W. 1968. *Figures of Speech used in the Bible.* rpt.Grand Rapids: Baker Book House.
Burland, C. A. 1972. *Echoes of Magic: A Study of Seasonal Festivals through the Ages.* Totowa, NJ: Rowman and Littlefield.
Burnham, Terry and Jay Phelan. 2000. *Mean Genes.* Cambridge, Massachusetts: Perseus Publishing.
Byron, Cyril. 1931. *The Papyrus Ebers.* N.Y.: D. Appleton.
———. 1970. Cambridge Ancient History. 3rd Edition. I:1-2.
Campbell, Bruce F. 1980. *Ancient Wisdom Revived: A History of the Theosophical Movement.* Los Angeles:Univ. of California Press.
Campbell, Joseph. 1949. *The Hero With A Thousand Faces.* New York: MJF.
Campion, Nicholas. 1994. *The Great Year: Astrology, Millenarianism and History in the Western Tradition.* London: Arkana.
Capon, Robert Farrar. 1971. *The Third Peacock: The Goodness of God and the Badness of the World.* 1st ed. Garden City, N.Y.: Doubleday.
Carroll, Michael P. 1986. *The Cult of the Virgin Mary: Psychological Origins.* Princeton: Princeton University Press.
Casperson, L.W. 1986. "The Lunar Dates of Thutmose III," *JNES* 45.
Castaneda, Carlos. 1998. *The Active Side o Infinity.* New York: Harper Collins.
———. 1984. *The Fire From Within.* New York: Pocket Books.
Loomis, Roger Sherman. 1927. *Celtic Myth and Arthurian Romance.* New York: Columbia University Press.
Censorinus, (ed. Otto Jahn). 1900. *De Die Natali, Berolini.* 1845. New York: Wm. Maude.
Ceram, C.E. 1956. *The Secret of The Hittites.* trans. Richard and Clara Winston. New York: Alfred A. Knopf.
Chamberlain, Von Del. 1983. "Navajo Constellations in Literature, Art, Artifact and a New Mexico Rock Art Site". *Archaeoastronomy* 6 (1-4).
Chambers, E. K. 1947. *English Literature at the Close of the Middle Ages.* New York: Oxford University Press.
Chambers, Henry. 1983. "Ancient Amphictyonies, Sic Et Non." *Scriptures in Context* II. ed. by Hallo, Moyer, and Perdue. Winona Lake: Eisenbrauns.
Chari, C.T.K. 1972. "Precognition, Probability and Quantum Mechanics." *Journal of the ASPR*, 66.
Charlesworth, James. 1983. *The Old Testament Pseudepigrapha.* Vol. 1. Garden City: Doubleday & Comapny.
Charpentier, Louis, and Ronald Fraser, trans. 1975. *The Mysteries of Chartres Cathedral.* New York: Avon Books.
Chaucer, Geoffrey. 1982. *The Caterbury Tales.* Hieatt, trans., ed. New York: Banta.
Chittick, William. 1989. *The Sufi Path of Knowledge.* Albany: State University of New York.

Chretien de Troyes. 1957. "Perceval, or the Story of the Grail". *Medieval Romances.* Loomis, Roger & Laura, ed. New York: Random House.

Cohn, Norman. 1970. *The Pursuit of the Millenium: Revolutionary Millenarians and Mystical Anarchists of the Middle Ages.* London: Pimlico.

———. 1996. *Warrant for Genocide: The Myth of the Jewish World Conspiracy and the Protocols of the Elders of Zion.* London: Serif.

Colon Thuborn. 1981. *The Ancient Mariners* Alexandria, Virginia: Time-Life Books.

Conway, Flo, Siegelman, Jim. 1978. *Snapping: America's Epidemic of Sudden Personality Change.* Lippincott, Williams and Wilkins.

Cooper, Alan. 1981. "Divine Names and Epithets in the Ugaritic Texts." *Ras Shamra Parallels* Vol. 3. ed. by Stan Rummel. Rome: Pontificium Institutum Biblicum.

Cooper-Oakley, Isabel. 1970 [1912]. *The Count of Saint-Germain.* New York: Steiner Publications.

———. 1977 [1900]. *Masonry & Medieval Mysticism: Traces of a Hidden Tradition.* London: Theosophical Publishing House.

Copenhaver, Brian P. 1992. *Hermetica: The Greek Corpus Hermeticum and the Latin Asclepius* in a new English translation with notes and introduction. Cambridge, New York and Melbourne: Cambridge University Press.

Corny J. 1961. "Note On The Supposed Beginning Of A Sothic Cycle Under Seti I" *JEA* 17.

Courville, Donovan. 1971. *The Exodus Problem and its Ramifications.* Loma Linda: Challenge Books.

Craigie, Adrian. 1985. *Cities of the Biblical World: Ugarit.*Grand Rapids: Eerdmans.

Cremo, Michael A., Thompson, Richard L. 1993. *Forbidden Archaeology.* Bhaktivedanta Institute.

Cretien de Troyes. 1991. *Arthurian Romances.* Trans. William W. Kibler. New York: Penguin
Books.

Cross, Frank. 1973. *Canaanite Myths and Hebrew Epic.* Cambridge:Harvard University Press.

Cruse, Christian. 1955. *Eusebius, Pamphilus. The Ecclesiastical History of Eusebius Pamphilus.* Grand Rapids: Baker Book House.

Cummins, W. A. 1992. *King Arthur's Place in Pre-history.* Surrey: Bramley Books.

Curott, D.R. 1966. "Earth's Deceleration From Ancient Solar Eclipses" *Astronomy Journal* 71.

Curtis, Peter. 1983. *Ugaritic and the Old Testament.* Grand Rapids: Eerdmans.

D'Alviella, 1956. Count Goblet. *The Migration of Symbols.* New York: University Books.

De Boron, Robert, ed. W.A.Nitze, *Joseph d'Arimithie* published as *Le Roman de l'Estoire dou Saint Graal*, 1927, Les Classiques français du moyen-âge, Paris. Parts of the text were translated by M. Schlauch and published in *Medieval Narrative*, 1928, NY. The Modena-manuscript prose versions of de Boron's *Joseph and Merlin*, together with the Modena *Perceval* have recently been translated into English in Bryant, N. 2001.

de Camp, L. Sprague. 1970 (1954). *Lost Continents: The Atlantis Theme in History, Science and Literature.* New York: Dover.

De Espinosa, Alonso. 1972. *The Guanches of Tenerife* trans. by Sir Clements Markham. Nendeln/Liechtenstein: Kraus Repring.

De Geus, Cornelis. 1993. "Of Tribes and Towns: The Historical Development of the Isaelite City." *Eretz-Israel* 24.

De Moor, Johannes. 1990. *The Rise of Yahwism.* Leuven: Leuven University Press.

De Santillana & Von Dechend. 1977. *Hamlet's Mill.* Boston: David R. Godine.

De Troyes, Chrétien, tr. Nigel Bryant, D.S. Brewer, 1982. *Perceval: The Story of the Grail* (*Perceval ou il Conte du Graal* or *Perceval li Gallois*). Cambridge UK.

Bryant's slightly abridged edition incorporates large parts of the Continuations, in which various authors (or editors) attempted to complete Chrétien's unfinished romance.

De Vaux, Roland. 1978. *The Early History of Israel*. Translation by David Smith. Philadelphia: Westminster Press.

Deimelt Anton. 1935. *Die Altbabylanische Koenigsliste und ihre Bedeutung fuer die Chronoligie Rome.*

Dever, William G. 1990. "'Hyksos', Egyptian Destructions, and the End of the Palestinian Middle Bronze Age." *Levant* 22.

Devereux, Paul, and Brookesmith, Peter. 1998. *UFOs and Ufology: The First Fifty Years*. New York: Facts on File.

Dicks, D.R. 1954. "Ancient Astronomical Instruments" *Journal of British Astronomical Society* 64.

———. 1970. *Early Greek Astronomy to Aristotle*. Ithaca N.Y: Cornell University Press.

Die Mittel-zur zoitliche Festl2gung von Punkten der aewptilghen Seschichte und ihre Answenduna Cairo 1935.

Dijkstra, Meindert. 1995. "El, YHWH and their Asherah" in *ALASP* 7:43-73. Munster: Ugarit-Verlag.

Diodorus of Sicily. 1935, 1937. *Library of History*. English translation by C.H. Oldfather, Loeb Classical Library, 12 Vols. London: William Heinemann. Cambridge, Mass, USA: Harvard University Press, 1935 and 1939.

Discoveries in the Judaean Desert XII: Qumran Cave 4. 1994.Vol. VII. Oxford: Clarendon Press.

Dobbs, Adrian. 1967. "The Feasibility of a Physical Theory of ESP," in Smythies, *Science And ESP*. New York: Humanities Press.

Dolan, Richard. 2002. *UFOs and the National Security State*. Charlottesville: Hampton Roads.

Dothan, Trude and Moshe. 1992. *People of the Sea: The Search for the Philistines*. New York: Macmillan.

Doyle, Arthur Conan. *Sherlock Holmes in The Boscombe Valley Mystery*.

Dumezil, Georges. 1988. *Mitra-Varuna: An Essay on Two Indo-European Representations of Sovereignty*. Zone Books; reprint edition.

Dundes, Alan. "The Father, the Son, and the Holy Grail," *Literature and Psychology*, XII (1962), 101112.

Dunn, Christopher P. 1998. *Technologies of Ancient Egypt*. Bear and Co.

Eamon, William. 1994. *Science and the Secrets of Nature: Books of Secrets in Medieval and Early Modern Culture*. Princeton: Princeton University Press.

Ebers, G. "Papyrus Ebers" *Zeitschrift fuer egyptische Sprache* 11 1873 and *ZAS* 12, 1874.

Eco, Umberto. 1988. *Foucault's Pendulum*. San Diego, New York, London: Harcourt, Brace Jovanowich.

———. 1995. *The Search For The Perfect Language*. Oxford: Blackwell.

Edd, Rhys, J. and Evans, J. Gwenogvryn. 1887–90. *Mabinogion and the Bruts from the Red Book of Hergest*. 2 vols. Oxford.

Edgerton, W.F. 1942. "Chronology of the 12 th Dynasty" *JNES* 1.

Ehrich, Robert, ed. 1965. *Chronologies of Old World Archeology* . Chicago: University of Chicago.

Einstein, Albert and P. Bergmann. 1938. "Annals of Mathematics." Vol. 38, No. 3, July.

Eisenlohr, A. 1870. "Das doppelte Kalendar des Herrn Smith," *Zeitschrift fuer Aegyptische Sprache*

Eliade, Mircea. 1954. *The Myth of The Eternal Return*. New York: Bollingen Foundation, Princeton University Press

———. 1972. *Shamanism:Archaic Techniques of Ecstasy*. Princeton: Princeton University Press.

Ellerbe, Helen. 1995. *The Dark Side of Christian History*. Orlando: Morningstar and Lark.

Epstein, Isidore. ed. 1935. *The Babylonian Talmud*. 35 Vols. London: Soncino Press.

Eric Whitaker, Steve Stewart. *Article Reviews: Late Ice Age Hunting Technology (Heidi Knecht)*. Scientific American, July 1994

Eusebius, Pamphilus 1956. *Eusebius Werke: Die Chronik Des Hieronymus*. ed. by Rudolf Helm. Berlin: Akademie-Verlag.

———. 1955. *The Ecclesiastical History of Eusebius Pamphilus*. Translation by Christian Cruse.Grand Rapids: Baker Book House.

———. 1981. *Preparation of the Gospel*. Translation by Edwin Gifford. Grand Rapids: Baker Book House.

Evans, Sebastian, trans. *The High History of the Holy Grail*. Everyman.

Farrand, William R. 1961. "Frozen Mammoths and Modern Geology", *Science*, Vol.133, No. 3455, March 17.

Faulkner. 1969. *The Ancient Egyptian Pyramid Texts*. Aris and Phillips.

Fenster, Mark. 2001. *Conspiracy Theories: Secrecy and Power in American Culture* Minneapolis: University of Minnesota Press.

Ferguson, Arthur B. 1960. *The Indian Summer of English Chivalry: Studies in the Decline and Transformation of Chivalric Idealism*. Durham, N. C.: Duke University Press.

Finegan, Jack. 1964. *Handbook of Biblical Chronology*. Princeton: Princeton University Press.

Finkelstein, Israel, and Silberstein, Neil Asher. 2001. *The Bible Unearthed*. New York : The Free Press.

Firestone, Richard B., Topping, William. 2001. "Terrestrial Evidence of a Nuclear Catastrophe in Paleoindian Times", dissertation research, 1990 - 2001.

Fitzmer, Joseph. 1971. *The Genesis Apocryphon of Qumran Cave I*. Rome: Biblical Institute Press.

Flem-Ath, Rand and Rose. 1995. *When the Sky Fell*. Canada: St. Martins.

Fleming, Stuart. 1976. *Dating in Archeology*. N.Y: St. Martin's Press.

Fomenko, A.T, Nosovskij, G.V. *New Hypothetical Chronology and Concept of the English History British Empire as a Direct Successor of Byzantine-Roman Empire*.

Fomenko, A.T. 1994. *Empirico-Statistical Analysis of Narrative Materials and its Applications to Historical Dating*. Dordrecht, The Netherlands: Kluwer Academic Publishers.

Forwald, Haakon. 1969. "Mind, Matter and Gravitation: A Theoretical and Experimental Approach." *Parapsychology Monographs*, Number 11. New York: Parapsychology Foundation.

Fotheringham, J.K. et. al. 1921. "Historical Eclipses", *Oxford Lectures on History*. Oxford.

———. 1928. *The Venus tablets of Ammizaduga*. Oxford,

Fox, Hugh. 1976. *Gods of the Cataclysm*. New York: Dorset/Harper and Row.

Frank, Edgar. 1956. *Talmudic and Rabbinical Chronology*. Jerusalem: Feldheim Publishers.

Freedman and Graf. 1983. *Palestine in Transition*. Sheffield: Almond Press.

Freedman, H. and Simon, M. eds. 1939. *Midrash Rabbah*. 10 Vols. London: Soncino Press.

French, Thomas. 2000. "The Exorcist in Love". *St. Petersburg Times Magazine* section on February 13, 2000.

Frerichs, E. and Lesko, L. eds. 1997. *Exodus: The Egyptian Evidence*. Winona Lake: Eisenbrauns.

Friedman, Richard Elliot. 1987. *Who Wrote the Bible*. New York: Harper & Row.

Fulcanelli. 1984. *The Mystery of the Cathedrals*. Las Vegas: Brotherhood of Life,.

———. 1999. *The Dwellings of the Philosophers*. Boulder: Archive Press.

Fulton, J. P., Wincheski, B. and Namkung, M., A *Probabilistic Model for Simulating Magneto-Acoustic Emission Responses in Ferromagnets* M. Namkung, B. Wincheski, J. P. Fulton and R. G. Todhunter.

Gandz, Sol. 1970. *Studies in Hebrew Mathematics and Astronomy* N.Y.: KTAV.

Gantz, Jeffrey, tr. 1976. *Mabinogion or The Four Branches of the Mabinogi*. unknown. Harmondsworth UK: Penguin Books Ltd.

Gardiner, Alan H. 1916. *Notes on the Story of Sinuhe*. rpt.Recueil de travaux, Vols. 32-36, Paris.

———. 1947. *Ancient Egyptian Onomastica*. Oxford: Oxford University Press.

———. 1961. *Egypt of the Pharaohs*. Oxford: Oxford University Press.

Gardner, Martin. 1957. *Fads and Fallacies in the Name of Science*. New York, Dover.

Gaskell, G.A. 1960. *Dictionary of All Symbols and Myths*. The Julian Press, Inc.

Geoffrey of Monmouth. 1966. *History of the High Kings of Britain*, translated by Lewis Thorpe. Harmondsworth UK: Penguin Books Ltd.

Gershom, Yonassan, Rabbi. 1992. *Beyond the Ashes*. Virginia Beach: A.R.E. Press.

Gildas. 1978. *De Excidio Britanniae*. ed. and trans. by Michael Winterbottom as *The Ruin of Britain*. In History from the sources. Vol. 7. Chichester: Phillimore.

Ginzburg, Carlo. 1992. *Ecstasies: Deciphering the Witches' Sabbath*. Harmondsworth, Penguin.

Ginzel, F.K. 1911. *Handbuch der mathematischen-und technischen Chronologie II*, Leipzig.

Godwin, Jocelyn. 1991. *The Mystery of the Seven Vowels*. Phanes Press.

———. 1994. *The Theosophical Enlightenment*. New York: SUNY.

———. 1995. *Harmonies of Heaven and Earth : Mysticism in Music from Antiquity to the Avant-Garde* . Inner Traditions.

———. 1996. *Arktos: The Polar Myth in Science, Symbolism, and Nazi Survival*. Kempton, Illinois: Adventures Unlimited Press.

Godwin, Joscelyn, Chanel, Christian, Deveney, John P. 1995. *The Hermetic Brotherhood of Luxor*. York Beach: Samuel Weiser.

Godwin, Malcolm. 1994. *The Holy Grail: Its Origins, Secrets, and Meaning Revealed*. New York: Viking Studio Books.

Goodrich, Norma Lorre. 1986. *King Arthur*. New York: F. Watts.

Goodrick-Clarke, Nicholas. 1985. *The Occult Roots of Nazism: Secret Aryan Cults and their Influence on Nazi Ideology*. New York: New York Univ. Pr.

Goodwin, C.N. 1873. "Notes on the calendar in Mr. Smith's papyrus," *Zeitschrift fuer Aegyptische Sprache11*

Goulder, Michael D. 1997. *The Psalms of Asaph and the Pentateuch*. Sheffield Academic Press.

Graves, Robert. 1948. *The White Goddess*. New York: The Noonday Press.

———. 1992. *The Greek Myths*. London: Penguin.

Gray, H. J. B. 1928. "The Mystical Doctrine of the Queste del Sainte Graal," *Arthuriana*, I, 4957.

Gregory of Nyssa. 1994. "On the Soul and Resurrection." In *Nicene and Post-Nicene Fathers*, Second Series, ed. Philip Schaff and Henry Wace, Volume 5, 428 - 470. Peabody, MA: Hendrickson, 1994. BR60 .N66

Gross, Paul R., Levitt, Norman, and Lewis, Martin W., eds. 1996. *The Flight from Science and Reason*. New York: New York Academy of Sciences.

Guirdham, Arthur. 1977. *The Great Heresy: The history and Beliefs of the Cathars*. Saffron Walden UK: C.W.Daniel.

———. 1978. *The Cathars and Reincarnation: The Record of a Past Life in 13th Century France*. Wheaton,Ill.: Theos. Publ. House.

Gurney, O.R. 1991. *The Hittites*. Harmondsworth UK: Penguin. Revised edition.

Haich, Elisabeth. 1974. *Initiation*. Palo Alto: Seed Center.

Hall, Manly P. 1944. *The Secret Destiny of America*. Los Angeles: Philosophical Research Society.

———. 1999. *The Secret Teachings of All Ages*. Los Angeles: Philosophical Research Society.

Hall, Sir James. 1813. *Essays on the Origins, History and Principles of Gothic Architecture*. London.

Halpern, Baruch. 1983. *The Emergence of Israel in Canaan*. Chico: Scholars Press.

———. 1987. "Radical Exodus Redating Fatally Flawed."*Biblical Archaeology Review* 13:6 (November/December).

———. 1992. "The Exodus from Egypt: Myth or Reality?" *The Rise of Ancient Israel*. Washington D.C.: Biblical Archaeology Society.

———. 1993. "The Exodus and the Israelite Historians." *Eretz-Israel* 24.

Hamilton, Edith. 1942. *Mythology*. New York: New American Library.

Hamilton, Victor. 1990. *The Book of Genesis:* Chapters 1-17. Grand Rapids: Eerdmans.

Hancock, Graham. 1992. *The Sign and the Seal: The Quest for the Lost Ark of the Covenant* New York: Crown.

———. 1996. *Fingerprints of the Gods*. Crown Publishing. Reissue Ed.

Hapgood, Charles. 1979. *Maps of the Ancient Sea Kings*. London: Turnstone Press.

Hartner, Willy. 1968. "The Earliest History of the Constellations," *Oriens Occidens*, Hildesheim: Georg Olms Verlagsbuchhandlung.

———. 1977. "The Role of Observation in Ancient and Medieval Astronomy" *JFHA* 8

Hawkes, Jacquetta. 1973. *The First Great Civilizations; life in Mesopotamia, the Indus Valley and Egypt*. New York: Knopf.

Heath, Thomas. 1913. *A History of Greek Astronomy To Aristarchus*. Oxford.

Heironimus, John Paul, trans. 1952. "Selected Letters of the Younger Pliny," in MacKendrick, Paul and Herbert M. Howe, *Classics in Translation*, Vol. II.- Latin Literature, C. Madison: The University of Wisconsin Press.

Heline, Corinne. 1973. *Mysteries of the Holy Grail*. New Age Press.

———. 1991. *Sacred Science of Numbers*. DeVorss & Company.

Herdner, Andree. 1963. *Corpus Des Tablettes En Cuneiformes Alphabetiques*. Paris.

Herm, Gerhard. 1976. *The Celts: the people who came out of the darkness*. London: Weidenfeld and Nicolson.

Herodotus. 1920. *The Histories*: Books I-II. Translation by A. D. Godley. Cambridge: Harvard University Press.

———. 1972. *The Histories*, Book II, IV, V. De Selincourt, trans., and Marincola, ed. . London: Penguin.

Hess, Richard. 1993. "Early Israel in Canaan: A Survey of Recent Evidence and Interpretations." *Palestine Exploration Quarterly* 125.

———. 1994. "Asking Historical Questions of Joshua 13-19:Recent Discussion Concerning the Date of the Boundary Lists." *Faith Tradition & History*. ed. by Millard, Hoffmeier, and Baker. Winona Lake: Eisenbrauns.

———. 1996. "A Typology of West Semitic Place Name Lists With Special Reference to Joshua 13-21." *Biblical Archaeology* 59:3.

Hibben, Frank. 1946. *The Lost Americans*. New York: Thomas & Crowell Co.

Hippolytus Werke: Die Chronik. 1929. ed. by Rudolf Helm.Leipzig: J. C. Hinrichs'sche Buchhandlung.

Hodson, F.R. ed. 1974. "The Place of Astronomy in the Ancient World", *Philosophical Transactions of the Royal Society of London* 276.

Hoffmeier, James K. 1989. "Reconsidering Egypt's Part in the Termination of the Middle Bronze Age in Palestine." *Levant* 21:181-93.

———. 1990. "Some Thoughts on William G. Dever's "'Hyksos', Egyptian Destructions, and the End of the Palestinain Middle Bronze Age." *Levant* 22.

———. 1994. "The Structure of Joshua 1-11 and the Annals of Thutmose III." F*aith Tradition & History*. ed. by Millard, Hoffmeier, and Baker. Winona Lake: Eisenbrauns.

———. 1997. *Israel in Egypt: Evidence for the Authenticity of the Exodus Tradition*. Oxford: University Press.

Homer. 1924. *The Iliad*. 2 Vols. Translation by A.T. Murray.Cambridge: Harvard University Press.

———. 1951. *The Iliad of Homer*. Translation by Richmond Lattimore. Chicago: University of Chicago Press.

Horn, S.H. 1953. "Jericho in a Topographical List of Ramesses II." *Journal of Near Eastern Studies* 12.

Hornung, Erik. 1964. "Untersuchungen zur Chronologie und Geschichte des Neuen Reiches," *Aegyptologische Abhandlungen*, IV.

Horowitz, W. and Shaffer, A. 1992. "A Fragment of a Letter from Hazor." *Israel Exploration Journal* 42.

Howard, George A. *The Carolina Bays*: http://www.georgehoward.net/cbays.htm

Huber, Peter. 1974. "Early Cuneiform Evidence -for the Planet-Venus3 *AAAS Annual Meeting*, San Francisco. Reprint in Yale Babylonian Collection.

———. 1982. "Astronomical Dating of Babylon I and Ur III" , *Occasional Papers on the Near East*. Udena.

Huffmon, Herbert. 1971. "Yahweh and Mari" in *Near Eastern Studies in Honor of William Foxwell Albright*. ed. by Hans Goedicke. Baltimore: John Hopkins Press.

Humboldt, Alexander von. 1851. *Cosmos* III, N.Y.:Harper.

Idler, Ludwig. 1825. *Handbuch der Chronologie* I & II , Berlin: August Rucker.

Ingham, M.F. 1969. "The Length of the Sothic Cycle," *Journal of Egyptian Archeology* 55, p. 36-40.

Jackson and Lake. 1979. *The Acts of the Apostles*. Vol. 4.Grand Rapids: Baker Book House.

James, Peter. 1993. *Centuries of Darkness*. New Brunswick:Rutgers University Press.

Jackson, Kenneth. 1945. "Once Again King Arthur's Battles," *MP*, XLIII, 4457.

Jenkins, Elizabeth. 1975. *The Mystery of King Arthur*. New York: Dorset Press.

Jessup, Morris K. 1955. *The Case For The UFO*. New York: Bantam Books.

Johnson, Kenneth and Marguerite Elsbeth. 1995. *The Grail Castle: Male Myths and Mysteries in the Celtic Tradition*. Minneapolis: Llewellyn.

Jones, Wilbur. 1982. *Venus and Sothis: How the Ancient Near East Was Discovered*. Chicago: Nelson and Hall.

Joseph, Frank. 1992. *The Lost Pyramids of Rock Lake*. Lakeville, MN: Galde Press.

Josephus, Flavius. 1830. *The Works of Flavius Josephus*.Translation by William Whiston. Baltimore: Armstrong and Plaskitt.

———. 1926. *Josephus*. Translation by H. ST. J. Thackeray. Vol. 1. Cambridge: Harvard University Press.

Kempe, Dorothy. 1905. *The Legend of the Holy Grail*. London: Dorothy Kempe.

Kempinski, Aaron. 1985. "Some Observations on the Hyksos (XVth)Dynasty and Its Canaanite Origins." in *Pharaonic Egypt* Jerusalem: Magnes Press.

King James Version of the Bible (KJV). 1979. Philadelphia: A.J. Holman Company.

Kingsley, Peter. *In the Dark Places of Wisdom*. Parmenides and the Hesychast Movement among the Ancient Philosophers.

Kitchen, K.A. 1965. "Theban Topographical lists, Old and New." *Orientalia* 34.

———. 1967. *Ancient Orient and Old Testament*. Chicago:Inter-Varsity Press.

Kline, Meredith. 1957. "The Ha-BI-ru - Kin or Foe of Israel?" *Westminster Theological Journal* 19-20.

Knight, Christopher and Lomas, Robert. 1997. *The Hiram Key: Pharaohs, Freemasons and the Discovery of the Secret Scrolls of Jesus* Rockport, MA: Element Books.

Kraus, Rolf K. 1981. *Probleme des altaegyptischen Kalendars-und der Chronologie des mittelern and neuen Reiches in Aegypten.* Dissertation, Berlin.

Krupp, E.C. 1977. *In Search of Ancient Astronomies.* Garden City, N.J.: Doubleday.

Kudlek, Manfred and Mickler, Erich. 1971. *Solar and Lunar Eclipses From. 3000. BC to 0 With Maps* Neu Kirchen Vluyn: Verlag Butzon & Bercher.

Kugler, F.X. 1907-1912. Sternkunde und Sterndienst in *Babel*, I-III, Muenster.

Kuniholm P.I. et al. 1996. "Anatolian tree rings and the absolute chronology of the eastern Mediterranean, 2220-718 BC." *Nature* 381 (June 27).

Lauth, A. "Die Schaltage des Ptolemaeus Euergetes I und des Augustus," *Sitzunaberichte der Muench Akademie*, I 1874

Leadbeater, Charles W. 1986. *Ancient Mystic Rites* Wheaton, IL: TPH. [1926], original title: *Glimpses of Masonic History.*

Lee, Rupert. 1996. "Exodus enigma." *Nature* 383 (September 5).

Leedskalnin, Edward. 1998. *Magnetic Current.* Pomeroy, WA: Health Research.

Lello, Glenn. 1948. "Thutmose III's First Lunar Date" *JNES* 7 p. 327-331.

Lemche, Niels Peter. 1991. *The Canaanites and Their Land.* Sheffield: JSOT Press.

Leon, Harry J., trans., "Selections from Tacitus" in MacKendrick, Paul and Herbert M. Howe. 1952. *Classics in Translation*, Vol. II: Latin Literature, C. Madison: The University of Wisconsin Press.

Leonard, R. Cedric. 1979. *A Geological Study of the Mid-Atlantic Ridge*, Special Paper No. 1, Bethany: Cowen Publ.

Lepsius, R. 1859. "Ueber einige Beruehrungspunkte der Aegyptische, Griechischen und Roemischen Chronologie". Berlin.

———. 1870. "Einige Bemerkungen ueber denselben Papyrus Smith" *Zeitschrift fuer Aegyptische Sprache* 8.

———. 1949. *Chronologie der Aegypter*, Berlin: Nicolaische Buchhandlung.

Lethbridge, T.C. 1991. *The Power of the Pendulum.* Viking, Penguin.

Lewis, James R. 1995. *The Gods have Landed: New Religions from Other Worlds.* Albany, State University of New York Press.

Lichtheim, Miriam. 1975. *Ancient Egyptian Literature.* Vol. 1.Berkeley: University of California Press.

Lightfoot, John. 1979. *A Commentary on the New Testament from the Talmud and Hebraica: Matthew-I Corinthians.* rpt.1859. 4 Vols. Grand Rapids: Baker Book House.

Lincoln, Henry. 1991. *The Holy Place.* New York: Little, Brown.

Lippman, Harold E. 1969. "Frozen Mammoths", *Physical Geology.* New York.

Littleton and Malcor. 1994. *From Scythia to Camelot.* New York: Garland.

Lloyd, G.E.R. 1972. *Greek Science After Aristotle.* N.Y.: W.W. Norton.

Lloyd-Morgan, Ceridwen. 1986. "Perceval in Wales: Late Medieval Welsh Grail Traditions." In *The Changing Face of Arthurian Romance: Essays on Arthurian Prose Romances in Memory of Cedric E. Pickford.* Arthurian Studies XVI. Ed. Alison Adams, Armel H. Diverres, Karen Stern and Kenneth Varty. Cambridge: D. S. Brewer. pp. 78-91.

Lockyer, J. Norman. 1964. *The Dawn of Astronomy.* Cambridge, Mass.: MIT Press.

Long, Ronald. 1974. "A Reexamination of the Sothic Chronology of Egypt," *Orientalia* 43 n.s., p. 261-274.

———. 1976. "Ancient Egyptian Chronology: Radio-carbon Dating and Calibration," *Zeitschrift fuer Aegyptische Sprache* 103. pp. 30-48.

Loomis, L. H. 1926. "Arthur's Round Table." *PMLA*, XLI, 771784.

Luckenbill, Daniel. 1927. *Ancient Records of Assyria and Babylonia II*. Chicago: University of Chicago.

Luckert, Karl W. 1991. *Egyptian Light and Hebrew Fire: Theological and Philosophical Roots of Christendom in Evolutionary Perspective*. New York: SUNY Press.

Macaulay, David. 1979. *Motel of the Mysteries*. Boston: Houghton Mifflin.

Mackay, Charles. 1980. *Extraordinary Popular Delusions and the Madness of Crowds*. New York: Crown. originally 1841.

Macnaughton, Duncan. 1930. *A Scheme of Babylonian Chronology*. London: Luzac and Co.

Mahler, E. 1889. "Koenig Thutmosis III" *Zeitschrift fuer Aegyptische Sprache* 27, p. 98.

Maitland, S.R., trans, Raynaldus, 1832. "Annales," in *History of the Albigenses and Waldenses*, London: C. J. G. and F. Rivington. pp. 392-4.

Malory, Sir Thomas. 1970. *Le Morte d'Arthur*. Penguin UK.

Maltwood, K E. 1964. *A Guide to Glastonbury's Temple of the Stars*. James Clarke.

Manetho of Sebennytos, *History of Egypt and Book of Sothis*, W.C. Waddell, ed, Loeb Volume 350.

Manetho. 1940. *Manetho*. Translation by W. G. Waddell. Cambridge: Harvard University Press.

Manning, Sturt. 1999. *A Test of Time*. Oxford: Oxbow.

Markale, Jean. 1999. *The Grail: The Celtic Origins of the Sacred Icon*. Rochester, VT: Inner Traditions.

Marrs, Jim. 2000. *Rule by Secrecy: The Hidden History that Connects the Trilateral Commission, the Freemasons, and the Great Pyramids*. New York: HarperCollins.

Marshack, Alexander. 1991. *The Roots Of Civilization*. Mt Kisco, New York: Moyer Bell Limited.

Martin, P. S. & Guilday, J. E. 1967. *Bestiary for Pleistocene Biologists, Pleistocene Extinction*. New Haven: Yale University.

Martinez, Florentino 1986. *The Early Biblical Period*. ed. by Ahituv and Levine. Jerusalem: Israel Exploration Society.

———. 1996. *The Dead Sea Scrolls Translated*.2nd ed. Grand Rapids: Eerdmans.

Matarasso, P.M. trans. 1969. *The Quest of the Holy Grail*. Penguin.

Matese, J.J., Whitman, P.G., Whitmore, D.P. 1999. "Cometary ecidence of a massive body in the outer Oort cloud." *Icarus* 141: 354-366.

Mazar, Benjamin. 1963. "The Military Elite of King David." *Vetus Testamentum* 13:310-20.

McCarter, P. Kyle. 1992. "The Origins of Israelite Religion."in *The Rise of Ancient Israel*. Washington D.C.:Biblical Archaeology Society.

Meillet, Antoine. 1992. Memoires de la Society de Linguistique de Paris. XXII,

Mellaart, James. 1979. "Egyptian and Near-Eastern Chronology-A Dilemma". *Antiquity* 53/207. pp. 6-18. C-14.

Mendenhall, G.E. 1958. "The Census Lists of Numbers 1 and 26." *Journal of Biblical Literature* 77.

Mendenhall, G.E. 1962. "The Hebrew Conquest of Palestine." *Biblical Archaeology* 25.

———. 1973. *The Tenth Generation: The Origins of the Biblical Traditions*. Baltimore: Johns Hopkins University Press.

Meyer, Eduard. 1904. *Aegyptische Chronologie Abhandlungen der koeniglich preussischen Akademie der Wissenschaften*. Phil.-hist. Klasse. Berlin, p. 1-212, "Nachtraege zur Aegyptischen Chronologie" 1907 p. 1-46.

Meyer, Marvin W. 1984. *The Secret Teachings of Jesus: Four Gnostic Gospels*. New York, Random House.

Meyers, Eric M. ed. 1997. *The Oxford Encyclopedia of Archaeology in the Near East.* 5 Vols. Oxford: Oxford University Press.
Michael D. Goulder. 1997. *The Psalms of Asaph and the Pentateuch,* Sheffield Academic Press.
Miller, Timothy (ed). 1995. *America's Alternative Religions.* SUNY.
Montaiglon, Anatole. 1994. *Preface of Curiositiez de Paris,* Volume II, reprinted after the original edition of 1716, Paris 1883. Kluwer Academic Publishers, Dordrecht.
Moran, William. ed. 1992. *The Amarna Letters.* Baltimore: Johns Hopkins University Press.
Motz, Lloyd and Duveen, Anetta. 1977. *Essentials of Astronomy.* N.Y.: Columbia University Press.
Mouravieff, Boris. 1993. *Gnosis,* Volume III, edited by Robin Amis. MA: Praxis Institue.
———. 1992. *Gnosis: Study and Commentaries on the Esoteric Tradition of Eastern Orthodoxy.* Robertsbridge, UK: Praxis Institute Press.
Muck, Otto. 1976. *The Secret of Atlantis.* New York: New York Times Books.
Muller, Richard. 1988. *Nemesis.* Univ of Arizona Press.
Murtonen, A. 1951. *The Appearance of the Name YHWH Outside of Israel.* Helsinki: Studia Orientalia.
Na'aman and Aviv. 1988. "Biryawaza of Damascus and the Date of the Kamid El-Loz 'Apiru Letters." *Ugarit-Forschungen* 20.
———. 1992. "Canaanite Jerusalem and its Central Hill Country Neighbours in the Second Millennium B.C.E." *Ugarit-Forschungen* 24.
———. 1994. "The Canaanites and Their Land: A Rejoinder." *Ugarit-Forschungen* 26.
Na'aman, Nadav. 1979-1981. "Hebron was Built Seven Years Before Zoan in Egypt." *Vetus Testamentum* 31.
Na'aman, Nadav. 1979-1984. "Statement of Time-Spans by Babylonian and Assyrian Kings and Mesopotamian Chronology" *IRAQ* 46.
———. 1979-1986. "Habiru and Hebrew: The Transfer of a Social Term to the Literary Sphere." *Journal of Near Eastern Studies* 45.
———. 1979. "The Origin and Historical Background of Several Amarna Letters." *Ugarit-Forschungen* 11.
———. 1984. "Statements of Time-Spans by Babylonian and Assuyrian Kings and Mesopotamian Chronology" *Iraq* 46.
Narr, Karl J. *Barenzeremoniell und Schauanismus in der Altern Steinzeit Europas.*
Needleman, Jacob. 1990. *Lost Christianity; A Journey of Rediscovery to the Centre of Christian Experience.* Rockport, MA: Element.
Nennius. 1980. *Annales Cambriae.* trans. by John Morris as *British History and the Welsh Annals.* In *History from the sources.* Vol. 8. Chichester: Phillimore.
Neugebauer, Otto. 1938. "Die Bedeutunglosigkeiten der Sothisperiode fuer die aeltere aegyptische Chronologie", *Acta Orientalia* 17, pp. 169-195.
Neugebauer, Otto. 1941. "The Chronology of the Hammurabi Age", *JAOS* 61, pp. 58-61.
———. 1942. "The Origin of the Egyptian Calendar" *JNES* 1, pp. 396-403
———. 1945. "The History of Ancient Astronomy" *JNES* 4, pp. 1-38.
———. 1953. *Astronomical Cuneiform Texts, I-III,* Princeton: Institute for Advanced Study.
———. 1962. *Exact Sciences in Antiquity.* N.Y.: Harper.
———. 1969. *The Exact Sciences in Antiquity.* New York: Dover.
———. 1975. *A History of Ancient Mathematical Astronomy* I-III Berlin: Springer Verlag.

Neugebauer, Paul. 1929. *Astronomische Chronologie, I-II* Berlin-Leipzig: De Gruyter.

Neusner, Jacob. 1985. *Genesis Rabbah*. 3 Vols. Atlanta: Scholars Press.

Newman, Robert. 1973. "The Astrophysics of Worlds in Collision" *Journal of the American Scientific Affiliation* 25:4.

Newstead, Helaine. 1939. *Bran the Blessed in Arthurian Romance*. New York: Columbia University Press.

Newton, R.R. 1970. *Ancient Astronomical Observations*. Baltimore: Johns Hopkins.

———. 1974. "Two Uses of Ancient Astronomy" *Royal Society of London* 276, pp . 99-117.

———. 1976. *Ancient Planetary Observations and the Validity of Ephemeris Time*. Baltimore: Johns Hopkins.

———. 1977. *The Crime of Claudius Ptolemy*. Baltimore: Johns Hopkins.

———. 1979. *The Moon's Acceleration and its Physical Origins As Deduced From Solar Eclipses*. Baltimore: Johns Hopkins.

Nicholson, E.W. 1973. *Exodus and Sinai in History and Tradition*. Richmond: John Knox Press.

Nutt, Alfred. 1888. *Studies on the Legend of the Holy Grail with Especial Reference to the Hypothesis of its Celtic Origin*. London: David Nutt.

Nutt, David. 1903. *Sir Gawain at the Grail Castle*. London.

———. 1909. *The Legend of Sir Perceval*. London: David Nutt.

Nutt, W.A. 1888. *Studies on the Legend of the Grail*. London.

Old Temples Society, Publication of the Museums Department, Department of Classics and Archaeology at the University of Malta, Second issue, November 1999.

Oldfather, C.H., trans., 1935 and 1939. *Library of History*. Diodorus of Sicily, Loeb Classical Library, Volumes II and III. London, William Heinemann, and Cambridge, Mass., USA, Harvard University Press.

Olsson, Ingrid, (ed.). 1970. *Radiocarbon Variations and Absolute Chronology* 12th Nobel Symposiums Stockholm: Almsquist and Wiksell Forlag.

O'Mara P.F. 1962. *The Chronology of the Palermo and Turin Canons* . N.A. Oppolzer, Theodor von, Canon der Finsternisse, Denkschriften der kaiserlichen Akademie der Wissenschaften Math-Maturwissensch. Klasse, LII, Vienna, 1887. English: New York, Dover, 1962.

Oren, Eliezer. 1981. "How Not to Create a History of the Exodus-A Critique of Professor Goedicke's Theories." *Biblical Archaeology Review* 7:6 (November/December).

Origen of Alexandria. 1994. "On First Principles." In *Ante-Nicene Fathers*, ed. Alexander Roberts, 1826-1901 and James Donaldson, Sir, 1831-1915, 4, 239 - 384. Peabody, MA: Hendrickson. BR60 A56 1994

O'Shea, Stephen. *The Perfect Heresy: The Revolutionary Life and Death of the Medieval Cathars*. Walker & Company.

Ouspensky, P.D. 1920. *Tertium Organum*. New York: Vintage Books.

Pagels, Elaine. 1985. *The Gnostic Gospels* New York: Vintage Books.

Panati, Charles. 1996. *Sacred Origins of Profound Things: The Stories Behind The Rites and Rituals of The World's Religions*. New York, NY: Penguin Arkana.

Parker, Richard and Neugebauer, 0. 1960. *Egyptian Astronomical Texts I-II* , Providence, RI: Brown University.

Parker, Richard. 1950. "The Calendars of Ancient Egypt", *Studies in Ancient Oriental Civilizations* 26, Chicago: University of Chicago.

———. 1957. "Lunar Dates of Tutmose III and Ramesses II", *JNES* 16, pp. 39-40.

———. 1974. "Ancient Egyptian Astronomy," *Royal Society of London* 276, pp. 51-66.

———. 1976 "The Sothic Dating of the 12th and 18th Dynasties", *Studies in Ancient Oriental Civilization* 39, Chicago: University of Chicago, p. 177-189.

Parker, Richard, and Dubberstein, Waldo. 1946. Babylonian Chronology-625 BC-AD 45, Chicago: University of Chicago.

Paton, Lewis. 1913. "Israel's Conquest of Canaan." *Journal of Biblical Literature* 32.

Patton, Guy and Mackness, Robin. 2000. *Web of Gold: the Secret Power of a Sacred Treasure*. London: Macmillan.

Pauwels, L., and Bergier, J. 1964. *The Morning of the Magicians*. New York: Stein and Day.

Pederson, Olaf. 1974. *A Survey of the Almagest*. Odenske U Press.

Petrie, Flinders. 1906. *Researches in Sinai*. London: John Murray.

Pettinato, Giovanni. 1981. *The Archives of Ebla*. Garden City: Doubleday & Company.

———. 1991. *Ebla: A New Look at History*. Trans. by C. Faith Richardson. Baltimore: John Hopkins Press.

Pfeiffer, Charles. 1963. *Tell El Amarna and the Bible*. Grand Rapids: Baker Book House.

Phillips, Graham & Keatman, Martin. 1983. *The Green Stone*. Jersey: Neville Spearman.

Pike, Albert. *Morals and Dogma, Ancient and Accepted Scottish Rite, Symbolism for the 32nd and 33rd degrees.*

Pipes, Daniel. 1997. *Conspiracy: How the Paranoid Style Flourishes and Where It Comes From*. New York: The Free Press.

Plato, and Benjamin Jowett, trans. *Critias*.

———. *Republic*, Book VII.

———. *Timaeus*.

Pliny (AD 23-79) *Natural history*. Book 36.

Plutarch, De Iside et Osiride Loeb Classical Library, Moralia V, 1962

Pooler, R.S. 1851. *The Chronology of Ancient Egypt*, London: John Murray.

Pope, Marvin. 1955. *El in the Ugaritic Texts*. Leiden: Brill.

Potts, Daniel Thomas. 1982. "The Road to Meluhha", in *Journal of Near Eastern Studies*, 41, pp. 279-288.

Potvin, Ch. 1866-71. *Perceval le Gallois*, compilation, tr. , Société des Bibliophiles de Mons. Seven volumes. Modern French text of *Perceval and the Continuations*, with Perlesvaus.

Powell, T.G.E. 1980. *The Celts*. London: Thames and Hudson.

Preston, Douglas. 1997. "The Lost Man." *New Yorker Magazine*, June 16.

Pritchard, James (ed). 1969. *Ancient Near Eastern Pictures Relating to the Old Testament*. (ANEP) Princeton: Princeton University Press.

Quigley, Carroll. 1966. *Tragedy and Hope: A History of the World in our Time*. New York: Macmillan.

Rabinovich, Abraham. 1996. "How the Israelites took Israel." *The Jerusalem Post*: International Edition. (August 10).

Rainey, Anson F. 1963. "A Canaanite at Ugarit." *Israel Exploration Journal* 13.

———. 1972. "The World of Sinuhe." *Israel Oriental Studies* 2:369-408.

———. 1982. "Linguistic Notes on Thutmose III's Topographical List." *Egyptological Studies* vol. 28 ed. by Sarah Israelit-Groll. Jerusalem: Magnes Press.

———. 1991. "Rainey's Challenge." *Biblical Archaeology Review* 17:6 (November/December).

———. 1992. "Anson F. Rainey Replies." *Biblical Archaeology Review* 18:2 (March/April).

Rappoport, Angelo. 1966. *Myth and Legend of Ancient Israel.* 3 Vols. New York: Ktav Publishing House.

Ravenscroft, Trevor. 1973. *The Spear of Destiny: The Occult Power behind the Spear that Pierced the Side of Christ.* New York: Bantam Bks.

Raynaldus. "Annales." *History of the Albigenses and Waldenses,* S. R. Maitland, trans. London: C.J.G. and F. Rivington, 1832.

Read, John. 1970. "Early 18th Dynasty Chronology", *JNES* 29, pp. 1-12.

Reader's Digest. 1977. *The World's Last Mysteries.*

Redford, Donald. 1966. "On The Chronology Of The 18th Dynasty", *JNES* 25, pp.113-124.

———. 1970. *A Study of the Biblical Story of Joseph.*Leiden: E.J. Brill.

———. 1979. "A Gate Inscription From Karnak and Egyptian Involement in Western Asia During the Early 18th Dynasty." *Journal of the American Oriental Society* 99:2.

———. 1982. "A Bronze Age Itinerary in Transjordan (Nos. 89-101 of Thutmose III's List of Asiatic Toponyms)." *Journal of the Society for the Study of Egyptian Antiquities* 12:55-74.

———. 1987. "Perspective on the Exodus." *Egypt, Israel, Sinai: Archaeological and Historical Relationships in the Biblical Period.* Tel Aviv: Tel Aviv University.

———. 1992. *Egypt, Canaan, and Israel in Ancient Times.* Princeton: Princeton University Press.

Reeser, Ken, 1994; "Earliest Art: Representative Art In The Upper Paleolithic Era" (after: Marshack, 1991; Grand, 1967; Ucko, Peter J., and Rosenfeld, Andre, 1967; Brown, G. Baldwin, 1932; Breuil, Abbe H., date unknown) (unpublished).

Reeves, C.N. 1992. *After Tutankhamun: Research and Excavation in the Royal Necropolis at Thebes.* New York: Columbia University Press.

Reiner, Erica & Pingree, David. 1975. *The Venus Tablets of Ammisaduga,* Malibu, Ca: Udena.

Renfrew, Colin. 1996. "Kings, tree rings and the Old World." *Nature* 381 (June 27).

Rg-Veda, Vol III.

Rhys, J. 1901. *Celtic Folklore.* 2 vols. Oxford.

Richardson, Robert. 1999. "The Priory of Sion Hoax" *Gnosis,* No. 51, Spring.

Riel, Carl. 1875. *Die Sonnen- und Siriusjahr der Ramessiden mit Geheimnis der Schaltung und des jahr des Julius Caesar.* Leipzig: F.A. Brockhaust.

Roberts and Donaldson, eds. 1975. *Ante-Nicene Fathers.* 10 Vols. Grand Rapids: Eerdmans.

Robertson, C.C. 1990. *On the Tracks of the Exodus.* rpt. 1936. Thousand Oaks: Artisan Sales.

Robinson, James M., ed. 1988. *The Nag Hammadi Library.* New York: Harper & Row.

Rohl, David M. 1995. *Pharaohs and Kings: A Biblical Quest.*New York: Crown Publishers.

Roux, Georges. 1964. *Ancient Iraq.* 3rd ed. New York: Penguin Books.

Rowton, M.B. 1946. "Mesopotamian Chronology and the Age of Hammurabi" *Iraq* 8, pp. 94-110.

———. 1950. "The Date of the Founding of Solomon's Temple." *Bulletin of the Society of Oriental Research* 119 (October).

———. 1958. "Date of Hammurabi" *JNES* 17, p. 97.

———. 1976. "Dimorphic Structures and the Problem of the 'Apiru-'Ibrim." *Journal of Near Eastern Studies* 35.

Rudgley, Richard. 1999. *The Lost Civilizations of the Stone Age.* New York: The Free Press.

Ryan, William, Pitman, Walter. 1998. *Noah's Flood.* New York: Simon and Schuster.

Sachs, A. 1971. "Absolute Dating From Mesopotamian Records" Royal Society of London 269, pp. 19-23.

———. 1974. "Babylonian Observational Astronomy", Royal Society of London 276, pp. 43-51.

Salvini, Mirjo. 1996. *The Habiru Prism of King Tunip-Tessup of Tikunani.* Rome: Istituti Editoriali e Poligrafici Internazionali.

Sanderson, Ivan T. 1960. "Riddle of the Frozen Giants", *Saturday Evening Post*, No. 39, January 16.

Schaff, Philip. 1910. *History of the Christian Church.* Vol. 2.Grand Rapids: Eerdmans.

Scharpe, S. 1870. *The Decree of Canopus.*

Schirtzinger, Erin. 1994. "The Evidence for Pleistocene Burials, Neanderthals versus Modern Humans", *New Yorker Magazine* December 6.

Schnabel, Jim. 1994. *Round in Circles: Poltergeists, Pranksters and the Secret History of Cropwatchers.* Amherst (NY): Prometheus.

———. 1997. *Remote Viewers: The Secret History of America's Psychic Spies.* New York: Dell.

Schoch, C. 1928. *Die Neubeartbeitung der Syzygientafln von Oppolzer.* Mit des. Astr. Reicheninstitutes. Berlin: Dahlem, 7, 2, Kiel.

Schoch, Robert, Ph.D. 1999. *The Voices of the Rocks.* New York: Harmony Books.

Schwartz, Regina M. 1997. *The Curse of Cain.* Chicago: The University of Chicago Press.

Scientific American. 1852. 7:298, June 5.

Scudder, Vida D. 1921. *Le Morte D'arthur of Sir Thomas Malory and Its Sources.* New York: E. P. Dutton.

Septuagint Version of the Old Testament, with an English Translation. 1970. Grand Rapids: Eerdmans.

Septuaginta. 1935. ed. by Alfred Rahlfs. Germany: Deutsche Bibelgesellschaft Stuttgart.

Shanks, Hershel. 1981. "The Exodus and the Crossing of the Red Sea, According to Hans Goedicke." *Biblical Archaeology Review* 7:5 (September/October).

Shea, William H. 1979. "The Conquests of Sharuhen and Megiddo Reconsidered." *Israel Exploration Journal* 29:1.

Shermer, Michael. 1997. *Why People Believe Strange Things: Pseudoscience, Superstition and Other Confusions of Our Time.* New York, W. H. Freeman.

Showalter, Elaine. 1997. *Hystories: Hysterical Epidemics and Modern Culture.* London, Picador.

Shuker, Karl P. N. 1995. *In Search Of Prehistoric Survivors: Do Giant "Extinct" Creatures Still Exist?* London: Cassell.

Simons, J. 1937. *Handbook for the Study of Egyptian Topographical Lists Relating to Western Asia.* Leiden.

Simpson, George G. 1961. *Horses: The Story of the Horse Family in the Modern World and Through Sixty Million Years of History.* Oxford University Press

Skeels, D. 1961. *Didot Perceval also known as Perceval le Gallois* tr. as *The Romance of Perceval in Prose.* DC.: Univ. of Washington Press,

Sklar, Elizabeth Sherr, and Donald L. Hoffman, eds. 2002. *King Arthur in Popular Culture.* Jefferson, N.C.: McFarland. DA152.5.A7 K57 Dewey: 942.01/4 21.

Soggin, J. Alberto. 1993. "Prolegomena on the Approach to Historical Texts in the Hebrew Bible and the Ancient Near East." *Eretz-Israel* 24.

Spalinger, Anthony. 1990. "The Rhind Mathematical Papyrus As A Historical Document", *Studien zur altagyptischen Kultur*, 17, 295-338.

Stager, Lawrence. 1985. "Merenptah, Israel and Sea People: New Light on an Old Relief." *Eretz-Israel* 18.
Starbird, Margaret. 1998. *The Woman with the Alabaster Jar: Mary Magdalen and the Holy Grail.* Santa Fe: Bear & Company.
Steiner, Rudolf. 1905. *The Fourth Dimension, Sacred Geometry, Alchemy, and Mathematics,* A six-lecture series held in Berlin from March 24 to June 7. Anthroposophic Press.
Stephanson, F.R. 1975. "Astronomical Verification and Dating of Old Testament References Referring to Solar Eclipses" *PEQ*, July-Dec., pp.107-120.
Stephanson, S.K. and Sawyer, J.F.A. "Literary and Astronomical Evidence for a Total Eclipse of the Sun Observed at Ancient Ugarit," London University: *Bulletin of the Schools of Oriental and African Studies* 33 (1970), p. 467-489.
Stern, Ephraim. ed. 1993. *The New Encyclopedia of Archaeological Excavations in the Holy Land.* Jerusalem: Israel Exploration Society & Carta.
Stone, Merlin. 1976. *When God Was A Woman.* San Diego, New York, London: Harvest/Harcourt Brace Jovanovich.
Strabo. Geography, Book 17, I, 3 and 37 and 42.
Sturlson, Snorri. *Gylfaginning.*
Sufi Shaykh, Ibn Al-'Arabi, in *Futuhat* (Unveiling) III 38.23, translated and quoted by William Chittick in *The Sufi Path of Knowledge.*
Sutton, Antony C. 1986. *America's Secret Establishment: An Introduction to the Order of Skull & Bones.* Billings, Montana: Liberty House Press.
Swerdlow, Noel "Ptolemy On Trial" *American Scholar* no date, p.525-531.
Tacitus. 1925. *Histories and Annals.* 4 Vols. Translated by C. H. Moore and J. Jackson. Cambridge: Harvard University Press.
———. 1964. *The Histories.* Translation by Kenneth Wellesley. London: Penguin Books.
Targum Pseudo-Jonathan. 1992. *Genesis.* Translation by Michael Maher. Collegeville: Liturgical Press.
Targum Pseudo-Neofiti I. 1994. *Exodus.* Translation by Martin McNamara. Collegeville: Liturgical Press.
The Anglo-Saxon chronicles.
The Mabinogion. 1838. Trans. by Lady Charlotte Guest. 3 vols. Ed. Nutt, A. 1902.
The Matrix. The Wachowski Brothers, Joel Silver. VHS, DVD. Warner Bros, 1999.
The Vulgate Version of the Arthurian Romances. 1909. The Carnegie Institute.
Thiele, Edwin. 1965. *The Mysterious Numbers of the Hebrew Kings.* Grand Rapids, Mich.: We. B. Eerdmans.
———. 1983. *The Mysterious Numbers of the Hebrew Kings.* Grand Rapids: Zondervan.
Thuborn, Colon. 1981. *The Ancient Mariners.* Alexandria, Virginia: Time-Life Books.
Tiller, William A., Ph.D., Dibble, Walter E., Ph.D., Kohane, Michael J., Ph.D., 2001, Pavior, Walnut Creek (www.pavior.com).
Toombs, Lawrence. 1985. "Shechem." *Harper's Bible Dictionary.* San Francisco: HarperCollins Publishers.
Treharne, R. F. 1975. *The Glastonbury Legends.* Abacus.
Unknown, tr. P.M. Matarasson. 1969. *The Quest of the Holy Grail* (Queste del Saint Graal). Harmondsworth UK: Penguin Books Ltd.
Unknown, tr. S. Evans. 1969. *Perlesvaus, Le Haut Livre du Graal or The High History of the Grail.* 1903. 1969 reprint. Cambridge UK: James Clarke.
Vallee, Jacques. 1979. *Messengers Of Deception* And/Or Press.
———. 1991. *Revelations, Alien Contact And Human Deception.* Ballantine.
Van Buren, Elizabeth. 1986. *Refuge of the Apocalypse : Doorway into Other Dimensions. Rennes-Le-Château, The Key.* England: CW Daniel Co.

Van der Broek, Roelof & Wouter J. Hanegraaff. 1998. *Gnosis and Hermeticism from Antiquity to Modern Times*. SUNY.

Van der Waerden, B.L. 1949. "Babylonian Astronomy II, The 36 Stars", *JNES* 8, pp.6-26.

———. 1945-1948. "The Venus Tablets of Ammizaduga" *Ex Oriente Lux* , No. 10, pp. 414-424.

Van Seters, John. 1966. *The Hyksos*. New Haven: Yale University Press.

Vandersleyen, C. 1968. RdE 19, pls. 8, 9; W. Helck, *Historisch-biographische Texte* der 2. Zwischenzeit (Wiesbaden, 1975), 106-7.

Vankin, Jonathan, and Whalen, John. 1995. *50 Greatest Conspiracies of All Time: History's Biggest Mysteries, Coverups and Scandals*. New York, Citadel.

Velikovshy, Immanuel. 1950. *Worlds in Collision*. New York: Dell Publishing.

———. 1952. *Ages in Chaos*. Garden City: Doubleday.

———. *Peoples of the Sea*, N.Y.: Doubleday.

Von Däniken, Erich. 1979. *Signs of the Gods*. London: Souvenir Press.

von Eschenbach, Wolfram. 1980. *Parzival*, Translated by A. T. Hatto. New York: Penguin.

———. 1961. *Parzifal*. Mustard, Passage, trans. New York: Random House)

Waite, A. E. 1961. *The Holy Grail: The Galahad Quest in the Arthurian Literature*. New York: University Books.

Wallace, I. and Wallechinsky, D. *The People's Almanac*. New York: Doubleday.

Ward, William A. 1976. "Some Personal Names of the Hyksos Rulers and notes on the Epigraphy of Their Scarabs." *Ugarit-Forschungen* 8.

Washington, Peter. 1993. *Madame Blavatsky's Baboon: A History of the Mystics, Mediums, and Misfits Who Brought Spiritualism to America*. New York: Shocken.

Weinstein, James M. 1981. "The Egyptian Empire in Palestine:A Reassessment." *Bullentin of the Society of Oriental Research* 241.

Weippert, M. 1962. "Canaan, Conquest and Settlement of." *The Interpreter's Dictionary of the Bible Supplementary Volume*. Nashville: Abingdon Press.

Weir, John D. 1982. "The Venus Tablets, A Fresh Approach," *Journal for the History of Astronomy* 13, pp. 23-50.

Weir, W. 1972. *Venus Tablets of Ammizaduga*, Leiden and Istanbul: Nederland Institut voor het Nabye Oosten.

Wells, G.A. 1988. *The Historical Evidence for Jesus*. Buffalo, N.Y.: Prometheus.

Wente and Harris. 1980. *X-ray atlas of the Royal Mummies*. Chicago: University of Chicago Press.

Weston, Jessie. 1906, 1909. *The Legend of Sir Perceval: Studies upon Its Origin, Development, and Position in the Arthurian Cycle* . 2 vols. (Vol. 1: Chrétien de Troyes and Wauchier de Denain; Vol. 2: The Prose Perceval according to the Modena MS.) London: David Nutt.

———. 1920. *From Ritual to Romance*. London: Cambridge University Press.

———. trans 1995. *Sir Gawain at the Grail Castle*. Llanerch Publishers.

Whitaker, Eric and Steve Stewart. 1994. Article Reviews; "Late Ice Age Hunting Technology" (Heidi Knecht) *Scientific American*. July.

Whiteman, J.H.M. 1977. "Parapsychology and Physics", in Wolman, *Handbook*.

Wilgus, Neal. 1978. *The Illuminoids: Secret Societies and Political Paranoia* Albuquerque NM: Sun Books.

Wilson, Colin. 1980. *Mysteries*. Putnam Publishing Group.

Wilson, Robert. 1977. *Genealogy and History in the Biblical World*. New Haven: Yale University Press.

Wise, Abegg, and Cook. 1996. *The Dead Sea Scrolls*. San Franciso: HarperSanFranciso.

Wood, Bryant. 1993. "One Thousand Years Missing From Biblical History? A Review of a New Theory." *Bible and Spade* 6:4 (Autumn).

Wood, Lynn. 1945. "The Kahun Papyrus and the Date of the 12th Dynasty" *BASOR* 99, pp.5-9.

Wright, G.E. 1962. *Shechem: The Biography of a Biblical City*. New York: Doubleday.

Wunderlich. 1974. *The Secret of Crete*. New York: Macmillan.

Yadin, Yigael. 1963. *The Art of Warfare in Biblical Lands*. London: Weidenfeld and Nicolson.

Yamauchi, Edwin. 1973. "Immanuel Velikovshy's Catastropic History." *Journal of the American Scientific Affiliation* 25:4 (December).

Yamauchi, Edwin. 1994. "The Current State of Old Testament Historiography." *Faith, Tradition, and History* ed. by Millard, Hoffmeier, and Baker. Winona Lake: Eisenbrauns.

Yates, Frances. 1972. *The Rosicrucian Enlightenment*. London: Routledge & Kegan Paul.

———. 1983. *The Occult Philosophy in Elizabethan England*. London: Ark. [1979]

Yeivin, S. 1971. *The Israelite Conquest of Canaan*. Istanbul:Nederlands Historisch-Archaeologisch Instituut in HetNabije Oosten.

Young, Edward J. 1969. *The Book of Isaiah*. 3 Vols. Grand Rapids: Eerdmans.

Younger, K. Lawson. 1990. "Ancient Conquest Accounts: A Study in Ancient Near Eastern and Biblical History Writing". *JSOT Sup* 98. Sheffield: JSOT Press.

Yurco, F.J. 1990. "3,200-Year-Old Picture of Israelites Found in Egypt." *Biblical Archaeology Review* 16/5.

Zettl, Helmut. 1984. "Catastrophism and Ancient History", Volume VI Part 2 July 1984 *A Journal Of Interdisciplinary Study* Marvin Arnold Luckerman Executive Editor

Zevit, Ziony 1985. "The Problem of Ai." *Biblical Archaeology Review* 11:2 (March/April).

Zobel, Hans-Jurgen. 1990. "Jacob," and "Israel." *Theological Dictionary of the Old Testament*. Vol. 6 ed. by Botterweck and Ringgren. Grand Rapids: Eerdmans.

La ponérologie politique : Etude de la genèse du Mal, adapté à la politique

Andrew M. ŁOBACZEWSKI

Le premier manuscrit de cet ouvrage a été jeté au feu cinq minutes avant l'arrivée de la police secrète en Pologne communiste.

Le deuxième, rassemblé péniblement par des scientifiques travaillant dans des conditions, quasiment invivables, de répression, a été envoyé par l'intermédiaire d'un messager au Vatican. Aucun accusé de réception n'a été transmis, aucun signe de vie n'a été reçu du messager - la manuscrit et toutes ses précieuses données était perdu.

Le troisième manuscrit a été produit dans les années 1980, après la fuite en Amérique de l'un des scientifiques qui avait collaboré au projet. Zbigniew Brzezinski l'a supprimé.

La ponérologie politique : Etude de la genèse du Mal, adapté à la politique a été façonnée dans le creuset même du sujet étudié.

Des hommes de science vivant sous un régime répressif ont décidé de l'étudier cliniquement, d'étudier les fondateurs et les partisans d'un régime du Mal pour pouvoir déterminer quel est le commun dénominateur dans la naissance et la propagation de l'inhumanité de l'homme envers l'homme.

Choquant dans la sobriété clinique de ses descriptions de la vraie nature du mal, poignant dans les passages plus littéraires où l'auteur révèle les souffrances vécues par les chercheurs qui ont été contaminés ou anéantis par la maladie qu'ils étudiaient, cet ouvrage devrait être lu par tout citoyen de tout pays qui se revendique d'une base morale ou humaniste. Car il est certain que la moralité et l'humanisme ne peuvent longtemps supporter les déprédations du Mal. La connaissance de sa nature, de la façon dont il crée ses réseaux et s'étend, de la perfidie de son approche pernicieuse, en est l'unique antidote.

www.pilulerouge.com

Ces mondes qui nous gouvernent

Laura KNIGHT-JADCZYK

Quiconque vent comprendre la réalité hyperdimensionnelle qui "abrite" de prétendus extraterrestres a intérêt à se procurer ce livre.

Grâce à une recherche diligente et un désir insatiable de rassembler "des faits", Laura Knight-Jadczyk démystifie les enlèvements et le contrôle du mental par des "aliens". Elle s'attache aussi à démontrer comment les "élites dirigeantes" de notre planète se sont laissé et se laissent toujours influencer par le système de contrôle "Matrix" qui sous-tend notre réalité.

Ceux qui n'ont pas peur de la vérité, ceux qui souhaitent connaître ce qui se cache derrière la conspiration Stargate, apprécieront ce livre à sa juste valeur.

11 septembre, l'ultime vérité

Laura KNIGHT-JADCZYK
Joe QUINN

11 septembre, l'ultime vérité est l'œuvre de référence sur les dessous du 11 septembre. Pourquoi le 11 septembre a-t-il eu lieu ? Quels objectifs occultes cache-t-il ? L'ouvrage que vous tenez entre les mains mobilise, afin de répondre à ces questions, une quantité incroyable d'informations. Jamais autant de données sur cet événement n'avaient été compilées.

Avec succès, Laura Knight-Jadczyk et Joe Quinn exposent au grand jour les sombres motivations à l'œuvre derrière les attentats contre les États-Unis, et, pour la toute première fois, nous dévoilent le but caché de l'attaque du Pentagone, la raison du choix des Tours jumelles, et enfin, l'identité des véritables instigateurs du 11 septembre.

Cet ouvrage révèle le vrai visage d'une élite qui se prend pour Dieu, joue avec nos vies et utilise son pouvoir pour dissimuler son ultime secret. Ce livre, quant à lui, vous fera découvrir l'ultime vérité !

L'Onde, Tome 1

Laura KNIGHT-JADCZYK

L'Onde est un récit exquisément écrit à la première personne racontant l'initiation de Laura Knight-Jadczyk dans les mains des Cassiopéens et démontrant la nature unique de l'Expérience Cassiopéenne.

Werner Heisenberg, le fondateur de la mécanique quantique a dit:

> « En général il est probablement vrai que dans l'histoire de la pensée humaine les développements les plus fructueux ont souvent lieu aux moments où deux lignes de pensée se rencontrent. Il est possible que l'origine de ces lignes se trouve dans des parties différentes de la nature humaine, à des époques différentes, dans des environnements culturels différents ou dans des traditions religieuses différentes : donc, si elles arrivent effectivement à se rencontrer, c'est-à-dire, si elles ont au moins suffisamment de rapport pour qu'une réelle interaction ait lieu, c'est à ce moment-là que l'on peut espérer que des développements intéressants se suivront. »

Le Tome I de *L'Onde* est une introduction à l'Expérience Cassiopéénne; une tentative de marier simplement deux aspects: la science et le mysticisme. Commençant par un exercice de « channeling critique » le récit nous amène à travers un terrain de travail qui nous explique comment a commencé l'expérience, et pose ensuite la question : « Qu'est-ce que l'Onde ? »

Le Tome I explore certains des catalyseurs dans la quête de Laura, à la recherche de la signification la plus profonde derrière notre réalité - ces défauts qui indiquent l'existence d'un problème dans la sagesse conventionnelle : La question des OVNIs/extraterrestres, des changements climatiques, politiques ; les questions obstinées qui ne disparaîtront pas : Qu'est-ce qui se passe et pourquoi ?

Ceci pose les bases pour les premiers pas de la recherche dans le profond territoire inconnu d'une histoire falsifiée, du mite puissant des catastrophes cycliques, et ainsi de suite vers les réalités de ce que l'on ne voit pas : la gravité, les réalités hyperdimensionnelles, et la possibilité que « nous vivions et bougions parmi des êtres que nous ne pouvons pas percevoir.

Le concept de l'Onde est vital pour toute personne désirant comprendre la signification plus profonde de la réalité de l'expérience humaine, et de ce que notre future proche peut avoir en réserve pour nous. C'est notre responsabilité à tous d'acquérir les connaissances nécessaires pour surmonter la crise à venir - *L'Onde* vous fournira ces connaissances.

Les Editions Pilule Rouge
B.P. 121
82100 Castelsarrasin
FRANCE
Tél : (+33) (0)5 63 04 54 30
Fax: (+33) (0)5 63 04 82 31
info@pilulerouge.com

www. pilulerouge.com